〔清〕王念孫著

廣雅疏証

附索引

中華書局

圖書在版編目(CIP)數據

廣雅疏證(附索引)/(清)王念孫著;鍾宇訊整理.
北京:中華書局,1983.5(2018.7重印)
ISBN 978-7-101-00671-1

Ⅰ.廣… Ⅱ.①王…②鍾… Ⅲ.廣雅-研究
Ⅳ.H131.4

中國版本圖書館CIP數據核字(2004)第008535號

廣雅疏證(附索引)
〔清〕王念孫 著
鍾宇訊 整理
*
中 華 書 局 出 版 發 行
(北京市豐臺區太平橋西里38號 100073)
http://www.zhbc.com.cn
E-mail:zhbc@zhbc.com.cn
北京市白帆印務有限公司印刷
*
787×1092毫米 1/16 · 46印張
1983年5月第1版 2004年4月第2版
2018年7月北京第5次印刷
印數:17001-17900册 定價:158.00元

ISBN 978-7-101-00671-1

重印説明

一九八三年五月，我局影印出版鍾宇訊點校清王念孫著《廣雅疏證》。後於一九九〇年八月出版了戴山青編製的《廣雅疏證索引》。此次重印，將《廣雅疏證》和《廣雅疏證索引》合爲一册，一併推出，相信能爲讀者的使用帶來更大的便利。

中華書局編輯部

二〇〇四年二月

點校説明

清代學術史以「樸學」的復興、發展爲其特徵，而通訓詁、務考據的這種學風又經過戴震、段玉裁、王念孫引之父子等「樸學」大師的努力，在乾嘉時代趨於極盛。《廣雅疏證》一書，就是結撰於此時的一部對當代訓詁學成就具有總結意義的巨著。作者王念孫，生於乾隆九年，卒於道光十二年（公元一七四四——一八三二），字懷祖，號石臞，江蘇高郵人。乾隆進士，官至永定河道。撰有《讀書雜誌》等，與其子王引之（公元一七六六——一八三四，著有《經義述聞》、《經傳釋詞》等）被世人稱爲「高郵二王」。

《廣雅》是魏張揖所作的一部解釋詞義的書。揖字稚讓，清河（今河北清河縣東）人，明帝太和中（公元二二七——二二九）爲博士。他博聞多識，精通文字訓詁，著述繁多，但保存至今的祇有一部《廣雅》。《廣雅》的體例和篇目與《爾雅》相同，始於釋詁，終於釋嘼，分爲上中下三篇，唐以後的傳本則分爲十卷。其中所收録的詞語都是在《爾雅》以外的，故名之爲「廣雅」，凡先秦兩漢經傳子史詩賦醫書字書所有而不見於《爾雅》的字大都搜羅在内。堪與《爾雅》、《方言》、《説文》、《釋名》並列，爲其後又一部重要的訓詁專著。

可是，本書在清代以前始終沒有注本，祇有隋曹憲作音釋四卷，名《博雅音》。稱《廣雅》爲《博雅》，是爲了避隋煬帝諱。《博雅音》除依字注音外，間或説明字體，略有詮解。原書已無單行本，明刻本《廣雅》即附曹憲音於正文之下。

清代乾嘉之際，《廣雅》一書始爲學者所重視，校勘、注釋，頗不乏人。注而成書的有兩家，一爲錢大昭，一爲王念孫，互不相謀而同治一書，都很有成就。錢氏有《廣雅疏義》二十卷，大約成於乾隆五十八年（公元一七九三），但始終没有刻板，稿本後流落日本，一九四〇年始有影印本行世。王氏《廣雅疏證》十卷，成於嘉慶元年（公元一七九六），不久即有刻本問世，二百年間廣爲流傳，先後有家刻、《皇清經解》、淮南書局、《畿輔叢書》等刊本。錢氏重在搜求佐證，引據詳贍而發明較少；王念孫則肆力於校訂和疏通古訓，援引該洽而精約簡取，觸類旁通，而能深造有得，所以成就遠在錢氏之上。以《説文》注作喻，《廣雅疏義》近於桂馥《説文義證》，而《廣雅疏證》則近似段玉裁《説文解字注》。

《廣雅》的字詞和訓詁來源很雜，增加了注釋的難度。桂馥曾經指出：「治《廣雅》難於《爾雅》。《爾雅》主釋經，多正訓，《廣雅》博及羣書，多異義，一；《爾雅》有孫郭諸舊説，《廣雅》惟曹音，二；《爾雅》爲訓詁家徵引，兼有陸氏《釋文》，《廣雅》散見者少，無善本可據，三也。此非專且久，不易可了。」（見《廣雅疏義序》）王念孫注《廣雅》，歷經十年，稿凡三易，始得成書。其中，第十卷稿出其子引之之手。他的工作包括三個方面：一、校定明刻本《廣雅》和《博雅音》的譌誤錯亂，恢復其隋唐以前的面目；二、博考羣書，探求原書每字義訓的憑據；三、舉出音同字異或聲近義同之字，比其義類，相互證發。王氏殫精極思，創獲宏富，以其足夠的學識和堅忍的毅力成就了這項極其艱巨的工作。

校勘古書是王氏最擅長的。他既以各種明刻本《廣雅》互校，又採用影宋本以正明本之失，並旁考《説文》、《方言》、《玉篇》、《衆經音義》（即玄應《一切經音義》）以及《太平御覽》、《集韵》等書以正唐宋以後傳寫之誤。所校明本譌誤錯亂脱奪的正文竟達千餘處，隨條補正，大都精確可信。在闡發訓詁方面，王氏長於比證，貫穿羣書而不泥於舊注，即音以考字，因文以尋義，往往能獨創新解，出人意表。書中凡言「解者多失之」的地方，都别具心裁，值得注意。王氏不拘礙於字形，斷然以音爲綱，就古音以求古義，引申觸類，常常綜合排比出具有親緣關係的字詞系列，融會貫通，於詞義的探討上别闢一條途徑，對後來的訓詁學研究影響極大。

《廣雅疏證》可以説是清人研究古代訓詁的一部有代表性的著作。王氏雖然在疏解《廣雅》的義訓，而實際上也就解釋了許多古書的文義，同時還可使人從中獲得不少有關訓詁的知識。但毋庸諱言，書中的缺點還是有的。就體例而言，未能詳舉原書編製的闕失；疏解中缺乏明確的有關訓詁條例的説明；不能解釋的和能解釋而省去解釋的往往没有分别清楚等等。更主要的缺點是在解釋詞義上，有些解釋失於渾籠和牽强附會，個别解釋又不免流於玄虚，本末倒置。這些，讀者當細加辨析。

《廣雅疏證》刊成以後，王氏在晚年又對其作了補正，補正細書於刊本之上，或别箋夾入書中。這個稿本先由清河汪汲收藏，後爲淮安黄海長購得，最後又轉至羅振玉之手。羅氏將補正文字單獨鈔爲一書，名之爲《廣雅疏證補正》，刊入《殷禮在斯堂叢書》中。《補正》對《疏證》的改正多達五百餘處，其中有新補充的書證，也有對原引文譌誤的糾正，更有一些是將原疏證文加以重新改寫。這些，不僅反映出王氏鍥而不捨的治學作風，也使得《廣雅疏證》精益求精，更趨完善。

這次中華書局影印出版的這個本子，是嘉慶年間王氏家刻本。原本疏證文字雖有斷句，但漏斷與斷錯之處仍隨處可見，此或係手民之誤。我們對原書的句讀做了補充與統一的工作，又爲原來沒有斷開的正文加上了句讀，還改正了個别版刻殘缺與漫漶不清的字，根據的是淮南書局和《畿輔叢書》的刊本。需要指出的是，原書存在着一些譌誤，有些雖經王念孫本人指出（見《廣雅疏證補正》），但仍有若干未加辨證，如（影印本）頁十一上六行「去聲」之「聲」字，乃「之」字之譌；頁十七下十五行「非謂庠以習射名也」之「庠」字，乃「序」字之譌；頁七八上十六行「斯磨」之「斯」字，乃「戢」字之譌；頁一五一上四行「於水中繫絜也」之「繫」字，乃「擊」字之譌；頁一九〇下十三行「庸誥云」之「庸」字，乃「康」字之譌；頁二〇九上八行「故乘」乃「枚乘」之譌；頁二一九上十四行「醓醬于俎」之「于」字，乃「千」字之譌；頁二五六上四行末一字墨釘，依所引《史記索隱》原文，應是「狀」字；

頁二六九下八行兩字墨釘，據所引《淮南子》高誘注原文，應是「之柄」二字；頁三二八上十八行「王延」、下三行、五行「秦楚名王延」之三處「王」字，據宋本《太平御覽》及《本草》，應爲「玉」字等等。這些，因體例限制，難以一一更正。使用時當請注意。

我們將《廣雅疏證補正》作爲附錄，一併刊出。並仿阮元校勘十三經的作法，將補正文字逐條加圈，識於《疏證》本文的相關部位，同時對《補正》全文也加了斷句。此外，還請人編製了一部《廣雅疏證索引》，凡釋字、被釋字及注釋中連類而及的其他字詞盡行收入，將以本影印本頁碼爲依據刊印。

限於能力，疏漏在所難免，望讀者不吝賜教，以便及時修訂。

鍾宇訊

一九八二年十二月

目録

小學有形、有音、有義、三者互相求、舉一可得其二、有古形有今形有古音有今音有古義有今義六者互相求、舉一可得其五古今者、不定之名也、三代爲古、則漢爲今、漢魏晉爲古則唐宋以下爲今聖人之制字、有義而後有音、有音而後有形、學者之考字、因形以得其音、因音以得其義治經莫重於得義得義莫切於得音、周官六書、指事象形形聲會意四者形也轉注、假借二者、馭形者也、音與義也、三代小學之書不傳、今之存者、形書說文爲之首玉篇以下次之、音書、廣韵爲之首集韵以下次之、義書、爾雅爲之首方言、釋名、廣雅以下次之、爾

雅方言釋名廣雅者、轉注假借之條目也、義屬於形、是爲轉注、義屬於聲、是爲假借、稚讓爲魏博士、作廣雅、蓋魏以前經傳謠俗之形音義、彙粹於是、不孰於古形古音古義、則其說之存者、無由甄綜、其說之已亾者、無由比例推測、形失、則謂說文之外、字皆可廢、音失則惑於字母七音、猶治絲棼之、義失則梏於說文所說之本義、而廢其假借、又或言假借而昧其古音、是皆無與於小學者也、懷祖氏能以三者互求、以六者互求、尤能以古音得經義、蓋天下一人而已矣、假廣雅以證其所得、其注之精粹、有子雲、必能知之、敢以是質於懷祖氏、竝質諸天下後世言小學者、乾隆辛亥八月、金壇段玉裁序、

昔者周公制禮作樂、爰著爾雅、其後七十子之徒、漢初綴學之士、遞有補益、作者之聖、述者之明、卓乎六藝羣書之鈐鍵矣、至於舊書雅記、詁訓未能悉備、綱羅放失、將有待於來者、魏太和中、博士張君稚讓、繼兩漢諸儒後、參攷往籍、偏記所聞、分別部居、依乎爾雅、凡所不載、悉著於篇、其自易、書、詩、三禮、三傳經師之訓、論語、孟子、鴻烈、法言之注、楚辭、漢賦之解、讖緯之記、倉頡、訓纂、滂喜、方言、說文之說、靡不兼載、蓋周秦兩漢古義之存者、可據以證其得失、其散逸不傳者、可藉以闚其端緒、則其書之爲功於詁訓也大矣、念孫不揆檮昧、爲之疏證、

殫精極慮、十年於茲、竊以詁訓之旨、本於聲音、故有聲同字異、聲近義同、雖或類聚羣分、實亦同條共貫、譬如振裘必提其領、舉網必挈其綱、故曰本立而道生、知天下之至嘖而不可亂也、此之不寤、則有字別爲音、音別爲義、或望文虛造、而違古義、或墨守成訓、而尟會通、易簡之理既失、而大道多岐矣、今則就古音以求古義、引伸觸類、不限形體、苟可以發明前訓、斯凌雜之譏、亦所不辭、其或張君誤采、博攷以證其失、先儒誤說、參酌而寤其非、以燕石之瑜、補荊璞之瑕、適不知量者之用心云爾、張君進表、廣雅分爲上中下、是以隋書經籍志作三卷、而又云梁有四卷、不知所析何篇、隋曹憲音釋、隋志作四卷、唐志作十卷、今所傳十卷之本、音與正文相次、然館閣書目云、今逸、但存音三卷、是音與廣雅別行之證、較然甚明、特後人合之耳、又憲避煬帝諱、始稱博雅、今則仍名廣雅、而退音釋於後、從其朔也、憲所傳本卽有舛誤、故音內多據誤字作音、集韻、類篇、太平御覽諸書所引、其誤亦或與今本同、蓋是書之譌脫久矣、今據耳目所及、旁攷諸書、以校此本、凡字之譌者五百八十、脫者四百九十、衍者三十九、先後錯亂者百二十三、正文誤入音內者十九、音內字誤入正文者五十七、輒

復隨條補正、詳舉所由、（廣雅諸刻本、以明畢效欽本爲最善、凡諸本皆誤、而畢本未誤者、不在補正之列、）最後一卷、子引之嘗習其義、亦卽存其說、竊放范氏穀梁傳集解子弟列名之例、博訪通人、載稽前典、義或易曉、略而不論、於所不知、蓋闕如也、後有好學深思之士、匡所不及、企而望之、嘉慶元年正月、高郵王念孫敘、

上廣雅表

博士臣揖言、魏江式表云、魏初博士清河張揖著廣雅、唐顏師古漢書敘例云、張揖字稚讓、清河人、一云河閒人、魏太和中爲博士、臣聞昔在周公、纘述唐虞、宗翼文武、克定四海、勤相成王、踐阼理政、阼各本譌作胙、惟影宋本不譌、日昃不倉坐而待旦、德化宣流、越裳倈貢、嘉禾貫桑、六年制禮、以導天下、著爾雅一篇、以釋其意義、各本脫意字、邢昺爾雅疏引此已然、藝文類聚則引作釋其意義、案神仙傳云、噴墨皆成文字、滿紙各有意義、又云小小作文皆有意義、是意義連文之證、今據補、傳於後學、歷載五百、墳典散落、唯爾雅恆存、禮三朝記、蜀志秦宓傳注引劉向七略云、孔子三見哀公、作三朝記七篇、今在大戴禮、案大戴禮千乘、四代、虞戴德、誥志、小辨、用兵、少閒七篇是也、下文出小辨篇、哀公曰、寡人欲學小辯、以

觀於政、其可乎、孔子曰、爾雅以觀於古、足以辯言矣、大戴禮盧辯注云、爾、近也、謂依於雅頌、孔子曰、詩可以言、可以怨、邇之事父、遠之事君、多識鳥獸草木之名也、是盧氏不以爾雅爲書名、案彼文云、循弦以觀於樂、爾雅以觀於古、謂循乎弦、爾乎雅也、盧說爲長、春秋元命包言、子夏問夫子作春秋、不以初哉首基爲始何、春秋元命包、春秋讖也、後漢張衡以爲漢世虛僞之徒所作、張衡傳載之詳矣、云作春秋不以初哉首基爲始者、當是釋春秋元年之義、公羊傳云、元年者何、君之始年也、爾雅云、初哉首基、元始也、春秋不以初哉首基等字爲始、而獨以元爲始、故釋之與、是以知周公所造也、率斯以降、超絕六國、越踰秦楚、各本作越秦踰楚、爾雅疏引作越踰秦楚、案超絕、越踰、相對爲文、疏所引者是也、今據以訂正、爰暨帝劉、魯人叔孫通撰置禮記、文不違古、後漢書曹褒傳有班固所上叔孫通漢儀十二篇、今俗所傳三篇爾雅、或言仲尼所增、或言子夏所益、或言叔孫通所補、或言沛郡梁文所考、陸德明經典釋文敘錄云、釋詁一篇、蓋周公所作、釋言以下、或言仲尼所增、子夏所足、叔孫通所益、梁文所補、張揖論之詳矣、邵氏二雲曰、漢書藝文志爾雅三卷二十篇、張揖謂周公著爾雅一篇、今所傳三篇爲後人增補、是張揖所謂篇、卽漢書所謂卷、猶云周公所作祇一卷、後人增補乃有三卷耳、陸氏乃以周公所作爲二十篇之一、始考之不審、以致斯誤、沛各本譌作制、今據說文訂正、考、爾雅疏引作著、疑本作箸、譌作者、又譌作考也、直齋書錄解題引此作考、則南宋本已譌、皆解家所說、先師口傳、既無正謚、聖人所言、是故疑不能明也、夫爾雅之爲書也、文約而義固、其陳道也、精研而無誤、眞七經之檢度、學問之階路、儒林之楷素也、鄭注士喪禮云、形法定爲素、若其包羅天地、綱紀人事、權揆制度、發百家之訓詁、未能悉備也、臣揖

體質蒙蔽、學淺詞頑、言無足取、竊以所識、擇撢羣藝、說文云、撢、探也、文同義異、音轉失讀、八方殊語、庶物易名、不在爾雅者、詳錄品覈、以箸于篇、說文云、覈、實也、凡萬八千一百五十文、今本廣雅凡萬六千九百一十三文、刪衍文九十六、補脫文五百九、其文萬七千三百二十六、較表內原數少八百二十四、分爲上中下、以頌方徠俊哲洪秀偉彥之倫、扣其兩端、摘其過謬、令得用諝、說文云、諝、知也、亦所企想也、臣揖誠惶誠恐、頓首頓首、死罪死罪、

廣雅疏證卷第一上

高郵王念孫學

釋詁

古、昔、先、創、方、作、造、朔、萌、芽、本、根、櫱、鼃、萆、昌、孟、鼻、業、始也、

作者、魯頌駉篇思馬斯作、毛傳云、作、始也、作之言乍也、乍亦始也、臯陶謨烝民乃粒、萬邦作乂、作與乃相對成文、言烝民乃粒、萬邦作乂也、禹貢萊夷作牧、言萊夷水退、始放牧也、沱潛既道、雲夢土作乂、作與既相對成文、言沱潛之水既道、雲夢之土始乂也、夏本紀皆以爲字代之、於文義稍疏矣、造者、高誘注呂氏春秋大樂篇云、造、始也、孟子萬章篇引伊訓云、天誅造攻自牧宮、朔者、禮運云、皆從其初、皆從其朔、櫱與萌芽同義、盤庚云、若顛木之有由櫱、芽米謂之櫱、災始生謂之櫱、義竝與櫱同、鼃萆者、方言、鼃、律、始也、律與萆通、說文、肁、始開也、從戶聿、聿亦始也、聲與萆近而義同、凡事之始、卽爲事之法、故始謂之方、亦謂之

律、法謂之律、亦謂之方矣、昌讀爲倡和之倡、王逸注九章云、倡、始也、周官樂師教愷歌遂倡之、鄭注云、故書倡爲昌、是昌與倡通、鼻之言自也、說文、自、始也、讀若鼻、今俗以始生子爲鼻子、是方言、鼻、始也、獸之初生謂之鼻、人之初生謂之首、莊子天地篇、誰其比憂、比、司馬彪本作鼻、云、始也、漢書揚雄傳、或鼻祖於汾隅、劉德注亦云、鼻、始也、業與基同義、故亦訓爲始、齊語、擇其善者而業用之、韋昭注云、業、猶創也○史記太史公自序云、項梁業之、子羽接之、

乾、官、元、首、主、上、伯、子、男、卿、大夫、令、長、龍、嫡、郎、將、日、正、君也、

乾者、說卦傳云、乾爲君、官、各本譌作宮、惟影宋本不譌、官與長同義、故皆訓爲君、伯、子、男、卿、大夫者、爾雅、王、公、侯、君也、公、侯而下、則爲伯、子、男及卿大夫之有地者、喪服云、公、士、大夫之衆臣爲其君、傳曰、君、謂有地者也、令者、呂氏春秋去私篇、南陽有令、高誘注云、令、君也○長者、周語、古之長民者、韋昭注云、長、猶君也、龍者、賈○子容經篇云、龍也者、人主之譬也、嫡者、喪服妾爲女君、鄭注云、女君、君適妻也、適與嫡通、歸妹六五云、其君之袂不如其娣之袂良、君亦謂嫡也、郎之言良也、少儀、負良綏、鄭注云、良綏、君綏也、良與郎聲之侈弇耳、猶古者婦稱夫曰良、而今謂之郎也、將讀將帥之將、呂氏春秋執一篇注云、將、主也、日者、祭法王宮祭日也、注云、王宮、日壇也、王、君也、日稱君、正者、爾雅、正、長也、楚語、武丁於是作書曰、以余正四方、余恐德之不類、

道、天、地、王、皇、豐、夥、博、般、粗、兄、巟、沛、祏、齡、衍、臨、亘、佳、方、夸、匯、凱、般、張、覺、封、奘、太、賢、胡、庬、廣、彦、奄、扮、勛、朼、魁、訏、沈、岑、賁、誧、繹、顤、顝、魌、龐、敦、芋、鍋、衮、類、萬、艏、驗、都、大也、浩潒、

道天地王皇者、老子云、有物混成、先天地生、吾不知其名、字之曰道、強爲之名曰大、故道大、天大、地大、王亦大、域中有四大、而王居其一焉、爾雅釋詁疏引尸子廣澤篇云、天、帝、皇、后、辟、公、皆大也、說文、天、顚也、至

高無上、從一大、是天與大同義、孟子滕文公篇引書云、惟臣附于大邑周、多士云、肆予敢求爾于天邑商、天邑猶大邑也、禮謂大父爲王父、是王與大亦同義、豐通作豐、豐象傳云、豐、大也、說文、豐、大屋也、夥者說文、恢大也、襄四年左傳云、用不恢于夏家、文十五年公羊傳云、郛者何、恢郭也、恢與夥通、般者、喪大記主人具般奠之禮、鄭注云、般、猶大也、莊子秋水篇云、夫精小之微也、垺大之殷也、微亦小也、殷亦大也、山木篇云、翼殷不逝、目大不覩、楚辭九歎、帶隱虹之逶蛇、王逸注云、隱、大也、隱與殷聲近而義同、粗、曹憲音在戶反、管子水地篇云、非特知於麤粗也、察於微眇、春秋繁露俞序篇云、始於麤粗、終於精微、論衡正說篇云、略正題目麤粗之說、以照篇中微妙之文、粗字亦作觕、說文、觕、角長皃、從角牛聲、讀若麤觕、淮南子氾論訓云、風氣者、陰陽麤觕者也、漢書藝文志云、庶得麤觕、隱元年公羊傳注云、用心尚麤觕、晏子春秋問篇云、縵密不能麤苴、學者詘、論衡量知篇云、夫竹木麤苴之物也、竝與麤粗同、麤倉胡反、粗在戶反、二字義同而音異、故廣雅以麤粗竝訓、管子、晏子、淮南子、春秋繁露、漢書、論衡諸書皆以麤粗連文、後人亂之

久矣、兄者、釋名、兄、荒也、荒、大也、故青徐人謂兄爲荒也、巟通作荒、晉語云、在周頌曰、天作高山、大王荒之、荒、大之也、說文、巟、水廣也、引泰九二、包巟用馮河、今本作荒、沛者、文十四年公羊傳云、力沛若有餘、漢書五行志云、沛然自大、祄之言碩大也、祄、曹憲音託、各本譌作祄、惟影宋本不譌、說文繫傳引字書云、祄、張衣、令大也、玉篇、祄、廣大也、太元元瑩云、天地開闢、宇宙祄坦、漢白石神君碑云、開祄舊兆、文選魏都賦注引倉頡篇云、斥、大也、莊子田子方篇、揮斥八極、李軌音託、漢書揚雄傳云、拓迹開統、拓斥、竝與祄通、魯頌閟宮篇、松桷有舄、毛傳云、舄、大貌、徐邈音託、義亦與祄同、齡者、表記、君子不矜而莊、鄭注云、矜、謂自尊大也、僖九年公羊傳、矜之者何、猶曰莫若我也、何休注云、色自美大之貌、矜、與齡通、齡、曹憲音矜、各本齡字竝譌作矝、集韻、類篇、矝、居陵切、引廣雅、矝、衍、大也、則宋時廣雅本已譌作矝、案字從鹵聲者、不得有矜音、故說文、玉篇、廣韻皆無矝字、爾雅、矝、苦也、釋文作齡、廣雅、齡、哀也、是矜齡古多通用、今據以訂正、衍者、楚辭天問、其衍幾何、王逸注云、衍、廣大也、漢書郊祀志德星昭衍、顏師古注云、衍、大也、臨者、序卦傳云、臨者、

大也、靈樞經通天篇云、太陰之人、其狀臨臨然長大、文十八年左傳、高陽氏有才子八人、蒼舒、隤敳、檮戭、大臨、尨降、庭堅、仲容、叔達、自庭堅以上、皆以二字爲名、爾雅、厖、洪、大也、洪與降古同聲、大臨、尨降、或皆取廣大之義、與臨之言隆也、說文、隆、豐大也、隆與臨古亦同聲、故大雅皇矣篇、與爾臨衝、韓詩作隆衝、漢書地理志、隆慮、荀子彊國篇作臨慮矣、佳者、善之大也、中山策、佳麗人之所出、高誘注云、佳、大麗、美也、大雅桑柔箋云、善猶大也、故善謂之佳、亦謂之介、大謂之介、亦謂之佳、佳介語之轉耳、方者、堯典云、共工方鳩僝功、湯湯洪水方割、皆大之義也、晉語、今晉國之方、韋昭注云、方、大也、夸者、說文、夸、奢也、從大于聲、方言、于、大也、夸訏芋竝從于聲、其義同也、凱者、呂氏春秋不屈篇云、詩曰、愷悌君子、愷者、大也、悌者、長也、愷與凱通、般者、方言、般、大也、郭璞音盤桓之盤、大學、心廣體胖、鄭注云、胖、猶大也、士冠禮注云、弁名出於槃、槃大也、言所以自光大也、胖竝與般通、說文、幋、覆衣大巾也、幋、大帶也、訟上九、或錫之鞶帶、馬融注云、鞶大也、文選嘯賦注引聲類云、磐、大石也、義竝與般同、說文、伴、大皃、伴與般亦聲近義同、凡人憂則氣斂、樂

則氣舒、故樂謂之般、亦謂之凱、大謂之凱、亦謂之般、義相因也、覺者、小雅斯干篇、有覺其楹、毛傳云、有覺言高大也、緇衣引詩、有梏德行、鄭注云、梏、大也、直也、梏與覺通、封之言豐也、商頌殷武傳云、封、大也、堯典云、封十有二山、封墳語之轉、故大謂之封、亦謂之墳、冢謂之墳、亦謂之封、冢、亦大也、輿者、說文、奔、大也、從大弗聲、玉篇作輿、周頌敬之篇、佛時仔肩、毛傳云、佛、大也、佛與輿通、爾雅、紼、縭也、孫炎以爲大索、緇衣、王言如絲、其出如綸、王言如綸、其出如綍、鄭注云、言出彌大、義與輿同也、爾雅、廢、大也、郭璞引小雅四月篇、廢爲殘賊、廢與輿亦聲近義同、太者、白虎通義云、十二月律謂之大呂何、大者、大也、正月律謂之太蔟、何、太亦大也、賢亦善之大也、白虎通義引禮別名記云、千人曰英、倍英曰賢、考工記輪人、五分其轂之長、去一以爲賢、去三以爲軹、鄭衆注云、賢、大穿、軹、小穿、說文、堅、大兒、讀若賢、又云、臤、大目也、義竝與賢同、胡者、逸周書諡法解云、胡、大也、僖二十二年左傳、雖及胡耇、杜預注云、胡耇、元老之稱、說文、湖、大陂也、爾雅壺棗、郭璞注云、今江東呼棗大而銳上者爲壺、方言、蠭大而蜜者、燕趙之閒謂之壺蠭、義竝與胡同、賈子

容經篇云、祜、大福也、祜與胡亦聲近義同、废通作侈、說文、废、廣也、鄭注雜記云、侈、猶大也、㝇者、廣之大也、說文、㝇、溥也、爾雅、溥、大也、逸周書大匡解云、㝇匡於衆、無敢有違也、㝇匡、即大匡也、㝇與方古聲義竝同、奄者、說文、奄、大有餘也、從大申、申、展也、大雅皇矣篇、奄有四方、毛傳云、奄、大也、說文、俺、大也、俺與奄亦聲近義同、大則無所不覆、無所不有、故大謂之幠、亦謂之奄、覆謂之奄、亦謂之幠、有謂之幠、亦謂之撫、亦謂之奄、矜憐謂之撫掩、義竝相因也、朴者、楚辭天問、焉得夫朴牛、王逸注云、朴、大也、九章、材朴委積兮、注云、條直爲材、壯大爲朴、魁者、呂氏春秋勸學篇、不疾學而能爲魁士名人者、未之嘗有也、高誘注云、魁、大之士名德之人、史記孟嘗君傳云、始以薛公爲魁然也、今視之乃眇小丈夫耳、訏與芋字同、爾雅、訏、大也、方言云、中齊西楚之閒曰訏、又云、芋、大也、郭璞注云、芋猶訏耳、大雅生民篇、實覃實訏、小雅斯干篇、君子攸芋、毛傳竝云、大也、凡字訓已見爾雅而此復載入者、蓋偶未檢也、後皆放此、芋、又音王遇反、其義亦爲大、說文云、芋、大葉實根駭人、故謂之芋、是也、沈、讀若覃、方言、沈、大也、漢書陳勝傳、夥涉之爲王沈沈者、應劭

注云沈沈宮室深邃之貌也音長含反張衡西京賦云大厦眈眈玉篇譚大也譚眈竝與沈通岑贇者方言岑贇大也淮南子地形訓九州之外乃有八贇高誘注云贇猶遠也遠亦大也誧者說文誧大也玉篇溯古切義與溥通釋者說文釋富釋釋皃從奢單聲玉篇丁可充者二切云大寬也說文哆張口也小雅巷伯篇哆兮侈兮毛傳云哆大貌釋文昌者反義與釋同顧者玉篇顧大頭也顫者說文顫大頭也讀若魁顲者廣韻顲大頭也莊子大宗師篇其顙頯向秀本作顲注云顲然大朴貌顱顲魁古竝同聲敦者方言敦大也陳鄭之閒曰敦爾雅大歲在午曰敦牂孫炎注云敦盛牂壯也是大之義也敦又音徒昆反其義亦爲大漢書敦煌郡應劭注云敦大也煌盛也周語敦厖純固韋注云敦厚也厖大也商頌長發傳云厖厚也墨子經篇云厚有所大也厚與大同義故厚謂之敦亦謂之厖大謂之厖亦謂之敦矣哀之言渾也曹大家注幽通賦云渾大也後漢書馮緄字鴻卿緄與哀通說文睔目大也爾雅百羽謂之緷釋文引埤倉云緷大束也玉篇鯀大魚也睔緷鯀竝音古本反義與哀同也類者玉篇引倉頡篇云類頭大也說

廣雅疏證　卷第一上　五

文同集韻類篇引廣雅作奞萬者閔元年左傳云萬盈數也邶風簡兮篇方將萬舞初學記引韓詩云萬大舞也觰之言奢也說文觰下奢也驁者莊子德充符篇云謷乎大哉謷與驁通說文驁駿馬也爾雅狗四尺爲獒楚辭天問鼇戴山抃王逸注云鼇大龜義竝同也都者漢書五行志豕出圂壞都竈顏師古注云都竈烝炊之大竈也武五子傳將軍都郎羽林注云都大也僖十六年穀梁傳云民所聚曰都亦大之義也浩溔者王逸注九歌云浩大也堯典云浩浩滔天淮南子覽冥訓云水浩溔而不息浩字亦作灝又作晧司馬相如上林賦灝溔潢漾郭璞注云皆水無涯際貌文選魏都賦河汾浩涆而晧溔李善注引廣雅浩溔大也今本皆脫浩溔二字凡諸書引廣雅而今本脫去者若與上下文并引即可依次補入如下文楷模品式灋也脫去模品二字據衆經音義所引補入是也若不與上下文并引則次第無徵但附載於本節之末如此條浩溔二字是也凡補入之字皆旁刻以別之後放此

仁、龓、或、員、虞、方、云、撫，有也、

龓或員方云爲有無之有仁虞撫爲相親有之有而其義又相通古者謂相親曰有昭六年左傳宋向戌謂華亥曰女喪而宗室於人何有人亦於女何有杜注云言人亦不能愛女也二十年傳是不有寡君也注云有相親有也宣十五年公羊傳云潞子離於狄而未能合於中國晉師伐之中國不救狄人不有是以亾也王風葛藟篇云謂他人母亦莫我有皆謂相親有也有猶友也故釋名云友有也相保有也仁者經解云上下相親謂之仁言相親有也仁各本譌作仁釋草篇竺竹也竺字譌作笁正與此同今訂正龓者說文龓兼有也從有龍聲史記平準書盡籠天下之貨物籠與龓通爾雅厖有也厖與龓聲亦相近說卦傳震爲龍虞翻干寶龍作駹考工記玉人上公用龍鄭衆讀龍爲尨是其例矣或者微子殷其弗或亂正四方史記宋世家作殷不有治政不治四方洪範無有作好呂氏春秋貴公篇作無或作好高誘注云或有也小雅天保篇無不爾或承鄭箋云或之言有也或即邦域之域說文或邦也從口戈以守一一地也或從土作域域有一聲之轉故商頌元鳥篇正域彼四方毛傳云域有也員與下云字通元鳥箋云員

廣雅疏證　卷第一上　六

古文作云文選陸機荅賈長淵詩注引應劭漢書注曰云有也晉語其誰云弗從韋昭注云誰有弗從是云爲有也秦誓日月逾邁若弗員來言若弗或來也或亦有也雖則員然言雖則有然也大雅桑柔篇民有肅心荓云不逮言使有不逮也爲民不利如云不克言如有不克也解者多失之云又爲相親有之有小雅正月篇洽比其鄰昏姻孔云鄭箋云云猶友也言尹氏與兄弟相親友襄二十九年左傳晉不鄰矣其誰云之言誰與相親有也虞者大雅雲漢五章云羣公先正則不我聞六章云昊天上帝則不我虞聞猶恤問也虞猶撫有也則不我虞猶言亦莫我有也則不我聞猶言亦莫我聞也其三章云昊天上帝則不我遺四章云羣公先正則不我助遺猶問也助猶虞也故廣雅又云虞助也解者亦失之方者召南鵲巢篇維鳩方之毛傳云方有之也撫者爾雅憮牧撫也又云矜憐撫掩之也撫爲相親有故或謂之撫有昭元年左傳君辱貺寡大夫圍謂圍將使豐氏撫有而室二年傳若惠顧敝邑撫有晉國賜之內主皆是也撫又爲奄有之有成十一年左傳使諸侯撫封杜注云各撫有其封內之地文王世子西方有九國焉君

王其終撫諸鄭注云撫猶有也撫方一聲之轉方之言荒撫之言幠也爾雅幠有也郭注引詩遂幠大東今本幠作荒毛傳云荒有也有與大義相近故有謂之庬亦謂之方亦謂之荒亦謂之幠亦謂之虞大謂之庬亦謂之方亦謂之荒亦謂之幠亦謂之吳吳虞古同聲

假、及、軫、礙、艾、括、致、悃、摋、岠、摵、會、抵、薄、察、往、薦、周、埊、腆、緊、至也、

假者說文假至也爾雅作格方言作狢竝同軫礙皆止之至也說文軫礙也礙止也管子輕重甲篇弓弩多匡軫者尹知章注云軫礙也各本俱脫艾字考曹憲音釋此處有五害反又刈五字乃艾字之音非礙字之音礙字在廣韻十九代音五溉切艾字在十四泰音五蓋切又入二十廢音刈艾蓋害三字竝在十四泰五蓋切即五害切今據以訂正說文岠止也礙止也小爾雅艾止也大雅抑傳云止至也止與至同義故岠礙艾三字訓爲止又訓爲至也括者王風君子于役篇羊牛下括毛傳云括至也又曷其有佸韓

詩云佸至也毛云佸會也會亦至也首章言曷至哉章言曷其有佸其義一也括佸會古聲義竝同故廣雅括會俱訓爲至也致者鄭注禮器云致之言至也悃當作梱梱亦致也孟子滕文公篇音義引埤倉云梱𦤺也𦤺與致通大雅既醉篇其類維何室家之壼鄭箋云壼之言梱也室家先以相梱致已乃及於天下韋昭周語注云孝子之行先於室家族類以相梱致乃及於天下也唐風鴇羽箋云稹者根相迫迮梱致義亦同也摋亦致也說文摋刺之財至也廣韻猪几陟利二切方言摋到也漢書揚雄傳摋北極之嶟嶟應劭注云摋至也說文夂從後至也象人兩脛後有致之者讀若黹義與摋通摋摵二字竝從手各本譌從木今訂正岠者漢書食貨志元龜岠冄長尺二寸孟康注云岠至也臯陶謨予決九川距四海史記夏紀距作致距與岠通岠各本譌作岠今訂正摵者方言摵到也摵之言造也造亦至也造與摵古同聲孟子舜見瞽瞍其容有蹙韓子忠孝篇作其容造焉大戴禮保傅篇靈公造然失容造然即蹙然是其例矣抵者說文氐至也從氐下箸一一地也史記秦始皇紀道九原抵雲陽抵與氐通律書云氐者言萬物皆至也漢書文帝紀至邸而議之顏師古注云郡國朝宿之舍在京師者率名邸邸至也言所歸至也義竝與抵通致會抵三字同義方言抵倣會也雍梁之閒曰抵秦晉亦曰抵凡會物謂之倣薄者臯陶謨云外薄四海楚策云七日而薄秦王之朝薄之言傅也小雅菀柳篇有鳥高飛亦傅于天鄭箋云傅至也察者書大傳云祭之爲言察也察者至也人事至然後祭中庸云詩云鳶飛戾天魚躍于淵言其上下察也此引詩以明君子之道之大上至於天下至於地也故下文云君子之道造端乎夫婦及其至也察乎天地管子內業篇云上察於天下極於地淮南子原道訓高不可際高誘注云際至也際與察古亦同聲故原道訓施四海際天地文子道原篇作施於四海察於天地薦者爾雅薦臻也郭璞注云薦進也故爲臻臻至也說文溱水至也義亦與薦同周者逸周書謚法解云周至也小雅鹿鳴篇示我周行毛傳云周至也論語堯曰篇云雖有周親腆者大誥殷小腆馬融注云腆至也

乃、朁、遂、邁、行、𢓸、歸、迋、往也、

乃者衆經音義卷十八引倉頡篇云迺往也說文逌往也迺逌竝與乃同趙策蘇秦謂趙王曰秦乃者過柱山漢書曹參傳乃者我使諫君也顏師古注云乃者猶言曩者是乃爲往也朁各本譌作替朁或作昔遂譌而爲替下文憯愛也憯字譌作憯卷二內貸茶差且假貸僭也僭字譌作僭卷三內鐕磨也鐕字譌作鐕竝與此同趙岐注孟子離婁篇云朁者往也王篇廣韻俱云朁往也今據以訂正遂者楚辭天問遂古之初王逸注云遂往也淮南子要略篇攬掇遂事之蹤追觀往古之跡遂事之蹤即往古之跡也論語八佾篇成事不說遂事不諫既往不咎成事遂事即既往也逸周書史記解取遂事之要戒亦謂往事也邁行者爾雅邁行也秦風無衣傳云行往也徵者說文徵遠行也漢書楊雄傳因江潭而徵記兮鄧展注云徵往也徵與往同歸者隱二年公羊傳云婦人謂嫁曰歸爾雅嫁往也莊二年穀梁傳云王者民之所歸往也迋者說文迋往也襄二十八年左傳君使子展迋勞於東門之外杜預注與說文同漢書五行志迋作往往迋征聲竝相近

休、祥、衷、佳、忏、祿、吉、慶、良、懽、時、竫、黨、適、賴、惢、愿、散、溫、長、嫧、娕、㜲、馴、孎、睩、戾、靈、善也、

衷者臯陶謨同寅協恭和衷哉傳云衷善也成十三年左傳民受天地之中以生中與衷通忏者方言自關而西秦晉之故都謂好曰忏祿者周官天府注云祿之言穀也爾雅穀善也吉者召南摽有梅傳云吉善也慶者大雅皇矣傳云慶善也懽者王逸九章注云謹善也謹與懽通懽各本譌作攉玉篇懽善也今據以訂正時者小雅頍弁篇爾殽既時毛傳云時善也爾殽既時猶言爾殽既嘉也維其時矣猶言維其嘉矣也威儀孔時猶言飲酒孔嘉維其令儀也他若孔惠孔時以奏爾時胡臭亶時及士冠禮之嘉薦亶時皆謂善也既濟象傳東鄰殺牛不如西鄰之時也言不如西鄰之善也雜卦傳大畜時也无妄災也時與災相對亦謂善也內則云母某敢用時日謂善日也春秋曹公子欣時字子臧是其義也解者多失之竫者藝文類聚引韓詩曰東門之栗有靜家室靜善也史記秦紀云賜謚爲竫公襄十年左傳云單靖公

爲鄉士逸周書謚法解云柔德考衆曰靜恭己鮮言曰靜寬樂令終曰靜竫靜靖竝通靜與善同義故堯典靜言庸違史記五帝紀作善言盤庚自作弗靖亦謂弗善也傳訓靖爲謀失之黨者逸周書祭公解云王拜手稽首黨言漢張平子碑云黨言允諧孟子公孫丑篇禹聞善言則拜趙岐注引臯陶謨禹拜讜言今本作昌言史記夏紀作美言黨讜昌聲近義同適者呂氏春秋適音篇云衷也者適也管子宙合篇云夫焉有不適善賴者孟子告子篇富歲子弟多賴趙岐注云賴善也衛策云爲魏則善爲秦則不賴矣愿散者鄭注論語泰伯篇云愿善也散與愨同說文愨謹也檀弓釋文云愨本又作散溫者儒行云溫良者仁之本也嫧者說文嫧齊也娕者說文娕謹也讀若謹敕數數史記申屠嘉傳娖娖廉謹漢書作齪齪顏師古注云齪齪持整之貌也史記貨殖傳云故其民齪齪竝字異而義同㜲馴者說文㜲牛柔謹也馴馬順也玉篇㜲字注云尚書㜲而毅字如此周官大宰以擾萬民鄭注云擾猶馴也擾與㜲通大雅烝民篇柔嘉維則柔與㜲亦聲近義同故史記夏紀擾而毅集解引徐廣音義云擾一作柔㜲各本譌作𦢊今訂正孎者說文孎謹也讀若人不孫爲不孎睩者說文睩目睞謹也楚辭招魂云蛾眉曼睩說文逯行謹逯逯也鹽鐵論未通篇云錄民數創於惡吏義竝與睩通睩與祿義亦通也戾者小雅采菽篇優哉游哉亦是戾矣毛傳云戾至也正義云明王之德能如此亦是至美矣鄭注粊誓云至猶善也是戾與善同義又鄭注大學云戾之言利也利與善義亦相近故利謂之戾亦謂之賴善謂之賴亦謂之戾戾賴語之轉耳靈者多士云不靈承帝事多方云不克靈承于旅皆謂善也鄘風定之方中篇靈雨既零鄭箋云靈善也又盤庚弔由靈傳云靈善也正義以爲爾雅釋詁文今爾雅靈作令則靈令同聲同義莊子逍遙遊篇夫列子御風而行泠然善也靈泠義亦相近

唛、餋、娛、悰、歡、酣、比、樂也、

唛之言衎衎也方言唛樂也郭璞注云唛唛歡貌集韻唛或作嗎丑虔虛延二切引廣雅嗎樂也釋訓篇云嗎嗎喜也楚辭大招宜笑嗎只王逸注云嗎笑貌義竝與唛同餋者韓詩外傳云聞其角聲使人惻隱

而愛仁聞其徵聲使人樂餋而好施白虎通義樂餋作喜餋嵇康琴賦云怡餋悅悆是餋爲樂也餋之言陽陽也王風君子陽陽篇云君子陽陽其樂只且陽與餋古同聲故孫陽字伯樂矣娛各本譌作娯今訂正悰者說文悰樂也漢書廣陵厲王傳出入無悰爲樂亟韋昭注云悰亦樂也悰各本譌作悰今訂正酣者說文酣樂酒也酒誥在今後嗣王酣身傳云酣樂其身酣各本譌作醋集韻酣或作甘唐釋元應衆經音義卷二及二十三竝引廣雅甘樂也今據以訂正比者雜卦傳比樂師憂言親比則樂動衆則憂非訓比爲樂師爲憂也此云比樂也下云師憂也皆失其義耳

聆、聽、自、言、仍、從也、循、

聆古通作令呂氏春秋爲欲篇古之聖王審順其天而以行欲則民無不令矣功無不立矣令謂聽從也仍者楚辭九章觀炎氣之相仍兮王逸注云相仍者相從也循者爾雅循從自也文選陸雲荅張士然詩注引廣雅循從也今本脫循字

巛、巽、娓、隨、理、猷、訓、悌、婉、揗、勑、倫、揗、摩、順也、

巛順聲相近繫辭傳云夫坤天下之至順也說卦傳云坤順也坤釋文云坤本又作巛巽順聲亦相近說文愻順也引唐書五品不愻今本作遜字或作孫又作巽竝同娓者說文娓順也讀若媚理者說文順理也說卦傳云和順於道德而理於義考工記匠人云水屬不理孫謂之不行訓順古同聲法言問神篇云事得其序之謂訓洪範于帝其訓史記宋世家作順顧命皇天用訓厥道傳云用順其道字亦作馴史記五帝紀能明馴德索隱云史記馴字徐廣皆讀曰訓訓順也悌者白虎通義云弟者悌也心順行篤也孝經云教民禮順莫善於悌釋名云悌弟也又云弟第也相次第而生也皆順之義也婉者邶風新臺篇燕婉之求昭二十六年左傳婦聽而婉毛傳杜注竝云婉順也揗者卷四云揗循也說文揗撫也撫循皆順也揗各本譌作楯今訂正勑者卷二云敕理也理亦順也敕與勑通倫順聲相近考工記弓人析幹必倫鄭注云順其理也禮器天地之祭宗廟之事父子之道君臣之義倫也鄭注云倫之言順也魏風伐檀釋

廣雅疏證　卷第一上　十一

文引韓詩云順流而風曰淪義與倫相近各本勑倫二字譌入曹憲音內今訂正揗摩者說文揗摩也揗摩揗皆同義說文循行順也馴馬順也釋名順循也循其理也義竝與揗同循順古亦同聲故大射儀注云今文順爲循

閑、埻、楷、模、品、式、祖、根、肖、容、拱、捄、術、臬、井、括、廌、類、楥、略、灋、也、

閑者論語子張篇大德不踰閑孔傳云閑猶法也埻與臬同意故皆訓爲法說文埻射臬也從土𦎫聲讀若準隸變作埻周官司裘注云侯者以虎熊豹麋之皮飾其側又方制之以爲𦎫謂之鵠著于侯中釋文𦎫本亦作準漢書律歷志云準者所以揆平取正也呂氏春秋君守篇注云準法也周官內宰出其度量淳制杜子春注云淳謂幅廣制謂匹長義竝與埻同埻各本譌作椁凡從𦎫之字隸變作享或作享故譌而爲享漢韓勑碑兩側題名淳于字作淳曹全碑敦煌字作敦皆其證也其左畔土字譌而爲木則因下文楷模棖楥諸字而誤今訂正楷模品式者說文模法也程品也逸周書謚法解云式法也老子云知此兩者亦楷式漢書宣帝紀云品式備具各本皆脫模品二字衆經音義卷二十四引廣雅楷模品式法也今據以補正祖者鄉飲酒義祖陽氣之發於東方也鄭注云祖猶法也棖者方言棖法也郭璞注云救傾之法說文棖杖也一曰法也字亦作堂考工記弓人維角堂之鄭衆注云堂讀如牚距之牚車牚之牚疏云牚距車牚皆取其正也郎郭注所云救傾之法也爾雅棖謂之楔郭注云門兩旁木義亦相近也肖者方言肖法也西楚梁益之閒曰肖容者象之法也考工記函人凡爲甲必先爲容然後制革鄭衆注云容謂象式老子孔德之容鍾會注云容法也呂氏春秋士容論此國士之容也高誘注與鍾會同說文鎔冶器法也漢書食貨志冶鎔炊炭應劭注云鎔形容也作錢模也義亦與容同貌謂之形亦謂之容常謂之刑亦謂之庸法謂之刑亦謂之容義竝相近也拱捄者長子引之云商頌長發受小球大球受小共大共傳云球玉也共法也案球共皆法也球讀爲捄共讀爲拱廣雅拱捄法也書序帝釐下土方設居方別生

廣雅疏證　卷第一上　十二

分類作汩作九共九篇稾飫馬融王肅竝云共法也高誘注淮南本經訓云蛩讀詩受小拱之拱則詩共字古本或作拱拱捄二字皆從手而訓亦同其從玉作球假偕字耳此承上文帝命式于九圍言之言受小事之法大事之法於上帝故能爲下國綴旒爲下國駿厖所謂式于九圍也荀子榮辱篇云先王案爲之制禮義以分之使有貴賤之等長幼之差知賢愚能不能之分皆使人載其事而各得其宜然後使慤祿多少厚薄之稱是夫羣居和一之道也故曰斬而齊枉而順不同而一詩曰受小共大共爲下國駿蒙此之謂也臣道篇云傳曰斬而齊枉而順不同而壹詩曰受小球大球爲下國綴旒此之謂也然則小球大球小共大共謂所受法制有小大之差耳傳解球爲玉已與共字殊義箋復謂其爲執玉迂回而難通矣廣雅拱捄竝訓爲法始本諸齊魯韓詩與臬者說文臬射準的也漢書司馬相如傳弦矢分蓺殪仆文穎注云所射準的爲蓺蓺與臬通康誥女陳時臬多方爾罔不克臬傳皆以臬爲法考工記匠人建國置槷以縣眡以景鄭注云槷古文臬假偕字於所平之地中央樹八尺之臬以縣正之眡之以其景將以正

四方也玉藻公事自闑西私事自闑東正義云闑謂門之中央所豎短木也是凡言臬者皆樹之中央取準則之義也文六年左傳陳之藝極杜預注云藝準也藝與臬古聲義竝同井者說文𠛬罰辠也從刀井易曰井法也刱造法刱業也從井刅聲越絕書記地傳云井者法也井訓爲法故作事有法謂之井井荀子儒效篇井井兮其有理是也括者法言脩身篇其爲外也肅括李軌注云括法也說文栝㮚也荀子性惡篇故枸木必將待㮚栝烝矯然後直楊倞注云㮚栝正曲木之木義與括同廌者說文廌解廌獸也佀山牛一角古者決訟令觸不直者灋𠛬也平之如水從水廌所以觸不直者去聲是廌與灋同意灋亦作豸獨斷云法冠一曰柱後惠文冠秦制執法服之令御史廷尉監平服之謂之解豸類者方言類法也齊曰類緇衣身不正言不信則義不壹行無類也鄭注云類謂比式釋文云比方法式也楚辭九章吾將以爲類兮王逸注云類法也荀子儒效篇云其言有類其行有禮類之言律也律亦法也樂記律小大之稱史記樂書作類是類與律聲義同相佀謂之類亦謂之肖法謂之肖亦謂之類義亦相近也楥者說文楥履法也玉篇吁萬切今人削木置履中以爲模範謂之楥頭是也略者說文略經略土地也成二年左傳侵敗王略杜預注云略經略法度定四年傳云吾子欲復文武之略

商甬經長常也

商者說苑脩文篇云商者常也夏者大也常商聲相近故淮南子繆稱訓老子學商容見舌而知守柔矣說苑敬慎篇載其事商容作常摐韓策西有宜陽常阪之塞史記蘇秦傳常作商甬之言庸也爾雅庸常也長者大雅文王箋云長猶常也常長聲相近故漢京兆尹長安王莽曰常安矣

𦭝黎傁艾耆長𦒿耇期頤老也

𦭝黎者方言𦭝黎老也東齊曰𦭝燕代之北鄙曰黎豳風七月篇以介𦭝壽毛傳云𦭝壽豪𦭝也正義云人年老者必有豪毛秀出小雅南山有臺傳云𦭝壽秀𦭝也釋名耇垢也皮色驪悴恒如有垢者也或曰凍黎皮有班黑如凍黎色也吳語播棄黎老韋昭注云黎凍黎壽徵也墨子明鬼篇云昔者殷王紂播棄黎老黎與棃通傁艾耆長者方言傁艾老也東齊魯衛之間凡尊老謂之傁或謂之艾傁與叟同曲禮云五十曰艾六十曰耆爾雅云耆長也𦒿者玉篇年九十曰𦒿廣韻作耋同耇者說文老人面如點也期頤二字皆訓爲老蓋本於禮注也曲禮百年曰期頤鄭注云期猶要也頤養也不知衣服食味孝子要盡養道而已案期之言極也詩言思無期萬壽無期左傳言貪惏無厭忿類無期皆是究極之義百年爲年數之極故曰百年曰期當此之時事事皆待於養故曰頤期頤二字不連讀射義云旄期稱道不亂是其證朱子云十年曰幼爲句學字自爲句下至百年曰期皆然此說是也

苟款實信誠也

款者衆經音義卷四引倉頡篇云款誠重也楚辭卜居云吾寧悃悃款款朴以忠乎款與欵同

軫𡙇渠隒厓厲方也

軫𡙇者考工記輈人云軫之方也以象地也楚辭九章軫石崴嵬王逸注云軫方也廣韻𡙇域同音商頌

元鳥篇云正域彼四方莊子秋水篇云泛泛乎若四方之無窮其無所畛域此云軫𡙇方也軫與畛通𡙇與域通隒厓厲皆在旁之名故訓爲方方猶旁也說文隒厓也爾雅重甗隒孫炎注云山基有重岸也張衡西京賦云設切厓隒隒之言廉也鄉飲酒禮設席于堂廉鄭注云側邊曰廉說文厓山邊也秦風蒹葭篇云在水一方又云在水之湄在水之涘毛傳云湄水隒也涘厓也即經所云水一方也故蘇武詩云各在天一方古詩云各在天一涯李善注引廣雅涯方也涯與厓通厲亦廉也語之轉耳衛風有狐篇在彼淇厲毛傳云厲深可厲之旁案厲謂水厓也厲之言浮也廣雅釋邱云隒浮厓也此云隒厓厲方也厲與浮聲近義同次章言淇厲三章言淇側其義一也傳以厲爲水旁得之而云深可厲之旁則於義轉迂矣

端直鑈危質敵公方閑諫刑政貞幹集殷矢正也

鑈者方言鑈正也郭璞注云謂堅正也危者論語憲問篇云邦有道危言危行是危爲正也質者士冠禮質明行事月令莫不質良鄭注竝云質正也敵讀爲適大雅大明篇天位殷適毛傳云紂居天位而殷之

正適也、士喪禮注云、適室、正寢之室也、隱元年公羊傳立適以長、何休注云、適謂適夫人之子、尊無與敵也、雜記大夫訃於同國適者、鄭注云、適讀爲匹敵之敵、敵適義相近、古多通用、諫者、說文、諫、証也、周官司諫注云、諫猶正也、以道正人行、正與証通、刑者、大雅思齊篇刑于寡妻、韓傳云、刑、正也、周官大司寇以佐王刑邦國、鄭注云、刑、正人之灋也、亦通作形、淮南子原道訓宮立而五音形矣、高誘注云、形、正也、貞幹者、師彖傳云、貞、正也、蠱初六幹父之蠱、虞翻注云、幹、正也、大雅韓奕篇幹不庭方、鄭箋云、作楨幹而正之、乾文言云、貞者、事之幹也、爾雅、楨、幹也、粊誓正義引舍人注云、楨、正也、築牆所立兩木也、幹、所以當牆兩邊障土者、皆正之義也、諸書無訓集爲正者、集當爲準字之誤也、考工記㮚氏爲量、權之然後準之、鄭注云、準、準擊平正之、漢書律歷志云、準者、所以揆平取正也、說文、埻、射臬也、讀若準、埻或作準、臬或作蓺、大雅行葦傳、已均中蓺、鄭箋云、蓺、質也、周官司弓矢射甲革椹質、鄭注云、質、正也、樹椹以爲射正、質與準同物、皆取中正之義、準質正又一聲之轉、故準質二字俱訓爲正也、陳氏觀樓曰、集或爲臬字之譌、形亦相近、殷

者、爾雅、殷、中也、堯典以殷仲春、傳云、殷、正也、史記天官書云、衡殷南斗、矢者、說文、短字注云、有所長短以矢爲正、從矢、豆聲、又云、巨、規巨也、從工、象手持之形、或從木矢作榘、矢者、其中正也、盤庚出矢言、傳云、出正直之言、

弸、愾、憑、悀、充、牣、𠥱、愊、窒、塞、盈、屯、飽、餯、䭊、臆、溢、穌、豐、滿也、

填

弸者、法言君子篇、以其弸中而彪外也、李軌注云、弸滿也、太元養云、陰弸于野、漢司隸校尉魯峻碑云、弸中獨斷、已效其節、愾音口代、許氣二反、謂氣滿也、玉篇引廣雅作嘅、說文、鎎、怒戰也、引文四年左傳諸侯敵王所鎎、今本作愾、杜預注云、愾、恨怒也、說文、忼慨壯士不得志於心也、徐鍇傳云、內自高亢憤激也、義竝與愾同、方言、餼、餯、飽也、餼與愾亦同義、故廣雅愾餯、飽三字同訓爲滿矣、憑者、方言、憑、怒也、楚曰憑、郭璞注云、憑、恚盛貌、昭五年左傳今君奮焉震電馮怒、杜預注云、馮、盛也、楚辭離騷憑不猒乎求索、王逸注云、憑、滿也、楚人名滿曰憑、憑與馮同、戴先生毛鄭詩考正曰、卷阿五章、有馮有翼、傳云、道可馮依以爲輔翼、箋云、馮、馮几也、翼、助也、震案、馮、滿也、謂忠誠滿於內、翼、盛也、謂威儀盛於外、馮翼二字、古人多連舉、楚辭天問云、馮翼惟象、淮南天文訓云、馮馮翼翼、皆指氣化充滿盛作、然後有形與物、謹案、翼通作翊、韓詩外傳云、關雎之事大矣哉、馮馮翊翊、自東自西、自南自北、無思不服、漢書禮樂志、安世房中歌云、馮馮翼翼、承天之則、皆言德之盛滿也、悀者、方言、悀、愊、滿也、凡以器盛而滿謂之悀、腹滿曰愊、郭璞注云、悀、言涌出也、愊、言勑偪也、說文、畐、滿也、玉篇音逼、扶六切、云、腹滿謂之涌、腸滿謂之畐、悀、涌、愊、畐竝通、漢書陳湯傳、策慮愊億、顏師古注云、愊億、憤怒之貌也、玉篇云、愊、飽也、又云、楅稷、滿皃、義竝與愊同、愊、各本譌作幅、今訂正、牣者、說文、牣、牣滿也、大雅靈臺篇於牣魚躍、毛傳云、牣、滿也、海外北經、禹厥之、三仞三沮、郭璞注云、掘塞之而土三沮陷也、史記殷紀、充仞宮室、淮南子本經訓、德交歸焉而莫之充忍也、竝字異而義同、𠥱者、楚辭九歎、筐澤瀉以豹鞹兮、王逸注云、筐滿也、筐與𠥱通、塞、各本譌作寒、惟影宋本不譌、屯者、

序卦傳云、盈天地之間者唯萬物、故受之以屯、屯者、盈也、又屯彖傳云、雷雨之動滿盈、是屯爲盈滿之義、不當讀爲屯田之屯、曹憲音大村反、失之、屯、各本譌作毛、屯、隸或作毛、故譌而爲毛、今訂正、餯者、方言、餯飽也、䭊亦餯也、玉篇作䬇、同、臆者、說文、臆、滿也、方言臆、滿也、郭璞注云、愊臆、氣滿也、凡怒而氣滿謂之愊臆、漢書策慮愊億是也、哀而氣滿亦謂之愊臆、史記扁鵲傳、噓唏服億、悲不能自止、服億卽愊臆、問褒云、悲哀志懣、氣盛是也、憂而心懣、亦謂之愊臆、馮衍顯志賦云、心愊憶而紛紜、是也、臆、臆、憶、億、意五字竝通、司馬相如長門賦、心憑噫而不舒兮、李善注云、憑噫、氣滿貌、憑噫卽愊臆之轉、說文、十萬曰意、玉篇云、今作億、億亦盈數之名也、故小雅楚茨篇云、我倉旣盈、我庾維億、易林乾之師云、倉盈庾億、億亦盈也、語之轉也、襄二十五年左傳、今陳介恃楚衆、以馮陵我敝邑、不可億逞、逞、與盈通、言其欲不可滿盈也、文十八年傳云、侵欲崇侈、不可盈厭、意與此同、盈與逞古同聲而通用、昭四年左傳、逞其心以厚其毒、新序善謀篇逞作盈、史記欒盈、作欒逞、是其證、杜注訓億爲度、逞爲盡、皆失之、衆經音義卷二、卷五、卷十、卷二十二、竝

引廣雅、塡、滿也、
今本脫塡字、

邈、逷、迒、離、釗、曠、云、極、遼、遙、迂、敻、超、踰、逴、越、袓、怭、征、邋、高、荒、裔、遠也、務、

邈迒離者、方言、伆、邈、離也、楚謂之越、或謂之遠、吳越日伆、郭璞注云、離、謂乖離也、楚辭離騷、神高馳之邈邈、王逸注云、邈邈、遠貌、九章云、邈而不可慕、迒與伆同、玉篇迒音勿、又音忽、楚辭九歌云、平原忽兮路超遠、荀子賦篇云、忽兮其極之遠也、迒忽古亦通用、逷者、爾雅、逷、遠也、牧誓云、逷矣西土之人、僖二十八年左傳云、糾逖王慝、逖與逷同、釗者、方言、釗、遠也、燕之北郊曰釗、曠者、方言、廣、遠也、廣與曠同、漢書五行志師出過時茲謂廣、李奇音曠、趙策云、曠遠於趙而近於大國、云者、爾雅、仍孫之子爲雲孫、謂遠孫也、雲云古同字、說者以爲輕遠如浮雲、則於義迂矣、極荒者、楚辭九歌、望涔陽兮極浦、王注云、極、遠也、爾雅、東至於泰遠、西至於邠國、南至於濮鈆、北至於祝栗、謂之四極、郭璞注云、皆四方極遠之國、觚竹、北戶、西王母、

日下、謂之四荒、注云、皆四方昏荒之國、次四極者、案極荒、皆遠也、離騷云、覽相觀於四極兮、又云、將往觀乎四荒、王注、荒、遠也、四極四荒、猶言八極八荒、故廣雅極荒俱訓爲遠、遠也、要服之外謂之荒服、亦其義也、凡遠與大同義、遠謂之荒、猶大謂之荒也、遠謂之遐、猶大謂之假也、遠謂之迂、猶大謂之訏也、遙、各本譌作遙、今訂正、迂者、論語子路篇有是哉子之迂也、包咸注云、迂、猶遠也、敻之言迥也、曹大家注幽通賦云、敻遠邈也、字或通作洵、邶風擊鼓篇、于嗟洵兮、毛傳云、洵遠也、釋文、洵、呼縣反、韓詩作敻、敻文十四年穀梁傳敻入千乘之國、范甯注云、敻、猶遠也、超之言迢也、方言、超、遠也、東齊曰超、九歌云、平原忽兮路超遠、祭法遠廟爲祧、鄭注云、祧之言超也、超上去意也、義亦同矣、踰者、投壺、毋踰言、鄭注云、踰言、遠談語也、漢書趙充國傳、兵難隃度、鄭氏注云、隃、遙也、三輔言也、隃與隃同、逴亦超也、方俗語有輕重耳、說文、逴、遠也、玉篇敕角切、集韻又音卓、史記衞青霍去病傳云、逴行殊遠、貨殖傳云、上谷至遼東、地踔遠、楚辭九章云、道卓遠而日忘兮、逴踔卓竝通、越之言闊也、爾雅、闊、遠也、襄十四年左傳、越在他竟、杜預注云、越、遠也、周語云、

聽聲越遠、高者、哀二十一年左傳、使我高蹈、注云、高蹈猶遠行也、裔者、文十八年傳、投諸四裔、襄十四年傳、是四嶽之裔冑也、注竝云、裔、遠也、四裔四荒四極其義一也、裔與遾聲相近、遠謂之裔、亦謂之遾、水邊謂之遾、亦謂之裔、義相近也、文選謝靈運酬從弟惠連詩、務協華京想、李善注引廣雅、務、遠也、今本脫務字、

虞、宴、鎭、撫、慰、怗、懕、寋、宓、毒、嗼、湛、抑、侒、便、寍、眯、佅、榦、㝃、媞、尼、靖、憺、隱、集、息、安也、

虞者、中孚初九、虞吉、荀爽注云、虞、安也、鄭注士虞禮云、虞、猶安也、士既葬其父母、迎精而反、日中而祭之於殯宮、以安之、禮釋名、既葬還祭於殯宮曰虞、謂虞樂安神、使還此也、鎭撫者、周官大宗伯、王執鎭圭、鄭注云、鎭、安也、所以安四方、說文、撫、安也、桓十三年左傳云、夫固謂君訓衆而好鎭撫之、怗者、卷四云、怗、靜也、怗與怗同、說文、耵、安也、玉篇音丁篋切、耵與怗亦聲近義同、懕寒者、方言、猒、塞、安也、郭璞注云、物足

則定、猒與懕、塞與寒通、懕、曹憲音一占反、爾雅、懕懕、安也、秦風小戎篇、懕懕良人、毛傳云、懕懕、安靜也、小雅湛露篇、懕懕夜飲、韓詩作愔愔、昭十二年左傳、祈招之愔愔、杜預注云、愔愔、安和貌、宋玉神女賦、澹清靜其愔嫕兮、王褒洞簫賦作厭瘱、竝字異而義同、宓者、說文、宓、安也、玉篇云、今作密、爾雅、密、靜也、大雅公劉篇、止旅迺密、毛傳云、密、安也、周頌昊天有成命篇、夙夜基命宥密、周語引此詩而釋之曰、密、寧也、嗼者、爾雅、貉、嗼、安、定也、郭璞注云、皆靜定、大雅皇矣篇求民之莫、毛傳云、莫、定也、又云、貊其德音、傳云、貊、靜也、昭二十八年左傳引詩作莫、云、德正應和曰莫、呂氏春秋首時篇云、飢馬盈廄、嗼然未見芻也、竝字異而義同、湛者、方言、湛、安也、郭璞注云、湛然、安貌、抑者、方言、抑、安也、爾雅、抑抑、密也、大雅抑篇正義引舍人注云、威儀靜密也、方言、讀、審也、諟也、與抑聲近而義同、故大雅抑篇、楚語謂之懿戒矣、侒與下澹字通、說文、侒、安也、又云、憺、安也、荀子仲尼篇、侒然見管仲之能足以託國也、楊倞注云、侒、安也、安然不疑也、楚辭九歌、蹇將憺兮壽宮、王逸注云、憺、安也、神女賦云、澹清靜其愔嫕兮、莊子胠篋篇云、恬惔無爲、天道篇云、虛

靜恬淡竝字異而義同寱者玉篇寱不覺曰寱廣韻云熟寐也佅者爾雅敉撫也洛誥亦未克敉公功周官小祝疏引鄭注云敉安也小祝彌烖兵男巫春招弭以除疾病鄭注竝讀爲敉云安也說文敉或作佅竝字異而義同佅與寱眯義亦相近也眯各本譌作眯今訂正媞者說文媞諦也爾雅媞媞安也孫炎注云行步之安也魏風葛屨篇好人提提毛傳云提提安諦也檀弓吉事欲其折折爾鄭注云安舒貌竝字異而義同媞曹憲音之移上支二反玉篇禔之移切又音匙坎六五祇既平祇京房作禔虞翻注云禔安也亦字異而義同尼者爾雅尼定也隱者說文㥯所依據也讀與隱同方言隱據定也隱與㥯通今俗語言安穩者隱聲之轉也集者昭十七年左傳辰不集于房杜預注云集安也

賓、陳、佾、布、併、羅、列也、

賓者楚辭天問啟棘賓商王逸注云賓列也小雅常棣篇儐爾籩豆毛傳云儐陳也儐與賓聲近義同佾之言秩秩然也白虎通義云佾者列也祭統八佾以舞大夏鄭注云佾猶列也併羅者併曹憲音步嶙反

管子四稱篇云入則乘等出則黨駢駢與併通楚辭九歌云羅生兮堂下揚雄甘泉賦云駢羅列布鱗以雜沓兮

袒、達、聖、明、泰、萺、疏、亨、徹、通也、

袒者文選琴賦固以和袒而足耽矣李善注引廣雅袒通也袒之言暢也暢亦通也琴賦雅袒唐堯洋云袒與暢同聖明者書大傳注云孔子說休徵曰聖者通也白虎通義云聖者通也明也聲也道無所不通明無所不照聞聲知情也莊子外物篇云目徹爲明耳徹爲聰泰與達聲相近序卦傳云泰者通也

虔、畏、賓、齋、亟、憼、懍、浚、悛、誠、信、高、尊、敬也、

虔者商頌殷武傳云虔敬也大雅韓奕云虔共爾位畏者大學云之其所畏敬而辟焉表記云大人之器威敬威與畏通賓者說文賓所敬也周官鄉大夫以禮禮賓之鄭衆注云賓敬也禮運山川所以儐鬼神也釋文儐皇音賓敬也儐與賓通齋者召南采蘋篇有齊季女毛傳云齊敬也齊與齋通亟者說文敬肅也從攴苟苟自急敕也從羊省從包省從口口猶愼言也從羊與義善美同意玉篇苟居力切亦作亟說文極謹重皃苟亟極竝同義憼者說文憼敬也大雅常武篇云敬之言警也敬警憼聲近而義同懍浚者方言稟浚敬也秦晉之間曰稟齊曰浚吳楚之間自敬曰稟稟與懍通悛者說文恮謹也恮與悛通悛亦浚也論語鄉黨篇恂恂如也似不能言者王肅注云恂恂溫恭之貌史記李將軍傳云悛悛如鄙人口不能道辭竝聲之近而義同誠信者祭統云誠信之謂盡盡之謂敬

拌、墩、捐、振、覂、投、委、撱、棄也、撥、

拌墩者方言拌棄也楚凡揮棄物謂之拌或謂之敲拌之言播棄也吳語云播棄黎老是也播與拌古聲相近士虞禮尸飯播餘于篚古文播爲半半卽古拌字謂棄餘飯于篚也敲與墩通拌捐字竝從手各本譌從木今訂正振者昭十八年左傳振除火災杜預注云振棄也弃與棄同覂謂敗棄之也漢書武帝紀云泛駕之馬泛與覂通莊子天地篇子往矣無乏吾事釋文云乏廢也乏與覂亦聲近義同投者方言淮

汝之間謂棄曰投撱之言墮也玉篇音他果切方言揄撱脫也揄撱猶言揄棄枚乘七發云揄弃恬怠是也撥者史記大史公自序秦撥去古文焚滅詩書撥猶棄也衆經音義卷十四十五十七竝引廣雅撥棄也今本脫撥字

抗、弙、憮、礫、彀、彉、披、攄、邀、瞋、張也、

抗者考工記梓人祭侯辭云故抗而射女鄭注云抗舉也張也小雅賓之初筵篇大侯既抗弓矢斯張鄭箋云大侯張而弓矢亦張節也爾雅守宮槐葉晝聶宵炕齊民要術引孫炎注云炕張也炕與抗通抗各本譌作杭今訂正弙者說文弙滿弓有所鄉也大荒南經云有人方扜弓射黃蛇韓非子說林篇云弱子扜弓淮南子原道訓射者扜烏號之弓高誘注云扜張也扜與弙通說文盱張目也盱與弙亦同義憮亦弙也方俗語有侈弇耳爾雅憮大也小雅六月傳云張大也是憮與張同義憮各本譌作憮玉篇憮大也張也今據以訂正凡張與大同義張謂之憮亦謂之扜猶大謂之憮亦謂之訐也張謂之礫猶大謂之祈

也張謂之彍猶大謂之廓也磔者爾雅祭風曰磔僖三十一年公羊傳疏引孫炎注云既祭披磔其牲似風散也磔之言開拓也衆經音義卷十四引通俗文云張申曰磔顏師古注漢書景帝紀云磔謂張其尸也彀者說文彀張弩也大雅行葦篇敦弓既句句與彀通彍者說文彍滿弩也孫子兵勢篇云勢如彍弩太平御覽引尸子云扞弓鞟弩漢書吾邱壽王傳十賊彍弩顏師古注云引滿曰彍竝字異而義同孟子公孫丑篇知皆擴而充之矣趙岐注云擴廓也方言張小使大謂之廓義亦與彍同攎者卷四云攎舒也舒亦張也楚辭九章據靑冥而攄虹兮史記司馬相如傳攄之無窮攄一本作臚方言攎張也攄攎臚聲竝相近攄舒聲亦相近攄與攎之同訓爲張猶舒與臚之同訓爲敘也遨者方言遨張也瞋者說文瞋張目也莊子秋水篇云瞋目而不見邱山說文䐜起也瘨腹張也太元爭次六股脚䐜如釋文䐜肉脹起也義亦與瞋同

躔、歷、逝、去、趨、徥、流、步、遵、遳、蹠、遂、𦨈、從、遾、轉、隨、巡、充、略、將、

進、由、駕、帶、貫、躾、逭、道、踚、遡、吉、行也、趕蹈、

躔者方言躔行也日運爲躔月運爲逡郭璞注云運猶行也呂氏春秋圜道篇云月躔二十八宿徥者方言徥行也朝鮮洌水之閒或曰徥說文徥徥行皃遵遳者方言遵遳行也郭璞注云遳遳行貌也蹠者履也義見下文蹠履也下遂者晉語夫二國士之所圖無不遂也韋昭注云遂行也服者盤庚先王有服康誥子弗祇服厥父事傳竝訓服爲行文十八年左傳服讒蒐慝注亦云服行也服各本譌作般服本作𦨈故譌而爲般卷二內服任也卷五內攝服也服字竝譌作般今俱訂正遾者方言遾行也說文云行謹遾遾也淮南子精神訓云遾然而往略者隱五年左傳吾將略地焉杜預注云略總攝巡行之名宣十一年傳略基阯注云略行也漢書高祖紀注云凡言略地者皆謂行而取之方言挨略求也就室曰挨於道曰略義亦同也將者周頌敬之篇日就月將毛傳云將行也進者周官大司馬徒銜枚而進鄭注云進行也駕者法言學行篇云仲尼駕說者也如將復駕其所說則莫若使諸儒金口而木舌是駕爲行也帶者方言帶行也郭璞注云隨人行也案帶當讀爲遰說文遰去也夏小正九月遰鴻鴈傳云遰往也去往皆行也史記屈原傳鳳漂漂其高遰兮漢書作逝逝亦行也鄭氏易大有明辯遰也陸續作逝帶遰逝古聲竝相近貫者論語衞靈公篇子貢問曰有一言而可以終身行之者乎子曰其恕乎里仁篇子曰吾道一以貫之曾子曰夫子之道忠恕而已矣一以貫之卽一以行之也荀子王制篇云爲之貫之貫亦爲也漢書谷永傳云以次貫行固執無違後漢書光武十王傳云奉承貫行貫亦行也顏師古訓貫爲聯續失之爾雅貫事也事與行義相近故事謂之貫亦謂之服行謂之服亦謂之貫矣躾者楚辭天問皆歸躾籍而無害厥躬王逸注云躾行也逭道者方言逭道轉也逭道步也皆謂行也踚者玉篇廣韻竝云踚行也音倫方言踚行也郭璞注云言跳踚也音藥說文䟑趠䟑也廣韻云趠䟑行皃趠䟑跳踚聲相近廣雅之訓多本方言疑踚爲蹁之譌也下文云蹁履也履亦行也遡者方言遡行也爾雅逆流而上曰泝洄順流而下曰泝游是也泝與遡同諸書無訓吉爲行者吉當爲佶廣韻佶許吉切行也集韻佶行皃趕者說文赴趨

也[illegible]疾也玉篇趕疾也及期也亦作赴衆經音義卷八引少儀無趕往今本趕作報鄭注云報讀爲赴疾之赴趕赴[illegible]報竝通蹈者說文蹈踐也哀二十一年左傳使我高蹈杜注云高蹈猶遠行也衆經音義卷七卷八卷十三竝引廣雅趕行也卷九引廣雅蹈行也今本脫趕蹈二字

齡、齒、稔、稘、秊也

稔者僖二年左傳不可以五稔杜預注云稔熟也襄二十七年傳不及五稔注云稔年也釋文云穀一熟故爲一年稘者說文稘復其時也引唐書稘三百有六旬今本作朞禮作期竝同

㱥、殲、殨、㓹、殙、殟、殜、殗、疞、疥、疫、梗、邛、𤸸、婉、痿、㾕、癈、瘁、瘻、疛、疝、齲、痗、瘍、癇、痳、㾒、痿、瘚、痔、瘀、瘵、疠、痾、疷、瘍、㾊、皯、皰、欨、癘、痒、鼽、疢、痓、㾛、病也疛

㱥者說文戰見血曰傷亂或爲惛死而復生爲㱥㱥各本譌作欨今訂正殲之言殲也說文殲畜產疫病

也又云𤸇瘻也𤻝𤸇中病也三字竝力臥反義相近也殨𠛂者周官蜡氏注引曲禮四足死者曰殨今本作漬注云漬謂相瀸汙而死也引春秋傳大災者何大漬也莊二十年公羊傳大災者何大瘠也大瘠者何㾐也何休注云瘠病也齊人語也㾐者民病疫也釋文瘠一本作漬呂氏春秋順民篇視孤寡老弱之漬病高誘注云漬亦病也漢書鼂錯傳云起兵而不知其執戰則爲人禽屯則卒積死殨漬積瘠竝通㾐即𠛂字也讀若厲周官疾醫四時皆有癘疾鄭注云癘疾氣不和之疾襄三十一年左傳云天癘不戒釋名癘厲也病氣流行中人如磨厲傷物也𠛂㾐癘厲竝通死字從歺殲殨𠛂等字亦從歺病與死義相近故字之訓爲死者亦訓爲病也殙者說文殙瞀也即所云亂或爲惛也惛與殙通亦通作昏見卷三殙死也下殟者衆經音義卷七引說文云殟暴無知也又引聲類云殟欲死也楚辭九思云悒殟絕兮咶復蘇殜殗者方言自關而西秦晉之間凡病而不甚曰殗殜郭璞注云病半臥半起也殜各本譌作煠蓋因曹憲音內煠字而誤考方言玉篇廣韻集韻類篇俱作殜不作煠今訂正疛者小雅何人斯篇云何其盱都

人士篇云何盱矣鄭箋竝云盱病也盱與疛通疥讀○爲痎說文痎二日一發瘧也素問生氣通天論云夏傷於暑秋爲痎瘧昭二十年左傳齊侯疥遂痁梁元帝讀疥爲痎正義引袁狎說云痎是小瘧痁是大瘧則疥與痎通疥癬之疥在下條此疥字當讀爲痎曹憲音介失之也疫者說文民皆病曰疫疫與瘕同梗者大雅桑柔篇至今爲梗毛傳云梗病也邛者小雅小旻篇亦孔之邛巧○言篇維王之邛毛傳鄭○箋竝云邛病也○曬者小雅菀柳篇上帝甚蹈無自曬焉曬病也言幽王暴虐愼毋往朝以自取病也下章云無自瘵焉瘵亦病也廣雅訓曬爲病當本之齊魯韓詩毛傳訓爲近非其義也痿者說文痿病也字亦作萎檀弓哲人其萎乎鄭注云萎病也草木枯死謂之萎義亦同也㾕者說文㾕臥驚病也痵者說文痵氣不定也漢書田延年傳使我至今病悸韋昭注云心中喘息曰悸悸與痵通說文悸心動也義亦相近庮者周官內饔牛夜鳴則庮鄭衆注云庮朽木臭也釋文引干寶注云庮病也庮與瘖通癭者說文癭頸瘤也西山經云食之已癭呂氏春秋盡數篇輕水所多禿與癭人高誘注云癭咽疾也釋名癭嬰也在頸嬰喉也

疛音胄說文疛小○腹痛也玉篇云心腹疾也小雅小弁篇我心憂傷惄焉如擣毛傳云擣心疾也釋文擣韓詩作疛呂氏春秋盡數篇鬱處腹則爲張爲疛高誘注云疛跳動也各本疛字譌作疾曹憲音內胄字又譌作曹考說文玉篇廣韻集韻類篇俱無疾字說文云疛讀若紂玉篇廣韻集韻及詩釋文疛字竝與胄同音集韻引廣雅疛病也今據以訂正○疝者說文疝腸痛也素問長刺節論云病在少腹腹痛不得大小便病名曰疝釋名心痛曰疝疝詵也氣詵詵然上而痛也陰腫曰疝亦言詵也詵詵引小腹急痛也齲者說文𪘐齒蠹也或作齲史記倉公傳云齊中大夫病齲齒淮南子說山訓云䖟散積血斲木愈齲釋名齲朽也蟲齧之齒缺朽也痺者說文痺瘕病也瘕女○病也痺之言秭也下文云秭積也胥者玉篇胥腰痛也瘍謂狂病也說見卷三瘍癡也下癇者說文癇風病也衆經音義卷十引聲類云今謂小兒顛曰癇素問大奇論云心脈滿大癇瘛筋攣西山經云可以已癇痲者說文痲疝病也釋名痲懍也小便難懍懍然也㾷者玉篇㾷痠㾷也廣韻痠㾷疼痛也周官疾醫春時有痟首疾鄭注云痟酸削也酸削猶痠㾷語之

轉耳痿瘚者說文痿痹疾也素問痿論引本病曰大經空虛發爲肌痹傳爲脈痿呂氏春秋重己篇多陰則蹷多陽則痿高誘注云蹷逆寒疾也痿躄不能行也說文瘚逆氣也或省作欮徐鍇傳云屰逆也欠氣也中山經云服者不厥素問厥論云陽氣衰於下則爲寒厥陰氣衰於下則爲熱厥釋名厥逆氣從下厥起上行入心脅也竝字異而義同痔者說文痔後病也素問生氣通天論云因而飽食筋脈橫解腸澼爲痔瘀瘯者楚辭九辯形銷鑠而瘀傷王逸注云身體燋枯被病久也衆經音義卷四引三倉云鑠病消瘯也瘯與鑠通太元元數八爲疾瘀范望注云瘀疾也說文瘀積血病也痾者說文痾病也引五行傳曰時卽有口痾漢書五行志云痾病貌也管子小問篇除君苛疾痾苛竝與痾同疕者玉篇疕瘡病也痟瘍者玉篇痟痟瘍病也素問脈要精徵論云癉成爲消中奇病論云肥者令人內熱甘者令人中滿故其氣上溢轉爲消渴史記司馬相如傳常有消渴疾釋名消潵潵渴也腎氣不周於胸胃中津潤消渴故欲得水也竝與痟瘍同瘍又音於發反傷暑也字亦作暍與痟瘍之瘍異義廣雅以痟瘍連文則瘍當讀爲渴曹

憲音於發反失之也皯者說文皯面黑氣也列子黃帝篇云燋然肌色皯黣楚辭漁父顏色憔悴王逸注云皯黴黑也皯黴與皯黣同皰者說文皰面生氣也淮南子說林訓潰小皰而發痤疽高誘注云皰面氣也皰者廣韻皰皮病也瘤者說文瘤腫也釋名瘤流也血流聚所生瘤腫也痒者爾雅痒病也舍人注云心憂懲之病也小雅正月篇癙憂以痒大雅桑柔篇稼穡卒痒毛傳鄭箋並與爾雅同鼽者說文鼽病寒鼻窒也月令民多鼽嚏呂氏春秋作鼽窒高誘注云鼽窒鼻不通也素問金匱眞言論云春善病鼽衄疢者說文疢熱病也小雅小弁篇疢如疾首鄭注云疢猶病也小宛釋文引韓詩云疹苦也越語云疾疹貧病疹與疢同疰者鄭注周官瘍醫云注讀如注病之注釋名注病一人死一人復得氣相灌注也注與疰通痮者成十年左傳將食張杜預注云張腹滿也靈樞經脹論云夫脹者皆在於藏府之外排藏府而郭胷脇張皮膚故命曰脹脹痮脹張並通府者玉篇府附俱扶禹二切腫也西山經可以已胕郭璞注云治胕腫也素問水熱穴論云胕腫者聚水而生病也呂氏春秋情欲篇云身盡府種府胕府並通集韻引廣雅

痏病也今本脫痏字

痂、瘃、疥、瘙、⿸疒帶、瘍、癬、⿸疒喿、瘡、傷、瘥、胗、⿸疒咅、⿸疒焉、創也、

痂者說文痂乾瘍也急就篇痂疕疥癘癡聾盲顏師古注云痂創上甲也瘃者說文瘃中寒腫覈也漢書趙充國傳將軍士寒手足皸瘃文穎注云瘃寒創也疥瘙者說文疥搔也周官疾醫云夏時有痒疥疾衆經音義卷十五引倉頡篇云瘙疥也管子地員篇云五沃之土其人堅勁寡有疥騷春秋繁露五行順逆篇云民病疥搔後漢書鮮卑傳云夫邊垂之患手足之蚧搔並與疥瘙同⿸疒帶者玉篇⿸疒帶牛頭瘡也瘡與創同瘍者說文瘍頭創也案曲禮云身有瘍則浴襄十九年左傳云生瘍於頭爾雅云骭瘍爲微則創在頭身四肢皆謂之瘍矣癬者說文癬乾瘍也吳語譬諸疾疥癬也史記越世家作擬同燥者衆經音義卷十四引通俗文云皮起曰燥傷者月令命理瞻傷察創鄭注云創之淺者曰傷此對文也散文則創亦謂之傷故說文云傷創也僖二十二年左傳君子不重傷文十一年穀梁傳作不重創其義一也瘥者玉篇瘥羊蹄間瘥疾也字通作挾齊民要術有治羊挾蹄方胗者說文胗脣瘍也籀文作疹宋玉風賦云中脣爲胗⿸疒咅者廣雅釋言⿸疒咅痂也⿸疒焉者說文⿸疒焉蝕創也

桑、蜀、壹、弌也、

蜀者方言蜀一也南楚謂之獨郭璞注云蜀猶獨耳爾雅釋山云獨者蜀說文蜀葵中蠶也引豳風東山篇蜎蜎者蜀今本作蠋正義引郭璞爾雅注云大蟲如指似蠶案凡物之大者皆有獨義蠋獨行無羣匹故詩以比敦然獨宿者鄭箋云蠋蜎蜎然特行是也爾雅雞大者蜀義亦同也卷三云介獨也獨謂之蜀亦謂之介大謂之介亦謂之蜀義相因也管子形勢篇抱蜀不言而廟堂既循惠氏定宇周易述云抱蜀即老子抱一也說文弌古文一字各本譌作戈今訂正

高、亯、庠、將、牧、穀、頤、陶、畜、旅、充、養也、

亯者說文亯獻也從高省曰象進孰物形篆文作享隸作享鼎彖傳云聖人亨以享上帝而大亨以養聖

賢祭義云君子生則敬養死則敬享享養義相近也爾雅享孝也孝與養義亦相近庠各本作痒蓋因上文痒字而誤孟子滕文公篇庠者養也校者教也序者射也廣雅卷四云校教也卷五云序射也皆本孟子今據以訂正引之云說文庠禮官養老也王制有虞氏養國老於上庠鄭注云庠之言養也趙岐注孟子云養者養耆老射者三耦四矢以達物導氣此皆緣辭生訓非經文本意也養國老於上庠謂在庠中養老非謂庠以養老名也州長職云春秋以禮會民而射於州序謂在序中習射非謂序以習射名也王制耆老皆朝於庠元日習射上功而庠之名獨取義於養老何也文王世子適東序養老而序之名獨取義於習射何也庠序學校皆爲教學而設養老習射偶一行之不得專命名之義庠訓爲養序訓爲射皆是教導之名初無別異也文王世子立大傅少傅以養之欲其知父子君臣之道也鄭注云養猶敎也言養者積浸養成之保氏職云掌養國子以道此庠訓爲養之說也射繹古字通爾雅云繹陳也周語云無射所以宣布哲人之令德示民軌儀也則射者陳列而宣示之所謂謹庠序之教申之以孝弟之義也此

序訓爲射之說也、養、射、皆敎也、敎之爲父子、敎之爲君臣、敎之爲長幼、故曰皆所以明人倫也、徹者徹也、助者藉也、庠者養也、校者敎也、序者射也、皆因本事以立訓、豈當別指一事以明之哉、將者、小雅四牡篇不遑將父、大雅桑柔篇天不我將、毛傳鄭箋並云將、養也、淮南子原道訓云、聖人將養其神、今俗語猶云將養、或云將息矣、牧者、說文、牧、養牛人也、謙象傳、卑以自牧也、鄭注云、牧、養也、穀者、爾雅、穀、生也、小雅小弁篇、民莫不穀、甫田篇、以穀我士女、鄭箋並云、穀、養也、爾雅、東風謂之谷風、孫炎注云、谷風者、生長之風、義與穀同也、老子谷神不死、河上本作浴、注云、浴、養也、浴與穀谷古聲義亦同、頤者、序卦傳云、頤者、養也、方言、台、養也、晉衛燕魏曰台、郭璞注云、台猶頤也、領謂之頤、室東北隅謂之宧、宧皆養之義也、釋名釋形體篇云、頤、養也、動於下、止於上、上下咀物以養人也、說文、養、從食羊聲、又云、宧、養也、室之東北隅、食所居也、陶者、方言、陶、養也、秦曰陶、充者、方言、充、養也、周官牧人、充人、皆養牲之官、鄭注云、牧人、養牲於野田者、充猶肥也、養、繫牲而肥之、

薀、崇、委、冣、畜、茓、畾、積、寖、殖、揲、秭、穦、秷、貯、積也、

薀崇者、說文、薀、積也、引昭十年左傳、薀利生孽、今本作蘊、方言、蘊、崇也、積也、隱六年左傳、芟夷蘊崇之、杜預注云、蘊、積也、崇、聚也、爾雅、崇、重也、大雅鳧鷖篇、福祿來崇、皆積之義也、委、亦薀也、語之轉耳、大戴禮四代篇云、委利生孽、冣者、說文、冣、積也、經傳通作聚、畜者、方言、畜、積也、郭璞注云、畜者貪、故爲積、魏風伐檀傳云、種之曰稼、斂之曰穡、是其義也、茓者、小雅甫田篇、曾孫之稼、如茓如梁、毛傳云、茓、積也、鄭箋云、茓、屋蓋也、釋名、屋以草蓋曰茓、茓、次也、次比草爲之也、是積之義也、瞻彼洛矣篇云、福祿如茓、其義同也、說文資、草多皃、坴、以土增大道上也、義竝與茓同、周官遺人、糗餌粉餈、鄭注云、此二物皆粉稻米黍米爲之、合蒸曰餌、餅之曰餈、釋名、餈、漬也、烝糝屑使相潤漬餅之也、餈與茓、漬與積、義亦相近、積者、說文、積、積禾也、引周頌良耜篇、積之秩秩、今本作積之栗栗、積與茓義亦同也、寖者、臨象傳云、剛浸而長、文王世子、立大傳少傳以養之、鄭注云、養者、積浸成之、是浸爲積也、浸與寖同、論語顏淵篇、浸潤之譖、鄭注云、譖人之言、如水之浸潤、漸以成之、義亦同也、殖者、晉語、同姓不婚、惡不殖也、韋昭注云、殖、蕃也、周語云、財用蕃殖、皆積之義也、與生財、利謂之貨殖、義亦同也、揲者、淮南子俶眞訓云、橫廓六合、揲貫萬物、王逸注離騷云、貫、累也、揲貫猶言積累、原道訓云、大渾而爲一、葉累而無根、主術訓云、葉貫萬世而不壅、葉與揲通、本經訓、積牒璇石、以純脩碕、高誘注云、牒、累也、牒與揲聲亦相近、秭者、爾雅、秭、數也、周頌豐年篇、萬億及秭、毛傳云、數億至萬曰秭、是秭爲積也、秭與穦聲亦相近、秭、各本譌作秭、今訂正、穦者、玉篇、穦、禾積也、各本穦字誤入曹憲音內、今訂正、秷者、玉篇、秷、小積也、

慇、憯、翳、㥛、憮、俺、款、牟、震、㤅也、

慇、憯、諸字爲親愛之愛、翳爲隱㤅之㤅、憯、各本譌作憯、文選曹植贈丁儀詩注、韋昭博弈論注、並引廣雅、憯、愛也、今據以訂正、翳者、爾雅釋木、蔽者翳、郭璞注云、樹蔭翳覆地者、方言、掩、翳、㤅也、郭注云、謂㤅蔽也、引邶風靜女篇、㤅而不見、今本作愛、爾雅、㤅、隱也、注云、謂隱蔽、大雅烝民篇、愛莫助之、毛傳云、愛、隱也、掩、

翳、愛、隱一聲之轉、愛與薆通、㥛、憮、俺者、㥛、亦作亟、方言、亟、憮、俺、愛也、東齊海岱之閒曰亟、自關而西秦晉之閒、凡相敬愛謂之亟、宋衛邠陶之閒曰憮、或曰俺、又云、韓鄭曰憮、晉衛曰俺、爾雅、煤、愛也、憮、撫也、注云、憮、愛、撫也、憮與煤通、又矜憐撫掩之也、注云、撫掩猶撫拍、謂慰卹也、撫掩與憮俺聲近義同、俺、愛一聲之轉、愛之轉爲俺、猶薆之轉爲掩矣、款者、說文、款、意有所欲也、款與款同、牟、亦煤也、語之轉耳、方言、牟、愛也、宋魯之閒曰牟、

悛、憮、齡、悼、憐、惷、哀也、

悛、憮、齡、悼、憐者、方言、悛、憮、矜、悼、憐、哀也、齊魯之閒曰矜、陳楚之閒曰悼、趙魏燕代之閒曰悛、自楚之北郊曰憮、秦晉之閒或曰矜、或曰悼、矜與齡通、哀與愛聲義相近、故憮、憐既訓爲愛、而又訓爲哀、呂氏春秋報更篇、人主胡可以不務哀士、高誘注云、哀、愛也、檀弓云、哭而起、則愛父也、愛、猶哀也、惷者、逸周書諡法解云、隱、哀之方也、檀弓云、拜稽顙、哀戚之至隱也、孟子梁惠王篇云、王若隱其無罪而就死地、隱與惷通、惷

哀一聲之轉哀之轉爲憂猶薆之轉爲隱矣

龕、岑、貣、敓、采、掇、搴、摭、芼、集、摡、扱、㧈、摘、府、擥、索、撈、撟、穌、賴、攎、摷、撩、揬、抯、收、斂、捕、摕、沒、有、撤、挻、摻、銛、拼、攈、掩、竊、略、剝、剿、捋，取也。

龕者法言重黎篇劉龕南陽李軌注云龕取也字或作戡竹書紀年帝辛三十四年周師取耆卽商書西伯戡黎也岑訓爲取未見所出岑疑當作岁說文玉篇竝云岁取也貣者乾彖傳萬物資始鄭注云資取也敓者說文敓彊取也引呂刑敓攘矯虔今本作奪同掇者說文掇拾取也搴摭者方言攓摭取也南楚曰攓陳宋之閒曰摭說文攓拔取也引離騷朝攓阰之木蘭今本作搴莊子至樂篇云攓蓬而指之搴攓攓竝通說文拓拾也禮器有順而摭也正義云摭猶拾取也少牢下篇云乃摭于魚腊俎摭與拓同芼者爾雅芼搴也郭璞注云謂拔取菜周南關雎篇云左右芼之摡者玉篇摡許氣切引召南摽有梅篇頃筐摡之今本作墍毛傳云墍取也宣十二年左傳董澤之蒲可勝既乎杜預注云既盡也案既亦與摡通言董澤之蒲不可勝取也扱者說文扱收也士昏禮記云祭醴始扱一祭又扱再祭扱之爲言挹取之也少牢下篇二手執挑匕枋以挹湆鄭注云今文挹爲扱扱挹聲相近故古或通用取水於井謂之汲汲聲與扱亦相近也㧈者說文搤捉也揚雄長楊賦搤熊羆搤與㧈通擥者說文擥撮持也管子弟子職篇云飯必奉擥楚辭離騷夕擥洲之宿莽釋名擥斂也斂置手中也擥與擥同索者方言索取也自關而西曰索經傳通作索撈者方言撈取也郭璞注云謂鉤撈也衆經音義卷五引通俗文云沈取曰撈今俗呼入水取物爲撈是其義也撈通作勞齊語犧牲不略則牛羊遂管子小匡篇作犧牲不勞則牛羊育勞略一聲之轉皆謂奪取也尹知章注云過用謂之勞失之撟者方言撟捎選也自關而西秦晉之閒凡取物之上謂之撟捎說文同淮南子要畧篇覽取撟掇高誘注云撟取也○穌者說文穌把取禾若也徐鍇傳云穌猶部斂之也○楚辭離騷蘇糞壤以充幃兮王逸注云蘇取也淮南子俶務訓蘇援世事高注云蘇猶索也索亦

取也○史記淮陰侯傳樵蘇後爨集解引漢書音義云蘇取草也蘇與穌通賴者方言賴取也莊子讓王篇云若伯夷叔齊者其於富貴也苟可得已則必不賴攎與下抯字同方言抯攎取也南楚之閒凡取物溝泥中謂之抯或謂之攎說文抯挹也戲叉取也釋名攎叉也五指俱往叉取也今俗語猶呼五指取物曰攎○張衡西京賦攎狒猬批窳狻薛綜注云攎批皆謂戟撮之攎戲抯竝同抯各本譌作担今據曹憲音訂正摷之言勦也衆經音義卷四引通俗文云浮取曰摷西京賦摷鯤鮞殄水族薛綜注云摷殄言盡取之摷責交反撩亦撈也方俗語有侈弇耳小雅南有嘉魚箋云樔者今之撩罟也爾雅罺謂之汕郭注與鄭箋同釋文云撩取也罺與摷聲義亦同摕者說文摕撮取也或作𢷗又云硩上擿山巖空青珊瑚墮之周禮有硩蔟氏硩與𢷗聲近義同有者周南芣苢篇云采采芣苢薄言采之采采芣苢薄言有之采采芣苢薄言掇之采采芣苢薄言捋之采采芣苢薄言袺之采采芣苢薄言襭之毛傳云采取也有藏之也掇拾也捋取也袺執衽也扱衽曰襭案詩之用詞不嫌於複有亦取也首章泛言取之次則言其取之之事卒乃言既取而盛之以歸耳若首章既言藏之而次章復言掇之捋之則非其次矣大雅瞻卬篇云人有土田女反有之人有民人女覆奪之是有爲取也撤者孟子公孫丑篇引詩徹彼桑土趙岐注云徹取也滕文公篇徹者徹也注云徹猶人徹取物也徹與撤通挻者方言挻取也自關而西秦晉之閒凡取物而逆謂之篡楚部或謂之挻摻者鄭風遵大路正義引說文云摻斂也銛者方言銛取也注云謂挑取也孟子盡心篇是以言餂之也趙岐注云餂取也丁公著音義云字書及諸書竝無此餂字當作銛拼者方言抍拔也出休爲拼艮六二不拯其隨虞翻注云拯取也拯與拼同莊子達生篇見痀僂者承蜩猶掇之也承亦與拼同艮釋文拯作承是其證矣○攈者方言攈摭取也魯語收攈而烝衆經音義卷十三引賈逵注云攈拾穗也墨子貴義篇云是猶舍獲而攈粟也史記十二諸侯年表云各往往捃摭春秋之文以著書攈捃竝同掩者方言掩取也自關而東曰掩說文作揜同曲禮云大夫不掩羣略者方言略強取也宣十五年左傳晉侯治兵于稷以略狄土杜預注云略取也襄四年傳季孫曰略注云不以道取曰略齊語犧

牲不略、草昭注云、略、奪也、剝者、夏小正八月剝棗、傳云、剝也者、取也、剝者、說文鈔、叉取也、鄭注周官射鳥氏云、鳥蔦善鈔盜、曲禮毋勦說、鄭注云、勦猶攣也、謂取人之說以爲已說、勦鈔竝通、叉與撰聲相近也、擣者、方言、擣、取也、衞魯揚徐荊衡之郊曰擣、捋者、說文、捋、引聚也、引小雅常棣篇原隰捋矣、今本作裒、毛傳云、裒、聚也、謙象傳君子以裒多益寡、釋文、裒、鄭荀董蜀才作捋、云取也、禮運汙尊而抔飲、鄭注云、抔飲、手掬之也、說文云、今鹽官入水取鹽曰掊、義竝與捋同、爾雅、捋、取也、義亦與捋同、凡與之義近於散、取之義近於聚、聚取聲又相近、故聚謂之收、亦謂之斂、亦謂之集、亦謂之府、取謂之府、亦謂之集、亦謂之斂、亦謂之收、取謂之捊、猶聚謂之裒也、取謂之掇、猶聚謂之綴也、取謂之捃、猶聚謂之羣也、各本收有撤三字重出、今刪、

㛐、嫁、困、懣、炴、殀、㱡、㱔、殙、殟、歹、亢、疲、羸、券、御、致、窮、乎、終、𢙨、極也、

㛐、說文作憊、云、極也、一曰困劣也、字或作帶、揚雄豫州牧箴降及周微、帶蔽屏營、帶與㛐同、蔽與獘同、謂困劣也、嫁者、方言、嫁、傍也、傍與倦同、又云、嫁、極也、郭璞注云、今江東呼極爲㾊、倦聲之轉也、大雅緜篇維其喙矣、毛傳云、喙、困也、晉語余病喙矣、韋昭注云、喙、短氣貌、皆謂困極也、嫁㾊喙竝通、懣者、說文、懣、懣也、爾雅、罄、盡也、郭注云、今江東呼厭極爲罄、罄義亦相近也、炴、各本譌作炴、殀、各本譌作殀、玉篇、殀、炴、困極也、集韻類篇竝引廣雅、炴、極也、殀、極也、今據以訂正、殀與㛐聲義同也、㱡㱔殙殟歹五字、說見上文殙殟病也、及卷三㱡㱔殙歹也下、㱔各本譌作㫁、集韻類篇竝引廣雅、㱡㱔、極也、今據以訂正、亢者、乾文言云、亢龍有悔、與時偕極、宣三年左傳可以亢寵、杜預注云、亢、極也、漢書五行志云、兵革抗極、抗與亢通、衆經音義卷三引倉頡篇云、炕、乾極也、義與亢亦相近、券者、考工記輈人注云、券、今倦字也、御者、趙策云、恐太后玉體之有所郤也、史記趙世家郤作苦、司馬相如子虛賦徼谻受詘、郭璞注云、谻、疲極也、上林賦與其窮極倦谻、郭注云、窮極倦谻、疲憊者也、方言、倗、傍也、說文、御、徼御受屈也、御、勞也、竝字異而義同、窮極倦

谻、一聲之轉也、爾雅釋詁釋文引廣雅、懋、勮也、勮亦與御同、史記平準書云、作業勮而財匱、是也、乎訓爲極、義無所取、葢卒字之誤、卒隸或作卆、因誤而爲乎、凡從卒之字、亦有誤爲乎者、士冠禮注云、古文啐爲呼、是也、爾雅、卒、終也、窮卒終三字相承、皆極之義也、𢙨者、說文、𢙨、憊也、遯象傳有疾憊也、鄭注云、憊、困也、憊與𢙨同、𢙨各本譌作𢅬、今訂正、

慜、師、慛、嗌、醮、悴、愁、患、慼、桓、慎、怛、惀、怮、悺、忦、慹、傷、慆、慁、愁、䁬、濟、惄、溼、憂也、

師訓爲憂、誤也、辨見上文比樂也下、慛之言摧也、晉初六晉如摧如、虞翻注云、摧、憂愁也、摧與慛通、六二云、晉如愁如、愁慛語之轉耳、嗌者、方言、嗌、憂也、醮悴者、文選歎逝賦注引倉頡篇云、悴、憂也、說文、醮、面焦枯小也、顦、醮、顇也、小雅雨無正篇云、憯憯日瘁、吳語云、日以憔悴、竝字異而義同、各本俱脫患字、衆經音義卷十二引廣雅、憔悴愁患、憂也、今據以補正、桓各本譌作栢、桓字影宋本避諱作栢、後遂譌而爲栢、方言、桓、憂也、慎者、方言、慎、憂也、宋衞謂之慎、楚辭七諫哀子胥之慎事、王逸注云、𢗡不忘國、故言慎事、是慎爲憂也、怛者、檜風匪風篇中心怛兮、毛傳云、怛、傷也、重言之則曰怛怛、義見釋訓、惀者、說文、惀、憂懼也、秦風黃鳥篇云、惴惴其慄、怮者、說文、怮、憂皃、又云、怮、愁皃、怮與怮同、悺者、說文、悺、憂也、玉篇云、悺悺、憂無告也、說文懽字注引爾雅、懽懽愮愮、憂無告也、今本作灌灌、竝字異而義同、悺又音管、爾雅、痯痯、病也、郭璞注云、賢人失志、懷憂病也、大雅板篇作管管、亦字異而義同、凡病與憂義相近、故鄭注樂記云、病猶憂也、忦者、說文、忦、憂也、慹者、說文、辯、憂也、辯與慹同、曹憲音辨、又音婢典反、各本音內辨字誤入正文、集韻、慹音辨、又音婢善切、今據以訂正、傷者、說文、傷、憂也、經傳通作傷、慆者、說文、慆、憂困也、楚辭哀時命欿愁悴而委惰兮、王逸注云、欿、愁貌也、欿與慆通、慁之言患也、說文、慁、憂也、昭五年左傳主不慁賓、杜預注云、慁、患也、愁者、方言、愁、傷也、楚潁之閒謂之愁、䁬濟惄溼者、方言、濟、䁬、惄、溼、憂也、宋衞曰䁬、陳楚或曰溼、或曰濟、自關而西秦晉之閒或曰惄、或曰溼、自關而西秦晉之閒、凡志而不得、欲而不獲、高而有墜、得而中

匕謂之溼、或謂之惄、郭璞注云、瘖者、憂而不動也、溼者失意潛沮之名、玉篇瘖音潛、瘖之言潛也、卽郭所云失意潛沮也、爾雅慘憂也、慘與瘖聲近義同、卷四云、憯愁也、憯與濟聲近義同、爾雅惄思也、舍人注云、志而不得之思也、思與憂義相近、故爾雅云憂思也、小雅小弁篇云、我心憂傷、惄焉如擣、王襃洞簫賦憤伊鬱而酷愵、李善注引倉頡篇云、愵憂皃、玉篇音奴的切、愵與惄同、荀子不苟篇、小人通則驕而偏、窮則弃而儑、楊倞注云、儑當爲濕、引方言濕憂也、濕與溼通、

剖、判、嚳、劈擘、裂、參、離、墳、析、斯、𣂔、筡、𠛒、異、劌、㓨、刻、斑、分也、

嚳、曹憲音口沃反、說文觷治角也、玉篇音口角反、又音學、爾雅象謂之鵠、角謂之觷、釋文鵠胡酷古毒二反、本亦作䴧、廣雅作觷、觷五角反、沈音學、此雖有治角治象之不同、而同爲分析之義、其聲亦相近也、馬融廣成頌、散毛族、梏羽羣、梏與嚳亦同義、說見卷二到裂也下、各本皆脫劈字、其劈字下有音狄普革二音、案普革當爲補革、乃擘字之音、非劈字之音、高誘注淮南子要略篇云、擘分也、玉篇擘補革切、衆經音義卷九及卷十一、十三、十四、二十二、竝引廣雅擘分也、音補革反、今據以補正、內則云、塗皆乾擘之、考工記瓬人、髻墾薜暴、鄭注云、薜破裂也、喪大記絞一幅爲三、不辟、正義云、古字假借、讀辟爲擘、竝字異而義同、參者、方言、參蠡分也、齊曰參、楚曰蠡、秦晉曰離、案參者、閒廁之名、故爲分也、曲禮云、離坐離立、毋往參焉、是其義也、墳分聲相近、楚辭天問、地方九則、何以墳之、王逸注云、墳、分也、釋名云、三墳、墳分也、論三才分天地人之始、其體有三也、衆經音義卷十六引廣雅作坋、義同、爾雅、水自汝出爲濆、郭璞注云、大水溢出別爲小水之名、義與墳亦相近也、斯者、爾雅斯離也、方言云、齊陳曰斯、陳風墓門篇、斧以斯之、毛傳云、斯析也、莊子則陽篇云、斯而析之、史記河渠書、乃廝二渠以引其河、集解引漢書音義云、廝分也、廝與斯通、今俗語猶呼手裂物爲斯、楚辭九歌、流澌紛兮將來下、王逸注云、澌解冰也、方言、㽳散也、東齊聲散曰㽳、秦晉聲變曰㽳、器破而不殊、其音亦謂之㽳、集韻引字林云、𣂔、𤿅破也、義竝與斯通、𣂔、各本譌作折、說文𣂔、裂也、解釋文引廣雅𣂔分也、衆經音義卷一、卷六、卷十七、引廣雅竝與釋文同、今據以訂正、筡者、方

言、筡析也、析竹謂之筡、郭璞注云、今江東呼篾竹裏爲筡、說文、筡、析竹筤也、筤、竹膚也、劌者、說文、劌、判也、爾雅、木謂之劌、郭注引隱十一年左傳、山有木、工則劌之、今本作度、邵氏二雲爾雅正義、引魯頌閟宮篇是斲是度、度與劌通、㓨者、說文、放、分也、引洛誥、乃惟孺子放、今本作頒、鄭注訓頒爲分、徐邈音甫云反、玉篇、放、悲貧切、㓨放頒聲近義同、論語雍也篇、文質彬彬、包咸注云、彬彬、文質相半之皃、亦分之義也、斑者、說文、班、分瑞玉、從玨刀、班與斑通、

隓、敗、廜、徹、破、碎、崩、隤、陁、阤、陊、殆、廞、𢿫、壞也、

隓之言虧也、方言、隓壞也、皋陶謨、萬事墮哉、墮與隓同、廜者、逸周書周祝解、國孤國廜、孔晁注云、廜謂爲人所分裂也、管子版法解、則必有崩阤堵壞之心、堵與廜聲近義同、徹者、小雅十月之交篇、徹我牆屋、鄭箋云、徹毀我牆屋、楚辭天問、何令徹彼岐社、王逸注云、徹壞也、陁與阤一字也、方言、阤壞也、周語、聚不阤崩、後漢書蔡邕傳注引賈逵注云、小崩曰阤、說文阤小崩也、淮南子繆稱訓云、岸𡺰者必陀、劉昌宗考工記音讀陁爲陀、陁阤陀三字竝通、魯語文公欲弛孟文子之宅、韋昭注云、弛毀也、弛與阤亦聲近義同、陊亦陀也、方俗語有輕重耳、說文、陊落也、張衡西京賦云、期不陁陊、荀子富國篇云、徙壞墮落、墮與陊通、殆者、方言、怠壞也、怠與殆通、廞𢿫者、說文、廞、㦤也、孟子盡心篇、糜爛其民而戰之、越語、靡王躬身、韋昭注云、靡損也、廞靡糜竝通、說文、𢿫、飛𢿫也、𢿫、分離也、散、雜肉也、散隷作散、與𢿫𢿫竝通、楚辭招魂、靡散而不可止些、王逸注云、廞碎也、九歎名靡散而不彰、注云、靡散猶消滅也、竝與廞𢿫同、

揨、撞、鈌、挃、㓷、狃、𤜱、揭、刨、扤、篫、劚、抵、㧙、掙、鍼、刺也、

揨者、說文、朾、撞也、朾與揨同、揨撞挃揭四字竝從手、各本譌從木、今訂正、撞者、說文、撞、丮擣也、秦策、迫則杖戟相撞、高誘注云、撞、刺也、鈌者、說文、鈌、刺也、如淳注漢書天文志云、有氣刺日爲鐍、鐍抉傷也、鈌鐍竝音古穴反、其義同也、挃者、淮南子兵略訓、夫五指之更彈、不若捲手之一挃、高誘注云、挃擣也、釋名云、殳矛、殳殊也、長丈二尺而無刃、有所撞挃於車上、使殊離也、史記淮陰侯傳、孟賁之狐疑、不如庸夫之必至

也、至、與挃通、故說文云、摶、至也、剩、亦撞也、楚策云、臣請爲君無劓其胷殺之、呂氏春秋貴卒篇云、所擊無不劓碎、所衝無不陷、剩之衝、並通、集韻類篇引廣雅作剩、秖者、說文秖、刺也、秖者、玉篇、秖、刺矛也、揭者、說文揭、手推也、一曰築也、釗者、說文、釗、刺也、封、刺傷也、周官士師、凡刉珥、則奉犬牲、鄭注云、刉珥讀爲衈、用牲毛者曰刉、羽者曰衈、抌者、說文、抌、深擊也、刺子黃帝篇云、攩拯挨抌、燕策云、臣左手把其袖、而右手揕抗其胷、史記荆軻傳作右手揕其胷、集解云、徐廣曰、揕一作抗、索隱云、揕、謂以劒刺其胷也、抗、拒也、其義非、案抗乃抌字之譌、集韻類篇、揕抌並音陟甚切、故揕字或作抌、俗書從冘之字作冗、從亢之字作亢、二形相似、故抌字譌而爲抗、燕策作揕抗其胷、抗亦抌字之譌、且亦是一本作揕、一本作抗、而後人誤合之耳、姚宏校本云、一無抗字、是其證矣、說文、戡、刺也、戡揕並從甚聲、義亦同也、築者、說文、築、擣也、撴者、說文、撴、刺也、一曰刺之財至也、又云、斀、刺也、撴斀並音豬几反、其義同也、玉篇、撴、挃也、挃與撴亦聲近義同、撴、曹憲音丁几反、各本脫去撴字、其丁几反之音、遂誤入劃字下、几字又誤作凡、宋祁校漢書揚雄傳引字書、撴、竹

廣雅疏證　卷第一上　三五

几反、廣韻音豬几切、上文撴、至也、曹憲音陟殿反、陟殿、竹几、豬几、並與丁几同音、集韻引廣雅、撴、刺也、今據以補正、抵、挑者、方言、抵、挑、刺也、說文、牴、觸也、抵、牴義相近、挑字說見卷三挑、擊也下、拼、亦拌也、方俗語有輕重耳、鍼者、文王世子、其刑罪則纖剸、鄭注云、纖讀爲鍼、鍼、刺也、剸、割也、鍼字亦作𡨁、同、

刵、創、刓、剸、割、𠜾、刌、切、殊、絕、剬、𣃔、𢧵、剸、刖、祝、斬、剿、刏、刎、剹、剫、剎、銛、劊、制、𧣾、刈、劖、劉、剶、斷也、

刵者、說文、刵、斷耳也、康誥云、劓刵人、呂刑云、爰始淫爲刵劓劅黥、周官山虞、致禽而珥焉、鄭衆注云、珥者、取禽左耳以效功也、雜記、其衈皆于屋下、鄭注云、衈謂將封割牲以釁、先滅耳旁毛薦之、則珥衈義相近、創者、說文、創、斷也、困九五、劓刖、京房刖作劊、說文、膾、細切肉也、少儀云、牛與羊魚之腥、聶而切之爲膾、義與劊同也、刓者、說文、刓、剸也、楚辭九章、刓方以爲圜兮、王逸注云、刓、削也、莊子天下篇、椎拍輐斷、王叔之義疏云、椎拍輐斷、皆刑截者所用、輐與刓亦同義、剸者、說文、剸、減也、剸者、廣韻云、剸、割也、斷也、出埤倉、刌

者、說文、刌、切也、士虞禮、刌茅長五寸、特牲饋食禮、刌肺三、鄭注云、今文刌爲切、漢書元帝紀、分刌節度、韋昭注云、刌、切也、玉藻、瓜祭上環、鄭注云、上環頭忖也、忖、與刌通、殊者、昭二十三年左傳云、斷其後之木而弗殊、莊子在宥篇、今世殊死者相枕也、釋文引廣雅、殊、斷也、剬者、說文、剬、擊也、昭二十六年左傳、苑子剬林雍、斷其足、正義云、今江南猶謂刀擊爲剬、齊語云、剬令支、斬孤竹、說苑雜言篇云、干將鏌鋣、拂鐘不錚、拂與剬通、𢧵者、說文、𢧵、斬也、爾雅云、魚曰𢧵之、成二年公羊傳、郤克曰、欺三軍者其法奈何、曰法𢧵、剸與下𢧵字同、說文、𢧵、截也、或作剸、文王世子、其刑罪則纖剸、鄭注云、剸、割也、淮南子脩務訓云、水斷龍舟、陸剸犀甲、說文、膞、切肉也、義亦與剸同、刖者、說文、刖、絕也、跀、斷足也、或作趴、跀趴並與刖通、祝者、哀十四年公羊傳、天祝予、十三年穀梁傳、祝髮文身、何休范甯注並云、祝、斷也、剿之言絕也、卷四云、剿、截也、集韻類篇引廣雅作𣃔、刏者、玉篇、刏、斷取也、說文、釗、刓也、釗與刏聲近義同、剹者、集韻引字林云、剹、細斷也、剫者、說文、剫、斷齊也、剫與剸聲亦相近、銛亦劊也、語有緩急耳、說文、銽、斷也、從金昏聲、隸省作銛、玉篇、廣韻並

廣雅疏證　卷第一上　三六

音古活切、又說文、銛、臿屬也、從金舌聲、玉篇音思廉切、廣韻音息廉、他玷二切、廣雅銛訓爲斷、當音古活反、曹憲音他點、息廉二反、誤也、劁者、釋言云、劁、刈也、經傳通作樵、劖者、說文、劖、斷也、一曰釗也、劉者、玉篇、劉、減削也、㓷者、說文、㓷、刖鼻也、或作劓、案㓷刖一聲之轉、皆謂割斷也、說文、刖、絕也、盤庚、我乃劓殄滅之、無遺育、傳云、劓、割也、多方云、劓割夏邑、是凡有所割斷者通謂之㓷刖、斷鼻爲㓷、斷足爲刖、名異而實同也、

敏、逞、佝、儳、趨、頪、儵、僊、倢、䠷、蹂、躁、駛、獧、挑、搖、扇、掮、舞、勮、極

汩、慫、颮、赽、鷸、䟗、越、齊、疾也、㬥、鷹、偶、

逞者、方言、逞、疾也、楚曰逞、說文云、楚謂疾行爲逞、疾驅謂之騁、義與逞同、文十七年左傳、鋌而走險、急何能擇、杜預注云、鋌、疾走貌、鋌與逞亦聲近義同、佝者、說文、佝、疾也、史記五帝紀、幼而徇齊、集解云、徇、疾、齊、速也、言聖德幼而疾速也、索隱云、孔子家語及大戴禮並作叡齊、史記舊本亦作濬齊、並聲近而義同、爾

雅迅疾也駿速也郭璞注云駿猶迅也亦與侚聲近義同商子弱民篇齊疾而均速均與侚亦聲近義同鄭注內則云旬當爲均聲之誤是其例也儳者玉篇音仕咸仕鑿二切周語云冒沒輕儳後漢書何進傳進驚馳從儳道歸營李賢注引廣雅儳疾也小雅巧言篇躍躍毚兔毛傳云毚兔狡兔也義與儳相近趨者說文趣疾也周官縣正趨其稼事釋文云趨本又作趣頹各本譌作楨玉篇引廣雅頹疾也今據以訂正儵與下儵憏二字同說文儵疾也儵犬走疾也玉篇憏疾也莊子應帝王篇南海之帝爲儵北海之帝爲忽梁簡文帝注云儵忽取神速爲名楚辭九歌云儵而來兮忽而逝儵倏憏儵竝通大畜九三良馬逐姚信作良馬逐逐云逐逐疾竝驅之貌逐與偼古亦同聲故頤六四其欲逐逐劉表作偼偼矣儵各本譌作儵今訂正偼者說文疌疾也疌與偼同亦作捷朓者太平御覽引書大傳云晦而月見西方謂之朓鄭注云朓條也條達行疾貌漢書五行志晦而月見西方謂之朓劉向以爲朓者疾也孟康注云朓者月行疾在日前故早見朓各本譌作眺今訂正駛者衆經音義卷二引倉頡篇云駛疾也猥挑方言作儇佻云

儇佻疾也郭璞注云謂輕疾也齊風還傳云儇利也荀子非相篇鄉曲之儇子楊倞注引方言儇疾也慧也不苟篇小人喜則輕而翾韓詩外傳翾作快說文還疾也儇還翾竝通方言注云佻音糶韓子詭使篇云躁佻反覆謂之智成十六年左傳楚師輕窕窕與佻通史記荊燕世家遂跳驅至長安跳驅謂疾驅也義亦與佻同佻與朓聲義又相近也搖扇者方言搖扇疾也燕之外鄙朝鮮洌水之間曰搖扇又云遙疾行也楚辭九章願搖起而橫奔兮爾雅蠅醜扇郭璞注云好搖翅是搖扇皆有疾義也搖與遙通拊舞者方言拊撫疾也注云謂急疾也撫與舞通說文駙疾也駙與拊亦聲近義同勮者唐釋慧苑華嚴經卷六十三音義引賈逵國語注云遽疾也遽與勮通各本俱脫輕字其勮字下有去力其御二音考玉篇廣韻集韻勮字俱音其御切不音去力切說文輕急也廣韻音邱力切邱力與去力同音是去力乃輕字之音非劇字之音今據以補正玉篇輕居力切爾雅亟疾也大雅靈臺篇經始勿亟亟與輕通汩者方言汩疾行也南楚之外曰汩注云汩汩急貌也說文昇水流也楚辭離騷汩余若將不及兮王逸注云汩去貌疾

若水流也九章云分流汩兮汩與昇同颸者說文猋疾也莊十一年左傳其亡也忽焉杜預注云忽速貌颸忽猋竝通說文颸疾風也淮南子覽冥訓云縱矢躡風追猋歸忽說文欻有所吹起也讀若忽飛義竝同也漢書禮樂志卉汩臚顏師古注云卉汩疾意也卉與颸亦聲近義同趀者說文趀踶也高誘注淮南子俶務訓云踶趍走也說文趹馬行皃史記張儀傳探前趹後索隱云言馬之走勢疾也趹與趀同義莊子逍遙遊篇我決起而飛李頤注云決疾貌決與趀亦聲近義同驚訓爲疾未見所出豫九四朋盍簪釋文簪徐側林反子夏傳云疾也鄭云速也埤倉同簪驚聲近義同古或通用也墨子明鬼篇云鬼神之誅若此之僭遫也僭與驚亦聲近義同跋之言發越也說文跋輕足也禮運麟以爲畜故獸不狘鄭注云狘走貌也玉篇獩獩飛皃跋狘獩聲義竝同越者漢書李尋傳太白發越犯庫張晏注云發越疾貌也齊者爾雅齊疾也荀子君道篇云齊給便捷而不惑史記五帝紀索隱云尚書大傳曰多聞而齊給鄭注云齊疾也說苑敬慎篇資給疾速資與齊通春秋衛世叔齊字疾是其義也暴者說文暴疾有所趣也大戴禮

保傅篇何殷周有道之長而秦無道之暴盧辯注云暴卒疾也說文瀑疾雨也引邶風終風且瀑今本作暴毛傳云暴疾也暴暴瀑竝通騰者釋宮篇云騰奔也考工記弓人注云奔猶疾也偈者檜風匪風篇匪車偈兮毛傳云偈偈疾驅宋玉高唐賦云偈兮若駕駟馬建羽旗衆經音義卷十一引廣雅暴疾也卷十八引廣雅騰疾也集韻類篇竝引廣雅偈疾也今本脫暴騰偈三字

腆、嬙、䤣、㛘、膱、貼、腊、膞、醰、皇、翼、滑、黨、貢、膚、熹、琇、甘、珍、旨、甛、羨、將、英、暟、娀、媛、豔、珇、美也、沃

腆者邶風新臺篇籧篨不殄鄭箋云殄當作腆腆善也燕禮云寡君有不腆之酒嬙者說文嬙好也又嬙字注引陳風澤陂篇碩大且嬙今本作儼竝聲近而義同䤣經傳通作純亦作醇㛘者小雅賓之初筵篇烝衎烈祖鄭箋云烈美也烈與㛘通膱貼腊者玉篇膱初減切臉膱羹也貼徒兼切大羹也腊子含切腊腤也腤於含切煮魚肉也皆美之義也齊民要術有作臉膱法又有腤雞腤豬腤魚法膞者玉篇膞倉味

美也、說文、醰、甛長味也、甛與甜同、文選洞簫賦云、良醰醰而有味、魏都賦、宅心醰粹、李善注云、醰、美也、醰醰聲義竝同、䣢者、廣韻、䣢、小甜也、子朕七稔二切、高誘注淮南子覽冥訓云、噆、味長美也、醰䣢噆義竝相近、皇者、爾雅、皇皇、美也、白虎通義云、皇、君也、美也、大也、天人之揔、美大之稱也、周頌執競篇云、上帝是皇、翼者、毛鄭詩考正云、卷阿五章、有馮有翼、馮、滿也、謂忠誠滿於內、翼、盛也、謂威儀盛於外、盛亦美也、別見釋訓、翼翼、盛也、下滑者、周官食醫云、調以滑甘、內則云、旨甘柔滑、是滑爲美也、黨訓爲美義見上文、黨善也、下賁者、序卦傳云、賁者、飾也、小雅白駒篇、皎皎白駒、賁然來思、毛傳云、賁、飾也、皆美之義也、盤庚、用宏玆賁、謂用大此美績也、卽上文所云嘉績于朕邦也、大誥、敷賁、亦謂敷布文武之美功也、膚者、豳風狼跋篇公孫碩膚、大雅文王篇、殷士膚敏、毛傳竝云、膚、美也、馬融注噬嗑卦云、柔脆肥美曰膚、熹通作熙、堯典有能奮庸熙帝之載、史記五帝紀作美堯之事、琇通作秀、烝者、魯頌泮水篇、烝烝皇皇、毛傳云、烝烝、厚也、皇皇、美也、厚亦美也、大雅文王有聲篇、文王烝哉、韓傳云、烝、美也、烝與蒸通、逸周書小開解、登登皇皇、登亦與蒸通、將者、豳風破斧首章、亦孔之將、毛傳云、將、大也、大亦美也、二章云、亦孔之嘉、三章云、亦孔之休、將嘉休皆美也、將臧聲相近、亦孔之將猶言亦孔之臧耳、美從大、與大同意、故大謂之將、亦謂之皇、美謂之皇、亦謂之將、美謂之賁、猶大謂之墳也、美謂之膚、猶大謂之甫也、英者、白虎通義引禮別名記云、百人曰俊、千人曰英、鄭風有女同車傳云、英猶華也、魏風汾沮洳云、美如英、說文、瑛、玉光也、齊風著篇、尚之以瓊英乎而、傳云、瓊英美石似玉、義竝同也、曖者、方言、曖、美也、郭璞注云、曖曖、美德也、娥者、方言、娃、娥、美也、故吳有館娃之宮、秦有榛娥之臺、秦晉之間美貌謂之娥、注云、言娥娥也、列子周穆王篇云、簡鄭衞之處子娥媌靡曼者、史記外戚世家云、邢夫人號娙娥、說文、娥、帝堯之女、舜妻娥皇字也、秦晉謂好曰娙娥、列女傳云、帝堯之二女、長曰娥皇、次曰女英、玉篇、媖、女人美稱也、則英與娥同義、媛者、爾雅、美女爲媛、鄘風君子偕老篇云、邦之媛也、珇者、方言、珇、美也、晏子春秋諫篇云、今君之服驪華、法言吾子篇云、霧縠之組麗、組驪竝與珇通、沃者、衞風氓篇、其葉沃若、毛傳云、沃若猶沃沃然、魯語、沃土之民不材、韋昭注云、沃、肥

美也、晉語、雖獲沃田而勤易之、注云、沃、美也、○衆經音義卷十三、引廣雅、沃、美也、今本脫沃字、

同、儕、等、䵴、比、倫、匹、臺、敵、讎、輩也、

同、各本譌作周、廣韻、同、輩也、衆經音義卷六引廣雅、同、輩也、今據以訂正、䵴之言班也、各本竝脫此字、衆經音義卷七、䵴、補單反、引字林云、䵴、部也、卷六引廣雅、等、䵴、輩也、集韻類篇竝引廣雅、䵴、輩也、今據以補正、臺、敵、讎者、臺之言相等也、故斗魁下六星兩兩而比者、曰三台、台與臺同義、方言、臺、敵、匹也、東齊海岱之閒曰臺、自關而西秦晉之閒物力同者謂之臺敵、耦○也、爾雅、讎、敵、匹也、郭璞注云、讎猶儔也、成二年左傳云、若以匹敵、召誥云、敢以王之讎民百君子、說文、雔、雙鳥也、從二隹、讀若醻、雔與讎通、

挴、赧、怍、㥏、䝜、聡、瞢、愜、𢙢、怩、𢥠、咨、恧、慙也、

挴、赧、愜者、方言、挴、愜、赧、愧也、晉曰挴、或曰愜、秦晉之閒、凡愧而見上謂之赧、梁宋曰愜、郭璞注云、敕愜亦慙貌也、說文、赧、面慙赤也、孟子滕文公篇云、觀其色赧赧然、小爾雅、面慙曰戁、戁與赧通、怍者、說文、怍、慙也、論語憲問篇云、其言之不怍、荀子儒效篇、無所疑怍、○說苑臣術篇、翟黃迮然而慙、竝與怍同、㥏者、方言、㥏、慙也、荊揚青徐之閒曰㥏、若梁益秦晉之閒言心內慙矣、左思魏都賦、㥏墨而謝、㥏墨皆慙也、墨與挴聲相近、聡者、方言、趙魏之閒謂慙曰聡、瞢者、小爾雅、瞢、慙也、襄十四年左傳云、不與於會、亦無瞢焉、晉語、臣得其志而使君瞢、韋昭注云、瞢、慙也、魏都賦云、有靦瞢容、瞢與挴聲相近、釋器篇云、鏌鏝、鏝也、鏌鏝之同爲鏝、猶挴瞢之同爲慙也、釋草篇云、夢、孽也、周官媒氏注云、今齊人名麴䴷曰媒、媒亦夢也、爾雅、夢夢、亂也、儚儚、惛也、莊子胠篋篇、故天下每每大亂、李頤注云、猶昏昏、每每亦夢夢也、聲相近故義相同矣、𢙢怩、𢥠咨者、方言、忸怩、慙歰也、楚郢江湘之閒謂之忸怩、或謂之𢥠咨、晉語、君忸怩顏、韋昭注云、忸怩、慙貌、孟子萬章篇云、象曰、鬱陶思君爾、忸怩、忸與𢙢同、𢙢字從心衄聲、各本譌作衄、今訂正、𢥠咨、各本譌作慼忞、集韻類篇竝引廣雅、慼、慙也、則宋時廣雅本已譌、釋訓篇、忸怩、𢥠咨也、𢥠字亦譌作慼、惟咨字不譌、考方言、玉篇、廣韻竝作𢥠咨、離釋文亦云、𢥠咨、慙也、今據以訂正、忸怩、𢥠咨、皆局縮不伸之貌也、𢥠咨、倒言

之則曰貣䁝、太元親初一云、其志齟齬、次二云、其志貣䁝、貣䁝、猶齟齬、謂志不伸也、范望注訓貣爲用、䁝爲親、皆失之、卷三云、側匿、䁝縮也、釋言云、朒縮也、縮與慼義相近、縮謂之側匿、猶慼謂之慼也、縮謂之朒又謂之䁝、猶慼謂之忸怩、又謂之㦫咨也、恧者、方言恧慼也、山之東西自愧曰恧、小爾雅云、心慚曰恧、司馬相如封禪文云、不亦恧乎、太元睟次二云、晌于中、晌與恧同、

廣雅疏證卷第一上

廣雅疏證卷第一下

高郵王念孫學

釋詁

誕、隸、果、睦、懇、惇、信也、

誕者、文選陸雲大將軍讌會詩誕隆駿命、李善注引薛君韓詩章句云、誕、信也、爾雅、亶、信也、亶與誕聲近義同、果、各本譌作杲、賈子道術篇云、期果言當謂之信、玉篇、果、信也、今據以訂正、睦者、方言、穆、信也、西甌毒屋黃石野之閒曰穆、逸周書謚法解云、中情見貌曰穆、穆與睦通、史記司馬相如傳、旼旼睦睦、漢書作穆穆、是其證也、懇者、檀弓云、頎乎其至也、呂氏春秋下賢篇云、狠乎其誠自有也、頎狠並與懇通、字或作懇、又作狠、義見釋訓懇懇誠也下、惇者、方言、惇、信也、燕曰惇、大戴禮王言篇云、士信民敦、工璞商慤、敦與惇通、

爲、已、知、瘥、蠲、除、慧、閒、瘳、瘉也、

爲已者、成十年左傳云、疾不可爲也、列子周穆王篇云、疾可已也、南山經云、旋龜可以爲底、虎蛟可以已痔、是爲已皆愈也、知瘥蠲除慧閒瘳者、瘥通作差、方言、差閒知愈也、南楚病愈者謂之差、或謂之閒、或謂之知、知通語也、或謂之慧、或謂之憭、或謂之瘳、或謂之蠲、或謂之除、郭璞注云、閒言有閒隙也、慧憭皆意精明也、蠲亦除也、素問刺瘧篇云、一刺則衰、二刺則知、三刺則已、藏氣法時論篇云、肝病者平旦慧、下晡甚、夜半靜、論語子罕篇病閒、孔傳云、少差曰閒、說文、瘉、病瘳也、漢書高祖紀、漢王疾瘉、顏師古注云、瘉與愈同、瘉各本譌作癒、自宋時本已然、是以集韻瘉癒二字兼收、而類篇以下諸書悉仍其誤、考說文、玉篇廣韻俱無癒字、今訂正、

倉、闇、慫、慂、勵、勸也、

倉闇慫慂者、方言、倉闇、慫慂、勸也、南楚凡己不欲喜而旁人說之、不欲怒而旁人怒之、謂之倉闇、或謂之

從慂、漢書衡山王傳、日夜縱臾王謀反事、顏師古注云、縱臾、謂奬勸也、史記作從容、汲黯傳、從諛承意、竝與從慂同、案從慂、疊韻也、單言之則謂之聳、方言云、自關而西秦晉之閒、相勸曰聳、或曰將、中心不欲而由旁人之勸語、亦曰聳、昭六年左傳、誨之以忠、聳之以行、杜預注云、聳、懼也、漢書刑法志、聳作㦂、顏師古注云、㦂謂奬也、案顏說是也、聳之以行、謂奬善行以奬勸之、故楚語教之春秋、而爲之聳善而抑惡焉、以戒勸其心、韋昭注云、聳、奬也○又案從慂者、從旁動之也、因而物之自動者、亦謂之聳慂、漢書司馬相如傳紛鴻溶而上厲、張注云、鴻溶竦踊也、竦踊鴻溶、又語之轉矣、厲者、聘義云、諸侯相厲以禮、厲與勵通、

有司、股肱、陪、儓、皁、隸、牧、圉、臣也、

陪儓皁隸牧圉者、昭七年左傳云、是無陪臺也、又云士臣皁、皁臣輿、輿臣隸、隸臣僚、僚臣僕、僕臣臺、服虔注云、皁、造也、造成事也、輿、衆也、佐皁舉衆事也、隸、隸屬於吏也、僚、勞也、共勞事也、僕、僕豎主藏者也、臺、給臺下微名也、韋昭注楚語云、臣之臣爲陪、曲禮列國之大夫入天子之國、自稱曰陪臣某、鄭注云、陪、重也、

論語季氏篇、陪臣執國命、馬融注云、陪、重也、謂家臣也、方言、南楚凡罵庸賤謂之田儓、孟子萬章篇、蓋自是臺無餽也、趙岐注云、臺、賤官主使令者、臺與儓通、

婘、嬴、娃、嫷、孌、孉、姚、娧、純、珇、眊、婠、窔、窈、窕、姅、忓、妧、媌、婞、嬻、鮮、䫆、嫡、麗、佳、嫮、釥、嫽、姣、袾、齎、媉、嬪、瞴、嬮、姝、娩、妑 嫿、嬇、婍、妍、嫬、嬥、嫙、娙、黊、褿、袓、裓、妙、嫇、媨、姕、婸、嫈、嫢、覣、婥、約、嫵、媚、嫇、姍、好也、

婘與下孉字同、玉篇、婘、好皃、或作孉、齊風還首章、揖我謂我儇兮、毛傳云、儇、利也、釋文、儇、韓詩作婘、好貌、案二章云、揖我謂我好兮、三章云、揖我謂我臧兮、屬辭比事、則韓義爲長、澤陂二章云、有美一人、碩大且卷、毛傳、卷、好貌、釋文云、卷、本又作婘、是其證也、說文鬈、髮好也、引盧令篇其人美且鬈、檀弓、執女手之卷然、正義云、卷卷然柔弱、義竝相近也、嬴者、方言、嬴、好也、宋魏之閒謂之嬴、字亦作嬴、又作盈、史記趙世家吳廣女名娃嬴、餘見後釋訓嬴嬴容也下、嬴、各本譌作嬴、惟影宋本不譌、娃嫷者、方言、娃嫷、美也、吳楚衡淮之閒曰娃、南楚之外曰嫷、故吳有館娃之宮、娃猶佳也、楚辭九章、妬佳冶之芬芳兮、佳一作娃、左思吳都賦、幸乎館娃之宮、劉逵注云、吳俗謂好女爲娃、枚乘七發云、使先施徵舒陽文段干吳娃閭娵傅予之徒、方言注云、嫷言婑嫷也、字亦作媠、列子楊朱篇云、皆擇稚齒婑媠者以盈之、宋玉神女賦、嫷被服、李善注引方言、嫷、美也、嫷、各本譌作隋、今訂正、孌者、邶風泉水篇、孌彼諸姬、毛傳云、孌、好貌、齊風甫田篇、婉兮孌兮、傳云、婉孌、少好貌、說文作㜻、同、又云、䙬、好視也、䙬與孉亦聲近義同、姚娧者、方言、姚娧、好也、荀子非相篇、莫不美麗姚冶、楊倞注引說文云、姚、美好貌、禮論篇、故其立文飾也、不至於窕冶、窕與姚通、說文、瑤、石之美者、亦與姚同義、故大雅公劉篇、維玉及瑤、毛傳云、瑤、言有美德也、方言注云、娧、謂姅娧也、神女賦娧薄裝、李善注云、娧與娧同、春秋宋公子說字好父、說亦與娧同、廣韻、娧、他外切、又音悅、云、姚娧、美好也、楚辭九辯、心搖悅而日幸兮、王逸注云、意中私喜、搖悅爲喜、故人之美好可喜者、謂之姚娧矣、純者、方言

純、好也、漢書地理志、織作冰紈綺繡純麗之物、顏師古注云、純、精好也、珇者、方言、珇、好也、法言吾子篇云、霧縠之組麗、組麗猶純麗也、組與珇通、餘見上文珇美也下、眊者、方言、毣、好也、注云、毣毣、小好貌也、司馬相如上林賦、長眉連娟、微睇緜藐、郭璞注云、緜藐、遠視貌、張衡西京賦、眳藐流眄、一顧傾城、薛綜注云、眳眉睫之閒、藐、好視容也、案眳藐、緜藐、皆好視貌也、郭注以緜藐爲遠視、薛注以眳藐爲眉睫之閒、皆失之也、爾雅、藐藐、美也、大雅崧高篇、既成藐藐、毛傳云、藐藐、美貌、說文、懇、美也、廣韻、毣眊藐懇四字竝莫角切、其義同也、婠之言娟娟也、說文、婠、體德好也、太平御覽引通俗文云、容美曰婠、窔當作妖、今作窔者、蓋因下文窈字而誤、考玉篇窔爲窔之俗體、諸書亦無訓爲好者、衆經音義卷一引三倉云、妖、妍也、楚辭九歌、靈偃蹇兮姣服、姣一作妖、神女賦云、近之既妖、遠之有望、皆謂美好也、妖字不須音釋、故曹憲無音、若窔字、則當有音、以是知窔爲妖之譌也、窈窕者、爾雅、窕、閒也、方言、窕、美也、陳楚周南之閒曰窕、自關而西秦晉之閒、凡美色或謂之好、或謂之窕、又云、美狀爲窕、美心爲窈、周南關雎傳云、窈窕、幽閒也、姅、音丰、各本

姅譌作姅曹憲音內丰字又譌作半方言趙魏燕代之閒謂好曰姝或曰姅注云言姅容也音蜂今據以訂正鄭風丰篇子之丰兮毛傳云丰豐滿也丰與姅通方言注云娧謂姅娧也廣韻丰茸美好也姅娧姅容丰茸皆語之轉耳忓者方言自關而西秦晉之故都謂好曰忓妧者集韻引字林云妧好皃寶器謂之玩好義與此同也媌之言妙也方言自關而東河濟之閒謂好曰媌注云今關西人亦呼好爲媌說文媌目裏好也列子周穆王篇閒鄭衞之處子娥媌靡曼者張湛注云娥媌妖好也姘婧鮮者方言姘婧鮮好也南楚之外通語也說文婧齊也卷四云姘婧齊也皆好之義也姘與忓聲近而義同廣韻晴淨也義與婧亦相近嫱者說文嫱媚也孟康注漢書張敞傳云北方人謂媚好爲詡畜畜與嫱通說文媚說也故媚好謂之畜相悅亦謂之畜又謂之好孟子梁惠王篇畜君者好君也本承上君臣相說而言故趙岐注云言臣說君謂之好君好畜古聲相近畜君何尤即好君何尤祭統云孝者畜也順於道不逆於倫是之謂畜孔子閒居及坊記注竝云畜孝也釋名云孝好也愛好父母如所悅好也畜孝好聲竝相近畜君者好君也洚水者洪水也皆取聲近之字爲訓後世聲轉義乖而古訓遂不可通矣嫭者楚辭大招朱脣皓齒嫭以姱只王逸注云嫭好貌也漢書外戚傳美連娟以脩嫮兮嫮與嫭同釥嫽者方言釥嫽好也青徐海岱之閒曰釥或謂之嫽注云今通呼小姣潔喜好者爲釥嫽釥猶小也凡小與好義相近故孟喜注中孚卦云好小也陳風月出篇佼人僚兮毛傳云僚好貌傅毅舞賦貌嫽妙以妖蠱兮嫽與僚同玉篇釥美金也爾雅白金謂之銀其美者謂之鐐是金之美者謂之釥亦謂之鐐義與釥嫽同也姣與詩佼人之佼同方言自關而東河濟之閒或謂好曰姣袾與下姝字同邶風靜女其姝毛傳云姝美色也說文袾好佳也引詩靜女其袾又云𡜊好也引詩靜女其𡜊又云姝好也竝字異而義同袾襛袓𧞤四字竝從衣各本譌從示今訂正齌者玉篇音阻皆子奚二切廣韻又音齊云好皃說卦傳云齊也者言萬物之絜齊也齊與齌義相近媉者釋訓篇云媉媉容也嫺者下篇嫺美容皃衞風淇奧篇綠竹猗猗毛傳云猗猗美盛貌又猗嗟昌兮猗與漆沮猗與那與皆歎美之辭義相近也瞴者說文瞴婁微視也玉篇廣韻竝作瞴瞜瞴與

嫵媚之嫵聲義同也嬮之言豔也說文嬮好也楚辭大招靨輔奇牙宜笑嘕只淮南子脩務訓奇牙出䣈酺搖高誘注云䣈酺頰邊文婦人之媚也嬮䣈竝同義姽者說文姽閑體行姽姽也神女賦云素質幹之醲實兮志解泰而體閑既姽嫿於幽靜兮又婆娑乎人閒說文頠頭閑習也義與姽同各本俱脫姽字其姽字下有牛委牛果二音考玉篇廣韻集韻姽字俱無牛果切之音說文姽婐姽也一曰弱也從女危聲徐鍇傳云危音一果反玉篇廣韻集韻姽字竝乃果五果二切廣韻云姽好皃又婐字注云婐姽身弱好皃太平御覽引通俗文云肥體柔弱曰婐姽五果切即牛果切是牛果乃姽字之音非姽字之音今據以補正嫿者說文嫿靜好也卽神女賦所云姽嫿於幽靜也嵇康琴賦云明嫿瞭惠義亦相近也𡤾者說文𡤾白好也衆經音義卷七引聲類云𡤾綺也又引通俗文云服飾鮮盛謂之𡡞𡤾玉篇鬢髮光澤也皆好之義也婍之言綺麗也說文綺文繒也義與婍同嬥說見釋訓嬥嬥好也下嬥與窈窕之窕聲相近也嫙者說文嫙好也齊風還首章子之還兮毛傳云還便捷之貌韓詩作嫙云好貌案此亦韓詩是也二章子之茂兮毛傳云茂美也三章子之昌兮毛傳云昌盛也鄭箋云佼好貌昌茂皆好則還亦好也嫙還字異而義同美玉謂之璿義亦同也娙者說文娙長好也又云秦晉謂好曰娙娥史記外戚世家云邢夫人號娙娥漢書云武帝制倢伃娙娥傛華充依各有爵位䕱曹憲音託陋反玉篇廣韻竝他口切云好皃字從艸黈聲黈他口反字從黃主聲又說文䕱黃華也玉篇呼規切廣韻又胡瓦切字從艸黊聲黊戶圭反字從黃圭聲後漢書馬融傳蓷扈蘳熒李賢注云蘳音胡瓦反字從圭說文云蘳黃華也廣雅曰好色也與曹憲所見本異未知孰是褿者卽通俗文所云服飾鮮盛謂之𡡞𡤾也𡡞與褿通集韻類篇引廣雅竝作𡡞袓者說文袓事好也袓與珇聲近義同𧞤者廣韻音子六創舉二切子六切注云好衣皃創舉切注云埤倉云鮮也一曰美好皃𡟎者說文𡟎好皃與媨𧞤同聲文選荅賓戲注引應劭注云遒好也遒與媨亦聲近義同妴者說文妴婦人皃嫛者廣韻嫛嫫新婦皃嫢者方言自關而西秦晉之閒凡細而有容謂之嫢說文嫢媞也秦晉謂細要曰嫢皆好之義也嫢曹憲音於皮反各本嫢譌作魏案諸書無訓魏爲好

者、且魏字亦無於皮反之音、說文、覤、好視也、玉篇、廣韻、集韻竝音透、正與於皮反之音相合、今據以訂正、爾雅、委委佗佗、美也、義亦與覤同、婥約者、楚辭大招云、滂心綽態、姣麗施只、是綽爲好也、吳語云、婉約其辭、是約爲好也、合言之則曰綽約、綽與婥通、字或作淖、又作汋、莊子逍遙遊篇、淖約如處子、楚辭九章、外承歡之汋約兮、王逸、司馬彪注竝云、好貌、凡好與柔義相近、故柔貌亦謂之綽約、莊子在宥篇云、淖約柔乎剛強、是也、嫵媚者、說文、嫵、媚也、漢書張敞傳云、長安中傳張京兆眉憮、憮與嫵通、合言之則曰嫵媚也、嬛即今娟字也、說文、嬛、好也、釋訓篇云、嬛嬛、容也、上林賦云、靚莊刻飾、便嬛綽約、柔橈嬛嬛、嫵媚孅弱、故此釋之也、郭璞注云、綽約、婉約也、柔橈嬛嬛、皆骨體耎弱長豔貌也、李善注引埤倉云、嫵媚、悅也、

桻、耑、標、顛、杓、緒、杪、流、苗、裔、㦰、末也、

桻者、玉篇、桻、木上也、兵耑謂之鋒、山耑謂之峯、義竝同也、耑者、方言、末、緒也、南楚或曰端、或曰末、端與耑通、標者、說文、標、木杪末也、各本譌作摽、今訂正、顛者、方言、顛、上也、楚辭九章云、處雌蜺之標顛、杓、猶標也、

廣雅疏證　卷第一下　六

說文、杓、枓柄也、漢書律歷志、玉衡杓建、如淳注云、杓、斗端星也、緒者、說文、緒、絲耑也、義見卷三緒餘也下、流者、水本曰原、末曰流、苗裔者、禾之始生曰苗、對本言之、則爲末也、苗猶杪也、說文、裔、衣裾也、徐鍇傳云、裾、衣邊也、故謂四裔、方言、裔、末也、晉語、延及寡君之紹續昆裔、韋昭注云、裔、末也、楚辭離騷、帝高陽之苗裔兮、㦰之言微末也、顧命云、眇眇予末小子、漢書韋元成傳云、於蔑小子、是蔑即末也、蔑與㦰通、

聥、戄、寱、愕、逴、獡、㣿、怛、透、趯、駭、憚、驚也、聒

聥者、說文、聥、張耳有所聞也、玉篇引倉頡篇云、聥、驚也、戄者、衆經音義卷十一引倉頡篇云、戄、驚也、魏策云、秦王戄然、班固東都賦云、西都賓矍然失容、竝字異而義同、說文、矍、視遽兒也、矆、大視也、義亦與戄通、寱者、說文、寱、瞑言也、亦作囈、列子周穆王篇、眠中啽囈呻呼、謂夢中驚語也、逴、獡、透者、方言、逴、獡、透、驚也、宋衛南楚凡相驚曰獡、或曰透、郭璞注云、皆驚貌也、說文、獡、犬獡獡不附人也、讀若南楚相驚曰獡、徐鍇傳云、犬畏人也、左思吳都賦、驚透沸亂、劉逵注引方言、透、驚也、賈子容經篇云、其始動也、穆如驚倏、倏與透通、㣿者、方言、㣿、驚也、注云、猶云恐㣿也、風俗通義十反篇云、人數恐灼、灼與㣿通、怛者、莊子大宗師篇、無怛化、釋文云、怛、驚也、趯、亦逴也、方俗語有侈弇耳、憚、曹憲讀如字、考工記矢人、則雖有疾風、亦弗之能憚矣、鄭注云、故書憚或作但、鄭司農云、讀當爲憚之以威之憚、謂風不能驚憚箭也、釋文、憚音但、李直旦反、楚辭招魂、君王親發兮憚青兕、王逸注云、憚、驚也、漢書司馬相如傳、驚憚讋伏、顏師古注音丁曷反、李善文選注同、憚怛聲相近、故憚又讀爲怛矣、聒者、衆經音義卷十七及卷二十竝引倉頡篇云、聒、擾耳孔也、又引廣雅、聒、驚也、今本脫聒字、

紓、摯、蕆、呈、係、屬、蛻、毤、毻、劆、劙、袒、解也、

紓、摯、蕆、呈者、方言、抒、瘛、解也、莊三十年左傳、紓楚國之難、紓與抒通、亦作舒、摯即方言瘛字也、玉篇、瘛音尺世、胡計二切、摯與瘛掣同、音充世切、充世即尺世、是摯與瘛同音、方言、抒、瘛、解也、蕆、呈、解也、是摯與瘛同義、又案摯摯二字、音義各別、摯音充世反、與掣同、引也、又解也、字從手、執聲、摯音

廣雅疏證　卷第一下　七

至、又音貞二反、握持也、字從手、執聲、廣雅摯訓爲解、當音充世反、曹憲音貞二反、又音至、皆失之也、集韻、類篇、摯音至、引說文、握持也、又陟利切、引廣雅、解也、又尺制切、與掣同、是直不辨摯摯之爲二字矣、考玉篇、摯從執、音至、摯從執、音充世切、與掣同、今據以辨正、方言注云、蕆、音展、蕆亦展也、隱九年左傳、乃可以逞、杜預注云、逞、解也、論語鄉黨篇云、逞顏色、僖二十三年左傳釋文云、呈、勑景反、本或作逞、是呈與逞通、枚乘七發云、雖有金石之堅、猶將銷鑠而挺解也、挺與逞亦聲近義同、呂氏春秋仲夏紀、挺衆囚、益其食、高誘注云、挺、緩也、緩亦解也、故序卦傳云、解者、緩也、蛻之言脫也、說文、蛻、蛇蟬所解皮也、莊子寓言篇云、予蜩甲也、蛇蛻也、今俗語猶謂蟲解皮爲蛻皮矣、毤者、廣韻、毤、毛解也、淮南子人間訓云、夫鴻鵠之未孚於卵也、一指蔑之、則靡而無形矣、衆經音義卷二引通俗文云、卵化曰孚、亦解之義也、毻、亦蛻也、方言、毻、易也、郭璞注云、謂解毻也、廣韻、毻、鳥易毛也、郭璞江賦、產毻積羽、李善注云、字書曰、毻、落毛也、毤與毻同、管子輕重篇云、請文皮毤服而以爲幣、今俗語猶謂鳥獸解毛爲毤毛、毻◎毤、蛻竝同義、方言、隋、易也、擠、脫

也義亦與䟫同又案䟫字從毛隋省聲方言注音他臥反玉篇音湯果切廣韻音湯臥他外二切曹憲欲改䟫爲䟫音門悼反非也集韻三十七号內有䟫字引廣雅䟫解也郎承曹憲之誤考江賦及方言玉篇廣韻俱作䟫不作䟫今據以辨正劇劃者方言劇劃解也注云劇音廓劃音儼劇亦作劃卷二云劃裂也荀子議兵篇霍焉離耳霍與劇亦聲近義同荀子彊國篇劃盤盂刎牛馬楊倞注云劃割也方言蠡分也楚曰蠡秦晉曰離離蠡劃亦聲近義同袒各本譌作袒案袒音除鴈反郎今綻字也說文袒衣縫解也玉篇音除鴈切今據以訂正內則衣裳綻裂鄭注云綻猶解也綻之言閒也文選長笛賦注引服虔漢書注衣服解閒音士莧切聲與綻相近

躡、蹬、跂、踚、跈、蹀、躟、蹈、踐、蹂、蹋、跐、蹠、履也、

躡蹬跂踚者方言躡跂踚登也自關而西秦晉之閒曰躡梁益之閒曰跂登蹬聲相近集韻登又音丁鄧切履也或作蹬今人猶謂足跐物爲蹬又謂馬鞍兩旁足所跐爲鐙其義一也史記天官書兵相駘藉集

解蘇林曰駘登躡也駘與登聲亦相近猶瞪目之瞪或作眙矣跈者說文撚蹂也淮南子兵略訓前後不相撚高誘注云撚蹂也莊子外物篇嗄而不止則跈釋文引廣雅跈履也跈與撚同蹀者說文𨄅𨄅足也徐鍇傳云足𨄅𨄅然連蹋也文選魏都賦注引聲類云蹀躡也列子黃帝篇云宋康王蹀足謦欬疾言淮南子俶眞訓云足蹀陽阿之舞蹀與𨄅同字亦作跕漢書地理志女子彈弦跕躧如淳注云跕音蹀足之蹀躧者莊子庚桑楚篇躧市人之足司馬彪注云躧蹈也字亦作屣淮南子原道訓先者踰下則後者屣之高誘注云屣履也張衡西京賦當足見躧値輪被轢薛綜注云足所蹈爲躧車所加爲轢此對文則也散文則車亦謂之躧莊子天下篇云輪不躧地是也蹂者說文禸獸足蹂地也爾雅貍狐貒貈醜其足蹯其跡禸郭璞注云禸指頭處衆經音義卷九引倉頡篇云蹂踐也蹂與禸同蹋者說文蹋踐也跐亦蹋也義見卷二跐蹋也下蹠者衆經音義卷五引倉頡篇云蹠躡也楚辭九章眇不知其所蹠王逸注云蹠踐也韓策云被堅甲蹠勁弩

馶、勁、堅、剛、耆、贊、鬒、㔶、勑、莫、僤、憸、揙、鈔、倞、悖、怏、強也、

此條強字有二義一爲剛強之強說文作彊云弓有力也一爲勉強之強說文作勥云迫也集韻類篇引廣雅並作勥強勥彊古多通用爾雅競逐彊也郭璞注云皆自勉彊是勉強之強與剛強之強義本相通也馶者說文馶馬彊也玉篇音巨支切又居企切與翨同音說文翨鳥之彊羽猛者義與馶同也勁各本譌作剄凡隸書從力從刀之字往往譌溷曹憲音古鼎反則所見本已譌作剄案諸書無訓剄爲強者說文玉篇並云勁彊也今據以訂正耆者逸周書謚法解云耆彊也昭二十三年左傳不懦不耆杜預注云耆彊也㔶者說文㔶勥也漢書陸賈傳屈強於此顏師古注云屈強謂不柔服也屈與㔶古同聲左氏春秋文十年楚子蔡侯次于厥貉公羊作屈貉是其例矣勑莫者方言侔莫強也北燕之外郊凡勞而相勉若言努力者謂之侔莫侔與勑通淮南子繆稱訓猶未之莫與高誘注云莫勉之也案勑之言茂也爾雅茂勉也莫之言慔也爾雅慔慔勉也合言之則曰勑莫矣僤憸者方言皮傅彈憸強也秦晉言非其事謂

之皮傅東齊陳宋江淮之閒曰彈憸郭璞注云謂強語也彈與僤通揙鈔者方言虜鈔強也注云皆強取物也虜與揙通虜鈔略同義故方言又云略強取也倞者說文倞彊也爾雅競彊也競與倞通倞競強聲並相近強取謂之掠音力向反聲與倞亦相近也悖怏者方言鞅侼強也注云謂強戾也悖侼怏鞅並通怏各本譌作快惟影宋本不譌

幾、矜、隉、厲、阽、刖、竝、徯、醘、冄、鎌、危也、

幾者爾雅幾危也顧命云疾大漸惟幾大雅瞻卬篇云天之降罔維其幾矣矜者小雅菀柳篇居以凶矜毛傳云矜危也隉者說文隉危也引秦誓邦之阢隉今本作杌隉又說文槷䵝不安也引困九五槷䵝困于赤芾今本作劓刖釋文荀陸王肅本劓刖作臲卼云不安貌鄭云劓刖當爲倪仉李鼎祚集解引虞翻注云割鼻曰劓斷足曰刖周易述云九五人君不當有劓刖之象當從鄭讀爲倪仉五无據无應故倪仉不安案此說是也此與上六困于臲卼同義困于臲卼則凡事不能得志故象傳曰臲卼志未得也作劓

刖者假俗字耳乾鑿度云至於九五劓刖不安是也若割鼻斷足則非其義矣槷䵍𨈆𧆞倪伔劓刖古皆通用倒言之則曰杌隉其實一也阽者說文阽壁危也楚辭離騷阽余身而危死兮王逸注云阽猶危也漢書文帝紀或阽於死亾孟康注云阽音屋檐之檐如淳云阽近邊欲墮之意小爾雅疾甚謂之阽義亦同也刖者說文抈動也玉篇音虞厥午骨二切方言僞謂之抈抈不安也釋名危阢也阢阢不固之言也小雅正月篇云天之抈我如不我克晉語云故不可抈也刖抈抈阢竝與杌隉之杌同義說文刖船行不安也從舟刖省聲義亦同也岌者孟子萬章篇云天下殆哉岌岌乎墨子非儒篇莊子天地篇竝作圾列御寇篇作汲皆字異而義同傒醯冄鎌者方言傒醯冄鎌危也東齊掎物而危謂之傒醯僞物謂之冄鎌僞物即所云僞謂之抈也鎌與鎌同

漻、淑、湜、洌、澂、渟、瀫、瀲、潚、溓**瀉、清也、**

漻者說文漻清深也莊子天地篇云漻乎其清也楚辭九辯云泬寥兮天高而氣清寂寥兮收潦而水清

是凡言漻者皆清之貌也李軌莊子音讀漻爲劉鄭風溱洧篇瀏其清矣文選南都賦注引韓詩作漻漻劉聲義亦同淑者說文淑清湛也管子白心篇云淑然自清淮南子本經訓云日月淑清而揚光淑與漻之同訓爲清猶寂與寥之同訓爲靜也湜者說文湜水清見底也引邶風谷風篇湜湜其沚洌者說文洌水清也引井九五井洌寒泉食澂者方言澂清也字或作澄同瀫者方言瀫清也潚者說文潚清深也廣韻息逐蘇彫二切息逐切注云清深也蘇彫切注云水名玉篇作瀟案水經湘水注云瀟者水清深也湘中記曰湘川清照五六丈是納瀟湘之名矣是瀟湘之瀟亦取清深之義後人以瀟湘爲二水者非也溓曹憲音廉各本脫去溓字其音內廉字遂誤入正文玉篇溓音里兼里忝二切集韻又音廉王風葛藟釋文引廣雅溓清也今并以訂正

穌、秳、字、乳、腹、㝅、孺、興、育、孚、生也、

穌者鄭注樂記云更息曰蘇孟子梁惠王篇引書后來其蘇蘇與穌通秳通作活字者說文字乳也堯典鳥獸孳尾傳云乳化曰孳史記五帝紀作字說文序云形聲相益謂之字字者孳乳而寖多也亦生之義也引之云屯六二女子貞不字十年乃字虞翻訓字爲妊娠後人多不用其說今案廣雅字生也墨子節用篇十年若純三年而字子生可以二三年矣太元事次四男女事不代之字范望注云男而女事猶爲不妥況於字育故不代也中山經苦山有木名曰黃棘其實如蘭食之不字郭璞注云字生也引易女子貞不字然則不生謂之不字必不孕而後不生故不字亦兼不孕言之女子貞不字十年乃字者猶言婦三歲不孕也貞與貞疾恆不死之貞同貞固也固久也鄭注月令云固疾久疾也韋昭注晉語云固久也久疾謂之貞疾久不字謂之貞不字久而未變故曰屯邅當以虞郭二家之訓爲是而京房易傳女子貞不字陸績注云字愛也孔氏正義亦云女子守正不受初九之愛揆之文義頗爲不安宋耿南仲乃解之以曲禮女子許嫁笄而字云貞不字者未許嫁也案曲禮男子二十冠而字女子許嫁笄而字則字爲名字之字士昏禮記云女子許嫁笄而醴之稱字僖九年公羊傳云婦人許嫁字而笄之是也許嫁而後字

字非即許嫁明矣徧考經傳及唐以前書無以字爲許嫁者甚矣其謬也然其說之所以多誤者蓋有二焉一曰女子未嫁之稱可言受愛可言許嫁不可言孕妊也案內則云道路男子由右女子由左大戴禮本命篇男子謂之丈夫女子謂之婦人是婦人未嘗不稱女子也一曰上曰昏媾故以爲受愛又以爲許嫁也案一爻數象類相近而事則殊賁六四云匪寇昏媾而其上云白馬翰如睽上九云匪寇昏媾而其下云往遇雨則吉不必皆爲一事也自解者以此二句承昏媾言之而其義始不可通矣乳者衆經音義卷二引倉頡篇云乳字也說文人及鳥生子曰乳獸曰產月令云雉雊雞乳樂記云煦嫗覆育萬物覆與腹通孳生謂之覆育化生亦謂之覆育釋蟲篇云蝮蜟蛻也論衡無形篇云蠐螬化而爲復育復育轉而爲蟬是也㝅者說文㝅乳也玉篇奴豆公豆二切宣四年左傳云楚人謂乳穀㝅穀竝通王風大車篇穀則異室毛傳云穀生也是穀讀入聲亦訓爲生也孺猶乳也說文孺乳子也莊子天運篇烏鵲孺李頤注云字乳而生也○興各本譌作與楚辭離騷各興心而嫉妒王逸注云興生也今據以訂正興與生

古同義故中庸其言足以興大戴禮衛將軍文子篇作足以生天地不交而萬物不興謂不生也黎莠蓬蒿並興謂並生也妖由人興謂由人生也字者夏小正雞桴粥傳云桴嫗伏也育養也桴粥卽孚育猶覆育耳伏卵謂之孚卵化亦謂之孚說文孚卵孚也方言北燕朝鮮洌水之閒雞伏卵而未孚始化之時謂之涅淮南子人閒訓云夫鴻鵠之未孚於卵也一指蔑之則靡而無形矣孚之言剖也淮南子泰族訓蛟龍伏寢於淵而卵剖於陵唐瞿曇悉達開元占經龍魚蟲蛇占篇引此剖作孚又引許慎注云孚謂卵自孚者也太元迎次二云蛟潛於淵陵卵化之衆經音義卷二引通俗文云卵化曰孚孚各本譌作乳與上乳字相複衆經音義卷二卷六及唐釋湛然法華文句記卷六並引廣雅孚生也今據以訂正

貳、褔、簉、倅、憤，盈也。

貳各本譌作貸案諸書無訓貸爲盈者貸字或作貣與貳字相亂貳譌作貣又譌作貸耳說文貳副益也周官小宰掌邦之六典八灋八則之貳鄭衆注云貳副也又戎僕掌王倅車之政鄭注云倅副也道僕掌

貳車之政令鄭注云貳亦副也張衡西京賦屬車之簉薛綜注云簉副也貳車倅車簉車皆謂副車副與褔同貳褔簉倅皆取充備之義故皆訓爲盈今訂正褔各本譌作福顏師古匡謬正俗云副貳之字本爲褔字從衣畐聲今俗呼一襲爲一褔衣蓋取其充備之言書史假借遂以副字代之張平子西京賦云仰褔帝居東京賦云順時服而設褔並爲副貳傳寫訛舛衣轉爲示讀者便呼爲福祿之福失之遠矣今據顏說訂正史記龜策傳邦褔重寶徐廣注云褔音副藏也藏卽充備之義字當從衣今本從示亦傳寫誤也漢尹宙碑位不褔德魏上尊號奏以褔海內欣戴之望字並從衣不從示簉者昭十一年左傳僖子使助薳氏之簉杜預注云簉副倅也副倅卽充備之意列女傳云趙簡子將渡河用楫者少一人津女娟攘卷操楫而請曰妾願備持楫簡子簉之是也簉各本譌作簉凡從艸從竹之字隸書往往譌溷故今本左傳文選廣雅簉字皆譌作簉左傳釋文云說文簉從艸今據以訂正淮南子氾論訓云今夫僦載者爲轅軸之折也又加轅軸其上以爲造造與簉通薛綜注東京賦云造舟以舟相比次爲橋也與副倅之義亦相近倅者周官諸子掌國子之倅鄭注云故書倅作卒鄭司農云卒讀如物有副倅之倅車僕掌戎路之萃萃並與倅同憤者方言憤盈也樂記粗厲猛起奮末廣賁之音作鄭注云賁讀爲憤憤怒氣充實也周語陽癉憤盈韋昭注云憤積也盈滿也

營、量、商、揣、硂、擬、泚、測、圖、源、稱、挍、揆、彠、隱、度也。

硂者文選文賦注引倉頡篇云銓稱也吳語云無以銓度天下之衆寡銓與硂同泚之言訾也列子說符篇釋文引賈逵國語注云訾量也測各本譌作側今訂正源通作原宋玉神女賦云志未可乎得原彠者說文規蒦商也一曰度也或作彠引離騷求榘彠之所同今本作矱漢書律歷志云寸者忖也尺者蒦也彠矱蒦並同隱者文選座右銘隱心而後動李善引劉熙孟子注云隱度也爾雅隱占也郭璞注亦云隱度隱之言意也禮運云聖人耐以天下爲一家以中國爲一人者非意之也意隱古同聲故左氏春秋經季孫意如公羊作隱如矣

叢、湊、朚、趣、務、矜，遽也。

湊曹憲七候反各本脫去湊字其七候反之音遂誤入叢字下玉篇湊競進也昭三十一年公羊傳云賊至湊公寢而弑之燕策士爭湊燕史記燕世家湊作趨趨與趣同王逸注大招云遽趣也是趣湊皆爲遽也今補正朚者方言茫遽也吳揚曰茫郭璞注云今北方通然也衆經音義卷十五引通俗文云時務曰茫茫與朚通月令盲風至鄭注云盲風疾風也義與朚亦相近趣曹憲音趨又音娶周官縣正趨其稼事釋文趨如字李倉苟反本又作趣音促月令乃命有司趨民收斂釋文趣七住反本又作趨又七綠反各本俱脫務字其趣字音內有趍無在四字案趍乃趨字之譌趣乃娶字之譌無在乃無住之譌無住則務字之音也說文務趣也劇務也廣韻務遽也遽與劇通衆經音義卷六引廣雅務遽也今據以補正矜者方言矜遽也秦晉或曰矜或曰遽

仄、陋、褊、儢、迫、隘、窄、陿也。

僊者、漢書揚雄傳、何文肆而質䶵、應劭注云、䶵、狹也、䶵與僊通、狹與陿通、

敎、導、指、揥、敕、告、復、白、諛、眂、語也、

指者、楚辭離騷、指九天以爲正兮、王逸注云、指、語也。復者、曲禮、少問願有復也、鄭注云、復、白也、諛者、卷三云、諛、告也、眂者、王逸注九章云、示、語也、示與眂通、

蔽、薈、扆、隱、翳也、

蔚薈者、呂氏春秋長利篇云、燕爵所求者、瓦之間隙屋之翳蔚也、文選西都賦注引倉頡篇云、蔚、草木盛貌、說文、薈、草多皃、孫子行軍篇云、軍行有險阻潢井葭葦山林翳薈者、曹風候人篇、薈兮蔚兮、毛傳云、薈蔚、雲興貌、皆謂隱翳也、扆猶隱也、語之轉耳、卷四云、扆、藏也、扆與扆通、衆經音義卷十四引通俗文云、奧內曰扆、覲禮、天子設斧依于戶牖之間、鄭注云、依、如今綈素屛風也、皆隱蔽之意也、爾雅、容謂之防、郭璞注云、形如今牀頭小曲屛風、唱射者所以自防隱、亦是也、襄二十三年左傳、踰隱而待之、杜預注云、隱、短

牆也、短牆謂之隱、屛風謂之依、其義一也、

頑、嚚、怐、愗、儒、輸、娍、戇、惷、愚也、庸、

怐愗者、說文、㲉𣪊、瞀也、又云、佝、瞀也、楚辭九辯云、直怐愗以自苦、荀子非十二子篇云、世俗之溝猶瞀儒嚾嚾然不知其所非也、儒效篇云、愚陋溝瞀、漢書五行志云、不敬而傳霿之所致也、又云、區霿無識、竝字異而義同、說文、婁、務、愚也、婁務又怐愗之轉矣、儒輸者、方言、儒輸、愚也、郭璞注云、儒輸猶儒撰也、案儒輸倒言之則曰輸儒、荀子脩身篇云、偷儒憚事、偷儒、卽輸儒、鄭注玉藻云、舒儒者所畏在前也、漢書西南夷傳云、恐議者選耎、舒儒選耎竝輸儒之轉耳、戇者、衆經音義卷二十二引三倉云、戇、愚無所知也、大戴禮文王官人篇云、愚戇者也、戇各本譌作戅、今訂正、惷亦戇也、方俗語有輕重耳、說文、惷、愚也、士昏禮記云、某之子惷愚、唐釋湛然止觀輔行傳宏決卷八之二引廣雅、庸、愚也、今本脫庸字、

罷、券、煩、御、賢、犒、勦、肩、祕、往、勞也、

罷、券、煩、御、諸字爲勞苦之勞、犒爲慰勞之勞、周官大行人、三問三勞、鄭注云、勞、謂苦倦之也、僖二十六年左傳、公使展喜犒師、服虔注云、以師枯槁、故饋之飲食、勞苦謂之勞也、是慰勞之勞、卽取勞苦之義也、罷與疲同、券與倦同、罷倦爲勞苦之勞、亦爲慰勞之勞、法言脩身篇云、封豕罷賓犒師、大行人注云、勞謂苦倦之、皆是也、御義見上文御極也下、賢者、小雅北山篇、我從事獨賢、孟子萬章篇引此詩而釋之曰、此莫非王事、我獨賢勞也、賢亦勞也、賢勞猶言劬勞、故毛傳云、賢、勞也、鹽鐵論地廣篇亦云、詩云、莫非王事、而我獨勞、刺不均也、鄭箋、趙注竝以賢爲賢才失其義也、勦者、說文、勦、勞也、宣十二年左傳、無及於鄭而勦民、杜預注與說文同、肩往者、說文、肩、動作切切也、方言、肩肩、不安也、郭璞注云、往來之貌也、又肩、往勞也、注云、肩肩、往來皆劬勞也、昭五年左傳云、肩肩畏習儀以亟、漢書董仲舒傳云、凡所爲肩肩夙興夜寐、務法上古者、後漢書王良傳云、何其往來肩肩不憚煩也、爾雅云、來、勤也、往之爲勞、猶來之爲勤也、孟子萬章篇、舜往于田、往者、勞也、卽下文所云竭力耕田也、往、各本譌作佳、往、篆作𢓸、隸或省作徃、故譌而

爲佳、今據方言訂正、祕者、大誥、無毖于恤、傳云、無勞于憂、祕與毖通、

潛、丞、沈、溺、湼、湮、㴐、淪、沒也、

潛者、方言、潛、沈也、楚郢以南曰潛、湼者、方言、湼、休也、休與溺通、㴐者、說文、㴐、沒也、

數、詠、譎、怒、詰、讓、爽、譴、誅、過、訟、責也、

怒者、鄭注書大傳云、怒、責也、小雅小明篇云、畏此譴怒、詰者、昭十四年左傳、詰姦慝、杜預注云、詰、責問也、過者、呂氏春秋適威篇、煩爲教而過不識、數爲令而非不從、高誘注云、過、責也、趙策云、唯大王有意督過之也。訟者、論語公冶長篇、吾未見能見其過而內自訟者也、包咸注云、訟、猶責也、

題、睎、望、目、略、截、際、窺、覘、覰、現、闚、盻、觀、窺、覛、脈、覭、晚、睍、覗、看、覓、睩、覷、睥、睨、眄、睞、瞰、睇、䁍、眂、瞗、矕、睃、瞜、矆、瞁、睯、䀣、占、省、覰、睋、診、覛、視也、盱、盼、

覞者、說文、題、迎視也、小雅小宛篇題彼脊令、毛傳云、題、視也、班固東都賦云、弦不睼禽、睼題竝通、睎者、方言、睎、眄也、東齊青徐之閒曰睎、說文、睎、望也、呂氏春秋不屈篇云、或操表掇以善睎望、目者、高誘注淮南子脩務訓云、目、視也、史記項羽紀云、范增數目項王、略者、方言、略、視也、吳揚曰略、郭璞注云、略、音略、今中國亦云目略也、宋玉神女賦、目略微眄、略與略通、䁃之言察也、說文、䁃、察也、左思魏都賦云、有䁃呂梁、覘者、方言、貼、視也、凡相竊視南楚或謂之貼、自江而北謂之貼、說文、覘、窺視也、晉語、公使覘之、韋昭注云、覘、微視也、覘與貼同、覿、玉篇、廣韻音者、曹憲音時、各本覿譌作覿、郎奎金本又改音內時字爲睹字、其謬滋甚、惟影宋本作覿、玉篇、廣韻竝云、覿、視也、集韻類篇覿又音時、引廣雅覿、視也、釋言篇云、時、伺也、論語陽貨篇孔子時其亾也、而往拜之、義與覿同、現者、廣韻現、邪視也、闞與下瞰字同、字亦作瞷、說文、闞、望也、孟子滕文公篇陽貨瞷孔子之亾、趙岐注云、瞷、視也、盻者、說文、盻、恨視也、魏志許褚傳云、褚瞋目盻之、窺者、說文、窺、正視也、後漢書章帝八王傳使御者偵伺得失、偵與窺通、瞯之言閒也、卷三云、閒、覗也、方言、瞯、

廣雅疏證　卷第一下　十六

眄也、吳揚江淮之閒曰瞯、孟子離婁篇、王使人瞯夫子、注云、瞯、視也、瞯與闞同、脈與下覓字同、爾雅、覛、相也、說文、脈、目財視也、覛、衺視也、籒文作覓、周語、古者大史順時覛土、韋昭注云、覛、視也、魏策云、前脈地形之險阻、重言之則曰脈脈、義見釋訓、睌者、說文、睌、睯目視兒也、釋訓云、睌睌、視也、瞡者、集韻引埤倉云、瞡、眇視兒、荀子非十二子篇瞡瞡然、楊倞注云、小見之貌、瞡與窺聲義相近也、覗者、方言、覗、視也、自江而北或謂之覗、字或作伺、通作司、瞟者、方言、凡相竊視南楚或謂之䌛、注云、亦言瞟也、䌛瞟語之轉、玉篇、瞟、視也、廣韻作瞟、字竝與瞟同、瞟、各本譌作瞭、今訂正、覿、音七亦反、字從責、與私覿之覿從賣者異、曹憲音狄非也、集韻類篇、覿、七迹切、又音狄、見也、與覿同、竝踵曹憲之誤、考玉篇、覿、達寂切、見也、覿、七亦切、覿也、今據以辨正、睥睨者、哀十三年左傳、余與褐之父睨之、杜預注云、睨、視也、說文、睨、衺視也、覭、旁視也、史記信陵君傳、俾倪、灌夫傳、辟倪兩宮閒、索隱引埤倉云、睥睨、邪視也、竝字異而義同、卷二云、頓倪、衺也、義亦與睥睨同、眄者、衆經音義卷一引倉頡篇云、眄、旁視也、說文、眄、衺視也、方言云、自關而西秦晉之閒曰眄、燕

策云、眄視指使、睞者、衆經音義卷六引倉頡篇云、內視曰睞、古詩云、眄睞以適意、說文、覜、內視也、覜與睞同、睇者、方言、睇、眄也、陳楚之閒、南楚之外曰睇、說文、睇、目小衺視也、明夷六二、夷于左股、夷、鄭陸竝作睇、注云、旁視曰睇、夏小正、來降燕乃睇、傳云、睇者、眄也、眄者、視可爲室者也、內則不敢睇視、鄭注云、睇、傾視也、眡者、說文、眡、視兒也、玉篇音上支切、廣韻云、眡眡役目、文選馬融長笛賦、特虜昏髟、李善注云、昏、視也、昏與眡同、瞗者、說文、瞗、目孰視也、矕者、說文、矕、目矕矕也、漢書敘傳、矕龍虎之文、晉灼注云、矕、視也、馬融長笛賦云、長矕遠引、廣成頌云、右矕三塗、睃、亦小視之名、睃之言夋也、卷二云、夋、小也、方言、凡相竊視南楚或謂之睃、王延壽王孫賦云、眙睆睃而眽睗、睃者、方言、睃、視也、東齊曰睃、凡以目相戲曰睃、矆者、說文、矆、視遽皃也、矆、大視也、東都賦云、西都賓矆然失容、矆、矆、竝與矆同、重言之則曰矆矆、義見釋訓、矘者、玉篇、矘、直視也、重言之則曰矘矘、亦見釋訓、䁈者、說文、䁈、省視也、釋言篇云、䁈、窺也、古通作啟、論語泰伯篇曾子有疾、召門弟子曰、啟予足、啟予手、啟者、視也、鄭注訓啟爲開、失之、睒者、說文、睒、直視也、占者、方言、凡

廣雅疏證　卷第一下　十七

相竊視南楚或謂之占、占猶瞻也、說文、占、視兆問也、義亦同、覘者、說文、覘、覘窺觀也、蔡邕漢律賦云、覘朝宗之形兆、文選西征賦注引倉頡篇云、狙、伺候也、管子七臣七主篇云、從狙而好小察、史記留侯世家、狙擊秦皇帝博浪沙中、集解引服虔漢書注云、狙、伺候也、竝與覰同、周官小司徒以比追胥、鄭注云、追、逐寇也、胥、伺捕盜賊也、胥與覰亦聲近義同、說文、覰、從見虘聲、各本譌作覰、今訂正、眡者、說文、遉、相顧視而行也、遉與眡同、診者、說文、診、視也、史記扁鵲傳云、以診脈爲名、睼者、廣韻、睼、笑視也、眝者、說文、眙、直視也、眝、長眙也、楚辭九章云、思美人兮、擥涕而竚眙、竚與眝通、眝之言佇也、爾雅、佇、久也、盼者、馬融注論語八佾篇云、盼、動目貌、大元沈次八云、盼得藥、文選弔魏武帝文注引廣雅、眝、視也、衆經音義卷十引廣雅、盼、視也、今本脫眝盼二字

桂、橈、折、盭、蟠、冤、鵞、骫、傴、僂、𥬘、結、詰、詘、迟、曲也、

盭者、說文、戾、曲也、盭、弼戾也、讀若戾、荀子脩身篇行而俯項、非擊戾也、楊倞注云、擊戾、謂項曲戾不能仰

者也、呂氏春秋遇合篇云、陳有惡人焉曰敦洽讎麋長肘而盭、盭與戾通、觠者、說文觠曲角也、爾雅羊角三觠羷、郭璞注云、觠角三帀、觠有權、捲二音、竝通作卷、邶風柏舟篇云、不可卷也、大雅卷阿篇云、有卷者阿、皆謂屈曲也、𣢏之言委曲也、文選舞賦注引倉頡篇云、𣢏曲也、說文𣢏骨耑𣢏㚖也、呂氏春秋必己篇直則𣢏、高誘注云、𣢏曲也、漢書淮南厲王傳皇帝𣢏天下正法而許大王、顏師古注云、𣢏古委字也、傴僂者、說文傴僂也、僂尫也、昭七年左傳云、一命而傴再命而僂、莊子達生篇云、見痀僂者、痀與傴同、𤿎結詘三字、義見卷四𤿎結詘也下、𤿎與觠聲相近也、迟玉篇音邱戟切、說文迟曲行也、又云、乚匿也象迟曲隱蔽形、莊子人間世篇吾行郤曲無傷吾足、釋文郤字書作迟、郤曲卽迟曲也、說文谷口上阿也、谷與郤聲近義同、明堂位俎殷以椇、鄭注云、椇之言枳椇也、謂曲橈之也、宋玉風賦枳句來巢空穴來風、枳句與迟曲亦聲近義同○

剝、刮、剃、剔也、

剝者、玉篇剝去枝也、刮者、說文鉻鬄也、眾經音義卷十一引通俗文云、去骨曰剔、去節曰刮、刮與鉻同、剔與鬄同、凡剔去毛髮爪甲、亦謂之刮、吳子治兵篇說畜馬之法云、刻剔毛鬣、謹落四下、莊子馬蹄篇云、燒之剔之、刻之雒之、落雒竝與刮同、司馬彪注莊子以雒爲羈雒、羈絡其頭、非也、下文連之以羈馽、編之以早棧、乃始言羈絡耳、剃者、說文鬀鬄髮也、大人曰髡、小兒曰鬀、盡及身毛曰鬄、淮南子齊俗訓云、屠牛坦一朝解九牛而刀可以剃毛、剃與鬀同、周官薙氏注云、薙讀如鬀小兒頭之鬀、翦草也、義亦與剃同、今俗語猶云剃頭矣、

緶、𦃇、𧝓、緁也、

緶者、說文緶緁衣也、𦃇亦緁字也、通作緝、說文緁緶衣也、或作𦃇、釋名緝下橫縫緝其下也、漢書賈誼傳緁以偏諸、顏師古注云、謂以偏諸緶著之也、𧝓一作齌、通作齊、說文齌緶也、喪服傳云、齊者何、緝也、釋名云、齌齊也、

高、厲、竦、䪼、騰、躍、陞、跳、搖、祖、潛、貢、顛、頂、弼、尚、營、上也、

厲者、說文巁巍高也、讀若厲、淮南子脩務訓云、故君子厲節亢高以絕世俗、厲與巁通、厲上訓爲上、故自下而上亦謂之厲、楚辭遠遊篇云、徐弭節而高厲、司馬相如大人賦云、紛鴻溶而上厲、是也、搖者、搖亦躍也、方俗語有輕重耳、楚辭九章云、願搖起而橫奔兮、漢書禮樂志將搖舉誰與期、顏師古注云、言當奮搖高舉、不可與期也、班固西都賦云、遂乃風舉雲搖、是搖爲上也、方言、踊、跳也、爾雅扶搖謂之猋、李巡注云、暴風從下升上、說文沖涌搖也、管子君臣篇云、夫水波而上、盡其搖而復下、義竝同也、爾雅祖始也、說文祖始廟也、是祖爲上也、其自下而上亦謂之祖、方言搖、祖、上也、祖、搖也、祖、轉也、郭璞注云、動搖卽轉矣、然則祖者旋轉上起之意、說文瑑圭璧上起兆瑑也、珇琮玉之瑑也、珇與祖義亦相近○弼者、爾雅弼崇重也、方言弼高也、上重也、是弼爲上也、

壅、障、陘、否、拘、隔也、

陘者、褚少孫續滑稽傳十二渠經絕馳道、經與陘通、爾雅山絕陘、郭璞注云、連山中斷絕、陘與陘義亦相近、拘之言拘礙也、莊子秋水篇云、井鼃不可以語於海者、拘於虛也、

誂、誀、訹、誒、誘也、

誂者、說文誂相呼誘也、列子楊朱篇媒而挑之、釋文引倉頡篇云、挑招呼也、挑與誂通、誀古通作餌、訹誒者、說文訹誘也、管子心術篇云、君子不怵乎好、不迫乎惡、魏策云、橫人訹王外交強虎狼之秦、漢書武帝紀怵於邪說、如淳注云、見誘怵於邪說也、顏師古注云、怵或體訹字耳、今俗猶云相誒訹、晉語吾請爲子鉥、韋昭注云、鉥導也、鉥與訹義亦相近、訹各本譌作詸、今訂正、

嬹、悅、忕、愉、忔、欯、謳、妟、歡、欣、休、禔、紛、怡、喜也、

嬹者、說文嬹說也、學記不興其藝不能樂學、鄭注云、興之言喜也、歆也、正義引爾雅云、歆喜興也、興與嬹通、忕愉者、方言忕愉悅也、郭璞注云、忕愉猶呴喻也、忔欯者、說文欯喜也、釋訓篇云、忥忥欯欯喜也、忥與

恈同謳者釋訓云嘔嘔喻喻喜也文選聖主得賢臣頌是以嘔喻受之李善引應劭注云嘔喻和悅貌嘔與謳同嘔喻呴喻怤愉皆語之轉耳婸者說文婸婸婡也婡得志婡婡也休者周語爲晉休戚韋昭注云休喜也小雅菁菁者莪篇云我心則喜我心則休休亦喜也釋文正義並訓休爲美失之禔者方言禔福也禔喜也注云有福卽喜紛怡者方言紛怡喜也湘潭之間曰紛怡後漢書延篤傳云紛紛欣欣兮其獨樂也爾雅怡樂也

誇、吁、欸、譽、唯、諾、然、詒、譍也、

誇吁者方言誇吁然也郭璞注云皆應聲也應與譍通欸譽詒者方言欸譽然也南楚凡言然者曰欸或曰譽衆經音義卷十二引倉頡篇云唉詒也說文誒然也唉應也莊子知北遊篇狂屈曰唉李軌注云唉應聲也誒唉並與欸同管子小問篇管仲曰國必有聖人桓公曰然呂氏春秋重言篇然作譆說苑權謀篇作歎譆歎與欸亦聲近而義同欸各本譌作欸惟影宋本不譌

睎、睢、選、虞、闞、候、望也、

睎者說文睎望也呂氏春秋不屈篇云或操表掇以善睎望莊子讓王篇希世而行司馬彪注云希望也希與睎通睢各本譌作睢玉篇廣韻並云睢望也集韻類篇並引廣雅睢望也今據以訂正選虞候者方言選虞望也郭璞注云今云烽火是也說文選燧候表也邊有警則舉火烽與選同虞亦候望也桓十一年左傳且日虞四邑之至也杜預注云虞度也案虞望也言日望四邑之至也虞候皆訓爲望故古守數之官謂之虞候昭二十年左傳藪之薪蒸虞候守之正義云立官使之候望故以虞候爲名是也昭六年左傳始吾有虞於子今則已矣杜注虞度也言準度子產以爲己法案虞望也言昔也吾有望於子今則無望矣闞者說文闞望也揚雄羽獵賦云東瞰目盡瞰與闞同

糅、穰、櫟、殽、雜也、

糅之言擾也說文粗雜飯也又云飷雜飯也鄉射禮記以白羽與朱羽糅鄭注云糅者雜也粗飷糅並同樂記及優侏儒獶雜子女不知父子謂俳優侏儒之人糅雜於男女之中不復知有父子尊卑之等也獶與糅通鄭氏訓獶爲獼猴謂舞者如獼猴戲始非也楚語民神雜糅史記歷書作雜擾擾亦與糅通糅穰語之轉穰通作釀內則鶉羹雞羹駕釀之蓼鄭注云釀謂切雜之也說文毀亂也讀若穰又云孃煩擾也並與穰聲近義同櫟者玉篇櫟雜糅食也櫟與沙櫟之櫟聲義並同殽者說文殽相雜錯也周語云重之以不殽殽各本譌作殽今訂正

媮、約、𣹟、縣、險、磷、禪、褊、菲、移、沾、䙏、薄也、

媮者說文媮薄也周官大司徒云以俗教安則民不愉論語泰伯篇作偷襄三十年左傳晉未可媮也並字異而義同𣹟者說文涼薄也又云𣹟事有不善言𣹟也引爾雅𣹟薄也玉篇𣹟涼並音良又音諒大雅桑柔篇職涼善背莊三十二年左傳虢多涼德毛傳杜注並云涼薄也涼與𣹟同𣹟各本譌作𣹟今訂正縣者漢書嚴助傳越人縣力薄材孟康注云縣音滅薄力也險者爾雅蜠大而險郭璞注云險謂汙薄也

磷者論語陽貨篇磨而不磷孔傳云磷薄也考工記鮑人雖敝不甐鄭注云甐故書或作鄰鄭司農云鄰讀爲磨而不磷之磷甐鄰並通禪者說文禪衣不重也通作單禪褊䙏三字並從衣各本譌從示今訂正沾者漢書魏其傳沾沾自喜顏師古注云沾沾輕薄也今俗言薄沾沾也案楚辭大招吳酸蒿蔞不沾薄只言羹味之厚也王逸注以沾爲多汁失之說文姑女輕薄善走也讀若占姑與沾亦聲近義同䙏各本譌作䙏今訂正經傳皆通作薄

絅、獧、懁、疾、陖、陗、怦、窘、𨓍、迫、遒、蹷、矜、苦、𢫦、亟、緊、淸、躐、急也、糾、

絅者說文絅引急也獧者說文獧疾跳也一曰急也又云懁急也莊子列御寇篇釋文引三倉云懁急腹也楚語云其心又猲而不潔史記貨殖傳云民俗懁急並字異而義同慓者玉篇匹姚蒲小二切廣韻又匹妙切說文嘌疾也引檜風匪風篇匪車嘌兮考工記弓人則其爲獸必剽鄭注云剽疾也史記高祖紀

項羽爲人僄悍猾賊漢書作僄司馬相如上林賦云
汩急漂疾並字異而義同陖陗者史記鼂錯傳鼂錯爲
人陗直刻深集解瓚曰陗峻也鹽鐵論周秦篇云趙
高以峻文決罪於內百官以陗法斷割於外王襃四
子講德論云宰相刻陗大理峻法峻陗與陖陗同忓
者玉篇忓心急也楚辭九辯云心忓忓兮諒直遝與忓
促同迺者說文迺迫也或作遒楚辭招魂云遒相迫
些荀子議兵篇云鰌之以刑罰釋名秋緧也緧迫品
物使時成也鰌緧並與迺通遒通漢書刑法志引荀子作
道之以刑罰道卽遒之譌顏師古讀道爲導失之蹵
亦遒也語之轉耳小雅小明篇政事愈蹙毛傳云蹙
促也考工記無以爲戚速也鄭注云齊人有名疾爲
戚者引莊三十年公羊傳益以操之爲已戚矣今本
作蹙同矜者荀子議兵篇矜糾收繚之屬爲之化而
調矜糾收繚皆急戾之意故與調和相反楊倞注以
矜爲夸汏失之方言矜遽也遽亦急也苦者文選廣
絕交論注引說文云苦急也莊子天道篇云斲輪徐
則甘而不固疾則苦而不入淮南子道應訓與莊子
同高誘注云苦急意也甘緩意也方言苦快也使與
急亦同義今俗語猶謂急爲快矣揯者說文緪急也

廣雅疏證　卷第一下　三五

又云揯引急也徐鍇傳云揯猶亙也横亙之也楚辭
九歌緪瑟兮交鼓王逸注云緪急張弦也淮南子繆
稱訓治國辟若張瑟大弦緪則小弦絕矣高誘注云
緪急也馬融長笛賦云若緪瑟促柱揯緪緪並通緊
者說文緊纏絲急也釋言篇云緊糾也傳毅舞賦云
弛緊急之弦張清躡者方言清躡急也又云激清也
後漢書趙壹傳捷懾逐物懾與躡同言急於趨時也
李賢注懾懼也失之說文馺馬行疾也義亦與躡同
糾者說文糾繩三合也玉篇廣韻並云糾急也荀子
云矜糾收繚之屬魯頌泮水篇角弓其觩鄭箋云觩
持弦急也說文疝腹中急痛也並與糾聲近義同
衆經音義卷二十三引廣雅糾急也今本脫糾字

揑、掄、撟、捎、擌、虞、擭、揀、選、擇也、

掄者說文掄擇也周官山虞云凡邦工入山林而掄
材少牢饋食禮雍人倫膚九鄭注云倫擇也齊語論
比協材韋昭注云論擇也掄倫論並通撟捎者方言
撟捎選也自關而西秦晉之閒凡取物之上謂之撟
捎郭璞注云此妙擇積聚者也說文與方言同擌者
楚辭招魂稻粢穱麥王逸注云穱擇也穱與擌通捎

擌攜聲並相近

摳、掀、抗、揚、擎、挈、翢、翥、翹、仰、卬、發、扛、偁、搴、暴、糾、拼、勝、檐、輿、
揭、尚、興、轝、舁、舉也、扣

摳者玉篇摳挈衣也曲禮云摳衣趨隅掀者說文掀
舉出也成十六年左傳乃掀公以出於淖杜預注云
掀舉也抗者小雅賓之初筵篇大侯既抗士喪禮下
篇甸人抗重毛傳鄭注並云抗舉也僖十六年穀梁
傳則王道不亢矣亢與抗通挐者漢書王莽傳挐茵
輿行顏師古注云謂坐茵褥之上而令四人對舉茵
之四角輿而行也翢者卷三云翢翥飛也飛亦舉
也楚辭九歌翢飛兮翠曾王逸注云曾舉也曾與翢
通方言翥舉也楚謂之翥郭璞注云謂軒翥也說文
翥飛舉也爾雅釋蟲云翥醜䗐楚辭遠遊云鸞鳥軒
翥而翔飛翹者莊子馬蹄篇云齕草飲水翹足而陸
翹足謂舉足也周語好盡言以招人過韋昭注云招
舉也列子說符篇孔子之勁能招國門之關招並與
翹通仰卬聲義並同說文仰舉也扛者說文扛橫關

廣雅疏證　卷第一下　三六

對舉也吳子料敵篇云力輕扛鼎今俗語猶呼對舉
物爲扛說文舩舉角也義亦與扛同扛各本譌作杠
今訂正偁者爾雅偁舉也通作稱搴者說文攐摳衣
也鄭風褰裳篇云褰裳涉溱莊子山木篇云搴裳躩
步並與搴通暴者說文暴舉食者徐鍇傳云如食牀
兩頭有柄二人對舉之周語侍而畚梮注云梮舁土
之器史記夏紀山行乘檋漢書溝洫志作山行則梮
韋昭注云梮木器如今輿牀人舉以行也義並與暴
通暴各本譌作暴今訂正糾者昭六年左傳糾之以
政注云糾舉也拼義見卷三拼拔也下勝者周語耳
之察清濁也不過一人之所勝注云勝舉也檐者說
文儋何也管子七法篇云猶立朝夕於運均之上檐
竿而欲定其末秦策云負書擔橐儋擔檐並通輿與
下轝舁二字同衆經音義引倉頡篇云轝舉也對舉
日轝說文舉對舉也舁共舉也並字異而義同揭音
居列去列渠列三反又居謁渠謁二反說文揭高舉
也小雅大東篇云西柄之揭莊子胠篋篇云脣竭則
齒寒竭與揭通凡物之上舉者皆謂之揭說文䅥禾
舉出苗也衞風碩人篇葭菼揭揭毛傳云揭揭長也
說文碣特立之石也義並與揭通舉物謂之揭負物

亦謂之揭說文竭負舉也從立曷聲禮運五行之動迭相竭也鄭注云竭猶負戴也成二年左傳桀石以投人杜預注云桀擔也莊子胠篋篇云負匱揭篋擔囊而趨竭揭桀竝通揭與擔同義故竝訓爲舉也揭又音去例反邶風匏有苦葉篇淺則揭毛傳云揭褰衣也揭褰掘一聲之轉故亦竝訓爲舉也又案舁者對舉也故所以舉棺者謂之輁軸士喪禮下篇遷于祖用軸鄭注云軸輁軸也輁狀如長牀穿桯前後著金而關軸焉是也扛者横關對舉也故牀前横木謂之杠說文杠牀前横木也徐鍇傳云今人謂之牀桯是也暴者亦對舉也故輿牀謂之楇輿者共舉也故車所以舉物者謂之輿釋名云自古制器立象名之於實各有義類斯之謂矣尚者王制上賢以崇德上賢謂舉賢也上與尚通興者周官大司徒以鄉三物教萬民而賓興之鄭注云興猶舉也扣者論語子罕篇我叩其兩端而竭焉孔傳訓叩爲發發與舉同義叩與扣通衆經音義卷九引廣雅扣舉也今本脫扣字

句、降、窪、窆、窊、埋、埳、斁、墜、隕、折、按，下也。

廣雅疏證　卷第一下　二四

窪者說文窪窊也老子窪則盈顧懽注云窪洿也莊子齊物論篇云似洼者似汙者說文洼深池也義竝與窪同窆音方驗方鄧二反周官遂師及窆鄭衆注云窆謂葬下棺也檀弓縣棺而封鄭注云封當爲窆窆下棺也昭十二年左傳毀之則朝而堋杜預注云堋下棺也說文作堋竝聲近而義同窊者說文窊汙衺下也漢書禮樂志窅窊桂華蘇林注云窅音窅眡之窅窊音窊下之窊孟子公孫丑篇汙不至阿其所好趙岐注云汙下也汙與窊通鑿地爲尊謂之汙尊義亦同也埋埳斁者方言埋墊下也凡柱而下曰埋屋而下曰墊又云埳下也郭璞注云謂陷下也靈樞經通天篇云太陰之人其狀念然下意念與埳通卷三云坅濵也坅與埳義亦相近說文埶屋傾下也又云墊下也皋陶謨下民昏墊鄭注云昏沒也墊陷也莊子外物篇厠足而墊之至黃泉司馬彪注云墊下也墊與埶同墊訓爲下故居下地而病困者謂之墊隘成六年左傳云郇瑕氏土薄水淺其惡易覯易覯則民愁民愁則墊隘於是乎有沈溺重膇之疾是也墜音墊說文堪下入也堪與墜同釋名云下溼曰隰隰墊也荀子脩身篇卑濕重遲貪利則抗之以高志

楊倞注云濕亦謂自卑下如地之下濕然也論衡氣壽篇云兒生號啼之聲鴻朗高暢者壽嘶喝濕下者夭義竝與墜同方言云凡高而有墜得而中亾謂之溼義亦相近也

賆、貤、附、助、坿、埤、陪、賊、賢、賭、饒、贏、馮、貳、斟、酌、兪、潤、沾、潼、益，也。

賆者增多之意故爲益也莊子騈拇篇云此皆多騈旁枝之道騈與賆通貤之言移也移此以益彼也漢書五帝紀受爵賞而欲移賣者無所流貤應劭注云言無所移與也大雅皇矣篇云既受帝祉施于孫子義與貤同附與下坿字同說文坿益也助者論語先進篇回也非助我者也孔傳云助益也埤者說文埤增也鞞益也裨接益也埤鞞裨竝通陪者鄭注曲禮云陪重也又注中庸云培益也培與陪通賊之言被也以物相被及也故卷二云益被加也堯典光被四表傳訓被爲溢義相近也賊與貤疊韻也說文賊移與也玉篇貤賊也鄘風君子偕老篇不屑鬄也鄭箋云鬄髲也正義引說文云髲益髮也釋名云髲被也

廣雅疏證　卷第一下　二五

髮少者得以被助其髮也髲鬄與賊貤聲相近皆附益之意也凡物之有次第者亦謂之賊貤周官追師掌王后之首服爲副編次鄭注云次者次第髮長短爲之所謂髲鬄也說文貤重次弟物也集韻賊貤次第也案賊貤猶言陂陀故岸之重次弟謂之陂陀髮之重次第謂之髲鬄說文以貤爲重次第物周官注以髮鬄爲次第髮長短其義一也物之次第相重則相附益故賊貤又爲益也賢者卷三云賢掔也紛掔亦多益之意饒者說文饒益也贏者說文贏賈有餘利也隲者方言隲益也郭璞注云謂增益也爾雅是類是禡師祭也周官肆師凡四時之大甸獵祭表貉則爲位鄭注云貉師祭也貉讀爲十百之百於所立表之處爲師祭祭造軍灋者禱氣勢之增倍也釋文貉莫駕反甸祝掌四時之田表貉之祝號杜子春注云貉讀爲百爾所思之百書亦或爲禡禡兵祭也鄭注云禡者禱氣勢之十百而多獲貉禡與隲同聲皆增益之意故又讀爲十百之百也漢書律歷志云數紀於一協於十長於百大於千衍於萬長即增益之意貳者說文貳副益也坎六四尊酒簋貳用缶虞翻注云貳副也周官酒正凡祭祀以灋共五齊三酒以

實八尊大祭三貳中祭再貳小祭壹貳鄭衆注云貳益副之也弟子職周還而貳尹知章注云貳謂再益也斟酌者方言斟益也南楚凡相益而又少謂之不斟凡病少愈而加劇亦謂之不斟或謂之何斟注云斟言斟酌益之也王逸注招魂云勺沾也勺與酌通兪者小雅小明篇政事愈蹙鄭箋云愈猶益也愈與兪通潤者大學云富潤屋德潤身是潤爲益也餘分之月謂之閏閏義亦同也沾者說文沾益也今俗作添同

沮、潤、湆、浥、漸、洳、溽、淖、溼也。沃、

沮漸洳者沮洳猶言漸洳漸義見卷二漸漬也下衆經音義卷十引倉頡篇云沮漸也王制山川沮澤何氏隱義云沮澤下溼地也說文澤漸溼也澤與洳同魏風彼汾沮洳毛傳云沮洳其漸洳者漢書東方朔傳塗者漸洳徑也顏師古注云漸洳浸溼也湆者說文湆幽溼也徐鍇傳云今人多言浥湆也浥者說文浥溼也召南行露篇厭浥行露毛傳云厭浥溼意也溽之言濡溼也說文溽溼暑也月令土潤溽暑鄭注

云潤溽謂塗溼也淖者爾雅釋言釋文引字林云淖濡甚也荀子脩身篇云非漬淖也衆經音義卷十三引廣雅沃溼也

今本脫沃字

頜、傪、振、訊、搖、抗、盪、遹、奮、勦、撼、㧡、擡、揌、掉、捎、扮、揮、揣、摷、抗、搈、衝、休、賦、蝡、東、風、動也。

頜傪者說文頜低頭也引襄二十六年左傳迎于門頜之而已今本作頷杜預注云頷搖其頭也列子湯問篇云頜其頤則歌合律頜與頷通玉篇頷桑感切動頭也廣韻頜頷搖頭兒衆經音義卷五云今江南謂頜納搖頭爲頜傪傪與頷同抗之言杌隉也說文抗動也玉篇虞厥午骨二切方言偽謂之抗抗不安也郭璞注云船動搖之兒也小雅正月篇天之抗我毛傳云抗動也考工記輪人云則是以大抗雖有良工莫之能固晉語故不可抈也韋昭注云抈動也傳毅舞賦云兀動赴度指顧應聲抈兀並與抗通盪與下勦字同經傳通作盪又作蕩遹通作涌又作踊撼者說文撼搖也撼與揻同司馬相如長門賦云擠玉戶以撼金鋪兮撼之言感也召南野有死麕篇無感我帨兮毛傳云感動也釋文感如字又胡坎反是感撼同聲同義㧡者玉篇胡改切撼動也高誘注淮南子俶眞訓云駭動也駭與㧡聲近義同擡揌者玉篇擡振動也揌擡揌也掉捎者釋訓篇云掉撨振訊也掉撨與掉捎同楚語大能掉小則變而不勤文選長楊賦注引賈逵注云掉搖也釋訓云搖抗搖捎也搖捎猶掉捎也一作搖消淮南子俶眞訓云搖消掉捎仁義禮樂文選舞賦簡惰跳踃般紛挐兮李善注引埤倉云踃跳也呂向注云跳踃動足貌掉捎跳踃搖捎並聲近而義同扮亦奮也方俗語有輕重耳揮者乾文言六爻發揮釋文引廣雅揮動也揮與奮同義曲禮奮衣由右上鄭注云奮振去塵也又飲玉爵者弗揮何氏隱義云振去餘酒曰揮爾雅鷹隼醜其飛也翬翬卽奮迅之意又云雉絕有力奮羊絕有力奮鷄絕有力奮又云魚有力者徽徽亦奮也揮翬徽並同義故說文云翬大飛也奮翬也揮奮也揣抗者揣音喘抗音弋選反釋訓云揣抗搖捎也揣抗之轉爲喘耎莊子胠篋篇喘耎之蟲崔譔注云動蟲也一云無足蟲荀子勸學篇端而言蝡而動臣道篇作喘而

言臑而動喘耎端蝡喘臑古字通用皆謂動貌也凡蟲之無足者其動喘耎然故蚯蚓謂之蠢蝡高誘注淮南子時則訓云蚯蝡蠢蝡也蠢蝡又喘耎之轉矣廣韻搖又音丁果切搖也或通作朵頤初九觀我朵頤鄭注云朵動也京房作揣搈之言踊也說文搈動搈也楚辭九章云悲秋風之動容兮韓子揚搉篇云動之溶之溶搈溶並通說文傛不安也義與搈亦相近衝休者方言衝俶動也衝俶與衝休同衝亦動也方俗語有輕重耳釋訓云衝衝行也說文憧意不定也咸九四憧憧往來皆動貌也聲轉爲俶爾雅動俶作也是俶與動同義說文埱氣出於土也義亦與俶同孟子梁惠王篇於我心有戚戚焉趙岐注云戚戚然心有動也戚與俶亦聲近義同賦者方言賦動也蝡者說文蝡動也鬼谷子揣篇云蜎飛蝡動史記匃奴傳跂行喙息蝡動之類索隱引三倉云蝡蝡動貌馬融廣成頌云蝡蝡蟺蟺蝡與喘耎之耎一字也說文耎稍前大也義亦與蝡同說文瞤目動也瞤與蝡亦聲近義同東動聲相近書大傳云東方者何也動方也物之動也漢書律歷志云少陽者東方東動也陽氣動物之風者釋名云風究豫司冀横口合脣言之

風汜也其氣博汜而動物也青徐言風踧口開脣推氣言之風放也氣放散也詩序云風風也教也風以動之教以化之是凡言風者皆動之義也

摧、挫、摺、踒、攕、抈、詘、曲、罰、擠、制、夭、折也、

摺曹憲音力合反義與下擠字同說文摺敗也拹摺也拉摧也莊元年公羊傳擠幹而殺之何休注云擠折聲也釋文作拹史記齊世家作拉魯世家作摺范睢傳折脅摺齒鄒陽傳作摺脅折齒漢書作拉脅折齒並字異而義同說文柆折木也張衡西京賦梗林爲之靡拉義亦與摺同擠各本譌作擠今訂正踒衆經音義卷十三引倉頡篇云挫足爲踒又引通俗文云足跌傷曰踒韓非子說林篇云此其爲馬也踒肩而腫足易林蒙之隨云猿墮高木不踒手足攕音纖舊本譌作擖攕之譌擖猶臘之譌臈擖音公八反說文刮也一曰撻也皆非摧折之義玉篇擖字亦不訓爲折曹憲不知擖爲攕之譌遂誤音公八反廣韻擖刮聲也又折也集韻類篇引廣雅擖折也並沿曹憲之誤考說文邋擠也公羊注云擠折聲也擠與拉

同邋與攕同菈攕疊韻字也文選吳都賦菈攕雷硠崩巒弛岑李善注云菈攕雷硠崩弛之聲也五臣本菈作拉呂延濟注云拉攕木摧傷之聲也並與公羊注折聲之義同又洞簫賦攕若枚折李善注云攕折聲也引廣雅攕折也則唐時廣雅本尚有不誤者今據以訂正太元止次七云車纍其俴馬獵其蹄獵亦與攕通抈者說文抈折也太元羨上九車軸折其衡抈范望注與說文同楚辭九思車軏折兮馬虺穨軏與抈通制者文選張協雜詩注引李奇漢書注云制折也大戴禮保傳篇不中於制獄制獄卽折獄也論語爲政篇片言可以折獄者魯讀折爲制莊子庚桑楚篇夫尋常之溝巨魚無所還其體而鯢鰌爲之制釋文引廣雅制折也謂小魚得曲折也折制古同聲故制有折義史記項羽紀渡浙江索隱云浙江在今錢塘蓋其流曲折莊子所謂制河卽其水也玉篇筋音制方言云自關而西謂簞曰筋亦取曲折之義也夭者昭十九年左傳賈逵注云短折曰夭

虔、辯、謾、黠、儇、憭、䜤、㦛、譎、詖、曉、捷、鬼、慧也、

虔者方言虔謾也又云虔慧也辯者大戴禮小辨篇寡人欲學小辨以觀於政盧辯注云小辨謂小辨給也晉語云巧文辯惠則賢辯辨慧惠並通謾者方言秦謂慧曰謾郭璞注云謾詑也義見卷二謾者欺也下黠者方言趙魏之間謂慧曰黠儇者方言儇謾也又云儇慧也楚辭九章忘儇媚以背衆兮淮南子主術訓辯慧懁給懁與儇通憭者說文憭慧也方言大云慧憭皆意精明也後漢書孔融傳云小而聰了大未必奇了與憭通䜤者方言楚謂慧曰䜤字或作詑又作詑義見卷二詑欺也下㦛者方言晉謂慧曰㦛譎者卷三云僪詐也僪與譎同詖者文選顏延之和謝監靈運詩注引倉頡篇云詖佞謟也荀子成相篇云讒人罔極險陂傾側詩序云內有進賢之志而無險詖私謁之心詖與陂通曉者方言曉知也捷者方言宋楚之間謂慧曰捷注云言便倢也倢與捷通鬼者方言趙魏之間或謂慧曰鬼注云言鬼脈也

欸、咍、唏、御、谷、听、嗞、哂、莞、唹、嗔、嗢、嘲、咦、吲、訶、啞、笑也、啓鬐、

欸與咍同楚辭九章又衆兆之所咍王逸注云咍笑也楚人謂相啁笑曰咍左思吳都賦云東吳王孫囅

然而咍唏者說文唏笑也釋訓云唏唏笑也御與谷同字本作噱說文噱大笑也漢書敘傳談笑大噱顏師古注云噱噱笑聲也谷各本譌作谷惟影宋本不譌听者說文听笑皃司馬相如上林賦云亡是公听然而笑字亦作欣史記孔子世家云孔子欣然笑集韻類篇引廣雅作薔後漢書張衡傳注引字詁云薔笑貌也听之別體也思元賦戴勝慭其既歡兮舊注云慭笑貌並字異而義同哂與下吲字同微笑謂之哂大笑亦謂之哂說文笑不壞顏曰弞論語先進篇夫子哂之是哂爲微笑也曲禮笑不至矧鄭注云齒本曰矧大笑則見釋文矧本又作哂是哂爲大笑也哂吲弞矧竝通莞者論語陽貨篇夫子莞爾而笑何晏注云莞爾小笑貌莞各本作莧乃隸書之譌今訂正嗔者玉篇嗔大笑也嗢者廣韻嗢噱笑不止也文選琴賦嗢噱終日李善注引通俗文云樂不勝謂之嗢噱嘲者玉篇嘲大笑也釋訓云嘲嘲笑也咦亦唏也方俗語有緩急耳訶者釋訓云訶訶笑也啞者說文啞笑也震象辭笑言啞啞馬融注云啞啞笑聲也列子周穆王篇云同行者啞然大笑啓鬐者玉篇廣韻竝云啓笑皃集韻引廣雅啓笑也鬐笑也今本篇脫

啓䜸二字、

誅、罰、戮、虔、伐、肆、刈、殺也、

誅集韻類篇引廣雅並作𢧵虔者方言虔殺也青徐淮楚之間曰虔又云秦晉之北鄙燕之北郊翟縣之郊謂賊爲虔賊亦殺也莊三十二年左傳共仲使圉人犖賊子般于黨氏是也成十三年傳虔劉我邊陲杜預注云虔劉皆殺也肆者夏小正狸子肇肆傳云肇始也肆遂也言其始遂也或曰肆殺也

廝、徒、牧、圉、侍、御、僕、從、扈、養、任、甬、辯、令、倈、庸、童、役、謂、命、使也、

圉各本譌作閭案上文云牧圉臣也臣與使同義故牧圉又爲使也僖十七年左傳云將生一男一女男爲人臣女爲人妾故名男曰圉女曰妾是圉爲使也廣韻牧使也玉篇圉使也並本廣雅今據以訂正扈養者宣十二年公羊傳廝役扈養何休注云艾草爲防者曰廝汲水漿者曰役養馬者曰扈炊烹者曰養

廣雅疏證　卷第一下　三十一

韓策云卒不過三十萬而廝徒負養在其中矣任甬倈庸者說文任倈也徐鍇傳云信於朋友曰任任者可倈任也亦言可任用也說文賃庸也賃亦任也庸亦用也方言自關而東陳魏宋楚之閒倈庸謂之甬甬亦庸也楚辭九章固庸態也王逸注云庸廝賤之人也史記欒布傳賃傭於齊爲酒人倈集解引漢書音義云可倈信故謂之倈傭與庸通辯者酒誥勿辯乃司民湎于酒傳云辯使也辯之言俾也俾亦使也書序王俾榮伯作賄肅愼之命馬融本俾作辯是辯俾同聲同義役古文役字也謂者小雅出車篇云自天子所謂我來矣

嫡、嫉、嫪、婥、妎、娟、妬、也、

嫉各本譌作嫉今訂正嫪婥者說文嫪婟也婟嫪也婟與婥同嫪婥猶牢固也爾雅釋鳥釋文引聲類云婟嫪戀惜也廣韻嫪吝物也義與妬並相近妎者說文妎妬也妬與妒同娟者秦誓冒疾以惡之大學作娟疾鄭注云娟妬也娟冒嫉疾並通

夸、蒸、通、媱、窕、劮、婸、報、婬、也、

夸蒸通報者方言夸烝婬也烝與蒸通夸訓爲婬與下媱窕劮婸同義皆謂淫泆無度也夸淫皆過度之義故上文云夸大也爾雅云淫大也淫與婬通夸各本譌作夸自宋時本已然故集韻類篇並云夸或作夸案夸字隸或作夸故譌而爲夸考說文玉篇廣韻俱無夸字今訂正邶風雄雉正義云桓十六年左傳曰衞宣公烝於夷姜服虔云上淫曰烝則烝進也自下進上而與之淫也十八年傳曰文姜如齊齊侯通焉服虔云傍淫曰通言傍者非其妻妾傍與之淫上下通名也牆有茨云公子頑通於君母左傳曰孔悝之母與其豎渾良夫通皆上淫也齊莊公通於崔杼之妻蔡景侯爲大子般娶於楚通焉皆下淫也以此知通者揔名故服虔又云凡淫曰通是也宣三年傳曰文公報鄭子之妃服虔云鄭子文公叔父子儀也報復也淫親屬之妻曰報漢律淫季父之妻曰報案報者進也樂記禮減而不進則銷樂盈而不反則放故禮有報而樂有反鄭注云報讀爲褒褒猶進也一報與烝皆訓爲進上淫曰烝淫季父之妻曰報其義一

廣雅疏證　卷第一下　三十二

也媱窕者方言遙窕淫也九疑荆郊之鄙謂淫曰遙沅湘之閒謂之窕郭璞注云遙言心搖蕩也遙與媱通方言又云江沅之閒謂戲曰媱戲與婬亦同義媱各本譌作婬今訂正劮婸者方言佚愓婬也又云江沅之閒或謂戲曰愓佚與劮通字或作逸又作泆愓與婸通字或作蕩

襲、駁、逮、纍、及也、

襲者楚辭九歌芳菲菲兮襲予王逸注云襲及也駁及聲相近說文駁馬行相及也揚雄甘泉賦云輕先疾雷而駁遺風纍各本譌作纍玉篇纍力僞切延及也或省作累桓二年公羊傳云及者何累也今據以訂正

䡩、賢、任、固、攻、確、賢、艮、磴、鍇、鐕、鞕、臣、牢、堅、堅**也、**

各本堅下俱脫堅字集韻類篇䡩賢任磴鐕鞕六字注並引廣雅堅也又堅字注引廣雅固確堅也則宋時廣雅本已脫去堅字今考玉篇引廣雅臣堅也衆經音義卷二十四引廣雅確堅也又䡩賢以下十五

字諸書竝訓爲堅、今據以補正。顛者、曹憲音苦耕反。說文、𩊿、車堅也。𩊿與顛同。釋訓篇云、顛顛、堅也。顛顛猶硜硜。凡堅貌謂之硜、堅聲亦謂之硜。論語子路篇言必信、行必果、硜硜然小人哉。皇侃疏云、硜硜、堅正難移之貌也。樂記、石聲磬、磬以立辨、辨以致死。史記樂書磬作硜。集解引王肅注云、硜、聲果勁也。釋名、磬、磬也、其聲磬磬然堅緻也。竝聲近而義同。贒者、玉篇、贒、堅也。任之言堅緻也。玉篇、任、牢也、堅也。廣韻同。攻之言鞏固也。小雅車攻篇、我車既攻。毛傳云、攻、堅也。齊語、辨其功苦。韋昭注云、功、牢也。苦、脃也。月令、必功致爲上。淮南子時則訓作堅致。堅、功一聲之轉。功與攻通。確者、說文、墧、堅不可拔也。繫辭傳、確然示人易矣。馬融注云、確、剛貌。乾文言、確乎其不可拔。鄭注云、確、堅高之貌。確、礭竝與墧同。賢者、太平御覽引風俗通云、賢、堅也。良礥者、方言、良、礥、堅也。說卦傳云、良爲山、爲小石、皆堅之義也。今俗語猶謂物堅不可拔曰良礥。各本譌作良、惟影宋本不譌。文選高唐賦振陳礥礥、思元賦行積水之礥礥兮、李善注竝引方言、礥、堅也。釋名云、鐙猶墱也。墱、堅重之言也。竝與礥聲近義同。錯錯者、方言、錯錯、堅也。自關而西秦晉之間曰

廣雅疏證　卷第一下　三二

鍇、吳揚江淮之間曰鍇。鍇、鍇聲相近、方俗語轉耳。人物志體別篇云、彊楷堅勁。楷與鍇通。說文、九江謂鐵曰鍇。鍇亦堅之義也。鞕者、王篇、鞕、堅也。廣韻同。臣者、太平御覽引孝經說云、臣者、堅也、守節明度、循義奉職也。白虎通義云、臣者、續也、堅也、屬志自堅固也。掔者、玉篇、掔、口閒切、堅也。說文、臤、堅也。爾雅、掔、固也。郭璞注云、掔然牢固。掔、臤竝通。公羊氏春秋成四年、鄭伯臤卒。疏云、左氏作堅字、穀梁作賢字。玉篇、紘、古千切、引成公四年鄭伯紘卒。說文堅、贒竝從臤、臤從臣聲。廣雅贒、賢、臣、掔、堅也。堅、紘、賢、贒、掔、𡍮、臤、臣八字竝聲近而義同。

挺、秀、觶、拔、揠、擢、涌、溢、截、蕐、茁、裔、生、出也。鬱、

挺者、說文、挺、拔也。魏策云、挺劍而起。秀者、齊語云、秀出於衆。拔、揠、擢三字義見卷三揠、擢、拔也下。截者、說文、截、古文蠢字。考工記梓人、則春以功。鄭注云、春讀爲蠢。蠢、作也、出也。春、蠢皆有出義、故鄉飲酒義云、春之爲言蠢也、產萬物者也。書大傳云、春、出也、物之出也。春、蠢、出一聲之轉耳。蕐、茁、裔、出四字、聲竝相近。蕐者、廣韻引音譜云、蕐、草子甲也。集韻云、草子甲出也。茁、出聲相近。說文、茁、草初出地皃。召南騶虞篇、彼茁者葭。毛傳云、茁、出也。裔各本譌作裔。說文、裔、滿有所出也。玉篇、裔、出也。今據以訂正。裔字亦作融。廣韻、融、融出也。融出猶言溢出。溢、涌、裔一聲之轉、故皆訓爲出也。凡物之銳出者亦謂之裔。說文裔字注又云、以錐有所穿也。又聿字注云、所以書也。楚謂之聿、秦謂之筆。玉篇云、銉、針也。皆銳出之義也。說文、潏、涌出也。潏與裔亦聲近義同。生者、說卦傳、萬物出乎震。虞翻注云、出、生也。文選魏都賦注引劉瓛周易義云、自無出有曰生。鬱者、班固西都賦、神明鬱其特起。鬱、高出之貌也。文選曹植贈徐幹詩文昌鬱雲興、李善注引廣雅、鬱、出也。今本脫鬱字。

殫、索、既、渴、滲、盪、涸、急、汔、焪、湫、澌、泣、釂、殲、弊、寫、罄、稍、爽、鋌、央、盡也。

殫者、說文、殫、殛盡也。祭義云、歲既單矣。單與殫通。索者、衆經音義卷三引倉頡解詁云、索、盡也。牧誓云、惟家之索。卷三云、素、空也。爾雅、空、盡也。素與索亦聲近義同。渴今通作竭。滲盪者、說文、滲、下漉也。滲、曹憲音所蔭反。各本所蔭二字誤入正文、在滲字上。衆經音義卷十、滲、所蔭反、引廣雅、滲、盡也。今據以訂正。說文、漉、水下皃也。爾雅、盝、竭也。方言、盪、涸也。漉、極也。郭璞注云、滲漉、極盡也。司馬相如封禪文云、滋液滲漉。考工記㡀氏云、清其灰而盝之。月令云、毋竭川澤、毋漉陂池。盪、盝、漉竝通。淮南子本經訓、竭澤而魚。高誘注云、竭澤、漏池也。漏池、即所謂漉陂池也。漉、漏聲相近、故滲漉或謂之滲漏。卷二云、歇、漏、泄也。泄謂之漏、猶盡謂之漉也。泄謂之歇、猶盡謂之竭也。汔之言訖也。說文、汔、水涸也。井彖辭、汔至。荀爽注云、陰來居初、下至汔竟也。竟亦盡也。呂氏春秋聽言篇云、壯狡汔盡窮屈。汔與既聲亦相近也。焪之言窮也。卷二云、焪、乾也。乾亦盡也。湫讀爲遒。玉篇、廣韻竝云、遒、盡也。廣韻湫、遒竝卽由切。爾雅、酋、終也。大雅卷阿篇、似先公酋矣。毛傳云、酋、終也。正義作遒。楚辭九辯云、歲忽忽而遒盡兮。淮南子俶眞訓云、精有湫盡而神無窮極。竝字異而義同。澌者、說文、澌、水索也。曹憲音斯。玉篇、廣韻竝音賜。方言、澌、盡也。鄭注曲禮云、死之言澌也、精

廣雅疏證　卷第一下　三三

神澌盡也正義云今俗呼盡爲澌卽舊語有存者也金縢大木斯拔史記魯世家作盡拔鄉飲酒禮尊兩壺于房戶閒斯禁鄭注云斯禁禁切地無足者疏云斯澌也澌盡之名也文選西征賦若循環之無賜李善注引方言賜盡也史記李斯傳云吾願賜志廣欲澌斯賜竝通繫辭傳故君子之道尠矣釋文師說云鮮盡也鮮與斯亦聲近義同故小雅瓠葉箋云今俗語斯白之字作鮮齊魯之閒聲近斯矣泣者玉篇力二力計二切廣韻泣沱也沱泣也洒也又廣韻渿字注引埤倉云渿漉也漉卽滲漉之漉渿與泣同聲皆洒竭之意也釂者說文釂飲酒盡也又云櫼盡酒也曲禮長者舉未釂鄭注云盡爵曰釂荀子禮論篇云利爵之不醮也史記游俠傳云與人飲使之嚼竝字異而義同凡言醮者皆盡之義鄭注昏義云酌而無酬酢曰醮正義云直盡爵而已故稱醮也曲禮庶人僬僬正義云單盡之貌也說文潐水盡也爾雅水醮曰厬郭璞注云謂水醮盡今江淮閒謂人財盡曰醮亦其義也周南卷耳正義引五經異義云韓詩說一升曰爵爵盡也足也白虎通義云爵者盡也各量其職盡其才也爵與釂亦聲近義同烕者小雅正月篇赫赫宗周褒姒烕之毛傳云烕滅也說文烕從火戌聲火死於戌陽氣至戌而盡烕與娍通糞寫皆除之盡也義見卷三糞寫除也下髾者落之盡稍者尾之盡也方言髾尾梢盡也尾梢也注云髾毛漸落去之名梢與稍通煎者方言煎盡也又云煎火乾也凡有汁而乾謂之煎成二年左傳余姑翦滅此而朝食杜預注云翦盡也翦與煎聲近義同鋋者方言鋋盡也南楚凡物空盡者曰鋋釋訓篇云致致盡也致與鋋通文選思元賦注引字林云逞盡也逞與鋋聲近義同央者小雅庭燎篇夜未央鄭箋云猶言夜未渠央也楚辭離騷時亦猶其未央王逸注云央盡也九歌爛昭昭兮未央注云央已也已亦盡也

軥、輗、牽、輓、攀、援、摯、扡、拕、抯、攎、扔、扱、據、摛、攡、捈、揄、擢、控、抓、彎，引也。神翁曳

軥輗皆罥名所以引取鳥獸者也說見釋器軥謂之輗下摯音充世反卽掣字也說文云引而縱曰㨨玉篇摯掣竝與㨨同爾雅甹夆掣曳也郭璞注云謂牽拕案摯摯二字音義各別摯音充世反與㨨掣同引也字從手埶聲摯音至握持也字從手執聲廣雅摯訓爲引當音充世反曹憲音至誤也集韻類篇摯音至引說文握持也又尺制切與掣同瀏摯摯爲一字其誤滋甚考玉篇摯從執音至摯從埶音充世切與㨨掣同今據以辨正扡者玉篇扡引也摭也古通作頓荀子勸學篇云若挈裘領詘五指而頓之順者不可勝數也楊倞注云頓挈也案頓者振引也言挈裘領者詘五指而振引之則全裘之毛皆順也釋名云掣制也制頓之使順己也義與此同鹽鐵論散不足篇云吏捕索掣頓不以道理褚少孫續滑稽傳云當道掣頓人車馬頓與掣同義故皆訓爲引今江淮閒猶謂引繩曰頓矣拕者說文拕曳也少儀云僕者負良綏申之面拖諸幦論語鄉黨篇加朝服拖紳漢書龔勝傳作拕同抯者廣韻抯急引也釋名云痕抯也急相抯引也史記灌夫傳魏其侯失勢亦欲倚灌夫引繩批抯生平慕之後棄之者漢書批抯作排抯孟康注云抯者抯揢引繩以抨彈之也顏師古注云言要與夫共排退之譬如相對挽繩而抯揢之也今吳楚俗猶謂牽引前郤爲抯揢攎者方言攎張也張亦引也故引弓謂之張弓扔者廣韻扔強牽引也老子攘臂而扔之釋文云扔引也據者文選鄒陽上吳王書連從兵之據揚雄羽獵賦據黿鼉李善注竝引廣雅據引也摛者說文摛蹴引也小雅巷伯傳摛屋而繼之正義云摛抽也抽亦引也周語縮取備物韋昭注云縮引也秦策云淖齒縮閔王之筋漢書賈誼傳夫固自引而遠去史記作自縮縮與摛通攡者急引也義見上文攡急也下捈者說文捈臥引也法言問神篇捈中心之所欲宋咸注云捈引也各本捈字誤入曹憲音內集韻引廣雅捈引也今據以訂正揄者說文揄引也韓非子飾邪篇云龐援揄兵而南韓詩外傳子夏曰齊君重鞇而坐我揄其一鞇而去之漢書禮樂志神之揄顏師古注云揄引也擢者說文擢引也燕策云擢之乎賓客之中控者說文控引也鄘風載馳篇控于大邦襄八年左傳無所控告毛傳杜注竝云控引也其引弓亦謂之控史記劉敬傳云控弦三十萬是也鄭風大叔于田篇抑磬控忌毛傳云止馬曰控亦引之義也抓之言弙也說文弙滿弓有所鄉也字亦作弙呂氏春秋壅塞篇弙弓而射之高誘注云弙引也古聲竝與抓同彎亦抓也語之轉耳說文彎持弓關矢也昭二十一年左傳豹則關矣杜

預注云關引弓也史記陳涉世家士不敢貫弓而報怨漢書作彎彎關貫竝通神者說文神天神引出萬物者也鄭注禮運云神者引物而出風俗通引傳曰神者申也申亦引也神申引聲竝相近故神或讀爲引周官馬相氏疏引易通卦驗云冬至日置八神樹八尺之表日中視其景神讀爲引翕者說文吸內息也歙縮鼻也小雅大東篇載翕其舌鄭箋云翕猶引也楚辭九章吸湛露之浮涼揚雄甘泉賦噏青雲之流瑕竝字異而義同曳者說文東縛捽抴爲曳又云曳臾曳也又云抴捈也又云厂抴也象抴引之形士相見禮舉前曳踵鄭注云古文曳作抴竝字異而義同玉篇引廣雅神引也衆經音義卷四引廣雅翕引也卷十九引廣雅曳引也今本脫神翕曳三字

柔、耎、佯、㞋、闒、劣、懦、恁、嫈、嬈、脃、集、鉒、㥷、偄、輭、弱也、

耎與下㞋字同說文㞋柔皮也又云夓柔革也古文作仄籀文作夓衆經音義卷一引三倉云耎弱也考工記攻皮之工函鮑韗韋裘鄭衆注云鮑書或爲鞄倉頡篇有鞄夓又鮑人之事革欲其柔滑而腥脂之

則需鄭衆讀需爲柔需之需釋文音人兖反鮑人之需卽倉頡篇所謂鞄夓也莊子天下篇以濡弱謙下爲表釋文濡如兖反楚策云鄭魏者楚之耎國也又云李園軟弱人也竝字異而義同闒之言疲茶也說文闒智力少劣也懦與下㥷偄二字同各本譌作懦今訂正恁與下集字同說文恁下齎也齎與資同謂下劣之資也又云集弱皃小雅巧言篇荏染柔木毛傳云荏染柔意也論語陽貨篇色厲而內荏恁集荏竝通嫈者曹憲音女寸而兖二反卽今嫩字也各本皆作美蓋因下文美字而誤考玉篇廣韻嫈與嫩同弱也又玉篇嫈音如嚮奴困二切與曹憲音同今據以訂正嬈弱聲相近大過象傳云棟橈本末弱也大戴禮四代篇云撓弱不立管子水地篇云夫水淖弱以清義竝與嬈同脃者說文脃小耎易斷也又云膬耎易破也考工記弓人云是故脃管子霸言篇云釋堅而攻膬荀子議兵篇云事小敵毳脃膬毳竝通鉒曹憲音如淚反各本脫去鉒字其如淚反之音遂誤入集字下考玉篇廣韻集韻集字俱不音如淚反卷四云鉒聳也聳詘也詘卽耎弱之義集韻引字林云鉒濡也濡與弱義亦相近又玉篇廣韻集韻鉒字竝音王正與如淚反之音相合是如淚乃鉒字之音非集字之音今據以補正輭者玉篇輭輭耎也楚辭九歎衣納納而掩露王逸注云納納濡溼貌也義與輭相近各本嫈嬈脃集㥷偄輭七字誤在弱也二字下遂與下條相連今訂正

欿、美、顧、貪、歛、欱、將、闔、欲也、

欿者說文欿欲得也顧與願同歛者廣韻貼戲乞人物也或作歛欱者玉篇欱貪欲也欿歛欱聲竝相近闔之言覬覦也桓二年左傳云下無覬覦覬闔覦欲聲相近漢書武五子傳廣陵王胥見上年少無子有覬欲心卽覬覦也說文㒸欲也㒸闔聲亦相近

廣雅疏證卷第一下

廣雅疏證卷第二上

高郵王念孫學

釋詁

槾、撏、挴、忨、懆、饕、飻、亄、嗇、歁、欿、欲、婪、利、遴、茹、嗜、䴬、慘、饞、貪也、

槾者汚之貪也呂氏春秋離俗覽云不漫於利漫與槾通撏者方言撏貪也楚辭天問穆王巧撏王逸注云撏貪也莊子人閒世篇無門無毒崔譔本作每每云貪也漢書賈誼傳品庶每生孟康注云每貪也每與挴通昭十四年左傳云貪以敗官爲墨墨與挴亦聲近義同忨者爾雅愒忨也愒貪也說文忨貪也昭元年左傳翫歲而愒日杜預注云翫愒皆貪也晉語作忨日而滋歲昭二十六年左傳玩求無度服虔注云玩貪也忨翫玩並通饕飻者說文饕貪也多方云有夏之民叨懫叨與饕同說文飻貪也引文十八年

左傳謂之饕飻今本飻作餮賈逵服虔杜預注並云貪財爲饕貪食爲餮案傳云貪于飲食冒于貨賄侵欲崇侈不可盈厭聚斂積實不知紀極天下之民謂之饕餮是貪財貪食總謂之饕餮饕餮一聲之轉不得分貪財爲饕貪食爲餮也呂氏春秋先識篇云周鼎著饕餮有首無身食人未咽害及其身蓋饕餮本貪食之名故其字從食因謂貪欲無厭者爲饕餮也亄嗇者方言亄嗇貪也荊汝江湘之郊凡貪而不施謂之亄或謂之嗇襄二十六年左傳小人之性嗇於禍杜預注云嗇貪也歁與下欿字通方言南楚江湘之閒謂貪曰歁郭璞注云言歁𢷾難猒也說文歁食不滿也欿欲得也又云脂食肉不猒也並聲近而義同婪者說文婪貪也又云河內之北謂貪曰惏惏與婪同僖二十四年左傳狄固貪惏釋文正義並引方言云殺人而取其財曰惏楚辭離騷衆皆競進以貪婪兮王逸注云愛財曰貪愛食曰婪案貪婪亦愛財愛食之通稱不宜分訓也遴者方言荊汝江湘之郊凡貪而不施或謂之悋悋恨也說文吝恨惜也遴吝悋並通茹者方言吳越之閒凡貪飲食者謂之茹注云今俗呼能麤食者爲茹䴬者方言䴬貪也䴬各本訛作䴬今訂正慘者說文㜗婪也㜗與慘通

𨁺、膂、墾、劤、威、力也、

𨁺膂者方言𨁺膂力也東齊曰𨁺宋魯曰膂膂田力也郭璞注云律𨁺多力貌田力謂耕墾也漢書陸賈傳屈強於此顏師古注云屈強謂不柔服也屈與𨁺通戴先生方言疏證曰膂通作旅詩小雅旅力方剛是也毛傳旅衆也失之謹案大雅桑柔篇云靡有旅力秦誓云番番良士旅力既愆周語云四軍之帥旅力方剛義並與膂同膂力一聲之轉今人猶呼力爲膂力是古之遺語也舊訓旅爲衆皆失之墾者方言墾力也注云耕墾用力也墾與墾同劤玉篇音靳引埤倉云劤多力也今北方猶謂力爲劤釋名云筋靳也肉中之力靳固於身形也筋與劤聲義亦相近

何、詰、譏、㕁、偵、質、言、訣、詵、稽、考、問也、訊、請、

何者史記秦始皇紀陳利兵而誰何集解引如淳漢書注云何猶問也周官射人不敬者苛罰之鄭注云

苛謂詰問之苛與何通譏者王制關執禁以譏鄭注云譏苛察也周官宮正云幾其出入幾與譏通㕁各本訛作𧶠今訂正偵讀爲貞說文貞卜問也周官天府陳玉以貞來歲之媺惡大卜凡國大貞鄭衆注並云貞問也吳語云請貞於陽卜緇衣引易恆其德偵鄭注云偵問也今易作貞是偵與貞同曹憲讀爲偵何之偵失之言者爾雅訊言也郭璞注云相問訊也周官冢人言鸞車象人鄭衆注云言言問其不如灋度者聘禮若有言則以束帛如享禮鄭注云有言有所告請若有所問也曲禮君言不宿於家注云言謂有故所問也昭二十五年穀梁傳云弔失國曰唁唁亦問也唁言古同聲莊子徐無鬼篇釋文及文選西征賦注並引廣雅訊問也衆經音義卷七引廣雅請問也今本脫訊請二字

何、服、能、任也、

服各本訛作般案諸書無訓般爲任者爾雅服事也周官大司馬注云任猶事也是服與任同義又卷一內服行也卷五內犕服也服字並訛作般今訂正

超、越、踰、踙、杭、絕、騰、過、跨、涉、渡也、

踙或作蹍、義見下文蹍跳也下、杭者、衞風河廣篇一葦杭之、毛傳云、杭渡也、楚辭九章云、魂中道而無杭、說文、斻、方舟也、淮南子主術訓大者以爲舟航柱樑、高誘注云、方兩小船竝與共濟爲航、爾雅兔其跡迒、釋名、鹿兔之道曰亢、行不由正亢陌山谷草野而過也、義竝與杭同、杭、各本譌作抗、今訂正、絕者、高誘注淮南子地形訓云、絕、猶過也、爾雅正絕流曰亂、大雅公劉正義引孫炎注云、直橫渡也、

招、命、靚、召、呼也、

靚者、說文、靚、召也、史記漢書竝通作請、

詾、鬩、譟、讙、譊、號、咷、嗃、嘂、訆、獆、㸤、吠、雊、評、嗷、嘹、鼓、嘑、鳴也、咆、

詾者、爾雅、訩、訟也、郭璞注云、言訩譊也、說文作詾、或作訩、魯頌泮水篇不告于訩、鄭箋云、訩、訟也、易林履

之蒙云、訟爭凶凶、僖二十八年左傳、曹人兇懼、杜預注云、兇兇、恐懼聲、荀子天論篇君子不爲小人匈匈也輟行、楊倞注云、匈匈、喧譁之聲、解蔽篇云、掩耳而聽者、聽漠漠而以爲哅哅、竝字異而義同、楚辭九章云、聽波聲之洶洶、揚雄羽獵賦、洶洶旭旭、李善注云、鼓動之聲也、義竝與詾同、鬩者、說文、鬩、恆訟也、引小雅常棣篇兄弟鬩于牆、譟者、方言、譟、音也、說文、譟、擾聒也、周官大司馬、車徒皆譟、鄭注云、譟、讙也、書曰、前師乃鼓鼜譟、各本皆脫譟字、衆經音義卷二十、引廣雅、譟、讙、鳴也、今據以補正、讙者、玉篇音虛元、呼丸二切、說文、吅、驚嘑也、讙、譁也、讙與吅通、亦作諠、譊者、說文、譊、恚呼也、衆經音義卷二十引倉頡篇云、譊、訟聲也、法言寡見篇云、譊譊者、天下皆訟也、小鉦謂之鐃、義亦相近、故釋名云、鐃、聲譊譊也、號咷者、同人九五、先號咷而後笑、釋文云、號咷、啼呼也、說文、楚謂兒泣不止曰噭咷、噭咷與號咷亦同義、哭聲謂之噭咷、歌聲亦謂之噭咷、漢書韓延壽傳云、噭咷楚歌、是也、嗃者、李善注長笛賦引埤倉云、嗃、大呼也、音呼交切、莊子齊物論篇、激者、謞者、司馬彪注云、謞、若讙謞聲也、則陽篇云、夫吹管也、猶有嗃也、北山經、其鳴自詨、郭璞注云、今吴人謂叫呼爲詨、音呼交反、嗃、謞、詨竝同義、玉篇、髇、呼交切、髇箭也、莊子在宥篇焉知曾史之不爲桀跖嚆矢也、向秀注云、嚆矢、矢之鳴者也、義亦與嗃同、嘂者、說文、嘂、呼也、今作嘄、同、訆者、說文、訆、大呼也、叫、嘑也、嘂、大呼也、訆、叫、嘂竝同、獆者、說文、獆、咆也、譚長說從犬作獋、襄十四年左傳云、豺狼所嗥、周官大祝、令皋舞、鄭注云、皋讀爲卒嗥呼之嗥、獋、嗥、皋竝通、㸤者、李善注江賦引聲類云、㸤、嗥也、爾雅釋畜釋文引字林云、㸤、牛鳴也、燕策云、㸤籍叱咄、後漢書童恢傳云、其一虎視恢鳴吼、㸤吼竝同、吴語三軍皆譁釦以振旅、衆經音義卷十九引作譁㸤、又引賈逵注云、㸤、譁也、說文、㖃、厚怒聲也、義竝與㸤通、雊者、說文、雊、雄雌鳴也、雷始動雉鳴而句其頸、高宗肜日云、越有雊雉、夏小正、雉震㖃、傳云、㖃也者、鳴也、㖃與雊同、評與下嘑字同、說文、虖、哮虖也、嘑、號也、謼、評也、虖、嘑、謼、評竝通、亦通作呼、嗷者、說文、嗷、吼也、一曰嗷呼也、又云、警、痛呼也、警與嗷同、曲禮、毋噭應、鄭注云、噭、號呼之聲也、昭二十五年公羊傳云、昭公於是噭然而哭、說文引作嘂然、則嘂亦與嗷通、嘹者、廣韻、嘹、病呼也、鼓者、周官小師、掌教鼓鼗柷敔塤簫管弦歌、

鄭注云、出音曰鼓、楚辭離騷、呂望之鼓刀兮、王逸注云、鼓、鳴也、咆者、說文、咆、嗥也、楚辭招隱士云、虎豹鬬兮熊羆咆、淮南子覽冥訓云、虎豹襲穴而不敢咆、衆經音義卷二十三引廣雅、咆、鳴也、今本脫咆字、

嗟、嘆、呻、吟也、

嗟嘆者、釋名云、嗟、佐也、言之不足以盡意、故發此聲以自佐也、文選蘇武詩注引倉頡篇云、吟、嘆也、說文、歎、吟也、鄭注檀弓云、歎、吟息也、歎與嘆同、樂記長言之不足、故嗟歎之、鄭注云、嗟歎、和續之也、是古謂吟爲嗟嘆也、

𤎅、㶾、膶、燿、煠、湯、爚也、

𤎅者、說文、爇、於湯中爚肉也、或從炙、夭聲作𤎅、少牢下篇乃爇尸俎、鄭注云、爇、溫也、禮器三獻爓、鄭注云、爓沈肉於湯也、楚辭大招、炙鴰烝鳧、煔鶉敶只、王逸注云、煔、爚也、𤎅、爇、煔、爓竝通、𤎅、各本譌作錗、今訂正、㶾之言溫也、說文、㶾、炮炙也、以微火溫肉也、膶者、玉篇、膶、膶瀹也、生熟半也、郊特牲、血腥爓祭、鄭注云、爓、

或爲腤爦亦爚也方俗語有緩急耳湯者沈肉於湯謂之爚故又謂爚爲湯鄭注祭義云湯肉曰爓是也爚者說文鬻內肉及菜湯中薄出之士喪禮記菅筲三其實皆瀹鄭注云米麥皆湛之湯也爚瀹鬻並通

供、奉、獻、御、𡼏、晉、漸、躍、𠝣、陞、赦、奮、揖、鬻、薦、許，進也、

御者小雅六月篇飲御諸友毛傳云御進也獨斷云御者進也凡衣服加於身飲食入於口妃妾接於寢皆曰御奏者說文奏進也堯典云敷奏以言晉者晉彖傳及爾雅並云晉進也漸者漸彖傳云漸之進也顧命云疾大漸揖謂揖而進之也士冠禮云賓揖將冠者卽筵許者大雅下武篇昭茲來許毛傳云許進也許猶御也劉昭注續漢書祭祀志引謝沈書作昭哉來御

㫄、闊、幎、衍、貌、緐、慮，廣也、

㫄者說文㫄溥也洛誥云㫄作穆穆周官男巫云㫄招以茅月令云命有司大難㫄磔皆廣之義也古通作方義見卷一方㫄大也下幎者廣覆之意淮南子原道訓舒之幎於六合高誘注云幎覆也言滿天地

閒也幎各本譌作㮚惟影宋本皇甫錄本不譌集韻引廣雅作幎卽幎之譌也衍者楚辭天問其衍幾何王逸注云衍廣大也司馬相如上林賦云離靡廣衍周官大司徒辨其山林川澤邱陵墳衍原隰之名物鄭注云下平曰衍小爾雅云澤之廣者謂之衍義並同也貌素者方言貌素廣也郭璞注云貌貌曠遠貌大雅瞻卬篇云貌貌昊天楚辭九章云貌蔓蔓之不可量兮卷四云素博也博亦廣也

羨、燥、熯、焟、晞、鬻、𤍠、𤆍、炕、暵、𤎸、熭、鐰、爝、焇、焚、姑、熇、燔、濾、烼、烤、灼、乾也燎、

各本乾下脫去也字遂與下文曬膊咈炕煬烈晒曝曬曝也合爲一條集韻類篇焇烤二字注並云曝也又羨焟爔胋熇濾烼七字注並引廣雅云曝也則宋時廣雅本已脫去也字案本條及下條俱有炕字一訓爲乾一訓爲曝若合爲一條則兩炕字重出又考衆經音義卷十三引廣雅熇乾也廣韻爝字注引廣雅火乾物也集韻濾字又音求於切引廣雅乾也則宋本尚有未脫也字者又燥熯焟晞熬煎𦑃炕暵𤎸

羨爔焟姑熇濾烤灼十八字諸書並訓爲乾今據以補正羨者說文羨束炭也羨與羨同熯與下暵字通說文熯乾皃又云暵乾也引說卦傳燥萬物者莫暵乎火今本作熯焟者說文昔乾肉也從殘肉日以晞之籀文從肉作昔隸作腊昔腊焟並同釋名腊乾昔也噬嗑六三噬腊肉馬融注云晞於陽而煬於火曰腊肉周官腊人掌乾肉檀弓有陳乾昔義取諸此與晞者方言晞燥也說文晞乾也小雅湛露篇匪陽不晞玉藻髮晞用象櫛毛傳鄭注並與說文同晞亦暵也語之轉耳暵與罕同聲晞與希同聲晞之轉爲暵猶希之轉爲罕矣熬煎僃𦑃者方言熬聚煎僃火乾也凡以火而乾五穀之類自山而東齊楚以往謂之熬關西隴冀以往謂之僃秦晉之閒或謂之聚凡有汁而乾謂之煎說文熬乾煎也或作鬻內則云煎醢加于陸稻上沃之以膏曰淳熬說文煎熬也又云鬻熬也楚辭九思我心兮煎熬一本作熬鬻郭璞注方言云取卽鬻字也又注爾雅釋草云貕首可以爊蠶蛹釋文引三倉云爊熬也衆經音義卷一云崔寔四民月令作炒古文奇字作櫄並字異而義同今俗語猶呼乾煎曰炒矣說文煏以火乾肉也周官籩人注云鮑者於楅室中糗乾之楅煏並與僃同說文糒乾飯也糒與僃亦聲近義同炕者衆經音義卷三引倉頡篇云炕乾極也說文炕乾也漢書五行志炕陽而暴虐顏師古注云炕陽者枯涸之意今俗語猶呼火乾曰炕矣熭者說文熭暴乾也漢書賈誼傳云日中必熭熭各本訛作慧今訂正鐰亦燥也故釋言云鐰燥也爝者玉篇爝火乾物也焇亦燥也方俗語有侈弁耳玉篇焇乾也漢書董仲舒傳云猶火之銷膏而人不見也銷與焇通焚者灼之乾也莊子齊物論云大澤焚而不能熱姑各本訛作胋集韻類篇引廣雅並作胋則宋時本已訛考說文玉篇廣韻俱無胋字說文姑枯也玉篇姑枯乾也廣韻姑枯瘁也今據以訂正說文枯槀也枯與姑通熇者周官庖人凡其死生鱻薧之物鄭衆注云薧謂乾肉曲禮云槀魚曰商祭說文槀木枯也熇薧槀並通燔者燎之乾也大雅生民篇載燔載烈毛傳云傅火曰燔濾之言枯也玉篇濾乾濾也廣韻云乾水也周官庖人夏行腒鱐鄭衆注云腒乾雉也腒與濾亦同義烼者玉篇烼爐也烼烼火焜也卷四云爆爐也爆與烼同烤者玉篇烤乾也廣韻云火乾物也方言鞏火乾也凡有汁而

乾、東齊謂之鞏、鞏與烘、聲近義同、灱之言槁也、玉篇
灱、乾也、廣韻同、爒者、說文、爒、炙也、爒與燎同、衆經音
義卷八引廣雅、爒、
乾也、今本脫爒字、

㬤、膊、昲、炕、煬、㶪、晅、𣋃、曬、暴也、

㬤者、玉篇㬤、邱立切、欲乾也、衆經音義卷二十二引
通俗文云、欲燥曰㬤、引之云、王風中谷有蓷篇、中谷
有蓷、暵其乾矣、中谷有蓷、暵其脩矣、中谷有蓷、暵其
濕矣、傳云、脩、且乾也、雖遇水則濕、箋云、鵻之傷於水、
始則濕中而脩、久而乾、案濕當讀爲㬤、㬤亦且乾也、
㬤與濕聲近、故通、暵其乾矣、暵其脩矣、暵其濕矣、三
章同義、草乾謂之脩、亦謂之濕、猶肉乾謂之脩、亦謂
之𦢊、釋名、膊、搏也、乾燥相搏著也、又曰、脩、縮也、乾
燥而縮也、玉篇𦢊、邱及切、朐脯也、膊各本訛作䏋、自
宋時本已然、故集韻類篇並云、䏋、暴也、考說文玉篇
廣韻俱無䏋字、方言、膊、暴也、燕之外郊、朝鮮洌水之
間、凡暴肉、發人之私、披牛羊之五藏、謂之膊、今據以
訂正、暴與曝同、說文、膊、薄脯、膊之屋上也、成二年左
傳云、殺而膊諸城上、釋名、膊、迫也、薄椓肉迫著物使

燥也、又云、脯、搏也、乾燥相搏著也、脯與膊聲相近、膊
與曝聲之轉也、漢書宣帝紀、爲取暴室嗇夫許廣漢
女、應劭曰、暴室、宮人獄也、今曰薄室、師古曰、暴室者、
掖庭主織作染練之署、故謂之暴室、取暴曬爲名耳、
或云薄室者、薄、亦暴也、今俗語亦云薄曬、昲、𣋃、曬者、
方言、昲、曬、乾物也、揚楚通語也、郭璞注云、亦皆北方
常語耳、或云𣋃也、列子周穆王篇云、酒未清、肴未昲、
淮南子地形訓云、日之所曊、曊與昲同、玉篇、𣋃、置風
日中令乾也、方言又云、曬、暴也、凡暴五穀之類、秦晉
之間謂之曬、煬、㶪者、方言、煬、㶪、暴也、說文、煬、
炙燥也、淮南子齊俗訓、冬則短褐不掩形而煬竈口、
高誘注云、煬、炙也、晅者、玉篇、晅、古鄧切、乾燥也、說卦
傳曰以晅之、釋文、晅、本
又作晅、徐邈音古鄧反、

閒、誣、誃、益、增、被、毉、尚、加也、

閒與譋同、說文、讕、詆讕也、或作譋、玉篇音落干、力但
二切、云、誣言相加被也、春秋繁露深察名號篇云、詰
其名實、觀其離合、則是非之情不可以相譋已、漢書
文三王傳、抵讕置辭、顏師古注云、抵、距也、讕、誣諱也、
谷永傳、滿讕誣天、蕭該音義云、滿、或音漫、史記孝文
紀索隱引韋昭云、謾、相抵闌也、闌亦與讕同、案今人
謂以罪誣人曰賴、卽讕之轉也、又謂以己罪加於他
人曰抵賴、卽抵讕之轉也、讕爲誣加之義、而字或作
調、廣雅閒誣同訓爲加、是閒卽調也、誣者、說文、誣、加
言也、誃之言移也、移加之也、趙策云、知伯來請地不
與、必加兵於韓矣、韓子十過篇加作移、是移與誃同
義、玉篇、誃音與紙、與支二切、集韻又他可切、小雅小
弁篇、舍彼有罪、予之佗矣、毛傳云、佗、加也、佗與誃亦
聲近義同、諸書無訓毉爲加者、毉當作遺、字之誤也、
遺音唯季反、邶風北門篇、政事一埤遺我、毛傳云、遺、
加也、成十二年左傳、無亦唯是一矢以相加遺、釋文
並唯季反、

甈、罅、瑕、璺、斯、坼、䃾、牾、振、捇、睚、眦、隙、斬、裁、到、摵、抇、劈、擘、劃、
攜、劙、裂也、

甈者、爾雅、康瓠謂之甈、說文、甈、康瓠破罌也、徐鍇傳
云、康之言空也、破則空也、揚子先知篇、甄陶天下者、

其在和乎、剛則甈、柔則坯、宋咸注云、甈、破也、言陶法
太剛則破裂也、罅、瑕聲相近、說文、墫、坼也、罅、裂也、鬼
谷子抵巇篇云、巇者、罅也、罅者、𡾊也、𡾊者、成隙也、爾
雅、蠭醜罅、郭璞注云、剖母背而生、淮南子覽冥訓云、
植社槁而墫裂、應劭注漢書高帝紀云、殺牲以血塗
鼓釁呼爲釁、顏師古云、呼音火亞反、罅、墫、呼、並通、璺
之言釁也、方言、秦晉器破而未離謂之璺、周官大卜、
掌三兆之灋、一曰玉兆、二曰瓦兆、三曰原兆、鄭注云、
其象似玉瓦原之璺罅、是用名之焉、沈重注云、璺、玉
之坼也、素問六元正紀大論篇、厥陰所至爲風府、爲
璺啟、王冰注云、璺、微裂也、啟、開坼也、案今人猶呼器
破而未離曰璺、璺字蓋從玉、釁省聲、釁與璺聲相近、
故周官釋文璺作舋、舋卽釁之變體也、璺各本訛作
璺、今訂正、斯義見卷一、斯、分也、下䃾、各本訛作弹、說
文、䃾、別也、集韻類篇並引廣雅、䃾、裂也、今據以訂正、
鬼谷子捭闔篇云、捭之者開也、闔之者閉也、捭與䃾
同、振、各本訛作抓、淮南子主術訓云、人莫振玉石而
振瓜瓠、集韻類篇並引廣雅、振、裂也、今據以訂正、振
之言劈也、方言、鍁、摫、裁也、梁益之間裁木爲器曰鍁、
裂帛爲衣曰摫、漢書藝文志、鉤鍁析亂、顏師古注云、

鈲破也義與扸同捇者說文捇裂也莊子養生主篇云動刀甚微謋然已解謋與捇同宣六年公羊傳則赫然死人也何休注云赫然已支解之貌續漢書禮儀志赫女軀拉女幹節解女肉赫與捇亦聲近義同睚眦者韓策云賢者以感忿睚眦之意文選長楊賦注引晉灼云睚眦瞋目貌也凡人之瞋目者必裂其目際故睚眦訓爲裂也𠛬者玉篇𠛬小裂也後漢書馬融傳廣成頌脰完羝摦介鮮散毛族梏羽羣脰摦皆裂也散梏皆分也故卷一云譽分也說文云摦裂也梏與譽通脰與𠛬通李賢注訓脰爲頸讀梏爲攪攪之攪皆失之摵玉篇音呼麥切集韻又音洫樂記卵生者不殈鄭注云殈裂也徐邈音洫殈與摵通殈之通作摵猶溝洫之通作淢矣劃者玉篇作𠠥與劃同方言劃解也釋名云𥎊矛長九尺者也𥎊霍也所中霍然即破裂也霍與劃亦聲近義同癘者說文癘創裂也剫亦劃也捇劃剫聲並相近

鬝、𩮀、鬠、頌、秃也、瘌

鬝者說文鬝鬢秃也又云顧頭鬢少髮也考工記梓人數目顧脰鄭注云故書顧或作牼鄭司農云牼讀

爲鬝頭無髮之鬝釋文鬝劉苦顏反或苦瞎反明堂位夏后氏以楬豆鄭注云楬無異物之飾也齊人謂無髮爲秃楬釋文楬苦瞎反士喪禮毼豆兩鄭注云毼白也釋文毼苦瞎反案秃者頭白故亦謂之毼釋名云秃或曰毼是也鬝顧楬毼並通𩮀鬠者玉篇鬠𩮀秃也鬠𩮀猶𩮀鬠壘頵之轉耳頌者說文頌秃也衆經音義卷六引三倉云頌頭秃無毛也又引通俗文云白秃曰頌淮南子齊俗訓云親母爲其子治扢秃而血流至耳扢與頌通玉篇頌音口本口沒二切說文顐無髮也玉篇音苦昆苦鈍二切又說文髡剔髮也髡顐頌一聲之轉義並相近也集韻類篇瘌居例切引廣雅瘌秃也今本脫瘌字

爰、喛、慍、愁、恚也、

各本愁下俱脫恚字自宋時本已然故集韻類篇喛字注並云一曰愁也案卷四云憤悁秋愁也愁義自見卷四不當於此卷內重出考衆經音義卷九引廣雅慍恚也又爰喛慍三字諸書皆訓爲恚今據以補正爰喛者方言爰喛恚也楚曰爰秦晉曰喛皆不欲譍而強畣之意也郭璞注云謂悲恚也又爰喛哀也注云喛哀而恚也廣韻喛恚也玉篇㥨恨也㥨與喛同引之云楚辭九章曾傷爰哀永歎喟兮爰哀猶曾傷謂哀而不止也方言云凡哀泣而不止曰咺爰咺古同聲而通用齊策狐咺漢書古今人表作狐爰是其證王逸注訓爰爲於失之慍者玉篇慍恚也衆經音義卷五引倉頡篇云慍恨也大雅緜篇肆不殄厥慍毛傳云慍恚也愁者秦策云上下相愁民無所聊謂上下相恚也方言云愁恚憒憒毒而不發

馮、齘、苛、嫳、嫈、盈、戲、憚、忿、慍、謓、怖、漢、赫、類、悖、恚、佷、娺、忕、訴、訶、唬、噭、諸、䚷、訶、喤、喤、譴、謮、怒也、

馮齘苛者方言馮齘苛怒也楚曰馮小怒曰齘陳謂之苛郭璞注云馮恚盛貌齘言噤齘也苛相苛責也昭五年左傳今君奮焉震電馮怒杜預注云馮盛也列子湯問篇帝馮怒張湛注云馮大也楚辭天問篇云康回馮怒吳語云請王厲士以奮其朋勢朋與馮通猶淜河之淜通作馮也韋昭注訓朋爲羣失之說文齘齒相切也玉篇云噤齘切齒怒也周官世婦不敬者而苛罰之鄭注云苛譴也爾雅苛妎也妎與齘

同苛妎皆怒也郭璞注以爲煩苛者多嫉妎失之苛妎一聲之轉內則疾痛苛癢鄭注云苛疥也苛癢之苛轉爲疥猶苛怒之苛轉爲妎矣嫳者說文嫳易使怒也方言憋惡也注云憋怤急性也列子力命篇云嘽咺憋懯懯與怤同憋與嫳同嫈盈者方言嫈盈怒也燕之外郊朝鮮洌水之間凡言呵叱者謂之嫈盈注嫈音羌箋反嫈舊本作覣曹憲音於危反方言疏證云玉篇云嫈盛貌則嫈盈爲盛氣呵叱如馮之訓滿訓怒也廣雅覣盈怒也曹憲不察覣爲嫈之譌音於危反姝失之今據以訂正戲憚者方言戲憚怒也齊曰戲楚曰憚戲讀當爲赫戲之戲楚辭離騷陟陞皇之赫戲兮王逸注云赫戲光明貌張衡西京賦叛赫戲以煇煌薛綜注云赫戲炎盛也盛光謂之赫戲盛怒亦謂之赫戲故廣雅赫戲並訓爲怒也憚亦盛怒貌也大雅桑柔篇云逢天僤怒僤與憚通秦策云王之威亦憚矣憚亦威之盛義與僤怒之僤相近高誘注以憚爲難失之史記春申君傳憚作單古字假借耳司馬貞以單爲盡亦失之周語陽癉憤盈舊音引方言楚謂怒爲癉癉與憚古亦通用謓者說文謓恚也字亦作嗔又作瞋怖之言勃然也說文怖很怒

也。引小雅白華篇：視我怖怖。今本作邁邁。毛傳云：邁邁，不說也。釋文：韓詩作怖怖，云：意不說好也。韓、毛、許義並相近，古今字異耳。漢赫者，方言：漢赫，怒也。大雅皇矣篇：王赫斯怒。鄭箋云：赫，怒意也。桒柔篇：反予來赫。釋文：赫，毛許白反，炙也，與王赫斯怒同義，本亦作嚇。鄭許嫁反，口距人也。正義云：嚇是張口嗔怒之貌。莊子秋水篇：鴟得腐鼠，鵷鶵過之，仰而視之曰嚇。釋文：嚇，許嫁反，又許白反。司馬云：嚇，怒其聲，恐其奪已也。素問風論云：心風之狀，善怒嚇。嚇與赫通。類者，方言：類，怒也。注云：類類，恚貌也。廣韻：類，切齒怒也。義與噤齡之噤同。假者，論語陽貨篇云：今之矜也忿戾。戾與假通。嫁者，說文：嫁，疾悍也。訐者，說文：訐，評語訐訐也。玉篇云：訶也。訶者，說文：訶，大言而怒也。宇亦作呵。虓者，玉篇：虓，虎怒皃。大雅常武篇：闞如虓虎。鄭箋云：闞然如虎之怒。闞與虓聲近義同。噉者，玉篇：噉，訶也。諸者，玉篇：譆，怒訶也。大雅皇矣篇：上帝耆之。毛傳云：耆，惡也。正義引王肅云：惡桀紂之不德也。耆與譆聲義相近。訧者，玉篇：訧，怒訶也。訶者，玉篇：訶，怒訶也。哩者，廣韻：哩，呵也。譴者，衆經音義卷三引倉頡篇云：譴，呵也。小雅小明篇云：畏此譴怒。讀者，卷一云：怒責也。責與讀通。

憯、恫、灼、怛、哀、傷、癆、荼**毒、憯、蛆、懆、瘌、蠚、蓋、疼、恖、悲、愍、殷、憖、痠、讟、桐，痛也。**惆、悵、㤥

憯者，李善注歎逝賦引賈逵國語注云：憯，痛也。說文同。楚辭九章：憯誦以致愍兮。戴先生注云：憯誦，悼憯而誦言之也。恫者，爾雅：恫，痛也。盤庚云：乃奉其恫。大雅思齊篇云：神罔時恫。灼、怛者，方言：灼、怛，痛也。後漢書楚王英傳云：懷用悼灼。灼與灼通。檜風匪風篇：中心怛兮。毛傳云：怛，傷也。癆、荼毒、瘌者，方言：凡飲藥傅藥而毒，南楚之外謂之瘌，北燕朝鮮之間謂之癆，自關而西謂之毒。瘌，痛也。郭璞注云：癆、瘌皆辛螫也。各本皆脫荼字。衆經音義卷十二引廣雅：荼，痛也。卷二十五引廣雅：荼毒，痛也。今據以補正。大雅桒柔篇：寧爲荼毒。鄭箋以荼毒爲苦毒。陸機豪士賦序云：身猒荼毒之痛。是荼毒皆痛也。爾雅云：荼，苦菜。邶風谷風篇：誰謂荼苦，其甘如薺。鄭箋云：荼誠苦矣，而君子於已之苦毒又甚於荼。則苦菜之荼與荼毒之荼義亦相近。周官醫師：聚毒藥以共醫事。鄭注云：毒藥，藥之辛苦者。小雅小明篇：其毒大苦。鄭箋云：憂之甚，心中如有藥毒。皆痛之義也。方言又云：刺，痛也。衆經音義卷八引通俗文云：辛甚曰辢。左思魏都賦云：蔡莽螫刺，昆蟲毒噬。瘌、刺、辢並通。辢之言刺也。呂氏春秋本味篇：辛而不烈。烈與辢聲近義同。憯者，說文：慘，毒也。憯，痛也。表記云：中心憯怛。漢書谷永傳：揣箠瘏於炮烙。顏師古注云：瘏，痛也。憯、慘、瘏並通。蛆者，玉篇：蜇，陟列切，蟲螫也。又作蛆。衆經音義卷十引字林云：蛆，螫也。僖二十二年左傳正義引通俗文云：蠍毒傷人曰蛆。列子楊朱篇：蜇於口，慘於腹。張湛注云：慘蜇，痛也。懆者，方言：懆，痛也。自關而西秦晉之間或曰懆。注云：憯懆，小痛也。方言：凡草木刺人者，北燕朝鮮之間謂之茦。義與懆亦相近。蠚、蓋一字也。說文：螫，蟲行毒也。蓋，螫也。西山經云：蠚鳥獸則死，蠚木則枯。韓非子用人篇云：聖人極有刑罰，而死無毒螫。並字異而義同。螫與瘌同義。方言：飲藥傅藥而毒謂之瘌。郭璞以瘌爲辛螫是也。字或作刺。草木毒傷人謂之刺，亦謂之螫。史記龜策傳云：獸無虎狼，草無毒螫。魏都賦云：蔡莽螫刺，昆蟲毒噬。是也。蠚蓋毒傷人謂之螫，螫亦刺也。廣雅云：蠚、螫，蠍也。螫與刺同音。刺者，毒傷也。故蠍又謂之螫矣。疼者，說文：痋，動痛也。釋名：疼，痹氣疼疼然煩也。易通卦驗云：多病痋疼腰痛。痋與疼同。今俗語言疼聲如騰。衆經音義卷十四云：疼，下里間音騰。則唐時已有此音。恖與惻同。殷者，說文：慇，痛也。小雅正月篇：憂心慇慇。毛傳云：慇慇然痛也。邶風北門篇作殷。釋文：殷，又音隱。邶風柏舟篇：如有隱憂。毛傳云：隱，痛也。隱與殷聲近義同。憖者，方言：齊宋之間或謂痛爲憖。小雅小弁篇云：我心憂傷，憖焉如擣。痠者，玉篇：痠，疼痠也。素問刺熱篇云：腎熱病者，先腰痛胻痠。字通作酸。宋玉高唐賦云：寒心酸鼻。今俗語猶云酸痛矣。讟者，方言：讟，痛也。說文云：痛怨也。宣十二年左傳云：君無怨讟。桐亦恫也。喪服傳、喪服小記並云：苴杖，竹也；削杖，桐也。白虎通義云：所以杖竹桐何？取其名也。竹者，感也；桐者，痛也。恫、桐、痛聲義並相近。惆悵者，玉篇云：惆悵，悲愁也。方言：菲、愁，悵也。郭璞注云：謂惋惆也。荀子禮論篇云：惆然不嗛。問喪云：心悵焉愴焉。楚辭九辯云：惆悵兮而私自憐。㤥者，說文：㤥，苦也。衆經音義卷十二引通俗文云：患愁曰㤥。文選歎逝賦注引廣雅：惆，痛也。衆經音義卷二引廣雅：惆悵，痛

也卷二十引廣雅核痛也今本脫惆悵核三字

喘、喙、咶、忥、欶、吹、欨、奄、㱉、息也。愢

此條息字有二義喘喙咶欶吹欨爲喘息之息忥奄㱉爲休息之息喙者方言喙息也自關而西秦晉之間或曰喙漢書匈奴傳跂行喙息蝡動之類顏師古注云跂行凡有足而行者喙息凡以口出氣者蝡蝡動貌案跂者行貌也高誘注淮南子原道訓云跂跂行也漢書東方朔傳云跂跂脈脈善緣壁喙者息貌也謂跂而行喙而息蝡蝡而動也廣雅喘喙俱訓爲息喙息猶喘息也新語道基篇云跂行喘息蜎飛蝡動之類王褒洞簫賦云蟋蟀蚸蠖蚑行喘息是其證也顏注以爲口喙之喙失之逸周書周祝解云跂動噦息淮南子俶眞訓云蚑行噲息跂蚑古通用喙噦噲古通用凡病而短氣亦謂之喙晉語余病喙矣韋昭注云喙短氣貌是也懼而短氣亦謂之喙宋玉高唐賦云虎豹豺兕失氣恐喙是也義與喙息之喙竝相近咶與喙古亦同聲廣韻咶息聲也王逸九思云仰長歎兮氣餇結悒殟絕兮咶復蘇忥者爾雅

廣雅疏證　卷第二上　十三

忥靜也靜卽休息之意邶風谷風篇伊余來塈大雅假樂篇民之攸塈毛傳竝云塈息也塈與忥通欶吹者曹憲音釋欶虎夾反吹漢佳反各本吹譌作歔漢佳譌作漢家集韻類篇歔虛加切引廣雅歔息也虛加與漢家同音則宋時廣雅本已誤考說文玉篇廣韻俱無歔字玉篇廣韻竝云欶吹氣逆也廣韻吹火佳切火佳與漢佳同音今據以訂正奄者方言奄息也漢書司馬相如傳奄息蔥極張注云奄然休息也枚乘七發掩青蘋李善注引方言掩息也掩與奄通秦風有子車奄息義取諸此㱉者檀弓云細人之愛人也以姑息姑與㱉通爾雅苦息也苦與㱉亦聲近義同㱉各本譌作㱉今訂正愢者方言愢息也周鄭宋沛之間曰愢自關而西秦晉之間或曰愢集韻類篇竝引廣雅愢息也今本脫愢字

𤆍、灼、炯、焯、煦、炘、煆、㶩、爆、煉、燒、焫、𦼮、炙、煬、烈、熻、灸、爟、熱也。

𤆍者玉篇音徒甘切說文𤆍小熱也引小雅節南山篇憂心𤆍𤆍今本作憂心如惔毛傳云惔燔也釋文惔韓詩作炎又後漢書章帝紀注引韓詩大雅雲漢篇如炎如焚今本作惔𤆍惔炎竝聲近義同熱與爇亦聲近義同故釋名云熱爇也如火所燒爇也灼者說文灼炙也洛誥云厥攸灼炯者衆經音義卷四引埤倉云炯炯熱兒也廣韻引字林云熱氣炯炯爾雅爞爞熏也郭璞注云旱熱熏炙人大雅雲漢篇蘊隆爞爞毛傳云爞爞而熱釋文爞韓詩作炯炯爞爞竝聲近義同焯者廣韻焯火氣也焯與灼亦聲近義同煦煆者方言煦煆熱也吳越曰煦煆說文煦烝也昫日出溫也煦昫義相近炘者玉篇與焮同許勤許靳二切炙也又熱也昭十八年左傳行火所焮杜預注云焮炙也說文昕旦明日將出也徐鍇傳云昕猶焮也日炙物之兒炘昕義亦相近㶩者玉篇烏來切熱也素問藏氣法時論云病在腎禁犯焠㶩熱食溫炙衣廣韻㶩又許其切火盛也說文熹炙也襄三十年左傳譆譆出出杜預注云譆譆熱也易林噬嗑之兌云火起我後熹炙吾廬㶩熹譆譆竝通爆者說文爆灼也墨子親士篇云靈龜近灼神蛇近暴暴與爆通說文暴晞乾也義亦相近煉讀爲爛集韻云爛或作煉衆經音義卷七引廣雅作爛大雅生民篇載燔載烈鄭箋云烈之言爛也定三年左傳云廢于鑪炭爛遂卒易林大壯之遯云火爛銷金焫卽爇字也衆經音

廣雅疏證　卷第二上　十四

義卷七引倉頡篇云爇燒也然也周官菙氏云以明火爇燋郊特牲云然後焫蕭合羶薌列子黃帝篇云入水不溺入火不熱爇熱焫竝通𦼮者說文然燒也或作𦼮漢書五行志云見巢𦼮然𦼮𦼮竝同炙煬烈熻者方言煬熻炙也煬烈暴也說文煬炙燥也方言注云今江東呼火熾猛爲煬管子禁藏篇云夏日之不煬非愛火也莊子盜跖篇云冬則煬之煬之言揚也周官卜師揚火以作龜鄭注云揚猶熾也卽郭所云火熾猛也說文烈火猛也商頌長發篇云如火烈烈又大雅生民篇載燔載烈毛傳云貫之加于火曰烈烈各本訛作裂衆經音義卷七卷十七竝引廣雅烈熱也今據以訂正方言又云翕熾也揚雄甘泉賦翕赫曶霍李善注云翕赫盛兒翕與熻通灸各本訛作炙與上炙字相複惟影宋本不訛莊子盜跖篇云所謂無病而自灸也說文灸灼也玉篇云熱也爟者說文爟火日爟周官司爟鄭注云爟讀如予若觀火之觀今燕俗名湯熱爲觀則爟火謂熱火與呂氏春秋本味篇云爝以爟火漢書郊祀志通權火如淳注云權舉也爟觀權竝通也

周帀、辨、接、選、延、徧也、

辨者、鄉飲酒禮、衆賓辯有脯醢、鄭注云、今文辯皆作徧、樂記其治辯者其禮具、鄭注云、辯徧也、定八年左傳子言辨舍爵於季氏之廟而出、杜預注云、辨猶周徧也、辨辯徧竝通、選延者、方言、選延徧也、選之言宣也、爾雅、宣徧也、呂刑云、延及于平民、罔不寇賊、

里、㐬、閭、衖、壼、閈、圹、宇、慰、廛、在、於、処、所、邱、墟、宙、鄗、聚、落、凥也、

里者、周官遂人、五家爲鄰、五鄰爲里、廣韻引風俗通義云、里者止也、其居止也、爾雅、里邑也、鄭風將仲子篇傳云、里居也、漢書食貨志云、在壄曰廬、在邑曰里、居、方言、說文、廣雅作凥、經傳皆作居、古字假借耳、㐬、集韻類篇引廣雅作宂、閭者、周官大司徒、五家爲比、五比爲閭、說文、閭侶也、二十五家相羣侶也、又云、閭里門也、案閭里一聲之轉、鄉謂之閭、遂謂之里、其義一也、二十五家謂之閭、故其門亦謂之閭、衖者、鄭

風叔于田傳云、巷里塗也、爾雅作衖、莊子讓王篇顏闔守陋閭、苴布之衣而自飯牛、陋閭即論語所謂陋巷、故廣雅閭衖同訓爲居也、壼者、說文、壼宮中道、从囗象宮垣道上之形、引大雅既醉篇室家之壼、爾雅宮中衖謂之壼、孫炎注云、衖舍閒道也、小雅巷伯箋云、奄官掌王后之命於宮中爲近、故謂之巷伯、壼各本訛作壹、今訂正、閈者、說文、閈閭也、汝南平輿里門日閈、漢書敘傳、綰自同閈、應劭注云、盧綰與高祖同里、楚名里門爲閈、楚辭招魂、去君之恒幹、王逸注云、或曰、去君之恒閈、閈里也、楚人名里曰閈、廣雅釋宮篇亦云、閈里也、里謂之閈、故里門亦謂之閈、管子立政篇云、審閭閈、是也、此篇云、閈居也、居謂之閈、故館門亦謂之閈、襄三十一年左傳云、完客所館、高其閈閎、厚其牆垣、是也、字書無圹字、疑是广土二字之合訛也、說文、广、因厂爲屋也、釋名、衾、广也、其下廣大、如广受人也、大雅緜篇、自土沮漆、毛傳云、土居也、是广、土皆爲居也、宇者、大雅緜篇、聿來胥宇、魯頌閟宮篇序、須僖公能復周公之宇、周語、使各有寧宇、毛傳鄭箋韋注竝云、宇居也、慰廛者、方言、慰廛凥也、江淮青徐之閒曰慰、東齊海岱之閒曰廛、大雅緜篇述大王遷岐之事云、迺慰迺止、是慰爲居也、說文、廛、二畝半一家之居、从广里八土、魏風伐檀篇、胡取禾三百廛兮、毛傳云、一夫之居曰廛、周官載師、以廛里任國中之地、鄭注云、廛里者、若今云邑里居矣、廛民居之區域也、里居也、王制、市廛而不稅、鄭注云、廛市物邸舍也、是凡言廛者、皆居之義也、於亦在也、若曲禮云、於外曰公、於其國曰君、之類是也、於與居聲相近、荀子儒效篇、隱於窮閻陋屋、韓詩外傳於作居、君道篇其居鄉里也、韓詩外傳居作於、邱墟者、說文云、古者九夫爲井、四井爲邑、四邑爲邱、邱謂之虛、虛與墟同、釋名云、四邑爲邱、邱、聚也、僖十五年左傳、敗于宗邱、杜預注云、邱猶邑也、正義云、土之高者曰邱、衆之所聚爲邑、故邱猶邑也、檀弓、狐死正邱首、正義以邱爲狐窟、是凡言邱者、皆居之義也、墟猶邱也、語之轉耳、莊子秋水篇、井鼃不可以語於海者、拘於虛也、言井鼃圄於所居也、崔譔注以虛爲空、失之、風俗通義云、今故盧居處高下者、名爲墟、李善注西征賦引聲類云、墟故所居也、邱墟皆故所居之地、若傳稱帝邱商邱夏虛殷虛少皞之虛大皞之虛祝融之虛顓項之虛之類、皆是也、宙與宇義相近、說文、宇屋邊也、宙舟輿

所極覆也、徐鍇傳云、淮南子、往古來今謂之宙、四方上下謂之宇、凡天地之居萬物、猶室居之遷貿、而不覺也、莊子庚桑楚篇云、有實而無乎處者、宇也、有長而無本剽者、宙也、淮南子覽冥訓、鳳皇之翔至德也、燕雀佼之、以爲不能與之爭於宇宙之閒、高誘注云、宇、屋簷也、宙、棟梁也、是凡言宇宙者、皆居之義也、鄗古通作黨、大司徒、四閭爲族、五族爲黨、族黨皆聚居之義、唐風葛生篇云、歸于其居、齊策云、歸於何黨、黨亦居也、淮南子道應訓云、我南游乎罔宦之野、北息乎沈墨之鄉、西窮冥冥之黨、黨聚落者、說文、邑落曰聚、衆經音義卷十四引韋昭漢書注云、小鄉曰聚、逸周書大聚解云、來遠賓、廉近者、道別其陰陽之利、相土地之宜、水土之便、營邑制命之曰大聚、史記五帝紀云、一年而所居成聚、二年成邑、三年成都、落亦聚也、鹽鐵論散不足篇云、田野不辟、而飾亭落、漢書溝洫志云、稍築室宅、遂成聚落、今人亦云聚落、邨落院落、落之言聯絡也、籬謂之落、落義亦相近也、

懈、慢、倈、繿、紿、遲、繟、譠、謾、挺、縩、弛、遝、甘、鞱、緩也、

悷者說文悷肆也小爾雅云肆緩也悷遲竝音他內反其義同也墨子非儒篇立命而怠事晏子春秋外篇怠作逮逮即悷字也⿰糹盈者說文⿰糹盈緩也玉篇音他丁切集韻又音盈大雅雲漢篇大夫君子昭假無贏鄭箋訓贏爲緩義與⿰糹盈同月令天地始肅不可以贏鄭注云贏猶解也義亦與⿰糹盈同給與怠同繟者說文繟帶緩也釋訓篇云繟繟緩也樂記其聲嘽以緩注云嘽寬綽貌又嘽諧慢易繁文簡節之音作史記樂書嘽諧作嘽緩王褒四子講德論云嘽緩舒繹馬融長笛賦云從容闡緩嘽闡竝與繟通列子力命篇嘽咺憋懯張湛注以嘽咺爲迂緩憋懯爲急速嘽咺與嘽緩古亦同聲繟曹憲音闡各本闡字誤入正文惟影宋本皇甫本不誤譠謾或作儃僈賈子勸學篇舜僶俛而加志我儃僈而弗省儃僈謂怠緩也淮南子脩務訓作誕謾竝字異而義同王褒洞簫賦云其奏歡娛則莫不憚漫衍凱阿那腲腇憚漫亦舒緩之意猶言樂心感者其聲嘽以緩也諸書無訓挻爲緩者挻當爲挺字之誤也吳語王安挺志韋昭注云挺寬也呂氏春秋仲夏紀挺衆囚益其食高誘注云挺緩也勿躬篇百官慎職而莫敢愉綖注云愉解也綖緩也綖與挺通後漢書臧宮傳宜小挺緩令得逃亾傅燮傳賊得寬挺李賢注竝云挺解也解亦緩也故序卦傳云解者緩也○綖者說文綖偏緩也釋訓篇云綖綖緩也繟綖竝音昌善反其義同也弛本作弛說文弛弓解也周官大司徒云四曰弛力退者說文㣇卻也一曰行遲也古文作退方言退緩也甘者莊子天道篇云斲輪徐則甘而不固疾則苦而不入淮南子道應訓與莊子同高誘注云苦急意也甘緩意也韜者卷三云韜寬也說文牧牛徐行也讀若滔義亦與韜同

儋、由、胥、輔、佐、佑、虞、護、勸、救、吹、扇、埤、役、賻，助也。

儋者玉篇贍周也假助也集韻贍或作儋亦通作澹由胥者方言胥由輔也吳越曰胥燕之北鄙曰由郭璞注云胥相也由正也皆謂輔持也案由之言道也爾雅道助勴也虞者大雅雲漢六章云昊天上帝則不我虞鄭箋虞度也案虞者助也四章云羣公先正則不我助意與此同詳見卷一虞有也下虞護聲相近故皆爲助也勸者盤庚云女誕勸憂君奭云在昔上帝割申勸寧王之德皆助之義也吹扇者方言吹扇助也注云吹嘘扇拂皆相佐助也○埤者說文埤增也錍益也裨接益也埤錍裨竝通○役者少儀云怠則張而相之廢則埽而更之謂之社稷之役鄭注云役爲也正義云爲謂助爲也○賻者士喪禮下篇云知死者贈知生者賻荀子大略篇云貨財曰賻輿馬曰賵衣服曰襚玩好曰贈玉貝曰唅賻賵所以佐生也贈襚所以送死也太平御覽引春秋說題辭云賻之爲言助也

娤、襐、賁、容、潤、養、文、字，飾也。

娤者說文妝飾也宋玉登徒子好色賦云不待飾裝漢書司馬相如傳云靚莊刻飾娤妝裝莊竝通襐者釋言云裝襐飾也說文襐飾也玉篇似丈切云首飾急就篇襐飾刻畫無等雙顏師古注云襐盛服飾也漢書外戚傳襐飾顏注云盛飾也一曰首飾在兩耳後刻鏤而爲之惠氏定宇毛詩古義云象服是宜傳云象服尊者所以爲飾象與襐同正義以爲象骨飾服失之賁者序卦傳云賁者飾也小雅白駒篇皎皎白駒賁然來思毛傳云賁飾也潤者論語憲問篇云東里子產潤色之字者說文序云形聲相益謂之字字者孳乳而浸多也廣韻引春秋說題辭云字者飾也各本容字重出今刪

捈、搯、掏、舀、扂、攣、抯、㪷、䑝，抒也。

說文抒挹也大雅生民釋文引倉頡篇云抒取出也管子禁藏篇云抒井易水捈者引之抒也卷一云捈引也法言問神篇云捈中心之所欲搯掏一字也說文搯捾也衆經音義卷七引通俗文云指出曰掏潛夫論救邊篇云若排糟障風掏沙雍河今俗語猶呼指取物爲掏矣舀亦搯也玉篇音翼珠弋周以沼三切今俗語云舀水是也說文舀抒臼也引大雅生民篇或舂或舀今本作或簸或揄毛傳云揄抒臼也正義云謂抒米出臼也舀或作抌或作𦥷周官舂人女舂抌二人鄭注云抌抒臼也引詩或舂或抌少牢下篇二手執挑匕枋以挹湆鄭注云挑謂之歃讀如或舂或抌之抌字或作挑者秦人語也挑長枋可以抒物於器中者舀抌揄挹挑五字竝聲近義同少牢下篇釋文挑又音他羔反挑與搯掏聲亦相近也扂者太平御覽引纂文云扂斗抒水斗也釋器篇云斗謂之柜扂與扂同今俗語猶云扂水矣攣者說文

䜌、抒、滿也。衆經音義卷四引通俗文云、汲取曰䜌。挹者、說文挹、抒也。小雅大東篇不可以挹酒漿、毛傳云挹、𣂆也。𣂆者、玉篇呼活烏活二切、抒也。廣韻云、舀水也。說文、斡、蠡柄也。徐鍇傳云、蠡所以抒也。又說文、捾搯、捾也。義竝與𣂆同。𣂆各本作𣁽、乃隸書之譌。今訂正。斞者、說文斞、挹也。小雅賓之初筵篇賓載手仇、鄭箋讀仇爲斞、謂手挹酒也。張衡思元賦云、斞白水以爲漿。喪大記釋文云、斞、水斗也。引何氏隱義云、容四升。斞各本譌作斞、今訂正。

黜、闕、虧、缺、拂、發、桀、除、袪、離、竭、遯、放、逸、𡘜、徙、遜、行、抾、莫、謝、渡、厺也。

闕者、周官稾人、匠者闕之、鄭注云、闕猶除也。拂亦除也。義見卷三拂除也下。諸書無訓桀爲去者、桀蓋栞字之誤。栞字亦作刊。禹貢隨山刊木、鄭注訓刊爲除。史記夏本紀及漢書地理志竝作栞。又九山刊旅、史記漢書亦作栞。栞與除同義、故俱訓爲去也。袪、去古同聲。袪各本譌作裕。卷三內袪、開也、袪字譌作裕。正

與此同。文選殷仲文南州桓公九井詩注引薛君韓詩章句云、袪、去也。衆經音義卷十引廣雅、袪、除、去也。今據以訂正。竭者、說文、竭、去也。從去、曷聲。楚辭九辯云、車既駕兮竭而歸。呂氏春秋士容論云、富貴弗就而貧賤弗竭。竭各本訛作碣。今訂正。遜與遯聲相近。爾雅、遜、遯也。郭璞注云、謂逃去也。微子云、吾家耄遜于荒。春秋莊元年、夫人孫于齊。孫與遜通。抾、莫者、方言、抾、摸、去也。齊趙之總語也。抾、摸猶言持去也。摸與莫通。揚雄羽獵賦、抾靈蠵。韋昭注云、抾、捧也。即持去之義也。抾各本訛作怯。今訂正。謝者、說文、謝、辭去也。楚辭九章、願歲并謝。王逸注云、謝、去也。渡者、九歎、年忽忽而日度。注云、度、去也。度與渡通。各本厺字訛作谷。谷下又有去字。案去字篆作厺、隸作去、又作厺、故訛而爲谷。上文袪訛作裕、竭訛作碣、正與此同。其下一去字、則曹憲之音誤入正文者耳。今訂正。

斬、割、鎃、製、摫、裁也。

鎃、摫者、方言、鎃、摫、裁也。梁益之間裁木爲器曰鎃、裂帛爲衣曰摫。郭璞注、鎃音劈歷之劈、摫音規。鎃之言劈、摫之言刲也。漢書藝文志、鉤鎃析亂、顏師古注云、鎃、破也。左思蜀都賦云、鎃摫兼呈。謝靈運山居賦云、鎃摫之端。鎃各本訛作鈲、今訂正。

搢、戢、箴、扱、插也。

搢者、鄉射禮、搢三而挾一个。鄭注云、搢、插也。士喪禮搢笏。鄭注云、搢、捷也。內則、搢笏、鄭注云、搢猶扱也。周官典瑞王搢大圭、鄭衆注云、搢讀爲搢紳之搢、謂臿於紳帶之間。荀子禮論篇云、縉紳而無鉤帶。喪大記云、徒跣扱衽。管子小匡篇云、管仲詘纓插衽。搢、縉、晉古通用。插、臿、扱、捷古通用。晉訓爲插、故及矛柄所插亦謂之晉。考工記廬人凡爲殳、參分其圍去一以爲晉圍、凡爲酋矛、五分其圍去一以爲晉圍、鄭注云、晉讀如王搢大圭之搢、矜所插也。又案搢之言進也、進笏於紳帶之間、故曰搢紳。史記五帝紀作薦紳、爾雅曰、薦、進也。易曰、晉、進也。周官作晉、史記作薦、其義一也。徐邈禮記音、讀搢爲箭、釋名云、矢謂之箭、箭、進也。義亦同矣。戢者、小雅鴛鴦篇、戢其左翼。韓詩云、戢、捷也、捷其噣於左也。箴或作鍼。文王世子、其刑罪則纖

剸。鄭注云、纖讀爲鍼。鍼、刺也。說文、插、刺入也。是箴與插同義。

腬、𦢈、僇、泡、𠐊、膞、䪥、熅、蘊、茂、昆、渾、邑、阜、溢、腯、肥、奢、浡、盛也。

腬者、玉篇、腬、肥美也。𦢈、僇、泡、𠐊、膞者、方言、𠐊、膞、𦢈、僇、泡、盛也。𠐊、自關而西、秦晉之間語也。陳宋之間曰僇。江淮之間曰泡。秦晉或曰𦢈。梁益之間凡人言盛及其所愛、偉其肥喊謂之𦢈。喊與盛同。郭璞注云、𦢈、音壤。肥𦢈多肉也。釋訓篇云、𦢈𦢈、肥也。說文、孃、肥大也。淮南子原道訓云、田者爭處墝埆、以封壤肥饒相讓。後漢書馬援傳云、其田土肥壤。漢書張敞傳、長安中浩穰。顏師古注云、穰、盛也。音人掌反。𦢈、孃、壤、穰竝通。集韻𦢈又音如陽切。凡詩言降福穰穰、豐年穰穰、零露瀼瀼、皆盛多之意、義與𦢈相近也。𦢈亦腬也。語之轉耳。說文、壤、柔土也。又云、𤱈、和田也。鄭注大司徒云、壤和緩之貌。腬之轉爲𦢈、猶𤱈之轉爲壤矣。方言注云、僇、伴、麤大貌。泡、肥洪、張貌。西山經、其源渾渾泡泡。郭璞注云、水濆涌之聲也。文選洞簫賦、又似流波、泡溲泛淁。李善注云、泡溲、盛多兒、義竝相近也。方言注云、𠐊言瓌瑋也。說文、傀、偉也。莊子列御寇篇、達生之

情者傀郭象注云傀然大司馬相如子虛賦云儻瑰瑋傀傀瑰瓌並通玉篇賵盛肥也方言注云賵呬充壯也說文奰壯大也亦作奰大雅蕩篇內奰于中國毛傳云不醉而怒曰奰正義云奰者怒而作氣之貌張衡西京賦巨靈奰屓薛綜注云奰屓作力之貌也奰屓與賵呬通韡者說文韡盛也引小雅常棣篇鄂不韡韡今本作韡毛傳云韡韡光明也韡韡韡並同釋訓篇云煒煒盛也說文偉奇也煒盛赤也義並與韓同藴者方言藴晠也注云藴藹茂貌藴與蘊同大雅雲漢篇云旱既大甚藴隆蟲蟲是盛之義也釋文藴韓詩作鬱秦風晨風篇云鬱彼北林亦盛之義也藴鬱語之轉耳○昆讀爲焜方言焜晠也注云焜煌晠貌也說文焜煌也昭三年左傳焜燿寡人之望服虔注云焜明也燿照也釋文焜胡本反又音昆鄭注王制云昆明也司馬相如封禪文云煥炳煇煌急就篇云靳靷鞊鞊色焜煌焜昆煇並通渾與昆聲相近方言渾盛也說文混豐流也渾混流聲也荀子富國篇云財貨渾渾如泉源皆盛之義也渾與混通皐者鄭風大叔于田篇火烈具皐周官大宰皐通貨賄毛傳鄭注並云皐盛也皐茂聲相近故風俗通義云皐者茂也腯者方言腯晠也注云腯腯肥充也說文牛羊曰肥豕曰腯字或作腞曲禮豚曰腯肥鄭注云腯亦肥也桓六年左傳吾牲牷肥腯杜預注與鄭同正義云重言肥腯者古人自有複語耳服虔云牛羊曰肥豕曰腯案禮記豚亦稱肥非獨牛羊也今案傳云備腯咸有則腯亦不專屬豕孔說是也奄者玉篇引埤倉云奄肥大也釋訓篇云奄奄肥也涥者爾雅涥作也郭璞注云涥然興作貌莊十一年左傳其興也涥勇杜預注云涥盛貌論語鄉黨篇勃如戰色亦謂盛氣貌也釋訓篇云勃勃盛也勃與涥通

嫢、笙、揫、摻、精、䊒、稗、細、纖、微、緢、紗、麼、㦥、私、茦、葼、㒓、稅、杪、肖、尐、區、眇、貌、鄙，小也。 耑

嫢笙揫摻者方言嫢笙揫摻細也自關而西秦晉之間凡細而有容謂之嫢凡細貌謂之笙斂物而細謂之揫或曰摻郭璞注云嫢嫢小成貌嫢嫢猶規規也莊子秋水篇云子乃規規然而求之以察索之以辯不亦小乎說文蘇小頭蘇蘇也讀若規義並同也說○文秦晉謂細要曰嫢廣韻纗細繩也嫢纗並音姊宜

反義亦同也笙之言星星也周官內饔豕盲眂而交睫腥鄭注云腥當爲星肉有如米者似星星與笙聲近義同鄉飲酒義秋之爲言愁也鄭注云愁讀爲揫揫斂也漢書律歷志云秋䪨也物䪨斂乃成孰說文云䪨收束也從韋糕聲或從手秋聲作揫又云糕小也糕訓爲小䪨揫訓爲斂物斂則小故方言云斂物而細謂之揫揫䪨糕並聲近義同說文啾小兒聲也字亦作噍三年問云小者至於燕雀猶有啁噍之頃焉呂氏春秋求人篇啁噍巢於林不過一枝高誘注云啁噍小鳥也方言云雞雛徐魯之間謂之稚子摯啾揫並音即由反義亦同也揫各本作揫乃隸書之訛今訂正鄭風遵大路篇摻執子之祛兮正義引說文云摻斂也故斂物而細或謂之摻摻之言纖也魏風葛屨篇摻摻女手毛傳云摻摻猶纖纖也古詩云纖纖出素手纖與摻聲近義同精䊒稗皆米之細者也䊒通作鑿桓二年左傳粢食不鑿淮南子主術訓作䊒高誘注云䊒細也楚辭離騷精瓊靡以爲粻王逸注云精鑿也九章云鑿申椒以爲糧精䊒語之轉耳大雅召旻篇彼疏斯稗毛傳云彼宜食疏今反食精稗鹽鐵論國病篇云婢妾衣紈履絲匹庶稗飯肉食稗與稗通漢書藝文志小說家者流蓋出於稗官如淳注云九章細米爲稗街談巷說甚細碎之言也王者欲知閭巷風俗故立稗官使稱說之義亦同也說文云糲米一斛舂爲九斗曰䊒稗毇也毇糲米一斛舂爲八斗也糲或作糲召旻箋云米之率糲十稗九鑿八侍御七正義云九章粟米之法云粟率五十糲米三十稗二十七鑿二十四御二十一言粟五升爲糲米三升以下則米漸細故數益少也案鄭箋言稗九䊒八九章算術言稗二十七䊒二十四皆是䊒細於稗說文以糲米一斛舂九斗爲䊒八斗爲稗則是稗細於䊒未知孰是緜者說文緜聯微也大雅緜篇緜緜瓜瓞鄭箋云緜緜然若將無長大時逸周書和寤解云緜緜不絕蔓蔓若何小雅緜䜌篇緜䜌黃鳥毛傳云緜䜌小鳥貌義並同也紗麼與幺麼同紗各本訛作紗自宋時本已然故集韻類篇紗字並音師加切引廣雅紗小也案說文玉篇廣韻俱無紗字集韻師加切之音未詳所據說文幺小也漢書食貨志云次七分三銖曰幺錢爾雅豕子豬幺幼郭璞注云最後生者俗呼爲幺豚衆經音義卷七引三倉云麼微也列子湯問篇江浦之間有麼蟲張湛注云麼

細也。麽之言靡也。張注上林賦云：靡，細也。靡、麽古同聲。尉繚子守權篇云：幺麽毀瘠者并於後。鶡冠子道端篇云：任用幺麽。漢書敘傳「又況幺麿尚不及數子」，鄭氏注云：麿，小也。文選作麽。李善注引通俗文云：不長曰幺，細小曰麽。玉篇：紗，尫小兒也。音乙肖切。集韻又音幺，云：小意也。是紗與幺同。紗、麽俱訓爲小，廣雅紗字在麽字上，明是紗字之譌。集韻音師加切，非是。今訂正。懱、私、茦、蔑者，方言：私、茦，小也。自關而西秦晉之郊、梁益之閒，凡物小者謂之私。江淮陳楚之內謂之蔑。青齊兗冀之閒謂之茦，燕之北鄙、朝鮮洌水之閒謂之策。木細枝爲蔑。蔑與懱同。郭璞注云：蔑，小貌也。法言學行篇云：視日月而知衆星之蔑也，仰聖人而知衆說之小也。又君奭：茲迪彝教文王蔑德。鄭注云：蔑，小也。正義云：小謂精微也。逸周書祭公解：追學於文武之蔑。孔晁注云：言追學文武之微德也。說文：懱，輕易也。輕易亦小也。今人猶謂輕視人爲蔑視。周語：鄭未失周典，王而蔑之，是不明賢也。韋昭注云：蔑，小也。蔑與懱同。又廣韻：絅，莫結切，引倉頡篇云：絅，細也。玉篇：𩈃，面小也。說文：𥿋，蔌也。衆經音義卷十引埤倉云：篾，析竹膚也。字通作蔑。顧命「敷重蔑席」，鄭注云：蔑，析

竹之次青者。玉篇：鷦鷯，雀也。字亦通作懱。方言：桑飛，自關而西或謂之懱爵。注云：即鷦鷯也。懱，言懱截也。廣韻：礣尐，小也。礣尐與懱截同。荀子勸學篇：南方有鳥焉，名曰蒙鳩。楊倞注云：蒙鳩，鷦鷯也。蒙鳩猶言蔑雀。蔑、蒙語之轉耳。爾雅：蠓，蠛蠓。李善注甘泉賦引孫炎注云：蟲小於蚊。是凡言蔑者皆小之義也。私，亦細也，方俗語有緩急耳。方言引傳曰：慈母之怒子也，雖折葼笞之，其惠存焉。左思魏都賦：弱葼係實。張載注云：葼，木之細枝者也。案葼者，細密之貌。爾雅：緵罟謂之九罭。九罭，魚罔也。注云：今之百囊罟是也。說文：布之八十縷爲稯。玉篇：騣，馬鬣也。皆細密之義也。豳風七月篇：言私其豵，獻豜于公。毛傳云：豕一歲曰豵，三歲曰豜。大獸公之，小獸私之。義亦同也。卷三云：㚇，聚也。說文：㚇，斂足也。爾雅：揫，斂，聚也。揫與㚇一聲之轉。斂與小義相近，故小謂之㚇，亦謂之揫；聚斂謂之揫，亦謂之㚇矣。㑌之言蔽也。說文：蔽蔽，小草也。召南甘棠篇：蔽芾甘棠。毛傳云：蔽芾，小貌。蔽與㑌聲近義同。㑌，各本譌作㑈，今訂正。𥅕、杪者，方言：𥅕、杪，小也。凡草生而初達謂之𥅕，木細枝謂之杪。注云：𥅕，音鋭，鋒萌始出也。左思吳都賦云：鬱兮𥅕茂。𥅕之言鋭也。昭十

六年左傳：不亦鋭乎。杜預注云：鋭，細小也。說文：鋭，芒也。爾雅：再成鋭上爲融邱。注云：鑯頂者。義並與𥅕同。說文：餟，小餟也。餟與𥅕亦聲近義同。方言注云：杪，言杪梢也。說文：杪，木標末也。漢書敘傳：造計秒忽。劉德注云：秒，禾芒也。忽，蜘蛛網細者也。秒與杪同義。下文眇、藐二字義亦同也。凡物之鋭者皆有小義，故小謂之姕。釋器篇又云：石鍼謂之柴。廣韻：姕、柴並音姊宜切，其義同也。小謂之纖，故利亦謂之銛。銛屬亦謂之銛。漢書賈誼傳：莫邪爲鈍兮，鉛刀爲銛。晉灼注云：世俗謂利爲銛徹。說文云：銛，臿屬也。小謂之茦，故刺亦謂之茦。爾雅：茦，刺。注云：草刺針也。方言：凡草木刺人者，北燕朝鮮之閒謂之茦。小謂之鋭，故兵芒亦謂之鋭；草初生亦謂之𥅕；小謂之眇，故木末亦謂之杪，禾芒亦謂之秒。是凡物之鋭者皆與小同義也。肖者，方言：肖，小也。莊子列御寇篇：達生之情者傀，達於知者肖。傀者大也，肖者小也。肖與傀正相反。郭象注以傀爲大是也，其以肖爲失散，則非。肖猶宵也。學記：宵雅肄三。鄭注云：宵之言小也。宵、肖古同聲，故漢書刑法志肖字通作宵。史記太史公自序：申呂肖矣。徐廣注云：肖，音痟。痟，猶衰微。義並同也。尐者，說文：尐，少也，從

小丶聲。物多則大，少則小，故方言云：尐，小也。廣韻：礣尐，小也。方言注作懱截。孟子告子篇：力不能勝一匹雛。趙岐注云：言我力不能勝一小雛。孫奭音義云：匹丁作疋。方言：尐，小也。蓋與疋字相似，後人傳寫誤耳。案孫說是也。玉篇：𪇰，小雞也。𪇰與尐通。小雞謂之𪇰，猶小蟬謂之蠽。爾雅：蠽，小茅蜩。注云：江東呼爲茅蠽，似蟬而小。說文：鬕，束髮少小也。張衡西京賦云：朱鬢鬕髽。尐、𪇰、蠽、鬕並音姊列反，其義同也。方言謂小雞爲𥢑子。𥢑、𪇰一聲之轉。廣韻：吣，姊列切，鳴吣吣也。吣吣猶啾啾，啾、吣亦一聲之轉也。區之言區區也，義見釋訓。區區，小也。下、鄙者，論語憲問篇云：鄙哉硜硜乎。呂氏春秋尊師篇：子張，魯之鄙家也。注云：鄙，小也。釋名云：鄙，否也，小邑不能遠通也。說文：啚，嗇也。義與鄙同。耑者，說文：耑，物初生之題也。方言：末，緒也。南楚或曰端，或曰末，皆小之義也。端與耑通。書大傳以朝乘車輲輪送至于家。鄭注云：言輲輪，明其小也。小雅小宛篇云：惴惴小心。齊策云：安平君以惴惴之即墨，三里之城，五里之郭，敝卒七千，禽其司馬，而反千里之齊。潛夫論救邊篇云：昔樂毅以慱慱之小燕，破滅彊齊。並與耑聲近義同。玉篇引廣雅：耑，小也。今本脫耑字。

䜌、𦣞、倰、儠、檄、箭、橢、矨、呂、僨、迒、暘、從、挻、鋋、杼、隑、脩、敻、繹、覃、尋、將、枚、袤、長也、曼

䜌𦣞者、方言、䜌𦣞長也、郭璞注云、謂壯大也、小雅正月篇、有菀其特、鄭箋云、菀然茂特、司馬相如長門賦云、正殿塊以造天兮、䜌竝起而穹崇、班固西都賦云、神明䜌其特起、皆高出之貌、義與長相近也、䜌與菀通、倰者、玉篇、倰儚、長皃、儠者、說文、儠、長壯儠儠也、引昭七年左傳、長儠者相之、今傳作鬣、所見本異也、說文、鬣、髮鬣鬣也、爾雅、犣牛、郭璞注云、旄牛也、髀膝尾皆有長毛、義竝與儠同、檄者、爾雅釋木、梢、梢擢、注云、謂木無枝柯、梢擢長而殺者、又無枝爲檄、注云、檄擢直上、是檄爲長也、箭者、狹長也、說文、箭、𣃔竹也、史記三王世家、廣陵王策云、毋侗好佚、褚少孫釋之云、毋長好佚樂也、論衡齊世篇云、上世之人、侗長佼好、義竝與箭同、釋名云、山旁隴閒曰涌、涌、猶桶、桶、狹而長也、亦與箭聲近義同、橢亦狹長也、爾雅、蟦、小而橢、注云、橢謂狹而長、楚辭天問篇云、南北順橢、其衍幾何、豳風破斧傳云、隋銎曰斧、方銎曰斨、隋與橢通、說文、

橢、車笭中橢、橢器也、又云、隓、山之隓隓者、爾雅、巒山隓、注云、謂山形長狹者、引周頌般篇、隓山喬嶽、義竝與橢同、矨呂者、方言、矨呂、長也、東齊曰矨、宋魯曰呂、注云、矨、古矨字、矨之言引也、爾雅、引、長也、僨者、說文、僨、長皃、玉篇云、長好皃、迒者、方言、迒、長也、玉篇云、長道也、張衡西京賦云、迒杜蹊塞、暘長聲相近、鄭注月令云、暘猶充也、說文、充、長也、秦風小戎篇、文茵暘轂、毛傳云、暘轂、長轂也、暘與暘通、從者、東西曰橫、南北曰從、橫爲廣、從爲長也、挻之言延也、說文、挻、長也、商頌殷武篇、松桷有梴、毛傳云、梴、長貌、義與挻同、鋋亦挻也、廣韻云、鋋、物令長也、釋訓篇云、振搖、展極也、玉篇云、振搖、魄長皃、說文、蚩、蟲曳行也、鋋蚩振竝音恥輦反、其義同也、杼或作杍、方言云、燕記曰、豐人杍首、杍首、長首也、燕謂之杍、左思魏都賦云、巷無杍首、長與久同義、故長謂之杍、久謂之佇、爾雅、佇、久也、邶風燕燕篇、佇立以泣、毛傳云、佇立、久立也、說文、眝、長眙也、通作竚、楚辭九章云、思美人兮、擥涕而竚眙、杼佇眝竝音直呂反、其義同也、隑者、漢書司馬相如傳、臨曲江之隑州兮、張注云、隑、長也、敻者、文十四年穀梁傳、敻入千乘之國、范甯注云、敻、猶遠也、說文、長、久遠也、遠與長、亦同義、繹者、方言、繹、長也、說文、繹、抽絲也、爾雅、繹、又祭也、周曰繹、商曰肜、高宗肜日正義引孫炎注云、繹、祭之明日、尋繹復祭也、肜者、亦相尋不絕之意、何休注宣八年公羊傳云、繹者、繼昨日事、肜者、肜肜不絕、肜繹一聲之轉、皆長之義也、爾雅釋山、屬者嶧、注云、言絡繹相連屬、廣雅釋器云、繹、長襦也、義竝與繹同、覃者、爾雅、覃、延也、注云、謂蔓延相被及、大雅生民篇、實覃實訏、毛傳云、覃、長也、說文、覃、長味也、又云、醰、甛長味也、王褒洞簫賦云、良醰醰而有味、義竝同也、尋亦覃也、方言、尋、長也、海岱大野之閒曰尋、自關而西、秦晉梁益之閒、凡物長謂之尋、淮南子齊俗訓云、峻木尋枝、大荒北經、有岳之山、尋竹生焉、郭璞注云、尋、大竹名、說文、尋、繹理也、度人之兩臂爲尋、八尺也、方言云、周官之法、度廣爲尋、幅廣爲充、皆長之義也、凡對文則廣與長異、散文則廣亦長也、故廣謂之充、亦謂之尋、長謂之尋、亦謂之充、說文訓充爲長、是其證矣、將者、商頌烈祖篇、我受命溥將、將、長也、卽卷阿所云、爾受命長也、鄭箋訓將爲助、失之、楚辭九辯、恐余壽之弗將、王逸注云、將、長也、袤者、小爾雅、袤、長也、說文、南北曰袤、東西曰廣、案對文則橫長謂

之廣、從長謂之袤、墨子備城門篇、廣九尺、袤十二尺、是也、散文則橫長亦謂之袤、周長亦謂之袤、史記蒙恬傳云、起臨洮、至遼東、延袤萬餘里、漢書揚雄傳云、周袤數百里、是也、曼者、說文、曼、引也、引亦長也、魯頌閟宮篇、孔曼且碩、毛傳云、曼、長也、字通作蔓、鄭風野有蔓草傳云、蔓、延也、延亦長也、衆經音義卷六卷十四竝引廣雅、曼、長也、今本脫曼字、

乾、偼、蹻、狢、犺、𠪚、𩴪、猛、壯、獜、武、𤞤、偈、怒、驍、健也、

乾者、繫辭傳云、夫乾、天下之至健也、夫坤、天下之至順也、說卦傳云、乾、健也、坤、順也、乾健同聲、坤順同聲、天行健、地勢坤、健、卽乾也、坤、卽順也、互文見義耳、偼者、說文、疌、疾也、大雅烝民篇云、征夫捷捷、漢書東方朔傳云、捷若慶忌、皆健之義也、偼捷疌竝通、蹻讀爲趫、說文、趫、善緣木之才、玉篇音去驕切、呂氏春秋悔過篇、氣之趫與力之盛、高誘注云、趫、壯也、張衡西京賦云、非都盧之輕趫、孰能超而究升、顏延之赭白馬賦、捷趫夫之敵手、李善注引廣雅、蹻、健也、蹻與趫通、衛風碩人篇、四牡有驕、毛傳云、驕、壯貌、釋文音起橋

反驕與趫亦同義中庸強哉矯鄭注云矯強貌矯與趫亦聲近義同狢各本訛作狢集韻類篇竝引廣雅狢犺健也今據以訂正犺者說文健伉也又云犺健犬也漢書宣帝紀伉健習騎射顏師古注云伉強也公羊傳宣十五年注云辨護伉健者為里正伉與犺通○⿺鬼巢者玉篇音仕交切云剽輕為害之鬼也衆經音義卷十二引聲類云⿺鬼巢疾也廣韻又楚交切云疾兒字亦作訬玉篇訬健也疾也淮南子脩務訓越人有重遲者而人謂之訬高誘注云訬輕秒急疾也⿺鬼巢曹憲音巢各本巢字誤入正文惟影宋本皇甫本不誤凡健與疾義相近故疾謂之捷亦謂之⿺鬼巢亦謂之壯亦謂之偈健謂之偈亦謂之壯亦謂之⿺鬼巢亦謂之捷健謂之威猶疾謂之咸也健謂之武猶疾謂之舞也卷一云舞偈疾也爾雅云疾壯也雜卦傳云咸速也是其證矣獜者說文獜健也引齊風盧獜獜今詩獜作令所見本異也狡者大戴禮千乘篇云壯狡用力呂氏春秋仲夏紀養壯狡高誘注云壯狡多力之士月令狡作佼古字假借耳呂氏春秋禁塞篇云老幼壯佼是也正義以佼為形容佼好失之偈者玉篇音近烈切武兒引衞風伯兮篇伯兮偈兮今詩作揭毛

傳云揭武貌又碩人篇庶士有朅毛傳云朅武壯貌釋文揭韓詩作桀云健也太元闘次八其人暉且偈釋文云偈武也偈朅桀竝通詩伯兮傳云桀特立也特立卽健之義故人之特立者謂之傑木之特立者謂之楬石之特立者謂之碣義竝同也怒者莊子逍遥遊篇云怒而飛其翼若垂天之雲人閒世篇云怒其臂以當車轍○後漢書第五倫傳鮮車怒馬李賢注云怒馬謂馬之肥壯其氣憤盈也皆健之義也凡人怒則其氣憤盈故喜怒之怒亦有健義又廣韻努努力也釋名駑怒也有勢怒也怒努駑義竝相近驍者玉篇驍勇急捷也史記留侯世家云九江王黥布楚梟將梟與驍通

攱、閣、堪、輂、加、輿，載也。

攱閣二字義見卷三載閣攱也下堪輂者方言堪輂載也又云龕受也揚越曰龕受盛也猶秦晉言容盛也郭璞注云今云龕囊依此名也龕與堪同聲盛與載義相近郭注又云輂輿載物者也說文輂大車駕馬也周官鄉師與其輂輦鄭注云輂駕馬輦人輓行所以載任器也管子海王篇云行服連軺輂者必有一斤一鋸一椎一鑿若其事立史記夏本紀山行乘檋漢書溝洫志作山行則梮韋昭注云梮木器如今輿牀人舉以行也梮與檋同檋亦有載義故書言予乘四載也襄九年左傳陳畚挶漢書五行志作畚應劭注云輂所以輿土也說文𦥑舉食者徐鍇傳云如今倉牀兩頭有柄二人對舉之是凡言輂者皆載之義也

繝、剹、接、撚、未、連、似、㯥、屬、結，續也。絣

繝剹者方言繝剹續也秦晉續折木謂之繝繩索謂之剹淮南子氾論訓云緂麻索縷人閒訓云婦人不得剡麻考縷緂剡竝與繝通高誘注訓緂為銳失之說文縺緶衣也漢書賈誼傳縺以偏諸晉灼注云以偏諸縺著衣也廣韻縺連縺也剹縺竝音且葉反義相近也撚未者方言撚未續也衆經音義卷十四引方言而釋之云撚謂兩指索之相接續也逸周書大武解後動撚之孔晁注云撚從也從亦相續之意未與續義不相近方言廣雅未字疑皆末字之譌方言末隨也隨亦相續之意似者小雅斯干篇似續妣祖

周頌良耜篇以似以續毛傳竝云似嗣也說文祀祭無已也爾雅水決復入為汜郭璞注云水出去復還皆續之義也粟者太平御覽引春秋說題辭云粟助陽扶性粟之為言續也又引宋均注云續謂續陽生長也○絣者縫之續也義見下文纏臨紹緊絣也下後漢書班固傳注引廣雅絣續也今本脫絣字

⿸疒麗、⿸疒戚、痤、疽、癰也。

⿸疒麗者說文⿸疒麗癰也痤者說文痤小腫也管子法法篇云毋赦者痤雎之礦石也雎與疽同中山經可以已痤郭璞注云癰痤也素問生氣通天論勞汗當風寒薄為皶鬱乃痤王冰注云痤謂色赤䐜憤內蘊血膿形小而大如酸棗或如按豆也

肬、胮、肛、膝、⿰月臯、胅、痕、尰、⿺尢皀、腫也。朧

肬者說文肬贅也籀文作黕釋名肬邱也出皮上聚高如地之有邱也莊子大宗師篇云彼以生為附贅縣疣荀子宥坐篇云今學曾未如肬贅疣與肬同胮肛者集韻引埤倉云胮肛腹脹也釋水篇云觪舡舟

也廣韻舽舡船皃義與胮肛相近也膖脝者玉篇膖脝腫欲潰也膖脝猶胮肛語之轉耳大雅蕩篇女炰烋于中國毛傳云炰烋猶彭亨也鄭箋云自矜莊氣健之貌彭亨之轉爲炰烋猶胮肛之轉爲膖脝矣膖各本訛作脮今訂正肤之言肤起也爾雅犦牛郭璞注云領上肉犦肤起高二尺許衆經音義卷一引通俗文云肉肤曰瘤說文云瘤腫也豳風東山篇鸛鳴于垤垤亦肤起之義故毛傳云垤蟻冢也釋名云冢腫也言腫起也痕者說文痕胝瘢也亦腫起之義也瘇與腫聲相近說文瘇脛氣腫足也引小雅巧言篇既微且瘇籀文作尰今詩作瘇爾雅云腫足爲瘇呂氏春秋盡數篇云重水所多瘇與躄人漢書賈誼傳云天下之埶方病大瘇瘇尰瘇瘇並同瘇尰二字並從九九音汪跛曲脛也各本並訛從九今訂正尰之言尫然大也素問風論云面尫然浮腫尫與尰通集韻類篇尰母總切引廣雅尰腫也今本脫尰字

料亂紕督雉敕伸掾撩統理也

料者度之理也大戴禮文王官人篇云驚之以卒而度料爾雅鼗小者謂之料郭璞注云料者聲清而不

亂亦理之義也亂者說文𤔔治也一曰理也爾雅亂治也皋陶謨云亂而敬亂與𤔔同樂之終有亂詩之終有亂皆理之義也故樂記云復亂以飭歸王逸離騷注云亂理也所以發理辭指總撮其要也理與治同意故理謂之亂亦謂之敕治謂之敕亦謂之亂理謂之紕猶治謂之庀也理謂之伸猶治謂之神也理謂之撩猶治謂之療也魯語注云庀治也爾雅神治也方言療治也是其證矣紕者方言紕理也秦晉之間曰紕案紕者總理之意鄘風干旄篇素絲紕之毛傳云紕所以織組也總紕於此成文於彼是也督者正之理也爾雅督正也方言繹督理也凡物曰督之絲曰繹之郭璞注云督言正理也僖十二年左傳云謂督不忘考工記匠人注分其督旁之脩疏云中央爲督督者所以督率兩旁說文褺衣背縫也晉語衣之偏褺之衣韋昭注云褺在中左右異色故曰偏褺王冰注素問骨空論云所以謂之督脈者以其督領經脈之海也是凡言督者皆正理之義也督曹憲音篤各本篤字誤入正文釋言篇督促也曹憲音篤今據以訂正雉者方言雉理也敕者噬嗑象傳先王以明罰勑法鄭注云勑猶理也小雅六月篇云戎車既

飭勑勑飭並通掾之言𧴪也說文𧴪綴得理也樂記云𧴪𧴪乎端如貫珠掾各本訛作掾今訂正撩者說文撩理也衆經音義卷十四引通俗文云理亂謂之撩理撩與料聲近義同統者說文統紀也鄭注大宰云統所以合率以等物也皆理之義也

黳艴艴艴嘔煦縟色也

黳者方言黳色也郭璞注云黳然赤黑貌也艴者釋器篇艴赤也楚辭大招逴龍艴只王逸注云艴赤色也小雅采芑篇路車有奭毛傳云奭赤也奭與艴同故瞻彼洛矣篇韎韐有奭白虎通義引作艴艴曹憲音勃各本脫去艴字其音內勃字遂誤入艴字下說文艴字注引論語色艴如也今本作勃玉篇廣韻集韻類篇艴字並音勃集韻類篇引廣雅艴頩色也頩與艴同今據以補正凡人敬則色變若論語色勃如之類是也怒則色變若孟子曾西艴然不悅王勃然變乎色之類是也說文孛字注又引論語色孛如也秦策云秦王悖然而怒楚策云王怫然作色淮南子道應訓云佽非瞋目勃然並字異而義同艴者楚辭

遠遊篇玉色頩以脕顏兮戴先生注云氣上充於色曰頩宋玉神女賦云頩薄怒以自持兮淮南子齊俗訓仁發拼以見容高誘注云拼色也艴頩拼並通嘔煦者方言嫗色也郭璞注云嫗煦好色貌莊子駢拇篇呴俞仁義釋文呴俞本又作傴呴謂呴喻顏色爲仁義之貌逸周書官人解云欲色嫗然以愉大戴禮嫗作嘔漢書王褒傳是以嘔喻受之應劭注云嘔喻和悅貌嘔嫗傴古通用說文欨笑意也漢書韓信傳言語姁姁史記索隱引鄧展注云姁姁和好貌東方朔非有先生論云說色微辭愉愉呴呴傅毅舞賦云姁媮致態呴煦姁欨古通用嫗煦嘔喻姁媮並疊韻之轉耳縟者說文縟繁采色也

讙譙譴讀詰卻諯讓也

讙譙諸字爲責讓之讓卻爲攘卻之攘古者讓攘同聲字亦通用鄭注曲禮云攘古讓字是也讙譙者方言譙讙讓也齊楚宋衞荊陳之間曰譙自關而西秦晉之間凡言相責讓曰譙讓北燕曰讙說文讙譁也字亦作諠凡人相責讓則其聲諠譁故因謂讓爲諠猶今人謂諠呼爲讓也金縢云王亦未敢誚公管子

立政篇云里尉以譙于游宗譙與誚同讀經傳通作責誚義見卷一誚責也下譙者說文譙數也一曰相讓也數讀如數之以王命之數

揚、讀、曉、謂、道、說也、

揚讀道者皋陶謨云工以納言時而颺之顧命云道揚末命揚與颺通各本訛作楊今訂正大戴禮保傅篇云失度則史書之工誦之三公進而讀之讀之謂說之也鄘風牆有茨首章云不可道也二章云不可詳也三章云不可讀也釋文詳韓詩作揚廣雅揚讀道竝訓爲說義本韓詩也

廣雅疏證卷第二上

廣雅疏證卷第二下

高郵王念孫學

釋詁

澇、汏、瀾、淅、滌、潒、潘、澡、沐、浴、湔、濯、沬、洒也、

汏者說文汏淅瀾也衆經音義卷七引通俗文云淅米謂之洮汏淮南子要略所以洮汏滌蕩至意高誘注云洮汏瀾也後漢書陳元傳洮汏學者之累惑李賢注云洮汏猶洗濯也洗與洒同瀾者說文瀾淅也淅者說文淅汏米也士喪禮祝淅米于堂鄭注云淅汏也淅各本訛作浙今訂正潒與蕩通字亦作盪溞者爾雅溞溞淅也樊光注引大雅生民篇釋之溞溞今本溞作叜毛傳云釋淅米也叜叜聲也叜與溲通澡者說文澡洒手也儒行云澡身而浴德喪服澡麻帶經鄭注云澡者治去莩垢義亦同也湔者說文湔手澣之也楚策云君獨無意湔祓僕韓詩外傳云汙辱難湔灑也沬者說文沬洒面也漢書律歷志引顧命

曰王乃洮沬水今本沬作頮馬融注云頮頮面也內則云面垢燂潘請靧沬頮靧竝同沬從午未之未音呼內反與涎沫之沫異沫從本末之末音亾曷反檀弓瓦不成味鄭注云味當作沬沬靧也案沬從午未之未與味聲相近故云味當作沬沬與靧同故云沬靧也釋文音亾曷反失之矣

劊、切、刌、膾、剟、割也、

劊者說文劊楚人謂治魚也從刀魚讀若鍥方言刈鉤自關而西或謂之鉤或謂之鎌或謂之鍥鍥所以割草義與劊同也鍥又音苦結反定九年左傳盡借邑人之車鍥其軸杜預注云鍥刻也說文作栔又作契爾雅契絕也郭璞注云今江東呼刻斷物爲契斷義與劊亦同也刌膾二字義見卷一創刌斷也下剟者說文剟傷也玉篇云傷割也

闌、閑、亢、闑、徼、迣、遮也、

亢者說文抗扞也成十五年左傳顆見老人結草以亢杜回杜預注云亢禦也襄十四年傳云晉禦其上

戎亢其下士喪禮下篇抗木橫三縮二鄭注云抗禦也所以禦止土者皆遮之義也抗與亢通闌者廣韻闌隔也徼與闌聲相近襄十六年左傳孟孺子速徼之杜預注云徼要也字通作要又作邀迣者說文迣迾也晉趙曰迣又云迾遮也玉篇迣音之世切又云古文以爲迾字迾音列漢書鮑宣傳男女遮迣晉灼注云迣古列字也蓋迣迾聲相近故古或通用漢書武五子傳迾宮淸中備盜賊李奇注云迾遮也玉藻山澤列而不賦鄭注云列之言遮列也列與迾同玉篇迾又音厲周官山虞物爲之厲而爲之守禁鄭衆注云厲遮列守之厲與迾古亦通用

賃、茶、貰、且、假、貸，借也、

賃者穆天子傳賃車受載郭璞注云賃猶借也今俗語猶謂以財租物曰賃矣茶者方言茶借也郭注云茶猶徒也案茶蓋賒之借字賒茶古聲相近說文賒貰賣也貰貸也賒貸同義故俱訓爲借也且與借聲相近○檀弓云夫祖者且也且胡爲其不可以反宿也凡言且者皆謂姑且如此即假借之意也曲禮有天

王某甫鄭注云某甫且字也○何氏隱義云且假借此字也借各本譌作僭今訂正

錉、耤、耡、貢、租、賦、徹、稍、秛、征、賩、𧸘，稅也、

緍者史記平準書云筭軺車賈人緍錢皆有差漢書武帝紀初筭緍錢李斐注云緍絲也以貫錢也一貫千錢出筭二十也說文作錉義同耤耡貢徹者耤字亦作藉大雅韓奕篇實畝實藉鄭箋云藉稅也宣十六年左傳穀出不過藉杜預注云周法民耕百畝公田十畝借民力而治之稅不過此王制古者公田藉而不稅鄭注云藉之言借也借民力治公田美惡取於此不稅民之所自治也說文殷人七十而耡耡耤稅也耡字亦作莇又作助助與藉古同聲孟子公孫丑篇耕者助而不稅卽藉而不稅也論語顏淵篇盍徹乎鄭注云周法什一而稅謂之徹徹通也爲天下之通法孟子滕文公篇夏后氏五十而貢殷人七十而助周人百畝而徹其實皆什一也徹者徹也助者藉也趙岐注云民耕五十畝者貢上五畝耕七十畝者以七畝助公家耕百畝者徹取十畝以爲賦雖異名而多少同故曰皆什一也徹猶人徹取物也藉者借也猶人相借力助之也鄭注匠人云貢者自治其所受田貢其稅穀莇者借民之力以治公田又使收斂焉徹者通其率以什一爲正也稍者玉篇稍稍稅也秛者玉篇秛禾租也賩者說文賨南蠻賦也○後漢書南蠻傳云歲令大人輸布一匹小口二丈是謂賨布又云歲入賨錢口四十賨與賩同𧸘者玉篇𧸘賦斂也

𦁘、緤、組、繬、彌、縪，縫也、

𦁘緤者玉篇𦁘緤續縫也廣韻云補衣也方言劋續也秦晉繩索謂之劋劋與緤義相近也組曹憲音直莧反各本組訛作組直莧反之直又訛作亘惟影宋本不訛說文組補縫也字亦作袒又作綻綻急就篇鍼縷補縫綻紩緣顏師古注云脩破謂之補縫解謂之綻皇象本綻作袒後漢書崔寔傳期於補綻決壞綻亦補也李賢注引內則衣裳綻裂失之繬彌二字義見下文繬彌合也下繬曹憲音色各本色字誤入正文惟影宋本皇甫本不誤縪者喪服冠六升外畢鄭注云外畢者冠前後屈而出縫於武也士喪禮記

畢作縪注云縪謂縫著於武也

纆、𢀖、紹、緊、絣，也、

纆者衆經音義卷十四引通俗文云合紩曰纆說文云紩縫也𢀖絣聲義並同絣亦縫也語之轉耳燕策云王身自削甲札妻自組甲絣益絣訓爲縫因謂縫甲之組爲絣也紹緊者玉篇紹緊紩衣也

絎、紕、純、緣也、

絎者玉篇絎行孟切縫紩也廣韻云刺縫也今俗語猶呼刺縫爲絎音若行列之行紕者爾雅紕飾也郭璞注云謂緣飾玉藻縞冠素紕鄭注云紕緣邊也讀如埤益之埤雜記紕以爵韋純以素鄭注云在旁曰紕在下曰純士喪禮記縓綼緆緇純鄭注云飾裳在幅曰綼在下曰緆飾衣曰純玉藻天子素帶朱裏終辟鄭注云辟讀如裨冕之裨裨謂以繒采飾其側紕綼辟並通純者爾雅緣謂之純郭璞注云衣緣飾也顧命云敷重蔑席黼純各本純字誤入音內今訂正

眦䫉、漢漫、憪懣也、

眦䫉者、方言、眦䫉懣也、郭璞注云、謂憤懣也、漢漫者、方言、漢漫懣也、朝鮮洌水之閒煩懣謂之漢漫、各本漫字誤入音內、今訂正、憪音閑、懣音亾本反、又音滿、各本憪訛作憫、其懣字下亾本反之音又訛入憫字下、本字又訛作木、集韻類篇有憫字、音母本切、則宋時廣雅本已誤、考說文玉篇廣韻俱無憫字、問喪云、悲哀志懣氣盛、釋文懣亾本反、又音滿、則亾本反爲懣字之音甚明、又孟子公孫丑篇阨窮而不憫、趙岐注云、憫懣也、是憫字乃憫字之訛、今據以訂正、

貶、損、削、黜、貇、撤、秏、退、肆、掊、扒、刮、攽、㢑、殺、㾓、𡙇、爽、劣、減也、

貇者、𪏮之減也、說文、貇、𪏮也、掊、扒皆取之減也、謙象傳云、君子以裒多益寡、裒與掊通、說文、扒、從上挹也、衆經音義卷十五引通俗文云、從上取曰扒、刮者、摩之減也、考工記云、刮摩之工五、攽者、分之減也、說文、攽、分也、㢑通作降、㾓通作衰、爽者、差之減也、爾雅、爽、差也、劣者、少之減也、說文、劣、弱也、從力少、卷三云、劣、少也、

維、紲、縼、縻、紖、係也、

紲者、說文、紲、系也、系與係同、亦作繫、紲之言曳也、釋名云、紲、制也、牽制之也、玉篇云、凡繫縲牛馬皆曰紲、字亦作緤、又作靾、士喪禮記乘車革靾、鄭注云、靾、韁也、僖二十四年左傳臣負羈紲、杜預注云、紲、馬韁也、正義引服虔注云、一曰犬韁曰紲、少儀犬則執緤、牛則執紖、馬則執靮、鄭注云、緤、紖、靮、皆所以繫制之者、論語公冶長篇雖在縲紲之中、孔傳云、縲、黑索也、紲、攣也、所以拘罪人、蓋紲爲係之通名、凡係人係物皆謂之紲、不專屬一物也、縼之言旋繞也、說文、縼、以長繩繫牛也、玉篇又作𢹲、云、長引也、馬融長笛賦云、植持縼纆、紖之言引也、說文、紖、牛系也、祭統、君執紖、鄭注云、紖所以牽牲也、周官封人、置其絼、鄭衆注云、絼、著牛鼻繩、所以牽牛者、絼與紖同、紖各本訛作紉、今訂正、

切、直、方、義也、

切直者、爾雅、丁丁嚶嚶、相切直也、郭璞注云、朋友切磋相正、史記田叔傳云、切直廉平、是切直皆義也、方者、坤文言云、直其正也、方其義也、論語先進篇且知方也、何晏注云、方、義方也、隱三年左傳云、教之以義方、

懷、就、息、隋、罷、還、返、退、免、廷、歸也、

息者、方言、息、歸也、罷、退者、少儀云、朝廷曰退、燕遊曰歸、師役曰罷、襄三十年左傳云、皆自朝布路而罷、士冠禮、主人退、鄭注云、退、去也、歸也、廷、即往字也、莊二年穀梁傳云、王者、民之所歸往也、顏師古注漢書揚雄傳云、廷、古往字、各本廷訛作廷、今訂正、

抮、盭、菲、違、舛、逪、偭、偝也、

抮盭二字、義見卷四抮盭也下、盭各本訛作盭、今訂正、逪經傳通作錯、偭者、楚辭離騷偭規矩而改錯、漢書賈誼傳偭蟂獺以隱處兮、王逸、應劭注並云、偭、背也、漢書項籍傳馬童面之、顏師古注云、面謂背之不面向也、面縛亦謂反背而縛之、杜元凱以爲但見其面、非也、面與偭通、

幬、幏、幎、幔、帲、幕、莢、葺、蔓、鬲、幠、䀶、弇、冒、覆也、

幬者、爾雅、幬謂之帳、說文、幬、禪帳也、楚辭招魂羅幬張些、幬與幬同、釋器篇云、幔、幬、幕、帳也、幔、幬、幕皆有下覆之義、故此皆訓爲覆也、召南小星篇抱衾與裯、毛傳云、裯、禪被也、考工記輪人欲其幬之廉也、鄭注云、幬、幔轂之革也、史記禮書大路之素幬也、索隱云、謂車蓋以素帷、是凡言幬者、皆覆之義也、幏者、說文、冡、覆也、鄘風君子偕老篇蒙彼縐絺、毛傳云、蒙、覆也、幏冡蒙並通、今俗語猶謂覆物爲蒙、方言、幏、巾也、陳穎之閒大巾謂之幏、郭璞注云、巾主覆者、故名幏也、書大傳下刑墨幏、鄭注云、幏、巾也、說文、幏、蓋衣也、皆覆之義也、幏各本訛作幪、今訂正、幎者、說文、冖、覆也、幎、幔也、周官幂人、鄭注云、以巾覆物曰幂、鄉飲酒禮記、尊綌幂、鄭注云、幂、覆尊巾也、禮器云、犧尊疏布鼏、幎、幂、鼏、冖、並通、鼎覆謂之鼏、車覆軾謂之幦、義亦與幎同、士昏禮、設扃鼏、鄭注云、扃所以扛鼎、鼏覆之也、大雅韓奕篇、鞹鞃淺幭、毛傳云、幭、覆式也、正義云、幭

字禮記作幦周禮作幎字異而義同又云此幭與天官幕人之字異其義亦同幔者說文幔幕也釋名云幔漫也漫漫相連綴之言也司馬相如長門賦云張羅綺之幔帷兮爾雅鏝謂之杇李巡注云塗工之作具也襄三十一年左傳圬人以時塓館宮室杜預注云塓塗也塗與覆義相近故塗謂之鏝亦謂之塓覆謂之幎亦謂之幔幔幎語之轉耳幦之言屏蔽也法言吾子篇然後知夏屋之爲帡幪也李軌注云帡幪葢覆也幪與𡏡同幕者方言幕覆也說文帷在上曰幕釋名云幕幕絡也在表之稱也井上六井收勿幕王弼注云幕猶覆也周官幕人掌帷幕幄帟綬之事鄭注云在旁曰帷在上曰幕茨者說文茨以茅葦蓋屋也釋名云屋以草蓋曰茨茨次也次比草爲之也梓材云惟其塗塈茨周官圉師茨牆則翦闔鄭注云茨蓋也葺者說文葺茨也考工記匠人云葺屋參分瓦屋四分襄三十一年左傳繕完葺牆注云葺覆也蔓者說文蔓草覆地也案各本蔓字音內有此寢去三字文義不可曉玉篇廣韻蔓並音寑則寑字乃蔓字之音其此字當是庇字之誤考工記輪人弓長六尺謂之庇軹表記雖有庇民之大德鄭注並云庇覆

也去字當是葢字之誤葢俗書作葢又訛脫而爲去說文云覆葢也庇葢皆係正文今本誤入音內又誤爲此去二字耳燾者說文燾溥覆照也方言燾覆也襄二十九年左傳如天之無不幬也史記吳世家作燾集解引賈逵注云燾覆也周官司几筵每敦一几鄭注云敦讀曰燾燾覆也並字異而義同今俗語猶謂覆物爲幬爾雅翿纛也注云今之羽葆幢又纛翳也注云舞者所以自蔽翳翿纛與燾聲義亦同燾各本訛作幬自宋時本已然故集韻類篇燾又作幬考說文玉篇廣韻俱無幬字今訂正幠者說文幠覆也士冠禮記周弁殷冔夏收鄭注云冔名出於幠幠覆也言所以自覆飾也士喪禮云幠用斂衾荀子禮論篇說喪禮云無帾絲歶縷翣其須以象菲帷幬尉也楊倞注云無讀爲幠幠覆也所以覆尸者也士喪禮幠用斂衾夷衾是也案幠者柳車上覆即禮所謂荒也喪大記記棺飾云素錦褚加僞荒鄭注云荒蒙也在旁曰帷在上曰荒皆所以衣柳也僞當爲帷大夫以上有褚以襯覆棺乃加帷荒於其上荒幠一聲之轉皆謂覆也故柳車上覆謂之荒亦謂之幠帾即素錦褚之褚幠帾皆所以飾棺幠在上象幕帾在下象

幄故云其須象菲帷幬尉也周官縫人掌縫棺飾鄭注云若存時居於帷幕而加文繡是也若斂衾夷衾皆所以覆尸不得言象菲帷幬尉矣詩公劉傳云荒大也閟宮傳云荒有也爾雅幠大也有也是幠與荒同義幠從無聲荒從巟聲巟從亾聲荒之轉爲幠猶亾之轉爲無故詩遂荒大東爾雅注引作遂幠大東禮記毋幠毋敖大戴作無荒無傲矣賵者太平御覽引春秋說題辭云賵之爲言覆也隱元年天王使宰咺來歸惠公仲子之賵服虔注左傳云賵覆也正義云謂覆被亾者也公羊傳車馬曰賵何休注亦云賵猶覆也冒賵覆古聲並相近

惶、怖、魕、儑、猜、忦、嘽、咺、謾、台、脅、閱、怵、惕、蛩、供、征、伀、怔、忪、畏、恐、遽、懼也

惶者衆經音義卷三引倉頡篇云惶恐也燕策云卒惶急不知所爲怖者說文悑惶也吳子料敵篇云敵人心怖可擊怖與悑同今人或言怕者怖聲之轉耳魕義見卷四魕恐也下儑者玉篇音尺涉切恐也集

韻又質涉切樂記柔氣不儑鄭注云儑猶恐懼也儑與儑通衆經音義卷七卷十二引廣雅並作懾猜者疑之懼也昭七年左傳云雖吾子亦有猜焉忦者憂之懼也說文忦憂也嘽咺謾台脅閱者方言謾台脅閱懼也燕代之間曰謾台齊楚之間曰脅閱宋衞之間凡恐而噎噫謂之脅閱南楚江湘之間謂之嘽咺嘽各本訛作嘽今訂正蛩供之爲言皆恐也方言蛩供戰慄也荆吳曰蛩供又恐也荀子君道篇故君子恭而不難敬而不鞏難即不戁不竦之戁鞏與蛩同說文供戰慄也征伀者方言征伀遑遽也江湘之間凡窘猝怖遽謂之征伀遑與惶同釋訓篇云屏營征伀也漢書王莽傳人民正營顏師古注云正營惶恐不安之意也正與征同釋名夫之兄曰兄公俗間曰兄伀言是己所敬見之伀遽自肅齊也俗或謂舅曰公亦如之也王襃四子講德論云百姓征伀無所措其手足潛夫論救邊篇云乃復怔忪如前怔忪與征伀同怔忪者玉篇怔忪惶遽也遽謂惶遽也楚辭九章云衆駭遽以離心兮大招云魂乎歸徠不遽惕只

蕪、荾、薄、荒、瑕、葳也、

荾者、玉篇音亾乏切、草木蕪蔓也、集韻又亾咸切、荾字從艸、𡕸聲、𡕸音亾范反、各本作葼、俗字也、廣韻、𡕸俗作𡕸、薄義見卷三、薄、聚也、下、瑕者、惡之葳也、宣十五年左傳云、川澤納汚、山藪藏疾、瑾瑜匿瑕、國君含垢、

攠、抆、挸、抑、撨、拭也、

攠者、卷三云、攠、摩也、摩亦拭也、抆字亦作抿、楚辭九章云、孤子唫而抆淚兮、呂氏春秋長見篇云、吳起抿泣而應之、挸者、玉篇與擿同、拭面也、

劉、劌、鑯、剡、銳、銛、利也、

劌者、說文、劌、利傷也、聘義云、廉而不劌、莊子在宥篇云、廉劌彫琢、方言、凡草木刺人者、自關而東、或謂之劌、亦利之義也、鑯之言鑯也、卷四云、鑯、銳也、說文、鑯、銳也、貫也、釋器篇云、鑯謂之鏩、皆利之義也、剡者、爾

雅、剡、利也、說文云、銳、利也、小雅大田篇、以我覃耜、毛傳云、覃、利也、繫辭傳、剡木爲楫、剡木爲矢、釋文竝作掞、剡、掞、覃、古通用、銛者、說文、利、銛也、漢書賈誼傳、莫邪爲鈍兮、鉛刀爲銛、晉灼注云、世俗謂利爲銛徹、燕策云、彊弩在前、銛戈在後、史記蘇秦傳作銛、銛與銛通、說文、銛、臿屬、亦利之義也、

抓、撅、搗、搳、擿、搔也、

抓者、玉篇、抓、抓痒也、文選枚乘諫吳王書、夫十圍之木、始生如蘗、足可搔而絕、李善注引莊子逸篇云、豫章初生、可抓而絕、抓亦搔也、抓、各本訛作抓、今訂正、搗者、說文、搗、刮也、玉篇音公八口八二切、廣韻同、刮與搔同義、故說文云、搔、括也、刮、括古通用、案搗擷二字音義各別、搗音公八口八二反、刮也、字從手葛聲、擷音臘、又音獵、說文、理持也、字從手巤聲、諸書中擷字或作搗者、皆俗書之誤、猶伏臘之臘、俗作臈也、廣雅搗訓爲搔、當讀公八口八二反、曹憲讀與臘同、失之、集韻類篇擷搗二字竝音臘郎踵、曹憲之誤、考玉篇、廣韻搗字俱無臘音、今據以辨正、搳與搗聲相近、說文、搳、搗也、擿者、說文、擿、搔也、列子黃帝篇、指擿無痟癢、釋文云、擿、搔也、擿訓爲搔、故搔頭謂之擿、說文云、髖骨擿之可會髮者、鄘風君子偕老篇、象之揥也、毛傳云、揥所以摘髮也、釋文、摘本又作擿、正義云、以象骨搔首、因以爲飾、故云所以摘髮、擿、摘、揥、聲近義同、

餥、飵、餂、啖、嗞、饐、饎、滄、餔、啜、眥、餉、籑、茹、嘰、食也、

餥、飵、餂、饐、饎者、方言、餥、飵、食也、陳楚之內、相謁而食麥饘謂之餥、楚曰飵、凡陳楚之郊、南楚之外、相謁而餐、或曰飵、或曰餂、秦晉之際、河陰之間曰饐饎、此秦語也、說文與方言同、爾雅、餥、食也、飵、各本訛作飵、今訂正、方言注云、今關西人呼食欲飽爲饐饎、各本訛作饎、惟影宋本不訛、滄與餐同、籑者、論語爲政篇、有酒食、先生饌、馬融注云、饌、飲食也、饌與籑同、茹者、方言、茹、食也、吳越之間凡貪飲食者謂之茹、郭璞注云、今俗呼能麤食者爲茹、案大雅烝民篇云、柔則茹之、剛則吐之、是食謂之茹也、禮運云、飲其血、茹其毛、孟子盡心篇云、飯糗茹草、是食麤食者謂之茹也、麤與疏義相近、食麤食者謂之茹、故食菜亦謂之茹、食

菜謂之茹、故所食之菜亦謂之茹、莊子人閒世篇云、不茹葷、漢書董仲舒傳云、食於舍而茹葵、是食菜謂之茹也、食貨志云、菜茹有畦、七發云、秋黃之蘇、白露之茹、是所食之菜亦謂之茹也、嘰者、說文、嘰、小食也、漢書司馬相如傳、咀噍芝英兮嘰瓊華、張注云、嘰、小食也、說文、既、小食也、論語曰、不使勝食既、既與嘰古亦同聲、歸妹六五、月幾望、荀爽本幾作既、是其例矣、各本俱脫嘰字、酉陽雜俎酒食篇、餥、飵、餂、茹、嘰、食也、以下十條、皆本廣雅、今據補、

儽、疲、勞、懈、惰、怠、罷、嬾也、

各本皆作儽、疲、勞也、懈、惰、怠、罷、嬾也、案疲或作罷、罷訓爲勞、已見卷一、此卷內不當重見、考說文、玉篇、廣韻竝云、儽、嬾懈也、集韻云、或作儽、又唐釋湛然止觀輔行傳宏決卷二之一引倉頡篇云、疲、嬾也、周官大司寇以圜土聚教罷民、鄭注云、民不愍作勞、有似於罷、廣韻、罷、倦也、勞、倦也、倦與嬾同義、嬾、勞、儽、又一聲之轉、是儽、疲、勞、三字、皆與嬾同義、今訂正、罷者、說文、楚謂小兒嬾罷、

晻、薆、翳、薈、壅、蔽、障也。

晻、薆者、說文、晻、不明也。楚辭離騷、揚雲霓之晻藹兮、王逸注云、晻藹、猶蓊鬱、蔭貌也。說文、薆、蔽不見也。爾雅、薆、隱也。郭璞注云、謂隱蔽。方言、掩、翳、薆也。郭璞注云、謂薆蔽也。引邶風靜女篇、薆而不見、說文、僾、仿佛也。引詩、僾而不見、今詩作愛、方言疏證云、薆而猶隱然、而如若然、一聲之轉也。楚辭離騷云、衆薆然而蔽之、張衡南都賦云、晻曖蓊蔚、思元賦云、繽連翩兮紛暗曖、晻暗古通用、薆僾曖愛古通用、月令處必掩、鄭注云、掩猶隱翳也、掩與晻古亦同聲、晻各本訛作晻、今訂正。翳、薈者、方言又云、翳、掩也。楚語好縱過而翳諫、韋昭注云、翳、障也。說文、薈、草多皃。曹風候人篇薈兮蔚兮、毛傳云、薈蔚、雲興貌。孫子行軍篇軍行有險阻潢井葭葦山林翳薈者、魏武帝注云、翳薈者可屏蔽之處也。

繘、彌、厲、設、沓、縫、瀸、際、接、稽、交、合也。 連、

繘、彌者、上文云、繘、彌、縫也。方言、嗇、彌、合也。枚乘七發云、中若結轖、繘轖嗇竝通、魏風伐檀傳云、種之曰稼、

斂之曰穡、說文、轖、車籍交革也。急就篇、革轖髹漆油黑蒼、顏師古注云、革轖、車籍之交革也。廣韻、轖、車馬絡帶也。皆合之義也。方言又云、彌、縫也。繫辭傳云、故能彌綸天地之道、昭二年左傳、敢拜子之彌縫敝邑、杜預注云、彌縫猶補合也。厲者、方言、厲、合也。厲與連聲相近、故得訓爲合、周易正義序引世譜神農一曰連山氏、亦曰列山氏、祭法作厲山氏、是其例也。設者、禮器云、夫禮者、合於天時、設於地財、順於鬼神、合於人心、設亦合也。司馬法仁本篇亦云、先王之治、順天之道、設地之宜、沓者、開元占經順逆略例篇引巫咸云、諸合精相沓爲合、楚辭天問、天何所沓、王逸注云、沓、合也。王褒洞簫賦云、薄索合沓、又云、鶩合遝以詭譎、遝與沓通、說文、遝、迨也。玉篇云、迨、遝、行相及也。迨遝與合沓聲義亦同、稽者、呂刑、惟貌有稽、傳云、稽、有所考合、周官小宰聽師田以簡稽、鄭衆注云、稽猶計也、合也、儒行古人與稽、鄭注云、稽猶合也。衆經音義卷三卷十四竝引廣雅、連、合也。今本脫連字、

瀧、涿、露、霑、濡、澰、溺、淪、氾、濅、潤、瀸、漸、溓、漚、澆、灌、淳、沃、淙、溢、淋、灌、灓、澍、瀀、渥、浞、漬也。 洽、

瀧、涿者、說文、瀧、雨瀧瀧也。論衡自紀篇云、筆瀧漉而雨集、言潏淈而泉出、說文、涿、流下滴也。方言、瀧涿謂之霑漬。郭璞注云、瀧涿、猶瀨滯也。廣韻、瀧涑、霑漬也、荀子議兵篇、案角鹿埵隴種東籠而退耳。楊倞注云、東籠與涑瀧同、霑溼貌。瀧涿、瀨滯、瀧涑、鹿埵、隴種、東籠、皆語之轉也。露者、潤之漬也。說文、露、潤澤也。小雅白華篇云、露彼菅茅、晉語是先主覆露子也。韋昭注云、露、潤也。澰者、玉篇音离冄力驗二切、木華海賦南澰朱崖、李善注引廣雅、澰、漬也。氾者、淹之漬也。說文、氾、淹也。王逸注九歎云、淹、漬也。漢書武帝紀云、河水決濮陽、氾郡十六、方言、氾、洿也。自關而東或曰氾、亦漬之義也。濅與浸同、瀸與下漸字同、亦作湛、瀸亦浸也。說文、瀸、漬也。莊十七年公羊傳、齊人瀸于遂、瀸者何、瀸積也。釋文、積本又作漬、曲禮、四足曰漬、鄭注云、漬謂相瀸汙而死也。內則說八珍之漬云、湛諸美酒、注云、湛亦漬也。考工記鍾氏以朱湛丹秫、先鄭注云、湛、漬也。後鄭云、湛讀如漸車帷裳之漸、漚者、說文、漚、久漬也。今俗語猶呼久漬曰漚、陳風東門之池篇

云、可以漚麻、考工記㡛氏以涚水漚其絲、鄭注云、漚、漸也。楚人曰漚、齊人曰涹、澆、灌、淳、沃、淙、淋、灓、皆灌之漬也。說文、澆、沃也。灌、灌也。灌與灌同、淳讀若諄、士虞禮、淳尸盥、內則、淳熬、淳毋、考工記鍾氏、淳而漬之、周語、王乃淳濯饗醴、鄭韋注竝云、淳、沃也。淙、玉篇音在宗切、郭璞江賦云、淙大壑與沃焦、淙者、灌也、謂江水東流入海、灌大壑與沃焦也。李善注以淙爲水聲、失之、衆經音義卷二引三倉云、淋、漉水下也。說文、淋、以水沃也。一曰、淋淋、山水下也。玉篇云、雨淋淋下也。義竝相近、說文、灓、漏流也。漏、灓、淋、一聲之轉、呂氏春秋開春篇云、昔王季葬於渦山之尾、灓水嚙其墓、澍者、玉篇、澍、漬也、濡也。瀀、渥者、說文、瀀、澤多也。引詩小雅信南山篇、既瀀既渥、今本作優、說文、渥、霑也、邶風簡兮篇、赫如渥赭、毛傳云、渥、厚漬也、浞者、說文、浞、水濡皃也。信南山篇云、既霑既足、優渥語之轉、霑足亦語之轉、足與浞聲相近也、洽者、說文、洽、霑也、華嚴經卷四十二音義引廣雅、洽、漬也。今本脫洽字、

踏、蹠、蹈、跰、踊、躍、蹳、蹶、踈、踦、跳也、

踏、蹠、䠥、跳、䟡者，方言：踏、䠥、跳，跳也。楚曰䟡，陳鄭之間曰䠥，楚曰蹠，自關而西秦晉之間曰跳，或曰踏。說文蹠、䠥、跳三字，訓與方言同。張衡西京賦云：高掌遠蹠。䠥，亦躍也。楚辭九章云：願搖起而橫奔兮。王延壽夢賦云：羣行而奮搖，忽來到吾前。方言：遙，疾行也。遙與搖義竝相近。說文：趒，超特也。漢書禮樂志：體容與，迣萬里。如淳注云：迣，超踰也。史記樂書迣作跇。枚乘七發云：清升踰跇。揚雄羽獵賦云：亶觀夫剽禽之紲踰。趒、迣、跇、紲竝與䟡同。王褒洞簫賦：超騰踰曳。曳與䟡亦聲近義同。蹶者，說文：蹶，跳也，或作躝。玉篇音渠月、居月、居衛三切。越語云：蹶而趨之，唯恐弗及。呂氏春秋貴直篇云：狐援聞而蹶往過之。皆謂跳也。晏子春秋外篇云：猶倮而訾高橛者也。橛與蹶通。曲禮足毋蹶，鄭注云：蹶，行遽貌。義亦相近也。竦之言竦踊也。釋名：竦，從也，體支皆從引也。淮南子道應訓云：若士舉臂而竦身，遂入雲中。漢書揚雄傳云：翠虯絳螭之將登虖天，必聳身於蒼梧之淵。聳與竦通。

竢、眙、止、待、立，逗也。

竢、眙者，方言：竢、眙，逗也。南楚謂之竢，西秦謂之眙。逗，其通語也。郭璞注云：逗，即今住字也。楚辭離騷：忳鬱邑余侘傺兮。王逸注云：侘傺，失志貌。侘猶堂堂，立貌也；傺，住也。楚人名住曰傺。九章：欲儃佪以干傺兮。注云：傺，住也。方言注云：眙，謂住視也。說文：眙，直視也。九章云：思美人兮，擥涕而竚眙。劉逵注吳都賦云：佇眙，立視也。今市聚人謂之立眙。張載注魯靈光殿賦云：愕視曰眙。義竝同也。說文：佁，癡皃。漢書司馬相如傳：沛艾赳螑，仡以佁儗兮。張注云：佁儗，不前也。玉篇、廣韻眙、佁竝音丑吏切，義亦相近也。莊子山木篇云：侗乎其無識，儻乎其怠疑。怠疑與佁儗義亦相近。佁之言待也，止也。故不前謂之佁，不動亦謂之佁。呂氏春秋本生篇云：出則以車，入則以輦，務以自佚，命之曰佁蹷之機。高誘注云：佁，至也。蹷機，門內之位也。乘輦於宮中遊翔，至於入蹷機，故曰務以自佚也。案：佁蹷謂痿蹷不能行也。凡人過佚則血脈凝滯，骨幹痿弱，故有佁蹷不能行之病。是出車入輦即佁蹷之病所由來，故謂之佁蹷之機。枚乘七發云：出輿入輦，命曰蹷痿之機。是也。高注訓佁爲至，蹷機爲門內之位，皆失之。今本呂氏春秋作招蹷之機。案：李善注七發引作佁蹷。又引聲類：佁，嗣理切。集韻、類篇竝云：佁，象齒切，至也。呂氏春秋佁蹷之機，高誘讀，則舊本作佁明甚。今本作招者，後人不解佁字之義而妄改之耳。待之言跱也，義見下文崒、離、空、稗、臺，待也下。說文：逗，止也。各本逗訛作逼，惟影宋本不訛。

𥗼、裔、翫、隸、俗，習也。

𥗼、裔者，方言：𥗼、裔，習也。郭璞注云：謂玩習也。後漢書馮異傳：忸忲小利。李賢注云：忸忲猶慣習也，謂慣習前事而復爲之。爾雅釋言：狃，復也。詩大叔于田正義引孫炎注云：狃忲前事復爲也。釋詁釋文云：忲，張揖雜字音曳。說文：怈，習也。左傳桓十三年正義引說文作忲。魯公山不狃字子洩，亦取慣習之義。怈、洩、忲、裔竝字異而義同。

崒、離、空、稗、臺，待也。

待者，止也。爾雅云：止，待也。上文云：止、待，逗也。論語微子篇：齊景公待孔子。史記孔子世家作止孔子。魯語：

其誰云待之。說苑正諫篇作其誰能止之。是待與止同義。待之言時也。義見卷三時，止也下。崒、離者，方言：萃、離，時也。楚辭天問：北至回水萃何喜。王逸注云：萃，止也。萃與崒通，時與待通。離讀爲麗。宣十二年左傳注云：麗，著也。著亦止也。空者，方言：空，待也。鄭風大叔于田傳云：止馬曰控。義與空相近。稗讀爲脾。卷三云：脾，止也。臺亦待也。方俗語有輕重耳。

鬱悠、慎、靖、䁱、憛、憮、恁、侖、恖也。

鬱悠者，方言：鬱悠，思也。晉宋衛魯之間謂之鬱悠。鬱猶鬱鬱也；悠，猶悠悠也。楚辭九辯云：馮鬱鬱其何極。鄭風子衿篇云：悠悠我思。合言之則曰鬱悠。方言注云：鬱悠猶鬱陶也。凡經傳言鬱陶者，皆當讀如皋陶之陶。鬱陶、鬱悠古同聲。舊讀陶如陶冶之陶，失之也。閻氏百詩尚書古文疏證云：爾雅釋詁篇：鬱陶、繇，喜也。郭璞注引孟子曰：鬱陶思君。禮記曰：人喜則斯陶。邢昺疏引孟子趙氏注云：象見舜正在牀鼓琴，愕然反辭曰：我鬱陶思君故來。爾辭也。忸怩而慙，是其情也。又引下檀弓鄭注云：陶，鬱陶也。據此則象曰鬱陶思君爾乃喜而思見之辭故舜亦從而喜曰惟茲臣庶女其于予治孟子固已明言象喜亦喜蓋統括上二段情事其先言象憂亦憂特以引起下文非眞有象憂之事也因悉數諸書以鬱陶爲憂思之誤念孫案象曰鬱陶思君爾則鬱陶乃思之意非喜之意言我鬱陶思君是以來見非喜而思見之辭也孟子言象喜亦喜者象見舜而僞喜自述其鬱陶思舜之意故舜亦誠信而喜之非謂鬱陶爲喜也凡人相見而喜必自道其相思之切豈得卽謂其相思之切爲喜乎趙注云我鬱陶思君故來是趙意亦不以鬱陶爲喜史記五帝紀述象之言亦云我思舜正鬱陶又楚辭九辯云豈不鬱陶而思君兮則鬱陶爲思其義甚明與爾雅之訓爲喜者不同郭注以孟子證爾雅誤也閻氏必欲解鬱陶爲喜喜而思君爾甚爲不辭既不達於經義且以史記及各傳注爲非眞矣又案爾雅悠傷憂思也悠憂思三字同義故鬱悠既訓爲思又訓爲憂管子內業篇云憂鬱生疾是鬱爲憂也說文悠憂也小雅十月之交篇悠悠我里毛傳云悠悠憂也是悠爲憂也悠與陶古同聲小雅鼓鍾篇憂心且妯衆經音義卷十二引韓詩作憂心且陶是陶爲

憂也故廣雅釋言云陶憂也合言之則曰鬱陶九辯鬱陶而思君王逸注云憤念蓄積盈胷臆也魏文帝燕歌行云憂來思君不敢忘又云鬱陶思君未敢言皆以鬱陶爲憂凡一字兩訓而反覆旁通者若亂之爲治故之爲今擾之爲安臭之爲香不可悉數爾雅云鬱陶繇喜也又云繇憂也則繇字卽有憂喜二義鬱陶亦猶是也是故喜意未暢謂之鬱陶檀弓正義引何氏隱義云鬱陶懷喜未暢意是也憂思憤盈亦謂之鬱陶孟子楚辭史記所云是也暑氣蘊隆亦謂之鬱陶摯虞思游賦云戚溽暑之陶鬱兮余安能乎畱斯夏侯湛大暑賦云何太陽之赫曦乃鬱陶以興熱是也事雖不同而同爲鬱積之義故命名亦同閻氏謂憂喜不同名廣雅誤訓陶爲憂亦非也愼靖者方言靖愼思也東齊海岱之間曰靖秦晉或曰愼凡思之貌亦曰愼王制云凡聽五刑之訟必意論輕重之序愼測淺深之量以別之是愼爲思也爾雅靖謀也謀與思義相近微子云自靖人自獻于先王張衡思元賦潛服膺以永靖兮李善注引方言靖思也瞖者廣韻瞖閉目內思也各本譌作瞖今訂正方言愼瞖憂也廣雅釋訓云悇憛懷憂也憂與思同義故愼

瞖憛三字又訓爲思也恁者班固典引勤恁旅力蔡邕注云恁思也後漢書班固傳注引說文云恁念也爾雅諗念也小雅四牡篇云將母來諗諗恁念聲近義同侖者說文侖思也集韻引廣雅作倫說文倫欲知之皃大雅靈臺傳云論思也揚雄答劉歆書云方復論思詳悉班固兩都賦序云朝夕論思論倫竝與侖通

仳倠、娸、婄、儓、㕓、頪、須、噅、臛、睽、頦、顝、䫏、醜也、

仳倠者說文仳倠醜面也高誘注淮南子脩務訓云仳倠古之醜女楚辭九歎仳倠倚於彌楹王逸注與高誘同說文娸醜也娸與倠亦同義[illegible]義說文引杜林說娸醜也漢書枚皋傳詆娸東方朔顏師古注云詆毀也娸醜也列子仲尼篇若欺魄焉而不可與接張湛注云欺魄土人也[illegible]書作欺䫏人面醜也淮南子精神訓視毛嬙西施猶䫏醜也文選應璩與岑文瑜書注引[illegible]高誘注云倛魄請雨土人也說文䫏醜也今逐疫有䫏頭荀子非相篇面如蒙倛韓愈注云四目爲方相

兩目爲倛鄭注周官方相氏云冒熊皮者以驚敺疫癘之鬼如今魌頭也娸欺䫏倛魌五字[illegible]者方言儓㕓農夫之醜稱也南楚凡罵庸賤謂之田儓或謂之㕓郭璞注云俅儓駑鈍貌[illegible]廣雅釋言篇云駑駘也楚辭九辯云策駑駘而取路莊子德充符篇衞有惡人焉曰哀駘它李頤注云哀駘醜貌儓臺駘義竝相近昭七年左傳云僕臣臺孟子萬章篇蓋自是臺無餽也趙岐注云臺賤官主使令者賤與醜義亦相近故南楚罵庸賤[illegible]方言注云㕓丁健貌也亦賤人之稱也[illegible]儓惡也儓與頪同義須噅臛睽者淮南子脩務訓云啳睽哆噅蘧篨戚施雖粉白黛黑弗能爲美者嫫母仳倠也高誘注云啳睽哆噅蘧篨戚施[illegible]須哆臛啳竝通顝者說文顝大頭也亦醜之義也

閒、詠、諱、訾、誹、詆、傷、譖、謗、訴、辠、訕、諻也、

閒者方言閒非也襄十五年左傳且不敢閒正義云閒非也論語先進篇人不閒於其父母昆弟之言陳羣注云人不得有非閒之言也孟子離婁篇政不足閒也趙岐注云閒非也詠者方言詠愬也楚以南謂

之詠、郭璞注云、詠、謌亦通語也、楚辭離騷謠詠謂余以善淫、王逸注云、謠謂毁也、詠猶譖也、哀十七年左傳大子又使椓之、杜預注云、椓訴也、椓與詠通、毁與說通、諀訾者、玉篇、諀訾也、莊子列御寇篇呲其所不爲、郭象注云、呲、訾也、呲與諀同、衆經音義卷五引通俗文云、難可謂之諀訾、說文、敫、毁也、義亦與諀同、

鏊、鐇、𨨏、敤、椓、鍛、椎也、

鏊者、說文、鏊、羊箠也、端有箴、鐇者、後漢書杜篤傳鐇钁株林、李賢注引廣雅、鐇、椎也、𨨏者、廣韻、𨨏、椎𨨏田器、也、敤者、說文、敤、研治也、椓者、說文、椓、擊也、又云、敎、擊也、殺、椎擊物也、鄭注周官壺涿氏云、涿、擊之也、周南兔罝篇云、椓之丁丁、丁字竝與椓同、卷三云、敤、擊也、擊與椎同義、故敤椓二字又訓爲椎也、鍛者、說文、鍛、小冶也、徐鍇傳云、椎之而已、不銷、故曰小冶、李善注長笛賦引倉頡篇云、鍛、椎也、柴誓云、鍛乃戈矛、考工記攻金之工有段氏、段與鍛通、說文、段、椎物也、鄭注周官腒人云、薄析曰脯、棰之而施薑桂曰腶脩、鍛腶段義竝相近、

廣雅疏證　卷第二下　十六

台、既、抎、墜、逸、失也、

台既者、方言、台既、失也、宋魯之閒曰台、說文、駘、馬銜脫也、後漢書崔寔傳、馬駘其銜、駘與台聲義相近、抎者、說文、抎、有所失也、引成二年左傳抎子辱矣、今本作隕、墨子天志篇云、抎失社稷、齊策云、唯恐失抎之、抎與隕通、抎之言損也、損亦失也、大戴禮曾子立事篇云、戰戰唯恐失損之、逸者、縱之失也、說文、失、縱也、逸、失也、盤庚惟予一人有佚罰、周語引作逸、史記五帝本紀云、其軼乃時時見於他說、君奭遏佚前人光、漢書王莽傳作遏失、周語云、淫失其身、逸佚軼失竝通、

行、隊、戾、棘、設、鋪、田、神、列、陳也、肆、

戾者、爾雅、矢、陳也、釋文作戾、大雅卷阿篇、以矢其音、春秋隱五年、公矢魚于棠、矢與戾通、棘者、楚辭天問啟棘賓商、王逸注云、棘、陳也、田者、說文、田、陳也、古者田甸陳同聲、小雅信南山篇云、信彼南山、維禹甸之、畇畇原隰、曾孫田之、周官稍人注云、甸讀與維禹敶之之敶同、豳風東山釋文云、案陳完奔齊、以國爲氏、

而史記謂之田氏、是古田陳聲同、信南山篇又云、我疆我理、南東其畝、此即說文訓田爲陳之義也、神者、卷一云、神、引也、爾雅、引、陳也、神陳引古聲亦相近、肆者、說文、肆、極陳也、大雅行葦篇、或肆之筵、鄉飲酒禮設篚于禁南東肆、毛傳鄭注竝云、肆、陳也、周官內宰云、佐后立市、正其肆、小胥云、凡縣鍾磬、半爲堵、全爲肆、皆陳列之義也、衆經音義卷六引廣雅、肆、陳也、今本脫肆字、

嫽、誂、透、揥、嬈也、

誂者、說文、嬥、嬈也、晉語云、公令韓簡挑戰、史記項羽紀集解引薛瓚云、挑戰、擿嬈敵求戰也、昭十九年左傳云、城州來以挑吳、說文、挑、撓也、一曰摷、爭也、誂挑嬥竝通、透者、方言、透、驚也、宋衞南楚凡相驚曰透、左思吳都賦云、驚透沸亂、是煩嬈之義也、揥讀爲擿、曹憲音帝、誤也、衆經音義卷六卷二十三引廣雅竝作擿、擿卽史記集解所云擿嬈也、亦通作摘、後漢書隗囂傳、西侵羌戎、東摘濊貊、李賢注云、摘、擾也、嬈者、說文、嬈、苛也、一曰擾戲弄也、一曰嬥也、衆經音義卷四引三倉云、嬈、弄也、煩也、淮南子原道訓、其魂不躁、其

廣雅疏證　卷第二下　十七

神不嬈、漢書鼂錯傳、除苛解嬈、高誘文穎注竝云、嬈、煩嬈也、魏策云、今韓受兵三年矣、秦撓之以講、韓知亾猶弗聽、嵇康與山巨源絕交書、足下若嬲之不置、李善注云、嬲、擿嬈也、音義竝與嬈同、各本皆作嫽誂透揥嬈戲也、案戲字自在下條、與此各不相涉、校書者以嬈字有擾戲之義、遂移入戲字耳、不知此條嫽誂透擿嬈五字皆煩嬈之義、不得訓爲戲、考方言說文、誂訓爲嬈、透訓爲驚、嬈訓爲苛、皆是煩嬈之義、故廣雅云、嫽誂透擿嬈也、卷三云、嬉愓嬉劮遊敖契、戲也、戲義自見卷三、不當於此卷內重出、後人改訓爲戲、不思之甚也、集韻類篇、揥、戲也、又引廣雅、透、戲也、則宋時廣雅本已然、然考衆經音義卷六卷二十三竝引廣雅、嫽誂擿嬈也、卷二十又引廣雅、透、嬈也、則唐初本原無戲字、今據以訂正、餘見下條、

戲、歇、漏、泄也、

戲歇者、方言、戲、泄、歇也、楚謂之戲泄、說文、歇、氣越泄也、高誘注淮南子精神訓云、歇讀精神歇越之歇、後人不知戲訓爲泄本出方言、遂移戲字入上條、今訂正、

謇極軋歰吃也、

謇極軋歰者、方言、謇極、吃也、楚語也、或謂之軋、或謂之歰、蹇象傳云、蹇、難也、說文、吃、言蹇難也、衆經音義卷一引通俗文云、言不通利、謂之謇吃、列子力命篇、謇極淩誶、張湛注云、謇極、訥澀之貌、謇謇、蹇古通用、極極古通用、澀與歰同、方言注云、軋軋不利也、史記律書云、乙者言萬物生軋軋也、說文云、乙象春草木冤曲而出、陰氣尚彊、其出乙乙也、李善注文賦云、乙乙、難出之貌、乙與軋通、方言注云、歰語歰難也、說文、歰、不滑也、楚辭七諫云、言語訥歰、難謂之蹇、亦謂之歰、口吃謂之歰、亦謂之謇、其義一也、

悲悠悼惄悴愁慼感痛嘆慯傷也、愴

悠者、爾雅、悠、傷、憂、思也、郭璞注云、皆感思也、說文、悠、憂也、小雅十月之交篇、悠悠我里、毛傳云、悠悠、憂也、憂與傷義相近、慯與傷通、悼惄悴愁者、方言、悼、惄、悴、愁、傷也、自關而東汝潁陳楚之閒通語也、汝謂之惄、秦謂之悼、宋謂之悴、楚潁之閒謂之愁、又云、齊宋之閒或謂痛爲惄、小雅小弁篇云、我心憂傷、惄焉如擣、

李善注歎逝賦引倉頡篇云、悴、憂也、小雅雨無正篇云、憯憯日瘁、瘁與悴通、慯者、鄭注喪服云、慯者、男女未冠笄而死、可傷者也、釋名云、慯、傷也、可哀傷也、逸周書謚法解云、短折不成曰慯、愴者、說文、愴、傷也、祭義云、必有悽愴之心、問喪云、心悵焉愴焉、衆經音義卷二十三引廣雅、愴、傷也、今本脫愴字、

逞苦憭曉恔快也、

逞苦憭曉恔者、方言、逞、苦、了、快也、自山而東或曰逞、楚曰苦、秦曰了、又云、逞、曉、恔、苦、快也、自關而東或曰曉、或曰逞、江淮陳楚之閒曰逞、宋鄭周洛韓魏之閒曰苦、東齊海岱之閒曰恔、自關而西曰快、春秋桓公六年左傳、今民餒而君逞欲、杜預注云、逞、快也、逞訓爲快、又有急疾之意、方言云、逞、疾也、楚曰逞、今俗語猶謂疾爲快矣、苦亦疾也、淮南子道應訓、斲輪大疾、則苦而不入、大徐則甘而不固、高誘注云、苦、急意也、甘、緩意也、憭、曉、皆明快之義、憭、卽方言了字也、說文、憭、慧也、方言、南楚病愈者、或謂之慧、或謂之憭、郭璞注云、慧憭皆意精明、是快之義也、各本俱脫憭字、集韻類篇並云、憭、快也、衆經音義卷二十引廣雅、逞、憭、曉、快也、今據以補正、說文、曉、明也、樂記、蟄蟲昭蘇、鄭注云、昭、曉也、蟄蟲以發出爲曉、更息曰蘇、是快之義也、玉篇、恔、胡交切、快也、廣韻又胡教切、孟子公孫丑篇、於人心獨無恔乎、趙岐注云、恔、快也、恔與佼同、玉篇廣韻、恔音吉了切、說文、恔、憭也、亦明快之義也、

梗劌棘傷茦刺壯箴也、

梗劌棘傷茦刺壯者、方言、凡草木刺人者、北燕朝鮮之閒謂之茦、或謂之壯、自關而東或謂之梗、或謂之劌、自關而西謂之刺、江湘之閒謂之棘、郭璞注云、梗、今之梗榆也、說文、梗、山枌榆、有朿、朿音刺、說文又云、鯁、魚骨也、骾、食骨留嗌中也、晉語云、小鯁可以小戕而不能喪國、梗、鯁、骾義並相近、說文、劌、利傷也、聘義及老子並云、廉而不劌、鄭、王注云、劌、傷也、齊策云、今雖干將莫邪、非得人力、則不能割劌矣、說文、棘、小棗叢生者、從並朿、爾雅云、終、牛棘、中山經、大苦之山有草焉、其狀葉如榆、方莖而蒼傷、其名曰牛傷、郭璞注云、猶言牛棘、西山經、浮山多盼木、枳葉而無傷、注云、傷、枳刺鍼也、能傷人、故名云、是古謂箴爲傷也、茦、刺、

聲相近、爾雅、茦、刺、郭璞注云、草刺鍼也、鍼、針、並與箴同、茦各本譌作䇲、惟影宋本皇甫本不譌、卷一云、鍼、刺也、說文、莿、茦也、朿、木芒也、刺、直傷也、並字異而義同、壯之言創也、義見卷四壯創傷也下、

清𨣧湑浚滰潷笮篘灑釃盝也、

清者、漉酒而清出其汁也、周官酒正、辨四飲之物、一曰清、鄭注云、清、謂醴之泲者、內則、稻醴清糟、鄭注云、清、泲也、𨣧與泲同、亦通作齊、鄒陽酒賦云、且筐且漉、載𨣧載齊、𨣧之言擠也、玉篇、𨣧、手出其汁也、廣韻云、手搦酒也、湑浚者、說文、湑、茜酒也、一曰浚也、鄭興注周官甸師云、茜讀爲縮、束茅立之祭前、沃酒其上、酒滲下去、若神飲之、故謂之縮、縮、浚也、故齊桓公責楚不貢苞茅、王祭不共、無以縮酒、小雅伐木篇、有酒湑我、毛傳云、湑、茜之也、釋文云、茜與左傳縮酒同義、謂以茅泲之而去其糟也、大雅鳧鷖篇、爾酒既湑、鄭箋云、湑、酒之泲者也、士冠禮、旨酒既湑、鄭注云、湑、清也、說文、浚、抒也、大雅生民釋文引倉頡篇云、抒、取出也、襄二十四年左傳、毋寧使人謂子子實生我、而謂子浚我以生乎、杜預注云、浚、取也、浚與浚酒之浚同義、

浚湑縮一聲之轉皆謂漉取之也滰者說文滰浚乾漬米也引孟子孔子去齊滰淅而行今本滰作接所見本異也滰之言竟謂漉乾之也今俗語猶謂漉乾漬米爲滰乾矣潷之言逼謂逼取其汁也玉篇潷笮去汁也衆經音義卷五引通俗文云去汁曰潷又云江南言逼義同也今俗語猶云潷米湯矣笮者壓笮出其汁也玉篇音仄作切云笮酒也廣韻云醡壓酒具也榨打油具也竝出證俗文後漢書耿恭傳笮馬糞汁而飲之李賢注云笮謂壓笮也嵇康聲無哀樂論云猶簁酒之囊漉雖笮具不同而酒味不變也笮醡榨竝同義今俗語猶云笮酒笮油矣漆者說文漆順流也爾雅漆盝也郭璞注云漉漉出涎沫也盝漉竝與盪同濾者說文濾釃酒也一曰浚也釃者說文釃下酒也徐鍇傳云釃猶籭也籭取之也詩伐木篇釃酒有藇毛傳云以筐曰釃以藪曰湑正義云筐竹器也藪草也後漢書馬援傳擊牛釃酒李賢注云釃猶濾也濾漉一聲之轉釃與籭同說文籭竹器也可以取粗去細義與籭亦相近

侏儒、𥎊𥏶、𥎪、䂽、矬、癠、鴜、痔、府、旋、矲、黜、紹、孑、孓、升，短也　屆

侏儒者晉語侏儒不可使援韋昭注云侏儒短人也襄四年左傳朱儒是使朱與侏通𥎊𥏶者玉篇𥎊𥏶短小皃𥎪䂽各本訛作䂽𥎪玉篇廣韻竝云𥎪䂽短小皃集韻引廣雅𥎪䂽短也今據以訂正褚少孫續日者傳卑疵而前孅趨而言謂自卑以諂人義與𥎪䂽相近也釋木篇云木下枝謂之椑柴椑柴與𥎪䂽聲義亦相近矬者衆經音義卷二引通俗文云侏儒曰矬釋言篇云痔痤也痤與矬同曲禮介者不拜爲其拜而蓌拜釋文云蓌挫也義與痤相近凡短與小同義故短謂之痤小亦謂之痤說文痤小腫也一曰族累病桓六年左傳謂其不疾瘯蠡也正義云瘯蠡畜之小病瘯蠡與族累同急言之則爲痤矣衆經音義卷十六引聲類云銼鑹小釜也爾雅釋木痤接慮李郭璞注云今之麥李齊民要術引廣志云麥李細小麥李細小故有接慮之名急言之亦近於痤故又謂之痤接慮族累銼鑹皆語之轉耳癠鴜府矲者方言鴜矲短也江湘之會謂之鴜凡物生而不長大亦謂之鴜又曰癠桂林之中謂短矲矲通語也東陽之閒謂之府郭璞注云今俗呼小爲癠音薺菜案癠亦菜之小者故又謂之靡草月令靡草死鄭引舊說云靡草薺亭歷之屬正義云以其枝葉靡細故云靡草是也癠亦通作濟襄二十八年左傳濟澤之阿行潦之蘋藻寘諸宗室季蘭尸之敬也濟澤小澤也若言澗谿沼沚之毛蘋蘩蕰藻之菜可薦於鬼神可羞於王公耳正義乃釋濟爲江淮河濟之濟失其義矣方言鴜字或作呰說文呰窳也漢書地理志呰窳媮生如淳注云呰音紫顏師古注云呰短也窳弱也言短力弱材不能勤作也史記貨殖傳呰作呰鴜呰竝通方言注云府言俯視之也說文府俛病也方言注云矲言矲䂙也廣韻矲䂙短也說文𤰞短人立𤰞𤰞皃周官典同陂聲散鄭與注云陂讀爲人短罷之罷司弓矢痹矢鄭衆注云痹讀爲人罷短之罷罷𤰞竝與矲通爾雅犤牛注云犤牛庳小說文猈短脛狗也義亦與矲同矲鴜與𤰞䂽聲亦相近也痔即今矮字也玉篇音於綺於解二切釋言篇云痔痤也旋者方言旋短也注云便旋庳小貌也爾雅還味棯棗注云還味短味也義與旋同黜者方言黜短也注云蹶黜短小貌也玉篇音知劣切云吳人呼短物也又云黜短也莊子秋水篇遙而不悶掇而不跂郭象注云遙長也掇猶短也淮南子人間訓聖人之思脩愚人之思叕高誘注云叕短也竝字異而義同說文窡短面也廣韻顡頭短也衆經音義卷四引聲類云惙短氣皃義亦與黜同今俗語謂短見爲拙見義亦同也黜與侏儒語之轉也故短謂之侏儒又謂之黜梁上短柱謂之棳又謂之侏儒又謂之棳儒蜘蛛謂之蝃又謂之蝃蝥又謂之侏儒爾雅梁上楹謂之棳釋文棳本或作梲雜記山節而藻梲鄭注云梲侏儒柱也釋名云棳儒梁上短柱也棳儒猶侏儒短故以名之也方言云鼅鼄鼄蝥也自關而西秦晉之閒謂之鼄蝥自關而東趙魏之郊謂之鼅鼄或謂之蠾蝓蠾蝓者侏儒語之轉也注云今江東呼蝃蝥音棳玉篇云蝃蝥鼅也蓋凡物形之短者其命名即相似故屢變其物而不易其名也紹者玉篇紹犬短尾也字亦作刁俗作刁晉書張天錫傳韓博嘲刁彝云短尾者爲刁是也說文䙌短衣也玉篇音丁了切廣韻又音貂方言云無緣之斗謂之刁斗義竝與紹同衞風河廣篇曾不容刀鄭箋云小船曰刀釋名船三百斛曰䑠䑠貂也貂短也江南所名短而廣安不傾危者也亦聲近而義同初學記引論語摘衰聖云鳳有九苞六曰冠短周七日距銳鉤周亦短也周與紹聲近義同宋

均注云、周當作朱、朱色也、失之、孑孑者、說文孑無右臂也、孓無左臂也、皆短之義也、短與小同義、故井中小蟲亦謂之孑孓、釋蟲篇云、孑孓、蜎也、爾雅蜎蠉注云、井中小蛣蟩赤蟲、一名孑孓、孑孓與蛣蟩聲義並同、孑之言孑然小也、釋名云、盾狹而短者曰孑盾、孑、小稱也、孓之言蹷也、漢書王莽傳莽爲人侈口蹷顄、顏師古注云、蹷短也、方言注云、蹶貀短小貌也、凡物之直而短者謂之蹶、或謂之貀、列子黃帝篇吾處身也若厥株駒、張湛引崔譔莊子注云、厥株駒、斷樹也、釋文云、厥說文作氒、木本也、株駒亦枯樹本也、又爾雅檝謂之杙、注云、橜也、又橜謂之闑、注云、門闑也、玉藻正義云、闑謂門之中央所豎短木也、蹶厥橜氒並同聲、蹶與貀聲又相近、木本謂之氒、杙謂之橜、門闑謂之橜、梁上柱謂之棳、皆木形之直而短者也、故蔡邕短人賦云、木門閫兮梁上柱、視短人兮形如許矣、又案說文蟨鼠也、一曰西方有獸、前足短、與蛩蛩巨虛比、其名謂之蟨、字亦作蹶、淮南子道應訓北方有獸、其名曰蹶、鼠前而兔後、趨則頓、走則顛、高誘注云、鼠前足短、兔後足長、故謂之蹶、蹶與貀聲相近、合之則爲蹶貀、轉之則爲孑孓、故短貌謂之蹶貀、獸前足短謂之蹶、頭短謂之顡、無左右臂謂之孑孓、其義並相通也、屈音九勿渠勿二反、衆經音義十二引許愼淮南子注云、屈短也、史記天官書白虹屈短、集解引韋昭漢書注云、短而直也、屈與屈同、說文屈無尾也、玉篇云、短尾也、高誘注淮南子原道訓云、屈讀秋鷄無尾屈之屈、韓非子說林篇云、鳥有周周者、重首而屈尾、爾雅鶌鳩鶻鵃、郭璞注云、似山鵲而小短尾、集韻引埤倉云、屈短尾犬也、屈屈屈鶌並同義、今江淮閒猶呼鳥獸之短尾者爲屈尾、說文崛山短高也、廣韻襦、短衣也、方言云、自關而西秦晉之閒無緣之衣謂之裗襦、義亦與屈同、短尾犬謂之才、亦謂之屈、短衣謂之褐、亦謂之襦、無緣之斗謂之才斗、無緣之衣謂之裗襦、其義並相通也、集韻類篇並引廣雅屈短也、今本脫屈字、

廣雅疏證　卷第二下　卅二

拲、拱、銾、董、固也、

拲者、豳風破斧篇、四國是遒、毛傳云、遒、固也、廣韻拲遒並卽由切、聲同義亦同也、拱者、爾雅鞏固也、革初九云、鞏用黃牛之革、大雅瞻卬篇云、無不克鞏、鞏與拱通、爾雅拱執也、執與固義相近、故遯六二云、執之用黃牛之革、傳云、執用黃牛、固志也、是革遯二卦之取象同、其義亦同矣、逸周書謚法解云、執事堅固曰恭、恭與拱亦聲近義同、

銾董者、方言銾董固也、

懸朴、盬雜、趚、屎、造、棐、突、暴、暫、猝也、

懸朴者、方言懸朴猝也、郭璞注云、謂急速也、案今俗語狀聲響之急速者曰懸朴、是其義也、盬雜者、方言盬雜猝也、盬且也、玉篇盬倉猝也、姑也、凡言姑且者皆倉猝不及細審之意、故云猝也、盬各本訛作監、今訂正、趚、屎、一字也、說文趚倉卒也、卒與猝同、趚之言造次也、玉藻云、造受命於君前、則書於笏、論語里仁篇、造次必於是、鄭注云、造次、倉卒也、倉卒造次、語之轉、造次趚古同聲、故廣雅趚造二字並訓爲猝也、案趚從走朿聲、倉卒也、音七咨反、與趚字異、趚從走市聲、廣韻與跡同、行皃也、音步末反、廣雅趚訓爲猝、當音七咨反、曹憲又音步末反、失之、棐突者、方言棐卒也、江湘之閒凡卒相見謂之棐相見、或曰突、說文突、犬從穴中暫出也、一曰匪突也、匪與棐同、暴義見卷一暴疾也下、

廣雅疏證　卷第二下　卅三

陠、奊、頓、倪、菲、佊、敧、陂、陀、傾、畸、戲、偏、俄、迤、阿、阪、哨、回、哇、垐、剌、險、阻、頗、隤、徑、夕、蕭、頲、衺也、

陠者、玉篇陠衺也、宋玉神女賦晡夕之後、李善注云、晡、日昳時也、亦衺之義也、奊者、說文奊頭衺骫奊態也、又云、骫骨耑骫奊也、頓倪者、衆經音義卷二云、俾倪、三倉作頓倪、玉篇匹米吾禮二切、集韻又匹計研計二切、衆經音義卷八引倉頡篇云、頓、不正也、說文頓傾首也、又云、睨衺視也、中庸云、睨而視之、睨與倪同義、莊子天下篇云、日方中方睨、是日斜亦謂之睨也、爾雅龜左倪不類、右倪不若、郭璞注云、左倪、行頭左庳、右倪、行頭右庳、庳與倪皆衺也、史記灌夫傳辟倪兩宮閒、索隱引埤倉云、睥睨、邪視也、釋名云、城上垣曰睥睨、言於其孔中睥睨非常也、古今注云、漢謂曲蓋爲輔輗、蓋是凡言頓倪者、皆衺之義也、邪斜並與衺同、乖者、說文乖戾也、戾亦衺也、佊者、玉篇音陂、髮切、廣韻又音彼、引埤倉云、佊、邪也、又引論語子西佊哉、今論語作彼、馬融注云、彼哉彼哉、言無足稱也、與廣韻所引異義、案彼字讀偏佊之佊、於義爲長、廣

韻所引當是鄭王虞諸人說也方言陂邪也陳楚荆揚曰陂泰九三无平不陂虞翻注云陂傾也詩序無險詖私謁之心崔靈恩注云險詖不正也竝字異而義同敧者說文敧㞩也又云𠑹衺也又云韋相背也獸皮之韋可以束枉㞩相違背故借以爲皮韋堯典說共工之行云靜言庸違史記五帝紀云共工善言其用僻正義云僻邪也文十八年左傳作靖譖庸回杜預注云回邪也大雅大明傳云回違也義竝與敧同爾雅婦人之禕謂之縭注云禕邪交落帶繫於體因名爲禕義亦與敧同陂陀者爾雅陂者曰阪注云陂陀不平漢書司馬相如傳罷池陂陁下屬江河郭璞注云言旁穨也陁與陀同畸者周官宮正奇衺之民鄭注云奇衺譎觚非常也曲禮國君不乘奇車盧植注云奇車不如法之車也管子版法篇云植固不動倚邪乃恐畸奇倚竝通奇衺猶敧衺語之轉耳說文畸殘田也亦田形之不正者也戲讀爲險巇之巇楚辭七諫何周道之平易兮然蕪穢而險戲王逸注云險戲猶言傾危也王襃洞簫賦云又似流波泡溲泛捷趨巇道兮巇與戲通險戲一聲之轉故俱訓爲衺也俄頰一字也說文俄行頃也頃與傾同小雅賓

之初筵篇側弁之俄鄭箋云俄傾貌張衡歸田賦曜靈俄景李善注云俄斜也古者俄義同聲故俄或通作義多方云乃惟以爾多方之義民不克永于多享義與俄同衺也衺民卽上文所云有夏之民叨懫也以用也言桀用傾衺之民故不克永于多享下二句云惟夏之恭多士大不克明保享于民正謂此也立政云謀面用丕訓德則乃宅人茲乃三宅無義民義亦與俄同言謀面既大順於德然後居賢人於官而任之則三宅皆無傾衺之民也呂刑云鴟義姦宄奪攘矯虔義字亦是傾衺之意○解者皆失之昭○三十一年左傳不爲利回不爲義疚義亦衺也不爲義疚猶言不爲利疚耳解者亦失之迤者說文迤衺行也玉篇音余紙切禹貢東迤北會于匯馬融注云迤靡也考工記戈柲六尺有六寸旣建而迤鄭衆注云迤讀爲倚移從風之移謂著戈於車邪倚也孟子離婁篇施從良人之所之趙岐注云施者邪施而行丁公著音迤爾雅邐迤沙邱注云旁行連延子虛賦登降陁靡司馬彪注云陁靡邪靡也竝字異而義同玉藻疾趨則欲發而手足毋移鄭注云移之言靡迤也毋移欲其直且正孟子梁惠王篇放辟邪侈丁本作邪移

移與迤古亦同聲故鄭衆讀迤爲移矣阿者商頌長發箋云阿倚也爾雅云偏高阿邱衞風考槃傳云曲陵曰阿皆衺之義也阿與奇衺之奇聲亦相近阪者說文陂者曰阪一曰澤障一曰山脅也呂氏春秋正月紀善相邱陵阪險原隰高誘注云阪險傾危也䏡者說文䏡不容也考工記梓人大胷燿後鄭注云燿讀爲䏡頃小也馬融廣成頌作大匈䏡後投壺某有枉矢䏡壺鄭注云枉䏡不正貌大戴作䏡同回者小雅鼓鍾篇其德不回毛傳云回邪也哇者法言吾子篇中正則雅多哇則鄭李善注東京賦引李軌注云哇邪也漢書王莽傳贊紫色䵷聲應劭注云䵷邪音也敘傳云淫䵷而不可聽䵷與哇通差者說文差貳○也差不相值也是衺出之義也大戴禮保傅篇云立而不跛坐而不差淮南子本經訓衣無隅差之削高誘注云隅角也差邪也皆全幅爲衣裳無有邪角也說文槎衺斫也槎與差聲義亦相近刺者說文刺戾也淮南子脩務訓琴或撥刺枉橈高誘注云撥刺不正也楚辭七諫吾獨乖刺而無當兮注云刺邪也鹽鐵論申韓篇云若檃栝輔檠之正弧刺也刺各本訛作剌今訂正險之言險巇阻之言齟齬隤之言摧隤

皆傾衺之義也○宋玉高唐賦云傾崎崖隤徑者祭義道而不徑鄭注云徑步邪趨疾也老子云大道甚夷而民好徑夕者呂氏春秋明理篇云是正坐於夕室也其所謂正乃不正矣高誘注云言其室邪夕不正晏子春秋雜篇云景公新成柏寢之臺使師開鼓琴師開左撫宮右彈商曰室夕公曰何以知之對曰東方之聲薄西方之聲揚案此言室之偏向西也西衺夕一聲之轉故日衺日西總謂之夕周官大司徒云日東則景夕多風是也神女賦云晡夕之後夕與晡皆有衺義晡與㬳同聲故廣雅㬳夕二字俱訓爲衺也蕭之言蕭梢衺出之貌也曲禮凡遺人弓者右手執簫鄭注云簫弭頭也謂之簫簫邪也正義云弓頭稍剡差邪似簫故謂爲簫也釋名云弓末曰簫言簫梢也蓺文類聚引作言簫邪也說文簫參差管樂象鳳之翼是凡言蕭者皆衺之義也

詾、讙、詒、諼、謬、遁、嚜、尿、懰、㤔、謾、譠、猶、譎、詐、僞、謏、膠、誣、註、訛、調、突、虞，欺也。詆詭詒者，說文：詒，相欺詒也。列子黃帝篇云：既而狎侮欺詒。僖元年穀梁傳：惡公子之紿。范甯注云：紿，欺紿也。紿與詒通。譺者，說文：譺，詐也。文三年公羊傳：爲譺也。何休注云：譺，詐也。漢書藝文志云：向詐譺而棄其信。謬者，爾雅序釋文引方言云：謬，詐也。列子天瑞篇云：向氏以國氏之謬己也，往而怨之。逌者，賈子過秦篇云：姦僞竝起而上下相遁。淮南子脩務訓：審於形者不可遁以狀。高誘注云：遁，欺也。遁與逌同。嚜屎者，方言：嚜屎，猶也。江湘之閒，凡小兒多詐而猶謂之嚜屎。列子力命篇云：墨屎、單至。墨與嚜通。屎各本譌作尿，惟影宋本不譌。憻忚、謾譠者，集韻、類篇引此謾譠作譠謾。方言云：眠娗、脈蜴、賜施、茭媞、譠謾、憻忚，皆欺謾之語也。楚郢以南東揚之郊通語也。郭璞注云：六者亦中國相輕易蚩弄之言也。廣雅釋訓篇云：憻忚，欺慢也。忚與他同，慢與謾同。說文：謾，欺也。韓子守道篇云：所以使衆人不相謾也。賈子道術篇云：反信爲慢。譠之言誕也，合言之則曰譠謾，倒言之則曰謾譠。譠猶謾誕。韓詩外傳云：謾誕者趨禍之路，是也。倒之則曰誕謾。史記龜策傳云：人或忠信而不如誕謾，是也。眠娗亦謾譠也，方俗語有侈弇耳。猶者，方言：獻，詐也。獻與猶同。譎、詐、膠者，方言：膠、譎，詐也。涼州西南之閒曰膠，自關而東西或曰譎，或曰膠。詐，通語也。左思魏都賦：牽膠言而踰侈。張載注引李尤書云：言語辯聰之說，而不度於義者，謂之膠言。李善注引廣雅：膠，欺也。譨者，玉篇：譨，欺也。廣韻：嘆，口嘆也。嘆與譨義相近。詿者，說文：詿，誤也。誤亦欺也。韓策云：詿誤人主。漢書息夫躬傳云：虛造詐譨之策，欲以詿誤朝廷。詑者，說文：沇州謂欺曰詑。燕策云：寡人甚不喜詑者言也。詑與訑同。今江淮閒猶謂欺曰詑，是古之遺語也。詑亦謾也。合言之則曰詑謾。楚辭九章云：或訑謾而不疑，是也。倒言之則曰謾詑。淮南子說山訓云：媒但者非學謾他，是也。他與訑通。謾詑與謾誕，又一聲之轉矣。譎者，潛夫論浮侈篇云：事口舌而習調欺。突者，荀子榮辱篇云：陶誕突盜，惕悍憍暴，以偷生反側於亂世之閒。陶誕、突盜，皆謂詐欺也。賈子時變篇云：欺突伯父。虞者，淮南子繆稱訓引屯六三：即鹿無虞。高誘注云：虞，欺也。魏志王粲傳：陳琳諫何進曰：易稱即鹿無虞，諺有掩目捕雀。夫微物尚不可欺以得志，況國之大事，其可以詐立乎。高誘、陳琳皆以無虞爲無欺，蓋漢時師說如此。宣十五年左傳：我無爾詐，爾無我虞。謂兩不相欺也。虞與詿誤之誤，古聲義竝同。逸周書官人解：營之以物而不誤。大戴禮作虞，是其證矣。詆者，衆經音義卷十二引倉頡篇云：詆，欺也。漢書哀帝紀：除誹謗詆欺法。刑法志：詆欺文致微細之法。顏師古注竝云：詆，誣也。詭者，衆經音義卷十四引三倉云：詭，譎也。又卷十一引廣雅：詆，欺也。卷十四、十七、二十一、二十二、二十三竝引廣雅：詭，欺也。今本脫詆、詭二字。

葴、飭、戒、福、晐、具，備也。

葴、飭、戒者，方言：葴、敕、戒，備也。文十七年左傳：寡君又朝以葴陳事。賈逵注云：葴，勑也。說文：敕，誡也。誡，敕也。鄭注曾子問云：戒，猶備也。飭、勑、敕古通用，戒、誡古通用。福者，說文：福，備也。祭統云：福者，備也。備者，百順之名也。郊特牲云：富也者，福也。釋名云：福，富也。其中多品如富者也。曲禮注云：富之言備也。福、富、備，古聲義竝同。晐與該通。各本譌作胲。釋言篇云：備、晐，咸也。說文：晐，兼晐也。吳語：一介嫡女，執箕箒以晐姓於王宮。韋昭注云：晐，備也。今據以訂正。

𦚢、枘、肄、枿，餘也。

𦚢者，說文：㱚，禽獸所食餘也。從歺從肉。又云：歺，刿骨之殘也。𦚢、㱚、殘竝通。歺與枘聲義亦同。枘各本譌作柄，今訂正。枘、肄、枿皆木之再生者也。衆經音義卷十一云：枘，乃困反。引通俗文云：枘，再生也。爾雅：枿，餘也。方言云：陳鄭之閒曰枿，秦晉之閒曰肄。周南汝墳篇：伐其條肄。毛傳云：肄，餘也。斬而復生曰肄。襄二十九年左傳：晉國不恤周宗之闕，而夏肄是屏。杜預注云：肄，餘也。字通作肆。玉藻：肆束及帶。鄭注云：肆讀爲肄。肄，餘也。枿即萌蘖之蘖。盤庚：若顛木之有由蘖。釋文：蘖本又作枿，引馬融注云：顛木而肄生曰枿。枿、肄語之轉耳。

俜、侹、遊、挑，俠也。

俜者，說文：甹，俠也。三輔謂輕財者爲甹。又云：俜，俠也。俜與甹同。遊即所謂游俠也。漢紀游俠論云：立氣勢，作威福，結私交，以立彊於世者，謂之游俠。游與遊同。挑者，廣韻：挑，輕也。輕與俠同義。高誘注淮南子說山

訓云、俠、輕也、漢書趙廣漢傳云、閭里輕俠、是也、

敢、悍、惈、敢、武、伦、勇也、

悍者、說文、悍、勇也、大戴禮易本命篇云、食肉者勇敢而悍、各本俱無悍字、此因悍惈二字相連、字形近似、故傳寫脫去悍字耳、李善注蜀都賦、江賦、竝引廣雅、悍、勇也、衆經音義卷二十二、引廣雅、悍、惈、敢、勇也、今據以補正、惈、通作果、伦者、說文、伦、勇壯也、釋訓篇云、伦伦、武也、秦誓云、伦伦勇夫、宣六年公羊傳、伦然從乎趙盾而入、何休注云、伦然、壯勇貌、莊子讓王篇云、子路抗然執干而舞、抗、與伦通、說文、虓、虎皃、義與伦亦相近、

𨇤、蹪、躦、跐、𣥺、踳、蹋也、踶、

蹪者、列子說符篇云、足蹪株埳、頭抵植木、而不自知也、躦者、玉篇與𨇨同、云、蹋聲也、跐者、卷一云、跐、履也、列子天瑞篇云、若躇步跐蹈、莊子秋水篇云、跐黃泉而登大皇、今俗語猶謂蹋曰跐矣、𣥺者、以足距也、說文、𣥺、距也、踳各本訛作㖺、集韻類篇竝引廣雅、踳、蹋也、今據以訂正、踶者、莊子馬蹄篇、馬怒則分背相踶、釋文、踶、大計反、李云、踶、蹋也、廣雅字類聲類竝同、通俗文云、小蹋謂之踶、淮南子脩務訓云、夫馬之爲草駒之時、蹶蹏足以破盧陷匈、月令游牝別羣則縶騰駒、鄭注云、爲其壯氣有餘、相蹄齧也、釋文、蹄、大計反、蹋也、蹏、蹄竝與踶通、

今本廣雅脫踶字、

𪑻、㤿、戀、悆、忽、怳、腆、詄、悷、怽、忘也、

𪑻各本譌作黴、惟影宋本皇甫本不譌、方言、𪑻、忘也、說文云、𪑻者、忘而息也、玉篇云、𪑻然忘也、悆者、說文、悆、忘也、忽者、說文、忽、忘也、墨子脩身篇云、忘名忽焉、怳者、玉篇、怳、戃怳也、怳、與慌同、合言之則曰忽怳、淮南子人間訓、使忽怳而後能得之、高誘注云、忽怳、善忘之人、怳、亦與慌同、慌忘聲相近、忽怳猶忽忘耳、腆者、方言、腆、忘也、詄者、說文、詄、忘也、徐鍇傳云、言失忘也、文選四子講德論、故美玉蘊於碔砆、凡人視之怢焉、李善注引廣倉云、怢、忽忘也、論衡別通篇云、不肖者輕慢佚忽、怢、佚、竝與詄同、戀之言遺、怳之言荒、詄之言失、荒、失、遺、皆忘也、楚語云、恐其荒失遺忘、是也、怽者、玉篇音莫達切、忘也、字從本末之末、各本訛從午未之未、今訂正、

誦、說、精、講、論也、

誦者、楚辭九章、惜誦以致愍兮、王逸注云、誦、論也、

註、紀、疏、記、學、栞、志、識也、

註者、衆經音義卷六引通俗文云、記物曰註、昭十一年穀梁傳、一事注乎志、范甯注云、一事輒注而志之也、注、與註通、疏者、漢書匈奴傳、中行說教單于左右疏記、以計識其人衆畜牧、顏師古注云、疏、分條之也、說文作疋、學者、太平御覽引論語讖云、學者、識也、何休注公羊傳曰、何休學、釋文云、學者、言爲此經之學、即注述之意也、栞者、說文、栞、槎識也、引夏書隨山栞木、今皋陶謨、禹貢竝作刊、史記夏本紀、漢書地理志竝作栞、顏師古注云、言刊斫其木以爲表記也、又九山刊旅、史記漢書亦作栞、栞、栞、刊竝通、夏本紀又云、

禹行山表木、表、亦識也、今人謂刻木石作字曰刊、刊即表識之意、王儉褚淵碑文云、刊元石以表德、是也、志與識、聲義竝同、周官保章氏、掌天星以志星辰日月之變動、鄭注云、志、古文識、識、記也、

塌、蟲、鬌、零、霝、墜、遺、墮也、

鬌者、說文、鬌、髮墮也、鬌與墮、聲近義同、零通作落、遺者、楚辭九歎、目眇眇而遺泣、王逸注云、遺、墮也、

廣雅疏證卷第二下

廣雅疏證卷第三上

高郵王念孫學

釋詁

序、倢、塹、佴、秩、斑、坒、笓、娶、第、次也、

倢者說文倢次也塹之言漸也字亦作槧禮器君子之於禮也有漸而播也鄭注云漸之言芟也謂芟殺有所與也若祭者貴賤皆有所得不使虐也段氏若膺云芟殺之殺所拜反芟殺謂由多漸少皆有等衰故廣雅訓塹爲次也佴者爾雅佴貳也郭璞注云佴次爲副貳說文佴次也文選報任少卿書佴之蠶室李善引如淳注云佴次也若人相次也斑與班同坒笓一字也說文坒地相次坒也字亦作批太元陰陽批參范望注云以陰陽相次而三三相乘也賈子道術篇云動靜攝次謂之比坒笓比竝通差者孟子滕文公篇愛無差等趙岐注云差次也

甚、恉、意、志也、

恉經傳通作旨指各本皆作甚恉志意也集韻類篇亦云甚意也則宋時廣雅本已然案衆經音義卷八云說文恉意也廣雅恉志也莊子刻意篇釋文云廣雅意志也則德明元應所見本志字皆在意字下今據以訂正

⿰革俞、⿱辥夭、⿰歺肉、⿱㓞巾、燼、孑、贏、哉、⿰巾察、遺、餘也、緒

⿰革俞者廣韻云⿰革俞餘也出字林說文⿰巾俞正耑裂也裂繒餘也蘇林注漢書終軍傳云繻帛邊也邊亦餘也左氏春秋紀裂繻字子帛公羊穀梁竝作紀履緰左傳申繻管子作申兪皆取帛邊之義集韻⿰革俞⿰巾俞緰三字竝音兪其義同也⿱辥夭之言櫱也商頌長發傳云櫱餘也⿰歺肉者說文⿰歺肉禽獸所食餘也從歺從肉又云歺列骨之殘也殘與⿰歺肉通⿱㓞巾者玉篇⿱㓞巾力制切帛餘也左思魏都賦秦餘徙⿱㓞巾李善注云廣雅⿱㓞巾餘也齊語戎車待游車之裂韋昭注云裂殘也舊音音例引說文裂餘也裂與⿱㓞巾同卽紀裂繻之裂也小雅都人士篇垂帶而厲毛傳云厲帶之垂者厲與⿱㓞巾亦同義謂垂帶之餘以爲飾故下文云匪伊垂之帶則有餘也爾雅烈餘也詩序云宣王承厲王之烈烈與⿱㓞巾古亦同聲燼孑者方言孑蓋餘也周鄭之間曰蓋或曰孑青徐楚之間曰孑自關而西秦晉之間炊薪不盡曰蓋說文⿱聿火火餘木也大雅桑柔篇具禍以燼鄭箋云災餘曰燼吳語安受其燼韋昭注云燼餘也馬融長笛賦云蓋滯抗絕⿱聿火燼蓋竝通大雅雲漢篇周餘黎民靡有孑遺正義云孑然孤獨之貌也⿰巾察者說文⿰巾察殘帛也淮南子要畧篇箴縷縩繳之閒縩與⿰巾察同緒者說文緒絲耑也楚辭九章欸秋冬之緒風王逸注云緒餘也莊子讓王篇其緒餘以爲國家司馬彪注云緒者殘也謂殘餘也山木篇食不敢先嘗必取其緒緒亦餘也釋文以爲次緒之緒失之衆經音義卷十九引廣雅緒餘也今本脫緒字

⿰食遣、⿰米卷、⿰米离、撇、摶也、

⿰食遣⿰米卷者玉篇⿰食遣乾麵餅也廣韻又作饘云黏也皆摶著之意也說文⿰米卷粉也亦謂粉相摶著也廣韻絭黏

絭也絭與⿰米卷同說文⿱𠔉廾摶飯也⿱𠔉廾與⿰米卷亦聲近義同⿰食遣⿰米卷猶繾綣也昭二十五年左傳繾綣從公杜預注云繾綣不離散是其義也⿰米离義見卷四⿰米离黏也下撇之言梱致也唐風鴇羽箋云根相迫迮梱致亦不離散之意也

粲、⿰柬彡、彪、辬、璘、⿸虍彬、彬、彧、昈、純、文也、

⿰柬彡通作爛彪者說文彪虎文也蒙九二苞蒙鄭注云苞當作彪彪文也案藝文類聚引漢胡廣徵士法高卿碑云彪童蒙作世師蔡邕處士圈叔則碑云童蒙來求彪之用文又司徒袁公夫人馬氏靈表云俾我小子蒙昧以彪皆用蒙卦之辭則九二之苞蒙漢時諸家易說必有作彪而訓爲文者故鄭本之爲說也法言君子篇以其彌中而彪外也李軌注亦云彪文也辬者說文辬駁文也王制斑白者不提挈鄭注云雜色爲斑孟子梁惠王篇斑白作頒白周官內饔馬黑脊而般臂鄭注云般臂臂毛有文賁釋文引傅氏云賁古斑字文章貌竝字異而義同璘者揚雄甘泉賦璧馬犀之瞵⿰王扁李善注引埤倉云璘⿰王扁文皃也張

衡西京賦、璿珉璘彬、薛綜注云、璘彬、玉石色雜也、何晏景福殿賦云、文彩璘班、竝字異而義同、虨者、說文、彪、虎文彪也、虨、虨與彪同、彬者、說文、份、文質備也、引論語文質份份、今本作彬、彬包咸注云、彬彬、文質相半之貌、史記儒林傳、斌斌多文學之士、竝字異而義同、虨、彬、聲又相近也、彧者、說文、㦽、有文章也、論語八佾篇、郁郁乎文哉、後漢荀彧字文若、彧、㦽、郁、竝通、昕者、方言、昕、文也、郭璞注云、昕昕、文采貌也、文選西京賦、赫昕昕以宏敞、李善注引埤倉云、昕亦文也、司馬相如上林賦云、煌煌扈扈、照曜鉅野、淮南子俶眞訓、蓶扈炫煌、高誘注云、采色貌也、扈、扈竝與昕通、亦通作戶、初學記引論語摘衰聖云、鳳有九苞、八曰音激揚、九曰腹文戶、戶、亦文采貌也、宋均注云、戶所由出入也、失之、純者、方言、純、文也、漢書地理志云、織作氷紈綺繡純麗之物、

困、胎、健、逃也、

方言、困、胎、健、逃也、郭璞注云、皆謂逃叛也、

擷、挺、挺、桓、遂、畺、盻、眈、畢、終、猝、竟也、

此條竟字有二義、擷、挺、挺、桓、遂、畢、終、猝、爲究竟之竟、畺、盻、眈、爲邊竟之竟、邊竟之竟、亦取究竟之義也、擷、挺者、方言、擷、挺、竟也、挺、各本作挺、蓋因下挺字而誤、今訂正、挺、桓者、方言、緪、筵、竟也、秦晉或曰緪、或曰竟、楚曰筵、筵與挺通、說文、桓、竟也、考工記弓人、恆角而短、鄭注云、恆讀爲桓、桓、竟也、楚辭招魂、姱容脩態、緪洞房些、王逸注云、緪、竟也、班固荅賓戲云、緪以年歲、西都賦云、北彌明光而亘長樂、竝字異而義同、遂、讀如遂事不諫之遂、畺與疆同、眈、各本皆作眈、眈字俗書作眈、因譌而爲眈、惟影宋本不譌、說文、眈、竟也、眈、疆、竟、古聲竝相近、終、猝、經傳通作終卒、

傳、讙、郎、因、度、集、從、圍、酉、歸、孝、就也、

讙者、邶風北門篇、室人交偏摧我、釋文、摧、韓詩作讙、就也、集、謂相依就也、大雅大明篇、天監在下、有命既集、毛傳云、集、就也、鄭箋云、天命將有所依就、是也、一曰、集、謂成就也、小雅小旻篇、謀夫孔多、是用不集、毛傳云、集、就也、韓詩外傳作是用不就、就、集一聲之轉、皆謂成就也、圍、各本訛作圍、方言、玉篇竝云、圍、就也、今據以訂正、圍、猶帀也、周官典瑞注云、一帀爲一就、是其義也、酉者、說文、酉、就也、八月黍成、可爲酎酒、又云、酒、就也、所以就人性之善惡、酉、酒、就、聲竝相近、孝者、孝經正義引孝經援神契云、天子行孝曰就、言德被天下、澤及萬物、始終成就、榮其祖考也、孝、就、聲亦相近、

梱、㚝、封、㓹、居也、

諸書無訓梱爲居者、方言、梱、就也、郭璞注云、梱梱、成就貌、然則廣雅本訓梱爲就、在上條內、後人傳寫誤入此條耳、玉篇、梱、成熟也、廣韻、梱、成就也、義竝與梱同、㚝者、士喪禮、特豚四鬄、鄭注云、鬄、解也、周官小子、羞羊肆、鄭注云、肆讀爲鬄、羊鬄者、所謂豚解也、墨子明鬼篇云、眘者殷王紂刳剔孕婦、竝字異而義同、封者、說文、封、刺也、歸妹上六、士封羊、馬融注與說文同、㓹者、方言、㓹、㚝也、說文、㓹、判也、衆經音義卷九引倉頡篇云、㓹、屠也、繫辭傳、㓹木爲舟、九家本作挎、注云、挎、除也、周官掌戮、殺王之親者辜之、鄭注云、辜之言

枯也、謂磔之、荀子正論篇云、斬斷枯磔、義竝相近、封㓹一聲之轉、皆空中之意也、故以手掘物謂之挎、亦謂之挎、玉篇、挎、苦攜切、中鉤也、鄉飲酒禮、挎越、釋文挎、口孤反、疏云、瑟下有孔、越以指深入、謂之挎、此郎玉篇所謂中鉤也、兩股間謂之奎、亦謂之胯、說文、奎、兩髀之間也、莊子徐無鬼篇、奎蹏曲隈、向秀注云、股間也、廣雅釋言、胯、奎也、玉篇音口故切、是凡與封㓹二字聲相近者、皆空中之意也、

翬、騫、翢、翥、翻、翻、翃、翁、獵**翊、翋、翜、鴥、翽、嬌、飛也、**

翬者、方言、翬、飛也、說文云、大飛也、釋訓篇云、翬翬、飛也、爾雅、鷹隼醜、其飛也翬、舍人注云、翬、其飛疾羽聲也、春秋魯公子翬、鄭公孫揮、皆字羽、揮與翬通、翬之言揮也、說文云、揮、奮也、爾雅云、雉絕有力、奮、又云、魚有力者、徽、北山經、獄法之山有獸焉、其狀如犬而人面、其名曰山𤟤、其行如風、郭璞注云、言疾也、又歸山有獸焉、其狀如麢羊而四角、馬尾而有距、其名曰驒、善還、注云、還、旋旋舞也、是凡言揮者、其義皆與飛相近也、騫者、說文、騫、飛皃也、釋訓云、騫騫、飛也、楚辭遠遊篇云、鸞鳥軒翥而翔飛、張衡西京賦云、鳳騫翥

於䔢標騫與軒通騫之言軒也軒軒然起也各本訛作騫今訂正翾翥二字義見卷一翾翥舉也下翾亦騫也玉篇翾飛兒又云佡輕舉兒翾佡竝音許延反義相近也䎃者釋訓云䎃䎃飛也翔者玉篇翔飛兒廣韻云翔翁飛兒䎗者玉篇䎗蟲飛也釋訓云䎗䎗飛也䎗與䎓同翁者玉篇翁呼橫切羣鳥弄翅也釋訓云翁翁飛也䎋者曹憲音呼麥反各本脫去䎋字其呼麥反之音遂誤入翁字下玉篇䎋呼麥切翁䎋飛兒廣韻云䎋飛聲集韻翁字注引廣雅翁䎋飛也今據以補正䎫者玉篇䎫飛也廣韻云䎫䎫飛相及兒䎫䎫卽翔翁之轉也翾亦翾也說文翾小飛也釋訓云翾翾飛也楚辭九歌翾飛兮翠曾王逸注云言身體翾翾然若飛似翠鳥之舉也鬼谷子揣篇云蜎飛蝡動韓詩外傳作蛗淮南子原道訓作蠉竝字異而義同翾之言儇也方言儇疾也荀子不苟篇小人喜則輕而翾楊倞注云言輕佻如小鳥之翾是翾與儇同義䎒獡者玉篇云䎒䎙飛兒又云鷂鷄飛起兒又云䎀飛兒又云䎒䎒飛兒說文翕飛盛兒也枚乘梁王菟園賦云徐飛䎒獡左思吳都賦云趫趯䎒獡竝字異而義同鴥者說文鴥鸇飛兒秦風晨風篇鴥彼晨風毛傳云鴥疾飛貌鴥與鴪同翽者釋訓云翽翽飛也唐風鴇羽篇肅肅鴇羽毛傳云肅肅鴇羽聲也肅與翽通矯者玉篇矯飛也孫綽遊天台山賦整輕翮而思矯李善注引方言矯飛也今方言作翻同

鑿、窬、欿、掘、扣、斛、抉、挑、窾、穿也、

窬者說文窬以錐有所穿也欿者玉篇欿掘也隱元年左傳闕地及泉遂周書周祝解貛有蚤而不敢以撅字竝與欿同扣者說文搰掘也吳語云狐埋之而狐搰之列子說符篇云扣其谷而得其鈇扣與搰同欿掘扣聲竝相近斛與下挑字通說文斛突也突與穿同義爾雅斛謂之疀鄭注少牢下篇作挑謂之歃疀歃竝與鍤同所以穿地者也故釋名云鍤插也插地起土也或曰銷銷削也能有所穿削也抉者說文抉挑也襄十七年左傳云以杙抉其傷而死說文突穿也突滚抉也義竝與抉同衆經音義卷二引廣雅作決周語云決汩九川決亦抉也汩亦扣也窾者說文窾穿地也小爾雅云壙謂之窾周官小宗伯甫窾鄭注云鄭大夫讀窾爲穿杜子春讀窾爲毳皆謂葬穿壙也今南陽名穿地爲窾聲如腐肥之肥

搒、撅、妭、擿、投也、扻、

搒者下文云搒擊也擊與投同義搒各本訛作榜今訂正妭字音義未詳曹憲音內有本作郊未詳弋音七字考字書韻書皆無妭郊二字卷三云投擿擿也釋言云磓硾也此云妭擿投也則妭與磓擿同意玉篇砊竹格切硾也廣韻又都盍切擲地聲又竹亞切亦作砊砊與妭字相似又說文矾擊踝也讀若踝矾與郊字亦相似未知誰是廣雅原文姑竝記之以俟考正擿卽今擲字也說文擿投也莊子胠篋篇擿玉毀珠崔譔注云擿猶投弃之也徐無鬼篇齊人蹢子於宋釋文云蹢投也擿擲蹢竝通扻者玉篇扻擅擊也集韻類篇竝引廣雅扻投也今本脫扻字

苦、翕、焥、煜、熺、熾也、焥、

苦翕者方言苦翕熾也又云煬翕炙也揚雄甘泉賦翕赫曶霍李善注云翕赫盛兒卷二云熻熱也義竝相近焥者卷二云焥熱也煜者說文煜燿也衆經音義卷五引埤倉云煜盛兒也淮南子本經訓云焜昱錯眩照燿煇煌漢書敘傳炎飛景附煜霅其間顏師古注云煜霅光貌也說文昱日明也煜昱義相近熺者說文熹炙也鄭注樂記云熹猶蒸也傅毅舞賦云朱火曄其延起兮燿華屋而熺洞房襄三十年左傳譆譆出出杜預注云譆譆熱也熺熹譆義竝相近焥者玉篇廣韻竝云焥熾也釋言云焥焥也衆經音義卷七引廣雅焥熾也今本脫焥字

悲、愁、恨、惆、悵也、

悲愁者方言悲愁悵也郭璞注云謂惋惆也方言又云愁傷也又云愁憂也自關而西秦晉之閒凡志而不得欲而不獲高而有墜得而中亾謂之愁皆惆悵之意也詳見卷一愁憂也下恨者楚辭九辯愴怳懭恨兮王逸注云中情悵惘意不得也班彪北征賦云心愴恨以傷懷重言之則曰恨恨義見釋訓惆者說文惆失意也餘見卷二惆悵痛也下

怹、愉、兌、解、說也、

怤愉者方言怤愉悅也郭璞注云怤愉猶昫喻也悅與說同說貌謂之怤愉故容貌可說者亦謂之怤愉漢瑟調曲隴西行云好婦出迎客顏色正敷愉是也敷與怤通兌者兌象傳云兌說也兌說古同聲故禮記引說命皆作兌解者說文說說釋也徐鍇通論云悅猶說也解脫也人心有鬱結能解釋之也學記云相說以解僖二十八年左傳衞人出其君以說于晉公懼於晉殺子叢以說焉皆解之義也

僄、毛、媥、娍、狎、傷、蚩、侮、伿、懱、忽，輕也。傲

僄伿者方言伿僄輕也楚凡相輕薄謂之相伿或謂之僄也郭璞注僄音飄零之飄玉篇音匹妙切僄之言飄也說文僄輕也又云嫖輕也周官草人云輕票用犬考工記弓人云則其爲獸必剽荀子議兵篇云輕利僄遬史記賈誼傳云鳳漂漂其高逝漢書作縹司馬相如傳云飄飄有夌雲之氣並字異而義同伿之言汎也方言注伿音汎說文汎浮皃左思魏都賦過以汎剽之單慧張載注引方言汎剽輕也汎與伿通玉篇伿又音凡又玉篇凡字注及衆經音義卷二十三並引廣雅凡輕也衆經音義云謂輕微之稱也

孟子盡心篇云待文王而後興者凡民也凡亦與伿通媥之言翩也說文媥輕兒也泰六四翩翩釋文引向秀注云輕舉貌翩與媥通娍之言越也說文娍輕也爾雅越揚也是娍與越同義荀子非相篇筋力越勁越者輕也說文云赳輕勁有材力也楊倞注以越爲過人失之說文跋輕足也義亦與越同狎者昭二十年左傳民狎而翫之杜預注云狎輕也傷經傳通作易蚩者李善注西京賦引倉頡篇云蚩侮也懱者說文懱輕易也大雅桑柔篇國步蔑資鄭箋云蔑猶輕也周語云鄭未失周典王而蔑之是不明賢也蔑與懱同今人猶謂輕視人爲蔑視矣傲者說文婺侮易也婺與傲通呂氏春秋士容論注云傲輕也衆經音義卷二十二引廣雅傲輕也今本脫傲字

窴、葢、關、括、塿、充、實、敜、閉、昏、絮、𡨄、睯、堙，塞也。

窴與塡同關括者方言括關閉也說文括絜也鄭注大學云絜猶結也坤六四括囊虞翻注云括結也閉結皆塞也塿敜者說文敜閉也或作剫敜塞也大雅緜篇度之薨薨韓詩云度塡也晉語狐突杜門不出衆經音義卷五引賈逵注云杜塞也字並與塿通柴誓杜乃擭敜乃穽王肅注與說文同昏者說文昏塞口也古文作昏昏與括聲相近也絮者玉篇音女於切字或作袽茹絮帤說文絮絮縕也引既濟六四需有衣絮今本作繻有衣袽王弼注云衣袽所以塞舟漏也子夏作茹京房作絮考工記弓人厚其帤則木堅鄭衆注云帤讀爲襦有衣絮之絮謂弓中裨也呂氏春秋功名篇以茹魚去蠅高誘注云茹讀茹船漏之茹並字異而義同絮各本訛作絮既濟釋文云袽說文作絮廣雅云絮塞也子夏作茹京作絮是廣雅本作絮與京房作絮者異今據以訂正𡨄者說文𡨄塞也讀若虞書𡨄三苗之𡨄今書作竄古今字異也𡨄各本訛作竄今訂正睯從目𠬛聲𠬛睯並音一活反各本訛作睯集韻類篇並云睯塞也今據以訂正堙者說文垔塞也引洪範鯀垔洪水今本作陻周官掌蜃作闉襄二十五年左傳作堙昭二十九年傳作湮並字異而義同

礲、礪、希、鑠、甄、甎、剴、扢、差、孿、鍇、鑢、揩、揮**硐、攦、鎣、斲、扨、砥、磋，**

磨也。

礲者說文礲䃺也晉語斲其椽而礱之文選枚乘諫吳王書注引賈逵注云礱磨也荀子性惡篇云鈍金必將待礱厲然後利礱與礲同磨與礳同字通作劘又作摩礪者柴誓云礪乃鋒刃昭十二年左傳云摩厲以須厲與礪同希鑠者方言希鑠摩也燕齊摩鋁謂之希周語衆口鑠金史記鄒陽傳索隱引賈逵注云鑠消也消亦磨也考工記云爍金以爲刃爍與鑠通甄甎者廣韻甄甎屑瓦洗器也方言磑或謂之硬郭璞注云即磨也硬與甄聲近義同甎玉篇音所兩切廣韻又初兩切說文甎磋垢瓦石也徐鍇傳云以碎瓦石甎去瓶內垢也西山經錢來之山其下多洗石郭璞注云澡洗可以磢體去垢圿木華海賦飛澇相磢李善注引方言注云磢錯也甎磢並通剴者說文剴摩也玉篇音公哀五哀二切爾雅幾汔也郭璞注云謂相摩近釋文幾郭音剴京房注繫辭傳云磨相磑切也說文磑䃺也剴幾磑並通今俗語猶謂相摩近爲剴說文齝䶩牙也義亦與剴同扢者玉篇音柯礙何代二切廣韻又古忽戶骨二切淮南子要

畧篇濡不眼抏高誘注云抏抗也漢書禮樂志抏嘉壇盍康注云抏摩也後漢書杜篤傳漂槩朱崖李賢注云漂槩謂摩近之也周官世婦帥女宮而濯摡鄭注云摡拭也檜風匪風篇云溉之釜鬵爾雅溉沈也釋文沈古愛反說文槩杚斗斛也杚平也徐鍇傳云杚卽槩也摩之使平也月令正權槩鄭注云槩平斗斛者說文刉字注云刀不利於瓦石上刉之義與抗竝相近差之言磋也說文齹齒差也謂齒相摩切也齹差鎈一聲之轉故皆訓爲磨爾雅爽差也爽忒也郭注云皆謂用心差錯不專一爽與差鎈同義故齹與差鎈亦同義也礕者說文研䃺也礕摩也呂氏春秋精通篇云刃若新礕研礕與研同鎈者說文厝厲石也引小雅鶴鳴篇佗山之石可以爲厝今本作錯禹貢錫貢磬錯傳云治玉石曰錯衞風淇奧篇如琢如磨太平御覽引韓詩作如錯如磨束晳補亾詩粲粲門子如磨如錯用韓詩也說卦傳八卦相錯李鼎祚注云錯摩也剛柔相摩八卦相盪也錯各本訛作鐠文選江賦弃溷之所礫錯李善注引廣雅錯摩也今據以訂正鑢者說文鑢錯銅鐵也太元大次二云大其慮躬自鑢大雅抑箋云玉之鈌可磨鑢而平鄭

衆注考工記云摩鑢之器方言云燕齊摩鋁謂之希鑢鋁竝同指揮者衆經音義卷十八揮女皆反引韻集云揩揮摩也廣韻揩揮摩拭也文選西京賦揩枳落李善注引字林云揩摩也各本俱脫揮字集韻類篇竝引廣雅揩揮摩也今據以補正硐者文選長笛賦鏓硐隤墜李善注引廣雅硐磨也攡者卷二云攡拭也攡亦指也方俗語轉耳鑿者玉篇音余傾定二切左思招隱詩聊可瑩心神李善注引廣雅瑩磨也瑩與鑿通磢者廣韻磢磢也又云磢平木器名釋名云斲斯彌也斤有高下之跡以此斯彌其上而平之也斲與磢同義斯彌斯磨語之轉耳拁者集韻引字林云拁摩也魏策云莫不日夜搤腕瞋目切齒切與拁通砥者儒行云砥厲廉隅漢書枚乘傳云磨礲底厲底與砥同磋者衞風淇奧篇如切如磋如琢如磨爾雅云骨謂之切象謂之磋玉謂之琢石謂之磨鄭注學記云摩相切磋也蓋切磋磨三字對文則異散文則通矣

訽、詉、讆、惹、譇、謫、拏、也

此釋紛拏之義也說文拏牽引也文選吳都賦注引許慎淮南子注云拏亂也方言囒哰謰謱拏也拏揚州會稽之語也郭璞注云言譇拏也玉篇云譇詉言不可解也廣韻云譇詉語不正也淮南子本經訓云芒繁紛拏以相交持拏拏詉竝通讆各本訛作覽玉篇讆婗拏也廣韻云讆婗也婗與詉同拏與挐同今據以訂正惹譇者方言拏揚州會稽或謂之惹或謂之譇郭注云惹言情惹也譇言誣譇也玉篇惹音人者切云亂也廣韻又而灼切云譇惹也譇字又作婗說文婗誣拏也

嬈、愓、嬉、妷、遊、敖、契、戲、也

嬈愓嬉者方言嬈愓遊也江沅之間謂戲爲嬈或謂之愓或謂之嬉嬈之言逍遥愓之言放蕩也說文愓放也玉篇音杜朗切莊子大宗師篇女將何以遊夫遥蕩恣睢轉徙之塗乎遥蕩與嬈愓通方言注愓音羊言彷徉也彷徉猶放蕩耳妷經傳通作佚又作逸

張、蹬、跪、擽、也

張蹬跪者方言東齊海岱北燕之郊跪謂之張蹬郭璞注云今東郡人亦呼長跽爲張蹬衆經音義卷二十四云今江南謂屈膝立爲張跪說文跪拜也拜與擽同

傑、倯、詢、剔、馬、詈、罵也

傑倯者方言傑倯罵也燕之北郊曰傑倯郭璞注云羸小可憎之名也方言南楚凡罵庸賤謂之田儓又云庸謂之倯轉語也義與傑倯亦相近詢卽詬字也襄十七年左傳重邱人閉門而詢之杜預注云詢罵也馬亦罵也方俗語有輕重耳

攍、旅、何、揭、𢹎、擔、也

攍旅何𢹎者方言攍膂賀𢹎儋也齊楚陳宋之間曰攍燕之北郊越之垂甌吳之外鄙謂之膂南楚或謂之攍自關而西隴冀以往謂之賀凡以驢馬駝駞載物者謂之負佗亦謂之賀儋與擔同釋言云攍負也莊子胠篋篇贏糧而趨之贏與攍通攍𢹎二字竝從手各本訛從木今訂正旅各本訛作核自宋時本已

然、故集韻類篇㧙字注竝云、一曰擔也、考玉篇廣韻㧙字俱不訓爲擔、又膂字古通作旅、秦誓旅力既愆、小雅北山篇旅力方剛、竝以旅爲膂、廣韻旅俗作㨂、㨂與㧙字形相近、方言攍膂賀𦢊儋也、此云攍㧙何、揭、㨂擔也、㧙字明是俗㨂字之譌、郭璞注云、儋者用膂力、因名云、今據以訂正、何與賀通、亦通作荷、說文𦢊、囊也、方言注云、今江東呼儋兩頭有物爲𦢊、後漢書儒林傳云、制爲縢囊、𦢊、縢竝通、揭者、說文揭、負舉也、禮運五行之動迭相竭也、鄭注云、竭猶負戴也、成二年左傳桀石以投人、杜預注云、桀、擔也、莊子胠篋篇負匱揭篋擔囊而趨、釋文引三倉云、揭、舉也、擔也、負也、揭、竭、桀竝通、衆經音義卷三引廣雅、何、揭、擔也、今本脫揭字、

爢、爤、鬻、胹、飪、饎、秸、酋、羞、礪、粲、熟也、

爢、爤、鬻、胹、飪、饎、秸、酋者、說文、爢、爤也、爤、孰也、爢通作糜、爤亦作爛、孰亦作熟、方言、胹、飪、亨、爛、糦、酋、酷、熟也、自關而西秦晉之郊曰胹、徐揚之間曰飪、嵩嶽以南陳潁之間曰亨、自河以北趙魏之間火熟曰爛、氣熟

廣雅疏證　卷第三上　十二

曰糦、久熟曰酋、穀熟曰酷、熟其通語也、亨與鬻通、說文、胹、爤也、宣二年左傳、宰夫胹熊蹯不熟、正義引字書云、過熟曰胹、內則、濡豚、鄭注云、濡謂亨之以汁和也、楚辭招魂、肥牛之腱、臑若芳些、王逸注云、臑若、熟爛也、胹、臑、濡竝通、說文、䎗、丸之熟也、義與胹亦相近、說文、飪、大孰也、古文作𦛟、又作恁、士昏禮、皆飪、鄭注云、飪、熟也、郊特牲、腥肆爓腍祭、鄭注云、腍、孰也、爾雅饙、餾、稔也、竝字異而義同、說文、稔、穀孰也、引昭元年左傳、鮮不五稔、義亦與飪同、爾雅釋訓釋文引字林云、饎、熟食也、士虞禮、饎爨在東壁、鄭注云、炊黍稷曰饎、周官饎人、鄭衆注云、主炊官也、故書饎作𩟄、𩟄、饎、糦竝同、玉篇、秸、禾大熟也、秸與酷通、周官酒正、二曰昔酒、鄭注云、昔酒、今之酋久白酒、月令、乃命大酋、鄭注云、酒孰曰酋、大酋者、酒官之長也、高誘注呂氏春秋仲冬紀云、醞釀米麴使之化熟、故謂之酋、鄭語、毒之酋腊者、其殺也滋速、韋昭注云、精熟爲酋、腊、極也、腊與昔酒之昔同義、說文、酋、繹酒也、釋名云、酒、酉也、釀之米麴酉澤久而味美也、酉澤與酋繹通、月令、麥秋至、太平御覽引蔡邕章句云、百穀各以其初生爲春、熟爲秋、故麥以孟夏爲秋、說文、秋、穀孰也、秋與酋亦聲近義同、羞者、方言、羞、熟也、郭璞注云、熟食爲羞、聘禮、燕與羞俶獻無常數、鄭注云、羞謂禽羞鴈鶩之屬、成熟煎和也、爾雅、饙、餾、稔也、郭璞注云、今呼餐飯爲饙、釋文、饙音脩、義亦與羞同、礪者、方言、厲、熟也、厲與礪同、

愋、諒、㥌、䚦、憰、覺、叡、㤝、諝、黨、聞、曉、哲、智也、

愋、諒者、方言、愋、諒、知也、知與𥏼通、𥏼即今智字也、說文、𥏼、識詞也、隸省作智、各本𥏼字分爲于智二字、雙行竝刻、今訂正、㥌之言邃也、說文、㥌、濬也、玉篇云、意思濬也、䚦者、王制、西方曰狄䚦、鄭注云、䚦之言知也、正義云、謂通傳言語與中國相知、古知、智同聲同義、故荀子正名篇云、知有所合謂之智、白虎通義云、智者、知也、獨見前聞、不惑於事、見微知著也、釋名云、智、知也、無所不知也、憰者、卷一云、譎、慧也、譎與憰聲義竝同、叡與睿同、㤝、諝者、衆經音義卷十二引字林云、㤝、㥠、知也、又引通俗文云、多意謂之㤝㥠、說文、諝、知

廣雅疏證　卷第三上　十三

也、又云、㥠、知也、周官大宰、胥十有二人、鄭注云、胥讀如諝、謂其有才知爲什長、又閭胥、大胥、小胥注竝云、胥有才知之稱、陸機辨亾論云、謀無遺諝、諝、㥠、胥竝通、黨、曉、哲者、方言、黨、曉、哲、知也、楚謂之黨、或曰曉、齊宋之間謂之哲、郭璞注云、黨、黨朗也、解寤貌、廣韻、爣、朗、火光寬明也、爣與黨義相近、聞者、說文、聞、知聲也、

封、垤、坻、塲也、

封、垤者、方言、垤、封、塲也、楚郢以南蟻土謂之垤、垤亦中齊語也、易林震之蹇云、蟻封穴戶、周官封人注、聚土曰封、故蟻塲亦謂之封也、豳風東山篇、鸛鳴于垤、毛傳云、垤、螘冢也、韓非子姦劫弒臣篇云、猶螘垤之比大陵也、螘與蟻同、坻者、方言、坻、塲也、梁宋之閒蚍蜉犁鼠之塲謂之坻、揚雄荅劉歆書云、由鼠坻之與牛塲也、潘岳藉田賦云、坻塲染屨、案天將雨則蟻聚土爲封以禦溼、如水中之坻、故謂之坻、秦風蒹葭篇云、宛在水中坻、是也、塲者、郭璞方言注音傷、衆經音義卷十一引埤倉云、塲、鼠垤也、字通作壤、隱三年穀梁傳疏引麋信注云、齊魯之間謂鑿地出土、鼠作穴出土、皆曰壤、莊子天道篇云、鼠壤有餘蔬、

杜、蹻、遳、𨇨也、

杜蹻者方言杜蹻歰也趙曰杜山之東西或曰蹻郭璞注云今俗語通言歰如杜杜梨子歰因名云卻蹻燥歰皃遴者說文遴行難也經傳通作吝說文歰不滑也從四止各本訛作䎎今訂正

絓、挈、僘、介、孤、寡、索、唯、特、獨也、

絓挈僘介特者方言絓挈僘介特也楚曰僘晉曰絓秦曰挈物無耦曰特獸無耦曰介挈亦介也語之轉耳說文挈麻一耑也聲與挈近而義同鄭注大司寇云無兄弟曰惸洪範云無虐煢獨小雅正月篇云哀此惸獨唐風杕杜篇云獨行睘睘周頌閔予小子篇云嬛嬛在疚說文趌獨行也竝字異而義同僘各本訛作傑今訂正昭十四年左傳收介特杜預注云介特單身民也哀十四年傳云逢澤有介麋焉集韻類篇引廣雅竝作夰孤寡索者孟子梁惠王篇老而無妻曰鰥老而無夫曰寡老而無子曰獨幼而無父曰孤襄二十七年左傳齊崔杼生成及彊而寡則無妻亦謂之寡鰥寡孤一聲之轉皆與獨同義因事而異名耳周南桃夭正義引小爾雅云無夫無婦竝謂之寡丈夫曰索婦人曰嫠索與索同檀弓吾離羣而索

居亦謂獨居也鄭注訓索爲散則與離意相複失之矣

惃、憝、頓、愍、眠、眩、惑、蚩、愮、攖、撓、慁、攪、猾、紛、緼、惷、妟、怓、慣、叛、殽、逆、亂也、擾

惃憝頓愍眠眩者方言惃憝頓愍惽也楚揚謂之惃或謂之憝江湘之間謂之頓愍南楚飲藥毒懣謂之頓愍猶中齊言眠眩也說文誖亂也或作悖玉篇憝迷亂也憝悖誖竝同憝曹憲音勃各本憝作悖因音內勃字而誤考說文玉篇廣韻集韻類篇俱無憝字衆經音義卷十三引廣雅憝亂也今據以訂正淮南子要略云終身顛頓乎混溟之中而不知覺寤乎昭明之術是頓爲惛亂也爾雅訰訰亂也訰與頓聲近義同頓各本皆作損頓隸省作頓因譌而爲損今訂正愍字本作忞或作暋又作泯其義竝同說文引立政云在受德忞今本作暋康誥云天惟與我民彝大泯亂泯亦亂也呂刑云泯泯棼棼是也傳訓泯爲滅失之莊子外物篇慰暋沈屯屯與頓通暋與愍通合言之則曰頓愍方言注云頓愍猶頓悶也淮南子脩務訓精神曉泠鈍聞條達高誘注云鈍聞猶鈍惛也文子精誠篇作屯悶義竝與頓愍同眠字或作瞑玉篇瞑音眉田切又音麪荀子非十二子篇瞑瞑然楊倞注云瞑瞑視不審之貌淮南子覽冥訓云其視瞑瞑竝與眠同玉篇眩音胡徧胡蠲二切周語觀美而眩李善注景福殿賦引賈逵注云眩惑也合言之則曰眠眩方言又云凡飲藥傅藥而毒東齊海岱之閒謂之瞑或謂之眩楚語及孟子滕文公篇竝引書若藥不瞑眩趙岐注云瞑眩憒亂也韋昭注云頓瞀也史記司馬相如傳視眩眠而無見漢書作眩泯揚雄傳目冥眴而亾見竝與眠眩同蚩愮者方言蚩愮悖也注云謂悖惑也法言重黎篇云六國蚩蚩張衡西京賦云蚩眩邊鄙皆惑亂之義也爾雅灌灌愮愮憂無告也釋文引廣雅愮亂也王風黍離篇云中心搖搖楚策云心搖搖如懸旌而無所終薄搖與愮通攖者莊子庚桑楚篇不以人物利害相攖釋文引廣雅攖亂也撓者說文撓擾也成十三年左傳云撓亂我同盟莊子天道篇云萬物無足以鐃心者鐃與撓通慁者說文慁擾也又云溷亂也溷與慁通秦策云此天以寡人慁先生史記范雎傳同索隱云慁猶汩

亂之意楚辭離騷世溷濁而不分兮王逸注云溷亂也攪者小雅何人斯篇祇攪我心毛傳云攪亂也莊子天道篇膠膠擾擾乎釋文膠交邪反膠膠擾擾動亂之貌膠與攪通今俗語猶謂亂爲攪矣猾者僖二十一年左傳注及史記五帝紀集解引鄭氏堯典注竝訓猾爲亂周語滑夫二川之神韋昭注云滑亂也滑與猾通洪範汩陳其五行汩與猾亦聲近義同紛字下影宋本皇甫本畢本吳本皆缺二字其上一字當是䊵字其下一字則䊵字之音也說文䊵物數紛䊵亂也徐鍇傳云卽今紛紜字孫子兵勢篇云紛紛紜紜漢郊祀歌云紛云六幕浮大海又云赤鴈集六紛員長楊賦云汾沄沸渭竝與紛䊵同緼者法言孝至篇齊桓之時緼李軌注云緼亂也漢書蒯通傳束緼請火顏師古注云緼亂麻也義亦同惷者說文惷亂也引昭二十四年左傳王室日惷惷焉今本作蠢杜預注云蠢蠢動擾貌蠢與惷通爾雅蠢不遜也郭璞注云蠢動爲惡不謙遜也亦亂之義也怓者說文怓亂也大雅民勞篇以謹昏怓毛傳云昏怓大亂也鄭箋云猶讙譊也小雅賓之初筵篇載號載呶毛傳云號呼讙呶也呶與怓亦同義憒者說文憒亂也楚

辭九思云、心煩憒兮意無聊、重言之則曰憒憒、義見釋訓、擾者、說文、擾、煩也、重言之則曰擾擾、亦見釋訓、衆經音義卷八卷九卷二十三、竝引廣雅、擾、亂也、今本脫擾字、

蹇、妯、繆、騷、獪、躁、煩、擾也、

蹇妯者、方言、蹇妯、擾也、人不靜曰妯、秦晉曰蹇、齊宋曰妯、爾雅、妯、動也、動亦擾也、小雅鼓鍾篇云、憂心且妯、楚辭九章有抽思篇、抽與妯通、繆者、說文、繆、犬獿獿咳吠也、玉篇云、犬擾駭也、莊子天道篇云、膠膠擾擾乎、太元元攡云、欻生相摎、萬物乃纏、范望注、摎、謂相擾也、竝與繆聲近義同、騷者、說文、騷、擾也、大雅常武篇云、徐方繹騷、

逴、綦、騷、聚、趠、跛、踦、奄、蹇也、

逴騷趠者、方言、逴騷趠、蹇也、吳楚偏蹇曰騷、齊晉曰逴、郭璞注云、趠、跛者行踔踔也、逴、行略逴也、逴與趠踔竝同、方言又云、自關而西秦晉之間、凡蹇者或謂之逴、體而偏長短亦謂之逴、莊子秋水篇云、夔謂蚿曰、吾以一足趻踔而行、趻踔與踸踔同、亦作踸踔、文選文賦、故踸踔於短垣、李善注云、廣雅曰、踸踔、無常也、今人以不定爲踸踔、不定亦無常也、海賦、踸踔湛濼、注云、波前卻之貌、案前卻即不定之意、跛者行一前一卻、故謂之踸踔矣、騷之言蕭也、卷二云、蕭、衰也、故謂偏蹇曰騷、綦聚者、聚當作輒、或當作踂、考諸書無訓聚爲蹇者、昭二十年穀梁傳云、兩足不能相過、齊謂之綦、楚謂之踂、衛謂之輒、釋文、劉兆云、綦、連併也、踂、聚合不解也、輒、本亦作縶、劉兆云、如見縶絆也、士喪禮注云、綦讀如馬絆綦之綦、綦踂輒三字、皆有蹇義、廣雅綦訓爲蹇、義本穀梁、其聚字與踂輒二字形竝相近、未審何字之譌也、書大傳、禹其跳、湯扁、其跳者踦也、鄭注云、其、發聲也、踦、步足不能相過也、案綦其古字通、即穀梁傳所云兩足不能相過齊謂之綦也、鄭以其爲發聲、失之、跛踦皆衺貌也、跛之言偏頗也、說文、跛、蹇也、經傳通作跛、踦之言傾敧也、玉篇音居綺卬奇二切、說文、踦、一足也、方言、踦、奇也、梁楚之閒、凡全物而體不具謂之踦、雍梁之西郊凡嘼支體不具者謂之踦、魯語、踦跂畢行、韋昭注云、踦跂、跰蹇也、跰蹇即大傳所云其跳也、廣韻、掎𨁈、一腳也、襄

十四年左傳云、譬如捕鹿、晉人角之、諸戎掎之、爾雅云、牛角一俯一仰、觭、成二年公羊傳、相與踦閭而語、何休注云、門閉一扇開一扇、一人在外、一人在內、曰踦閭、義竝相近也、

糶、酤、衒、賣、調、詥、𧵳、賺、賣也、

糶者、說文、糶、出穀也、管子國蓄篇云、市糴無予、酤者、論語子罕篇、求善賈而沽諸、馬融注云、沽、賣也、沽與酤通、衒者、說文、衒、行且賣也、或作衒、內則、奔則爲妾、鄭注云、奔或爲衒、賣、音育、說文、賣、衒也、周官胥師、察其詐偽飾行價慝者、鄭衆注云、價、賣也、價與賣同字、或作鬻、又作粥、詥者、釋言云、詥、衒也、𧵳者、玉篇、𧵳、賣也、廣韻云、貯也、謂貯貨而賣之也、皋陶謨云、懋遷有無化居、史記呂不韋傳云、此奇貨可居、居與𧵳通、賺者、玉篇、賺、重賣也、

薄、糴、市、買也、

糴者、說文、糴、市穀也、春秋莊二十八年、臧孫辰告糴于齊、

彙、種、方、朋、肖、似、醜、類也、

彙者、泰初九、拔茅茹以其彙、虞翻注云、彙、類也、種、經傳皆作種、方者、孟子萬章篇、故君子可欺以其方、趙岐注云、方、類也、醜之言儔也、離上九云、獲匪其醜、

疙、騃、僮、惛、狌、誖、胥、眂、瘍、癡也、

疙者、衆經音義卷十六引通俗文云、小癡曰疙、說文、忥、癡皃、忥與疙聲近義同、馬融注秦誓云、訖訖、無所省錄之貌、義與疙亦相近也、騃者、方言、癡、騃也、衆經音義卷六引倉頡篇云、騃、無知也、漢書息夫躬傳云、騃不曉政事、僮者、賈子道術篇云、反慧爲童、蒙彖辭、匪我求童蒙、釋文引廣雅、僮、癡也、晉語、僮昏不可使謀、韋昭注云、僮、無知、昏、闇亂也、大戴禮千乘篇、欺惑憧愚、憧童竝與僮通、春秋晉胥童字之昧、是其義也、狂誖者、韓非子解老篇云、心不能審得失之地、則謂之狂、周語云、於是乎有狂悖之言、有眩惑之明、悖與誖通、胥者、說文、胥、駭也、眂、與眠同、亦通作萌、賈子大政篇云、夫民之爲言也、冥也、萌之爲言也、盲也、周官

遂人注云、甿猶懵懵無知貌也、瘍者、說文、瘍、脈瘍也、脈瘍、猶辟易也、吳語稱疾辟易、韋昭注云、辟易、狂疾、韓非子內儲說云、公惑易也、漢書王子侯表云、樂平侯訢病狂易、易與瘍通、

伸、惕、矯、揉、展、侹、繩、矢、當、直也、

惕、曹憲音揚、玉藻、凡行容惕惕、鄭注云、惕惕、直疾貌也、釋文、惕音傷、又音陽、曹憲又云、惕、一本作傷、玉篇傷、他莽切、直也、傷與惕聲異而義同、矯揉者、正曲而使之直也、說文、矯、揉箭箝也、楚辭離騷、矯菌桂以紉蕙兮、王逸注云、矯、直也、漢書諸侯王表云、可謂撟枉過其正矣、考工記輪人、揉輻必齊、文選長笛賦注引鄭注云、揉、謂以火撟也、說卦傳云、坎爲矯揉、矯撟揉楺並通、侹者、玉篇音他頂切、爾雅、頲、直也、襄五年左傳、周道挺挺、杜預注云、挺挺、正直也、曲禮、鮮魚曰脡祭、鄭注云、脡、直也、並字異而義同、繩者、漢書律歷志云、繩者、上下端直、經緯相通也、說卦傳云、巽爲繩直、淮南子繆稱訓云、行險者不得履繩、出林者不得直道、繩與直同義、故準繩亦謂之準直、月令云、先定準直、農乃不惑、是也、矢者、盤庚、出矢言、傳云、出正直之言、噬嗑九四、得金矢、王弼注云、矢、直也、當者、說文、當、田相直也、

溫、煖、爤、焫、曣、晛、暍、暵、燠、燂、煗也、

煖與煗同、又讀爲暄、樂記、煖之以日月、是也、爤者、玉篇、爤、煗也、或作曤、又云、曤、小煗也、焫者、玉篇、焫、乃困切、熱也、呂氏春秋必己篇云、不食穀實、不衣芮溫、芮與焫聲近義同、曣晛者、說文、曣、姓無雲暫見也、曣與曣同、亦通作晏、說文、晏、天清也、小爾雅、晏、陽也、史記封禪書、至中山曣𥁕、續孝武紀及漢書郊祀志並作晏溫、如淳注云、三輔謂日出清濟爲晏、晏而溫、淮南子繆稱訓、暉日知晏、文選羽獵賦注引許慎注云、晏無雲也、說文、晛、日見也、玉篇音奴見切、與曣同、小雅角弓篇、見晛曰消、毛傳云、晛、日氣也、韓詩作曣晛聿消、云、曣晛、日出也、荀子非相篇引詩作晏然聿消、並字異而義同、暍者、說文、暍、傷熱暑也、大戴禮千乘篇云、夏服君事不及暍、暍之言暍暍然也、素問刺瘧篇云、熱熇熇暍暍然、是也、暵者、說文云、安暵、溫也、又𤎍字注云、讀若水溫㬈也、㬈與暵同、說文、㬈、溫溼也、讀與赧同、㬈與暵聲相近、說文、渜、湯也、洝、渜水也、洝與安暵之安聲相近、安暵與曣晛聲亦相近也、燂者、玉篇音似廉似林二切、說文、燂、火熱也、內則、五日則燂湯請浴、釋文、燂、溫也、說文、燅、於湯中爚肉也、少牢下篇乃燅尸俎、鄭注云、燅、溫也、古文燅皆作尋、記或作燖、春秋傳曰、若可燖也、亦可寒也、今左傳作尋、中庸正義引賈逵注云、尋、溫也、禮器、三獻爓、鄭注云、爓、沈肉於湯也、義並與燂同、

庸、比、侹、佽、更、跆、遞、迭、代也、

庸比侹佽更迭者、方言、庸、佽、比、侹、更、佚、代也、齊曰佚、江淮陳楚之閒曰侹、餘四方之通語也、說文、庸、用也、從用庚、庚、更事也、漢書食貨志、教民相與庸輓犂、顏師古注云、言換功共作也、義與庸賃同、說文、侹、代也、佽、遞也、方言注云、今俗名更代作爲次作、次與佽通、庸、佽、比、皆更代作之意、昭十六年左傳云、昔我先君桓公與商人、庸次比耦以艾殺此地、斬其蓬蒿藜藋而共處之、是也、迭與佚通、各本譌作迭、今訂正、凡更代作、必以其次、故代謂之比、猶次謂之生也、代謂之遞、猶次謂之第也、代謂之迭、猶次謂之秩也、跆者、鄉射禮、取弓矢拾、士喪禮下篇及丈夫拾踊三、投壺、請拾投、鄭注並云、拾、更也、拾與跆通、

鈐、堪、龕、受、盛也、

鈐堪龕受者、方言、鈐、龕、受也、齊楚曰鈐、揚越曰龕、受盛也、猶秦晉言容盛也、鈐通作含、凡言堪受者、即是容盛之義、昭二十一年左傳、鍾窕則不咸、攄則不容、今鍾攄矣、王心弗堪、是也、龕與堪聲義亦同、方言龕字注云、今云龕囊、依此名也、說文、堪、地突也、淮南子天文訓、堪輿徐行、雄以音知雌、文選甘泉賦注引許慎注云、堪、天道也、輿、地道也、皆容盛之義也、

汜、涴、洼、染、濁、濩、辱、點、汙也、 塗

汜涴染濁諸字爲汙穢之汙、洼爲汙下之汙、而其義又相通、汜、涴、洼、濁者、方言、汜、浼、濁、洿也、自關而東、或曰洼、或曰汜、東齊海岱之閒或曰浼、或曰濁、洿與汙同、漢書王褒傳云、水斷蛟龍、陸剸犀革、忽若篲汜畫塗、如淳注云、若以篲埽於汜灑之處也、顏師古注云、篲、帚也、汜、汜灑地也、塗、泥也、如以帚埽汜灑之地、

以刀畫泥中，言其易也。案彗者，埽也。後漢書光武紀注云：彗，埽也。班固東都賦云：戈鋋彗雲，羽旄埽霓。是也。氾者，污也。謂如以帚埽穢，以刀畫泥耳。如淳、顏師古以氾爲氾灑地，失之。漢博陵太守孔彪碑云：浮斿塵埃之外，皭然氾而不俗。是氾爲污也。氾爲污穢之污，亦爲污下之污。管子山國軌篇云：氾下漸澤之壤。氾下，謂污下也。氾，各本譌作氾，今訂正。孟子公孫丑篇：若將浼焉。趙岐注云：浼，污也。丁公著音浼。玉篇及方言注竝同。莊子讓王篇云：欲以其辱行漫我。呂氏春秋離俗覽：不漫於利。高誘注云：漫，污也。漫、浼竝與涴通。說文：洼，深池也。莊子齊物論篇：似洼者，似污者。是洼爲污下也。卷一云：窪，下也。窪與洼亦同義。濩者，下文云：獲，辱也。獲與濩義相近。楚辭漁父：又安能以晧晧之白，而蒙世之溫蠖乎？蠖與濩義亦相近。陳氏觀樓云：溫蠖，即污之反語也。點者，楚辭七諫：唐虞點灼而毀議。王逸注云：點，污也。塗者，莊子讓王篇云：其竝乎周以塗吾身也，不如避之以絜吾行。呂氏春秋誠廉篇塗作漫。漢書王尊傳云：塗污宰相，摧辱公卿。是塗爲污也。污、塗、漫義相同，故污謂之漫，亦謂之塗；塗牆謂之墁，亦謂之圬矣。文選西都賦注引廣雅：塗，污也。今本脫塗字。

匋、質、流、奞、譁、蔦、涅、仙、卦、變，匕也。

匋者，管子地數篇云：吾欲陶天下而以爲一家。淮南子本經訓云：天地之合和，陰陽之陶化，萬物皆乘一氣者也。是陶爲化也。匋、陶、匕、化竝通。衆經音義卷五引韓詩云：上帝甚陶。陶，變也。變亦化也。毛詩作上帝甚蹈。云蹈，動也。義亦相近。諸書無訓質爲化者，質當爲貨字之誤也。說文：貨，財也。從貝，化聲。徐鍇傳云：可以交易曰貨。貨，化也。引皋陶謨懋遷有無化居，廣韻引蔡氏化清經云：貨者，化也。變化交易之物，故字從化也。是貨、化二字古同聲同義。流者，莊子逍遙遊篇云：大旱金石流。楚辭招魂篇云：十日代出，流金鑠石。皆化之義也。奞者，方言：奞，化也。譁、蔦、涅者，方言：蔦、譌、譁、涅，化也。北燕朝鮮洌水之間曰涅，或曰譁。雞伏卵而未孚，始化之時，謂之涅。郭璞注云：蔦、譌、譁，皆化聲之轉也。釋言云：蔦，譌也。風俗通義云：西方華山。華者，華也。萬物滋然變華於西方也。華與譁聲近義同。爾雅云：訛，化也。堯典平秩南偽，史記五帝紀作南爲，幽風破斧篇：四國是吪。毛傳云：吪，化也。訛、吪、爲、僞竝與譌通。楚辭九歎：若青蠅之僞質兮。王逸注云：僞，猶變也。義亦與譌同。蔦亦譌也。方俗語有輕重耳。方言又云：楚鄭謂猾曰蔦，凡狡猾之人多變詐，故亦謂之蔦也。卦、化古聲亦相近，故卦有化義。繫辭傳云：剛柔相推而生變化。是也。

釐、孶、僆、𩔹、匹、耦，孿也。

釐孶、僆、孿者，方言：陳楚之間，凡人嘼乳而雙產謂之釐孶，秦晉之間謂之僆子，自關而東趙魏之間謂之孿生。堯典傳云：乳化曰孶。釐孶，連語之轉。釐孶，猶言連生。方言：娌，耦也。娌與釐亦聲近義同。僆亦連也。衆經音義卷十七引倉頡篇云：孿，一生兩子也。說文作孿。徐鍇傳云：孿，猶連也。呂氏春秋疑似篇云：夫孿子之相似者，其母常識之。太元元掜：兄弟不孿。范望注云：重生爲孿。孿亦雙也。語之轉耳。𩔹之言聯緜也。方言：𩔹，雙也。南楚江淮之間曰𩔹。

撊、梗、爽，猛也。

撊、梗、爽者，方言：撊、梗、爽，猛也。晉魏之間曰撊，韓趙之間曰梗，齊晉曰爽。小爾雅：撊，忿也。昭十八年左傳：今執事撊然授兵登陴。服虔注云：撊然，猛貌也。說文：僩，武皃。引衞風淇奧篇：瑟兮僩兮。義亦與撊同。梗之言剛也。漢書王莽傳云：絳侯杖朱虛之鯁。鯁與梗通。梗，各本訛作挭，今訂正。昭三年左傳：二惠競爽。杜預注云：競，彊也。爽，明也。七年傳云：用物精多則魂魄強，是以有精爽至於神明。義與猛竝相近。爽訓爲猛，故鷹謂之爽鳩。昭十七年左傳：爽鳩氏，司寇也。杜注云：爽鳩，鷹也。鷙，故爲司寇，主盜賊。是其義也。

媵、庇、寓、羈、餬、侂，寄也。

媵、庇、寓、餬、侂者，方言：餬、託、庇、寓、媵，寄也。齊衞宋魯陳晉汝潁荊州江淮之間曰庇，或曰寓。寄食爲餬。凡寄爲託，寄物爲媵。又云：媵，託也。爾雅：庇、庥，蔭也。高誘注呂氏春秋懷寵篇云：庇，依蔭也。依蔭即寄託之義。襄三十一年左傳云：大官大邑，身之所庇也。說文：餬，寄食也。隱十一年左傳云：使餬其口於四方。侂與託同。

害、曷、胡、盇，何也。

皆一聲之轉也害曷一字也周南葛覃篇害澣害否毛傳云害何也釋文害與曷同盇者爾雅盇曷也管子戒篇云盇不出從乎小稱篇云闔不起爲寡人壽乎秦策云盇可忽乎哉竝字異而義同

薄怒文農勉也

薄怒者方言薄勉也秦晉曰薄故其鄙語曰薄努猶勉努也南楚之外曰薄努郭璞注云如今人言努力也李陵與蘇武詩云努力崇明德努與怒通故方言云努猶怒也文讀爲忞說文忞彊也玉篇云自勉彊也爾雅亹亹勉也大戴禮五帝德篇云亹亹穆穆爲綱爲紀司馬相如封禪文云旼旼穆穆君子之能旼旼卽亹亹也旼與忞亦同義農猶努也語之轉耳洪範云農用八政謂勉用八政也呂刑云稷降播種農殖嘉穀謂勉殖嘉穀也五帝德篇云使后稷播種務勤嘉穀義本呂刑也襄十三年左傳云君子尙能而讓其下小人農力以事其上管子大匡篇云耕者用力不農有罪無赦此皆古人謂勉爲農之證解者多失之

廣雅疏證　卷第三上　三十

歸餉饋襚問遺也

歸亦饋也聘禮君使卿韋弁歸饔餼五牢鄭注云今文歸或爲饋襚者說文贈終者衣被曰裞士喪禮君使人襚襚與裞同漢書朱建傳作裞荀子大略篇云貨財曰賻輿馬曰賵衣服曰襚玩好曰贈玉貝曰唅賻賵所以佐生也贈襚所以送死也太平御覽引春秋說題辭云襚之爲言遺也公羊傳隱元年注及士喪禮注同檀弓未仕者不敢稅人注云稅謂遺子人物義亦與襚同歸饋遺襚聲竝相近遺問語之轉耳問者鄭風女曰雞鳴篇雜佩以問之曲禮以弓劒苞苴簞笥問人毛傳鄭注竝云問遺也

刊剟㓟剽剗劖削也 刷

刊者說文刊剟也雜記刊其柄與末鄭注云刊猶削也刊各本訛作升惟影宋本不訛剟者說文剟刊也商子定分篇云有敢剟定法令損益一字以上罪死不赦逸周書和寤解云豪末不掇將成斧柯掇與剟通剽者衆經音義卷十引倉頡篇云剽截也剗者韋昭注漢書敘傳云剗削也李善注蕪城賦引倉頡篇云鏟削平也說文鏟平鐵也召南甘棠篇勿翦勿伐韓詩翦作剗齊策云剗而類破吾家木華海賦云鏟臨崖之阜陸剗鏟聲義竝同劖者卷一云劖斷也斷與削義相近刷者說文刷刮也刮亦削也爾雅釋詁釋文引廣雅刷削也今本脫刷字

昃覞㒜譯覩形覢儀皃見也 較

昃者說文昃見也㒜者堯典共工方鳩㒜功傳云㒜見也譯者方言譯傳也譯見也郭璞注云傳宣語卽相見也案見者著見之義謂傳宣言語使相通曉也齊風載驅箋云圉明也義與譯相近形者鄭注樂記云形猶見也覢之言閃也廣韻引倉頡篇云覢覢視皃說文覢暫見也引哀六年公羊傳覢然公子陽生今本覢作闖何休注云闖出頭貌釋文云闖見貌說文闖馬出門皃又云睒暫視皃䚘私出頭視也閃闚頭門中也太元瞢初一瞢復睒天不覩其軫范望注云睒窺也劇次三鬼睒其室注云睒見也禮運龍以爲畜故魚鮪不淰鄭注云淰之言閃也正義云閃或見或不見也大戴禮誥志篇云龍至不閃鳳降忘翼是

廣雅疏證　卷第三上　三十一

凡言閃者皆暫見之義也儀皃皆見於外者故爲見也形儀皃三字同義較者卷四云較明也曹憲音角明亦見也太元攡云君子小人之道較然見矣衆經音義卷十一引廣雅較見也今本脫較字

寥坈𥤢繆崝嵤淵洿彌遂幽暗窈窱藏井掊㴱也 坑

寥與繆同義文選高唐賦窐寥窈冥李善注云窐寥空㴱貌魯靈光殿賦宂寥窲以崢嶸注云寥窲崢嶸皆幽㴱之貌釋名尻廖也尻所在廖牢㴱也說文廖空虛也繆空谷也漻清㴱也義竝相近𥤢者說文𥤢空大也從穴乙聲今人謂探穴爲𥤢義取諸此也崝嵤者說文崝嶸也嶸崝嶸也釋訓云崝嶸㴱冥也楚辭遠遊篇云下崢嶸而無地兮高唐賦云俯視崢嶸窐寥窈冥漢書西域傳云臨崢嶸不測之㴱竝字異而義同洿者說文洿窊下也檀弓云洿其宮而豬焉楚辭天問川谷何洿王逸注云洿㴱也周語云陂唐汙庳以鍾其美汙與洿通說文小池爲汙隱三年左傳潢汙行潦之水義亦同也彌者商頌殷武篇罙入其阻毛傳云罙㴱也罙與彌通邶風匏有苦葉篇有瀰濟盈傳云瀰㴱水也瀰與彌亦聲近義同遂者說

文邃深遠也玉藻云前後邃延幽者爾雅幽深也小雅伐木篇云出自幽谷暗亦幽也語之轉耳文選甘泉賦稍暗暗而靚深李善注云暗深空之貌說文黯深黑也義與暗亦相近窈者說文窈深遠也列子力命篇云窈然無際莊子知北遊篇云窅然空然楚辭九歌杳冥冥兮羌晝晦注云杳深也窈窅杳竝通寮者說文寮深也窕與寮通合言之則曰窈寮說文寮杳寮也釋訓云寮寮窈窈深也西都賦云又杳寮而不見陽魯靈光殿賦云旋室㛹娟以窈窕續漢書祭祀志注引封禪儀記云石壁窅寮如無道徑竝字異而義同藏者韓詩外傳云窺其戶不入其中安知其奧藏之所在藏猶深也故考工記梓人必深其爪鄭注云深猶藏也井者雜卦傳云井通也通與深義相近掊者方言掊深也郭璞注云掊克深能大雅蕩篇曾是掊克釋文云掊克聚斂也漢書郊祀志見地如鉤狀掊視得鼎顏師古注云掊謂手杷土也說文云今鹽官入水取鹽曰掊皆深之義也坑者玉篇坑呼決切深也空也亦作窬說文窬空兒坑窬竝與穴同義集韻類篇竝引廣雅坑深也今本脫坑字

叔、季、幼、稚、孩、雡、少也

叔少一聲之轉爾雅云父之晜弟先生爲世父後生爲叔父又云婦謂夫之弟爲叔白虎通義云叔者少也釋名云仲父之弟曰叔父叔少也又云妐妐也老者稱也叔少也幼者稱也爾雅釋魚鮥鮛鮪陸機毛詩疏鮛作叔云大者爲王鮪小者爲叔鮪召南采蘋傳云季少也白虎通義云季者幼也釋名云叔父之弟曰季父季癸也甲乙之次癸最在下季亦然也月令季春之月鄭注云季少也周官山虞斬季材鄭注云季猶穉也特牲饋食禮挂于季指鄭注云季小也是凡言叔季者皆少之義也雡者爾雅雡之暮子爲鷚郭璞注云晚生者今呼少雞爲鷚說文作雡釋言云雛雡也玉篇云雛鷚雞也揚雄蜀都賦云鷚鶵初乳左思吳都賦云巖穴無豜豵翳薈無麢鷚麢鹿子也鷚與雡同麢與鷚聲義亦相近

稀、秝、闊、遠、疏也

秝者說文秝稀疏適秝也適音滴玉篇秝稀疏秝秝然也周官遂師抱磨鄭注云磨者適歷執綍者名也疏云謂千人分布於六綍之上稀疏得所名爲適歷也適歷疊韻字故因以爲地名春秋昭三十一年季孫意如會晉荀躒于適歷是也文選登徒子好色賦鄙脣歷齒李善注云歷猶疏也古詩云衆星何歷歷義竝與秝同

擐、麗、壓、摶、飾、竊、著也

擐者貫之著也說文擐貫也成二年左傳擐甲執兵吳語服兵擐甲韋昭杜預注竝與說文同衆經音義卷十七引賈逵注云擐衣甲也高誘注淮南子要略云擐貫著也麗者附之著也說文麗草木相附麗土而生也字通作麗亦作離宣十二年左傳射麋麗龜杜預注云麗著也小雅小弁篇不屬于毛不離于裏屬離皆著也壓者楚辭七諫厭白王以爲面兮王逸注云厭著也厭與壓通摶者聚之著也曲禮云毋摶飯竊亦附之著也爾雅釋草蔨䕯竊衣齊民要術引孫炎注云似芹實如麥兩兩相合有毛著人衣故曰竊衣

䫉、圜、圓梋、圖、圓也

各本俱脫圓字莊子庚桑楚篇釋文引廣雅環圓也環與圜同又䫉圜圓圖四字諸書竝訓爲圓今據以補正䫉者開元占經歲星占篇引淮南子天文訓注云規者員也規䫉圓員竝通圓曹憲音還說文圓圜全也圓者說文圓規也玉篇音似沿切圓之言旋也司馬彪注莊子達生篇云旋圓也說文檈圜案也鏇圜鑪也方言炊籅謂之匠郭璞注云漉米籅也漉米籅亦器之圓者旋圓檈鏇匠五字竝音似沿反其義一也圓曹憲音旋各本脫去圓字其音內旋字遂誤入圓字下考玉篇廣韻集韻類篇圓字竝與旋同音今據以補正梋者玉篇音涓云椀謂之梋盂屬也方言云椀謂之梋梋柍亦器之圓者也曹憲音沿爾雅環謂之捐捐與梋亦同義圖者玉篇圖圓也論衡變動篇云果蓏之細員圖易轉說文篅判竹圜以盛穀也衆經音義卷四引倉頡篇云篅圓倉也釋名云圖以草作之團團然也圖與篅同說文輇蕃車下庳輪也輪亦器之圓者圖輇竝音市緣反其義一也孟子告子篇性猶湍水也趙岐注云湍者圜也謂湍湍瀠水

也。湍與圖亦聲近義同。

壤、堁、埃、堅、坌、塺、坋、坺、塵也。垿、

堁者，宋玉風賦云：堀堁揚塵。淮南子主術訓：譬猶揚堁而弭塵。高誘注云：堁，塵塺也。楚人謂之堁。堁，動塵之貌。崔譔注莊子大宗師篇云：齊人以風塵爲㙼堁。堅者，說文：堅，塵埃也。坌者，說文：坋，塵也。高誘注淮南子齊俗訓云：堁，坋塵也。坋與坌同。論語公冶長篇：糞土之牆不可杇也。鹽鐵論非鞅篇：坌土之基，雖良匠不能成其高。並與坌聲近義同。衆經音義卷二引通俗文云：垿土曰坌。周官草人：勃壤用狐。鄭注云：勃壤，粉解者。勃與垿、粉與坌，義亦相近。塺者，說文：塺，塵也。楚辭九懷云：霾土忽兮塺塺。九歎云：愈氛霧其如塺。坋者，玉篇：坋，塵壤也。坺者，說文：坺，塵皃。垿者，玉篇：垿，蒲忽切，塵皃。廣韻云：塵起也。揚雄蜀都賦：埃敎塵拂。敎與垿通。集韻、類篇並引廣雅：垿，塵也。今本脫垿字。

詇、謏、號、𣊫、認、訴、風、諭，告也。

謏與告聲相近。卷一云：謏，語也。語亦告也。號者，白虎通義云：號者，功之表也，所以表功明德，號令臣下者也。是告之義也。𣊫者，謁之告也。字從日，殸聲。亦通作寧。漢書高祖紀：嘗告歸之田。李斐注云：告者，休謁之名。吉曰告，凶曰寧。哀帝紀云：博士弟子父母死，予寧三年。後漢書陳忠傳云：絕告寧之典。認者，誡之告也。說文：認，誡也。徐鍇傳云：今人言誡認是也。淮南子繆稱訓：目之精者，可以消澤，而不可以昭認。高誘注云：昭導認誡也，不可以教導誡人也。鹽鐵論相刺篇云：天設三光以照記。照記與昭認同。風者，詩序云：風，風也，教也。上以風化下，下以風刺上。鄭箋云：風化、風刺，皆謂譬喻不斥言也。白虎通義云：諷諫者，知患禍之萌，睹其未然而諷告也。諷與風通。

𢷬、敵、賑、萳、衡、稽、儓、配、亢、對、貞，當也。

𢷬者，說文：𢷬，當也。賑，各本訛作賑。玉篇：賑，於獻切，物相當也。廣韻、集韻、類篇並同。今據以訂正。廣韻又云：賑，引與爲價也。與傿同。說文：傿，引爲賈也。引爲賈，謂引此物以爲彼物之值，即相當之意也。萳者，說文：芇，相當也。芇與萳同義。玉篇：芇、萳並亾紾、亾安二切，義亦同。衡者，說文：衡，通道也。徐鍇傳云：謂南北東西各有道相衡也。相衡即相當。海外北經云：首衡南方。是也。衡或作衡。同。稽者，玉篇：稽，計當也。周官小宰：聽師田以簡稽。鄭衆注云：稽猶計也，合也。合即計當之意。褚少孫續三王世家云：維稽古。稽者，當也，當順古之道也。儓者，方言：臺，匹也。東齊海岱之閒曰臺；自關而西秦晉之閒，物力同者謂之臺。亦相當之意也。臺與儓通。亢者，襄十四年左傳：晉禦其上，戎亢其下。杜預注云：亢猶當也。秦策：天下莫之能伉。高誘注云：伉，當也。伉與亢通，亦通作抗。貞之言丁也。爾雅云：丁，當也。洛誥：我二人共貞。馬融注云：貞，當也。楚辭離騷：攝提貞于孟陬兮。戴

先生注亦云：

聳、聹、䎽、耾、聵，聾也。

聳、聹者，方言：聳、聹，聾也。半聾，梁益之閒謂之聹；秦晉之閒，聽而不聰，聞而不達，謂之聹；生而聾，陳楚江淮之閒謂之聳；荊揚之閒及山之東西，雙聾者謂之聳。郭璞注云：聹，言胎聹煩憒也。聳，言無所聞常聳耳也。馬融廣成頌云：子野聽聳，離朱目眩。漢繁陽令楊君碑云：有司聳昧，莫能識察。䎽者，方言：聾之甚者，秦晉之閒謂之䎽；吳楚之外郊，凡無耳者亦謂之䎽。其言䎽者，若秦晉中土謂墮耳者明也。注云：䎽，言聉無所聞知也。說文：明，墮耳也。聉，無知意也。䎽、明、聉，聲義並相近。耾者，集韻：耾，耳中聲也。凡聽而不聰，聞而不達者，耳中常耾耾然，故謂之耾也。耾，各本訛作耾，今訂正。聵猶䎽也，語之轉耳。說文：聵，生聾也。晉語：聾聵不可使聽。衆經音義卷一引賈逵注云：生聾曰聵。法言問明篇云：吾不見震風之能動聾聵也。說文：顡，癡顡，不聰明也。此即郭璞所云聉顡無所聞知。聵、顡並音五怪反，其義同也。聹、䎽、聵三字並從耳，各本訛從目，今訂正。

約、縛、紐、緯、韣、稛、穜、繃、緷、摞、團、摎、輹、紳、紘、帶、咎、纏、纏、絯、綦、徽，束也。

縛者，周官羽人：十羽爲審，百羽爲摶，十摶爲縛。鄭注云：審、摶、縛，羽數束名也。爾雅曰：一羽謂之箴，十羽謂

之縛百羽謂之緷其名音相近也一羽則有名蓋失之矣孫炎注爾雅與鄭意同此是記束羽之數故一羽不得有名而郭璞乃云凡物數無不從一爲始爾雅不失周官未爲得失其義矣襄二十五年左傳云閭邱嬰以帷縛其妻而載之昭二十六年傳以幣錦二兩縛一如瑱杜預注云縛卷也考工記鮑人卷而摶之鄭衆注云摶讀爲縛一如瑱之縛謂卷縛韋革也摶與縛通輪人陳篆必正鄭注云篆轂約也義亦與縛同紐者說文紐系也一曰結而可解王逸注九歎云紐結束也管子樞言篇云先王不約束不結紐緯者夏小正農緯厥耒傳云緯束也釋名云緯圍也反覆圍繞以成經也圍與束同義故說文束從囗木囗亦圍也韣束聲相近故韣訓爲束玉篇韣韜也韜亦束也內則斂簟而襡之鄭注云襡韜也襡與韣通稛與下圍字同說文稛絭束也齊語稛載而歸韋昭注云稛絭也管子小匡篇作攟哀二年左傳羅無勇麇之杜預注云麇束縛也釋文麇邱隕反稛麇聲近義同今俗語猶謂束物爲稛矣稛猶纏也語之轉耳玉篇稛禾束也繃者說文繃束也引墨子節葬篇云禹葬會稽桐棺三寸葛以繃之顏師古注漢書宣

帝紀云繃卽今之小兒繃也今俗語猶云繃小兒矣緷者玉篇音古本切廣韻又胡本切說文橐橐也從束圂聲徐鍇傳云束縛囊橐之名爾雅百羽謂之緷釋文引埤倉云緷大束也穆天子傳云天子於是載羽百緷漢書揚雄傳掍申椒與菌桂兮顏師古注云掍大束也緷橐掍竝通又與稛聲相近也擦者衆經音義卷十三引埤倉云擦圍係也又引通俗文云束縛謂之擦莊子人間世篇絜之百圍文選過秦論注引司馬彪注云絜帀也漢書陳勝傳度長絜大顏師古注云絜謂圍束之也荀子非相篇云不揣長不揳大擦揳絜竝通邶風擊鼓篇死生契闊韓詩云契闊約束也契猶擦也闊猶括也故小雅車舝篇德音來括韓詩云括約束也摎者衆經音義卷五引倉頡篇云摎束也喪服傳殤之絰不摎垂鄭注云不絞其帶之垂者檀弓衣衰而繆絰鄭注云繆當爲不摎垂之摎說文摎縛殺也漢書外戚傳卽自繆死鄭氏注云繆自縊也繆與摎通說文丩相糾繚也芔草之相糾者也義亦與摎同輹者說文輹車軸縛也小畜九三輿說輹僖十五年左傳車說其輹馬融杜預注竝云輹車下縛也紳者韓子外儲說篇云書曰紳之束之宋人有治者因重帶自紳束也鄭注內則云紳大帶所以自紳約也玉藻釋文云紳本亦作申紳之言申也衛風有狐傳云帶所以申束衣淮南子道應訓約車申轅高誘注云申束也說文云申七月陰氣成體自申束也是紳與申同義紘者士冠禮贊者卒紘鄭注云卒紘謂繫屬之說文紘冠卷也周官弁師玉笄朱紘鄭注云朱紘以朱組爲紘也紘一條屬兩端於武大射儀鼗倚于頌磬西紘鄭注云紘編磬繩也淮南子原道訓紘宇宙而章三光高注云紘維也若小車蓋四維謂之紘繩之類考工記輪人云良蓋弗冒弗紘是凡言紘者皆系束之義也帶者釋名帶帶也著於衣如物之繫帶也是束之義也帶與紳同義故白虎通義云所以必有紳帶者示敬謹自約整也答者楚辭招魂秦篝齊縷鄭綿絡些王逸注云絡縛也絡與答通繶者釋器云繶條也周官屨人爲赤繶黃繶士冠禮青絇繶純鄭注竝云繶縫中紃也疏云謂牙底相接之縫綴條於其中亦系束之義也繶與纏同絯者玉篇絯挂也中約也莊子天地篇方且爲物絯釋文引廣雅絯束也說文該軍中約也義與絯亦相近葉者說文葉小束也從束开聲齊民要術云刈

麻葉欲小縛欲薄玉篇云禾十把曰秭葉秭聲義竝同徽者說文徽衺幅也文選思元賦揚雜錯之袿徽李善注引爾雅婦人之徽謂之縭今本作褘郭璞注云卽今之香纓也褘邪交落帶繫於體因名爲褘是束之義也說文又云徽三糾繩也坎上六係用徽纆馬融注云徽纆索也劉表注云三股爲徽兩股爲纆文選解嘲徽以糾纆李善注引服虔云徽縛束也徽與緯聲亦相近

鑑、鏡、光、景、暟、臨、燿、照也、

暟臨者方言暟臨照也說文臨監臨也大雅皇矣篇云臨下有赫

帝、禘、祥、審、諟、諦、地、諟也、

帝者鄘風君子偕老傳審諦如帝正義引春秋運斗樞云帝之言諦也說文獨斷白虎通義風俗通義及後漢書李雲傳竝云帝諦也獨斷云能行天道事天審諦也諦與諟同禘者說文禘諦祭也文二年公羊傳注云禘猶諦也審諦無所遺失說苑脩文篇云禘者諦也諦其德而差優劣也後漢書張純傳云禮說

禘之爲言諦、諦定昭穆尊卑之義也、祥、與詳通、諟、諦者、方言、痣、諦、審也、齊楚曰痣、秦晉曰諦、又云、諟、諦、諟也、吳越曰諟、諦、地者、爾雅釋地釋文引禮統云、地、施也、諦也、應變施化、審諦不誤也、白虎通義與禮統同、釋名云、地、諦也、五土所生、莫不審諦也、

緍、緜、羲、麗、設、布、張、爲、戲、施也、

緍緜一聲之轉、方言、緍、緜、施也、秦曰緍、趙曰緜、吳越之間脫衣相被謂之緍緜、郭璞注云、相覆及之名也、說文亦云、吳人解衣相被謂之緍、大雅抑篇言緍之絲、毛傳云、緍、被也、義竝同、麗者、多方不克開于民之麗、顧命、奠麗陳教則肄、傳竝云、麗、施也、士喪禮、設決麗于掔、鄭注與傳同、呂氏春秋貴卒篇云、荆國之法、麗兵於王尸者盡加重罪、羲、戲、施、聲竝相近、

遲、晏、後、旰、稺、晚也、

旰、亦晏也、說文、旰、日晚也、襄十四年左傳、日旰不召、史記衞世家集解引服虔注云、旰、晏也、稺、亦遲也、說文、稺、幼禾也、晚種後孰者、

担、笞、搔、扑、搭、扚、打、伐、抛、抪、抰、扶、擊、撻、揞、搥、摬、拍、揔、抋、摽、攝、扵、拍、籢、搒、挨、敂、批、掭、攄、搨、拘、擂、敺、敂、攊、敵、搏、攕、數、拊、擊、撼、捭、撻、攕、攻、擊、攩、弢、敂、擽、摷、撠、擊、摧、攍、剝、擊也、

担者、說文、笪、笞也、玉篇、廣韻竝音丁但切、笪與担同、集韻引廣雅作笪○扚者、說文、扚、疾擊也、打者、衆經音義卷二引倉頡篇云、椎、打也、王延壽夢賦云、撞縱目打三顱、後漢書杜篤傳云、椎鳴鏑、釘鹿蠡、釘與打通、說文、朾、撞也、朾與打、亦聲近義同、伐者、牧誓、不愆于四伐五伐六伐七伐、曲禮正義引鄭注云、伐、謂擊刺也、小雅釆芑篇、鉦人伐鼓、毛傳云、伐、擊也、抛者、衆經音義卷二十引埤倉云、抛、擊也、扑、搭、扚、抛、四字竝從手、各本訛從木、今訂正、抰者、說文、抰、擊也、抰、訓爲擊、故杖或謂之抰、說見釋器抰杖也下、扶者、說文、扶、笞擊也、文十年左傳云、無畏扶其僕以徇、擊者、說文、擊、擊也、又云、潎、於水中擊絮也、擊、潎、竝音芳滅反、其義同也、揞、亦搭也、方俗語轉耳、抛、與下批字同、說文、抛、反手擊也、莊十二年左傳、批而殺之、莊子養生主篇、批大郤、道大窾、釋文竝音普迷蒲穴二反、嵇康琴賦云、觸抛如志、抛、批、聲義竝同、摬者、說文、摬、中擊也、拍者、說文、拍、拊也、釋名云、拍、搏也、以手搏其上也、莊子天下篇云、椎拍輐斷、韓子功名篇云、一手獨拍、雖疾無聲、揔、抋者、方言、抋、抌、椎也、南楚凡相椎搏曰抋、或曰揔、列子黃帝篇云、攩抋挨抌、張衡西京賦云、徒搏之所撞抋、摽者、說文、摽、擊也、玉篇音匹叫孛堯三切、哀十三年左傳、長木之斃、無不摽也、杜預注與說文同、史記莊子傳、剽剝儒墨、正義云、剽、猶攻擊也、剽與摽同、漢書韓信傳、有一漂母哀之、韋昭注云、以水擊絮曰漂、漂義亦與摽同、文選洞簫賦、聯緜漂擊、李善注云、漂擊、餘響飛騰相擊之貌、漂擊一聲之轉、故擊謂之摽、亦謂之擊、水中擊絮謂之潎、亦謂之漂矣、攝者、廣韻、攝、擊聲也、西京賦、流鏑擂攝、薛綜注云、擂攝中聲也、爾雅、暴虎、徒搏也、暴與攝聲近義同、拍者、釋言云、拍、搏也、搏、拍、拍竝聲近義同、籢者、說文、籢、搒也、玉篇音大昆切、集韻類篇引廣雅作搌、急就篇、盜賊繫四搒笞督、督亦籢字也、顏師古注以督爲雕、失之、

說文、殷、擊聲也、義亦與籢同、搒者、後漢書陳寵傳注引聲類云、搒、笞也、史記李斯傳云、搒掠千餘、後漢書虞延傳云、加篣二百、戴就傳云、每上彭考、李賢注、彭即篣也、搒、篣、彭、竝通、挨者、說文、挨、擊背也、列子、攩抋挨抌、釋文云、挨、椎也、敂者、說文、敂、擊也、逸周書武稱解云、窮寇不格、格與敂同、掭者、說文、掭、衣上擊也、搨者、玉篇、搨、拳擊也、敺、音口果反、各本敺訛作歐、口果訛作口杲、考說文、玉篇、廣韻、集韻、類篇俱無歐字、玉篇、敺、口果切、卷二云、敺、椎也、椎與擊同義、說文、敺、研治也、研治、猶言窮治、亦謂擊問罪人也、集韻、類篇竝云、敂、擊也、今據以訂正、敂者、說文、敂、擊也、學記云、叩之以小者則小鳴、叩之以大者則大鳴、墨子公孟篇云、扣則鳴、不扣則不鳴、敂、叩、扣、竝通、敵者、玉篇、敵、擊也、定八年公羊傳、臨南駷馬、何休注云、搖馬銜走也、敵、駷、竝音索董反、其義同也、搏、各本訛作摶、文選羽獵賦注、長楊賦注、長笛賦注、及衆經音義卷六卷十四、竝引廣雅、搏、擊也、今據以訂正、數者、玉篇音口大切、伐也、擊也、廣韻同、衆經音義卷五引三倉云、數數、相擊也、拊者、堯典、予擊石拊石、傳云、拊、亦擊也、士喪禮云、婦人拊心、吳琯本無數拊二字、有對字、各本

有捎字無數字盇各本則脫去數字吳本則數捎二字合譌爲一對字也今訂正上文己有擊字此擊字當作擊字之誤也玉篇擊擊兒也宣二年公羊傳以斗擊而殺之何休注云擊猶擊也擊謂旁擊頭項廣韻引倉頡篇云毄擊也擊毄竝音五交反其義同也撼者廣韻云撼拂著也又捎撼也出通俗文捭者說文捭兩手擊也上文己有揵字此揵字當作擿亦字之誤也擿即今擲字也說文擿投也史記荆軻傳引其匕首以擿秦王燕策擿作提漢書吳王濞傳皇太子引博局提吳太子顏師古注云提擲也音徒計反提與擿聲近義同孜者說文孜敂也唐風山有樞篇弗鼓弗考毛傳云考擊也考與孜通莊子天地篇金石有聲不考不鳴淮南子詮言訓作弗叩弗鳴考叩語之轉耳擊者說文擊旁擊也莊子至樂篇云撽以馬捶撽與擊同攩者方言沅涌澆幽之語相椎搏曰攩郭璞注云今江東人亦名椎爲攩音晃列子攩拯挨抌釋文云攩搥打也西京賦竿殳之所揘畢薜綜注云揘畢謂撞挃也揘與攩聲近義同弢之言拂也說文拂過擊也櫟者皋陶謨戛擊鳴球馬鄭注竝云戛櫟也漢書司馬相如傳射游梟櫟蜚澽張注云櫟

捎也摷者說文摷拘擊也玉篇音側交切攎與撼聲相近玉篇音所育切廣韻又音蕭字通作蕭楚辭九歌蕭鍾兮瑤簴蕭擊也瑤與搖通動也招魂鏗鍾搖簴王逸注云鏗撞也搖動也是其證矣擊讀如鏗鍾搖簴之鏗說文摼擣頭也摼擊鏗聲義竝同推者說文推敲擊也漢書五行志推其眼顏師古注云推謂敲擊去其精也說文敲擊頭也玉篇音口交口卓二切說文敲橫楇也定二年左傳奪之杖以敲之釋文音苦孝苦學二反推敲敲聲義竝同又與擊聲相近也應者當之擊也呂氏春秋察微篇鄭公子歸生率師伐宋宋華元率師應之大棘高誘注云應擊也孟子滕文公篇周公方且膺之趙岐注云膺擊也音義云膺丁本作應膺應古聲義竝同鷙鳥謂之鷹義亦同也剝者豳風七月篇八月剝棗毛傳云剝擊也釋文剝普卜反剝與扑聲義同○

淟涊、溾、涹、輸、汙、洿、淖、淈、澳、濊、淰、溷、濁也、

淟涊溾涹者枚乘七發云輸寫淟濁楚辭九歎云撥諂諛而匿邪兮切淟涊之流俗盪渨涹之姦咎兮平蠢蠢之溷濁王逸注淟涊垢濁也渨涹污薉也渨與溾同漢書揚雄傳紛纍以其淟涊兮後漢書張衡傳激淟涊而爲清應劭李賢注竝與王逸同洿與污同淖者說文淖泥也史記屈原傳云濯淖汚泥之中淈者說文淈濁也一曰滒泥也呂氏春秋本生篇夫水之性清土者扣之故不得清高誘注云扣讀曰骨濁也淮南子俶眞訓云水之性眞清而土汨之淈汨扣竝通淈各本譌作渥今據曹憲音訂正澳曹憲音於六反漢書王褒傳去卑辱奧渫而升本朝張晏注云奧幽也如淳音郁案奧者濁也渫汙也言去卑辱汙濁之中而升於朝廷也奧與澳同故班固典引有沈而奧有浮而清蔡邕注云奧濁也淰者玉篇音奴感切說文淰濁也

匍、竣、踆、北、攻、伏也、

匍者釋言云匍匐也匐與伏通說文匍手行也匐伏地也釋名云匍匐小兒時也匍猶捕也藉索可執取之言也匐伏也伏地行也人雖長大及其求事盡力之勤猶亦稱之詩曰凡民有喪匍匐救之是也大雅

生民篇誕實匍匐左傳昭十三年以蒲伏焉二十一年扶伏而擊之檀弓引詩扶服救之竝字異而義同竣者齊語有司已於事而竣韋昭注云竣退伏也張衡東京賦作踆爾雅釋言注引齊語作逡竣逡踆竝同踆者廣雅釋言云踆匐也王逸機賦云兔耳踆伏王延壽魯靈光殿賦云狡兔踆伏於柎側北伏聲相近太平御覽引尸子云北方爲冬北方伏方也萬物冬皆伏書大傳同漢書律歷志云太陰者北方北伏也陽氣伏於下也○

材、寶、綸、理、魯、牖、命、裕、道也、

材者學記教人不盡其材鄭注云材道也易曰兼三材而兩之謂天地人之道也寶者○論語陽貨篇懷其寶而迷其邦皇侃疏云寶猶道也寶與道同義故書傳多竝舉之禮運云天不愛其道地不愛其寶呂氏春秋知度篇云以不知爲道以柰何爲寶太元元衡云睟君道也馴臣保也保與寶同○綸亦倫字也故管子幼官圖篇倫理字作綸諸書無訓魯爲道者說文魯鈍詞也引論語參也魯蓋廣雅本訓魯爲鈍在下

文鈍也一條內、後人傳寫誤入此條耳、臟者、顧命、誕受羑若、馬融注云、羑、道也、正義云、羑聲近猷、故訓爲道、老子釋文云、羑與臟同、道謂之臟、故道引亦謂之臟、大雅板篇、天之臟民、是也、命、各本譌作今、下文命、名也、命字譌作今、正與此同、廣韻、命、道也、周頌維天之命、箋云、命、猶道也、今據以訂正、臨象傳云、大亨以正、天之道也、无妄象傳云、大亨以正、天之命也、昭二十六年左傳云、天道不諂、二十七年傳云、天命不慆、是命卽道也、裕者、方言、裕、猷、道也、東齊曰裕、或曰猷、猷、裕、臟、聲並相近、引之云、康誥篇、用康乃心、顧乃德、遠乃猷裕、乃以民寧、不女瑕殄、舊以裕字屬下讀、裕乃以民寧、甚爲不辭、三復經文、當以遠乃猷裕爲句、謂遠乃道也、君奭篇云、告君乃猷裕、與此同、下文云、乃以民寧、不女瑕殄、猶云乃以殷民世享耳、猷、由、古字通、道謂之猷裕、道民亦謂之由裕、上文云、乃由裕民、惟文王之敬忌、乃裕民、曰我惟有及、皆是也、解者失其義久矣、

廣雅疏證　卷第三上　三三

厭、㥦、嘁、哿、倪、可也、

厭、讀當爲猒足之猒、說文、猒、飽也、經傳通作厭、厭與㥦同義、故皆訓爲可、曹憲音於甲反、失之、㥦者、說文、㥦、快也、燕策云、先王以爲愜其志、愜與㥦同、哿、可聲相近、小雅正月篇、哿矣富人、雨無正篇、哿矣能言、毛傳並云、哿、可也、倪者、文選神女賦、倪薄裝、李善注云、倪、好也、又可也、言薄裝正相堪可、法言君子篇、荀卿非數家之書、倪也、至于子思孟軻、詭哉、音義云、倪、可也、

錭、鈯、伹、拙、頑、銖、鈍也、

錭者、說文、錭、鈍也、鈯、猶拙也、方俗語轉耳、伹、音癰疽之疽、各本作但、音度滿反、後人改之也、說文、伹、拙也、從人、且聲、玉篇音七閭祥閭二切、引廣雅、伹、鈍也、是廣雅本作伹、不作但、集韻類篇伹音疽、引廣雅、伹、鈍也、其音卽本於曹憲、是曹憲本音疽、不音度滿反、今訂正、頑者、如淳注漢書陳平傳云、頑頓、謂無廉隅也、頓與鈍同、孟子萬章篇云、頑夫廉、銖者、淮南子齊俗訓、其兵戈銖而無刃、高誘注云、楚人謂刃頓爲銖、莊子庚桑楚篇、人謂我朱愚、朱與銖通、

歔、欷、唴、喨、惻、愴、愁、慼、悲也、

歔者、說文、歔、欷也、欷者、說文、欷、歔也、方言、唏、痛也、凡哀而不泣曰唏、於方則楚言哀曰唏、成十六年公羊傳、悕矣、何休注云、悕、悲也、楚辭九辯云、憯悽增欷、淮南子說山訓云、紂爲象箸而箕子唏、欷、唏、悕並通、合言之則曰歔欷、衆經音義卷五引倉頡篇云、歔欷、泣餘聲也、楚辭離騷云、曾歔欷余鬱邑兮、枚乘七發云、噓唏煩酲、歔與噓亦通、歔、各本譌作戲、惟影宋本不譌、唴喨者、方言、自關而西秦晉之閒、凡大人少兒泣而不止謂之唴、哭極音絕亦謂之唴、平原謂啼極無聲謂之唴哴、哴與喨同、

剝、絕、鬌、落也、

剝者、馬融注剝卦云、剝、落也、鄭注云、陰氣侵陽、上至於五、萬物霝落、故謂之剝也、漢書五行志說剝卦之義亦云、剝落萬物、絕者、楚辭離騷、雖萎絕其亦何傷兮、王逸注云、絕、落也、列子仲尼篇云、前矢造準而無絕落、鬌之言墮落也、說文、鬌、髮墮也、

廣雅疏證　卷第三上　三四

胺、鯘、蹷、伐、黲、黴、露、漫、淹、穮、殃、殕、腐、殀、俯、俠、斯、殜、爽、敗也、

始

胺者、玉篇、胺、一曷切、肉敗也、胺之言壅遏也、今俗語猶謂食物壅滯臭敗爲遏矣、鯘者、玉篇、鯘、魚敗也、論語鄉黨篇、食饐而餲、魚餒而肉敗、爾雅、食饐謂之餲、郭璞注云、飯饖臭也、又肉謂之敗、魚謂之餒、注云、敗、臭壞也、餒、肉爛也、釋文、餲又音遏、餲與胺、餒與鯘、並字異而義同、蹷者、說文、蹶、僵也、莊子人閒世篇云、爲顛爲滅、爲崩爲蹶、蹶與蹷同、伐者、說文、伐、敗也、藝文類聚引春秋說題辭云、伐者、涉人國內、行威有所斬壞、伐之爲言敗也、召南甘棠篇云、勿翦勿伐、勿翦勿敗、伐、亦敗也、小雅賓之初筵篇云、醉而不出、是謂伐德、黲者、說文、黲、淺青黑色也、玉篇云、今謂物將敗時顏色黲黲也、黴者、玉篇音明飢莫佩二切、說文、黴、物中久雨青黑也、淮南子脩務訓云、堯瘦臞、舜黴黑、楚辭九歎云、顏黴黧以沮敗兮、衆經音義卷十五引通俗文云、物傷濕曰溦、音無悲反、溦與黴亦同義、露之言落也、方言、露、敗也、昭元年左傳云、勿使有所壅閉

湫底、以露其體、逸周書皇門解云、自露厥家、管子四時篇云、國家乃路、呂氏春秋不屈篇云、士民罷潞、露、潞、路、竝通、今俗語猶云敗露矣、莊子天地篇、夫子闔行邪、無落吾事、謂無敗吾事也、落與露亦聲近義同、漫、淹者、方言、漫、淹、敗也、溼敝爲漫、水敝爲淹、郭璞注云、皆謂水潦漫澇壞物也、荀子榮辱篇、汙侵突盜、楊倞注云、侵當爲漫、漫、亦汙也、水冒物謂之漫、儒行、淹之以樂好、鄭注云、淹、謂浸漬之、今俗語猶謂水漬物爲淹、又謂以鹽漬魚肉爲醃、義竝相近也、穲者、列子黃帝篇、肌色皯黣、釋文云、黣、音每、埤倉作穲、謂禾傷雨而生黑斑也、穲與黣同、今人猶謂物傷溼生斑爲穲、聲如梅、物傷溼則敗、故穲又訓爲敗、釋名云、葬不如禮曰埋、埋、痗也、趨使腐朽而已也、痗與穲聲義相近、昭十四年左傳云、貪以敗官爲墨、墨與穲聲義亦相近也、㚟者、晉語云、吾主以不賄聞於諸侯、今以梗陽之賄㚟之、不可、是㚟爲敗也、月令云、冬藏㚟敗、焙之言腐也、玉篇音方九切、衆經音義卷十六引埤倉云、焙、腐也、廣韻又芳武切、云、倉上生白毛也、皆敗之義也、玉篇、焙又音步北切、云、斃也、襄十一年左傳、踣其國家、亦敗之義也、踣與焙通、奸與朽同、⿰亻㡀與敝同、⿰亻㡀、各本譌作㡀、今訂正、俠斯者、方言、俠、斯、敗也、南楚凡人貧衣被醜敝、或謂之挾斯、器物敝亦謂之挾斯、挾與俠通、媡與爛通、爽者、老子云、五色令人目盲、五音令人耳聾、五味令人口爽、列子仲尼篇云、口將爽者、先辨淄澠、楚辭招魂、露雞臛蠵、厲而不爽些、王逸注云、爽、敗也、楚人名羹敗曰爽、始者、卷一云、始、壞也、壞與敗同義、賈子道術篇云、志操精果謂之誠、反誠爲始、衆經音義卷十五引廣雅、始、敗也、今本脫始字、

詮、錄、贊、撰、訛、效、備、僎、具也、

詮者、論之具也、說文、詮、具也、淮南子要略云、詮言者所以譬類人事之指、解喻治亂之體、差擇微言之眇、詮以至理之文、而補縫過失之闕者也、字亦通作譔、漢書揚雄傳、譔以爲十三卷、蕭該音義云、字林、譔、音詮、錄者、記之具也、隱十年公羊傳云、春秋錄內而略外、贊者、聚之具也、說見下文贊聚也下、撰者、爲之具也、說文、僎、具也、論語先進篇、異乎三子者之撰、孔傳云、撰、具也、楚辭大招、聽歌譔只、王逸注云、譔、具也、撰、僎、譔竝通、堯典、共工方鳩僝功、釋文、僝、徐音撰、馬云、具也、僝亦與撰通、說文、顛、選具也、顨、巺也、巺、具也、竝與撰聲近義同、訛者、玉篇、廣韻竝讀與庀同、庀、治之具也、周官遂師、庀其委積、襄五年左傳、宰庀家器、鄭衆、杜預注竝云、庀、具也、魯語、夜庀其家事、韋昭注云、庀、治也、僎、亦撰也、說文、籑、具食也、或作僎、

⿱臤牛、牭、狠、戾、恎、愎、鷙、忮、很也、

⿱臤牛者、說文、⿱臤牛、牛很不從引也、牭者、玉篇、牭、牛很也、狠戾者、說文、很、盭也、卷四云、狠、很、盭也、盭與戾同、狠與戾、一聲之轉、燕策云、趙王狠戾無親、漢書嚴助傳云、今閩越王狠戾不仁、恎者、玉篇、恎、惡性也、論語陽貨篇、惡果敢而窒者、窒與恎通、言很戾也、馬融訓窒爲塞、失之、下文云、痓、惡也、義與恎亦相近、愎、鷙者、宣十二年左傳、剛愎不仁、杜預注云、愎、很也、鷙亦恎也、漢書匈奴傳、天性忿鷙、顏師古注云、鷙、很也、管子五輔篇云、下愈覆鷙而不聽從、趙策云、夫知伯之爲人也、好利而鷙復、史記酷吏傳贊云、馮翊殷周蝮鷙、覆、復、蝮、皆愎之借字耳、解者失之、忮者、說文、忮、很也、莊子齊物論篇云、大勇不忮、

韜、含、裕、容、窕、窊、寬也、

韜者、南宮縚字容、是韜爲寬也、淮南子本經訓云、小而行大、則滔窕而不親、大而行小、則陿隘而不容、韜、縚、滔竝通、含者、坤彖傳云、含宏光大、是含爲寬也、容、亦裕也、卷四云、裕、容也、洪範、思曰睿、漢書五行志作思心曰容、說云、容、寬也、窕、窊者、窊或作摦、昭二十一年左傳、鍾小者不窕、大者不摦、窕則不咸、摦則不容、杜預注云、窕、細不滿也、摦、橫大不入也、不咸、不充滿人心也、不容、心不堪容也、窕與窊、義正相反、而此俱訓爲寬者、窕爲不滿之寬、窊爲橫大之寬、大戴禮王言篇云、布諸天下而不窕、內諸尋常之室而不塞、管子宙合篇云、其處大也不窕、其入小也不塞、墨子尚賢篇云、大用之天下則不窕、小用之則不困、荀子賦篇云、充盈大宇而不窕、入郤穴而不偪、呂氏春秋適音篇云、音太鉅則志蕩、以蕩聽鉅、則耳不容、不容則橫塞、橫塞則振、太小則志嫌、以嫌聽小、則耳不充、不充則不詹、不詹則窕、高誘注云、窕、不滿密也、是窕爲不滿之寬也、莊子逍遙遊篇、瓠落無所容、梁簡文帝注云、瓠落猶廓落也、瓠、窊聲相近、是窊爲橫大之寬也、

親、傶、傍、附、切、摩、鄰、比、厲、局、阿、侍、夾、次、遒、迫、促、近也、

傶、通作戚、摩者、宣十二年左傳、摩壘而還、杜預注云、摩、近也、淮南子人閒訓云、物類之相磨近而異門戶者、衆而難識也、磨、與摩同、馬融注繫辭傳云、摩、切也、鄭注樂記云、摩、猶迫也、義竝相近、厲者、文選西都賦、營厲天、李善注引韓詩、翰飛厲天、又引薛君章句云、厲、附也、莊子大宗師篇云、女夢爲鳥而厲乎天、局者、小爾雅、局、近也、夾者、梓材、懷爲夾、多方、爾曷不夾介乂我周王、傳竝云、夾、近也、遒、義見卷一遒急也下、遒與道同、

排、擠、摧、攘、抵、㧧、斥、舜、推也、

排者、說文、排、擠也、又云、推、排也、少儀云、排闔說屨於戶內、擠者、說文、擠、排也、荀子解蔽篇云、不好辭讓、不敬禮節、而好相推擠、摧、推聲相近、說文、摧、擠也、楚辭九思云、魁壘擠摧兮常困辱、攘者、說文、攘、推也、楚辭七諫、反離謗而見攘、王逸注云、攘、排也、抵者、說文、抵、擠也、夏小正、抵蚳、傳云、抵、猶推也、㧧者、玉篇、㧧、如勇

切、推車也、說文、軵、反推車令有所付也、呂氏春秋精通篇云、樹相近而靡、或軵之也、淮南子覽冥訓、軵車奉饟、高誘注云、軵、推也、氾論訓、相戲以刃者、太祖軵其肘、注云、軵、擠也、說文、搑、推擣也、㧧、搑、軵、竝音如勇反、其義一也、斥者、衆經音義卷十四引三倉云、斥、推也、說文、斥、卻屋也、卻、與推同義、昭十六年左傳云、大國之求、無禮以斥之、其何饜之有、舜者、白虎通義云、謂之舜者何、舜、猶僢僢也、言能推信堯道而行之、風俗通義云、舜者、推也、循也、言其推行道德、循堯緒也、

廣雅疏證卷第三上

廣雅疏證卷第三下

高郵王念孫學

釋詁

穜、疊、蓐、臧、醇、醲、渥、陸、頯、厚也、

穜、通作重、蓐臧者、方言、蓐、臧、厚也、說文、蓐、陳草復生也、又云、縟、繁采飾也、張衡西京賦云、采飾纖縟、縟與蓐同義、引之云、文七年左傳、訓卒利兵、秣馬蓐食、杜預注云、蓐食、早食於寢蓐也、漢書韓信傳、亭長妻晨炊蓐食、張晏注云、未起而牀蓐中食、案訓卒利兵、秣馬蓐食、非寢之時矣、亭長妻晨炊、則固已起矣、而云早食於寢蓐、云未起而牀蓐中食、義無取也、蓐者、厚也、食之豐厚於常、因謂之蓐食、訓卒利兵秣馬蓐食者、商子兵守篇云、壯男之軍、使盛食厲兵、陳而待敵、壯女之軍、使盛食負壘、陳而待令、是其類也、兩軍相攻、或竟日未已、故必厚食乃不飢、亭長妻欲至食時不具食、以絕韓信、故亦必厚食乃不飢也、成十六年傳、蓐

食申禱、襄二十六年傳、秣馬蓐食、竝與此同、凡厚與大義相近、厚謂之敦、猶大謂之敦也、厚謂之醇、猶大謂之純也、厚謂之臧、猶大謂之將也、陸者、爾雅、高平曰陸、李巡注云、謂土地豐正、是厚之義也、左思蜀都賦、灑滮池而爲陸澤、劉逵注云、蔡邕曰、凝雨曰陸、爾雅釋魚、魁陸、郭璞注云、本草云、魁狀如海蛤、員而厚、義竝同也、坊記、睦於父母之黨、鄭注云、睦、厚也、睦與陸、古亦同聲、故漢碑和睦字多通作陸、頯者、莊子大宗師篇、其頯頯、郭象注云、頯、大朴之貌、天道篇、而頯然、注云、高露發美之貌、皆厚之義也、說文、馗、九達道也、佀龜背、故謂之馗、馗、高也、義與頯亦相近、

龍、利、芬、尼、調、庸、和也、

龍者、商頌長發篇、何天之龍、周頌酌篇、我龍受之、毛傳竝云、龍、和也、利者、說文、利、銛也、從刀、和然後利、從和省、引乾文言、利者義之和也、荀爽注云、陰陽相和、各得其宜、然後利、乾彖傳又云、保合大和、乃利貞、周語云、人民龢利、表記、有忠利之教、後漢書章帝紀、利作和、是利與和同義、和、龢、古通用、芬者、方言、芬、和也、

郭璞注云、芬香和調、周官鬯人注云、鬯釀秬爲酒、芬香條暢於上下也、大雅鳧鷖篇云、旨酒欣欣、燔炙芬芬、皆芬香和調之意也、凡人相和好亦謂之芬、荀子議兵篇云、其民之親我歡若父母、其好我芬若椒蘭、非相篇云、驩欣芬薌以送之、皆是也、方言、紛怡喜也、紛與芬義亦相近、尼、各本譌作尼、隸書尼或作尼、因譌而爲尼、今據玉篇廣韻訂正、廣雅訓尼爲和、盖本孝經說、邢昺孝經正義云、劉瓛述張禹之義、以爲仲尼者、中也、尼者和也、言孔子有中和之德、盖曲說也、庸、各本譌作庸、廣韻、庸和也、衆經音義卷二十三、二十五、並引廣雅、庸和也、今據以訂正、

輯、軏、轎、軻也、

軏者、玉篇、軏軏軻也、轎者、漢書嚴助傳、輿轎而隃領、薛瓚注云、今竹輿車也、江表作竹輿以行是也、軻者、集韻引字林云、軻轎也、廣韻、輯音魂、又音軒、輯之言軒、軏之言亢、轎之言喬、軻之言卬、皆上舉之意也、

獲、戮、羞、恥、穀、辱也、

獲者、史記屈原傳云、不獲世之滋垢、皭然泥而不滓者也、獲猶辱也、士昏禮注云、以白造緇曰辱、是也、方言、荆淮海岱雜齊之閒、罵奴曰臧、罵婢曰獲、齊之北鄙、燕之北郊、凡民男而壻婢謂之臧、女而婦奴謂之獲、亦辱之義也、上文云、濩、辱、污也、濩與獲古亦同聲、

屑、姘、圭、潔也、

屑者、方言、屑、潔也、邶風谷風篇、不我屑以、鄘風君子偕老篇、不屑髢也、毛傳並云、屑、絜也、絜與潔通、姘者、說文、姘、靜也、廣韻云、女貞絜也、邶風靜女傳云、靜、貞靜也、靜與姘通、圭與蠲通、士虞禮記、圭爲而哀薦之、鄭注云、圭、絜也、引小雅天保篇、吉圭爲饎、今本圭作蠲、周官蜡氏、令州里除不蠲、鄭注云、蠲讀如吉圭惟饎之圭、

讒、嫉、殺、㺊、賊也、

讒者、荀子脩身篇云、傷良曰讒、害良曰賊、嫉者、王逸注離騷云、害賢爲嫉、殺者、昭十四年左傳云、殺人不忌爲賊、㺊者、說文、㺊、賊疾也、方言、慘、殺也、慘與㺊聲義相近、

涂、娉、妨、猛、害也、妒

娉妨、一聲之轉、釋言云、妨、娉也、說文、妨、害也、周語云、害於政而妨於後嗣、妒者、王逸注離騷云、害色曰妒、文選潘岳馬汧督誄注引廣雅、妒、害也、今本脫妒字、

伸、舒、勃、展也、

舒勃者、方言、舒、勃、展也、東齊之閒、凡展物謂之舒勃、

禦、禁、技、閡、坐、沈、宿、蹟、矣、竣、挂、礙、鋪、脾、綝、処、咳、跱、根、拘、渟、

憤、趕、躇、跜、驐、駤、躅、券、止也、疑徵己

技者、說文、技、止馬也、閣者、說文、各、異詞也、從口夂、夂者有行而止之、不相聽意、漢書梁孝王傳、太后議格、蘇林音閣、張晏注云、格、止也、史記集解引如淳注云、攱閣不得下也、攱或作庋、內則、大夫七十而有閣、鄭

注云、閣以板爲之、庋食物也、爾雅、所以止扉謂之閣、郭璞注云、門辟旁長橛也、徐鍇說文繫傳云、閣、門扇所附著也、是凡言閣者皆止之義也、凡止與至義相近、止謂之閣、猶至謂之格也、止謂之底、猶至謂之抵也、止謂之訖、猶至謂之迄也、沈者、坎六三、險且枕、虞翻注云、枕、止也、釋文云、古文作沈、諸書無訓矣爲止者、矣疑當作竢、爾雅、竢、止、待也、是竢與止同義、竣者、退之止也、齊語、有司已於事而竣、韋昭注云、竣、退伏也、張衡東京賦作踆、爾雅釋言注引齊語作逡、竣、踆、逡並同、周語、其有悛乎、韋昭注云、悛、止也、悛與竣亦聲近義同、挂與礙同義、說文、礙、止也、鋪、脾者、方言、鋪、脾、止也、疏證云、詩大雅、匪安匪遊、淮夷來鋪、言爲淮夷之故來止、與上匪安匪舒、淮夷來求、文義適合、舊說讀鋪爲痡、謂爲淮夷而來、當討而病之、失於迂曲、鋪、脾一聲之轉、方俗或云鋪、或云脾耳、漢書天文志、晷長爲潦、短爲旱、奢爲扶、鄭氏注云、扶、當爲蟠、齊魯之閒聲如酺、酺、扶聲近、蟠、止不行也、案齊魯言蟠聲如酺、與鋪聲亦相近也、綝之言禁也、說文、綝、止也、止有安善之意、故字之訓爲止者、亦訓爲善、卷一云、休、戾、善也、此云、綝、止也、爾雅云、綝、徽、善也、徽、戾、止也、休、

戾也皆其證矣処與處同咹音遏爾雅遏止也遏與咹同咹又音案爾雅按止也按與咹亦同時者說文峙踞也玉篇云爾雅室中謂之時時止也刻了湯問篇五山常隨潮波上下往還不得蹔峙峙與跱同引之云玉篇引爾雅室中謂之跱今本作時時與跱聲近而義同大雅緜篇曰止曰時箋云時是也曰可止居於是正義曰如箋之言則上曰爲辭下曰爲於也案經文疊用曰字不當上下異訓二曰字皆語辭時亦止也古人自有複語耳爾雅爰曰也曰止曰時猶言爰居爰處爾雅又云雞棲于弋爲榤鑿垣而棲爲塒王風君子于役篇釋文塒作時棲止謂之時居止謂之時其義一也莊子逍遙遊篇猶時女也司馬彪注云時女猶處女也處亦止也爾雅止待也廣雅止待逗也待與時亦聲近而義同待又通作時廣雅崪離待也方言崪作萃待作時皆古字假借或以時爲待之譌非也棖者距之止也說文歫止也說見釋言樘距也下棖樘距歫竝同拘者說文拘止也渟通作停慣者損象傳君子以懲忿窒欲釋文云窒鄭劉作慣慣止也慣與窒通趩之言畢也說文趩止行也周官隸僕掌蹕宮中之事鄭衆注云蹕謂止行者清道

若今時儆蹕史記梁孝王世家出言趩入言警警趩與儆蹕同說文繹止也繹與趩亦同義柅者姤初六繫于金柅釋文柅說文作檷云絡絲柎也王肅作抳子夏作鑈蜀才作尼止也正義引馬融注云柅者在車之下所以止輪令不動者也爾雅尼止也竝聲近而義同驎者說文樊騺不行也樊與驎同駤者說文騺馬重皃史記晉世家云惠公馬騺不行騺與駤同淮南子脩務訓人謂之駤高誘注云駤不通達也說文疐礙不行也豳風狼跋篇載疐其尾義竝與駤同駤與慣聲亦相近也躊者說文峙躇不前也玉篇音陳如切楚辭九思云握佩玖兮中路躊躇與躊同亭水謂之瀦義與躊亦相近也凝者大雅桑柔篇靡所止疑毛傳云疑定也正義音凝王逸注九歎云凝止也凝與疑通懲者小雅沔水篇寧莫之懲毛傳云懲止也文選遊天台山賦注別賦注張協雜詩注竝引廣雅凝止也衆經音義卷十三引廣雅懲止也華嚴經卷七音義引廣雅已止也今本脫凝懲已三字

⿰多邕、⿰多農、夥、⿰多委、⿰多亥、結、⿰多冄、⿰多辛、⿰多孚、⿰多支、⿰多冘、繁、盛、饒、僉、怒、輿、植、多也、夠、⿰多其

⿰多邕⿰多農者⿰多邕之言擁⿰多農之言濃皆盛多之意也方言⿰多邕⿰多農⿰目咸多也南楚凡大而多謂之⿰多邕或謂之⿰多農凡人語言過度及妄施行亦謂之⿰多農後漢書崔駰傳紛⿰多農塞路李賢注引方言⿰多農盛多也⿰多農與⿰多農通盛與⿰目咸通夥者方言凡物⿰目咸而多齊宋之郊楚魏之際曰夥史記陳涉世家云夥頤涉之爲王沈沈者楚人謂多爲夥夥與⿰多委同今人問物幾許曰幾多吳人曰幾夥語之轉也⿰多委之言委積也玉篇音於果切廣韻又烏禾切燕人云多也⿰多亥與⿰多委聲亦相近⿰多亥之言兼該也玉篇⿰多亥多也大也亦作奒⿰多冄者爾雅那多也釋文那本或作⿰多冄商頌那篇猗與那與小雅桑扈篇受福不那毛傳竝云那多也那與⿰多冄通⿰多辛者周南螽斯篇螽斯羽詵詵兮毛傳云詵詵衆多也釋文詵說文作⿰多辛又說文駪駪馬衆多皃小雅皇皇者華篇駪駪征夫毛傳云駪駪衆多之貌晉語引詩作莘莘楚辭招魂注引作侁侁莊子徐無鬼篇禍之長也茲萃李頤注云萃多也說文甡甡衆生竝立之皃大雅桑柔篇甡甡其鹿毛傳云甡甡衆多也說文曧衆盛也引逸周書曧疑沮事竝字異而義同⿰多孚古通作浮大雅江漢篇江漢浮浮毛傳云浮浮衆彊皃小雅角弓篇雨雪浮浮大雅

生民篇烝之浮浮爾雅作烰烰郭璞注云氣出盛義竝相近也爾雅裒多也裒與⿰多孚亦聲近義同⿰多支者玉篇音章移之豉二切復初九无祇悔九家本作⿰多支文選西京賦清酤⿰多支李善注引廣雅⿰多支多也⿰多冘玉篇音丁含切漢書陳勝傳夥涉之爲王沈沈者應劭音長含反聲與⿰多冘相近也僉怒者方言僉夥也又云自關而西秦晉之間凡人語而過曰僉東齊謂之劒或謂之弩弩猶怒也皆盛多之意也爾雅僉皆也義與多亦相近輿者周官輿司馬注云輿衆也植謂蕃植也字通作殖義見卷一殖積也下夠者玉篇夠苦侯切多也廣韻同方言凡物盛而多謂之寇寇與夠聲近義同文選魏都賦繁富夥夠李善注引廣雅夠多也廣韻⿰多其去其切引廣雅⿰多其多也集韻類篇竝同今本脫夠⿰多其二字

蕁、蘂、蓴、萃、欑、㚇、雋、灓、叢、蓄、都、薄、藴、崇、灌、雜、芵、贊、榛、林、屯、集、宗、族、洿、緫、翕、葉、輸、會、積、聚也、府

蕁之言欑聚也說文蕁叢草也玉篇作緄切云苯蕁草叢生也張衡西京賦云苯尊蓬茸南都賦云森尊

蕁而剌天楚辭離騷紛總總其離合兮王逸注云總總猶傳傳聚貌也揚雄甘泉賦云齊總總撙撙其相膠轕兮說文傳聚也噂聚語也小雅十月之交篇噂沓背憎毛傳云噂猶噂噂沓猶沓沓是凡言蕁者皆聚之義也成十六年左傳蹲甲而射之杜預注云蹲聚也蹲與蕁亦聲近義同繠者文選藉田賦注引倉頡篇云蘂聚也哀十三年左傳佩玉繠兮杜預注云繠然服飾備也廣韻蕊草木叢生皃楚辭離騷貫薜荔之落蘂劉逵注蜀都賦云蘂者或謂之華或謂之實一曰華鬚頭點皆聚之義也蕁者大雅行葦篇敦彼行葦毛傳云敦聚貌特牲饋食禮佐食摶黍授祝蕁摶敦並通亦通作團說文蕁蒲叢也亦聚之義也蕁各本訛作蕁惟影宋本不訛欑者文選西都賦注引倉頡篇云欑聚也喪大記君殯用輴欑至于上鄭注云欑猶菆也菆與叢同史記司馬相如傳云鑽羅列聚叢以蘢茸兮鑽與欑通說文欑積竹杖一曰叢木皆聚之義也又云儹聚也亦與欑聲近義同欑各本訛作揹欑俗作攢遂譌而爲揹文選顏延之應詔觀北湖田收詩注引廣雅欑聚也今據以訂正㚇之言總也叢也說文㚇斂足也鵲鶪醜其飛也㚇爾雅作翪郭璞注云竦翅上下也陳風東門之枌篇越以鬷邁鄭箋云鬷總也周官掌客注云聘禮曰四秉曰筥十筥曰稯稯猶束也說文稯布之八十縷也字亦作緵史記孝景紀云令徒隸衣七緵布西京雜記云五絲爲纗倍纗爲升倍升爲緎倍緎爲紀倍紀爲緵爾雅緵罟謂之九罭九罭魚罔也郭注云今之百囊罟是也玉篇騣馬鬣也鬉毛亂也漢書司馬相如傳浚三嵕之危顏師古注云三嵕三峯聚之山也爾雅云豕生三猣犬生三猣說文豵生六月豚也一曰一歲曰豵尚叢聚也是凡言㚇者皆聚之義也都之言豬也禹貢大野既豬彭蠡既豬滎波既豬史記夏本紀並作都都豬皆聚也僖十六年穀梁傳云民所聚曰都薄者釋草云草藂生爲薄藂與叢同楚辭九章露申辛夷死林薄兮王逸注云叢木曰林草木交錯曰薄淮南子原道訓隱于榛薄之中高誘注云藂木曰榛深草曰薄皆聚之義也蘊崇者蘊說文作薀積也酒誥知曰其敢崇飲傳云崇聚也義見卷一薀崇積也下崇宗聲相近故皆訓爲聚也灌者爾雅云灌木叢木又云木族生爲灌族叢一聲之轉周南葛覃篇集于灌木大雅皇矣篇其灌其栵毛義並與爾雅

同夏小正五月啟灌藍蓼傳云灌也者藂生者也芺義見卷一芺積也下贅者說文贅最也隱元年公羊傳會猶最也何休注云最聚也漢書武帝紀毋贅聚如淳注云贅會也會最聚並同義大雅桑柔篇具贅卒荒毛傳云贅屬也正義云贅猶綴也謂繫綴而屬之長發云爲下國綴旒襄十六年公羊傳曰君若贅旒然是贅綴同也孟子曰太王屬其耆老書傳曰贅其耆老是贅爲屬也屬與聚亦同義榛者說文榛菆也淮南子原道訓木處榛巢高注云聚木曰榛莊子徐無鬼篇逃乎深蓁蓁與榛通漢書揚雄傳枳棘之榛榛兮顏師古注云榛榛梗穢貌說文蓁草盛皃周南桃夭篇其葉蓁蓁毛傳云蓁蓁至盛貌楚辭招魂蝮蛇蓁蓁王逸注云蓁蓁積聚之貌義並同也榛各本譌作搸今訂正林者說文平土有叢木曰林周語林鍾和展百事俾莫不任肅純恪也韋昭注云林衆也言萬物衆盛也皆聚之義也宗者衆之所主故爲聚也喪服傳云大宗者尊之統也大宗者收族者也族者白虎通義云族者湊也聚也謂恩愛相流湊也上湊高祖下至元孫一家有吉百家聚之生相親愛死相哀痛有會聚之道故謂之族族湊聚聲並相近凡聚與衆義相近故衆謂之宗亦謂之林聚謂之林亦謂之宗聚謂之蒐猶衆謂之搜也聚謂之都猶衆謂之諸也聚謂之裒猶多謂之裒也聚謂之灌猶多謂之觀也洿者水所聚也衆經音義卷八引三倉云亭水曰洿隱三年左傳潢汙行潦之水服虔注云畜小水謂之潢水不流謂之汙汙與洿通諸書無訓總爲聚者總當作總說文總聚束也總本作總與總字相似故總訛作總曹憲音思失之也翁葉者方言撲翁葉聚也楚謂之撲或謂之翁葉楚通語也爾雅翁合也合亦聚也淮南子原道訓云大渾而爲一葉累而無根是葉爲聚也說文葉草木之葉也亦叢聚之義也又說文鍱鏶也徐鍇傳云今言鐵葉是也案今人猶謂鐵片爲鐵葉亦取叢集之義鍱與葉同音鏶與集同音集葉皆聚也故鍱又謂之鏶矣卷一云揲積也揲與葉亦聲近義同輸者說文輸委輸也史記平準書云置平準于京師都受天下委輸木華海賦云於廓靈海長爲委輸皆聚之義也府者呂刑惟府辜功傳云聚罪之事魯語皆怨府也韋昭注云怨之所聚故曰府隱七年左傳正義引風俗通義云府聚也公卿牧守府道德之所聚也藏府私府財貨之所

聚也、衆經音義卷二十、卷二十三、竝引廣雅、府、聚也、各本皆脫府字、今補、又蘊字重出、今刪、

主、戍、門、獸、守也、

主者、序卦傳云、主器者莫若長子、獸守、聲相近、說文、獸、守備也、

餘、凡、總、同、皆也、

餘者、昭二十八年左傳、謂知徐吾趙朝韓固魏戊、餘子之不失職、能守業者也、杜預注云、卿之庶子爲餘子、逸周書糴匡解、餘子務藝、孔晁注云、餘、衆也、論語雍也篇云、其餘則日月至焉而已矣、是餘爲皆共之詞也、成十五年公羊傳、魯人徐傷歸父之無後也、何休注云、徐者、皆共之辭也、徐與餘、亦聲近義同、總、各本訛作総、文選顏延之車駕幸京口侍遊蒜山詩注引廣雅、總、皆也、衆經音義卷二十二引廣雅、凡、總、皆也、今據以訂正、

修、歛、略、道、旬、越、抑、截、撤、撥、對、繕、傳、刻、疏、竘、貌、攻、捲、荆、搖、

療、亂、理、濼、治也、墾

歛、各本訛作執、歛、隸或作歛、故訛而爲執、說文、𥷔、窮治辠人也、從坴人言、竹聲、或省作歛、玉篇廣韻竝同、今據以訂正、文王世子、告于甸人、鄭注云、告讀爲鞫、讀書用法曰鞫、史記李斯傳云、令鞫治之、酷吏傳云、訊鞫論報、竝字異而義同、略者、說文、略、經略土地也、禹貢、嵎夷既略、是其義也、傳云、用功少曰略、失之、道者、論語學而篇、道千乘之國、包咸注云、道、治也、旬者、大雅桑柔篇、其下侯旬、毛傳云、旬、均也、字通作洵、爾雅、洵、均也、郭璞注云、謂調均、是治之義也、周官均人凡均力政、以歲上下、豐年、則公旬用三日焉、中年、則公旬用二日焉、無年、則公旬用一日焉、鄭注云、旬、均也、讀如營營原隰之營、易坤爲均、今書亦有作旬者、旬、均聲義竝同、故小爾雅亦云、旬、治也、越者、周語、汩越九原、宅居九隩、汩、越皆治也、說文、汩、治水也、越與汩聲相近、故同訓爲治、猶越與曰之同訓爲于也、說苑指武篇云、城郭不脩、溝池不越、是越爲治也、韋昭注訓越爲揚、失之、抑者、孟子滕文公篇、禹抑洪水而天下平、趙岐注云、抑、治也、荀子成相篇云、禹有功、抑下鴻、截者、衆經音義卷十三引廣雅、作截、大雅常武篇、截彼淮浦、毛傳云、截、治也、商頌長發篇、海外有截、鄭箋云、截、整齊也、王肅注云、四海之外、截然整齊、而治、撤者、大雅公劉篇、徹田爲糧、崧高篇、徹申伯土田、毛傳竝云、徹、治也、徹與撤通、撥者、商頌長發篇、元王桓撥、哀十四年公羊傳、撥亂世、反諸正、楚辭九章、孰察其撥正、毛傳、何注、王注竝云、撥、治也、諸書無訓對爲治者、對當爲討、隸書言字或從篆文作𧥣、與對字左畔相似、故討訛作對、說文、討、治也、玉篇廣韻竝同、繕者、衆經音義卷七引三倉云、繕、治也、隱元年左傳云、繕甲兵、傳者、孟子滕文公篇、堯獨憂之、舉舜而敷焉、趙岐注云、敷、治也、引禹貢禹敷土、敷與傳同、故史記夏本紀作傳土、今本孟子敷下有治字、後人取注義加之也、疏與理同義、謂分治之也、孟子滕文公篇云、禹疏九河、竘、貌者、方言、竘、貌、治也、吳越飾貌爲竘、或謂之巧、郭璞注云、謂治作也、說文、竘、匠也、小爾雅、匠、治也、淮南子人閒訓云、室始成、竘然善也、說文、皃、頌儀也、籒文作貌、是竘、貌皆爲治也、貌、各本作貌、乃隸書之譌、今訂正、攻者、鄭注周官瘍醫云、攻、治也、甘誓云、左不攻于左、搖、療者、方言、搖、療、治也、江湘郊會

謂醫治之曰搖、或曰療、注云、俗云厭搖病、搖與搖通、說文、𤻲、治也、陳風衡門篇、可以樂飢、鄭箋、樂作𤻲、韓詩外傳作療、竝字異而義同、說文、藥、治病草也、大雅板篇云、不可救藥、襄二十六年左傳云、不可救療、療、搖、藥竝同義、搖、療之同訓爲治、猶遙、遼之同訓爲遠、燿、燎之同訓爲照、聲相近、故義相同也、搖、曹憲音亦咲反、各本亦咲反三字誤入正文內、咲字又誤作咲、方言、搖、療、治也、注、搖音曜、正與亦咲反相合、今據以訂正、亂者、爾雅、亂、治也、皋陶謨云、亂而敬、濼者、治去垢也、說文、濼、洒手也、儒行云、濼身而浴德、喪服、濼麻帶絰、鄭注云、濼者、治去莩垢、喪服小記、帶濼麻、鄭注云、濼、率治麻爲之、正義云、謂戛率其麻、使潔白也、墾者、玉篇廣韻竝云、墾、耕也、治也、周語云、土不備墾、爾雅釋訓釋文及文選海賦注竝引廣雅、墾、治也、今本脫墾字、

側匿、蹙、緎、痳、瘦、縮、摍、縩、縮也、

側匿者、說文、朔而月見東方、謂之縮肭、漢書五行志云、晦而月見西方、謂之朓、朔而月見東方、謂之仄慝、

仄慝則矦王其肅朓則矦王其舒劉向以爲朓者疾也君舒緩則臣驕慢故日行遲而月行疾也仄慝者不進之意君肅急則臣恐懼故日行疾而月行遲不敢迫近君也劉歆以爲舒者矦王展意顯事臣下促急故月行疾也肅者矦王縮朒不任事臣下弛縱故月行遲也周官保章氏疏後漢書蔡邕傳注文選月賦注引書大傳竝作側匿太平御覽引鄭注云側匿猶縮縮行遲貌縮朒側匿仄慝竝聲近而義同太元禮次八云冠戚冊戚音子六反戚冊與側匿亦聲近而義同蹙即戚冊之戚說文縮蹴也小雅節南山篇蹙蹙靡所騁鄭箋云蹙蹙縮小之貌成十六年左傳云南國蹙哀公問云孔子蹴然辟席而對論語鄉黨篇云踧踖如也竝字異而義同蹙與縮古亦同聲故儀禮古文縮皆作蹙蹴各本譌作蹤或譌作蹝今訂正䘒者司馬相如子虛賦襞積褰縐張注云褰縮也漢書董仲舒傳曰股月削孟康注云股謂轉褰踧也褰與䘒通瘷者衆經音義卷十五引通俗文云縮小曰瘷淮南子天文訓月死而蠃蛖膲高誘注云膲肉不滿也太平御覽引此膲作瘷又引許愼注云瘷減蹴也今俗語猶謂物不伸曰瘷矣癄亦瘷也樂記其哀心感者其聲噍以殺鄭注云噍踧也史記樂書索隱云鄒誕生音將妙反又樂記志微噍殺之音樂書噍殺作焦衰漢書禮樂志作癄瘁顏師古注云癄瘁謂減縮也音子笑反魏策云衣焦不申頭塵不浴竝字異而義同搐讀如抽絲之抽謂縮取之也說文摍蹴引也搐引也或作抽搐是搐與摍同義摍縮古通用綆曹憲音而充反說文綆衣戚也戚讀與蹴同素問生氣通天論云大筋綆短小筋弛長史記天官書云其已出三日而復有微入入三日乃復盛出是謂耎太元耎云陽氣能剛能柔能作能休見難而縮范望注云耎而自縮故謂之耎義與綆同考工記弓人薄其帑則需鄭注云需謂不充滿釋文需人兗反箋亦與綆同

贊、受、入、獲、德、營、得也、

德者樂記云禮樂皆得謂之有德德者得也鄉飲酒義云德也者得於身也大戴禮盛德篇云能得德法者爲有德說文作悳同營者楚辭天問何往營班祿不但還來王逸注云營得也

䜌、苗、憍、怚、倨、傲、侮、慢、傷也、

䜌之言慢易也史記夏紀集解引馬融禹貢注云䜌慢也禮簡怠慢來不距去不禁也王制正義引風俗通義云君臣同川而浴極爲簡慢䜌者慢也憍古通作驕怚者說文怚驕也又云嫭驕也呂氏春秋審應覽使人戰者嚴駔也高誘注云嚴尊也駔驕也淮南子繆稱訓云矜怚生於不足嵇康幽憤詩云恃愛肆姐竝字異而義同傷古通作易

樹、莖、榦、宗、祖、財、翭、吳、素、葆、科、本也、原、樞、

樹莖榦諸字爲根本之本葆科爲本䔿叢生之本莖榦皆枝之本也漢書禮樂志云五英英華茂也六莖及根莖也文選魏都賦注引宋衷樂動聲儀注云五莖能爲五行之道立根本也是莖爲本也考工記謂劍本爲莖義亦同也榦各本譌作幹白虎通義云榦者本也文選文賦注及衆經音義卷二卷十七竝引廣雅榦本也今據以訂正宗祖者晉語禮之宗也韋昭注云宗本也管子戒篇云孝弟者仁之祖也高誘注淮南子原道訓云祖宗皆本也財者業也若今人所謂本錢也玉篇云財本作錔說文錔業也史記平準書云算軺車賈人緡錢皆有差漢書武帝紀初算緡錢李斐注云緡絲也以貫錢也一貫千錢出算二十也財錔緡竝通翭曹憲音矦各本翭作睺因上財字而誤音內矦字又訛作候集韻類篇睺下遘切引廣雅睺本也則宋時廣雅本已然考玉篇云睺龍貝出南海廣韻云睺瞜貪財之皃皆不訓爲本方言翭本也郭璞音矦云今以鳥羽本爲翭說文翭羽本也玉篇廣韻竝音矦九章算術粟米章買羽二千一百翭劉徽注云翭羽本也數羽稱其本猶數草木稱其根株今據以訂正素者列子天瑞篇云太素者質之始也易乾鑿度同鄭注云地質之所本始也葆訓爲本謂草木叢生本䔿然也玉篇䔿字注云本䔿草叢生也本或作苯張衡西京賦云苯䔿蓬茸釋言云蕤葆也釋訓云務務葆葆茂也說文葆草盛兒呂氏春秋審時篇云得時之稻大本而莖葆漢書武五子傳頭如蓬葆顏師古注云草叢生曰葆葆本一聲之轉皆是叢生之名葆猶苞也小雅斯干篇如竹苞矣毛傳云苞本也鄭箋云時民殷衆如竹之本生矣本生

卽叢生故以般衆言之爾雅云苞蕪茂豐也又云苞
稹也孫炎注云物叢生曰苞齊人名曰稹是苞與荄
同義科者釋言云科藂也藂與叢同樞者淮南子原
道訓還反於樞高誘注云樞本也文選洞簫賦注引
廣雅原本也衆經音義卷四卷十四卷十七
十八並引廣雅樞本也今本脫原樞二字

㪟、索、略、祈、讀、詷、乞、匃、拊、戴、綝、請、募、㧟、求也、

㪟略者㪟與挍同方言挍略求也秦晉之閒曰挍就
室曰挍於道曰略略強取也襄四年左傳季孫曰略
杜預注云不以道取曰略索者說文索人家挍也經
傳通作索讀詷者說文讀流言也廣韻云流言有所
求也說文敻營求也敻與讀同義說文詷知處告言
之也史記淮南王安傳爲中詷長安徐廣注云詷伺
候采察之名也急就篇云乏與猥逮詷讀求詷讀聲
相近詷與讀之同訓爲求猶迥與敻之同訓爲遠也
募者說文募廣求也吳子圖
國篇云簡募良材以備不虞

揣、劅、陶、拂、糞、埽、寫、雪、擊、摒、𢼶、抹、耘、撥、祓、除也、辟

揣者說文揣劅也劅刊也刊與除同義說文揣字注
云一曰揣度也集韻類篇揣揣並楚委丁果二切是
揣與揣聲義同也拂者曲禮進几杖者拂之鄭注云
拂去塵大雅生民篇茀厥豐草韓詩作拂云拂弗也
茀弗並與拂通糞埽者糞猶拂也語之轉耳昭三年
左傳云小人糞除先人之敝廬說文糞棄除也坴埽
除也埽坴也周官隷僕掌五寢之埽除糞洒之事少
儀云氾埽曰埽埽席前曰拚糞坴拚並通寫之言瀉
也邶風泉水篇以寫我憂毛傳云寫除也又小雅蓼
蕭篇我心寫兮毛傳云輸寫其心也周官稻人以澮
寫水皆除去之意也雪者呂氏春秋不苟論雪殺之
恥高誘注云雪除也雪之言刷也晏子春秋諫篇景
公刷涕而顧晏子列子力命篇作雪涕擊者玉篇音
步波步丹二切潘岳射雉賦擊場拄翳徐爰注云擊
者開除之名謂除地爲場也摒音必政必郢二反字
通作屛大雅皇矣篇云作之屛之抹者說文薅拔田
草也籀文作𦯉或作茠引周頌良耜篇既茠荼蓼今
詩作以薅荼蓼又說文嘐字注引漢律嘐田茠草並
字異而義同今俗語猶云抹草矣耘者小雅甫田篇
或耘或耔毛傳云耘除草也撥者史記太史公自序

云秦撥去古文焚滅詩書說文癹以足蹋夷草也又
云鏺兩刃有木柄可以刈草讀若撥義並相近也祓
者說文祓除惡祭也周官女巫掌歲時祓除釁浴大
雅生民篇以弗無子鄭箋云弗之言祓也祓除其無
子之疾而得福也檀弓云巫先拂柩祓與拂弗亦通
祓畢本吳本譌作枝胡文煥本又譌作拔惟影宋本
皇甫本不譌辟者文選上林賦注引薛君韓詩章句
云辟除也大雅皇矣篇云啟之辟之衆經音義卷二
十一引廣雅辟除
也今本脫辟字

蹲、踆、㞋、啟、肆、踞也、

蹲踆者說文蹲踞也淮南子說山訓云蹲踞而誦詩
書南山經箕尾之山其尾踆于東海郭璞注云踆古
蹲字說文又云夋倨也蹲踆夋並同字倨與踞通踆
與下㞋字同亦通作夷論語憲問篇原壤夷俟馬融
注云夷踞也賈子等齊篇云織履蹲夷王延壽魯靈
光殿賦云卻負載而蹲踆啟者爾雅啟跪也小雅四
牡篇不遑啟處毛傳訓與爾雅同跪與踞皆有安處
之義故啟訓爲跪又訓爲踞采薇篇又云不遑啟居
居踞聲亦相近說文居蹲也踞蹲也跽長跪也𨈕長
踞也居踞跽𨈕啟跪一聲之轉其義並相近也肆者
說文肆極陳也義與踞相近法言五百篇
云夷俟倨肆漢書敘傳云何有踞肆於朝

歛、欽、匃、貸、誣、詑、授、施、𥜿、稟、付、載、埤、分、越、以、乞、遺、予、與**也、**

各本予下皆無與字此因予與二字同聲故傳寫脫
去與字耳集韻引廣雅歛予也則宋時廣雅本已脫
去與字案此條與字有二義一爲取與之與歛欽匃
貸授施諸字是也一爲與共之與誣詑越以四字是
也義雖不同而皆得訓爲與若予字則但有取與之
義無與共之義故誣詑越以四字可訓爲與不可訓
爲予又衆經音義卷十一十八並引廣雅稟與也卷
十二引廣雅分與也卷十一卷三卷九卷十四並引廣
雅遺與也皆作與不作予今據以補正或謂予與二
字同聲不當並見案爾雅云輔俌也嗟𧽚也遹乃也
廣雅云壹弌也焫爇也㷯熛也若斯之類皆同聲而
並見蓋古今異字必以此釋彼而其義始明予之訓
與亦猶是也說文與本作与云賜予也鄭衆注周官
大卜云與謂予人物也郭璞注爾雅云與猶予也注

方言云子猶與也此又予與二字互訓之證矣歛者卷一云歛欲也歛爲欲而又爲與乞匄爲求而又爲與貸爲僣而又爲與稟爲受而又爲與義有相反而實相因者皆此類也欱與乞聲相近故亦訓爲與匄者漢書西域傳我匄若馬顏師古注云匄乞與也後漢書竇武傳云匄施貧民貸者說文貸施也文十六年左傳云宋饑竭其粟而貸之誣𧩘謂相阿與也方言誣𧩘與也吳越曰誣荆齊曰𧩘與猶秦晉言阿與也玉篇𧩘匿也匿卽阿與之意禆與下埤字同義方言埤予也說文禆接益也稟者說文稟賜穀也漢書文帝紀吏稟當受鬻者顏師古注云稟給也分者韋昭魯語注云分予也越猶及也爾雅及與也大誥云大誥爾多邦越爾御事是也以者召南江有汜篇云不我以又云不我與鄭箋云以猶與也乞者漢書朱買臣傳云糧用乏上計吏卒更乞匄之各本匄字重出今刪

闕、霝、罕、罦、窐、竇、繆、豁、坳、邱、窾、廓、虛、冑、綮、科、空也、

闕者缺之空也玉篇云闕闋無門戶也釋言云栔缺也栔與闕聲近義同霝之言瓏玲也說文檽楯閒子

也徐鍇傳云卽今人闌楯下爲橫檽也說文軨車轖閒橫木也楚辭九辯倚結軨兮長太息字亦作笭釋名笭橫在車前織竹作之孔笭笭也定九年左傳載蔥靈賈逵注云蔥靈衣車也有蔥有靈蔥與窻同靈與檽同楚辭九章乘舲船余上沅兮王逸注云舲船有總牖者說文籠笭也是凡言霝者皆中空之義也霝各本作霧玉篇廣韻竝云霧古文靈字夏竦古文四聲韻云靈古尚書作䨩崔希裕纂古作霝霝霧案䨩卽篆文霝字譌而爲霧又譌而爲靈皆俗書也當從霝爲正罕罦者玉篇罕罦小空兒廣韻云罕罦小網也義竝相近罦與霝義亦相近也窐者說文窐穿也玉篇云窐穿也空也或爲䆛閱又云闕閱無門戶也說文䆛孔也廣韻疾瘡裏空也義竝相近竇者說文竇穿也衆經音義卷一引倉頡篇云竇小空也張衡西京賦云交綺豁以疏竂玉篇藔草木莖葉疏也廣韻鐐有孔鑪也義竝相近繆者說文廫空虛也繆空谷也老子寂兮寥兮河上公注云寥空無形也楚辭遠遊篇云上寥廓而無天漢書司馬相如傳寥作嵺九辯云泬寥兮天高而氣清寂廖兮收潦而水清義竝相近也豁者說文𧮰通谷也司馬相如哀二世賦通谷𧮰乎谽谺𧮰與豁同說文𥦗空大也讀若詩施罟濊濊今詩作施罛濊濊馬融注云大魚罔目大豁豁也廣韻𥦗大開目也義竝相近坳者上文云坳繆溇也溇與空義相近故溇謂之坳亦謂之繆空謂之繆亦謂之坳矣邱者昭十二年左傳是能讀三墳五典八索九邱延篤注引張平子說云九邱周禮之九刑邱空也空設之也漢書息夫躬傳寄居邱亭顏師古注云邱空也公孫宏傳云客館邱虛而已賈逵說九邱云九州亾國之戒孟康注楚元王傳云西方謂亾女壻爲邱壻義竝相近也窾者莊子養生主篇道大窾崔譔注云窾空也漢書司馬遷傳實不中其聲者謂之款服虔注云款空也款與窾通爾雅鼎款足者謂之鬲郭璞注云鼎曲腳也案款足猶空足也漢書郊祀志鼎空足曰鬲蘇林注云足中空不實者名曰鬲是其證矣空窾一聲之轉空之轉爲款猶悾之轉爲款論語泰伯篇云悾悾而不信楚辭卜居篇云吾寧悃悃款款朴以忠乎款款亦悾悾也廓者高誘注淮南子精神訓云廓虛也管子輕重乙篇云廓然虛素者魏風伐檀篇不素餐兮毛傳云素空也科者說卦傳其於木也爲科上槁釋文云科空也

史記張儀傳虎賁之士跿跔科頭集解云科頭謂不著兜鍪入敵也亦空之義也說文窠空也一曰鳥巢也穴中曰窠樹上曰巢孟子離婁篇盈科而後進趙岐注云科坎也義竝相近科與窾聲亦相近高誘注淮南子原道訓云窾空也讀科條之科

移、貿、恒、施、夷、詖、狄、假、變、奪、敓也、

此條敓字有二義移貿諸字爲變易之易夷詖爲平易之易易與敓通施讀當如施于中谷之施周南葛覃傳云施移也大雅皇矣篇施于孫子鄭箋云施猶易也延也喪服傳絕族無施服鄭注云在旁而及日施施義竝相同爾雅弛易也郭璞注云相延易弛與施亦聲近義同夷者說文徯行平易也通作夷爾雅夷易也周頌天作篇岐有夷之行有客篇降福孔夷毛傳竝與爾雅同詖亦謂平易也字通作佼春秋莊十三年冬公會齊侯盟于柯公羊傳云何以不日易也何休注云易猶佼易也相親信無後患之辭天作箋云岐邦之君有佼易之道是佼與夷同義奪者堯典云八音克諧無相奪倫

蘩、殷、員、宗、旅、接、卉、林、苗、風、邱、諸、衆也、猥、

殷者、夏小正、浮游有殷、鄭風溱洧篇殷其盈矣、傳竝云、殷衆也、員讀若云、說文、員物數也、春秋楚伍員字子胥、爾雅、僉咸胥皆也、是衆之義也、說文、⿰貝云物數紛⿰貝云亂也、孫子兵勢篇云、紛紛紜紜、釋名云、雲猶云云、衆盛意也、義竝與員同、說文、⿰貝見、外博衆多視也、讀若運、⿰貝見與員亦聲近義同、宗者、同人六二同人于宗、楚辭招魂室家遂宗、荀爽王逸注竝云、宗衆也、爾雅、道八達謂之崇期、文選蜀都賦注引孫炎注云、崇多也、多道會期於此、崇與宗亦聲近義同、旅者、爾雅、旅衆也、接者、魯頌泮水篇束矢其接、毛傳云、接衆意也、說文同、爾雅、蒐聚也、義亦與接同、卉之言彙也、爾雅、卉草、夏書禹貢正義引舍人注云、凡百草一名卉、是衆之義也、林者、說文、平土有叢木曰林、周語、林鍾和展百事、俾莫不任肅純恪也、韋昭注云、林衆也、言萬物衆盛也、白虎通義云、六月謂之林鍾、何林者衆也、萬物成熟、種類衆多也、苗者、法言重黎篇云、秦楚播其虐於黎苗、後漢書和熹鄧皇后紀、以贍黎苗、李賢注引廣雅、苗、衆也、漢成陽靈臺碑云、躬行聖政、以育苗

萌、邱者、孟子盡心篇云、得乎邱民而爲天子、莊子則陽篇云、邱里者、合十姓百名而以爲風俗也、釋名云、四邑爲邱、邱、聚也、皆衆之義也、猥者、文選盧諶贈劉琨詩注、引許慎淮南子注云、猥、總凡也、管子八觀篇、以人猥計其野、尹知章注云、猥、衆也、漢書溝洫志、水猥盛則放溢、顏師古注云、猥、多也、長笛賦、山水猥至、注引廣雅、猥、衆也、又魏都賦注、盧諶贈劉琨詩注、及後漢書馮異傳注、引廣雅竝同、今本脫猥字、

有、常、沚、沚、性、質也、

常者、說苑脩文篇云、常者、質也、性者、莊子庚桑楚篇云、性者、生之質也、春秋繁露深察名號篇云、性者、質也、漢書董仲舒傳云、質樸之謂性、禮器增美質、鄭注云、質猶性也、資質謂之性、形質亦謂之性、楚語云、若體性焉、有首領股肱、至於手拇毛脈、

司、典、尚、質、魁、敵、掌、擬、咋、主也、

尚之言掌也、高誘注淮南子覽冥訓云、尚、主也、質者、曲禮、行脩言道、禮之質也、鄭注云、質猶本也、本與主義相近、凡物之本、即物之主也、襄九年左傳、要盟無質、杜預注云、質、主也、魁者、檀弓、不爲魁、鄭注云、魁猶首也、天文、北斗魁爲首、杓爲末、漢書游俠傳、閭里之俠原涉爲魁、顏師古注云、魁者、斗之本也、故言根本者皆云魁、敵讀爲適、衞風伯兮篇、誰適爲容、毛傳云、適、主也、敵適古多通用、

蹙、遒、薄、愃、迫也、

蹙遒二字、義見卷一迫遒蹙急也下、遒與遒同、薄迫古同聲、高誘注淮南子本經訓云、薄、迫也、莊十一年左傳云、宋師未陳而薄之、愃者、說文、愃、迫也、爾雅、速速蹙蹙、惟逑鞫也、郭璞音義云、逑、迫也、逑愃聲近義同、

齰、齺、齮、齕、⿰齒出、齦、⿰齒其、⿰齒可、⿰齒來、齧、⿰齒卒、噬、咥、⿰齒堯、啄、齧也、

齰者、說文、齰、齧也、或作齚、衆經音義卷二引通俗文云、⿰齒堯咬曰齚、宋玉風賦云、啗齰嗽獲、史記灌夫傳云、杜門齚舌自殺、佞幸傳云、鄧通常爲帝唶吮之、淮南子脩務訓云、齚咋足以噆肌碎骨、竝字異而義同、齺

者、說文、齺、齵也、管子輕重戊篇、車轂齺、尹知章注云、言車轂相齺也、齺與齺同、齮者、說文、齮、齧也、衆經音義卷七引倉頡篇云、齊人謂齧咋爲齮、史記田儋傳云、秦復得志於天下、則齮齕用事者墳墓矣、齕者、說文、齕、齧也、曲禮云、庶人齕之、⿰齒出者、說文、⿰齒出、齚齒也、齦者、說文、齦、齧也、玉篇音口很切、今俗語猶然、⿰齒可者、集韻引字林云、⿰齒可、大齧也、⿰齒來者、玉篇、⿰齒來、噍齧聲也、齧者、玉篇、齧、大齧也、⿰齒卒者、說文、⿰齒卒、齚也、咥者、履彖辭、履虎尾、不咥人、馬融注云、咥、齕也、說文、⿰齒至、齧堅聲也、義與咥同、⿰齒堯者、說文、⿰齒堯、齧骨也、漢書食貨志云、易子而齩其骨、齩與⿰齒堯同、今俗語猶云齩骨矣、啄者、楚辭招魂、虎豹九關、啄害下人些、王逸注云、啄、齧也、

疆、埸、限、畔、界也、

埸、各本譌作場、後漢書班固傳注引廣雅、埸、界也、衆經音義卷十三引廣雅、畺、埸、界也、今據以訂正、畺與疆同、

搴、夭、抽、捊、揠、擢、拂、戎、踰、拼、拔也、

搴者、說文、摶、拔取也、引離騷、朝摶阰之木蘭、今本作搴、爾雅、芼、搴也、樊光注云、搴、猶拔也、管子四時篇、毋蹇華絕芽、莊子至樂篇、攓蓬而指之、司馬彪、尹知章注竝云、拔也、搴、摶、攓、蹇、古通用、夭者、管子禁藏篇云、毋夭英、毋折芽、夭、英、即四時篇所云蹇華也、○捽者、淮南子俶眞訓、疾風敎木而不能拔毛髮、高誘注云、敎亦拔也、覽冥訓云、捽拔其根、捽、與敎通、揠、擢、拂、戎者、方言、揠、擢、拂、戎、拔也、自關而西或曰拔、或曰擢、自關而東、江淮南楚之閒、或曰戎、東齊海岱之閒曰揠、郭璞注云、今呼拔草心爲揠、孟子公孫丑篇、宋人有閔其苗之不長而揠之者、趙岐注云、揠、挺拔之也、拂、猶捽也、方俗語有輕重耳、大雅生民篇、茀厥豐草、韓詩作拂、是拂爲拔也、韓子難篇云、拔拂今日之死不及、踰之言躍、抍之言升、皆上出之義也、方言、踰、抍、拔也、出休爲抍、出火爲踰、說文、抍、上舉也、引易、抍馬壯吉、今易明夷六二、及渙初六、抍竝作拯、王肅注云、拯、拔也、子夏作抍、艮六二、不拯其隨、釋文作承、淮南子齊俗訓云、子路撜溺而受牛謝、揚雄羽獵賦云、丞民乎農桑、竝字異而義同、抍、各本譌作枡、今訂正、

鋪、敷、攭、捬、敶、刿、播、莫、班、賦、布也、

攭者、廣韻音盧啟呂支二切、布也、陳也、昭元年左傳、楚公子圍設服離衛、杜預注云、離、陳也、離與攭通、捬與上鋪字同、漢書中山靖王傳、塵埃捬覆、顏師古注云、捬、亦布散也、敶者、說文、敶、刿也、經傳通作陳、賦者、爾雅、班、賦也、堯典正義引孫炎注云、謂布與也、大雅烝民篇、明命使賦、毛傳云、賦、布也、周官大師注云、賦之言鋪、直鋪陳今之政教善惡、釋名云、敷、布其義謂之賦、賦、布、敷、鋪、竝聲近而義同、

抑、捘、擪、攤、據、按也、

捘者、文選長笛賦、捘擎捘臧、李善注引廣雅、捘、按也、又云、臧、猶抑也、擪之言壓也、說文、擪、一指按也、莊子外物篇、擪其顪、釋文、擪、本亦作擪、楚辭九辯、自壓按而學誦、壓、一作厭、韓子外儲說右篇云、田連、成竅、天下善鼓琴者也、然而田連鼓上、成竅擪下、而不能成曲、共故也、淮南子說林訓云、使但吹竽、使氏厭竅、雖中節而不可聽、泰族訓云、所以貴扁鵲者、貴其擪息脈血、知病之所從生也、擪、擪、壓、厭、竝通、攤、玉篇音奴旦切、廣韻云、按、攤也、凡抑之使不得起曰攤、堯典、惇德允元、而難任人、難、猶抑也、謂進君子而退小人也、據者、玉藻、君賜稽首據掌、致諸地、鄭注云、據、掌以左手覆案右手也、案、與按通、

掫、質、已、煔、集、爲、備、荆、立、平、構、名、絃、成也、造、

質者、爾雅、質、成也、小雅天保篇、民之質矣、曲禮、疑事毋質、毛傳鄭注竝與爾雅同、已者、終事之辭、故爲成也、然者、大戴禮武王踐阼篇云、毋曰胡殘、其禍將然、毋曰胡害、其禍將大、淮南子泰族訓云、天地正其道而物自然、是然爲成也、集者、小雅黍苗篇、我行既集、鄭箋云、集、猶成也、爲者、晉語、黍不爲黍、韋昭注云、爲、成也、備者、書大傳云、備者、成也、管子宙合篇云、多備規軸者、成軸也、刑、成聲相近、王制云、刑者、侀也、侀者、成也、一成而不可變、故君子盡心焉、大傳、財用足故百志成、百志成故禮俗刑、鄭注云、刑、猶成也、立者、莊子天地篇云、德成之謂立、平者、爾雅、平、成也、公羊氏春秋隱六年、鄭八來輸平、傳云、輸平、猶墮成也、構者、結成也、小雅四月篇、我日構禍、毛傳云、構、成也、史記鶔布傳云、事已構、名者、廣韻引春秋說題辭云、名、成也、絃者、說文、絃、卽絇字也、聘禮記、絇組、鄭注云、采成文曰絇、論語八佾篇、素以爲絢兮、鄭注云、文成章曰絢、廣韻云、絃、與絢同、絢之或作絃、猶眴之或作眩矣、造者、大雅思齊篇、小子有造、王制曰、造士、箋注竝云、造、成也、衆經音義卷二十二引廣雅、造、成也、今本脫造字、

歉、堇、儉、約、媠、減、屆、尼、頗、劣、虔、虧、少也、匱、

歉者、說文、歉、食不滿也、襄二十四年穀梁傳、一穀不升謂之嗛、范甯注云、嗛、不足貌、韓詩外傳作鎌、廣雅釋天作歉、孟子公孫丑篇、吾何慊乎哉、趙岐注云、慊、少也、逸周書武稱解云、爵位不謙、田宅不虧、竝字異而義同、堇讀爲僅、說文、僅、才能也、徐鍇傳云、僅能此、是才能如此也、又說文、厪、少劣之居也、周語、余一人僅亦守府、韋昭注云、僅、猶劣也、定八年公羊傳云、僅然後得免、射義云、蓋勵有存者、呂氏春秋長見篇、魯公以削至於覲存、高誘注云、覲、裁也、鹽鐵論通有篇云、多者不獨衍、少者不獨饉、○漢書董仲舒傳、廑能勿失耳、顏師古注云、廑、少也、地理志、堇堇物之所有、應劭注云、堇堇、少也、竝字異而義同、穀梁傳、三穀不

廾謂之鑵亦是少劣之意猶一穀不升謂之歉也曹憲讀董爲謹失之婠經傳通作省頗者略之少也史記叔孫通傳云臣願頗采古禮與秦儀雜就之劣者說文劣弱也從力少卷二云劣減也虧虧者小雅天保篇不騫不崩毛傳云騫虧也魯頌閟宮篇云不虧不崩是騫虧皆少也虧與騫聲近而義同虧與虧同匱者鄭注月令云匱乏也墨子七患篇云四穀不收謂之餽餽與匱通華嚴經卷四十三音義引廣雅匱少也今本脫匱字

屯、驙、蹇、展、訒、趆、憯、懹、畏、憚、澀、遾、病，難也。

屯者說文屯難也象草木之初生屯然而難引屯彖傳云屯剛柔始交而難生驙者說文驙駗馬載重難行也駗驙也又云邅趁也屯六二屯如邅如馬融注云邅難行不進之貌漢書敘傳紛屯亶與蹇連兮並字異而義同蹇展聲相近蹇彖傳云蹇難也方言蹇展難也齊晉曰蹇山之東西凡難貌曰展荆吳之人相難謂之展若秦晉言相憚矣蹇與蹇同訒者說文訒頓也頓與鈍同論語顏淵篇仁者其言也訒孔傳

云訒難也釋文訒字或作仞管子制分篇云凡用兵者攻堅則軔乘瑕則神荀子正名篇外是者謂之認楊倞注云認難也並字異而義同說文軔礙車木也楚辭離騷朝發軔於蒼梧兮王逸注云軔榰輪木也義與訒亦相近迍者說文迍行難也玉篇音邱謹切云行謹兒廣韻云跛行兒義並相近憯懹畏憚者方言憯懹憚也陳日懹郭璞注云相畏憚也說文憚忌難也屯釋文引賈逵周語注云難畏憚也澀者說文澀不滑也方言譏吃也或謂之澀郭璞注云語澀難也楚辭七諫言語訥澀兮注云澀者難也風俗通十反篇云冷澀比如寒蜒澀與澀同澀各本譌作澀今訂正遾者說文遾行難也引蒙初六以往遾今本作吝同病者論語憲問篇堯舜其猶病諸孔傳云病猶難也僖十年左傳爲子君者不亦難乎公羊傳作不亦病乎

畏、諄、訧、槷、躄、戮，辠也。

諄者方言諄罪也郭璞注云謂罪惡也罪與辠同康誥云元惡大憝憝與諄古聲亦相近訧者說文訧辠也引呂刑報以庶訧今本作尤王制云郵罰麗於事訧尤郵並通槷通作孽緇衣引大甲曰天作孽孟子公孫丑篇作孽今俗語猶云辠孽矣

揖、校、斂、扱、抍、叢、擓，收也。

諸書無訓校爲收者校當爲救字之誤也救讀若鳩鳩斂扱叢擓皆謂收聚也爾雅鳩聚也堯典共工方鳩僝功說文僝字注引作旁救僝功是鳩救古通用扱者說文扱收也曲禮以箕自鄉而扱之鄭注云扱讀曰吸謂收糞時也抍者取之收也字亦作拯周官職幣注云振猶抍也中庸注云振猶收也是抍與收同義卷一云扱收斂抍取也取與收同義故斂扱抍又爲收也叢者說文叢聚也擓之言會也周官弁師王之皮弁會五采玉璂鄭注云故書會作膾鄭司農云謂以五采束髮也士喪禮曰膾用組乃笄膾讀與膾同說曰以組束髮乃著笄謂之膾今士喪禮作鬠用組鄭注云用組組束髮也是擓爲收束之義也擓膾鬠會並通

餅、餌、餧、食也。

此條食字讀如上農夫食九人之食字本作飤與卷二內啖噬飡餔啜食也讀如飲食之食者不同衆經音義卷二卷四卷十三並引廣雅餧飤也是其證餅舊本作餅曹憲音必井反案餅與飯同讀如飯牛之飯謂飤之也玉篇廣韻飯或作餅餅與餅字形相近傳寫往往譌溷韓子外儲說糲餅菜羹爾雅釋言釋文引字林云餅扶晩反飤也方言簇南楚謂之筲郭璞注云盛餅筥也今本餅字並譌作餅正與此同餅與餧飤之義不相近曹憲音必井反非是今訂正餌亦謂飤之也秦策云伍子胥無以餌其口中山策云臣有父嘗餓且死君下壺飡餌之餧者說文萎飤牛也昭二十五年公羊傳且夫牛馬維婁委己者也而柔焉何休注云委食已者楚辭九辯云鳳不貪餧而妄食餧萎委並通

佐、望、覘、䁡、候、間、覗也。

覘者後漢書清河孝王傳使御者偵伺得失李賢注云偵候也音丑政反偵與覘同伺與覗同亦通作司

䚀各本訛作𧬈案玉篇有䚀字無𧬈字自廣韻始訛作𧬈集韻類篇遂𧬈䚀竝收玉篇云䚀覗也譯也卷四云䚀驛也字竝從先今據以訂正䚀者說文䚀司也廣韻音武悲無非二切字通作微大戴禮曾子立事篇君子行自微也不微人人謂自察而不察人也史記廉頗藺相如傳云趙使人微捕得李牧斬之漢書游俠傳使人微知賊處顏師古注云微伺問之也閒者莊八年左傳使閒公杜預注云伺公之閒隙孟子離婁篇王使人瞯夫子瞯與閒聲義相近

桊、耦、和、諧也、

矇、睃、瞽、盲也、

矇睃瞽者說文矇童矇也睃無目也瞽目但有眹也大雅靈臺篇矇睃奏公毛傳云有眸子而無見曰矇無眸子曰睃周官瞽矇鄭衆注云無目眹謂之瞽有目眹而無見謂之矇有目無眸子謂之睃釋名云盲茫也茫茫無所見也瞽鼓也瞑瞑然目平合如鼓皮也矇有眸子而失明蒙蒙無所別也睃縮壞也

蔚、縟、劬、驟、數也、

蔚者衆經音義卷七云蔚文采繁數也革象傳其文蔚也虞翻注云蔚蔇也說文云蔇草多皃曹風候人篇薈兮蔚兮毛傳云薈蔚雲興皃爾雅釋草云蒿䓣蔚牡䓣釋蟲云螱飛螘王制鳩化爲鷹然後設罻羅鄭注云罻小網也皆繁數之意也縟者說文縟繁采飾也喪服傳喪成人者其文縟鄭注云縟猶數也鹽鐵論散不足篇云富者縟繡羅紈劬者小雅鴻雁篇劬勞于野韓傳云劬數也驟者周語云吾驟諫王

嫴、婾、聊、苟、且也、

嫴通作姑婾通作偷表記安肆日偷鄭注云偷苟且也聊者邶風泉水箋云聊且略之辭

秉、握、攬、捉、把、撮、搤、擁、操、捦、搹、拈、拼、掫、蒦、扣、擸、接、撫、齎、奉、持也、挈、

攬者說文擥撮持也管子弟子職篇云飯必捧擥釋名攬斂也斂置手中也攬與擥同捉者說文捉搤也一曰握也僖二十八年左傳云捉髮走出釋名捉促也使相促及也撮者應劭注律歷志云撮三指撮之也中庸云一撮土之多釋名撮卒也暫卒取之也案撮之言最也謂聚持之也隱元年公羊傳注云最聚也莊子秋水篇鴟鵂夜撮蚤釋文云撮崔本作最引淮南子主術訓鴟夜聚蚤是最撮皆聚也搤與下搹字同說文搤捉也搹把也喪服傳苴絰大搹鄭注云盈手曰搹魏策云日夜搤腕瞋目切齒燕策云樊於期偏袒扼腕而進竝字異而義同捦者說文鈙持也捦急持衣衿也衆經音義卷十三引三倉云捦手捉物也今作擒竝字異而義同拈者說文拈掫也玉篇云指取也今俗語猶謂兩指取物爲拈矣拼者說文拼弁持也掫當作⿰扌耴讀若專輒之輒字從耴不從取耴讀與⿰扌耴同曹憲音鄒之上聲則所見本已訛作掫廣韻掫側九切持物相著也卽踵曹憲之誤說文夜戒守有所擊也掫義與持不相近玉篇掫字亦不訓爲持又說文玉篇竝云⿰扌耴拈也釋名拈黏也兩指翕之黏著不放也此卽廣韻持物相著之義今據以辨正玉篇捻乃協切指捻也今俗語猶謂兩指取物爲捻拈與捻一聲之轉捻與⿰扌耴聲相近也說文鉆鐵銸

也銸鉆也後漢書陳寵傳絕鉆鑽諸慘酷之科李賢注引倉頡篇云鉆持也鉆與拈銸與⿰扌耴聲亦相近蒦者說文蒦規蒦商也從又持萑衆經音義卷十二十三十六引廣雅竝作擭說文擭握也一曰搤也張衡西京賦擭獑猢薛綜注云擭謂握取之也徐爰注射雉賦引埤倉云擭爪持也擭與蒦通扣者牽持之也說文扣牽馬也襄十八年左傳云大子與郭榮扣馬呂氏春秋愛士篇扣繆公之左驂高誘注云扣持也史記伯夷傳叩馬而諫叩與扣通擸者說文擸理持也褚少孫續日者傳獵纓正襟危坐後漢書崔駰傳作躐擸躐獵竝通後漢書注引史記作攝纓整襟說文攝引持也士喪禮左執組橫攝之鄭注云攝持也攝與擸亦聲近義同撫亦把也方俗語有侈弇耳襄二十六年左傳云撫劒從之楚辭九歌撫長劍兮玉珥王逸注云撫持也齎者說文齎持遺也爾雅云將資也廣雅釋言云資操也資與齎通挈者說文挈縣持也周官有挈壺氏莊子在宥篇釋文引廣雅挈持也今本脫挈字

啜、嚌、啐、試、嘗也、嚵、啐、䣷、

啜者、說文、啜、嘗也、檀弓云、啜菽飲水、嚌、啐者、說文、嚌、嘗也、顧命云、太保受同、祭、嚌、鄉飲酒禮云、嚌肺、啐酒、鄉飲酒義云、嚌肺、嘗禮也、啐酒、成禮也、雜記云、小祥之祭、主人之酢也、嚌之、衆賓兄弟則皆啐之、鄭注云、嚌、啐、皆嘗也、嚌至齒、啐入口、嚵、啐者、說文、嚵、小啐也、啐、小飲也、張載注魏都賦云、刷、小嘗也、引司馬相如棃賦、刷嗽其漿、刷與啐通、啐亦啜也、方俗語轉耳、集韻、類篇並引廣雅、嚵、嘗也、啐、嘗也、又集韻、䴰、迄洽切、引廣雅、䴰、嘗也、今本脫嚵、啐、䴰三字、

批、揺、撓、摵、掅、捽也、

批者、說文、批、捽也、張衡西京賦、摣狒猬、批窳狻、薜綜注云、摣、批、皆謂戟撮之、摵者、說文、摵、批也、捽者、說文、捽、持頭髮也、

某、命、鳴、名也、

某者、金縢云、惟爾元孫某、凡言某者、皆所以代名也、命者、說文、名、自命也、桓二年左傳、命之曰仇、命之曰

廣雅疏證　卷第三下　二四

成師、命、卽名也、史記天官書、免七命、索隱云、謂免星凡有七名也、閔元年左傳、今名之大、以從盈數、史記魏世家作命、祭法、黃帝正名百物、魯語作成命百物、是名、命古同聲同義、命、各本譌作今、文選上林賦注、西征賦注、蕪城賦注、陸機挽歌注、劉琨勸進表注、袁宏三國名臣序贊注、王褒四子講德論注、蔡邕陳仲弓碑文注並引廣雅、命、名也、今據以訂正、鳴者、夏小正傳云、鳴者、相命也、春秋繁露深察名號篇云、古之聖人、鳴而命施、謂之名、名之爲言鳴與命也、名、鳴、命、古亦同聲同義、

挅、斞、斛、程、斠、量也、槩

挅者、說文、㛗、量也、又云、揣、量也、度高下曰揣、昭三十二年左傳、揣高卑、釋文音丁果反、莊子知北遊篇、大馬之捶鉤者、年八十矣、而不失豪芒、司馬彪注云、捶者、玷捶鐵之輕重也、釋文、玷、丁恬反、捶、丁果反、挅、㛗、揣、捶、並字異而義同、玷捶或作故挅、集韻、故挅、以手稱物也、轉之則爲故掇、玉篇、故掇、稱量也、今俗語猶謂稱量輕重曰故挅、或曰故掇矣、斞者、說文、斞、量也、說見釋器鍾十曰斞下、斞、各本譌作斞、今訂正、程者、儒行、鷙蟲攫搏不程勇者、鄭注云、程、猶量也、斠者、說文、斠、平斗斛量也、月令、角斗甬、鄭注云、角、謂平之也、管子七法篇云、斗斛也、角量也、孫子虛實篇、角之而知有餘不足之處、魏武帝注云、角、量也、角與斠通、槩者、說文、槩、杚斗斛也、徐鍇傳云、此卽斗斛量槩也、考工記栗氏爲量、槩而不稅、曲禮、倉嚮不爲槩、注云、槩量也、衆經音義卷九引廣雅、槩、量也、今本脫槩字、

爻、象、放、視、教、學、效也、

爻者、繫辭傳云、爻也者、效此者也、又云、爻也者、效天下之動者也、又效法之謂坤、古本皆作爻、是爻、效同聲同義、象者、說文、效、象也、繫辭傳云、象也者、像此者也、象、像聲義亦同、教者、太平御覽引春秋元命包云、天垂文象、人行其事、謂之教、教之爲言效也、言上爲而下效也、說文、教、上所施、下所效也、從攴、孝聲、孝、效也、從子、爻聲、爻亦效也、諸字義並相通、學者、書大傳云、學、效也、

蠱、縡、職、幹、故、士、事也、

廣雅疏證　卷第三下　二五

蠱者、序卦傳云、蠱者、事也、蠱之言故也、周官小行人云、周知天下之故、蠱、故同聲、故皆訓爲事也、縡者、堯典、有能奮庸熙帝之載、史記五帝紀、載作事、大雅文王篇、上天之載、毛傳云、載、事也、漢書揚雄傳、上天之縡、縡與載通、幹者、多士、爾厥有幹有年于茲洛、王肅注云、幹、事也、士者、康誥、見士于周、周頌、敬之篇、陟降厥士、傳並云、士、事也、白虎通義云、士者、事也、任事之稱也、事、士、載聲並相近、

棲、載、棚、閣、樺、碊、攱也、

皆謂庋閣也、棲者、人物所棲止、卽庋閣之意也、孟子萬章篇、二嫂使治朕棲、趙岐注云、棲、牀也、秦策云、猶連雞之不能俱止於棲、棲、各本譌作捿、今訂正、載者、卷二云、攱、載也、棚、碊二字、義見釋宮棚棧閣也下、衆經音義卷十七云、棧、三倉作碊、閣者、卷二云、閣、載也、史記梁孝王世家索隱引周成雜字云、攱、閣也、又引通俗文云、高置立攱棚曰攱閣、檀弓、始死之奠、其餘閣也與、鄭注云、閣、庋藏食物、內則、大夫七十而有閣、注云、閣、以板爲之、庋食物也、庋、庪並與攱同、爾雅、支、載也、支與攱、亦聲近義同、

濘、涅、塗、泥也、

濘者、僖十五年左傳、晉戎馬還濘而止、杜預注云、濘、泥也、涅者、說文、涅、黑土在水中也、論語陽貨篇云、涅而不緇、

遝、納、妠、入也、

遝、納者、納、古通作內、堯典云、內于百揆、賓于四門、內于大麓、列女傳云、內于百揆、賓于四門、遝于林木、史記五帝紀云、堯使舜入山林川澤、遝、內、皆入也、遝于林木、卽內于大麓也、今本列女傳遝于林木下、又有入于大麓四字、蓋後人不通古訓而妄加之、妠、亦納也、方俗語轉耳、

取、厲、役、靡、僞、印、方、爲也、

厲、印者、方言、厲、印、爲也、甌越曰印、吳曰厲、郭璞注云、爾雅曰、厲、作也、作、亦爲也、臯陶謨、庶明厲翼、鄭注云、厲、作也、役者、表記、君子恭儉以求役仁、信讓以求役禮、鄭注云、役之言爲也、役、訓作、爲之爲、又訓夫子爲

衞君之爲、牧誓、以役西土、少儀謂之社稷之役、馬鄭注並云、役、爲也、釋文、爲、于僞反、僞者、荀子性惡篇云、不可學不可事而在人者、謂之性、可學而能可事而成之在人者、謂之僞、僞、卽爲也、堯典、平秩南僞、史記五帝紀作南爲、月令、作爲淫巧、鄭注云、今月令作爲爲詐僞、是爲僞古同聲同義、

朋、黨、㥃、右、頻、比也、

朋、黨、右、頻爲親比之比、㥃爲比密之比、說文、㥃、愼也、從比、必聲、引大誥、無㥃于卹、又云、比、密也、密、與愼同義、故繫辭傳云、君子愼密而不出也、釋言篇云、祕、密也、祕、與㥃通、右者、說文、右、手口相助也、助與比義相近、襄十年左傳云、王右伯輿、頻者、釋訓云、頻頻、比也、法言學行篇、頻頻之黨、甚於鸒斯、亦賊夫糧食而已矣、李軌注云、鸒斯羣行啄穀、喻人黨比游晏、賊害糧食、楚語、羣神頻行、韋昭注云、頻、並也、說文、顰、匹也、皆比之意也、黨、謂之比、亦謂之頻、數謂之頻、亦謂之比、義相因也、學記、比年入學、比年、猶頻年也、

賴、仰、忆、依、負、恃也、

仰者、荀子議兵篇、上足卬、則下可用也、楊倞注云、卬、古仰字、下託上曰仰、各本俱脫負字、衆經音義卷六引廣雅、賴、仰、依、負、恃也、今據以補正、

㜸、婞、因、友、愛、親也、

婞、通作幸、因者、大雅皇矣篇、因心則友、喪服傳、繼母之配父、與因母同、毛傳、鄭注並云、因、親也、周官大司徒、孝友睦婣任恤、鄭注云、婣、親於外親也、婣、與因通、愛、各本譌作受、衆經音義卷十四引廣雅、友、愛、親也、今據以訂正、

爽、曉、牟、騰、軼、渡、贏、邐、俓、歷、更、過也、咎

爽者、爾雅、爽、差也、爽、忒也、郭璞注云、皆謂用心差錯不專一、方言、爽、過也、郭璞注云、謂過差也、衞風氓篇云、女也不爽、曉、贏者、方言、曉、過也、曉、贏也、開元占經順逆略例篇引七曜云、超舍而前、過其所當舍之宿以上一舍二舍三舍、謂之贏、退舍以下一舍二舍三舍、謂之縮、項岱注幽通賦亦云、贏、過也、縮、不及也、考

工記弓人、撟幹欲孰於火而無贏、鄭注云、贏、過孰也、逸周書常訓解云、六極不贏、八政和平、贏、與贏通、牟者、楚辭招魂、成梟而牟、呼五白些、王逸注云、倍勝曰牟、是過之義也、牟、影宋本、皇甫本譌作侔、各本又譌作眸、玉篇、廣韻並云、牟、過也、衆經音義卷二引廣雅、牟、過也、今據以訂正、騰者、楚辭離騷、騰衆車使徑待、注云、騰、過也、軼、曹憲音逸、各本逸字誤入正文、今訂正、邐者、淮南子俶眞訓、夫貴賤之於身也、猶條風之時麗也、高誘注云、麗、過也、麗、與邐通、大射儀、中離維綱、鄭注云、離、猶過也、獵也、離、與邐、古亦同聲、俓、與徑同、衆經音義卷六、卷十八並引廣雅、咎、過也、今本脫咎字、

悛、懌、諽、䀽、改、庚、輸、更也、

悛、懌者、方言、悛、懌、改也、自山而東、或曰悛、或曰懌、郭璞注引論語、悅而不懌、成十三年左傳、康猶不悛、杜預注與方言同、諽、通作革、庚者、漢書律歷志云、斂更於庚、白虎通義云、庚者、物更也、鄭注月令云、庚之言更也、秋時萬物皆肅然改更、輸、讀爲渝、左氏春秋隱六年、鄭人來渝平、傳云、更成也、公羊穀梁傳並作輸、

輸、渝、古通用。爾雅、渝、變也。變亦更也。

遁、逃、腓、眺、迗、亾、令、移、徙、諱、避也、

逃、各本訛作兆。今訂正。腓者、廣韻音符非、扶沸二切。大雅生民傳云、腓、辟也。班固幽通賦、安慆慆而不萉兮、曹大家注云、萉、避也。顏師古漢書敘傳注云、萉字本作腓。腓、萉、避、辟竝通。張衡東京賦、設三乏、厞司旌。薛綜注引爾雅、厞、隱也。隱與避義亦相近。腓、各本訛作腓。今訂正。亾者、說文、亾、逃也。諸書無訓令爲避者、當是䙴字之訛。䙴或書作䙳、故訛而爲令。廣韻、䙴與遷同。說文、遁、遷也。是遷與避同義。爾雅、遷、徙也。遷與移、徙亦同義。故遁、䙴、移、徙四字、俱訓爲避也。諱者、鄭注曲禮云、諱、辟也。

剝、脫、膳、皽、𧇾、微、膚、朴、皮、菲、違、畔、渙、㦔、陗、避、離也、

皽者、內則、去其皽。鄭注云、皽、謂皮肉之上魄莫也。廣韻、皽、皮寬也。是離之義也。𧇾者、玉篇、𧇾、皮脫也。膚、朴、皮者、釋言云、皮、膚、剝也。說文云、剝取獸革者、謂之皮。韓策云、因自皮面抉眼、自屠出腸。鄭注內則云、膚、切肉也。是皮、膚皆離之義也。朴與皮、膚一聲之轉。說文、朴、木皮也。又云、柿、削木札朴也。亦離之義也。說文、卜、灼剝龜也。剝、朴、卜聲近而義同。㦔與攜通。遺者、棄之離也。楚辭九歌、遺余佩兮澧浦。王逸注云、遺、離也。莊子田子方篇云、遺物離人而立於獨。

守、恆、彌、就、遟、餘、腒、腆、長、耇、曠、久也、

守者、墨子經篇云、久、彌異時也。守、彌異所也。守與久、所與時、竝同義。故文十三年公羊傳注云、所、猶時也。彌、就者、爾雅、就、終也。郭璞注云、成就亦終也。又彌、終也。注云、終、竟也。終與久義相近。故彌、就又爲久也。說文、镾、久長也。大雅卷阿篇云、俾爾彌爾性。彌與镾通。遟者、說文、遲、或作遟、從辵、𡰥聲。𡰥、古文夷字。各本遟訛作追。今訂正。餘者、老子云、脩之於家、其德乃餘。脩之於鄉、其德乃長。長、餘皆久也。腒者、說文、北方謂鳥腊爲腒。周官庖人、夏行腒鱐。鄭衆注云、腒、乾雉也。乾雉謂之腒、猶乾肉謂之腊。腒之言居、腊之言昔、皆久之義也。壽者、說文、釋名竝云、壽、久也。曠者、漢書五行志引京房易傳云、師出過時、茲謂廣。廣與曠同。

畏、仇、憝、患、慝、凶、虐、誹、謗、訧、辱、咎、憋、讟、悁、鉗、惲、疲、痓、嬴、嫉、

毒、貉、傒、僎、憎、懀、孱、惡也、厲

此條惡字有二義。一爲美惡之惡、一爲愛惡之惡。昭七年左傳、魯衞惡之。杜預注云、受其凶惡。爾雅、居居、究究、惡也。郭璞注云、皆相憎惡。是美惡之惡與愛惡之惡、義本相通也。憝者、說文、憝、怨也。康誥、罔不憝。傳云、人無不惡之者。孟子萬章篇引書作譈。荀子議兵篇云、百姓莫不敦惡。法言重黎篇、楚憞羣策而自屈其力。李軌注云、憞、惡也。譈、憞、敦竝與憝同。凡人凶惡亦謂之憝。康誥云、元惡大憝。逸周書銓法解云、近憝自惡。是也。方言、諄、憎、所疾也。宋魯凡相疾惡謂之諄憎。若秦晉言可惡矣。諄與憝聲亦相近。誹、各本訛作詐。今訂正。誹通作尤。憋者、方言、憋、惡也。郭璞注云、憋怤、急性也。列子力命篇云、嘽咺、憋懯。後漢書董卓傳、敝腸狗態。李賢注云、言心腸敝惡也。續漢書敝作憋。漢司隸校尉楊孟文石門頌云、惡虫𡚁狩。𡚁狩與憋獸同。釋名云、鷩雉、山雉也。鷩、憋也。性急憋、不可生服、必自殺也。潘岳射雉賦云、山鷩悍害。南山經、基山有

鳥焉、其狀如雞而三首、六目、六足、三翼、其名曰鵂鴿。郭璞注云、鵂鴿、急性。廣韻、鵂鴿、鷩也。鴿鷦亦鳥之惡者。是凡言憋者、皆惡之義也。周官司弓矢、句者謂之弊弓。鄭注云、弊、猶惡也。徐邈音扶滅反。弊與憋聲義亦同。故大司寇以邦成弊之。故書弊爲憋矣。讟者、方言、讟、咎、謗也。又云、讟、痛也。說文、讟、痛怨也。宣十二年左傳云、君無怨讟。悁者、方言、慘、悁、悴、惡事也。玉篇、悁、悒也。義竝相近。鉗、疲、痓者、方言、鉗、疲、惡也。南楚凡人殘罵謂之鉗、又謂之疲。注云、鉗害、口惡也。荀子解蔽篇云、彊鉗而利口。後漢書梁冀傳、性鉗忌。注云、言性忌害、如鉗之鈲物也。說文、拑、脅持也。皆惡之義也。方言注云、疲恎、惡腹也。玉篇、疲、惡也。㤓、惡心也、急性也。㤓與疲同。定三年左傳、莊公卞急而好絜。卞與疲、亦聲近義同。玉篇、痓、惡也。恎、惡性也。恎與痓同。恎又音大結反。說文、𧔥、蛇惡毒長也。爾雅、𧔥、蝁。注云、蝮屬、大眼、最有毒、今淮南人呼蝁子。釋文、𧔥、大結反、字亦作蛭。楊孟文石門頌云、惡虫𡚁狩、蛇蛭毒蟃。蟃、毒蟃謂毒長也。𧔥與蛭、蝁與惡、聲義亦同。嬴者、劣之惡也。大戴禮千乘篇云、嬴醜以齒。毒者、昭四年左傳云、天或者欲逞其心以厚其毒而降之罰。毒、

猶惡也凡相憎惡亦謂之毒緇衣云唯君子能好其正小人毒其正是也倕者玉篇偒倕惡也又引字書云倕倕醜也倕倕聲義竝同儢者卷二云頪醜也儢頪聲義亦同懀者玉篇懀惡也憎也說文嬒女黑色也引曹風候人篇嬒兮蔚兮太平御覽引通俗文云可惡曰嬒懀嬒聲義亦同孱者劣之惡也漢書張耳傳吾王孱王也孟康注云冀州人謂懦弱爲孱厲者大雅桑柔篇誰生厲階毛傳云厲惡也逸周書謚法解云殺戮無辜曰厲襄十七年左傳爾文爲厲杜預注云厲惡鬼也昭四年傳癘疾不降注云癘惡氣也莊子天地篇厲之人夜半生其子郭象注云厲惡人也是凡言厲者皆惡之義也文選潘岳關中詩注引廣雅厲惡也今本脫厲字

𧬈、論、詄、挩、過、謬、誺、䚹、詿、迷、誤也、

𧬈者玉篇引聲類云𧬈誤也論者玉篇論誤言也說文䚷視誤也義與論相近詄者說文詄忘也徐鍇傳云言失忘也玉篇廣韻竝音跌莊二十五年公羊傳注云跌過度也漢書朱博傳云常戰栗不敢蹉跌皆謂失誤也挩曹憲音奪各本遺去挩字其音內奪字又誤入正文玉篇廣韻挩字竝徒活他括二切徒活正與奪同音廣韻挩誤也遺也後漢書劉寬傳云事容脫誤文選李康運命論棄之如脫遺李善注引廣雅脫誤也脫即挩之俗字今據以補正或云據文選注所引則廣雅本作脫非作挩案文選注所引諸書凡與本書字異而聲義同者多改從本書以便省覽此引廣雅挩字作脫亦是改從本書也挩字經傳不多見故須音釋若脫字則不須音釋上文脫離也釋言篇脫遺也曹憲俱無音而此獨有音明是挩字非脫字也䚹者玉篇必奚切廣韻又匹夷切大傳五者一物紕繆鄭注云紕繆猶錯也文選解嘲云故有造蕭何之律於唐虞之世則悂矣䚹悂紕竝通詿者說文詿誤也韓策云詿誤人主史記吳王濞傳云詿亂天下凡見欺於人謂之誤欺人亦謂之誤故自誤謂之詿亦謂之謬誤人謂之謬亦謂之詿矣

評、訂、準、廷、枰、平也、槩中、

評者玉篇評平言也淮南子時則訓是故上帝以爲物平高誘注云平正也讀評議之評評與平通訂者說文訂平議也玉篇音他丁唐頂二切周頌天作箋云以此訂大王文王之道卓爾與天地合其德釋文訂謂平比之也引字詁云訂平也周官司弓矢注云恆矢痺矢前後訂其行平也楚辭九歌搴汀洲兮杜若王逸注云汀平也說文田踐處曰町徐鍇傳云言平町町也鄭風東門之墠傳云墠除地町町者皆平之義也周官小宰以聽官府之六計鄭注云聽平治也聽與訂聲義亦相近廷者廣韻引風俗通云廷者平也漢書百官表廷尉顏師古注云廷平也治獄貴平故以爲號張釋之傳云廷尉天下之平也案廷之言亭也淮南子原道訓甘立而五味亭高誘注云亭平也曹憲音于放反則是讀爲子無我廷之廷其失甚矣枰者說文枰平也方言所以投簙謂之枰或謂之廣平初學記引通俗文云牀三尺五曰榻板獨坐曰枰釋名云枰平也以板作之其體平正也枰各本訛作抨集韻類篇竝引廣雅枰平也今據以訂正槩者說文槩杚斗斛也杚平也徐鍇傳云杚即槩也摩之使平也韓子外儲說云槩者平量者也月令云角斗甬正權概管子樞言篇云釜鼓滿則人概之荀子宥坐篇云水盈不求概概與槩同衆經音義卷九引廣雅槩平也卷二十五引廣雅中平也今本脫槩中二字

捭、發、張、闡、袪、撦、坼、啟、闢、闖、闓、磔、閤、苦、問、開也、

捭之言擘也鬼谷子捭闔篇云捭之者開也闔之者閉也張衡西京賦置互擺牲薛綜注云擺謂破磔懸之後漢書馬融傳注引字書云擺亦捭字也周官大宗伯以疈辜祭四方百物故書疈爲罷鄭衆注云罷辜披磔牲以祭捭擺罷聲義竝同方言䈂析也䈂與捭亦聲近義同闡者說文闡開也引繫辭傳闡幽袪各本訛作裕卷二內袪去也袪字訛作裕正與此同漢書兒寬傳合袪於天地神祇李奇注云袪開散也今據以訂正莊子胠篋篇胠篋探囊發匱之盜司馬彪注云從旁開爲胠秋水篇公孫龍口呿而不合呂氏春秋重言篇君呿而不唫高誘司馬彪注竝云呿開也袪胠呿古通用袖口謂之袪義亦同也撦者玉篇音充野切云撦開也廣韻云裂開也今俗語猶謂裂帛爲撦矣闢者說文闢開門也衆經音義卷七引三倉云闖小開門也又引字詁云闖今作闖魯語闖門與之言韋昭注云闖闢也案闖之言撝也說文撝

裂也、搗與闞聲近義同、闞、闞苦者、方言、闞、苦、開也、東齊開戶謂之闞苦、楚謂之闞、漢書兒寬傳云、發祉闓門、苦、各本譌作苦、惟影宋本皇甫本不譌、磔亦坼也、說文、磔、辜也、爾雅、祭風曰磔、僖三十一年公羊傳疏引孫炎注云、既祭披磔其牲、似風散也、磔各本譌作礫、今訂正、閜者、說文、閜、大開也、司馬相如上林賦云谽呀豁閜、方言、杯大者謂之閜、閜、廣韻、㘡、大笑也、義竝相近、

㛚、娕、嬖、㜋、婚、嬻、歺、死也、

各本俱脫死字、集韻類篇㛚娕嬖嬻四字注竝引廣雅、歺也、則宋時廣雅本已脫去死字、考廣韻云、㛚娕、死皃、出廣雅、又㛚娕嬖㜋婚五字、諸書竝訓爲死、今據以補正、㛚娕者、玉篇、㛚娕、死皃、孟子梁惠王篇、吾不忍其觳觫、若無罪而就死地、義與㛚娕同、嬖㜋者、玉篇廣韻竝云、嬖㜋、欲死皃、匡謬正俗云、屈伸欲死之皃、嬖各本譌作嫳、考玉篇廣韻集韻類篇俱作嬖、不作嫳、今訂正、婚、古通作昏、昭十九年左傳、寡君之二三臣、札瘥夭昏、賈逵注云、短折曰夭、未名曰昏、案昏猶沒也、皐陶謨、下民昏墊、鄭注云、昏、沒也、傳曰寡

君之二三臣、若未名而死、不得謂之臣矣、晉語云、君子失心、鮮不夭昏、亦謂晉侯將死也、嬻者、玉篇、嬻、嬻也、說文、嬻、孎也、歺者、說文、歺、刿骨之殘也、又云、死、澌也、人所離也、從歺人、

儐、贊、唱、引、道也、

儐者、說文、儐、導也、字或作擯、又作賓、導與道通、贊者、周語、大史贊王、韋昭注云、贊、導也、唱與倡通、引、各本譌作弘、今訂正、

貌、竘、妖、佞、工、媮、巧也、

貌竘二字、義見上文竘貌治也下、媮者、說文、媮、巧黠也、爾雅、佻、偷也、楚辭離騷、余猶惡其佻巧、佻偷一聲之轉、偷與媮通、

躔、踈、解、迒、踵、蹤、軌、武、行、徑、轍、迹也、

躔踈解迒者、爾雅、麋跡、躔、鹿跡、速、麕跡、解、兔跡、迒、跡與迹同、說文、躔、踐也、麈、鹿迹也、麈踈速竝通、踈從足

東聲、當音桑谷反、曹憲音四迹反、所未詳也、方言、迒、迹也、說文、迒、獸迹也、或作䟘、釋名云、鹿兔之道曰亢、行不由正、亢陌山谷草野而過也、太元居次四云、見豕在堂、狗繫之迒、張衡東京賦云、軌塵掩迒、亢䟘竝與迒同、迒、各本皆作亢、惟影宋本作迒、踵者、說文、踵、追也、徐鍇傳云、猶言繼踵也、昭二十四年左傳云、吳踵楚、踵與歱同、蹤者、說文、蹤、車迹也、釋名云、蹤、從也、人形從之也、史記張湯傳、言變事蹤跡安起、漢書作從、竝字異而義同、軌者、說文、軌、車徹也、徹與轍同、考工記匠人云、涂度以軌、軌、各本譌作軓、文選遊天台山賦注、閒居賦注、曹植贈白馬王彪詩注、陸機豫章行注、演連珠注、傳亮爲宋公脩張良廟教注、劉琨勸進表注、及衆經音義卷二十、竝引廣雅、軌、迹也、今據以訂正、武者、爾雅云、履帝武敏、武、迹也、

追、駟、末、隨、逐也、

追末者、方言、追、末、隨也、諸書無訓駟爲逐者、駟蓋馳字之譌、史記貨殖傳云、博戲馳逐、漢書東方朔傳云、設戲車、教馳逐、是馳與逐同義、凡隸書從也從四之字、或以相近而譌、水經洙水注云、地理志曰、洙水西

北至蓋入泗水、或作池字、蓋字誤也、是其證、

權、錘、厧、錪、鎮、珍、瑋、重也、

權者、漢書律歷志云、衡、平也、權、重也、韓子說難篇、與之論細人、則以爲賣重、史記韓非傳賣重作鬻權、錘、錪者、方言、錪、錘、重也、東齊之間曰錪、宋魯曰錘、釋器云、錘謂之權、錘之言垂也、下垂、故重也、錪之言腆也、方言、腆、厚也、厚與重同義、說文云、重、厚也、鎮者、周官大司樂注云、四鎮、山之重大者、周語、爲摯幣瑞節以鎮之、韋昭注云、鎮、重也、

紉、紆、𥿭、繩、索也、

紉者、方言、擘、楚謂之紉、說文、紉、繟繩也、楚辭離騷、紉秋蘭以爲佩、王逸注云、紉、索也、紆者、說文、紆、縈也、𥿭之言切也、謂切撚之使緊也、亦通作切、淮南子氾論訓、緂麻索縷、高誘注云、索、切也、

離、解、廝、披、碎、佈、㪔也、

廝披者、方言、廝、披、散也、東齊聲散曰廝、器破曰披、秦晉聲變曰廝、器破而不殊、其音亦謂之廝、集韻引字林云、⿱斯瓦、甕破也、漢書王莽傳、莽爲人大聲而嘶、顏師古注云、嘶、聲破也、廝、𤺊、嘶、⿱斯瓦竝通、爾雅、斯、離也、春秋繁露度制篇云、是大亂人倫而靡斯財用也、王逸注九歌云、斯、解水也、義竝與廝同、成十八年左傳、今將崇諸侯之姦而披其地、杜預注云、披、猶分也、

廣雅疏證卷第三下

廣雅疏證卷第四上

高郵王念孫學

釋詁

廢、搯、弛、縱、寘、眞、肆、捨、蕩、逸、放、恣、斁、銋、署、置也、

廢者、爾雅、廢、舍也、郭璞注云、舍、放置也、宣八年公羊傳注云、廢、置也、方言、發、舍車也、發與廢聲近而義同、肆者、堯典、眚災肆赦、春秋莊二十二年、肆大眚、皆謂放赦罪人、與置同意、故說文云、赦、置也、捨與赦聲義亦同、故爾雅云、赦、舍也、舍與捨通、蕩逸放恣、竝同義、論語微子篇、隱居放言、包咸注云、放、置也、斁者、曹憲云、即古文置、銋者、韓詩外傳、於此有絺綌五兩、敢置之水浦、列女傳作願注之水旁、是注爲置也、注與銋通、莊子達生篇以瓦注者巧、淮南子說林訓作銋、是其證也、署者、說文、署、部署也、謂部分而署置之也、楚辭遠遊篇云、選署衆神以竝轂、

幹、擱、運、邅、逭、遁、讙、喘、移、敡、捤、轉也、

幹者、楚辭天問篇、幹維焉繫、漢書賈誼傳、幹棄周鼎、王逸、如淳注竝云、幹、轉也、天問、幹字一作筦、匡謬正俗云、幹、聲類及字林竝音管、擱者、玉篇、擱、轉籆也、邅之言纏繞也、楚辭離騷、邅吾道夫崑崙兮、注云、楚人名轉曰邅、九章云、欲儃佪以干傺兮、儃與邅通、逭、遁者、方言、逭、遁、轉也、郭璞注、逭、音換、亦音管、逭、猶幹也、淮南子時則訓、員而不垸、高誘注云、垸、轉也、垸與逭通、讙喘者、方言、讙喘、轉也、注云、讙喘、猶宛轉也、讙、各本訛作讀、今訂正、敡通作易、

甾、拎、專、職、端、緒、紬、業也、

甾者、爾雅、田一歲曰菑、郭璞注云、今江東呼初耕地反草爲菑、釋文、菑、本或作甾、鄭衆注考工記輪人云、泰山平原所樹立物爲菑、漢書溝洫志、隤林竹兮揵石菑、顏師古注云、石菑、謂臿石立之、然後以土就塡塞之也、是凡言甾者、皆始立基業之意、甾之言哉也、爾雅、哉、基、始也、卷一云、業、始也、此云、甾、業也、義竝相

通、拎者、方言、拎、業也、郭璞注云、謂基業也、專職、皆主其事之名、故爲業也、魯語云、恃二先君之所職業、端緒者、爾雅、業、緒也、注云、謂端緒、紬者、史記歷書紬績日分、索隱云、紬、音宙、又如字、紬績者、女工紬緝之意、言造歷算運者若女工緝而織之、是紬爲業也、

交、贅、凝、戾、撰、質、撫、嗼、保、隱、據、刊、定也、

凝者、皋陶謨、庶績其凝、馬融注云、凝、定也、戾者、爾雅、戾、定止也、康誥、未戾厥心、大雅桑柔篇、民之未戾、襄二十九年左傳、乃猶可以戾、傳注竝云、戾、定也、質者、爾雅、質、成也、鄭注小司徒云、成、猶定也、是質與定同義、大雅抑篇云、質爾人民、曲禮云、疑事毋質、皆是也、洪範、惟天陰騭下民、史記宋世家、騭作定、孔穎達正義云、騭、即質也、撫者、說文、撫、安也、安、亦定也、嗼者、爾雅、嗼、安、定也、郭璞注云、皆靜定、大雅皇矣篇、求民之莫、板篇、民之莫矣、毛傳竝云、莫、定也、嗼莫貉竝通字、又作貊、說見卷一嗼安也下、保者、小雅楚茨傳云、保、安也、隱據者、方言、隱、據、定也、隱、又音於靳反、說文、𤔌、所依據也、讀與隱同、檀弓、其高可隱也、鄭注云、隱

據也、孟子公孫丑篇、隱几而臥、皆安定之意也、僖五年左傳、神必據我、杜預注云、據、猶安也、釋名云、據、居也、居、亦定也、刊者、削而定之、今人言刊定是也、

䭲、餓、餧、飢也、

䭲者、說文、䭲、飢也、

戔、瘌、廁、凋、爽、痍、壯、創、痒、傷也、

戔與殘通、瘌音力達反、方言、凡飲藥傅藥而毒、南楚之外、謂之瘌、瘌、痛也、郭璞注云、謂辛螫也、方言又云、刺、痛也、左思魏都賦云、蔡莽螫刺、昆蟲毒噬、是刺爲傷也、刺與瘌通、今俗語猶謂刀傷曰刺矣、廁者、銳傷也、說文以爲籀文銳字、廣韻又此芮切、云、小割也、皆傷之意也、凋者、說文、凋、半傷也、昭八年左傳云、民力彫盡、彫與凋通、爽者、逸周書謚法解云、爽、傷也、老子云、五味令人口爽、淮南子精神訓云、五味亂口、使口爽傷、張衡南都賦云、其甘不爽、醉而不𧰼、痍者、序卦傳云、夷者、傷也、夷與痍通、痍各本譌作㾜、今訂正、爽

創、壯、聲竝相近、故壯亦爲傷、方言、凡草木刺人者、北燕朝鮮之閒謂之壯、注云、今淮南人亦呼壯、壯、傷也、馬融虞翻注易大壯竝云、壯、傷也、淮南子俶眞訓、形苑而神壯、高誘注與馬虞同、創者、刃傷也、說文、刅、傷也、或作創、月令云、命理瞻傷察創、是也、其創瘍之創亦同義、釋名釋疾病篇云、創、戕也、戕毀體使傷也、曲禮云、頭有創則沐、是也、痒者、周禮瘍醫注云、瘍、創癰也、曲禮釋文云、瘍、本或作痒、是痒爲傷也、小雅正月篇、癙憂以痒、毛傳云、痒、病也、病亦傷也、

投、豛、石、搥、㨖、擿也、

豛者、說文、豛、擊也、又云、椓、擊也、豛、椎擊物也、鄭注周官壺涿氏云、涿、擊之也、案涿謂投擊之也、其職云、掌除水蟲、以焚石投之、是也、豛椓涿竝通、石者、新書連語篇云、提石之者、猶未肯止、是石爲擿也、提音都回反、法言問道篇、搥提仁義、音義云、搥、擲也、邶風北門篇、王事敦我、鄭箋云、敦、猶投擲也、敦與搥同、擲與擿同、釋言篇云、碻、沰、磓也、碻與擿、沰與石、磓與搥、聲義竝相近、

黔、首、氓、民也、

黔首者、說文、秦謂民爲黔首、謂黑色也、周謂之黎民、史記秦始皇帝紀、更名民曰黔首、案祭義云、明命鬼神以爲黔首則、鄭注、黔首、謂民也、魏策云、撫社稷、安黔首、呂氏春秋大樂篇云、和遠近、說黔首、韓非子忠孝篇云、古者黔首悗密惷愚、諸書皆在六國未滅之前、蓋舊有此稱、而至秦遂以爲定名、非始皇創爲之也、堯典云、黎民於變時雍、則黎民之稱、又不自周始矣、

詼、啁、譀、話、諴、誕、眞、周、調也、

詼啁諴爲調戲之調、譀話誕爲調欺之調、周爲調和之調、詼者、說文、悝、啁也、悝與詼同、漢書枚皐傳、詼笑類俳倡、李奇注云、詼、謿也、文選東京賦、悝繆公於宮室、李善注云、悝、猶嘲也、啁者、文選任昉出郡傳舍哭范僕射詩注引倉頡篇云、啁、調也、漢書東方朔傳云、詼啁而已、揚雄傳解謿文選作嘲、啁、嘲、謿竝通、啁與調聲亦相近也、譀者、相欺調也、卷二云、調、欺也、釋言云、調、譀也、說文、譀、誕也、謂相欺誕也、義竝相通、話者、

衆經音義卷十七引聲類云、話、訛言也、小雅沔水箋云、訛、僞也、哀二十四年左傳、是躗言也、服虔注云、躗、僞不信言也、話、躗竝音尸快反、其義同也、誠者、釋言云、誠、謷也、謷與敖通、爾雅、謔浪笑敖、戲謔也、郭璞注云、謂調戲也、史記天官書、箕爲敖客、曰口舌、索隱、宋均云、敖、調弄也、箕以簸揚調弄爲象、誕者、衆經音義卷十二引倉頡篇云、誕、欺也、又引通俗文云、大調曰誕、周者、淮南子原道訓、貴其周於數而合於時也、高誘注云、周、調也、

周、調聲亦相近、

縊、經、𩰫、絞也、

縊、經者、說文、縊、經也、絞、縊也、昭元年左傳、縊而弑之、杜預注云、縊、絞也、晉語、申生雉經於新城之廟、韋昭注云、雉經、頭搶而縣死也、釋名云、縣繩曰縊、縊、阸也、阸其頸也、屈頸閉氣曰雉經、如雉之爲也、𩰫者、說文、𩰫、經繆殺也、又云、摎、縛殺也、玉篇、摎、音力周居由二切、絞也、漢書外戚傳、即自繆死、鄭氏注云、繆、自縊也、𩰫、摎、繆竝通、喪服傳、殤之絰不摎垂、鄭注云、不絞其帶之垂者、義與𩰫亦相近、

𪎭、𪏉、𪍿、黐、𪏮、䵒、黏也、𪏆

𪎭者、說文、堇、黏土也、徐鍇傳云、今人謂水中泥黏者爲堇、𪎭、堇竝音居隱反、其義同也、內則、塗之以謹塗、鄭注云、謹當爲墐、墐、塗也、塗有穰草也、正義云、用之炮豚、須相黏著、故知塗有穰草也、墐與𪎭亦聲近義同、𪍿、䵒者、方言、䵑、𪍿、黏也、齊魯青徐自關而東或曰䵑、或曰𪍿、爾雅、䵑、膠也、郭璞注云、膠黏䵑也、說文、䵒、黏也、引隱元年左傳、不義不䵒、今本䵒作暱、考工記弓人、凡昵之類不能方、杜子春注云、昵或爲䵒、䵒、黏也、趙策云、膠漆至䵑也、釋名云、膠、𪍿也、相黏𪍿也、䵑、䵒、暱、昵竝通、䵒、黏、𪍿、一聲之轉也、黐者、玉篇、䊍、黏飯也、廣韻云、黏、黐也、卷三云、䊍、摶也、䊍與黐同音、摶與黏亦同義、說文、𦣞、飯剛柔不調相箸也、讀若適、𦣞與黐亦聲近義同、𪏮者、廣韻云、𪏮、膠所以黏鳥、今俗語猶然矣、說文、黍、禾屬而黏者也、故自𪎭以下七字竝從黍、𪏆者、玉篇、廣韻竝云、𪏆、黏也、音池爾是義二切、集韻引廣雅、𪏆、黏也、今本脫𪏆字、

貲、產、資、財、𧶠、貝、貨也、

令、琴、敔、炈、制、禁也、

令者、鄭注月令云、令、謂時禁也、琴者、白虎通義云、琴者、禁也、所以禁止淫邪、正人心也、文選長門賦注引七略云、雅琴者、琴之言禁也、雅之言正也、君子守正以自禁也、說文、欽、持也、讀若琴、捦、急持衣衿也、李鼎祚周易集解引白虎通義云、禽者何、鳥獸之總名、明爲人所禽制也、是凡與琴同聲者、皆有禁義也、敔者、說文、敔、禁也、爾雅、禦、圉、禁也、敔、禦、圉竝通、亦通作御、炈者、玉篇音玉今竹甚二切、制也、廣韻云、禁也、炈與琴同聲、炈、各本訛作炈、集韻、炈、都感反、引廣雅、炈、禁也、今據以訂正、

僷、疊、襞、襵、䙴、韏、結、詘也、

僷、疊、襞、襵、韏、結者、玉篇引楚辭哀時命、衣攝僷以儲與兮、今本僷作葉、王逸注云、攝葉、儲與、不舒展貌、攝、音之涉反、與襵通、說文、詘、詰詘也、一曰屈襞、又云、襞、韏衣也、徐鍇傳云、韏猶卷也、襞、摺疊衣也、故禮注謂裙摺爲襞積也、漢書揚雄傳注云、襞疊衣也、司馬相如子虛賦云、襞積褰縐、紆徐委曲、襞字亦作辟、士喪禮記、裳不辟、鄭注云、不辟積也、大射儀注云、爲冪蓋卷辟綴於篠、橫之、莊子田子方篇、口辟焉而不能言、司馬彪注云、辟、卷不開也、皆詰屈之意也、屈與詘通、跛者足屈而不伸、故亦謂之躄、吳志孫峻傳注引吳書云、留贊與吳桓戰、一足被創、遂屈不伸、曰我屈躄在閭巷之間、存亾無以異、是也、衆經音義卷十四引埤倉云、襵、韏衣也、又引通俗文云、緶縫曰襵、廣韻、摺、疊也、士昏禮記、執皮攝之、鄭注云、攝猶辟也、襵、攝、摺竝通、今俗語猶云摺衣、或云疊衣矣、呂氏春秋下賢篇、卑爲布衣而不瘁攝、高誘注云、攝猶屈也、凡物申則長、詘則短、故詘謂之攝辟、短亦謂之攝辟、素問調經論篇云、虛者聶辟氣不足、是也、甲乙經作攝辟、韏之言卷曲、結之言詰屈也、卷一云、韏、結、詘、曲也、引之云、爾雅、革中絕謂之辨、郭璞注云、中斷皮也、革中辨謂之韏、注云、復中分也、案革中辨之辨、當爲辟字形相近、又涉上文辨字而誤也、據儀禮莊子子虛賦說文廣雅諸書、則凡卷者謂之辟、故革中辟謂之韏、若辨乃中分之名、與韏屈之義殊無涉也、說文、革中辨謂之韏、辨字恐是後人以誤本爾雅改之、

複、袷、增、絫、積、疊、襲、成、仍、鄭、𢓜、重也、

袷者、急就篇、襌襦袷複褶袴褌、顏師古注云、衣裳施裏曰袷、增者、說文、層、重屋也、玉篇音自登子登二切、周頌維天之命篇、曾孫篤之、鄭箋云、曾猶重也、老子云、九層之臺、起於累土、楚辭天問篇云、增城九重、增、曾、層、竝通、絫者、說文、貤、重次弟物也、漢書武帝紀注云、今俗謂凡物一重爲一貤、左思魏都賦、兼重𢘝以貤繆、李善注云、言既重其𢘝而又累其繆也、𢘝與紕通、貤、貤竝與絫通、襲者、哀十年左傳、卜不襲吉、杜預注云、襲、重也、金縢作習、吉、坎象傳云、習坎、重險也、習與襲通、成、亦襲也、故爾雅云、山三襲陟、再成英、一成坯、周官司儀爲壇三成、鄭衆注云、三成、三重也、引爾雅、邱一成爲敦邱、再成爲陶邱、三成爲昆侖邱、南山經、成山四方而三壇、郭璞注云、形如人築壇相累也、成亦重耳、士喪禮下篇、俎二以成、鄭注云、成猶併也、併與重義亦相近、仍者、晉語、晉仍無道、韋昭注云、仍、重也、鄭者、漢書王莽傳、非皇天所以鄭重降符命之意、顏師古注云、鄭重、猶言頻煩、亦重複之意也、𢓜亦複也、說文、𢓜、重也、𢓜、曹憲音復、各本脫去𢓜字、其音內複字又誤入正文、集韻引廣雅、𢓜、重也、今據以訂正、

䀏、曙、昕、昞、較、發、卓、離、炅、晫、炤、燿、囧、烜、晝、光、顯、耿、晃、僤、皎、虨、皉、曉、曎、怈、覭、晣、昱、曠、昭、晤、昀、旭、徵、煒、闓、陽、杲、粲、烓、堂、彰、著、明也、爽

䀏者、說文、朏、月未盛之明也、朏與䀏同、召誥、惟丙午朏、傳云、朏、明也、月三日明生之名、漢書律歷志引古文月采篇云、三日曰朏、淮南子天文訓、日登于扶桑、爰始將行、是謂朏明、高誘注云、朏明、將明也、楚辭九思、時朏朏兮且旦、注云、日始出光明未盛爲朏、聲義竝同也、曙者、說文、睹、旦明也、文選魏都賦注引說文作曙、管子形勢篇云、曙戒勿怠、曙之言明著也、昭十一年左傳、朝有著定、杜預注云、著定、朝內列位常處、謂之表著、魯語云、署位之表也、曙、署、著三字聲相近、皆明著之意也、昕者、說文、昕、旦明也、日將出也、士昏禮記云、必用昏昕、昕之言炘炘也、漢書揚雄傳、垂景炎之炘炘、顏師古注云、炘炘、光盛貌、說文、昕、讀若希、齊風東方未晞、毛傳云、晞、明之始升也、晞與昕聲近而義同、昞者、文選兩都賦序注引倉頡篇云、昞、著明也、革象傳云、其文炳也、炳與昞同、較之言皎也、史記伯夷傳云、此其尤大彰明較著者也、發者、齊風載驅篇、齊子發夕、韓詩云、發、旦也、楚辭招魂、娭酒不廢沈日夜些、王逸注云、不廢或曰不發、發、旦也、引小雅小宛篇、明發不寐、旦亦明也、商頌長發篇、元王桓撥、韓詩撥作發、云、發、明也、下文云、明、發也、是發與明同義、卓與下晫字通、卓之言灼灼也、說文、倬、箸大也、大雅棫樸篇云、倬彼雲漢、爲章于天、韓奕篇、有倬其道、韓詩作晫、法言吾子篇云、多見則守之以卓、卓、倬、晫、竝通、離者、說卦傳云、離也者、明也、萬物皆相見、南方之卦也、聖人南面而聽天下、嚮明而治、蓋取諸此也、炅之言炎炎也、說文引小雅節南山篇、憂心炅炅、今本作憂心如惔、韓詩作如炎、說文、炎、火光上也、方言、炅、明也、憂心如火之炎、故與明同義、凡詩言憂心烈烈、憂心奕奕、憂心怲怲、耿耿不寐、如有隱憂之類、皆其義也、說文、覭、察視也、讀若鎌、覭與炅亦聲近義同、炤與照同、囧者、說文、囧、窻牖麗廔闓明也、象形、文選江淹雜體詩注引倉頡篇云、囧、大明也、烜之言宣明

也、衞風淇澳篇、赫兮咺兮、毛傳云、咺、威儀宣著也、韓詩作宣、云、宣、顯也、大學作喧、爾雅作烜、竝字異而義同、晝者、晉象傳云、明出地上、晉、雜卦傳云、晉、晝也、是晝爲明也、耿者、王逸注離騷云、耿、明也、立政云、以覲文王之耿光、光晃之言煌煌也、釋言云、晃、暉也、說文、晄、明也、釋名云、光、晃也、晃晃然也、晃與晄同、小雅皇皇者華傳云、皇皇、猶煌煌也、釋文、煌、又音晃、秦策云、炫熿於道、漢書揚雄傳云、北爌幽都、竝字異而義同、僤讀爲闡、衆經音義卷二十三引廣雅正作闡、繫辭傳而微顯闡幽、韓伯注云、闡、明也、呂氏春秋決勝篇云、隱則勝闡矣、微則勝顯矣、公羊氏春秋哀八年、齊人取讙及僤、左氏、穀梁氏竝作闡、是闡與僤通、皎者、王風大車篇云、有如皦日、陳風月出篇云、月出皎兮、皎與皦竝通、虨者、鄭風女曰雞鳴篇云、明星有爛、爛與虨通、皉曉者、方言、皉、曉、明也、曉之言奕奕也、方言、曎、明也、譯、見也、小爾雅、斁、明也、洪範曰、圛、史記宋世家、圛作涕、集解引鄭氏書注云、圛者、色澤而光明也、齊風載驅篇、齊子豈弟、鄭箋云、此豈弟猶言發夕也、豈讀當爲闓、弟、古文尚書以弟爲圛、圛、明也、爾雅、愷悌、發也、發、亦明也、司馬相如封禪文、昆蟲闓懌、亦是發

明之意猶言蟄蟲昭蘇耳王延壽魯靈光殿賦赫燡燡而燭坤李善注云燡燡光明貌何晏景福殿賦云鎬鎬鑠鑠赫奕章灼集韻引字林云烑火光也是凡與曎同聲者皆光明之意也曎各本訛作嘩今訂正怏者衆經音義卷十二引倉頡篇云怏明也漢書王莽傳云憒眊不渫說文厂明也厂渫竝與怏通晣之言明哲也說文昭晣明也洪範明作哲大傳及漢書五行志竝作悊小雅小旻篇作哲人有象傳明辨晢也鄭本作遰云讀如明星哲哲祭法瘞埋於泰折鄭注云折炤晢也張衡思元賦雖司命其不晰竝字異而義同昱之言燿燿也釋訓云昱昱明也說文昱日明也太元元告篇云日以昱乎晝月以昱乎夜淮南子本經訓云焜昱錯眩照燿煇煌說文煜燿也義與昱同曠者說文曠明也鄒陽獄中上梁王書云獨觀於昭曠之道莊子天地篇云上神乘光與形滅亡此之謂照曠照曠與昭曠同晤之言寤也說文晤欲明也引邶風柏舟篇晤辟有摽今本作寤關雎傳云寤覺也寤與晤通昀之言灼灼也說文昀明也中庸云小人之道的然而日亡的與昀同旭之言皓皓也說文旭日旦出皃讀若好一曰明也邶風匏有苦葉篇

旭日始旦毛傳云旭日始出謂大昕之時周頌載見篇休有烈光鄭箋云休者休然盛壯休與旭亦聲近義同徵之言證明也各本訛作微考諸書無訓微爲明者廣韻集韻竝云徵明也中庸杞不足徵也昭三十年左傳且徵過也鄭杜注竝云徵明也今據以訂正焞者說文焞明也引鄭語焞燿天地今本作淳假借字也楚辭九歌暾將出兮東方注云謂日始出其容暾暾而盛大也義亦與焞同揚雄羽獵賦光純天地純與焞亦聲近義同闓之言開明也說文闓開也爾雅愷悌發也舍人李巡孫炎郭璞皆訓愷爲明詩作豈弟封禪文作闓懌竝字異而義同說文塏高燥也昭三年左傳請更諸爽塏者方言曖照也義與闓竝相近陽者說文陽高明也豳風七月篇我朱孔陽毛傳云陽明也堯典日暘谷字與陽通杲之言皎皎也說文杲明也衛風伯兮篇云杲杲出日管子內業篇云杲乎如登於天孟子滕文公篇暠暠乎不可尚已趙岐注云暠暠甚白也義與杲相近粲者小雅伐木篇於粲洒埽毛傳云粲鮮明貌大東篇粲粲衣服傳云粲粲鮮盛貌烓者方言烓明也說文云烓讀若同又云炯光也小雅無將大車篇不出于熲毛傳云熲光也烓炯熲竝聲近而義同說文烓從火圭聲玉篇音口迥烏圭二切爾雅燭明也燭古讀若圭亦與烓聲近義同堂之言堂堂也論語子張篇堂堂乎張也鄭注云言容儀盛也廣韻引白虎通義云堂之爲言明也所以明禮義也釋名云堂猶堂堂高顯貌也爽者說文爽明也篆文作奭大誥云爽邦由哲說文又云昧爽旦明也牧誓言昧爽鄭風言昧旦吳語言昧明其義一也衆經音義卷九引廣雅爽明也今本脫爽字

滄、瀙、冷、洞、凊、涇、凍、卒，寒也。

滄者說文滄寒也又云滄寒也逸周書周祝解云天地之間有滄熱列子湯問篇云滄滄涼涼靈樞經師傳篇云衣服者寒無淒愴暑無出汗食飲者熱無灼灼寒無滄滄竝字異而義同寒謂之滄亦謂之淒悲謂之悽亦謂之愴義相近也故祭義云霜露既降君子履之必有悽愴之心非其寒之謂也瀙與下凊字通說文瀙冷寒也又云凊寒也曲禮云冬溫而夏凊莊子人間世篇云爨無欲凊之人瀙清凊竝通冷各

本訛作泠今訂正洞者說文洞滄也卒者方言淬寒也郭璞注云淬猶淨也淬與卒通

惟、圖、諏、議、慮、惲、計、聽、媒，謀也。

惟圖慮者爾雅惟圖慮謀也圖各本訛作國衆經音義卷二十五引廣雅圖議也計也今據以訂正惲者方言惲謀也媒者說文媒謀也謀合二姓也周官媒氏注云媒之言謀也謀合異類使和成者

尋、緣、遵、躔、逡、揗，循也。

此釋遵循之義也各本循下脫去也字遂與下繑喬方外旌表也合爲一條集韻類篇竝引廣雅尋表也則宋時廣雅本已脫去也字考尋緣以下六字諸書皆訓爲循無訓爲表者今據以補正尋者玉篇尋循也緣者玉篇緣循也循與循通莊子養生主篇緣督以爲經李頤注云緣順也釋名云順循也急就篇鍼縷補縫綻紩緣皇象本作箴縷補袒縫緣循躔逡者方言躔逡循也日運爲躔月運爲逡呂氏春秋圜道篇云月躔二十八宿躔亦遵也哀三年左傳外內以悛杜預注云悛次也漢書公孫宏傳有功者上無功

者下、則羣臣逡李奇注云、言有次第也、王莽傳云、逡儉隆約以矯世俗、史記游俠傳逡逡有退讓君子之風、漢書作循循、揚雄傳穆穆肅肅、蹲蹲如也、顏師古注云、蹲蹲、行有節也、竝字異而義同、揗者、卷一云揗、順也、說文、揗、撫也、又云、撫、循也、

襮、裔、方、外、旌、表也、

襮者、呂氏春秋忠廉篇臣請爲襮、班固幽通賦張脩襮而內逼、曹大家及高誘注竝云、襮、表也、襄三十一年左傳不敢暴露、暴與襮聲近而義同、唐風揚之水篇素衣朱襮、毛傳云、襮、領也、易林否之師云、揚水潛鑿、使石絜白、衣素表朱、遊戲皋沃、皆約舉詩辭、則三家詩必有訓襮爲表者矣、裔方者、文十八年左傳投諸四裔、四裔猶言四方、四方猶言四表、是裔方皆表也、旌者、莊二十八年左傳云、且旌君伐、

疆、繹、困、苦、終、竟、死、窮也、

疆之言竟也、豳風七月篇萬壽無疆、毛傳云、疆、竟也、繹者、說文、斁、終也、斁與繹通、疆繹皆終窮之名、故魯

頌駉篇云、思無疆、思無斁、廣雅疆繹竝訓爲窮、義本諸此也、餘見下文繹終也下、死者、大戴禮易本命篇云、化窮數盡、謂之死、

猗、餘、盈也、

各本皆作猗餘盈匪勿非也、案猗餘盈三字、義與非不相近、各本盈下脫也字、故與下匪勿非也混爲一條、今補正、徧考諸書、猗盈二字無訓爲非者、惟玉篇云、餘、非也、而經傳皆無此訓、蓋後人依誤本廣雅增入、不可引以爲據、猗讀當如歸奇于扐之奇、猗者、殘餘之數、故殘猗二字竝從歺、說文、歺、列骨之殘也、又云、畸、殘田也、廣韻、畸、猗、奇三字竝居宜切、其義同也、盈、亦餘也、語之轉耳、漢書食貨志云、蓄積餘贏、後漢書馬援傳云、致有盈餘、盈與贏通、食貨志云、操其奇贏、日游都市、太元有踦贊嬴贊、義亦與猗盈同、猗餘盈三字同義、故云、猗、餘、盈也、

匪、勿、非也、

大雅靈臺篇經始勿亟、鄭箋訓勿爲非、匪、勿、非一聲之轉、

羸、裎、徒、裼、袒也、

羸者、說文、羸、袒也、僖二十三年左傳、欲觀其裸、王制羸股肱、釋文、羸、本又作臝、大戴禮天圓篇、唯人爲倮匈而生也、史記陳丞相世家、贏而佐刺船、竝字異而義同、羸之言露也、月令、中央土、其蟲倮、鄭注云、象物露見不隱藏、虎豹之屬恆淺毛、荀子賦篇有物於此、儽儽兮其狀、楊倞注云、儽儽、無毛羽之貌、義竝與羸同、羸、各本訛作羸、今訂正、裎者、說文、裎、袒也、孟子公孫丑篇云、雖袒裼裸裎於我側、裎之言呈也、方言、襌衣無袌者、趙魏之閒謂之裎衣、義亦相近也、徒與袒一聲之轉也、韓非子初見秦篇云、頓足徒裼、韓策云秦人捐甲徒裎以趨敵、裼者、說文、裼、袒也、凡去上衣見裼衣謂之裼、或謂之袒裼、玉藻裘之裼也、見美也、內則不有敬事、不敢袒裼、是也、其去衣見體亦謂之袒裼、鄭風大叔于田篇、襢裼暴虎、爾雅云、襢裼、肉袒是也、襢與袒同、

葬、薶、窖、窌、都、埶、伏、竄、扆、屛、宗、匿、揞、揜、錔、摩、寖、奧、寥、藏也、

祕 韜 韞

葬者、檀弓及呂氏春秋節喪篇竝云、葬也者、藏也、白虎通義云、葬之爲言下藏之也、薶、字或作埋、同、窖窌者、說文、窖、地藏也、窌、窖也、藏與藏同、考工記匠人囷窌倉城、劉昌宗音古孝反、月令、穿竇窖、呂氏春秋作窌、窖窌聲相近、古多通用、窖之言奧也、莊子齊物論篇、縵者、窖者、密者、司馬彪注云、窖、深也、窌之言寥寥深也、廣韻、窌、又音力嘲切、文選長笛賦、庨窌巧老、李善注云、深空之貌、埶者、下之藏也、方言、埋、埶、下也、凡柱而下曰埋、屋而下曰埶、皋陶謨、下民昏埶、鄭注云、昏沒也、埶陷也、竄者、爾雅、竄、微也、郭璞注云、微謂逃藏也、襄二十一年左傳云、無所伏竄、扆之言隱也、義見卷一扆隱翳也下、扆與扆通、屛者、金縢、我乃屛璧與珪、傳云、屛、藏也、王襃洞簫賦云、處幽隱而奧屛兮、屛與屛通、小雅桑扈傳云、屛、蔽也、爾雅、屛謂之樹、李巡注云、以垣當門自蔽、名曰樹、義亦同也、宗者、說文宗、藏也、引顧命陳宗赤刀、今本作寶、禮器云、家不寶

竊、不藏、圭、襄十一年左傳云、毋保姦、毋畱慝、宗、伓寶、竝通、揞、揜、鐠、摩者、方言、揞、揜、鐠、摩、藏也、荆楚曰揞、吳揚曰揜、周秦曰鐠、陳之東鄙曰摩、揞猶揜也、方俗語有侈斂耳、廣韻、揞、手覆也、覆亦藏也、今俗語猶謂手覆物爲揞矣、大戴禮曾子制言篇云、君子鐠在高山之上、淡澤之汚、聚橡栗藜藿而食之、生耕稼以老十室之邑、是鐠爲藏也、考工記弓人、强者在內而摩其筋、鄭注云、摩猶隱也、隱亦藏也、寑、今通作寢、寢者人所寢息、故爲藏也、宮有寢、廟有寢、其義一也、奧之言幽也、爾雅、西南隅謂之奧、孫炎注云、室中隱奧之處也、堯典云、厥民隩、○韓詩外傳云、窺其戶、不入其中、安知其奧、藏之所在、文選蕪城賦注引倉頡篇云、陾、藏也、隩與奧通、寥者、莊子知北遊篇云、油然漻然、莫不入焉、漻與寥通、韜者、玉篇、廣韻竝云、韜、藏也、周頌時邁篇、載櫜弓矢、毛傳云、櫜、韜也、字亦作縚、南宮縚字容、是其義也、韞者、論語子罕篇、韞匵而藏諸、馬融注云、韞、藏也、玉篇引廣雅、祕、藏也、莊子天地篇釋文及文選潘岳寡婦賦注、顏延之五君詠注、謝朓齊敬皇后哀策文注、竝引廣雅、韜、藏也、文賦注引廣雅、韞、藏也、今本脫祕、韜、韞三字、

𢿱、紽、抴、閱、數也、

𢿱者、方言、說文竝云、𢿱、數也、郭璞云、偶物爲麗、故云數也、大雅文王篇、其麗不億、毛傳云、麗、數也、麗與𢿱通、紽者、引之云、召南羔羊篇、素絲五紽、素絲五緎、素絲五總、毛傳云、紽、數也、緎、縫也、總、數也、緎訓爲縫、本於爾雅、蓋取界域之義、今案三章文義、是不當如爾雅所訓、紽、緎、總皆數也、五絲爲紽、四紽爲緎、四緎爲總、五紽二十五絲、五緎一百絲、五總四白絲、故詩先言五紽、次言五緎、次言五總也、西京雜記載鄒長倩遺公孫宏書曰、五絲爲纚、倍纚爲升、倍升爲緎、倍緎爲紀、倍紀爲緵、倍緵爲繸、豳風九罭釋文云、緵、字又作總、然則緎者二十絲、總者八十絲也、孟康注漢書王莽傳云、緵、八十縷也、史記孝景紀、令徒隸衣七緵布、正義與孟康注同、晏子春秋雜篇云、十總之布、一豆之食、說文作稯、云、布之八十縷爲稯、正與倍紀爲緵之數相合、紽之數今失其傳、案釋文云、紽、本又作佗、春秋時陳公子佗字五父、則知五絲爲紽、即西京雜記之纚矣、抴、閱、皆謂數之也、抴讀爲揲、著之揲、繫辭傳、揲之以四、以象四時、釋文云、揲、猶數也、漢書揚雄傳、揲之以三策、揲與揲同、逸周書世俘解、世亦與揲同、謂數俘也、襄二十五年左傳云、數俘而出、是也、桓六年左傳云、大閱、簡車馬也、襄九年傳、商人閱其禍敗之釁、杜預注云、閱猶數也、史記高祖功臣侯表云、明其等曰伐、積日曰閱、說文、揲、閱持也、閱、具數於門中也、徐鍇傳云、具數、一一數之也、是閱與揲皆具數之意、集韻、揲或作抴、故抴、閱皆訓爲數也、抴、各本譌作枻、今訂正、

占、讖、撿、證、譣也、

譣、經傳通作驗、占者、繫辭傳云、極數知來之謂占、讖者、說文、讖、驗也、賈誼鵩鳥賦云、讖言其度、撿、亦譣也、漢書食貨志云、考檢厥實、檢與撿通、

締、緝、總、括、結也、

締者、說文、締、結不解也、楚辭九章云、氣繚轉而自締、緝者、說文、緝、結也、釋訓云、結緝、不解也、漢書息夫躬傳、心結愲兮傷肝、楚辭九思、心結緝兮折摧、愲與緝通、莊子徐無鬼篇、頡滑有實、向秀注云、頡滑、錯亂也、

頡滑與結緝、義亦相近、總者、衞風氓篇、總角之宴、毛傳云、總角、結髮也、楚辭離騷、總余轡乎扶桑、王逸注云、總、結也、括者、坤六四、括囊、虞翻注云、括、結也、禮言括髮、亦是也、○

嫿、赳、彖、材也、僑、

嫿者、說文、嫿、竦身也、又云、婧、竦立也、一曰有才、嫿、婧二字相承、訓亦相近、是嫿得爲才也、才、與材通、說文、嫿、讀若詩曰糾糾葛屨、嫿與赳聲義竝同、赳者、說文、赳、輕勁有才力也、周南兔罝篇云、赳赳武夫、赳、曹憲音糾、各本脫去赳字、其音內糾字又誤入正文、今補正、彖者、繫辭傳、彖者、材也、韓伯注云、材、才德也、彖言成卦之材、以統卦義也、僑者、說文、僑、高也、春秋鄭公孫僑、字子產、一字子美、皆才之意也、說文、趫、善緣木之才也、左思吳都賦、趫材悍壯、義與僑亦相近、僑、嫿、赳、一聲之轉也、衆經音義卷四卷十四竝引廣雅、僑、才也、今本脫僑字、

雙、耦、娌、匹、孿、息、日、貳、椉、艚、再、兩、二也、

娌者、方言、築、娌、匹也、娌、耦也、郭璞注云、今關西兄弟婦相呼爲築娌、孿亦雙也、說見卷三孿孳健顊匹耦孿也、下乘者、方言、飛鳥曰雙、鴈曰乘、周官校人、乘馬、鄭注云、二耦爲乘、凡經言乘禽、乘矢、乘壺、乘韋之屬、義與此同也、賸者、方言、賸、雙也、南楚江淮之閒曰賸郭璞音滕、月令、乃合纍牛騰馬、鄭注云、纍、騰、皆乘匹之名、騰與賸通、玉篇、賸、又音以證切、說文、賸、物相增加也、一曰送也、副也、徐鍇傳云、古者一國嫁女、二國往媵之、媵之言送也、副貳也、義出於此、賸、𧸛、媵、聲義亦同、賸與乘聲又相近也、賸、各本訛作勝、今訂正、

贈、襚、賻、賵、遺、齎、送也、

贈、襚、賻、賵者、士喪禮云、君使人襚、又云、公賵、又云、知死者贈、知生者賻、鄭注云、襚之言遺也、賵、所以助主人送葬也、贈、送也、賻之言補也、助也、荀子大略篇云、貨財曰賻、輿馬曰賵、衣服曰襚、玩好曰贈、玉貝曰唅、賻、賵所以佐生也、贈、襚所以送死也、太平御覽引春秋說題辭云、賻之爲言助也、賵之爲言覆也、贈之爲言稱也、襚之爲言遺也、齎者、說文、齎、持遺也、周官小祝、設道齎之奠、鄭注云、齎猶送也、

攄、展、奮、攡、初、禹、霱、綏、舒也、

攄、舒聲相近、淮南子脩務訓注云、攄、舒也、楚辭九章云、據青冥而攄虹兮、史記司馬相如傳、攄之無窮、徐廣音義云、攄、一作臚、爾雅云、舒、敘也、臚、敘也、義竝相通、奮者、豫象傳云、雷出地奮、豫、豫亦舒也、洪範曰豫恆燠若、鄭、王本及史記漢書竝作舒、攡者、說文、攡、舒也、揚雄劇秦美新云、攡之罔極、大元元攡云、元者、幽攡萬類而不見其形者也、漢書揚雄傳、有首衡銘測攡瑩數文掜圖告十一篇、蕭該音義云、劉向別錄攡作舒、字林云、攡、舒也、音丑支反、義與摛同、史記老子韓非傳、善屬書離辭、指事類情、離亦與摛同、謂舒也、正義云、猶分析其辭句、失之、禹、舒聲相近、說文、踽疏行皃、張衡西京賦、奎踽盤桓、薛綜注云、奎踽、開足也、踽與禹聲近而義同、白虎通義云、冬音羽、羽之爲言舒、萬物始孳也、釋名云、雨、羽也、如鳥羽動則散也、義與禹竝相近、霱猶雨也、集韻引呂靜說云、北方謂雨曰霱、綏者、安之舒也、說文、夊、行遲曳夊夊也、義與綏相近、綏、舒又一聲之轉、

僭、掜、擬也、攇、

僭者、說文、僭、儗也、儗與擬通、掜之言儀象也、太元元掜云、掜擬也、攇者、玉篇、攇、虛偃切、擬也、廣韻云、手約物也、集韻類篇竝引廣雅、攇、擬也、今本脫攇字、

獪、猾、獿、㺒、擾也、

猾者、卷三云、猾、亂也、亂亦擾也、獿、㺒、擾聲竝相近、說文、獿、獿㺒也、㺒、犬獿獿咳吠也、

㜸、愶、恇、恗、怯也、

㜸者、說文、㜸、疾言失次也、讀若懾、愶者、方言、脅閱、懼也、齊楚之閒曰脅閱、郊特牲云、大夫強諸侯、脅、脅與愶通、愶與怯亦聲近義同、故釋名云、怯、脅也、見敵恐脅也、愶、曹憲音脅、各本愶訛作慣、音內脅字又訛作貿、今訂正、恇者、說文、恇、怯也、素問通評虛實論云、尺虛者、行步恇然、禮器、衆不匡懼、鄭注云、匡、猶恐也、匡與恇通、

嬗、娙、娭、侮、獲、婢也、

娭者、說文、娭、卑賤名也、廣韻引倉頡篇云、婦人賤稱也、侮、獲者、方言、臧、甬、侮、獲、奴婢賤稱也、荊淮海岱雜齊之閒、罵奴曰臧、罵婢曰獲、齊之北鄙、燕之北郊、凡民男而壻婢謂之臧、女而婦奴謂之獲、亡奴謂之臧、亡婢謂之獲、皆異方罵奴婢之醜稱也、秦晉之閒罵奴婢曰侮、郭璞注云、侮、言爲人所輕弄也、案獲者辱也、卷三云、獲、辱也、墨子小取篇云、獲、人也、愛獲、愛人也、臧、人也、愛臧、愛人也、

緜、聯、纍、綴、及、瑣、系、牽、連也、

纍義見下文纍、纏也下、各本訛作累、今訂正、

掍、粹、兼、并、集、合、稽、醜、共、同也、

掍、粹、醜者、方言、醜、掍、綷、同也、宋衞之閒曰綷、或曰掍、東齊曰醜、周語、混厚民人、韋昭注云、混、同也、混與掍通、王褒洞簫賦云、掍其會合、粹之言萃也、說文、辮、會五采繒也、漢書司馬相如傳、綷雲蓋而樹華旗、顏師

古注云、綷、合也、合五采雲以爲蓋也、王逸注離騷云、至美曰純、齊同曰粹、粹綷粹竝通、醜之言儔也、孟子公孫丑篇云、今天下地醜德齊、稽者、堯典曰若稽古帝堯、鄭注云、稽、同也、儒行、古人與稽、鄭注云、稽猶合也、韓非子主道篇云、保吾所以往而稽同之、

了、闋、已、訖也、

闋者、文選七命注引倉頡篇云、闋、訖也、燕禮云、主人荅拜而樂闋、

黮、䵷、竊、姦、私也、

黮䵷者、方言、黮䵷、私也、郭璞注云、皆冥闇、故爲陰私也、竊者、王逸注離騷云、竊愛爲私、莊十年左傳、自雩門竊出、謂私出也、論語述而篇、竊比於我老彭、謂私比也、衞靈公篇、臧文仲其竊位者與、亦謂私爲己有、非盜竊之謂也、姦者、說文、姦、私也、

聰、聆、瞟、瞭、瞑、許、聽也、

聰聆瞟瞭瞑爲視聽之聽、許爲聽從之聽、堯典云、明四目、達四聰、王風兔爰篇云、尚寐無聰、毛傳、聰、聞也、噬嗑象傳云、聰不明也、是聰爲聽也、文選長笛賦注引倉頡篇云、聆、聽也、法言五百篇云、聆聽前世、聽之言通、聆之言靈也、牖謂之窻、窻、欞謂之櫺、義取諸此也、瞟之言剽取也、玉篇引字林云、瞟、聽、裁聞也、又行聽也、今俗語猶然矣、瞭之言察也、文選顏延之贈王太常詩、聆龍瞭九淵、李善注引說文云、瞭、察也、瞭與瞭通、瞑者、玉篇引埤倉云、瞑、注意聽也、許者、說文、許、聽言也、

抐、搵、搙、擩也、

擩、曹憲音而主反、各本皆作抐搵搙⿰扌而挂也、集韻類篇搵搙⿰扌而三字注、竝引廣雅挂也、則宋時廣雅本已然、今案抐搵搙⿰扌而四字、諸書無訓爲挂者、挂是掌挂之義、與抐搵搙三字之義、各不相涉、玉篇、⿰扌而、挐也、義與挂亦不相涉、此因正文脫去擩字、其音內而主二字、又誤入正文、校書者不得其解、遂改而爲⿰扌而、改主爲挂耳、釋言云、搵、抐、擩也、是搵抐本訓爲擩、又說文玉篇廣韻擩字竝音而主反、今據以訂正、抐搵者、集韻引字林云、搵、抐、沒也、廣韻云、搵、抐、按物水中也、說文、搵、沒也、廣韻音烏困、烏沒二切、今俗語謂內物水中爲搵、正與烏沒之音相合、說文、䪼、內頭水中也、音烏沒切、義與搵同、搙者、玉篇、搙、搵也、擩、音而主、而誰、而專、而劣四反、說文、擩、染也、周官大祝六曰擩祭、鄭衆注云、擩祭以肝肺菹擩鹽醢中以祭也、公食大夫禮取韭菹以辯擩于醢、鄭注云、擩猶染也、特牲饋食禮作挳、義同、漢書司馬相如傳、割鮮染輪、李奇注云、染、擩也、顏師古注云、擩、搵也、

謑、詬、羞、媿、䫌、鄙、恥也、

謑詬者、昭二十年左傳、余不忍其訽、定八年左傳、公以晉詬語之、杜預注竝云、恥也、大戴禮武王踐阼篇云、口生⿰口后、訽⿰口后竝與詬同、說文、謑詬、恥也、荀子非十二子篇云、無廉恥而忍謑訽、呂氏春秋誣徒篇云、不可謑詬遇之、漢書賈誼傳云、奊詬亾節、竝字異而義同、詬各本訛作話、今訂正、䫌者、恆九三云、不恆其德、或承之羞、貞吝、吝與䫌通、鄙者、楚辭九章、君子所鄙、王逸注云、鄙、恥也、

諺、譯、膚、禪、傳也、

諺者、說文、諺、傳言也、譯者、王制云、五方之民、言語不通、嗜欲不同、達其志、通其欲、東方曰寄、南方曰象、西方曰狄鞮、北方曰譯、方言、譯、傳也、說文云、傳譯四夷之語者、膚者、說文、膚、籀文臚字、晉語、風聽臚言於市、韋昭注云、臚、傳也、莊子外物篇云、大儒臚傳、漢書叔孫通傳、大行設九賓臚句傳、蘇林注云、上傳語告下爲臚、下告上爲句、韋昭注云、大行掌賓客之禮、今之鴻臚也、應劭注百官表云、鴻臚者、郊廟行禮讚九賓、鴻聲臚傳之也、周官司儀、旅擯、鄭衆注云、旅、謂九人傳辭、旅臚古通用、廣韻、駼、力居切、傳馬也、駼與臚同聲、傳車驛馬皆取傳遞之義、故傳宣謂之臚、亦謂之譯、傳遽謂之驛、亦謂之駼、傳舍謂之廬、亦謂之旅、亦謂之驛、其義竝相通也、

誦、誟、語、議、話、詁、吪、曰、言也、

誦者、孟子公孫丑篇、爲王誦之、趙岐注云、誦、言也、誟之言悖悖也、玉篇、誟、瞋語也、詁者、說文、詁、故言也、吪

者爾雅訛言也訛與吪通

諵、証、譏、諍、諭、誶、諫也、

証者說文証諫也呂氏春秋誣徒篇愎過自用不可証移高誘注與說文同鄭注周官司諫云諫猶正也正與証通譏者楚辭天問殷有惑婦何所譏王逸注云譏諫也誶者陳風墓門篇歌以訊止釋文訊本又作誶徐息悴反韓詩云訊諫也楚辭離騷謇朝誶而夕替王逸注與韓詩同小雅雨無正篇莫肯用訊訊亦與誶同訊字古讀若誶故經傳多以二字通用或以訊爲誶之訛失之

訓、誨、諷、誥、譔、校、勸、學、教也、

諷者詩序云風風也教也風以動之教以化之風與諷通譔者說文譔專教也校者孟子滕文公篇設爲庠序學校以教之校者教也學與斆同盤庚云盤庚斆于民學記引兌命云學學半

崩、頓、偃、仆、𧺝、𧾩、臥、僵也、

崩者鄭注曲禮云自上顛壞曰崩白虎通義云崩之爲言崩然伏僵頓之言委頓也淮南子道應訓云趨則頓走則顛偃仆者說文偃僵也仆頓也踣僵也踣與仆同爾雅云連仆也又云斃踣也郭璞注云踣前覆也僵卻偃也定八年左傳顏高奪人弱弓籍邱子鉏擊之與一人俱斃偃且射子鉏中頰殪杜預注云斃仆也正義云吳越春秋云迎風則偃背風則仆仆是前覆偃是卻倒此顏高被擊而仆轉而仰且射于鉏从言其善射也案對文則偃訓爲僵仆訓爲蹷散文則仆亦訓爲僵故說文又云踣僵也秦策云頭顱僵仆是也𧺝者爾雅棧木干木注云殭木也江東呼木觡觡與𧺝聲近義同臥之言委也今俗語猶云僵臥矣

怳、㾕、瘨、姰、瘍、僑、狾、獟、倀、狂也、

怳之言怳忽也說文怳狂之皃也㾕之言忽也說文㾕狂走也讀若欻桓五年公羊傳怴也何休注云怴者狂也齊人語義與㾕同瘨之言顛也素問腹中論石藥發瘨芳草發狂王冰注云多喜曰瘨多怒曰狂字通作顛急就篇疝瘕顛疾狂失響顏師古注云顛疾性理顛倒失常也姰之言眴也揚雄劇秦美新云臣嘗有顛眴病義與瘨姰相近瘍者廣韻云瘍星狂病也僑者急就篇注云顛疾亦謂之狂獝妄動作也說文趫狂走也漢書揚雄傳捎夔魖而抶獝狂孟康注云獝狂惡鬼也僑趫獝並同義又與㾕聲相近也狾者說文狾狂犬也引襄十七年左傳狾犬入華臣氏之門今本作瘈呂氏春秋首時篇云鄭子陽之難猘狗潰之馬融廣成頌云獄豻熊抾封豨北山經云可以已瘈並字異而義同獟者說文獟狾犬也徐鍇傳云獟猶驍也玉篇獟狾狗也倀者說文倀狂也仲尼燕居云譬猶瞽之無相與倀倀乎其何之

訂、評、圖、謀、慮、議也、

否、弗、倗、粃、不也、

皆一聲之轉也倗者廣韻倗不肯也粃者方言粃不知也郭璞注云今淮楚閒語呼聲如非也曹憲云彼比俱得方語有輕重耳倗即不肯之合聲粃即不知之合聲說文秕不成粟也義亦與粃同

姦、宄、竊、盜也、

說文姦私也宄姦也外爲盜內爲宄盜自中出曰竊文十八年左傳云竊賄爲盜盜器爲姦魯語云竊寶者爲軌用軌之財者爲姦成十七年左傳及晉語並云亂在外爲姦在內爲軌軌與宄通姦宄竊盜訓雖不同理實相貫學者不以辭害意可也

𩴱、慎、忌、畏、恐也、

𩴱者卷二云惶𩴱恐懼也說文𩴱惶也既濟象傳云終日戒有所疑也雜記五十不致毀六十不毀七十飲酒食肉皆爲疑从鄭注云疑猶恐也大戴禮曾子立事篇云君子見善恐不得與焉見不善者恐其及己也是故君子疑以終身𩴱擬疑三字聲近義同

㬥、綄、繚、繞、綢、繆、紿、絡、繫、纏也、

㬥者說文㬥約也上文云㬥連也廣韻云靴㬥子纏連者㬥之言拘也今俗語云銅椀是其義也玉篇銅

以鐵縛物也說文曓直轅車轒縛也義竝與暴同暴各本譌作縶今訂正綂之言縮也各本譌作綂集韻類篇竝引廣雅綂纏也今據以訂正綢繆者說文綢繆也繆枲之十絜也一曰綢繆楚辭九歌薜荔拍兮蕙綢王逸注云綢縛束也莊子庚桑楚篇內韄者不可繆而捉崔譔注云繆綢繆也唐風綢繆篇綢繆束薪豳風鴟鴞篇綢繆牖戶毛傳鄭箋竝云綢繆猶纏緜也紿者說文云絲勞即紿繁音古了反漢書司馬相如傳名家苛察繳繞如淳注云繳繞猶纏繞也繳與繁同

駕、陵、載、椉也、

駕載者衆經音義卷二十二引三倉云載曰乘馬曰駕

惠、愛、恕、利、人、仁也、

愛利者莊子天地篇云愛人利物之謂仁昭二十年左傳古之遺愛也遺愛猶言遺仁恕者賈子道術篇云以己量人謂之恕說文恕仁也衆經音義卷二引聲類云仁心度物曰恕大戴禮衛將軍文子篇云方

長不折恕也漢書匡衡傳云太王躬仁而邠國貴恕是恕與仁同義人者釋名云人仁也仁生物也開元占經人占篇引春秋說題辭云人者仁也以心合也又引宋均注云與他人相偶合也中庸仁者人也鄭注云人讀如相人偶之人以人意相存問之言表記仁者人也注云人謂施以人恩也引成十六年公羊傳曰執未有言舍之者此其言舍之何人之也今本作仁仁與人同義故古書以二字通用又案公羊傳此其言舍之何仁之也曰在招邱悕矣何休注云悕悲也仁之者若曰在招邱可悲矣閔錄之辭是傳言仁之即悲閔之意也呂氏春秋論人篇哀之以驗其人人即仁也仁與恕同義故哀閔人謂之仁亦謂之恕孔子閒居云無服之喪內恕孔悲是也

邌、徐、舒、逋、訥、疏、鈍、遲也、

邌者文選舞賦黎收而拜李善注引倉頡篇云邌徐也邌與黎通凡言黎者皆遲緩之意史記高祖紀沛公乃夜引兵還黎明圍宛城三帀漢書作遲明顏師古注云圍城事畢然後天明明遲於事故曰遲明案遲明猶比明也言高祖夜引軍還至城下比及天明已圍城三帀耳非謂圍城事畢然後天明也史記衛將軍傳遲明行二百餘里漢書作會明會即比及之意遲黎古同聲字亦作犂徐廣注呂后紀以犂明爲比明其說是也僖二十三年左傳待我二十五年不來而後嫁史記晉世家待作犂義相近也說文⿱黎心怠也怠與待⿱黎心與邌義亦相近遲與遟同徐各本皆作徐惟影宋本皇甫本作徐案說文徐安行也徐緩也今從影宋本皇甫本逋者郭璞注南山經引記曰條風至出輕繫督逋留淮南子天文訓作去稽留是逋爲遲也訥者論語里仁篇君子欲訥於言而敏於行包咸注云訥遲鈍也疏者高誘注淮南子說林訓云疏猶遲也數猶疾也祭義云祭不欲數數則煩煩則不敬祭不欲疏疏則怠怠則忘楚辭九歌云疏緩節兮安歌

⿱宀冓、昔、闇、暮、夜也、

凡日入以後日出以前通謂之夜故夕時亦謂之夜堯典云夙夜出內朕命是也⿱宀冓者玉篇⿱宀冓夜也引鄘

風牆有茨篇中⿱宀冓之言今本作冓釋文引韓詩云中冓中夜謂淫僻之言也漢書文三王傳聽聞中冓之言晉灼注云冓魯詩以爲夜也昔之言夕也哀四年左傳爲一昔之期襲梁及霍杜預注云夜結期明日便襲梁霍也列子周穆王篇昔昔夢爲國君張湛注云昔昔夜夜也莊子天運篇通昔不寐釋文云昔夜也其夕時亦謂之昔故夕昔古通用左氏春秋莊七年夏四月辛卯夜恆星不見穀梁夜作昔云日入至於星出謂之昔楚辭大招注引小雅頍弁篇樂酒今昔今本作夕皆是也周官腊人掌乾肉鄭注云腊之言夕也義亦相近闇者祭義夏后氏祭其闇鄭注云闇昏時也又禮器逮闇而祭謂未明時也呂氏春秋具備篇使民闇行若有嚴刑於旁高誘注云闇夜也暮之言冥漠也字本作莫說文莫日且冥也從日在茻中夕莫也從月半見夜舍也天下休舍也從夕亦省聲召南行露箋云夜莫也是夕夜莫三字同義

昒、昧、晻、䵢、冥也、

昒之言荒忽也說文昒尚冥也漢書郊祀志昒爽顏師古注云未明之時也司馬相如傳曶爽闇昧曶與

昒同。說文：昒，目冥遠視也。義亦相近。晻之言暗也。說文：晻，不明也。爾雅：暗，闇也。郭璞注云：暗然冥貌。中庸云：闇然而日章。荀子不苟篇云：是姦人將以盜名於晻世者也。晻、暗、闇並通。鼆之言瞢瞢也。說文：鼆，冥也。

學、憝、寤、害、梗，覺也。

學、憝、寤、害為覺悟之覺；梗為覺然正直之覺。學者，說文：斆，覺悟也。篆文作學。白虎通義云：學之為言覺也，以覺悟所不知也。淮南子說山訓：人不小學，不大迷。文子上德篇學作覺。憝、寤聲義並同。說文：寤，臥驚也。廣韻云：睡一覺也。害與寤同，亦通作悟。梗之言剛也。爾雅：梏、梗，直也。方言：梗，覺也。緇衣引詩：有梏德行。今詩作覺。毛傳云：覺，直也。覺與梏通。梗、覺一聲之轉。今俗語猶云梗直矣。

倚、豎、建、封、殖、蒔、置、隑、企，起立也。

倚者，說卦傳：參天兩地而倚數。虞翻注云：倚，立也。蜀才作奇。義同。楚辭九辯云：澹容與而獨倚。封與建、殖同意。傳言封建、封殖是也。殖、蒔、置聲近而義同。方言：樹、植，立也。燕之外郊，朝鮮洌水之閒，凡言置立者謂之樹植。又云：蒔、殖，立也。殖與植通。隑、企者，方言：隑、企，立也。東齊海岱北燕之郊，委痿謂之隑企。郭璞注云：腳躄不能行也。方言又云：隑，倚也。隑與倚聲相近，故倚、隑俱訓為立也。說文：企，舉踵也。古文作𠈌。衛風河廣篇：跂予望之。企、𠈌、跂並同字。𠈌，各本譌作食，今訂正。

悖、怨、愇、像、採、忦、悔、吝、懟、憾、很、悒也。

悖者，方言：悖，懟也。荀子不苟篇云：身之所長，上雖不知，不以悖君。悖與倍通。愇者，班固幽通賦：違世業之可懷。曹大家注云：違，恨也。漢書敘傳作愇。無逸云：民否則厥心違怨。義亦與愇同。邶風谷風篇：中心有違。韓詩云：違，很也。很亦恨也。像者，說文：像，怨恨也。採、忦者，方言：猜、忦，恨也。衆經音義卷十三云：猜，今作採，同。吝者，說文：吝，恨惜也。很亦恨也。爾雅：閱，恨也。孫炎本作很。

品、隉、耕、侔、墫、等、珚、砡、婩、嫧、斷、珽、洒，齊也。

品者，檀弓云：品節斯，斯之謂禮。是品為齊也。侔者，墨子小取篇云：侔也者，比辭而俱行也。說文：侔，齊等也。考工記輪人云：權之以眡其輕重之侔也。漢書司馬相如傳通作牟。墫者，說文：墫，等也。齊語：墫本肇末。韋昭注與說文同。說文又云：剬，斷齊也。釋言云：專，齊也。義並與墫同。珚、砡、婩、嫧者，玉篇：珚，齊玉也。珚之言捆也。大射儀：既拾取矢，捆之。鄭注云：捆，齊等之也。廣韻：砡，齊頭皃。方言：婩、嫧、鮮，好也。南楚之外通語也。鮮，絜即整齊之意。故說卦傳云：齊也者，言萬物之絜齊也。列子力命篇釋文引字林云：婩，齊也。說文：嫧，齊也。荀子君道篇云：斗斛敦槩者，所以為嘖也。嘖與嫧通。說文又云：齰，齒相值也。字通作幘。定九年左傳：皙幘而衣貍製。杜預注云：幘，齒上下相值也。釋名云：幘，賾也。下齊眉賾然也。又云：柵，賾也。以木作之，上平賾然也。又云：冊，賾也。敕使整賾不犯之也。並聲近而義同。文選長笛賦：重巘增石，簡積頩砡。李善注引字林云：砡，齊也。李周翰注云：頩砡，石齊頭貌。頩砡與珚砡同。簡積與婩嫧聲亦相近。斷者，說文：斷，截也。斷與剬聲近而義同。今人狀物之齊曰斬齊，是其義也。珽，音初六、初角二反。玉篇：珽，等也，齊也。漢書申屠嘉傳：蹈躪廉謹。顏師古注云：蹈躪，持整之貌。後漢書中山簡王傳：官騎百人稱娖前行。李賢注云：稱娖，猶齊整也。義並與珽同。今俗語猶謂整齊為整珽，聲如捉。洒，音蘇典反。玉藻：受一爵而色洒如也。鄭注云：洒如，肅敬貌。周語云：姑洗所以脩絜百物。堯典：鳥獸毛毨。傳云：毨，理也。毛更生整理。洒、洗、毨義並相近。

稟、奉、粟，祿也。

稟者，說文：稟，賜穀也。中庸云：既稟稱事。粟者，史記伯夷傳云：義不食周粟。

諄、憎、誒、毒、病、㤥、患、勤、癉，苦也。

諄憎、誒、毒者，方言：諄憎，所疾也。宋魯凡相疾惡謂之諄憎，若秦晉言可惡矣。康誥：罔不憝。傳云：人無不惡之者。憝與諄聲近而義同。方言：憎，憚也。郭璞注云：相畏憚也。相畏憚即相患苦，故諄憎又為苦也。說文：㑵，妎也。一曰毒也。或作嫉。秦誓云：冒疾以惡之。玉篇：誒，毒苦也。誒、㑵、嫉、疾並通，故疾又為疾苦矣。周官醫師聚毒藥以共醫事。鄭注云：毒藥，藥之辛苦者。小雅小明篇云：心之憂矣，其毒大苦。病與疾同義，故為苦也。呂刑云：人極于病。卷三云：憎、畏、憚，病，難也。又云：畏、憝、患、憚、嫉、毒、憎，惡也。釋言云：毒，憎也。此云諄憎誒毒病患苦也義竝相通悏者說文悏苦也衆經音義卷十二引通俗文云患愁曰悏韓非子存韓篇云秦之有韓若人之有心腹之病也虛處則悏然若居濕地著而不去以極走則發矣說文該字注云讀若心中滿該義與苦竝相近勩癉者爾雅勩癉勞也邶風谷風篇既詒我肄小雅雨無正篇莫知我勩毛傳竝訓爲勞勞與苦同義肄與勩通勩各本作勩乃隸書之譌今訂正說文癉勞病也小雅大東篇哀我憚人小明篇憚我不暇毛傳竝云憚勞也釋文憚丁佐反大雅雲漢篇我心憚暑釋文憚毛丁佐反韓詩云憚苦也憚與癉通轉音則爲畏憚之憚故鄭箋以憚暑爲畏暑義得兩通也

礦、梗、鞼、丁、亢、姜、羌、強也。

礦者說文獷犬獷獷不可附也文選齊故安陸昭王碑文彊民獷俗李善注引韓詩云獷彼淮夷漢書敘傳云獷獷亾秦滅我聖文獷與礦通大雅江漢篇武夫洸洸聲義亦相近也梗之言剛也方言梗猛也韓趙之間曰梗楚辭九章梗其有理兮王逸注云梗強也漢書王莽傳云絳侯杖朱虛之鯁鯁與梗通丁者

史記律書云丁者言萬物之丁壯也白虎通義云丁者強也月令其日丙丁鄭注云夏時萬物皆炳然著見而強大亢者說文健伉也漢書宣帝紀伉健習騎射顏師古注云伉強也史記秦始皇紀適戍之衆非抗於九國之師漢書陳勝傳作亢亢伉抗竝通亢與梗聲亦相近也

睠、顧、對、陽、面、首、卬、嚮也。

面嚮爲面首嚮爲首禮言東西面南北面及北首東首皆是也卬與仰通

恮、悈、忦、慦、質、懂也。

恮者說文恮謹也謹與懂通卷一云悛敬也義與恮同悈者說文悈飭也古通作戒忦曹憲音五介反各本脫去忦字其五介反之音遂誤入悈字下考說文玉篇廣韻集韻類篇悈字俱不音五介反說文忦五介切玉篇五拜切集韻類篇牛戒切云忦怪也五拜牛戒竝與五介同音今據以補正慦者說文慦謹也質者後漢書吳漢傳云斤斤謹質形於體貌

勑、劼、勃、㔚、仂、勤也。 勑

勑者玉篇勑勤也小雅小明篇睠睠懷顧亦殷勤之意也劼者廣韻劼用力也玉篇引倉頡篇云奊仡仡也奊與劼聲近而義同㔚者衆經音義卷一引埤倉云㔚力作也莊子天地篇云搰搰然用力甚多晏子春秋雜篇云仡仡然不知厭王褒聖主得賢臣頌云勞筋苦骨終日矻矻竝字異而義同仂者衆經音義卷七引字書云仂勤也古通作力各本勤字誤在仂字之上衆經音義卷一引廣雅㔚勤也集韻類篇竝引廣雅勑勤也劼勤也㔚勤也今據以訂正勑者說文勑勞勑也爾雅勞來勤也大雅下武篇昭茲來許鄭箋云來勤也史記周紀武王曰日夜勞來定我西土墨子尚賢篇云丞其股肱之力而不相勞來皆謂勤也孟子滕文公篇放勳曰勞之來之亦謂聖人之勤民也來與勑通凡相恩勤亦謂之勑小雅大東篇職勞不來毛傳云來勤也正義云以不被勞來爲不見勤故采薇序云杕杜以勤歸卽是勞來也衆經音義卷十二卷二十二竝引廣雅勑勤也今本脫勑字

櫜、禳、祰、禱、賕、謝也。

櫜者說文櫜數祭也各本譌作櫜今訂正禳者說文禳磔禳祀除癘殃也祰者說文祰告祭也禱者說文禱告事求福也賕者衆經音義卷二十一引倉頡篇云載請曰賕字亦作求呂刑惟貨惟來釋文來馬本作求云有請賕也漢書薛宣傳賕客楊明蕭該音義引韋昭注云行貨財以有求於人曰賕說文賕以財枉法相謝也謝亦告也晉灼注漢書張耳陳餘傳云以辭相告曰謝

廣雅疏證卷第四上

廣雅疏證卷第四下

高郵王念孫學

釋詁

砰、磅、硡、礚、嗀、硠、砏、磤、鎍、鎗、鍠、錚、玲、瓏、嘈、㖠，聲也。

砰者，文選潘岳藉田賦注引字書云：砰，大聲也。列子湯問篇云：砰然聞之若雷霆之聲。揚雄羽獵賦云：應駍聲擊流光。張衡西京賦云：沸卉軿訇。思元賦云：豐隆軒其震霆兮，砰駍軒軿。義同。磅者，玉篇：磅，石聲也。宋玉風賦云：飄忽淜滂。西京賦云：磅礚象乎天威。磅滂義同。硡者，玉篇：硡，石聲也。說文：宏，屋深響也。谹，谷中響也。玉篇引字書云：耾，耳語也。又云：噌吰，市人聲也。𩗓，大風也。𧊅，蟲飛也。廣韻：鈜，金聲也。考工記梓人云：其聲大而宏。風賦云：耾耾雷聲。司馬相如長門賦云：聲噌吰而似鐘音。藉田賦云：鼓鞞硡隱以砰礚。竝字異而義同。礚者，說文：礚，石聲也。宋玉高唐賦云：巆震天之礚礚。司馬相如子虛賦云：礧石相擊，硠硠礚

礚。揚雄甘泉賦云：登長平兮雷鼓磕。磕與礚同。合言之則曰砰磅，曰硡礚。上林賦：砰磅訇礚。司馬彪注云：皆水聲也。訇與硡，聲近義同。嗀者，說文：嗀，擊空聲也。徐鍇傳云：謂器外無隙而內空，擊之聲嗀然也。玉篇：鼛，鼓聲也。義與嗀同。硠者，說文：硠，石聲也。思元賦云：伐河鼓之磅硠。釋名云：雷如轉物有所硠雷之聲也。砏者，張衡南都賦：砏汃輣軋。李善注云：波相激之聲也。磤者，釋訓云：轠轠，聲也。衆經音義卷八引通俗文云：雷聲曰磤。召南殷其靁。枚乘七發云：訇隱匈礚。何晏景福殿賦云：聲訇磤其若震。竝字異而義同。合言之則曰砏磤。衆經音義卷八引埤倉云：砏磤，大聲也。楚辭九懷云：鉅寶遷兮砏磤。鎍者，樂記云：鐘聲鏗。論語先進篇：鏗爾舍瑟而作。孔傳云：鏗者，投瑟之聲。論衡說日篇云：石賁輕然。說文：轒，車轅鈏聲也。讀若論語鏗爾舍瑟而作。鎍、鏗、轒、輕，義同。鎗者，玉篇音楚庚切，集韻又七羊切。說文：鎗，鐘聲也。瑲，玉聲也。小雅采芑篇：八鸞瑲瑲。釋文：瑲本亦作鎗。庭燎篇作將將。大雅烝民篇作鏘鏘。商頌烈祖篇作鶬。竝字異而義同。合言之則曰鎍鎗。樂記：非聽其鏗鏘而已也。史記樂書作鏗鎗。聲義竝同。鍠者，玉篇胡觥切，集韻又胡光切。

說文：鍠，鐘聲也。瑝，玉聲也。喤，小兒聲也。爾雅：諻諻，樂也。方言：諻，音也。周頌執競篇云：鐘鼓喤喤。小雅斯干篇云：其泣喤喤。呂氏春秋自知篇云：鍾況然有音。馬融廣成頌云：鍠鍠鎗鎗。長笛賦云：錚鐄譽嗃。竝字異而義同。錚者，說文：錚，金聲也。琤，玉聲也。說苑雜言篇云：千將鏌鋣，拂鐘不錚。錚、琤，義同。玲瓏者，說文：玲，玉聲也。玲與瓏一聲之轉。說文：籠，笭也。笭之轉爲籠，猶玲之轉爲瓏。合言之則曰玲瓏，倒言之則曰瓏玲。班固東都賦：龣鑋玲瓏。李善注引埤倉云：玲瓏，玉聲也。范望注太元唐次三云：瓏玲，金玉之聲也。法言五百篇云：瓏玲其聲者，其質玉乎。釋訓云：鈴鈴，聲也。齊風盧令令。毛傳云：令令，纓環聲也。漢書天文志云：地大動，鈴鈴然。廣韻：聾，大聲也。義與玲瓏竝相近。嘈者，王延壽夢賦云：雞知天曙而奮羽，忽嘈然而自鳴。又魯靈光殿賦云：耳嘈嘈以失聽。李善注引埤倉云：嘈嘈，衆聲也。玉篇引埤倉云：䁏，耳鳴也。義與嘈同。㖠者，嘈之轉也。荀子勸學篇云：問一而告二謂之囋。囋與㖠同。合言之則曰嘈㖠。長笛賦注引埤倉云：嘈啈，聲貌。張衡東京賦云：奏嚴鼓之嘈囐。周天大象賦云：河鼓進軍以嘈囋。長笛賦云：啾咋嘈啈。竝字異而義同。

䬉、𩗴、飂、颼、䬘、颰、䫺、䬃、䬅、颸、飌、颷，風也。

䬉者，爾雅：北風謂之涼風。說文作飆，同。邶風：北風其涼，是也。又史記律書：涼風居西南維。月令：孟秋之月涼風至，是也。𩗴者，說文：𩗴，大風也。韓詩外傳云：天喟然而風。喟與𩗴通。飂之言飂飂也。說文：飂，高風也。莊子齊物論篇：而獨不聞之翏翏乎。郭象注云：長風之聲也。呂氏春秋有始篇云：西方曰飂風。楚辭九歎云：秋風瀏以蕭蕭。左思吳都賦云：颮瀏颼飀。又云：翼颸風之颲颲。竝字異而義同。飆者，扶搖之合聲也。爾雅：扶搖謂之猋。李巡注云：扶搖，暴風從下升上，故曰猋。猋，上也。月令云：猋風暴雨總至。吳子論將篇云：風飆數至。飆與猋通。𩗗之言忽也。說文：𩗗，疾風也。宋玉風賦云：飄忽淜滂。淮南子覽冥訓云：縱矢躡風，追猋歸忽。張衡思元賦云：乘猋忽兮馳虛無。颰、𩗗、忽竝通。颰讀如鳥不猶之猶。說文：颰，小風也。颰與颰同。颰讀如獸不狨之狨。廣韻：颰，小風也。䬃之言肅肅也。楚辭七諫：商風肅而害生兮。王逸注云：肅，急貌。思元賦云：迅猋瀟其媵我兮。瀟、肅竝與䬃通。燕策云：風蕭蕭兮易水寒。蕭與肅古亦同聲也。䬃亦飂也，語之轉耳。初學

記引通俗文云、微風曰颾、颾者、劉逵蜀都賦注引離騷、溘颾風兮上征、又引班固注云、颾、疾也、馬融廣成頌云、靡颾風陵迅流、颾者、廣韻作颹、直山切、風颾也、又徒刀切、大風也、颾者、玉篇、颾、小風也、

繕、緻、衲、鞔、靪、絧、茵、䩹、靸、䙗、補也、著、

繕者、說文、繕、補也、月令云、繕囹圄、緻者、方言云、楚謂紩衣爲褸、秦謂之緻、又云、褸謂之緻、郭璞注云、襤褸、緻結也、又云、襜褕以布而無緣、敝而紩之、謂之襤褸、自關而西謂之梳裾、其敝者謂之緻、注云、緻、縫納敝故之名、是緻爲補也、衲者、釋言云、紩、衲也、衲與衲通、亦作內、今俗語猶謂破布相連處爲衲頭、論衡程材篇云、納縷之工、不能織錦、漢書路溫舒傳上奏畏卻、則鍛練而周內之、周內、謂密補其罅隙也、晉灼注以內爲致之法中、失之、鞔者、廣韻、鞔、鞔履也、又云、絻、連也、絻與鞔同、靪者、廣韻音當經、都挺二切、說文、靪、補履下也、徐鍇傳云、今履底下以線爲結、謂之釘底、是也、案靪之言相丁著也、今俗語猶云補丁矣、茵者、說文、茵、以艸補缺也、各本茵訛作茵、集韻類篇並有茵字、云以竹補缺也、則宋時廣雅本已訛作茵、凡從艸從竹之字、隸書往往訛濁、撰集韻者不知是正、因文生訓、而類篇已下諸書遂仍其誤、今據說文玉篇廣韻訂正、䩹者、廣韻、䩹、補履也、靸者、玉篇、靸、履具飾也、廣韻云、補靸也、爾雅釋草釋文引字苑云、靸、苴履底、著之言相丁著也、釋言云、著、納也、士喪禮記冠六升外縪、鄭注云、縪、謂縫著於武也、衆經音義卷二引廣雅、著、補也、今本脫著字、

擣、溘、倚、放、寄、任、附、依也、

擣者、方言、擣、依也、郭璞注云、謂可依倚之也、說文、海中往往有山可依止曰島、義與擣相近也、溘者、廣韻音口荅切、至也、依也、又苦盍切、船著沙也、義與依亦相近、溘、各本作溘、乃隸書之訛、衆經音義卷十九引廣雅、溘、依也、今據以訂正、

幾、尾、總、紗、糸、緲、細、麼、微也、

幾之言幾希也、繫辭傳云、幾者動之微、皐陶謨云、惟幾惟康、說文、僟、精詳也、嘰、小食也、司馬相如大人賦云、咀噍芝英兮嘰瓊華、衆經音義卷九引字林云、璣、小珠也、玉篇、鐖、鉤逆鋩也、淮南子說林訓云、無鐖之鉤不可以得魚、方言云、鉤自關而西或謂之鐖、郭璞音微、是凡言幾者皆微之義也、尾者、說文、尾、微也、釋名與說文同、云、承脊之末稍微殺也、史記律書云、南至於尾、言萬物始生如尾也、堯典鳥獸孳尾、史記五帝紀作微、論語微生高、漢書古今人表作尾生、尾、微聲義並同、故古書以二字通用、總紗糸緲細皆絲之微也、總之言恍惚、紗之言眇小也、孫子算經云、蠶所吐絲爲忽、十忽爲秒、總忽紗秒並通、說文、秒、禾芒也、史記太史公自序、間不容翻忽、正義云、翻、當作秒、秒、禾芒表也、忽、一蠶口出絲也、漢書敘傳造計秒忽、劉德注云、秒、禾芒也、忽、蜘蛛網細者也、皆微之義也、顧命云、眇眇予末小子、僖九年左傳云、以是藐諸孤、方言、眇、小也、又云、杪、小也、凡木細枝謂之杪、郭璞注云、言杪梢也、爾雅、管、小者謂之篎、說文、眇、一目小也、又云、鷦䳭、桃蟲也、爾雅釋鳥注作鷦鷯、周頌小毖篇肇允彼桃蟲、拚飛維鳥、毛傳云、桃蟲、鷦也、鳥之始小終大者、陸機疏云、今鷦鷯是也、鷦之疊韻爲鷦䳭、又爲鷦鷯、皆小貌也、文選長笛賦、焦眇睢維、李善注以焦眇爲合目、睢維爲開目、是凡言眇者皆微之義也、糸者、說文、糸、細絲也、又云、覞、小見也、玉篇、糸覞並音亾狄切、其義同也、緲之言蔑也、廣韻引倉頡篇云、緲、細也、君奭茲迪彝教文王蔑德、鄭注云、蔑、小也、正義云、小謂精微也、逸周書祭公解、追學於文武之蔑、孔晁注云、言追學文武之微德也、法言學行篇云、視日月而知衆星之蔑也、仰聖人而知衆說之小也、卷二云、幭、小也、周語、鄭未失周典、王而蔑之、是不明賢也、韋昭注云、蔑、小也、蔑與幭同、今人謂小視人爲蔑視、或曰眇視、或曰忽視、義與總紗緲並同、法言先知篇云、知其道者、其如視忽眇縣作昞、忽眇縣、即總紗緲、故漢書嚴助傳越人緜力薄材、孟康曰、緜、音滅、玉篇、醎、面小也、說文、穖、麩也、方言、江淮陳楚之內謂木細枝爲蔑、注云、蔑、小貌也、衆經音義卷十引埤倉云、篾、析竹膚也、字通作蔑、顧命、敷重蔑席、鄭注云、蔑、析竹之次青者、玉篇、鸏、鸏雀也、亦通作幭、方言、桑飛自關而西或謂之幭爵、注云、即鷦鷯也、又名鷦鸎、幭言幭截也、廣韻、醎、心小也、醎、心與幭截同、即鷦鷯之轉也、荀子勸學篇、南方有鳥焉、名曰蒙鳩、楊倞注云、蒙鳩、鷦鷯也、蒙、亦蔑之轉、蒙鳩猶言蔑雀、爾雅、蠓、蠛蠓、文選甘

泉賦注引孫炎注云蟲小於蚊是凡言蔑者皆微之義也麼之言靡也衆經音義卷七引三倉云麼微也列子湯問篇江浦之閒有麼蟲張湛注云麼細也鶡冠子道端篇云任用幺麼漢書敘傳又況幺曆尚不及數子鄭氏注云曆小也文選作麼李善注引通俗文云不長曰幺細小曰麼方言秦晉謂布帛之細者曰靡靡與麼聲近而義同

⿱髟寺、鬢、⿱髟桼、髽、鷄斯、䯸、髻也

⿱髟寺者說文⿱髟寺髻也鬢⿱髟桼者說文鬢屈髮也方言云幧頭偏者謂之鬢帶或謂之⿱髟桼帶又云覆結謂之幘巾或謂之覆⿱髟桼郭璞注云⿱髟桼亦結也結與髻通字或作⿱髟桼又作紒⿱髟桼各本訛作⿱髟桼今訂正髽者說文髽喪結也士喪禮婦人髽于室鄭注云髽者去笄纚而紒髽之異於髻髮者旣去纚而以髮爲大紒如今婦人露紒其象也太平御覽引禮記外傳云髽者開散之名也鷄斯者問喪親始死雞斯鄭注云雞斯當爲笄纚聲之誤也親始死去冠二日乃去笄纚括髮也今時始喪者邪巾貊頭笄纚之存象也士喪禮注云始死將斬衰者笄纚將齊衰者素冠婦人將斬衰者去笄而纚將齊衰者骨笄而纚士冠禮注云纚今之幘梁廣一幅長六尺以韜髮而結之䯸與髻同二徐本說文皆有䯸字無髻字䯸字注云簪結也古拜切鉉本髻字收入新附云古通作結此字後人所加案曹憲云說文䯸即籒文髻字太平御覽引說文云髻結髮也則是說文原有髻字而䯸即髻之重文士冠禮將冠者采衣紒鄭注云紒結髮也古文紒爲結紒之或作結猶髻之或作䯸今本說文䯸字訓爲簪結乃後人所改徐鉉不察反以髻字爲後人所加誤矣玉篇髻字注云結髮也䯸字注云同上此皆本於說文其下文云說文古拜切簪結也則陳彭年等以誤本說文竄入者耳䯸各本訛作髻今訂正

敽、軭、弧、紉、咈、抮、狠、佷、盭也

敽者說文敽戾也戾與盭通敽與邌通邌餘見釋訓敽儘乖剌也下軭者說文軭車戾也字通作匡考工記輪人則輪雖敝不匡鄭衆注云匡枉也枉亦戾也說文云獸皮之韋可以束枉戾相韋背是也管子輕重

甲篇云弓弩多匡軫者枉謂之匡故正枉亦謂之匡孟子滕文公篇云匡之直之義有相反而實相因者皆此類也說文尢尪曲脛也古文作尪尪與匡亦聲近義同弧者考工記輈人云輈欲弧而無折楚辭七諫邪說飾而多曲兮正法弧而不公王逸注云弧戾也鹽鐵論非鞅篇云弧剌之鑿雖公輸子不能善其枘漢書五行志注云睽孤乖剌之意也孤與弧聲近義同紉者說文紉繟繩也楚辭離騷紉秋蘭以爲佩注云紉索也顏師古注急就篇云索謂切撚之令緊也是抮戾之意也咈者說文咈違也引微子咈其耇長頤六二云拂經于丘學記云其求之也佛漢書五行志引京房易傳云君臣故弼茲謂悖茲字異而義同抮者玉篇音火典切引戾也方言軫戾也郭璞注云相了戾也江東音善考工記弓人老牛之角紾而笥鄭衆注云紾讀爲抮縛之抮釋文紾劉徒展反許愼尙展反角紾縛之意也孟子告子篇紾兄之臂而奪之食趙岐注云紾戾也音義紾張音軫又徒展切淮南子原道訓扶搖抮抱羊角而上高誘注云抮抱了戾也抮讀與左傳感而能眕者同釋訓云軫軳轉戾也竝聲近而義同狼戾語之轉說見卷三狼戾很下也

肖、似、類、鼎、象也

鼎者鼎象傳鼎象也虞翻注云六十四卦皆觀象繫辭而獨於鼎言象何也象事知器故獨言象也

⿰犭翏、獿、狡、訬、毚、獪也

⿰犭翏者方言江湘之閒謂獪爲⿰犭翏郭璞注云恐怐多智也恪交反列子力命篇⿰犭翏怐情露釋文引阮孝緒文字集略云恐怐伏態貌恐與⿰犭翏同方言膠詐也涼州西南之閒曰膠義與⿰犭翏亦相近狡者衆經音義卷三引方言云凡小兒多詐而獪謂之狡猾昭二十六年左傳云無助狡猾訬者說文訬訬獪也淮南子脩務訓越人有重遲者而人謂之訬高誘注云訬輕利急疾也漢書敘傳江都訬輕顏師古注云訬謂輕狡也毚者小雅巧言篇躍躍毚兔毛傳云毚兔狡兔也

剖、辟、片、胖、半也

皆一聲之轉也。剖者、襄十四年左傳、與女剖分而食之、杜預注云、中分爲剖。片、胖、半、聲並相近。說文、片、判木也、從半木。爾雅、革中絕謂之辨。孫炎注云、辨、半分也。又桑辨有葚、梔。舍人注云、桑樹半有葚、半無葚、名梔。釋文、辨、辦並普遍反、與片同。說文、胖、半體肉也。士喪禮云、牉左胖。喪服傳云、夫妻胖合也。周官媒氏、掌萬民之判。鄭注云、判、半也。主合其半、成夫婦也。莊子則陽篇、雌雄片合。釋文、片、音判、義並與胖同。

斢、妁、斟、酌也。

斢者、小雅大東傳云、挹、斢也。賓之初筵篇、賓載手仇、鄭讀仇爲斢、謂手挹酒也。張衡思元賦、斢白水以爲漿。舊注云、斢、酌也。士冠禮注云、勺、尊斗、所以斢酒也。喪大記釋文云、斢、水斗也。引何氏隱義云、容四升。斢水斗謂之斢、猶酌酒斗謂之勺矣。妁者、說文、妁、酌也、斟酌二姓也。孟子滕文公篇云、媒妁之言。

曰、欥、惟、𢧐、每、雖、兮、者、其、各、而、昜、昰、也、乎、些、只、詞也。

曰者、說文、曰、詞也。欥、亦曰也。字或作聿、又作遹。班固幽通賦、聿中龢爲庶幾兮。曹大家注云、聿、惟也。漢書

敘傳作欥。爾雅釋親注引詩聿嬪于京。今詩作曰。穆天子傳注云、聿、猶曰也。毛鄭詩考正云、宋文選注引韓詩薛君章句云、聿、辭也。春秋傳引詩聿懷多福、杜注云、聿、惟也。皆以爲辭助。詩中聿曰遹三字互用。禮記引詩聿追來孝。今詩作遹。七月篇曰爲改歲、釋文云、漢書作聿。角弓篇見晛曰消。釋文云、韓詩作聿。傳於歲聿其莫、釋之爲遂。於聿脩厥德、釋之爲述。箋於聿來胥宇、釋之爲自。於我征聿至、聿懷多福、遹駿有聲、遹求厥寧、遹觀厥成、遹追來孝、並釋之爲述。今考之、皆承明上文之辭耳、非空爲辭助、亦非發語辭、而爲遂爲述爲自、緣辭生訓、皆非也。說文、欥、詮詞也。從欠從曰、曰亦聲。引詩欥求厥寧。然則欥蓋本文、省作曰、同聲假借用聿與遹。詮詞者、承上文所發端、詮而釋之也。𢧐、各本譌作飢。今訂正。說文、𢧐、讀若載。鄘風載馳傳云、載、辭也。箋云、載之言則也。石鼓文、𢧐而北、𢧐與載通。故文選西征賦注引薛君韓詩章句云、載、設也。廣雅釋言篇云、𢧐、設也。周頌載見傳云、載、始也。玉篇云、𢧐、始也。各當爲若、若隸或作𦍃、與各相近、故譌而爲各。若、而一聲之轉、皆語詞也。些者、爾雅釋詁釋文云、些、語餘聲也。見楚辭招魂。只者、說文、只、語

己、詞也。各本詞下脫去也字、遂與下條相連。今補正。

沬、既、央、極、已也。

沬者、楚辭離騷、芬至今猶未沬。招魂、身服義而未沬。王逸注並云、沬、已也。引之云、魏風陟岵篇、行役夙夜無已、行役夙夜無寐、寐讀爲沬。無沬、猶無已也。央者、小雅庭燎篇、夜未央。鄭箋云、猶言夜未渠央也。釋文引說文云、央、已也。楚辭九歌、爛昭昭兮未央。注與說文同。極者、唐風鴇羽篇、曷其有極。鄭箋云、極、已也。

夷、吞、泯、絕、止、消、威、滅也。

威者、小雅正月篇、赫赫宗周、褒姒威之。毛傳云、威、滅也。

恬、倓、憺、怕、怗、嗼、宋、㘨、安、情、靜也。

恬者、方言、恬、靜也。說文、恬、安也。吳語、今大夫老而又不自安恬逸。韋昭注與方言同。倓與下憺字通。字或作澹、又作淡。衆經音義卷九引倉頡篇云、倓、恬也。說文、倓、安也。又云、憺、安也。莊子刻意篇云、淡而無爲。知

北遊篇云、澹而靜乎。荀子仲尼篇云、倓然見管仲之能足以託國也。淮南子俶眞訓云、蜂蠆螫指而神不能憺。怕者、說文、怕、無爲也。老子云、我獨泊兮其未兆。司馬相如子虛賦云、怕乎無爲、憺乎自持。泊與怕通。合言之則曰恬倓、曰憺怕。老子云、恬澹爲上。莊子胠篋篇云、恬惔無爲。揚雄長楊賦云、人君以澹泊爲德。怗者、玉篇、怗、服也、靜也。僖四年公羊傳云、卒怗荊。怗與怗通。嗼、音匹客匹各二反。說文、嗼、宋也。爾雅、貉、靜也。又云、貉、嗼、安、定也。郭璞注云、皆靜定。爾雅又云、漠、清也。小雅楚茨篇、君婦莫莫。毛傳云、莫莫、言清靜而敬至也。大雅皇矣篇、貊其德音。傳云、貊、靜也。昭二十八年左傳引詩作莫。云、德正應和曰莫。杜預注云、莫然清靜。莊子知北遊篇云、漠而清乎。呂氏春秋首時篇云、飢馬盈廄嗼然、未見芻也。並字異而義同。宋者、方言、宋、靜也。江湘九疑之間謂之宋。說文、宋、無人聲也。或作誄、又云、嗽、嗼也。繫辭傳云、寂然不動。楚辭大招云、湯谷宋只。並字異而義同。合言之則曰宋嗼。說文、嗼、嗽嗼也。嗼、奺宋嗼也。文選西征賦注引薛君韓詩章句云、寂、無聲之貌也。寞、靜也。莊子天道篇云、寂漠無爲。楚辭九辯云、蟬宋漠而無聲。淮南子俶眞訓

云、虛無寂寞、竝字異而義同、吶猶怗也、語有輕重耳、玉篇、乃僾切、云、吶、莫也、漢書嚴助傳、天下攝然人安其生、孟康注云、攝、安也、音奴協反、莊子田子方篇、慹然似非人、郭象注云、寂泊之至也、釋文、慹乃牒反、吶攝慹聲義竝同、莊子達生篇、輒然忘吾有四枝形體也、釋文、輒、丁協反、輒然不動貌、輒與吶亦聲近義同、情者、白虎通義云、情者陰之化也、情者靜也、靜與情古同聲而通用、表記、文而靜、靜或爲情、逸周書官人解、情忠而寬、大戴禮情作靜、

靈子、醫、龗、覡、巫也、

靈子、巫覡者、楚語云、民之精爽不攜貳者、而又能齊肅衷正、其知能上下比義、其聖能光遠宣朗、其明能光照之、其聰能聽徹之、如是則明神降之、在男曰覡、在女曰巫、故巫謂之靈、又謂之靈子、說文、䨩、䨩巫、以玉事神、從玉、霝聲、或從巫作靈、春秋楚屈巫字子靈、楚辭九歌東皇太一、靈偃蹇兮姣服、王逸注云、靈、謂巫也、易林小畜之漸云、學靈三年、仁聖且神、明見善祥、吉喜福慶、九歌雲中君、靈連蜷兮既留、一本靈下

有子字、王注云、靈子、巫也、楚人名巫爲靈子、覡或通作擊、荀子王制篇云、相陰陽、占祲兆、鑽龜陳卦、主攘擇五卜、知其吉凶妖祥、傴巫跛擊之事也、然則古者卜筮之事、亦使巫掌之、故靈筮二字竝從巫、楚辭離騷、命靈氛爲余占之、靈氛猶巫氛耳、醫亦爲巫者、周官巫馬之職云、掌養疾馬而乘治之、相醫而藥攻馬疾、海內西經、開明東有巫彭、巫抵、巫陽、巫履、巫凡、巫相、夾窫窳之尸、皆操不死之藥以距之、郭璞注云、皆神醫也、引世本云、巫彭作醫、楚辭天問、化爲黃熊、巫何活焉、王逸注云、言鮌死後化爲黃熊、入於羽淵、豈巫醫所能復生活、是醫卽巫也、巫與醫皆所以除疾、故醫字或從巫作毉、管子權修篇云、好用巫毉、太元元數篇云、爲毉、爲巫祝、

攙、捈、剡、鑯、銳也、

攙者、說文、鑱、銳也、太元元錯云、銳鑱鑱、竝與攙通、又說文、劖、剽也、剽、砭刺也、史記扁鵲傳、鑱石撟引、索隱云、鑱、謂石針也、廣韻、鑱、吳人云犂鐵也、說文、嚵、喙也、史記天官書云、天欃長四丈、末兌、漢書司馬相如傳嶄巖參差、顏師古注云、嶄巖、尖銳貌、是凡言攙者、皆銳之義也、銳、兌、古通用、捈者、廣韻、作梌、音他胡切、銳也、玉篇、梌、音丈加切、刺木也、淮南子兵略訓云、剡摲荼、奮擔钁、以當脩戟強弩、荼與梌通、剡者、爾雅、剡、利也、說文云、銳利也、小雅大田篇、以我覃耜、毛傳云、覃、利也、繫辭傳、剡木爲楫、剡木爲矢、釋文竝作掞、聘禮記云、圭剡上寸半、史記蘇秦傳云、錟戈在後、竝字異而義同、剡訓爲銳、故又訓爲鋒、晉語、大喪大亂之剡也、不可犯也、韋昭注云、剡、鋒也、鑯者、爾雅、山銳而高嶠、郭璞注云、言鑯峻、集韻引廣雅作鋟、今俗作尖、

拔、拂、榜、挾、押、翼、輔也、

拂、讀爲弼、爾雅、弼、輔、俌也、郭璞注云、俌、猶輔也、管子四稱篇云、近君爲拂、遠君爲輔、拂與弼同、榜者、說文、榜所以輔弓弩也、楚辭九章、有志極而無㫄、王逸注云、㫄、輔也、㫄與榜通、榜輔一聲之轉、榜之轉爲輔、猶方之轉爲甫、㫄之轉爲溥矣、挾者、說文、挾、押持也、古通作夾、押者、孟子公孫丑篇、相與輔相之、丁公著本相作押、押音甲、引廣雅、押、輔也、押、挾聲相近、

臿、磋、眛、暘、𥽧、搖、𤮀、歡、𥼾、䃁、舂也、

臿者、說文、臿、舂去麥皮也、磋者、說文、䃁、擣也、䃁與磋同、眛暘者、衆經音義卷十五、十八、引埤倉、韻集竝云、眛暘、米也、又引通俗文云、擣細曰𥼾、又云、今中國言眛、江南言暘、𥼾與眛同、齊民要術云、眛米欲細而不碎、磋眛暘三字竝從臼、各本訛從日、惟影宋本不訛、𥽧者、桓二年左傳、粢食不鑿、杜預注云、不精鑿、楚辭九章云、鑿申椒以爲糧、鑿與𥽧通、說文、糲米一斛舂爲九斗曰鑿、粺、毇也、毇、糲米一斛舂爲八斗也、糲或作糲、大雅召旻箋云、米之率、糲十、粺九、鑿八、侍御七、所稱粺鑿之率、與說文互異、未知孰是、搖、玉篇、廣韻竝作𥗼、云、杵擊也、集韻引廣雅亦作𥗼、𤮀者、說文、舂、擣粟也、𤮀與擣通、歡者、說文、歡、小舂也、𥼾者、說文、𥼾、數祭也、從示毳聲、讀若舂麥爲𥼾之𥼾、廣韻、𥼾、重擣也、𥼾各本訛作𥼾、今訂正、䃁者、說文、舂已復擣之曰䃁、

巉巖、岑崟、嶃岏、嶕嶢、阢隗、嵯峩、顤顟、𡾊巢、陗、𢯱、卭、亢、喬、

厲、尊、極、競、顤、尚、崒、高也、

巉巗者、說文、嶃、礹石也、小雅漸漸之石、維其高矣、釋文、漸、亦作嶃、說文、巖、岸也、礹、石山也、小雅節南山篇維石巖巖、釋文、巖本或作嚴、合言之則曰巉巗、說文碞、嶃碞也、宋玉高唐賦云、登巉巖而下望兮、楚辭招隱士云、谿谷嶄巖兮水橫波、淮南子覽冥訓云、熊羆匍匐、邱山嶃巖、竝字異而義同、轉之爲岑崟、方言、岑高也、爾雅、山小而高、岑、孟子告子篇、可使高於岑樓、趙岐注云、岑樓、山之銳嶺者、釋名云、岑、嶃也、嶃嶃然也、岑、嶃聲相近、故呂氏春秋審已篇、齊攻魯求岑鼎、韓非子說林篇作讒鼎、讒與岑皆言其高也、說文、厰、崟也、又云、嵒、山巖也、讀若吟、僖三十三年穀梁傳云、必於殽之巖唫之下、楚辭招隱士、嶔岑碕礒兮、上音欽、下音吟、又云、狀貌崟崟兮峨峨、張衡思元賦云、冠嵒嵒其映蓋兮、合言之則曰岑崟、說文、崟、山之岑崟也、漢書司馬相如傳、岑崟參差、史記作岑巖、揚雄傳玉石嶜崟、蕭該音義引字詁云、嶜、古文岑字、張衡南都賦、幽谷嶜岑、上音岑、下音吟、嵇康琴賦、崔嵬岑嵒、竝字異而義同、又轉之爲巑岏、高唐賦云、盤岸巑岏、

楚辭九歎、登巑岏以長企兮、王逸注云、巑岏、銳山也、又轉之爲嶕嶢、莊子徐無鬼篇、君亦必無盛鶴列於麗譙之間、郭象注云、麗譙、高樓也、釋文、譙本亦作嶕、漢書趙充國傳、爲塹壘木樵、顏師古注云、樵與譙同、謂爲高樓以望敵也、方言嶢嶢、高也、說文、堯、高也、垚、土之高也、揚雄甘泉賦云、直嶢嶢以造天兮、河東賦云陟西岳之嶢崝、合言之則曰嶕嶢、揚雄解難云、泰山之高不嶕嶢、則不能淳滃雲而散歊烝、班固西都賦云、內則別風之嶕嶢、說文、焦嶢、山高皃、竝字異而義同、阮者、說文、兀、高而上平也、阮、石山戴土也、劉逵注蜀都賦云、五岏、山名、一山有五重、枉越巂引揚雄蜀都賦云、五岏參差、馬融長笛賦云、兀嶁狋鸑、郭璞江賦云、巨石硉矹以前卻、竝字異而義同、嵬者、說文、嵬、高不平也、爾雅、石戴土謂之崔嵬、周南卷耳篇云、陟彼崔嵬、崔嵬亦巉巗之轉也、又轉之爲嵯峨、說文、嵯峨、山皃、又云、硪、石巖也、列子湯問篇云、峩峩兮若泰山、合言之則曰嵯峩、說文、峨、嵯峨也、楚辭招隱士云、山氣巃嵸兮石嵯峨、爾雅、崒者厜㕒、釋文、厜㕒、本或作差峩、竝字異而義同、嵯之言嵾嵯、峨之言吟峨、楚辭七諫、俗吟峨而嵾嵯、嵾吟嵯峨爲疊韻、吟峨嵾嵯爲雙

聲也、顤顟者、顤與嶢同義、說文、顤、高長頭也、王延壽魯靈光殿賦云、嶢顤顟而睽睢、玉篇、顟、高大也、衛風碩人篇、碩人敖敖、毛傳云、敖敖、長貌、莊子大宗師篇警乎其未可制也、郭象注云、高放而自得、爾雅、狗四尺爲獒、說文、驐、駿馬也、竝與顤同義、合言之則曰顤顟、說文、顤顟、高也、顤顟猶顤顟耳、嶚巢者、南都賦、嶕嶫嶚刺、李善注引廣雅、嶚、高也、左思魏都賦云、劒閣雖嶚憑之者蹶、小爾雅、巢、高也、爾雅、大笙謂之巢、鄉射禮疏引孫炎注云、巢、高大也、說文、鳥在木上曰巢、又云、轈、澤中守草樓也、轈、兵車高如巢以望敵也、引成十六年左傳、楚子登轈車、合言之則曰嶚巢、淮南子俶眞訓、譬若周雲之蘢蓯遼巢、義與嶚巢同、嶚各本訛作遼、今訂正、附者、說文、附、附婁也、楚辭九章云、上高巖之峭岸兮、摭亦附也、方俗語有輕重耳、邵者、說文、邵、高也、法言、脩身篇云、公儀子、董仲舒之才之邵也、水經汝水注云、汝水枝津東南逕召陵縣故城南、春秋左傳齊桓公師于召陵、卽此處也、闞駰曰、召者、高也、其地邱墟、井溪數丈、故以名焉、義亦與邵同、邵各本訛作卲、今訂正、亢者、王肅注乾卦云、窮高曰亢、厲者、說文、巁、巍高也、讀若厲、厲與巁通、呂氏春秋恃

君覽、厲人主之節、高誘注云、厲、高也、淮南子脩務訓云、故君子厲節亢高以絕世俗、劉歆遂初賦云、天烈烈以厲高兮、厲與高同義、故皋陶謨、庶明厲翼、史記夏紀作衆明高翼矣、粥者、方言、粥、高也、義見卷一粥上也下、凡高與大義相近、高謂之岑、猶大謂之岑也、高謂之嵬、猶大謂之魏也、高謂之粥、猶大謂之奘也、崒者、玉篇音才律切、字亦作卒、爾雅云、崒者厜㕒、說文云、崒、危高也、小雅十月之交篇、山冢崒崩、漸漸之石篇、維其卒矣、鄭箋竝云、崒者崔嵬、崔嵬、崒、危、厜㕒、聲相近、皆巉巗之轉也、

敨、侑、儷、諧、耦也、

侑者、說文、姷、耦也、或作侑、儷者、成十一年左傳、鳥獸猶不失儷、杜預注云、儷、耦也、字通作麗、又作離、

州、郡、縣、道、都、鄙、邦、域、邑、國、也、

州郡縣者、說文、州、疇也、各疇其土而生之也、州有二名、堯典、肇十有二州、禹貢九州、攸同、此大名也、周官大司徒、五黨爲州、鄭衆注載師引司馬法云、王國二百里爲州、僖十五年左傳、晉作州兵、此小名也、釋名

云、縣、懸也、懸係於郡也、郡、羣也、人所羣聚也、郡縣亦有大小之分、逸周書作雒解云、方千里、分以百縣、縣有四郡、哀二年左傳、上大夫受縣、下大夫受郡、是古者縣大而郡小也、秦策云、宜陽大縣也、名爲縣、其實郡也、史記秦始皇帝紀、分天下以爲三十六郡、則郡大而縣小矣、又周官小司徒四甸爲縣、遂人五鄙爲縣、齊語三鄉爲縣、皆同名而異制、道者、漢書百官公卿表云、縣有蠻夷曰道、都、鄙者、鄭注大宰云、都鄙、公卿大夫之采邑、王子弟所食邑也、釋名云、國城曰都、都者、國君所居、人所都會也、鄙、否也、小邑不能遠通也、小司徒云、四縣爲都、鄭衆注載師引司馬法云、王國四百里爲縣、五百里爲都、莊二十八年左傳云、凡邑有宗廟先君之主曰都、無曰邑、鄘風干旄傳云、下邑曰都、周官遂人云、五酇爲鄙、大宰注云、都之所居曰鄙、蔡仲之命正義引馬融注云、鄙、邊邑也、邦者、大宰注云、大曰邦、小曰國、邦之所居亦曰國、釋名云、邦、封也、封有功於是也、邦、各本譌作邮、衆經音義卷二十三引廣雅、邦、域、國也、今據以訂正、域者、說文、或、邦也、或作域、又云、國、邦也、或、域、國三字、古聲義竝同、邑者、釋名云、邑、猶俋也、聚會之稱也、

擷、挈、撣、提也、

撣者、說文、撣、提持也、讀若行遲驒驒、大元盛次五云、何福滿肩、提禍撣撣、撣與提一聲之轉、釋器篇云、踶謂之彈、踶之轉爲彈、猶提之轉爲撣矣、

剄、刑、刻、到也、

剄者、吳語自剄於客前、賈逵注云、剄、到也、刑者、說文、刑、剄也、

剾、劍、剈、剜也、

剾者、廣韻、剾、剜裏也、劍者、玉篇、劍、剾也、案剾劍皆空中之意、說文、窬、穿木戶也、一曰空中之皃、孟康注漢書石奮傳云、東南人謂鑿木空中如曹謂之腧、廣韻、劍、窬、腧三字竝度矦反、義相近也、剈亦剜也、聲有侈歛耳、說文、剈、挑取也、一曰窐也、

孕、重、妊、娠、身、媰、傳也、

重者、大雅大明箋云、重、懷孕也、說苑脩文篇云、取禽不麛卵、不殺孕重者、漢書匈奴傳云、孕重墮殰、妊者、說文、妊、任、身褱孕也、漢書律歷志云、懷任於壬、任與妊通、娠者、爾雅、娠、震、動也、郭璞注云、娠猶震也、說文、娠、女妊身動也、引哀元年左傳后緡方娠、大雅生民篇載震載夙、震與娠通、身、亦傳也、大明篇大任有身、毛傳云、身、重也、媰者、說文、媰、婦人妊身也、引梓材至于媰婦、今本作屬、廣韻引崔子玉清河王誄云、惠於媰孀、

偁、獎、謕、與、孝、譽也、

偁、通作稱、謕、亦稱也、方俗語轉耳、莊十四年左傳、繩息嬀以語楚子、杜預注云、繩、譽也、釋文、繩、說文作謕、逸周書皇門解云、是陽是繩、呂氏春秋古樂篇云、周公旦乃作詩、以繩文王之德、竝與謕通、與、猶譽也、鄭注射義云、譽、或爲與、孝者、孝經正義引援神契云、卿大夫行孝曰譽、謂言行布滿天下、能無怨惡、遐邇稱譽、是榮親也、

皃、奕、裕、心、形、容也、

皃、奕、形、爲容皃之容、裕爲寬容之容、皃與貌同、奕、說見釋訓奕奕容也下、

廋、蔽、潛、匿、恩、遁、隱也、

廋者、方言、廋、隱也、晉語有秦客廋辭於朝、韋昭注與方言同、文十八年左傳、服讒蒐慝、服虔注云、蒐、隱也、蒐與廋通、廋訓爲隱、故隈隱之處謂之廋、楚辭九歎、步從容於山廋、王逸注云、廋、隈也、

僭、忒、乖、𧿍、差也、跌

僭、忒者、大雅抑傳云、僭、差也、爾雅、爽、差也、爽、忒也、郭璞注云、皆謂用心差錯不專一、洪範云、民用僭忒、乖者、外之差也、楚辭七諫、吾獨乖剌而無當兮、王逸注云、乖、差也、九歎云、君乖差而屏之、𧿍者、襄二十六年左傳、自上以下、降殺以兩、謂有等差也、卷二云、𧿍、殺、衰、減也、衰、差一聲之轉、𧿍與降通、跌之言失也、莊二十二年公羊傳、肆者何、跌也、何休注云、跌、過度也、穀梁傳跌作失、賈子容經篇云、肵不差而足不跌、漢書

朱博傳云、常戰栗不敢蹉跌、蹉與差、跌與失、竝字異而義同、說文、胅、骨差也、讀若跌、義亦與跌同、文選解嘲注、思元賦注、竝引廣雅、跌、差也、衆經音義卷八、卷十、卷十二、卷十七、引廣雅、竝與文選注同、今本脫跌字、

纇、圖、彫、刻、畫也、

纇者、周語、成公之生也、其母夢神規其臀以墨、韋昭注云、規、畫也、規與纇通、

㲇、繹、結、冬、終也、

繹者、說文、斁、終也、白虎通義云、九月謂之無射、何射者、終也、言萬物隨陽而終、當復隨陰而起、無有終已也、揚雄劇秦美新云、神歇靈繹、漢書天文志注引張衡靈憲云、神歇精斁、斁繹竝通、爾雅、射、厭也、厭與終義亦相近、凡事終謂之繹、終其事亦謂之繹、莊氏寶琛曰、周書梓材、若作室家、既勤垣墉、惟其塗墍茨、若作梓材、既勤樸斲、惟其塗丹雘、正義云、二文皆言斁、卽古塗字、賈昌朝羣經音辨、斁、塗也、音徒、引書

惟其斁墍茨、集韻類篇引書斁丹雘、又和懌先後迷民用懌先王受命、釋文云、懌字又作斁、下同、據此知古文尚書塗與懌皆作斁、斁墍茨、斁丹雘、用斁先王受命、此三斁字、皆當訓爲終、正義云、室器皆云其事終、而考田止言疆畎、不云刈穫者、田以一種、但陳脩終至收成、故開其初、與下二文互也、義本明白、以作爲傳者讀斁作塗、又傳會以爲斁卽古塗字、明其終而塗飾之、然賴此尚知古文本作斁字、後人從傳妄改耳、墍茨丹雘爲室器之終事、以喻周自文武受命、至作洛邑般致刑措、而後其事克終、故曰皇天既付中國民越厥疆土于先王、又曰用斁先王受命也、大誥曰、予曷其不于前寧人圖功攸終、又曰予曷敢不終朕畝、皆此意也、其和斁先後迷民之斁、則當訓爲悅、作僞傳者、幷下句斁字亦訓爲悅、失之矣、冬者說文、冬、四時盡也、從仌夂聲、夂、古文終、廣韻引尸子云、北方爲冬、冬、終也、漢書律歷志云、冬、終也、物終藏乃可稱、

揄、墮、剝、免、脫也、

揄、墮者、方言、揄、㾓、脫也、又云、輸、挩也、郭璞注云、挩猶脫耳、枚乘七發云、揄弃恬怠、輸寫淟濁、揄輸聲相近、揄脫聲之轉、輸之轉爲脫、若揄之轉爲悅矣、㾓與墮通、剝者、馬融注剝卦云、剝、落也、

酺、醵、吸、洱、飲也、

酺者、說文、酺、王德布大飲酒也、周官族師春秋祭酺、鄭注云、酺者、爲人物烖害之神也、族無飲酒之禮、因祭酺而與其民以長幼相獻酬焉、周頌良耜正義云、因祭酺聚錢飲酒、故後世聽民聚飲、皆謂之酺、史記趙世家云、置酒酺五日、文穎注漢書文帝紀云、漢律三人以上無故羣飲酒、罰金四兩、今詔橫賜得令會聚飲食五日也、醵者、禮器、周禮其猶醵與、鄭注云、合錢飲酒爲醵、王居明堂之禮、仲秋乃命國醵、史記貨殖傳云、歲時無以祭祀進醵飲食、洱者、說文、洱、飲歃也、杜子春注小宗伯讀洱爲泯、今俗語猶謂嘗酒爲泯矣、

師、尹、工、官也、

師者、周官天官注云、師猶長也、地官注云、師之言帥

也、爾雅、尹、正也、郭璞注云、謂官正也、周頌臣工傳云、工、官也、洪範云、師尹惟日、皋陶謨云、庶尹允諧、堯典云、允釐百工、

日、室、經、實也、

月令正義引春秋元命包云、日之爲言實也、說文、日、實也、大陽之精不虧、從口一、象形、又云、室、實也、釋名云、物實滿其中也、檀弓云、經也者、實也、喪服注云、經之言實也、明孝子有忠實之心、

貫、增、誄、累也、

貫者、說文、毌、穿物持之也、貫、錢貝之貫也、樂記云、纍纍乎端如貫珠、楚辭離騷、貫薜荔之落蘂、王逸注云、貫、累也、累與纍同、字亦作絫、又作壘、增與層通、說見上文、增壘、重也、下、誄有二事、一爲累德行以求福、一爲累德行以作諡、說文、誄、諡也、又云、讄、禱也、纍功德已求福也、引論語述而篇、讄曰、禱爾于上下神祇、或作讄、今本作誄、周官大祝、六辭、六曰誄、鄭衆注云、誄謂積累生時德行、以賜之命、或曰、論語所謂誄曰禱

爾于上下神祇、

承、受、詔、繼也、

受者、序卦傳云、故受之以屯、是受爲繼也、詔者、樂記詔繼也、鄭注云、詔之言紹也、言舜能繼紹堯之德、正義引元命包云、舜之時、民樂其紹堯業、故曰詔、

趪、姝、撥、猝、絕也、

趪者、漢書孔光傳云、非有踔絕之能、班固典引云、冠德卓絕、字竝與趪通、姝者、昭二十三年左傳云、斷其後之木而弗姝、漢書宣帝紀、骨肉之親、粲而不殊、顏師古注云、姝、絕也、撥者、大雅蕩篇、本實先撥、鄭箋云、撥猶絕也、

頀、戶、挾、護也、

頀者、春秋繁露楚莊王篇云、湯之時、民樂其救之於患害也、故曰頀、頀者、救也、白虎通義云、湯曰大頀者、

言湯承衰、能護民之急也、頀與護通、戶者、說文、戶、護也、釋名云、所以謹護閉塞也、挾者、上文云、挾、輔也、方言、挾、護也、郭璞注云、扶挾將護、

巛、儒、懽、懮、茹、柔也、

巛者、雜卦傳云、乾剛坤柔、坤與巛同、儒者、說文、儒、柔也、鄭氏禮記目錄云、儒之言優也、柔也、能安人、能服人也、懽、懮者、前卷一云、懽、懮、善也、說文、懮、牛柔謹也、玉篇云、尚書擾而毅、字如此、周官大宰以擾萬民、鄭注云、擾、猶馴也、懽、謹、懮、擾竝通、史記夏紀擾而毅、徐廣云、擾一作柔、漢書高祖紀、劉累學擾龍、應劭云、擾音柔、擾柔聲義竝同、故古亦通用、茹者、楚辭離騷云、攬茹蕙以掩涕兮、王逸注云、茹、柔耎也、韓子亾徵篇云、柔茹而寡斷、漸涇之地、謂之沮洳、義亦相近也、

𥢧、秿、秎、𥞊、穧也、

秿者、玉篇音扶甫切、廣韻又芳無、博孤二切、卷一云、秿、積也、聘禮記注云、筥、穧名也、今淶易之間、刈稻聚把、有名爲筥者、疏云、筥、穧、一也、即今人謂之一鋪兩鋪也、管子度地篇云、當秋三月、利以疾作、收斂毋留、一日把、百日餔、餔、鋪、竝與秿通、秎者、廣韻、秎、穧、穫也、管子立政篇云、歲雖凶旱、有所秎穫、說文、穧、穫、刈也、一曰撮也、撮即所云刈稻聚把也、

磚、𥕢、罰、伐也、

𥕢之言擿也、說文、擿、投也、史記律書云、北至於罰、罰者、言萬物氣奪可伐也、卷一云、罰、伐、殺也、

轉、般、旋、還也、

轉者、廣韻、轉、還也、車相避也、般者、爾雅、般、還也、郭璞注引左傳般馬之聲、今傳作班、僖三十二年公羊傳注云、班者、布徧還之辭、班、與般通、

明、覺、赫、發也、

明、義見上文發明也下、覺者、說文、覺、發也、史記高祖紀云、趙相貫高等事發覺、赫者、方言、赫、發也、

解、長、勅、挾也、

皆未詳、

誙、摹、剭、刑也、

摹者、說文、模、法也、摹、規也、摹、與模通、剭者、鼎九四、其刑渥、虞翻注云、渥、大刑也、釋文、渥、鄭作剭、周官司烜氏、邦若屋誅、鄭注云、屋讀如其刑剭之剭、剭誅、謂所殺不於市而以適甸師氏者也、漢書敘傳底剭鼎臣、服虔注云、周禮有屋誅、誅大臣於屋下、不露也、剭、渥、屋、竝通、

糞、縕、漫、饒也、

糞之言肥饒也、月令云、可以糞田疇、縕者、方言、蘊、饒也、蘊、與縕通、漢書禮樂志郊祀歌、后土富媼、昭明三光、張晏注云、坤爲母、故稱媼、吳仁傑兩漢刊誤補遺云、媼當作熅、字書、熅有兩義、一曰烟熅、天地合氣也、一曰、鬱煙也、富熅以烟熅爲義、后土富熅、昭明三光、即賈誼新書、天清澈、地富熅、物時孰之意、晏說謬矣、

案吳所引賈誼新書見禮篇、媼、熅、竝與緼通、史記高祖紀索隱引班固泗水亭長碑、媼字作溫、集韻媼烏浩切、又於云烏昆委隕紆問四切、是媼與熅緼同聲、后土富媼、地富媼、皆謂生殖饒多也、吳說富媼以熅熅爲義、亦未確、濅者、說文、濅、澤多也、引小雅信南山篇、旣濅旣渥、今本作優、說文、優、饒也、義與濅同、

絳、際、期、會也、

絳者、衞風淇奧篇、會弁如星、鄭箋云、會、謂弁之縫中、集韻云、縫、或省作絳、

宿、次、低、㢮、舍也、

宿、次、低爲舍止之舍、㢮爲放舍之舍、低讀爲氐、說文、氐、至也、漢書尹翁歸傳、盜賊所過抵、顏師古注云、抵、歸也、所經過及所歸投也、文帝紀注云、郡國朝宿之舍在京師者、率名邸、邸、至也、言所歸至也、義竝與氐同、㢮者、周官大司徒云、舍禁弛力、弛與㢮同、

程、見、經、示也、

程者、文選南都賦、致飾程蠱、李善注引廣雅、程、示也、示、各本譌作不、今訂正、

肆、申、倈、伸也、引、

肆者、僖三十年左傳、又欲肆其西封、杜預注云、肆、申也、申與伸通、字又作信、說文、申、神也、七月陰氣成體自申束也、吏以餔時聽事、申旦政也、神與伸亦同義、故風俗通義引傳曰、神者申也、倈者、繫辭傳云、往者詘也、來者信也、來與倈通、說文、𢼸、引也、引與伸同義、𢼸與倈古亦同聲、引者、漢書律歷志云、引者信也、文選長笛賦注引廣雅、引、伸也、今本脫引字、

佻、抗、絓、縣也、

佻、抗者、方言、佻、抗、縣也、趙魏之閒曰佻、自山之東西曰抗、燕趙之郊、縣物於臺之上、謂之佻、郭璞注云、了佻、縣物貌、丁小反、今俗語謂縣物爲弔、聲相近也、絓者、楚辭九章、心絓結而不解兮、王逸注云、絓、縣也、文選潘岳悼亡詩注引廣雅作挂、

韞、圍、裝、包、㦌、裹也、

韞者、論語子罕篇、韞匵而藏諸、鄭注云、韞、裹也、㦌亦韞也、下文云、㦌、韏也、廣韻云、㦌、裹相著、

扜、搷、對、揚也、

扜、搷者、方言、扜、搷、揚也、郭璞注云、謂播揚也、卷一云、弙、瞋、張也、弙與扜、瞋與搷、聲義竝相近、扜、各本譌作扜、今訂正、對者、大雅江漢篇云、對揚王休、

奏、箋、表、詔、箴、條、記、敕、標、諫、檄、書也、

奏者、獨斷云、凡羣臣上書於天子者有四名、一曰章、二曰奏、三曰表、四曰駮議、說文、奏、進也、箋者、說文、箋、表識書也、表者、釋名、下言於上曰表、思之於內、表施於外也、詔者、獨斷云、天子命令、一曰策書、二曰制書、三曰詔書、四曰戒書、詔、誥也、釋名、詔、照也、人暗不見宐、則有所犯、以此照示之、使昭然知所由也、箴者、說文、冊、符命也、諸侯進受於王也、古文作箴、箴通作策、聘禮記云、百名以上書於策、不及百名書於方、獨斷云、

策者、簡也、其制長二尺、短者半之、其次一長一短、兩編下附、記者、釋名、記、紀也、紀識之也、漢書蕭望之傳云、鄭朋奏記望之、後漢書班固傳注云、奏、進也、記、書也、敕、即所謂戒書也、釋名、敕、飭也、使自警飭、不敢廢慢也、諫、通作刺、釋名、書稱刺書、以筆刺紙簡之上也、檄者、說文、檄、尺二書也、漢書高祖紀注云、以木簡爲書、長尺二寸、用徵召也、

元、良、餑、餽、駣、駛、堅、長也、

元、良爲長幼之長、餑、餽爲消長之長、駣、駛、堅爲長短之長、爾雅、元、良、首也、首亦長也、乾文言云、元者、善之長也、司馬法天子之義篇云、周曰元戎、先良也、齊語云、四里爲連、連爲之長、十連爲鄉、鄉有良人、是良與長同義、婦稱夫曰良人、義亦同也、餑者、孟子告子篇云、浡然而生、是浡爲生長之貌也、浡與餑通、說文、𣎵、草木𣎵孛之皃、孛與餑亦同義、餽者、剝彖傳云、君子尚消息盈虛、消息、即消長也、孟子告子篇、是其日夜之所息、趙岐注云、息、長也、息與餽通、駣之言佻佻然也、鄭衆注周官校人云、馬二歲曰駒、三歲曰駣、駣、駣

竝音徒晧反其義同也跃之言夭夭然也左思吳都賦卉木跃蔓李善注引廣雅跃長也禹貢厥草惟夭馬融注云夭長也義與跃同淮南子主術訓奇材佻長而干次文子上義篇佻作夭佻與跃夭與跃亦同義○堅者逸周書諡法解云堅長也

剶、耵、割、剫、截也、 髡、

剶耵割剫竝見卷一耵割截剫剶斷也下剫各本皆作剫剫隸變作剫因譌而爲剫今訂正髡者說文髡鬄髮也衆經音義卷二引廣雅髡截也今本脫髡字

札、鱗、檢、甲也、

札各本譌作禮段氏若膺云成十六年左傳蹲甲而射之徹七札焉太元元掜云比札爲甲是甲謂之札也札譌作礼故又譌作禮今依段說訂正檢謂檢柙也說文柙檢柙也法言君子篇蠢迪檢押李軌注云檢押猶隱括也續漢書五行志注引杜林疏云檢柙其姦宄柙押竝與甲通

孝、備、九、究也、

孝者孝經正義引援神契云士行孝曰究當須能明審資親事君之道是能榮親也備者書大傳云備者成也成與究同義九者說文九陽之變也象其屈曲究盡之形列子天瑞篇云一變而爲七七變而爲九九者變之究也易乾鑿度同漢書律歷志云黃鐘律長九寸九者所以究極中和爲萬物元也

補、合、棺、丸、完也、

合各本譌作令今訂正棺者白虎通義云棺之爲言完所以藏尸令完全也

襲、倚、因也、 階、

襲者中庸下襲水土鄭注云襲因也字通作習金縢乃卜三龜一習吉傳云習因也倚者說文倚依也依與因同義○階者小雅巧言篇職爲亂階繫辭傳亂之所生也則言語以爲階階猶因也文選博弈論注引廣雅階因也今本脫階字

盈、滿、繹、充也、

繹者方言繹尋長也周官之法度廣爲尋幅廣爲充說文充長也是充與繹同義太元少上九云密雨溟沐潤于枯瀆三日射谷射谷謂滿谷也射與繹通

奸、夌、敢、犯也、

各本犯下皆有衄字案衄字本在下條與奸夌敢犯四字義不相近後人傳寫誤入此條耳考奸夌敢三字諸書皆訓爲犯不訓爲衄又衆經音義卷九卷二十三竝引廣雅陵犯也陵與夌通今據以訂正奸通作干敢者廣韻敢犯也吳語云吳王夫差使行人奚斯釋言於齊曰寡人帥不腆吳國之役遵汶之上不敢左右唯好之故敢犯也言不犯君之左右唯有恩好之故也韋昭注以爲不敢左右暴掠齊民失之

衄、[illegible]、展、鋌、懚、韏也、

衄者釋名云辱衄也言折衄也卷一云折韏詘曲也上文云韏詘也是衄與韏皆詘折之意故衄訓爲韏也釋言云衄縮也縮與韏亦同義展者說文展轉也展轉亦詘曲之意鋌各本譌作飪玉篇廣韻集韻類篇竝引廣雅鋌韏也淮南子脩務訓云劒或齧缺卷鋌卷與韏通今據以訂正懚者上文云懚裹也裹與韏一聲之轉

慎、必、蕆、敕也、

慎者說文慎謹也謹與敕同義○必當爲毖酒誥厥誥毖庶邦庶士汝劼毖殷獻臣汝典聽朕毖皆戒敕之意也蕆者方言蕆敕戒備也文十七年左傳寡君又朝以蕆陳事賈逵注云蕆勅也勅與敕通

粈、雜、錯、廁也、

粈者說文粈雜飯也鄉射禮記云以白羽與朱羽糅糅與粈同雜者文選秋興賦注引倉頡篇云廁雜也錯者楚辭天問九州安錯王逸注云錯廁也

廣、氾、撰、素、博也、

撰者、楚辭招魂、結撰至思、王逸注云、撰、猶博也、素者、方言、素、廣也、

踦、際、邉、匡、旁、隒、偏、脅、方也、

踦之言偏倚也、爾雅、馬前左足白、踦、說文、踦、一足也、又云、掎、偏引也、襄十四年左傳云、譬如捕鹿、晉人角之、諸戎掎之、成二年公羊傳、相與踦閭而語、何休注云、門閉一扇開一扇、一人在外、一人在內、曰踦閭、是凡言踦者、皆在旁之義也、說文、輢、車旁也、義亦與踦同、匡、隒二字說見卷一、隒、匡、方也下、匡、各本譌作庢、今訂正、脅者、說文、脅、兩膀也、襄二十三年左傳、賈逵注云、軍左翼曰啟、右翼曰胠、釋文、胠、徐音脅、司馬彪注莊子胠篋篇云、從旁開爲胠、義竝與脅同、方、亦旁也、大射儀云、下曰留、上曰揚、左右曰方、士喪禮注云、今文方爲旁、

觸、冒、搪、𢿙、衝、揬也、堀、

搪者、後漢書桓帝紀云、水所唐突、唐突與搪揬通、𢿙者、衆經音義卷三引三倉云、𢿙、撞也、卷十四引字苑

云、棖、觸也、謝惠連祭古冢文、以物棖撥之、李善注云、南人謂以物觸物爲棖、敁棖竝與𢿙通、堀者、說文、堀、突也、玉篇引倉頡篇云、顚相抵觸也、義與堀相近、文選風賦、堀堁揚塵、李善注引廣雅、堀、突也、今本脫堀字、

刻、窮、歎、穴、貧也、

歎者、襄二十四年穀梁傳云、一穀不升謂之嗛、韓詩外傳作鎌、廣雅釋天作歉、竝字異而義同、穴者、說文、穴、貧病也、引周頌閔予小子篇、煢煢在穴、今本作疚、釋文、疚、本又作穴、大雅召旻篇、維昔之富不如時、維今之疚、不如茲、釋文、疚字或作穴、穴與富對言、是穴爲貧也、

炎、炭、⿰火鄉、⿱聿火、⿰火曹、灺也、

炎者、釋名云、火所燒滅之餘曰烖、烖與炎同、⿰火鄉者、管子弟子職篇、堲之遠近、乃承厥火、尹知章注云、堲、謂燭盡、堲與⿰火鄉通、盡與⿱聿火通、字亦作燼、又作藎、說文、⿱聿火、火餘木也、方言、自關而西、秦晉之間、炊薪不盡曰藎、大雅桑柔篇、具禍以燼、釋文云、本亦作盡、各本⿱聿火譌作夷、今訂正、⿰火曹者、說文、⿰火曹、焦也、衆經音義卷九引倉頡篇云、⿰火曹、燒木餘也、灺者、說文、灺、燭⿱聿火也、

爊、熜、煨、㷉、熅也、

爊者、漢書楊惲傳、烹羊炰羔、顏師古注云、炰、毛炙肉也、卽今所謂爊也、齊民要術作鑢魚脯法云、草裹泥封、爊灰中爊之、說文、鏖、溫器也、鏖與爊、溫與熅、竝同、義、今俗語猶云爊肉矣、熜者、說文、衮、炮炙也、目微火溫肉也、卷二云、衮、爚也、衮與熜同、煨者、說文、煨、盆中火也、衆經音義卷四引通俗文云、熱灰謂之煻煨、秦策云、蹈煨炭、今俗語猶謂煻火爲煨、爊、熜、煨、熅、皆一聲之轉也、㷉者、玉篇、㷉、烼火煨也、㷉與⿰火象同、

歕、噀、咽、哯、呴、喣、欲、歐、㱿、吐也、

歕者、玉篇、歕、口含物歕散也、莊子秋水篇云、噴則大者如珠、小者如霧、噴與歕同、哯者、說文、哯、不嘔而吐也、廣韻云、小兒歐乳也、㱿者、說文、㱿、歐皃也、引哀二十五年左傳、君將㱿之、徐鍇傳云、心惡未至於歐、因

㱿出之也、

埳、⿰目曾、⿰目咸、陷也、

埳者、說卦傳云、坎、陷也、坎、釋文云、坎、本亦作埳、京劉作欿、竝字異而義同、⿰目咸、各本譌作⿰耳咸、說文、⿰目咸、目陷也、集韻引廣雅、⿰目咸、陷也、今據以訂正、埳、⿰目咸、陷聲竝相近、

庸、資、由、以、用也、

庸、由、以、一聲之轉、盤庚云、弔由靈、

懠、慅、秋、愁也、

懠者、方言、濟、憂也、陳楚或曰濟、濟與懠聲近而義同、慅者、陳風月出篇、勞心慅兮、釋文云、慅、憂也、重言之則曰慅慅、義見釋訓、玉篇、慅、音蘇勞切、史記屈原傳、離騷者、猶離憂也、騷與慅亦同義、秋者、春秋繁露陽尊陰卑篇云、秋之爲言猶湫湫也、湫湫者、憂悲之狀也、慅、秋、愁、聲竝相近、

朦、庬、穰、豐也、

朦庬者、方言、朦、庬、豐也、自關而西、秦晉之閒、凡大貌謂之朦、或謂之庬、豐、其通語也、小雅大東篇、有饛簋飧、毛傳云、饛、滿簋貌、義與朦相近、朦、各本訛作矇、今訂正、爾雅、庬、大也、商頌長發篇、爲下國駿庬、毛傳云、庬、厚也、義並與豐通、穰者、商頌烈祖篇云、豐年穰穰、

楷、由、品、式也、

楷者、老子云、知此兩者亦楷式、各本訛作揩、今訂正、由者、王風君子陽陽傳云、由、用也、爾雅、式、用也、方言、由、式也、義並相通、品者、漢書宣帝紀云、品式備具、

晚、殿、背、戹、負、後也、

負與背古聲相近、故皆訓爲後、明堂位、天子負斧依、鄭注云、負之言背也、爾雅、邸背有邸爲負邸、

蔫、菸、婑、葾也、

皆一聲之轉也、蔫者、說文、蔫、菸也、大戴禮用兵篇、草木殤黃、殤與蔫同、菸者、說文、菸、婑也、楚辭九辯云、葉於邑而無色兮、又云、形銷鑠而瘀傷、瘀與菸同、婑者、說文、婑、病也、小雅谷風篇云、無木不萎、萎與婑亦同、衆經音義卷十云、今關西言菸、山東言蔫、江南言婑、葾者、玉篇云、敗也、萎葾也、說文、眢、目無明也、宣十二年左傳、目於眢井而拯之、釋文引字林云、眢、井無水也、唐風山有樞篇、宛其死矣、毛傳云、宛、死貌、義與葾並相近、

沃、錞、堪、輖、𨊠、䪼、低也、

錞者、說文、錞、矛戟柲下銅鐏、引秦風小戎篇、厹矛沃錞、字亦作鐓、曲禮、進戈者前其鐏、後其刃、進矛戟者前其鐓、鄭注云、銳底曰鐏、取其鐏地、平底曰鐓、取其鐓地、高誘注淮南子說林訓云、錞讀頓首之頓、皆低下之意也、輖、𨊠者、說文、輖、重也、𨊠、抵也、抵與低通、士喪禮記、志矢一乘、軒輖中、鄭注云、輖、摯也、小雅六月篇、如輊如軒、毛傳云、輊、摯也、考工記輈人、大車之轅摯、鄭注云、摯、輖也、淮南子人閒訓云、置之前而不𨊠、錯之後而不軒、輊、𨊠、摯、摰、並通、前頓謂之躓、義與蟄亦相近也、輖即𨊠之轉也、字通作周、春秋宋公孫周字子高、取相反之義也、韓非子說林篇、鳥有周周者、重首而屈尾、將欲飲於河則必顚、屈尾則後易卬、重首則前易俯、故有周周之目矣、䪼者、說文、䪼、下首也、周官大祝、辨九㩁、一曰䪼首、䪼與䪼同、經傳通作稽、

𡫯、旅、埤、客也、羇寄、

𡫯者、衆經音義卷四引字林云、寄客爲𡫯、字通作僑、韓非子亡徵篇云、羈旅僑士、衆經音義又引廣雅、羇、旅、𡫯、客也、卷十六引廣雅、𡫯、寄、客也、卷二十二引廣雅、𡫯、旅、羇、客也、今本脫羇、寄二字、

象、狄、鞮、閒、諜、郵、置、行李、關、驛也、

皆傳驛之義也、方言、譯、傳也、郭璞注云、傳宣語也、爾雅、馹、遽、傳也、注云、皆傳車驛馬之名、玉篇云、驛、譯也、二者皆取傳遞之義、故皆謂之驛、象、狄、鞮者、周官大行人、七歲屬象胥、諭言語、協辭命、鄭衆注云、象胥、譯官也、大戴禮小辨篇云、傳言以象、反舌皆至、王制、五方之民、言語不通、嗜欲不同、達其志、通其欲、東方曰

寄、南方曰象、西方曰狄鞮、北方曰譯、鄭注云、皆俗閒之名、依其事類耳、鞮之言知也、今冀部有言狄鞮者、呂氏春秋愼勢篇云、凡冠帶之國、舟車之所通、不用象譯狄鞮、方三千里、淮南子齊俗訓、雖重象狄騠、不能通其言、高誘注云、象、狄騠、譯也、騠與鞮通、閒、䛊、諜者、爾雅、閒、俔也、郭注云、左傳謂之諜、今之細作也、說文、諜、軍中反閒也、大戴禮千乘篇云、以中情出、小曰閒、大曰諜、卷三云、䛊、閒、視也、䛊字亦作偵、同、閒、諜之人、以此國之情、告於彼國、故亦謂之驛也、郵、置者、說文、郵、竟上行書舍也、驛、置、騎也、孟子公孫丑篇云、速於置郵而傳命、行李者、僖三十年左傳、行李之往來、杜預注云、行李、使人也、正義引周語、行理以節逆之、賈逵注云、理、吏也、小行人也、理與李通、行李所以傳命、關所以通往來、故皆謂之驛、

廣雅疏證卷第四下

廣雅疏證卷第五上

高郵王念孫學

釋言

央、極、中也。洪範云建用皇極。

駭、驚、起也。

息、歸、返也。說見卷二息返歸也下。

奉、貢、獻也。

幂、幔、闇也。說見卷二幎幔覆也下。幂與幎通。幔各本譌作慢，今訂正。闇通作奄。說文奄覆也。

令、召、靚也。說見卷二招命靚召呼也下。

乾、元、天也。

儀、招、來也。方言儀來也，陳潁之閒曰儀。

差、薄、致也。差與謗同，謗說見卷一。薄至也下。至與致通。

循、率、述也。

搵、抐、擩也。說見卷四。擩各本譌作擩，今訂正。

班、秩、序也。

娋、犯、侵也。玉篇娋小娋侵也。趙策云稍稍蠶食之。稍與娋通。楚辭九歌不寖近兮愈疏。王逸注云寖稍也。寖一作侵。犯各本譌作祀，今訂正。

詑、誠、誓也。皆謂調戲也。說見卷四誠調也下。

僮、莫、稚也。爾雅云雉之莫子爲鷚。

皸、皵、皻也。皸說文作䠒，云瘃足也。漢書趙充國傳手足皸瘃。文穎注云皸坼裂也。莊子逍遙遊篇宋人有善爲不龜手之藥者。釋文云龜徐舉倫反。向云拘坼也。龜與皸聲近義同。皵曹憲音昔。皵之言錯也。爾雅釋木棤皵。郭璞注云謂木皮甲錯。西山經羬羊其脂可以已腊。郭注云治體皴腊。腊與皵通。集韻皵又音錯。考工記弓人老牛之角紾而昔。鄭衆注云昔讀爲交錯之錯，謂牛角觕理錯也。北山經帶山有獸焉，其狀如馬，一角有錯。注云言角有甲錯。義並與皵同。皻之言麤也。玉篇廣韻並音麤。皻皵一聲之轉。釋名云齊人謂草屨曰搏腊。搏腊猶把鮓，麤貌也。荊州人曰麤腊。腊與皵，麤與皻，並同義。

揻、播、搖也。揻見卷一搖撼動也下。揻與撼同。論語微子篇播鼗武。孔傳云播搖也。

仍、重、再也。

鎮、綏、撫也。

臝、胺、瘠也、
胺與瘦同、

課、揣、試也、
說文、課、試也、管子七法篇云、成器不課不用、不試不藏、方言、揣、試也、郭璞注云、揣度試之、

捷、敢、亟也、
捷與捷同、

曼、莫、無也、
小爾雅、曼、無也、法言寡見篇云、曼是爲也、五百篇云、行有之也、病曼之也、皆謂無爲曼、文選四子講德論云、空柯無刃、公輸不能以斲、但懸曼矰、蒲苴不能以射、曼亦無也、李善注訓爲長、失之、曼、莫、無、一聲之轉、猶覆謂之幔、亦謂之幕、亦謂之幠也、漢書西域傳、罽賓國以金銀爲錢、文爲騎馬、幕爲人面、張晏曰、錢文面作騎馬形、漫面作人面目也、如淳曰、幕、音漫、師古曰、幕即漫耳、無勞借音、今所呼幕皮者、亦謂其平而無文也、案幕字、如淳音漫、師古音莫、而同訓爲無文、猶曼與莫之同訓爲無也、任氏幼植釋繒云、說文、縵、繒無文也、管子霸形篇、君何不發虎豹之皮文錦以使諸侯、令諸侯以縵帛鹿皮報、左氏成五年傳、乘縵、注、車無文、是凡物之無文者謂之縵、義與曼同也、

剬、剅、斫也、
剬見卷一剬、斷也下、剅與斲同、

鬻、鬺、飪也、
鬻、經傳通作亨、說見卷三鬻、餁、熟也下、鬺、說文作鬺、云、煮也、漢書郊祀志、皆嘗鬺亨上帝鬼神、顏師古注云、鬺亨一也、鬺亨、煮而祀也、引韓詩采蘋曰、于以鬺之、唯錡及釜、毛詩鬺作湘、云、湘、亨也、鬻、鬺、湘、聲近義同、鬺音式羊反、鬻音普衡反、各本鬻譌作鬻、今訂正、

土、吐、瀉也、
太平御覽引春秋元命包云、土之爲言吐也、說文云、土、地之吐生物者也、又云、吐、寫也、釋名云、吐、瀉也、故楊豫以東謂瀉爲吐也、瀉與寫通、

糗、麴、倉也、
說見卷八麮、麴謂之麴及糗糇糒也下、麴、各本譌作麴、今訂正、

死、專、篿也、
篿、通作博、各本皆作死、專、轉也、下條圍棊、弈也、作圍棊、篿、奕也、案篿與弈異事、不得訓篿爲弈、方言、篿、吳楚之閒或謂之死專、是死專爲篿之異名、方言注云、死、音於辯反、專、音轉、是廣雅專下轉字、乃曹憲之音、此因轉字誤入正文、校書者又誤謂死專之訓爲轉、遂移篿字入下條耳、今訂正、

圍棊、弈也、

泚、濺、測也、

皮、膚、剝也、
說見卷三剝、膚、皮離也下、

山、龍、彰也、
皋陶謨、日月星辰山龍華蟲作會、宗彝藻火粉米黼黻絺繡、傳云、黼若斧形、黻爲兩己相背、爾雅、黼、黻、彰也、郭璞注與書傳同、案爾雅以彰訓黼黻、乃通釋經傳中黼黻之事、非專釋十二章之黼黻也、爾雅又云、袞、黻也、直訓袞爲黻、明非十二章之黻矣、考工記說畫繢之事云、青與赤謂之文、赤與白謂之章、白與黑謂之黼、黑與青謂之黻、五采備謂之繡、祭義云、遂朱綠之、元黃之、以爲黼黻文章、是黼黻與文章同義、故云、黼、黻、彰也、若山龍非五色相次之名、不得直訓爲彰、此云、山、龍、彰也、盖效爾雅而失其義矣、

調、諏也、

說見卷四諴調也下、

戊、秀、茂也、

漢書律歷志云、豐楙於戊、鄭注月令云、戊之言茂也、四時之間萬物皆枝葉茂盛、茂、與楙通、

鄉、救也、

未詳、

愇、竊、淺也、

說文、竊、淺也、爾雅釋鳥、夏扈竊元、秋扈竊藍、冬扈竊黃、棘扈竊丹、昭十七年左傳正義云、竊元、淺黑也、竊藍、淺青也、竊黃、淺黃也、竊丹、淺赤也、又爾雅釋獸、虎竊毛謂之虦貓、虦如小熊、竊毛而黃、大雅韓奕傳云、貓似虎淺毛者也、

閧、戰、鬭也、

說文、閧、鬭也、孟子梁惠王篇、鄒與魯閧、趙岐注云、閧、鬭聲也、音義引劉熙注云、閧、構也、構兵以鬭也、字亦作鬨、呂氏春秋愼行篇、崔杼之子相與私鬨、高誘注云、鬨、鬭也、鬨讀近鴻、緩氣言之、大雅召旻篇、蟊賊內訌、鄭箋云、訌、爭訟相陷入之言也、義與閧相近、

隅、陬、角也、

廉、柧、棱也、

鄭注鄉飲酒禮云、側邊曰廉、說文、柧、棱也、衆經音義卷十八引通俗文云、木四方爲棱、八棱爲柧、字通作觚、

備、晐、咸也、

此方言文也、樂記、大章、章之也、咸池、備矣、史記樂書、備矣作備也、餘見卷二晐備也下、

奇、尤、異也、

敖、放、妟也、

莊子庚桑楚篇、蹍市人之足、則辭以放驁、郭象注云、稱己脫誤以謝之、釋文引廣雅、驁、妟也、驁與敖通、亦作傲、荀子勸學篇、未可與言而言、謂之傲、可與言而不言、謂之隱、不觀氣色而言、謂之瞽、傲、謂妟言也、論語云、言未及之而言、謂之躁、躁、亦妟也、

貶、費、損也、

焚、燎、燒也、

燀、爨、炊也、

說文、燀、炊也、昭二十年左傳、燀之以薪、杜預注與說文同、釋文云、燀、然也、燀、然聲相近、然火謂之燀、故炊亦謂之燀、周語、火無灾燀、韋昭注云、燀、焱起皃、

譚、詖、諂也、

譚、與佞通、詖、各本譌作諛、今訂正、

拂、拍、搏也、

說文、拂、過擊也、卷三云、拍、搏、擊也、

懲、㥾、忞也、

忞、與艾通、亦通作刈、堯典、五流有宅、五宅三居、王制正義引鄭注云、宅、讀曰咤、懲刈之器、謂五刑之流皆有器懲刈、史記五帝紀作五流有度、度、㥾、宅、咤、並聲近而義同、

枚、箇、凡也、

方言、枚、凡也、昭十二年左傳、南蒯枚筮之、杜預注云、不指其事、汎卜吉凶、正義云、或以爲汎卜吉凶、謂枚雷總卜、禮云、無雷同、是總衆之辭也、今俗語云、枚雷、卽其義、哀十六年傳、王與葉公枚卜子良以爲令尹、注云、枚卜、不斥言所卜以令龜、是枚爲凡也、方言、箇、枚也、郭璞注云、謂枚數也、字或作个、特牲饋食禮、俎

釋三个、鄭注云、个、猶枚也、今俗言物數有若干个者、此讀然、是箇與枚同義、

毅、距、困也、皆未詳、

遷、徙、移也、

忕、慎、愼也、說文、忕、愓也、引吳語、于其心忕然、今本作戚然、韋昭注云、戚、猶愓也、戚字葢傳寫之誤、廣韻云、忕、意愼忕也、管子弟子職篇云、顏色整齊、中心必式、式與忕聲義相近、卷四云、愼、恐也、愼、亦恐也、玉篇、愼、心動也、方言、蛩烘、戰慄也、荆吳曰蛩烘、蛩烘、又恐也、並與愼聲近義同、

廩、治也、廩、曹憲讀爲稟、廩、稟二字、諸書皆無訓爲治者、治葢給字之譌、說文、稟、賜穀也、漢書文帝紀、吏稟當受鬻者、顏師古注云、稟、給也、蘇武傳、廩食不至、注云、無人給飤之、

碻、沰、磓也、廣韻、磓、落也、玉篇、沰、落也、碻、沰、磓一聲之轉、卷四云、石、磓、擿也、碻、伐也、石、沰、磓、磓、擿、碻聲義並相近、廣韻、太平御覽引廣雅、磓作碻、

移、脫、遺也、移爲遺與之遺、脫爲遺失之遺、漢書武帝紀、受爵賞而欲移賣者、無所流貤、應劭注云、貤、音移、言無所移與也、移、貤聲義並同、

專、齊也、說見卷四專齊也下、

滒、溏、淖也、說文、滒、多汁也、又云、淈、滒、泥也、淮南子原道訓、甚淖而滒、高誘注云、滒、亦淖也、饘粥多瀋者謂之滒、兵略訓云、道之浸洽、滒淖纖微、無所不在、衆經音義卷十一引通俗文云、和溏曰淖、鄭注士虞禮記云、淖、和也、

眞、是、此也、諸書無訓眞爲此者、各本眞字皆書作真、真、是此也、當是直此是也之譌、直爲是正之是、此爲如是之是、說文、是、直也、是其證矣、或曰、當作直、是、正也、說文、直、正見也、正、是也、

將、鏮、帥也、鏮、古通作渠、史記田叔傳、取其渠率二十人、率與帥通、

死、澌也、太平御覽引春秋說題辭云、死之爲言澌、精爽窮也、說文、死、澌也、人所離也、鄭注檀弓云、消盡爲澌、

龍、光、寵也、鄭注師卦云、寵、光耀也、小雅蓼蕭篇、爲龍爲光、毛傳云、龍、寵也、周頌酌篇、我龍受之、鄭箋云、龍、寵也、龍、寵聲相近、故古人以二字通用、昭十二年左傳引蓼蕭詩、龍光作寵光、商頌長發篇、何天之龍、箋云、龍、當作寵、師象傳、承天寵也、王肅本作龍、

爲、譌、譁也、皆謂變化也、說見卷三譁、爲、匕也下、匕與化通、

涕、泣、淚也、

跧、匍、匐也、說見卷三匍、跧、伏也下、伏與匐通、各本跧下俱有莊字、段氏若膺云、莊與匍匐之義不相近、廣雅釋詁、跧、伏也、曹憲音莊拳反、文選魯靈光殿賦、狡兔跧伏於柎側、李善音莊孿切、玉篇音莊孿切、廣韻音莊緣切、廣雅跧下莊字、當是反語之上一字、誤爲正文也、案廣雅釋言篇內、無連舉三字解之者、莊非正文甚明、

今從段說刪。

眧、睛、謓也。

眧各本譌作昭，今訂正。廣韻引字林云：眧睛，不悅目皃。說文：謓，恚也。

猜、阻，疑也。

閔二年左傳：是服也，狂夫阻之。杜預注云：阻，疑也。

霤、𩅦，霖也。

說文：霤，久雨也。又云：涌，水澤多也。涌與霤義相近。說文：涔，漬也；漬，久雨涔資也。淮南子主術訓：時有涔旱災害之患。高誘注云：涔，久雨水潦也。涔與𩅦同。爾雅云：久雨謂之淫，淫謂之霖。霖、淫、涔，古聲亦相近也。方言：潛、涌，沈也。沈謂之涌，亦謂之潛。猶久雨謂之霤，亦謂之𩅦也。

賀、皆，嘉也。

說文：賀，以禮物相慶嘉也。嘉與賀古同聲而通用。覲禮：予一人嘉之。鄭注云：今文嘉作賀。晉語：賀大國之襲於己。說苑辨物篇賀作嘉，皆是也。嘉、皆一聲之轉。皆字通作偕。小雅魚麗曰：維其嘉矣。又曰：維其偕矣。賓之初筵曰：飲酒孔嘉。又曰：飲酒孔偕。偕亦嘉也。解者多失之。

易、與，如也。

皆一聲之轉也。宋定之云：繫辭傳：易者，象也；象也者，像也。像即如似之意。引之云：論語：賢賢易色。易者，如也；猶言好德如好色也。二說竝通。易訓爲如，又有平均之義。下文云：如，均也。爾雅：平、均，易也。是易、如與平均同義。方言：易，始也。郭璞注云：易，代更始也。義近於繫。廣雅之訓多本方言，此條訓易爲如，而釋詁始也一條內不載易字，疑張氏所見本始作如也。襄二十六年左傳引夏書曰：與其殺不辜，寧失不經。凡經傳言與其者，皆謂如其也。閔元年左傳：猶有令名，與其及也。史記集解引王肅注云：雖去猶可有令名，何與其坐而及禍也。何與，猶何如也。秦策云：秦昭王謂左右曰：今日韓魏孰與始強？對曰：弗如也。王曰：今之如耳、魏齊孰如孟嘗、芒卯之賢？對曰：弗如也。孰與，猶孰如也。班固東都賦云：僻界西戎，險阻四塞，脩其防禦，孰與處乎土中，平夷洞達，萬方輻湊？秦嶺九嵕，涇渭之川，曷若四瀆五嶽，帶河泝洛，圖書之淵？曷若，猶孰與也。漢書鼂錯傳：今匈奴上下山阪，出入溪澗，中國之馬弗與也。弗與，猶弗如也。與、如、若亦一聲之轉。與訓爲如，又有相當之義。襄二十五年左傳：申鮮虞與閭邱嬰乘而出，行及弇中，將舍。嬰曰：崔慶其追我。鮮虞曰：一與一，誰能懼我？杜預注云：弇中，狹道也。道狹，雖衆無所用。案與猶當也。言狹道之中，一以當一，雖衆無所用也。下文云：崔慶之衆不可當也。當亦與也。二十四年傳云：大國之人不可與也。與亦當也。宋衛策云：夫宋之不足如梁也，寡人知之矣。高誘注云：如，當也。是與、如皆訓爲當也。

恑、覆，反也。

班固幽通賦：變化故而相詭兮。曹大家注云：詭，反也。大戴禮保傅篇：左右之習反其師。賈子傳職篇反作詭。漢書武五子傳云：詭禍爲福。史記李斯傳云：今高有邪佚之志，危反之行。詭、危竝與恑通。說文：恑，變也。

變亦反也。

審、覆，𡩡也。

爾雅：覆、察，審也。郭璞注云：覆校察視，皆所爲審諦。覆校，即考索也。考工記弓人：覆之而角至。鄭注云：覆，猶察也。定四年左傳云：藏在周府，可覆視也。月令云：命舟牧覆舟。孫子行軍篇云：軍行有險阻、潢井、葭葦、山林、翳薈者，必謹覆索之。𡩡與索通。審、察、𡩡三字皆從宀，宀訓爲覆，覆訓爲審，義相因也。

輸、攋，墮也。

皆謂墮壞也。小雅正月篇：載輸爾載。鄭箋云：輸，墮也。公羊春秋隱六年：鄭人來輸平。傳云：輸平，猶墮成也。何言乎墮成？敗其成也。穀梁傳云：輸者，墮也。來輸平者，不果成也。是輸爲墮也。輸爲墮壞也，其輸寫物亦謂之墮。昭四年左傳：寡君將墮幣焉。服虔注云：墮，輸也。方言：攋，隓壞也。隓與墮同。太元度次三：小度差差，大攋之階。測曰：小度之差，大度傾也。是攋爲墮壞也。方言云：怠，壞也。故壞謂之墮，亦謂之攋，亦謂之輸；怠謂之惰，亦怠

謂之嬾亦謂之窳惰與墮嬾與擲窳與輸古聲竝相近也

償報復也

詩意志也

各本皆作詩志意也案詩志聲相近故諸書皆訓詩爲志無訓爲意者詩序云詩者志之所之也在心爲志發言爲詩賈子道德說篇云詩者此之志者也詩譜正義引春秋說題辭云在事爲詩未發爲謀恬澹爲心思慮爲志詩之爲言志也書大傳注云詩言之志也說文及楚辭九章注竝云詩志也今據以訂正

眷雉顧也

說文睽左右兩視也玉篇雉具眉切顧也古睽字謂左右視也雉從矢隹聲與𥏣字異𥏣從矢圭聲音胡結反

瘍瘦蛘也

玉篇瘍大痒也瘦小痒也痒與蛘通亦通作養俗作癢

趲猲虘也

皆驚散之貌也玉篇趲散走也高誘注淮南子主術訓云劗讀驚攢之攢攢與趲通方言宋衞南楚凡相驚曰猲郭璞注云猲驚貌也說文猲犬猲猲不附人也讀若南楚相驚曰猲又云獷犬獷獷不可附也揚雄劇秦美新云來儀之鳥肉角之獸狙獷而不臻狙獷亦驚散之貌也狙與虘通

兼絓幷也

絓之言比也玉篇絓縷幷也鄘風干旄篇素絲紕之毛傳云總紕於此成文於彼義與絓相近

褻韇押也

覺穌𡨦也

穌通作蘇𡨦通作寤

諸旃之也

皆一聲之轉也諸者之於之合聲故諸訓爲之又訓爲於旃者之焉之合聲故旃訓爲之又訓爲焉唐風采苓箋云旃之言焉也

竝偕俱也

餪餫饋也

餪者溫存之意唐段公路北戶錄引字林云餪饋女也音乃管反又引證俗音云今謂女嫁後三日餉食爲餪女各本皆脫餪字集韻類篇引廣雅餪餫饋也今據以補正餫之言運也說文野饋曰餫成五年左傳晉荀首如齊逆女故宣伯餫諸穀杜預注云運糧饋之

紩著納也

爾雅黹紩也說文紩縫也急就篇鍼縷補縫綻紩緣顏師古注云納刺謂之紩卷四云著補也著之言相丁著也士喪禮記冠六升外縪鄭注云縪謂縫著於武也卷四云衲補也衲與納通

趽跰踤也

玉篇蹝足跌也蹝與踤同說文趽曲脛馬也踤各本譌作跰今訂正說文踤曲脛也讀若逵漢書賈誼傳非徒病瘇也又苦蹳盭顏師古注云蹳古蹠字足下曰蹠今所呼腳掌是也盭古戾字言足蹠反戾不可行也錢氏曉徵曰說文玉篇俱無蹳字小顏讀爲蹠蓋臆說也蹳字當是踤字之譌踤盭謂足脛曲戾不便行動案錢說是也踤從足𢍕聲𢍕從廾肉聲隸書廾字或作大故踤字或作蹳其右半與叐字相似因譌而爲蹳矣

嗽謦欬也

衆經音義卷六引倉頡篇云謦欬聲也莊子徐無鬼篇云而況乎昆弟親戚之謦欬其側者乎

剿稷刈也

小雅白華篇、樵彼桑薪、樵與劁通、

詆、譙、呵也、

說文、詆苛也、一曰訶、訶、呵、苛義相近、墨子脩身篇云、詆訐之民、衆經音義卷二十引倉頡篇云、譙訶也、餘見卷二譙讓也下、影宋本譙作誰、誰亦呵也、說文誰字在詆字下、云、何也、何與呵通、史記秦紀、信臣精卒陳利兵而誰何、索隱引崔浩云、何或爲呵、漢舊儀宿衞郎官分五夜誰呵、漢書五行志、公車大誰卒、應劭注云、在司馬殿門掌讙呵者也、六韜金鼓篇云、令我壘上誰何不絕、揚雄衞尉箴云、二世妄宿、敗於望夷、閭樂矯搜、戟者不譙、皆是也、史記萬石君傳、歲餘不譙呵綰、索隱云、譙呵、音誰何、誰何與譙義同而聲亦相近、例見釋宮趡奔也下、

平均、賦也、

方言、平均、賦也、燕之北鄙、東齊之北郊、凡相賦斂謂之平均、史記平準書云、桑宏羊以諸官各自市、相與

爭、物故騰躍、而天下賦輸或不償其僦費、乃請置大農部丞數十人、分部主郡國、各往往縣置均輸鹽鐵官、令遠方各以其物貴時商賈所轉販者爲賦、而相灌輸、置平準於京師、都受天下委輸、大農之諸官盡籠天下之貨物、貴則賣之、賤則買之、如此、富商大賈無所牟大利、則反本而萬物不得騰踊、故抑天下物、名曰平準、是平均皆賦也、急就篇云、司農少府國之淵、遠取財物主平均、

勃、怏、懟也、

方言、鞅、侼、懟也、卷四云、侼、恨也、侼與勃通、說文、怏、不服懟也、史記伍子胥傳云、常鞅鞅怨望、白起傳云、其意怏怏不服、怏與鞅通、懟謂之勃、怏、故怒亦謂之勃怏、趙策云、新垣衍怏然不悅、卽勃然不悅也、

率、計、校也、

周髀算經云、以率率之、

譏、諫、怨也、

諫、通作刺、論語陽貨篇、詩可以怨、邶風擊鼓正義引鄭注云、怨、謂刺上政、漢書禮樂志云、怨刺之詩起、是怨與譏刺同意、

鏦、摐、撞也、

說文、摐、擣頭也、楚辭招魂、鏗鍾搖簴、王逸注云、鏗、撞也、班固東都賦云、發鯨魚、鏗華鐘、摐鏗鏦竝通、文選子虛賦摐金鼓、李善注引韋昭曰、摐、擊也、字亦作鏦、史記吳王濞傳、卽使人鏦殺吳王、南越傳、欲鏦嘉以矛、索隱引韋昭曰、鏦、撞也、撞謂之鏦、故矛亦謂之鏦、方言云、矛、吳揚江淮南楚五湖之閒或謂之鏦、

穜、豫、早也、

說文、穜、早種也、魯頌閟宮篇、稙稺菽麥、毛傳云、先種曰稙、後種曰穉、釋名云、青徐人謂長婦曰稙、禾苗先生者曰稙、取名於此也、

囚、纍、拘也、

俚、慗、賴也、

漢書季布欒布田叔傳贊、夫婢妾賤人、感槩而自殺非能勇也、其畫無俚之至耳、晉灼注云、揚雄方言曰、俚、聊也、許愼曰、賴也、此謂其計畫無所聊賴、至於自殺耳、孟子盡心篇、稽大不理於口、趙岐注云、理、賴也、理與俚通、

敕、愼、謹也、

逋、薆、亾也、

贅、叔屬也、

大雅桑柔篇、具贅卒荒、毛傳云、贅、屬也、正義云、贅猶綴也、謂繫綴而屬之、長發云、爲下國綴旒、襄十六年公羊傳曰、君若綴旒然、是贅綴同也、孟子曰、太王屬其耆老、書傳云、贅其耆老、是贅爲屬也、襄十六年公羊傳注云、贅繫屬之辭、若今俗名就壻爲贅壻矣、釋名說贅肬之義云、贅、屬也、橫生一肉屬著體也、並事

異而義同、

州、譔、殊也、

藝文類聚引春秋說題辭云、州之言殊也、合同類、異其界也、

日、類、節也、

日爲節度之節、類爲絲節之節、開元占經日占篇引春秋元命包云、日之爲言節也、開度立節、使物咸別、白虎通義云、日之爲言實也、節也、常滿有節也、說文、類、絲節也、淮南子氾論訓、明月之珠、不能無類、高誘注云、若絲之有結類也、

諫、督、促也、

諫亦促也、說文、諫、餔旋促也、

稽、效、考也、

效之言校也、月令云、分繭稱絲效功、

瞉、字、乳也、

說見卷一字乳瞉生也下、瞉、與瞉同、各本字字誤入曹憲音內、今訂正、

靈、禔、福也、

昭三十二年左傳云、今我欲徼福假靈於成王、哀二十四年傳云、寡君欲徼福於周公、願乞靈於臧氏、漢書董仲舒傳云、受天之祜、享鬼神之靈、是靈爲福也、卷一云、祿、靈、善也、爾雅、祿、福也、福與善義相近、故皆謂之祿、又皆謂之靈、靈與祿、一聲之轉耳、方言、禔、福也、漢書司馬相如傳、中外禔福、史記作提同、

凌、駁、馳也、

楚辭大招、冥凌浹行、王逸注云、凌、猶馳也、方言、駁、馬馳也、郭璞注云、駁駁、疾貌也、劉向九歎云、雷動電發、駁高舉兮、揚雄甘泉賦云、輕先疾雷而駁遺風、說文、駁、馬行相及也、又云、徲、行皃、一曰此與駁同、嵇康琴賦云、飛纖指以馳騖、紛徲𩎺以流漫、漢書司馬相如傳、汩減駁以永逝兮、顏師古注云、駁然、輕舉意也、廣雅釋訓云、駁駁、行也、義竝與駁同、

傳、亮、相也、

堯典、亮采惠疇、史記五帝紀亮采作相事、

南、壬、任也、

南、壬、任、古竝同聲、藝文類聚引尸子云、南方爲夏、夏與也、南、任也、萬物莫不任與蕃殖充盈、書大傳云、南方者何也、任方也、任方者、物之方任、漢書律歷志云、大陽者南方、南、任也、陽氣任養物、淮南子天文訓云、南呂者、任包大也、小雅鼓鍾傳云、南夷之樂曰任、白虎通義引樂元語云、南夷之樂曰南、南之爲言任也、任養萬物、是凡言南者、皆任之義也、大戴禮本命篇云、男者任也、子者孳也、言任天地之道而長萬物之義也、昭十三年左傳鄭伯男也、周語作南、男與南亦同聲同義、史記律書云、壬之爲言任也、言陽氣任養

萬物於下也、漢書律歷志云、懷任於壬、釋名云、壬、妊也、陰陽交、物懷妊至子而萌也、妊與壬、亦同聲同義、

裁、宰、制也、

竦、鷙、執也、

楚辭九歌、竦長劍兮擁幼艾、王逸注云、竦、執也、玉篇作擈同、離騷、鷙鳥之不羣兮、注云、鷙、執也、謂能執伏衆鳥、鷹鸇之類也、說文、摯、握持也、義亦與鷙同、

正、略、要也、

淮南子地形訓、紀之以四時、要之以太歲、高誘注云、要、正也、孟子滕文公篇此其大略也、趙岐注云、略、要也、

角、抵、觸也、

角、觸古聲相近、獸角所以抵觸、故謂之角、詩卷耳正義引韓詩說云、四升曰角、角、觸也、不能自適觸罪過

也。風俗通義引劉歆鐘律書云：「角者，觸也。物觸地而出，戴芒角也。」是凡言角者，皆有觸義也。說文：「牴，觸也。」海外北經「相柳之所抵厥」，郭璞注云：「抵，觸也。」抵與牴通。

寱、𡫳，厭也。

說文：「厭，笮也。一曰合也。」玉篇於甘、於葉二切。衆經音義卷一引倉頡篇云：「伏合人心曰厭。」說文：「寱，寐而厭也。」字亦作眯。高誘注淮南子精神訓云：「楚人謂厭爲眯。」西山經：「鵸䳜服之使人不眯。」郭璞注云：「不厭夢也。」引周書王會篇云：「服者不眯。」莊子天運篇：「彼不得夢，必且數眯焉。」司馬彪注云：「眯，厭也。」說文：「𡫳，屋傾下也。」方言云：「凡柱而下曰埕，屋而下曰墊。」墊亦謂厭伏也。墊與𡫳通。

馮、齎，裝也。

齎，通作資。爾雅：「將，資也。」郭璞注云：「謂資裝。」裝、將聲近義同。聘禮記：「問幾月之資。」鄭注云：「資，行用也。古文資爲齎。」

僞、言，端也。

皆未詳。

樊、裔，邊也。

莊子人閒世篇云：「若能入遊其樊而無感其名，入則鳴，不入則止。」則陽篇云：「夏則休乎山樊。」李頤注云：「樊，傍也。」高誘注淮南子精神訓云：「樊，厓也。」皆謂邊也。字通作藩。莊子大宗師篇云：「吾願遊乎其藩。」淮南子原道訓注云：「裔，邊也。」文十八年左傳云：「投諸四裔。」楚辭九歌：「蛟何爲兮水裔。」王逸注云：「水涯。」說文：「裔，衣裾。」徐鍇傳云：「裾，衣邊也，故謂四裔。」

還、趙，及也。

及，各本譌作召，今訂正。爾雅：「逮，及也。」又云：「逮，遝也。」郭璞注云：「今荆楚人皆云遝。」方言：「迨、遝，及也。東齊曰迨，關之東西曰遝，或曰及。」說文：「遝，迨也。」玉篇云：「迨遝，行相及也。」王褒洞簫賦云：「𩥇合遝以詭譎。」漢書禮樂志：「騎沓沓。」顏師古注云：「沓沓，疾行也。」疾行亦相及之意。故釋名云：「急，及也。操切之使相逮及也。」說文：「眔，目相及也。」「謎，語相及也。」義並與遝通。說文：「趍，趙，及也。」趍音馳驅之驅。穆天子傳：「天子北征，趙行。」郭璞注云：「趙，猶超騰也。」超騰亦謂疾行。是遝、趙皆及也。

緯、衡，橫也。

說文：「緯，織橫絲也。」大戴禮易本命篇云：「凡地東西爲緯，南北爲經。」

井、絜，靜也。

說文：「瀞，無垢薉也。」瀞與靜通。釋名云：「井，清也，泉之清絜者也。」

痎、痁，瘧也。

說文：「瘧，寒熱休作病也。」「痎，二日一發瘧也。」「痁，有熱瘧也。」釋名云：「瘧，酷虐也。凡疾或寒或熱耳，而此疾先寒後熱，兩疾似酷虐者也。」哀二年左傳云：「痁作而伏。」餘見卷一「疥，病也」下。

𤺺、𤸷，痞也。

說文：「痞，結痛也。」字或作脴，通作否。釋名云：「脴，否也，氣否結也。」素問六元正紀大論云：「寒至則堅否腹滿，痛急下利之病生矣。」

糴、臬，穀也。

說文：「糴，穀也。」

痯、疕，痂也。

說文：「疕，頭瘍也。」周官醫師：「凡邦之有疾病者、疕瘍者。」鄭注與說文同。韓非子姦劫弒臣篇云：「厲雖癰腫疕瘍。」餘見卷一「痂，痞創也」下。

草、竈，造也。

草、竈、造，聲並相近。論語憲問篇云：「裨諶草創之。」竈或作竈。釋名云：「竈，造也，創造食物也。」周官膳夫：「卒食，以樂徵于造、注云、造、作也、鄭司農云、造、謂倉之故所居處也、己倉、徵置故處、案造卽竈之俗字也、大祝、二曰造、故書造作竈、是竈與造通。

科、僞、條也、

僞義未詳、

瘱、審也、

各本皆作審、噴、竝也、案審噴竝三字、字義各不相屬、此因本文脫去瘱也二字、而下文噴、嚏也、駢、竝也、又脫去嚏也駢三字、遂致溷三條爲一條、集韻引廣雅、瘱、審也、今據以補正、方言、瘱、諦、審也、齊楚曰瘱、秦晉曰諦、又云、譩諦、諟也、吳越曰譩諦、郭璞注云、諟亦審、互見其義耳、說文、瘱、靜也、靜審也、漢書外戚傳爲人婉瘱有節操、顏師古注云、瘱靜也、文選神女賦、澹清靜其愔嫕兮、李善注引說文、嫕、靜也、五臣本作悘、竝字異而義同、廣雅之訓、多本方言、方言瘱諦同訓爲審、則廣雅瘱下亦當有諦字。

噴、嚏也、

衆經音義卷十引倉頡篇云、嚏、噴鼻也、各本脫嚏也二字、衆經音義卷十六十九竝引廣雅、噴、嚏也、今據以補正、

駢、竝也、

說文、駢、駕二馬也、管子四稱篇云、入則乘等、出則黨駢、各本脫駢字、莊子駢拇篇釋文引廣雅、駢、竝也、今據以補正、

靡、離、麗也、

靡爲靡麗之麗、離爲附麗之麗、說文、麗爾、猶靡麗也、司馬相如上林賦云、所以娛耳目樂心意者、麗靡爛漫於前、靡曼美色於後、離彖傳云、離、麗也、象傳云、明兩作離、曲禮、離坐離立、鄭注云、離、兩也、桓二年公羊傳、離不言會、何休注云、二國會曰離、皆謂麗也、離與麗古同聲而通用、士冠禮注云、古文儷爲離、月令注云、離、讀如儷偶之儷、儷、與麗同、各本譌作靡、麗、離也、今訂正、

儀、愈、賢也、

引之云、大誥、民獻有十夫、傳訓獻爲賢、大傳作民儀有十夫、漢書翟義傳作民儀九萬夫、班固竇車騎將軍北征頌亦云、民儀響慕、羣英景附、古音儀與獻通、周官司尊彝、鬱齊獻酌、鄭司農讀獻爲儀、郭璞爾雅音曰、轙、音儀、說文、轙、從車、義聲、或作钀、從金、獻聲、皆其證也、漢斥彰長田君碑曰、安惠黎儀、伐討姦輕、泰山都尉孔宙碑曰、乃綏二縣、黎儀以康、堂邑令費鳳碑曰、黎儀瘁傷、泣涕連漉、黎儀、卽皋陶謨之萬邦黎獻也、漢碑多用經文、此三碑皆言黎儀、則皋陶謨之黎獻、漢世必有作黎儀者矣、洪适隸釋讀儀爲旄倪之倪、非是、

統、己、紀也、

說文、統、紀也、齊語云、班序顚毛、以爲民紀統、漢書律歷志云、理紀於己、釋名云、己、紀也、物皆有定形、可紀識也。己、各本譌作巳、今訂正、

奠、祭、薦也、

攍、負也、

說見卷三攍、擔也下、

羌、乃也、

楚辭離騷、余以蘭爲可恃兮、羌無實而容長、

羌、卿也、

楚辭離騷、羌內恕己以量人兮、王逸注云、羌、楚人語辭也、猶言卿何爲也、

卿、章也、

白虎通義云、卿之爲言章也、章善明治也、北堂書鈔引漢官儀云、卿、章也、明也、言當背邪向正、章明道德

也、初學記引釋名云、卿、章也、言貴盛章著也、

廁、閒也、

各本皆作廁閒非也、案諸書皆訓廁爲閒、無訓爲非者、此因閒下脫去也字、而下文非也之上、又脫去閒字、遂誤合爲一條、文選琴賦注及衆經音義卷二十五、華嚴經卷三十九音義竝引廣雅、廁、閒也、今據以訂正、

閒、**非也**、

說見卷二閒諓也下、

詭、誆也、

各本脫去誆也二字、遂與下條相連、衆經音義卷十四引三倉云、詭、譎也、卷二十三引廣雅、詭、誆也、今據以補正、

犀、緦也、

犀、曹憲音西、緦、曹憲音思、案總隸省作緫、緫與犀義不相近、犀當爲屬、緫當爲總、說文、總、聚束也、玉篇、總、合也、周官州長、各屬其州之民而讀法、鄭注云、屬、猶合也、聚也、王逸離騷注云、總、結也、韋昭晉語注云、屬、結也、是總屬二字同義、屬與犀、總與緫、皆因形近而誤、卷三內、總、聚也、總字譌作緦、曹憲音思、誤與此同、

㬥、載也、

㬥或作燾、幬、又作薵、說見卷二㬥、覆也下、載通作戴、方言、薵、蒙、覆也、薵、戴也、小爾雅、蓋、戴、燾、蒙、覆也、班固西都賦云、上反宇以蓋戴、太元元文、蒙、南方也、夏也、物之脩長也、皆可得而戴也、范望注云、枝葉已成、蒙覆於人上、皆可燾載者也、是載與㬥同義、載各本皆作戟、隸書載字或省作載、因譌而爲戟、今訂正、

風、吹也、

曾、何也、

方言、曾、何也、湘潭之原、荆之南鄙、謂何爲曾、若中夏言何爲也、何各本譌作阿、今訂正、

風、放也、

釋名云、風、放也、氣放散也、又柴誓、馬牛其風、魯世家集解引鄭注云、風、走逸也、僖四年左傳、唯是風馬牛不相及也、柴誓正義引賈逵注云、風、放也、牝牡相誘謂之風、風又音諷、小雅北山篇、或出入風議、鄭箋云、風猶放也、

流、演也、

說文、演、長流也、周語、夫水土演而民用也、文選長笛賦注引賈逵注云、演、引也、

徇、巡也、

徇巡古同聲而通用、桓十三年左傳、莫敖使徇于師、宣四年傳、王使巡師、是徇即巡也、泰誓釋文引字詁云、徇、巡也、爾雅釋言釋文引字詁云、徇、今巡字、巡、各本皆作迷、巡隸或作廵、因譌而爲迷、今訂正、

賒、

各本皆作賒貰也、案賒與貰義不相近、此因賒下脫去二字、而下文貰賒也、又脫去賒字、遂誤合爲一條、今訂正、廣韻、賒、貰也、義或本於廣雅、

貰、賒**也**、

周官泉府、凡賒者、鄭衆注云、賒、貰也、史記高祖紀、常從王媼武負貰酒、集解引韋昭曰、貰、賒也、各本脫賒字、高祖紀索隱及衆經音義卷十二、竝引廣雅、貰、賒也、今據以補正、

[illegible]、賭也、

文選博弈論、賭及衣物、李善注引埤倉云、賭、[illegible]也、

壓、鎮也、

經、徑也、

釋名、經、徑也、常典也、如徑路無所不通、可常用也、

卦、挂也、易乾鑿度云、卦者挂也、挂萬物、視而見之、

譬、喻也、

睽、𤰞也、序卦傳文、

天、顛也、太平御覽引春秋說題辭云、天之爲言顛也、居高理下、爲人經緯、故立字一大爲天、天、各本譌作天、今訂正、

埶、設也、說文、埶、設飪也、讀若載、大雅旱麓篇、清酒既載、文選西征賦注引薛君韓詩章句云、載、設也、士昏禮云、匕俎從設、北面載、載與埶通、載爲陳設之設、又爲假設之設、法言先知篇、或曰、載使子草律、曰、吾不如宏恭、李軌注云、載、設也、

竹、戚也、白虎通義說喪服云、所以杖竹桐何、取其名也、竹者戚也、桐者痛也、

馮、登也、周官馮相氏注云、馮、乘也、相、視也、世登高臺、以視天文之次序、

眩、惑也、

宥、赦也、

參、三也、

令、伶也、秦風車鄰篇、寺人之令、韓詩作伶、云、使伶也、

紉、擘也、說文、紉、繟繩也、玉篇、紉、繩縷也、展而續之也、楚辭離騷、紉秋蘭以爲佩、王逸注云、紉、索也、紉、各本譌作紐、方言、擘、楚謂之紉、郭璞音刃、今據以訂正、各本所載曹憲音釋、擘下有古萬二字、案古萬反非擘字之音、卷一云、拳、曲也、曹憲音古萬反、疑此條下尚有擘拳也三字、而古萬則拳字之音也、擘之言屈辟、拳之言卷曲也、卷四云、襞、拳、詘也、說文、詘、詰詘也、一曰屈襞、又云、襞、拳衣也、士喪禮注云、以席覆重、辟屈而反兩端交於後、莊子田子方篇、口辟焉而不能言、司馬彪注云、辟、卷不開也、卷與拳通、辟、擘、並與襞通、紉訓爲擘、擘又訓爲拳、所以別異義也、若上文羌訓爲卿、卿又訓爲章矣、

夜、暮也、

寐、臥也、

嗃、諫也、玉篇引埤倉云、嗃、不知是誰也、方言、諫、不知也、沅澧之間、凡相問而不知荅曰諫、

國、邦也、

義、宜也、祭義云、義者、宜此者也、中庸云、義者宜也、

漉、滲也、說見卷一滲溢盡也下、溢與漉同、

𦚏、夊也、豳風七月篇、三之日納于凌陰、毛傳云、凌陰、冰室也、凌、說文作𦚏、冰、說文作夊、

害、割也、

堯典湯湯洪水方割、傳云、割、害也、釋名云、害、割也、如割削物也、害割古同聲而通用、大誥天降割于我家、馬融本作害、

蹟、疐也、

淮南子原道訓先者隤陷、高誘注云、楚人謂躓爲隤、原道訓又云、足蹪趎埳、蹪與隤通、躓與疐通、

駔、會也、

會或作儈、衆經音義卷六引聲類云、儈、合市人也、呂氏春秋尊師篇段干木晉之大駔也、高誘注云、駔、儈人也、史記貨殖傳子貸金錢千貫節駔會、漢書作儈、顏師古注云、儈者、合會二家交易者也、駔者其首率也、

焠、堅也、

說文、焠、堅刀刃也、又云、鋻、剛也、徐鍇傳云、淬刀劍刃使堅也、淬與焠通、燕策云、得趙人徐夫人之匕首、使工以藥淬之、文選聖主得賢臣頌、清水焠其鋒、李善注引郭璞三倉解詁云、焠、作刀刃鋻也、漢書王褎傳注云、焠、謂燒而內水中、以堅之也、天文志火與水合爲淬、晉灼注云、火入水、故曰淬、

⿰齒悤、恖也、

椑、統也、

皆未詳、椑、皇甫本作椊、

內、裏也、

課、第也、

謂品第之也、逸周書大匡解云、程課物徵、

況、茲也、

小雅常棣篇、況也永歎、毛傳云、況、茲也、大雅桑柔篇倉兄塡兮、傳云、兄、滋也、兄與況通、茲與滋通、晉語衆況厚之、韋昭注云、況、益也、益亦滋也、

茲、今也、

壘、懷也、

未詳、

收、振也、

中庸振河海而不泄、鄭注云、振、猶收也、孟子萬章篇云、金聲而玉振之也、周官職幣、掌式灋以斂官府都鄙與凡用邦財者之幣、振掌事者之餘財、斂振皆收也、故鄭注云、振、猶抍也、檢也、廣雅卷三云、抍、收也、孟子梁惠王篇注云、檢、斂也、賈疏云、以財與之謂之抍、知其足剩謂之檢、皆失之、秦風小戎篇、小戎俴收、毛傳云、收、軫也、正義云、軫所以收斂所載、故名收焉、軫與振亦聲近義同、

摎、捋也、

周南關雎篇、參差荇菜、左右流之、流與摎通、謂捋取之也、捋流一聲之轉、左右流之、左右采之、猶言薄言采之、薄言捋之耳、下文云、左右芼之、流采芼皆取也、芣苢傳云、采、取也、卷一云、采、芼、取也、此云、摎、捋也、義竝相通、

摻、操也、

鄭風遵大路篇、摻執子之袪兮、毛傳云、摻、擥也、說文、擥、撮持也、

毖、流也、

邶風泉水篇、毖彼泉水、毛傳云、泉水始出毖然流也、韓詩作祕、說文作䀣、陳風衡門篇、泌之洋洋、毛傳云、泌、泉水也、說文、泌、駃流也、竝字異而義同、

宿、留也、

膏、滑、澤也、

各本皆作又括也案諸書無訓又爲括者此因本條內有脫文而下條檢括也又脫去檢字遂誤合爲一條今訂正

又、

檢括也、

檢括一聲之轉文選辨亡論注引薛君韓詩章句云括約束也法言君子篇蠢迪檢押李軌注云檢押猶隱括也蔡邕薦邊讓書云檢括並合各本脫檢字衆經音義卷六卷十四並引廣雅檢括也今據以訂正

社、封也、

哀四年公羊傳社者封也何休注云封土爲社

愿、慤也、

風、氣也、

姦、僞也、

兵、防也、

高誘注淮南子兵略訓云兵防也防亂之萌

乾、剛也、

見雜卦傳

繹、㨨也、

說文繹㨨絲也㨨與抽同

忍、耐也、

片、襌也、

襌與單通各本譌作禪今訂正

妊、娠也、

粹、純也、

專、擅也、

虞、驚也、

崔駰北征頌云雍容清廟誋爾無虞

尿、溲也、

說文尿人小便也古通作溺晉語少溲于豕牢韋昭注云溲便也

偃、仰也、

說見卷四偃僵也下

浮、漂也、

卟、卜也、

說文卟卜問也玉篇音市照切各本皆脫卟字集韻引廣雅卟卜也今據以補正

侵、淩也、

卻、退也、

退各本譌作退今訂正

蹶、踶也、

皆謂蹋也蹶字亦作蹷踶字亦作趧又作蹏說文蹷蹠也漢書申屠嘉傳材官蹶張如淳注云材官之多力能腳蹋彊弩張之故曰蹶張淮南子說林訓云游者以足蹶以手抻又脩務訓云夫馬之爲草駒之時蹶跳足以破盧陷匈莊子馬蹄篇馬怒則分背相踶李頤注云踶蹋也月令游牝別羣則縶騰駒鄭注云

爲其壯氣有餘相踦齧也說文䟫躗也躗與蹷古亦通用爾雅蹷泄苦棗釋文蹷本亦作躗是其證矣蹋謂之蹷亦謂之䟫走謂之䟫亦謂之蹷義相因也越語蹷而趨之韋昭注云蹷走也呂氏春秋貴直篇云狐援聞而蹷往過之說文趌䟫也趹馬行皃史記張儀傳探前趹後索隱云言馬之走勢疾也義竝與蹷同淮南子脩務訓墨子跌䠞而趍千里高誘注云跌疾行也䠞趍走也䠞與䟫通漢書武帝紀馬或奔䟫而致千里奔䟫猶奔逸也馬奔逸則有覆車之患故下文云泛駕之馬亦在御之而已顏師古訓䟫爲蹋失之

趹、蹷也。

困、悴也。

彫、鏤也。

歲、遂也。

太平御覽引春秋元命包云歲之爲言遂也白虎通義云歲者遂也三百六十六日一周天萬物畢成故爲一歲也

遂、育也。

樂記氣衰則生物不遂史記樂書遂作育。

禮、體也。

禮器云禮也者猶體也大戴禮曾子大孝篇云禮者體此者也定十五年左傳云夫禮死生存亡之體也

埻、的也。

說文埻射臬也臬射準的也準與埻通亦作埶周官司裘注云侯者以虎熊豹麋之皮飾其側又方制之以爲臬謂之鵠著于侯中列子仲尼篇云前矢造準而無絕落太元曹次三師或導射豚其埻范望注云埻射的也後漢書齊武王傳畫伯升像於埻旦起射之東觀記續漢書竝作埻小雅賓之初筵篇發彼有的毛傳云的質也淮南子原道訓注云質的射者之準埶也埶與臬同

奮、訊也。

奮、振也。

扒、擘也。

卷一云擘分也扒之言別也淮南子說林訓解捽者不在於捌格在於批抗高誘注云批擊也抗推也擊其要也此言解捽者不在於分別架格但擊其要則捽自解也捌與扒同說文八別也義與扒亦相近

酲、長也。

酲與長義不相近凡病酒謂之酲煩病亦謂之酲小雅節南山篇憂心如酲毛傳云病酒曰酲是酲爲病酒也管子地員篇云五沃之土其人堅勁寡有疥騷終無痟酲枚乘七發云嘘唏煩酲是酲爲煩病也玉篇酲陳貞切廣韻直貞切陳貞直貞竝與長同音疑此條酲下脫去一字其長字則反語之上一字誤

入正文也

播、抵也。

未詳

對、畣也。

畣經傳通作荅

請、气也。

菭、挌也。

字書無菭字菭當爲沽或當爲苦挌當爲略皆字之誤也沽者粗略之意檀弓以爲沽也鄭注云沽猶略也喪服傳冠者沽功也鄭注云沽猶麤也周官典婦功辨其苦良鄭衆注云苦讀爲盬謂分別其縑帛與布紵之麤細唐風鴇羽傳云盬不攻緻也竝字異而義同

鹺、鹹也、說文、鹺、鹹也、從鹵差省聲、河內謂之鹺、沛人言若虘、曲禮、鹽曰鹹鹺、鄭注云、大鹹曰鹺、今河東云鹺、鹺、鹺並同、說文、鮺、藏魚也、南方謂之魿、北方謂之鮺、周官庖人注作鮺、藏魚、卽今之鹹魚也、爾雅、滷、矜、鹹、苦也、郭璞注云、苦卽大鹹、釋文、矜作鹶、鹹謂之鹺、又謂之鹶、鹹魚謂之魿、又謂之鮺、其義一也、鹺各本譌作鹾、今訂正、

沾、益也、說見卷一、

拼、陞也、拼亦作拯、說見卷三拼拔也下、

馴、𢤱也、𢤱通作㜺、說見卷一𢤱馴善也下、

族、湊也、說見卷三湊族聚也下、白虎通義云、正月律謂之太蔟、何、太者、大也、蔟者、湊也、言萬物始大、湊地而出也、蔟、族聲近義同、

威、德也、周頌有客篇、既有淫威、降福孔夷、正義云、言有德、故易福、風俗通義十反篇云、書曰、天威棐諶、言天德輔誠也、呂氏春秋應同篇引黃帝曰、芒芒昧昧、因天之威、與元同氣、

眇、莫也、衆經音義卷二十一引此而釋之曰、言遠視眇莫、不知邊際也、楚辭九章云、路眇眇之默默、莊二十八年左傳云、狄之廣莫、

任、保也、說文、任、保也、襄二十一年左傳云、不能保任其父之勞、

刑、侀也、說見卷三刑成也下、

䙴、遷也、說文、𦦝、升高也、或作䙴、隸省作𢍜、漢志多以𢍜為遷字、

㱿、培也、說文、㱿、未燒瓦器也、玉篇音苦谷切、㱿之言殼也、說文、㱿、素也、易乾鑿度云、太素者、質之始也、方言、㱿、麴也、說文、䋨、未練治纑也、字通作㱿、論衡量知篇云、無染練之治、名曰㱿麤、玉篇、㱿、土墼也、㱿、㱿、㱿並音苦谷反、義相近也、㱿各本譌作㱿、集韻類篇並引廣雅㱿培也、今據以訂正、培曹憲音片回反、說文、坏、瓦

未燒也、淮南子精神訓云、夫造化者既以我為坏矣、太元干次五、或錫之坏、范望注云、坏、未成瓦也、坏與培通、坏之言胚胎也、郭璞爾雅注云、胚胎未成、物之始也、說文、胚、婦孕一月也、衃、凝血也、玉篇、醅、未䤖之酒也、坏、胚、衃、醅並音片回反、義亦相近也、

慘、愒也、卷二云、忨、慘、貪也、爾雅、愒、貪也、昭元年左傳、翫歲而愒日、杜預注云、翫、愒皆貪也、晉語作忨日而歜歲、忨、翫、愒、歜並通、

戰、憚也、白虎通義引書大傳云、戰者、憚警之也、大戴禮曾子立事篇云、君子終身守此戰戰、又云、君子終身守此憚憚、憚憚、亦戰戰也、魯語、帥大讎以憚小國、說苑正諫篇作戰、莊子達生篇、以鉤注者憚、呂氏春秋去尤篇作戰、

祭、際也、

春秋繁露祭義篇云、祭之爲言際也、

漂、潎也、

漢書韓信傳、有一漂母哀之、韋昭注云、以水擊絮曰漂、說文、潎、於水中擊絮也、莊子逍遙遊篇、世世以洴澼絖爲事、李頤注云、洴澼絖者、漂絮於水上、絖、絮也、漂潎洴澼一聲之轉、漂之言摽、潎之言擊、洴之言拼、澼之言擗、皆謂擊也、互見卷三擊摽擊也、及下文彈拼也下、

孝、畜也、

祭統云、孝者、畜也、順於道、不逆於倫、是之謂畜、正義引援神契云、天子之孝曰就、諸侯曰度、大夫曰譽、士曰究、庶人曰畜、分之則五、總之曰畜、皆是畜養、但功有大小耳、孝經正義引援神契云、庶人行孝曰畜、言能躬耕力農、以畜其德而養其親也、孝畜古同聲、故孝訓爲畜、畜亦訓爲孝、孔子閒居、無服之喪、以畜萬

邦、鄭注云、畜、孝也、使萬邦之民競爲孝也、坊記、詩曰、先君之思、以畜寡人、注云、此衛夫人定姜之詩也、定姜無子、立庶子衎、是爲獻公、畜孝也、言獻公當思先君定公、以孝於寡人、

更、償也、

周官馬質、馬死則旬之內更、鄭衆注云、更猶償也、檀弓、請庚之、鄭注云、庚、償也、襄三十年公羊傳、諸侯相聚而更宋之所喪、何休注云、更、復也、如今俗名解浣衣復之爲更衣、管子國蓄篇、愚者有不賡本之事、尹知章注云、賡猶償也、更、庚、賡竝通、

諣、悅也、

悅、與說通、各本皆作諣、悅、美也、案諣、悅二字、諸書無訓爲美者、此因悅下脫去也字、而下文傀美也、又脫去傀字、遂誤合爲一條、今訂正、

傀、美也、

後漢書班固傳、因瑰材而究奇、李賢注引埤倉云、瑰、瑋、珍奇也、瑰與傀通、說文、瑰、珠圜好也、成十七年左傳、或與己瓊瑰、杜預注云、瑰、珠也、亦美之義也、各本脫傀字、廣韻、傀、美也、衆經音義卷十引廣雅、傀、美也、今據以補正、傀偉與諣悅義相近、故次於諣悅也之下、若徑合爲一、則非矣、

亯、祀也、

亯、與享同、各本譌作亩、今訂正、

堯、嶢也、

白虎通義云、謂之堯者何、堯猶嶢嶢也、至高之貌、清妙高遠、優游博衍、衆聖之主、百王之長也、餘見卷四嶢高也下、玉篇引白虎通義、堯猶嶢嶢、又引廣雅、堯、曉也、則所見本與今異、風俗通義云、堯者、高也、曉也、言其隆興煥炳、最高明也、

畏、威也、

襄三十一年左傳云、有威而可畏謂之威、皋陶謨、天明畏、自我民明威、馬融本畏作威、威、畏、古同聲而通用、

如、若也、

應、受也、

爾雅、應、當也、當亦受也、周頌賚篇云、我應受之、晉語、其叔父寔應且憎、以非余一人、韋昭注云、應、猶受也、楚辭天問、鹿何膺之、王逸注云、膺、受也、膺、與應通、

裕、足也、

摸、撫也、

方言、摸、撫也、郭璞注云、謂撫循也、釋名云、門、捫也、在外爲人所捫摸也、今俗語猶謂撫曰摸、

毒、憎也、

說見卷三毒憎惡也下、

趉、衝也、 衝或作衝、說文、趉、走也、玉篇云、卒起走也、是趉爲衝也、趉、猶堀也、文選風賦、夫庶人之風、堁然起於窮巷之閒、堀堁揚塵、勃鬱煩冤、衝孔襲門、李善注云、堀堁、風動塵也、引廣雅、堀、突也、突、亦衝也、互見卷四衝堀挨也下、趉、堀、竝音渠屈反、

睿、聖也、

儭、仞也、 未詳、各本儭譌作襯、惟影宋本不譌、儭、曹憲音親刃反、考玉篇儭、音千刃切、廣韻音七遴切、集韻類篇音七刃切、竝與親刃同音、若襯字則音初覲反、不音親刃反、今定從影宋本、

乃、汝也、

造、詣也、

妏、侮也、 妏、通作佼、淮南子覽冥訓云、鳳皇之翔至德也、燕雀佼之、以爲不能與之爭於宇宙之閒、佼者、侮也、言燕雀輕侮鳳皇也、上文云、赤螭青虯之游冀州也、蛇鱓輕之、以爲不能與之爭於江海之中、是其證也、高誘注云、燕雀自以爲能佼健於鳳皇、失之、

將、且也、

將、請也、 衞風氓篇、將子無怒、毛傳云、將、願也、鄭箋云、將、請也、鄭風將仲子篇、將仲子兮、小雅正月篇、將伯助予、毛傳竝云、將、請也、

將、帥也、

止、禮也、 小雅小旻篇、國雖靡止、鄭箋云、止、禮也、大雅抑篇云、淑愼爾止、不愆于儀、鄘風相鼠篇云、人而無止、人而無禮、是止卽禮也、故韓詩云、止、節也、無禮節也、鄭箋云、止、容止也、容止、亦禮也、襄三十一年左傳云、容止可觀、

棄、捐也、

捐、𠀠也、 竝見卷一捐𠀠棄也下、

唅、唵也、 唅、玉篇音胡紺切、衆經音義卷十一引埤倉云、唵、唅也、謂掌進食也、𡊮禮以玉實口曰含、義與此同也、唵、玉篇音一感切、今俗語猶謂掌進食曰唵、

啐、歃也、 說文、歃、歠也、餘見卷三啐嘗也下、

𣪠、買也、 未詳、

陷、濱也、

傎、倒也、 傎、通作顚、

莫、漠也、

漠、怕也、 竝見卷四怕𢡪靜也下、怕通作泊、今本怕上無漠字、文選張華勵志詩及盧諶時與詩注、竝引廣雅、漠、泊

也、今據以補正、又案今本無漢字者、後人以此漢字爲重出而刪之也、下文、毓、長也、毓、稚也、曩、久也、曩、鄉也、陶、喜也、陶、憂也、滰、清也、滰、泥也、皆刪去後一字、正與此同、不知廣雅屬辭之例、皆本於爾雅、爾雅釋言之文、每因一字而引伸其義、有因上一字而連及之者、若爽、差也、爽、忒也、基、經也、基、設也、之類是也、有因下一字而連及之者、若流、覃也、覃、延也、速、徵也、徵、召也之類是也、廣雅釋言亦用此二例、若上文羌、乃也、羌、卿也、奮、訊也、奮、振也之類、皆因上一字而連及之者也、若廁、閒也、閒、非也、況、茲也、茲、今也、及此條莫、漢也、漢、怕也之類、皆因下一字而連及之者也、凡如此者、或義同而類及、或義異而別訓、屬辭比事、各有要歸、若改其文云、羌、乃也、鄉也、莫、漢也、怕也、則是傳注解經之體、非爾雅釋言之例矣、後放此、

袧、襞也、

袧、襞、皆屈也、袧之言句也、喪服記、裳幅三袧、鄭注云、袧者、謂辟兩側、空中央也、疏云、案曲禮、以脯脩置者、左朐右末、鄭云、屈中曰朐、則此云袧者、亦是屈中之稱、一幅凡三處屈之、辟兩邊相著、自然中央空矣、餘

見卷四襞、詘也下、襞、詘、與辟、屈通、

穽、坑也、

寇、鈔也、

下文云、鈔、掠也、

姎、咎也、

需、頯也、

需象傳云、需、須也、雜卦傳云、需、不進也、須、與頯通、各本頯譌作頽、今訂正、

禮、祰也、

祰、集韻類篇竝作祮、未知其審、釋天云、禮、祭也、

覽、觀也、

咸、感也、

咸象傳文、

劮、豫也、

劮通作逸、晉語云、豫、樂也、

淫、游也、

曲禮、毋淫視、正義云、淫、謂流移也、目當直視、不得流動邪眄也、是淫爲游也、文選長門賦、神怳怳而外淫、李善注引廣雅、淫、游也、

瑞、符也、

剝、爤也、

雜卦傳文也、剝、各本譌作剥、今訂正、

傴、僂也、

說見卷一傴僂、曲也下、

諸、於也、

於、于也、

占、瞻也、

說見卷一占、視也下、

周、旋也、

肆、噬也、

諸書無訓肆爲噬者、肆、噬也、當是噬、逮也之譌、逮字隸書作逮、與肆字相近、因譌而爲肆、爾雅、遏、遾、逮也、郭璞注云、皆相逮及、方言作蝎噬、云、東齊曰蝎、北燕曰噬、逮、通語也、邶風日月篇、逝不古處、毛傳云、逝、逮

也、唐風有杕之杜篇噬肯適我、傳云、噬、逮也、逝、遾、噬並通、廣雅釋詁、釋言之文、固多與爾雅相複者矣、

攺、隱也、襄二十九年左傳、官宿其業、其物乃至、若泯棄之、物乃坻伏、釋文、坻、音旨、又丁禮反、坻與攺通、坻伏、謂隱伏也、

簡、閱也、桓六年左傳云、大閱、簡車馬也、

質、軀也、

質、地也、

慶、賀也、鄉射禮記、天子熊侯白質、諸侯麋侯赤質、鄭注云、白質赤質、皆謂采其地、

祇、適也、小雅我行其野篇亦祇以異、毛傳云、祇、適也、祇、音支、字從氏、各本作祇、非、祇、音脂、敬也、字從氏、

盍、黨也、○

胅、䐢也、皆未詳、

喑、噾也、玉篇、諳、大聲也、史記淮陰侯傳、項王喑噁叱咤、漢書作意烏猝嗟、晉灼注云、意烏、恚怒聲也、諳、喑、意古字通、說文、諳、大聲也、或作噾、史記信陵君傳、晉鄙嚄唶宿將、正義引聲類云、嚄、大喚、唶、大呼、燕策云、恣睢奮擊、呴籍叱咄、太元樂次三云、嗔呱啞咋、號咷倚戶、咋籍、並與唶同、考工記鳧氏、鍾侈則柞、鄭注云、柞、讀爲咋咋然之咋、聲大外也、義與唶亦相近、

嗷、嘹也、說見卷二嗷嘹嗚也下、

軫、礙也、說見卷一軫礙至也下、

腒、央也、腒、字或作渠、又作亙、又作遽、卷一云、央、盡也、卷四云、央、已也、小雅庭燎箋云、夜未央、猶言夜未渠央也、釋文引說文、央、已也、古辭相逢行云、調絲未遽央、左思魏都賦云、其夜未遽、庭燎晣晣、集韻、亙、央也、通作腒、諸書或言未央、或言未遽、或言未遽央、其義一也、卷三云、腒、久也、說文、央、久也、久謂之腒、亦謂之央、猶已謂之央、亦謂之腒矣、

非、違也、

說文、非、違也、桓六年左傳云、謂其上下皆有嘉德而無違心也、違心、卽非心、玉藻云、非辟之心、是也、

貫、穿也、

傀、佞也、齊風盧令篇、其人美且偲、毛傳云、偲、才也、成十三年左傳、寡人不佞、服虔注云、佞、才也、

謏、誕也、見下文誇謏也下、

廣雅疏證卷第五上

廣雅疏證卷第五下

高郵王念孫學

釋言

霝、令也、

皆謂善也、齊侯鎛鐘銘、霝命難老、即令命也、微緐鼎銘、永令霝冬、終即令終也、罬敦銘、霝冬霝令、即令終令命也、盤庚、弔由靈、傳云、靈、善也、正義以爲爾雅釋詁文、今爾雅作令、鄘風定之方中篇、靈雨既零、鄭箋云、靈、善也、石鼓文作霝雨、霝靈令聲義竝同、互見卷一靈善也下、令各本譌作令、今訂正、

免、隤也、

未○詳、

科、蔟也、

說見卷三科本也下、

毀、虧也、

誓、制也、

爾雅、誓、謹也、郭璞注云、所以約勅謹戒衆、說文、誓、約束也、釋名、誓、制也、以拘制之也、各本譌作制誓也、今訂正、

謂、指也、

指○而言之曰謂、隱元年公羊傳云、王者孰謂、謂文王也、

節、已也、

已、猶止也、

居、據也、

釋名云、據、居也、晉語、今不據其安、韋昭注亦云、

據、杖也、

說文、據、杖持也、邶風柏舟篇云、不可以據、

如、均也、

堯典云、如五器、

子、已、似也、

未○詳、

注、

此與下文義不相屬、當有脫文、不可考矣、

理、媒也、

楚辭離騷云、吾令蹇脩以爲理、又云、理弱而媒拙兮、

滔、漫也、

說文、滔、水漫漫大皃、堯典云、浩浩滔天、大雅蕩篇、天降滔德、毛傳云、滔、慢也、水漫曰滔、人慢曰滔、其義一也、故釋名云、慢、漫也、漫漫心無所限忌也、

昃、跌也、

昃之言傾側、跌之言差跌也、說文、昃、日西也、又云、厢、日在西方時側也、引離九三、日厢之離、今本作昃、王嗣宗本作仄、士喪禮下篇作側、穀梁春秋經作稷、竝字異而義同、周官司市注云、日厢昳中也、史記天官書、食至日昳爲稷、漢書天文志作跌○、

妬、嫭也、

今俗語猶謂爭色曰嫭、音若酒酢之酢、

娉、嫪也、說見卷一嫪婟也下、嫭與娉同、

秩、程也、秩、通作秩、又作戥、秩與程古聲義竝同、說文、程、品也、又云、戥、爵之次弟也、引堯典、平戥東作、今本作平秩、史記五帝紀作便程、說文、戥、從呈聲、戥、從戥聲、讀若詩、戥戥大猷、今本作秩秩、

膌、脂也、說見釋器、

輸、寫也、小雅蓼蕭篇、我心寫兮、毛傳云、輸寫其心也、枚乘七發云、輸寫淟濁、引之云、周語、陽氣俱烝土膏其動、弗震弗渝、脈其滿眚、渝當讀爲輸、謂輸寫其氣、使達於外也、左氏春秋隱六年、鄭人來渝平、公羊穀梁作輸平、是渝輸古字通、此言當土脈盛發之時、不卽震動之、輸寫之、則其氣鬱而不出、必滿塞而爲災也、韋注訓渝爲變、於上下文義稍遠矣、

縣、抗也、說見卷四抗縣也下、

朔、穌也、穌、與蘇通、說文、朔、月一日始蘇也、白虎通義云、月言朔何、朔之言蘇也、明消更生、故言朔也、論語爲政篇皇侃疏引書大傳云、夫正朔有三、本天有三統、明王者受命、各統一正也、朔者蘇也、革也、言萬物革更於是、故統焉、爾雅、朔、北方也、堯典正義引李巡注云、萬物盡於北方、蘇而復生、故言朔也、是凡言朔者、皆復蘇之義也、

遒、迒也、遒迒、與鏅交通、

汜、普也、汜、各本譌作汜、今訂正、

資、操也、資、與齎通、說見卷三操齎持也下、

緊、糾也、說見卷一緊糾急也下、

款、叩也、呂氏春秋愛士篇、夜款門而謁、高誘注云、款、叩也、款、與款同、

仰、和也、

徇、營也、衆經音義卷十七引倉頡篇云、殉、求也、莊子駢拇篇、小人則以身殉利、司馬彪注云、殉、營也、殉、與徇通、說文、敻、營求也、敻與徇古聲義亦同、邶風擊鼓篇、于嗟洵兮、韓詩洵作敻、是其類矣、

民、眠也、

供、養也、

序、射也、說見卷一庠養也下、

候、候也、春秋繁露深察名號篇云、號爲諸侯者、宜謹視所候奉之天子也、王制正義引春秋元命包云、侯者、候也、候王順逆也、又周官小祝、掌小祭祀將事侯禳禱祠之祝號、鄭注云、侯之言候也、候嘉慶祈福祥之屬、

位、莅也、

莅、或作涖、僖三年穀梁傳云、莅者、位也、古者位、莅、立三字同聲而通用、周官鄉師、執斧以涖匠師、鄭注云、故書涖作立、鄭司農云、立、讀爲涖、小宗伯掌建國之神位、注云、故書位作立、鄭司農云、立、讀爲位、古者立、位同字、古文春秋經、公卽位爲公卽立、肆師用牲于社宗、則爲位、注云、故書位爲涖、杜子春云、涖當爲位、各本莅下脫去也字、遂與下條相連、孝經正義引廣雅、位、莅也、今據以補正、

祿、也、

祿下蓋脫錄字、位莅、祿錄、皆取同聲之字爲訓、周南樛木正義引孝經援神契云、祿者、錄也、上所以敬錄接下、下所以謹錄事上、白虎通義同、

要、約也、

逋、竄也、

魝、刮也、

說見卷一刐、魝、斷也下、刮與刐同、

御、侍也、

樘、距也、

說文、樘、衺柱也、又云、歫、止也、歫與樘距同、考工記弓人、維角定之、鄭衆注云、定、讀如牚距之牚、車牚之牚、司馬相如長門賦云、離樓梧而相樘、漢書匈奴傳云、陳遵與單于相牚距、竝字異而義同、樘、各本譌作撐、自宋時本已然、故集韻類篇竝引廣雅、撐、距也、考說文玉篇廣韻俱無撐字、今訂正、

礙、閡也、

礙與閡同聲而通用、說文、礙、止也、小爾雅、閡、限也、列子黃帝篇云、雲霧不硋其視、又云、物無得傷閡者、力命篇云、孰能礙之、太元難次六云、上軫于山、下觸于川、竝字異而義同、

闌、閑也、

說文、闌、門遮也、楚語、爲之關籥蕃籬而遠備閑之、韋昭注云、閑、闌也、闌通作蘭、魏策云、有河山以蘭之、史記魏世家作闌、

鐫、鑿也、

方言、鐫、椓也、晉趙謂之鐫、說文、鐫、破木鐫也、一曰、琢石也、淮南子本經訓、鐫山石、高誘注云、鐫、猶鑿也、求金玉也、鹽鐵論通有篇云、鑽山石而求金銀、鑽與鐫聲近義同、

水、準也、

管子水地篇云、水者、萬物之準也、白虎通義云、水之爲言準也、養物平均、有準則也、水與準古同聲而通用、考工記輈人、輈注則利準、栗氏、權之然後準之、故書準竝作水、

睉、瞸也、

玉篇、睉、目瞬也、廣韻云、目眇視也、衆經音義卷一引通俗文云、一目眨曰瞸、瞸與瞸同、

劋、夭也、

鄭注王制云、夭、斷殺也、說文、劋、絕也、引甘誓、天用劋絕其命、今本作剿、管子五行篇云、數劋竹箭、漢書外戚傳云、命樔絕而不長、竝字異而義同、

級、等也、

冤、桂也、

書、著也、

說文、書、著也、釋名、書、庶也、紀庶物也、亦言著也、著之簡紙、永不滅也、賈子道德說篇云、著此竹帛謂之書、書者、此之著者也、

扐、切也、

切、膾也、

竝見卷一劊刌切斷也下、劊與膾通、刌、各本譌作刌、今訂正、

委、

累也、

各本皆作委闕也、案委與闕義不相近、此因委下脫去累也二字、而下文闕下又有脫字、遂誤合爲一條、今文選褚白馬賦注云、廣雅曰、委、累也、言累加之也、今據以補正、委之言委積也、大戴禮四代篇云委利生孼、

闕也、

小雅節南山傳云、闋、息也、大射儀注云、闋、止也、文王世子注云、闋、終也、

臯、捝也、

劇、利也、

說見卷二、

剾、劍也、

說見卷四剾劍刻也下、

諟、是也、

大學引大甲、顧諟天之明命、鄭注云、諟、猶正也、說文、正、是也、是、諟聲義竝同、

君、羣也、

逸周書太子晉解云、侯能成羣、謂之君、荀子王制篇云、君者、善羣也、羣道得則萬物皆得其宜、六畜皆得其長、羣生皆得其命、韓詩外傳云、君者何也、曰羣也、羣天下萬物而除其害者、謂之君、

臣、繕也、

白虎通義云、臣者、繵也、堅也、屬志自堅固也、繵、與繕通、

𤘽、僾也、

說見卷一騃𤘽也、及卷二𤘽障也下、𤘽、僾、𤘽、竝通、

指、斥也、

詠、譜也、

說見卷二詠譜諟也下、

書、如也、

書序正義引璿璣鈐云、書者、如也、寫其言、如其意、情得展舒也、

淩、㬥也、

轔、轢也、

說文、轢、車所踐也、又云、蹸、轢也、漢書司馬相如傳云、掩菟轔鹿、又云、藺元鶴、亂昆雞、又云、徒車之所閵轢、

王商傳云、百姓奔走相蹂躪、後漢書班固傳云、蹂蹸其十二三、竝字異而義同、

譙、讁也、

末、衰也、

繫辭傳云、殷之末世、

擘、剖也、

憤、盈也、

說見卷一、

剫、判也、

說見卷一判剫分也下、

鐮、䥥也、

鐖、說文、玉篇、廣韻竝作鐖、說文、鐖、嘰也、嘰、小食也、嘰、曹憲音祈、各本脫去嘰字、其音內祈字又誤入正文、集韻類篇竝引廣雅鐖、祈也、則宋時廣雅本已誤、案諸書無訓鐖爲祈者、史記司馬相如傳、噍咀芝英兮、嘰瓊華、徐廣音義云、嘰、音祈、小食也、顏師古漢書注云、嘰、音機、又音祈、今據以訂正、

傃、經也、傃與素通、素、經皆常也、法也、宣十一年左傳云、不愆于素、士喪禮、獻素、鄭注云、形法定爲素、素與索、古同聲、故索亦訓爲法、定四年左傳、疆以周索、杜注云、索、法也、正義引考工記量器銘、時文思索、鄭注考工記云、言是文德之君、思求可以爲民立法者而作此量、鄘風定之方中箋引考工記索作素、

貢、功也、說文、貢、獻功也、禹貢、厥貢漆絲、鄭注云、貢者百功之府受而藏之、周官大宰、賦貢以馭其用、注云、貢、功也、九職之功所稅也、曲禮、五官致貢曰享、注云、貢、功也、致其歲終之功於王、

䠑、踦也、未詳、

翹、尾也、說文、翹、尾長毛也、楚辭九歎云、搖翹奮羽、

懲、恐也、繫辭傳云、小人不威不懲、是懲爲恐也、字亦作承、哀四年左傳、諸大夫恐其又遷也、承、杜預注云、承、音懲、蓋楚言、

書、記也、

摑、拑也、未詳、

隑、陭也、方言、隑、陭也、郭璞注云、江南人呼梯爲隑、所以隑物而登者也、音剴切也、案隑、陭、皆長貌也、方言、矲、短也、隑、陭也、迒、長也、三者文義相承、廣雅卷二云、隑、長也、曹憲音牛哀反、漢書司馬相如傳、臨曲江之隑州兮、張注云、隑、長也、陭、玉篇音於奇切、說文、陭、上黨陭氏阪也、小雅節南山篇、有實其猗、毛傳云、猗、長也、猗與陭通、淮南子本經訓、積牒旋石以純脩碕、文選吳都賦注引許慎注云、碕、長邊也、碕與陭亦聲近義同、

艐、託也、說見卷三艐、侂、寄也下、侂與託同、

適、悟也、方言、適、牾也、郭璞注云、相觸迕也、牾與悟通、史記韓非傳云、大忠無所拂悟、是也、適之言枝也、相枝梧也、枝、適語之轉、小雅我行其野傳云、祇、適也、祇之轉爲適、猶枝之轉爲適矣、

梗、略也、方言、梗、略也、郭璞注云、梗概、大略也、張衡東京賦、故粗謂賓言其梗槩如此、薛綜注云、梗槩、不纖密、言粗舉大綱如此之言也、

鐰、燥也、卷二云、燥、鐰、乾也、

姬、基也、褚少孫續三代世表云、堯立后稷以爲大農、姓之曰姬氏、姬者、本也、太平御覽引春秋元命包注云、姬之言基也、

優、渥也、

讞、疑也、

疑之言擬議也。說文：讞，議辠也。漢書景帝紀云：諸獄疑若雖文致於法而於人心不厭者，輒讞之。讞與疑同。漢書鼂錯傳：通關去塞，不孼諸侯。如淳注云：孼，疑也。去關禁，明無疑於諸侯。孼與讞義亦相近。

掄、貫也。

說文：掄，貫也。

囮、圝也。

囮、圝二字，曹憲並音由。玉篇：囮、圝並余周、五戈二切，鳥媒也。廣韻：囮、圝並以周切，囮又五禾切。案囮與圝義同而音異。囮從化聲，讀若譌；圝從繇聲，讀若由。廣雅囮、圝也，則二字之不同音甚明。玉篇、廣韻、廣雅音合囮、圝爲一字，皆非也。說文囮字注云：譯也。從口化聲。率鳥者繫生鳥以來之，名曰囮。讀若譌。則囮與圝異音。其圝字注當云：囮也。從口繇聲。而今本云：囮或從繇，則後人據玉篇改之也。潘岳射雉賦：恐吾游之晏起，慮原禽之罕至。徐爰注云：游，雉媒名。江淮閒謂之游。游即圝之俗字，不得與囮同音。龍龕手鑑：圝音由，囮五禾反，與玉篇、廣韻異，當别有所本也。

廣雅疏證　卷第五下　十二

齋、持也。

說見卷三。

彈、拼也。

說文：抨，彈也。抨與拼同。衆經音義卷十四引仲長統昌言云：繩墨得拼彈。

遻、亾也。

購、償也。

說文：購，以財有所求償也。

捔、恭也。

未詳。

賢、尊也。

賤、卑也。

絜、缺也。

史記司馬相如傳：挈三神之驩。集解引韋昭云：挈，缺也。漢書毋將隆傳：契國威器。李奇注云：契，缺也。挈、契並與絜通。

傅、敷也。

傅、敷古同聲而通用。堯典：敷奏以言。漢書宣帝紀作傅。禹貢：禹敷土。史記夏本紀作傅。

捔、掎也。

說文：掎，偏引也。小雅小弁篇：伐木掎矣。毛傳云：伐木者掎其顛。豳風七月篇：猗彼女桑。傳云：角而束之曰猗。正義云：襄十四年左傳：譬如捕鹿，晉人角之，諸戎掎之。則掎、角皆遮截束縛之名也。故云：角而束之曰猗。猗、角、捔、掎古通用。

廣雅疏證　卷第五下　十三

孝、度也。

孝經正義引援神契云：諸侯行孝曰度。言奉天子之法度，得不危溢，是榮其先祖也。

州、浮也。

𦢊、肥也。

說見釋親𦢊臋也下。

椁、廓也。

椁字亦作槨。鄭注檀弓云：椁，大也。言椁大於棺也。白虎通義云：槨之爲言廓，所以開廓辟土，無令迫棺也。釋名云：槨，廓也。廓落在表之言也。又云：郭，廓也。廓落在城外也。郭與椁亦同義。

陰、闇也。

說文、陰、闇也、陰、闇古同聲而通用、無逸、乃或亮陰、喪服四制作諒闇、

迪、蹈也、

迪、蹈古同聲、皋陶謨云、允迪厥德、

儷、扶也、

說文、麗、旅行也、字或作儷、又作離、玉篇云、字書儷與儷同、說文、扶、竝行也、讀若伴侶之伴、

拚、兼也、

穠、豐也、

則、卽也、

卑、庳也、

綢、縚也、

爾雅、素錦綢杠、郭璞注云、以白地錦韜旗之竿、鄉射禮記作縚、綢、縚、韜、字異而義同、

跑、趵也、

玉篇、跑、蹴也、釋名云、雹、跑也、其所中物皆摧折、如人所蹷跑也、蹷與蹴同、玉篇、趵、足擊聲、卷三云、摷、擊也、張衡西京賦、流鏑擂摷、薛綜注云、擂摷、中聲也、擂與跑、摷與趵聲義竝相近、

妨、娉也、

說見卷三娉妨害也下、

県、磔也、

說文、県、到首也、賈侍中說、此斷首到縣県字、亦通作梟、說文、梟、不孝鳥也、日至捕磔梟之、從鳥首在木上、又云、桀、磔也、從舛在木上、是磔與県同義、

辟、法也、

爾雅、辟、法也、酒誥云、越尹人祇辟、

乍、暫也、

墨子兼愛篇引泰誓云、文王若日若月、乍光于四方于西土、字亦作咋、又作詐、定八年左傳、桓子咋謂林楚、杜預注云、咋、暫也、僖三十三年公羊傳、詐戰不日、何休注云、詐、卒也、

墾、均也、

夏小正、農率均田、傳云、均田者、始除田也、鄭注曲禮云、除、治也、卷三云、墾、治也、周語云、土不備墾、

僉、過也、

過之言過也、夥也、方言云、凡物盛而多、齊宋之郊、楚魏之際曰夥、自關而西、秦晉之閒、凡人語而過謂之過、或曰僉、又云、僉、勮也、僉、夥也、勮亦過甚之意、

俚、聊也、

聊、猶賴也、秦策云、民無所聊、餘見上文俚賴也下、

驗、企也、

易是類謀、在主驗用、鄭注云、驗、庶幾也、又文王世子注引孝經說云、大夫勤於朝、州里驗於邑、字或作莫、又作覬、竝同、

扳、援也、

隱元年公羊傳、諸大夫扳隱而立之、何休注云、扳、引也、義與攀同、

煨、火也、

煨、曹憲音隈、案卷四云、煨、煴也、然則煨者、以火溫物、不得直訓爲火、煨、當爲煤、字之誤也、方言、煤、火也、楚轉語也、猶齊言火燬也、郭璞注、煤、呼隗反、玉篇、廣韻及汝墳釋文竝同、

遺、離也、

浮、游也、說見卷三、

涷、澣也、涷字或作漱、澣本作濣、說文、涷、瀚也、內則、冠帶垢、和灰請漱、衣裳垢、和灰請澣、鄭注云、手曰漱、足曰澣、正義云、此漱澣對文、爲例耳、散則通也、

栔、刻也、說文、栔、刻也、玉篇、苦結切、廣韻、又苦計切、爾雅、契、絕也、郭璞注云、今江東呼刻斷物爲契斷、繫辭傳、後世聖人易之以書契、書序正義引鄭注云、書之於木、刻其側爲契、定九年左傳、盡借邑人之車、鍥其軸、杜預注云、鍥、刻也、荀子勸學篇、鍥而舍之、朽木不折、大戴禮作楔、淮南子本經訓、鐫山石、鍥金玉、並字異而義同、刻謂之鍥、故刻薄謂之鍥薄、後漢書劉陶傳、寬鍥薄之禁、李賢注云、鍥、刻也、

劗、削也、玉篇、劗、減也、削也、說文、削、挑取也、卷四云、削、剜也、

牟、倍也、楚辭招魂、成梟而牟、呼五白些、王逸注云、倍勝爲牟、淮南子詮言訓、善博者不欲牟、太平御覽引注云、博以不傷爲牟、牟、大也、進也、義與楚辭注同、倍勝謂之牟、猶多取利謂之牟利、故高誘注時則訓云、牟、多也、

封、刲也、說見卷三封刲居也下、

剅、𡍯也、卷二云、剅、裂也、玉篇、剅、丁侯切、小裂也、廣韻云、剅、劅小穿也、𡍯亦剅也、玉篇廣韻並音圭、云、裂也、

譴、諑也、說文、譴、譴嫁也、嫁與諑通、譴、各本譌作譴、今訂正、

期、卒也、期之言極也、小雅南山有臺篇云、萬壽無期、萬壽無疆、魯頌駉篇云、思無疆、思無期、百年曰期、義亦同也、

許、與也、

末、坙也、

踐、蹯也、曲禮云、毋踖席、踖與蹯同、

酌、漱也、未詳、

歕、潠也、歕字亦作噴、又作湓、衆經音義卷二十引三倉云、潠、噴也、又引通俗文云、含水湓曰潠、莊子秋水篇云、噴則大者如珠、小者如霧、易林噬嗑之兌云、蒼龍銜水、泉潠屋柱、各本皆脫歕字、衆經音義卷十九引廣雅、歕、潠也、今據以補正、

調、啁也、說見卷四啁調也下、

譜、牒也、蘇林注漢書禮樂志云、牒、譜第之也、

齋、㦗也、孟子萬章篇引書、夔夔齋栗、史記周本紀、乃告司馬司徒司空諸節、齊栗信哉、齊、齊㦗栗並通、

狄、辟也、

災、畱也。

爾雅、田一歲曰菑。孫炎注云、始災殺其草木也。說文、菑、古文作甾。是甾與災同義。故經傳災字多借作菑。

恭、肅也。

泄、泆也。

泆、與溢通。禹貢云、泆爲熒。中庸云、振河海而不泄。是泄爲溢也。泆、各本譌作泆。衆經音義卷八、卷十八、二十五、並引廣雅、泄、溢也。泄、漏也。今據以訂正。

泄、漏也。

固、陋也。

臺、支也。

方言、臺、支也。釋名、臺、持也。築土堅高、能自勝持也。持與支同義。

表、特也。

楚辭九歌、表獨立兮山之上。王逸注云、表、特也。

誇、譀也。

說文、譀、誕也。誇、譀也。廣韻引東觀漢記云、雖誇譀猶令人熱。褚少孫續日者傳、夫卜者多言誇嚴以得人情。嚴與譀通。譀、各本譌作諴。今訂正。

氏、柢也。

氏、讀氏羌之氏。太平御覽引風俗通義云、氏、言抵冒貪饕至死好利也。抵與柢通。

廟、皃也。

皃、與貌同。書大傳云、廟者、貌也。以其貌言之也。桓二年左傳正義引白虎通義云、宗者、尊也。廟者、貌也。象先祖之尊貌。桓二年公羊傳注云、廟之爲言貌也。思想儀貌而事之。周頌清廟箋云、廟之言貌也。死者精神不可得而見、但以生時之居立宮室、象貌爲之耳。

貣、汙也。

貣、當作膩。玉篇、膩、垢膩也。曹憲音有女史二字、卽女吏之譌。

貣、燚也。

未詳。

齊、整也。

懔、戰也。

條、枝也。

扣、掘也。

說見卷二掘扣穿也下。

殃、禍也。

數、術也。

劣、鄙也。

鈔、掠也。

葸、愼也。

葸、各本譌作葸。惟影宋本、皇甫本不譌。論語泰伯篇、愼而無禮則葸。何晏注云、葸、畏懼之貌。大戴禮曾子立事篇云、人言善而色葸焉、近於不說其言。荀子議兵篇、諰諰然常恐天下之一合而軋己也。漢書刑法志作鰓鰓。蘇林注云、鰓音愼而無禮則葸之葸。鰓鰓、懼貌也。王延壽魯靈光殿賦云、心猥猥而發悸。並字異而義同。卷四云、愼、恐也。

姤、遇也。

姤象傳文也、爾雅作遘、同、

律、率也、

太平御覽引春秋元命包云、律之爲言率也、所以率氣令達也、又引宋均注云、率、猶遵也、續漢書律歷志注引月令章句云、律者、清濁之率法也、周官典同注云、律、述氣者也、述、與率通、中庸、上律天時、注亦云律述也、

憒、情也、

繫辭傳、聖人有以見天下之賾、京房作嘖、云、嘖、情也、太元元瑩云、陰陽所以抽嘖也、嘖、情也、賾、嘖、竝與憒通、

絭、析也、

說見卷一析絭分也下、析、各本譌作折、今訂正、

菽、蒢也、

菽之言茂、蒢之言苞也、爾雅云、苞、茂、豐也、又云、苞、稹也、孫炎注云、物叢生曰苞、漢書武五子傳、頭如蓬蒢、顏師古注云、草叢生曰蒢、呂氏春秋審時篇云、得時之稻、大本而莖蒢、說文、蒢、草盛皃、又云、菽、細草叢生也、漢書律歷志、冐茆於茆、顏師古注云、茆、謂叢生也、茆與菽通、互見釋訓菽菽蒢蒢茂也下、

誔、詑也、

玉篇、誔、詑言也、方言云、江湘之閒、凡小兒多詐而獪謂之姡、姡、娗也、又云、眠娗、欺謾之語也、娗與誔通、說文、沇州謂欺曰詑、燕策云、寡人甚不喜訑者言也、訑、與詑同、

慘、毒也、

說文、慘、毒也、莊子庚桑楚篇云、兵莫憯于志、鏌鋣爲下、漢書陳湯傳云、慘毒行於民、谷永傳云、掬箠瘠於炮烙、竝字異而義同、

韙、是也、

隱十一年左傳、犯五不韙而以伐人、釋文引倉頡篇云、韙、是也、昭二十年傳云、君子韙之、薛綜注東京賦云、韙、善也、善、亦是也、史記宋世家、五是來備、後漢書荀爽傳作五韙、皆謂善也、說文、韙、籀文作愇、管子水地篇云、水者、違非得失之質也、違亦與韙同、

扼、摘也、

玉篇、扼、乃果切、扼摘、趙魏云也、集韻云、趙魏之閒謂摘爲㨶、扼、㨶、音烏果切、

鳶、譌也、

譌、猶化也、說見卷三鳶七也下、七、與化通、

奱、樊也、

奱與攣同義、樊與攀同義、說文、奱、樊也、樊、鷙不行也、玉篇、奱、力全切、攣奱也、說文、攣、係也、小畜九五、有孚攣如、馬融注云、攣、連也、奱各本譌作變、今訂正、

善、佳也、

纔、暫也、

粲、鮮也、

小雅伐木篇、於粲洒埽、毛傳云、粲、鮮明貌、

紹、緊也、

說見卷二紹緊紲也下、

期、時也、

晐、包也、

晐、與該通、

箋、云也、
○未詳、

葉、世也、
商頌長發篇、昔在中葉、毛傳云、葉、世也、

曾、是也、
未詳、

視、比也、
雜記、妻視叔父母、鄭注云、視、猶比也、

執、胥也、
執與懾通、胥與㥠通、說見卷四㥠怯也及下文懾服也下、

譏、譴也、
譏○通作幾、周官宮正、幾其出入、鄭注云、幾、呵其衣服持操及疏數者、衆經音義卷三引倉頡篇云、譴、呵也、

諭、曉也、

彖、捝也、
說文、彖、豕走捝也、捝與脫通、脫彖聲相近、彖猶遯也、遯或作遂、漢書匈奴傳贊、遂逃竄伏、字從辵彖聲、彖遯聲亦相近、

跠、蹲也、
說見卷三蹲跠踞也下、

諳、諷也、
鄭注大司樂云、倍文曰諷、又注瞽矇云、諷誦詩、謂闇讀之、不依詠也、闇與諳同、

贈、稱也、
太平御覽引春秋說題辭云、贈之爲言稱也、禭之爲言遺也、

甲、押也、
史記律書云、甲者、言萬物剖符甲而出也、索隱云、符甲、猶孚甲也、漢書律歷志云、出甲於甲、說文、甲、位東方之孟、陽氣萌動、從木戴孚甲之象、卷四云、押、輔也、然則萬物初出、有孚甲以自輔、故云押也、

乙、軋也、
律書云、乙者、言萬物生軋軋也、律歷志云、奮軋於乙、說文、乙、象春草木冤曲而出、陰氣尚彊、其出乙乙也、

丙、炳也、
律書云、丙者、言陽道著明、律歷志云、明炳於丙、說文、丙、位南方、萬物成炳然、

癸、揆也、

律書云、癸之爲言揆也、言萬物可揆度也、律歷志云、陳揆於癸、鄭注月令云、壬之言任也、癸之言揆也、冬時萬物皆懷任於下、揆然萌芽、以上所釋十榦名義凡四條、其庚、更也、已見卷三、丁、強也、已見卷四、戊、茂也、己、紀也、壬、任也、已見本卷、惟缺辛字一條、蓋傳寫遺脫也、律歷志云、悉新於辛、月令注云、庚之言更也、辛之言新也、秋時萬物皆肅然改更、秀實新成、

子、孳也、
律書云、子者、滋也、言萬物滋於下也、律歷志云、孳萌於子、說文、子、十一月陽氣動、萬物滋、滋與孳通、

丑、紐也、
律書云、丑者、紐也、言陽氣在上未降、萬物厄紐、未敢出也、律歷志云、紐牙於丑、釋名云、丑、紐也、寒氣自屈紐也、

寅、演也、

律書云寅者言萬物始生螾然也律歷志云引達於寅釋名云寅演也演生物也演螾引古並同聲

辰振也、

律書云辰者言萬物之蜄也律歷志云振美於辰說文辰震也三月陽氣動靁電振民農時也振震蜄並通

巳㠯也、

律書云巳者言陽氣之已盡也律歷志云已盛於巳說文巳已也四月陽氣已出陰氣已藏萬物見成文章巳與㠯同

午仵也、

律書云午者陰陽交午律歷志云咢布於午說文午啎也五月陰氣啎逆陽冒地而出也仵啎咢古並同聲

未味也、

律書云未者言萬物皆成有滋味也

亥荄也、

各本譌在息休也之下今訂正說文亥荄也十月微陽起接盛陰以上所釋十二枝名義凡八條其酉就也已見卷三申伸也已見卷四惟缺丣戌二條律書云丣之爲言茂也言萬物茂也戌者言萬物盡滅律歷志云冒茆於丣畢入於戌說文丣冒也二月萬物冒地而出戌滅也九月陽氣微萬物畢滅

息休也、

仔克也、

爾雅肩堪克也說文仔克也周頌敬之篇佛時仔肩毛傳云仔肩克也鄭箋云仔肩任也任亦堪也

僞引也、

諸書無訓僞爲引者僞當作傿字之誤也說文傿引爲賈也玉篇音於建切後漢書崔寔傳悔不小靳可至千萬靳或作傿字又作𧶠玉篇𧶠物相當也廣韻𧶠引與爲價也案引爲價謂引此物以爲彼物之價卽相當之意也引傿語之轉耳上文云仔克也下文云儓態也侍承也儆戒也佼交也傲倨也側旁也皆出說文人部傿亦是也

儓態也、

儓之言善也說文儓作姿態也

侍承也、

儆戒也、

佼交也、

傲倨也、

側旁也、

寢想也、

寢經傳通作夢列子周穆王篇云神遇爲夢

逆遻也、

遻通作鍔卷三云逆亂也亂亦鍔也

㾜疣也、

註疏也、

說見卷二註疏識也下

詅𧗳也、

說見卷三衒詅賣也下𧗳與衒同

皋、局也、

局之言曲也、小雅正月篇、不敢不局、毛傳云、局、曲也、鶴鳴篇、鶴鳴于九皋、韓詩云、九皋、九折之澤、王逸注離騷云、澤曲曰皋、是皋局皆曲也、皋爲曲局之局、又爲界局之局、文選西京賦、寔惟地之奧區神皋、李善注云、廣雅曰、皋、局也、謂神明之界局也、

歷、逢也、

王逸離騷注文、

匌、帀也、

說文、匌、帀也、字通作合、王制云、天子不合圍、

廋、匿也、

論語爲政篇、人焉廋哉、孔傳云、廋、匿也、互見卷四廋隱也下、

⿱衛心、寱也、

衆經音義卷十四引三倉云、⿱衛心、訛言也、說文、⿱衛心、⿱宀⿰爿翏言不慧也、寱、瞑言也、列子周穆王篇云、眠中啽囈呻呼、瞑、眠、寱、囈、並同、

慌、⿱宀⿰爿翏也、

說文、謊、⿱宀⿰爿翏言也、義與慌同、下文云、謊、忽也、

鹹、衘也、

說文、鹹、衘也、

礙、距也、

說文、礙、止也、歫、止也、歫與距通、

科、品也、

說文、科、程也、程、品也、

摧、挨也、

說見卷四、

嬈、苛也、

說見卷二嫽、訛、透、揥、嬈也下、

媟、嬻也、

經傳通用褻、瀆、

㾨、痤也、

說見卷二矬、㾨、短也下、矬與痤通、

鈲、鉆也、

鈲、各本譌作鋷、今訂正、說文、鉆、鐵鈲也、鈲、鉆也、徐鍇傳云、鈲、猶籋也、說文、籋、箝也、釋名云、鑷、攝也、攝取髮也、鈲、籋、鑷、並同義、箝與鉆亦同義、字又作鍼、周官典同注、鉆讀爲飛鉆涅鉆之鉆、鬼谷子作飛箝、陶宏景注云、箝、謂牽持緘束、令不得脫也、射鳥氏注、井夾、鍼箭具、釋文引沈重云、鍼、或作鉆、後漢書陳寵傳、絕鉆鑽諸慘酷之科、李賢注引倉頡篇云、鉆、持也、又引說文、鉆、鐵鈲也、卷三云、拈、抓、持也、拈與鉆、抓與鈲、亦聲近而義同、

嫴、榷也、

說見釋訓嫴榷都凡也下、

軍、圍也、

說文、軍、圜圍也、呂氏春秋明理篇、其日有暈珥、高誘注云、暈、讀如君國子民之君、氣圍繞日周帀、有似軍營相圍守、故曰暈也、淮南子覽冥訓、畫隨灰而月運闕、高注云、運、讀連圍之圍、運者、軍也、將有軍事相圍

守則月運出也、軍、運圍古聲竝相近。

賈、固也、

白虎通義云、賈之爲言固也、固其有用之物、以待民來、以求其利者也、

奈、那也、

那各本譌作𨚗、今訂正、宣二年左傳、棄甲則那、言棄甲則奈何也、奈何二字、單言之則曰奈、揚雄廷尉箴云、惟虐惟殺、人莫予奈、是也、那爲奈何、而又爲奈、若諸爲之於、而又爲之矣、

甚、勮也、

猥、頓也、

頓猶突也、月令、寒氣總至、鄭注云、總猶猥卒也、卒與猝同、猥猝皆頓也、成十八年公羊傳疏引春秋說云、厲公猥殺四大夫、言頓殺四大夫也、漢書文三王傳、何故猥自發舒、言頓自發舒也、馬融長笛賦、山水猥

廣雅疏證　卷第五下　三七

至、言頓至也、

督、窺也、

說見卷一窺督視也下、督各本譌作督、今訂正、

時、伺也、

說見卷一覰覗視也下、覰時覗伺竝通、

詤、忽也、

老子云、無狀之狀、無象之象、是謂忽怳、怳與詤通、

僦、貰也、

史記平準書索隱引通俗文云、雇載曰僦、商子墾令篇云、令送糧無取僦、

捕、搏也、

牒、宊也、

未詳、

玠、垢也、

西山經、錢來之山、其下多洗石、郭璞注云、澡洗可以磢體去垢玠、

山、宣也、

藝文類聚引春秋說題辭云、山之爲言宣也、含澤布氣、調五神也、說文、山、宣也、宣氣散生萬物、

麥、𪍠也、

𪍠各本譌作䅘、說文、麥、芒穀、秋種厚𪍠、故謂之麥、今據以訂正、

㗌、咄也、

㗌之言叱也、廣韻、㗌咄、叱呵也、燕策云、呴籍叱咄、

廣雅疏證　卷第五下　三八

春、蠢也、

鄉飲酒義、春之爲言蠢也、產萬物者聖也、鄭注云、蠢動生之貌也、聖之言生也、漢書律厤志云、春蠢也、物蠢生迺動運、春秋繁露陽尊陰卑篇云、春之爲言猶偆偆也、偆偆也、喜樂之貌也、偆與蠢通、書大傳云、春出也、物之出也、出與蠢亦同義、故考工記梓人注云、蠢、出也、

夏、嘏也、

鄉飲酒義、夏之爲言假也、養之長之假之仁也、鄭注云、假、大也、書大傳云、夏者假也、吁荼萬物而養之外也、律歷志云、夏假也、物假大通宣平、假與嘏通、

胯、奎也、

胯通作跨、爾雅、驪馬白跨騾、釋文引倉頡篇云、跨、兩股間也、說文、胯、股也、又云、奎、兩髀之間也、莊子徐無鬼篇、奎蹏曲隈、向秀注云、股間也、說文、跨、渡也、方言、半步爲跬、跬亦跨也、跨與胯、跬與奎、聲相近、皆中空

之意也、互見卷三封、㓻、居也下、

鈂、刓也、說文、鈂、鈂圜也、刓、剸也、一曰齊也、楚辭九章、刓方以爲圜兮、王逸注云、刓、削也、莊子齊物論篇、五者园而幾向方矣、司馬彪注云、园、圓削也、漢書食貨志、百姓抏敝以巧法、顏師古注云、抏、訛也、謂摧挫也、韓信傳、刻印刓、蘇林注云、刓、音刓角之刓、手弄角訛也、鄭倉其傳刓作玩、淮南子泰族訓云、摩而不玩、訛與鈂通、园抏玩竝與刓通、

薄、附也、薄之言傅也、迫也、說卦傳、雷風相薄、陸績注云、相附薄也、楚辭九章、腥臊竝御、芳不得薄兮、王逸注云、薄、附也、

櫱、菑也、謂萌櫱也、說見釋草甾孼也下、甾、菑、孼、櫱竝通、或讀菑爲災害之災、則櫱爲天作孼之孼、亦通、

楊、揚也、楊○當作陽、釋名云、陽、揚也、氣在外發揚也、

月、闕也、月令正義引春秋元命包云、月之爲言闕也、說文、月、闕也、十五稍減、故曰闕也、太陰之精、象形、

尳、券也、

將、扶也、

捝、擬也、說見卷四、

昌、光也、說文、昌、日光也、

諢、訾也、說見卷一諢訾諻也下、

剺、劙也、玉篇、剺、直破也、管子五輔篇、博帶梨、尹知章注云、梨、割也、淮南子齊俗訓云、伐楩枏豫章而剖梨之、文選長楊賦、分剓單于、李善注引韋昭曰、剓、割也、剓、梨竝與劙同、說文、劙、剝也、劃也、

瘛、瘲也、說文、瘛、小兒瘛瘲病也、漢書藝文志有金創瘛瘲方、素問診要經終論云、太陽之脈、其終也戴眼反折瘈瘲、潛夫論貴忠篇云、哺乳太多、則必掣縱而生癇、竝字異而義同、瘛之言掣、瘲之言縱也、說文云、引而縱曰瘛、瘛與掣同、

品、式也、說見卷四、

似、若也、

嗺、茹也、嗺、與嚼同、方言云、茹、食也、

詠、訴也、說見卷二詠訴諻也下、

懾、服也、服、各本譌作般、今訂正、說文、懾、服也、秦策云、趙楚懾服、史記項羽紀、諸將皆慴服、漢書作讋服、陳咸傳作執服、朱博傳作慹服、竝字異而義同、

嬾、懯也、

欿、歁也、
說文、欿、笑意也、嵇康琴賦云、欿愉懽釋、玉篇、歁、笑意也、

打、棓也、
棓之言掊擊也、秦策云、句踐終棓而殺之、打、見卷三打擊也下、

挈、擘也、
玉篇、挈、研破也、研與擘同、說文、擘、摩也、

辥、辛也、

恰、綴也、
說見卷三瘌痛也下、

麼、共也、
未詳、
麼通作靡、中孚九二、我有好爵、吾與爾靡之、釋文、靡、韓詩云、共也、孟同、集解引虞翻注亦同、

竅、孔也、

瘷、癘也、
玉篇、瘷、力代切、惡病也、又云、癘、說文力大切、惡病也、月令云、民多疥癘、韓非子姦劫殺臣篇云、厲人憐王、今俗作癩、竝字異而義同、

費、秏也、

新、初也、

抾、挹也、
玉篇、抾、兩手挹也、漢書揚雄傳、抾靈蠵、韋昭注云、抾、捧也、

窇、窨也、
說見卷四窨藏也及卷七窇窖也下、各本譌作窨窇也、廣韻集韻類篇竝引廣雅窇窨也、今據以訂正、

𤸬、癃也、
說文、𤸬、人不能行也、癃、罷病也、足不能行、故謂之癃病、史記平原君傳、躄者曰臣不幸有罷癃之病、是也、癃、癃、𤸬、躄竝同、

惠、賜也、

癁、瘎也、
方言、癁、病也、東齊海岱之閒曰癁、秦曰湛、郭璞注云、癁謂勞復也、廣韻引音譜云、癁、病重發也、玉篇、瘎、復病也、癁、復、瘎、湛竝通、傷寒論有大病差後勞復治法、

訳、謂也、
曹憲云、有本作只、詞也、集韻類篇引此作訳、調也、皆未知其審、

匪、彼也、
小雅小旻篇、如匪行邁謀、是用不得于道、鄭箋云、匪、非也、君臣之謀事如此、與不行而坐圖遠近、是於道路無進於跬步、何以異乎、襄八年左傳、子駟引詩云、杜預注云、匪、彼也、行邁謀、謀於路人也、不得于道、衆無適從也、顧氏寧人杜解補正云、案詩上文云、謀夫孔多、是用不集、發言盈庭、誰敢執其咎、則杜解爲長、古人或以匪、彼通用、二十七年引詩、彼交匪敖、作匪交匪敖、惠氏定宇毛詩古義云、案此必三家詩有作彼者、故杜據彼爲說、雨無正云、如彼行邁、其意略同、又漢書引桑扈詩亦作匪、荀子勸學篇引采菽詩、匪交匪舒、今詩上匪字作彼、或古匪、彼通用、如顧說也、念孫案小旻三章云、如匪行邁謀、是用不得于道、四章云、如彼築室于道謀、是用不潰於成、語意正相同、則匪卽彼也、是以廣雅及杜注皆訓匪爲彼、詩中

匪字多有作彼字用者鄘風定之方中篇匪直也人秉心塞淵猶言彼直也人秉心塞淵也檜風匪風篇匪風發兮匪車偈兮猶言彼風發兮彼車偈兮也小雅四月篇匪鶉匪鳶翰飛戾天匪鱣匪鮪潛逃于淵言彼鶉彼鳶則翰飛戾天彼鱣彼鮪則潛逃于淵而我獨無所逃於禍患之中也猶上文云相彼泉水載淸載濁我日構禍曷云能穀也何草不黃篇匪兕匪虎率彼曠野哀我征夫朝夕不暇言彼兕彼虎則率彼曠野矣哀我征夫何亦朝夕於野而不暇乎猶下文云有芃者狐率彼幽草有棧之車行彼周道也都人士篇匪伊垂之帶則有餘匪伊卷之髮則有旟言彼帶之垂則有餘彼髮之卷則有旟也猶上文言彼都人士垂帶而厲彼君子女卷髮如蠆也說者皆訓匪爲非失之

屎柄也

說見釋器

鶩駘也

餘餇也

廣韻餘噎聲也說文噎飯窒也噎與餇同餘餇二字竝從飤隸體小異耳

寑偃也

射繹也

射義云射之爲言者繹也繹者各繹己之志也

脰鐙也

未詳

辯變也

王逸注九辯云辯者變也謂敶道德以變說君也

拊抵也

王逸注九歌云拊擊也堯典云予擊石拊石拊各本譌作柎今訂正抵各本譌作扺案說文扺擠也從手氏聲玉篇音多禮切說文抵側擊也從手氏聲玉篇音之是切引秦策抵掌而言說文又云扺開也從手只聲讀若抵掌之抵○廣雅卷三云拊擊也此云拊抵也曹憲音紙則其字當從氏今據以訂正史記滑稽傳抵掌談語集解亦引秦策抵掌而言○漢書杜周傳贊業因勢而抵陒服虔注云抵音紙顏師古注云抵擊也朱博傳奮髯抵几顏師古注云抵擊也音紙揚雄傳解嘲界涇陽抵穰侯而代之蘇林注云抵音紙文選注引說文抵側擊也後漢書隗囂傳人人抵掌李賢注引說文抵側擊也又引趙策蘇秦與李兌抵掌而談張衡東京賦抵璧於谷李善注引說文抵側擊也左思蜀都賦抳腕抵掌劉逵注亦引秦策抵掌而言抵掌猶言拊掌故廣雅云拊抵也抵與抵聲義各別漢冀州從事張表碑抵拂頑詾字從氏不從氏是其證也而今本戰國策史記漢書後漢書文選皆譌作抵世人多見抵少見抵遂莫有能正其失者矣

約儉也

咀嗺也

抒渫也

楚辭九章發憤以抒情王逸注云抒渫也

效驗也

效各本譌作驗文選閒居賦演連珠注竝引廣雅效驗也今據以訂正

觡角也

觡之言格角之言觸也方言鉤宋楚陳魏之閒謂之鹿觡或謂之鉤格郭璞注云或呼鹿角說文觡骨角之名也樂記角觡生鄭注云無鰓曰觡說文鰓角中骨也東山經其神狀皆獸身人面載觡郭璞注云麋鹿角曰觡淮南子主術訓桀之力別觡伸鉤漢書司馬相如傳犧雙觡共柢之獸服虔高誘注竝云觡角也各本譌作角觡今訂正

劘、攻也、說見釋獸劘攻𤢹也下、

敹、像也、說見卷三偒敹戲也下、偒與像通、

維、隅也、高誘注淮南子天文訓云、四角爲維、

衄、縮也、謂退縮也、釋名云、屻、衄也、言折衄也、方言、忸怩、慙歰也、說文、朔而月見東方謂之縮朒、衄、忸、朒、竝音女六反、義相近也、

噞、喁也、說文、喁、魚口上見也、集韻引字林云、噞喁、魚口出水見、韓詩外傳云、水濁則魚喁、淮南子主術訓、水濁則

魚噞、高誘注云、魚短氣出口於水、喘息之喻也、馬融長笛賦云、鱏魚喁於水裔、左思吳都賦、噞喁沈浮、劉逵注云、噞喁、魚在水中羣出動口皃、

攓、摳也、說見卷一摳搴舉也下、搴與攓同、

崽、子也、方言、崽者子也、湘沅之會凡言是子者謂之崽、若東齊言子矣、郭璞注云、崽音枲、聲之轉也、

祆、妖也、釋名、妖、殀也、殀害物也、妖與祆通、

鍻、筭也、史記平準書云、算軺車賈人緡錢皆有差、漢書武帝紀、初筭緡錢、李斐注云、緡、絲也、以貫錢也、一貫千錢出筭二十也、說文作鍻、義同、

彼、俾也、彼俾皆衺也、說見卷二頓彼衺也下、玉篇俾與俾同、彼與彼、俾與頓、古亦通用、

邐、□也、邐下各本皆缺一字、說文、邐、行邐邐也、徐鍇傳云、漸迂衺也、司馬相如大人賦、駕應龍象輿之蠖略委麗兮、麗與邐同、說文、迆、衺行也、引禹貢、東迆北會于匯、爾雅、邐迆沙丘、郭璞注云、旁行連延、揚雄甘泉賦、登降峛崺、李善注云、峛崺、邪道也、峛崺與邐迆同、邐下所缺、或是迆字、彼訓爲俾、邐訓爲迆、皆衺之義也、

離、刖也、

贅、肬也、說見卷二肬腫也及上文贅屬也下、

炅、暉也、說見卷四炅明也下、

裝、褖也、說見卷二裝褖飾也下、裝與裝同、

蹘、蹻也、集韻引埤倉云、蹘、細長也、爾雅釋木、小枝上繚爲喬、郭璞注云、謂細枝皆翹繚上句者名爲喬木、喬與蹻、繚與蹘、竝同義、蹻各本譌作驕、今訂正、

𤺌、痺也、說文、痺、溼病也、素問痺論云、風寒溼三氣雜至、合而爲痺、𤺌各本譌作寫、玉篇、廣韻、集韻、類篇竝云、𤺌痺

也、今據以訂正、素問五常政大論云、皮𤸻肉苛、筋脈不利、

[疒條]、尵也、集韻引字林同尵、見卷二尵膇也下、

吞、咽也、

雌、雡也、說見卷三雌少也下、

[火矣]、烗也、說見卷三[火矣]烗熾也下、

毓、長也、此下八條、皆一字兩訓而其義相反、郭璞爾雅注云、以徂爲存、以亂爲治、以曩爲曏、以故爲今、此皆詁訓

義有反覆旁通、美惡不嫌同名、是也、爾雅、育、長也、邶風谷風篇、既生既育、鄭箋云、育、謂長老也、說文引堯典教育子、今本作胄子、馬融注云、胄、長也、胄、育、毓、古同聲、

毓稚也、豳風鴟鴞篇、鬻子之閔斯、毛傳云、鬻、稚也、正義云、釋言、鞠、稚也、郭璞曰、鞠、一作毓、毓、育、鞠、古亦同聲、各本稚上無毓字、又下文曩、鄉也、陶、憂也、濘、泥也、無曩、陶、濘三字、皆是後人所刪、說見上文漠、怕也下、

曩、久也、爾雅文也、久、猶舊也、楚辭九章云、猶有曩之態也、

曩鄉也、亦爾雅文也、並著於此、所以別異義也、襄二十四年左傳云、曩者志入而已、說文、曏、不久也、曏與鄉同、

陶、喜也、

陶憂也、並說見卷二鬱悠思也下、

濘、清也、

濘泥也、此二條已見釋詁、復著之、亦以別異義也、

鐮、柧也、方言、凡箭鏃胡合嬴者、四鐮、或曰鉤腸、三鐮者謂之羊頭、郭璞注云、鐮、稜也、餘見上文廉、柧、稜也下、凡諸書引廣雅而今本全脫其文者、釋詁、釋言、莫可區別、皆附載於此篇之末、

祕、密也、見玉篇、

稹穊也、

見唐風鴇羽釋文、說文、稹、穜穊也、爾雅、苞、稹也、孫炎注云、物叢生曰苞、齊人名曰稹、鴇羽箋云、稹者、根相迫迮梱致、考工記輪人、稹理而堅、聘義、縝密以栗、鄭注並云、致也、縝與稹通、說文、㐱、稠髮也、引鄘風君子偕老篇、㐱髮如雲、今本作鬒、義亦與稹同、說文、穊、稠也、史記齊悼惠王世家云、深耕穊種、

稠、文選束晳補亡詩及謝靈運過始寧墅詩注、並引廣雅、稠、穊也、

禦敵也、見莊子馬蹄釋文、

湭滋液也、衆經音義卷二及集韻、類篇、並引廣雅、湭、滋液也、衆經音義卷二十五引廣雅、滋、液也、玉篇、湭、才周切、湭

液也、鄒陽酒賦云、甘滋泥泥、司馬相如封禪文云、滋液滲漉、揚雄羽獵賦云、上猟三靈之流、下決醴泉之滋、

褫敓也、

見衆經音義卷六、卷十八、敓通作奪、說文、褫、奪衣也、訟上九云、終朝三褫之、

刷刮也、

見衆經音義卷九、說文、刷、刮也、周官夌人、秋刷、鄭衆注云、刷、除冰室、

契

集韻引廣雅、契、刮也、說文契字注云、齘契刮也、玉篇云、齘契、刷刮也、

陵侮也、

衆經音義同上、

刓鏤也、

見衆經音義卷十三、

禱請也、

見衆經音義卷十六、

躓頓也、

見衆經音義卷十七、爾雅、疐、跲也、疐、仆也、疐與躓通、說文、仆、頓也、

鎮笮也、

見衆經音義卷十八、說文、鎮、博厭也、厭、笮也、厭通作壓、衆經音義卷二十四引倉頡篇云、壓、鎮也、笮也、

矇蒙也、

見衆經音義卷二十一、

角試也、

見衆經音義卷二十二、二十四、月令云、天子乃命將帥講武、習射御、角力、呂氏春秋孟冬紀同、高誘注云、角、猶試也、管子七法篇云、春秋角試、

冤抑也、

見衆經音義卷二十二、

訔暫也、

見衆音義卷二十三、二十四、

泄發也、

鄙猥也、

竝見衆音義卷二十五、

弛釋也、

見文選魏都賦注、周官大司樂令弛縣、鄭注云、弛、釋下之、

意疑也、

○長楊賦、意者以爲事罔隆而不殺、物靡盛而不虧、魯靈光殿賦、意者豈非神明依憑支持以保漢室者也、李善注竝引廣雅、意、疑也、案意者、猶言或者、故乾文言云、或之者、疑之也、漢書文三王傳、於是天子意梁、顏師古注亦云、意、疑也、意亦擬度之辭也、禮運云、聖人耐以天下爲一家、以中國爲一人者、非意之也、必知其情、辟於其義、明於其利、達於其患、然後能爲之、

果能也、

見西征賦注、孟子梁惠王篇、君是以不果來也、離婁篇、果有以異於人乎、趙岐注竝云、果、能也、晉語、是之不果奉而暇晉是皇、韋昭注云、果、克也、克亦能也、

希、庶也、

西征賦注、左思詠史詩注、嵇康幽憤詩注、傅咸贈何劭王濟詩注、引廣雅竝同、希者庶幾之合聲、故希又訓爲庶、爾雅、庶幾尚也、庶、幸也、皆謂希望也、

秀、異也、

見遊天台山賦注、

浮、罰也、

見閒居賦注、投壺、若是者浮、鄭注云、浮、罰也、晏子春秋雜篇云、景公飲酒田桓子侍、望見晏子、而復於公曰、請浮晏子、浮罰一聲之轉、論語公冶長篇、乘桴浮于海、馬融注云、桴、編竹木、大者曰栰、小者曰桴、栰之轉爲桴、猶罰之轉爲浮矣、

載、則也、

見高唐賦注、鄘風載馳篇、載馳載驅、豳風七月篇、春日載陽、鄭箋竝云、載之言則也、

漸、稍也、

見謝靈運遊南亭詩注、說文、稍、出物有漸也、趙策云、稍稍蠶食之、

違、異也、

見沈約學省愁臥詩注、邶風谷風傳云、違、離也、

掊、摼也、

見潘岳馬汧督誄注、及華嚴經卷五十五音義、莊子人間世篇云、自掊擊於世俗、

喝、嘶也、

見謝莊宋孝武宣貴妃誄注、方言、廝、嗌、噎也、楚曰廝、秦晉或曰嗌、又曰噎、噎、與咽同、謂嗚咽也、嗌、與喝同、司馬相如子虛賦、榜人歌、聲流喝、郭璞注云、言悲嘶也、論衡氣壽篇云、兒生號啼之聲、鴻朗高暢者壽、嘶喝濕下者夭、後漢書張酺傳、王青被矢貫咽、音聲流喝、李賢注云、流、或作嘶、又引廣倉云、喝、聲之幽也、方言又云、東齊聲散曰廝、秦晉聲變曰廝、說文、誓、悲聲也、周官內饔、鳥皫色而沙鳴、鄭注云、沙、嘶也、內則注作嘶、正義作斯、云、斯、謂酸嘶、漢書王莽傳、莽爲人大聲而嘶、顏師古注云、嘶、聲破也、竝字異而義同、

風、聲也、

見王僧達祭顏光祿文注、詩序云、風、敎也、禹貢云、聲敎訖于四海、文六年左傳云、樹之風聲、

方、所也、

見後漢書黃憲傳注、

垠、咢也、

見張衡傳注、說文、垠、地垠也、一曰、岸也、文選西京賦注引許愼淮南子注云、垠、鍔端厓也、鍔、與咢通、淮南子俶眞訓作堮、漢書揚雄傳作鄂、垠、荀子成相篇作銀、淮南子俶眞訓作圻、又作埜、漢書敘傳作沂、竝字

異而義同、

講、讀也、

見初學記、太平御覽、

論、道也、

見初學記、以上二條說見卷二讀道說也下、

馭、駕也、

見華嚴經卷十一音義、

祩、詛也、

見集韻類篇、玉篇云、祩、呪詛也、呪、祩、一聲之轉、

搊、拘也、

同上、玉篇、搊、手搊也、

懵、闇也、

同上、玉篇、懵、牟孔切、心亂心迷也、集韻又讀蓬、謨中、彌登、母亘四切、爾雅、夢夢、亂也、孫炎注云、昏之亂也、大雅抑篇云、視爾夢夢、又爾雅、儚儚、惛也、釋文、儚字或作懜、說文、懜、不明也、竝字異而義同、

刖、瘢也、

同上、說文、刖、瘢也、廣韻、直引切、云、杖痕腫處、衆經音義卷九云、今俗謂肉斗腫起爲癮疹、或言癮刖也、

譣、詖也、

同上、譣、玉篇音虛儉、息廉二切、說文引立政、勿以譣人、徐鍇傳云、譣猶險也、今本譣作憸、馬融注云、憸利佞人也、說文、憸、憸詖也、憸利于上、佞人也、思、疾利口也、引盤庚、相時思民、今本思作憸、馬融注云、憸利、小小見事之人也、韓非子詭使篇云、損仁逐利謂之疾險、竝字異而義同、文選顏延之和謝監靈運詩注引

倉頡篇云、詖、佞諂也、孟子公孫丑篇、詖辭知其所蔽、趙岐注云、險詖之言、荀子成相篇云、讒人罔極、險陂傾側、詩序云、內有進賢之志、而無險詖私謁之心、竝字異而義同、

廑、廕也、

同上、玉篇亦云、廑、廕也、廕與覆同義、說文、殣、道中死人人所覆也、引小雅小弁篇、行有死人、尚或殣之、今本作墐、毛傳云、墐、路冢也、墐與廑義相近、

廣雅疏證卷第五下

廣雅疏證卷第六上

高郵王念孫學

釋訓

顯顯、察察、著也、

大雅假樂篇、顯顯令德、中庸作憲憲、老子云、俗人察察、我獨悶悶、明著謂之察察、故潔白亦謂之察察、楚辭漁父云、安能以身之察察、受物之汶汶者乎、

洞洞、屬屬、切切、恂恂、闇闇、翼翼、濟濟、畏畏、祇祇、敬也、

禮器云、洞洞乎其敬也、屬屬乎其忠也、說文、忠、敬也、祭義云、洞洞乎、屬屬乎、如弗勝、如將失之、其孝敬之心至也、與說文、孎、謹也、孎與屬亦同義、論語子路篇、朋友切切偲偲、兄弟怡怡、馬融注云、切切偲偲、相切責之貌、怡怡、和順之貌、案切切偲偲、蓋皆敬貌也、朋友則尚敬、兄弟則尚和、大戴禮曾子立事篇云、宮中

雍雍、外焉肅肅、兄弟憘憘、朋友切切、遠者以貌、近者以情、近者以情、謂雍雍、憘憘也、和也、遠者以貌、謂肅肅、切切也、敬也、切亦通作漆、祭義、漆漆者、容也、自反也、鄭注云、漆漆讀如朋友切切、自反猶言自脩整也、是鄭意亦以切切爲敬也、論語鄉黨篇、恂恂如也、似不能言者、王肅注云、恂恂、溫恭之貌、史記孔子世家、恂恂似不能言者、索隱云、或本作逡逡、李將軍傳云、悛悛如鄙人、口不能道辭、卷一云、悛、敬也、漢祝睦後碑云、鄉黨逡逡、劉脩碑云、其於鄉黨、遜遜如也、竝字異而義同、鄉黨、與下大夫言、侃侃如也、與上大夫言、闇闇如也、孔傳云、侃侃、和樂之貌、闇闇、中正之貌、皇侃疏云、卿貴、不敢和樂接之、宜以謹正相對、故闇闇如也、玉藻、二爵而言言斯、鄭注云、言言、和敬貌、漢書石奮傳、僮僕訢訢如也、顏師古注云、訢訢、謹敬之貌、竝字異而義同、爾雅、翼、敬也、翼翼、恭也、大雅大明篇云、小心翼翼、漢書禮樂志云、附而不驕、正心翊翊、翊與翼同、小雅楚茨篇、濟濟蹌蹌、鄭箋云、威儀敬慎也、管子形勢解云、濟濟者、誠莊事斷也、祭義云、齊齊乎其敬也、齊與濟聲近義同、卷一云、畏、敬也、爾雅、祇、敬也、重言之則曰畏畏、祇祇、康誥云、不敢侮鰥寡、庸庸

祇祇、威威、與畏通、微子云、乃罔畏畏、

臲臲、硊硊、嶢嶢、危也、

臲臲硊硊、義見卷一隉刖危也下、臲與隉通、硊與刖通、後漢書黃瓊傳云、嶢嶢者易缺、皦皦者易汚、墨子親士篇云、王德不堯堯者、堯堯與嶢通、豳風鴟鴞篇予室翹翹、傳云、翹翹危也、翹與嶢亦聲近義同、

戰戰、慄慄、虩虩、懼也、伈伈、

小雅小旻篇云、戰戰兢兢、淮南子人間訓引堯戒云、戰戰慄慄、說文云、易履虎尾虩虩恐懼、今易履九四作愬愬、釋文愬愬子夏傳云、恐懼貌、馬本作虩虩、震彖辭震來虩虩、釋文虩虩馬云恐懼貌、荀作愬愬、愬與虩古同聲、玉篇云、伈伈、恐皃、韓愈祭鱷魚文云、伈伈俔俔爲民吏羞、皆出廣雅、集韻類篇引廣雅、伈伈懼也、今本脫伈伈二字、

桓桓、㹽㹽、矯矯、赳赳、勍勍、競競、仡仡、暨暨、武也、

詩序云、桓武志也、重言之則曰桓桓、爾雅、桓桓威也、牧誓云、尚桓桓、如虎如貔、如熊如羆、說文引作狟狟、周頌桓篇云、桓桓武王、玉篇㹽莊善切、鷙鳥擊勢也、法言孝至篇、螭虎桓桓、鷹隼㹽㹽、李軌注云、㹽㹽攫撮急疾也、中庸云、彊哉矯、是矯爲武也、重言之則曰矯矯、爾雅、矯矯勇也、周頌酌篇、蹻蹻王之造、毛傳云、蹻蹻武貌、魯頌泮水篇、矯矯虎臣、釋文作蟜蟜、並字異而義同、爾雅、赳赳武也、說文、赳輕勁有材力也、周南兔罝篇云、赳赳武夫、說文、勍彊也、引僖二十二年左傳勍敵之人、爾雅、競彊也、彊勍競古並同聲、重言之則曰勍勍競競也、宣六年公羊傳、仡然從乎趙盾而入、何休注云、仡然壯勇貌、重言之則曰仡仡、秦誓仡仡勇夫、馬融本作訖訖、漢書揚雄傳、金人仡仡其承鍾虡兮、顏師古注云、仡仡勇健貌、玉藻戎容暨暨、鄭注云、果毅貌也、暨暨與仡仡古聲亦相近、

矍矍、昒昒、夐夐、眈眈、矕矕、睌睌、瞀瞀、脈脈、眓眓、睊睊、視也、

卷一云、矆視也、矆與矍同、重言之則曰矍矍、震上六視矍矍、鄭注云、矍矍目不正也、說文、昒目冥遠視也、重言之則曰昒昒、卷一云、瞁視也、重言之則曰瞁瞁、王延壽魯靈光殿賦、目瞁瞁而喪精、張載注云、瞁瞁目不正也、瞁與夐同、說文、眈視近而志遠也、引頤六四虎視眈眈、馬融注云、眈眈虎下視貌、卷一云、矕視也、重言之則曰矕矕、說文、矕目矕矕也、卷一云、睌視也、重言之則曰睌睌、說文、瞀轉目視也、重言之則曰瞀瞀、卷一云、脈視也、重言之則曰脈脈、王逸九思、目脈脈兮寤終朝、魯靈光殿賦、徒脈脈以狋狋、注並云、脈脈視貌、眓眓猶豁豁也、說文、眓視高皃也、讀若詩曰施罛濊濊、衞風碩人釋文引馬融注云、大魚网目大豁豁也、眓從目戉聲、戉音越、各本譌從戊、今訂正、說文、睊視皃也、重言之則曰睊睊、孟子梁惠王篇、睊睊胥讒、趙岐注云、睊睊側目相視、

緓緓、繟繟、扏扏、緩也、

卷二云、緓緩也、重言之則曰緓緓、小雅杕杜篇、檀車幝幝、釋文云、幝幝尺善反、韓詩作緓緓、音同、廣雅訓

緓緓爲緩、蓋本韓詩也、玉篇、繟充善切、繟繟猶緓緓也、卷二云、繟緩也、扏扏通作仇仇、爾雅、仇仇敖敖傲也、郭璞注云、皆傲慢賢者、小雅正月篇、彼求我則、如不我得、執我仇仇、亦不我力、毛傳云、仇仇猶謷謷也、鄭箋云、王之始徵求我、如恐不得我、既得我、執留我、其禮待我謷謷然、亦不問我在位之功力、言其有貪賢之名、無用賢之實、緇衣云、大人不親其所賢而信其所賤、民是以親失而教是以煩、詩云、彼求我則、如不我得、執我仇仇、亦不我力、鄭注云、言君始求我、如恐不得我、既得我、持我仇仇然不堅固、亦不力用我、是不親信我也、集韻云、扏扏緩持也、案緇衣注云、持我仇仇然不堅固、即是緩持之意、義與廣雅同、與爾雅毛傳詩箋皆異、蓋本於三家也、今案彼求我則、如不我得、言求我之急也、執我仇仇、亦不我力、言用我之緩也、三復詩詞、則緩於用賢之說爲切、而傲賢之說爲疏矣、

嘔嘔、喩喩、啺啺、欣欣、忥忥、欯欯、言言、語語、𡠗𡠗、喜也、

文選聖主得賢臣頌、是以嘔喩受之、李善引應劭注云、嘔喩和悅貌、重言之則曰嘔嘔喩喩、莊子天道篇、

兪兪者、憂患不能處、釋文引廣雅、兪兪、喜也、張衡東京賦、其樂愉愉、並字異而義同、楚辭大招、宜笑嗎只、王逸注云、嗎、笑貌也、重言之則曰嗎嗎、方言、嘍、樂也、郭璞注云、嘍嘍、歡貌、集韻、嗎嘍、並虛延切、其義同也、孟子梁惠王篇云、舉欣欣然有喜色、卷一云、忔、訢、喜也、忔與氣同、重言之則曰氣氣、訢訢、詩曰、言笑晏晏、又曰、笑語卒獲、是言語皆喜也、重言之則曰言言語語、大雅公劉篇云、于時處處、于時廬旅、于時言言、于時語語、猶言爰居爰處、爰笑爰語耳、

唏唏、㰤㰤、𠹭𠹭、呵呵、訆訆、啞啞、笑也、

卷一云、唏、𠹭、笑也、重言之則曰唏唏𠹭𠹭、㰤㰤、呵呵、猶𠹭𠹭也、方俗語有輕重耳、卷一云、訆、笑也、重言之則曰訆訆、卷一云、啞、笑也、重言之則曰啞啞、震彖辭云、笑言啞啞、

翼翼、衎衎、愉愉、和也、

小雅采薇篇、四牡翼翼、毛傳云、翼翼、閑也、閑習卽調和之意、鄭風大叔于田傳云、驂之與服、和諧中節、是

廣雅疏證　卷第六上　四

也、漸六二、飲食衎衎、正義云、衎衎、樂也、樂亦和也、玉篇、衎、口旦切、廣韻又空旱切、字通作侃、論語鄉黨篇與下大夫言、侃侃如也、孔傳云、侃侃、和樂之貌、祭義云、有和氣者、必有愉色、重言之則曰愉愉、鄉黨、私覿愉愉如也、鄭注云、愉愉、顏色和、聘禮釋文作兪兪、

慼慼、惓惓、怮怮、愁愁、㦞㦞、絜絜、啒啒、惄惄、悊悊、怛怛、憂也、

論語述而篇云、小人長戚戚、戚戚與慼同、卷四一、惓、愁也、重言之則曰惓惓、爾雅、惓惓、勞也、勞亦憂也、小雅巷伯篇、勞人草草、草草與惓同、楚辭九歎、蹇騷騷而不釋、騷與惓亦聲近義同、卷一云、怮、憂也、重言之則曰怮怮、怮各本譌作怮、今訂正、楚辭九歎云、心愁愁而思舊邦、九歌云、極勞心兮㦞㦞、一本作忡忡、召南草蟲篇、憂心忡忡、毛傳云、忡忡、猶衝衝也、並與㦞㦞同義、小雅大東篇、契契寤歎、傳云、契契、憂苦也、九歎云、孰契契而委棟兮、一本作挈挈、並與絜絜同、啒音骨、又音忽、晏子春秋外篇云、歲已莫矣、而禾不穫、忽忽矣、若之何、歲已寒矣、而役不罷、惙惙矣、若之何、史記梁孝王世家、意忽忽不樂、忽忽與啒啒同、小雅采薇篇云、憂心烈烈、烈烈與惄惄同、各本惄譌作烈、集韻類篇並引廣雅、惄惄、憂也、今據以訂正、悊悊、各本譌作悊悊、玉篇、悊、先歷切、憂也、集韻類篇並引廣雅、悊悊、憂也、今據以訂正、卷一云、怛、憂也、重言之則曰怛怛、齊風甫田篇云、勞心怛怛、

巖巖、巘巘、峩峩、嶄嶄、阢阢、嵬嵬、岌岌、圪圪、高也、

卷四云、巉巖、高也、巉巖與嶄巖同、重言之則曰嶄嶄、巖巖、小雅節南山篇云、節彼南山、維石巖巖、漸漸之石篇云、漸漸之石、維其高矣、漸亦與嶄同、說文、巘、載高皃也、重言之則曰巘巘、衞風碩人篇、庶姜孽孽、韓詩作巘巘、云、巘巘、長貌、呂氏春秋過理篇注引詩亦作巘巘、云、高長貌、張衡西京賦、飛檐巘巘、薛綜注云、巘巘、高貌、說文、峨、嵯峨也、峨與峩同、重言之則曰峩峩、列子湯問篇云、峩峩兮若泰山、卷四云、阢、嵬、高也、重言之則曰阢阢、嵬嵬、爾雅、小山岌大山、峘、郭璞注云、岌、謂高過、重言之則曰岌岌、楚辭離騷、高余冠之

廣雅疏證　卷第六上　五

岌岌兮、說文、圪、牆高皃也、引大雅皇矣篇、崇墉圪圪、今本作仡仡、

雱雱、霏霏、雰雰、瀌瀌、雪也、

皆雪盛貌也、邶風北風篇云、雨雪其雱、雨雪其霏、雱與雱同、重言之則曰雱雱、霏霏、文選謝脁新亭渚別范零陵詩注引蔡邕初平詩云、天陰雨雪滂滂、滂滂亦與雱同、小雅采薇篇云、雨雪霏霏、信南山篇云、雨雪雰雰、角弓篇云、雨雪瀌瀌、漢書劉向傳作麃麃、各本雪也二字譌作雪雪、雪下又有林字、蓋因下文驟音林而衍、今訂正、

霅霅、霵霵、渢渢、湒湒、驟驟、零零、雴雴、霫霫、靀靀、霝霝、雨也、

馬融廣成頌、霅爾雹落、霅者、雹下之貌、故雨下亦謂之霅、重言之則曰霅霅也、釋言云、霵、霂也、重言之則曰霵霵、說文、湒、雨下也、重言之則曰湒湒、楚辭哀時命云、夕淫淫而淋雨、重言之則曰淋淋、曹植愁霖賦

云、聽長霤之淋淋、淋淋與驟同、說文、𩃎、雨下零也、重言之則曰𩃎𩃎、廣韻引字林云、霫、雨皃、玉篇、霊霫、大雨也、重言之則曰霊霊、霫霫、說文、濛、溦雨也、豳風東山篇云、零雨其濛、重言之則曰濛濛、蔡邕述行賦云、雨濛濛而漸唐、濛、與霥同、

颯颯、颼颼、飋飋、飂飂、飉飉、瀏瀏、風也、

說文、颯、翔風也、宋玉風賦云、有風颯然而至、重言之則曰颯颯、楚辭九歌、風颯颯兮木蕭蕭、颯與颭同、初學記引通俗文云、小風曰颼、呂氏春秋有始篇、西方曰飂風、太平御覽引作颼風、重言之則曰颼颼、趙壹迅風賦云、啾啾颼颼、玉篇、飋、秋風也、字通作瑟、禰衡鸚鵡賦云、涼風蕭瑟、重言之則曰瑟瑟、劉楨贈從弟詩云、瑟瑟谷中風、卷四云、飂飉、風也、重言之則曰飂飂、莊子齊物論篇、而獨不聞之翏翏乎、郭象注云、長風之聲也、翏與飂同、瀏瀏猶飂飂也、初學記引通俗文云、涼風曰瀏、楚辭九歎、秋風瀏以蕭蕭、王逸注云、瀏、風疾皃也、一云、瀏瀏、左思吳都賦、翼颸風之飀飀、飀與瀏同、

䨮䨮、𩆂𩆂、湛湛、泥泥、露也、

皆露多貌也、鄭風野有蔓草篇及小雅蓼蕭篇、竝云零露瀼瀼、瀼與䨮同、又蓼蕭篇云、零露泥泥、零露濃濃、濃與𩆂同、湛露篇云、湛湛露斯、

坦坦、漫漫、蕩蕩、平也、

履九二云、履道坦坦、司馬相如子虛賦、案衍壇曼、司馬彪注云、壇曼、平博也、曼與漫同、重言之則曰漫漫、洪範云、王道蕩蕩、

渾渾、汪汪、顥顥、詡詡、曠曠、大也、

班固幽通賦、渾元運物、曹大家注云、渾、大也、重言之則曰渾渾、淮南子俶眞訓、渾渾蒼蒼、純樸未散、高誘注云、渾渾蒼蒼、混沌大貌、史記太史公自序云、乃合大道、混混冥冥、混與渾同、晉語、汪是土也、韋昭注云、汪、大貌、重言之則曰汪汪、班固典引云、汪汪乎丕天之大律、後漢書黃憲傳云、叔度汪汪若千頃陂、顥顥猶浩浩也、顥、曹憲音暠、玉篇、暠、古老切、各本顥作灝灝、此因與渾渾汪汪連文而誤、集韻類篇竝引廣雅、灝灝、大也、則宋時廣雅本已然、考說文、玉篇、廣韻、俱無灝字、玉篇、顥、公老切、廣大皃、正與曹憲音合、今據以訂正、禮器、德發揚、詡萬物、鄭注云、詡、猶普也、徧也、重言之則曰詡詡、大雅韓奕篇、川澤訏訏、毛傳云、訏訏、大也、訏與詡同、易林離之中孚云、魴鱮詡詡、昭元年左傳、居於曠林、史記鄭世家集解引賈逵注云、曠、大也、重言之則曰曠曠、荀子非十二子篇云、恢恢然、廣廣然、賈子脩政語篇云、天下壙壙、淮南子繆稱訓云、曠曠乎大哉、兵略訓云、廣廣如夏、竝字異而義同、

栠栠、嫋嫋、姌姌、弱也、

說文、栠、弱皃、嫋、姌也、姌、弱長皃、小雅巧言篇、荏染柔木、毛傳云、荏染、柔意也、荏與栠通、染與姌通、史記司馬相如傳云、娬媚姌嫋、重言之則曰栠栠嫋嫋姌姌、嫋亦弱也、卓文君白頭吟云、竹竿何嫋嫋、說文、冄、毛冄冄也、徐鍇傳云、冄冄、弱也、王粲迷迭香賦云、挺苒苒之柔莖、義竝與姌姌同、

區區、稍稍、小也、

卷二云、區、小也、重言之則曰區區、襄十七年左傳云、宋國區區、周官膳夫、凡王之稍事、鄭注云、稍事、有小事而飲酒、重言之則曰稍稍、說文、郞、國甸大夫稍稍所食邑也、各本稍稍譌作梢梢、今訂正、

炤炤、晣晣、皎皎、皓皓、炳炳、灼灼、炫炫、赫赫、曠曠、翼翼、顯顯、明也、

炤炤、猶昭昭也、荀子儒效篇云、炤炤兮其用知之明也、卷四云、晣、明也、重言之則曰晣晣、小雅庭燎篇云、庭燎晣晣、字亦作哲、陳風東門之楊篇云、明星哲哲、卷四云、皎、明也、重言之則曰皎皎、楚辭九歌云、夜皎皎兮既明、爾雅、皓、光也、重言之則曰皓皓、法言淵騫篇云、明星皓皓、皎皓二字竝從日、各本譌從白、今訂正、卷四云、昞、明也、昞與炳通、重言之則曰炳炳、揚雄勮秦美新云、炳炳麟麟、說文、焯、明也、引立政、焯見三有俊心、今本作灼、重言之則曰灼灼、新書匈奴篇云、若日出之灼灼、說文、炫、爓燿也、重言之則曰炫炫、說

文赫火赤皃重言之則曰赫赫大雅常武篇云赫赫明明卷四云曠明也重言之則曰曠曠爾雅翌明也郭璞引金縢翌日乃瘳案翌爲明日之明又爲明顯之明字通作翼楚語明行以宣翼之宣翼皆明也重言之則曰翼翼大雅文王篇厥猶翼翼毛傳云翼翼恭敬也案猶道也翼翼光明也厥猶翼翼猶言其道大光束晳補亾詩顯猷翼翼義本於此則三家詩必有訓翼翼爲明者矣顯顯已見上文

誢誢、訔訔、詻詻、謫謫、諤諤、譊譊、語也、詍詍、

說文誢很戾也謂言語相很戾也重言之則曰誢誢訔訔猶誢誢也法言問神篇云何後世之訔訔也史記魯世家贊洙泗之閒龂龂如也徐廣注云龂龂爭辯鹽鐵論國病篇云諸生誾誾爭鹽鐵龂誾並與訔同說文詻論訟也傳曰詻詻孔子容墨子親士篇云君必有弗弗之臣上必有詻詻之下玉藻戎容暨暨言容詻詻鄭注云詻詻教令嚴也廣韻謫語頻聲也重言之則曰謫謫諤諤猶謫謫也大戴禮曾子立事篇君子出言以鄂鄂盧辯注云鄂鄂辨厲也史記商君傳云千人之諾諾不如一士之諤諤漢書韋賢傳

廣雅疏證　卷第六上　八

云咢咢黃髮鹽鐵論國病篇云今辯訟愕愕然並字異而義同衆經音義卷二十引倉頡篇云譊訟聲也重言之則曰譊譊法言寡見篇云譊譊者天下皆訟也說文詍詍多語也集韻類篇並引廣雅詍詍語也今本脫詍詍二字

愴愴、慛慛、悢悢、悽悽、哀哀、悲也、

卷三云愴悲也重言之則曰愴愴王褒九懷云心愴愴兮自憐蘇武詩云中心愴以摧摧與慛同重言之則曰慛慛卷三云悢悵也重言之則曰悢悢李陵與蘇武詩云悢悢不得辭蜀志法正傳云瞻望悢悢爾雅哀哀悽悽懷報德也郭璞注云悲苦征役思所生也小雅蓼莪篇云哀哀父母生我劬勞

暤暤、杲杲、曤曤、皭皭、景景、白也、

說文顥白皃引楚詞大招天白顥顥唐風揚之水篇云白石皓皓並與暤同漢書司馬相如傳云暠然白首暠與杲同字又作皜重言之則曰皜皜孟子滕文公篇皜皜乎不可尚已趙岐注云皜皜甚白也曤

曤猶杲杲也釋器云曤白也重言之則曰曤曤大雅靈臺篇云白鳥翯翯孟子梁惠王篇作鶴鶴何晏景福殿賦皠皠白鳥並與曤曤同釋器云皭白也重言之則曰皭皭字或作潐潐韓詩外傳莫能以己之皭皭容人之混混然荀子不苟篇作潐潐

泓泓、淵淵、窱窱、窈窈、深也、

中庸云淵淵其淵卷三云窈窱深也重言之則曰窱窱窈窈莊子在宥篇云至道之精窈窈冥冥楚辭九章云眴兮杳杳漢書禮樂志安世房中歌云清思眑眑並字異而義同

緜緜、曼曼、延延、遲遲、長也、

王風葛藟篇緜緜葛藟毛傳云緜緜長不絕之皃卷二云曼長也重言之則曰曼曼楚辭離騷路曼曼其脩遠兮釋文作漫漫字亦通作蔓逸周書和寤解緜緜不絕蔓蔓若何緜緜小長皃蔓蔓大長皃是緜緜蔓蔓皆長也楚辭九章云藐蔓蔓之不可量兮縹緜緜之不可紆緜緜猶蔓蔓耳九思云鱣鮎兮延延豳

廣雅疏證　卷第六上　九

風七月篇云春日遲遲

痑痑、騑騑、儽儽、疲也、

說文痑馬病也詩曰痑痑駱馬又云嘽喘息也詩曰嘽嘽駱馬今詩小雅四牡篇作嘽嘽毛傳云嘽嘽喘息之皃馬勞則喘息嘽與痑通玉篇痑吐安切力極也廣韻又丁佐切小雅大東篇哀我憚人毛傳云憚勞也憚與痑亦同義詩四牡騑騑毛傳云騑騑行不止之皃則與廣雅異義案首章云四牡騑騑周道倭遲次章云四牡騑騑嘽嘽駱馬則騑騑亦得訓爲疲廣雅之訓或本於三家也儽本作儽或作儡通作纍說文儽垂皃一曰嬾懈之意淮南子俶眞訓孔墨之弟子皆以仁義之術教導於世然而不免於儡身猶不能行也又況所教乎不免於儡謂躬行仁義而不免於疲也高誘以儡身二字連讀云儡身身不見用儡儡然也失之玉藻喪容纍纍鄭注云羸憊貌也纍與儽同

屑屑、迹迹、塞塞、省省、耿耿、警警、不安也、

方言迹迹屑屑不安也江沅之閒謂之迹迹秦晉謂之屑屑或謂之塞塞或謂之省省不安之語也餘見卷一屑勞也下邶風柏舟篇耿耿不寐毛傳云耿耿猶儆儆也儆與警同

孜孜彶彶惶惶催催劇也

說文孜孜彶彶也皋陶謨云予思日孜孜表記云俛焉日有孳孳孳孳與孜通說文彶急行也問喪云望望然汲汲然如有追而弗及也汲與彶通彶彶各本皆作汲汲此校書者以意改之也衆經音義卷五卷十三並云廣雅彶彶遽也字從彳今皆從水作汲據此則廣雅本作彶彶後人乃作汲耳今訂正問喪云皇皇然若有求而弗得也皇與惶通征征曹憲音其往反楚辭九歎魂征征而南行兮王逸注云征征惶遽之貌司馬相如長門賦魂迋迋若有亡迋與征通梁鴻適吳詩嗟恇恇兮誰留恇與征亦聲近義同征征各本譌作催催征本作催故譌而爲催今訂正說文劇務也劇與遽通劇各本譌作劇今訂正

亹亹孛孛冄冄進也

爾雅亹亹勉也勉卽前進之意大雅文王篇亹亹文王是也繫辭傳成天下之亹亹者楚辭九辯時亹亹而過中兮王逸虞翻注並云亹亹進也淮南子詮言訓善博者不欲牟太平御覽引注云牟大也進也進謂之牟故進取利謂之牟利重言之則曰牟牟荀子榮辱篇云爭飲食無廉恥不知是非不辟死傷不畏衆彊悴悴然唯飲食之見是狗彘之勇也爲事利爭貨財無辭讓果敢而振猛貪而戾悴悴然唯利之見是賈盜之勇也悴與牟通冄冄漸進之意楚辭離騷老冄冄其將至兮吳語曰長炎炎韋昭注云炎炎進貌炎炎與冄冄聲相近也

拳拳區區款款愛也

皆一聲之轉也漢書劉向傳云念忠臣雖在甽畝猶不忘君惓惓之義也賈捐之傳云敢昧死竭卷卷貢禹傳云臣禹不勝拳拳並字異而義同文選古詩一心抱區區李善注引廣雅區區愛也卷一云款愛也款與款同重言之則曰款款大雅板篇老夫灌灌毛傳云灌灌猶款款也司馬遷報任少卿書云誠欲效其款款之愚

悾悾慤慤懇懇叩叩斷斷誠也

論語泰伯篇悾悾而不信包咸注云悾悾愨也大戴禮王言篇云大夫忠而士信民敦工璞商愨女憧婦空空空空與悾通論語子罕篇有鄙夫問於我空空如也亦謂鄙夫以誠心來問也故釋文云空空鄭或作悾悾皇侃疏以空空爲無識失之慤慤曹憲音苦角反各本譌作慤慤今訂正卷一云慤信也懇與懇同重言之則曰懇懇漢書司馬遷傳意氣勤勤懇懇文選作懃懃懇懇劉向傳云故懇懇數奸死亡之誅並字異而義同楚辭九歎行叩誠而不阿兮叩亦誠也王逸注訓叩爲擊失之重言之則曰叩叩繁欽定情詩云何以致叩叩香囊懸肘後是也悾悾慤慤懇懇叩叩皆一聲之轉或轉爲款款猶叩門之轉爲款門也叩叩各本譌作叨叨今訂正說文斷古文作韶引秦誓韶韶猗無佗技今本作斷斷鄭注大學云斷斷誠一之貌也

䎘䎘翃翃翩翩嵡嵡翽翽翁翁翾翾翻翻騫騫翲翲𦐆𦐆翿翿翼翼翁翁翬翬翽翽飛也

䎘䎘猶繽繽羣飛貌也下文云繽繽衆也卷三云翃飛也翃與狘同重言之則曰狘狘各本譌作狘狘惟影宋本皇甫本不譌魯頌泮水傳云翩飛貌重言之則曰翩翩小雅四牡篇云翩翩者鵻齊風雞鳴篇云蟲飛薨薨薨與嵡通大雅卷阿篇鳳皇于飛翽翽其羽毛傳云翽翽衆多也鄭箋云羽聲也說苑奉使篇引詩作噦噦卷三云翁飛也重言之則曰翁翁卷三云翾飛也重言之則曰翾翾韓詩外傳云翾翾十步之雀法言問明篇云朱鳥翾翾文選謝瞻張子房詩注引薛君韓詩章句云翻飛貌重言之則曰翻翻楚辭九章云漂翻翻其上下兮翼遙遙其左右卷三云騫飛也重言之則曰騫騫王逸九思云鵾鶬兮軒軒軒與騫通騫騫各本譌作鶱鶱今訂正九章漂翻翻其上下兮漂與翲通重言之則曰翲翲史記賈生傳鳳漂漂其高遰兮漢書作縹縹潘岳秋興賦云鴈飄飄而南飛並字異而義同衛風雄雉篇云雄雉于飛

泄泄其羽、泄與𦐂通、卷三云、翽、飛也、重言之則曰翽翽、唐風鴇羽篇、肅肅鴇羽、毛傳云、肅肅、鴇羽聲也、小雅鴻鴈篇、鴻鴈于飛、肅肅其羽、釋文云、肅肅、本或作翽翽、說文、𩙪、翅也、從飛、異聲、篆文作翼、又云、翊、飛皃、翼、翼翊竝同義、重言之則曰翼翼、楚辭離騷云、高翱翔之翼翼、莊子山木篇、其爲鳥也、翂翂翐翐、而似無能、釋文、司馬云、翂翂翐翐、舒遲貌、一云飛不高貌、李云、羽翼聲、翂與翁同、卷三云、翬、飛也、翬、與𦑣同、重言之則曰翬翬、義見卷三注、卷三云、翾、飛也、重言之則曰翾翾、翾翾、猶翱翱也、

煌煌、煟煟、倏倏、烔烔、晃晃、熒熒、光也、

陳風東門之楊篇云、明星煌煌、小雅斯干篇、噦噦其冥、鄭箋云、噦噦、猶煟煟也、寬明之貌、釋文、煟煟、呂忱云、火光貌、倏、字通作儵、張衡西京賦云、璿弁玉纓、遺光儵爚、是儵爲光也、重言之則曰儵儵、文選曹植責躬詩注引揚雄侍中箴云、光光常伯、儵儵貂璫、說文烔、光也、重言之則曰烔烔、襄五年左傳、我心扃扃、杜預注云、扃扃、明察也、楚辭哀時命云、夜烔烔而不寐兮、九思云、神光兮熲熲、竝字異而義同、烔烔、各本皆作烟烟、此因烔字譌作炯、故又譌作烟耳、文選秋興賦注引廣雅、烔烔、光也、今據以訂正、晃晃、說見卷四晃明也下、說文、熒、燈燭之光、重言之則曰熒熒、宋玉高唐賦云、煌煌熒熒、

蒙蒙、冥冥、昧昧、晻晻、暗也、

楚辭九辯云、願皓日之顯行兮、雲蒙蒙而蔽之、小雅無將大車篇云、維塵冥冥、楚辭九章云、日昧昧其將莫、卷四云、晻、冥也、重言之則曰晻晻、楚辭九歎云、日晻晻而下頹、班彪北征賦云、日晻晻其將莫兮、

堂堂、娗娗、彧彧、嬴嬴、嬽嬽、媉媉、夭夭、申申、奕奕、儀儀、傑傑、娥娥、容也、

論語子張篇、堂堂乎張也、鄭注云、言容儀盛也、娗音大丁、唐鼎二反、廣韻云、長好皃、重言之則曰娗娗、蔡邕青衣賦云、停停溝側、曒曒青衣、義與娗娗同、史記五帝紀、其色郁郁、索隱云、郁郁、猶穆穆也、郁、與彧通、卷一云、嬴、好也、重言之則曰嬴嬴、郭璞注方言云、嬴言嬴嬴也、古詩云、盈盈樓上女、又云、盈盈一水閒、竝與嬴嬴同、嬽、今娟字也、卷一云、嬽、好也、重言之則曰嬽嬽、史記司馬相如傳、柔橈嬽嬽、索隱引張注云、嬽嬽、猶婉婉也、嬽嬽、各本譌作嫚嫚、今訂正、卷一云、媉、好也、重言之則曰媉媉、論語述而篇、子之燕居、申申如也、夭夭如也、馬融注云、申申、夭夭、和舒之貌、史記萬石君傳、子孫勝冠者在側、雖燕居必冠、申申如也、僮僕訢訢如也、唯謹、漢書同、顏師古注云、申申、整敕之貌、訢訢、讀與誾誾同、謹敬之貌、案燕居必冠以下數句、語意皆本論語、而申申爲整敕之貌、則與馬注訓爲和舒者不同、未知孰是、夭夭、各本作妖妖、因與嬽嬽媉媉連文而誤、今訂正、方言、奕、僷、容也、自關而西、凡美容謂之奕、或謂之僷、宋衞曰僷、陳楚汝潁之閒謂之奕、郭注云、奕奕、僷僷、皆輕麗之貌、漢先生郭輔碑、堂堂四俊、碩大婉敏、娥娥三妃、行追太姒、葉葉昆嗣、福祿茂止、堂堂、娥娥、葉葉、皆容也、葉與僷同、法言孝至篇云、麟之儀儀、鳳之師師、其至矣乎、是儀儀爲容也、卷一云、娥、美也、重言之則曰娥娥、古詩云、娥娥紅粉粧、宋玉神女賦云、其狀峩峩、何可極言、峩與娥同、美容謂之峩峩、德容亦謂之峩峩、大雅棫樸篇、奉璋峩峩、毛傳云、峩峩、盛壯也、峩峩與儀儀、古亦同聲、

駓駓、颿颿、驫驫、臩臩、趀趀、從從、蹡蹡、走也、

魯頌駉篇、以車伾伾、毛傳云、伾伾、有力也、釋文云、字林作駓、走也、說文、俟字注、引小雅吉日篇、伾伾俟俟、後漢書馬融傳、鄙駿謀讙、李賢注云、鄙駿、獸奮迅貌也、引韓詩、駓駓騃騃、或羣或友、文選西京賦、羣獸駓騃、李善注引薛君韓詩章句云、趨曰駓駓、行曰騃騃、毛詩作儦儦俟俟、楚辭招魂、敦脄血拇、逐人駓駓些、王逸注云、駓駓、走貌也、駓駓、伾、鄙、儦五字、竝聲近而通用、說文、颿、馬疾步也、重言之則曰颿颿、吳越春秋句踐入臣外傳云、颿颿獨兮西往、驫驫猶儦儦也、說文、驫、衆馬行也、文選吳都賦、驫駥飍矞、李善注與說文同、重言之則曰驫驫、臩、玉篇音俱永切、說文、臩、驚走也、從夰、臦聲、臦、古文囧字也、重言之則曰臩臩、各本譌作㚖㚖、今訂正、玉篇、趀、散也、王延壽王孫賦云、或踊躍以跳迸、迸與趀同、重言之則曰趀趀、漢書揚雄傳、萃從允溶、蕭該音義云、案字林及埤倉云、從從走貌也、禮樂志郊祀歌云、騎沓沓、般從從、楚辭九辯

云、前輕轅之鏘鏘兮、後輜乘之從從、說文、⿱將足、行兒、⿱將足、與蹡同、重言之則曰蹡蹡、曲禮、大夫濟濟、士蹌蹌、鄭注云、皆行容止之貌也、釋文、蹌蹌、本又作鶬、或作鏘、並字異而義同、

馥馥、芬芬、馞馞、⿰香今⿰香今、馦馦馣馣、馛馛、⿰香冊⿰香冊、馡馡、蔎蔎、香也、

衆經音義卷二引字林云、馥、香氣也、說文、芬、艸初生其香分布也、或作芬、重言之則曰馥馥芬芬、蘇武詩云、馥馥秋蘭芳、大雅鳧鷖篇云、燔炙芬芬、小雅楚茨篇、苾芬孝祀、衆經音義卷十四引韓詩作馥芬孝祀、信南山篇云、苾苾芬芬、此作馥馥芬芬、何晏景福殿賦亦云、藹藹萋萋、馥馥芬芬、蓋皆本韓詩也、餘見釋器、馝香也下、釋器云、馞、香也、重言之則曰馞馞、王逸注離騷云、菲菲、猶勃勃、芬香貌也、勃與馞通、釋器云、馦、馠、香也、集韻、馠或作⿰香今、重言之則曰⿰香今⿰香今、馦馦、曹憲音呼廉反、各本脫去馦馦二字、其呼廉之音遂誤入⿰香今字下、案⿰香今即馠之或字、音呼含反、不音呼廉反、玉篇廣韻、馦、許兼切、集韻又火占切、火占與呼廉

同音、是呼廉乃馦字之音、非⿰香今字之音、集韻引廣雅、馦馦、香也、今據以補正、釋器云、馣、香也、重言之則曰馣馣、玉篇、馣、於含切、集韻又衣檢切、宋玉高唐賦云、越香掩掩、掩與馣通、引之云、文選長門賦、桂樹交而相紛兮、芳酷烈之誾誾、李善注云、誾誾、香氣盛也、誾、魚巾切、案上文之心、音、宮、臨、風、淫、陰、音、禬下文之吟、南、中、宮、崇、窮、音、皆以東侵鹽三部之字爲韻、此古人合韻之常例也、誾爲眞部之字、古無以東侵鹽眞四部合韻者、始誤字也、誾當爲闇、闇闇、即古馣字也、凡字之從奄聲音聲者、多通用、闇之爲馣、猶暗之爲晻矣、釋器云、馛、香也、重言之則曰馛馛、玉篇、⿰香冊、小香也、重言之則曰⿰香冊⿰香冊、楚辭離騷云、芳菲菲其彌章、九歎云、佩江離之斐斐、史記司馬相如傳云、郁郁斐斐、衆香發越、並與馡馡同、馡馡各本作菲菲、此後人以意改之也、集韻類篇引廣雅、並作馡馡、卷一云、菲、薄也、曹憲音釋、菲、佛匪反、世人以此爲芳馡之馡、失之、今據以訂正、說文、蔎、香艸也、重言之則曰蔎蔎、楚辭九歎、懷椒聊之蔎蔎兮、

眶眶、靡靡、踽踽、⿺走支⿺走支、⿺走䍃⿺走䍃、施施、奕奕、浮浮、⿺走啇⿺走啇、冄冄、徥徥、僊僊、趞趞、裔裔、趿趿、踥踥、夏夏、蹈蹈、衍衍、章章、衞衞、行也、

楚辭哀時命、魂眶眶以寄獨兮、王逸注云、眶眶、獨行貌也、王風黍離篇、行邁靡靡、毛傳云、靡靡、猶遲遲也、說文、踽、疏行兒、引唐風杕杜篇、獨行踽踽、毛傳云、踽踽、無所親也、說文、⿺走支、行兒、重言之則曰⿺走支⿺走支、小雅小弁篇、鹿斯之奔、維足伎伎、毛傳云、伎伎、舒貌、漢書東方朔傳、跂跂脈脈善緣壁、謂蟲行貌也、義並與⿺走支⿺走支同、方言、遙、疾行也、南楚之外曰遙、遙與⿺走䍃同、重言之則曰遙遙、遙遙猶躍躍耳、王風邱中有麻篇、將其來施施、鄭箋云、施施、舒行伺間獨來見己之貌、釋文云、施施如字、孟子離婁篇、施施從外來、孫奭音義云、施、丁如字、張音移、楚辭九章、悲秋風之動容兮、何回極之浮浮、王逸注云、浮浮、行貌、離騷、老冄冄其將至兮、注云、冄冄、行貌、說文、徥、行平易也、經傳通作夷、重言之則曰夷夷、夷與遲古同聲、邶風谷風篇、行道遲遲、毛傳云、遲遲、舒行貌、遲遲與夷夷同、匡謬正俗云、古者遲夷通用、書稱遲任有言、曰遲字音夷、亦音遲、淮南說馮夷河伯、乃爲遲字、史籍或言陵遲、或言陵

夷、其義一也、說文、僊、行兒、引齊風載驅篇、行人僊僊、小雅吉日篇、僊僊俟俟、毛傳云、趨則僊僊、行則俟俟、釋文、僊僊、本或作麃麃、說文、趞、行兒、重言之則曰趞趞、文選神女賦、步裔裔兮曜殿堂、李善注云、裔裔、行貌、司馬相如子虛賦、纚乎淫淫、般乎裔裔、郭璞注云、皆羣行貌也、漢書禮樂志郊祀歌、先以雨、般裔裔、顏師古注云、裔裔、飛流之貌、說文、趿、進足有所擷取也、楚辭九章、衆踥蹀而日進兮、是趿踥皆行進貌也、重言之則曰趿趿踥踥、諸書皆無夏夏之文、夏夏當作憂憂、字之誤也、說文、憂、和之行也、引商頌長發篇、布政憂憂、今本作敷政優優、鄭風清人篇、駟介陶陶、毛傳云、陶陶、驅馳之貌、釋文、音徒報反、陶陶與蹈蹈同、楚辭七諫、年滔滔而日遠兮、注云、滔滔、行貌、滔滔與蹈蹈聲義亦相近、說文、衍、水朝宗于海也、從水行、重言之則曰衍衍、楚辭七諫云、駕青龍以馳騖兮、班衍衍之冥冥、衞、或作衞、衞衞義見下條、

憧憧、⿱般女⿱般女、⿰彳卑⿰彳卑、營營、徃來也、

說文、憧、意不定也、咸九四、憧憧往來、朋從爾思、釋文云、憧憧、馬云、行貌、王肅云、往來不絕貌、劉云、意未定也、京作憧、憧憧、鹽鐵論刺復篇云、心憧憧若涉大川遭風而未薄、易林咸之坤云、心惡來怪、衝衝何懼、竝字異而義同、磐磐、曹憲音拌、拌卽盤字也、玉篇廣韻集韻音與曹憲同、各本拌字誤入正文、又誤作拌拌二字、上文磐磐、視也、曹憲音拌、今據以訂正、小雅青蠅篇營營青蠅、毛傳云、營營、往來貌、楚辭九章、魂識路之營營、王逸注與毛傳同、

腜腜、膿膿、㚅㚅、奮奮、濯濯、腯腯、肥也、

左思魏都賦、腜腜坰野、張載注云、腜腜、美也、引大雅緜篇、周原腜腜、李善注引韓詩同、毛詩作周原膴膴、傳云、膴膴、美也、鄭箋云、周之原地膴膴然肥美、膴與飴謀龜時茲爲韻、當讀如梅、釋文音武、失之、腜與膴古字通、又通作每、僖二十八年左傳、原田每每、亦謂原田之肥美也、杜預注云、原田之草每每然、失之、膿膿、奮奮、說見卷二、膿、肥、奮、盛也、下、奮從大、旨聲、各本譌作奮奮、今訂正、說文、㚅、大視也、從大、𥄕聲、讀若畚、

畚、音拳、大與肥義相近、重言之則曰㚅㚅、各本譌作㚅㚅、今訂正、大雅靈臺篇、麀鹿濯濯、孟子梁惠王篇注云、獸肥飽則濯濯、司馬相如封禪文云、濯濯之麟、游彼靈畤、

泡泡、淘淘、沸沸、洋洋、**洹洹、湯湯、泱泱、湝湝、浩浩、潒潒、混混、昆昆、滂滂、沛沛、涓涓、決決、浪浪、油油、淢淢、滮滮、流也、**淈淈、

西山經、其源渾渾泡泡、郭璞注云、水濆涌之聲也、淘淘、與滔滔同、小雅四月篇、滔滔江漢、毛傳云、滔滔、大水貌、滔之或作淘、猶搯之或作掏、曹憲音陶、失之、風俗通義引詩江漢陶陶、陶亦與滔同、西山經、其源沸沸湯湯、注云、涌出之貌也、衞風碩人篇、河水洋洋、毛傳云、洋洋、盛大也、洋、曹憲音陽、各本脫去洋洋二字、其音內陽字誤入正文、又衍作陽陽二字、今訂正、鄭風溱洧篇、溱與洧、方渙渙兮、毛傳云、渙渙、盛也、釋文渙渙、韓詩作洹洹、太平御覽引韓詩注云、洹洹、盛也、漢書地理志引詩作灌灌、竝字異而義同、衞風氓傳云、湯湯、水盛貌、堯典云、湯湯洪水方割、蕩蕩懷山襄陵、浩浩滔天、蕩蕩與潒潒同、小雅瞻彼洛矣篇、維水泱泱、毛傳云、泱泱、深廣貌、鼓鍾篇、淮水湝湝、毛傳云、湝湝、猶湯湯也、說文、混、豐流也、司馬相如上林賦云、汩乎混流、重言之則曰混混、孟子離婁篇云、原泉混混、荀子富國篇云、財貨渾渾如泉源、渾與混同、說文昆、水流也、楚辭九章云、浩浩沅湘、分流汩兮、汩與昆同、重言之則曰昆昆、說文、滂、沛也、重言之則曰滂沛沛、荀子富國篇云、汸汸如河海、易林未濟之鼎云、流潦滂滂、宋玉高唐賦云、奔揚踊而相擊兮、雲興聲之霈霈、王褒九懷云、望淮兮沛沛、汸與滂同、霈與沛同、說文、涓、小流也、引爾雅、汝爲涓、重言之則曰涓涓荀子法行篇引詩云、涓涓源水、不雝不塞、說文、決、行流也、重言之則曰決決、決決、水貌也、故因以爲水名北山經云、龍侯之山、決決之水出焉、而東流注于河是也、楚辭離騷、攬茹蕙以掩涕兮、霑余襟之浪浪、王逸注云、浪浪、流貌也、九歎、江湘油油、注云、油油、流貌也、衞風竹竿篇、淇水滺滺、釋文作浟浟、五經文字云、亦作攸攸、竝字異而義同、說文、濊、礙流也、引衞風碩人篇、施罛濊濊、又濊字注云、讀若詩施罛濊濊、今本

作施罛濊濊、釋文引韓詩云、濊濊、流貌、竝字異而義同、淢從水、戉聲、戉音越、各本譌從戊、今訂正、小雅白華篇、滮池北流、毛傳云、滮流貌、說文作淲、重言之則曰滮滮、說文、淈、水出兒也、莊子達生篇、與齊俱入、與汩皆出、郭象注云、磨翁而旋入者齊也、回伏而涌出者汩也、汩與淈同、重言之則曰淈淈、司馬相如上林賦、潏潏淈淈、湁潗鼎沸、郭璞注云、皆水微轉細涌貌也、淮南子原道訓云、混混汩汩、易林同人之既濟云涌泉滑滑、竝字異而義同、史記司馬相如傳索隱及集韻類篇竝引廣雅、淈淈、流也、今本脫淈淈二字、

汎汎、氾氾、**浮也、**

鄘風二子乘舟篇云、二子乘舟、汎汎其景、汎、曹憲音扶弓反、各本扶弓二字誤入正文、又誤作芎芎二字、玉篇、汎、扶弓切、今據以訂正、楚辭卜居云、將氾氾若水中之鳧乎、氾、曹憲音孚劒反、各本脫去氾氾二字、孚劒又譌作扶劒、案玉篇廣韻集韻、氾字俱音孚劒切、不音扶劒切、此因與上文汎扶弓反相涉而誤、汎汎與氾氾連文、後人不知汎氾之不同音、而誤以爲重出、故刪去氾氾二字耳、漢書司馬相如傳、汎淫

氾濫、顏師古注云、汎音馮、氾音敷劒反、司馬貞史記索隱云、汎音馮、氾音芳劒反、引廣雅、汎汎、氾氾、浮也、今據以補正、

頓頓、硠硠、堅也、

頓頓、說見卷一頓堅也下、衆經音義卷四引廣雅作頓頓、

葟葟、芃芃、莫莫、萋萋、菶菶、芊芊、芾芾、蓁蓁、薿薿、淠淠、茀茀、蒼蒼、媄媄、藏藏、幪幪、薱薱、蔚蔚、務務、葆葆、莽莽、茂也、

此謂草木之盛也、爾雅云、華、皇也、又云、蘮尹、葟華榮、葟與皇通、重言之則曰皇皇、小雅皇皇者華、傳云、皇皇猶煌煌也、大雅行葦篇維葉泥泥、傳云、葉初生泥泥然、潛夫論德化篇引詩作柅柅、竝與芃芃同、莫莫猶莽莽也、周南葛覃篇維葉莫莫、大雅旱麓篇莫莫葛藟、皆是茂盛之貌、傳因是刈是濩而云莫莫成就之貌、因施于條枚而云莫莫施貌、緣詞生訓、殆非也、說文、萋、艸盛也、小雅杕杜篇云、卉木萋止、重言之則

曰萋萋、葛覃、維葉萋萋、傳云、萋萋茂盛貌、萋萋猶莫莫耳、說文、菶、艸盛也、大雅卷阿篇菶菶萋萋、傳云梧桐盛也、生民篇瓜瓞唪唪、傳云、唪唪然多實也、案唪唪亦芃盛之貌、不必專訓多實、說文玤字注云、讀若詩曰瓜瓞菶菶、是唪唪卽菶菶也、瓜瓞菶菶、猶言麻麥幪幪耳、卷阿釋文云、菶菶、布孔反、又薄孔反、又薄公反、小雅采菽篇維柞之枝、其葉蓬蓬、傳云、蓬蓬盛貌、義亦與菶菶同、說文、谸、望山谷谸谸青也、劉子力命篇云、美哉國乎、鬱鬱芊芊、文選高唐賦云、仰視山巔、肅何芊芊、潘岳懷縣詩云、稻栽肅仟仟、謝朓游東田詩云、遠樹曖仟仟、五臣本作阡阡、竝字異而義同、芾芾、猶沛沛也、說文、市、艸木盛市市然、讀若輩、陳風東門之楊篇云、東門之楊、其葉肺肺、大雅生民篇云、荏菽旆旆、義竝與芾芾同、說文、蓁、艸盛皃、周南桃夭篇、桃之夭夭、其葉蓁蓁、傳云、蓁蓁至盛皃、文選東都賦注、引韓詩、小雅、蓁蓁者莪、毛詩作菁菁、聲近而義同、說文、薿、茂也、小雅甫田篇云、黍稷薿薿、漢書食貨志引作儗儗、小雅小弁篇、萑葦淠淠、傳云、淠淠、衆也、淠淠、各本譌作浬浬、今訂正、爾雅、覭髳、茀離也、郭璞注云、謂草木之叢茸翳薈、是茀爲茂也、重言之則曰茀茀、夏小正、拂桐芭、傳云、言桐芭始生、貌拂拂然也、拂與茀通、秦風蒹葭篇蒹葭蒼蒼、傳云、蒼蒼盛也、禹貢云、厥草惟夭、是夭爲茂也、夭與媄同、字又作枖、重言之則曰媄媄、說文、枖、木少盛皃、引詩、桃之枖枖、又媄字注引詩、桃之媄媄、今本作夭夭、傳云、夭夭、其少壯也、邶風凱風篇、棘心夭夭、傳云、夭夭、盛貌、其實一義也、檜風萇楚篇云、夭之沃沃、沃沃、與夭夭亦同義、既言夭而又言沃沃者、言重詞複以形容其盛、若中庸言淵淵其淵矣、陳風東門之楊篇、東門之楊、其葉牂牂、傳云、牂牂然盛貌、易林革之大有云、南山之楊、其葉將將、竝與藏藏同、大雅生民篇、麻麥幪幪、傳云、幪幪然盛茂也、幪幪、各本譌作懞懞、今訂正、各本懞下又有莫莫二字、案莫莫已見上文、不應重出、詩麻麥幪幪、釋文音莫孔反、各本幪下莫字、當是反語之上一字、旣誤入正文、又衍爲莫莫二字耳、今訂正、文選高唐賦、㠑兮若松榯、李善注云、㠑、茂貌、㠑與薱通、西都賦、茂樹蔭蔚、注引倉頡篇云、蔚、草木盛貌、合言之則曰薱蔚、後漢書馬融傳、豐彤薱蔚、李賢注云、皆林木貌也、薱與對通、重言之則曰薱薱蔚蔚、猶鬱鬱耳、釋言云、菽、葆也、菽與務同、重言之則曰務務、

葆葆、曹憲音亾豆、亾老二反、務亦茂也、魏武帝氣出唱樂府云、乘雲駕龍、鬱何務務、淮南子天文訓云、斗指丣、丣則茂茂然、茂與務通、哀元年左傳注云、草之生於廣野莽莽然、故曰草莽、楚辭九章云、草木莽莽、莽與丼同、

戡戡、譪譪、鏷鏷、截截、渠渠、閑閑、勃勃、藐藐、煒煒、童童、鐵鐵、闐闐、彭彭、岌岌、旁旁、鏘鏘、騤騤、驛驛、業業、翼翼、奕奕、常常、几几、盛也、

此謂凡物之盛也、漢書陳勝傳、夥涉之爲王沈沈者、應劭注云、沈沈、宮室深邃之貌也、音長含反、張衡西京賦云、大廈眈眈、義竝與戡戡同、爾雅、譪譪、濟濟止也、郭璞注云、皆賢士盛多之容止、大雅卷阿篇云、譪譪王多吉士、衛風碩人篇、朱幩鑣鑣、傳云、鑣鑣、盛貌、鄭風清人篇、駟介麃麃、傳云、麃麃、武貌、齊風載驅篇、行人儦儦、傳云、儦儦、衆貌、小雅角弓篇、雨雪瀌瀌、箋云、雨雪之盛瀌瀌然、義竝同也、秦風權輿篇云、夏屋

渠渠、是渠渠爲盛貌也、大雅皇矣篇、臨衝閑閑、崇墉言言、臨衝茀茀、崇墉仡仡、傳云、閑閑、動搖也、言言、高大也、茀茀、彊盛也、仡仡、猶言言也、案言言、仡仡、皆謂城之高大、則閑閑、茀茀、亦皆謂車之彊盛、茀茀、與勃勃同、廣雅以閑閑、勃勃、俱訓爲盛、蓋本諸三家也、法言淵騫篇云、勃勃乎其不可及乎、淮南子時則訓云、教教陽陽、唯德是行、卷二云、浡、盛也、浡、教、竝與勃同、爾雅藐藐、美也、美、與盛同義、大雅崧高篇云、寢廟既成、既成藐藐、卷二云、韡、盛也、重言之則曰韡韡、小雅常棣篇、常棣之華、鄂不韡韡、傳云、韡韡、光明也、藝文類聚引韓詩作夫栘之華、萼不煒煒、邶風靜女篇、彤管有煒、箋云、亦管煒煒然、蔡邕琴賦云、丹華煒煒、煒與韡同義、召南采蘩篇、被之僮僮、夙夜在公、被之祁祁、薄言還歸、傳云、被、首飾也、僮僮、竦敬也、祁祁、舒遲也、去事有儀也、案詩言被之僮僮、被之祁祁、則僮僮祁祁、皆是形容首飾之盛、下乃言其奉祭祀不失職耳、大雅韓奕篇云、諸娣從之、祁祁如雲、是祁祁爲盛貌、僮、與童通、廣雅訓童童爲盛、蓋亦本三家也、釋名、幢、童也、其貌童童然也、蜀志先主傳云、有桑樹高五丈餘、遙望見童童如小車蓋、藝文類聚引作幢幢、張衡東京賦云、設業設虡、宮縣金鏞、鼖鼓路鼗、樹羽幢幢、皆謂盛貌也、童、僮、幢、古同聲而通用、說文、鉞、車鑾聲也、引詩鑾聲鉞鉞、今詩小雅庭燎篇及魯頌泮水篇竝作鸞聲噦噦、義與鉞鉞同、大雅卷阿篇、鳳皇于飛、翽翽其羽、傳云、翽翽、衆多也、箋云、羽聲也、小雅斯干篇、噦噦其冥、箋云、噦噦、猶煟煟也、寬明之貌、皆盛之義也、凡盛貌謂之闐闐、盛聲亦謂之闐闐、說文、闐、盛皃也、又云、嗔、盛氣也、引小雅采芑篇、振旅嗔嗔、今本作闐闐、爾雅注云、闐闐、羣行聲、左思魏都賦云、振旅輷輷、反旆悠悠、問衆云、殷殷田田、如壞牆然、楚辭九歌云、靁填填兮雨冥冥、漢書禮樂志郊祀歌、泛泛滇滇從高斿、應劭注云、滇滇、盛貌也、易林賁之蹇云、轠轠填填、火燒山根、郭璞江賦、汗汗沺沺、廣韻引字林云、沺沺、水勢廣大無際之皃、是凡言闐闐者皆盛之義也、彭彭、與下旁旁同、音博庚蒲庚二反、大有九四、匪其彭、王肅注云、彭、壯也、重言之則曰彭彭、說文、騯、馬盛也、引詩四牡騯騯、今詩小雅北山篇及大雅烝民、韓奕二篇、竝作四牡彭彭、鄭風清人篇、駟介旁旁、王肅注云、旁旁、彊也、齊風載驅篇、行人彭彭、傳云、彭彭、多貌、魯頌駉篇、以車彭彭、傳云、彭彭、有力有容

也、騯、旁、彭、竝同義、凡聲之盛謂之鏘鏘、故鸞聲謂之鏘鏘、小雅采芑篇、八鸞瑲瑲、庭燎篇作將將、大雅烝民篇作鏘鏘、商頌烈祖篇作鶬鶬、是也、樂聲謂之鏘鏘、小雅鼓鍾篇、鼓鍾將將、周頌執競篇、磬筦將將、說文作蹡蹡、是也、玉聲謂之鏘鏘、鄭風有女同車篇、佩玉將將、是也、車聲謂之鏘鏘、楚辭九辯、前輕輬之鏘鏘、是也、凡貌之盛亦謂之鏘鏘、故行貌謂之蹌蹌、曲禮、大夫濟濟、士蹌蹌、鄭注云、皆行容止之貌、釋文、蹌蹌、本又作鶬、或作鏘、是也、舞貌謂之蹌蹌、說文牄字注、引皋陶謨、鳥獸牄牄、今本作蹌蹌、史記夏紀作鳥獸翔舞、是也、高貌謂之將將、大雅緜篇、應門將將、班固西都賦、激神岳之嶈嶈、馬融廣成頌、峨峨磑磑、鏘鏘崔崔、是也、美貌謂之將將、魯頌閟宮篇、犧尊將將、正義云、將將然盛美、管子形勢解云、將將鴻鵠、貌之美者也、是也、明貌謂之將將、荀子王霸篇引詩云、如霜雪之將將、如日月之光明、是也、是凡言鏘鏘者、皆盛之義也、小雅采薇篇、四牡騤騤、傳云、騤騤、彊也、張衡南都賦云、駟飛龍兮騤騤、周頌載芟篇、驛驛其達、爾雅作繹繹、舍人注云、穀皆生之貌、是驛驛爲盛也、小雅采薇篇、四牡業業、傳云、業業然壯也、大雅常武篇云、赫赫業業、小雅采芑篇、四騏翼翼、箋云、翼翼、壯健貌、信南山篇、我黍與與、我稷翼翼、箋云、與與、翼翼、蕃廡貌、大雅緜篇作廟翼翼、箋云、嚴顯翼翼然、後漢書樊準傳引商頌殷武篇、京師翼翼、四方是則、李賢注云、韓詩之文也、翼翼然盛也、又小雅信南山篇云、疆埸翼翼、黍稷彧彧、大雅文王篇云、世之不顯、厥猶翼翼、常武篇云、緜緜翼翼、不測不克、孔子閒居云、無體之禮、威儀翼翼、皆盛之義也、單言之則謂之翼、義見卷一、憑、滿也、下、奕奕、猶驛驛也、商頌那篇、庸鼓有斁、萬舞有奕、傳云、斁斁然盛也、奕奕然閑也、文選謝惠連秋懷詩注、引薛君韓詩章句云、奕奕、盛貌、小雅車攻篇云、四牡奕奕、大雅韓奕篇、奕奕梁山、傳云、奕奕、大也、魯頌閟宮篇、新廟奕奕、王肅注云、奕奕、盛大、周官隸僕注、引作寢廟繹繹、繹、斁、竝同義、小雅頍弁篇、憂心奕奕、憂心怲怲、傳云、奕奕然無所薄也、怲怲憂盛滿也、案奕奕、亦憂盛滿之貌、義與怲怲同、怲怲與彭彭古同聲、故馬盛謂之彭彭、亦謂之奕奕、憂盛謂之奕奕、亦謂之怲怲矣、說文、常、或作裳、小雅裳裳者華、傳云、裳裳猶堂堂也、豳風狼跋篇云、赤舄几几、是几几爲盛貌也、說文引詩作己己、又作掔掔、

仍仍、登登、翹翹、馮馮、緫緫、傳傳、甫甫、伾伾、集集、師師、遝遝、嘽嘽、淖淖、溠溠、繽繽、紛紛、噳噳、衆也、

爾雅、薨薨、衆也、大雅緜篇捄之陾陾、度之薨薨、築之登登、削屢馮馮、傳云、捄、虆也、陾陾、衆也、度、居也、言百姓之勸勉也、登登、用力也、削牆鍛屢之聲馮馮然、陾與仍通、合言之則皆衆民力作之貌、故登登、馮馮亦訓爲衆、太元廓次六、百辟馮馮、亦以馮馮爲衆也、周南漢廣篇翹翹錯薪、言刈其楚、翹翹與錯薪連文、則翹翹爲衆貌、言於衆薪之中刈取其高者耳、傳箋以翹翹爲高、則與下句相複、廣雅以爲衆、蓋本於三家也、卷三云、蓴、緫、聚也、蓴與傳通、重言之則曰緫緫傳傳、楚辭離騷、紛緫緫其離合兮、王逸注云、緫緫猶傳傳、聚貌、九歌、紛緫緫兮九州、注云、緫緫、衆貌、莊子則陽篇、是稷稷何爲者邪、李頤注云、稷稷、聚貌、稷與緫通、僖十五年左傳、引小雅十月之交篇、傳沓背憎、今本傳作噂、傳云、噂猶噂噂、沓猶沓沓、張衡南都賦云、森蓴蓴而刺天、揚雄甘泉賦云、齊緫緫撙撙其相膠轕兮、竝字異而義同、大雅韓奕篇、魴鱮甫甫、傳云、甫

甫然大也、此訓爲衆、義得兩通、蓋亦本三家也、伾伾、羣行貌也、說見上文駓駓走也下、卷三云、集、聚也、重言之則曰集集、周南螽斯篇、螽斯羽揖揖兮、傳云、揖揖、會聚也、義與集集同、師象傳云、師、衆也、重言之則曰師師、史記平原君傳云、公等錄錄、所謂因人成事者也、漢書蕭何曹參傳贊、當時錄錄未有奇節、顏師古注云、錄錄、猶鹿鹿、言在凡庶之中也、史記酷吏傳贊、九卿碌碌奉其官、竝與遝遝同、小雅采芑篇、戎車嘽嘽、傳云、嘽嘽、衆也、大雅常武篇、王旅嘽嘽、傳云、嘽嘽然盛也、崧高篇、徒御嘽嘽、亦是衆盛之貌、傳因周邪咸喜而訓嘽嘽爲喜樂、失之、漢書敘傳、王師驒驒、義與嘽嘽同、小雅南有嘉魚篇、烝然罩罩、烝然汕汕、傳云、罩罩、篧也、汕汕、樔也、箋云、烝、塵也、塵然、猶言久如也、言南方水中有善魚、人將久如而俱罩之、樔者、今之撩罟也、正義引爾雅、篧謂之罩、樔謂之汕、毛鄭詩考正云、案王肅云、烝、衆也、罩罩、汕汕、疊字形容之辭、不當爲捕魚器、說文鯙字注云、烝然鯙鯙、又汕字注云、魚游水貌、詩曰烝然汕汕、鯙、罩、古字通用、罩罩、汕汕、蓋皆魚游水之貌、故以興燕樂、爾雅篧謂之罩、樔謂之汕、自釋捕魚器、非釋詩之罩罩汕汕也、謹案、罩罩、汕汕、羣游之貌、故又訓爲衆、亦若伾伾爲羣行之貌、而訓爲衆也、淖淖與罩罩同、溠溠與汕汕同、廣韻、汕、溠二字竝所簡切、淖淖、溠溠之訓爲衆、蓋亦本三家也、大雅靈臺篇、麀鹿濯濯、傳云、濯濯、娛遊也、石鼓文、澫又魚、其斿𧼯𧼯、濯濯與淖淖、𧼯𧼯與汕汕、聲竝相近、楚辭離騷、佩繽紛其繁飾兮、是繽紛爲衆貌也、重言之則曰繽繽紛紛、孫子兵勢篇云、紛紛紜紜、說文、噳、麌鹿羣口相聚皃、大雅韓奕篇、麀鹿噳噳、傳云、噳噳然衆也、小雅吉日篇作麌麌、

遼遼、遙遙、邈邈、眇眇、遠也、

楚辭九歎云、山脩遠其遼遼兮、昭二十五年左傳云、遠哉遙遙、卷一云、邈、遠也、重言之則曰邈邈、楚辭離騷、神高馳之邈邈、王逸注云、邈邈、遠貌、大雅瞻卬篇、藐藐昊天、藐與邈同、邈邈、各本譌作邈邈、今訂正、釋言云、眇、莫也、重言之則曰眇眇、楚辭九章云、路眇眇之默默、管子內業篇云、渺渺乎如窮無極、渺與眇同、眇眇、猶邈邈耳、

呦呦、喓喓、譻譻、喈喈、嘖嘖、嚖嚖、鳴也、

小雅鹿鳴篇云、呦呦鹿鳴、召南草蟲篇、喓喓草蟲、傳云、喓喓、聲也、小雅伐木篇云、鳥鳴嚶嚶、單言之則曰嚶、下文嚶、其鳴矣是也、張衡思元賦、鳴玉鸞之譻譻、義與嚶嚶同、爾雅、行扈喈喈、宵扈嘖嘖、李巡注云、喈喈、嘖嘖、鳥聲貌也、淮南子原道訓云、烏之啞啞、鵲之喈喈、小雅小弁篇、鳴蜩嘒嘒、傳云、嘒嘒、小聲也、采菽篇、鸞聲嘒嘒、竝與嚖嚖同、

虺虺、喤喤、輷輷、轞轞、飲飲、欽欽、丁丁、闐闐、蕭蕭、轗轗、䜬䜬、㯻㯻、轔轔、鈴鈴、聲也、

邶風終風篇云、虺虺其靁、喤喤、說見卷四鍠聲也下、說文、轟、羣車聲、文選魏都賦注引倉頡篇云、輷輷、衆車聲也、史記蘇秦傳云、人民之衆、車馬之多、日夜行不絕、輷輷殷殷、若有三軍之衆、易林頤之大有云、轟轟輷輷、驅東逐西、竝字異而義同、王風大車篇、大車檻檻、傳云、檻檻、車行聲也、檻與轞通、字亦作轞、左思

吳都賦云、出車轚轚、陳風宛邱篇云、坎其擊鼓、重言之則曰坎坎、說文、竷、舞曲也、引小雅伐木篇、竷竷舞我、今本作坎坎鼓我、魏風伐檀篇、坎坎伐輪兮、漢石經作欿欿、竝字異而義同、欿欿猶坎坎也、小雅鼓鍾篇云、鼓鍾欽欽、周南兔罝篇、椓之丁丁、傳云、丁丁、椓杙聲也、小雅伐木篇、伐木丁丁、傳云、丁丁、伐木聲也、凡羣行聲謂之闐闐、說文引小雅采芑篇、振旅嗔嗔、今本作闐闐、爾雅注云、闐闐、羣行聲、左思魏都賦云、振旅軥軥、返旆悠悠、是也、車聲謂之軥軥、易林云、轟轟軥軥、驅東逐西、是也、雷聲謂之塡塡、楚辭九歌云、靁塡塡兮雨冥冥、九辯、屬雷師之闐闐、是也、崩聲謂之田田、問喪云、殷殷田田、如壞牆然、是也、凡言闐闐者、竝同義、說文、鼘、鼓聲也、引商頌那篇、鼗鼓鼘鼘、今本作淵淵、魯頌有駜篇、鼓咽咽、釋文、本又作鼝鼝、張衡東京賦、雷鼓鼝鼝、竝字異而義同、轠轠猶闐闐也、故車聲、雷聲、崩聲、羣行聲、皆謂之轠轠、易林咸之困云、雷車不藏、隱隱西行、司馬相如長門賦云、雷殷殷而響起兮、聲象君之車音、竝與轠轠同、單言之則曰殷殷、召南殷其靁、是也、餘見上文輷輷闐闐下、大雅靈臺篇、鼉鼓逢逢、釋文、逢逢、埤倉作韸韸、呂氏春秋季

夏紀注引詩亦作韸韸、小雅斯干篇、椓之橐橐、集傳云、橐橐、杵聲也、椓之橐橐、猶言椓之丁丁耳、斯干釋文云、橐橐、本或作柝柝、橐柝竝與欜通、繫辭傳、重門擊柝、馬融注云、兩木相擊以行夜也、說文引易、柝作欜、案欜之言橐也、兩木相擊、聲橐橐然也、義亦與椓之橐橐同、楚辭九歌、乘龍兮轔轔、王逸注云、轔轔、車聲、秦風車鄰篇、有車鄰鄰、傳云、鄰鄰、衆車聲也、釋文、本亦作轔轔、崔駰東巡頌云、天動雷霆、隱隱轔轔、鈴鈴猶轔轔也、齊風盧令篇、盧令令、傳云、令令、纓環聲、正義作鈴鈴、漢書天文志云、地大動鈴鈴然、說文云、霆、雷餘聲鈴鈴、所以挺出萬物也、

混混、沌沌、轉也、

混混或作渾渾、孫子兵勢篇、渾渾沌沌、形圓而不可敗、魏武帝注云、車騎轉而形圓者、出入有道齊整也、呂氏春秋大樂篇云、陰陽變化、一上一下、合而成章、渾渾沌沌、離則復合、合則復離、是謂天常、天地車輪、終則復始、極則復反、莫不咸當、是渾渾沌沌爲轉貌也、凡狀水之轉、亦曰渾渾沌沌、枚乘七發說曲江之濤云、沌沌渾渾、狀如奔馬、混混庉庉、聲如雷鼓、混庉猶渾沌耳、

馮馮、翼翼、烟烟、熅熅、睢睢、盱盱、元氣也、

楚辭天問、馮翼惟像、何以識之、王逸注云、言天地旣分、陰陽運轉、馮馮翼翼、何以識知其形像乎、淮南子天文訓、天墬未形、馮馮翼翼、洞洞灟灟、高誘注云、馮翼洞灟、無形之貌、繫辭傳云、天地絪縕、萬物化醇、絪縕與烟熅同、重言之則曰烟烟熅熅、班固典引、太極之元、兩儀始分、烟烟熅熅、蔡邕注云、烟烟熅熅、陰陽和一相扶貌也、睢睢盱盱、猶烟烟熅熅也、揚雄勮秦美新云、權輿天地未袪、睢睢盱盱、元氣未判、謂之睢盱、太朴未彫、亦謂之睢盱、王延壽魯靈光殿賦、上紀開闢、遂古之初、五龍比翼、人皇九頭、伏羲鱗身、女媧蛇軀、鴻荒朴略、厥狀睢盱、張載注云、睢盱、質朴之形、

衯衯、絛絛、擾擾、憒憒、怴怴、惛惛、忞忞、亂也、

呂刑云、泯泯棼棼、孫子兵勢篇云、紛紛紜紜、竝與衯衯同、晉語云、唯有諸侯、故擾擾焉、前卷三云、讃、亂也、

重言之則曰憒憒、大雅召旻篇、潰潰回遹、傳云、潰潰亂也、莊子大宗師篇云、憒憒然爲世俗之禮、憒與潰通、桓五年公羊傳、怴也、何休注云、怴者狂也、狂與亂同義、重言之則曰怴怴、多方云、乃大淫昬、說文引立政云、在受德忞、是昬忞皆亂也、昬與惛同、重言之則曰惛惛、忞忞、管子四時篇云、五漫漫、六惛惛、孰知之哉、法言問神篇、著古昔之㖧㖧、傳千里之忞忞者、莫如書、李軌注云、㖧㖧、目所不見、忞忞、心所不了、㖧㖧與惛惛同、忞忞與漫漫、聲亦相近、

僛僛、儽儽、僊僊、舞也、

并見小雅賓之初筵篇、

蜿蜿、蝹蝹、動也、

玉篇、蜿、音於阮、於元、於丸三切、楚辭大招、虎豹蜿只、王逸注云、蜿、虎行貌也、行與動同義、重言之則曰蜿蜿、楚辭離騷云、駕八龍之婉婉兮、宋玉高唐賦云、振鱗奮翼、蜲蜲蜿蜿、司馬相如封禪文云、宛宛黃龍、興

德而升、竝字異而義同。玉篇蝹音於筠、於云二切、何晏景福殿賦云、蝹若神龍之登降。重言之則曰蝹蝹。張衡西京賦云、海鱗變而成龍、狀蜿蜿以蝹蝹、皆動之貌也。各本脫去動字、集韻類篇竝引廣雅、蜿蜿蝹蝹動也、今據以補正。

誇誇、切切也、

誇誇未詳所出。切切見論語子路篇、與誇大之義不相比附、當別是一條。誇誇下當有脫文、切切下亦當有脫文、今不可考。

行行、㪅㪅也、

論語先進篇、子路行行如也、鄭注云、行行、剛強之貌。更更讀如庚庚。釋名云、庚、更也、堅強貌也。說文、庚、位西方、象秋時萬物庚庚有實也。徐鍇傳云、庚庚、堅彊之皃。庚庚與更更通。行行、更更聲相近、皆彊貌也。更更下蓋脫彊字。

乾乾、健也、

乾九三云、君子終日乾乾。餘見卷二乾健也下。

蹇蹇、難也、

蹇六二云、王臣蹇蹇。餘見卷三蹇難也下。

趯趯、跳也、

召南草蟲篇、趯趯阜螽、傳云、趯趯、躍也。躍與趯古同聲而通用。小雅巧言篇、躍躍毚兔、釋文、他狄反、是讀如趯趯阜螽之趯。爾雅、躍躍、迅也、釋文、余斫反、是又讀如魚躍于淵之躍。

嬥嬥、好也、

卷一云、嬥、好也。重言之則曰嬥嬥。毛詩小雅大東篇、糾糾葛屨、可以履霜、佻佻公子、行彼周行、既往既來、使我心疚。傳云、佻佻、獨行貌。釋文、佻佻、韓詩作嬥嬥、往來貌。案糾糾是葛屨之貌、非履霜之貌、則嬥嬥亦是公子之貌、非獨行往來之貌、猶之糾糾葛屨、可以履霜、摻摻女手、可以縫裳、摻摻是女手之貌、非縫裳之貌也。說文、嬥、直好皃。玉篇音徒了、徒聊二切。嬥嬥猶言苕苕。張衡西京賦云、狀亭亭以苕苕是也。故楚辭九歎注引詩作苕苕公子、行彼周行、大東釋文云、嬥嬥本或作窕窕、方言、美狀爲窕、窕窕亦好貌也。此句但言其直好、下三句乃傷其困乏、言此嬥嬥然直好之公子、馳驅周道、往來不息、是使我心傷病耳。廣雅訓嬥嬥爲好、當是齊魯詩說、若毛詩因行彼周行而訓爲獨行、韓詩因既往既來而訓爲往來、皆緣辭生訓、非詩人本意也。

呱呱、號也、

說文、呱、小兒嗁聲、引大雅生民篇、后稷呱矣、重言之則曰呱呱。皋陶謨云、啟呱呱而泣。

致致、盡也、

卷一云、鋌、盡也。鋌與致通、重言之則曰致致。論衡語增篇云、傳語曰、町町若荊軻之閭、言荊軻爲燕太子丹刺秦王、後誅軻九族、其後恚恨不已、復夷軻之一里、一里皆滅、故曰町町。町町、與致致同。

頻頻、比也、

說見卷三頻比也下。

嚻嚻、虛也、

法言君子篇云、或曰、人有齊死生、同貧富、等貴賤、何如。曰、信死生齊、貧富同、貴賤等、則吾以聖人爲嚻嚻。吳祕注云、若信是言、則吾以聖人六經之旨爲嚻嚻之虛語耳。君子篇又云、或曰、世無仙、則焉得斯語。曰、語乎者、非嚻嚻也歟。吳祕注云、嚻嚻然方士之虛語耳。

章章、采也、

荀子法行篇云、故雖有珉之雕雕、不若玉之章章。

斤斤、仁也、

周頌執競篇、斤斤其明、爾雅、斤斤、察也、義與仁不相近、斤斤之下、仁也之上、葢俱有脫文、

𡕒𡕒、孝也、

𡕒或作烝、引之云、堯典、父頑、母嚚、象傲、克諧以孝、烝烝乂、不格姦、傳云、諧、和、烝、進也、言能以至孝諧和頑嚚昏傲、使進進以善自治、不至於姦惡、訓烝爲進、雖本爾雅、然以烝烝乂爲進進治、則不辭甚矣、今案經文、當讀克諧爲句、以孝烝烝爲句、乂不格姦爲句、列女傳云、舜父頑、母嚚、父號瞽叟、弟曰象、敖遊於嫚、舜能諧柔之、承事瞽叟以孝、蔡邕九疑山碑云、逮于虞舜、聖德克明、克諧頑傲、以孝𡕒𡕒、是讀克諧爲句、以孝烝烝爲句也、列女傳又云、母憎舜而愛象、舜猶內治、靡有姦意、是讀乂不格姦爲句也、經云以孝烝烝、烝烝卽是孝德之形容、故漢魏人多以烝烝爲孝者、陸賈新語道基篇、虞舜𡕒𡕒於父母、光燿於天地、後漢書章帝紀、陛下至孝烝烝、奉順聖德、和熹鄧后紀、以崇陛下烝烝之孝、宋意傳、陛下至孝烝烝、張禹傳、陛下體烝烝之至孝、馬融傳、陛下履有虞烝烝之孝、袁紹傳、伏惟將軍至孝𡕒𡕒、發於岐嶷、張衡東京賦、

𡕒𡕒之心、感物曾思、躬追養於廟祧、奉𡕒嘗與禴祠、高陽令楊著碑、孝烝內發、又云、烝烝其孝、恂恂其仁、蔡邕胡公碑、夫𡕒𡕒至孝、德本也、朱公叔墳前石碑、孝于二親、𡕒𡕒雝雝、續漢書祭祀志注引蔡邕議云、孝章皇帝大孝𡕒𡕒、家語六本篇、瞽瞍不犯不父之罪、而舜不失烝烝之孝、𦾔文類聚引魏弁蘭贊述太子表云、昔舜以𡕒𡕒顯其德、周旦以不驕成其名、曹植鼙舞歌云、古時有虞舜、父母頑且嚚、盡孝於田隴、烝烝不違仁、廣雅亦云、𡕒𡕒、孝也、則知兩漢經師、皆訓烝烝爲孝、故轉相承用、卒無異說也、謂之烝烝者、言孝德之厚美也、大雅文王有聲篇、文王烝哉、韓詩云、烝、美也、魯頌泮水篇、烝烝皇皇、傳云、烝烝、厚也、皇皇、美也、王肅云、言其人德厚美也、

駸駸、疾也、

說文、駸、馬行疾也、小雅四牡篇云、載驟駸駸、

版版、反也、

版、反聲相近、字通作板、爾雅、版版、盪盪、僻也、郭璞注云、皆邪僻、大雅板篇、上帝板板、傳云、板板、反也、正義云、邪僻、卽反戾之義、

管管、浴也、

大雅板篇、靡聖管管、傳云、管管無所依繫、箋云、無聖人之法度、管管然以心自恣、此云、管管、浴也、浴字於義不可通、未詳何字之譌、

旺旺、思也、

漢書鮑宣傳、極竭毣毣之思、毣與旺通、

諓諓、善也、

說文、諓、善言也、秦誓、惟截截善諞言、文十二年公羊傳引作惟諓諓善竫言、楚辭九歎注引作諓諓靖言、說文引作戔戔、越語、又安知是諓諓者乎、公羊釋文引賈逵注云、諓諓、巧言也、鹽鐵論論誹篇云、疾小人

諓諓面從以成人之過也、潛夫論救邊篇云、淺淺善靖、竝字異而義同、

庸庸、用也、

庸誥云、庸庸祗祗威威、

僆僆、憭也、

僆僆、曹憲音郗訐反、考說文、玉篇、俱無僆字、僆僆疑當爲倢倢、倢、與捷通、卷一云、憭、捷、慧也、是捷與憭同義、

紛繷、不善也、

呂刑、泯泯棼棼、傳云、泯泯爲亂、棼棼同惡、方言云、南楚凡人語言過度、及妄施行謂之繷、皆謂不善也、棼與紛通、繷與繷通、合言之則曰紛繷、崔駰達旨云、紛繷塞路、凶虐播流、繷曹憲音女交、奴孔二反、大雅民勞篇、無縱詭隨、以謹惛怓、傳云、惛怓、大亂也、惛怓與紛繷聲近而義同、

崎嶇、傾側也、

王褒洞簫賦云、徒觀其旁山側兮、則嶇嶔巋崎、是崎與嶇皆傾側之貌也、合言之則曰崎嶇、說文、嶇、敧也、敧、敧隁也、文選高唐賦注引埤倉云、崎嶇、不安也、史記陸賈傳云、崎嶇山海閒、司馬相如傳云、民人登降移徙、陭隁而不安、左思魏都賦云、山阜猥積而踦䟤、竝字異而義同、

輆軜、不平也、

輆軜、玉篇、廣韻竝作輆軩、所出未聞、

蹇產、詰詘也、

楚辭九章思蹇產而不釋、王逸注云、蹇產、詰屈也、屈與詘通、司馬相如上林賦、蹇產溝瀆、張注云、蹇產、詰曲也、卷一云、結、詘、曲也、結與詰通、

詭隨、小惡也、

此毛詩義也、大雅民勞篇無縱詭隨、以謹無良、傳云、詭隨、詭人之善、隨人之惡者、以謹無良、愼小以懲大也、正義云、無良之惡、大於詭隨、詭隨者尚無所縱、則無良者謹愼矣、案詭隨疊韻字、不得分訓、詭人之善隨人之惡、詭隨卽無良之人、亦無大惡小惡之分、詭隨、謂譎詐謾欺之人也、詭、古讀若果、隨、古讀若讉、讉音土禾反、字或作訑、又作詑、隨其假借字也、方言云、虔、儇、慧也、秦謂之謾、晉謂之㦟、宋楚之閒謂之倢、楚或謂之讉、自關而東趙魏之閒謂之黠、或謂之鬼、說文云、沇州謂欺曰詑、楚辭九章云、或忠信而死節兮、或訑謾而不疑、燕策云、寡人甚不喜訑者言也、竝字異而義同、

偃蹇、夭撟也、

此疊韻之轉也、漢書禮樂志郊祀歌云、靈輿位、偃蹇驤、爾雅、人曰撟、郭注云、頻伸夭撟、撟、字或作蟜、又作矯、司馬相如上林賦、夭蟜枝格、偃蹇杪顛、郭注云、夭蟜、頻申也、張衡思元賦云、偃蹇夭矯娩以連卷兮、夭撟謂之偃蹇、故屈曲亦謂之偃蹇、淮南子本經訓云、偃蹇蓼糾、曲成文章、司馬相如大人賦、掉指撟以偃蹇、張注云、偃蹇、委曲貌、是也、夭撟謂之偃蹇、故驕傲亦謂之偃蹇、崇高亦謂之偃蹇、哀六年左傳、彼皆偃蹇、杜預注云、偃蹇、驕傲、楚辭離騷、望瑤臺之偃蹇兮、王逸注云、偃蹇、高貌、是也、

墆翳、障蔽也、

楚辭九歎、舉霓旌之墆翳兮、王逸注云、墆翳、蔽隱貌、餘見卷二翳薈蔽障也下、

崢嵤、湨、冥也、

爾雅、冥、幼也、小雅斯干正義云、爾雅、幼或作窈、孫炎曰、冥、湨闇之窈也、豫上六、冥豫、王廙注云、冥、湨也、楚辭九章、眴兮杳杳、王逸注云、杳杳、湨冥貌也、是冥與湨同義、餘見卷三崝嵤湨也下、崝與崢同、

踸踔、無常也、

踸、或作趻、楚辭七諫、馬蘭踸踔而日加、王逸注云、踸踔、暴長貌也、暴長卽無常之意、無常謂之踸踔、非常亦謂之踸踔、趙岐注孟子盡心篇云、子張之爲人、踸踔譎詭、是也、餘見卷三逴蹇也下、

屛營、征伀也、

吳語、王親獨行、屛營仿偟於山林之中、玉篇引注云、屛營、猶仿偟也、法言重黎篇云、六國蚩蚩、爲嬴弱姬、卒之屛營、嬴擅其政、楚辭九思、遽傽遑兮驅林澤、步屛營兮行邱阿、注云、憂憒不知所爲、徒經營奔走也、屛營、征伀、皆驚惶失據之貌、餘見卷二征伀懼也下、

悇憛、懷憂也、

楚辭七諫、心悇憛而煩冤兮、王逸注云、悇憛、憂愁貌也、馮衍顯志賦云、幷日夜而幽思兮、終悇憛而洞疑、憛、各本譌作覃、惟影宋本不譌、

逍遙、儴佯也、

疊韻之轉也、文選南都賦注引韓詩云、逍遙、遊也、鄭風作逍遙、檀弓作消搖、楚辭離騷、聊逍遙以相羊、王逸注云、逍遙、相羊、皆遊也、逍遙、一作須臾、羊、一作佯、史記司馬相如傳、招搖乎襄羊、索隱、郭璞曰、襄羊、猶

仿佯也。漢書作消搖乎襄羊。文選李善本作消搖乎襄羊。五臣本作招搖乎儴佯。並字異而義同。開元占經石氏中官占引黃帝占云、招搖、尚羊也。尚羊與儴佯古亦同聲。或作徜徉。說見下文徜徉戲蕩也下。

仿佯、徙倚也、

哀十七年左傳如魚竀尾、衡流而方羊。鄭衆注云、方羊、遊戲。呂氏春秋行論篇云、仿佯於野。淮南子原道訓云、仿洋于山峽之旁。史記吳王濞傳云、彷徉天下。漢書作方洋。並字異而義同。齊風載驅傳云、翱翔猶仿佯也。翱與徉古亦同聲。故釋名云、翱、佯也。言仿佯也。游戲放蕩謂之仿佯、地勢潢蕩亦謂之仿佯。楚辭招魂云、西方仿佯無所倚、廣大無所極、是也。楚辭遠遊、步徙倚而遙思兮。哀時命注云、徙倚、猶低佪也。逍遙、徜徉、徙倚、聲之轉。徜徉、仿佯、聲相近。上言逍遙徜徉、此言仿佯徙倚、一也。故離騷云、聊逍遙以相羊。遠遊云、聊仿佯而逍遙。哀時命云、獨徙倚而仿佯。

侳躟、惶勮也、

勮、各本譌作劇、今訂正。上文云、惶惶、佂佂、勮也。文選舞賦注引埤倉云、躟、疾行貌。字通作攘。史記貨殖傳云、天下攘攘、皆爲利往。合言之則曰佂躟。馬融圍棊賦云、狂攘相救兮、先後并沒。義與佂躟同。方言云、潤沭、征伀、惶遽也。遽與勮通。惶遽謂之佂躟、故擾亂亦謂之佂躟。楚辭九辯悼余生之不時兮、逢此世之佂攘、是也。王逸注以爲遇讒而惶遽、失之。哀時命、摡塵垢之枉攘兮。王注云、枉攘、亂貌。佂攘、枉攘、並與佂躟同。

俳佪、便旋也、

此疊韻之變轉也。俳佪之正轉爲盤桓、變之則爲便旋。薛綜注西京賦云、盤桓、便旋也。便旋、猶盤旋耳。俳佪、各本皆作俳徊。唯影宋本作俳佪。漢書高后紀注云、俳佪、猶彷徨、不進之意也。史記司馬相如傳、於是楚王乃弭節裴回。漢書作俳佪。文選作俳佪。後漢書張衡傳作俳回。並字異而義同。

曖䁥、翳薈也、

楚辭離騷、時曖曖其將罷兮。王逸注云、曖曖、昏昧貌。遠遊、旹曖䁥其曭莽兮。注云、日月晻黮而無光也。衆經音義卷六引廣雅、靉靆、翳薈也。又引通俗文云、雲覆日爲靉靆。義與曖䁥同。餘見卷二晻薆翳薈障也下。曖䁥、各本譌作䁥曖、今訂正。

撣援、牽引也、

撣之言嬋連、援之言援引、皆憂思相牽引之貌也。楚辭離騷、女嬃之嬋媛兮。王逸注云、嬋媛、猶牽引也。一作撣援。九歌、女嬋媛兮爲余太息。九章、心嬋媛而傷懷。注並與離騷同。又九章、忽傾寤以嬋媛。嬋媛一作儃佪。儃佪與嬋媛古聲相近、亦牽引之意也。憂思相牽謂之嬋媛、樹枝相牽亦謂之嬋媛。文選南都賦、結根竦本、垂條嬋媛。李善注云、嬋媛、枝相連引、是也。

躊躇、猶豫也、

此雙聲之相近者也。躊猶、躇豫爲疊韻、躊躇、猶豫爲雙聲。說文、篤、篤箸也。楚辭九辯、蹇淹留而躊躇。七諫注云、躊躇、不行貌。並與躊躇同。猶豫、字或作猶與。單言之則曰猶、曰豫。楚辭九章、壹心而不豫兮。王注云、豫、猶豫也。老子云、與兮若冬涉川、猶兮若畏四鄰。淮南子兵略訓云、擊其猶猶、陵其與與。合言之則曰猶豫、轉之則曰夷猶、曰容與。楚辭九歌、君不行兮夷猶。王注云、夷猶、猶豫也。九章云、然容與而狐疑。容與亦猶豫也。案曲禮云、卜筮者、先聖王之所以使民決嫌疑、定猶與也。離騷云、心猶豫而狐疑兮。史記淮陰侯傳云、猛虎之猶豫、不若蜂蠆之致螫。騏驥之躑躅、不如駑馬之安步。孟賁之狐疑、不如庸夫之必至也。嫌疑、狐疑、猶豫、躑躅、皆雙聲字。狐疑與嫌疑、一聲之轉耳。後人誤讀狐疑二字、以爲狐性多疑、故曰狐疑。又因離騷猶豫狐疑相對成文、而謂猶是犬名、犬隨人行、每豫在前、待人不得、又來迎候、故曰猶豫。或又謂猶是獸名、每聞人聲、卽豫上樹、久之復下、故曰猶豫。或又以豫字從象、而謂猶豫俱是多疑之獸。以上諸說、具見於水經注、顏氏家訓、禮記正義及漢書注、文選注、史記索隱等書。夫雙聲之字、本因聲以見義、不求諸聲而求諸字、固宜其說之多鑿也。

蹢躅、跢跦也、

此雙聲之尤相近者也、急言之則曰蹢、徐言之則曰跢跦、說文、蹢、住足也、或曰蹢躅、又云、躅、蹢躅也、姤初六、羸豕孚蹢躅、釋文、蹢本亦作躑、躅本亦作䠱、古文作蹢蹄、邶風靜女篇搔首踟蹰、文選鸚鵡賦注引薛君韓詩章句云、踟蹰、躑躅也、三年問躑躅焉、踟蹰焉、釋文作蹢躅、踶蹰、荀子禮論篇作躑躅、踟蹰、易是類謀、物瑞騠騬、鄭注云、騠騬、猶踟蹰也、成公綏嘯賦云、逍遥攜手、踟跦步趾、竝字異而義同、說文、彳、小步也、亍、步止也、彳亍與蹢躅聲義亦相近、

翱翔、浮游也、

齊風載驅傳云、翱翔猶彷徉也、翔字古讀若羊、翱翔雙聲也、載驅云、齊子翱翔、齊子遊敖、翱翔、遊敖、皆一聲之轉、故釋名云、翱、敖也、言敖遊也、翔、佯也、言仿佯也、楚辭離騷、聊浮遊以逍遥、遊與游同、浮游彷徉、亦一聲之轉、游、各本譌作於、今訂正、

從容、舉動也、

楚辭九章懷沙篇、重華不可遌兮、孰知余之從容、王逸注云、從容、舉動也、言誰得知我舉動欲行忠信案從容有二義、一訓爲舒緩、一訓爲舉動、其訓爲舉動者、字書韻書皆不載其義、今詳引諸書以證明之、九章抽思篇云、理弱而媒不通兮、尚不知余之從容、哀時命云、世嫉妬而蔽賢兮、孰知余之從容、此皆謂己之舉動、非世俗所能知、與懷沙同意、後漢書馮衍傳顯志賦、惟吾志之所庶兮、固與俗其不同、既俶儻而高引兮、願觀其從容、此亦謂舉動不同於俗、李賢注云、從容、猶狂後也、失之、中庸云、誠者不勉而中、不思而得、從容中道、聖人也、從容中道、謂一舉一動、莫不中道、猶云動容周旋中禮也、韓詩外傳云、動作中道、從容得禮、漢書董仲舒傳云、動作應禮、從容中道、王褒四子講德論云、動作有應、從容得度、此皆以從容動作相對成文、中庸正義云、從容閒暇而自中乎道、失之、緇衣云、長民者、衣服不貳、從容有常、引都人士之詩云、彼都人士、狐裘黄黄、其容不改、出言有章、從容與衣服相對成文、狐裘黄黄、衣服不貳也、其容不改、從容有常也、正義以從容爲舉動得之、大戴禮文王官人篇、言行亟變、從容謬易、好惡無常、行身不類、從容與言行相對成文、從容謬易、謂舉動反覆也、盧辯注云、安然反覆、失之、墨子非樂篇云、食飲不美、面目顔色不足視也、衣服不美、身體從容不足觀也、莊子田子方篇云、進退一成規、一成矩、從容一若龍、一若虎、楚辭九章悲回風云、竊從容以周流兮、傅毅舞賦云、形態和、神意協、從容得志不劫、漢書翟方進傳云、方進伺記陳慶之從容語言以詆欺成罪、此皆古人謂舉動爲從容之證、自動謂之從容、動人謂之慫慂、聲義竝相近、故慫慂或作從容、史記吳王濞傳、鼂錯數從容言吳過可削、從容、卽慫慂、漢書衡山王傳、日夜從臾王、謀反事、史記作從容、

踧踖、畏敬也、

論語鄉黨篇、踧踖如也、馬融注云、踧踖、恭敬之貌、孟子公孫丑篇、曾西蹵然、趙岐注云、蹵然、猶蹵踖也、踧蹵竝與踧同、

般桓、不進也、

曹大家注幽通賦云、盤桓、不進也、屯初九、磐桓、釋文磐本亦作盤、又作槃、馬云、槃桓、旋也、爾雅、般、還也、釋文引易作般桓、管子小問篇、君乘駁馬而洀桓、尹知章注云、洀、古盤字、漢張納碑作般桓、張表碑作畔桓、侯成碑作磐桓、郭究碑作槃桓、劉寬碑作盤桓、竝字異而義同、

結縎、不解也、

說見卷四縎結也下、

裮被、不帶也、

玉篇、裮、尺羊切、披衣不帶也、披與被通、今人猶謂衣不帶曰被衣、莊子知北遊篇云、齧缺問道乎被衣、合言之則曰裮被、楚辭離騷、何桀紂之猖披兮、王逸注云、猖披、衣不帶之貌、猖、一作昌、釋文作倡、披、一作被、竝字異而義同、

軫軳轉戾也、

說文、戾、曲也、盭、弼戾也、盭與戾通、方言、軫、戾也、郭璞注云、相了戾也、江東音善、說文、紾、轉也、考工記弓人老牛之角紾而昔、鄭衆注云、紾、讀爲抮縛之抮、釋文紾、劉徒展反、許愼尚展反、角絞縛之意也、孟子告子篇、紾兄之臂而奪之食、趙岐注云、紾、戾也、音義、紾、張音軫、又徒展切、淮南子原道訓、蟠委錯紾、高誘注云紾、轉也、卷四云、抮、盭也、曹憲音顯、並聲近而義同、軳曹憲音牛力反、各本軳譌作軳、自宋時本已然、故集韻類篇俱有軳字、音色、引廣雅、軫軳、轉戾也、案說文玉篇廣韻俱無軳字、集韻類篇音色、亦與曹憲牛力反之音不合、考軳字本讀如與子同袍之袍、玉篇軳步毛切、戾也、廣韻同、轉入聲則讀如克岐克嶷之嶷軫軳、雙聲字也、或作抮抱、又作紾抱、淮南子原道訓扶搖抮抱羊角而上、高注云、抮抱、了戾也、扶搖、如羊角、轉曲縈行而上也、抮讀與左傳感而能昣者同、抱讀詩克岐克嶷之嶷、精神訓、雖天地覆育、亦不與之抮抱矣、注云、抮抱、猶持著也、本經訓、菱杼紾抱、注云紾、戾也、抱、轉也、皆壯采相銜持貌也、紾讀紾結之紾

抱、讀岐嶷之嶷、高注讀抱爲嶷、正與牛力反之音相合、今據以訂正、凡字從包聲者、多轉入職德緝合諸韻、其同位而相轉者、若包犧之爲伏犧、抱雞之爲伏雞是也、亦有異位而相轉者、若漢書五行志注引春秋考異郵云、陰氣之專精、凝合生雹、雹之爲言合也、是雹合聲相近、玉篇云、鮑、漬魚也、今謂裛魚、鮑裛聲相近、故鮑魚轉爲裛魚、猶之軳嶷聲相近、故軫軳之軳讀爲嶷也、軳字或書作軳、故譌而爲軳、集韻遂讀爲色、而類篇以下諸書皆仍其誤、

陸離、參差也、

楚辭離騷云、紛總總其離合兮、斑陸離其上下、招魂云、長髮曼鬋、豔陸離些、淮南子本經訓云、五采爭勝、流漫陸離、皆參差之貌也、貌參差謂之陸離、聲參差亦謂之陸離、揚雄甘泉賦云、聲駍隱以陸離是也、陸與流、古同聲、甘泉賦云、曳紅采之流離兮、流離猶陸離耳、陸與林、古聲亦相近、司馬相如大人賦、騷擾衝蓯其相紛挐兮、滂濞泱軋麗以林離、攢羅列聚叢以龍茸兮、衍曼流爛痑以陸離、張注云、林離、襂纚也、陸離、參差也、林離、猶陸離、襂纚、猶參差耳、又離騷、高余冠之岌岌兮、長余佩之陸離、岌岌、高貌、陸離、長貌也、九章云、帶長鋏之陸離兮、冠切雲之崔嵬、意與此同、王逸注云、陸離、猶參差、失之、

敿懎、乖刺也、

說文、敿、戾也、玉篇、懎、乖戾也、合言之則曰敿懎、楚辭離騷、忽緯繣其難遷、王逸注云、緯繣、乖戾也、義與敿懎同、意相乖違謂之敿懎、行相乖違、亦謂之敿懎、馬融廣成頌云、徽嫿霍奕、別騖分奔、是也、乖刺、猶乖戾、語之轉耳、說文、刺、戾也、楚辭七諫云、吾獨乖刺而無當兮、

淟涊、垢濁也、

說見卷三淟涊濁也下、

俶儻、卓異也、

枚乘七發云、俶兮儻兮、合言之則曰俶儻、文選封禪文、奇物譎詭、俶儻窮變、李善注引漢書音義云、俶儻

卓異也、報任少卿書云、唯倜儻非常之人稱焉、倜與俶同、儻、各本譌作黨、今訂正、

魁岸、雄傑也、

漢書江充傳、充爲人魁岸、容貌甚壯、顏師古注云、魁大也、岸者、有廉稜如崖岸之形、案師古說岸字之義非是、魁岸、猶魁梧、語之轉耳、張良傳贊、以爲其貌魁梧奇偉、應劭注云、魁梧、丘虛壯大之意、是也、而師古乃云、梧者、言其可驚梧、愈失之矣、

溾涹、汙濊也、

說見卷三溾涹濁也下、

鍡鑸、不平也、

說文、鍡鑸、不平也、文選魯靈光殿賦注引埤倉云、礧碨礧也、莊子庚桑楚篇、北居畏壘之山、釋文、畏、本或作喂、又作猥、壘、崔本作纍、史記老子韓非傳作畏累、管子輕重乙篇、山間堁壘之壤、左思魏都賦、或嵬壘

而複陸、木華海賦、碨磊山壟、竝字異而義同、山不平謂之畏壘、氣不平亦謂之畏壘、論衡雷虛篇云、刻尊爲雷之形、一出一入、一屈一伸、爲相校軫則鳴、校軫之狀、鬱律嵔壘之類也、鬱律卽畏壘之轉、司馬相如上林賦云、崴磈嵔廆、邱虛堀礨、隱轔鬱㠥、大人賦云、徑入雷室之砰磷鬱律兮、洞出鬼谷之堀礨崴魁、皆畏壘之變轉也、

嵟嵦、霜雪也、

廣韻、嶉、霜雪白狀也、嶉、與嵟同、說文、皚、霜雪之白也、劉歆遂初賦云、漂積雪之暟暟兮、劉楨贈五官中郎將詩云、霜氣何暟暟、暟、與嵦同、合言之則曰嵟嵦、楚辭九思、霜雪兮嵟嵦、注云、積聚貌、

迖睢、難行也、

說文、趑、趑趄、行不進也、夬九四、其行次且、釋文、次、本亦作趑、或作跌、鄭作趀、且、本亦作趄、或作跙、王肅云、趑趄、行止之礙也、竝與迖睢同、

瑰瑋琦玩也、

說文、傀、偉也、或作瓌、又云、偉、奇也、玉篇引埤倉云、琦、瑋也、瑰瑋、珍琦也、史記司馬相如傳、俶儻瑰偉、漢書作瑰瑋、魯靈光殿賦作瓌瑋、竝字異而義同、

揣抗搖捎也、

掉撨振訊也、

竝說見卷一振訊掉捎揣抗動也下、掉捎與掉撨同、撨、曹憲音嘯、各本譌作擭、今訂正、

匔匑謹敬也、

匔、曹憲音邱六反、匑、曹憲音邱弓反、各本匑字譌作匔、不成字體、集韻平聲一東、匑、邱弓切、引廣雅匔匑、謹敬也、入聲一屋、匔、邱六切、引廣雅匔匑謹敬也、匔匑二字、皆是匔字之譌、玉篇、匔、邱六切、匔匑、謹敬皃也、匑、巨弓切、匔匑也、今據以訂正、聘禮記、執圭入門、鞠躬焉如恐失之、釋文作𥨍窮、論語鄉黨篇、入公門、鞠躬如也、如不容、孔傳云、斂身也、義竝與匔匑同、跛踖、鞠躬、皆雙聲、以形容之、故皆言如、孔傳本謂鞠躬爲斂身之貌、非訓鞠爲斂、躬爲身也、皇侃疏云、鞠、曲斂也、躬、身也、失之、斂身卽謹敬之意、故又訓爲謹敬、史記韓長孺傳贊云、壺遂之內廉行脩、斯鞠躬君子也、太史公自序云、敦厚慈孝、訥於言、敏於行、務在鞠躬、君子長者、漢書馮奉世傳贊、鞠躬履方、擇地而行、顏師古注云、鞠躬、謹敬貌、

委蛇、窊衺也、

委蛇、窊衺、皆疊韻、委、曹憲音於悲反、各本窊衺作逶衺、於悲反之音在逶字下、案逶與委同音、不應復見、且窊衺爲疊韻、逶衺則非疊韻、徧考諸書、亦無以逶衺二字連用者、此因委字下之於悲反、誤入窊字下、校書者又改窊爲逶、以合於悲之音、遂致斯謬、考衆經音義卷三、卷九、卷十竝云、廣雅、委佗、窊邪也、又云、窊、音烏瓜反、今據以訂正、說文、迆、衺行也、又云、逶迆、衺去之皃、或作蝸、凡衺與曲同義、故衺貌謂之委蛇、曲貌亦謂之委蛇、召南羔羊篇、委蛇委蛇、傳云、委蛇、行可從迹也、箋云、委曲自得之貌、釋文作委虵、韓詩

作逶迆、莊子應帝王篇、吾與之虛而委蛇、列子黃帝篇作猗移、楚辭離騷、載雲旗之委蛇、一作委移、一作逶迤、遠遊云、形蟉虯而逶蛇、九歎云、遵江曲之逶移兮、又云、帶隱虹之逶蛇、張衡西京賦、聲清暢而蜲蛇、薛綜注云、蜲蛇、聲餘詰曲也、又說文、委、委隨也、漢唐扶頌在朝逶隨、劉熊碑、卷舒委隨、衡方碑禕隋在公、竝字異而義同、說文、窊、汚衺下也、史記滑稽傳、汚邪滿車、集解、司馬彪云、汚邪、下地田也、竝與窊衺同、周官形方氏、正其封疆、無有華離之地、鄭注云、華讀爲㼌哨之㼌、正之使不㼌邪離絶、㼌邪與窊衺、亦聲近而義同、

怵惕、恐懼也、

周語云、猶曰怵惕、懼怨之來也、

潢潒、浩盪也、

潢潒、讀爲潢洋、楚辭九辯、然潢洋而不可帶、王逸注云、潢洋、猶浩蕩也、蕩與盪通、秦策、鬼神狐祥無所食、

史記春申君傳狐祥作孤傷新序善謀篇作潢洋枚乘七發云浩瀇瀁兮司馬相如上林賦云灝溔潢漾史記莊子傳云其言洸洋自恣以適己論衡案書篇云瀇洋無涯並與潢洋同潢洋狐祥孤傷古聲並相近莊子達生篇水有罔象司馬彪本作無傷罔象之爲無傷猶潢洋之爲狐祥孤傷矣張衡西京賦云彌望廣潒馬融長笛賦云曠瀁敞罔亦與潢洋聲相近

㩞搘展極也

展極猶伸極也邶風擊鼓篇不我信兮傳云信極也信與伸同說文𠃨蟲曳行也曳行卽展極之意故𠃨㩞並音丑善反集韻搘引也合言之則曰㩞搘玉篇㩞搘醜長皃長與展極義亦相近

愲㤃忼慨也

愲之言愲然也玉篇㤃滿也王粲從軍詩云夙夜自㤃性合言之則曰愲㤃說文忼慨壯士不得志也楚辭九章好夫人之忼慨忼各本譌作忼今訂正

徜徉戲蕩也

宋玉風賦云徜徉中庭楚辭惜誓云託回飈乎尚羊王逸注云尚羊遊戲也淮南子覽冥訓云尚佯冀州之際漢書禮樂志郊祀歌云周流常羊思所并後漢書張衡傳思元賦悵相佯而延佇文選作徜徉並字異而義同戲蕩謂之常羊故舞貌亦謂之常羊跳貌亦謂之常羊郊祀歌幡比翄回集貳雙飛常羊文穎注云舞者骨騰肉飛如鳥之回翄而雙集也說苑辨物篇齊有飛鳥一足來下止于殿前舒翄而跳孔子曰此名商羊商羊常羊聲相近蓋卽以其跳舞而名之也召南草蟲篇喓喓草蟲傳云草蟲常羊也𧊒行則跳躍故亦有常羊之名於草蟲言其鳴於阜𧊒言其躍互文耳引之云文選高唐賦王雎鸝黃正冥楚鳩姊歸思婦垂雞高巢其鳴喈喈當年遨遊李善云一本云子當千年萬世遨遊未詳案年當爲羊字形相近而誤當羊卽尚羊也楚辭惜誓注云尚羊遊戲也正與遨遊同義其一本作子當千年萬世遨遊詞理甚爲紕繆且賦文兩句一韻多一句則儳互不齊蓋妄人改之也

規覞籧篨侏儒僬僥瘂瘖僮昏聾聵矇瞍八疾也

晉語籧篨不可使俛戚施不可使仰僬僥不可使舉侏儒不可使援矇瞍不可使視嚚瘖不可使言聾聵不可使聽僮昏不可使謀韋昭注云籧篨偃人戚施僂人僬僥長三尺不能舉重侏儒短者不能抗援有眸子而無見曰矇無眸子曰瞍口不道忠信之言爲嚚瘖不能言者耳不別五聲之和爲聾生而聾曰聵僮無知昏闇亂也戚施與規覞同覞各本譌作頎今訂正襄四年左傳云我君小子朱儒是使朱與侏通魯語僬僥氏長三尺短之至也注云僬僥西南蠻之別名海外南經云周饒國其爲人短小冠帶一曰焦僥國焦與僬通僬僥周饒聲相近說文瘖不能言病也釋名云瘖唵然無聲也淮南子地形訓云障氣多喑風氣多聾喑與瘖通晉語嚚瘖不可使言則嚚瘖皆不能言之疾韋注口不道忠信之言爲嚚非也廣雅所列八疾之名皆本晉語唯嚚瘖之嚚作瘂音烏下反疑廣雅本作嚚後人不解其義而改爲瘂且並改曹憲之音也卷三但鈍也曹憲音疸今本作但音度滿反卷八敽盾也曹憲音嫣今本作敵音插此後人改音之明證矣卷三云僮癡也周官司刺三赦曰惷愚鄭注云惷愚生而癡騃童昏者童與僮通說文聾無聞也聵生聾也釋名云聾籠也如在蒙籠之內聽不察也法言問明篇云吾不見震風之能動聾聵也聵各本譌作聵今訂正聾聵皆不能聽之疾韋注耳不別五聲之和爲聾亦非也大雅靈臺篇矇瞍奏公毛傳與韋注同釋名云矇有眸子而失明蒙蒙無所別也瞍縮壞也凡事理之相近者其名卽相同籧篨戚施侏儒皆疾也故人之不肖者亦曰籧篨戚施侏儒邶風新臺篇云燕婉之求籧篨不鮮又云燕婉之求得此戚施鄭語云侏儒戚施寔御在側近頑童也皆謂不肖之人也淮南子脩務訓注云籧篨偃戚施僂皆醜貌也故物之粗醜者亦曰籧篨戚施方言云簟之粗者自關而西謂之籧篨太平御覽引薛君韓詩章句云戚施蟾蜍喻醜惡是也侏儒短人也故梁上短柱亦謂之侏儒淮南子主術訓云脩者以爲櫚榱短者以爲朱儒枅櫨是也不能言謂之瘖故不言亦謂之瘖晏子春秋諫篇云近臣嘿遠臣瘖是也不能言謂之嚚不能聽謂之聾故口不道忠信之言亦謂之嚚耳不聽五聲之和亦謂之聾左傳僖二十

四年富辰所云是也、

㞞轉反側也、

說文、展、轉也、合言之則曰展轉、周南關雎篇、輾轉反側、釋文、輾、本亦作展、展轉、卽反側、重言以申意耳、故小雅何人斯篇、以極反側、箋云、反側、展轉也、關雎正義云、反側、猶反覆也、大雅民勞篇、以謹繾綣、傳云、繾綣、反覆也、繾綣與展轉、聲近義同、

瀾沭怖㦆也、

沭、各本譌作沐、今訂正、方言、脅闌、懼也、齊楚之間曰脅闌、闌與瀾通、說文、怵、恐也、怵、與沭通、合言之則曰瀾沭、方言、瀾沭、遑遽也、江湘之間凡窘猝怖遽謂之瀾沭、郭璞注云、喘喈貌也、卷二云、遽、懼也、遽與㦆通、

忸怩㬮咨也、

說見卷一恧怩㬮咨慙也下、恧與忸同、㬮、各本譌作感、今訂正、

㘓哰謰謱也、

此雙聲之相近者也、㘓謰、聲相近、魏風伐檀篇、河水清且漣猗、爾雅漣作瀾、是其例也、哰謱、聲亦相近、士喪禮、牢中旁寸、鄭注云、牢讀爲樓、是其例也、方言、㘓哰、謰謱、拏也、東齊周晉之鄙曰㘓哰、㘓哰、亦通語也、南楚曰謰謱、拏、揚州會稽之語也、郭璞注云、拏、言譇拏也、平原人呼㘓哰也、玉篇、譇拏、言不可解也、說文、拏、牽引也、拏與詉通、說文、遱、連遱也、謱、謰謱也、玉篇、嗹嘍、多言也、謰謱、繁拏也、楚辭九思云、媒女詘兮謰謱、淮南子原道訓、終身運枯形于連嶁、列埒之門、高誘注云、連嶁、猶離婁也、委曲之貌、並字異而義同、劉向熏鑪銘云、彫鏤萬獸、離婁相加、說文、廔、屋麗廔也、離婁、麗廔、聲與連遱、皆相近、故離象傳云、離、麗也、王弼注兌卦云、麗猶連也、鄭注士喪禮云、古文麗爲連、王延壽王孫賦云、羌難得而覼縷、玉篇、覼、力和切、覼縷、委曲也、覼縷與連遱、聲亦相近、故同訓爲委曲矣、

憺㤿欺慢也、

說見卷二憺㤿謾欺也下、忚與㤿同、謾與慢同、

譠譹啁欺也、

譹、曹憲音乎報反、各本譌作評、惟影宋本皇甫本不譌、玉篇、譹、相欺也、潛夫論浮侈篇云、事口舌而習調欺、調與啁同、

踡局僒跧也、

說文、䟃、行曲脊也、䟃與踡通、小雅正月篇、謂天蓋高、不敢不局、傳云、局、曲也、合言之則曰踡局、楚辭離騷、僕夫悲余馬懷兮、蜷局顧而不行、王逸注云、蜷局、詰屈不行貌、九思、踡跼兮寒局數、注云、踡跼、傴僂也、並與踡局同、餘見卷三僒跧伏也下、

鞅罔無賴也、

方言、央亾、獪也、江湘之間或謂之無賴、凡小兒多詐而獪謂之央亾、央亾與鞅罔同、

亭父更褚卒也、

方言、南楚東海之間亭父謂之亭公、卒謂之弩父、或謂之褚、續漢書百官志注引風俗通義云、漢家因秦、大率十里一亭、亭、留也、蓋行旅宿會之所館、亭吏舊名負弩、改爲亭長、或謂亭父、漢書高祖紀應劭注云、舊時亭有兩卒、一爲亭父、掌開閉埽除、一爲求盜、掌逐捕盜賊、食貨志、月爲更卒、顏師古注云、更卒、謂給郡縣一月而更者也、如淳注昭帝紀云、更有三品、有卒更、有踐更、有過更、古者正卒無常人、皆當迭爲之、一月一更、是謂卒更也、貧者欲得顧更錢者、次直者出錢顧之、月二千、是謂踐更也、天下人皆直戍邊三日、亦名爲更、雖丞相子亦在戍邊之調、不可人人自行三日戍、又行者當自戍三日、不可往便還、因便住一歲一更、諸不行者出錢三百入官、官以給戍者、是謂過更也、續漢書百官志注引劉劭爵制云、秦爵四級曰不更、不更者、爲車右、不復與凡更卒同也、方言注云、褚、言衣赤也、音赭、說文、褚、卒也、隸人給事者衣爲卒、卒、衣有題識者、鄭注周官司常云、今亭長著絳衣、

緺繆、纏緜也、

此疊韻之轉也、說見
卷四緺繆纏也下、

讎眱、直視也、

淮南子道應訓、齧缺繼以讎夷、高誘注云、讎夷、熟視
不言、夷與眱通、眱各本譌作睫、影宋本皇甫本不譌、

揚搉、嫴榷、堤封、無慮、都凡也、

釋詁云、都、大也、聚也、說文、凡、最括也、合言之則曰都
凡、猶今人言大凡、諸凡也、揚搉、雙聲字也、莊子徐無
鬼篇、則可不謂有大揚搉乎、淮南子俶眞訓作物豈
可謂無大揚攉乎、高誘注云、揚攉、猶無慮、大數名也、
莊子釋文引許愼注云、揚搉、粗略法度也、案大揚搉、
猶言大略、許高二說是也、郭象莊子注云、搉而揚之、
王叔之義疏云、搉略而揚顯之、皆非是、漢書敘傳云、
揚搉古今、監世盈虛、述食貨志第四、揚搉古今、猶言
約略古今、上文云、略存大綱、以統舊文、述禮樂志第
二、下文云、略表山川、彰其剖判、述地理志第八、皆是

此意、顏師古注云、揚、舉也、搉、引也、揚搉者、舉而引之、
陳其趣也、亦非是、左思蜀都賦、請爲左右揚搉而陳
之、劉逵注云、韓非有揚搉篇、班固曰、揚搉古今、其義
一也、李善注引許愼云、揚搉、粗略也、揚搉而陳之、猶
言約略而陳之、故廣雅訓爲都凡也、揚搉者、大數之
名、故或言大搉、續漢書律歷志云、其可以相傳者、唯
大搉常數而已、字亦作較、史記律書、世儒闇於大較、
索隱云、較、音角、又謂之商搉、卽揚搉之轉、陸機吳趨
行云、淑美難窮紀、商搉爲此歌、左思吳都賦云、商搉
萬俗、是也、單言之則曰搉、左思魏都賦、搉惟庸蜀與
鴝鵒同窠、句吳與鼃黽同穴、搉惟者、發凡之詞、猶言
大氏耳、字亦作較、嵇康養生論、較而論之、猶言約而
論之耳、嫴榷、猶揚搉也、檀弓以爲沽也、鄭注云、沽、猶
略也、釋文、沽、音古、古聲與嫴相近、榷之言大較也、漢司
隸校尉魯峻碑云、綱紐舉大、榷然疏發、合言之則曰
嫴榷、或作辜較、孝經、蓋天子之孝也、孔傳云、蓋者、辜
較之辭、劉炫述義云、辜較、猶梗槩也、孝道旣廣、此纔
舉其大略也、梗槩與辜較、一聲之轉、略陳指趣謂之
辜較、總括財利亦謂之辜較、皆都凡之意也、說文、秦
以市買多得爲夃、夃與辜義相近、漢書武帝紀、初榷

酒酤、韋昭注云、以木渡水曰榷、謂禁民酤釀、獨官開
置、如道路設木爲榷、獨取利也、顏師古注云、榷者、步
渡橋、今之略彴是也、步渡橋謂之略彴、亦謂之榷、都
凡謂之大榷、亦謂之約略、其義一也、合言之則曰辜
榷、漢書陳咸傳云、沒入辜榷財物、翟方進傳云、多辜
榷爲姦利者、王莽傳云、豪吏猾民辜而榷之、應劭注
武帝紀作酤榷、晉灼注、鄭當時傳作辜較、並與嫴榷
同、嫴與榷皆總括之意、故釋言云、嫴、榷也、此云嫴榷
都凡也、後漢書靈帝紀注引漢書音義云、辜、障也、榷、
專也、謂障餘人賣買而自取其利、分辜榷爲二義、已
失於迂、顏師古乃云、辜榷者、言已自專之、它人取者
輒有辜罪、其失甚矣、堤封、亦大數之名、猶今人言通
共也、漢書刑法志、一同百里、提封萬井、蘇林注云、提、
音祇、陳留人謂舉田爲祇、李奇注云、提、舉也、舉四封
之內也、顏師古注云、李說是也、提讀如本字、蘇音非
也、說者或以爲積土爲封謂之堤封、旣改文字、又失
義也、案諸說皆非也、提封卽都凡之轉、提封萬井、猶
言通共萬井耳、食貨志云、地方百里、提封九萬頃、地
理志云、提封田一萬四千五百一十三萬六千四百
五頃、匡衡傳云、樂安鄉本田提封三千一百頃、義並

與此同、若訓提爲舉、訓封爲四封、而云舉封若干井、
舉封若干頃、則甚爲不辭、又東方朔傳云、迺使大中
大夫吾邱壽王、與待詔能用算者二人、舉籍阿城以
南、盩厔以東、宜春以西、提封頃畝、及其賈直、亦謂舉
籍其頃畝之大數、及其賈直耳、若云舉封頃畝、則尤
爲不辭、且上言舉籍、下不當復言舉封、以此知諸說
之皆非也、堤封與提封同、蘇林音祇、曹憲音時、集韻
音常支切、字作隄、引廣雅、隄封、都凡也、李善本文選
西都賦、提封五萬、五臣本及後漢書班固傳並作隄
封、提封爲都凡之轉、其字又通作堤、隄則亦可讀爲
都奚反、凡假借之字、依聲託事、本無定體、古今異讀、
未可執一、顏注以蘇林音祇爲非、匡謬正俗又謂提
封之提、不當作隄字、且不當讀爲都奚反、皆執一之
論也、無慮、亦大數之名、宣十一年左傳釋文云、無慮、
如字、一音力於反、無慮、疊韻字也、或作亾慮、漢書李
廣傳、諸妄校尉以下、張晏注云、妄、猶凡也、諸妄、猶諸
凡、諸凡、猶都凡耳、妄與亾慮之亾聲相近、諸妄、亦疊
韻也、荀子議兵篇、焉慮率用賞慶刑罰埶詐而已矣、
楊倞注云、慮、大凡也、漢書賈誼傳、慮亾不帝制而天
子自爲者、顏師古注云、慮、大計也、言諸侯皆欲同帝

制而爲天子之事、下文云、宗室子孫、慮莫不王、語意正與此同、故師古亦云、慮、大計也、今本注文脫去大字、正文慮莫又譌作莫慮、賈子五美篇云、宗室子孫慮莫不王、足正今本之失、合言之則曰無慮、食貨志、天下大氐無慮皆鑄金錢矣、注云、大氐、猶言大凡也、無慮、亦謂大率無小計慮耳、趙充國傳、亡慮萬二千人、注云、亡慮、大計也、案師古以無慮爲大計是也、而又云、大率無小計慮、則鑿矣、淮南子注云、無慮、大數名也、周髀算經、無慮後天十三度十九分度之七、趙爽注云、無慮者、粗計也、後漢書光武紀、將作大匠竇融上言園陵廣袤無慮所用、李賢注云、謂請園陵都凡制度也、無慮之轉爲孟浪、莊子齊物論篇、夫子以爲孟浪之言、而我以爲妙道之行也、李頤云、孟浪、猶較略也、崔譔云、不精要之貌、左思吳都賦、若吾之所傳、孟浪之遺言、略舉其梗概而未得其要妙也、劉逵注云、孟浪、猶莫絡、不委細之意、莫絡、孟浪、無慮、皆一聲之轉、總計物數、謂之無慮、總度事情、亦謂之無慮、皆都凡之意也、禮運云、聖人耐以天下爲一家、以中國爲一人者、非意之也、鄭注云、意、心所無慮也、宣十一年左傳、使封人慮事以授司徒、杜注云、慮事、無慮計功、皆是也、今江淮間人謂揣度事宜曰母量、卽無慮之轉、而禮記正義乃云、心所無慮者、謂於無形之處、用心思慮、左傳正義又云、築城之事、無則慮之、訖則計功、胥失之矣、揚推、嫴榷、堤封、無慮、皆兩字同義、後人望文生訓、遂致穿鑿而失其本旨、故略爲辯正、大氐雙聲疊韻之字、其義卽存乎聲、求諸其聲則得、求諸其文則惑矣、

附引廣雅四條、

蹁躚盤姍也、

見衆經音義卷十一、此疊韻之相近者也、侈言之則曰盤姍、約言之則曰蹁躚、皆行不正之貌也、說文、蹁、足不正也、廣韻、蹣跚、跛行皃、蹣跚、與盤姍同、莊子大宗師篇、跰𨇤而鑑于井、釋文、跰𨇤、崔本作邉鮮、司馬云、病不能行、故跰𨇤也、竝與蹁躚同、史記平原君傳、有躄者槃散行汲、集解云、散、亦作跚、司馬相如傳、媻珊勃窣上金隄、漢書、珊作姍、韋昭注云、媻姍勃窣、匍匐上也、竝與盤姍同、又玉篇、蹣跚、旋行皃、廣韻云、蹁躚、旋行皃、張衡南都賦說舞貌云、蹩躠蹁躚、亦行不正之貌也、躚、與蹮同、

蹉跎、失足也、

文選西京賦、鯨魚失流而蹉跎、李善注引廣雅、蹉跎、失足也、又引楚辭九懷云、驥垂兩耳、中坂蹉跎、

逡巡、卻退也、

見上林賦、雪賦注、爾雅、逡、退也、宣六年公羊傳云、趙盾逡巡北面再拜稽首、管子戒篇作逡遁、小問篇作遵遁、晏子問篇作巡遁、又作逡循、莊子至樂篇作蹲循、漢書項籍傳作遁巡、竝字異而義同、

膠葛、驅馳也、

史記司馬相如傳、雜遝膠葛以方馳兮、索隱引廣雅、膠葛、驅馳也、漢書作膠輵、楚辭遠遊、騎膠葛以雜亂兮、王逸注云、參差駢錯而縱橫也、九歎云、潺湲轇輵、雷動電發、馺高舉兮、竝字異而義同、說文、駒、馬疾走也、玉篇音居遏切、駒與輵義相近、

廣雅疏證卷第六上

廣雅疏證卷第六下

高郵王念孫學

釋親

翁、公、叜、爸、爹、㸙、父也、

翁公聲相近、史記項羽紀云、吾翁卽若翁、魏策云、陳軫將行、其子陳應止其公之行、各本公字誤入曹憲音內、今訂正、爸者、父聲之轉、爹㸙聲相近、廣韻、爹、北人呼父也、㸙、吳人呼父也、㸙、曹憲音止奢反、高誘注淮南子說山訓云、雒家謂公爲阿社、社與㸙聲相近、翁公叜父、古或以爲長老之稱、史記馮唐傳、文帝問唐曰、父知之乎、方言、傁、父、老也、東齊魯衞之閒、凡尊老謂之傁、周晉秦隴謂之公、或謂之翁、南楚謂之父、或謂之父老、傁與叜同、下文、妻之父謂之父姼、妻之母謂之母姼、姼與爹聲亦相近、

媓、妣、毑、婢、嬭、媼、姐、母也、媽、

方言、南楚瀑洭之閒、母謂之媓、毑與下姐字同、說文、蜀人謂母曰姐、淮南謂之社、毑、各本作𣬈、蓋因上文爸字從巴而誤、集韻類篇毑字注引廣雅、毑、母也、𣬈字注亦云、母也、則宋時廣雅本已有譌作𣬈者、考玉篇廣韻俱無𣬈字、玉篇云、姐、古文作毑、今據以訂正、廣韻、嬭、楚人呼母也、說文、媼、母老稱也、文穎注漢書高祖紀云、幽州及漢中皆謂老嫗爲媼、韓非子外儲說篇云、衞君之晉、謂薄疑曰、吾欲與子皆行、薄疑曰、請歸與媼計之、衞君自請薄媼、薄媼曰、君有意從之甚善、衞君曰、吾以請之媼、媼許我矣、是媼爲母之異名、又爲婦人長老之稱也、其婦人長老之稱、亦謂之母、史記廉頗藺相如傳、趙王謂趙括之母曰、母置之、是也、玉篇、媽、莫補切、母也、集韻類篇並引廣雅、媽、母也、今本脫媽字、

娋、孟、姊也、

此方言文也、娋、廣韻作嫛、云、齊人呼姊也、

媦、娣、妹也、

媦、妹聲相近、桓二年公羊傳、若楚王之妻媦、何休注云、媦、猶今云、媦、妹也、說文、楚人謂女弟曰媦、爾雅注亦云、猶今謂兄爲罤、妹爲媦、爾雅、女子同出、謂先生爲姒、後生爲娣、莊十九年公羊傳云、諸侯娶一國、則二國往媵之、以姪娣從、姪者何、兄之子也、娣者何、弟也、各本娣字誤在下文社字上、邢昺爾雅疏引廣雅、娣、社、妯娌、娣似、先後也、則所見已是誤本、今訂正、

社、

說文社字之解、見上姐母也下、姐社聲相近、淮南子說山訓、西家子謂其母曰社、何愛速死、高誘注云、江淮閒謂母爲社、社讀雒家謂公爲阿社之社、社字本在上文母也一條內、各本錯出在此、邢疏所引已誤、

妯娌、娣、姒、先後也、

方言、築娌、匹也、郭注云、今關西兄弟婦相呼爲築娌、築與妯同、妯之言儔也、集韻妯又音儔、方言云、娌、耦也、姒、曹憲音似、各本脫去姒字、其音內似字又誤入正文、邢疏所引已誤、今訂正、爾雅、長婦謂稚婦爲娣婦、娣婦謂長婦爲姒婦、郭注云、今相呼先後、或云妯娌、漢書郊祀志、長陵女子以乳死、見神於先後宛若、孟康曰、兄弟妻相謂先後、宛若、字也、顏師古曰、古謂之娣姒、今關中俗呼之爲先後、吳楚俗呼之爲妯娌、喪服傳、娣姒婦者、弟長也、鄭注云、娣姒婦者、兄弟之妻相名也、成十一年左傳、聲伯之母不聘、穆姜曰、吾不以妾爲姒、杜注云、聲伯之母、叔肸之妻也、昆弟之妻相謂爲姒、穆姜、宣公夫人、宣公、叔肸同母昆弟、昭二十八年傳、叔向娶於申公巫臣氏、生伯石、伯石始生、子容之母走謁諸姑、曰、長叔姒生男、注云、子容母、叔向嫂、伯華妻也、成十一年正義云、世人多疑娣姒之名、皆以爲兄妻呼弟妻爲娣、弟妻呼兄妻爲姒、因卽惑於傳文、不知何以爲說、今謂母婦之號、隨夫尊卑、娣姒之名、從身長幼、以其俱來夫族、其夫班秩旣同、尊卑無以相加、遂從身之少長、喪服傳曰、娣姒婦者、弟長也、以弟長解娣姒、言娣是弟、姒是長也、長謂身之年長、非夫之年長也、釋親云、長婦謂稚婦爲娣婦、娣婦謂長婦爲姒婦、止言婦之長稚、不言夫之大小、今穆姜謂聲伯之母爲姒、昭二十八年傳、叔向之嫂謂叔向之妻爲姒、二者皆呼夫弟之妻爲姒、豈計

夫之長幼乎、釋親又云、女子同出、謂先生爲姒、後生爲娣、孫炎云、同出、謂俱嫁事一夫也、事一夫者、以己生生先後爲娣姒、則知娣姒以己之年、非夫之年也、故賈逵鄭元及此注皆云、兄弟之妻相謂爲姒、言兩人相謂、謂長者爲姒、知娣姒之名不計夫之長幼也、邵氏二雲爾雅正義曰、孔氏之說非也、婦人三從之義既嫁從夫、若娣姒之名、從身之少長、不計夫之長幼則從夫之義謂何矣、女子同出、謂先生爲姒、後生爲娣、此謂俱事一夫者也、長婦謂稚婦爲娣婦、娣婦謂長婦爲姒婦、此謂各事一夫者也、夫年有長稚、故婦從夫而有長婦稚婦、孔氏以女子之俱事一夫者牽合於昆弟之妻、則不達於雅訓矣、孔氏所據者左傳之稱、弟妻爲姒耳、殊不知古之稱娣姒者、猶今人稱妯娌也、兄妻稱弟妻曰妯娌、弟妻亦稱兄妻曰妯娌蓋析言之、則兄妻爲姒、弟妻爲娣、合言之、則昆弟之妻統稱爲娣姒、約言之、則但稱爲姒、娣姒先後妯娌俱可連稱、知娣姒之可連稱、則左傳之稱姒者不過稱謂之閒、偶從其省、不得因此而致疑於兄妻爲姒弟妻爲娣也、釋名云、少婦謂長婦曰姒、言其先來已所當法似也、長婦謂少婦曰娣、娣弟也、己後來也、或

曰先後、以來先後言之也、據此則長婦少婦皆以其夫之長少名之也、案二雲說是也、郊特牲云、婦人無爵、從夫之爵、坐以夫之齒、明婦人不以己之齒爲坐次也、何獨至於稱謂之閒而但計己之長幼、不計夫之長幼乎、兄長而弟幼、故婦從其夫而亦有長稚之稱、女子同出、以長者爲姒、幼者爲娣、故婦從其夫之長幼而亦有娣姒之稱、男子先生爲兄、後生爲弟、故婦從其夫而亦有先後之稱也、先後亦長幼也、故魯語夫宗廟之有昭穆、以次世之長幼也、韋昭注云、長幼、先後也、弟長亦先後也、故吳語、孤敢不順從君命長弟、注云、長、先也、弟、後也、娣之言弟、姒之言始也、或言娣姒、或言弟長、或言先後、或言長婦稚婦、其義一也、

父、榘也、

白虎通義云、父者、矩也、以法度敎子也、矩與榘同、

母、牧也、

說文、母、牧也、

兄、況也、

白虎通義云、兄者、況也、況父法也、

弟、悌也、

白虎通義云、弟者悌也、心順行篤也、

子、孜也、

白虎通義云、子者、孳也、孳孳無已也、孳與孜同、

孫、順也、

㝅、婗、兒、姓、子也、

㝅之言孺也、字本作㝅、通作穀、莊子駢拇篇、臧與穀二人相與牧羊、崔譔本穀作㝅、云孺子曰㝅、方言、北

燕朝鮮洌水之閒、爵子及雞雛皆謂之㝅、義與㝅相近也、婗、亦兒也、方俗語有輕重耳、說文、婗、嬰婗也、釋名云、人始生曰嬰兒、或曰嫛婗、孟子梁惠王篇、反其旄倪、趙岐注云、倪、弱小繄倪者也、繄倪與嫛婗同、凡物之小者謂之倪、嬰兒謂之婗、鹿子謂之麑、小蟬謂之蜺、老人齒落更生細齒謂之齯齒、義並同也、姓者、生也、子孫之通稱也、周南麟之趾篇云、振振公子、振振公姓、玉藻、縞冠元武、子姓之冠也、鄭注云、謂父有喪服、子爲之不純吉也、喪大記、卿大夫父兄子姓立于東方、注云、子姓、謂衆子孫也、姓之言生也、昭四年左傳云、問其姓、對曰、余子長矣、姓與生古同聲而通用、商頌殷武篇、以保我後生、鄭箋云、以此全守我子孫、生、即姓字也、

男、任也、

大戴禮本命篇云、男者、任也、子者、孳也、男子者、言任天地之道而長萬物之義也、故謂之丈夫、丈者、長也、夫者、扶也、言長萬物也、白虎通義云、男者、任也、任功業也、

女、如也、大戴禮本命篇云、女者、如也、子者、孳也、女子者、言如男子之教而長其義理者也、故謂之婦人、婦人、伏於人也、白虎通義云、女者、如也、從如人也、

姑謂之威、說文、威、姑也、引漢律、婦告威姑、威姑、卽爾雅所謂君姑也、君與威古聲相近、說文、莙從艸君聲、讀若威、是其例也、

嫗謂之妻、說文、嫗、母也、昭三十一年公羊傳云、顏夫人者、嫗盈女也、妻與嫗不同義、蓋因下文數妻字而誤、妻當爲姁、說文、姁、嫗也、

姑、故也、

釋名云、父之姊妹曰姑、姑、故也、言於已爲久故之人也、夫之母曰姑、亦言故也、白虎通義云、舅者、舊也、姑者、故也、舊故老人稱也、

姊、咨也、白虎通義云、姊者、咨也、

嫂、叜也、鄭注喪服傳云、嫂、猶叜也、叜、老人稱也、

妹、末也、白虎通義云、妹者、末也、

夫、扶也、白虎通義云、夫者、扶也、以道扶接也、

妻、齊也、白虎通義云、妻者、齊也、與夫齊體也、

婦、服也、白虎通義云、婦者、服也、以禮屈服也、又云、婦者、服也、服於家事、事人者也、

妾、接也、白虎通義云、妾者、接也、以時接見也、

同門謂之壻、壻上葢脫友字、釋名云、兩壻相謂曰亞、言一人取姊、一人取妹、相亞次也、又竝來至女氏門、則姊夫在前、妹夫在後、亦相亞也、又曰友壻、言相親友也、漢書嚴助傳、家貧爲友壻富人所辱、顏師古注云、友壻、同門之壻、

妻之父謂之父姼、妻之母謂之母姼、方言、南楚瀑洭之閒、謂婦妣曰母姼、稱婦考曰父姼、說文、江淮之閒謂母曰媞、媞與姼聲義相近、各本母姼上脫之字、今補、

君妻謂之小君、莊二十二年穀梁傳云、小君、非君也、其曰君何也、以其爲公配、可以言小君也、

男子謂之丈夫、女子謂之婦人、說見上男任也、女如也下、

妻謂之嬬、說文、嬬、下妻也、

壻謂之倩、

方言、東齊之閒、壻謂之倩、郭注云、言可僧倩也、今俗呼女壻爲卒便是也、案壻倩皆有才知之稱也、壻之言胥也、鄭注周官云、胥有才知之稱也、倩之言婧也、說文、婧、有才也、顏師古注漢書朱邑傳云、倩、士之美稱、義與壻謂之倩相近、史記倉公傳云、黃氏諸倩、倩者、壻聲之轉、緩言之則爲卒便矣、

人一月而膏、二月而脂、三月而胎、四月而胞、五月而筋、六月而骨、七月而成、八月而動、九月而躁、十月而生、

此淮南子精神訓文也、淮南子作二月而胅、三月而胎、四月而肌、文子九守篇作二月而脈、三月而胚、四月而胎、餘與廣雅同、

⿰火豈、腜、胎也、

爾雅、胎、始也、⿰火豈或作膭、廣韻、⿰火豈、羊胎也、又云、膭、畜胎也、腜之言媒也、說文、腜、婦始孕腜兆也、

躳、體、身也、

𦣻謂之頭、

䪼、顏、題、顙、頟也、

方言、䪼、頟、顏、顙也、江湘之閒謂之䪼、中夏謂之頟、東齊謂之顙、汝潁淮泗之閒謂之顏、釋名云、頟、鄂也、有垠鄂也、故幽州人則謂之鄂也、額與頟同、方言注云、今建平人呼頟爲䪼、顏之爲言岸然高也、鄘風君子偕老篇揚且之顏也、毛傳云、廣揚而顏角豐滿、呂氏春秋遇合篇、陳有惡人焉、曰敦洽讎糜、椎顙廣顏、色如漆赭、史記蔡澤傳、先生曷鼻巨肩魋顏蹙齃、皆謂頟也、索隱以爲顏貌、失之、爾雅、顁、題也、說文、題、頟也、王制云、南方曰蠻、雕題交趾、北山經云、狀如豹而文題白身、頟謂之顏題、故所以飾頟者亦謂之顏題、續漢書輿服志云、古者有冠無幘、至秦乃加其武將首飾、爲絳袙以表貴賤、其後稍稍作顏題、宋衞策云、宋康王爲無顏之冠、是也、莊子馬蹄篇、齊之以月題、司馬彪注云、月題、馬頟上當顱如月形者也、義與顏題亦相近、說文、顙、頟也、說卦傳云、其於人也、爲廣顙、又云、其於馬也、爲的顙、爾雅、的顙、白顚、顚、題、題一聲之轉、

頊顱謂之髑髏、

此疊韻之轉也、急言之則曰頭、徐言之則曰髑髏、轉之則曰頊顱、說文、頊顱、首骨也、或但謂之顱、秦策云、頭顱僵仆、相望於境、船頭謂之艫、義亦同也、說文、髑髏、頂也、莊子至樂篇云、見空髑髏、髐然有形、

目謂之眼、

珠子謂之眸、

釋名云、瞳子、瞳、重也、膚幕相裹重也、子、小稱也、主謂其精明者也、或曰眸子、眸、冒也、相裹冒也、荀子非相篇作牟、

頏、領、⿰翁頁、⿰成頁、頸、脰、項也、

項之言直項也、漢書息夫躬傳云、有直項之名、是項與直同義、說文、亢、人頸也、或作頏、頏者、抗直之名、亦綱領之稱也、故又謂之領、衞風碩人傳云、領、頸也、漢書禮樂志、妹翁雜五采文、孟康注云、翁、鴈頸也、義與⿰翁頁同、⿰成頁、玉篇音成、廣韻又音擎、⿰成頁亦頸也、方俗語有輕重耳、說文、頸、頭莖也、釋名云、頸、俓也、俓挺而長也、脰之言豎立也、說文、脰、項也、莊十二年公羊傳、搏閔公、絕其脰、何休注云、脰、頸也、齊人語、今浙西人亦呼頸爲脰頸、

輔謂之頰、

說文、頰、面旁也、釋名云、頰、夾也、兩旁稱也、說文、酺、頰也、又云、輔、人頰車也、咸上六、咸其輔頰舌、馬融注云、輔、上頟也、虞翻作酺、僖五年左傳、輔車相依、衞風碩人正義引服虔注云、輔、上頟車也、

顄、頤、頜也、

方言、頷、頤、頜也、南楚謂之頷、秦晉謂之頜、頤、其通語也、郭注云、謂頜車也、頷、與顄同、說文、顄、頤也、宣六年公羊傳、絕其頷、何休注云、頷、口也、漢書王莽傳作顄、說文、𦣝、顄也、篆文作頤、籒文作𩠗、頷之言含也、說文、

領頤也釋名云頤養也動於下止於上上下咀物以養人也或曰頷車頷含也口含物之車也

顴、頄、頞，頄也、

顴頄爲頰頄之頄頞爲鼻頄之頄頄通作準急就篇頭頷頞頄眉目耳顏師古注云頄兩頰之權也素問至眞要大論齒痛頄腫亦謂頰頄也漢書高祖紀隆準而龍顏服虔曰準音拙應劭曰準頰權準也李斐曰準鼻也文穎曰音準的之準晉灼曰戰國策云眉目準頞權衡史記秦始皇蜂目長準李說文音是也案淮南子說林訓云汚準而粉其顙雖善者弗能爲工易乾鑿度觀表出準虎鄭注云準在鼻上而高顯則隆準之準李斐訓爲鼻文穎音準的之準皆是也然廣雅訓頞爲頄則鼻準之準亦有拙音矣靈樞經五變篇云顴骨者骨之本也顴大則骨大顴小則骨小字通作權中山策云眉目準頞權衡是也說文𩓝權也史九三壯于頄釋文頄翟云面顴頰閒骨也鄭作頯蜀才作仇素問氣府論作鼽竝字異而義同顴頄一聲之轉權者平也兩高相平謂之權猶雙闕謂之觀也頄亦高貌也說文馗高也義與頄相近說文頞鼻莖也或作齃孟子梁惠王篇云舉疾首蹙頞而相告史記蔡澤傳云先生曷鼻巨肩魋顏蹙齃釋名云頞鞍也偃折如鞍也

觜、喝、喙，口也、

衆經音義卷一引字書云觜鳥喙也張衡東京賦云秦政利觜長距觜與觜同說文喝喙也喙口也史記趙世家云龍面而鳥喝曹風候人篇云維鵜在梁不濡其咮考工記梓人云以注鳴者咮注竝與喝同字又作啄漢書東方朔傳尻益高者鶴俛啄也顏師古注云啄鳥觜也音竹救反爾雅咮謂之柳咮本或作喙史記天官書柳爲鳥注漢書天文志作喙文選洞簫賦垂喙蜜轉喙或爲咮喙字皆是啄字之譌陸德明李善音許穢反非也喝啄咮注古同聲而通用喙則遠矣

呡謂之吻、

說文吻口邊也或作曆文選文賦注引倉頡篇云吻脣兩邊也曲禮負劒辟呡詔之則掩口而對少儀有問焉則辟呡而對鄭注竝云口旁曰呡弟子職云既食乃飽循呡覆手

毀齒謂之齔、

周官司厲云未齔者不爲奴說文齔毀齒也釋名云齔洗也毀洗故齒更生新也大戴禮本命篇云男以八月而生齒八歲而毀齒女七月而生齒七歲而毀齒

噱、函，舌也、

說文谷口上阿也或作𠲜臄大雅行葦篇嘉殽脾臄毛傳云臄函也釋文引通俗文云口上曰臄口下曰函漢書揚雄傳遙噱乎紘中晉灼注云口內之上下名爲噱竝字異而義同說文函舌也俗作肣據諸書所說則噱函爲口上下之稱而函又訓爲舌廣雅以噱函同訓爲舌未詳所據也噱曹憲音劇各本劇字誤入正文今訂正

喉、嗌，咽也、

說文咽嗌也喉咽也嗌咽也昭十九年穀梁傳云嗌不容粒釋名云咽咽物也又謂之嗌氣所流通阨要之處也

髃、骬、缺盆，甙也、

玉篇甙缺盆骨也史記倉公傳云疽發乳上入缺盆素問氣府論缺盆各一王冰注云缺盆穴名也在肩上橫骨陷者中靈樞經骨度篇云結喉以下至缺盆中長四寸缺盆以下至髃骬長九寸據此則缺盆在肩髃骬在匈不得同訓爲甙也

肌、臆、膺，匈也、

肌臆一字也說文肌匈骨也或作臆臆與臆同臆各本譌作臆今訂正

肱謂之臂、

胳謂之腋、

腋、本作亦、或作掖、說文、亦、人之臂亦也、又云、掖、人臂下也、又云、胳、掖下也、衆經音義卷五引埤倉云、胳、肘後也、掖謂之胳、故衣袂當掖處亦謂之袼、深衣云、袼之高下、可以運肘、是也、袼又謂之掖、儒行云、衣逢掖之衣、是也、

膀、胠、胉、脅也、

脅之言夾也、在兩旁之名也、膀之言旁也、說文、膀、脅也、或作髈、又云、胠、掖下也、素問五藏生成篇云、腹滿䐜脹、支鬲胠脅、南山經云、柢山有魚焉、其羽在魼下、魼與胠同義、玉篇、胠、音去劫邱慮邱閭三切、胠亦脅也、語之轉耳、襄二十三年左傳賈逵注云、軍左翼曰啟、右翼曰胠、正義云、啟胠是在旁之軍、義與人脅謂之胠同、司馬彪注莊子胠篋篇云、從旁開爲胠、義亦相近也、胉字或作膊、通作拍、又通作迫、士喪禮特豚兩胉、鄭注云、胉、脅也、今文胉爲迫、周官醢人豚拍、鄭注云、鄭大夫杜子春皆以拍爲膊、謂脅也、今河間名豚脅聲如鍛鎛、西山經有窮鬼居之、各在一搏、郭璞注云、搏猶脅也、言羣鬼各以類聚處山四脅、義亦與

膞同、膞之言輔也、兩肩謂之膞、義亦同也、

幹謂之肋、

說文、肋、脅骨也、釋名云、肋、勒也、所以檢勒五藏也、莊元年公羊傳云、搚幹而殺之、特牲饋食禮、佐食舉幹、鄭注云、幹、長脅也、幹亦兩旁之名也、史記魯世家集解引馬融粊誓注云、楨在前、幹在兩旁、成二年左傳、棺有翰檜、杜注云、翰、旁飾、義並與脅幹同、

肺、費也、

白虎通義云、肺之爲言費也、

心、任也、

白虎通義云、心之爲言任也、任於思也、

肝、幹也、

釋名云、肝、幹也、於五行屬木、故其體狀有枝幹也、

脾、裨也、

玉篇引白虎通義云、脾之爲言裨也、釋名云、脾、裨也、在胃下、裨助胃氣、主化穀也、裨、曹憲音卑、各本脫去裨字、音內卑字又誤入正文、今訂正、

腎、堅也、

胃謂之肚、

說文、胃、穀府也、釋名云、胃、圍也、圍受食物也、肚之言都也、食所都聚也、

膀胱謂之脬、

膀胱、通作旁光、脬、通作胞、說文、脬、旁光也、釋名云、胞、鞄也、鞄、空虛之言也、主以虛承水汋也、或曰膀胱、言其體短而橫廣也、淮南子說林訓、旁光不升俎、高誘注云、旁光、胞也、史記倉公傳云、風癉客脬、桓四年公

羊傳注云、自左膘射之、達于右髃、中腸胃汚泡、泡亦與脬同、

腸、詳也、

腹、屬也、

肑謂之腴、

說文、腴、腹下肥也、急就篇云、胂腴胷脅喉咽髃、凡人與物之腹下肥者、通謂之腴、少牢饋食禮云、魚縮載、右首、進腴、少儀云、羞濡魚者進尾、冬右腴、夏右鰭、鄭注云、腴、腹下也、文選七發、犓牛之腴、李善注云、腴、腹下肥者、少儀、君子不食圂腴、正義云、腴、豬犬腸也、亦與腹下肥同義、玉篇、肑、音的、腹下肉也、曹憲音百卓反、集韻云、豕腴也、各本腴作胂、蓋因下文胂謂之脢而誤、今訂正、

背謂之骶、背、北也、

骶之言邸也、邸者、後也、周官掌次、設皇邸、鄭衆注云、邸、後版也、說文、軧、大車後也、義並與骶同、釋名云、背、

倍也、在後稱也、故又訓爲北、衞風伯兮傳云、背、北堂也、亦在後之稱也、北與背、古同聲而通用、桓九年左傳、以戰而北、嵇康音背、韋昭注吳語云、軍敗奔走曰北、北、古之背字也、各本俱脫北字、衆經音義卷八、卷十九及太平御覽並引廣雅、背、北也、今據補、

胂謂之脢、

說文、胂、夾脊肉也、急就篇云、胂腴胷脅喉咽髃、釋文、胂、音以人反、字亦作夤、艮九三、艮其限、列其夤、馬融注云、夤、夾脊肉也、說文、脢、背肉也、咸九五、咸其脢、子夏傳云、在脊曰脢、虞翻云、脢、夾脊肉也、釋文、脢、武杯反、又音每、內則、取牛羊麋鹿麕之肉、必脄、鄭注云、脄、脊側肉也、楚辭招魂、敦脄血拇、王逸注云、脄、背也、脄與脢同、鄭衆注周官內饔云、刑膴、謂夾脊肉、膴、亦與脢同、集韻云、脢、或作膴、

臎、髁、臀也、

說文、𩩲、臀骨也、臋、與臀同、𩩲、與臀同、亦通作橛、素問骨空論、灸橛骨、王冰注云、尾窮謂之橛骨、爾雅釋鳥、鷢、白鷢、郭注云、似鷹、尾上白、鷢與臀義相近、釋言篇云、臎、肥也、字通作翠、內則、舒鴈翠、鄭注云、翠、尾肉也、呂氏春秋本味篇、肉之美者、雟燕之翠、高誘注云、翠、厥也、厥、亦與臀同、衆經音義卷十四引三倉云、髁、尻骨也、

臀謂之脽、

釋名云、臀、殿也、高厚有殿鄂也、說文、脽、尻也、漢書東方朔傳、連脽尻、顏師古注云、脽、臀也、素問脈解篇云、腫腰脽痛、脽者、高起之名、漢書武帝紀、立后土祠于汾陰脽上、如淳曰、脽者、河之東岸特堆堀、高十餘丈、顏師古曰、以其形高起如人尻脽、故以名云、

腓、膞、腨也、

衆經音義卷三引三倉云、腨、腓腸也、說文同、素問藏氣法時論云、尻陰股膝髀腨胻足皆痛、氣交變大論云、其病外在谿谷踹膝、急就篇云、䠣踝跟踵相近聚、䠣、踹、並與腨同、字亦作膞、衆經音義卷十云、江南言腓腸、中國言腨腸、或言腳腨、今俗語謂之腿肚、名異而實同也、腓之言肥也、靈樞經寒熱病篇云、腓者腨也、咸六二、咸其腓、鄭注云、腓、膞腸也、荀爽作肥、齊策云、徐子之狗、攫公孫子之腓而噬之、並字異而義同、

廣韻引字林云、䏿、腨腸也、海外北經、無䏿之國、爲人無䏿、郭璞注云、䏿、肥腸也、

股、腳、踦、胻、脛也、

釋名云、脛、莖也、直而長、似物莖也、說文、脛、胻也、股、髀也、凡對文則膝以上爲股、膝以下爲脛、小雅采菽箋云、脛本曰股、是也、散文則通謂之脛、說文云、彳、象人脛三屬相連、是也、或通謂之股、經言股肱、是也、爾雅釋蟲、蠨蛸長踦、郭注云、小鼅鼄長腳者、淮南子齊俗訓、男女切踦肩摩於道、高誘注云、踦、足也、胻之言梗也、爾雅、梗、直也、說文、胻、脛耑也、衆經音義卷十八云、今江南呼脛爲胻、山東曰胻敞、敞、音支孟反、春秋繁露五行逆順篇云、民病足胻痛、素問脈要精微論云、病足䯒腫若水狀、䯒、與胻同、

膕、䐐、曲腳也、

荀子富國篇、詘要橈膕、楊倞注云、膕、曲腳中也、膕者、曲貌也、靈樞經通天篇云、太陰之人、其狀膕然未僂、是也、素問骨空論云、俠膝之骨爲連骸、骸下爲輔、輔上爲膕、䐐之言詘也、其體詘曲也、

臗、尻、州、豚、臀也、眉、

各本皆作臗、尻也、州、豚、臀也、集韻、類篇並引廣雅、臗、尻也、則宋時本已然、案韋昭注周語云、臀、尻也、臗、尻、州、豚、臀五者異名而同實、不宜分訓、衆經音義卷十四、卷二十四並云、埤倉、臗、尻也、廣雅、臗、臀也、今據以訂正、臗、說文作髖、云、髀上也、漢書賈誼傳、至於髖髀之所、急就篇、尻髖脊膂腰背呂、顏師古注並與說文同、說文、尻、臀也、少牢饋食禮云、腊兩髀屬于尻、釋名云、尻、廖也、所在廖牢深也、爾雅釋畜、馬白州、驠、北山經、倫山有獸焉、其州在尾上、郭注並云、州、竅也、內則、鼈去醜、鄭注云、醜、謂鼈竅也、醜與州聲近而義同、豚與州聲亦相近、玉篇、豚、尻也、廣韻云、尾下竅也、楚語、日月會于龍𧰼、文選東京賦注引賈逵注云、𧰼、龍尾也、玉篇作豝、音丁角切、義與豚相近、說文、眉、尻也、玉篇音詰地、口奚二切、集韻、類篇又詰計切、引廣雅、眉、

髕也、今本脫肩字、

骫、骮䯞髺䯙䯝䯏也、

玉篇、䯏或作骼、文選解嘲、折脅摺髂、李善注引埤倉云、髂、腰骨也、素問長刺節論云、病在少腹、刺兩髂髎季脅肋間、玉篇、骫、髂骫也、又云、骮䯞、股骨也、

廣雅疏證卷第六下

廣雅疏證卷第七上

高郵王念孫學

釋宮

各本宮字皆譌作室、案爾雅宮室雖可互訓、然以其制言之、則自戶牖以內乃謂之室、宮爲總名、室爲專稱、考工記云、室中度以几、宮中度以尋、是也、名曰釋宮、則內而奧窔、外而門闕、以及寢廟臺榭之制、道塗趨走之名、莫不兼該、若名曰釋室、則不足以目一篇之事、且廣雅篇名、皆仍爾雅之舊、不應此篇獨改爲釋室、太平御覽居處部云、廣雅釋宮曰、館、舍也、今據以訂正、

庌、廡、房、櫳、廬、庵、庲、庰、廊、館、傳、庵、廠、屋、庫、府、廄、舍也、

說文、市居曰舍、釋名云、舍、於中舍息也、說文、庌、廡也、周官圉師、夏庌馬、鄭注云、庌、廡也、廡、所以庇馬涼也、遺人注云、廬、若今野候徒有庌也、說文、廡、堂下周屋也、檀弓注云、夏屋、今之門廡也、其形旁廣而卑、吳子治兵篇云、冬則溫廄、夏則涼廡、釋名云、大屋曰廡、廡、幠也、幠、覆也、幷冀人謂之庌、庌、正也、屋之正大者也、說文、房、室在旁也、釋名云、房、旁也、室之兩旁也、櫳之言籠也、說文作龔、云、房室之疏也、班倢伃自悼賦云、房櫳虛兮風泠泠、櫳爲房室之疏、則不得直訓爲舍矣、漢書食貨志云、在壄曰廬、在邑曰里、說文、廬、寄也、春夏居、秋冬去、釋名云、廬、慮也、取自覆慮也、案覆慮猶言覆露、晉語云、先主覆露子、是也、露慮古同聲、故釋名又云、露、慮也、覆慮物也、說文、庵、樓牆也、王篇云、屯聚之處也、晏子春秋諫篇云、景公爲長庲、是庲爲舍也、庲、音七賜反、字從广、朿聲、朿亦音七賜反、各本皆作庲、音七栗反、此因庲字譌作庲、後人遂幷改曹憲之音、集韻類篇庲、七賜切、引廣雅、庲、舍也、則宋時廣雅本已有譌作庲者、案玉切、引廣雅庲、舍也、庲、趨玉篇庲與下文廁字同、廣韻音盧達切、不音七栗切、玉篇庲、千漬切、下屋也、廣韻七賜切、偏庲、舍也、衆經音義卷十五云、廣雅庵、舍也、埤倉庵、庲也、庲、音且漬反、今據以訂正、廊、字通作郎、逸周書作雒解云、咸有四阿反坫重亢重郎、晉灼注漢書董仲舒傳云、廊、堂邊廡也、案廊者、高大之稱、猶高門謂之閬矣、說文、館、客舍

也、釋名云、傳、傳也、人所止息而去、後人復來、轉轉相傳、無常主也、又云、草圓屋曰蒲、蒲、奄也、所以自覆奄也、後漢書皇甫規傳、親入菴廬、巡視將士、菴與庵同、裘服四制引書高宗諒闇、鄭注云、闇謂廬也、義亦與庵同、說文、屋、居也、又云、庫、兵車藏也、釋名云、庫、舍也、物所在之舍也、故齊魯謂庫曰舍也、說文、府、文書藏也、鄭注論語云、藏財貨曰府、卷三云、府、聚也、說文、廄、馬舍也、釋名云、廄、知也、知、聚也、牛馬之所聚也、

堂埠、𡋯也、

𡋯通作殿、初學記引倉頡篇云、殿、大堂也、釋名云、殿有殿鄂也、埠通作皇、爾雅、無室曰榭、郭注云、榭、卽今堂埠、漢書胡建傳、監御史與護軍諸校列坐堂皇上、顏師古注云、室無四壁曰皇、案皇者、空虛之名、爾雅云、隍、虛也、城池無水曰隍、室無四壁曰皇、其義一也、太平御覽引廣雅作堂皇、合殿也、廣韻亦云、堂埠、合殿、

反坫謂之坈、

未詳、

廜𢉖、𢋎、䕢、粗、幕、易、廁、庵也、

庵義已見上文、廣韻、廜𢉖、草菴也、引通俗文云、屋平曰廜𢉖、通作屠蘇、太平御覽引魏略云、李勝爲河南尹、廳事前屠蘇壞、令人治之、說文、𢋎、廡也、𢋎與廬聲近而義同、䕢亦幕也、方俗語有輕重耳、後漢書皇甫規傳、親入菴廬、巡視將士、菴廬、卽幕也、幕、庵、廬、皆下覆之義、說見上文、易之爲庵、未詳所出、影宋本、皇甫本、竝作易、廁、各本譌作𢇁、惟影宋本不譌、廣韻引廣雅作庚、

橧、窠、巢也、

說文、㠯在木上曰巢、在穴曰窠、孫炎注爾雅釋樂云、巢、高也、禮運、夏則居橧巢、鄭注云、聚薪柴居其上、釋文、橧、本又作增、又作曾、大戴禮曾子疾病篇云、鷹鶽以山爲卑而曾巢其上、竝字異而義同、爾雅、豕所寑、橧、義亦相近也、說文、窠、空也、一曰鳥巢也、凡言窠者、皆空中之義、說見卷三科空也下、

棚、梦、栽、棧、閣也、

卷二云、𢧵、閣、載也、卷三云、閣、𢧵也、史記梁孝王世家索隱引通俗文云、高置立𢧵、棚曰𢧵、閣、卷三云、棚、𢧵也、說文、棚、棧也、衆經音義卷十四引三倉云、棚、棧、閣也、又引通俗文云、連閣曰棚、九章算術商功章、負米往來七十步、其二十步上下棚除、劉徽注云、棚、閣也、除、邪道也、卷三云、載、𢧵也、載與栽同、又云、戗、𢧵也、戗與棧同、說文、棧、棚也、文選謝靈運從斤竹澗越嶺溪行詩注引通俗文云、版閣曰棧、齊策云、爲棧道木閣、而迎王與后於城陽山中、史記高祖紀、輒燒絕棧道、索隱引崔浩云、險絕之處、傍鑿山巖、而施版梁爲閣、也、凡編木爲棚、通謂之棧、莊子馬蹄篇、編之以皁棧、崔譔注云、棧、木棚也、棧、各本譌作踐、衆經音義卷十五及太平御覽竝引廣雅、棧、閣也、今據以訂正、

竈謂之竈、

玉篇引倉頡篇云、楚人呼竈曰竈、竈、各本譌作寤、集韻、類篇引廣雅作寤、皆玉篇、廣韻所無、玉篇、廣韻引廣雅竝作竈、今據以訂正、

其脣謂之陘、

月令注、祀竈之禮、設主于竈陘、正義云、逸中霤禮文、又云、竈陘、謂竈邊承器之物、以土爲之、

其窻謂之埃、

埃、通作突、呂氏春秋諭大篇云、竈突決、則火上焚棟、

埃下謂之、

謂之下各本皆脫一字、今無考、

甄、匐、窯也、

衆經音義卷十四引倉頡篇云、窯、燒瓦竈也、管子七臣七主篇云、文采纂組者、燔功之窰也、窰與窯同、說文、甄、匋也、漢書董仲舒傳、猶泥之在鈞、唯甄者之所爲、文選魏都賦注引如淳注云、陶人作瓦器謂之甄、

匋、通作陶。衆經音義卷二引倉頡篇云：陶作瓦家也。陶與窯聲相近。大雅緜篇陶復陶穴，鄭箋云：復者，復於土上，鑿地曰穴，皆如陶然。是陶卽窯也。

楣、檐、櫺、梠也。

說文：梠，楣也。士喪禮置于宇西階上，鄭注云：宇，梠也。特牲饋食禮記饎爨在西壁，注引舊說云：南北直屋梠。釋名云：梠，旅也，連旅之也。或謂之櫋。櫋，緜也，緜連榱頭使齊平也。凡言呂者，皆相連之意。衆謂之旅，紩衣謂之絽，脊骨謂之呂，桷端櫋聯謂之梠，其義一也。說文：櫋，秦名屋櫋聯也，齊謂之檐，楚謂之梠。釋名云：楣，眉也，近前若面之有眉也。又云：水草交曰湄。湄，眉也，臨水如眉臨目也。湄與楣義相近。楣宇皆下垂之名，故在人亦有眉宇之稱。故乘七發云：陽氣見於眉宇之閒。是也。說文：檐，槐也；槐，梠也。爾雅：檐謂之樀。特牲饋食禮疏引孫炎注云：謂屋梠也。周人謂之梠，齊人謂之檐。明堂位復廟重檐，鄭注云：重檐，重承壁材也。檐者，障蔽之名，說見釋器幰、帴、幨也下。方言：屋梠謂之櫺。郭注云：卽屋檐也。亦呼爲連緜。櫺之言闌也，與檻謂之櫺同義。

榱、橑、桷、梀、椽也。

說文：椽，榱也。秦謂之榱，周謂之椽，齊魯謂之桷。晉語云：天子之室，斲其椽而礱之，加密石焉；諸侯礱之；大夫斲之；士首之。釋名云：椽，傳也，相傳次而布列也。爾雅：桷謂之榱。郭注云：屋椽也。襄三十一年左傳云：棟折榱崩。釋名云：榱在檼旁下列，衰衰然垂也。說文：橑，椽也。楚辭九歌：桂棟兮蘭橑。王逸注云：以木蘭爲榱也。漢書張敞傳：果得之殿屋重轑中。轑與橑同。橑者，落落分布之名。屋椽謂之橑，猶車蓋弓謂之轑，故釋名釋車篇云：轑，蓋叉也，如屋構橑也。輪輻謂之轑，義亦同也。魯頌閟宮篇：松桷有舄。毛傳云：桷，榱也。春秋莊二十四年：刻桓宮桷。穀梁傳說天子以下桷制，與晉語同。說文云：椽方曰桷。釋名云：桷，确也，其形細而疏确也。梀之言促也。說文：梀，短椽也。徐鍇傳云：今大屋重橑下四隅多爲短椽，卽此也。

檼、棟也。

繫辭傳云：上棟下宇，以待風雨。爾雅：棟謂之桴。郭注云：屋檼也。說文：棟，極也。檼，棼也。棼，複屋棟也。釋名云：檼，隱也，所以隱桷也。或謂之棟。棟，中也，居屋之中也。

甍謂之甑。

甍或作㽘。方言：㽘謂之甑。郭注云：卽屋檼也。說文：甍，屋棟也。釋名云：屋脊曰甍。甍，蒙也，在上覆蒙屋也。襄二十八年左傳：猶援廟桷動於甍。晉語：既鎮其甍矣。韋昭、杜預注竝與說文同。程氏易疇通藝錄云：甍者，蒙也。凡屋通以瓦蒙之曰甍，故其字從瓦。晉語譬之如室，既鎮其甍矣，又何加焉。謂葢構既成，鎮之爲甍，則不復有所加矣。若以甍爲屋極，則當施榱桷、覆茅瓦，安得云無所加。左傳慶舍援廟桷而動於甍，則甍爲覆桷之瓦可知。言其多力，引一桷而屋宇爲之動也。若以甍爲屋極，則太公之廟必非容膝之廬，所援之桷必爲當檐之題，題之去極甚遠，安得援題而動於極也。天子廟制南北七筵，諸侯降殺以兩，則五筵也。陂陀下注，又加長焉，極之去檐幾三丈矣，況題接於交，交至於極，亦必非一木，何能遠動之乎。案易疇

謂以瓦覆屋曰甍，與內外傳皆合，確不可易。甑之言霤也。說文：霤，屋水流也。甍爲霤所從出，故又謂之甑矣。

欂謂之枅。

爾雅：開謂之槉。郭注云：柱上欂也，亦名枅，又曰楮。文選魏都賦注引說文云：欂櫨，柱上枅也。淮南子本經訓云：標株欂櫨，以相支持。漢書王莽傳作薄櫨。明堂位注作欂盧，竝字異而義同。說文：枅，屋櫨也。文選魯靈光殿賦注引倉頡篇云：枅，柱上方木也。莊子齊物論篇：似枅。梁簡文帝注云：枅，欂櫨也。淮南子主術訓云：脩者以爲櫚榱，短者以爲朱儒枅櫨。

曲枅謂之欒。

王延壽魯靈光殿賦云：曲枅要紹而環句。釋名云：欒，攣也，其體上曲攣拳然也。張衡西京賦：結重欒以相承。薛綜注云：欒，柱上曲木，兩頭受櫨者。何晏景福殿賦云：欒栱夭蟜而交結。

桷謂之笮、

桷、字或作桊、又作節、說文、桷、欂櫨也、爾雅、栭謂之桊、郭注云、即櫨也、釋文、桊、舊本及論語、禮記皆作節、明堂位、山節藻梲、鄭注云、山節、刻欂盧爲山也、逸周書作雒解、復格藻梲、孔晁注云、復格、累芝栭也、魯靈光殿賦、芝栭欑羅以戢舂、張載注云、芝栭、柱上節、方小木爲之、長三尺、今本逸周書、桷字譌作格、格、笮一聲之轉、爾雅、屋上薄謂之筄、注云、屋笮也、屋上薄謂之笮、猶柱上欂謂之笮矣、

楹謂之柱、

釋名云、楹、亭也、亭亭然孤立、旁無所依也、

礎、碣、磌、礩也、

太平御覽引說文云、礩、柱下石也、古以木、今以石、礩之言質也、鄭注曲禮云、質、猶本也、碣在柱下、如木之有本、故曰礩、字通作質、墨子備城門篇云、兩柱同質、韓非子十過篇云、公宮令舍之堂、皆以鍊銅爲柱質、

書大傳、大夫士有石材、庶人有石承、鄭注云、石材、柱下質也、石承、當柱下而已、不外出爲飾、礎之言苴也、苴、藉也、所以藉柱也、淮南子說林訓、山雲蒸、柱礎潤、衆經音義卷十八引許慎注云、楚人謂柱碣曰礎、碣之言藉也、履謂之舄、義與此同也、張衡西京賦云、雕楹玉碣、字通作舄、墨子備城門篇云、柱下傅舄、各本皆脫碣字、文選西京賦、景福殿賦注、竝引廣雅、碣、礩也、集韻類篇竝引廣雅、礎、碣、磌、礩也、今據補、磌之言鎭壓也、班固西都賦、雕玉瑱以居楹、瑱、與磌通、

窻、牖、闥也、

說文、在牆曰牖、在屋曰囪、古文作囪、或作窗、又云、窻、通孔也、釋名云、窻、聰也、於內窺外、爲之聰明也、聰、與窻古同聲而通用、大戴禮盛德篇云、明堂凡九室、一室而有四戶八聰、說文、牖、穿壁以木爲交窻也、牖者、開道之名、大雅版篇、天之牖民、毛傳云、牖、道也、闥、本作向、通作鄉、豳風七月篇、塞向墐戶、傳云、向、北出牖也、說文同、明堂位、刮楹達鄉、鄭注云、鄉、牖屬、謂夾戶窻也、

丰、梯、階也、

梯之言次第也、說文、梯、木階也、

坻、除也、

說文、除、殿陛也、漢書王莽傳、莽自前殿南下椒除、顏師古注云、除、殿陛之道也、除之言敘也、階級有次敘也、說文、墀、涂地也、禮、天子赤墀、漢書梅福傳、涉赤墀之塗、應劭注云、以丹漆泥塗殿上也、墀、與坻通、

盜、窞、窩、究、𥨍、窟也、

說文、北方謂地空、因以爲土穴、爲盜戶、釋言云、窞、窨也、玉篇、窩、兔窟也、𥨍之言複也、說文、𥨍、地室也、引大雅緜篇、陶𥨍陶穴、今本作復、鄭箋云、復者、復於土上鑿地曰穴、皆如陶然、月令注作複、竝字異而義同、

京、庾、廩、廘、廥、匵、廯、囷、倉也、

說文、倉、穀藏也、倉黃取而藏之、故謂之倉、蔡邕月令章句云、穀藏曰倉、米藏曰廩、釋名云、倉、藏也、藏穀物

也、說文、圜謂之囷、方謂之京、管子輕重丁篇云、有新成囷京者二家、史記倉公傳、見建家京下方石、徐廣音義云、京者、倉廩之屬、釋邱云、四隤曰陵、四起曰京、義與方倉謂之京同也、說文、庾、水漕倉也、一曰倉無屋者、小雅楚茨篇、我庾維億、毛傳云、露積曰庾、周語云、野有庾積、應劭注漢書文帝紀引胡廣漢官解詁云、在邑曰倉、在野曰庾、是倉無屋謂之庾也、魏策云、粟糧漕庾不下十萬、是水漕倉謂之庾也、釋名云、庾、裕也、言盈裕也、案庾之言亦聚也、聚者、積也、漢書食貨志、以防貴庾者、顏師古注云、庾、積也、以防民積物待賈、是庾爲積物之通稱也、廩之言斂也、說文、亩、所振入、宗廟粢盛倉黃亩而取之、故謂之亩、或作廩、中庸通作稟、桓十四年穀梁傳云、御廩者、何、粢盛委之所藏也、廘、通作鹿、吳語、囷鹿空虛、韋昭注云、員曰囷、方曰鹿、廣韻引賈逵注云、鹿、庾也、說文、廥、芻稾之藏也、管子度地篇云、虛牢獄、實倉廥、廥之言會也、漢書天文志、胃爲天倉、其南衆星曰廥積、如淳注云、芻稾積爲廥、爾雅、廩、廯也、孫炎注云、廯、藏穀鮮絜也、魏風伐檀篇、胡取禾三百囷兮、毛傳云、圓者爲囷、囷、圓聲相近、

州、郡、縣、府、廷、寺、學、校、庠、序、辟廱、頖宮、瞽宗、東膠、官也、

皆謂官舍也、釋名云、州注也、郡國所注仰也、縣懸也、懸係於郡也、郡羣也、人所羣聚也、餘見卷四州郡縣國也下、周官大宰以八灋治官府、鄭注云、百官所居曰府、卷三云、府聚也、各本府字在縣字上、蓋後人誤以府爲府縣之府、故移置於縣字之上、今訂正、說文、廷朝中也、後漢書郭太傳注引風俗通義云、廷正也、縣廷郡廷朝廷皆取平均正直也、說文、寺廷也、衆經義卷十四引三倉云、寺官舍也、管子度地篇云、官府寺舍、寺之言止也、後漢書光武帝紀注引風俗通義云、諸官府所止皆曰寺、大戴禮保傅篇云、學者所學之官也、學記云、古之教者家有塾、黨有庠、術有序、國有學、孟子滕文公篇云、設爲庠序學校以教之、庠者養也、校者教也、序者射也、夏曰校、殷曰序、周曰庠、學則三代共之、明堂位云、米廩有虞氏之庠也、序夏后氏之序也、瞽宗殷學也、頖宮周學也、內則云、有虞氏養國老于上庠、養庶老于下庠、夏后氏養國老于東序、養庶老于西序、殷人養國老于右學、養庶老于左學、周人養國老于東膠、養庶老于虞庠、虞庠在國之

西郊、王制云、小學在公宮南之左、大學在郊、天子曰辟廱、諸侯曰頖宮、大雅靈臺篇、於樂辟廱、毛傳云、水旋邱如璧曰辟廱、以節觀者、魯頌泮水篇、旣作泮宮、鄭箋云、泮之言半也、蓋東西門以南通水、北無也、泮與頖通、周官大司樂、凡有道者有德者、死則以爲樂祖、祭于瞽宗、鄭衆注云、瞽、樂人、樂人所共宗也、

甗、瓳、瓨、治、甄、⿰埶瓦、甌、瓴、⿰鬲瓦、甓、⿰鹿瓦、甎也、

衆經音義卷十三引埤倉云、甗瓳、大甎也、卷四引通俗文云、甎方大謂之甗瓳、漢孟郁脩堯廟碑云、脩治[redacted]壂地致墦⿰土胡、墦⿰土胡與甗瓳同、治與甎義不相近、古者謂州郡所駐曰治、若漢書地理志左馮翊高陵左輔都尉治、右扶風郿右輔都尉治是也、衆經音義卷六卷十四並引廣雅、寺治也、則治字當在上條、後人傳寫誤入此條耳、說文、垒、壘墼也、墼、瓴適也、急就篇云、墼壘廥廄庫東箱、垒壘並與⿰埶瓦通、甌、廣韻音頤、云甗甌、甌甎也、各本甌譌作⿰𠂤瓦、集韻類篇甌字注引廣雅⿰埶瓦甌、甌甎也、又有⿰𠂤瓦字、注亦云、⿰埶瓦⿰𠂤瓦、甎也、蓋俗書甌字作⿰𠂤瓦、故譌而爲⿰𠂤瓦、釋器篇㵴斗謂之柜、今本柜譌作相、正與此同、考玉篇廣韻俱無⿰𠂤瓦字、今本作⿰𠂤瓦、又⿰𠂤瓦字之譌、今訂正、爾雅、瓴甋謂之甓、郭注云、⿰鹿瓦甎也、今江東呼瓴甓、陳風防有鵲巢篇、中唐有甓、毛傳云、甓、令適也、令適與瓴甋同、江東呼瓴甓、語之轉也、司馬相如長門賦、緻錯石之瓴甓兮、漢書尹賞傳、穿地方深各數丈、致令辟爲郭、令辟與瓴甓同、衆經音義卷十四引通俗文云、狹長者謂之⿰鹿瓦甎、魏志胡昭傳注引魏略云、扈累獨居道側、以⿰鹿瓦甎爲障、

⿰童瓦、瓸、甃也、

說文、甃、井甓也、甃之言聚也、脩也、井象傳、井甃无咎、脩井也、馬融注云、甃爲瓦裏、下達上也、太平御覽引風俗通義云、甃、聚塼脩井也、莊子秋水篇、吾樂與吾跳梁乎井幹之上、入休乎缺甃之崖、李頤注云、甃、著井底闌也、廣韻、⿰童瓦、井甓也、玉篇、⿰重瓦、牡瓦也、⿰童瓦瓸並徒紅反、義亦相近、瓸、廣韻作瓴、

欄、檻、櫳、梐、牢也、

說文、牢、閑養牛馬圈也、周官充人、祀五帝之牲、牲繫于牢、是也、釋名云、獄謂之牢、言所在堅牢也、史記天

官書、貴人之牢、賤人之牢、是也、欄之言遮闌也、晏子春秋諫篇云、牛馬老于欄牢、鹽鐵論後刑篇云、是猶開其闌牢、發以毒矢也、漢書王莽傳云、與牛馬同蘭、並字異而義同、檻之言監也、說文、檻、櫳也、一曰圈也、莊子天地篇云、虎豹在於囊檻、史記張耳陳餘傳云、乃檻車膠致與王詣長安、釋名云、檻車上施欄檻以格猛獸、亦囚禁罪人之車也、櫳之言牢籠也、字本作櫳、說文、櫳、檻也、衆經音義卷一引三倉云、櫳、所以盛禽獸檻欄也、梐之言比密也、字本作陛、又作狴、說文、陛、牢也、易林、比之否云、失意懷憂、如幽狴牢、

闥謂之門、

說文、門、聞也、闥之言通達也、薛綜注西京賦云、宮中之門小者曰闥、史記樊噲傳、排闥直入、是也、後漢書桓帝紀注引廣雅作闈謂之闥、所見本異也、考工記匠人云、廟門容大扃七个、闈門容小扃參个、爾雅、宮中之門謂之闈、左傳哀十四年正義引孫炎注云、宮中相通小門也、闈與闥亦同義、

閉、扇、扉也、

爾雅、闔謂之扉、說文、扉、戶扇也、玉藻云、闔門左扉門扇有左右、故謂之扉、扉之言棐也、夾輔之名也、爾雅云、棐、備也、兩驂謂之騑、義亦同也、說文、開、門扉也、開之言介也、亦夾輔之名也、說文、扇、扉也、月令、乃脩闔扇、鄭注云、用木曰闔、用竹葦曰扇、呂氏春秋、知接篇云、蓋以楊門之扇、婁謂之扇、義亦同也、

象魏、闕也、

爾雅、觀謂之闕、說文、闕、門觀也、水經穀水注引白虎通義云、闕者、所以飾門別尊卑也、釋名、闕、在門兩旁、中央闕然爲道也、莊二十一年左傳、鄭伯享王于闕西辟、杜預注云、闕、象魏也、桓三年穀梁傳、諸母兄弟不出闕門、范甯注云、闕、兩觀也、周官大宰、乃縣治象之灋于象魏、哀三年左傳、御公立于象魏之外、鄭衆、杜預並訓爲闕、象魏謂之闕、或謂之魏闕、淮南子本經訓、魏闕之高、高誘注、門闕高崇魏魏然、故曰魏闕

限謂之丞、

說文、限、門榍也、

柣、戺、橉、砌也、

砌、古通作切、漢書外戚傳、切皆銅沓黃金塗、顏師古注云、切、門限也、音千結反、文選西都賦、元墀釦砌、後漢書班固傳作切、柣亦切字也、爾雅、柣謂之閾、孫炎注云、門限也、郭璞音切、說文、榍、限也、榍與切、古亦同聲、說文、䯡從齒屑聲、讀若切、是其例也、文選西京賦、金戺玉階、李善注引廣雅、戺、砌也、淮南子氾論訓云、枕戶橉而臥、是橉爲切也、字亦作轔、說山訓云、劉勿釋牛車絕轔、說林訓云、雖欲謹亡馬、不發戶轔、高誘注並云、楚人謂門切爲轔、

橜、機、閫、朱也、

朱、或作梱、又作閫、說文、梱、門橛也、曲禮、外言不入於梱、內言不出於梱、鄭注云、梱、門限也、釋文、梱、本又作閫、案界於門者曰切、中於門者曰梱、二者皆所以爲限、故皆言門限也、說文、橜、門梱也、字亦作橛、通作厥、爾雅、橛謂之闑、郭注云、門閫也、荀子大略篇、和之璧、井里之厥也、晏子春秋諫篇作井里之困、困亦與梱同、橜者、直而短之名、說見卷二孑孑短也下、橜、各本譌作厥、唯影宋本皇甫本不譌、機字或作譏、呂氏春秋本生篇注云、機、橜、門內之位也、邶風谷風篇、不遠伊邇、薄送我畿、毛傳云、畿、門內也、正義云、畿者、期限之名、故周禮有九畿、說苑政理篇云、正橛機之禮、壹妃匹之際、蔡邕司徒袁公夫人馬氏靈表云、不出其機、化導宣暢、說文、閫、門梱也、士冠禮、布席于門中、閫西、曲禮、大夫士出入君門、由闑右、鄭注並云、闑、門橜也、昭八年穀梁傳、置旃以爲轅門、以葛覆質以爲槷、爾雅、杙在地者謂之臬、義並與闑同、

罘罳謂之屏、

罘罳、字或作罘思、或作桴思、或作浮思、或作覆思、水經穀水注、太平御覽引廣雅並作復思、爾雅、屏謂之樹、李巡注云、以垣當門自蔽、名曰樹、釋名云、屏、自障屏也、郊特牲、臺門而旅樹、鄭注云、旅、道也、屏謂之樹、樹所以蔽行道、禮、天子外屏、諸侯內屏、大夫以簾、士以帷、明堂位、疏屏、天子之廟飾也、注云、屏謂之樹、今桴思也、刻之爲雲氣蟲獸、如今闕上爲之矣、正義云、案匠人注云、城隅謂角桴思也、漢時東闕桴思災、以

此諸文參之、則桴思、小樓也、故城隅闕上皆有之、然則屏上亦爲屋以覆屏牆、故稱屏曰桴思、今本考工記匠人注作浮思、宋玉大言賦云、大笑至兮摧覆思、鹽鐵論散不足篇云、祠堂屏閣、垣闕罘罳、漢書文帝紀、未央宮東闕罘思災、顏師古注云、罘思謂連闕曲閣也、以覆重刻垣墉之處、其形罘思然、一曰屏也、古今注云、罘罳、屏之遺象也、漢西京罘罳合版爲之、亦築土爲之、每門闕殿舍前皆有焉、于今郡國廳前亦樹之、

投謂之闟、鍵笠扊戶牡也、

闟、字或作鑰、又作籥、鍵、字或作楗、鄭注金縢云、籥開藏之管也、越語、請委管籥、韋昭注云、管、籥、取鍵器也、周官司門、掌授管鍵以啟閉國門、鄭衆注云、管謂籥也、鍵謂牡、月令、脩鍵閉、慎管籥、鄭注云、鍵、牡、閉、牝也、管籥、搏鍵器也、正義云、管籥以鐵爲之、似樂器之管、籥搢於鎖內、以搏取其鍵也、呂氏春秋異用篇云、跖與企足得飴、以開閉取楗、淮南子說林訓云、盜跖見飴、曰可以黏牡、是戶牡謂之鍵也、漢書五行志、長安

章城門門牡自亾、顏師古注云、牡、所以下閉者也、

閣、庪、廚也、

說文、廚、庖屋也、庪、廚也、鄭注周官庖人云、庖之言苞也、裹肉曰苞苴、檀弓始死之奠、其餘閣也與、鄭注云、閣、庪藏食物、內則云、大夫七十而有閣、天子之閣、左達五、右達五、公侯伯於房中五、大夫於閣三、士於坫一、注云、閣以版爲之、庪食物也、達、夾室也、

閭謂之衖、

衖與巷同、說見卷二衖凥也、及下文衖道也下、荀子儒效篇、隱於窮閻陋屋、韓詩外傳作隱居窮巷陋室、是閻即巷也、

闠、閭、閈、里也、

闠閈里三字、說見卷二里閭閈凥也下、說文、闠、樓上戶也、義與閭閈里不相近、然說文闠閱閭三字相承、

廣雅之訓、多本說文、疑說文闠字注內有一曰閭也之訓、而今本脫去也、

璙、隊、墉、院、廦、牆、垣也、

釋名云、垣、援也、人所依阻以爲援衞也、案垣之言環也、環繞於宮外也、璙之言繚繞也、說文、璙、周垣也、隊之言篆也、說文、隊、道邊庳垣也、謂垣卑小、裁有堳埒、篆起、周官典瑞、瑑圭璋璧琮、鄭衆注云、瑑、有圻鄂瑑起、義相近也、爾雅、牆謂之墉、說文、墉、城垣也、釋名云、墉、容也、所以蔽隱形容也、案墉者、容隱之義、非形容之義、爾雅、容謂之防、郭注云、形如今牀頭小曲屏風、唱射者所以自防隱、義相近也、院之言亦環也、說文、寏、周垣也、或作院、墨子大取篇云、其類在院下之鼠、各本院下衍也字、今刪、廦、與壁同、釋名云、壁、辟也、辟禦風寒也、又云、牆、障也、所以自障蔽也、初學記、太平御覽引廣雅、牆字竝在垣字下、

埤、堄、堞、女牆也、

埤堄、字或作俾倪、或作睥睨、或作僻倪、堞、字或作堞、玉篇引倉頡篇云、堄、城上小垣也、說文、陴、城上女牆俾倪也、堞、城上女垣也、宣十二年左傳、守陴者皆哭、杜注云、陴、城上僻倪、襄六年傳、堙之環城、傅于堞、注云、堞、女牆也、二十七年傳、崔氏堞其宮而守之、注云、堞、短垣也、墨子備城門篇云、俾倪廣三尺、高二尺五寸、又云、五十步一堞、釋名云、城上垣曰睥睨、言於其孔中睥睨非常也、亦曰陴、陴、裨也、言裨助城之高也、亦曰女牆、言其卑小、比之於城、若女子之於丈夫也、案俾倪者、短垣之貌、俾之言庳也、倪亦庳也、爾雅、鼃左倪不類、右倪不若、郭注以左庳爲左倪、右庳爲右庳、是也、左傳謂之陴、倉頡篇謂之堄、其義一也、衆經音義卷二云、堞取重疊之義、

㯫、栫、藩、箄、欏、落、杝也、

杝、今籬字也、說文、杝、落也、王逸注招魂云、柴落爲籬、衆經音義卷十四云、籬、杝、同、力支反、引通俗文云、柴垣曰杝、木垣曰柵、釋名云、籬、離也、以柴作之、疏離離然也、各本杝字譌作地、地下又衍一籬字、集韻類篇引廣雅、㯫、栫、籬也、欏、落、籬也、則宋時廣雅本已有籬字、蓋今本籬字本作離、乃是杝字之音、旣誤入正文、

後人又改離爲籬耳、今訂正、釋名云、靑徐謂籬曰椐、椐、與㯫同、㯫、玉篇音渠、㯫之言渠也、方言、杷、宋魏之閒、或謂之渠疏、亦言杷齒渠疏然也、其謂之杷者、謂其齒扶疏然也、史記張儀傳索隱云、今江南謂葦籬曰芭、籬芭與杷、義亦相近也、栫者叢積之名、栫猶荐也、哀八年左傳、吳人囚邾子於樓臺、栫之以棘、杜注云、栫、擁也、此與十二年傳吳人藩衞侯之舍同意、說文、栫、以柴木壅水也、義亦與藩籬同、說見釋器𣻌涔、栫也、下說文、箄、藩落也、儒行、篳門圭窬、鄭注云、篳門、荊竹織門也、襄十年左傳注云、篳門、柴門也、宣十二年傳、篳路藍縷、注云、篳路、柴車也、義與篳門同、箄之言蔽也、說見釋器蔽謂之箄下、欏字通作羅、六韜軍用篇云、三軍拒守、天羅虎落、鎖連一部、欏之言羅羅然也、釋名、釋采帛云、羅、文羅羅疏也、義與欏相近、落之言落落然也、古通作落、管子地員篇云、行廧落、欏落、杝、一聲之轉、莊子胠篋篇、削格羅落罝罘之知多、則獸亂於澤矣、羅落謂獸網也、網謂之羅落、亦謂之畢、杝謂之箄、亦謂之羅落、義竝相近也、

柵謂之棚、

說文柵編樹木也釋名云柵賾也以木作之上平賾然也莊子天地篇云內大盈於柴柵達生篇祝宗人元端以臨牢策李頤注云策木欄也列子仲尼篇長幼羣聚而爲牢藉庖廚之物策藉竝與柵通編簡謂之冊亦謂之畢編柴爲垣謂之篳編木爲垣謂之柵義竝相近也

黝、堊、垷、墐、墀、塈、幔、塗、椷、塓、培、封，塗也、

釋名云塗杜也杜塞孔穴也字亦作涂周官守祧其祧則守祧黝堊之鄭衆注云黝讀爲幽幽黑也堊白也引爾雅地謂之黝牆謂之堊喪大記既祥黝堊鄭注云黝堊堊室之飾也說文堊白涂也餘見下文天子諸侯廟黝堊及釋器黝黑也下說文垷涂也豳風七月篇塞向墐戶毛傳云墐塗也月令蟄蟲皆墐其戶注云墐爲塗閉之墀與墀同說文墀涂地也禮天子赤墀應劭注漢書梅福傳云赤墀以丹漆泥塗殿上也韓非子十過篇云殷人四壁堊墀說文塈仰涂也塈與墍同梓材既勤垣墉惟其斁墍茨馬融注云墍堊飾也說文釁吕血有所刉涂祭也聲義與墍相近說文幔墀地吕巾擱之也讀若水溫𩞀字或作獶

又作夒漢書揚雄傳獶人亾則匠石輟斤而不敢妄斲服虔注云獶人古之善塗墍者也顏師古注云獶抆拭也故謂塗者爲獶人鹽鐵論散不足篇云富者堊夒壁飾塗與拭義相近故塗謂之垷亦謂之墐亦謂之墍亦謂之幔拭謂之挸亦謂之㨷亦謂之摡亦謂之獶也說文墁涂也讀若隴衆經音義卷八音莫董反引通俗文云泥塗謂之墁湏襄三十一年左傳圬人以時塓館宮室杜注云塓塗也塓與摸同張載魏都賦注引左傳作幂云幂塓也塗與覆義亦相近故覆謂之幔亦謂之幎亦謂之幏塗謂之墁亦謂之塓亦謂之墍也

椴、橛、楬、櫫、戕、戓、𢧐、柵、杙，也、

說文弋橜也或作杙爾雅樴謂之杙樴與杙之言皆直也方言橛燕之東北朝鮮洌水之閒謂之椴椴之言段也今人言木一段兩段是也椴各本譌作椵今訂正說文橜弋也橜與橛同月令注引農書云土長冒橛今俗語猶謂杙爲橛橛之言厥也凡木形之直而短者謂之橛說見卷二孑孓短也下漢書尹賞傳楬著其姓名顏師古注云楬杙也爾雅雞栖於弋爲桀桀與楬通方言注云橛楬杙也江東呼都都與櫫古同聲合言之則曰楬櫫說文楬楬櫫也周官蜡氏若有死於道路者則令埋而置楬焉書其日月焉鄭衆注云楬欲令其識取之今時楬櫫是也玉篇牂戓繫船大杙也字本作牂柯牂者杙長大牂牂然也柯亦長大之名猶木大枝謂之柯也魏志常林傳注引魏略云吳使朱然諸葛瑾攻圍樊城遣船兵於峴山東斫牂柯材漢書地理志牂柯郡顏師古注云牂柯繫船杙也引華陽國志云楚頃襄王遣莊蹻伐夜郎軍至且蘭椓船於岸而步戰既滅夜郎以且蘭有椓船牂柯處乃改其名爲牂柯戓曹憲音歌各本戓作戓盍因音內歌字而誤戓字又誤在戓字下集韻類篇竝引廣雅戓戓杙也則所見已是誤本案玉篇廣韻俱無戓字又牂戓二字之間不當闌入戓字今訂正玉篇戓船左右大木廣韻云船纜所繫也戓亦長大之名戓之言侗也說文侗大皃論衡齊世篇云上世之人侗長佼好

墿、軌、堩、衕、街、術、蹊、徑、闤、闠、羨、隊、邪、除、畖、陌、迒、衎，道也、

道之言由也人所由也墿通作驛玉篇驛道也墿之言繹也繹迒皆長意也故方言云繹長也迒長也軌謂車道也考工記匠人云涂度以軌高誘注淮南子本經訓云軌道也軌者法度之名隱五年左傳云講事以度軌量謂之軌是也軌各本譌作軌今訂正堩之言亘也士喪禮記唯君命止柩于堩曾子問弈引至于堩雜記非從柩與反哭無免于堩鄭注竝云堩道也衕與巷同爾雅宮中衕謂之壼孫炎注云衕舍閒道也鄭風叔于田傳云巷里塗也衕之言共也說文云在邑中所共也又云街四通道也廣韻引風俗通義云街攜也離也四出之路攜離而別也術之言率也人所率由也說文術邑中道也呂氏春秋下賢篇云桃李之垂於術者莫之援也褚少孫續龜策傳云內經閭術外爲阡陌蹊或作徯蹊亦徑也語之轉耳釋名云步所用道曰蹊月令注云徯徑禽獸之道也說文徑步道也初學記引說卦傳鄭注云田閒之道曰徑路釋名云徑經也人所經由也卷二云徑哀也說文闠市外門也古今注云闤市垣也闠市門也文選西京賦廓開九市通闤帶闠薛綜注云闤市營也闠中隔門也案闤爲市垣闠爲市門而市道卽在

垣與門之內、故亦得闤闠之名、猶閭閈爲里門而里亦謂之闠閈也、劉逵注蜀都賦云、闤市巷也、巷即道也、開元占經東方七宿占引石氏云、房四星爲四表中有三道、中間爲天衢、南間曰陽環、北間曰陰環、自與闤同義、羨讀若延、史記衛世家、共伯入釐侯羨殺、索隱云、羨墓道也、字亦作埏、又作延、文選潘岳悼亾詩注引聲類云、埏墓隧也、後漢書陳蕃傳云、葬親不閉埏隧、隱元年左傳注作延、羨之言延也、鄭注考工記玉人云、羨猶延也、爾雅延閒也、郭注以爲閒隙李奇注郊祀志云、三輔謂山阪閒爲衍、衍與延聲義相近也、隊或作隧、隧之言遂也、遂達也、周官冢人以度爲邱隧、鄭注云、隧羨道也、疏云、天子有隧、諸侯以下有羨道、隧道則上有負土、羨道則無負土、周語晉文公請隧、賈逵注云、闕地通路曰隧、隧爲羨道之名、亦爲道之通稱、襄十八年左傳、夙沙衛連大車以塞隧是也、文十六年傳、楚子會師于臨品、分爲二隊、子越自石谿、子貝自仞、以伐庸、隊與隧同、謂分爲兩道以伐庸也、哀十三年傳、越子伐吳、爲二隧、是也、杜注以隊爲隊伍之隊、失之、邪與除古聲相近、除亦邪也、九章算術商功章、今有羨除、劉徽注云、羨除、隧道也、其所穿地上平下邪、商功章又云、負土往來七十步、其二十步上下棚除、棚除二、當平道五、注云、棚閣也、除邪道也、文選西都賦、輦路經營、脩除飛閣、義與棚除同、說文、趙魏謂伯爲畂、高誘注淮南子地形訓云、常山人謂伯爲亢、亢與畂同、伯與陌同、畂各本譌作旣、今據曹憲音訂正、迒亦畂也、語有緩急耳、爾雅兔其跡迒、說文、迒獸迹也、或作䟘、亦通作亢、釋名云、鹿兔之道曰亢、行不由正、亢陌山谷草野而過也、太元居次四、見豕在堂、狗繫之迒、范望注云、迒迹也、張衡西京賦、迒杜蹊塞、薛綜注云、迒道也、成十八年左傳以塞夷庚、杜注云、夷庚、吳晉往來之要道、詩序云、由庚萬物得由其道也、庚與迒古亦同聲、堩之言亘、徑之言經、迒之言杭、皆橫度之名也、漢書文帝紀、大橫庚庚、服虔注云、庚庚、橫貌、義與迒同、陌亦橫度之名也、故釋名云、亢陌山谷草野而過、又云、綃頭或謂之陌頭、言其從後橫陌而前也、衎或作阡、阡之言伸也、直度之名也、卷三云、伸直也、史記秦紀、開阡陌、索隱引風俗通義云、南北曰阡、東西曰陌、食貨志作仟伯、匡衡傳作佰、竝字異而義同、

駃、駑、驅、騡、馳、騖、騁、騰、趡、趍、赱、犇也、

犇與奔同、尉繚子制談篇云、猶良驥騄耳之駃、史記張儀傳、探前趹後、蹄閒三尋、索隱云、言馬之走勢疾也、莊子齊物論篇、麋鹿見之決驟、崔譔注云、疾走不顧爲決、卷一云、趉疾也、說文、趹馬行皃、又云、趉踶也、高誘注淮南子脩務訓云、踶趍走也、趉、趹、決竝與駃通、良馬謂之駃騠、義亦同也、說文、駕次弟馳也、玉篇音厲、荀子禮論云、步驟馳騁厲騖、不外是矣、楚辭遠遊云、颯弭節而高厲、厲與駕通、厲亦疾意也、月令云征鳥厲疾是也、趭曹憲音子肖反、說文、趭動也、玉篇且水切、動也、走也、集韻又愈水切、走皃、又子肖切、引廣雅、趡、犇也、玉篇、跐千水切、亦趡字也、廣韻又以水切、走也、玉篇、趭子妙切、走皃、廣韻又才笑、弋照二切走也、史記司馬相如傳、蔑蒙踊躍騰而狂趭、漢書作趭、張注云、趭奔走也、顏師古音醮、揚雄傳、神騰鬼趭顏師古亦音醮、宋祁校本引蕭該音義云、今漢書鬼趭或作踓字、韋昭慈昭反、云趭超也、字林音才召反左思吳都賦、狂趭獷猴、劉逵注云、趭走也、李善音子召反、曲禮、庶人僬僬、亦走皃也、士相見禮云、庶人見於君、不爲容、進退走、是其義也、合觀諸書音訓、趡音千水、以水、子肖、才召、慈昭五反、雖音千水、以水、才召三反、趭音子肖、才召、弋召三反、而同訓爲走、是趡趭卽趡之異文、而子肖、才召、慈昭、卽千水之轉聲、弋召卽以水之轉聲也、凡脂部之字、多有與蕭部相轉者若有鷕雉鳴之鷕、音以水、以小二反、周官追師之追音丁回、丁聊二反、郊特牲、壹與之齊、齊或爲醮、史記萬石君傳、譙呵、音譙何、皆其例也、廣韻、趭進也、趭之言駿也、爾雅、駿速也、鄭注公食大夫禮云、不拾級而下曰赱、說文引宣六年公羊傳、赱階而走、今本作躇何休注云、躇猶超也、釋文、躇與踱同、一本作赱、赱踏踱竝同義、漢書司馬相如傳、跮踱輵轄容以骫麗兮蜩蟉偃寋、怵臭以梁倚、張注云、跮踱疾行互前卻也、怵臭奔走也、赱踱臭竝音丑略反、義亦同也、

塍、埒、塖、堨、陻、陘、防、芋、隄也、

說文、塍、稻田畦也、衆經音義卷九引倉頡篇云、塍、畔也、齊民要術引氾勝之書云、始種稻者、缺其塍、令水道相直、字或作塖、淮南子齊俗訓、狟狢得塖防、弗去而緣、高誘注云、塖、水埒也、亦通作乘、爾雅如乘者乘

邱、郭注云、形似車乘也、或云、乘者、謂稻田塍埒、埒、謂田界也、周官稻人、以列舍水、鄭注云、列、田之畦埒也、淮南子本經訓云、聚埒畝、塍之言兆、朕埒之言形埒也、淮南子俶眞訓云、未有形埒垠塄、又云、欲與物接而未成兆朕、是也、衆經音義卷二十引聲類云、垛、高土也、說文、壔、保也、一曰高土也、保與垛通、亦通作葆、壔、玉篇作墧、亦通作禱、呂氏春秋疑似篇云、周人爲高葆禱於王路、置鼓其上、遠近相聞、九章算術商功章有方垛壔、圓垛壔、隁字亦作塘、通作唐、周語、陂唐汙庳以鍾其美、韋昭注云、唐、隄也、玉篇、堤、界隄也、

柤、潪、隁也、

隁之言偃也、所以障水、或用以取魚、鄭衆注周官𩿈人云、梁、水偃也、偃水爲關空、以笱承其空、襄二十五年左傳、規偃豬、鄭注周官稻人云、偃豬、畜流水之陂也、荀子非相篇作匽、後漢書董卓傳作隁、魏志作堰、竝字異而義同、柤之言阻遏也、說文、柤、木閑也、木閑謂之柤、水偃謂之柤、義相近也、潪、玉篇音七故切、廣韻又側伯山責二切、潪之言迫迮也、說文、潪、所吕雝木也、柤、潪、聲亦相近、

榷、彴、獨梁也、

淮南子繆稱訓、若行獨梁、高誘注云、獨梁、一木之水榷也、說文、榷、水上橫木所吕渡也、漢書武帝紀、初榷酒酤、韋昭注云、以木渡水曰榷、謂禁民酤釀、獨官開置、如道路設木爲榷、獨取利也、顏師古云、榷者、步渡橋、今之略彴是也、玉篇、彴、徛渡也、彴、榷聲相近、

徛、步橋也、

爾雅、石杠謂之徛、郭注云、聚石水中以爲步渡彴也、或曰今之石橋、釋文云、今關西呼徛、江東呼彴、

廟、天子五、諸侯四、卿大夫三、士二、

王制云、天子七廟、三昭三穆與大祖之廟而七、諸侯五廟、二昭二穆與大祖之廟而五、大夫三廟、一昭一穆與大祖之廟而三、士一廟、庶人祭於寢、禮器云、天子七廟、諸侯五、大夫三、士一、祭法云、王立七廟、曰考廟、曰王考廟、曰皇考廟、曰顯考廟、曰祖考廟、遠廟爲祧、有二祧、諸侯五廟、大夫三廟、適士二廟、官師一廟、僖十五年穀梁傳云、天子七廟、諸侯五、大夫三、士二、荀子禮論篇云、有天下者事七世、有一國者事五世、有五乘之地者事三世、有三乘之地者事二世、漢書韋元成傳云、禮、王者始受命、諸侯始封之君、皆爲大祖、以下五廟而迭毁、祭義曰、王者禘其祖自出、以其祖配之、而立四廟、言始受命而王、祭天以其祖配、而不爲立廟、親盡也、立親廟四、親親也、親盡而迭毁、親疏之殺、示有終也、案廣雅謂天子五廟、葢本韋元成說、謂諸侯四廟、則未詳所據、

天子諸侯廟黝堊、卿大夫蒼、士黈、

此莊二十三年穀梁傳文、徐邈注云、黝、黑柱也、堊、白壁也、餘見上文黝堊塗也、及釋器蘣黃也黝黑也下、蘣與黈同、黈各本譌作擷、今訂正、

五帝廟、蒼曰靈府、赤曰文祖、黃曰神斗、白曰顯紀、黑曰元矩、

尚書帝命驗云、帝者承天立五府以尊天重象、赤曰文祖、黃曰神斗、白曰顯紀、黑曰元矩、蒼曰靈府、鄭注云、天有五帝、集居大微、降精以生聖人、故帝者承天立五帝之府、是爲五府、唐虞謂之五府、夏謂之世室、殷謂之重屋、周謂之明堂、皆祀五帝之所也、赤帝赤熛怒之府、名曰文祖、火精光明、文章之祖、故謂之文祖、周曰明堂、黃帝含樞紐之府、名曰神斗、斗、主也、土精澄靜、四行之主、故謂之神斗、周曰大室、白帝白招拒之府、名曰顯紀、紀、法也、金精斷割萬物、成故謂之顯紀、周曰總章、黑帝汁光紀之府、名曰元矩、矩、法也、水精元昧、能權輕重、故謂之元矩、周曰元堂、蒼帝靈威仰之府、名曰靈府、周曰青陽、以上見隋書宇文愷傳、史記五帝紀索隱正義、文選顏延之曲水詩序注、初學記、太平御覽、各本靈譌作靈、斗譌作升、矩譌作柜、今訂正、

獄、犴也、夏曰夏臺、殷曰羑里、周曰囹圄、

召南行露傳云、獄、埆也、說文引小雅小宛篇宜犴宜獄、周官射人注引作豻、今本作岸、韓詩作犴、云、鄉亭

之繫曰犴、朝廷曰獄、淮南子說林訓、亾犴不可再、高誘注云、犴、獄也、漢書刑法志云、獄犴不平、竝字異而義同、史記夏紀云、桀召湯而囚之夏臺、殷紀云、紂囚西伯羑里、書大傳作牖里、說文、囹、獄也、圄、守之也、又云、囹圄、所已拘罪人也、圉與圄同、囹圄皆守禁之名、囹之言令、圄之言敔也、卷四云、令、敔、禁也、或但謂之囹、張衡周天大象賦云、彼貫索之爲狀、寔幽囹之取則是也、或但謂之圄、晏子諫篇云、拘者滿圄、怨者滿朝是也、月令、省囹圄、鄭注云、囹圄、所以禁守繫者、若今之獄矣、正義引月令章句云、囹、牢也、圄、止也、所以止出入、又引鄭志崇精問曰、獄、周曰圜土、殷曰羑里、夏曰均臺、囹圄何代之獄、焦氏荅曰、月令秦書、則秦獄名也、漢曰若盧、魏曰司空、蔡邕獨斷云、夏曰均臺、殷曰牖里、周曰囹圄、漢曰獄、初學記引風俗通義云、夏曰夏臺、殷曰羑里、周曰囹圄、諸書所記三代獄名、皆傳聞異辭、無正文也、

杅謂之梏、械謂之桎、

杅之言紐也、卷三云、紐、束也、說文、杅、械也、後漢書蔡邕傳論、抱鉗扭、徒幽裔、扭與杅同、梏之言鞫也、急繫之名也、漢書刑法志、當鞫繫者頌繫之、顏師古注云、頌、讀曰容、謂寬容之不桎梏、是也、桎之言室、械之言礙、皆拘止之名也、說文、梏、手械也、桎、足械也、周官掌囚、上罪梏拲而桎、中罪桎梏、下罪梏、鄭衆注云、拲者、兩手共一木也、鄭注云、在手曰梏、在足曰桎、中罪不拲、手足各一木耳、下罪又去桎、說文、械、桎梏也、月令注亦云、桎梏、今械也、然則械爲在手在足之通稱也、

圊、圂、屏、廁也、

說文、廁、清也、清與圊通、蘇林注漢書石奮傳引賈逵周官解云、牏、行清也、急就篇云、屏廁清溷糞土壤、屏與庰通、溷與圂通、說文、圂、廁也、淮南子說山訓云、譬猶沐浴而抒溷、開元占經甘氏外官占引甘氏云、天溷七星在外屏南、外屏七星在奎南、注云、天溷、廁也、外屏所以障天溷也、又引甘氏讚云、天溷伏作、抒廁糞土、屏蔽擁障、寔溷莫晦、寔亦廁也、字本作匽、又作偃、匽與屏、皆取隱蔽之義、周官宮人爲其井匽、除其不蠲、去其惡臭、鄭注云、井、漏井、所以受水潦、鄭司農云、匽、路廁也、元謂匽豬、謂霤下之池、受畜水而流之

者、案井字疑是幷字之譌、隸書幷或作井、因譌而爲井、幷、屏古字通、屏匽謂廁也、燕策云、宋王鑄諸侯之象、使侍屏匽、莊子庚桑楚篇、觀室者周於寢廟、又適其偃焉、司馬彪注云、偃、屏廁也、偃與匽同、據下文云除其不蠲、去其惡臭、則以匽爲路廁者是也、釋名云、廁、言人雜廁在上非一也、或曰溷、言溷濁也、或曰圊、言至穢之處、宜常脩治使潔清也、急就篇注云、屏、僻宴之名也、廁之言側也、亦謂僻側也、

廣雅疏證第七上

廣雅疏證卷第七下

高郵王念孫學

釋器

盎謂之盆、

爾雅、盎謂之缶、郭璞注云、盆也、方言、甂謂之盎、自關而西或謂之盆、或謂之盎、急就篇、甀缶盆盎甕罃壺、顏師古注云、缶盆盎、一類耳、缶、卽盎也、大腹而斂口、盆則斂底而寬上、考工記、陶人爲盆、實二鬴、厚半寸、脣寸、

瓿甂、䍜、缶也、

說文、缶、瓦器、所以盛酒漿、秦人鼓之以節歌、陳風宛丘篇、坎其擊缶、正義云、易離卦九三、不鼓缶而歌、是樂器爲缶也、坎卦六四、尊酒簋貳、用缶、則缶是酒器、襄九年宋災、左傳曰、具綆缶、備水器、則缶是汲水之器、然則缶是瓦器、可以節樂、又可以盛水盛酒、卽今之瓦盆也、禮器、五獻之尊、門外缶、門內壺、君尊瓦甒、鄭注云、壺大一石、瓦甒五斗、缶大小未聞也、正義云、以小爲貴、近者小、則遠者大、缶在門外、則大於壺矣、方言、缶謂之瓿甂、郭璞注云、卽盆也、說文、䍜、䍜也、籀文作鑪、篆文作𦉜、急就篇、甑甞甂甌瓨甖盧、注云、盧、小甖、並字異而義同、

甌、甂、甂也、

方言、甂、陳魏宋楚之閒謂之題、自關而西謂之甂、其大者謂之甌、說文、甂、佀小瓿、大口而卑、淮南子說林訓云、狗彘不擇甂甌而食、楚辭七諫云、甂甌登於明堂兮、周鼎潛乎深淵、說苑反質篇云、瓦甂、陋器也、方言注云、今河北人呼小盆爲題子、杜啟反、太平御覽引通俗文云、小甌曰題、甂題猶匾匾也、衆經音義卷六云、韻集、匾方殄反、匾他奚反、纂文云、匾匾、薄也、今俗呼廣薄爲匾匾、關中呼䈅匾、器之大口而卑者、與廣薄同義、故亦有甂題之名、又匾匾與䈅匾、一聲之轉、大口而卑者謂之甂、猶下文匾榼謂之椑矣、甌之言區也、卷二云、區、小也、說文、甌、小盆也、爾雅、甌瓿謂之缻、郭注云、瓿甊、小甖、小甖謂之甌、瓿猶小盆謂之甌也、甌與甂題皆小盆、而甂題又小於甌、故方言云、其大者謂之甌、

軝、甈、甑也、

廣韻、劕、甖屬、玉篇、軝軝、甑也、爾雅、康瓠謂之甈、說文、甈、康瓠破罌也、或作㽁、方言、甈謂之盎、

甞、瓨、甖也、

說文、鑑、大盆也、周官凌人、春始治鑑、鄭注云、鑑如甀、大口、以盛冰、置食物於中、以禦溫氣、釋文、鑑、胡暫反、本或作監、莊子則陽篇云、衞靈公有妻三人、同濫而浴、襄九年左傳注云、水器、盆鑒之屬、並字異而義同、墨子節葬篇云、多爲屋幕鼎鼓几梴壺濫戈劒羽旄齒革、呂氏春秋節喪篇云、玩好貨寶鍾鼎壺濫轝馬衣被戈劒不可勝數、濫與壺並稱、蓋亦盆盎之屬、愼勢篇云、功名著乎槃盂、銘篆著乎壺鑑、是也、高誘注云、以冰置水漿於其中爲濫、失之、說文、甞、大盆也、急就篇云、甑甞甂甌瓨甖盧、玉篇、瓨、瓶也、

瓷、甇、甈、瓬、瓴、瓿、甊、缶、甄、甒、瓮、罌、甔、瓶、瓴、𤭛、瓻、瓵、瓪、瓩、

甗、甎、軝、罃、瓨、鐳、甄、瓶也、

說文、缾、罋也、或作瓶、方言、瓬、甂、甀、瓮、瓿、甊、甇、甈、甄、瓿、甖也、靈桂之郊謂之瓬、其小者謂之瓶、周魏之閒謂之甒、秦之舊都謂之甄、淮汝之閒謂之瓴、江湘之閒謂之甈、自關而西晉之舊都河汾之閒其大者謂之甄、其中者謂之瓿甊、自關而東趙魏之郊謂之瓮、或謂之甖、東齊海岱之閒謂之甇、甖其通語也、甖與罌同、瓮各本譌作瓮、今訂正、玉篇、甇、大甖也、說文、𦉥、器也、方言注云、今江東通呼大瓮爲瓬、爾雅、甌瓿謂之缻、之瓿、郭注云、瓿甊、小甖、襄二十四年左傳、部婁無松柏、杜預注云、部婁、小阜、小阜謂之部婁、猶小甖謂之瓿甊也、單言之則曰瓿、字亦作䍌、說文、䍌、小缶也、漢書揚雄傳、吾恐後人用覆醬瓿也、顏師古注云、瓿、小甖也、說文、缶、瓦器也、又云、䍃、小口甖也、徐鍇傳云、周禮注、鑑如䍃、大口、是䍃小口也、䍃與甀同、字亦作㼐、墨子備城門篇云、救門火者、各一㼐、水容三石以上、列子湯問篇云、山名壺領、狀若甔甀、東周策云、夫鼎

者非效醢壺醬甀可懷挾提挈以至齊者淮南子氾論訓抱甀而汲高誘注云甀武也今兗州謂小武爲甀方言注云今江東呼甖爲甒子士喪禮下篇甒二鄭注云甒瓦器古文甒皆作廡甒甀廡武竝通禮器君尊瓦甒鄭注云瓦甒大五斗正義云此瓦甒即燕禮公尊瓦大也禮圖瓦大受五斗口徑尺頸高二寸大中身銳下平瓦甒與瓦大同說文瓮罌也通作甕甕士喪禮下篇注云甕瓦器其容蓋一觳說文罌罃也墨子備城門篇云用瓦木罌容十升以上者盛水方言罃陳魏宋楚之閒曰甋或曰瓶燕之東北朝鮮洌水之閒謂之瓺齊之東北海岱之閒謂之甔周洛韓鄭之閒謂之甀或謂之罃甔字通作儋又作擔史記貨殖傳漿千甔集解徐廣曰甔大罌也索隱云甔漢書作儋孟康曰儋罌也罌受一石故云儋石漢書蒯通傳守儋石之祿應劭注云齊人名小罌爲儋受二斛後漢書明帝紀生者無擔石之儲李賢注引埤倉云甔大罌也案諸說或訓甔爲罌或以爲大罌或以爲小罌古無定訓疑莫能明也玉篇瓶小罌也又云瓿瓶缾有耳也旊訓爲瓶未見所出旊曹憲音方往反各本旊譌作瓬方往譌作方住玉篇旊方往反今據以訂正說文缻下平缶也讀若易方言罋謂之甀字亦作罋通作甕說文罋汲缾也井九二井谷射鮒甕敝漏虞翻注云羸其瓶凶故甕敝漏也㽉與甗同方言罃謂之甈說文罃備火長頸缾也急就篇云甀缶盆盎甕罃壺瓨亦作缸說文瓨佀罌長頸受十升又云缸瓨也急就篇云甑瓽甂甌瓨甖盧史記貨殖傳醯醬千瓨徐廣音義云瓨長頸罌也瓨曹憲音下江反各本瓨譌作瓿惟影宋本皇甫本不譌說文鑐瓦器也又云瓴瓮佀缾者瓴與鑐同漢書高祖紀譬猶居高屋之上建瓴水也如淳注云瓴盛水瓶也淮南子脩務訓云今夫救火者汲水而趨之或以甕瓴或以盆盂其方員銳橢不同盛水各異其於滅火鈞也瓴甕皆可以盛水又可以節歌墨子三辯篇云農夫春耕夏耘秋斂冬藏息於瓴缶之樂李斯上始皇帝書云擊甕叩缻彈箏搏髀而歌皆是也鑐各本譌作鑐影宋本皇甫本不譌玉篇㽉瓶受一斗者集韻云北燕謂瓶爲㽉

錪、鉼、䰙、鏤、鬲、鍑、鏕、鑴、鍪、鬵、鬳、錡、鬴、鐈、䰛、鬷，釜也。

方言鍑北燕朝鮮洌水之閒或謂之錪或謂之鉼江淮陳楚之閒謂之錡或謂之鏤吳揚之閒謂之鬲玉篇錪小釜也說文䰙三足鍑也小雅大東篇跂彼織女毛傳云跂隅貌孫毓釋之云織女三星跂然如隅義與䰙同也爾雅鼎款足者謂之鬲服虔注漢書司馬遷傳云款空也郊祀志鼎空足曰鬲蘇林注云足中空不實者名曰鬲說文鬲鼎屬實五觳斗二升曰觳象腹交文三足漢令作歷或作融考工記陶人爲鬲實五觳厚半寸脣寸士喪禮云新盆槃瓶廢敦重鬲方言釜自關而西或謂之釜或謂之鍑漢書匈奴傳云多齎鬴鍑薪炭說文鍑如釜而大口衆經音義卷二引三倉云鍑小釜也與說文異義未知孰是說文鏕溫器也今俗語謂煮肉爲熝肉卷四云熝煨熅也熅謂之熝故溫器亦謂之鏕矣說文鏕煎膠器也又云鍪鍑屬也急就篇鐵鈇鑽錐釜鍑鍪顏師古注云鍪似釜而反脣一曰鍪小釜類即今所謂鍋也字或作堥內則敦牟卮匜鄭注云牟讀曰堥正義隱義曰堥土釜也以木爲器象土釜之形說文鬹三足釜也有柄喙爾雅煁烓也郭注云今之三隅竈烓與鬹聲相近三隅竈謂之烓猶三足釜謂之鬹矣說文䖒土鍪也從虍号聲䖒古陶器也䖒各本譌作豐自宋時本已然故集韻類篇竝云䖒或作豐案䖒從虍号聲非從豆號聲豐乃䖒之譌字非䖒之別體故說文玉篇廣韻俱無豐字今訂正召南采蘋篇維錡及釜傳云有足曰錡錡之言踦也爾雅蟏蛸長踦郭注云小鼅鼄長腳者說文鬴鍑屬也或作釜隸省作釜與鬴同聲同義而廣雅訓鬴爲釜者古今異字必以此釋彼而其義始明爾雅云輔俌也嗟蹉也迺乃也廣雅云壹弌也焫爇也煖煗也花華也皆以同聲同義之字轉相訓釋鬴之訓釜亦猶是也各本鬴下衍也字今删鐈之言喬然高也說文鐈佀鼎而長足䰛即今鍋字也說文秦名土釜曰䰛從鬲中聲又云鬷釜屬也各本䰛譌作鬲鬷下又脫釜也二字集韻類篇竝引廣雅䰛釜也今據以補正

鋗謂之銚、

說文銚溫器也衆經音義卷十四云銚似鬲上有鐶急就篇銅鍾鼎鋞鋗鉇銚顏師古注云鋗溫器也鋗與銚同類故亦可通稱博古圖有漢梁山鋗容二斗重十斤元康元年造

鍚鏑謂之銼鑹、

說文、銼鑹、鍑也、衆經音義卷十六引聲類云、銼鑹小釜也、太平御覽引纂文云、秦人以鈷鉾爲銼鑹、案物形之小而圓者、謂之銼鑹、單言之則曰銼、廣韻、銼、蜀呼鈷鉾也、銼者、族纍之合聲、故銼鑹又謂之鏃鑹、急就篇注云、小釜曰鏃鑹、是也、說文、痤、小腫也、一曰族纍病、桓六年左傳、謂其不疾瘯蠡也、瘯蠡與族纍同、急言之則爲痤矣、爾雅釋木、痤、接慮李、郭注云、今之麥李、齊民要術引廣志云、麥李細小、麥李細小、故有接慮之名、急言之亦近於痤、故又謂之痤、銼鑹族纍接慮一聲之轉、皆物形之小而圓者也、玉篇、鍚鏑小釜也、太平御覽引魏略云、我槌破汝鍚鏑、邪、又引杜預奏事云、藥杵臼、澡槃、尉斗、釜、瓮、銚、槃、鍚鏑、皆民間之急用也、說文、鑢、溫器也、讀若奧、集韻、又音煥、此即鍚鏑二字之合聲、

案謂之檈、

檈、各本譌作㯰、今訂正、方言、案、陳楚宋魏之間謂之檈、自關東西謂之案、說文、案、几屬、急就篇、橢杅槃案

桮閜盌、顏師古注云、無足曰槃、有足曰案、所以陳舉食也、考工記玉人、案十有二寸、棗栗十有二列、鄭注云、案、玉飾案也、玉案十二以爲列、棗栗實於器、乃加於案、戴先生補注云、案者、椀禁之屬、儀禮注曰、椀之制、上有四周、下無足、禮器注云、禁、如今方案、隋長局足、高三寸、此周以案承棗栗、上空有四周、漢制小方案局足、此亦空有足、謹案案之言安也、所以安置食器也、檈之言寰也、說文、寰、置物也、案亦所以置食器、其制蓋如今承槃而有足、或方或圓、禮器注言方案、說文訓檈爲圓案、是也、古人持案以進食、若今人持承槃、漢書外戚傳云、許后朝皇太后、親奉案上食、是也、亦自持案以食、若今持酒杯者并槃而舉之、鹽鐵論取下篇云、從容房闈之間、垂拱持案而食、是也、凡案或以承食器、或以承用器、皆與几同類、故說文云、案、几屬、

盂謂之槃、

說文、槃、承槃也、盂、音干戈之干、各本盂譌作盂、玉篇、盂、公安切、槃也、廣韻同、集韻、類篇、盂、居寒切、引廣雅、盂謂之槃、郭忠恕佩觿云、盂、槃也、字從干祿之干、今據以訂正、

匾榼謂之椑、

說文、榼、酒器也、徐鍇傳云、榼之爲言盍也、說文、盍、覆也、成十六年左傳、欒鍼使行人執榼承飲、造於子重、說文、椑、圜榼也、急就篇云、槫榼椑榹匕箸籫、太平御覽引謝承後漢書云、傳車有美酒一椑、椑之言卑也、說文以爲圜榼、廣雅以爲匾榼、凡器之名爲椑者、皆兼此二義、考工記廬人、勿兵椑、刺兵摶、鄭注云、齊人謂柯斧柄爲椑、則椑、隋圜也、摶、圜也、然則正圜者謂之摶、圜而匾者謂之椑、故齊人謂柯斧柄爲椑也、又匾與椑一聲之轉、故盆之大口而卑者謂之甂、說見上文甈甂也下、

盞、櫨、案、盌、銚、銳、柯、櫂、桷、栓、柍、盦、盎、椀、盂也、

盂之言迂曲也、盂、盎、椀、皆曲貌也、說文、盂、飲器也、士喪禮下篇、兩敦兩杅、鄭注云、杅以盛湯漿、杅與盂同、敦與盞同、古者敦以盛食、盟則用以盛血、或用木而飾以金玉、或用瓦、無飾、皆有蓋、有足、無足者謂之廢

敦、爾雅、邱一成爲敦邱、孫炎注云、形如覆敦、敦器似盂、少牢饋食禮疏引孝經鉤命決云、敦、規首、上下圓相連、聶崇義三禮圖引舊圖云、敦受一斗二升、漆赤中、大夫飾口以白金、周官玉府、若合諸侯、則共珠槃玉敦、鄭注云、敦、槃類、珠玉以爲飾、古者以槃盛血、以敦盛食、合諸侯者、必割牛耳、取其血、歃之以盟、珠槃以盛牛耳、尸盟者執之、鄭司農云、玉敦、歃血玉器、內則敦牟巵匜、鄭注云、敦牟、黍稷器也、士喪禮云、黍稷用瓦敦、有蓋、又云、敦啟會、面足、注云、敦有足、則敦之形如今酒敦、少牢饋食禮云、主婦自東房執一金敦黍、有蓋、又云、敦皆南首、注云、敦有首者、尊者器飾也、飾蓋象龜形、士喪禮、新盆槃瓶、廢敦、重鬲、注云、廢敦敦無足者、所以盛米也、方言、盂謂之櫨、河濟之間謂之盌盞、椀謂之盦、盂謂之銚銳、椀謂之桷柍、又云、盂宋楚魏之間或謂之盌、盌謂之盂、或謂之銚銳、盌謂之櫂、盂謂之柯、海岱東齊北燕之間或謂之盎、廣韻、引埤倉云、櫨、盂也、玉篇、盌、盞、大盂也、字亦作安、殘、太平御覽引李尤安殘銘云、安殘令名、甘旨是盛、埏埴之巧、甄陶所成、食彼美珍、思此鹿鳴、柍、各本譌作抉、今訂正、方言、椀謂之桷柍、二字共爲一名、則廣雅桷

枤二字之閒、不當有栓字、當本在楇字之上、或在枤字之下、而寫者誤倒其文也、棬之言卷曲也、玉藻、母沒而杯圈不能飲焉、注云、圈、屈木所爲、謂巵匜之類、孟子告子篇、以杞柳爲桮棬、棬、圈、竝與棬通、椀之言宛曲也、急就篇、橢杅槃案桮閜盌、顔師古注云、盌似盂而深長、盌與椀同、

盪、𥃝、盧、椷、盃、閜、盞、盌、杯也、

方言、盃、椷、盞、盌、閜、盪、盧、桮也、秦晉之郊謂之盃、自關而東趙魏之閒曰椷、或曰盞、或曰盌、其大者謂之閜、吳越之閒曰盪、齊右平原以東或謂之盧、桮其通語也、桮與杯同、說文、桮、𥃝也、𥃝、小桮也、或作𧷓、𥃝與椷古同聲、方言作椷、蓋即𥃝之假借字也、廣韻、篋、箱、屬或作簀、是其例矣、方言注云、盃所謂伯盃者也、太平御覽引典論云、劉表諸子好酒、造三爵、大曰伯雅、中曰仲雅、小曰季雅、雅與盃通、說文、閜、大開也、大桮亦爲閜、急就篇云、橢杅槃案桮閜盌、藝文類聚引李尤杯銘云、小之爲杯、大之爲閜、凡言閜者、皆大開之貌、司馬相如上林賦、谽呀豁閜、司馬彪注云、谽呀、大貌、豁閜、空虛也、郭璞注云、皆澗谷之形容也、廣韻、㘅、大笑、義竝同也、盞與琖通、說見下條、太平御覽引通俗文云、醆杯曰盞、或謂之盌、

斝、醆、爵也、

爵說見下文一升曰爵下、禮運、醆斝及尸君、非禮也、鄭注云、醆斝、先王之爵也、唯魯與王者之後得用之、其餘諸侯、用時王之器而已、大雅行葦篇、洗爵奠斝、傳云、斝、爵也、夏曰醆、殷曰斝、周曰爵、周官量人、凡宰祭、與鬱人受斝歷而皆飲之、鄭衆注云、斝、器名、引明堂位云、爵、夏后氏以琖、殷以斝、周以爵、鄭注明堂位云、斝畫禾稼也、說文、斝、玉爵也、或說斝受六升、郊特牲、舉斝角、注云、天子奠斝、諸侯奠角、昭七年左傳、賂以瑤甕玉櫝斝耳、杜預注云、斝耳、玉爵、正義云、言耳者、蓋此器旁有耳、若今之杯、故名、明堂位云、爵用玉琖仍彫、周官量人釋文云、琖、劉本作湔、字竝與醆同、爵謂之醆、杯謂之盞、一也、方言注云、盞、最小桮也、爾雅、鍾小者謂之棧、李巡注云、棧、淺也、棧、盞竝音側限反、其義同、

𢀸、觛、巵也、

說文、巵、圜器也、一名觛、所以節飲食、內則、敦牟巵匜、鄭注云、巵、匜、酒漿器、應劭注漢書高祖紀云、巵、鄉飲酒禮器也、古以角作、受四升、古巵字作觗、說文、𢀸、小巵也、玉篇之奭之緊二切、又說文、𢀴、小巵有耳蓋者、玉篇、時奭切、𢀸從耑聲、𢀴從專聲、專與耑皆小意也、故釋詁云、耑、小也、說文、叀、專小謹也、專、六寸簿也、𢀸、各本譌作𢀴、今訂正、說文、觛、小觶也、海外西經、女蔑操角觛、女祭操俎、郭璞注云、角觛、觶屬、急就篇云、蠡斗參升半巵觛、賈子諭誠篇、酒二酤、酤與觛同、玉篇、𢀹、小舍也、觛、𢀹竝音丁案反、義相近也、

瓠、蠡、豋、𤬸、瓢也、

方言、蠡、陳楚宋魏之閒或謂之㰏、或謂之瓢、衆經音義卷十八引三倉云、瓢、瓠勺也、說文、瓢、蠡也、周官鬯人、禜門用瓢齎、杜子春注云、瓢、謂瓠蠡也、漢書東方朔傳、以蠡測海、張晏注云、蠡、瓠瓢也、楚辭九歎、瓟蠡蠹於筐簏、王逸注云、瓟、瓠、蠡、瓢也、蠡、蠡竝通、說文、豋、蠡也、士昏禮、實四爵合巹、鄭注云、合巹、破匏也、昏義云、共牢而食、合巹而酳、巹與豋通、太平御覽引三禮圖云、巹、取四升瓠中破、夫婦各一、𤬸即方言㰏字也、衆經音義卷十八引廣雅作𤬪、音羲、𤬸從虘聲、𤬪從虛聲、虘、虛竝從虍聲、是𤬸與𤬪同聲、故從虛之字或從虘、方言注云、今江東通呼勺爲㰏、音羲、衆經音義云、江南曰瓢㰏、蜀人言蠡㰏、漢書王莽傳、立斗獻、顔師古注云、獻、音羲、謂斗魁及杓末如勺之形也、獻從虘聲、而讀爲羲、猶𤬸從虘聲而讀爲羲矣、

筝、豆、篆、杯落也、

方言、桮落、陳楚宋衛之閒謂之豆筥、自關而西謂之桮落、郭注云、盛桮器籠也、說文、笿、桮笿也、徐鍇傳云、笿亦籠也、笿者絡也、猶今人言籮落、笿、篆竝與落通、卷二云、落、居也、杯落亦所以居杯也、說文、筝、桮笿也、篆與筥通、義亦與筐筥之筥同、

籯、筲、桶、檧、籫、箸、筩也、

方言、箸筩、陳楚宋魏之閒謂之筲、或謂之籯、自關而西謂之桶檧、郭注云、盛朼箸籫也、籝與籯同、籯之言盛受也、說見下文籝籠也下、說文、宋魏謂箸筩爲籫、䈰與筲通、箸筩謂之筲、猶刀室謂之削也、方言注云、

今俗亦通呼小籠爲桶檧、急就篇、槫榼椑榹匕箸籫、顏師古注云、籫、盛匕箸籠也、玉篇音子短切、箸筩謂之籫、猶竹筥謂之篹、喪大記、食粥於盛不盥、食於篹者盥、鄭注云、篹、竹筥也、

柶、匙、匕也、

說文、匕、所以比取飯、一名柶、古者匕或以匕黍稷、或以匕牲體、吉事用棘匕、喪事用桑匕、小雅大東篇、有捄棘匕、傳云、匕所以載鼎實、士昏禮、匕俎從設、注云、匕、所以別出牲體也、特牲饋食禮記、棘心匕刻、注云、刻若今龍頭、少牢饋食禮云、雍人概鼎匕俎于雍爨、又云、廩人概甑甗匕與敦于廩爨、注云、匕、所以匕黍稷、疏云、上雍人云匕者、所以匕肉、此廩人所掌米、故云匕黍稷也、少牢下篇覆二疏匕于其上、注云、疏匕、匕柄有刻飾者、又二手執挑匕枋以挹湆、注于疏匕、注云、此二匕者、皆有淺斗、狀如飯橾、挑長枋、可以抒物於器中者、雜記枇以桑、長三尺、或曰五尺、刊其柄與末、注云、枇所以載牲體者、此謂喪祭也、吉祭枇用棘、枇與匕同、太平御覽引三禮圖云、匕以載牲體、長二尺四寸、葉博三寸、長八寸、漆丹柄頭、疏匕形如飯

廣雅疏證　卷第七下　九一

橾、以棘心爲之、案三禮圖記匕之長、與雜記不合、失之、說文、柶、匕也、柶有三、禮圖有醴柶、吉事用角柶、喪事用木柶、士冠禮、側尊一甒醴、有篚實勺觶角柶、注云、柶狀如匕、以角爲之者、欲滑也、士喪禮云、東方之饌兩瓦甒、其實醴酒、角觶木柶、少牢饋食禮云、上佐食羞兩鉶、皆有柶、三禮圖引舊圖云、柶長尺、櫼博三寸、曲柄長六寸、漆赤中及柄端、又周官玉府大喪共角柶、鄭衆注云、角柶、角匕也、以楔齒令可飯含、士喪禮、楔齒用角柶、記云、楔貌如軛、上兩末、疏云、此角柶其形與扱醴角柶別、故屈之如軛、中央入口、兩末向上、易出入也、方言、匕謂之匙、後漢書隗囂傳、奉盤錯鍉、李賢注云、鍉、即匙字、

筴謂之箸、

說文、箸、飯攲也、攲音羈、太平御覽引通俗文云、以箸取物曰攲、曲禮云、飯黍毋以箸、又云、羹之有菜者用梜、鄭注云、梜、猶箸也、今人或謂箸爲梜提、梜與筴同、急就篇注云、梜、所以夾食也、

龍、疏、蒲、枓、杓也、

說文、勺、挹取也、象形、中有實、考工記、梓人爲飲器、勺一升、士冠禮注云、勺、尊斗、所以㪺酒也、案勺之言酌斗之言㪺也、勺之有飾者、龍勺、疏勺、蒲勺、是也、勺之無飾者、禮器之樿杓、士喪禮之素勺、是也、杓與勺同、明堂位、夏后氏以龍勺、殷以疏勺、周以蒲勺、鄭注云、龍、龍頭也、疏、通刻其頭、蒲、合蒲如鳧頭也、枓各本譌作科、影宋本皇甫本不譌、大雅行葦篇、酌以大斗、傳云、大斗長三尺也、釋文、斗字又作枓、都口反、徐又音主、正義云、大斗長三尺、謂其柄也、漢禮器制度注、勺五升、徑六寸、長三尺、是也、此從大器挹之於尊、用勺此勺耳、其在尊中、不當用如此之長勺也、枓杓所以㪺酒、亦所以㪺水、中庸云、今夫水一勺之多、周官鬯人、大喪之大渳設斗、鄭注云、斗所以沃尸也、喪大記浴水用盆、沃水用枓、士喪禮疏云、枓受五升、方有柄、用挹盆中水、以沃尸、少牢饋食禮、司宮設罍水于洗東、有枓、鄭注云、枓、㪺水器也、凡設水用罍、沃盥用枓、

⿰氵戽斗謂之⿰木𦣝、

卷二云、戽、抒也、說文、抒、挹也、太平御覽引纂文云、⿰氵戽斗、抒水斗也、廣韻云、戽斗、舟中渫水器也、戽與⿰氵戽同、

廣雅疏證　卷第七下　十一

⿰木𦣝、曹憲音頤、各本⿰木𦣝誤作柘、集韻類篇竝引廣雅、⿰氵戽斗謂之柘、則宋時廣雅本已誤、案說文、柘、臿也、音祀、柘與⿰木𦣝、不同義、蓋俗書⿰木𦣝字作柤、因譌而爲柘、釋宮篇、頤、軝也、今本譌作飤、正與此同、考玉篇、⿰木𦣝、弋之切、船戽斗也、廣韻、⿰木𦣝、船舀水斗也、御覽引廣雅、⿰氵戽斗謂之⿰木𦣝、皆作⿰木𦣝、不作柘、今據以訂正、

焅謂之熠、

說文、焅、旱氣也、玉篇、熠、㷉也、廣韻、熠、焅、熱也、據諸書所訓、則焅熠二字、當在釋詁熱也一條內、今在釋器、當別有意義、未知所出、

⿰目奚、眏、筲、⿱竹旅、也、

⿱竹旅、卽筥字也、衆經音義卷十五云、筥、又作⿱竹旅、同、力與紀與二反、古者筥⿱竹旅同聲、周官掌客注云、筥讀如棟梠之梠、大雅以遏徂旅、孟子作徂莒、皆其證也、方言、⿱竹旅、南楚謂之筲、趙魏之郊謂之笞⿱竹旅、郭注云、盛餅筥也、餅與飯同、說文、筥、箱也、周頌良耜篇云、載筐及筥、其饟伊黍、是筥以盛飯也、餘見下文篿筲箄簍籠也、

下、篆亦與筥同、太平御覽引纂文云、暵映、大筥也、方言注云、今建平人呼筥爲筲、說文、䈰、飯筥也、受五升、秦謂筥爲䈰、又云、䈰、飯器、容五升、䈰、䈰竝與筲同、士喪禮下篇、筲三、黍稷麥、鄭注云、筲、畚種類也、其容蓋與簋同一觳、論語子路篇、斗筲之人、鄭注云、筲、竹器、容斗二升、與說文異義、未知孰是、論語斗筲竝言、則筲與斗不同量、文選王命論注引漢書音義、筲受一斗、失之、

籓、籮、箕也、

箕、所以簸揚米而去其穅也、方言、箕、陳魏宋楚之間謂之籮、說文、箕、簸也、籓、大箕也、

畉、𤱃、匬、畊、畚也、

說文、畚、蒲器也、畊屬、所目盛種、周官挈壺氏掌挈畚以令糧、鄭衆注云、畚、所以盛糧之器、宣二年左傳寘諸畚、杜預注云、畚、以草索爲之、筥屬、十一年傳稱畚築、注云、畚、盛土器、襄九年傳陳畚梮、注云、畚、簣籠、士昏禮婦執笲棗栗、鄭注云、笲、竹器、有衣者、其形蓋如今之筥笿籚矣、三禮圖引舊圖云、笲、讀如皮弁之弁、

畚笲竝從弁聲、畚爲筥屬、而笲形如筥笿籚、則其命名之意亦同矣、玉篇、畉、小畚也、晉書天文志、天棓東七星曰扶筐、盛桑之器、主勸蠶也、扶與畉通、𤱃之庶反、廣韻、𤱃、筐𤱃也、𤱃之言貯也、所以貯米也、說文、貯𢂁也、所目盛米、貯與𤱃聲近義同、說文、匬、田器也、又云、莜、艸田器、引論語目杖何莜、今本作蓧、包咸注云、蓧、竹器、皇侃疏云、籮簏之屬也、釋文、蓧、本又作條、又作莜、竝字異而義同、說文、𢂁、蒲席𢂁也、畊、𢂁也、杜林以爲竹筥、揚雄以爲蒲器、讀若軿車、急就篇、笆箒箯筥箕箄篝、顏師古注云、竹器之盛飯者、大曰箯、小曰筥、箯與畊、亦聲近義同、

𥰭、䉂、篓、匴、籅也、

方言、炊籅謂之縮、或謂之篓、或謂之匴、郭注云、漉米籅也、說文、籅、漉米藪也、太平御覽引纂文云、籅、淅箕也、一曰藪、魯人謂之淅䉂、急就篇云、笆篅箯筥籅筭篝、玉篇、𥰭、盝米具也、䉂、籅、漉米竹器也、漉與盝同、亦作盝、說文、藪、炊籅也、玉篇、藪、或作箱篓、方言又作縮、縮、箱、篓、藪四字、古聲竝相近、篓之言縮也、漉米而縮去其汁、如漉酒然、鄭興注周官甸師云、束茅立之祭前、沃酒其上、酒滲下去、若神飲之、故謂之縮、縮、浚也、郊特牲縮酌用茅、鄭注云、泲之以茅、縮去滓也、義竝與箱同、周官大宰注云、澤無水曰藪、澤虞注云、水希曰藪、義與藪亦相近、說文、匴、盝米藪也、集韻、匴或作匴、方言注云、江東呼匴爲淅籤、匴之言浚也、卷二云、浚、盝也、周官注云、縮、浚也、縮藪匴一聲之轉、藪之轉爲匴、猶數之轉爲算矣、

箾謂之筅、

箾、卽今之刷鍋帚也、說文、陳畱謂飯帚曰箾、箾之言捎也、所以捎去餘飯也、考工記輪人注云、捎、除也、聲轉爲筅、筅猶洗刷也、筅、曹憲音素典反、各本脫去筅字、其素典反之音、又誤入下文⿱竹⿰俞刂字下、集韻、類篇、⿱竹⿰俞刂穌典切、引廣雅箾謂之⿱竹⿰俞刂、則所見已是誤本、故以⿱竹⿰俞刂字上屬爲句、案箾爲飯帚、⿱竹⿰俞刂爲簞笥之屬、兩物絕不相似、且玉篇、廣韻、⿱竹⿰俞刂字亦不音素典反、玉篇、筅、筅帚也、廣韻作箲、云、箲帚、飯具、或作筅、是筅與箾異名而同實、又玉篇、廣韻筅字竝音穌典切、穌典與素典同音、今據以訂正、餘見下條、

⿱竹⿰俞刂、匴、匰、笥也、

說文、笥、飯及衣之器也、曲禮、凡以弓劍苞苴簞笥問人者、鄭注云、簞笥、盛飯食者、圓曰簞、方曰笥、緇衣引兌命云、惟衣裳在笥、說文、⿱竹⿰俞刂、竹器也、玉篇、所閒、蘇干二切、云、竹器似箱而簏、曹憲音素管反、士冠禮爵弁皮弁緇布冠各一匴、鄭注云、匴、竹器名、今之冠箱也、古文匴爲篹、釋文、匴、篹竝素管反、衆經音義卷十五引聲類云、筥、箱也、喪大記、食粥於盛、不盥、食於篹者盥、注云、篹、竹筥也、史記鄭當時傳、其饋遺人不過算器食、徐廣音義云、算、音先管反、竹器也、匴、篹、算竝與⿱竹⿰俞刂同、是⿱竹⿰俞刂爲簞笥之屬也、玉篇、匴、又作笲、士昏禮注云、笲、竹器、有衣者、其形蓋如今之筥笿籚矣、士昏禮記云、笲、緇被纁裏、案笲以盛棗栗腶脩、亦以盛菜、聘禮賓釋幣于禰、用以盛幣埋之、喪禮用以盛貝及沐浴巾具、見經文、匴通作簞、簞與笥對文則異、散文則通、說文、簞、笥也、漢律令、簞、小筐也、簞以盛食、亦以盛巾櫛、士冠禮云、櫛實于簞、士虞禮云、匜水錯于槃中、簞巾、在其東、

匵謂之匵、

說文、匵、匣也、匵之言容也、說文、匵、匵也、櫝、匵也、櫝、與匵同、金縢云、乃內冊于金縢之匵中、聘禮云、賈人啟櫝、論語云、韞匵而藏諸、

匧謂之椷、

匧之言挾也、爾雅云、挾、藏也、說文、匧、椷、藏也、或作篋、士冠禮、同篋、鄭注云、隋方曰篋、篋、椷、一聲之轉、椷之言函也、說文、椷、篋也、周官伊耆氏、共其杖咸、鄭注云、咸、讀爲函、椷、咸、函、竝通、

定謂之槈、

說文、槈、薅器也、或作鎒、呂氏春秋任地篇云、耨柄尺、此其度也、其耨六寸、所以間稼也、高誘注云、耨、所以耘苗也、刃廣六寸、所以入苗間也、齊語挾其槍刈耨鎛、舊音引賈逵注云、耨、鎡錤也、管子輕重乙篇云、一農之事、必有一耜一銚一鎌一鎒一椎一銍、然後成爲農、槈、耨、鎒、竝同、爾雅、斪斸謂之定、李巡注云、定、鋤

別名、案定者、斫物之稱、今江淮間謂以斧斫物曰釘、音帶定反、是其義也、

櫡謂之钁、

說文、钁、大鉏也、廣韻云、方言云、關東名曰鹵斫、淮南子兵略訓、奮儋钁、高誘注云、钁、斫也、六韜軍用篇云、棨钁刃廣六寸、柄長五尺以上、爾雅、斫謂之鐯、郭注云、钁也、說文作櫡、字竝與櫡同、

錍謂之銛、

說文、銛、臿屬也、

籗、筌謂之笓、

廣韻、笓、取鰕竹器也、太平御覽引韓詩云、九罭之魚、罭、取鰕笓也、又引纂文云、箄、流水中張魚器也、箄、與笓同、玉篇、筌、捕魚笱也、字亦作荃、莊子外物篇云、荃者、所以在魚、得魚而忘荃、左思吳都賦、筌鮑鱨、劉逵注云、筌、捕魚器、今之斗回也、

曲梁謂之罶、

邶風谷風篇、毋逝我梁、毋發我笱、傳云、梁、魚梁、笱、所以捕魚也、周官𩽾人、掌以時𩽾爲梁、鄭衆注云、梁、水偃也、偃水爲關空、以笱承其空、說文、笱、曲竹捕魚笱也、罶、曲梁寡婦之笱、魚所留也、或作𦋺、引魯語講罛𦋺、今本作罶、韋昭注云、罶、笱也、爾雅云、凡曲者爲罶、又云、嫠婦之笱謂之罶、釋文、罶、本或作罪、罶、罪、𦋺、竝同、今人謂取魚具爲魚簍、聲亦相近也、小雅魚麗篇魚麗于罶、苕之華篇、三星在罶、傳竝云、罶、曲梁也、寡婦之笱也、曲、各本譌作典、今訂正、

篧、籗、䈇、罩也、

說文、罩、捕魚器、罩與䈇同、凡自上籠下謂之罩、故淮南子說林訓云、罩者抑之、罾者舉之、說文、翟、覆鳥令不得飛也、玉篇音竹教切、義與罩同、說文、籗、罩魚者也、或作篧、作籗、爾雅、籗謂之罩、李巡注云、籗、編細竹以爲罩捕魚也、孫炎注云、今楚籗也、楚籗謂以荊爲之、

濅、涔、栫也、

說文、栫、以柴木壅水也、郭璞江賦云、栫澱爲涔、栫者叢積之名、哀八年左傳、囚諸樓臺、栫之以棘、杜預注云、栫、擁也、釋文、栫本又作荐、栫之言荐也、韋昭注晉語云、荐、聚也、小爾雅云、魚之所息謂之㯣、㯣、槮也、積柴水中而魚舍焉、爾雅、槮謂之涔、郭注云、今之作槮者、聚積柴木於水中、魚得寒入其裏藏隱、因以薄圍捕取之、周頌潛篇、潛有多魚、毛傳云、潛、槮也、韓詩作涔、云、涔、漁池也、淮南子說林訓、罧者扣舟、高誘注云、罧者以柴積水中以取魚、扣、擊也、魚聞擊舟聲、藏柴下、壅而取之也、今兗州人積柴水中捕魚爲罧、幽州名之爲涔、罧與槮、槮同、涔、與潛、槮同、濅、涔皆壅積之意、卷二云、濅、漬也、說文、涔、漬也、漬、積聲相近、雨水漸漬謂之濅、亦謂之涔、柴木壅積謂之涔、亦謂之濅、其義一也、

罔謂之罟、

此罔魚及鳥獸之通名、繫辭傳云、作結繩而爲罔罟、以佃以漁、是也、罔、說文作网、又作網、

罽、罾、魚罔也。

此專謂魚罔也。各本罽下衍罟、罽二字，罔上又脫魚字。莊子胠篋釋文引廣雅、罾、魚罔也。太平御覽引廣雅、罽、罾、魚罔也。今據以訂正。說文、罽、魚网也。罾、魚网也。楚辭九歌、罾何爲兮木上。王逸注與說文同。莊子胠篋篇云、鉤餌網罟罾笱之知多、則魚亂於水矣。太平御覽引風土記云、罾、樹四木而張網於水、車輓之上下、形如蜘蛛之網、方而不圓。

畢、罕、𡆬、旇、率也。

案爾雅於釋諸羅罔之後、即云、絇謂之救、律謂之分。二者蓋亦羅罔之屬。絇蓋即下文軥謂之輓、律即此率字也。說文、率、捕鳥畢也。象絲网、上下、其竿柄也。率與律古同聲。說文、紛、馬尾韜也。釋名云、紛、放也、防其放弛以拘之也。紛與分義相近。郭注云、律管可以分氣、則義近於鑿、且於文不類矣。說文、畢、田网也。小雅大東篇、有捄天畢。傳云、畢所以掩兔。月令、置罘羅網畢翳。鄭注云、小而柄長謂之畢。呂氏春秋、畢翳作畢

弋。太平御覽引蔡邕月令章句云、掩飛禽曰畢。齊語田狩畢弋。韋昭注云、畢、掩雉兔之網也。說文、罕、罔也。史記天官書云、畢曰罕車、主弋獵。宋玉高唐賦云、弓弩不發、罘罕不傾、揚雄羽獵賦云、罕車飛揚、武騎聿皇。說文、𡆬、下取物縮藏之。讀若籋。廣韻、𡆬、女減切、捕魚網也。罔與𡆬聲義相近。旇亦网也。玉篇音於業、於儼二切。廣韻、旇、掩翳也。說文、罨、罕也。徐鍇傳云、網從上掩之也。司馬相如子虛賦、揜翡翠。左思蜀都賦作罨。字並與旇通。罨以捕鳥、亦以捕魚。太平御覽引風土記云、罨、如罾而小、斂口、從水上掩而取之也。

罝、䍖、兔罟也。罠

說文、罝、兔罟也。罝、曹憲音互、玉篇、廣韻並同。各本罝譌作罝、音內互字又譌作牙。集韻、類篇、罝、牛加切、兔罔也。則宋時廣雅本已誤。考說文、玉篇、廣韻、皆作罝、不作罝。今據以訂正。玉篇网部末有罝字、音牙、兔罔也。乃宋人依誤本廣雅增入者、不可引以爲據。劉攽中山詩話云、唐人書互爲𠄨、𠄨似牙字、因譌爲牙。凡經史諸子中互字多譌作牙、從互之字亦然。顧氏音學五書辨之詳矣。䍖之言覆也。說文、雹、覆車网也。引王風兔爰篇、雉離于雹、或作罦。又云、䍖、兔罟也。爾雅罬謂之罦。罦、覆車也。孫炎注云、覆車、網可以掩兔者也。郭璞注云、今之翻車也、有兩轅、中施罥以捕鳥。月令、置罘羅網畢翳。鄭注云、獸罟曰罝罘。高誘淮南子注云、罘、麋鹿罟也。莊子胠篋篇、削格羅落罝罘之知多、則獸亂於澤矣。釋文、罘、本又作䍖、䍖罝罟罘並同。䍖各本譌作罟。准影宋本、皇甫本不譌。爾雅、彘罟謂之羉。郭注云、羉、幕也。釋文、羉、力端反、又莫潘反、本或作罠。亾巾反。案罠亦幕也。羉、罠、幕、一聲之轉。左思吳都賦、罠蹏連網。劉逵注云、罠、麋網也。張協七命、布飛羉、張脩罠。李善注引廣雅、罠、兔罟也。今本脫罠字。集韻引廣雅、罠、兔㲋罟也。㲋字因與爾雅相涉而衍。

其罥謂之欙、

罥之言縮也、挂也。說文、羂、网也。一曰綰也。玉篇、罥、挂也。或作羂。周官冥氏掌設弧張。鄭注云、弧張、罿䍕之屬、所以扃絹禽獸。文選上林賦、羂騕褭。李善注引聲類云、羂、係取也。史記司馬相如傳作罥。呂氏春秋上農篇云、繯網罝罦、不敢出於門。太元翕次八、揮其罦、絕其羂。釋文云、羂、挂也、網引獸也、並字異而義同。欙

之言羅也。漢書司馬相如傳注云、羂謂羅繫之也。初學記云、欙者、以綸爲之、見環濟要略。案今本其罥謂之欙在兔罟也之下、則是兔罟之罥謂之欙也。考諸書言罥欙者、皆所以係取鳥獸、不專施於兔罟。且此句與下句軥謂之輓、文同一例、則罥上不當有其字明矣。太平御覽引廣雅、其罥謂之欙、集韻、類篇欙字訛作㦿、云、兔罥也、則宋初廣雅本已誤。然考初學記云、欙者、以綸爲之、廣雅曰、罥謂之欙、則唐時廣雅本尚不誤也。又案說文、䍙、网也。玉篇、䍙、音侮、雉罔也。𦋆、音某、网也。廣韻、䍙、音侮、又音媒、雉网也。集韻、𦋆、音某、网也。或作䍙。玉篇、廣韻、集韻之訓、多本廣雅、疑今本其罥謂之欙上、脫去𦋆䍙雉罟也四字、其字乃某字之譌、某字即𦋆字之音、既譌爲其字、又誤入正文也。但諸書未引廣雅、不敢以意增損耳。

軥謂之輓、

軥之言鉤也、拘也。卷一云、軥、輓、牽、引也。軥、曹憲音衢。字或作絇。爾雅、絇謂之救。郭注云、救絲以爲絇、或曰、亦罥名。罥名之說、與上下文相合。說見上文畢罕𡆬旇率也下。救與拘聲亦相近。絇謂之救、猶云絇謂之

拘。鄭注周官屨人云：絇謂之救，著於舄屨之頭以爲行戒。釋文救劉音拘。疏云：言拘，取自拘持，是也。絇謂之拘，猶云絇之言拘。鄭注士冠禮云：絇之言拘，以爲行戒，是也。爾雅之絇，本是罥名，而鄭以釋屨頭飾者，絇所以拘持屨頭，軥所以拘持鳥獸，二者不同，而同爲拘持之義，故其訓同也。凡物之異類而同名者，其命名之意皆相近。爾雅：斛謂之疀，謂田器也。而鄭注少牢下篇以此釋挑匕云：挑謂之歃，有淺斗，狀如飯橾，蓋挑匕所以插取食，斛所以插取土，二者不同而同爲插取之義，故其訓亦同也。

𤗛、𤗚、牒、牘、牑、牏，版也。

說文：版，判也。判之言片也。今人言版片，是也。釋名云：板，版也。眅眅平廣也。板與版同。爾雅：屋上薄謂之䈇。郭注云：屋笮也。䈇與𤗛同。古者屋笮亦謂之版。楚辭招魂：紅壁沙版，玄玉梁些。王逸注云：以丹沙畫飾軒版，承以黑玉之梁，是也。成二年公羊傳：踊于棓而闚客。何休注云：凡無高下有絕加躡板曰棓，齊人語也。棓與𤗚同。方言：牀上版，衛之北郊、趙魏之閒謂之牒，或曰牑。廣韻：書版曰牒。義與牀版同。論衡量知篇云：

截竹爲筒，破以爲牒，加筆墨之跡，乃成文字，是也。說文：牑，牀版也。讀若邊。牀版謂之牑，亦謂之牒，簡謂之牒，亦謂之牊，其義一也。說文：牘，書版也。論衡量知篇云：斷木爲槧，析之爲板，力加刮削，乃成奏牘。齊策云：取筆牘受言。急就篇注云：牘，木簡也。既可以書，又可執之以進見於尊者，形若今之木笏，但不挫其角耳。說文：牏，築牆短版也。讀若俞。徐鍇傳云：牆兩頭版也。

泰、山罍、著、犧、象，罇也。

罇字本作尊。尊有蓋有足，其面有鼻，無足者謂之著尊。少牢饋食禮云：啟二尊之蓋冪。少儀云：尊壺者面其鼻，是也。周官司尊彝掌六尊六彝之位，春祠夏禴，其朝踐用兩獻尊，其再獻用兩象尊；秋嘗冬烝，其朝獻用兩著尊，其饋獻用兩壺尊。凡四時之閒祀追享、朝享，其朝踐用兩大尊，其再獻用兩山尊。鄭衆注云：獻讀爲犧。犧尊飾以翡翠，象尊以象鳳皇，或曰以象骨飾尊。著尊者，著略尊也，或曰著地無足。壺者，以壺爲尊。大尊，大古之瓦尊。山尊，山罍也。鄭注云：山罍刻而畫之爲山雲之形。明堂位：尊用犧、象、山罍。鄭注云：犧尊以沙羽爲畫飾，象尊象骨飾之。正義引鄭志云：犧讀如沙。沙，刻畫鳳皇之象於尊，其形婆娑然。或有作獻字者，齊人聲之誤耳。又明堂位：泰，有虞氏之尊也；山罍，夏后氏之尊也；著，殷尊也；犧象，周尊也。注云：泰用瓦。著，著地無足。燕禮：公尊瓦大兩。鄭注云：瓦大，有虞氏之尊也。大與泰同。瓦大即禮器之瓦甒，說見前甒瓶也下。山罍一名罍尊。禮器云：君西酌犧象，夫人東酌罍尊。魯頌閟宮篇：犧尊將將。毛傳云：犧尊有沙飾也。正義云：犧尊之字，春官司尊彝作獻，鄭司農云：獻讀爲犧。犧尊，飾以翡翠；象尊，以象鳳皇。或曰以象骨飾尊。此傳云：犧尊有沙羽飾，與司農飾以翡翠意同。阮諶禮圖云：犧尊飾以牛，象尊飾以象，於尊腹之上畫爲牛象之形。王肅云：將將，盛美也。太和中，魯郡於地中得齊大夫子尾送女器，有犧尊以犧牛爲尊。然則象尊，尊爲象形也。王肅此言，以二尊形如牛象而背上負尊，皆與毛鄭義異，未知孰是。案莊子天地篇云：百年之木，破爲犧尊，青黃而文之。淮南子俶真訓云：百圍之木，斬而爲犧尊，鏤之以剞劂，雜之以青黃，華藻鎛鮮，龍蛇虎豹，曲成文章。高誘注云：犧尊猶疏鏤之尊。犧，古讀若娑，娑與疏聲相近。明堂位

周獻豆。鄭注亦云：獻，疏刻之。然則犧尊者，刻而畫之爲衆物之形，在六尊之中最爲華美，故古人言文飾之盛者，獨舉犧尊也。魯頌言犧尊將將，亦是盛美之貌。管子形勢解云：將將鴻鵠，貌之美者。是也。毛傳云：犧尊有沙飾者，鄭司農云：飾以翡翠，後鄭云：刻畫鳳皇之象於尊，其羽形婆娑然。說雖不同，而同是彫文刻鏤之義，則亦不甚相遠也。至阮諶謂犧尊以牛爲飾，祇因犧字從牛，遂望文生義而創爲此說。案說文：犧，宗廟之牲也。詩曰：以我齊明，與我犧羊。傳曰：雄雞自憚其犧。然則犧者，牲之總名，而六畜之所公共，尊名謂之犧，何以知其必爲牛也。記曰：天子以犧牛，諸侯以肥牛，大夫以索牛。若犧牛也，可稱爲犧，則肥牛亦可稱爲肥，索牛亦可稱爲索乎。然諶之說，猶謂尊以牛爲飾，至王肅則謂形如牛而背上負尊，且引齊大夫子尾送女器爲證，於是後人皆信其言，而斥毛鄭諸儒爲臆說。此尤不可以不辯。周官六尊六彝之名，多取諸鳥獸。雞彝、鳥彝、虎彝、蜼彝，皆謂畫其形以飾尊。若犧尊爲牛形，則與雞鳥諸彝之制不合，其不可信一也。郊特牲云：宗廟之器，可用也，而不可便其利也，所以交於神明者，不可同於所安樂之義也。故孔

子言儀象不出門、嘉樂不野合、齊大夫子尾送女、安得用宗廟之祭器、其不可信二也、且儀尊果爲子尾送送女之器、則其銘內必有子尾之名、然後可以辨識既有子尾之名、則是子尾家用之尊、而非宗廟獻尸之尊、其不可信三也、據莊子淮南子所云、則儀尊皆以木爲之、今魯郡所得儀尊、在地中七百餘年、而完好可以辨識、則是金器而非木器、其不可信四也、然則子尾送女之器、本與儀尊無涉、特王肅以儀尊爲牛尊、故見有器如牛形者、卽援以爲證耳、宋宣和博古圖所載周儀尊二、皆爲牛形、則又襲王肅之說而僞爲之者、不足深辨也、若象尊之制、司農以象骨飾尊、阮諶謂畫象以爲飾、經傳既無明文、不敢臆斷王肅謂尊爲象形而背上負尊、亦與雞鳥諸彝之制不合、不可從也、各本𦉥上脫山字、案山𦉥爲夏后氏之尊、故在泰尊之下、著尊之上、又司尊彝六尊皆有𦉥、諸臣之所酢也、司農注云、尊以裸神、𦉥臣之所飲也、山𦉥與泰著儀象同爲裸神之尊、若但言𦉥、卽與諸臣所飲者無異、今補、各本又脫儀象二字、案上文斝、醆、爵也、龍、疏、蒲、杓也、皆並列三代之制、此條無獨缺周制之理、今補

綦、總、鮮支、縠、絹也、

說文、絹、繒如麥稍、釋名云、絹、絙也、其絲絙厚而疏也、絙、音堅、墨子辭過篇云、治絲麻、捆布絹、周官內司服注云、素沙者、今之白縳也、今世有沙縠者、名出于此、縳與絹同、廣韻、繐、細絹也、衆經音義卷十三引通俗文云、輕絲絹曰總、總與繐同、太平御覽引何晏九州論云、清河縑總、房子好緜、文選魏都賦、緜纊房子、縑總清河、李善注引廣雅、總、絹也、鮮支、一作鮮卮、說文縳、白鮮卮也、衆經音義卷二十一引纂文云、白鮮支絹也、亦名縞、說文、縠、細縳也、釋名云、縠、粟也、其形戚戚、視之如粟也、又謂之沙、亦取戚戚如沙也、宋玉神女賦、動霧縠以徐步兮、李善注云、縠、今之輕紗、薄如霧也、

繰謂之縑、

說文、縑、并絲繒也、釋名云、縑、兼也、其絲細緻、數兼於絹也、淮南子齊俗訓云、縑之性黃、染之以丹則赤、檀弓、布幕、衞也、縿幕、魯也、鄭注云、繰、縑也、繰讀爲綃、

紈、䋺、素也、

說文、素、白致繒也、雜記注云、素生帛也、小爾雅云、縞之麤者曰素、釋名云、素、樸素也、已織則供用、不復加功飾也、說文、紈、素也、釋名云、紈、渙也、細澤有光渙渙然也、齊策云、下宮糅羅紈、曳綺縠、而士不得以爲緣、太平御覽引范子計然云、白素出三輔、白紈素出齊魯、說文、䋺、素屬、

純、纘、絲也、

說文、純、絲也、引論語子罕篇、今也純、漢書王褒傳、夫荷旃被毳者、難與道純綿之麗密、薛瓚注云、純、絲也、

紨、綐、纆、絓、絬、紬也、

說文、紬、大絲繒也、釋名云、紬、抽也、抽引絲端出細緒也、鹽鐵論散不足篇云、繭紬縑練者、婚姻之嘉飾也、說文、紨、粗紬也、玉篇、綐、細紬也、管子立政篇云、刑餘戮民不敢服綐、說文、纆、粗緒也、廣韻云、繒似布也、急就篇、絳緹絓紬絲絮緜、皇象本絓作纆、字並與纆同、說文、絓、繭滓絓頭也、釋名云、紬、又謂之絓、絓、挂也、挂於杖端、振舉之也、急就篇、絳緹絓紬絲絮緜、顏師古注云、紬之尤麤者曰絓、繭滓所抽也、管子輕重甲篇

云、則絓絲之籍去分而斂矣、絬、曹憲音刮、各本絬譌作緜、案諸書無謂紬爲緜者、玉篇、絬、下刮切、細紬也、集韻又音刮、今據以訂正、

䌰、綹、綃也、

說文、綃、生絲也、衆經音義卷十五引通俗文云、生絲繒曰綃、䌰、曹憲音苦木反、論衡量知篇云、染練布帛、名之曰采、貴、無染練之治、名曰縠、䌰無染練之治、卽所謂生絲也、縠與䌰通、急就篇、綈絡縑練素帛蟬、顏師古注云、絡、卽今之生紬也、九章算術均輸章云、絡絲一斤、爲練絲一十二兩、是絡爲生絲也、說文、䌰、未練治纑也、絡、麻未漚也、義與生絲並相近、

綗、縞、緻、䋎、練也、

說文、練、湅繒也、釋名云、練、爛也、煮使委爛也、綗之言苛細也、字通作阿、列子周穆王篇及淮南子脩務訓

竝云、衣阿錫、曳𧝁紈、高誘注云、阿、細縠、錫、細布、漢書司馬相如傳被阿錫、揄紵縞、張注云、阿、細繒、錫、細布、史記李斯傳、阿縞之衣、錦繡之飾、徐廣音義云、齊之東阿縣繒帛所出、案徐說失之、阿縞皆細繒之名、非以其出自東阿而謂之阿縞也、楚辭招魂蒻阿拂壁、羅幬張些、蒻與弱通、阿、細繒也、弱阿、猶言弱緆、淮南子齊俗訓云、弱緆羅紈、是也、拂、猶被也、言以弱阿被牀之四壁、又張羅幬也、王逸注訓蒻爲蒻席、阿爲曲隅、皆失之、縞之言皜皜、然也、說文、縞、鮮卮也、禹貢厥篚元纖縞、傳云、縞、白繒也、高誘注淮南子兵略訓云縞、細繒也、緻、一名細緻、釋名云、細緻、染縑爲五色、細且緻不漏水也、潛夫論浮侈篇云、從奴僕妾、皆服葛子升越、筩中女布、細緻綺縠、冰紈錦繡、下文云、縞謂之䋎、說文、白䋎、縞也、急就篇鬱金半見緗白䋎、顏師古注云、白䋎、謂白素之精者、其光的的然也、

襺、縎、絖也、

說文、纊、絮也、或作絖、小爾雅云、纊、緜也、絮之細者曰纊、禹貢厥篚纖纊、史記作纖絮、襺、讀爲襺、說文、襺、袍衣也、淮南子繆稱訓、寢關曝纊、高誘注云、纊、襺也、纊謂之襺、故以纊著衣、亦謂之襺、玉藻纊爲襺、緼爲袍、鄭注云、襺、袍衣有著之異名也、纊、謂今之新緜、緼、謂今纊及舊絮也、各本絖下脫也字、遂與下條相連、今補

編緒、繐、紃、絛也、

說文、絛、扁緒也、急就篇注云、絛、一名偏諸、織絲縷爲之、周官巾車革路、條纓五就、鄭注云、條、讀爲絛、其樊及纓、以絛絲飾之而五成、編緒、即說文之扁緒、亦即急就篇注之偏諸、聲轉字異耳、漢書賈誼傳爲之繡衣絲履偏諸緣、服虔注云、加牙絛以作履緣也、周官屨人、爲赤繐黃繐、士冠禮、黑屨青絇繐純、鄭注竝云繐、縫中紃也、淮南子說林訓、絛可以爲繶、不必以紃、高誘注云、紃、亦繐也、說文、紃、圜采也、內則織紝組紃、鄭注云、紃、絛也、正義云、薄闊爲組、似繩者爲紃、雜記韠紃以五采、注云、紃、施諸縫中、若今時絛也、荀子富國篇布衣紃屨之士、楊倞注云、紃、絛也、謂編麻爲之、麤繩之屨也、

萅草、鷄翹、蒸纚、鬱金、幌、幃、麴塵、綠綟、紫綟、無綟、綦綺、留黃、綵也、

說文、翹、尾長毛也、急就篇春草鷄翹鳧翁濯、顏師古注云、春草、象其初生纖麗之狀也、鷄翹、鷄尾之曲垂者、言織刺爲春草鷄翹之形、一曰謂染彩而色似之、蒸纚、本作烝栗、急就篇烝栗絹紺縉紅繎、釋名云、蒸栗、染紺使黃、色如蒸栗然也、魏文帝與鍾大理書云、竊見玉書稱美玉赤擬雞冠、黃侔蒸栗、鬱、通作鬱、急就篇鬱金半見緗白䋎、注云、鬱金、染黃也、太平御覽引南州異物志云、鬱金色正黃、幌、各本譌作幌、今訂正、麴塵、亦染黃也、周官內司服鞠衣、鄭注云、鞠衣、黃桑服也、色如麴塵、鞠與麴通、說文、綟、帛莀艸染色、續漢書輿服志注引徐廣云、綟、草名也、以染似綠、又云似紫、蓋莀草本有綠紫二色、故所染之帛、各如其草之色也、綟、通作盭、漢書百官表、諸侯王金璽盭綬、晉灼注云、盭、草名也、出琅邪平昌縣、似艾、可染綠、因以爲綬名、急就篇縹綟綠紈皁紫硟、注云、綟、蒼艾色也、東海有草、其名曰莀、以染此色、因名綟云、此皆謂綠綟也、爾雅、藐、茈草、郭注云、可以染紫、一名茈戾、廣雅釋草云、茈莀、茈草也、周官掌染草注云、染草、茅蒐橐蘆豕首紫茢之屬、劉昌宗讀茢爲戾、續漢書輿服志注引何承天云、綟、紫色、綬此皆謂紫綟也、莀與戾與茢通、茈與紫通、說文、莀、艸也、可已染留黃、然則莀草所染、又不止綠紫二色矣、綦綺、蓋謂織綺文如綦也、說文、綺、文繒也、釋名云、綺、敧也、其文敧邪不順經緯之縱橫也、有綦文方文、如綦也、綦與綦通、留黃之色染與織皆有焉、說文、莀艸可已染留黃、此謂染綵也、古樂府相逢行、大婦織綺羅、中婦織流黃、此謂織綵也、玉藻正義引皇侃疏云、騮黃之色黃黑、留、騮、流、竝通、

衣、隱也、

白虎通義云、衣者、隱也、裳者、障也、所以隱形自障蔽也、

無追、章甫、委皃、收、冔、皮弁、通天、遠游、進賢、高山、方山、惠文、建華、卻非、解豸、冠也、

白虎通義云冠者帷也所以帷持其髮也帷通作絭說文冠絭也所㠯絭髮弁冕之總名周官弁師注云絭弁者古冠之大稱委貌緇布曰冠無追字亦作毋追又作牟追委皃與委貌同論語先進篇云端章甫周語晉侯端委以入韋昭注引舊說云衣元端冠委貌續漢書輿服志注云石渠論元冠朝服戴聖曰元冠委貌也士冠禮記委貌周道也章甫殷道也毋追夏后氏之道也鄭注云委猶安也言所以安正容貌章明也言以表明丈夫也毋發聲也追猶堆也以其形名之三冠皆所常服以行道也釋名云牟追牟目也言其形冒髮追追然也委貌冠形委曲有貌上小下大也續漢書輿服志云委貌冠皮弁冠同制長七寸高四寸制如覆杯前高廣後卑銳所謂夏之毋追殷之章甫者也委貌以阜絹爲之皮弁以鹿皮爲之行大射禮於辟雍公卿諸侯大夫行禮者冠委貌執事者冠皮弁冔亦作冔大雅文王篇云常服黼冔史記五帝紀云帝堯黃收純衣內則云有虞氏皇而祭夏后氏收而祭殷人冔而祭周人冕而祭士冠禮記周弁殷冔夏收注云弁名出於槃槃大也言所以自光大也冔名出於幠幠覆也言所以自覆飾也收言所以收斂髮也齊所服而祭也獨斷云冕冠周曰爵弁殷曰冔夏曰收皆以三十升漆布爲殼廣八寸長尺二寸加爵冕其上周黑而赤如爵頭之色前小後大殷黑而微白前大後小夏純黑亦前小後大皆有收以持笄上古以布中古以絲漢雲翹樂祠天地五郊舞者服之說文覍冕也籀文作𥄉或作弁隸作弁白虎通義云弁之爲言攀也所以攀持其髮也釋名云弁如兩手相合抃時也以爵韋爲之謂之爵弁以鹿皮爲之謂之皮弁以韎韋爲之謂之韋弁白虎通義云皮弁者所以法古至質冠之名也上古之時質先加服皮以鹿皮者取其文章也士冠禮記三王共皮弁素積注云質不變也周官弁師王之皮弁會五采玉璂象邸玉笄諸侯及孤卿大夫之皮弁各以其等爲之注云會縫中也璂讀如薄借綦之綦綦結也皮弁之縫中每貫結五采玉十二以爲飾謂之綦邸下柢也以象骨爲之侯伯綦飾七子男綦飾五玉三采孤綦飾四三命之卿綦飾三再命之大夫綦飾二玉二采各本皮弁二字譌在解豸之下今訂正張衡東京賦云冠通天佩玉璽獨斷云通天冠天子常服漢受之秦禮無文輿服志云通天冠高九寸正豎頂少

邪卻乃直下爲鐵卷梁前有山展筩爲述淮南子齊俗訓楚莊王通梁組纓太平御覽引高誘注云通梁遠遊冠也獨斷云遠遊冠諸侯王所服展筩無山禮無文輿服志云遠遊冠制如通天有展筩橫之於前無山述漢書雋不疑傳云冠進賢冠帶櫑具劍獨斷云進賢冠文官服之前高七寸後三寸長八寸公侯三梁卿大夫尚書博士兩梁千石六百石以下一梁漢制禮無文輿服志云進賢冠古緇布冠也文儒者之服也公侯三梁中二千石以下至博士兩梁自博士以下至小吏私學弟子皆一梁鄭注士冠禮云緇布冠今小吏冠其遺象也史記朱建傳云衣儒衣冠側注獨斷云高山冠齊冠也一曰側注高九寸鐵爲卷梁不展筩無山秦制行人使官所冠今謁者服之禮無文太傅胡公說曰高山冠蓋齊王冠也秦滅齊以其君冠賜謁者輿服志云高山冠一曰側注制如通天不邪卻直豎無山述展筩注引漢書音義云其體側立而曲注漢書五行志云昌邑王賀見大白狗冠方山冠而無尾獨斷云方山冠以五采穀爲之漢祠宗廟大予八佾樂五行舞人服之衣冠各從其行之色如其方之色而舞焉漢書武五子傳冠惠文冠服虔注云武冠也或曰趙惠文王所服故曰惠文獨斷云武冠或曰繁冠今謂之大冠武官服之侍中中常侍加黃金附貂蟬之飾太傅胡公說曰趙武靈王始施貂蟬鼠尾飾之秦滅趙以其君冠賜侍中輿服志云武冠一曰武弁大冠侍中中常侍加黃金璫附蟬爲文貂尾爲飾謂之趙惠文冠東京賦冠華秉翟列舞八佾李善注引獨斷云大樂郊祀舞者冠建華冠獨斷又云建華冠以鐵爲柱卷貫大珠九枚今以銅爲珠形制似縷簏記曰知天文者冠鷸是也天地五郊明堂八佾舞者服之建華各本譌作連華今訂正獨斷云卻非冠宮門僕射服之禮無文輿服志云卻非冠制似長冠下促宮殿門吏僕射冠之負赤幘青翄燕尾淮南子主術訓楚文王好服解冠楚國效之高誘注云解豸之冠如今御史冠漢書淮南王安傳作法冠顏師古注云御史冠也張敞傳秦時獄法吏冠柱後惠文應劭注云今法冠是也獨斷云法冠楚冠也一曰柱後惠文冠高五寸以纚裹鐵柱卷秦制執法服之今御史廷尉監平服之謂之解豸太傅胡公說曰左氏傳有南冠而縶者是知南冠蓋楚之冠秦滅楚以其君冠賜御史

⿰糸雈、⿰巾介、幘也、

說文、幘、嫧也、髮有巾曰幘、釋名云、幘、賾也、下齊眉賾然也、急就篇注云、幘者、韜髮之巾、所以整嫧髮也、常在冠下、或單著之、獨斷云、幘者、古之卑賤執事不冠者之所服也、孝武帝幸館陶公主家、召見董偃、偃傳青褠綠幘、主贊曰、主家庖人臣偃昧死再拜謁、乃賜衣冠、引上殿、董仲舒止雨書曰、執事者皆赤幘、知皆不冠者之所服也、元帝額有壯髮、不欲使人見、始進幘服之、羣臣皆隨焉、然尚無巾、如今半頭幘而已、王莽無髮、乃施巾、故語曰、王莽禿、幘施屋、續漢書輿服志云、古者有冠無幘、其戴也、加首有頍、所以安物、至秦、乃加武將首飾為絳帕、以表貴賤、其後稍稍作顏題、漢興、續其顏、卻摞之、施巾連題、卻覆之、今惠幘是其制也、至孝文、乃高其顏題、續之為耳、崇其巾為屋、合後施收、上下羣臣貴賤皆服之、⿰糸雈之言絫也、所以紒髮也、玉篇音卭員切、又作帣、云小兒帽也、廣韻云、小幘也、士冠禮注云、緇布冠無笄者、著頍、圍髮際結項中、隅為四綴、以固冠、今未冠笄者著卷幘、頍象之所生也、釋文、卷、去員反、輿服志云、未入學小童幘句卷屋者、示尚幼少未遠冒也、卷、帣、⿰糸雈並通、卷與頍一聲之轉也、⿰巾介、各本譌作帉、凡隸書從介從分之字、往往譌溷、曹憲音芳云反、則所見本已譌作帉、案諸書無訓帉為幘者、帉即下文帉字、乃巾名、非幘名也、玉篇廣韻⿰巾介音介、幘也、輿服志注引晉公卿禮秩云、太傅司空司徒著黑介幘、介與⿰巾介通、今據以訂正、

假結謂之髻、

太平御覽引說文云、髻、結髮也、士冠禮、將冠者采衣紒、鄭注云、紒、結髮也、古文紒為結、髻、結、紒並通、髻通作副、釋名云、王后首飾曰副、副、覆也、以覆首、亦言副貳也、兼用眾物成其飾也、周官追師掌王后之首服、為副編次、鄭注云、副之言覆、所以覆首為之飾、其遺象若今步繇矣、編、編列髮為之、其遺象若今假紒矣、次、次第髮長短為之、所謂髲髢、明堂位、夫人副褘立于房中、鄭注云、副、首飾也、今之步搖是也、如鄭君說、則步搖者、副之遺象、假結者、編之遺象、而此云假結謂之髻者、副之異於編次者、副有衡笄六珈以為飾、而編次無之、其實副與編次皆取他人之髮合已髮以為結、則皆是假結也、鄘風君子偕老篇、副笄六珈、毛傳云、副者、后夫人之首飾、編髮為之、是也、後漢書東平憲王蒼傳注云、副、婦人首服、三輔謂之假紒、續漢書輿服志云、皇后謁廟、假結步搖簪珥、

簂謂之⿰巾皃、

釋名云、簂、恢也、恢廓覆髮上也、魯人曰頍、頍、傾也、著之傾近前也、齊人曰⿰巾皃、飾形貌也、士冠禮注云、滕薛名簂為頍、續漢書輿服志云、太皇太后皇太后入廟翦氂簂、簪珥、後漢書烏桓傳、婦人著句決、飾以金碧、猶中國有簂步搖、李賢注云、簂字或為幗、婦人首飾也、魏志明帝紀注引魏氏春秋云、諸葛亮遣使致巾幗婦人之飾、以怒宣王、方言、車枸簍、宋魏陳楚之間謂之筱、郭注云、今呼車子弓為筱、音巾幗、覆髮謂之幗、車蓋弓謂之筱、其義一也、

晨、辯、逗、宬、⿰巾多也、

皆未詳、

帉、⿰巾刃、帥、帨、幋、⿱埶巾、幏、幣、巾也、

巾者、所以覆物、亦所以拭物、說文、巾、佩巾也、方言、幏巾也、大巾謂之帉、嵩嶽之南陳潁之間謂之帤、亦謂之幏、郭注云、今江東通呼巾帉、帉之言墳也、爾雅云、墳、大也、說文、楚謂大巾曰帉、內則、左佩紛帨、鄭注云、紛帨、拭物之巾也、今齊人有言紛者、釋文、紛、或作帉、並與帉同、說文、⿰巾刃、枕巾也、帥、帨一字也、說文、帥、佩巾也、或作帨、召南野有死麕篇、無感我帨兮、士昏禮記、母施衿結帨、毛傳鄭注並與說文同、幋之言般也、方言云、般、大也、說文、幋、覆衣大巾也、或以為首幋、又云、⿱埶巾、禮巾也、幏之言蒙也、方言注云、巾主覆者、故名幏、說文、幏、蓋衣也、書大傳、下刑墨幏、鄭注云、幏巾也、使不得冠飾、以恥之也、廣韻、幣、小巾也、

帍、裱、被巾也、

方言、帍裱謂之被巾、郭注云、婦人領巾也、案裱猶表也、表謂衣領也、唐風揚之水篇、素衣朱襮、毛傳云、襮、領也、襮與表古同聲、故易林否之師云、揚水潛鑿、使石絜白、衣素表朱、遊戲皐沃、衣素表朱、即素衣朱襮

也、扉猶扆也、楚辭離騷、扆江離與辟芷兮、王逸注云、扆、被也、被巾所以扆領、故有扉褖之稱、

承露、幘巾、覆結也、

方言、覆結謂之幘巾、或謂之承露、或謂之覆髮、皆趙魏之閒通語也、郭注云、今結籠是也、餘見上文䙕帢幘也下、

屭㬎謂之帹、

玉篇云、帹、面衣也、

帞頭、帑、鬢帶、髮帶、絡頭、幧頭也、

方言、絡頭、帞頭、鬢帶、髮帶、帑、㡚、幧頭也、自關而西、秦晉之閒曰絡頭、南楚江湘之閒曰帞頭、自河以北、趙魏之閒曰幧頭、或謂之帑、或謂之㡚、其偏者謂之鬢帶、或謂之髮帶、釋名云、綃頭、綃、鈔也、鈔髮使上從也、或謂之陌頭、言其從後橫陌而前也、鄭注士喪禮云、喪服小記曰、斬衰髺髮以麻、免而以布、此用麻布爲

廣雅疏證　卷第七下　二七

之、狀如今之著幧頭矣、自項中而前交於額上、卻繞紒也、吳越春秋句踐入臣外傳、越王服犢鼻、著樵頭、後漢書向栩傳、好被髮、著絳綃頭、古陌上桑詩、脫帽著帩頭、竝字異而義同、鄭注問喪云、今時始喪者、邪巾貊頭、笄纚之存象也、釋文、貊作袹、漢書周勃傳、太后以冒絮提文帝、應劭曰、陌額絮也、晉灼曰、巴蜀異物志謂頭上巾爲冒絮、帞袹貊陌竝通、陌與冒一聲之轉、卷四云、鬢髮髻也、方言注云、鬢帶、髮帶、今之偏幓幧頭也、

覆䘹、縱、褋、襌衣也、

襌之言單也、說文、襌、衣不重也、玉藻、襌爲絅、鄭注云、有衣裳而無裏、急就篇注云、襌衣似深衣而褒大、方言云、襌衣、江淮南楚之閒謂之褋、關之東西謂之襌衣、古謂之深衣、又云、覆䘹謂之襌衣、褋亦作褋、說文、南楚謂襌衣曰褋、楚辭九歌、遺余褋兮醴浦、王逸注云、褋、襜襦也、潛夫論浮侈篇云、麤麃履舄、文組綵褋、

褈褣、衹裯、襜褕也、

說文、直裾謂之襜褕、漢書外戚恩澤表、武安侯恬坐衣襜褕入宮不敬免、顏師古注云、襜褕、直裾襌衣也、方言、襜褕、江淮南楚謂之褈褣、自關而西謂之襜褕、褈褣、小爾雅作童容、任氏幼植深衣釋例云、釋名、襜褕言其襜襜宏裕也、方言或謂之童容、童容之名、卽是襜襜宏裕之義、詩漸車帷裳箋云、帷裳、童容也、周禮巾車皆有容蓋、鄭司農注亦云、容謂襜車、山東謂之裳幃、或曰幢容、後漢書劉盆子傳、乘軒車大馬赤屏泥絳襜絡、注云、襜、帷也、帷謂之襜、亦謂之童容、直裾襌衣謂之襜褕、亦謂之童容、其義一也、說文、衹裯、短衣也、方言云、汗襦自關而西或謂之衹裯、楚辭九辯、被荷裯之晏晏兮、王逸注云、裯、衹裯也、若襜褕矣、後漢書羊續傳云、唯有布衾敝衹裯、

襋、袚、謂之褗、

魏風葛屨篇、要之襋之、毛傳云、襋、領也、說文同、方言、袚謂之褗、郭注云、卽衣領也、曲禮、天子視不上於袷、鄭注云、袷、交領也、玉藻、袷二寸、注云、袷、曲領也、袷與袚同、說文、褗、褔領也、士昏禮注云、卿大夫之妻刺黼

廣雅疏證　卷第七下　二八

以爲領、如今偃領矣、偃與褗通、

直袷謂之幆、

說見下條、

袒飾、褻、明、襗、袍、襡、長襦也、袿

內則云、衣不帛襦袴、說文、襦、短衣也、一曰𩡭衣、釋名云、襦、耎也、言溫耎也、急就篇注云、長衣曰袍、下至足跗、短衣曰襦、自膝以上、一曰短而施要者曰襦、深衣釋例云、吳越春秋、越王夫人衣無緣之衣、施左關之襦、襦下有裳、則襦爲短衣、可知、其似襦而長者則特別之曰長襦、史記匈奴傳云、繡袷長襦、是也、直袷亦作直領、釋名云、直領、邪直而交下、亦如丈夫服袍方也、漢書景十三王傳、刺方領繡、晉灼注云、今之婦人直領也、繡爲方領上刺作黼黻文、方言、袒飾謂之直袷、郭注云、婦人初嫁所著上衣直袷也、方言又云、褻明謂之袍、爾雅、袍、襺也、玉藻云、纊爲襺、縕爲袍、釋名云、袍、丈夫著下至跗者也、袍、苞也、苞、內衣也、婦人以

絳作衣裳上下連四起施緣亦曰袍義亦然也漢衣釋例云喪大記袍必有表謂之一稱注袍褻衣必有以表之乃成稱也蓋袍爲漢衣之制特燕居便服耳故云褻衣若無衣以表之則不成稱續漢書輿服志云或曰周公抱成王燕居故施袍是袍爲古人燕居之服自漢以後始以絳紗袍早紗袍爲朝服矣念孫案周官玉府注云燕衣服者巾絮寢衣袍襗之屬論語紅紫不以爲褻服秦風無衣正義引鄭注云褻服袍襗此皆袍爲褻衣之明證也班固竇車騎北征頌云勞不御輿寒不施襗襗通作澤釋名云汗衣近身受汗垢之衣也詩謂之澤受汗澤也或曰鄙袒或曰羞袒作之用六尺裁足覆胷背言羞鄙於袒而衣此耳秦風無衣篇與子同袍與子同澤鄭箋云澤褻衣近汗垢襡或作襡晉書夏統傳服袿襡音義引字林云襡連要衣也釋名云襡屬也衣裳上下相連屬也荆州謂禪衣曰布襡亦曰襜褕言其襜襜宏裕也雜記注繭衣裳者若今大襡也正義云謂衣裳相連而以綿纊著之釋名云婦人上服曰袿其下垂者上廣下狹如刀圭也宋玉神女賦云振繡衣被袿裳枚乘梁王菟園賦云袿褐鎦紆連袖方路廣韻爾雅疏竝

引廣雅袿長襦也今本脫袿字

襌襦謂之襜、

方言汗襦陳魏宋楚之閒謂之襜襦或謂之襌襦郭注云今或呼衫爲襌襦又偏襌謂之襌襦注云即衫也釋名云襌襦如襦而無絮也漢書來歙傳注引東觀記云光武解所被襜襦以衣歙集韻類篇引廣雅襌襦謂之襜褕連下文褕字爲句失之

裿作襦謂之襌襦、

此條有脫誤未詳其義

複襦謂之䘿、

說文複重衣一曰褚衣重衣謂袷衣也褚衣謂衣之有絮者此云複襦是也釋名襌襦如襦而無絮也然則有絮者謂之複襦矣急就篇襜褕袷複褶袴襌顏師古注云褚之以緜曰複古辭孤兒行云冬無複襦夏無單衣是也方言複襦江湘之閒謂之䘿又云襜褕其短者謂之裋褕說文裋豎使布長襦也裋長於襦而短於襜褕故裋褐亦曰短褐古謂僮僕之未冠者曰豎亦短小之意也列子力命篇朕衣則裋褐釋文引許慎淮南子注云楚人謂袍爲裋荀子大略篇作豎褐裋豎竝與䘿同

複襂謂之裀、

此說文所謂重衣也襂與衫同釋名云衫芟也芟末無袖端也方言注以衫爲襌襦其有裏者則謂之裀裀猶重也

裲襠謂之袙腹、

裲襠蓋本作兩當鄭注鄉射禮云直心背之衣曰當釋名云裲襠其一當胷其一當背也帕腹橫陌其腹也帕與袙同

繞領帔帬也、

說文帬下裳也或作裠釋名云裠羣也連接羣幅也案帬之言圍也圍繞要下也故又謂之繞領方言繞袊謂之帬郭注云俗人呼接下江東通言下裳袊與領同帔之言披也方言帬陳魏之閒謂之帔說文云宏農謂帬帔也

大巾褘袡襜袚蔽厀也韍謂之韠、

方言蔽厀江淮之閒謂之褘或謂之袚魏宋南楚之閒謂之大巾自關東西謂之蔽厀齊魯之郊謂之袡釋名云韠蔽也所以蔽膝前也婦人蔽膝亦如之齊人謂之巨巾田家婦女出至田野以覆其頭故因以爲名也又曰跪襜跪時襜襜然張也袡襜一字也爾雅衣蔽前謂之襜釋文襜方言作袡同昌占反小雅采綠篇不盈一襜毛傳與爾雅同正義引李巡爾雅注云衣蔽前衣蔽膝也凡言襜者皆障蔽之意衣蔽前謂之襜牀前帷謂之襜車裳帷謂之幨幰謂之幨其義一也漢書東方朔傳館陶公主自執宰敝膝敝膝與蔽厀同袚韍一字也說文作市云從巾象其連帶之形易作紱詩作芾禮記作韍左傳作黻方言作

祓易乾鑿度作芾白虎通義作紼並字異而義同韠本作韠即蔽膝之合聲蔽韠韍又一聲之轉說文篳藩落也引襄十年左傳篳門圭窬爾雅畢堂牆李巡注云厓似堂牆曰畢其謂之畢者皆取障蔽之意與韠同也齊風載驅篇簟第朱鞹傳云車之蔽曰第義亦與韍同小雅采菽篇赤芾在股鄭箋云芾太古蔽膝之象也冕服謂之芾其他服謂之韠以韋爲之正義引乾鑿度注云古者田漁而食因衣其皮先知蔽前後知蔽後後王易之以布帛而猶存其蔽前者重古道不忘本也明堂位云有虞氏服韍夏后氏山殷火周龍章鄭注云韍冕服之韠也舜始作之以尊祭服禹湯至周增以畫文後王彌飾也玉藻云韠君朱大夫素士爵韋下廣二尺上廣一尺長三尺其頸五寸肩革帶博二寸注云此元端服之韠韠之言蔽也玉藻又云一命緼韍幽衡再命赤韍幽衡三命赤韍蔥衡注云此元冕爵弁服之韠尊祭服異其名耳韍之言亦蔽也白虎通義云天子朱紼諸侯赤紼大夫蔥衡士靺韐

纗、紳、鞶、緄厲、鞓、帶也、

說文帶紳也釋名云帶帶也著於衣如物之繫帶也說文紳大帶也玉藻紳長制士三尺有司二尺有五寸鄭注云紳帶之垂者言其屈而重也案對文則紳爲帶之垂者散文則帶亦謂之紳內則端韠紳注云紳大帶所以自申約是也說文鞶大帶也引訟上九或錫之鞶帶馬融虞翻注並與說文同太平御覽引某氏注云鞶帶革帶也緄之言混成也說文緄織成帶也太平御覽引東觀漢紀云上賜鄧遵金剛鮮卑緄帶一具後漢書南匈奴傳云遺單于童子佩刀緄帶各一曹植七啟云緄佩綢繆或彫或錯緄曹憲音袞各本脫去緄字其音內袞字又誤入正文玉篇廣韻緄古本切帶也今據以訂正方言厲謂之帶小雅都人士傳云厲帶之垂者玉篇鞓馬帶也

佩紟謂之裎、

方言佩紟謂之裎郭注云所以系玉佩帶也紟通作衿爾雅佩衿謂之褑郭注云佩玉之帶上屬紟之言相紟帶也少儀甲不組縢鄭注云組縢以組飾之及紟帶也爾雅衿謂之袸注云衣小帶義並與佩紟同古者佩玉有綬以上系於衡衡上復有綬以系於革帶說文綎系綬也綎與裎古字通離騷珵玉字作珵是其例也

裪𧞤、袿、襡、褔、褋、袔、𧜁、袘、袼、褻、𧝵、袂、衽、袖也、

說文褎袂也俗作袖釋名云袖由也手所由出入也亦言受也以受手也方言裪𧞤謂之袖郭注云衣褾也江東呼𧛁夏侯湛雀釵賦云理袿襟整服飾是袿爲袖也玉篇袔𧜁袖也𧜁通作掖方言襜謂之𧜁注云衣掖下也儒行衣逢掖之衣鄭注云逢猶大也大掖之衣大袂襌衣也正義云大掖謂肘掖之所寬大漢書司馬相如傳揚袘戌削張注云袘衣袖也深衣袼之高下可以運肘注云袼衣袂當掖之縫也益袂爲袖之大名袼爲袖當掖之縫其通則皆爲袖也釋親云胳謂之腋人腋謂之胳故衣掖亦謂之袼也玉篇𧜭衣袖也字或作褻通作胡深衣袂圜以應規注云謂胡下也釋名云褠襌衣之無胡者也言袖夾直形如溝也褻者下垂之名入領下謂之胡軥頭下謂之胡衣袂下謂之褻其義一也集韻引埤倉云𧝵衣

袖也釋名云袂掣也掣開也開張之以受臂屈伸也史記貨殖傳云齊冠帶衣履天下海岱之閒斂袂而往朝焉留侯世家云陛下南鄉稱霸楚必斂衽而朝衽亦袂也列女傳魯季敬姜云文伯引衽攘捲而親饋之廣韻褾袖端也又云褾袖褾衱也玉篇袟衣袂也

衽、裀、袾、袧、𧙓也、

𧙓謂衣中也字通作身喪服記衣二尺有二寸鄭注云此謂袂中也言衣者明與身參齊疏云衣即身也袧通作躳續漢書五行志云獻帝建安中男子之衣好爲長躳而下甚短

褾、𧝃、𧘦、衽、𧝵、袂也、

並見上注

䘯謂之袩、

方言䘯謂之袩廣韻䘯衣衽也方言褸謂之袩郭注云即衣衽也各本脫謂之二字集韻類篇引廣雅䘯

袩袥謂之褸、衩讀至下文衩字絕句、則宋時廣雅本已誤、今據方言訂正、

袥謂之褸、

方言、褸謂之袥、郭注云、衣襟也、或曰裳際也、說文、袥、衣衸也、釋名云、袥、襜也、在旁襜襜然也、玉藻、深衣袥當旁、鄭注云、袥、謂裳幅所交裂也、凡袥者、或殺而下、或殺而上、袥屬衣則垂而放之、屬裳則縫之以合前後、上下相變、深衣續袥鉤邊、注云、續猶屬也、袥、在裳旁者也、屬連之、不殊裳前後也、說文、褸、袥也、爾雅、衣梳謂之梲、郭注云、衣褸也、齊人謂之攣、釋文、褸、又作褸、衣褸謂之袥、猶襪褸謂之紝、說文、紝、襪褸也、

衩、衸、袥、裍膝也、

玉篇、裍膝、褭衸也、裍、曹憲音七益反、字從衣、束聲、束音刺、各本譌從東、今訂正、玉篇、衩、衣衸也、說文、衸、袥也、徐鍇引字書云、衸、補䘿褭也、說文、袥、衣衸也、

寢衣、衾、襝、被也、

釋名云、被、被也、所以被覆人也、說文、被、寢衣、長一身有半、論語鄉黨孔傳云、寢衣、今之被也、召南小星傳云、衾、被也、說文云、大被也、釋名云、衾、广也、其下廣大、如广受人也、

褰謂之絝、

絝、或作袴、內則云、衣不帛襦袴、說文、絝、脛衣也、釋名云、袴、跨也、兩股各跨別也、方言、袴、齊魯之閒謂之襪、或謂之襱、關西謂之袴、說文、褰、絝也、引昭二十五年左傳、徵褰與襦、褰、襪並同、

其楮謂之襱、

方言注云、今俗呼袴踦為襱、又無祠之袴謂之襣、注云、祠亦襱字異耳、說文、襱、絝踦也、徐鍇傳云、踦、足也、案今人言袴腳、或言袴管、是也、管與楮同、各本脫去襱字、集韻、類篇並引廣雅、袴、其楮謂之襱、今據補、

袑、衳、襣、幝也、

說文、幝、幒也、或作褌、釋名云、褌、貫也、貫兩腳上繫要中也、急就篇、襜褕袷複褶袴褌、顏師古注云、袴合襠謂之褌、最親身者也、易林否之小畜云、載車無褌、裸裎出門、漢書朱博傳、褒衣大袑、太平御覽引孟康注云、袑、大袴也、方言、褌、陳楚江淮之閒謂之衳、說文、幒、幝也、或作㡓、字並與衳同、方言、無祠之袴謂之襣、注云、袴無踦者、即今犢鼻褌也、史記司馬相如傳集解引韋昭漢書注云、犢鼻褌以三尺布作、形如犢鼻、

幝無襠者謂之䘥、

今之開襠袴也、䘥之言突、突者、穴也、故竈窗亦謂之突、

褅謂之褓、

說文、緥、小兒衣也、漢書宣帝紀、曾孫雖在襁緥、孟康注云、緥、小兒被也、被亦衣也、故論語謂被為寢衣、大戴禮保傅篇、周成王在襁緥之中、史記魯世家作強葆、漢書賈誼傳作繈抱、司馬相如傳作繈保、並字異而義同、緥之言保也、保、亦衣也、故衣甲者謂之保介、月令、搢之于參保介之御閒、鄭注云、保猶衣也、說文、褅、緥也、引小雅斯干篇、載衣之褅、今本作裼、毛傳云、裼、緥也、釋文、裼、韓詩作禘、並字異而義同、

緊袼、褔、次衣也、

方言、緊袼謂之褔、郭注云、即小兒次衣也、次、即今涎字、說文、褔、次裏衣也、

䙡、袚、䘿、褯也、

玉篇、褯、小兒衣也、李奇注漢書宣帝紀云、褯、小兒大藉也、藉與褯通、說文、䙡、幭也、玉篇又作幭、云、藉也、說文、幭、帗也、幭、帗與䘿、袚同、廣韻、幭、小兒藉也、

袺謂之䘸、襭謂之褱、

爾雅、執衽謂之袺、扱衽謂之襭、周南芣苢篇、薄言袺之、薄言襭之、毛傳與爾雅同、此云、袺謂之䘸、襭謂之褱、與爾雅毛傳異義、蓋本於三家也、列女傳蔡人之妻云、采采芣苢之草、雖甚臭惡、猶始於捋采之、終於懷襭之、說與廣雅同、袺、各本譌作䄂、今據曹憲音訂正、管子輕重戊篇、丁壯者胡丸操彈、胡與䘸通、

幭、帊、幡、帣、帘、幞也、

此皆巾屬所以覆物者也方言幡椦謂之幭郭注云卽帊幞也說文幭蓋幭也管子小稱篇云乃援素幭以裹首而絕呂氏春秋知化篇云乃爲幎以冒面而死幎與幭同廣韻引通俗文云帛三幅曰帊帊衣襆也玉篇帊巾也各本幞下脫也字遂與下條相連集韻類篇幭帊幡帊四字注並引廣雅帳也則宋時廣雅本已脫也字衆經音義卷十八二十一並引廣雅帊幞也今據以訂正

帷、幔、幬、幕、帟、帳也、

說文帳張也史記漢書或通作張周官幕人掌帷幕幄帟綬之事鄭注云在旁曰帷在上曰幕幕或在地展陳于上帷幕皆以布爲之四合象宮室曰幄王所居之帳也帟主在幕若幄中坐上承塵幄帟皆以繒爲之凡四物者以綬連繫焉說文幔幕也司馬相如長門賦云張羅綺之幔帷兮爾雅幬謂之帳郭注云今江東亦謂帳爲幬釋文幬本或作裯說文作幬云禪帳也楚辭招魂云羅幬張些檀弓君於士有賜帟鄭注云帟幕之小者所以承塵帟各本譌作奕今訂正卷二云幬幔幕覆也釋名云帷圍也所以自障圍也幕幕絡也在表之稱也小幕曰帟張在人上奕奕然也幔漫也漫漫相連綴之言也帳張也張施於牀上也

幌、㡘、幨也、

說文幨帷也釋名云幨廉也自障蔽爲廉恥也字或作簾覲禮疏引禮緯云天子外屏諸侯內屏大夫以簾士以帷太平御覽引通俗文云障牀曰襜釋名云牀前帷曰襜言襜襜而垂也新序雜事篇云下出襜帷而知天下襜與㡘同爾雅衣蔽前謂之襜襜與幌皆是障蔽之名幨謂之幌亦謂之襜屋梠謂之榥亦謂之檐榥與幌檐與襜聲近而義同也

髮謂之𦣻、

說文鬊𦣻髮也又云𦣻古文百也巛象髮髮謂之鬊鬊卽巛也案巛隸作川川與鬊古同聲故云鬊卽巛也士喪禮云巾柶鬊爪埋于坎喪大記云君大夫鬊爪實于綠中士埋之鄭注鬊亂髮也鬊之言蠢蠢然也說文惷亂也引昭二十四年左傳王室曰惷惷焉今本作蠢漢書天文志有黑雲狀如猋風亂鬊衆經音義卷十五引韋昭音蠢

鬄謂之髲、

說文髲益髮也鬄髲也或作髢釋名云髲被也髮少者得以被助其髮也鬄剔也剔刑人之髮爲之也周官追師掌王后之首服爲副編次鄭注云次次第髮長短爲之所謂髲髢少牢饋食禮主婦被錫鄭注云被錫讀爲髲鬄古者或剔賤者刑者之髮以被婦人之紒爲飾因名髮鬄焉召南采蘩篇被之僮僮鄭箋亦以爲髮鬄鄘風君子偕老篇鬒髮如雲不屑髢也哀十七年左傳公見己氏之妻髮美使髡之以爲呂姜髢鄭箋杜注並云髢髲也各本脫鬄字今補

屝、屨、麤、舄、屩、鞨、不借、鞆角、鞨、屣、薄平、鞮屨也、

說文屨足所依也方言屝屨麤履也徐兗之郊謂之屝自關而西謂之屨中有木者謂之複舄自關而東謂之複屨其庳者謂之鞁下禪者謂之鞮絲作之者謂之履麻作之者謂之不借粗者謂之屨東北朝鮮洌水之閒謂之鞆角南楚江沔之閒總謂之麤西南梁益之閒或謂之屩或謂之屨履其通語也徐土丣沂之閒大麤謂之鞆角釋名云齊人謂草屨曰屝僖四年左傳共其資糧屝屨杜預注云屝草屨也喪服傳菅屨者菅菲也菲與屝通釋名云屨拘也所以拘足也周官屨人掌王及后之服屨爲赤舄黑舄素屨葛屨鄭注云複下曰舄禪下曰屨凡屨舄各象其裳之色士冠禮曰元端黑屨素積白屨爵弁纁屨是也說文麤艸屨也麤與麤通釋名云屨荊州人曰麤絲麻韋草皆同名也麤措也言所以安措足也急就篇屐屩絜麤羸窶貧顏師古注云麤者麻枲雜履之名也王褒僮約云織履作麤廣韻履有頸曰屩方言注云屐字或作屐喪服傳繩屨者繩菲也鄭注云繩非今時不借也鹽鐵論散不足篇云綦下不借鞔鞮革舄急就篇云裳韋不借爲牧人釋名云不借言賤易有空各自蓄之不假借於人也齊人云搏腤搏腤猶把鮓麤貌也案釋名以搏腤爲麤貌是也搏腤壘韻字轉之則爲不借非不假借於人之謂也說文絣字

注云、一日不借綥、周官弁師注作薄借綦、薄借、卽搏腊也、齊民要術引四民月令云、十月作白屐不借、不借、卽不借也、說文、䩨角、鞮屬也、方言注云、䩨角、今漆屐有齒者、釋名云、仰角、屐上施履之名也、行不得蹶、當仰履角舉足乃行也、急就篇云、靸鞮卬角褐韈巾、仰、卬、竝與䩨通、鞨、玉篇音似足切、鞮也、廣韻云、白鞨鞮也、說文、鞻、鞮屬也、躧、舞履也、或作韈、孟子盡心篇、舜視棄天下、猶棄敝蹝也、趙岐注云、蹝、草履可蹝者也、呂氏春秋長見篇、視釋天下若釋躧、觀表篇作舍屣、竝字異而義同、說文、鞮、革履也、急就篇注云、鞮、薄革小履也、周官鞮鞻氏注云、鞻讀如屨、鞮屨、四夷舞者所屝也、今時倡蹋鼓沓行者自有屝、曲禮注云、鞮屨無絇之菲也、

其緣謂之無綼、

上文云、無綼、綼也、然則履緣謂之無綼、亦謂以采絲爲緣也、周官屨人爲赤繶黃繶、鄭衆注云、以赤黃之絲爲下緣、

其紟謂之綦、

紟之言禁也、履系謂之紟、衣系謂之紟、佩系謂之紟、其義一也、紟綦一聲之轉、綦之言戒也、戒亦禁也、履系謂之綦、車下紩謂之綦、其義一也、說文綥字注云、一日不借綥、周官弁師注作薄借綦、士喪禮組綦繫于踵、注云、綦屨係也、所以拘止屨也、綦讀如馬絆綦之綦、內則云、屨著綦、

鞥䩖、鞢韄、靸、屐也、

屐、或作韡、釋名云、韡、跨也、兩足各以一跨騎也、趙武靈王始服之、鞥䩖、鞢韄、皆疊韻字也、玉篇鞥字注云、鞥䩖、屐也、鞥、各本譌作鞥、今訂正、釋名云、鞢韄、韡之缺前雍者也、鞢韄猶速獨、足直前之名也、急就篇云、旃裘鞢韄、釋名云、靸、韋履深頭者之名也、靸、襲也、以其深襲覆足也、急就篇、靸鞮卬角褐韈巾、顏師古注云、靸、謂韋履頭深而兌、平底者也、今俗呼謂之跣子、

屎、屐、屣、屩也、

說文、屩、屐也、屐、屩也、釋名云、屩、蹻也、出行著之、蹻蹻輕便、因以爲名也、屐、榰也、爲兩足榰以踐泥也、史記平準書集解引韋昭漢書注云、屩、草履也、衆經音義卷十四引三倉云、屐、木屩也、莊子天下篇、以跂蹻爲服、跂蹻與屐屩同、方言、屐、西南梁益之閒、或謂之屎、說文、屎、履也、一日青絲頭履也、讀若阡陌之陌、從糸、戶聲、各本屎作屎、因屐屣屩諸字而誤、今訂正、屣、已見上文、

緻謂之編、

玉篇、編、履底、編也、緻、編緻也、集韻引字林云、緻、刺履底也、

緉、緛、絞也、

方言、緉、緛、絞也、關之東西、或謂之緉、或謂之緛、絞、通語也、郭注云、謂履中絞也、

縝、縷、纑也、

方言、纑謂之縝、郭注云、謂纑縷也、說文、縷、綫也、纑、布縷也、孟子滕文公篇、彼身織屨、妻辟纑、趙岐注云、緝績其麻曰辟、練麻曰纑、

萆謂之衰、

說文、衰、艸雨衣、秦謂之萆、越語云、譬如衰笠、時雨既至、必求之、經傳或從艸作蓑、說文、萆、雨衣、一曰衰衣、齊語身衣襏襫、韋昭注云、襏襫、蓑薜衣也、薜與萆同、六韜農器篇云、蓑薜簦笠、

簦謂之笠、

說文、笠、簦無柄也、簦、笠蓋也、急就篇注云、大而有把、手執以行、謂之簦、小而無把、首戴以行、謂之笠、吳語、簦笠相望於艾陵、韋昭注云、簦、笠備雨器也、史記虞卿傳云、躡蹻擔簦、簦與笠對文則異、散文則通、故士喪禮下篇注云、笠、竹簝蓋也、淮南子說林訓云、或謂笠、或謂簦、名異實同也、

幢謂之翢、

方言、翢、幢、翳也、楚曰翢、關西關東皆曰幢、說文、翢、翳也、所以舞也、引陳風宛丘篇、左執翢、今本作翿、爾雅、

翢，纛也。纛，翳也。郭注云：今之羽葆幢，舞者所以自蔽翳。釋名云：翿，陶也。其貌陶陶下垂也。鄉射禮記云：君國中射，則以翿旌獲，白羽與朱羽糅。周官鄉師：及葬執纛以與匠師御匶而治役。鄭注云：雜記曰：匠人執翿以御柩，翿，羽葆幢也。以指麾輓柩之役，正其行列進退。翳、翿、翢並同，纛與翿古亦同聲。釋名云：幢，童也。其貌童童然也。韓非子大體篇云：雄駿不創壽於旗幢。

幨謂之幰。

淮南子氾論訓：隆衝以攻，渠幨以守。高誘注云：幨，幰也，所以禦矢也。兵略訓云：雖有薄縞之幨、腐荷之櫓，然猶不能獨穿也。齊策云：攻城之費，百姓理襜蔽，舉衝櫓。襜與幨通。幨者，蔽也。說見上文襜蔽下。幰之言扞蔽也。衆經音義卷十四引倉頡篇云：布帛張車上爲幰。釋名云：幰，憲也，所以禦熱也。幨謂之幰，車幔謂之幰，車裳帷謂之襜，其義一也。

嚴、籞、筡、翳也。

月令：罝罘羅綱畢翳。鄭注云：翳，射者所以自隱也。新序雜事篇云：弋者脩其防翳。說文：籞，雉射所蔽者也。漢書元帝紀：嚴籞池田。晉灼注云：嚴籞，射苑也。嚴與籞通。宣帝紀詔：池籞未御幸者，假與貧民。服虔注云：籞在池水中作室，可用棲鳥，鳥入中則捕之。筡，曹憲音稟。古通作稟。管子戒篇云：桓公弋在稟。韓非子外儲說云：齊宣王問弋於唐易子曰：弋者奚貴？唐易子曰：在於謹稟。徐爰注射雉賦云：稟，翳中盛飲食處，今俗呼翳名曰倉也。

幖、徽、帾、帟、帠、幟，幡也。

太平御覽引說文：幡，識也。古今注云：信幡，古之徽號也，所以題表官號以爲符信，故謂爲信幡也。字亦作旛。釋名云：旛，幡也。其貌幡幡然也。幖之言表也。說文：幖，識也。周官肆師：表齍盛告絜。鄭注云：故書表爲剽。剽、表皆謂徽識也。後漢書皇甫嵩傳：著黃巾爲標幟。表、剽、標、幖並通。說文：徽，識也，以絳徽帛著于背。引昭二十一年左傳：揚徽者公徒。今本作徽。大傳殊徽號鄭注云：徽號，旌旗之名也。徽或作褘。張衡東京賦：戎士介而揚揮。薛綜注云：揮爲肩上絳幟，如燕尾者也。徽、褘、揮並通。周官司常注云：徽識所以題別衆臣，樹之於位，朝者各就焉。或謂之事，或謂之名，或謂之號，三者旌旗之細也。士喪禮曰：爲銘各以其物，亾則以緇長半幅，赬末長終幅，廣三寸，書名於末。此葢其制也。徽識之書則云某某之事、某某之名、某某之號。今大閱禮象而爲之，兵凶事，若有死事者亦當以相別也。帾之言題署也。廣韻：帾，標記物之處也。說文：隸人給事者衣爲卒。卒，衣有題識者。又云：褚，卒也。方言：南楚東海之閒，卒謂之衣褚。郭注云：言衣赤也。衣赤謂之褚，以絳徽帛謂之帾，其義一也。司常注云：今城門僕射所被及亭長著絳衣，皆徽識之舊象，是其證矣。說文：帟，幡識也。又云：箋，表識書也。箋與帟亦同義。帟讀若抑，各本譌作帠，今訂正。幟之言識也。墨子旗幟篇云：幟，竿長二丈五，帛長丈五，廣半幅。小雅六月篇：織文鳥章。鄭箋云：織，徽織也。士喪禮注引檀弓云：以死者爲不可別，故以其旗識識之。史記叔孫通傳云：張旗志。幟、織、識、志並通。

袠謂之㡘。

說文：帙，書衣也。或作袠。後漢書楊厚傳云：吾綈袠中有先祖所傳祕記。書衣謂之袠，故小囊亦謂之袠。內則云：右佩箴管線纊，施鞶袠。玉篇：帙，小囊也。說文：㡘，書囊也。㡘者，纏裹之名。文選西都賦：㡘以藻繡。李善注引說文：㡘，纏也。

幃謂之幐。

說文：幐，囊也。後漢書儒林傳序云：大則連爲帷蓋，小乃制爲幐囊。幐與縢通。說文：幃，囊也。楚辭離騷：蘇糞壤以充幃兮。王逸注云：幃謂之幐。幐，香囊也。

帣、橐、舵、囊也。

大雅公劉篇：于橐于囊。毛傳云：小曰橐，大曰囊。史記陸賈傳索隱引埤倉云：有底曰囊，無底曰橐。橐與囊對文則異，散文則通。故說文云：橐，囊也；囊，橐也。帣之言卷束也。說文：帣，囊也。今鹽官三斛爲一帣。又說文：㯻，橐也。玉篇音袞。㯻亦帣也，猶袞衣之袞或作卷矣。玉篇：舵，大多切，馬上連囊也。今俗語亦謂馬上連囊

曰蛇、音大佐反、

絭謂之纕、

說文、纕、援臂也、玉篇云、收衣袖絭也、說文、絭、攘臂繩也、淮南子原道訓、短袂攘卷以便刺舟、卷與絭、攘與纕、竝聲近義同、

鑑謂之鏡、

梳、枇、篦、櫛也、

說文、櫛、梳比之總名也、櫛之言節也、其齒相節次也、考工記作楖、同、說文、梳、理髮也、釋名云、梳、言其齒疏也、史記匈奴傳索隱引倉頡篇云、靡者爲比、麤者爲梳、急就篇云、鏡籢疏比各異工、疏比、與梳枇同、釋名云、梳之數者曰比、言細相比也、北堂書鈔引崔寔政論云、無賞罰而欲世之治、猶不畜梳枇而欲髮之治也、說文、篦、取蟣比也、

䰉謂之叉、

玉篇、釵、婦人歧笄也、釋名云、叉、枝也、因形名之也、宋玉諷賦、翡翠之釵、釵、叉、竝與䰉通、

笄、𩩍、笳、鬵也、

說文、兂、首笄也、俗作簪、兂、簪、竝與鬵同、釋名云、簪、兟也、以兟連冠於髮也、士喪禮注亦云、簪、連也、說文、笄、簪也、釋名云、笄、係也、所以拘係冠使不墜也、凡笄有二類、一爲冕弁冠之笄、唯男子有之、士冠禮皮弁笄、爵弁笄、是也、一爲安髮之笄、男子婦人皆有之、內則子事父母、婦事舅姑、皆櫛縰笄總、是也、鄘風君子偕老篇、象之揥也、毛傳云、揥、所以摘髮也、魏風葛屨篇云、佩其象揥、揥、與𩩍通、釋名云、揥、摘也、所以摘髮也、說文、擿、搔也、君子偕老正義云、以象骨搔首、因以爲飾、故云所以摘髮、說文、鬠、骨擿之可會髮者、喪服記注云、笄有首者、若今時刻鏤摘頭矣、摘、擿、揥、竝與𩩍同義、笄、笳、一聲之轉、太元瞢上九、男子折笄、婦人易哿、哿、與笳同、范望注以哿爲笄飾、失之、

幱幭謂之帙、

廣韻引埤倉云、幱、幭、赤紙也、漢書外戚傳赫蹏書、應劭注云、赫蹏、薄小紙也、顏師古注云、今書本赫字或作擊、說文、繫褫二字注竝云、繫褫也、赫蹏擊蹏繫褫竝與幱幭同、玉篇、帙、帙幭也、皇甫本幭字作紘、下文紘、索也、紘字作幭、前後互誤、各本紘、字又誤作絃、惟影宋本不誤、

縢、絜、緘、紲、紘、繯、緷、紩、緪、紼、縻、紖、縋、緰、繏、徽、纆、絢、筊、纍、繩、索也、

說文、縢、緘也、鄭注金縢云、縢、束也、秦風小戎篇、竹閉緄縢、毛傳云、縢、約也、魯頌閟宮篇、朱英綠縢、傳云、縢、繩也、莊子胠篋篇、攝緘縢、釋文、縢、向崔本作縢、急就篇、絜繘繩索絞紡纑、繘、一作綃、綃、與絜同義、文選海賦、維長綃、挂帆席、張銑注云、綃、連帆繩也、義與絜亦相近、說文、緘、束篋也、喪大記、大夫士封以咸、鄭注云、咸、讀爲緘、今齊人謂棺束爲緘繩、咸或爲椷、竝字異而義同、釋名云、棺束曰緘、緘、函也、各本緘下衍也字、

莊子胠篋釋文引廣雅、緘、縢、繩也、衆經音義卷十六引廣雅、縢、繩也、卷十一、十六竝引廣雅、緘、索也、今據以訂正、紲、紖二字、說見卷二紲、紖、係也下、紘、說見卷三紘、束也下、廣韻、繯、綱繩也、集韻云、荆州謂帆索曰繯、方言、車枸簍、其上約或謂之篔、郭注云、即軬帶也、音覓、篔與繯同義、玉篇、紩、索也、古作鉄、方言、車下鉄、陳宋淮楚之閒、謂之畢、玉篇、紩、帆索也、義亦與紩同、緪之言亘也、說文、緪、大索也、卷二云、縻、係也、後漢書魯恭傳注引倉頡篇云、縻、牛繮也、說文、縻、牛轡也、或作縿、史記司馬相如傳、羈縻勿絕、索隱引漢官儀云、馬曰羈、牛曰縻、漢書匈奴傳作羈靡、竝字異而義同、說文、縋、以繩有所縣鎮也、引襄十九年左傳、夜縋納師、又僖三十年傳、夜縋而出、杜注云、縋、縣城而下也、今俗語亦謂以繩有所縣鎮曰縋、縋之言重腄也、成六年傳、於是乎有沈溺重腄之疾、注云、重腄、足腫也、方言注云、槌、縣蠶薄柱也、義與縋竝相近、方言云、槌、之横者、宋魏陳楚江淮之閒謂之𣟅、所以縣𣟅、關西謂之緰、東齊海岱之閒謂之繏、卷三云、徽、束也、說文、徽、三糾繩也、纆、索也、坎上六、係用徽纆、馬融注云、徽纆、索也、劉表注云、三股曰徽、兩股曰纆、揚雄解嘲云、

免於徵索、莊子駢拇篇云、約束不以纆索、史記南越尉佗傳云、成敗之轉、譬若糾墨、纆墨竝通、豳風七月篇云、宵爾索綯、爾雅、綯、絞也、絞亦索也、急就篇云、纍繘繩索絞紡纑、是也、方言、車紂自關而東周洛韓鄭汝潁之閒或謂之曲綯、注云、綯亦繩名、小爾雅、綃、索也、綃與綯同、索謂之綯、猶編絲繩謂之絛矣、笅亦絞也、說文、笅、竹索也、漢書溝洫志、搴長茭兮湛美玉、薛瓚注云、竹葦絚謂之茭、茭與笅通、其草索亦謂之茭、墨子尚賢篇云、傳說被褐帶索、辭過篇云、古之民未知爲衣服時、衣皮帶茭、茭亦索也、纍之言係纍也、說文、纍、大索也、論語公冶長篇、雖在縲紲之中、孔傳云、縲、黑索也、史記仲尼弟子傳作累、漢書司馬遷傳作纍、竝字異而義同、

繘、絡、綆也、

方言、繘、自關而東周洛韓魏之閒、謂之綆、或謂之絡、關而西謂之繘、郭注云、汲水索也、說文、綆、汲井繩也、繘、綆也、襄九年左傳云、具綆缶、備水器、士喪禮云、管人汲、不說繘、

廣雅疏證　卷第七下　四三

縩、繯、絡也、

凡繩之相連者曰絡、莊子胠篋篇云、削格羅落罝罘之知多、落與絡同、縩與纍同、說見上文纍索也下、縩各本譌作縩、今訂正、繯之言綰也、漢書揚雄傳、虹蜺爲繯、韋昭注云、繯、旗上繫也、蕭該音義云、案說文、字林、三倉竝云、繯、絡也、說文、䍐、网也、字或作羂、太元翁次八云、揮其學、絕其羂、義亦與繯同、

輅、軲、車也、軒、轉、轀、輬、轒、輐、軿、輀、軺、輂、輜、輂、輰、𨍰、輰頭、鸞、

軥、枙、車也、

說文、車、輿輪之總名也、釋名云、車、古者曰車、聲如居、言行所以居人也、今曰車、聲近舍、車、行者所處若居舍也、輅、古通作路、藝文類聚引白虎通義云、天子大路、路、大也、道也、正也、君至尊、制度大、所以行道德之正也、諸侯路車、大夫軒車、士飾車、周官巾車、掌王之五路、玉路、金路、象路、革路、木路、鄭注云、王在焉曰路、玉路金路象路以玉金象飾諸末、革路、鞔之以革而漆之、無他飾、木路、不鞔以革、漆之而已、自輅至枙皆是車名、則輅軲之下、不當更有車也二字、蓋也上一字本是車名、因脫去右畔、僅存左畔車字、後人遂妄加也字耳、

軒之言扞蔽也、說文、軒、曲輈藩車也、閔二年左傳、鶴有乘軒者、杜預注云、軒、大夫車、正義引服虔注云、車有藩曰軒、王逸注招魂云、軒、樓版也、周官小胥疏引左傳注云、諸侯軒縣、闕南方、形如車輿、皆扞蔽之意也、說文、轉、軶裏也、從𤰞耴聲、則轉非車名、集韻引廣雅作轉、玉篇廣韻俱無轉字、所未詳也、史記秦始皇紀、棺載轀涼車中、涼與輬通、漢書霍光傳、載光尸柩以轀輬車、注、文穎曰、轀輬車、如今喪轜車也、孟康曰、如衣車、有窻牖、閉之則溫、開之則涼、故名之轀輬車也、薛瓚曰、秦始皇道崩、祕其事、載以轀輬車、百官奏事如故、此不得是轜車類也、案杜延年奏、載霍光柩以轀車、駕大廄白虎駟、以轀車駕大廄白鹿駟爲倅、師古曰、轀輬本安車也、可以臥息、後因載喪、飾以柳翣、故遂爲喪車耳、轀者密閉、輬者旁開窻牖、各別一乘、隨事爲名、後人既專以載喪、又去其一、總爲藩飾、而合二名呼之耳、案薛顏二說是也、說文、轀、臥車也、輬、臥車也、韓非子外儲說云、有乘轀車至李史門者、宋玉九辯云、前輕輬之鏘鏘兮、後輜乘之從

廣雅疏證　卷第七下　四四

從、然則轀輬各爲一車、而非喪車明矣、玉篇、轒、輐、兵車也、輐亦作轀、墨子備城門篇有轒轀車、孫子謀攻篇、脩櫓轒轀、魏武帝注云、轒轀者、轒牀也、其下四輪、從中推之至城下、文選長楊賦、碎轒轀、李善引服虔注云、轒轀、百二十步兵車、或可寢處、軿通作萃、周官車僕、掌萃車之萃、注云、萃猶屛也、所用對敵自蔽隱之車也、孫子八陳有萃車之陳、故書萃作平、杜子春云、平車當爲軿車、其字當爲萃、列女傳齊孝孟姬曰、妾聞妃后踰閾、必乘安車輜軿、今立車無軿、非所敢受命也、後漢書梁冀傳注引倉頡篇云、軿、衣車也、定九年左傳正義引說文云、輜軿、衣車也、前後有蔽、釋名云、輜車、載輜重臥息其中之車也、輜、廁也、所載衣物雜廁其中也、軿車、軿、屛也、四面屛蔽、婦人所乘牛車也、輜軿之形同、有邸曰輜、無邸曰軿、說文、輀、喪車也、漢書王莽傳云、此似輀車、非僊物也、釋名云、輿棺之車曰轜、轜、耳也、縣於左右前後、銅魚搖絞之屬、耳耳然也、轜與輀同、說文、軺、小車也、釋名云、軺車、軺、遙也、遙、遠也、四向遠望之車也、齊語、服牛軺馬、韋昭注云、服、牛車也、軺、馬車也、管子海王篇云、行服連軺輂者、必有一斤一鋸一椎一鑿、若其事立、如淳注漢書

高祖紀云、律、四馬高足爲置傳、四馬中足爲馳傳、四馬下足爲乘傳、一馬二馬爲軺傳、輂者、輿載之名、說見卷二輂載也下、周官鄉師正治其徒役與其輂輦、注云、輂、駕馬、輦、人輓行、所以載任器也、止以爲蕃營、司馬法曰、夏后氏謂輦曰余車、殷曰壺奴車、周曰輜輦、輦一斧一斤一鑿一梩一鉏、周輦加二版二築、又曰、夏后氏二十人而輦、殷十八人而輦、周十五人而輦、宣十二年左傳正義云、蔽前後以載物謂之輜車、載物必重、謂之重車、人輓以行、謂之輦、輜重輦一物也、巾車連車組輓、注云、連車爲輇輪、人輓之以行、連與輂通、輂之言連也、連者引也、引之以行、故曰輦、孟子流連荒亾、趙岐注云、連者引也、淮南子覽冥訓云、若以磁石之能連鐵也、而求其引瓦、則難矣、暢輚通作陽遂、晉書輿服志、陽遂車、駕牛、蓋本於魏制也、明堂位、鸞車、有虞氏之路也、鉤車、夏后氏之路也、注云、鸞、有鸞和也、鉤、有曲輿者也、鉤與軥通、柳、各本譌作柳、惟影宋本不譌、釋名云、輿棺之車、其蓋曰柳、柳、聚也、衆飾所聚、亦其形僂也、士喪禮下篇注云、載柩車、周禮謂之蜃車、雜記謂之團、其車之輿狀如牀、中央有輴、前後出、設輅、輿上有四周、下則前後有軸、以輇

爲輪、雜記注云、將葬載柩之車飾曰柳、周官縫人、衣翣柳之材、注云、柳之言聚、諸飾之所聚、檀弓設蔞翣、注云、蔞翣棺之牆飾、荀子禮論篇云、無帾絲歶縷翣、其貌以象非帷幬尉也、呂氏春秋節喪篇云、僂翣以督之、柳、蔞、縷、僂、竝通、莊子達生篇、苟生有軒冕之尊、死得於豚楯之上、聚僂之中、則爲之、聚僂、謂柩車飾也、僂者衆飾所聚、故曰聚僂、豚讀爲團、楯讀爲輴、喪大記、君大夫葬用輴、士葬用團車、是也、解者失之、

鑋謂之鈁、

未詳、

縰車謂之麻鹿、道軌謂之鹿車、

方言、縰車、趙魏之間謂之轣轆車、東齊海岱之間謂之道軌、轣、轆、與麻、鹿同、說文、縰、著絲於筟車也、秦風小戎篇、五楘梁輈、毛傳云、楘、歷錄也、一輈五束、束有歷錄、墨子備高臨篇說連弩車之法云、以磿鹿卷收、義與縰車謂之麻鹿竝相近、方言、車下鉄、陳宋淮楚之間謂之畢、大者謂之綦、郭注云、鹿車也、疏證云、此言縰車之索也、考工記玉人、天子圭中必、鄭注云、必、讀如鹿車縪之縪、謂以組約其中央、圭中必爲組、鹿車縪爲索、其約束相類、故讀如之、

軒謂之鞶、

鞶之言盤、軒之言紆也、說文、軒、輡內環靼也、靼、柔革也、

䩭謂之⿰革解、

䩭、各本作⿰革咠、曹憲音釋、⿰革咠、子入反、⿰革解音解、集韻類篇⿰革咠字注云、廣雅、⿰革咠謂之⿰革解、一曰車䩭⿰革解字注云、廣雅、䩭謂之⿰革解、據此、則宋時廣雅本⿰革咠字有作䩭者、案衆經音義卷十五云、䩭、戶犬反、大車縛槅者也、引廣雅䩭謂之⿰革奇、⿰革奇、居宜反、⿰革奇、⿰革解、聲相近、䩭、⿰革咠、形相似、然則⿰革解爲⿰革奇之異文、而⿰革咠爲䩭之譌字也、說文、䩭、大車縛軶靼也、字或作伊、釋名云、䩭、懸也、所以懸縛軶也、集韻、䩭、馬勒也、馬勒謂之䩭、亦謂之⿰革奇、縛軶靼謂之⿰革奇、亦謂之䩭、皆束縛之意也、上條軒謂之鞶、爲輡內環靼、此條爲大車縛軶靼、事正相類、考說文、玉篇、廣韻、

俱無⿰革咠字、曹憲音子入反、非是、今訂正、

轅謂之輈、

方言、轅、楚衛之間謂之輈、謂小車轅也、僖元年公羊傳注云、輈、小車轅、冀州以此名之、釋名云、轅、援也、車之大援也、輈、句也、轅上句也、秦風小戎篇、五楘梁輈、毛傳云、梁輈、輈上句衡也、正義云、輈從軫以前、稍曲而上、至衡則向下句之、考工記輈人、國馬之輈、深四尺有七寸、田馬之輈、深四尺、駑馬之輈、深三尺有三寸、鄭衆注云、深、謂轅曲中、

弸轅謂之靳、

定九年左傳云、吾從子、如驂之靳、說文、靳、當膺也、不言靳係於轅、此云弸轅謂之靳、未詳其義、

輫、轓、箱也、

箱之言輔相也、篋謂之箱、太室兩夾謂之廂、車兩轓謂之箱、其義一也、小雅大東篇、睆彼牽牛、不以服箱、

毛傳云、箱、大車之箱也、說文、箱、大車牝服也、考工記車人、大車牝服二柯、有參分柯之二、鄭注云、牝服長八尺、鄭司農云、牝服謂車箱、輫之言棐也、爾雅云、棐、輔也、方言、箱謂之輫、輫謂之箱、䈰謂之箱、亦謂之䈰、其義一也、士冠禮注云、䈰、竹器如笭者、說文、䈰、車笭也、車笭謂之䈰、車箱謂之輫、其義一也、轓之言藩屏也、續漢書輿服志注引通俗文云、車箱爲藩、周官巾車、漆車藩蔽、鄭注云、蔽、車旁禦風塵者、藩今時小車藩、漆席以爲之、漢書景帝紀、令長吏二千石車朱兩轓、千石至六百石朱左轓、應劭注云、車耳反出、所以爲之藩屏、翳塵泥也、以簟爲之、或用革、太元積次四、君子積善至于車耳、測曰、君子積善、至于蕃也、轓蕃藩竝通、說文、軓、車耳反出也、軓轓聲近義同、軓字亦作版、荀子禮論篇、棺椁具須象版蓋斯拂也、楊倞注云、版、謂車上障蔽者、

𩌏謂之軾、

說文、軾、車前也、釋名云、軾、式也、所伏以式所敬者也、考工記通作式、鄭注云、式深尺四寸三分寸之二、高三尺三寸、說文、紱、車紱也、或作茯鞴、釋名云、𩌏、伏也、在前人所伏也、急就篇云、鞇𩌏靯鞴鞍鑣鍚、史記酷吏傳、同車未嘗敢均茵伏、徐廣音義云、伏、軾也、竝字異而義同、

轓謂之軓、

說見上文、

幢謂之幏、

方言、幢、翳也、關西關東皆曰幢、說文、翳、華蓋也、釋名云、幢、童也、其貌童童然也、漢書韓延壽傳云、建幢棨、植羽葆、

靯鞴謂之鞇、

說文、茵、車中重席也、從艸、因聲、鞇、司馬相如說茵從革、漢書霍光傳作絪、竝字異而義同、釋名云、鞇、因也、因與下輿相連著也、秦風小戎篇、文茵暢轂、毛傳云、文茵、虎皮也、鞇、各本譌作𩌓、惟影宋本、皇甫本不譌、急就篇云、鞇𩌏靯鞴鞍鑣鍚、釋名云、靯鞴、車中重薦也、輕靯鞴、小貂者也、靯鞴、疊韻字、廣韻、𩋧、他胡切、鞴𩋧、屧也、屧、履中薦也、鞴𩋧亦疊韻字、屧中薦謂之鞴𩋧、猶車中薦謂之靯鞴矣、

覆笭謂之幦、

幦字或作幭、䍐、幦、其義竝同、幦之言幎也、幎、覆也、故車覆笭謂之幦、說見卷二幎覆也下、大雅韓奕篇、鞹鞃淺幭、毛傳云、幭、覆式也、周官巾車、王之喪車五乘、木車犬𥚃疏飾、素車犬𥚃素飾、藻車鹿淺𥚃革飾、駹車然𥚃髤飾、漆車犴𥚃雀飾、士喪禮記、主人乘惡車、白狗幦、曲禮、大夫士去國素幦、玉藻、君羔幦虎犆、大夫齊車、鹿幦豹犆、朝車、士齊車、鹿幦豹犆、先後鄭注竝云、覆笭也、笭者、式下縱橫交結之木、禮注之覆笭、即詩傳之覆式、故宋玉九辯云、倚結軨兮長太息、涕潺湲兮下霑軾、軨與笭同、說文、笭、車笭也、軨、車轖間橫木也、釋名云、笭、橫在車前、織竹作之、孔笭笭也、

䡈轐、輹、陰、靷、伏兔也、

䡈之言䌛連也、說文、䡈、車伏兔下革也、讀若閔、轐之言附著也、說文、轐、車伏兔也、考工記、加軫與轐焉、鄭衆注與說文同、輈人云、良輈環灂、自伏兔不至軓七寸、是也、說文、輹、車軸縛也、小畜九三、輿說輹、正義引鄭注云、輹謂輿下縛木、與軸相連、鉤心之木是也、又引子夏傳云、輹、車下伏兔也、僖十五年左傳、車說其輹、正義引子夏易傳云、輹、車下伏兔也、曹憲音扶欲反、各本脫去輹字、其扶欲之音遂誤入轐字下、考玉篇廣韻集韻及考工記釋文、轐字俱不音扶欲反、又玉篇廣韻集韻及易左傳釋文、輹字俱音服、正與扶欲之音相合、今據以訂正、釋名云、屐、似人屐也、又曰伏兔、在軸上似之也、又曰輹、輹、伏也、伏於軸上也、鉤心從輿心下鉤軸也、縛在車下、與輿相連縛也、阮氏伯元考工記車制圖解曰、轐在輿底而銜於軸上、其兩旁作半規形、與軸相合、下有二長足、少鍥其軸而夾鉤之、所謂鉤心也、又有革以固之、所謂䡈也、秦風小戎篇、陰靷鋈續、毛傳云、陰、揜軓也、靷、所以引也、鄭箋云、揜軓在軾前垂輈上、正義云、靷者、以皮爲之、繫於陰版之上、此與軸上之伏兔迥不相涉、廣雅以陰靷爲伏兔、誤也、

軑、𨍭、輇、輪也、

輪之言員也、運也、考工記、兵車之輪六尺有六寸、田車之輪六尺有三寸、乘車之輪六尺有六寸、方言、輪韓楚之閒謂之軑、關西謂之𨍭、釋名云、輪、綸也、言彌綸也、周帀之言也、或曰總、言輻總入轂中也、總與𨍭同、說文、有輻曰輪、無輻曰輇、又云、輇、蕃車下庳輪也、雜記、載以輲車、鄭注云、輲讀爲輇、輇崇蓋半乘車之輪、引說文無輻曰輇、蓋載柩車以輇爲輪、因謂之輇車矣、

轂篆謂之軝、

商頌烈祖及小雅采芑並云、約軝錯衡、毛傳云、軝、長轂之軝也、朱而約之、鄭箋云、軝、轂飾也、毛鄭詩考正云、軝、說文亦作䩍、從革、孔沖遠以軝爲長轂名、非也、軝卽考工記之幬革、朱而約之者、朱其革以幬於幹也、也、惟長轂盡飾、大車短轂則無飾、故曰長轂之軝、謹案考工記輪人容轂必正、陳篆必直、幬必負幹、鄭注云、篆、轂約也、幬負幹者、革轂相應、無贏不足、周官巾車、孤乘夏篆、注云、夏篆、五采畫轂約也、篆卽轂約、故

廣雅云、轂篆謂之軝、卷三云、約、纏束也、纏、篆並音直轉反、其義同、各本譌作軝謂之轂、采芑釋文、軝、廣雅云、轂篆、今據以訂正、

⿰車單、⿰車矍、⿰車豦、輮、⿱巩車、輞也、

釋名云、輞、罔也、罔羅周輪之外也、考工記輪人、牙也者、以爲固抱也、鄭衆注云、牙、謂輪輮也、世閒或謂之罔、罔、輞並與輞同、淮南子說林訓云、古之所爲不可更、則椎車至今無蟬匱、鹽鐵論非鞅篇云、椎車之蟬攫、負子之敎也、蟬與⿰車單通、匱攫並與⿰車矍通、⿰車矍者、大車之罔也、考工記車人、渠三柯者三、鄭注云、渠二丈七尺、謂罔也、書大傳、取大貝大如大車之渠、鄭注云、渠、車罔也、渠與⿰車豦通、車罔謂之⿰車豦、筐之員者謂之籧、義相近也、說文、輮、車网也、考工記車人、行澤者反輮、行山者仄輮、鹽鐵論散不足篇云、古者椎車無柔、棧輿無植、柔與輮通、釋名云、輞、關西曰輮、言柔曲也、說卦傳云、坎爲矯輮、爲弓輪、是其義也、⿱巩車、玉篇音拱、⿱巩車之言鞏固也、拱抱也、故曰、牙也者、以爲固抱也、

輑謂之軸、

軸之言持也、說文、軸、持輪也、舟杝謂之舳、機持經者謂之柚、義並同也、方言、輑謂之軸、輑之言關也、橫亘之名也、說文、輑、軺車前橫木也、與輑謂之軸亦同義、

鍋、錕、釭也、

急就篇云、釭鐧鍵鉆冶錮鐈、說文、釭、車轂口鐵也、釋名云、釭、空也、其中空也、凡鐵之空中而受枘者謂之釭、新序雜事篇淳于髡謂鄒忌曰、方內而員釭、是也、內與枘同、車釭空中、故又謂之穿、在內爲大穿、在外爲小穿、考工記輪人、五分其轂之長、去一以爲賢、去三以爲軹、鄭衆注云、賢、大穿、軹、小穿、是也、說文、銎、斤斧穿也、斤斧穿謂之銎、猶車穿謂之釭、釭、銎之爲言皆空也、方言、車釭、燕齊海岱之閒謂之鍋、或謂之錕、自關而西謂之釭、鍋、釋名作棵、云、棵、裹也、裹軹頭也、錕之言緷也、卷三云、緷、束也、

⿰車龍、⿰車堯、轊也、

說文、軎、車軸耑也、或作轊、鄧析子無厚篇云、夫木擊折轊、水戾破舟、轊之言銳也、昭十六年左傳注云、銳、細小也、軸兩耑出轂外細小也、小聲謂之嘒、小鼎謂之鏏、小棺謂之槥、小星貌謂之嘒、蜀細布謂之⿰糹彗、鳥翮末謂之⿰犭彗、車軸兩耑謂之轊、義並同也、方言、車轊、齊謂之⿰車龍、史記田單傳、盡斷其車軸末而傅鐵籠、籠、與⿰車龍通、各本譌作轊、⿰車龍、⿰車堯也、案⿰車龍、⿰車堯皆轊之異名、當以轊釋⿰車龍、⿰車堯、不當以⿰車堯釋轊、集韻、類篇並引廣雅、⿰車堯、轊也、今據以訂正、

錬、鐟、鈦、錧也、

錧之言管也、說文、輨、轂耑錔也、吳子論將篇云、車堅管轄、舟利櫓楫、輨、管並與錧同、方言、輨、軑、錬鐟也、關之東西曰輨、南楚曰軑、趙魏之閒曰錬鐟、說文、軑、車輨也、楚辭離騷、齊玉軑而並馳、王逸注云、軑、錮也、漢書揚雄傳、肆玉鈦而下馳、鈦與軑同、軑之言鈐制也、史記平準書、敢私鑄鐵器煮鹽者、鈦左趾、索隱引三倉云、鈦、踏腳鉗也、軑、錔、一聲之轉、踏腳鉗謂之鈦、轂耑錔謂之鈦、其義一也、餘見下文鐕、鐧、錔也下、

枸簍、隆屈、篠、篷、篕、籠、軬也、

此謂蓋弓也、方言、車枸簍、宋魏陳楚之閒謂之篠、或謂之篕籠、自關而西、秦晉之閒謂之枸簍、西隴謂之㰌、南楚之外、謂之篷、或謂之隆屈、郭注云、卽車弓也、㰌與軬同、釋名云、軬、藩也、蔽雨水也、說文作𨎶、云、淮陽名車穹隆𨎶、四民月令有上𨎶車蓬軬法、見齊民要術、枸各本譌作拘、今訂正、枸簍者、蓋中高而四下之貌、山顚謂之岣嶁、曲脊謂之痀僂、高田謂之甌寠、義與枸簍竝相近、倒言之則曰僂句、昭二十五年左傳、臧會竊其寶龜僂句、龜背中高、故有斯稱矣、枸簍或但謂之簍、玉篇、簍、車弓也、漢書季布傳、置廣柳車中、李奇注云、廣柳、大隆穹也、柳與簍通、隆屈猶僂句也、張衡西京賦云、終南太一、隆崛崔崒、是其義也、釋名謂車弓爲隆強、云、隆強、言體隆而強也、強亦屈也、猶漢書言屈強矣、篕籠說文作穹隆、倒言之則曰隆穹、故李奇漢書注云、廣柳、大隆穹也、司馬相如大人賦云、詘折隆窮、躩以連卷、是其義也、或但謂之篕、玉篇、篕、姑簍也、姑簍卽枸簍之轉、考工記謂之弓、弓亦穹也、故釋名云、弓、穹也、張之穹隆然也、方言注云、

今呼車子弓爲篠、音巾幗、後漢書烏桓傳注云、幗、婦人首飾也、釋名作簂、云、簂、恢也、恢廓覆髮上也、與車弓謂之篠同義、方言注云、今通呼車弓爲篷、廣韻、篷、織竹夾箬覆舟也、與車弓之篷亦同義、

筤謂之笶、

釋名、車弓上竹曰郎、郎與筤通、筤之言㝗也、說文、㝗、康也、方言、康、空也、蓋弓二十有八、稀疏分布、㝗㝗然也、集韻、笶、車軬竹也、

箹、篢、軬帶也、

方言、車枸簍、其上約謂之箹、或謂之篢、郭注云、卽軬帶也、箹亦約也、篢之言纘也、上文云、纘、索也、高誘注淮南子原道訓云、小車蓋四維謂之紘、繩卽軬帶也、

綯、紂、緧也、

方言、車紂、自關而東、周洛韓鄭汝潁之閒謂之緻、或謂之曲綯、或謂之曲綸、自關而西謂之紂、郭注云、綯、亦繩名、引豳風七月篇、宵爾索綯、說文、紛、馬尾韜也、小爾雅、緧、索也、韜、緧竝與綯通、說文、紂、馬緧也、緧、馬紂也、釋名云、鞧、遒也、在後遒迫使不得卻縮也、考工記輈人、必緧其牛後、鄭衆注云、關東謂紂爲緧、緧、緻、緧竝同、綯與紂、緧古聲亦相近、

陽門、箳篂、雀目、蔽、當也、

玉篇、䉬、車䉬、當也、太平御覽引郭林宗別傳云、宿仲琰柴車、駕牛、編荊爲當、當與䉬通、釋名云、立人、象人立也、或曰陽門、在前曰陽、兩旁似門也、鄭衆注考工記車人云、羊車、謂車羊門也、羊與陽通、箳篂、通作屏星、續漢書輿服志注引謝承書云、別駕車前有屏星、如刺史車曲翳儀式、又引通俗文云、車當謂之屏星、爾雅、輿竹前謂之禦、後謂之蔽、李巡注云、編竹當車前以擁蔽、名之曰禦、則禦亦蔽也、衞風碩人篇、翟茀以朝、毛傳云、茀、蔽也、正義云、車之前後、設障以自隱蔽、謂之茀、周官巾車注引詩作翟蔽以朝、

羈、鞿、勒也、

說文、勒、馬頭絡銜也、釋名云、勒、絡也、絡其頭而引之也、周官巾車云、革路龍勒、說文、䍛、馬絡頭也、或作羈、經傳省作羈、釋名云、羈、檢也、所以檢持制之也、竝字異而義同、玉篇、鞿、古核切、勒也、亦作革、鞿、賁頟、鞿、轡首也、爾雅、轡首謂之革、郭注云、轡、靶勒、小雅蓼蕭篇、鞗革沖沖、毛傳云、鞗、轡也、革、轡首也、轡、鞿、革竝同、勒與鞿、革古亦通用、錢氏曉徵焦山鼎銘跋尾云、古器銘多用鋚勒字、石鼓及寅簋文作鋚勒、伯姬鼎作攸勒、宰辟父敦作攸革、此文亦但作攸、蓋古文之鋚勒、卽詩所云鞗革也、案小雅斯干篇如矢斯棘、韓詩棘作朸、神農本草云、天門冬、一名顚勒、博物志云、天門冬、一名顚棘、古者革、鞿、棘三字同聲、棘之通作朸、勒、猶革、鞿之通作勒矣、

靮謂之繮、

說文、繮、馬紲也、釋名云、繮、疆也、繫之使不得出疆限也、漢書敘傳、繫名聲之韁鎖、韁與繮同、檀弓、則執執羈靮而從、鄭注云、靮、紖也、少儀云、犬則執緤、牛則執紖、馬則執靮、緤、紖、靮皆引也、緤之言曳、紖之言引、靮

之言抅也、玉篇云、抅、引也、

靶謂之綏、

靶之言把也、所把以登車也、說文、綏、車中靶也、大雅韓奕箋云、綏、所引以登車也、

馬鞅謂之䩭、

僖二十八年左傳云、晉車七百乘、韅靷鞅靽、說文、鞅、頸靼也、釋名云、鞅、嬰也、喉下稱嬰、言纓絡之也、

鞫、靾、騨、䩮也、

說文、䩮、馬鞁具也、鞫靾騨、未詳所出、

防汗謂之軩、

說文、軩、防汗也、淮南子主術訓云、鞅軩鐵鐙、太平御覽引東觀漢記云、和帝賜桓郁馬二匹、幷鞍勒防汗、又引魏百官名云、黃地金鏤織成鄣汗一具、鄣汗、卽防汗、一名弇汗、鹽鐵論散不足篇云、今富者黃金琅勒、罽繡弇汗、

韉謂之鞘、

說文、韉、綏也、玉篇、韉、䩮邊帶也、廣韻、韉、䩮韉也、一曰埀皃、鞘、亦埀皃也、猶旗旒謂之旓矣、

縶、縝、絆也、

說文、絆、馬縶也、又云、馵、絆馬也、引成二年左傳韓厥執馬前、今本作執縶馬前、小雅白駒傳亦云、縶、絆也、說文、縝、絆前兩足也、莊子馬蹄篇連之以羈馵、釋文引司馬注云、馵、崔本拉作縝、崔云、絆前兩足也、左思吳都賦縝麋麖、劉逵注與崔譔同、引莊子亦同、

棬、桊、拘也、

拘、猶拘也、今人言牛拘是也、棬之言亦拘也、桊、猶圈束也、說文、桊、牛鼻中環也、衆經音義卷四云、今江北曰牛拘、江南曰桊、呂氏春秋重已篇使五尺豎子引其棬、而牛恣所以之、棬、與桊同、

楄、皁、櫪也、

方言、櫪、梁宋齊楚北燕之閒或謂之楄、或謂之皁、郭注云、養馬器也、周官校人云、三乘爲皁、三皁爲𣪠、六𣪠爲廄、六廄成校、呂氏春秋權勳篇猶取之內皁而著之外皁也、高誘注云、皁、櫪也、史記鄒陽傳集解引漢書音義云、皁、食牛馬器、以木作、如槽、槽與早聲相近、今人言馬槽是也、

幨、篼、𢅥、篼、帳、囊也、

幨、或作裺、方言、飤馬橐、自關而西謂之裺囊、或謂之裺篼、或謂之𢅥篼、燕齊之閒謂之帳、說文、篼、飤馬器也、篼、猶兜也、今人謂以布盛物曰兜、義與此同、幨、𢅥、帳、皆收斂之名、幨之言掩也、說文云、掩、斂也、釋名云、綃頭、齊人謂之幨、言斂髮使上從也、義與幨篼同、𢅥之言婁也、小雅角弓箋云、婁、斂也、帳之言振也、中庸振河海而不泄、鄭注云、振、猶收也、方言注云、帳、廣雅作振、字音同耳、是郭所見本正作振、

廣雅疏證卷第七下

廣雅疏證卷第八上

高郵王念孫學

釋器

骸、骼、骹、䯘，骨也、

骨之言䯘也、說文、骨、肉之䯘也、䯘與核同、骸之言亦核也、說文、骼、禽獸之骨也、月令、掩骼埋胔、鄭注云、骨枯曰骼、肉腐曰胔、蔡邕月令章句云、露骨曰骼、有肉曰胔、骼之言垎也、說文、垎、土乾也、一曰堅也、義與骼相近、說文、骹、脛也、爾雅、馬四骹皆白驓、郭注云、骹、膝下也、考工記輪人說殺輻之數云、參分其股圍、去一以爲骹圍、鄭衆注云、股謂近轂者也、骹謂近牙者也、方言股以喻其豐、故言骹以喻其細、人脛近足者細於股、謂之骹、羊脛細者亦爲骹、案骹之言較也、爾雅、較、直也、小雅賓之初筵篇、殽核維旅、蔡邕注典引云、肉曰肴、骨曰䯘、

衁、衊、䘓，血也、

釋名云、衁、濊也、出於肉、流而濊濊也、說文、衁、血也、歸妹上六、士刲羊、無衁、僖十五年左傳作無衁、衊之言汙衊也、說文、衊、汙血也、素問氣厥論云、膽移熱於腦、則辛頞鼻淵、傳爲衄衊瞑目、衊與衁一聲之轉也、上文云、帍、幭、幞也、帍之轉爲幭、猶衁之轉爲衊矣、說文、䘓、羊凝血也、或作𧗍、釋名云、血䏙、以血作之、增其酢豉之味、使甚苦、以消酒也、北堂書鈔引盧諶祭法云、春夏秋祠、皆用䏙血、䏙與䘓同、北戶錄引證俗音云、南方謂凝牛羊鹿血爲䘓、各本皆無䘓字、其音釋內有言暗也三字、段氏若膺云、言暗當爲苦暗、卽䘓字之音也、北戶錄引說文、䘓、口紺反、玉篇音空紺切、廣韻集韻音苦紺切、口紺、空紺、苦紺、並與苦暗同音、是苦暗爲䘓字之音、因脫去䘓字、僅存苦暗二字、苦字又譌作言、後人遂於言暗下妄加也字耳、今從段說訂正、

䐑、䐞、膜也、

說文、膜、肉閒胲膜也、釋名云、膜、幕也、幕絡一體也、內則注通作莫、玉篇、䐑、喉膜也、說文、䐞、肉表革裏也、

肌、膚、肴、腅、膎、脼、䐞、膳、膂、腱、脤、膰，肉也、

釋名云、肉、柔也、又云、肌、懻也、膚幕堅懻也、膚、布也、布在表也、肴通作殽、說文、肴、啖也、初學記引說文、肴、雜肉也、特牲饋食禮注云、凡骨有肉曰殽、蔡邕注典引云、肉曰肴、骨曰䯘、各本肴譌作者、衆經音義卷六、卷二十二、並引廣雅、肴、肉也、今據以訂正、腅之言啖也、北戶錄引字林云、腅、肴也、又引證俗音云、今內國猶言餅腅、趙宋云、衣服使之便於體、膳咍使之嗛於口、咍與腅通、說文、膎、脯也、徐鍇傳云、古謂脯之屬爲膎、因通謂儲蓄食味爲膎、南史孔靖飲宋高祖、無膎、取伏雞卵爲肴、是也、今俗言人家無儲蓄爲無膎活、太元逃次六、貴我膎功、范望注云、就食爲膎、焦仲卿妻詩、交廣市鮭珍、鮭與膎通、說文、脼、膎肉也、集韻、吳人謂腌魚爲膎脼、亦儲蓄之名也、䐞之言弱也、廣韻、䐞、肥腝也、急就篇云、肌䐞脯腊魚臭腥、膳之言善也、周官膳夫掌王之食飲膳羞、鄭注云、膳、牲肉也、少儀云、爲己祭而致膳于君子、曰膳、謂致祭肉也、膂通作旅、

鹽鐵論散不足篇云、肴旅重疊、燔炙滿案、旅之言臚也、肥美之稱也、藝文類聚引韋昭辯釋名云、腹前肥者曰臚、聲義與旅相近、腱之言健也、說文、筋、筋之本也、或作腱、楚辭招魂、肥牛之腱、臑若芳些、王逸注云、腱、筋頭也、內則注云、餌、筋腱也、何氏隱義云、腱、筋之大者、說文、祳、社肉、盛以蜃、故謂之祳、天子所以親遺同姓、引春秋定十四年、石尙來歸祳、今本祳作脤、周官掌蜃注引作蜃、云蜃之器以蜃飾、因名焉、說文、䊩、宗廟火孰肉、以饋同姓諸侯、引僖二十四年左傳、天子有事䊩焉、今本䊩作膰、襄二十二年傳作燔、定十四年公羊傳云、脤者何、俎實也、腥曰脤、孰曰燔、穀梁義與公羊同、周官大宗伯、以脤膰之禮親兄弟之國、注云、脤膰、社稷宗廟之肉、以賜同姓之國、同福祿也、疏引異義左氏說、與說文同、

脀、臉、縣𦞞也、

𦞞、古熟字也、夏竦古文四聲韻引古孝經熟字如此、齊民要術引食經云、作縣熟法、豬肉十斤、去皮切臠、葱白一升、生薑五合、橘皮二葉、秫三升、豉汁五合、調和蒸之、各本皆脫縣字、北堂書鈔引廣雅、脀、臉、縣熟、

也、衆經音義卷十五引廣雅、臉、䐈、孰也、今據補、內則云、魴鱮烝、孟子滕文公篇、饋孔子蒸豚、烝、蒸、竝與脀通、

蓋謂之蘁、

謂以肉爲菹也、義見下文蓋菹也下、菹、蒩、蘁、竝通、各本蘁譌作蕰、集韻類篇、菹或作蘁、今據以訂正、

胾、膞、臠也、

說文、臠、切肉臠也、字或作脟、呂氏春秋察今篇嘗一脟肉而知一鑊之味、淮南子說山訓脟作臠、臠者分割之名、史記司馬相如傳子虛賦脟割輪淬、集解引郭璞云、脟、膞也、音臠、胾之言裁也、說文、胾、大臠也、曲禮左殽右胾、鄭注云、殽、骨體也、胾、切肉也、殽在俎、胾在豆、膞之言剸也、卷一云、剸、斷也、說文、膞、切肉也、淮南子繆稱訓、同味而嗜厚膞者、必其甘之者也、高誘注云、厚膞、厚切肉也、

𦞦謂之䏴、

𦞦經傳皆作羹、爾雅、肉謂之羹、太平御覽引舊注云、肉有汁曰羹、釋名云、羹、汪也、汁汪郎也、䏴之言汁也、字亦作湆、士昏禮、大羹湆在爨、鄭注云、大羹湆、煮肉汁也、今文湆作汁、少儀云、凡羞、有湆者不以齊、

魿、鮆、鮨、鮺也、

說文、鮺、藏魚也、南方謂之魿、北方謂之鮺、周官庖人共祭祀之好羞、鄭注云、若荊州之鱃魚、青州之蟹胥、釋名云、鮓、菹也、以鹽米釀之如菹、熟而食之也、字竝與鮺同、春秋衛庚公差字子魚、差亦鮺字也、曲禮、鹽曰鹹鹺、鹺與鮺義亦相近、說見釋言鮺鹹也下、說文、魿、鮺也、一曰大魚爲鮺、小魚爲魿、玉篇作鯰、音才沆才感二切、僖三十年左傳注云、昌歜、昌蒲菹也、釋文、歜、在感反、在感與才感同音、昌蒲菹謂之歜、猶魚鮓謂之魿矣、說文、鮨、魚胳醬也、出蜀中、爾雅、魚謂之鮨、肉謂之醢、郭注云、鮨、鮓屬也、

鱐、脘、膊、腊、膴、胏、脩、腒、䐏、脯也、

漢書東方朔傳云、乾肉爲脯、釋名云、脯、搏也、乾燥相搏著也、周官腊人、掌乾肉、凡田獸之脯腊膴胖之事、鄭注云、大物解肆乾之、謂之乾肉、薄析曰脯、捶之而施薑桂曰鍛脩、腊、小物全乾者、鱐與脩、聲近而義同、說文、鱐、乾魚尾鱐鱐也、引周官庖人腒鱐、今本作腒鱐、鄭衆注云、腒、乾雉、鱐、乾魚、康成注內則與此同、籩人朝事之籩、其實麷蕡白黑形鹽膴鮑魚鱐、注云、鱐者、析幹之、出東海、鱐各本譌作鱐、惟影宋本皇甫本不譌、說文、脘、胃脯也、漢書貨殖傳、濁氏以胃脯而連騎、晉灼注云、今太官常以十月作沸湯燖羊胃、以末椒薑坋之、暴使燥是也、說文、膊、薄脯、膊之屋上也、徐鍇傳云、今人謂作脯爲膊、脯也、方言、膊、暴也、燕之外郊朝鮮洌水之閒、凡暴肉謂之膊、釋名云、膊、迫也、薄椓肉迫著物使燥也、春秋繁露求雨篇云、敬進清酒膊脯、說文、昝、乾肉也、籀文作㫺、隸作腊、釋名云、腊、乾昝也、噬嗑六三、噬腊肉、馬融注云、晞於陽而煬於火曰腊肉、鄭注腊人云、腊之言夕也、餘見卷二熻乾也下、說文、膴、無骨腊也、揚雄說、鳥腊、引腊人膴判、今本作膴胖、鄭衆以膴爲膺肉、杜子春以爲夾脊肉、康成以爲牒肉大臠、皆與說文異義、案腊人所掌皆乾肉之事、說文以膴爲腊、是也、說文、𦙶、食所遺也、引噬嗑九四、噬乾𦙶、今本作胏、釋文、馬云、肉有骨謂之胏、字

林云、𦙶、食所遺也、一曰脯也、子夏作脯、荀董同、鄭衆注周官膳夫云、脩、脯也、釋名云、脩、縮也、乾燥而縮也、王風中谷有蓷篇、暵其脩矣、毛傳云、脩、且乾也、義與脯脩同、說文、北方謂鳥腊曰腒、傳曰、堯如腊、舜如腒、士相見禮云、摯、冬用雉、夏用腒、內則、夏宜腒鱐、盧植注云、腒、雉腊也、案卷三云、腒、久也、考工記弓人、及其大脩也、鄭注云、脩、猶久也、周語、厚味實腊毒、文選七命注引賈逵云、腊、久也、言味厚者其毒久、是腊、脩、腒皆久也、故肉之久而乾者謂之腊、亦謂之脩、亦謂之腒矣、

臇、膹、䐹、臛也、

臛字本作膗、亦作臛、說文、膗、肉羹也、釋名云、臛、蒿也、香氣蒿蒿也、鄭注公食大夫禮云、膷、臐、膮、今時臛也、牛曰膷、羊曰臐、豕曰膮、皆香美之名也、膮、音呼堯反、膷、臐、膮、一聲之轉、膮、臛、聲相近也、楚辭招魂、露雞臛蠵、王逸注云、有菜曰羹、無菜曰臛、匡謬正俗云、羹之與臛、烹煑異齊、調和不同、非係於菜也、說文、臇、臛也、或作熼、楚辭招魂、酸鵠臇鳧、王注云、臇、小臛也、文選曹植名都篇、膾鯉臇胎鰕、李善注引倉頡解詁云、臇、

少汁臛也、說文、雋、肥肉也、雋與臇聲義相近、說文、臏、臛也、太平御覽引倉頡解詁云、臏、臛多滓也、賈子匈奴篇云、美臛炙臏、鹽鐵論散不足篇云、轂臏鴈羹、臏之言肥也、禹貢厥土黑墳、馬融注云、墳、有膏肥也、義與臏相近、說文、䐈、切孰肉內於血中和也、字亦作脥、釋名云、肺脥、脥、饡也、以米糝之如膏饡也、太平御覽引盧諶祭法云、四時祠皆用肺臏、

百葉謂之膍胵、

說文、膍、牛百葉也、一曰鳥膍胵、或作肶、又云、胵、鳥胃也、莊子庚桑楚篇、臘者之有膍胲、司馬彪注云、膍、牛百葉也、周官醢人、脾析、鄭衆注云、脾析、牛百葉也、士喪禮下篇注云、脾、讀爲雞脾肶之脾、脾析、百葉也、內則、鴇奧鹿胃、注云、鴇奧、脾肶也、脾肶與膍胵同、膍胵、脾析、皆分析之貌、故又謂之百葉、

胃謂之胘、

說文、胘、牛百葉也、徐鍇傳云、今俗言肚胘也、集韻引服虔說、有角曰胘、無角曰肚、齊民要術有牛胘炙、

肝䐑、脂膋、脂也、

鄭注內則云、凝者曰脂、釋者曰膏、玉篇、肝脈、牛羊脂也、斯與䐑同、又云、脂、膱中脂也、說文、膫、牛腸脂也、引小雅信南山篇、取其血膫、今本作膋、郊特牲、取膟膋燔燎、注云、膟膋、腸間脂也、內則肝膋注同、

龍須謂之䵶、

未詳、

餾、飵、饎也、

說文、餾、飯氣蒸也、餾、飵、皆蒸孰之名、方言云、䭃、自關而東或謂之酢餾、因此以立名也、餘見下條、

饙謂之餥、

說文、饙、滫飯也、或作𩞁、餴、大雅泂酌篇、可以餴饎、毛傳云、餴、餾也、爾雅、饙、餾、稔也、孫炎注云、蒸之曰饙、均之曰餾、郭璞注云、今呼餥飯爲饙、饙熟爲餾、釋文引字書云、饙、一蒸米也、又引倉頡篇、餥、饙也、餥與滫同、餥之言羞也、卷三云、羞、熟也、

缹謂之𤎩、

玉篇、缹、音缶、火熟也、小雅六月篇、炰鼈膾鯉、大雅韓奕篇、炰鼈鮮魚、徐邈竝音甫九反、韓奕箋云、炰鼈、以火熟之也、炰與缹同、正義引通俗文云、燥煑曰缹、禮運、燔黍捭豚、鄭讀捭爲擘、云、釋米擘肉、加於燒石之上而食之、案捭者熚之俗字、熚與燔一聲之轉、皆謂加於火上也、鹽鐵論散不足篇云、古者燔黍食稗、而熚豚以相饗、卽用禮運之文、

麨麮謂之䵂、

釋言云、糗、䵂、食也、玉篇、䵂、糗也、或作麨、唐本草注云、米麥麨、蒸米麥熬磨作之、一名糗、易林賁之震云、皃過稻盧、甘樂䵂䵂、玉篇、䵂、充小切、䵂、糗聲相近、猶今人言炒也、說見下條、

糗、糇、糒也、

說文、糒、乾飯也、史記李將軍傳云、大將軍使長史持糒醪遺廣、說文、糗、熬米麥也、粜誓、峙乃糗糧、鄭注云、糗、擣熬穀也、周官籩人、糗餌粉餈、鄭衆注云、糗、熬大豆與米也、昭二十五年公羊傳、敢致糗于從者、何休注云、糗、糒也、糗、糒、皆乾也、玉篇、糗、音邱九尺沼二切、糗之言炒、糒之言𤓾也、方言、凡以火而乾五穀之類、關西隴冀以往、謂之𤓾、秦晉之間或謂之聚、聚與炒同、鄭注籩人云、鮑者、於福室中糗乾之、福與𤓾同、程氏易疇通藝錄云、糗有擣粉者、有未擣粉者、籩實之麷蕡白黑、其糗之未擣粉者與、旣夕篇之四籩棗糗栗脯、直呼糗餌爲糗、則已擣之糗粉於餌者也、其已擣粉之糗、可和水而服之者、若今北方之麨茶、南方之麨麳、皆其類也、其未擣粉而亦可和水者、則鄭氏注六飲之涼云、今寒粥若糗飯雜水、是也、糇、本作餱、小雅伐木篇云、乾餱以愆、大雅公劉篇云、乃裹餱糧、爾雅、餱、食也、說文、餱、乾食也、徐鍇傳云、今人謂飯乾爲餱、

粰、䊧、糈、饊也、

說文、饊熬稻張皇也、急就篇棗杏瓜棣饊飴餳、顏師古注云、饊之言散也、熬稻米飯使發散也、粰䊀之言浮流、䊀之言疏、皆分散之貌也、北戶錄注引證俗音云、今江南呼饊飯已煎米以糖餅之者爲粰䊀、

䴯、𪎊、粿、麷、糜、糏也、

糏通作屑、糏之言屑屑也、玉篇、糏、碎米也、廣韻云、米麥破也、說文、䊝、粲也、粲、䊝散之也、䊝與糏古聲義竝同、䴯之言瑣瑣也、說文、䴯、小麥屑之覈也、齊民要術引四民月令云、夏至後糴䴬、𪎊之言濛濛也、下文𪎊謂之䴬、義相近也、說文、麷、麥覈屑也、十斤爲三斗、九章算術粟米章云、小麷率十三半、大麷率五十四、糜之言靡細也、米麥屑謂之糜、猶玉屑謂之靡、楚辭離騷精瓊靡以爲粻、王逸注云、靡、屑也、

䴬謂之麪、

太平御覽引倉頡解詁云、麪、細麩也、說文、麪、麥末也、䴬、麩也、麪、䴬語之轉、䴬猶末也、

孰食謂之餕饔、

餕讀若飧、小雅祈父篇有母之尸饔、毛傳云、熟食曰饔、大東篇有饛簋飧、傳云、飧、熟食也、合言之則曰飧饔、周官外饔云、賓客之飧饔饗食之事、是也、昭二十五年公羊傳、餕饔未就、何休注云、餕、熟食、饔、熟肉、餕饔即飧饔、淮南子道應訓、釐負羈遺之壺餕而加璧焉、壺餕即壺飧、是飧餕古通用、倒言之則曰饔飧、孟子滕文公篇、饔飧而治、是也、

餻、𩟗、䬆、餣、䬉、餌也、

說文、鬻、粉餅也、或作餌、釋名云、餌、而也、相黏而也、餻、曹憲音高、今本方言、餌謂之餻、或謂之餈、或謂之䬆、或謂之餣、或謂之䬉、太平御覽引方言、餻作䭑、又引郭注音恙、玉篇、䭑、餘障切、餌也、廣韻同、集韻引方言、䭑、餌也、或作餻、與廣雅及今本方言皆異、未知孰是、說文、餈、稻餅也、或作𩟗、或作粢、釋名云、餈、漬也、烝糝屑使相潤漬餅之也、周官籩人、糗餌粉餈、鄭注云、此二物皆粉稻米黍米所爲也、合蒸曰餌、餅之曰餈、疏云、今之餈糕名出於此、高誘注呂氏春秋仲秋紀云、今之八月比戶賜高年鳩杖粉粢、䬉之言圜也、今人通呼餌之圜者爲䬉、程氏易疇云、今吾歙猶呼社餈爲社䬉、

餦、餭、飴、䬴、餹、餳也、

急就篇云、棗杏瓜棣饊飴餳、說文、餳、飴和饊也、方言、凡飴謂之餳、自關而東陳楚宋衛之閒通語也、釋名云、餳、洋也、煮米消爛洋洋然也、方言、餳謂之餦餭、郭注云、即乾飴也、周頌有瞽釋文正義引方言竝作張皇、楚辭招魂、粔籹蜜餌、有餦餭些、王逸注云、餦餭、餳也、餦、各本譌作粻、今訂正、內則云、棗栗飴蜜以甘之、說文、飴、米糱煎也、釋名云、飴、小弱於餳、形怡怡然也、方言、飴謂之䬴、又云、餳謂之餹、注云、江東皆言餹、

䭘謂之䬼、

方言、䬼謂之䭘、注云、以豆屑雜餳也、說文、豋、豆飴也、太平御覽引倉頡解詁云、䬼、飴中著豆屑也、䬼與豋同、淮南子時則訓、天子衣苑黃、高誘注云、苑讀豋飴之豋、

飦、𩛠、粘、䊵、秫、粥、粰、糜、毇、糮、饘也、

饘、玉篇音之延切、說文、饘、糜也、周謂之饘、宋衛謂之餰、僖二十八年左傳、甯子職納橐饘焉、杜預注與說文同、飦、玉篇音記言切、說文、鬻、鬻也、或作餰、飦、鍵、孟子滕文公篇、飦粥之食、趙岐注云、飦、糜粥也、荀子禮論篇、酒醴餰鬻、竝字異而義同、𩛠、玉篇音居六切、𩛠語之轉、饘鬻亦語之轉、鬻之爲𩛠、猶饘之爲飦、方俗音有侈弇耳、粘之言曼胡也、爾雅、餬、饘也、說文、鬻、鍵也、字竝與粘同、䊵之言微、秫之言末也、玉篇、䊵、粥也、或作粖、說文、涼州謂鬻爲䵚、或作秫、麪謂之䴬、饘謂之鬻、義相近也、爾雅、鬻、糜也、昭七年左傳釋文引孫炎注云、淖糜也、說文、鬻、鍵也、俗省作粥、釋名云、粥、濯於糜、粥粥然也、粰亦糜也、月令、行糜粥飲食、淮南子時則訓作粰鬻、說文、糜、糝也、釋文云、糜、煮米使糜爛也、糏謂之糜、饘謂之糜、義亦相近也、

湩謂之乳、

說文、湩、乳汁也、穆天子傳、巨蒐之人具牛馬之湩以洗天子之足、郭璞注云、湩、乳也、今江南人亦呼乳爲湩、史記匈奴傳、不如湩酪之便美、漢書湩作重、案湩者、重濁之意、故廣韻云、湩、濁多也、卷三云、穠、醲、厚也、

橦與湩、䕯與乳聲義竝相近。

清酌、清英、醴、醪、醍、瀝、⿰氵乳、醝、酎、酏、酴、酒也。

曲禮云、凡祭宗廟之禮、酒曰清酌。說文、醠、濁酒也。周官酒正、辨五齊之名、一曰泛齊、二曰醴齊、三曰盎齊、四曰緹齊、五曰沈齊。鄭注云、盎、猶翁也、成而翁翁然葱白色、如今酇白矣。祭統、夫人薦盎。鄭注云、設盎齊之貧也。淮南子說林訓、清醠之美、始於耒耜。高誘注云、清醠、酒也。周禮醠齊、是案酒正注云、自醴以上尤濁、盎以下差清。故盎齊有清盎之名。而說文以爲濁酒者、盎齊在清濁之閒、比於泛齊醴齊則爲清、比於緹齊沈齊則爲濁也。醠、醠盎、英字異而義同。太平御覽引淮南子清醠作清英、各本英字誤入曹憲音內。今訂正。說文、醴、酒一宿孰也。文選南都賦注引韓詩云、醴、甛而不泲也。酒正注云、醴猶體也、成而汁滓相將、如今恬酒矣。恬與甛同。說文、醪、汁滓酒也。列子湯問篇云、臭過蘭椒、味過醪醴。禮運云、粢醍在堂。酒正注云、緹者成而紅赤、如今下酒矣。緹與醍同。釋名云、緹齊、色赤如緹也。下文云、緹、赤也。楚辭大招、吳醴白

糱、和楚瀝只。王逸注云、瀝、清酒也。說文、醹、厚酒也。大雅行葦篇、酒醴維醹。毛傳云、醹、厚也。集韻云、醹、或作⿰氵乳、⿰氵乳猶乳也。乳與酒古聲相近、而義同。北堂書鈔引春秋說題辭云、酒之言乳也。太平御覽引春秋元命包云、文王四乳、是爲含良、善法酒旗、布恩舒明。宋均注云、乳、酒也。衆經音義卷九引通俗文云、白酒曰醝。酒正釋文云、酇白、即今之白醝酒也。張華輕薄篇云、蒼梧竹葉清、宜城九醖醝。說文、酎、三重醇酒也。襄二十二年左傳、見於嘗酎。杜注云、酒之新孰重者爲酎。月令、孟夏之月、天子飲酎。鄭注云、酎之言醇也、謂重釀之酒也。正義云、酎音近稠、稠者醲厚、故爲醇也。漢書景帝紀、張晏注云、正月旦作酒、八月成、名曰酎。酎之言純也。至武帝時、因八月嘗酎、會諸侯廟中、出金助祭、所謂酎金也。說文、酏、黍酒也。酴、酒母也。玉篇、酴、麥酒不去滓飲也。齊民要術有蜀人作酴酒法。

酪、酨、䣼、漿也。

禮運、以爲醴酪。鄭注云、酪、酢酨也。說文、酨、酢漿也。鄭注內則云、漿、酢酨也。漢書食貨志云、醩酨灰炭。周官漿人、水漿醴涼醫酏。鄭注云、涼、今寒粥若糗飯雜水也。膳夫注、涼作䣼。內則、漿水醷濫。注云、濫、以諸和水也。以周禮六飲校之、則濫、涼也。說文、䣼、雜味也。又云、牻、白黑雜毛牛也。⿰牛京、牻牛也。春秋傳曰、牻⿰牛京。雜和謂之䣼、雜毛牛謂之⿰牛京、其義一也。

醦、䤌、醶、醓、酸、酮、⿰酉樂、酢也。

廣韻、醦、酢甚也。說文、䤌、酢也。醶、醶也。醦䤌醶、聲竝相近。說文、醶、酸也。醓與醶同。說文、酸、酢也。關東謂酢曰酸。楚辭大招、吳酸蒿蔞。一作吳酢。䤌醶。玉篇、酮、酢欲壞也。又云、⿰酉樂、許角切、酢也。廣韻、⿰酉樂、酢味也。玉篇、⿰酉樂、火沃切。伊尹曰、酸而不⿰酉樂。呂氏春秋本味篇作酸而不酷。竝聲近而義同。各本皆脫⿰酉樂字。酉陽雜俎酒食篇、醦、醶、酮、⿰酉樂、醋也。酪、酨、䣼、漿也。⿰酉肖、⿰酉奏、⿰酉監、釀、⿰酉扁、鹽也。醓、⿰酉齊、醬、醶、⿰酉虘、醬也。以上四條、皆本廣雅、今據補。

醞、⿰酉耳、釀、酘也。

集韻引字林云、酘、重醞也。北堂書鈔引酒經云、甛醹九投、澄清百品。投與酘通。說文、醞、釀也。釀、醞也。作酒

曰釀。⿰酉耳、曹憲音汝吏反。集韻引字林云、⿰酉耳、重釀也。字亦作酣、玉篇、酣、重釀也。案、酣之言佴也、仍也。爾雅、佴、貳也。廣雅、仍、重也。⿰酉耳、各本譌作醋、今據曹憲音訂正。

豉謂之䜴。

此謂豆豉也。豉、說文作𣓀、配鹽幽尗也。徐鍇傳云、幽謂造之幽暗也。豉猶寑也。下文云、寑、幽也。集韻、豉、幽豆也。䜴之言暗也。謂造之幽暗也。

寑、⿰酉甚、鬱、辟、幽也。

此通謂藏食物也。幽字義見上條。卷四云、寑、藏也。藏與幽同義。說文、⿰酉甚、孰鞠也。玉篇、余心才心二切。⿰酉甚之言淫也。韋昭注晉語云、淫、久也。鬱者、鬱積。辟者、隱辟。故皆訓爲幽也。說文、⿱艹酤、韭鬱也。

⿺麥才、⿺麥文、⿺麥生、⿺麥生、⿺麥襄、麴也。

說文、⿱⺮鞠、酒母也。或作鞠。今經傳皆作麴。釋名云、麴、朽也。鬱之使生衣朽敗也。方言、⿺麥襄、⿺麥才、⿺麥文、⿺麥生、⿺麥生、⿺麥襄、麴也。

自關而西秦豳之閒曰䴻，晉之舊都曰𪍨，齊右河濟曰麰，或曰䴬，北鄙曰䴬。麴，其通語也。說文：䴻，餅鞠也。方言注云：今河東人呼麴爲䴻。案䴻之言哉也。爾雅：哉，始也。麴爲酒母，故謂之䴻。說文：䴻，餅鞠也。𪍨之言卑小也。方言注云：𪍨，細餅麴也。又云：䴬，大麥麴也。說文：䴻，餅鞠也。䴻亦始也。說見釋言「㲉，培也」下。䴬之言棠也。說文：䴬，鞠生衣也。方言注云：䴬有衣麴也。䴬、䴬竝同。

⿰鹵肖、⿰鹵奏、⿰鹵叟、⿰鹵盈⿰鹵盧**⿰鹵扁，鹽也。**

說文：鹽，鹹也。玉篇：⿰鹵肖，煎鹽也。廣韻：⿰鹵奏，南方名鹽也。玉篇：⿰鹵盈、⿰鹵盧，戎鹽也。廣韻同。神農本草云：戎鹽主明目。各本俱脫⿰鹵盧字，今據酉陽雜俎補。廣韻：⿰鹵扁，蜀人呼鹽也。

醓、𨣧、醬、醶、醶**醓、醓、醨、醇，醬也。**

說文：⿰酉卑，擣榆醬也。⿰酉卑與醓同。玉篇云：醓，醬醶也。或作⿰酉卑。說文：醬醶，榆醬也。齊民要術引四民月令云：榆莢色變白將落，可作醬醶。楚辭大招：吳酸蒿蔞。王逸注云：或曰吳酸醬醶。醬醶，榆醬也。玉篇：醶，醋醬也。即醬醶之轉聲。各本脫去醶字。集韻、類篇竝引廣雅：醶，醬也。酉陽雜俎作醶，云：醓、𨣧、醬醶、醶，醬也。玉篇：醶，南方呼醬也。今據補。說文：醓，皿醓也。禮有醓醢，以牛乾脯粱麴鹽酒也。釋名云：醓，多汁者曰醓。醓，瀋也。宋魯人皆謂汁爲瀋。醓與醓同。大雅行葦篇：醓醢以薦。毛傳云：以肉曰醓醢。周官醓人：韭菹醓醢。鄭注云：醓，肉汁也。爾雅：肉謂之醢。說文：醢，肉醬也。又云：醨，醬也。玉篇：醨，醓醬也。

䪢、墜、釀、酤、盞、醃、蘫**菹也。**蘫

說文：菹，酢菜也。或作蔃、蘁。又云：蘁，醢也。或作蘁字，竝與菹同。周官醢人：王舉則其醢六十罋，以五齊七醢七菹三臡實之。鄭注云：齊當爲齏。凡醯醬所和，細切爲齏，全物若牒爲菹。少儀曰：麋鹿爲菹，野豕爲軒，皆牒而不切。麇爲辟雞，兔爲宛脾，皆牒而切之。切葱若薤，實之醯以柔之。由此言之，則齏菹之稱，菜肉通。內則與少儀同。鄭注云：此軒、辟雞、宛脾，皆菹類也。釀菜而柔之以醯，殺腥肉及其氣。案：菹之言租也。豳風鴟鴞篇：予所蓄租。韓詩云：租，積也。說文：䪢，墜也。或作齏。周官、禮記作齊，字竝同。䪢者，細碎之名。莊子言䪢粉是也。說文：墜，䪢也。太平御覽引通俗文云：淹韭曰䪢，淹薤曰墜。䪢之言釀也。內則注：釀菜是也。說文：酤，韭鬱也。太平御覽引倉頡解詁云：酤，酢菹也。上文云：盞謂之䪢。盞亦與菹同。盞之言烝也，衆積之名也。爾雅云：烝，衆也。醃之言淹漬也。玉篇引倉頡篇云：腌，酢淹肉也。鹽鐵論散不足篇云：煎魚切肝，羊淹雞寒。腌、淹竝與醃通。說文：蘫，瓜菹也。蘫之言濫也。晉語：宣公夏濫於泗淵。韋昭注云：濫，漬也。釋名云：桃濫，水漬而藏之，其味濫濫然酢也。義與蘫相近。蘫，曹憲音藍。各本脫去蘫字，其音內藍字又誤入正文。今訂正。說文：蘫，菹也。或作濫，竝與蘫同。集韻引廣雅：蘫，菹也。今本脫蘫字。

甛、甙、醰，甘也。

說文：甛，美也。周官注通作恬。說文：醰，甛長味也。王褒洞簫賦云：良醰醰而有味。醰與醰同。

穅謂之⿰禾曷。

穅之言康也。爾雅：康，虛也。說文：穅，穀之皮也。或作康。隸省作穅。康，爾雅云：康謂之蠱。

泔、潘、瀾也。

說文：瀾，潘也。周官槁人注：潘瀾戔餘。瀾與瀾同。潘，玉篇音孚袁切。說文：潘，淅米汁也。哀十四年左傳：遺之潘沐。杜注云：潘，米汁，可以沐頭。內則：燂潘請靧。鄭注云：潘，米瀾也。衆經音義卷九云：潘，倉頡篇作㵨。周官槁人釋文云：潘，本或作蕃，竝字異而義同。說文：周謂潘曰泔。衆經音義云：江北名泔，江南名潘。

消、濯、滫也。

說文：滫，久泔也。荀子勸學篇：蘭槐之根是爲芷，其漸之滫，君子不近，庶人不服。楊倞注云：滫，溺也。案：滫謂久泔也。褚少孫續三王世家傳曰：蘭根與白芷，漸之滫中，君子不近，庶人不服。徐廣音義云：滫者，淅米汁也。淮南子人閒訓：申茉杜茝，美人之所懷服也。及漸之於滫，則不能保其芳矣。高誘注云：滫，臭汁也。晏子雜篇：今夫蘭本，三年而成，湛之苦酒，則君子不近，庶人不佩。義竝相近也。玉篇：消，臭汁也。潘也。集韻云：汎潘以食豕也。士喪禮：渜濯棄于坎。鄭注云：沐浴餘潘水也。皇侃喪大記疏云：濯謂不淨之汁也。爾雅釋木

梢、梢擢、郭注云、謂木無枝柯、梢擢長而殺者、長謂之脩、亦謂之梢、亦謂之擢、臭汁謂之滫、亦謂之瀡、亦謂之濯、事雖不同、而聲之相轉則同也、

澱謂之滓、

滓之言緇也、釋名云、泥之黑者曰滓、說文、滓、澱也、澱之言定也、其滓定在下也、爾雅澱謂之垽、說文、澱、滓垽也、又云、顯謂之垽、垽、滓也、顯與澱同、

鯹、鱢、鬱、菸、腐、殏、𦡑、鮾、殨、鶡、䭃、饖、焦、煙、殠、臭也、

鯹、鱢通作腥臊、內則、鳥皫色而沙鳴鬱、鄭注云、鬱、腐臭也、周官內饔鬱作貍、徐邈音於弗反、晏子春秋諫篇云、酒醴酸、不勝飲也、府粟鬱、不勝食也、荀子正名篇云、香臭芬鬱腥臊洒酸奇臭以鼻異、說文、菸、鬱也、玉篇云、臭草也、呂氏春秋盡數篇云、流水不腐、是腐爲臭也、列子周穆王篇云、饗香以爲朽、嘗甘以爲苦、是朽爲臭也、朽與殏同、玉篇、𦡑、臭敗之味也、爾雅、肉謂之敗、魚謂之餒、釋文云、餒字書作鮾、論語鄉黨篇、

魚餒而肉敗、皇侃疏云、餒謂魚臭壞也、爾雅、餀謂之餯、說文、餀、食臭也、廣韻、餀、呼艾切、或作鶡、論語、食饐而餲、餲與鶡聲近義同、鶡、曹憲音許戒反、各本鶡譌作鶍、集韻、鶡、許介切、引廣雅、鶡臭也、許介與許戒同音、今據以訂正、廣韻、皅、皅臭也、皅與䭃同、饖之言穢也、說文、饖、飯傷熱也、爾雅、食饐謂之餲、郭注云、飯饖臭也、釋文引倉頡篇云、饖、食臭敗也、饖餲饐一聲之轉、大戴禮曾子疾病篇、貸乎如入鮑魚之次、明永樂大典本貸作臓、是臓爲臭也、臓貸古字通、考工記弓人注、樴讀爲脂膏膱敗之膱、釋文引呂忱云、膱、膏敗也、膱與臓亦同義、焦煙之訓爲臭、謂聲臭之臭也、月令云、其臭焦、周官大宗伯、以禋祀祀昊天上帝、鄭注云、禋之言煙、周人尚臭、煙、氣之臭聞者、

芳、馣、馝、馞、膮、馦、䭢、膷、臐、馨、䕩、馛、香也、馩、馧、

司馬相如上林賦云、晻薆咇茀、此釋其義也、馣與晻通、玉篇、馤、香也、馤與薆通、合言之則曰馣馤、文選上林賦注云、說文、馣馤、香氣奄藹也、馣與晻、馤與薆、音義同、史記司馬相如傳作晻曖、苾勃、張衡南都賦云、晻曖蓊蔚、含芬吐芳、曹植王仲宣誄云、芳風晻藹、竝字異而義同、此釋上林賦之文、則馣下當有馤字、蓋傳寫遺脫也、說文、苾、馨香也、馝、食之香也、玉篇、咇、芳香也、馝、大香也、小雅楚茨篇云、苾芬孝祀、周頌載芟篇云、有飶其香、馝咇飶苾竝通、文選蘇武詩注引韓詩、馥芬孝祀、馥與馝古亦同聲、漢帝堯碑云、生自馥芬、張表碑云、有馥其馨、皆本韓詩也、玉篇、馞、大香也、揚雄甘泉賦云、香芬茀以窮隆兮、張衡七辯云、芳以薑椒、拂以桂蘭、郭璞椒贊云、馞其芬辛、馞拂茀竝通、合言之則曰馝馞、文選上林賦注云、郭璞曰、香氣盛馝馞也、馝馞咇茀、音義同、香盛謂之馝馞、猶水盛謂之滭浡、餘見釋訓馥馥馞馞馣馣、香也下、馝各本作苾、蓋後人以意改之、集韻類篇竝引廣雅馝馞香也、今據以訂正、又各本脫去馞字、今據補、說文、膮、豕肉羹也、公食大夫禮、膷以東臐膮牛炙、鄭注云、膷臐膮、今時臛也、牛曰膷、羊曰臐、豕曰膮、皆香美之名也、古文膷作香、臐作薰、案膷臐膮一聲之轉、膮亦臛也、臛字或作膗、釋名云、膗、蒿也、香氣蒿蒿也、膷亦香也、臐亦薰也、廣韻、䭢、小香也、馦、香氣也、嗛、香美也、釋訓篇云、馠馠馦馦、香也、嗛與馦同、馠與䭢同、集韻、䕩、香草

也、䕩、各本譌作蕐、今訂正、玉篇、馛、大香也、釋訓云、馛馛、香也、廣韻、馩、馧、香氣也、集韻類篇竝引廣雅、馩馧香也、今本脫馩馧二字、

鼐、鼒、鑴、銉、鬵、鼎也、

說文、鼎、三足兩耳、和五味之寶器也、九家易云、牛鼎受一斛、天子飾以黃金、諸侯白金、羊鼎五斗、大夫飾以銅、豕鼎三斗、士飾以鐵、爾雅、鼎絕大謂之鼐、郭璞注云、最大者、圜弇上謂之鼒、孫炎注云、斂上而小口者、周頌絲衣篇、鼐鼎及鼒、毛傳云、大鼎謂之鼐、小鼎謂之鼒、說文引魯詩說、鼐、小鼎也、又云、鑴、瓽也、瓽今俗作鐺、鐺形三足似鼎、故唐薛大鼎、鄭德本賈敦頤號鐺腳刺史、鐺又謂之鑴、鑴亦三足之名也、史記天官書云、小三星隅置曰觜觿、廣韻、鑴觿竝許規戶圭二切、義相近也、說文、鬵、三足釜也、鬵與鑴聲義亦相近、玉篇、銉、銅器三足有耳也、淮南子說山訓、鼎銉日用而不足貴、高誘注云、銉、小鼎、字或作鏏、說林訓、水火相憎、鏏在其間、五味以和、注云、鏏、小鼎、一曰鼎無耳爲鏏、案銉者、小貌也、說見上文輲輇轄也下、玉篇、

鬶、大鼎也、

鬵謂之鬸、

爾雅、鬸謂之鬵、方言、甑、自關而東、或謂之甗、或謂之鬵、甑與鬸同、說文、鬸、鬵屬也、又云、甗、甑也、籀文作鬳、考工記、陶人爲甑、實二鬴、厚半寸、脣寸、七穿、說文、鬵、大釜也、一曰鼎大上小下若甑曰鬵、古文作𩱜、檜風匪風篇、溉之釜鬵、毛傳云、鬵、釜屬、

斄、氂、鬣、毳、髦、毛也、

說文、斄、彊曲毛、可以著起衣、古文作厎、玉篇音力之切、衆經音義卷九、氂、力之反、引三倉云、氂、毛也、漢書王莽傳、莽好以氂裝衣、顏師古注云、毛之強曲者曰氂、以裝褚衣中、令其張起也、褚與著同、卽說文所云彊曲毛可以著起衣者也、彊曲、猶屈彊也、漢書有劉屈氂、義取諸此、與淮南子說山訓馬氂截玉、高誘注云、氂、馬尾也、斄、厎、氂、氂竝同、氂、又音毛、說文、氂、犛牛尾也、玉篇音莫袍切、字通作旄、禹貢、齒革羽旄、傳云、

廣雅疏證　卷第八上　十五

旄、旄牛尾也、正義云、說文、犛、西南夷長毛牛也、此犛牛之尾、可爲旌旗之飾、經傳通謂之旄、牧誓云、右秉白旄、詩云、建旐設旄、皆謂此牛之尾也、說文、鬣、毛鬣也、鬣、髮鬣鬣也、或作𩮜、獵、竝字異而義同、說文、毳、獸細毛也、又云、髦、髮也、

𣯛謂之毫、

毫、𣯛、通作豪、翰、

𦑣、𦐃、翢、翭、𦒄、風、狄、羽也、

玉篇、𦑣音孚、細毛也、廣韻云、翮下羽也、𦑣、各本譌作𦑣、集韻類篇竝引廣雅、𦑣、𦐃、羽也、今據以訂正、玉篇、𦐃、翮下弱羽也、𦐃之言姌姌也、釋訓云、姌姌、弱也、廣韻、翢、翮上短羽也、說文、翭、羽初生見、續漢書禮儀志注引通俗文云、細毛曰翭、淮南子人間訓、鴻鵠奮翼揮𦑜、高誘注云、𦑜、六翮之末也、𦑜與𦒄同、𦑜者微末之名、猶車軸兩端謂之轄矣、邶風簡兮篇、右手秉翟、毛傳云、翟、翟羽也、樂記、干戚旄狄以舞之、狄與翟同、

翄、𦐊、翼也、

翄、通作革、說文、翄、翍也、小雅斯干篇、如鳥斯革、毛傳云、革、翼也、釋文、革、韓詩作翄、云、翅也、翄與翍同、說文、翍、翼也、或作𦐊、周官作翨、竝字異而義同、𦐊、各本譌作軝、今訂正、

㲝、毦、𣯍、毲、𣰽、毲、氍、毹、毾、毲、㲣、罽也、

說文、罽、西戎毳布也、罽與罽通、逸周書王會篇云、以白旄紕罽爲獻、爾雅、氂、罽也、舍人注云、罽、戎人績羊毛而作衣、漢書高祖紀注云、罽、織毛、若今毼及氍毹之類也、玉篇、㲝毦、罽曲文者、後漢書宦者傳云、金銀罽毦、施於犬馬、罽謂之毦、故凡以毛羽爲飾者、通謂之毦、晉語注云、鳥羽繫於背、若今軍將負毦矣、後漢書西南夷傳注云、毦、卽今馬及弓槊上纓毦也、毦、吳琯以下諸本皆譌作毦、惟影宋本、皇甫本、畢本不譌、毦、曹憲音二、畢本二譌作三、吳本以下三字又譌作毛、惟影宋本、皇甫本不譌、衆經音義卷一引字林云、罽之方文者曰𣯍、又引通俗文云、織毛曰罽、邪文曰𣯍、廣韻、𣯍、毛布也、陳琳神武賦云、罽𣯍皮服、豳風七

廣雅疏證　卷第八上　十六

月篇、無衣無褐、鄭箋云、褐、毛布也、褐與毼同、氍毹、卽毾毲也、太平御覽引通俗文云、織毛褥謂之氍毹、細者謂之毾㲪、衆經音義卷九引通俗文云、細𣰽謂之毲𣯍、義與毾㲪相近也、毾㲪亦罽之細者也、毲之言繁縟也、毲之言蒙戎也、說文、𣯩、毳飾也、𣯍與毲同、義、毲毲猶毲毲也、廣韻、毲毲、輕毛皃、太平御覽引通俗文云、細葛謂之毲毲、義竝相近也、㲣之言摟也、爾雅、摟、聚也、衆經音義卷十四引通俗文云、毛布曰㲣、卷二引聲類云、㲣毲、毛布也、後漢書烏桓傳云、婦人能織㲣毲、

金錯、鐵也、

楚語引書曰、若金用女作礪、是金爲鐵也、說文、九江謂鐵曰錯、史記高祖功臣侯表索隱引三倉同、張衡南都賦云、銅錫鉛錯、左思吳都賦云、琨瑤之阜、銅錯之垠、錯之言劼也、爾雅云、劼、固也、方言云、錯、堅也、自關而西、秦晉之間曰錯、

白銅謂之鋈、

秦風小戎篇、陰靷鋈續、毛傳云、鋈、白金也、鄭箋云、鋈續、白金飾續靳之環、正義云、金銀銅鐵總名爲金、此設兵車之飾、或是白銅白鐵、未必皆白銀也、

赤銅謂之錫、

大雅韓奕篇、鉤膺鏤錫、毛傳云、鏤錫、有金鏤其錫也、鄭箋云、眉上曰錫、刻金飾之、今當盧也、案人眉上謂之揚、故刻金爲飾、當馬眉之上、謂之鏤錫、據傳云、有金鏤其錫、則錫非金名矣、此訓錫爲赤銅、與毛鄭異義、或本於三家與、錫、各本譌作鍚、惟影宋本、皇甫本不譌、

水銀謂之澒、

說文、澒、丹沙所化爲水銀也、淮南子地形訓云、赤丹七百歲生赤澒、澒、各本皆作汞、案太平御覽及嘉祐補注本草、圖經本草引廣雅、並作澒、圖經云、按廣雅、水銀謂之澒、丹竈家乃名汞、蓋字亦通用耳、據此、則舊本廣雅作澒、後人多見汞字、少見澒字、遂改澒爲汞耳、今訂正、

鐵朴謂之礦、

說文、礦、銅鐵樸石也、周官卝人注云、卝之言礦也、金玉未成器曰礦、王襃四子講德論作鑛、並字異而義同、

鉛礦謂之鏈、

鏈、通作連、史記貨殖傳、江南出枏梓薑桂金錫連、徐廣音義云、連、鉛之未鍊者、漢書食貨志、殽以連錫、李奇注云、鉛錫樸名曰連、

鏅、鋇、鋁、鉿、鏶、鍱、鋌也、

說文、鋌、銅鐵樸也、淮南子脩務訓、苗山之鋌、文選七命注引許愼注同、鹽鐵論殊路篇云、於越之鋌不礪、匹夫賤之、廣韻、鋇、柔鋌也、鉿、二尺鋌也、各本皆脫鏶鍱二字、玉篇、鏶、小鋌也、鍱、鋌也、鏶之言蕺也、鄭注君奭云、蕺、小也、文選七命、鏶越鍛成、李善注、鏶或爲鍱、引廣雅、鍱、鋌也、鍱與鏶同、廣韻鏶字注、引廣雅、鏶、鋌也、集韻類篇、鋌字注、並引廣雅、鏶、鍱、鋌也、是鏶鍱二字在鋌字之上、今據補、

戉、戚、斧也、

說文、斧、斫也、鄭注檀弓云、斧形旁殺、刃上而長、戉、今作鉞、說文、戉、大斧也、引司馬法、夏執元戉、殷執白戉、周左杖黃戉、右把白旄、六韜軍用篇云、大柯斧、刃長八寸、重八斤、柄長五尺以上、一名天鉞、伐木天斧、重八斤、柄長三尺以上、戉、各本譌作戊、今訂正、說文、戚、戉也、大雅公劉篇、干戈戚揚、毛傳云、戚、斧也、揚、鉞也、戚、春秋左傳作鏚、

鏦謂之斨、

豳風七月篇、取彼斧斨、毛傳云、斨、方銎也、破斧傳云、隋銎曰斧、銎、謂受柄之孔也、釋名云、斨、戕也、所伐皆戕毀也、

鑱謂之鈹、

鈹之言破也、說文、鈹、大鍼也、靈樞經九鍼十二原篇云、鈹鍼長四寸、廣二分半、末如劒鋒、鑱之言劖也、說文、鑱、銳也、劖、剽也、剽、砭刺也、史記扁鵲傳、鑱石撟引、索隱云、鑱、謂石針也、

鐫謂之鏨、

鏨之言斬也、說文、鏨、小鑿也、又云、鐫、破木鐫也、一曰琢石也、釋名云、鐫、鐏也、有所鐏入也、

銍謂之㓚、

說文、銍、穫禾短鎌也、管子輕重乙篇、一農之事、必有一耜一銚一鎌一鎒一椎一銍、然後成爲農、釋名云、銍、穫禾鐵也、銍銍、斷禾穗聲也、周頌臣工篇、奄觀銍艾、毛傳云、銍、穫也、艾與刈同、穫謂之銍、亦謂之刈、故穫器謂之銍、亦謂之刈、齊語云、挾其槍刈耨鎛、是也、太平御覽引纂文云、江湘以銍爲㓚、㓚者斷割之名、釋畜篇云、攻、猲也、攻與㓚聲義同、

划、鉊、㓨、鍥、鏺、鎌也、

墨子備城門篇云長鎌柄長八尺六韜軍用篇云芟草木大鎌柄長七尺以上說文鎌鍥也字或作鐮釋名云鎌廉也體廉薄也方言云刈鉤江淮陳楚之閒謂之鉊或謂之鐹自關而西或謂之鉤或謂之鎌或謂之鍥鐹與划同鉤與鉤同划之言過也所割皆決過也鉤子戟謂之戈義與此同也說文鉊大鎌也鎌或謂之鉊張衡說管子輕重已篇云鉊鉛乂櫺鉊之言釗也說文釗刓也刓剸也又云鉤鎌也急就篇鈐鍇鉤銍斧鑿鉏顏師古注云鉤卽鎌也形曲如鉤因以名云淮南子氾論訓木鉤而樵高誘注與說文同說文鍥鎌也鍥之言契也爾雅契絕也郭注云今江東呼刻斷物爲契斷說文鏺兩刃有木柄可吕刈草讀若撥六韜農器篇云春鏺草棘夏耨田疇鏺之言撥也大雅蕩箋云撥猶絕也

銃謂之銎、

說文銎斤斧穿也豳風七月傳云斨方銎也破斧傳云隋銎曰斧銎之言空也其中空也斤斧穿謂之銎猶車穿謂之釭釭銎聲相近說見上文鐹鋸釭也下方言矛骹謂之釭郭注云矛刃下口則凡鐵之空中

而受柄者皆謂之銎矣六韜軍用篇方胸鋋矛千二百具胸卽銎字也銃銎聲亦相近太平御覽引通俗文云鑿充曰銃

鏶鍑鏤鐶也、

鐶古通作環說文鍑大環也一環貫二者齊風盧令篇盧重鍑毛傳云鍑一環貫二也廣韻鏤重環也鏤與鍑聲相近說見卷一拇瞢慙也下

鹿觡鐖釣鉤也、

說文鉤鐖曲也方言鉤宋楚陳魏之閒謂之鹿觡或謂之鉤格自關而西謂之鉤或謂之鐖鹿觡謂鉤形如鹿觡也方言注云或呼鹿角玉篇觡麋鹿角也有枝曰觡無枝曰角觡之言枝格也史記律書云角者言萬物皆有枝格如角也格與鉤同義故鉤或謂之鉤格淮南子主術訓云桀之力別觡伸鉤亦以兩形相近而類舉之矣廣韻引埤倉云鐖縣物鉤也釣謂魚鉤也莊子外物篇任公子爲大鉤巨緇鉤一本作釣東方朔七諫云以直鍼而爲釣兮又何魚之能得

鏶謂之鍱、

說文鏶鍱也或作鍓又云鍱鏶也齊謂之鍱玉篇鍱鐵鍱也鏶猶集也鍱猶葉也說見卷三集葉聚也下

鑯謂之鏟、

說文鑯銳也貫也鏟字或作丳衆經音義卷十二云丳字苑初限反謂以鑯貫肉炙之者也

栓橬釘也、

玉篇栓木釘也衆經音義卷十四引字林云橬木釘也

鍤鉥綐鍼也、

鍼或作箴鍤之言插也說文鍤郭衣鍼也玉篇云長鍼也說文鉥綦鍼也玉篇亦云長鍼也管子輕重乙篇云一女必有一刀一錐一箴一鉥然後成爲女趙策鯷冠秫縫史記趙世家作卻冠秫絀徐廣音義云

鉥者綦鍼也古字多假借故作秫耳廣韻綐連鍼也靈樞經九鍼論云長鍼取法於綦鍼長七寸綦與綐同

鏅鐗鍇也、

鍇之言合沓也考工記圖云軸當轂釭裏之以金謂之鐗說文鐗車軸鐵也釋名云鐗閒也閒釭軸之閒使不相摩也吳子治兵篇云膏鐗有餘則車輕人急就篇云釭鐗鍵鉆冶錮鐈軸鍇謂之鐗猶轂鍇謂之鍊餘見上文鍊鏅鈌錧也下

稱謂之銓、

漢書王莽傳云考量以銓說文稱銓也銓衡也

錘謂之權、

鄭注月令云稱錘曰權漢書律歷志說權之制云圜而環之令之肉倍好餘見卷三權錘重也下

鍣謂之鑽、

說文、鑽所㠯穿也、管子輕重乙篇云、一車必有一斤一鋸一釭一鑽一鑿一銶一軻、然後成爲車、此謂鑽鑿之鑽也、方言、鑽謂之鍣、矜謂之杖、此謂矛戟刃也、廣雅、鍣謂之鑽、訓本方言、而刓於鑴鉊鋟錐也之上、則似誤以爲鑽鑿之鑽矣、

鑴、鉊、鋟、錐也、

說文、錐、銳也、又云、鑴、佩角銳耑可已解結、衞風芄蘭篇、童子佩鑴、毛傳云、鑴所以解結、內則左佩小鑴、右佩大鑴、鄭注云、鑴貌如錐、以象骨爲之、釋文、鑴本或作鑴、鑴者銳末之名、周官眡祲十煇三曰鑴、鄭注云、鑴讀如童子佩鑴之鑴、謂日旁氣刺日也、爾雅釋獸、驨如馬一角、亦以其角形如錐而名之、故逸周書王會篇謂之雖馬、雖錐聲相近也、方言、錐謂之鍣、郭注云、廣雅作鉊、與今本異、鋟之言鑯也、卷四云、鑯銳也、

鏤謂之鍇、

鍇非刻鏤之義、諸書亦無訓鏤爲鍇者、盍傳寫者與下句鍇字相涉而誤、鍇當作鋑、爾雅、鏤、鋑也、郭注云、刻鏤物爲鋑、王襃洞簫賦云、鋑鏤離灑、說文、鏤、剛鐵也、可㠯刻鏤、禹貢厥貢璆鐵銀鏤砮磬、鄭注與說文同、爾雅云、金謂之鏤、

鉊謂之鍇、

說見卷三鍇鑢磨也下、鑢與鉊同、

礱、碫、礛䃴、磫䃰、磨、砥、䃺、礪也、礵、

礪之言粗厲也、禹貢、礪砥砮丹、鄭注云、礪、磨刀刃石也、大雅公劉篇作厲、餘見卷三礪磨也下、太平御覽引尸子云、磨之以礱礪、是礱爲磨石也、孔子弟子公孫龍、字子石、龍與礱通、餘見卷三礱磨也下、說文、碫、厲石也、引春秋傳、鄭公孫碫字子石、今本作段、又鄭印段、宋褚師段、皆字子石、大雅公劉篇、取厲取鍛、毛傳云、鍛、石也、鄭箋云、鍛石所以爲鍛質也、孫子勢篇云、如以碫投卵、碫鍛段並通、碫各本譌作碬、今訂正、

說文、厱諸、治玉石也、玉篇、礛䃴、青礪也、淮南子說山訓、玉待礛諸而成器、高誘注云、礛諸、攻玉之石、說林訓云、璧瑗成器、礛諸之功、並與厱諸同、廣韻、磫䃰、青礪也、衆經音義卷九云、通俗文、細礪謂之磫䃰、礛䃴治玉、磫䃰治金、案細礪謂之磫䃰、猶細斸謂之龹䶗矣、砥之言縝密也、說文、底、柔石也、或作砥、鄭注禹貢云、磨刀刃石精者曰砥、小雅大東篇、周道如砥、孟子萬章篇引作底、餘見卷三砥磨也下、䃺之言廉也、說文、䃺、厲石也、赤色、讀若鎌、字亦作䃺、管子法法篇云、毋赦者痤雎之䃺石也、䃺與礛䃴之礛聲相近、故高誘注淮南子、讀礛爲廉矣、北山經、京山其陰有元礵、郭璞注云、黑砥石也、礵音竹篠之篠、集韻類篇並引廣雅、礵、礪也、今本脫礵字、

鈐、鏅謂之鑴、

說文、鉳、枱屬也、又云、鈐鏅、大犂也、一曰類枱、急就篇、鈐鏅鉤銍斧鑿鉏、顏師古注云、鈐鏅、大犂之鐵、鈐與鉳同、鏅與鑴同、

鎡錤、鋸、鈹、鎛、鉏也、

鉏之言除也、說文、鉏、立薅斫也、又云、斫、齊謂之茲其、衆經音義卷十九引倉頡篇云、鉏、茲其也、孟子公孫丑篇云、雖有鎡基、不如待時、漢書樊酈滕灌傅靳周傳贊作茲基、周官薙氏注作茲其、月令注作鎡錤、並字異而義同、管子小匡篇、惡金以鑄斤斧鉏夷鋸欘、尹知章注云、鋸欘、钁類也、說文、钁、大鉏也、鈹之言破也、集韻引埤倉云、鎒、鑒、鉏也、鑒與鈹同、釋名、鎛亦鉏類也、鎛、迫也、迫地去草也、周頌臣工篇、庤乃錢鎛、毛傳云、鎛、鎒也、周語、日服其鎛、韋昭注云、鎛、鉏屬、

錠謂之鐙、

楚辭招魂云、蘭膏明燭、華鐙錯些、說文、鐙、錠也、急就篇、鍛鑄鉛錫鐙錠鐎、顏師古注云、鐙、所以盛膏夜然燎者也、其形若杅而中施釭、有柎者曰錠、無柎者曰鐙、柎謂下施足也、鐙之形狀、略如禮器之登、故爾雅瓦豆謂之登、郭注云、即膏登也、

曲道、栻、梮也、

梮通作局、說文、局、簙所㠯行棊也、方言、所以行棊謂之局、或謂之曲道、漢書王莽傳、天文郎按栻於前、顏師古注云、栻所以占時日、褚少孫續日者傳、今夫卜者必法天地、象四時、順於仁義、分策定卦、旋式正棊、索隱云、式、卽栻也、旋、轉也、栻之形上圜象天、下方法地、用之、則轉天綱加地之辰、故云旋式、棊者、筮之[illegible]正棊、蓋謂卜以作卦也、

簙箸謂之箭、

簙通作博、韓非子外儲說云、秦昭王以松柏之心爲博、箭方言、秦晉之閒謂之簙、吳楚之閒謂之蔽、或謂之箭裏、說文、簙、局戲也、六箸十二棊也、楚辭招魂、箟蔽象棊、有六簙些、王逸注云、箟、玉也、蔽、簙箸、以玉飾之也、或言箟簬、今之箭囊也、投六箸、行六棊、故爲六簙也、西京雜記云、許博昌善陸博、法用六箸、以竹爲之、長六分、或用二箸、列子說符篇釋文引六博經云、博法、二人相對坐向局、局分爲十二道、兩頭當中名

爲水、用棊十二枚、法六白六黑、又用魚二枚、置於水中、其擲采以瓊爲之、二人互擲采行棊、棊行到處、卽豎之、名爲驍棊、卽入水食魚、亦名牽魚、每牽一魚、獲二籌、翻一魚、獲三籌、若己牽兩魚而不勝者、名曰被翻雙魚、彼家獲六籌、爲大勝也、

箑謂之扇、

方言、扇、自關而東謂之箑、自關而西謂之扇、說文、箑或作䈉、呂氏春秋有度篇、夏不衣裘、冬不用翣、箑、䈉、翣、竝通、

篋謂之簪、

說文、鐟、可㠯綴箸物者、衆經音義卷十四引通俗文云、綴衣曰鐟、太平御覽引韻集云、鐟、綴衣細竹也、鐟、鐟竝與簪同、案簪者、連綴之名、士喪禮、簪裳於衣、鄭注云、簪、連也、故簪篋之簪、與簪笄之簪、異物而同名、

箇謂之刷、

文選養生論注引通俗文云、所以理髮謂之刷、釋名云、刷、帥也、帥髮長短皆令上從也、箇之言刮也、說文作箇云、㕞也、㕞與刷通、

縞謂之約、

說見上文縞、約練也下、

椶、

玉篇、椶、織椶也、亦作梭、太平御覽引通俗文云、所以行緯謂之椶、各本皆作椶謂之滕、案椶所以行緯、滕所以持經、二者各殊其用、無緣以滕爲椶、此因本條內有脫文、而下條振謂之滕、又脫去振字、遂誤合爲一條、今訂正、

振謂之滕、

說文、滕、機持經者也、玉篇音詩證切、衆經音義卷十四引三倉云、經所居機曰滕、方言注云、勝所以纏紝、

淮南子氾論訓云、後世爲之機杼勝複以便其用、王逸機賦云、勝複迴轉、勝與滕通、複、說文作複、云、機持繒者、廣韻、振、匹卦切、滕屬、蜀人以織布、出埤倉、各本脫振字、滕字又譌作縢、滕本作縢、故譌而爲縢、集韻引廣雅、振謂之滕、今據以訂正、

簡謂之植、

未詳、

榬謂之籆、

方言、籆、榬也、兗豫河濟之閒謂之榬、郭注云、所以絡絲也、說文、籆、收絲者也、或作䈽、籆從竹、蒦聲、各本譌作篗、今訂正、

其杘謂之棣、

下文云、杘、柄也、棣、各本譌作隸、集韻類篇竝引廣雅、籆、其杘謂之棣、今據以訂正、

經梳謂之杓、

玉篇云、凡織先經以杓梳絲使不亂、出埤倉、杓之言均也、字通作均、列女傳魯季敬姜云、主多少之數者均也、太平御覽引舊注云、均謂一齒受一縷、多少有數、

斛注謂之篙、

方言、所以注斛、陳魏宋楚之閒謂之篙、自關而西、謂之注、郭注云、盛米穀寫斛中者也、今江東亦呼爲篙、

斛謂之鼓、

聘禮記云、十斗曰斛、漢書律歷志云、斛者、角斗平多少之量也、曲禮、獻米者操量鼓、鄭注云、量鼓、量器名、何氏隱義云、東海樂浪人呼十二斛爲鼓、案十二斛之數、與廣雅縣殊、蓋後世量名不同於古也、管子樞言篇云、釜鼓滿則人概之、荀子富國篇云、瓜桃棗李一本、數以盆鼓、據左傳、考工記、釜受六斗四升、盆受一斛二斗八升、皆與一斛之鼓不甚相遠、故或竝言釜鼓或竝言盆鼓也、爾雅、何鼓謂之牽牛、郭注云、今

廣雅疏證　卷第八上　五十一

荊楚人呼牽牛星爲檐鼓、檐者、何也、案此鼓亦謂量名之鼓、故以何言之、

方斛謂之桶、

說文、桶、木方受六斗、字通作甬、月令、角斗甬、鄭注云、甬、今斛也、呂氏春秋、淮南子竝作桶、史記商君傳亦云、平斗桶、

𥬠謂之篅、

衆經音義卷四引倉頡篇云、篅、圓倉也、說文、𥬠、篅也、篅、判竹圜㠯盛穀也、篅𥬠或作圌囤、釋名云、囤、屯也、屯聚之也、圌以草作之團團然也、淮南子精神訓、守其篅𥬠、高誘注云、篅𥬠、受穀器也、急就篇云、𥬠篅篗筥箕箅篝、𥬠之言沌沌然圓也、管子樞言篇云、沌沌乎博而圜、孫子兵勢篇云、渾渾沌沌、形圓而不可敗、餘見卷三圖圜也下、

𢄼、𧞤、帒也、

說文、帒、𢄼也、所㠯盛米、帒之言貯也、亦通作貯、賈子春秋篇云、囊漏貯中、帒各本譌作帤、今訂正、𢄼之言屯聚、𧞤之言蘊積也、說文、𢄼、載米帒也、廣韻云、布貯曰𢄼、

簣、篣、笯、簝、籯、篝、笭、籠也、

說文、籠、舉土器也、一曰、笭也、論語子罕篇、譬如爲山、未成一簣、包咸注云、簣、土籠也、漢書王莽傳、綱紀咸張成在一匱、匱與簣通、方言、籠、南楚江沔之閒謂之篣、或謂之笯、郭注云、今零陵人呼籠爲篣、篣各本譌作篣、惟影宋本、皇甫本不譌、說文、笯、鳥籠也、楚辭九章、鳳皇在笯兮、王逸注云、笯、籠落也、說文、簝、宗廟盛肉竹器也、周官牛人、共其牛牲之互、與其盆簝、鄭衆注云、簝、受肉籠也、說文、籯、笭也、漢書韋賢傳、遺子黃金滿籯、如淳注云、籯、竹器、受三四斗、今陳留俗有此器、顏師古云、今書本籯字或作盈、竝與籯同、籯之言嬴也、盛受之名也、襄三十一年左傳、以隸人之垣以嬴諸侯、賈逵注云、嬴、受也、方言、箸筩、陳楚宋魏之閒或謂之籯、郭注云、盛朼箸籫也、義亦與籯籠之籯同、史記陳涉世家、夜篝火、滑稽傳、甌窶滿篝、徐廣音義

廣雅疏證　卷第八上　五十二

竝云、篝、籠也、龜策傳、以篝燭此地、音義云、然火而籠罩其上、篝與篝同、篝者、籠絡之名、楚辭招魂、秦篝齊縷、王逸注云、篝、絡也、縷、綫也、義與篝籠之篝亦相近、說文、笭、籯也、

熏篝謂之牆居、

方言、篝、陳楚宋魏之閒、謂之牆居、郭注云、今薰籠也、薰與熏同、說文、篝、笿也、可熏衣、宋楚謂篝牆居也、

簞、籚、籃、筐也、

說文、匡、飯器也、筥也、或作筐、召南采蘋傳云、方曰筐、圜曰筥、匡者、方正之名、故爾雅云、匡、正也、對文則筐與筥異、散文則通、故說文又訓筐爲筥也、周南卷耳傳云、頃筐、畚屬也、小雅鹿鳴傳云、筐、篚屬、所以行幣帛也、月令注云、曲植籧筐、皆所以養蠶器也、聘禮記凡餼大夫黍粱稷筐五斛、鄭注云、器寡而大、略也、是筐之所用不同而大小亦異矣、簞說見上文匴筍也下、匴與簞同、籚或作盧、說文、盧、飯器也、又云、凵盧、飯器、㠯柳爲之、凵或作笑、方言、籢、趙魏之閒謂之笑籢、郭注云、盛餅筥也、笑籢、今通語也、士昏禮注云、笲、竹

器有衣者、其形蓋如今之筥笲籚矣、笲籚與凵盧同、䉛亦籚也、笲旅亦笲籚也、古者籚旅同聲、士冠禮注云、古文旅作臚、周書盧弓、左傳作旅弓、皆其例矣、說文、籚、大篝也、古文作㡂、

籅、筲、箄、簍、篆也、

說文、篆、飤牛筐也、方曰筐、圜曰篆、義與毛傳同、又云、𥷚、飯筥也、受五升、聘禮云、米百筥、筥半斛、呂氏春秋季春紀、具栚曲篆筐、高誘注云、員底曰篆、方底曰筐、皆受桑器也、月令作籧筐、淮南子時則訓作筥筐、方言、栝落、陳楚宋衞之間謂之豆筥、郭注云、盛栝器籠也、以上諸筥、異用而同名、皆筐之圜者也、方言、箄、簍、籅、筲、篆也、江沔之間謂之籅、趙代之間謂之筲、淇衞之間謂之牛筐、篆、其通語也、篆小者、南楚謂之簍、自關而西、秦晉之間謂之箄、籅之言與也、卷二云、與、載也、筲之言韜也、自上覆物謂之韜、自下盛物亦謂之韜、方言注云、筲音弓弢、蓋得其義矣、箄之言卑小也、方言注云、今江東亦名小籠爲箄、說文、簍、竹籠也、急就篇云、篨箄筴帚筐篋簍、簍之言婁也、歛聚之名也、小雅角弓箋云、婁、歛也、方言、飤馬槖、自關而西、或謂之𢅤兜、𢅤與簍義相近、

𣝅、㮳、校、㭙、椯、植、样、槌也、

方言、槌、宋魏陳楚江淮之閒謂之植、自關而西謂之槌、齊謂之样、其橫、關西曰㮳、宋魏陳楚江淮之閒謂之𣝅、齊部謂之㭙、郭注云、槌、縣蠶薄柱也、說文、縋、㠯繩有所縣鎮也、義與槌相近、說文、關東謂之槌、關西謂之㭙、齊民要術引崔寔云、三月清明節、令蠶妾具槌㭙箔籠、㮳、說文作栚、云、槌之橫者也、關西謂之㮳、呂氏春秋季春紀、具栚曲篆筐、高誘注云、栚讀曰朕、栚、㮳也、三輔謂之栚、關東謂之㮳、㮳與㭙同、淮南子時則訓注作㭙、校、曹憲音又、各本校譌作杈、音內又、字又譌作爻、集韻類篇校音又、椯也、今據以訂正、方言注云、㮳亦名校、音又、校與校通、校之言較也、爾雅云、較、直也、說文、㭙、槌也、玉篇音陟革切、㭙植之爲言皆直也、月令、具曲植籧筐、鄭注云、植、槌也、样之言愓也、卷三云、愓、直也、样、愓竝音羊、其義同也、

笛謂之薄、

說文、薄、蠶薄也、方言、薄、宋魏陳楚江淮之閒謂之苗、或謂之麴、自關而西謂之薄、南楚謂之蓬薄、說文、苗、蠶薄也、又云、曲、蠶薄也、曲、苗、笛、竝同、月令、具曲植籧筐、鄭注云、曲、薄也、高誘注呂氏春秋云、青徐謂薄爲曲、史記絳侯世家、勃以織薄曲爲生、索隱引許慎淮南子注云、曲、葦薄也、豳風七月傳云、豫畜萑葦、可以爲曲、薄、各本譌作薄、惟影宋本不譌、

篘、籥、𥲴、䇷、笘、籙、觚也、

觚、通作觚、急就篇、急就奇觚與衆異、顏師古注云、觚者、學書之牘、或以記事、削木爲之、蓋簡屬也、其形或六面、或八面、皆可書、觚者、棱也、以有棱角、故謂之觚、今俗猶呼小兒學書簡爲木觚章、蓋古之遺語也、說文云、剖竹未去節謂之篘、又云、籥、書僮竹笘也、衆經音義卷二引纂文云、關西以書篇爲籥、引之云、金縢啟籥見書、馬融注云、籥、開藏卜兆書管也、鄭王注竝同、案書者、占兆之辭、籥者、簡屬、所以載書、故必啟籥然後見書也、啟謂展視之、下文以啟金縢之書、與此同、少儀云、執策籥、尚左手、策、蓍也、籥、占兆之書、所載

也、故并言之、馬、鄭、王三家說尚書、以籥爲開藏之管、其誤有二、周官司門掌授管鍵、以啟閉國門、鄭衆注云、管謂籥、鍵謂牡、月令、脩鍵閉、慎管籥、鄭注云、管籥、搏鍵器、是籥者啟鍵之器、可言啟鍵、不可言啟籥也、且所以藏書者匱也、管鍵之所施者亦匱也、下文云、公歸、乃內冊于金縢之匱中、又云、啟金縢之書、乃得周公所自以爲功代武王之說、是公歸內冊、然後并占兆之書藏之匱中、方其爲壇於外、卽命元龜、唯取占兆之書以出、而匱不與焉、無匱安有鍵、無鍵閉安用管籥以啟之哉、少儀注又云、籥如笛三孔、龜策之策與羽籥之籥、連文爲不類矣、說文、𥲴、籥也、廣韻云、𥲴、簿書𥲴也、𥲴之言葉也、𥲴與簡牒之牒同義、故文心雕龍云、牒者、葉也、短簡編牒、如葉在枝、𥲴與籥一聲之轉、卷二云、煠、爚也、爚之轉爲煠、猶籥之轉爲𥲴矣、說文、頴川人名小兒所書寫爲笘、引之云、學記呻其佔畢、春秋齊陳書字子占、佔、占竝與笘同、爾雅云、簡謂之畢、笘亦簡之類、故學記以佔畢連文、鄭注以佔爲視、於文爲不辭矣、玉篇、籙、篿也、廣韻云、札也、

篇、章、篿、程也、

簡辭、簣牌、籍也、

玉篇、篣、笘篣也、篣之言寫也、說文作寫、見上條、

說文、籍、簿書也、玉篇、簡辭、𠮦、籍也、

笧謂之簡、

說文、冊、符命也、諸侯進受於王也、象其札一長一短、中有二編之形、古文作笧、通作策、又云、簡、牒也、爾雅、簡謂之畢、郭注云、今簡札也、釋名云、簡、閒也、編之扁有閒也、笧之言賾也、編之賾然整齊也、聘禮記、百名以上書於策、不及百名書於方、鄭注云、策、簡也、方、版也、獨斷云、策者、簡也、其制長二尺、短者半之、其次一長一短、兩編下附、

杘、矜、柯、柯、橿、柲、弣、柄也、

柄之言秉也、所秉執也、士昏禮作枋、管子小匡篇作秉、山權數篇作棅、並字異而義同、杘、玉篇音丑利切、

說文、杘、籆柄也、或作柅、徐鍇傳云、籆、即今絡絲籆也、上文云、籆、杘謂之棣、是也、柅、又音乃几反、姤初六、繫于金柅、釋文、柅、說文作檷、云、絡絲趺也、趺亦柄也、絡絲趺謂之柅、猶籆柄謂之杘、杘、柅之爲言皆尸也、尸主也、故王弼注云、柅者、制動之主、墨子備穴篇云、斫杘長三尺、則杘爲柄之通稱矣、方言、矛柄謂之矜、郭注云、今字作槿、又矜謂之杖、注云、矛戟槿、即杖也、考工記廬人注云、凡矜八觚、漢書陳勝項籍傳贊、鉏櫌棘矜、服虔注云、以棘作矛槿也、淮南子兵畧訓云、伐棘棗而爲矜、柯之言幹也、豳風伐柯傳云、柯、斧柄也、考工記車人云、柯長三尺、博三寸、厚一寸有半、玉篇柯、鎌柄也、說文、橿、鉏柄名、徐鍇傳云、今俗人尚謂鉏柄爲橿、釋名云、齊人謂鉏柄曰橿、橿然正直也、管子輕重己篇云、鉊、鉛、乂、橿、鹽鐵論論勇篇云、鉏櫌棘橿以破衝隆、太平御覽引通俗文云、鑿柄曰樈、樈與橿聲近義同、昭二年穀梁傳云、疆之爲言猶竟也、是其例矣、方言、戟柄自關而西謂之柲、說文、柲、欑也、欑積竹杖也、考工記廬人爲廬器、戈柲六尺有六寸、殳長尋有四尺、車戟常、酋矛常有四尺、夷矛三尋、鄭注云、柲猶柄也、昭十二年左傳、君王命剝圭以爲鏚柲、則斧柄亦謂之柲矣、釋名云、弓中央曰弣、弣、撫也、所撫持也、大射儀、見鏃於弣、鄭注云、弣、弓把也、考工記弓人、方其峻而高其柎、少儀、弓則以左手屈韣執拊、柎、拊並與弣同、其刀削柄亦謂之拊、少儀、削授拊、注云、拊、謂把也、說文、釗、刀握也、義並與弓弣同、玉篇云、釗、或爲弣、

杬、櫍、椹也、

椹、或作鍖、櫍、或作鑕、通作質、凡椹櫍或用以斫木、爾雅、椹謂之榩、孫炎注云、斫木質也、或用以莝芻、周官圉師注云、椹質、圉人所習、襄二十六年公羊傳云、夫負羈縶、執鈇鑕、從君東西南北、則是臣僕庶孽之事、是也、或用以斬人、漢書項籍傳注云、質、鍖也、古者斬人加於鍖上而斫之、昭二十五年公羊傳、君不忍加之以鈇鑕、何休注云、鈇鑕、要斬之罪、秦策云、今臣之罰不足以當椹質、要不足以待斧鉞、是也、或用以爲射槷、周官司弓矢、王弓弧弓以授射甲革椹質者是也、或用以爲門槷、昭八年穀梁傳、置旃以爲轅門、以葛覆質以爲槷、范甯注云、質、椹也、是也、

柊楑、敤、櫌、椎也、

說文、椎、擊也、齊謂之終葵、終葵與柊楑同、即椎之反語也、考工記玉人、大圭長三尺、杼上、終葵首、鄭注云、終葵、椎也、馬融廣成頌云、翬終葵、揚關斧、卷三云、敤、擊也、說文、櫌、摩田器也、字亦作耰、呂氏春秋簡選篇鉏櫌白梃、可以勝人之長銚利兵、高誘注云、櫌、椎也、賈誼過秦論云、鉏櫌棘矜、不銛於鉤戟長鎩也、淮南子氾論訓、後世爲之耒耜櫌鉏、高注云、櫌、椓塊椎也、三輔謂之儓、所以覆種也、櫌、各本譌作擾、今訂正、

𣁽、棓、梲、柍、櫺、殳、梃、度、杖也、

說文、杖、持也、玉篇、𣁽、他禮切、橫首杖也、𣁽字蓋從丈是聲、丈亦杖也、𣁽之言提也、提、擊也、史記吳王濞傳皇太子引博局提吳太子、是也、方言、僉、宋魏之閒謂之櫺殳、或謂之度、自關而西謂之棓、齊楚江淮之閒謂之柍、或謂之梲、郭注云、此皆打之別名也、棓之言掊擊也、說文、棓、梲也、淮南子詮言訓、羿死于桃棓、太平御覽引許慎注云、棓、大杖、以桃木爲之、說山訓作桃部、古字假借也、俗作棒、六韜軍用篇云、方首鐵棓

維肦重十二斤柄長五尺以上一名天棓開元占經石氏中官占引石氏云天棓五星天之武備也棓者大杖所以打賊也史記天官書索隱引詩緯云槍三星棓五星主槍人棓人是棓爲打也說文柭棓也急就篇捃穫秉把插捌杷碑本捌作拔柭拔竝與桲同說文梲木杖也急就篇鐵極檛杖梲柲杸顏師古注云梲小棓也今俗呼爲袖梲言可藏於懷袖之中也淮南子主術訓云無以異於執彈而來鳥揮梲而狎大也宣十八年穀梁傳梲殺也范甯注云梲謂捶打殘賊而殺是梲爲打也曹風候人篇何戈與祋毛傳云祋殳也祋與梲聲義亦相近說文枷柫也淮南謂之柍說見下文柫謂之枷下柍之言抰也卷三云抰擊也檑殳也亦殳也說文殳以杸殊人也禮殳以積竹八觚長丈二尺建於兵車杸軍中士所持殳也經傳皆作殳考工記廬人爲廬器殳長尋有四尺五分其長以其一爲之被而圍之衛風伯兮傳云殳長丈二而無刃周官司戈盾注云殳如杖方言戟柄自關而西謂之柲或謂之殳矛柄謂之矜矜謂之杖柲矜殳皆杖也故廬人爲廬器殳矛戈戟皆有焉殳之言投也投亦擊也釋名云殳殊也有所撞挃於車上使殊

離也挺之言挺也孟子梁惠王篇殺人以梃與刃呂氏春秋簡選篇鉏耰白梃遶岐高誘注竝云梃杖也應劭注漢書諸侯王表云白梃大杖也方言注云今江東呼打爲度引之云周官司市凡市入則胥執鞭度守門鄭注云必執鞭度以威正人衆也度謂殳也因刻丈尺耳案古人謂殳爲度以打得名故鄭云以威正人衆也又云因刻丈尺者以上文云以量度成賈而徵價故幷及之其實鞭度但供撻戮下文胥職云執鞭度而巡其前凡有罪者撻戮而罰之是也若均平物賈則當兼操權量不得獨持丈尺矣賈公彥不解謂殳爲度之義乃云一物以爲二用若以繫鞘於上則爲鞭以長丈二因刻丈尺則爲度失之

箠、策、篗、折、箂也、

說文箂箠也急就篇鐵極檛杖梲柲杸顏師古注云麤者曰檛細者曰杖文選長笛賦裁以當簻便易持李善注云簻馬策也箂簻檛竝同檛者擊也禰衡擊鼓爲漁陽三檛是也箠策皆擊也說文箠擊馬策也策馬箠也箠策長五尺考工記輈人云軓前十尺而策半之漢書刑法志云箠長五尺玉篇篗木細枝也

字本作蔢方言青齊兗冀之閒謂木細枝曰蔢故傳曰慈母之怒子也雖折蔢笞之其惠存焉

篗謂之笪、

太平御覽引纂文云篗筂槍也玉篇篗笪逆槍也或作簸廣韻笪斗逆也篗各本譌作籆今訂正

柤、樘、柱、距也、

說文歫槍也歫與距同槍與樘聲相近少牢饋食禮長皆及俎拒鄭注云拒讀爲介距之距俎距脛中當横節也是距與樘異名而同實說文柤木閑也徐鍇傳云閑闌也柤之言阻也說文樘衺柱也又云堂歫也考工記弓人維角堂之鄭衆注云堂讀如牚距之牚車牚之牚王延壽魯靈光殿賦枝牚杈枒而斜據張載注云枝牚樧梁之上木也長三尺義竝與樘同

梏、衡、楅、柳也、

說文柳角械也梏與桎梏之梏同義字本作告說文告牛觸人角著横木所以告人也從口從牛引大畜

六四僮牛之告今本作牿釋文云九家作告虞翻注云告謂以木楅其角也衡之言横楅之言偪也說文衡牛觸横大木其角從角大行聲又云楅以木有所畐束也魯頌閟宮篇夏而楅衡毛傳云楅衡設牛角以楅之也周官封人飾其牛牲設其楅衡杜子春注云楅衡所以持牛令不得抵觸人

箯、㯹、輿也、

輿字或作轝卷一云輿舉也箯之言編也編竹爲輿也說文箯竹輿也文十五年公羊傳筍將而來也何休注云筍者竹箯一名編輿齊魯以北名之曰筍史記張耳陳餘傳上使泄公持節問之箯輿前集解引韋昭云箯輿如今輿牀人輿以行也索隱引三倉解詁云箯轝土器也漢書顏師古注云箯輿者編竹木以爲輿形如今之食輿矣急就篇笔篅箯筥篿箅篝注云竹器之盛飯者大曰箯小曰筥義亦相近也卷一云㯹舉也說文㯹舉食者徐鍇傳云如食牀兩頭有柄二人對舉之襄九年左傳陳畚挶漢書五行志作蕢應劭注云蕢所以輿土也周語侍而畚挶韋昭注與應劭同史記夏紀山行乘檋漢書溝洫志作山

行則梮韋昭注云梮木器如今轝牀人舉以行也
義竝與椇同椇從木具聲各本譌作椇今訂正

鍏、畚、敵、梩、梟、臿也、

爾雅斛謂之疀郭注云皆古鍫鍤字管子度地篇云
籠臿版築各什六齊策云坐而織蕢立則杖插竝字
異而義同釋名云鍤插也插地起土也方言臿燕之
東北朝鮮洌水之閒謂之斛宋魏之閒謂之鏵或謂
之鍏江淮南楚之閒謂之臿沅湘之閒謂之畚趙魏
之閒謂之梟東齊謂之梩敵音嫣㶏之嫣字從臿支
聲敵從支聲而讀若嫣猶有頍者弁之頍從支聲而
讀若跬也說文鍦臿屬也讀若嫣高誘注淮南子精
神訓云三輔謂臿爲鏡字竝與敵同各本敵字皆作
敵音插案音插則與下文臿字重出且說文玉篇廣
韻集韻類篇皆無敵字此因敵字譌作敵後人遂妄
改曹憲之音耳今考集韻類篇敵俱爲切引廣雅敵
臿也其音即本於曹憲是廣雅本作敵不作敵曹憲
本音嫣不音插今據以訂正說文梠臿也或作梩周
官鄉師注引司馬法云輦一斧一斤一鑿一梩一鉏
孟子滕文公篇虆梩而掩之趙岐注云虆梩籠臿之

屬莊子天下篇禹親自操橐耜崔譔注云梠插也竝
字異而義同梠之言剸也剸入土中也耒頭金謂之
梠義亦同也方言注云梟字亦作鍫釋名云鍤或曰
銷銷削也能有所穿削也新序刺奢篇云魏王將起
中天臺許綰負操鍤入梟操鍫銷竝字異而義同少
牢下篇注云二匕皆有淺斗狀如飯操義與臿謂之
梟亦相近梟音七遙反斛音土貂反二者同物而異
名故方言云燕之東北謂之斛趙魏之閒謂之梟爾
雅注以斛爲古鍫字非也

鏵、鎵、鑒也、

說文鑒河內謂臿頭金也方言注云今江東呼鑒刃
爲鑒說文苿兩刃臿也宋魏曰苿或作釫方言作鏵
淮南子齊俗訓脩脛者使之跖钁高誘注云長脛者
以蹋插使入深也太平御覽引淮南子钁作鏵吳越
春秋夫差內傳云夢兩鋘殖吾宮牆後漢書戴
就傳注引字詁云鋘臿刃也苿釫鏵鋘竝字異而義
同今俗語猶謂臿爲鏵鑒淮南子精神訓注云臿鏵
也青州謂之鏵三輔謂之鍋鍋鏵語之轉釋言篇云
爲譌譁也爲譌之轉爲譁猶鏵之轉爲鏵矣釋名云
鍤或曰鏵鏵刳也刳地爲坎也曲禮爲國君削瓜者
華之鄭注云華中
裂之也義與鏵同

築謂之杵、

說文築擣也周官鄉師注引司馬法云輦一斧一斤
一鑿一梩一鉏周輦加二版二築六韜軍用篇云銅
築長五
尺以上

渠挐謂之杷、

方言杷宋魏之閒謂之渠挐或謂之渠疏郭注云有
齒爲杷無齒爲朳說文杷收麥器也急就篇捃穫秉
把插捌杷顏師古注云捌杷皆所以推引聚禾穀也
捌與朳同六韜軍用篇云鷹爪方胸鐵杷柄長七尺
以上漢書貢禹傳捽屮杷土顏注云杷手掊之也音
蒲巴反是杷爲掊聚之名也通藝錄云握物謂之把
指爪微屈焉謂之爬此杷之所由名也方言注云今
江東亦名杷爲渠挐釋名齊魯謂四齒杷爲欋欋與

渠挐渠疏皆
語之轉也

柫謂之枷、

方言僉自關而西或謂之柫郭注云今連枷所以打
穀者說文柫擊禾連枷也漢書王莽傳予之北巡必
躬載柫顏師古注云柫所以擊治禾者也今謂之連
枷齊語耒耜枷芟韋昭注云枷柫也所以擊草也王
褒僮約云刻木爲枷屈竹作杷釋名云枷加也加杖
於柄頭以檛穗而出其穀也或曰羅枷羅三杖而用
之也羅連一聲之轉今江淮閒謂打穀器爲連皆皆
枷亦一聲之轉柫之言拂也說文拂過擊也枷之言
敂也卷三云敂擊也柫枷皆擊也故馬融廣成頌云
拂游光枷天狗方言注以枷柫爲打之別名是也

箻、篗謂之筴、

說文桻桻雙也筿桻雙也徐鍇傳引字書云箻
篗帆也箻篗與桻雙同廣韻云桻雙帆未張

佯篖、倚陽、筕篖也、

方言、箈、自關而東周洛楚魏之閒謂之倚佯、自關而西謂之箈、南楚之外謂之篖、郭注云、似籧篨、直文而粗、江東呼笪、

倚佯、與倚陽同、

笙、筕、䉬、簟、籧、笛、筵、丙、薦、蔣、篌、席也、

說文、席、藉也、筵、竹席也、席與藉古同聲而通用、漢書劉向傳、呂產呂祿席太后之寵、席猶藉也、賈捐之傳民衆久困、相枕席於道、如淳曰、席、音藉、筵之言延也、爾雅、延、陳也、周官司几筵注云、筵亦席也、鋪陳曰筵、藉之曰席、然其言之、筵席通矣、古者席以九尺爲度、短不過尋、長不過常、考工記匠人、明堂度九尺之筵、公食大夫禮、蒲筵常、加萑席尋、是也、方言、簟、宋魏之閒謂之笙、或謂之籧笛、自關而西或謂之簟、或謂之筕、郭注云、今江東通言笙、左思吳都賦、桃笙象簟、劉逵注云、桃笙、桃枝簟也、吳人謂簟爲笙、案笙者精細之名、方言云、自關而西秦晉之閒、凡細貌謂之笙、簟爲籧篨之細者、故有斯稱矣、筕之言曲折也、方言注云、今云筕篾籧也、又云、江東呼籧篨爲䉬䉬、與䉬同、漢祝睦後碑、柸誨素棺、幣以萯蘐、萯蘐、即今人所謂

蘆䉬也、說文、簟、竹席也、釋名云、簟、覃也、布之覃覃然正平也、齊風載驅傳云、簟、方文席也、小雅斯干篇、下莞上簟、鄭箋云、莞、小蒲之席也、竹葦曰簟、籧笛猶拳曲、語之轉也、簟可卷、故有籧笛之名、關西謂之筕、亦此義也、各本籧笛二字之閒有篨字、蓋後人以意加之、籧篨自見下條、乃竹席之粗者、與籧笛不同、今據方言刪、丙、曹憲音天念反、說文、丙、舌皃、義與席不相近、曹云、亦有本作茵字、說文、茵、車中重席也、則作茵者是、茵之言因也、說見上文鞇鞴謂之鞇下、鞇與茵同、釋名云、薦、所以自薦藉也、晏子春秋雜篇云、布薦席、陳簠簋、薦蔣一聲之轉、蔣通作蔣、夏小正、四月取荼、傳云、荼也者、以爲君薦蔣也、七月灌荼、傳云、荼、萑葦之秀、爲蔣褚之也、韓非子十過篇云、縵帛爲茵、蔣席頞緣、王褒僮約云、編蔣織薄、是蔣爲席也、

篕篨謂之籧篨、

說文、籧篨、粗竹席也、淮南子本經訓、若簟籧篨、高誘注云、籧篨、葦席也、鹽鐵論散不足篇云、庶人即草蓐索經單藺籧篨而已、方言、簟之粗者、自關而西、謂之籧篨、自關而東、或謂之篕棪、棪與篨通、

笭篂、

此條內有脫文、不可複考、玉篇、篂、筵也、集韻、笭、郎丁切、篂、馳貞切、云廣雅、笭篂、竹席、案上文簟與籧篨、皆是竹席、則竹席不獨笭篂、蓋竹席二字乃集韻釋廣雅之辭、非廣雅原文也、集韻、笭、又郎定切、篂、又他定切、云笭篂、車中筵也、

石鍼謂之柴、

襄二十三年左傳、美疢不如惡石、服虔注云、石、砭石也、說文、砭、以石刺病也、東山經、高氏之山、其下多箴石、郭璞注云、可以爲砭鍼治癰腫者、箴與鍼同、柴者、銳末之名、鳥喙謂之觜、義相近也、

鼓𦆭謂之柧、

𦆭、曹憲音頽、字或作𩏂、衆經音義卷十七引埤倉云、𩏂、鼓柧也、又引字書云、鼓材也、卷二十四云、今江南名鼓匡爲𩏂、案𩏂者、中空之名、急就篇、輻轂輨轄輮輑、顏師古注云、輮者、轂中空受軸處也、義與𩏂同、

考工記、謂轂輮爲藪、鄭衆注云、藪、謂轂空壺中也、以其中空如壺、故曰壺中、鼓𩏂之字從壺、義與此同也、柧亦中空之名、義與瓜同、

砮、雘、丹也、

說文、丹、巴越之赤石也、徐鍇傳云、山海經有白丹黑丹、丹以赤爲主、黑白皆其類也、說文、砮、石可以爲矢鏃、禹貢、荊州厥貢礪砥砮丹、梁州厥貢璆鐵銀鏤砮磬、賈逵注魯語云、砮、中矢鏃之石也、案賈許皆云砮中矢鏃、廣雅以砮爲丹、未詳所據、說文、雘、善丹也、梓材、惟其斁丹雘、馬融注與說文同、南山經云、青邱之山、其陰多青雘、雞山、其下多丹雘、雘有青赤之異、猶丹有赤白黑之異矣、

𢐗謂之彈、

說文、彈、行丸也、玉篇、青州謂彈曰𢐗、𢐗者、遥擊之名、燕策云、荊軻引其匕首提秦王、義與𢐗相近、

帥、賁、弦也、 彈、弨、

帥、曹憲音升芮反、各本譌作師、惟影宋本、皇甫本不譌、帥、蒷二字、義與弓弦不相近、未詳、集韻、類篇並引廣雅、彈、弰、弦也、今本脫此二字、說文、彈、射也、引楚辭天問馵焉彈日、又云、弰、角弓也、雒陽名弩曰弰、彈、弰二字、義與弦亦不相近、此條內必多脫文、不敢臆爲之說

彄謂之緒、

說文、彄、弓弩耑弦所居也、蔡邕黃鉞銘云、馬不帶鈌、弓不受彄、說文、緒、彈彄也、

拾、捍、韝、韘也、

拾、捍、韝爲一物、韘爲一物、拾、捍、韝皆謂遂也、著於左臂、所以扞弦也、韘謂決也、著於右手大指、所以引弦也、說文、韝、射臂沓也、又云、韘、射決也、所已拘弦、已象骨韋系箸右巨指、或作㭘、衞風芄蘭篇童子佩韘、毛傳云、韘、玦也、鄭箋云、韘之言沓、所以彄沓手指、小雅車攻篇決拾既佽、毛傳云、決、鉤弦也、拾、遂也、周官繕人掌王之用弓弩矢箙矰弋抉拾、鄭衆注云、抉、謂引弦彄也、拾、謂韝扞也、鄭注云、抉、挾矢時所以持弦飾

也、著右手巨指、士喪禮曰、抉用正王棘、若檡棘、則天子用象骨與、韝扞、著左臂、以韋爲之、鄉射禮、袒決遂、鄭注云、決猶闓也、以象骨爲之、著右大擘指以鉤弦闓體也、遂、射韝也、以韋爲之、著左臂、所以遂弦也、其非射時則謂之拾、拾、斂也、所以蔽膚斂衣也、曲禮、野外軍中無摯、以纓拾矢可也、鄭注云、拾、謂射韝、內則、右佩玦捍、注云、捍謂拾也、言可以捍弦也、管子戒篇云、桓公望見管仲隰朋、弛弓脫釬而迎之、韓非子說林篇云、羿執鞅持扞、操弓關機、賈子春秋篇云、丈夫釋玦軒、扞、釬、軒、並與捍同、抉、玦、鞅並與決同、以上諸書或專言拾、或專言捍、或專言韝、或專言韘、或兼言決拾、或兼言決遂、或兼言決捍、皆截然二物、不可混同、廣雅以拾捍韝韘爲一物、蓋失之矣、

彇、弭、髀也、

玉篇、髀、弓弭也、小雅采薇傳云、弭、弓反末也、弭與髀聲近而義同、郊特牲注云、辟、讀爲弭、是其例矣、彇、字亦作簫、釋名云、弓末曰簫、言簫梢也、大射儀、左執弣、右執簫、鄭注云、簫、弓末也、曲禮、右手執簫、左手承弣、鄭注云、簫、弭頭也、謂之簫、簫、邪也、正義云、弓頭稍剡、差邪似簫、故謂爲簫也、今人謂弓頭爲弰、弰、簫之言亦相似也、案簫者、邪辟之貌、故又謂之髀、餘見卷二蕭衺也下、

鞬、韔、櫜、韜、韣、弓藏也、

鞬之言鍵閉也、方言、所以藏弓謂之鞬、晉語、其左執鞭弭、右屬櫜鞬、韋昭注云、櫜、矢房、鞬、弓弢也、僖二十三年左傳注同、藏弓謂之韔、故弓藏亦謂之韔、秦風小戎篇云、虎韔鏤膺、又云、交韔二弓、是也、毛傳云、韔、弓室也、說文云、弓衣也、檀弓赴車不載櫜韔、釋文作韔、鄭風大叔于田作鬯、小戎釋文云、韔本亦作暢、並字異而義同、小雅彤弓篇受言櫜之、毛傳云、櫜、韜也、韜弓謂之櫜、故弓韜亦謂之櫜、昭元年左傳、請垂櫜而入、杜注云、垂櫜示無弓、是也、說文、弢、弓衣也、弢與韜同、卷四云、韜、藏也、成十六年左傳、中項伏弢、齊語弢無弓服無矢、韋杜注並云、弢、弓衣也、韣之言褐也、內則注云、褐、韜也、說文、韣、弓衣也、又云、韇、弓矢韇也、韇與韣同、覲禮載龍旂弧韣、少儀、弓則以左手屈韣執拊、鄭注並云、韣、弓衣也、凡弓藏矢藏之名、各有專

屬、而皆可以互通、說文、鞬、所以戢弓矢也、韜、劍衣也、韇、弓矢韇也、少儀云、劍則啟櫝、又云、戈有刃者櫝、左傳國語注並以櫜爲矢房、是鞬、櫜、韜、韣之名、不獨施於弓也、少儀云、甲若無以前之、則袒櫜奉胄、樂記云、倒載干戈、包之以虎皮、名之曰建櫜、則凡兵甲之衣、通謂之建櫜矣、建與鞬同、

掤、医、韇、𣪍、鞴、靫、矢藏也、

鄭風大叔于田篇、抑釋掤忌、毛傳云、掤、所以覆矢、馬融注云、掤、櫝丸蓋也、字通作冰、昭二十五年左傳、公徒釋甲、執冰而踞、賈逵注云、冰、櫝丸蓋也、然則掤所以覆矢、非所以藏矢也、医之言蔽翳也、說文、医、盛弓弩矢器也、引齊語兵不解医、今本作翳、韋昭注云、翳、所以蔽兵也、案医字從矢、固當訓爲矢藏、若齊語所云、則兵藏之通稱也、韇𣪍蓋矢箙之圓者也、韇字或作櫝、又作韥𣪍、通作丸、方言、所以藏弓謂之鞬、或謂之韇丸、後漢書南匈奴傳、弓鞬韇丸、李賢注引方言作藏弓爲鞬、藏箭爲韇丸、與廣雅合、案賈逵、馬融、服虔並以掤爲櫝丸蓋、則櫝丸之爲矢箙甚明、然鄭注士冠禮云、今時藏弓矢者謂之韇丸、則弓弢亦同斯

稱矣、集韻引埤倉云、鞲韇、箭室也、鞲韇亦作步叉、釋名云、步叉、人所帶、以箭叉其中也、續漢書輿服志注引通俗文云、箭箙謂之步叉、各本鞲韇譌作韇鞲、今訂正、

飛錀、矰、笰、矢、拔、箭也、

方言、箭自關而東謂之矢、關西曰箭、郭注云、箭者竹名、因以爲號、釋名云、矢、指也、言其有所指向迅疾也、又謂之箭、箭、進也、考工記矢人注云、矢、槀長三尺、羽者六寸、刃二寸、方言、箭三鐮、長六尺者、謂之飛䖪、文選閒居賦激矢䖪飛、李善注引東觀漢紀、光武作飛䖪箭以攻赤眉、䖪與錀同、說文、矰、隿射矢也、笰、周官作茀、司弓矢、矰矢茀矢用諸弋射、鄭注云、結繳於矢謂之矰、矰、高也、茀矢象焉、茀之言刜也、二者皆可以弋飛鳥、刜羅之也、史記留侯世家索隱引馬融注云、繳繫短矢謂之矰、吳語云、白常白旂素甲白羽之矰、則兵矢亦謂之矰矣、秦風駟驖篇、舍拔則獲、毛傳云、拔、矢末也、正義云、以鏃爲首、故拔爲末、此當云箭末謂之拔、不當訓拔爲箭也、

平題、鈀、錍、鉤腸、羊頭、鉾鑪、鏃、砮、鏑、也、

說文、鏑、矢鏠也、方言、凡箭鏃胡合嬴者四鐮、或曰拘腸、三鐮者謂之羊頭、其廣長而薄鐮者謂之錍、或謂之鈀、箭其小而長中穿二孔者、謂之鉀鑪、內者謂之平題、郭注云、平題、今戲射箭也、題、頭也、廣韻引方言注云、江東呼錍箭曰鈀、爾雅、金鏃翦羽謂之鍭、郭注云、今之錍箭是也、後世言金鎞、名出於此也、鉤腸與拘腸同、鉾鑪當爲鉀鑪、隸書甲字作申、牢字作宇、二形相似、故鉀字譌而爲鉾、鉾、曹憲音牢、玉篇、鉀、古狎切、鉀鑪、箭也、鉾、力刀切、鉾鑪、錍也、廣韻同、則鉀之譌鉾、由來已久、方言注云、鉀鑪、今箭錍鑿空兩邊者也、嗑盧兩音、郭氏讀鉀爲嗑、是其字本從甲不從牢、今據以辨正、說文、族、矢鏠也、鏃、利也、經傳皆作鏃、釋名云、齊人謂鏑爲鏃、說文、砮、石可以爲矢鏃、引禹貢荊州貢砮丹、魯語、肅慎氏貢楛矢石砮、其長尺有咫、韋昭注云、砮、鏃也、以石爲之、魏志挹婁傳云、矢用楛、長尺八寸、青石爲鏃、

夫襓、木、劍衣也、

夫、舊本作衭、曹憲音扶、木、舊本作秫、曹憲音陳律反、案少儀、加夫襓與劍焉、鄭注云、夫襓、劍衣也、夫或爲煩、皆發聲、正義曰、云夫襓劍衣也者、熊氏云、依廣雅夫襓木劍衣、謂以木爲劍衣者、若今刀檢、云夫或爲煩皆發聲者、以禮記本夫字或作煩字、俱是發聲、然則襓之一字、是劍衣之正名、襓字從衣、當以繒帛爲之、熊氏用廣雅以木爲之、其義未善也、據正義所引熊安生說、則廣雅本作夫襓木劍衣也、蓋明自曹憲所見本夫字始譌作衭、木字始譌作秫、衭秫二字從衣、皆因與襓字相涉而誤、其秫字右畔從朮、則木字之誤、考玉篇廣韻衭字皆音膚、不音扶、說文、衭、襲衭也、廣韻、衭、衣前襟也、皆非劍衣之名、又說文、玉篇、廣韻皆無秫字、曹憲音陳律反、非是、今訂正、

㭘、室、郭、劍削也、

凡刀劍室通謂之削、字或作鞘、說文、削、鞞也、釋名云、刀室曰削、削、峭也、其形峭殺裹刀體也、方言、劍削、自河而北燕趙之閒謂之室、自關而東或謂之廓、或謂之削、自關而西謂之鞞、鞞與鞞同、㭘之言合也、說文、

㭘、劍柙也、柙亦㭘也、玉篇引莊子刻意篇、有干越之劍者、㭘而藏之、今本作柙、㭘各本譌作拾、今訂正、凡刀劍削亦通謂之室、燕策云、拔劍、劍長、操其室、史記春申君傳云、刀劍室以珠玉飾之、是也、秦風小戎傳云、韔、弓室也、則弓弢亦謂之室矣、郭與廓同、釋名云、弩牙外曰郭、爲牙之規郭也、義亦與劍郭同、

劍珥謂之鐔、

各本脫之字、今補、說文、鐔、劍鼻也、釋名云、劍旁鼻曰鐔、鐔、尋也、帶所貫尋也、趙策云、吳干之劍、無鉤罕鐔蒙須之便、操其刃而刺、則未入而手斷、莊子說劍篇以周宋爲鐔、釋文、鐔、三倉云、劍口也、徐云、劍環也、司馬云、劍珥也、楚辭九歌、撫長劍兮玉珥、王逸注云、玉珥、謂劍鐔也、通藝錄云、劍首者何、藏於莖者也、首也者、劍鼻也、劍鼻謂之鐔、鐔謂之珥、或謂之環、或謂之劍口、有孔曰口、視其旁如耳然曰珥、面之曰鼻、對末言之曰首、故曲禮、進劍者左首、正義云、首、劍拊鐶也、首及莖並與劍同物、鑠金而成、自首至末、一體也、少儀云、澤劍首、鄭氏以爲金器弄之易於汗澤、是也、辛丑六月、瑶田在揚州、汪容甫得一古劍、以遺余、劍首

形如覆盂、宛然而中空、吳栖玉過余、見之因爲余舉一證曰、莊周書、夫吹管也、猶有嗃也、吹劍首者、吷而已矣、司馬彪云、劍首謂劍鐶頭小孔也、劍首必如此乃可言吹、吹聲異於管者、管空長、故其聲嗃、劍首空淺、不能有嗃聲、但吷然而已、然則劍首之義、可定矣、劍首名鐔、鐔之言覃也、是于于者非覃之形乎、茲其所以名鐔者乎、說鐔之義頗多異聞、證以是劍、吾能擇而從之矣、念孫案、易疇以鐔爲劍首、確不可易、原文甚詳、今錄其大概如此、

鞞鞘、刀削也、

說文、鞞、刀室也、鞞之言屏藏也、亦刀劍削之通名、說見上文、內則、右佩遰、鄭注云、遰、刀鞞也、遰與鞘同、

龍淵、太阿、干將、鏌鋣、莫門、斷虵、魚腸、醇鈞、燕支、蔡倫、屬鹿、干隊、堂谿、墨陽、鉅闕、辟閭、劍也、

說文、劍、人所帶兵也、籒文作劍、考工記、桃氏爲劍、莖長五寸、身長五其莖長、謂之上制、四其莖長、謂之中

制、三其莖長、謂之下制、韓策云、韓卒之劍戟、皆出於冥山、棠谿、墨陽、合伯、鄧師、宛馮、龍淵、太阿、皆陸斷馬牛、水擊鵠鴈、史記蘇秦傳索隱引晉太康地記云、汝南西平有龍淵水、可以淬刀劍、特堅利、故有龍淵之劍、楚之寶劍也、淮南子人閒訓云、援龍淵而切其股、齊策云、今雖干將莫邪、非得人力、則不能割劌矣、莫邪與鏌鋣同、莊子大宗師篇作鏌鋣、吳越春秋闔閭內傳云、干將者、吳人也、莫邪、干將之妻也、干將作劍、金鐵之精不銷、莫邪乃斷髮翦爪投於鑪中、金鐵乃濡、遂以成劍、陽曰干將、陰曰莫邪、越絕外傳記寶劍篇云、吳有干將、越有歐冶子、應劭注漢書賈誼傳云、莫邪、吳大夫也、作寶劍、因以冠名、又注司馬相如傳云、干將、吳善冶者、案、干將莫邪、皆連語以狀其鋒刃之利、非人名也、王襃九懷云、舒余佩兮綝纚、竦余劍兮干將、干將爲利刃之貌、莫邪疊韻字、義亦與干將同、干將莫邪、皆利刃之貌、故又爲劍戟之通稱、史記商君傳云、屈盧之勁矛、干將之雄戟、司馬相如子虛賦云、建干將之雄戟、戟與戈同類、故魏文帝浮淮賦云、建干將之銛戈、說文、鏌鋣大戟也、漢書揚雄傳、杖鏌邪而羅者以萬計、注亦以爲大戟、干將莫邪爲劍戟之通稱、則非人名可知、故自西漢以前、未有以干將莫邪爲人名者、自吳越春秋始以干將爲吳人、莫邪爲干將之妻、其他說雖不同、而同以爲人名、總由誤以干莫二字爲姓、遂致紛紛之說、又吳越春秋、越絕書所說龍淵、太阿、魚腸、純鈞、鉅闕之狀、皆非事實、故槩無取焉、諸書說劍、皆無莫門之名、廣韻劍字注全引廣雅此條文、亦無莫門二字、莫字疑是鏌字之音誤、人正文門字疑因下文鉅闕辟閭等字從門而誤衍也、西京雜記云、漢帝相傳以高帝斬蛇劍、劍上有七采珠、九華玉、以爲飾雜廁五色流離爲劍匣、刃上常若霜雪、開匣拔鞘、輒有風氣光采射人、蓋卽廣雅所謂斷虵也、淮南子脩務訓云、夫純鈞魚腸之始下型、擊則不能斷、刺則不能入、高誘注云、純鈞利劍名、魚腸文理屈襞若魚腸者、覽冥訓作淳鈞、齊俗訓作淳均、竝與醇鈞同、哀十一年左傳使賜之屬鏤以死、服虔注云、屬鏤劍名、荀子成相篇到而獨鹿棄之江、屬鏤、獨鹿、竝與屬鹿同、呂氏春秋知分篇得寶劍于干遂、高誘注云、干遂吳邑、淮南子道應訓作干隊、秦策作干隧、竝字異而義同、楊倞注荀子勸學篇引呂氏春秋作干越、越與遂古聲亦相近、莊子刻意

篇有干越之劍者、柙而藏之、是也、楚辭九歎、執棠谿以刜蓬兮、王逸注云、棠谿利劍也、鹽鐵論論勇篇云、世言強楚勁鄭、有犀兕之甲、棠谿之鋌也、徐廣史記蘇秦傳音義云、汝南吳房有棠谿亭、棠與堂通、淮南子脩務訓、服劍者期於銛利、而不期於墨陽莫邪、高注云、墨陽、美劍名也、鹽鐵論論勇篇云、楚鄭之棠谿墨陽、非不利也、荀子性惡篇云、闔閭之干將莫邪鉅闕辟閭、古之良劍也、新序雜事篇云、辟閭巨闕、天下之利器也、巨與鉅通、

陳寶、孟勞、馬氏、白楊、剞、劂、劉、刀也、

說文、刀、兵也、顧命、陳寶、赤刀、傳以陳寶爲陳先王所寶之器物、正義引鄭氏說同、此以陳寶爲刀名、則與赤刀同類、或用今文說也、僖元年穀梁傳云、孟勞者、魯之寶刀也、魏左延年秦女休行云、左執白楊刀、右據宛魯矛、淮南子脩務訓、羊頭之銷、高誘注云、白羊子刀也、羊與楊通、剞之言阿曲、劂之言屈折也、說文、剞、剞剧、曲刀也、剧與劂同、淮南子俶眞訓、鏤之以剞剧、高注云、剞、巧工鉤刀也、剧者、規度刺畫墨邊箋也、所

以刻鏤之具也、楚辭哀時命、握剞劂而不用兮、王逸注云、剞劂、刻鏤刀也、漢書揚雄傳、般倕弃其剞劂兮、應劭注云、剞、曲刀、劂、曲鑿也、

錟、鏦、𥍯、矟、𥎞、𥎊、矛也、

考工記、廬人爲廬器、酋矛常有四尺、夷矛三尋、方言、錟謂之鈹、說文、錟、長矛也、錟之言剡也、爾雅云、剡、利也、方言、矛、吳揚江淮南楚五湖之閒、謂之鍦、或謂之鏦、淮南子兵略訓、脩鍛短鏦、華嚴經卷十五音義引許慎注云、鏦、小矛也、鏦之言摐也、釋言篇云、摐、撞也、矟、卽今槊字也、釋名云、矛長丈八尺曰矟、馬上所持、言其矟矟便殺也、又曰激矛、激、截也、可以激截敵陳之矛也、案矟激皆長貌也、爾雅釋木、梢、梢擢、郭注云、謂木無枝柯、梢擢長而殺者、又無枝爲檄、注云、檄擢直上、卷二云、檄、長也、檄與激、梢與矟、義並相近、說文、鉈、短矛也、荀子議兵篇、宛鉅鐵鉈、慘如蠭蠆、楊倞注云、鉈、矛也、史記禮書作鐵施、左思吳都賦、藏鍦於人、劉逵注云、鍦、矛也、字並與𥎞同、曹憲音蛇、後世言蛇矛、名出於此也、釋名云、𥎊矛、長九尺者也、𥎊、霍也、

所中霍然卽破裂也、吳都賦、長𥎊短兵、李善注引廣雅、𥎊、矛也、說文繫傳引字書、𥎊、小矛也、並字異而義同、𥎊、各本譌作𥎊、今訂正、

穳謂之鋋、

方言、矛、吳揚江淮南楚五湖之閒、或謂之鋋、說文、鋋、小矛也、史記匈奴傳、其長兵則弓矢、短兵則刀鋋、索隱引埤倉云、鋋、小矛鐵矜、漢書鼂錯傳云、萑葦竹蕭、屮木蒙蘢、支葉茂接、此矛鋋之地也、六韜軍用篇云、曠林草中、方胸鋋矛千二百具、矛謂之鋋、故以矛刺物亦謂之鋋、上林賦云、格蝦蛤、鋋猛氏、是也、釋名云、鋋、延也、達也、去此至彼之言也、衆經音義卷十一云、穳、小矛也、引字詁古文錄穳二形、今作穳、穳之言鑽也、小矛謂之穳、猶矛戟刃謂之鑽、方言、鑽謂之鍴、矜謂之杖、是也、凡戈戟矛、皆以其刃得名、

𥏊、穚、蒲蘇、鎔、鈹也、

鈹之言破也、方言、錟謂之鈹、郭注云、今江東呼大矛爲鈹、說文、𥏊、矛屬、廣韻云、短矛也、𥏊、各本譌作稂、今訂正、說文、穚、矛屬、急就篇云、鈒戟鈹鎔劒鐔鍭、

鏔、孑、鏝胡、釨、戛、戈、戟也、

說文、戟、有枝兵也、戈、平頭戟也、釋名云、戟、格也、旁有枝格也、戈、句孑戟也、戈、過也、所刺擣則決過、所鉤引則制之弗得過也、案謂所刺擣所鉤引皆決過也、考工記注、以戈爲句兵、句、戈一聲之轉、猶鎌謂之刉、亦謂之划也、考工記、廬人爲廬器、戈柲六尺有六寸、車戟常、冶氏爲戈、廣二寸、內倍之、胡三之、援四之、戟廣寸有半寸、內三之、胡四之、援五之、鄭注云、戈、今句孑戟也、或謂之雞鳴、或謂之擁頸、戟、今三鋒戟也、方言、戟、楚謂之釨、凡戟而無刃、秦晉之閒謂之釨、或謂之鏔、吳揚之閒謂之戈、東齊秦晉之閒謂其大者曰鏝胡、其曲者謂之鉤釨鏝胡、孑與下釨字同、方言注云、釨、取名於鉤釨也、莊四年左傳、授師孑焉、考工記疏引舊注云、孑、句孑戟也、鏝、各本譌作饅、唯影宋本皇甫本不譌、考工記注云、俗謂戈胡爲曼胡、曼與鏝通、鏝胡者、寬大之貌、釋名云、胡餠作之大漫沍也、義與鏝胡同、說文、戛、戟也、張衡東京賦云、立戈迤戛、

其鋒謂之𢧵、

其孑謂之㦰、

孑者、取名於鉤孑、考工記謂之胡、

匽謂之雄戟、

方言、三刃枝、南楚宛郢謂之匽戟、郭注云、今戟中有小孑刺者、所謂雄戟也、史記商君傳云、屈盧之勁矛、干將之雄戟、子虛賦、建干將之雄戟、張注云、雄戟、胡中有鮔者、

鐓、釬、鐏也、

鐓、或作錞、曲禮、進戈者前其鐏、後其刃、進矛戟者前其鐓、鄭注云、銳底曰鐏、取其鐏地、平底曰鐓、取其鐓地、鐓與鐏對文則異、散文則通、秦風小戎篇、厹矛鋈錞、毛傳云、錞、鐏也、說文、錞、矛戟柲下銅鐏也、鐏、柲下銅也、釋名、矛下頭曰鐏、鐏入地也、方言、矛鐏謂之釬、釬之言榦也、卷三云、榦、本也、凡矛戟以足爲本、首爲

末、釬、各本譌作釺、唯影宋本、皇甫本不譌、

吴魁、干、瞂、樐、戰、盾也、

盾或作楯、釋名云、盾、遯也、跪其下避刃以隱遯也、古者盾或以木、或以革、其繫之以紛、王肅注費誓云、干有紛繫持之、是也、方言、盾自關而東或謂之瞂、或謂之干、關西謂之盾、周官司兵、掌五兵五盾、鄭注云、五盾、干、櫓之屬、是盾爲干、櫓、瞂之總名也、楚辭九歌、操吴戈兮被犀甲、王逸注云、或曰操吾科、吾科、楯之名也、吾科與吴魁同、太平御覽引廣雅作吴科、科、魁聲相近、故後漢書東夷傳謂科頭爲魁頭、釋名云、盾大而平者曰吴魁、本出於吴、爲魁帥者所持也、案吴者、大也、魁亦盾名也、吴魁、猶言大盾、不必出於吴、亦不必爲魁帥所持也、方言、吴、大也、吴語奉文犀之渠、韋昭注云、渠、楯也、渠與魁、一聲之轉、故盾謂之渠、亦謂之魁、帥謂之渠、亦謂之魁、芋根謂之芋渠、亦謂之芋魁也、干、與下戰字同、說文、戰、盾也、爾雅、干、扞也、孫炎注云、干盾自蔽扞、瞂之言蔽扞也、說文、瞂、盾也、秦風小戎篇蒙伐有苑、毛傳云、伐、中干也、逸周書王會解、

請令以鮫瞂利劍爲獻、史記孔子世家、矛戟劍撥、索隱云、撥、謂大楯也、伐、撥、竝與瞂通、說文、櫓、大盾也、或作樐、儒行、禮義以爲干櫓、鄭注云、干櫓、小楯大楯也、史記秦始皇紀贊、流血漂鹵、字亦與樐同、墨子備城門篇云、櫓廣四尺、高八尺、

鋡、甲、介、鎧也、

周官司甲注、甲、今時鎧也、疏云、今古用物不同、其名亦異、古用皮謂之甲、今用金謂之鎧、從金爲字也、釋名云、鎧、猶塏也、塏、堅重之言也、或謂之甲、似物有孚甲以自禦也、凡甲、聚衆札爲之、謂之旅、上旅爲衣、下旅爲裳、考工記函人云、權其上旅與其下旅、而重若一、宣十二年左傳云、得其甲裳、是也、鋡字本作函、函之言含也、考工記、燕無函、鄭衆注云、函讀如國君含垢之含、函、鎧也、介與鱗介之介同義、介者、堅也、繫辭傳云、介如石焉、

兜鍪謂之冑、

說文、冑、兜鍪也、兜鍪、首鎧也、急就篇作兜鉾、後漢書禰衡傳、更著岑牟單絞之服、李賢注云、岑牟、鼓角士冑也、鞏鍪、鉾牟、竝通、韓策云、甲盾鞮鍪、即兜鞏之轉也、冑之言幬也、卷二云、幬、覆也、徐言之則曰兜鞏、兜者、擁蔽之名、鞏者、覆冒之稱、故帽亦謂之兜鍪、淮南子氾論訓、古者有鍪而綣領以王天下者矣、高誘注云、鍪、頭著兜鍪帽也、

鋋鍜謂之鏂銗、

說文、鋋鍜、頸鎧也、鏂銗即鋋鍜之轉、

機謂之牙、

緇衣引大甲云、若虞機張、往省括于厥度則釋、鄭注云、機、弩牙也、繫辭傳言行君子之樞機、曲禮正義引鄭注同、

和、鑾、鐲、鐸、鉦、鐃、鍾、鏄、鈴也、

說文、鈴、令丁也、謂其聲令丁然也、今人言鈴當語之轉也、廣韻云、鈴似鐘而小、自和鑾以下九事、大小不同而形竝相似也、爾雅、有鈴曰旂、周頌載見正義引李巡注云、以鈴著旂端、周官巾車、大祭祀鳴鈴以應雞人、鄭注云、必使鳴鈴者、車有和鸞相應和之象、說文、人君乘車、四馬鑣八鑾、鈴象鸞鳥之聲、和則敬也、字通作鸞、小雅蓼蕭篇和鸞雝雝、毛傳云、在軾曰和、在鑣曰鸞、周頌載見篇和鈴央央、傳云、和在軾前、鈴在旂上、經解升車則有鸞和之音、鄭注云、鸞和皆鈴也、所以爲車行節也、引韓詩内傳云、鸞在衡、和在軾前、升車則馬動、馬動則鸞鳴、鸞鳴則和應、大戴禮保傳篇亦云、在衡爲鸞、在軾爲和、鄭於小戎箋及大馭注、玉藻注、皆用韓詩說、於烈祖箋用毛詩說、桓二年左傳、錫鸞和鈴、昭其聲也、史記禮書集解引服虔注云、鸞在鑣、和在衡、說苑說叢篇亦云、鸞設於鑣、和設於衡、續漢書輿服志注引五經異義云、詩云、八鸞鎗鎗、則一馬二鸞也、又曰輶車鸞鑣、知非衡也、左傳正義云、鸞若在衡、衡唯兩馬、安得置八鸞、以此知鸞必在鑣、案孫氏韓奕皆言四牡八鸞、明是一馬二鸞、五經異義及左傳正義所辨是也、若和之所設、舊說以

爲荏軾劉向服虔杜預則以爲荏衡未知孰是又刀環有鈴者謂之鸞刀小雅信南山篇執其鸞刀傳云鸞刀刀有鸞者言割中節也郊特牲云割刀之用而鸞刀之貴貴其義也聲和而后斷也說文鐲鉦也鐸大鈴也鉦鐃也佀鈴柄中上下通鐃小鉦也釋名云鐃聲譊譊也周官鼓人以金鐃止鼓以金鐲節鼓以金鐸通鼓注云鐲鉦也形如小鍾軍行鳴之以爲鼓節鐃如鈴無舌有柄執而鳴之以止擊鼓鐸大鈴也振之以通鼓大司馬職云卒長執鐃兩司馬執鐸公司馬執鐲又云鼓人皆三鼓司馬振鐸羣吏作旗車徒皆作所謂以金鐸通鼓也又云鼓行鳴鐲車徒皆行所謂以金鐲節鼓也又云乃鼓退鳴鐃且卻所謂以金鐃止鼓也小雅采芑篇鉦人伐鼓傳云鉦以靜之鼓以動之大司馬疏引司馬法云十人之長執鉦百人之帥執鐸鉦者丁寧之合聲晉語戰以錞于丁寧儆其民也韋昭注云丁寧謂鉦也又鈴之金口木舌者謂之木鐸周官小宰徇以木鐸注云古者將有新令必奮木鐸以警衆使明聽也木鐸木舌也文事奮木鐸武事奮金鐸鍾說見釋樂僊氏鍾下說文鑮大鐘淳于之屬所吕應鐘磬也周官左傳國語作鎛

儀禮作鑮鄭注周官鑮師及大射儀並云鑮如鍾而大周語細鈞有鍾無鑮昭其大也大鈞有鑮無鍾甚大無鑮鳴其細也注云鍾大鍾鑮小鍾也與許鄭異義未知孰是

印謂之璽鈕謂之鼻

說文壐王者印也籒文作璽印執政所持信也鈕印鼻也古文作玺周官司市凡通貨賄以壐節出入之鄭注云壐節印章如今斗檢封矣獨斷云壐者印也印者信也天子壐以白玉螭虎鈕古者尊卑共之月令曰固封壐春秋左氏傳曰魯襄公在楚季武子使公冶問壐書追而與之此諸矦大夫印稱壐者也衞宏曰秦以前民皆以金玉爲印龍虎鈕唯其所好秦以來天子獨以印稱壐又獨以玉羣臣莫敢用也初學記引漢官儀云諸矦王黃金壐橐駝鈕文曰壐刻矦黃金印龜鈕文曰章丞相大將軍黃金印龜鈕文曰章中二千石銀印龜鈕文曰章千石六百石四百石銅印鼻鈕文曰印淮南子說林訓龜紐之壐賢者以爲佩高誘注云紐係也紐與鈕通鈕之言樞紐也凡器之鼻謂之紐昭十三年左傳云楚平王再拜皆猒壁紐周官弁師元冕朱裏延紐注云紐小鼻也

綸組紱綬也

說文綬韍維也綸糾青絲綬也組綬屬也爾雅璲綬也郭注云卽佩玉之組所以連繫瑞玉者玉藻天子佩白玉而元組綬鄭注云綬者所以貫佩玉相承受者也古者綬以貫玉至戰國始有印綬之名史記蔡澤傳云懷黃金之印結紫綬於要是也續漢書輿服志云古者君臣佩玉所以章德上有韍所以執事五伯迭興戰兵不息於是解去韍佩留其係璲以爲章表韍佩既廢秦乃以采組連結於璲光明章表轉相結受故謂之綬漢承秦制加之以雙印佩刀之飾乘輿黃赤綬自諸矦王以下有赤綬綠綬紫綬青綬黑綬黃綬青紺綸之異焉爾雅釋草綸似綸組似組注云綸今有秩嗇夫所帶糾青絲綸組綬也釋名云綸倫也作之有倫理也緇衣王言如絲其出如綸注云綸今有秩嗇夫所佩也案綸爲有秩嗇夫所佩故列在諸綬之末法言孝至篇云五兩之綸半通之銅盇印綬之至微者也北堂書鈔引漢官儀云綬長一丈

二尺闊三尺漢書嚴助傳云方寸之印丈二之組是組卽綬也文選西都賦注引倉頡篇云紱綬也漢書諸矦王表作韍丙吉傳作紼並字異而義同

瑹珽笏也

笏說文作回穆天子傳作曶士喪禮注云今文笏作忽並字異而義同釋名云笏忽也君有教令及所啟白則書其上備忽忘也玉藻云笏天子以球玉諸矦以象大夫以魚須文竹士竹本象可也笏度二尺有六寸其中博三寸其殺六分而去一桓二年左傳哀冕黻珽杜注云珽玉笏也若今吏之持簿釋文引徐廣云簿手版也考工記玉人大圭長三尺杼上終葵首天子服之鄭注云王所搢大圭也或謂之珽終葵椎也爲椎於其杼上明無所屈也杼殺也相玉書曰珽玉六寸明自炤離騷珽作珵玉藻云天子搢珽方正於天下也諸矦荼前詘後直讓於天子也大夫前詘後詘無所不讓也鄭注云珽之言挺然無所詘也或謂之大圭長三尺於杼上又廣其首方如椎頭後則恆直荼讀爲舒遲之舒舒懦者所畏在前也詘謂

圜殺其首、不爲椎頭、諸侯唯天子詘焉、是以謂笏爲舒、大夫奉君命出入者也、上有天子、下有已君、又殺其下而圜、大戴禮虞戴德篇云、天子御珽、諸侯御荼、大夫服笏、正民德也、逸周書王會解云、天子搢珽、唐叔荀叔周公大公搢笏、荼與瑹通、各本瑹譌作絫、唯影宋本皇甫本不譌、

箓、籙、𥴧、篓、篰也、

說文、篰、㒼爰也、徐鍇傳云、字書、𥴧篓、簡牘也、㒼爰與𥴧篓通、箓籙並與錄通、周官職幣皆辨其物而奠其錄、杜子春注云、定其錄籍也、𥴧各本作𥵹、蓋因曹憲音內滿字而誤、集韻類篇並引廣雅、𥴧篓、篰也、今據以訂正、

梡、棵、橛、椇**房、杫、虞、桯、胗、俎、几也、**

說文、几、踞几也、象形、釋名云、几、庪也、所以庪物也、周官司几筵疏云、阮諶云、几長五尺、高尺二寸、廣二尺、馬融以爲長三尺、說文、且、薦也、從几、足有二橫、一其下地也、俎、禮俎也、從半肉在且上、且與俎古同聲、俎之言苴也、苴者、藉也、言所以藉牲體也、明堂位云、魯禘俎用梡嶡、又云、俎、有虞氏以梡、夏后氏以嶡、殷以椇、周以房俎、鄭注云、梡、斷木爲四足而已、嶡之言蹷也、謂中足爲橫距之象、周禮謂之距、椇之言枳椇也、謂曲橈之也、房、謂足下跗也、上下兩閒、有似於堂房、正義云、梡形四足如案、禮圖云、梡長二尺四寸、廣尺二寸、高一尺、諸臣加雲氣、天子犧飾之、嶡亦如梡、而橫柱四足中央如距也、案梡者、斷木之名、莊子天下篇、椎拍輐斷、義與梡同、故鄭云、斷木爲四足也、棵、亦梡字也、廣韻、棵、斷木也、橛與嶡同、橛、距、一聲之轉、少牢饋食禮注云、俎距、脛中當橫節也、椇之言句曲也、明堂位正義云、枳椇之樹、其枝多曲橈、故陸機草木疏云、椇曲來巢、殷俎足似之也、各本皆脫椇字、今補、魯頌閟宮篇、籩豆大房、毛傳云、大房、半體之俎也、鄭箋云、大房、玉飾俎也、其制足閒有橫、下有跗、似乎堂後有房然、周語、王公立飫、則有房烝、韋昭注云、房、大俎也、謂半解其體、升之房也、方言、俎、几也、西南蜀漢之郊曰杫、後漢書鍾離意傳、無被枕杫、李賢注云、杫、謂俎几也、方言、榻前几、江沔之閒曰桯、趙魏之閒謂之椸、其高者謂之虡、虡與虞同、虡之言舉也、所以舉物也、義與箱虡相近、郭注以爲卽箱虡、殆非也、說文、桯、牀前几也、廣韻云、牀前長几也、桯、郭璞音刑、桯之言經也、橫經其前也、牀前長几謂之桯、猶牀邊長木謂之桯、士喪禮下篇注云、輁狀如長牀、穿桯、前後著金而關軸焉、是也、胗、卽方言榹字、鹽鐵論散不足篇云、古者無杠檷之寢牀、栘之案、栘與胗同、几謂之椸、衣架謂之椸、義亦相近也、

棲謂之牀、

孟子萬章篇、二嫂使治朕棲、趙岐注云、棲、牀也、

浴牀謂之柖、

淮南子說山訓、从而弃其柖簀、高誘注云、柖簀、从者浴牀上[redacted]也、喪大記、設牀襢笫、鄭注云、襢笫、袒簀也、謂無席、如浴時牀也、士喪禮記云、御者四人抗衾而浴、襢笫、

簀、笫、

說文、簀、牀棧也、笫、牀簀也、爾雅、簀謂之笫、方言、牀、齊魯之閒謂之簀、陳楚之閒或謂之笫、郭注並云、牀版也、檀弓、華而睆、大夫之簀與、鄭注云、簀、謂牀笫也、周官玉府、掌王之衽席牀笫、襄二十七年左傳、牀笫之言不踰閾、鄭杜注並云、笫、簀也、笫之言齊也、編竹木爲之、均齊平正、故謂之笫、聲轉爲簀、簀之言嫧也、凡言嫧者、皆齊平之意、說見卷四嫧齊也下、史記范睢傳、睢佯死、卽卷以簀、索隱云、簀、謂葦荻之薄也、蓋編葦爲薄、嫧然齊平、故亦謂之簀、聲又轉爲棧、棧亦齊平之意、猶編木爲馬牀、謂之馬棧也、此條與上下文不相屬、當有脫字、或云當作簀笫也、或云當作簀謂之笫、案此篇之例、凡一物二名者、則云某謂之某、自三名以上、始用也字以總承之、此條若云簀笫也、則與本篇之例不合、若云簀謂之笫、則不應全襲爾雅之文、說文笫訓爲簀、簀訓爲棧、廣雅之訓、多本說文、疑簀笫下本有棧也二字、簀笫、棧也、樹、桃、杠也、皆承上棲謂之牀言之、

樹、桃、杠也、

說文、杠、牀前橫木也、鹽鐵論散不足篇云、古者無杠樠之寢、牀移之案、急就篇云、奴婢私隸枕牀杠、杠者、橫亘之名、石橋謂之杠、義與牀杠相近也、方言、牀、杠、北燕朝鮮之閒謂之樹、自關而西秦晉之閒謂之杠、南楚之閒謂之趙、郭注云、趙、當作桃、聲之轉也、中國亦呼杠爲桃牀、皆通語也、桃與兆同、上文云、兆、版也、義與牀兆亦相近、

廣平、榻枰也、

廣平爲博局之枰、榻爲牀榻之枰、皆取義於平也、說文、枰、平也、方言、所以投簙謂之枰、或謂之廣平、韋昭博弈論云、所志不出一枰之上、釋名、牀長狹而卑曰榻、言其榻然近地也、枰、平也、以版作之、其體平正也、衆經音義卷四引埤倉云、枰、榻也、初學記引通俗文云、牀三尺五曰榻、版獨坐曰枰、枰與榻對文則異、散文則通、榻亦平意也、今人言平塌是也、

跰、橨、梂、柎也、

說文、柎、闌足也、案凡器足謂之柎、柎之言跗也、跗、足也、說文、弅、持弩柎也、弅與跰義相近、

蓐謂之菆、

爾雅、蓐謂之茲、郭注云、公羊傳曰、屬負茲、茲者、蓐席也、衆經音義卷三引三倉云、蓐、薦也、說文、菆、蓐也、

箷謂之枷、

爾雅、竿謂之箷、郭注云、衣架也、釋文、箷、李本作箟、曲禮、男女不同椸枷、鄭注云、椸、可以枷衣者、釋文、椸作杝、內則云、不敢縣於夫之楎椸、楎椸、杝、箟、竝與箷同、架與枷同、衆經音義卷十二引倉頡篇云、椸、格也、格、枷竿、一聲之轉、枷、各本譌作棵、今訂正、

軖謂之筳、

說文、筳、可以收繩也、軖、紡車也、紡車所以收絲、故亦謂之筳、衆經音義卷十二引通俗文云、繅車曰軖、

爇、爟、熜、炬也、

炬者、舉火之名、說文、苣、束葦燒也、苣與炬同、說文、蒸、析麻中榦也、或作蒸、蒸之言烝也、烝、衆也、凡析麻榦及竹木爲炬、皆謂之蒸、弟子職記舉火之禮云、蒸閒容蒸、然者處下、尹知章注云、蒸、細薪也、燕禮、甸人執大燭於庭、鄭注云、甸人、掌共薪蒸者、楚辭七諫、䈥簬雜於廄蒸兮、王逸注云、枲翮曰廄、楅竹曰蒸、說文、舉火曰爟、引周官司爟掌行火之政令、呂氏春秋本味篇、湯得伊尹、祓之於廟、爝以爟火、高誘注云、火者所以祓除不祥、置火於桔槔、燭以照之、漢書郊祀志通權火、如淳注云、權、舉也、權與爟通、熜字本作熜、或作總、說文、熜、然麻蒸也、熜之言總也、說文、總、聚束也、弟子職鍇總之法、橫于坐所、注云、總、設燭之束也、

龠二曰合、合十曰升、升四曰梪、梪四曰區、區四曰釜、釜十曰鍾、鍾十曰斞、斞十曰秉、

漢書律歷志云、量者、龠合升斗斛也、所以量多少也、本起於黃鍾之龠、用度數審其容、以子穀秬黍中者千有二百實其龠、以井水準其槩、合龠爲合、十合爲升、十升爲斗、十斗爲斛、而五量嘉矣、其法、用銅方尺

而圜其外、旁有庣焉、其上爲斛、其下爲斗、左耳爲升、右耳爲合龠、龠者、黃鍾律之實也、躍動微氣而生物也、合者、合龠之量也、升者、登合之量也、斗者、聚升之量也、斛者、角斗平多少之量也、考工記、栗氏爲量、量之以爲鬴、深尺、內方尺而圜其外、其實一鬴、其臀一寸、其實一豆、其耳三寸、其實一升、鄭注云、四升曰豆、四豆曰區、四區曰鬴、鬴、六斗四升也、鬴十則鍾、昭三年左傳、齊舊四量、豆區釜鍾、四升爲豆、各自其四以登於釜、釜十則鍾、杜注云、四豆爲區、區斗六升、四區爲釜、釜六斗四升、鍾六斛四斗、聘禮記、十斗曰斛、十六斗曰籔、十籔曰秉、二百四十斗、鄭注云、秉十六斛、今江淮之閒量名有爲籔者、二百四十斗、謂一車之米秉有五籔也、梪與豆同、豆之言亦聚也、聚升之量也、管子輕重甲篇、釜鏂之數、不得爲侈弇、鏂與區同、區者、藏物之稱、說文、區、藏隱也、徐鍇傳云、凡言區者、皆有所藏也、小盆謂之甌、義與區相近也、釜與鬴同、周官廩人、凡萬民之食食者人四鬴上也、人三鬴中也、人二鬴下也、注云、六斗四升曰鬴、論語雍也篇與之釜、馬融注與鄭同、釜之言府也、卷三云、府、聚也、襄二十九年左傳、鄭子皮餼國人粟戶一鍾、注云、六斛

四斗曰鍾、鍾、亦聚也、𣫭字或作庾、迺又作斔、說文、𣫭、量也、聘禮、米三十車、車秉有五籔、注云、秉有五籔、二十四斛也、今文籔或爲逾、昭十二年左傳、粟五千庾、史記魯世家集解引賈逵注云、十六斗爲庾、論語、與之庾、包咸注與賈逵同、𣫭之言輸也、卷三云、輸、聚也、案斛六斗曰𣫭、六斛四斗曰鍾、是鍾大於𣫭、今云鍾十曰𣫭、則𣫭反大於鍾、非矣、𣫭、曹憲音庾、各本𣫭十曰秉之𣫭作庾、因曹憲音而誤、今訂正、論語、冉子與之粟五秉、馬融注云、十六斛曰秉、魯語、出稯禾秉芻缶米、韋昭注引聘禮、十庾曰秉、秉之言方也、方者、大也、量之最大者也、

秉四曰筥、筥十曰稯、稯十曰秅、

此亦聘禮記文、秉、謂禾一把也、與十六斛之秉、同名而異實、以其爲人所秉持、故謂之秉、說文、秉、禾束也、從又持禾、又云、兼、持二禾、秉持一禾、小雅大田篇、彼有遺秉、昭二十七年左傳、或取一秉秆焉、毛傳杜注並云、秉、把也、筥、讀若旅、謂禾四把也、筥之言旅也、鄭注樂記云、旅、俱也、周官掌客注云、四秉曰筥、讀如棟

梠之梠、是也、秉四曰筥、各本皆作秉十曰筥、此因與上下文相涉而誤、今訂正、稯之言總也、說文、總、聚束也、故掌客注云、稯、猶束也、聘禮注云、古文稯作緵、掌客釋文作總、並字異而義同、秅之言都也、都、亦聚也、掌客疏云、秅者、束之總名、是也、案聘禮、禾三十車、車三秅、記云、四秉曰筥、十筥曰稯、十稯曰秅、四百秉爲一秅、注云、此秉謂刈禾盈手之秉也、筥、穧名也、若今淶易之閒、刈稻聚把、有名爲筥者、詩云、彼有遺秉、又云、此有不斂穧、一車之禾三秅、爲千二百秉、三百筥、三十稯也、詩大田正義引此而釋之云、言此秉者、以對米秉爲異、禾之秉、一把耳、米之秉則十六斛、禾之筥、四把耳、米之筥則五斗、掌客、車禾眡死牢、牢十車、車三秅、注云、聘禮曰、四秉曰筥、十筥曰稯、十稯曰秅、每車三秅、則三十稯也、稯、猶束也、米禾之秉筥字同而數異、禾之秉、手把耳、筥、讀如棟梠之梠、謂一穧也、據周官儀禮及鄭注之文、是禾束之秉、與量名之秉、其事既異、其數亦殊、量名之秉、爲十六斛、比於斗斛籔、爲最多之數、禾束之秉爲一把、比於筥稯秅、爲最少之名、說文秅字注云、周禮二百四十斗爲秉、四秉曰筥、十筥曰稯、十稯曰秅、案聘禮記二百四十斗、乃總言一車所載之米、非承上十籔曰秉言之、許氏誤合兩句爲一事、遂以二百四十斗爲秉、此下連引四秉曰筥、十筥曰稯、十稯曰秅、則又誤以禾束之秉、爲量名之秉、幷下文之筥稯秅、皆誤以爲量名矣、韋昭魯語注云、聘禮曰、十六斗曰庾、十庾曰秉、秉、一百六十斗也、四秉曰筥、十筥曰稯、稯、六百四十斛也、則亦誤以禾束之秉爲量名之秉、特以秉爲一百六十斗、與許氏異耳、廣雅秉四曰筥之文、正承𣫭十曰秉之下、蓋亦與韋許同誤、從許氏之說、由二百四十斗而遞加之以至於秅、則有九千六百斛、一車三秅、則有二萬八千八百斛、從韋氏之說、由一百六十斗而遞加之以至於三秅、亦有一萬九千二百斛、非唯牛不能任、亦且車不能容、故鄭氏獨以四秉曰筥之秉爲禾一把也、

一升曰爵、二升曰觚、三升曰觶、四升曰角、五升曰散、

特牲饋食禮記、實二爵二觚四觶一角一散、鄭注引舊說云、爵一升、觚二升、觶三升、角四升、散五升、禮器云、宗廟之祭、貴者獻以爵、賤者獻以散、尊者舉觶、卑者舉角、明堂位云、魯禘、爵用玉琖仍雕、加以璧散璧

角、考工記、梓人爲飲器、勺一升、爵一升、觚三升、獻以爵而酬以觚、一獻而三酬、則一豆矣、鄭注云、觚、字之誤、當爲觶、禮器正義及梓人疏云、案異義、今韓詩說一升曰爵、爵、盡也、足也、二升曰觚、觚、寡也、飲當寡少也、三升曰觶、觶、適也、飲當自適也、四升曰角、角、觸也、飲不能自適、觸罪過也、五升曰散、散、訕也、飲不能自節、爲人所謗訕也、總名曰爵、其實曰觴、觴者、餉也、古周禮說、爵一升、觚三升、獻以爵而酬以觚、一獻而三酬、則一豆矣、許慎謹案周禮云、一獻三酬當一豆、若觚二升、不滿一豆、鄭駁之云、觶字、古書或作角旁氏、與觚字相近、學者多聞觚、寡聞觗、寫此書亂之而作觚耳、說文、爵、禮器也、象爵之形、中有鬯酒、又持之也、所目飲器象爵者、取其鳴節節足足也、隸省作爵、祭統、尸酢夫人執柄、夫人授尸執足、正義云、爵爲雀形、以尾爲柄、餘見上文斝醆爵也下、論語雍也篇、觚不觚、馬融注云、觚、禮器、一升曰爵、二升曰觚、說文、觶、鄉飲酒觶也、禮曰、一人洗、舉觶、觶或作觗、禮經作觝、梓人疏引禮器制度云、觚大二升、觶大三升、郊特牲、舉斝角、鄭注云、天子奠斝、諸侯奠角、祭統云、尸飲九、以散爵獻士及羣有司、

綃謂之絹、
此謂白絹之未染者也、急就篇烝栗絹紺縉紅繎顏師古注云、絹、生白繒似縑而疏者也、玉篇綃、素也、雜記注云、素、生帛也、餘見上文繫總鮮支縠絹也下、

縓謂之紅、
說文、紅、帛赤白色也、論語鄉黨篇紅紫不以爲褻服、皇侃疏引鄭注云、紅、纁之類也、又引顏子嚴云、南方火、火色赤、火剋金、金色白、以赤加白、故爲紅、紅爲南方閒色、釋名云、紅、絳也、白色之似絳者也、絳與紅聲義並相近、故漢書外戚恩澤表絳侯作紅侯、爾雅記染赤之法云、一染謂之縓、說文、縓、帛赤黃色也、喪服記、麻衣縓緣、鄭注云、縓、淺絳也、士喪禮記、縓綼緆、注云、縓、今之紅也、檀弓、練衣黃裏縓緣、注云、縓、纁之類、檀弓又云、周人尚赤、戎事乘騵、騵與縓聲義亦相近、

纁謂之絳、

緇謂之皁、
並見下文、

碧、縹、紺、繰、緣、緅、總、蒼、青也、
說文、青、東方色也、青之言清也、故釋名云、清、青也、去濁遠穢色如青也、說文、碧、石之青美者、西山經云、高山、其下多青碧、皇侃鄉黨疏引穎子嚴云、西方金、金色白、金剋木、木色青、以白加青、故爲碧、碧爲西方閒色、說文、縹、帛青白色也、釋名云、縹、猶漂漂、淺青色也、有碧縹、有天縹、有骨縹、各以其色所象名之也、易稽覽圖云、白青之色如縹、王褒九懷云、翠縹兮爲裳、縹色在青白之閒、故白亦謂之縹、釋名云、土白曰漂、王逸九思云、鬚髮薴顇兮鬢顠白、皆是也、說文、紺、帛深青而揚赤色也、論語、君子不以紺緅飾、皇侃疏引鄭注云、紺緅、元之類也、墨子節用篇云、冬服紺緅之衣、下文云、黚、黑也、黚與紺義相近、說文、繰、帛如紺色也、又云、綠、帛青黃色也、綠與緣同、釋名云、綠、瀏也、荊泉之水、於上視之、瀏然綠色、此似之也、皇侃疏引穎子嚴云、東方木、木色青、木剋土、土色黃、以青加黃、故爲綠、綠爲東方閒色、論語釋文引字林云、緅、青色也、紺緅皆深青色、而緅又深於紺、考工記、鍾氏染羽、三入爲纁、五入爲緅、七入爲緇、鄭注云、緅、今禮俗文作爵、言如爵頭色也、凡元色者、在緅緇之閒、其六入者與、疏云、淮南子曰、以涅染紺、則黑於涅、涅卽黑色也、纁入黑汁則爲紺、更以紺入黑汁則爲緅、紺緅相類、故連文云、君子不以紺緅飾也、更以緅入黑汁則爲元、更以元入黑汁則爲緇、緇元相類、故禮家每以緇布衣爲元端也、士冠禮注云、爵弁色赤而微黑、如爵頭然、或謂之緅、論語孔傳云、一入曰緅、三年練以緅飾衣、爲其似衣喪服、故不以爲飾也、案此說葢誤以緅爲縓、故皇侃駁之云、孔意言緅是淺絳色也、禮家三年練以縓爲深衣領緣、不云用緅、且考工記五入爲緅、則緅非復淺絳明矣、說文、總、帛青白色也、總與總同、亦通作蔥、爾雅、青謂之蔥、郭注云、淺青也、小雅采芑篇有瑲蔥珩、毛傳云、蔥、蒼也、玉藻云、三命赤韍蔥衡、衡與珩同、說文、驄、馬青白雜毛也、義亦與蔥同、說文、蒼、草色也、經傳或通作倉、

丹、彤、朱、赩、纁、絳、䞓、烊、赫、緹、炢、赭、赤也、
說文、赤、南方色也、釋名云、赤、赫也、太陽之色也、說文、丹、巴越之赤石也、又云、彤、丹飾也、凡經言彤弓彤矢彤管、彤几、彤裳之屬、皆是也、彤之言融也、赤色著明之貌、大雅旣醉篇云、昭明有融、是也、說文、赨、赤色也、管子地員篇、其種大苗細苗赨莖黑秀箭長、義亦與彤同、豳風七月傳云、朱、深纁也、說文作絑、云、純赤也、士冠禮注云、凡染絳、一入謂之縓、再入謂之赬、三入謂之纁、朱則四入與、衆經音義卷十九引字林云、赩、赤皃也、楚辭大招、逴龍赩只、王逸注云、赩、赤色也、王延壽魯靈光殿賦云、丹柱歙赩而電烻、小雅采芑篇路車有奭、毛傳云、奭、赤也、奭與赩同、故瞻彼洛矣篇韎韐有奭、白虎通義引作赩、方言、䵘、色也、郭注云、䵘然赤黑貌也、玉篇赩、䵘並音許力切、義亦相近也、說文、纁、淺絳也、考工記鍾氏染羽、三入爲纁、爾雅、一染謂之縓、再染謂之赬、三染謂之纁、李巡注云、三染其色已成爲絳、纁、絳一名也、鄭衆注周官染人亦云、纁絳也、說文、絳、大赤也、絳與紅聲義相近、說見上文、說文、䞓、赤色也、引周南汝墳篇魴魚䞓尾、或作赬、𧹔、浾、

浾、今詩作赬。毛傳云：赬，赤也。爾雅注云：淺赤也。士喪禮作經。哀十七年左傳作竀。竝字異而義同。爾雅：檉，河柳。郭注云：今河旁赤莖小楊。陸機云：河柳皮正赤如絳。經、檉竝音丑貞反，其義同也。騂與騂、垶同義。騂、今作騂。檀弓云：周人尚赤，牲用騂。魯頌駉篇：有騂有駓。毛傳云：赤黃曰騂。說文：垶，赤剛土也。今亦作騂。周官草人：騂剛用牛。杜子春注云：騂剛，謂地色赤而土剛強也。說文：赨，火赤皃。從二赤。邶風簡兮篇：赫如渥赭。毛傳云：赫，赤皃。說文：緹，帛丹黃色也。或作衹。周官草人：赤緹用牛。鄭注云：赤緹，縓色也。酒正：五齊，四曰緹齊。注云：緹者，成而紅赤，如今下酒矣。𧹞，赤；赫也。故方言云：𧹞，赫也。說文：赭，赤土也。赭之言明著也。邶風赫如渥赭。鄭箋以赭爲丹。管子地數篇云：上有赭者，下有鐵。

黈、黊、黲、䵣、黇、黅、黗、䵚、䵋，黃也。

說文：黃，地之色也。釋名云：黃，晃也。猶晃晃，象日光色也。莊二十三年穀梁傳：禮，天子諸侯黝堊，大夫倉，士黈。范甯注云：黈，黃色也。淮南子主術訓：黈纊塞耳，所以掩聰。漢書東方朔傳作黈纊充耳，所以塞聰。薛綜注東京賦云：黈纊，言以黃緜大如丸，縣冠兩邊當耳，不欲妄聞不急之言也。如淳東方朔傳注云：黈，音土苟反。黈與黊同。說文：黊，鮮明黃也。又云：黊，黃華也。黊與䵃同義。說文：黇，黃黑色也。又云：黇，白黃色也。謂黃色之薄者也。黇之言沾也。卷一云：沾，薄也。說文：黔，黃黑也。玉篇：黔，黃黑如金也。黅，黃色也。音竝與金同。素問五常政大論云：敦阜之紀，其色黅，元蒼。說文：頷，面黃也。頷與黅聲近而義同。說文：黗，黃濁黑也。黗與黗同。黗亦黲也。方俗語有輕重耳。玉篇：䵚，音充，又音統，黃色也。引大戴禮子張問入官篇：䵚纊塞耳，掩聰也。今本䵚作統。盧辯注云：統，黃色也。東京賦注引大戴禮作黈。黈與䵚古同聲，故黈或作䵚。曹憲云：䵚亦有本作䵚。玉篇：䵚，口浪切，亦黃色也。說文：䵋，青黃色也。䵋本色在青黃之閒，故青黑亦謂之䵋。漢書薛宣傳：遇人不以義而見痏者，與痏人之罪鈞。應劭注云：以杖手毆擊人，剝其皮膚，腫起青黑而無創瘢者，律謂之痏。陸機毛詩草木蟲魚鳥獸疏云：鮪魚似鱣而色青黑。䵋、鮪、痏竝音于鄙反，義相近也。

皥、皛、皙、曉、皭、皠、皚、的、皏、皤、皎、翯、潔，白也。

白之言明白也。說文：白，西方色也。皥、玉篇音旱，皥皥白也。曹憲音汗。賁六四：白馬翰如。檀弓云：殷人尚白，戎事乘翰。翰與皥通。皛之言皎皎也。說文：皛，顯也。文選潘岳關中詩注引倉頡篇云：皛，明也。又陶潛赴假還江陵夜行塗口詩注引通俗文云：通白曰皛。說文：皙，人色白也。鄘風君子偕老篇：揚且之皙也。毛傳云：皙，白皙也。鄭公孫黑字子皙，楚公子黑肱字子皙，孔子弟子狄黑字皙，曾點字皙，皆取相反之意也。小雅瓠葉箋云：斯，白也。斯與皙聲近而義同。皙音析，字從白析聲，與哲字異。哲音制，又音制，字從日折聲。舊本皙譌作哲，曹憲音制，失之。曉之言曉也。說文：曉，日之白也。廣韻引埤倉云：皭，白色也。史記屈原傳云：皭然泥而不滓者也。重言之則曰皭皭。義見釋訓。皠與下翯字同。翯之言皜皜也。說文：翯，鳥之白也。又云：翯，鳥白肥澤皃。史記司馬相如傳上林賦：翯乎滈滈。索隱引郭璞注云：水白光皃。又大人賦：吾乃今目睹西王母皠然白首。漢書作翯然。竝字異而義同。重言之則曰皠皠。義見釋訓。說文：犨，白牛也。義亦與皠同。說文：皚，霜雪之白也。枚乘七發云：白刃磑磑。又云：浩浩溰溰，如素車白馬帷蓋之張。劉歆遂初賦云：漂積雪之皚皚兮。竝字異而義同。的之言灼灼也。說文：旳，明也。引說卦傳：爲旳顙。今本作的。爾雅釋畜：的顙，白顛。舍人注云：的，白也。顙，額也。額有白毛，今之戴星馬也。爾雅釋鳥：鵫雉，鵫雉。郭注云：今白鵫也。江東呼白雗，亦名白雉。雗與翰、鵫與的，古竝同聲。覲禮：匹馬卓上，九馬隨之。鄭注云：卓猶的也。以素的一馬以爲上，是其證也。玉篇：皏，白也。又淺薄色也。素問風論：肺風之狀，色皏然白。王冰注云：皏，薄白色也。楚辭遠遊：玉色頩以脕顏兮。王逸注云：面目光澤以鮮好也。頩與皏聲義相近。說文：皤，老人白也。或作顪。引賁六四：賁如皤如。爾雅云：蘩，皤蒿。豳風七月傳云：蘩，白蒿也。白鼠謂之皤。義亦與皤同。皎或作皦。說文：皎，月之白也。引陳風：月出皎兮。又云：皦，玉石之白也。王風大車篇：有如皦日。毛傳云：皦，白也。釋文：皦本又作皎。潔，經傳通作絜。

黝、黦、黯、黶、默、䵫、黓、早、黫、涅、元、儵、緇、墨、黸、黰、焦、黎、黔、䵶、黴、𪒠、䵴、黚、縝、黳、黗、黲、黢，黑也。黕

說文、黑、火所熏之色也、釋名云、黑、晦也、如晦冥時色也、爾雅、黑謂之黝、說文、黝、微青黑色也、黝之言幽也、幽與黝古同聲而通用、周官牧人陰祀用黝牲、鄭衆注云、黝讀爲幽、幽、黑也、小雅隰桑篇其葉有幽、毛傳云、幽、黑色也、玉藻一命緼韍幽衡、鄭注云、幽讀爲黝、又周官守祧其祧則守祧黝堊之、鄭衆注云、黝讀爲幽、幽、黑也、堊、白也、引爾雅地謂之黝、牆謂之堊、黦、說文作黦、云、黑有文也、讀若飴盌字、廣韻黦音於勿於月二切、黃黑色也、周官染人夏纁元、故書纁作黷、淮南子時則訓天子衣苑黃、高誘注云、苑讀登飴之登、春秋繁露五行順逆篇云、民病心腹宛黃、並字異而義同、說文、登、豆飴也、方言注云、以豆屑雜餳也、說文、淮南子注並讀黦爲登、蓋以其色如登飴、故讀從之矣、廣韻黦又音謁、色壞也、義亦與黦同、徐鍇繫傳云、黦謂物經溽暑而變斑色也、黯之言闇也、說文、黯、深黑也、史記孔子世家云、黯然而黑、春秋晉蔡黯字墨、是其義也、說文、黶、中黑也、玉篇云、黑子也、漢書高祖紀左股有七十二黑子、顏師古注云、今中國通呼爲黶子、五行志注云、檿、山桑之有點文者也、義亦與黶同、默亦墨字也、韓詩外傳云、默然而黑、說文、黰、黑皴

也、黓、各本譌作黛、今訂正、爾雅、大歲在壬曰元黓、是黓爲黑也、字通作弋、漢書文帝紀身衣弋綈、如淳注云、弋、早也、張安世傳云、安世尊爲公侯、身衣弋綈、周官大司徒其植物宜早物、鄭衆注云、早物、柞栗之屬、今世間謂柞實爲早斗、陸機毛詩疏云、早斗殼爲汁、可以染早、說文作草、俗作皁、黫、字或作黫、說文、黫、黑羊也、廣韻引字林云、黫、黑色也、史記天官書云、黫然黑色甚明、成二年左傳、左輪朱殷、杜注云、朱、血色、血色久則殷、今人謂赤黑爲殷色、殷、黫竝音於閒反、義相近也、說文、涅、黑土在水中也、論語陽貨篇不曰白乎、涅而不緇、孔傳云、涅可以染皁、字通作泥、史記屈原傳皭然泥而不滓者也、索隱泥音涅、滓音緇、洪範正義引荀子、白沙在涅、與之俱黑、大戴禮曾子制言篇涅作泥、淮南子說山訓、譬猶以涅拭素也、高注云、涅、黑也、說文、儵、青黑繒發白色也、爾雅云、儵、黑虎、義與儵同、說文、緇、帛黑色也、釋名云、緇、滓也、泥之黑者曰滓、此色然也、考工記鍾氏染羽、三入爲纁、五入爲緅、七入爲緇、檀弓爵弁經紂衣、紂與緇同、說文、齊謂黑爲黸、字通作盧、黑土謂之壚、黑犬謂之盧、目童子謂之盧、黑弓謂之玈弓、黑矢謂之玈矢、黑水謂之瀘

水、黑橘謂之盧橘、義竝同也、說文、黮、桑葚之黑也、玉篇敕感、都甚二切、廣韻又徒感切、文選魏都賦注引聲類云、黮、淡黑色也、淮南子主術訓云、問瞽師曰、黑何若、曰、黮然、或謂之黯黮、衆經音義卷十七引倉頡篇云、黯黮、淡黑不明也、楚辭九辯云、彼日月之照明兮、尚黯黮而有瑕、說文、黕、滓垢也、九辯云、或黕點而汙之、義與黮同、桑實謂之葚、亦以其黑色名之、故魯頌桑葚字通作黮也、列子黃帝篇云、燋然肌色皯黣、逸周書王會篇用閵木、孔晁注云、閵木生水中、色黑而光、其堅若鐵、義竝與燋同、楚辭云、顏色憔悴、憔與燋義亦相近也、衆經音義卷六引字林云、黧、黑黃也、古通作黎、又作犁、史記李斯傳面目黎黑、秦策作犁、韓非子外儲說作黧、說文、耇、老人面凍黎若垢也、又云、黧黃、一曰楚雀、其色黎黑而黃、義竝同也、墨子貴義篇云、黔者、黑也、襄十七年左傳云、澤門之皙、寔興我役、邑中之黔、寔慰我心、說文、黔、黎也、秦謂民爲黔首、謂黑色也、周謂之黎民、案小雅天保篇羣黎百姓、毛傳云、黎、衆也、則黎民猶言衆民、不與黔首同義、餘見卷四黔首民也下、說文、黚、黃黑也、義亦與黔同、玉篇、黚、面黑子也、名醫別錄云、麝香去面䵟、說文、黴、物

中久雨青黑也、淮南子脩務訓云、堯瘦臞、舜黴黑、楚辭九歎云、顏黴黧以沮敗兮、穤之言墨也、玉篇音亾載切、字亦作黣、列子黃帝篇肌色皯黣、釋文、黣、埤倉作穤、謂禾傷雨而生黑斑也、今人猶謂物傷濕生斑爲穤、聲如梅、莊子知北遊篇、媒媒晦晦、釋文、媒音妹、李云、媒媒、晦貌、義與穤亦相近、說文、黯、沃黑色也、又云、嬒、女黑色也、引曹風候人篇、嬒兮蔚兮、嬒與黯同義、今本嬒作薈、毛傳云、薈蔚、雲興貌、義亦相近也、書大傳云、山龍、青也、華蟲、黃也、作繪、黑也、宗彝、白也、璪火、赤也、繪與黯亦聲近義同、說文、黚、淺黃黑也、讀若染緇中束緅紺、是讀與論語紺緅同、故鄭注以紺緅爲元類、玉篇黚音巨炎、巨今二切、則讀與黔同、黔亦黑也、鄘風君子偕老篇、鬒髮如雲、毛傳云、鬒、黑髮也、昭二十八年左傳云、昔有仍氏生女、黰黑而甚美、名曰元妻、說文、袗、元服也、士冠禮云、兄弟畢袗元、月令乘元路、鄭注云、今月令曰乘軫路、義竝與縝同、說文、黳、小黑子也、黶、䵟、黳一聲之轉、說文又云、緊、赤黑色繒也、周官巾車安車彫面鷖總、鄭衆注云、鷖讀爲鳧鷖之鷖、鷖總者、青黑色、以繒爲之、疏云、鷖者、取鳧鷖之色青黑爲義、玉篇、黳、黑石也、字或作堅、唐本草云

瑿狀似元玉而輕、出西戎、義竝與黳同。說文、黗、黃濁黑也。廣韻云、黃黑色也。黗與純聲義相近。周官媒氏凡嫁子娶妻、入幣純帛無過五兩、鄭注云、純實緇字也。古緇以才爲聲。納幣用緇、婦人陰也。玉藻大夫佩水蒼玉而純組綬、鄭注云、純當爲緇。古文緇字或作糸旁才。祭統王后蠶於北郊以共純服、鄭注以純爲緇色。釋文、純側其反。士冠禮爵弁服纁裳純衣緇帶韎韐、鄭注云、純衣絲衣也。餘衣皆用布、唯冕與爵弁服用絲耳。士昏禮純衣纁袡、鄭亦以爲絲衣。案三禮皆謂黑色爲純、則純字自有黑義、無煩改讀爲緇。亦未必皆爲紂字之譌也。古爵弁服固以絲爲之、然士冠禮之純衣與纁裳連文、則義主於色而不主於絲。士昏禮之純衣纁袡亦猶是也。若訓純爲絲、則於文不類矣。說文、黲、淺青黑色也。玉篇云、今謂物將敗時顏色黲黲也。王粲登樓賦云、天慘慘而無色、慘與黲通。說文、黝、黑木也。丹陽有黝縣。玉篇黕、於旣切、淡黑也。集韻引廣雅、黕、黑也。今本脫黕字。

槥、櫝、櫬、楬、柩、棺也。

說文、棺、關也、所以掩尸。喪大記云、君大棺八寸、屬六寸、椑四寸。上大夫大棺八寸、屬六寸。下大夫大棺六寸、屬四寸。士棺六寸。說文、槥、棺櫝也。漢書高祖紀、令士卒從軍死者、爲槥歸其縣、應劭注云、槥、小棺也。今謂之櫝。韓長孺傳云、士卒傷死、中國槥車相望。案槥者、小貌也。說見上文轊轎轉也下。櫝之言容也。義與匵匵同、亦通作匵。漢書楊王孫傳、窾木爲匵、顏師古注云、匵、小棺也。昭二十九年左傳、乘馬死、公將爲之櫝、義亦同也。說文、櫬、棺也。櫬之言親也。襄四年左傳、定姒薨、無櫬、杜注云、櫬、親身棺也。檀弓、君卽位而爲椑、鄭注云、椑謂杝棺親尸者。檮之言盛受也。玉篇、檮音受、檮棺也。檮與檮同。曲禮、在牀曰尸、在棺曰柩。白虎通義云、柩之爲言究也、久也、不復變也。

其當謂之脉、

當、謂棺前後蔽也。車前後蔽謂之簹、義與棺當同。脉通作和。呂氏春秋開春論云、昔王季葬於渦山之尾、欒水齧其墓、見棺之前和。

附引廣雅三條、

餛飩、餅也、

見衆經音義卷十五及北戶錄注、集韻、類篇引廣雅作餛飩。說文、餅、麪餈也。釋名云、餅、并也、溲麪使合并也。方言、餅謂之飩、或謂之餦、或謂之餛。齊民要術有水引餺飥法、北戶錄引作渾屯。又云、廣雅作餛飩、字苑作餺飥。顏之推云、今之餛飩、形如偃月、天下通食也。

繁弱、鉅黍、弓也、

見藝文類聚及初學記、太平御覽。釋名云、弓、穹也、張之穹隆然也。定四年左傳、封父之繁弱、杜注云、繁弱、大弓名。荀子性惡篇云、繁弱、鉅黍、古之良弓也。韓策及史記蘇秦傳竝云、谿子少府時力距來、皆射六百步之外。距與鉅通、來乃黍字之譌。史記集解云、距來者、謂弩勢勁利、足以距來敵。緣文生訓、失之。距黍疊韻字、故荀子、廣雅竝作鉅黍。潘岳閒居賦亦云、谿子巨黍、異絭同機。

谿子、弩也、

見太平御覽。說文、弩、弓有臂者。釋名云、弩、怒也、有勢怒也。淮南子俶眞訓、烏號之弓、谿子之弩、不能無弦而射。高誘注云、谿子、弩所出國名也。新序雜事篇云、蹟谿子、隨時烏。餘見上條。

廣雅疏證卷第八上

廣雅疏證卷第八下

高郵王念孫學

釋樂

休流、扶持、下謀、雲門、六䪫、五韺、大章、簫韶、大夏、大頀、大武、勺、大予、

休流未詳何代樂名。通典云：神農樂名扶持，亦曰下謀。見帝系譜及孝經緯。樂記正義及周官大司樂疏竝引孝經鉤命決云：神農之樂曰下謀。太平御覽載樂書引禮記云：神農播種百穀，濟育羣生，造五弦之琴，演六十四卦，承基立化，設降神謀，故樂曰下謀，以名功也。周官大司樂：舞雲門、大卷、大咸、大磬、大夏、大濩、大武。鄭注云：黃帝樂曰雲門、大卷，黃帝能成名萬物，以明民共財，言其德如雲之所出，民得以有族類。大咸、咸池，堯樂也，堯能殫均刑灋以儀民，言其德無所不施。大磬，舜樂也，言其德能紹堯之道也。大夏，禹樂也，禹治水傳土，言其德能大中國也。大濩，湯樂也，湯以寬治民而除其邪，言其德能使天下得其所也。大武，武王樂也，武王伐紂以除其害，言其德能成武功。樂記：大章，章之也；咸池，備矣；韶，繼也；夏，大也；殷周之樂盡矣。鄭注云：大章，堯樂名也，言堯德章明也。周禮闕之。咸池，黃帝所作樂名也，堯增脩而用之。咸，皆也；池之言施也，言德之無不施也。周禮曰大咸。漢書禮樂志：昔黃帝作咸池，顓頊作六莖，帝嚳作五英，堯作大章，舜作招，禹作夏，湯作濩，武王作武，周公作勺。勺，言能勺先祖之道也；武，言以武功定天下也；濩，言救民也；夏，大承二帝也；招，繼堯也；大章，章之也；五英，英華茂也；六莖，及根莖也；咸池，備矣。莖、英與䪫、韺同。白虎通義亦云：顓頊樂曰六莖，帝嚳樂曰五英。樂記正義、大司樂疏竝引樂緯云：帝嚳曰六英，顓頊曰五莖。蓋所傳者異也。簫，各本譌作蕭，今訂正。韶與磬、招同。皋陶謨云：簫韶九成。哀十四年公羊傳疏引宋均注樂說云：簫之言肅，舜時民樂其肅敬而紹堯道，故謂之簫韶。初學記引樂緯注云：韶，繼也，舜繼堯之後，循行其道，故曰簫韶。各本皆脫大夏二字，今補。頀與濩同。頀，各本譌作護，惟影宋本不譌。頀、護古字本通。

但廣雅䪫、韺、韶、頀四字皆從音。卷四云：頀，護也。其字亦從音，今從影宋本。詩序云：武，奏大武也。酌，告成大武也，言能酌先祖之道以養天下也。燕禮記作勺，宣十二年左傳作汋，竝字異而義同。後漢書明帝紀：改大樂為大予樂。李賢注云：尚書璇機鈐曰：有帝漢出，德洽作樂名予。故據璇機鈐改之。續漢書禮儀志注引蔡邕禮樂志云：大予樂，典郊廟上陵殿中諸會倉舉之樂。予，一作雅。班固傳東都賦：揚世廟，正予樂。文選予作雅。

樂名

題上事也。各本樂名上有右字，下鼓名、琴名竝同，此後人以意加之，爾雅、廣雅文無此例，今刪。

足鼓、植鼓、縣鼓、雷鼓、靈鼓、路鼓、鼖鼓、鼛鼓、晉鼓、鼙鼓、鼗鼓、鞀鼓、應、朄、搏拊、

白虎通義引樂記云：土曰塤，竹曰管，皮曰鼓，匏曰笙，絲曰弦，石曰磬，金曰鍾，木曰柷。此謂八音也。釋名云：鼓，廓也，張皮以冒之，其中空廓也。明堂位：夏后氏之鼓足，殷楹鼓，周縣鼓。鄭注云：足，謂四足也；楹，為之柱貫中上出也；縣，縣之簨虡也。商頌那篇：置我鞉鼓。毛傳云：夏后氏足鼓，殷人置鼓，周人縣鼓。鄭箋云：置讀曰植，植鞉鼓者，為楹貫而樹之。鞉雖不植，貫而搖之，亦植之類。中山經：洞首山用干儛置鼓。置亦讀曰植。植鼓即楹鼓也，或謂之建鼓。大射儀：建鼓在阼階西。鄭注云：建，猶樹也，以木貫而載之，樹之跗也。周頌有瞽篇云：應田縣鼓。禮器云：廟堂之下，縣鼓在西。雷本作靁鼓，或作賁，說文又作鞼，鼛或作皋。周官鼓人：以雷鼓鼓神祀，以靈鼓鼓社祭，以路鼓鼓鬼享，以鼖鼓鼓軍事，以鼛鼓鼓役事，以晉鼓鼓金奏。說文云：靁鼓八面，靈鼓六面，路鼓四面，鼖鼓、鼛鼓、晉鼓皆兩面。大司馬職云：王執路鼓，諸侯執賁鼓，軍將執晉鼓，師帥執提，旅帥執鼙。冥氏云：為阱擭以攻猛獸，以靈鼓敺之。大僕云：建路鼓于大寢之門外，以待達窮者與遽令。大雅靈臺篇云：賁鼓維鏞。顧命云：鼖鼓在西房。鼖之言墳也，爾雅云：墳，大也。又云：大鼓謂之鼖。周官大司馬疏引司馬法云：千人之帥執鼙，萬人之主執大鼓。大鼓，即鼖鼓也。考工記韗人云：鼓長八尺，鼓四尺

中圍加三之一、謂之鼖鼓、又云、爲皋鼓、長尋有四尺、鼓四尺、倨句磬折、皋亦大也、故鄭注明堂位云、皋之言高也、小雅鼓鍾篇、鼓鍾伐鼛、大雅緜篇、鼛鼓弗勝、毛傳竝云、鼛、大鼓也、周官大司樂、王大倉三侑、皆令奏鍾鼓、鼓、謂皋鼓也、荀子正論篇云、曼而饋、伐皋而倉、雍而徹、是也、考工記韗人爲皋陶、長六尺有六寸、左右端廣六寸、中尺、厚三寸、穹者三之一、上三正、鄭注云、此鼓兩面、以六鼓差之、賈侍中云、晉鼓大而短、近晉鼓也、鼛、說文作鼜、云、夜戒守鼓也、禮、昏鼓四通爲大鼜、夜半三通爲戒晨、旦明五通爲發明、周官鼓人、凡軍旅、夜鼓鼜、鄭注與說文同、眂瞭、鼜愷獻、杜子春注云、鼜、讀爲憂戚之戚、謂戒守鼓也、擊鼓聲疾數、故曰戚、鎛師、凡軍之夜三鼜、皆鼓之、守鼜亦如之、杜注云、一夜三擊、備守鼜也、春秋傳所謂賓將趨者、音聲相似、掌固、夜三鼜以號戒、杜注云、鼜、讀爲造次之造、謂擊鼓行夜戒守也、案造戚二字、古聲皆與蹙相近、詩自詒伊戚、與奧蹙菽宿覆爲韻、孟子舜見瞽瞍、其容有蹙、韓非子忠孝篇作其容造焉、大戴禮保傅篇、靈公造然失容、造然、卽蹙然、杜云、鼜、讀爲憂戚之戚、擊鼓聲疾數、故曰戚、聲則同於憂戚、義則取諸疾

數、故又云、鼜、讀爲造次之造、造次、亦疾意也、賈疏以爲取軍中憂懼之意、失之、大雅緜箋云、凡大鼓之側有小鼓、謂之應鼙朔鼙、大射儀建鼓在阼階西、應鼙在其東、一建鼓在西階西、朔鼙在其北、注云、應鼙、應朔鼙也、先擊朔鼙、應鼙應之、朔、始也、釋名云、鼙、裨也、裨助鼓節也、月令、命樂師脩鞀鞞鼓、鞞與鼙同、鞀與鼗同、爾雅、大鼗謂之麻、小者謂之料、皋陶謨云、下管鼗鼓、周官小師、掌教鼓鼗、注云、鼗、如鼓而小、持其柄搖之、旁耳還自擊、大射儀鼗倚于頌磬西紘、注云、鼗如鼓而小、有柄、賓至搖之以奏樂、鼗之言兆也、兆、始也、釋名云、鼗、導也、所以導樂作也、商頌作鞉、月令作鞀、說文云、籒文作磬、竝字異而義同、應、謂應鼙也、謂朔鼙也、爾雅、小鼓謂之應、孫炎注云、和應大鼓也、禮器云、廟堂之下、應鼓在東、周官小師、下管、擊應鼓、注云、應、鼙也、周頌有瞽篇、應田縣鼓、毛傳云、應、小鞞也、鄭箋云、田、當作朄、朄、小鼓、在大鼓旁、應鞞之屬也、朄、說文作軸、云、擊小鼓引樂聲也、周官大師、下管播樂器、令奏鼓朄、鄭衆注云、朄、小鼓也、先擊小鼓、乃擊大鼓、小鼓爲大鼓先引、故曰朄、朄、讀爲道引之引、朄字從申、柬聲、各本譌從東、今訂正、釋名云、搏拊、以韋盛糠、形如鼓、以手拊拍之也、皋陶謨、搏拊琴瑟、書大傳云、以韋爲鼓、謂之搏拊、搏拊、或謂之拊搏、或謂之拊、其實一也、明堂位、拊搏玉磬、注云、拊搏、以韋爲之、充之以糠、形如小鼓、所以節樂、大戴禮禮三本篇、縣一磬而尚拊搏、荀子禮論篇作縣一鍾尚拊膈、周官大師、帥瞽登歌、令奏擊拊、注云、拊、形如鼓、以韋爲之、著之以糠、樂記云、弦匏笙簧、會守拊鼓、

鼓名

神農氏琴長三尺六寸六分、上有五弦、曰宮、商、角、徵、羽、文王增二弦、曰少宮、少商、

風俗通義引世本云、神農作琴、說文、琴、禁也、神農所作、洞越練朱五弦、周加二弦、後漢書仲長統傳注引三禮圖云、琴本五弦、曰宮商角徵羽、文王增二、曰少宮少商、初學記引琴操云、琴長三尺六寸六分、廣六寸、五弦、大弦爲君、小弦爲臣、文王武王加二弦、以合君臣之恩、各本商上脫少字、藝文類聚、玉海引廣雅

竝作少宮少商、今據補、

鳴廉、脩營、藍脅、號鍾、宮中、自鳴、焦尾、

淮南子脩務訓云、琴或撥刺枉橈、闊解漏越、而稱以楚莊之琴、則側室爭鼓之、山桐之琴、澗梓之腹、雖鳴廉脩營、唐牙莫之鼓也、高誘注云、鳴廉、言其鳴音聲有廉隅、脩營、音清涼、聲和調也、案此謂世俗之人皆貴古而賤今、故琴之惡者、而稱爲古琴、則人爭鼓之、否則雖善而莫之鼓也、故下文云、服劍者期於銛利、而不期於墨陽莫邪、乘馬者期於千里、而不期於驊騮綠耳、鼓琴者期於鳴廉脩營、而不期於濫脅號鍾、是濫脅號鍾爲古琴之名、而鳴廉脩營乃言其聲之美、非琴名也、廣雅以四者皆爲琴名、失之、濫與藍同、楚辭九歎、破伯牙之號鍾兮、王逸注云、號鍾、琴名、馬融長笛賦云、若絙瑟促柱、號鍾高調、宮中、當爲空中、聲之誤也、初學記引纂要云、古琴名有鳴廉脩況藍脅號鍾自鳴空中、焦尾、太平御覽引大周正樂亦云鳴廉脩況藍脅自鳴空中號鍾焦尾、況與營聲相近、後漢書蔡邕傳、吳人有燒桐以爨者、邕聞火烈之聲、

知其良木、因請而裁爲琴、果有美音、而其尾猶焦、故時人名曰焦尾琴焉、宋書樂志云、齊桓曰號鍾、楚莊曰繞梁、相如曰焦尾、伯喈曰綠綺、事出傅元琴賦、世云、焦尾是伯喈琴、伯喈傳亦云、爾、以傅氏言之、則非伯喈也、

琴名

伏羲氏瑟長七尺二寸、上有二十七弦、

風俗通義引世本云、宓羲作瑟、釋名云、瑟、施弦張之瑟瑟然也、各本此條皆刻在上文焦尾之後、琴名之前、瑟皆作琴、二十七弦皆作五弦、太平御覽玉海並引廣雅、伏羲氏琴長七尺二寸、上有五弦、則宋時廣雅本已與今本同、案琴名二字、專指上鳴廉以下七者而言、與此條曾不相涉、廣雅先記琴制、後記瑟制、是以伏羲氏瑟、刻於衆琴名之後、若如今本作伏羲氏琴、則當刻於神農氏之前矣、且徧考諸書、皆言瑟長七尺二寸、不言琴長七尺二寸、廣雅於衆樂器皆記其制、亦無獨缺瑟制之理、此因瑟字誤作琴、後人

遂移此條於琴名二字之前、并改二十七弦爲五弦、以牽合琴制、而不知與長七尺二寸之文大相抵牾也、文選笙賦注引廣雅云、琴長三尺六寸六分、五弦、瑟二十七弦、隋書音樂志云、琴、神農制爲五弦、周文王加二弦爲七、瑟、二十七弦、伏犧所作者也、顏師古急就篇注云、琴、神農所作也、長三尺六寸六分、五弦、周文王增二弦、又云、瑟、庖犧氏所作也、長七尺二寸、二十七弦、義皆本於廣雅、今據以訂正、爾雅、大瑟謂之灑、郭注云、長八尺一寸、廣一尺八寸、二十七弦、說與廣雅小異、

柷、象桶、方三尺五寸、深尺八寸、四角有陛鼠、

敔、象伏虎、背上有二十七刻、

臯陶謨、合止柷敔、周官小師疏引鄭注云、柷狀如漆筩而有椎、合之者、投椎其中而撞之、敔狀如伏虎、背有刻、所以鼓之以止樂、周頌有瞽篇、鞉磬柷圉、毛傳云、柷、木椌也、圉、楬也、圉與敔同、柷之言俶、敔之言禦也、爾雅、俶、始也、禦、禁也、釋名云、柷以作樂、敔以止樂、爾雅、所以鼓柷謂之止、所以鼓敔謂之籈、郭注云、柷如漆桶、方二尺四寸、深一尺八寸、中有椎、柄連底挏之、令左右擊、止者、其椎名、敔、如伏虎、背上有二十七鉏鋙刻、以木長尺擽之、籈者其名、風俗通義引樂記云、柷、漆桶、方三尺五寸、高尺八寸、中有椎、說與廣雅合、陛鼠、其制未聞、

倕氏鍾十六枚、

毋句氏磬十六枚、

鍾與鏞、古字通、鍾之言充也、荀子樂論云、鍾充實、磬廉制、是也、釋名云、磬、磬也、其聲磬磬然堅緻也、明堂位、垂之和鍾、叔之離磬、鄭注引世本作篇云、垂作鍾、無句作磬、垂與倕同、無與毋同、周官小胥、凡縣鍾磬、半爲堵、全爲肆、鄭注云、鍾磬者編縣之、二八十六枚而在一虡、謂之堵、鍾一堵、磬一堵、謂之肆、磬師云、掌教擊磬、擊編鍾、襄十一年左傳、鄭人賂晉侯以歌鍾二肆、杜注云、肆列也、縣鍾十六爲一肆、二肆、三十二枚、案晉語亦云、鄭伯嘉來納歌鍾二肆、又云、公賜魏絳歌鍾一肆、則鍾縣自得稱肆、不必鍾磬全而後謂

之肆也、今依杜氏解之、一虡二笱、笱各八鍾、共十六鍾、謂之肆、半肆謂之堵、磬亦如之、與周官內外傳皆合、於義爲長、

塤、象稱錘、以土爲之、有六孔、

䶵、以竹爲之、長尺四寸、有八孔、一孔上出寸三分、

塤、說文作壎、䶵、或作篪、月令作箎、釋名云、塤、喧也、聲濁喧喧然也、篪、啼也、聲從孔出、如嬰兒啼聲也、小雅何人斯篇云、伯氏吹塤、仲氏吹篪、周官小師掌教鼓塤、鄭衆注云、塤六孔、鄭注云、塤燒土爲之、大如鴈卵、笙師掌教龡塤篪、鄭衆注云、篪七孔、疏引禮圖云、篪九孔、爾雅、大篪謂之沂、大塤謂之嘂、郭注云、篪以竹爲之、長尺四寸、圍三寸、一孔上出寸三分、名翹、橫吹之、小者尺二寸、塤燒土爲之、大如鵝子、銳上平底、形似稱錘、六孔、小者如雞子、釋文引世本云、塤圍五寸半、長三寸半、六孔、篪長尺二寸、太平御覽引世本注云、篪吹孔有觜如酸棗、通典引蔡邕月令章句云、篪六孔、有距、橫吹之、或曰距、或曰翹、或曰觜、皆謂其上

出之吹孔也、通典云、今橫笛加觜者謂之義觜笛、郎篪之遺象也、各本八孔下、多前有一孔上有三孔後有四孔頭有一孔十六字、又脫去一孔上出寸三分、七字、太平御覽引廣雅、篪前有一孔、後有四孔、頭有一孔、則所見本已與今本同、但少上有三孔一句耳、案上文塤有六孔、下文龠有七孔、管有六孔、皆不言諸孔所在之處、今本前有一孔云云、文與前後不協、必曹憲之注、誤入正文者也、其上出之吹孔、與諸孔異、故獨記其制、猶下文竽笙之管、獨記其宮管也、爾雅注云、一孔上出寸三分、義卽本於廣雅、周官笙師疏引廣雅云、篪以竹爲之、長尺四寸、八孔、一孔上出寸三分、今據以訂正、

籟謂之簫、大者二十四管、小者十六管、有底、

說文、簫、參差管樂、象鳳之翼、釋名云、簫、肅也、其聲肅肅而清也、周頌有瞽篇、簫管備舉、鄭箋云、簫、編小竹管、如今賣餳者所吹也、爾雅、大簫謂之言、小者謂之筊、通典引月令章句云、簫、編竹有底、大者二十三管、小者十六管、長則濁、短則清、以密蠟實其底而增減之則和、周官小師疏引易通卦驗云、簫長尺四寸、藝

文類聚引三禮圖云、雅簫長尺四寸、二十四彄、頌簫長尺二寸、十六彄、彄、亦管也、籟之言厲也、聲清厲也、高誘注淮南子齊俗訓云、簫、籟也、莊子齊物論篇、人籟則比竹是已、

笙以瓠爲之、十三管、宮管在左方、

竽象笙、三十六管、宮管在中央、

釋名云、笙、生也、竹之貫匏、象物貫地而生也、以匏爲之、故曰匏也、竽、亦是也、其中汙空以受簧也、簧、橫也、於管頭橫施於中也、爾雅、大笙謂之巢、小者謂之和、郭注云、列管匏中、施簧管端、大者十九簧、小者十三簧、周官笙師、掌教龡竽笙、鄭衆注云、竽、三十六簧、笙、十三簧、疏引易通卦驗、竽長四尺二寸、鄭注云、竽類管、用竹爲之、形參差象鳥翼、風俗通義云、笙長四尺、十三簧、象鳳之身、又云、謹案樂記、竽、管三十六簧也、長四尺二寸、今二十三管、笙師疏引廣雅瓠作匏、

龠謂之笛、有七孔、

龠、或作籥、笛、或作篴、說文、龠、樂之竹管、三孔、以和衆聲也、爾雅云、大籥謂之產、其中謂之仲、小者謂之箹、邶風簡兮篇、左手執籥、毛傳云、籥、六孔、趙岐注孟子梁惠王篇云、籥、簫也、或曰籥若笛而短、有三孔、周官笙師、掌教龡籥篴、鄭注云、籥、如篴、三空、杜子春注云、篴、今時所吹五空竹篴、笛與龠形相似、故對文則異、散文則通、釋名云、笛、滌也、其聲滌滌然也、說文、笛、七孔筩也、羌笛三孔、風俗通義引樂記云、笛長一尺四寸、七孔、馬融長笛賦謂羌笛四孔、京房加一孔以備五音、

管象篪、長尺圍寸、有六孔、無底、

爾雅、大管謂之簥、其中謂之篞、小者謂之篎、風俗通義引樂記云、管、漆竹、長一尺、六孔、宋書樂志引月令章句云、管者、形長尺圍寸、有六孔、無底、周官小師、掌教鼓管、鄭衆注云、管、如篪、六孔、爾雅注引賈逵解詁同、鄭注云、管、如篴而小、併兩而吹之、今大予樂官有焉、周頌執競篇作筦、大戴禮少閒篇作琯、說文云、古者琯以玉、舜之時、西王母來獻其白玉琯、前零陵文學奚景、於泠道舜祠下得笙、玉琯、各本六孔上脫有

字、史記司馬相如傳正義及太平御覽引廣雅俱有有字、與上塤、篪、龠三條文同一例、今據補、

天子樂八佾、諸公六佾、諸侯四佾、

春秋隱五年、考仲子之宮、初獻六羽、公羊傳云、六羽者何、舞也、天子八佾、諸公六、諸侯四、穀梁傳同、白虎通義云、八佾者何謂也、佾者、列也、以八人爲行、列八八六十四人也、諸公六六爲行、諸侯四四爲行、何休公羊注同、

㗢、歈、謳、詠、吟、歌也、

樂記云、歌之爲言也、長言之也、㗢之言洪大也、玉篇胡冬、徒弄二切、廣韻引埤倉云、㗢、大歌聲也、楚辭招魂、吳歈蔡謳、王逸注云、歈、謳、皆歌也、左思吳都賦、荊豔楚舞、吳愉越吟、愉與歈通、歈之言揄也、說文、揄、引也、亦長言之意也、說文、謳、齊歌也、詠之言永也、所謂歌永言也、

廣雅疏證卷第八下

廣雅疏證卷第九上

高郵王念孫學

釋天

太初、氣之始也、生於酉仲、清濁未分也、太始、形之始也、生於戌仲、清者爲精、濁者爲形也、太素、質之始也、生於亥仲、已有素朴、而未散也、三氣相接、至於子仲、剖判分離、輕清者上爲天、重濁者下爲地、中和爲萬物、

列子天瑞篇云、太初者、氣之始也、太始者、形之始也、太素者、質之始也、氣形質具而未相離、故曰渾淪、又云、一者、形變之始也、清輕者上爲天、濁重者下爲地、沖和氣者爲人、故天地含精、萬物化生、易乾鑿度同、小雅采薇正義引詩緯云、陽生酉仲、陰生戌仲、太平御覽引詩推度災云、陽本爲雄、陰本爲雌、物本爲魂、

雄生八月仲節、號曰太初、又引乾鑿度云、雌生戌仲、號曰太始、雄雌俱行三節、而雄合物魂、號曰太素、

天地辟設、人皇以來、至魯哀公十有四年、積二百七十六萬歲、分爲十紀、曰九頭、五龍、攝提、合雒、連通、序命、循蜚、因提、禪通、疏訖、

續漢書律歷志引蔡邕議云、元命苞、乾鑿度、皆以爲開闢至獲麟、二百七十六萬歲、文選魯靈光殿賦注引春秋命歷序云、皇伯、皇仲、皇叔、皇季、皇少、五姓同期、俱駕龍、號曰五龍、又云、人皇九頭、宋均曰、九頭、九人也、各本攝譌作挺、雒譌作雄、連譌作建、循譌作脩、蜚疏訖譌作流記、司馬貞補三皇紀引春秋緯云、十紀、一曰九頭紀、二曰五龍紀、三曰攝提紀、四曰合雒紀、五曰連通紀、六曰序命紀、七曰循飛紀、八曰因提紀、九曰禪通紀、十曰疏訖紀、禮記正義引六藝論注云、六紀者、九頭紀、五龍紀、攝提紀、合洛紀、連通紀、序命紀、書正義引廣雅云、十紀者、九頭、五龍、攝提、合雒、連通、序命、循蜚、因提、禪通、疏仡、今據以訂正、

年紀、

東方昦天、東南陽天、南方赤天、西南朱天、西方成天、西北幽天、北方元天、東北變天、中央鈞天、

呂氏春秋有始覽云、天有九野、中央曰鈞天、東方曰蒼天、東北曰變天、北方曰元天、西北曰幽天、西方曰顥天、西南曰朱天、南方曰炎天、東南曰陽天、開元占經天占篇引尚書考靈曜云、東方皞天、西方成天、南方赤天、餘與呂氏春秋同、蓋廣雅所本也、皞與昦同、楚辭天問、九天之際、安放安屬、王逸注亦與考靈曜同、變各本譌作變、初學記、太平御覽引廣雅並作變、今據以訂正、又初學記、太平御覽引廣雅赤天並作炎天、

九天

天圜廣南北二億三萬三千五百里七十五步、東西短減四步、周六億十萬七百里二十五步、從地至天、一億一萬六千七百八十七里半、下度地之厚、與天高等、

億與億同、各本圜廣譌作圜闊、周官大司徒疏、開元占經天占篇、法苑珠林日月篇、太平御覽並引廣雅天圜廣南北二億三萬三千五百里七十五步、今據以訂正、又各本八十七里下脫半字、大司徒疏引廣雅從地至天一億一萬六千七百八十七里半、開元占經、初學記、太平御覽、法苑珠林引廣雅並作八十一里半、雖一與七異文、而里下皆有半字、今據補、案此條天度里數、與下條宿度里數不同、則所采非一人之說、又案周髀經云、天離地八萬里、淮南子天文訓云、天去地億五萬里、張衡靈憲云、八極之維、徑二億三萬二千三百里、南北則短減千里、東西則增廣千里、自地至天、半於八極、則地之淺亦如之、論衡說日篇云、天行三百六十五度、凡積七十三萬里、海外東經注引詩含神霧云、天地東西二億三萬三千里、南北二億三萬一千五百里、藝文類聚引春秋元命包云、天周九九八十一萬里、又引三五歷紀云、天去

地九萬里開元占經天占篇引洛書甄耀度云天地相去十七萬八千五百里又引孝經援神契云周天七衡六間者相去萬九千八百三十三里三分里之一合十一萬九千里又引關令內傳云天地南午北子相去九十一萬里東亦西酉亦九十一萬里四隅空相去亦爾天去地四十萬九千里以上諸書所言天度與廣雅或大同小異或相去縣絕其廣袤里數不知據恒星天言之乎抑據日月五星天言之乎既無定法可憑今皆存而不論

天度

東方七宿七十五度南方七宿百一十二度西方七宿八十度北方七宿九十八度四分度之一四方凡三百六十五度四分度之一一度二千九百三十二里二十八宿閒相距積一百七萬九百一十三里徑三十五萬六千九百七十一里

此謂赤道度也開元占經二十八宿占引劉向洪範傳云東方七宿七十五度北方七宿九十八度四分度之一西方七宿八十度南方七宿百一十二度淮南子天文訓云星分度角十二亢九氐十五房五心五尾十八箕十一四分一斗二十六牽牛八須女十二虛十危十七營室十六東壁九奎十六婁十二胃十四昴十一畢十六觜巂二參九東井三十三輿鬼四柳十五七星七張翼各十八軫十七月令正義引尚書考靈耀云周天三百六十五度四分度之一一度二千九百三十二里千四百六十一分里之三百四十八周天百七萬一千里徑三十五萬七千里說與廣雅小異又案徑三十五萬六千九百七十一里各本皆脫一字周官大司徒疏引廣雅已與今本同今以圜三徑一計之當有一字續漢書郡國志注引帝王世紀周天積一百七萬九百一十三里徑三十五萬六千九百七十一里義本廣雅今據補

宿度

東北條風東方明庶風東南清明風南方景風西南涼風西方閶闔風西北不周風北方廣莫風

淮南子天文訓云何謂八風距日冬至四十五日條風至四十五日明庶風至四十五日清明風至四十五日景風至四十五日涼風至四十五日閶闔風至四十五日不周風至四十五日廣莫風至史記律書云不周風居西北維主殺生廣莫風居北方廣莫者言陽氣在下陰莫陽廣大也條風居東北維主出萬物條之言條治萬物而出之明庶風居東方明庶者明衆物盡出也清明風居東南維主風吹萬物景風居南方景者言陽氣道竟涼風居西南維主地地者沈奪萬物氣也閶闔風居西方閶者倡也闔者藏也言陽氣道萬物闔黃泉也北堂書鈔引春秋考異郵云條者生也明庶者迎衆也清明者精芒也景者大也言陽氣長養也涼者寒也陰氣行也閶闔者咸收藏也不周者不交也言陰陽未合化也廣莫者大莫也開陽氣也隱五年左傳正義引易通卦驗條風作調風說文作融風各本西南西北下竝有方字後人以意加之也上文釋九天之名四隅皆省一方字此條內東北條風東南清明風亦無方字今據刪

八風

昌光握譽可鍇持勝履子

後漢書班固傳注引河圖云昌光出軫五星聚井太平御覽引符瑞圖云昌光者瑞光也見於天漢高受命昌光出軫晉書天文志云昌光赤如龍聖人起帝受終則見易是類謀云王察可鍇一角九尾握譽持勝履子皆未詳

祥氣

格擇旬始天狗枉矢氛祲倍譎冠珥

擇或作澤司馬相如大人賦云建格澤之脩竿兮總光燿之采旄兮垂旬始以爲幓兮曳彗星而爲髾說苑辨物篇云欃槍彗孛旬始枉矢蚩尤之旗皆五星盈縮之所生也開元占經妖星占篇引黃帝占云格澤

者如炎火之狀上黃下白從地而上下大上銳又引巫咸云旬始出於北斗旁狀如雄雞其怒青黑象伏鼈枉矢類大流星色蒼黑蛇行望之如有毛目長數匹著天史記天官書與巫咸黃帝占同釋名云枉矢言其光行若射矢之所至也開元占經流星占篇引巫咸云流星有光見人面墜地若不至地望之有足名曰天狗天官書云天狗狀如大奔星有聲其下止地類狗所墮及望之如火光炎炎衝天其下圜如數頃田處上兑有黃色說文氛祥氣也祲精氣成祥也昭十五年左傳吾見赤黑之祲非祭祥也祲氛也杜注云祲妖氛也氛惡氣也周官眡祲注云祲陰陽氣相侵漸成祥者倍字或作背譎字或作鐍璚僪又作穴呂氏春秋明理篇日有倍僪有暈珥高誘注云皆日旁之危氣也在兩旁反出爲倍在上反出爲僪在上内向爲冠兩旁内向爲珥開元占經日占篇引京氏云氣中赤外青外曲向外名爲背又引石氏云氣青赤曲向外中有一横狀如帶鉤名爲璚氣青赤立在日上名爲冠日兩旁有氣短小青赤名爲珥淮南子覽冥訓云背譎見於天漢書天文志暈適背穴抱珥虹蜺孟康曰穴多作鐍其形如玉鐍也如淳曰有氣

刺日爲鐍鐍抉傷也諸家說譎字之義各異未知孰是各本倍譎二字誤在天狗之上今訂正

祅氣

赤霄、濛澒、朝霞、正陽、淪陰、沆瀣、列缺、倒景、

淮南子人閒訓鴻鵠背負青天膺摩赤霄高誘注云赤霄飛雲也楚辭九歎云譬若王僑之乘雲兮載赤霄而淩太清又云貫澒濛以東揭兮王逸注云澒濛氣也倒言之則曰濛澒字或作厖鴻張衡思元賦云踰厖鴻於宕冥是也楚辭遠遊湌六氣而飲沆瀣兮漱正陽而含朝霞王注云陵陽子明經言春食朝霞朝霞者日始欲出赤黃氣也秋食淪陰淪陰者日沒以後赤黃氣也冬食沆瀣沆瀣者北方夜半氣也夏食正陽正陽者南方日中氣也并天元地黃之氣是爲六氣也漢書司馬相如傳呼吸沆瀣兮餐朝霞應劭注與王逸同卷一云淪沒也日沒以後之氣故曰淪陰淪曹憲音倫各本淪字誤作渝音内倫字誤作喻又誤入正文今訂正楚辭遠遊云上至列缺兮降望大壑漢書司馬相如傳貫列缺之倒景兮服虔曰

人在天上下向視日月故景倒在下也張注引陵陽子明經云列缺氣去地二千四百里倒景氣去地四千里其景皆倒在下

常氣

一穀不升曰歉、二穀不升曰饑、三穀不升曰饉、四穀不升曰㱩、五穀不升曰大侵、

此襄二十四年穀梁傳文也穀梁傳歉作嗛㱩作康范甯注云嗛不足貌康虛也侵傷也案歉饑饉㱩皆虛乏之名饑與飢同意卷三云歉堇少也堇與饉同意㱩者空聲之轉說文㱩飢虛也淮南子天文訓云三歲而一饑六歲而一衰十二歲而一康韓詩外傳㱩作鎌㱩作荒荒亦㱩也爾雅濂虛也郭璞音義云本或作荒泰九二包荒鄭讀爲康

口口口

右影宋本皇甫本畢本吳本皆缺三字胡本據爾雅補炎字與所缺字數不合郎本於炎下加氣字其謬滋甚今仍缺三字

蒼曰靈威仰、赤曰赤熛怒、黃曰含樞紐、白曰白招矩、黑曰叶光紀、

薛綜注東京賦引河圖云蒼帝神名靈威仰赤帝神名赤熛怒黃帝神名含樞紐白帝神名白招拒黑帝神名協光紀周官大宗伯疏引春秋運斗樞云大微宮有五帝座星又引文耀鉤云春起青受制其名靈威仰夏起赤受制其名赤熛怒秋起白受制其名白招拒冬起黑受制其名叶光紀季夏六月火受制其名含樞紐拒與矩同協與叶同字亦作汁

五帝號

立春春分東從青道二出黃道東交於房二度中立夏

夏至、南從赤道二出黃道南、交於七星四度中、立秋秋分、西從白道二出黃道西、交於胃十二度中、立冬冬至、北從黑道二出黃道北、交於虛二度中、四季之月、還從黃道、

唐書大衍歷議引洪範傳云、日有中道、月有九行、中道謂黃道也、九行者、青道二出黃道東、赤道二出黃道南、白道二出黃道西、黑道二出黃道北、立春春分、月東從青道、立夏夏至、月南從赤道、立秋秋分、月西從白道、立冬冬至、月北從黑道、漢書天文志略同、大衍歷議又云、推陰陽歷交在冬至夏至、則月行青道白道、所交則同、而出入之行異、故青道至春分之宿及其所衝、皆在黃道正東、白道至秋分之宿、及其所衝、皆在黃道正西、若陰陽歷交在立春立秋、則月循赤道黑道、所交則同、而出入之行異、故赤道至立夏之宿、及其所衝、皆在黃道西南、黑道至立冬之宿、及其所衝、皆在黃道東北、若陰陽歷交在春分秋分、則

月行赤道黑道、所交則同、而出入之行異、故赤道至夏至之宿、及其所衝、皆在黃道正南、黑道至冬至之宿、及其所衝、皆在黃道正北、若陰陽歷交在立夏立冬、則月循青道白道、所交則同、而出入之行異、故青道至立春之宿、及其所衝、皆在黃道東南、白道至立秋之宿、及其所衝、皆在黃道西北、其大紀皆兼二道、而實分主八節、合於四正四維、按陰陽歷中終之所交、則月行正當黃道、去交七日、其行九十一度、齊於一象之率、而得八行之中、八行與中道而九、是謂九道、

月行九道

正月不溫、七月不涼、二月不風、八月雷不藏、三月風不衰、九月無降霜、四月雷不見、十月蟄蟲行、五月陽暑不衰、十一月不合凍、六月浮雲不布、十二月草不惠、七月白露不降、正月有微霜、八月浮雲不歸、二月雷不行、九月物不凋、三月草木傷、十月流火不定、四月蚰蟲不育、十一月寒不降、五月雨雹、十二月萌類不見、六月五穀不實、

正月建寅、七月建申、申與寅衝、故七月不涼、與正月不溫相應也、下皆放此、淮南子時則訓云、孟春與孟秋爲合、仲春與仲秋爲合、季春與季秋爲合、孟夏與孟冬爲合、仲夏與仲冬爲合、季夏與季冬爲合、故正月失政、七月涼風不至、二月失政、八月雷不藏、三月失政、九月不下霜、四月失政、十月不凍、五月失政、十一月蟄蟲冬出其鄉、六月失政、十二月草木不脫、七月失政、正月大寒不解、八月失政、二月雷不發、九月失政、三月春風不濟、十月失政、四月草木不實、十一月失政、五月下雹霜、十二月失政、六月五穀疾狂、義與此條相近、

月衝

衝、字亦作衝、漢書五行志引京房易傳云、蜺再重赤而專、至衝旱、孟康注云、專員也、若五月蜺再重赤而員、至十一月旱也、案十一月與五月相對、故曰衝、衝者相對之名、淮南子天文訓云、歲星之所居、其對爲衝、

日月五星行黃道、始營室東壁奎婁胃之陽、入昴畢閒、行觜觿參之陰、度東井輿鬼行柳七星張翼軫之陰、入角亢閒、貫氐房、出心尾箕之陰、入斗牽牛閒、行須女虛危之陽、復至營室、

漢書天文志云、中道者、黃道、一曰光道、光道北至東井、南至牽牛、東至角、西至婁、日之所行爲中道、月五星皆隨之也、開元占經日占篇引河圖云、日月五星同道、過牽牛須女虛危營室東壁奎婁胃昴、皆行其南之九尺、畢北七尺、觜觿參北一丈三尺、貫東井出輿鬼南六尺、出柳北六尺、出七星張北一丈三尺、出

翼軫北一丈二尺、貫角亢、出氐南二尺、出房左右股閒、出心北二尺、出尾北九尺、出箕北六尺、貫斗、復至牽牛、此日月五星行常道也、各本皆脫亢字、今補、

七燿行道

山神謂之离、

說文、离、山神獸形、字亦作螭、文十八年左傳、投諸四裔、以禦螭魅、周官、凡以神仕者、疏引服虔注云、螭、山神獸形、或曰如虎而噉虎、魅、怪物、或曰、人面獸身而四足、好惑人、山林異氣所生、爲人害者、

河伯謂之馮夷、江神謂之奇相、

莊子大宗師篇、馮夷得之、以遊大川、司馬彪注引清泠傳云、馮夷、華陰潼鄉隄首人也、服八石、得水仙、是爲河伯、竹書紀年、帝芬十六年、洛伯用與河伯馮夷鬭、文選七發注引淮南子作馮遲、海內北經、從極之淵、維冰夷恒都焉、冰夷人面、乘兩龍、郭璞注云、冰夷、馮夷也、穆天子傳、陽紆之山、河伯無夷之所都居、郭注云、無夷、馮夷也、史記封禪書索隱引庾仲雍江記云、奇相、帝女也、卒爲江神、郭璞江賦、奇相得道而宅神、乃協靈爽於湘娥、義本此、

物神謂之鬽、

說文、鬽、老精物也、或作魅、周官、凡以神仕者、以夏日至致地示物鬽、鄭注云、百物之神曰鬽、餘見上山神謂之离下、各本鬽字譌作鬼、今訂正、

土神謂之羵羊、水神謂之罔象、木神謂之畢方、火神謂之游光、金神謂之清明、

魯語、季桓子穿井、獲如土缶、其中有羊焉、使問之仲尼、對曰、木石之怪夔蝄蜽、水之怪龍罔象、土之怪墳羊、韋昭注云、或云罔象食人、一名沐腫、唐固注云、墳羊、雌雄未成者、淮南子氾論訓、山出嘄陽、水生罔象、木生畢方、井生墳羊、高誘注云、罔象、水之精也、畢方、木之精也、狀如鳥、青色、赤腳、一足、不食五穀、墳羊、土之精也、墳與羵通、法苑珠林六道篇引夏鼎志云、罔象如三歲兒、赤目黑色、大耳長臂赤爪、索縛則可得食、張衡東京賦作罔像、並與罔象同、韓非子十過篇云、畢方並鎋、蚩尤居前、畢字或作必、藝文類聚引尸子云、木之精氣爲必方、又法苑珠林審察篇引白澤圖云、火之精名曰必方、狀如鳥、一足、以其名呼之則去、又云、上有山林、下有川泉、地理之閒生精、名曰必方、狀如鳥、長尾、薛綜注東京賦云、畢方、老父神、如鳥、一足兩翼、常銜火在人家作怪災、說並與廣雅異、東京賦、殪野仲而殲游光、薛綜注云、野仲、游光、惡鬼也、兄弟八人、常在人閒作怪害、馬融廣成頌云、捎罔兩、拂游光、游或作遊、法苑珠林六道篇引王子云、木精爲遊光、金精爲清明、諸書說游光、亦與廣雅異、

異祥

漢書五行志云、異物生謂之眚、自外來謂之祥、

朱明、曜靈、東君、日也、

楚辭天問、曜靈安藏、王逸注云、曜靈、日也、九歌有東君篇、史記封禪書、晉巫祠五帝、東君、雲中、司命、巫社、巫族人、先炊之屬、索隱引廣雅、又云、東君亦見歸藏易、

夜光謂之月、

楚辭天問、夜光何德、王逸注云、夜光、月也、

天河謂之天漢、

夏小正傳云、漢也者、天漢也、小雅大東傳云、漢、天河也、

震、霣、𨗨、雵、雷也、

霣之言運轉也、說文、齊人謂靁爲霣、古文作䨓、𨗨之言哼哼然也、廣韻云、𨗨、雷也、出韓詩、雵之言砰訇也、玉篇、雵、補孟切、雷也、集韻云、雷聲也、影宋本、皇甫本、雵字誤作霁、又誤在雷也二字之下、畢吳諸本皆誤作霁、今訂正、

雲運也、雨集也、

呂氏春秋圜道篇、雲氣西行云云然、冬夏不輟、高誘注曰、云、運也、周旋運布、膚寸而合、西行則雨也、藝文類聚引禮統云、雲者、運氣布恩普博也、初學記引春秋說題辭云、雲之爲言運也、含陽而起、以精運也、各本皆脫雲字、今補、

晷柱、景也、

說文、晷、日景也、柱、謂景柱也、淮南子俶眞訓云、以鴻濛爲景柱、又繆稱訓、列子觀景柱而知持後矣、高誘注云、先有形而後有景、形可亾而景不可傷、

風師謂之飛廉、雨師謂之蓱翳、雲師謂之豐隆、

周官大宗伯、以槱燎祀司中、司命、飌師、雨師、飌與風同、風師、一曰風伯、韓非子十過篇云、風伯進掃、雨師灑道、楚辭離騷、後飛廉使奔屬、王逸注云、飛廉、風伯也、九辯云、通飛廉之衙衙、蓱字或作萍、又作屏、楚辭

天問、蓱號起雨、王注云、蓱、蓱翳、雨師名也、文選洛神賦注引虞喜志林、亦以爲雨師、然王注九歌雲中君又云、雲神、豐隆也、一曰屏翳、漢書司馬相如傳、召馮翳、誅風伯、刑雨師、應劭曰、屏翳、天神使也、韋昭曰、雷師也、曹植詰咎文云、屏翳司風、洛神賦云、屏翳收風、則又以爲風師、未知孰是、楚辭離騷、吾令豐隆乘雲兮、王注云、豐隆、雲師、一曰雷師、案開元占經石氏中官占引石氏云、五車東南星名曰司空、其神名曰雷公、西南星名曰卿、其神名曰豐隆、則豐隆雷公、非一神也、若淮南子天文訓、季春三月、豐隆乃出、以將其雨、張衡思元賦、豐隆軒其震霆兮、則並以豐隆爲雷師、然離騷既云、豐隆乘雲、九章又云、願寄言於浮雲兮、遇豐隆而不將、則以豐隆爲雲師、於義爲長、司馬相如大人賦云、貫列缺之倒景兮、涉豐隆之滂濞、揚雄河東賦云、雲霏霏而來迎兮、澤滲灕而下降、鬱蕭條其幽藹兮、滃汎沛以豐隆、皆以豐隆爲雲也、

日御謂之羲和、月御謂之望舒、

楚辭離騷、吾令羲和弭節兮、王注云、羲和、日御也、初學記引淮南子天文訓、爰止羲和、爰息六螭、許愼注云、日乘車、駕以六龍、羲和御之、離騷、前望舒使先驅兮、王注云、望舒、月御也、漢書揚雄傳、望舒弭轡、服虔注亦云、

青龍、天一、太陰、太歲也、

爾雅、大歲在寅曰攝提格、淮南子天文訓、太陰在寅歲名曰攝提格、開元占經歲星占篇引許愼注云、太陰謂太歲也、天文訓又云、天神之貴者、莫貴於青龍、或曰天一、或曰太陰、太平御覽引尚書考靈耀、青龍甲寅、攝提格孳、鄭注云、青龍、歲也、歲、卽太歲、周官保章氏、十有二歲之相、鄭注云、歲、謂太歲、歲星爲陽、右行於天、太歲爲陰、左行於地、十二歲而小周、是也、或曰攝提、開元占經歲星占引甘氏云、攝提格之歲、攝提在寅、歲星在丑、是也、青龍或曰倉龍、漢書王莽傳、歲在壽星、倉龍癸酉、服虔注云、倉龍、太歲、是也、太陰、或曰歲陰、史記天官書云、攝提格歲、歲陰左行在寅、歲星右轉居丑、是也、

甲乙爲榦、榦者、日之神也、寅卯爲枝、枝者、月之靈也、

大戴禮曾子天圓篇云、陽之精氣曰神、陰之精氣曰靈、各本枝下脫者字、今補、

甲剛乙柔、丙剛丁柔、戊剛己柔、庚剛辛柔、壬剛癸柔、

淮南子天文訓云、凡日、甲剛乙柔、丙剛丁柔、以至於癸、曲禮云、外事以剛日、內事以柔日、

甲齊、乙東夷、丙楚、丁南夷、戊魏、己韓、庚秦、辛西夷、壬衞、癸北夷、子周、丑狄、寅楚、卯鄭、辰晉、巳衞、午秦、未宋、申齊、酉魯、戌趙、亥燕、

淮南子天文訓、漢書天文志、及開元占經日辰占邦篇引石氏說、並與廣雅略同、石氏及天文志、寅楚作寅越、未宋作未中山、石氏乙東夷作乙東海、壬衞作壬燕、戌趙作戌越、天文訓、癸北夷作癸、趙、天文志壬衞作壬燕、趙、辰晉作辰邯鄲、戌趙作戌吳越、亥燕下有代字、

角亢鄭、氐房心宋、尾箕燕、斗牽牛須女吳越、虛危齊、營

室東壁衞、奎婁魯、胃昴畢趙、觜觹參魏、東井輿鬼秦、柳七星張周、翼軫楚、

周官保章氏以星土辨九州之地所封封域皆有分星以觀妖祥鄭注云大界則曰九州州中諸國之封域於星亦有分焉其書亡矣堪輿雖有郡國所入度非古數也今其存可言者十二次之分也星紀吳越也元枵齊也娵訾衞也降婁魯也大梁趙也實沈晉也鶉首秦也鶉火周也鶉尾楚也壽星鄭也大火宋也析木燕也案襄九年左傳云商主大火二十八年傳云歲棄其次而旅於明年之次以害鳥帑周楚惡之昭元年傳云辰爲商星參爲晉星十年傳云顓頊之虛姜氏任氏實守其地十七年傳云衞顓頊之虛也其星爲大水周語云歲在鶉火則我有周之分野也晉語云實沈之虛晉人是居此皆星次分野之可據者也考淮南子天文訓漢書地理志史記天官書正義引星經及晉書天文志所載范蠡鬼谷先生張良諸葛亮譙周京房張衡諸家說星次分野並與廣雅略同惟天文訓以斗牽牛爲越之分野須女爲吳

之分野胃昴畢爲魏之分野觜觹參爲趙之分野史記正義引星經以須女爲齊之分野危爲衞之分野畢爲魏之分野漢書地理志以氐爲鄭之分野斗爲吳之分野牽牛須女爲越之分野晉書天文志所載諸說以胃爲魯之分野則與廣雅小異襄九年左傳正義云天有十二次地有九州以此九州當彼十二次何必所分皆當星紀在於東北吳越實在東南魯衞東方諸矦遥屬戌亥之次漢書地理志分羣國以配諸次其地分或多或少鶉首極廣鶉火甚狹徒以相傳爲說其源不可得而聞也各本吳下脫越字觜下脫觹字今補須譌作顛今訂正

北斗七星一爲樞二爲旋三爲機四爲權五爲衡六爲開陽七爲搖光樞爲雍州旋爲冀州機爲青兖州權爲徐揚州衡爲荊州開陽爲梁州搖光爲豫州

曲禮正義引春秋運斗樞云北斗七星第一天樞第二旋第三機第四權第五衡第六開陽第七搖光第一至第四爲魁第五至第七爲杓開元占經石氏中官占引河圖云北斗第一星開樞受第二星提旋序第三星機燿緒第四星權拾取第五星玉衡拒第六星開陽紀第七星搖光吐又引春秋文曜鉤云華岐以北積石龍門西至三危之野雍州屬魁星太行以東至碣石王屋砥柱冀州屬旋星三河雷澤東至海岱以北兖青之州屬機星蒙山以東至羽山南至江會稽震澤徐揚之州屬權星大别以東至雲夢九江衡山荊州屬衡星荊山西南至岷山北距鳥鼠梁州屬開陽星外方熊耳以東至泗水陪尾豫州屬杓星

歲星謂之重華或謂之應星

開元占經歲星占篇引石氏云歲星歲行一次十二歲一周天與太歲相應故曰歲星又云歲星一名重華一名應星史記天官書同後漢書郎顗傳尚書洪範記曰德厚受福重華留之重華者歲星在心也重華各本作重星蓋因下文應星罰星而誤今訂正

營惑謂之罰星或謂之執法

營或作熒開元占經熒惑占篇引韓揚云熒惑之爲言熒惑以象讒賊進退無常不可爲極太平御覽引黃石公陰謀祕訣法云營惑者御史之象主禁令刑罰天官書正義引天官占云熒惑爲執法之星

鎮星謂之地矦

鎮或作填開元占經填星占篇引荊州占云填星其行歲填一宿故名填星又引石氏云填星一名地矦天官書同太平御覽引春秋元命包云詹諸精流生織女立地矦宋均注云地矦鎮星别名也

太白謂之長庚或謂之大囂

開元占經太白占篇引石氏云太白者大而能白故曰太白一曰大囂小雅大東篇東有啟明西有長庚毛傳云日且出謂明星爲啟明日既入謂明星爲長庚庚續也天官書云太白出東方庳近日曰明星高遠日曰大囂各本大囂作太囂因上文太白而誤今訂正

辰星謂之爨星或謂之免星或謂之鉤星

辰者、時也、開元占經辰星占篇引洪範五行傳、辰星常見於四仲以正四時、是也、各本爨星皆作鉤星、下文又云、或謂之鉤星、兩鉤字重出文選景福殿賦注引廣雅云、辰星或謂之鉤星、正與下文相合、則上鉤字譌也、天官書索隱引天官占云、辰星一名爨星、開元占經引廣雅云、辰星謂之爨星、今據以訂正、天官書云、兔七命、曰小正、辰星、天兔、安周星、細爽、能星、鉤星索隱云、謂兔星凡有七名、命者、名也、各本兔星上脫或謂之三字、今補、晏子春秋外篇、吾見鉤星在四心之閒、地其動乎、淮南子道應訓、鉤作句、四作駟、高誘注云、句星、客星也、駟、房也、句星守房心、則地動也、案句星、謂辰星也、天官書天文志並云、辰星出房心閒、地動、
是其證、

大角謂之棟星、

開元占經石氏中官占引石氏云、大角一星在攝提閒、天官書云、大角者、天王帝坐廷、開元占經引甘氏云、大角者、棟星也、又引詩紀□樞云、大角爲天棟、以正紀綱、

天宮謂之紫宮、

開元占經石氏中官占引石氏云、紫宮垣十五星、西蕃七、東蕃八、天官書云、環之匡衞十二星藩臣、皆曰紫宮、淮南子天文訓云、紫宮者、太一之居也、開元占經引樂汁圖云、天宮、紫微宮也、

參旗、

此條有闕文、不可以意增、姑記所聞以俟考正、開元占經石氏外官占引石氏云、參旗九星在參西、一名天弓、晉書天文志云、參旗一曰天旗、一曰天弓、天官書、天廁西、有句曲九星三處羅、一曰天旗、二曰天苑、三曰九游、參旗二字、各本誤入上條紫宮之上、太平御覽引廣雅、天宮謂之參旗紫宮、則所見已是誤本今訂正、

參伐謂之大辰、

參與伐相連、言參可以見伐、言伐亦可以見參、召南小星篇、維參與昴、毛傳云、參伐也、考工記熊旗六斿、以象伐也、鄭注云、伐屬白虎宿、與參連體而六星、開元占經西方七宿占引石氏云、參十星、天官書云、參爲白虎、三星直是也、下有三星兌、曰罰、其外四星左右肩股也、罰與伐同、昭十七年公羊傳、大火爲大辰、伐爲大辰、北辰亦爲大辰、何休注云、伐謂參伐也、大火與伐、天所以示民時早晚、天下所取正、故謂之大辰、辰、時也、晉語、辰參、天之大紀也、韋昭注云、所以紀天時、

太微、

此條有闕文、開元占經石氏中官占引石氏云、太微十星在翼軫北、天官書云、太微、三光之廷、匡衞十二星藩臣、西將東相南四星執法、淮南子天文訓云、太微者、太一之庭也、周官大宗伯疏引春秋元命包云、太微爲天庭、開元占經引孝經緯亦云、太微、天廷、漢書續漢書天文志並同、然則此條原文、或是太微謂之天廷與、

房謂之明堂、

爾雅、天駟、房也、天官書云、房爲天府、曰天駟、開元占經東方七宿占引石氏云、房四星、又云、房爲天子明堂、昭七年公羊傳疏引星備同、又引文燿鉤云、房心爲明堂、中央大星、天王位、漢書李尋傳云、太白隨營惑入天門、至房而分、
不敢當明堂之精、

嬃女謂之婺女、

嬃、通作須、呂氏春秋有始覽、北方曰元天、其星婺女虛危營室、淮南子天文訓作須女、開元占經北方七宿占引石氏云、須女四星、
又引巫咸云、須女、天女也

參謂之實沈、

參、已見上文、昭元年左傳云、后帝遷實沈于大夏、主參、唐人是因、故參爲晉星、晉語云、實沈之虛、晉人是居、開元占經分野略例云、
實沈、參之神也、因名次焉、

昴謂之旄頭、

爾雅、大梁、昴也、西陸、昴也、召南小星篇、維參與昴、毛傳云、昴、留也、開元占經西方七宿占引石氏云、昴七星、天官書云、昴曰髦頭、天文志、髦作旄、晉書天文志云、昴爲旄頭、昴畢閒爲天街、天子出、旄頭罕畢以前驅、此其義也、

東井謂之鶉首、

開元占經南方七宿占引石氏云、東井八星、天官書云、東井爲水事、漢書律歷志云、鶉首初東井十六度、終於柳八度、開元占經分野略例云、南方七宿、其形象鳥、以井爲冠、以柳爲口、鶉、鳥也、首、頭也、故曰鶉首、

張謂之鶉尾、

張者、鳥嗉之名、爾雅云、亢、鳥嚨、其粻、嗉、粻、通作張、嗉通作素、天官書云、柳爲鳥注、七星頸、張素、開元占經引石氏云、張六星、晉語云、歲及鶉尾、律志云、鶉尾初張十八度、終於軫十一度、

軫謂之鳥孥、

開元占經引石氏云、軫四星、天官書云、軫爲車、孥、通作帑、襄二十八年左傳、歲棄其次、而旅於明年之次、以害鳥帑、周楚惡之、杜注云、歲星棄星紀之次、客在元枵、失次於北、禍衝在南、南爲朱鳥、鳥尾曰帑、鶉火鶉尾、周楚之分、故周楚受其咎、正義云、於人則妻子爲帑、於鳥則鳥尾爲帑、妻子爲人之後、鳥尾亦鳥之後、故俱以帑爲言也、

營室謂之豕韋、

爾雅、營室謂之定、鄘風定之方中箋云、定星昬中而正四方、於是可以營制宮室、故謂之營室、開元占經北方七宿占引石氏云、營室二星、天官書云、營室爲清廟、曰離宮閣道、昭十一年左傳云、歲在豕韋、案今衞輝府滑縣古豕韋氏國、春秋時衞地也、衞爲營室之分野、故營室謂之豕韋、猶實沈主參、而因謂參爲實沈也、

北辰謂之曜魄、

爾雅、北極謂之北辰、昭十七年公羊傳疏引孫炎注云、北極、天之中、以正四時、謂之北辰、開元占經石氏中官占引石氏云、北極五星、在紫微宮中、又引黃帝占注云、北極紐星、天之樞也、天運無輟、而極星不移、案極星、即北辰也、古者極星正當不動之處、故曰居其所而衆星共之、爾雅北極謂之北辰、與角亢以下同在星名之列、公羊傳以北辰心伐爲三大辰、鄉飲酒義謂之三光、皆指極星言之、考工記匠人夜攷之極星以正朝夕、鄭注云、極星謂北辰、尤爲明據、賈逵張衡蔡邕王蕃陸績以紐星爲不動處、是也、梁祖暅測不動處距紐星一度有餘、今紐星又移而不動之處乃在鉤陳大星與紐星之閒、此因恆星東徙是以極星移度、後儒遂謂經文之北辰皆指無星之處言之、失其旨矣、呂氏春秋有始覽云、衆星與天俱遊而極星不移、高誘注云、極星北辰星也、語曰、北辰居其所而衆星拱之、故曰不移、蓋周秦之閒、極星未移、故呂氏之言正與考工相合、故高注引論語以證極星之不移、後人見極星已移、乃妄改之曰、極星與天俱遊、而天極不移、或又改爲天樞不移、以強合無星之說、而不知其不與高注大相抵啎也、凡言辰者皆在天

成象而可以正時者也、日月星謂之三辰、日月所會之宿謂之辰、極星謂之北辰、北辰心伐謂之大辰、其義一也、是以堯典言歷象日月星辰、中庸言日月星辰繫焉、祭法言日月星辰民所瞻仰、皆指在天成象者言之、後儒謂天之無星處皆辰、則無稽之言也、北堂書鈔引書大傳云、北辰謂之曜魄、春秋緯謂北極爲曜魄寶、蓋本於大傳也、各本皆云、北辰謂之大堂、天淵謂之紐兹、大堂天淵四字、因下文妃星謂之大堂、天淵謂之三淵而誤、開元占經引廣雅、北辰曰曜魄、今據以訂正、

天淵謂之紐兹、

天淵二字因下文而誤、說見上條、徧考各史志及開元占經所載諸星、皆無紐兹之目、此條脫誤已甚、不可考正矣、

妃星謂之大當、

影宋本以下大當竝譌作大堂、郎本又譌作天堂、錢氏曉徵曰、皆大當之誤、太平御覽引樂汁圖云、鉤陳、

後宮也、大當、正妃也、注云、大當、鉤陳末大星、卽天官
書所云、後句四星、末大星正妃也、唐碧落碑、大當叶
曜、中闈以睦、亦本樂
汁圖、今從錢說訂正、

天淵謂之三淵、

開元占經巫咸中外官占引巫咸云、
天淵十星在鼈東九坎閒、一名三淵、

軒轅謂之路寢、

天官書云、軒轅黃龍體、前大星女主象、旁小星御者
後宮屬、開元占經石氏中官占引石氏云、軒轅十七
星在七星北、又云、軒轅星王后以下所居宮也、一曰
帝南宮、淮南子天文訓云、軒轅者帝妃之舍也、莊三
十二年公羊傳云、路寢者何、正寢也、

輿鬼謂之天廟、

天官書云、輿鬼鬼祠事、中白者爲質、開元占經南方
七宿占引石氏云、輿鬼五星中央色白如粉絮者積
尸氣也、一曰鈇鑕、又引南官候
云、輿鬼者、天廟、主神祭祀之事、

星

圓丘、大壇、祭天也、方澤、大折、祭地也、大昭、祭四時也、坎壇、祭寒暑也、王宮、祭日也、夜明、祭月也、幽禜、祭星也、雩禜、祭水旱也、四坎壇、祭四方也、廟、祧、壇、墠、鬼、祭先祖也、

周官大司樂云、冬日至、於地上之圜丘奏之、若樂六
變則天神皆降、可得而禮矣、夏日至、於澤中之方邱
奏之、若樂八變則地示皆出、可得而禮矣、折各本譌
作坎、今訂正、祭法云、燔柴於泰壇、祭天也、瘞埋於泰
折、祭地也、用騂犢、埋少牢於泰昭、祭時也、相近於坎
壇、祭寒暑也、王宮、祭日也、夜明、祭月也、幽宗、祭星也、
雩宗、祭水旱也、四坎壇、祭四方也、山林川谷邱陵能
出雲、爲風雨、見怪物、皆曰神、有天下者祭百神、諸侯
在其地則祭之、亾其地則不祭、鄭注云、壇折、封土爲
祭處也、壇之言坦也、坦明貌也、折炤晢也、必爲炤明
之名、尊神也、昭明也、亦謂壇也、時四時也、亦謂陰陽
之神也、相近、當爲禳祈、聲之誤也、禳猶卻也、祈求也、
寒暑不時、則或禳之、或祈之、寒於坎、暑於壇、王宮、日
壇、王君也、日稱君、宮壇營域也、夜明亦謂月壇也、宗
皆當爲禜、字之誤也、幽禜亦謂星壇也、星以昏始見、
禜之言營也、雩禜亦謂水旱壇也、雩之言吁嗟也、春
秋傳曰、日月星辰之神、則雪霜風雨之不時、於是乎
禜之、山川之神、則水旱癘疫之不時、於是乎禜之、四
方卽謂山林川谷邱陵之神也、祭山林邱陵於壇、川
谷於坎、每方各爲坎爲壇、祭法又云、天下有王、分地
建國、置都立邑、設廟祧壇墠而祭之、乃爲親疏多少
之數、是故王立七廟、一壇一墠、曰考廟、曰王考廟、曰
皇考廟、曰顯考廟、曰祖考廟、皆月祭之、遠廟爲祧、有
二祧、享嘗乃止、去祧爲壇、去壇爲墠、壇墠有禱焉祭
之、無禱乃止、去墠曰鬼、諸侯立五廟、一壇一墠、曰考
廟、曰王考廟、曰皇考廟、皆月祭之、顯考廟、祖考廟、享
嘗乃止、去祖爲壇、去壇爲墠、壇墠有禱焉祭之、無禱
乃止、去墠爲鬼、大夫立三廟二壇、曰考廟、曰王考廟、
曰皇考廟、享嘗乃止、顯考祖考無廟、有禱焉爲壇祭
之、去壇爲鬼、適士二廟一壇、曰考廟、曰王考廟、享嘗

乃止、顯考無廟、有禱焉爲壇祭之、去壇爲鬼、官師一
廟、曰考廟、王考無廟而祭之、去王考爲鬼、庶士庶人
無廟、从曰鬼、注云、廟之言貌也、宗廟者、先祖之尊貌
也、祧之言超也、超上去意也、封土曰壇、除地曰墠、場
亦墠也、楚語壇場之所、韋昭注云、除地
曰場、既濟釋文引倉頡篇云、鬼、遠也、

祀處

䄧、䄚、祽、祱、䄛、臘、祓、禊、餟、祼、軷、[illegible]、[illegible]、祾、禖、禪、祧、醮、禬、餋、望、禨、祥、禫、禱、禜、禳、祭也、

䄧、臘、義見下條、藝文類聚引說文云、祭豕先曰䄚、月
祭曰祽、祱、本作餟、說文、餟、小餟也、玉篇、餟或作饞、方
言、饞、餽也、說文云、吳人謂祭曰餽、䄛本作膢、韓非子
五蠹篇云、夫山居而谷汲者、膢臘而相遺以水、說文
膢、楚俗以十二月祭飲食也、一曰嘗新始殺食新曰
貙膢、衆經音義卷九引三倉云、膢、八月祭名也、漢書
武帝紀、令天下膢五日、太平御覽引如淳注云、膢音
樓、漢儀注、立秋貙膢、許慎曰、楚俗以十二月祭飲食

也冀州北部或以八月朔作飲食爲膢其俗語曰膢臘社伏蔡邕曰貙虎常以立秋日搏獸還食其母王者亦以此日出獵還以祭宗廟膢音劉劉殺也續漢書禮儀志云立秋之日始斬牲以薦陵廟斬牲之禮名曰貙劉祓之言拂也說文祓除惡祭也周官女巫掌歲時祓除釁浴鄭注云歲時祓除如今三月上巳如水上之類釁浴謂以香薰草藥沐浴宋書禮志引韓詩云鄭國之俗三月上巳之溱洧兩水之上招魂續魄秉蘭草拂不祥又引月令季春天子始乘舟蔡邕章句曰陽氣和暖鮪魚時至將取以薦寢廟故因是乘舟禊於名川也論語莫春浴乎沂自上及下古有此禮今三月上巳祓於水濱蓋出此也續漢書禮儀志云三月上巳官民皆絜於東流水上自洗濯祓除去宿垢疢爲大絜絜者言陽氣布暢萬物訖出始絜之矣絜與禊通方言餟餽也說文餟祭酹也易林豫之大畜云住馬酘酒酘與餟同餟餟酹聲竝相近祼之言灌也說文祼灌祭也經傳亦通作灌說文出將有事于道必先告其神立壇四通樹茅以依神爲軷既祭軷轢于牲而行爲犯軷大雅生民篇取羝以軷毛傳云軷道祭也軷之言跋也字或作祓聘禮記

出祖釋軷祭酒脯乃飲酒于其側鄭注云祖始也既受聘享之禮行出國門止陳車騎釋酒脯之奠於軷爲行始也春秋傳曰跋涉山川然則軷山行之名也道路以險阻爲難是以委土爲山或伏牲其上使者爲軷祭酒脯祈告卿大夫處者於是餞之飲酒於其側禮畢乘車轢之而遂行古文軷作祓周官大馭掌馭玉路以祀及犯軷遂驅之注云行山曰軷犯之者封土爲山象以菩芻棘柏爲神主既祭之以車轢之而去喻無險難也杜子春云軷讀如別異之別謂祖道轢軷磔犬也又月令孟冬其祀行注依中霤禮云行在廟門外之西爲軷壤厚二寸廣五尺輪四尺北面設主於軷上曾子問正義引崔靈恩云宮內之軷祭古之行神城外之軷祭山川與道路之神說文𥜶數祭也卷四云𥜶謝也𥜶各本譌作𥜶今訂正禳說文作鬃云門內祭先祖所方皇或作祊小雅楚茨篇祝祭于祊傳云祊門內也爾雅閍謂之門李巡注云閍廟門名閍亦與鬃通禮器爲祊乎外注云祊祭明日之繹祭也謂之祊者於廟門之旁因名焉郊特牲祊之於東方失之矣注云祊之禮宜於廟門外之西室又祊之爲言倞也注云倞猶索也正義云凡祊有

二種一是正祭之時既設祭於廟又求神於廟門之內詩云祝祭于祊是也一是明日繹祭之時設饌於廟門外西室即上文祊之於東方注云祊之禮宜於廟門外之西室是也說文禖祭也月令仲春之月元鳥至至之日以大牢祠于高禖天子親往后妃帥九嬪御乃禮天子所御帶以弓韣授以弓矢于高禖之前注云元鳥燕也燕以施生時來巢人堂宇而孚乳嫁娶之象也媒氏之官以爲侯高辛氏之世元鳥遺卵娀簡狄吞之而生契後王以爲媒官嘉祥而立其祠焉變媒言禖神之也續漢書禮儀志注引蔡邕章句云高尊也禖媒也吉事先見之象也蓋爲人所以祈子孫之祀元鳥感陽而至其來主爲字乳蕃滋故重其至日因以用事契母簡狄蓋以元鳥至日有事高禖而生契焉故詩曰天命元鳥降而生商又引盧植注云居明顯之處故謂之高因其求子故謂之禖詩生民元鳥傳竝云祈於郊禖又魯頌閟宮有侐傳引孟仲子曰是禖宮也說文禪祭天也禪之言墠也禮器正義引書說云禪者除地爲墠文選高唐賦醮諸神禮太一李善注云醮祭也漢書郊祀志云益州有金馬碧雞之神可醮祭而致說文禬會福祭也周

官女祝掌以時招梗禬禳之事以除疾殃注云除災害曰禬禬猶刮去也大祝六祈三曰禬四曰禜注云禬禜告之以時有災變也𥛚各本譌作𥛚玉篇𥛚金媛切祭也廣韻同集韻云常山謂祭爲𥛚今據以訂正望者遙祭之名周官大宗伯國有大故則旅上帝及四望鄭衆注云四望日月星海後鄭云四望五嶽四鎭四瀆大司樂乃奏姑洗歌南呂舞大磬以祀四望注云四望五嶽四鎭四竇此言祀者司中司命風師雨師或亦用此樂焉公羊春秋僖三十一年四卜郊不從乃免牲猶三望傳云天子有方望之事無所不通諸侯山川有不在其封內者則不祭也三望者何望祭也然則曷祭祭大山河海何休注云方望謂郊時所望祭四方羣神日月星辰風伯雨師五岳四瀆及餘山川凡三十六所左傳正義云鄭元以爲望者祭山川之名三望謂淮海岱也賈逵服虔以爲三望分野之星國中山川北堂書鈔引五經異義云望祭河海太山日月星也陳祥道禮書云望雖以名山大川爲主而實兼上下之神故詩於柴望言懷柔百神及河喬嶽周禮於四望言祀而不言祭左氏曰望郊之細也又曰望郊之屬也公羊曰方望之事無所

不通則望兼上下之神可知矣說文鬾鬼俗也淮南
傳曰吳人鬼越人鬾今淮南子人閒訓作荊人鬼越
人鬾高誘注云鬾祥也鬾之言祈也漢書天文志察
鬾祥如淳注云呂氏春秋荊人鬼越人鬾今之巫祝
禱祠淫祀之比也景十三王傳彭祖不好治宮室鬾
祥服虔注云求福也士虞禮記朞而小祥曰薦此常
事又朞而大祥曰薦此祥事中月而禫注云祥禫祭
名也祥吉也禫之言澹澹然平安意也說文禱告事
求福也又云禜設緜蕝爲營以禳風雨雪霜水旱癘
疫於日月星辰山川也一曰禜衞使災不生周官大
祝六祈四曰禜注云禜如日食以朱絲禜社莊二十
五年公羊傳云日食以朱絲營社或曰脅之或曰爲
闇恐人犯之故營之祭法幽宗祭星也雩宗祭水旱
也注云宗皆當爲禜禜之言營也昭元年左傳山川
之神則水旱癘疫之災於是乎禜之日月星辰之神
則雪霜風雨之不時於是乎禜之正義云賈逵以禜
爲營攢用幣攢聚也聚草木爲祭處說文禳磔禳
祀除癘殃也鄭注女祝云卻變異曰禳禳攘也

臘、也䄍、索也、夏曰清祀、殷曰嘉平、周曰大䄍、秦曰臘、

各本皆作臘索也案索也二字乃䄍字之訓非臘字
之訓臘字下脫去本訓索也上又脫去䄍字諸書或
云臘獵也或云接也未知誰是廣雅原文今依例補
入也字而闕其訓并補入䄍字䄍本作蜡蔡邕獨斷
云臘者歲終大祭又云夏曰嘉平殷曰清祀周曰大
蜡漢曰臘風俗通義與獨斷同又云臘者獵也言田
獵取獸以祭其先祖也或曰臘者接也新故交接故
大祭以報功也劉峻注世說引五經要義云夏曰嘉
平殷曰清祀周曰大蜡總謂之臘諸書與廣雅或同
或異未知孰是僖五年左傳虞不臘矣杜注云臘歲
終祭衆神之名史記秦紀惠文君十二年初臘秦始
皇紀三十一年更名臘曰嘉平月令孟冬之月天子
乃祈來年于天宗大割祠于公社及門閭臘先祖五
祀勞農以休息之鄭注云此周禮所謂蜡也臘謂以
田獵所得禽祭也或言祈年或言大割或言臘互文
也郊特牲云天子大蜡八伊耆氏始爲蜡蜡也者索
也歲十二月合聚萬物而索饗之也注云謂求索也
萬物有功加於民者神使爲之祭之以報焉郊特牲
又云蜡之祭也主先嗇而祭司嗇也祭百種以報嗇
也饗農及郵表畷禽獸仁之至義之盡也古之君子

使之必報之迎貓爲其食田鼠也迎虎謂其食田豕
也迎而祭之也祭坊與水庸事也又云皮弁素服而
祭素服以送終也黃衣黃冠而祭息田夫也注云黃
衣黃冠而祭謂既蜡臘先祖五祀也於是勞農以休
息之禮運正義云摠而言之謂之蜡析
而言之祭百神曰蜡祭宗廟曰息民、

天子祭以鬯、諸侯以薰、卿大夫以茝蘭、士以蕭、庶人以艾、

此逸禮王度記文見白虎通義及周官鬱人疏各本
艾上脫以字今補鬯薰茝蘭蕭艾皆祼祭所用以和
鬯酒者也大雅江漢篇秬鬯一卣毛傳云秬黑黍也
鬯香草也築煮合而鬱之曰鬯正義云禮緯有秬鬯
之草中候有鬯草生郊皆謂鬱金之草也以其可和
秬鬯故謂之鬯草鄭衆注鬱人云鬱爲草若蘭釋草
云薰草蕙草也說文云茝䕡也
蘭香草也爾雅云蕭萩艾冰臺

王者以四時畋、以奉宗廟、因簡戎事、刈草爲防、敺而射之、不題禽、不垝遇、不捷草、越防不追、天子取三十焉、一爲乾梪、二爲賓客、三曰充君之庖、其餘以與士、

爾雅春獵爲蒐夏獵爲苗秋獵爲獮冬獵爲狩桓四
年穀梁傳云四時之田皆爲宗廟之事也昭八年傳
云因蒐狩以習用武事禮之大者也防謂田之大限
也小雅車攻傳云大艾草以爲防敺與驅同各本譌
作敺今訂正題禽謂迎禽而射之垝遇謂旁射也垝
或作詭孟子滕文公篇爲之詭遇一朝而獲十趙岐
注云橫而射之曰詭遇詩傳云面傷不獻翦毛不獻
正義云面傷謂當面逆射之翦毛謂在旁而逆射之
不獻者嫌誅降卽不題禽不垝遇之謂也比九五王
用三驅失前禽失讀爲放佚之佚桓四年左傳正義
引鄭注云失前禽者謂禽在前來者不逆而射之旁
去又不射唯背走者順而射之用兵之法亦如之降
者不殺奔者不禦加以仁恩養威之道亦其義也說
苑脩文篇云不抵禽不詭遇班固東都賦云弦不睼
禽繇不詭遇抵睼竝與題通說文捷獵也不捷草謂
不捷獵邪行入草中以逐獸穀梁傳所謂車軌塵馬

倏歸、不失其馳者也、越防不追、如戰不逐奔也、穀梁傳云、過防弗逐、不從奔之道也、詩傳云、戰不出頃、田不出防、不逐奔走、古之道也、穀梁傳云、禽雖多、天子取三十焉、其餘與士衆、以習射於射宮、車攻箋云、三十者每禽三十也、一爲乾豆、謂上殺也、二爲賓客、謂次殺也、三曰充君之庖、謂下殺也、先宗廟、次賓客、後庖廚、尊祖敬賓之道也、公羊穀梁王制詩傳皆有此文、詩傳云、自左膘而射之、達於右腢、爲上殺、射右耳本、次之、射左髀達於右䯚、爲下殺、何休云、自左膘射之、達於右䯚、中心死疾、鮮潔、故乾而豆之以薦於宗廟、自左膘射之、達於右脾、遠心死難、故以爲賓客、自左脾射之、達於右䯚、中腸胃汚泡、死遲、故以充君之庖廚、

隸兵、

隸、讀爲肄、肄、習也、肄與隸、古同聲而通用、玉藻肄束及帶、肄讀爲肄、昭三十年左傳若爲三師以肄焉、肄、本又作隸、

全羽曰旞、析羽曰旌、熊虎曰旗、

此周官司常文也、鄭注云、全羽析羽、皆五采、繫之於旞旌之上、所謂注旄於干首也、司常又云、師都建旗、道車載旞、斿車載旌、說文、旞、道車所載、全羽㠯爲飾、允允而進也、或作旞、旌、游車載旌、析羽注旄首所㠯精進士卒也、旗、熊旗六游、㠯象伐星、士卒㠯爲期、鄘風干旄篇云、孑孑干旌、爾雅、注旄首曰旌、李巡曰、旄牛尾著干首、孫炎曰、析五采羽注旄上也、其下亦有旒縿、襄十四年左傳、范宣子假羽旄於齊、杜注云、析羽爲旌、王者游車之所建、齊私有之、因謂之羽旄、考工記輈人云、熊旗六斿、以象伐也、

天子杠高九仞、諸侯七仞、卿大夫五仞、士三仞、

此禮稽命徵文也、見周官儀禮疏、各本脫去卿字、又脫去士三仞三字、爾雅疏所引、已與今本同、今考爾雅釋文引廣雅、大夫上有卿字、與下文卿大夫七斿至軹文同一例、又爾雅釋文、北堂書鈔、初學記、太平御覽、引廣雅並有士三仞三字、今據補、爾雅素錦綢杠、郭璞注云、以白地錦韜旗之干、干、亦杠也、語之轉耳、鄉射禮記、杠長三仞、鄭注云、杠、橦也、七尺曰仞、士喪禮、竹杠長三尺、注云、杠、銘橦也、周官司常疏云、案禮緯、天子之杠高九仞、諸侯七仞、大夫五仞、士三仞、士喪禮竹杠長三尺、則死者以尺易仞、天子九尺、諸侯七尺、大夫五尺、士三尺、其旌身亦以尺易仞也、

天子十二斿、至地、諸侯九斿、至軫、卿大夫七斿、至軹、士三斿、至肩、

說文、游、旌旗之游也、或作遊、又云、旒、旌旗之游也、字並與斿同、或謂之旒、聲亦相近也、周官巾車注云、旗之正幅爲縿、斿則屬焉、節服氏、六人維王之大常、注云、王旌十二旒、兩兩以縷綴連、旁三人持之、禮、天子旌曳地、昭七年左傳、楚子之爲令尹也、爲王旌以田、芊尹無宇斷之、十年傳、齊侯使王黑以靈姑銔率、請斷三尺焉而用之、杜注云、靈姑銔、公旗名、斷三尺、不敢與君同、新序義勇篇云、司馬子期獵於雲夢、載旗之長拖地、芊尹文拔劍齊諸軫而斷之、子期伏軾而問、對曰、臣以君旗曳地故也、國君之旗齊於軫、大夫

之旗齊於軾、今子、荊國有名大夫、而滅三等、文之斷也、不亦宜乎、周官公羊疏及左傳正義、幷引禮含文嘉云、天子之旗九仞、十二旒、曳地、諸侯七仞、九旒、齊軫、卿大夫五仞、七旒、齊較、士三仞、五旒、齊首、說與廣雅小異、案考工記云、六尺有六寸之輪、軹崇三尺有三寸也、加軫與轐焉、四尺也、鄭注云、軫、輿也、軹、轂末也、旗斿愈短、則去地愈高、此云諸侯至軫、卿大夫至軹、若爲轂末之軹、則反卑於軫、而卿大夫之斿反長於諸侯矣、然則所謂軹者、蓋兩輢之橫直木也、考工記輿人、參分較圍、去一以爲軹圍、注云、軹、輢之植者衡者是也、兩輢通高五尺五寸、其上出軾者二尺二寸、謂之較、其下三尺三寸、木橫直相結如窗櫺、所謂軹也、此軹在軫之上、而諸侯之斿齊軫、故王黑請以齊侯之旗斷三尺而用之、則至於軹而不至於軫矣、軾在軫上、亦高三尺三寸、故芊尹文謂大夫之旗齊於軾也、禮緯謂卿大夫之旒齊較、較則高於軹、又廣雅士斿至肩、禮緯士旒齊首、首亦高於肩、蓋所傳者異也、自諸侯而下、降殺以兩、禮緯謂士五旒、是也、廣雅五作三、蓋字之譌、又案周官王建大常、十有二斿、上公建旂九斿、侯伯七斿、子男五斿、孤卿建旜、大夫

士建物、其斿各視其命之數、禮緯、廣雅所記、諸侯以下旗斿、皆不視其命數、亦所傳異也、

旗幟

附引廣雅一條

年、稔、秋、穀熟也、

見廣韻太平御覽及文選永明十一年策秀才文注、說文、秊、穀孰也、從禾千聲、隸省作年、爾雅、夏曰歲、商曰祀、周曰年、孫炎注云、年、取禾穀一熟也、桓二年穀梁傳云、五穀皆熟爲有年、說文、稔、穀孰也、僖二年左傳、不可以五稔、杜注云、稔、熟也、襄二十七年傳、不及五稔、注云、稔、年也、釋文云、穀一熟、故爲一年、說文、秌、禾穀孰也、今書作秋、秋之言成就也、盤庚云、若農服田力穡、乃亦有秋、月令、麥秋至、太平御覽引蔡邕章句云、百穀各以其初生爲春、熟爲秋、故麥以孟夏爲秋、卷三云、餁、酋、熟也、餁與稔同聲、酋與秋聲亦相近、

廣雅疏證卷第九上

廣雅疏證卷第九下

高郵王念孫學

釋地

神農度四海內、東西九十萬里、南北八十一萬里、

開元占經地占篇引春秋命歷序云、神農始立州制形、甄度四海、東西九十萬里、南北八十一萬里、續漢書郡國志注引帝王世紀云、地說稱日月所照、三十五萬里、諸子所載神農之地、過日月之表、近爲虛誕矣、

帝堯所治九州、地二千四百三十萬八千二十四頃、其墾者九百一十萬八千二十四頃、

二千四百三十萬八千二十四頃、各本二十譌作二百、藝文類聚、太平御覽、竝引孝經援神契云、計校九

州之別、土壤山陵之大、川澤所注、萊沛所生、鳥獸所聚、其墾者九百一十萬八千二十四頃、磽埆不墾者千五百二十萬頃、是合而計之、共得二千四百三十萬八千二十四頃、開元占經引廣雅云、唐帝所治九州地二千四百三十萬八千二十四頃、今據以訂正、

夏禹所治四海內地東西二萬八千里、南北二萬六千里、出水者八千里、受水者八千里、

此中山經文也、管子地數篇、呂氏春秋有始覽、淮南子地形訓、竝同、

四海九州

湖、藪、陂、塘、都、吭、斥、澤、埏、衍、皋、沼、池也、

說文、湖、大陂也、王逸注九辯云、大池也、風俗通義云、湖者、都也、言流瀆四面所猥都也、藪之言聚也、草木禽獸之所聚也、故周語云、藪、物之歸也、說文、藪、大澤也、鄭風大叔于田傳云、藪、澤也、禽之府也、周官大宰

注云澤無水曰藪澤虞注云水希曰藪是藪爲有水無水之通稱矣說文陂沱也沱與池同月令注云畜水曰陂穿地通水曰池塘古通作唐周語云陂唐汙庳以鍾其美卷三云都聚也韓詩外傳云禽獸厭淡山而下於都澤都猶猪也禹貢大野既猪馬融注云水所停止淡者曰猪史記夏紀作都周官稻人以猪畜水鄭衆注引左傳規偃猪後鄭云偃猪者畜流水之陂也檀弓洿其宮而猪焉鄭注云猪都也南方謂都爲猪吭大澤也其字本作沆或作坑阬又作亢沆○亦爲鹽澤之名其字或作𪉏又作坑阬說文沆大澤也徐鍇傳引博物志云停水東方曰都一名沆王逸注七諫云陂池曰坑玉篇𪉏鹽澤也沆坑亢三字諸書中或譌作沆或譌作沈或譌作坑或譌作元久仍其誤而莫之察也亢元字相近淮南子地形訓東南方曰具區曰元澤元者亢之譌初學記太平御覽引淮南子竝作沆澤是其證也沆字俗書作沆譌而爲沆又譌而爲沈風俗通義云謹按傳曰沆者莽也言其平望莽莽無涯際也沆澤之無水斥鹵之類也今俗語亦曰沆水數沆字皆沆字之譌沆與莽聲相近皆大澤之貌故云沆者莽也言其平望莽莽無涯際

廣雅疏證　卷第九下　二

也沆又爲鹽澤之名故云斥鹵之類水經巨馬河注云督亢溝水東逕督亢澤澤包方城縣風俗通曰沆莽也言平望莽莽無崖際是其證也藝文類聚引續述征記云馬當沆中有九十臺注云齊人謂湖爲沆沆亦沆之譌沆湖一聲之轉齊人謂湖爲沆即博物志所云東方謂停水曰沆也漢書刑法志除山川沈斥城池邑居園囿術路沈亦沆之譌沆與斥同類故漢書廣雅皆以沆斥連文顏師古不知沆之譌爲沈乃云沈謂居深水之下其失也鑿矣沆字或作坑俗書作坑因譌而爲坑水經河水注云濕水東北爲馬當坑坑東西八十里南北三十里坑者坑之譌坑與沆同即續述征記之馬當沆也膠水注云膠水北歷土山注於海土山以北悉鹽坑坑亦坑之譌北堂書鈔引齊地記云齊有皮邱坑民煮坑水爲鹽是其證也文選西京賦游鷮高翬絕阬踰斥阬斥皆澤也阬與沆同故漢書趙充國傳云出鹽澤過長阬李善注阬音剛失之後漢書馬融傳彌綸阬澤皋牢陵山陵與山同類阬與澤同類李賢注以阬爲壑亦失之莊子逍遙遊篇鵬摶扶搖羊角而上者九萬里斥鴳笑之司馬彪注云斥小澤也本亦作尺淮南子精神訓

鳳皇不能與之儷而況尺鴳乎新序雜事篇尺澤之鯢豈能與之量江海之大尺竝與斥同鴳在斥中故曰斥鴳作尺者假借字耳文選七啟注引許慎云鴳雀飛不過一尺失之澤之言宅也水所宅也故周語云澤水之鍾也○埏衍聲相近故池謂之衍亦謂之埏埏曹憲音延各本埏譌作埏音內延字又譌作延考說文玉篇廣韻集韻類篇俱無埏字玉篇埏隰也池也下溼曰隰停水曰池皆有廣衍之義故皆謂之埏今本玉篇池字譌作地五音集韻埏池也五音篇海埏隰也池也竝本玉篇玉篇本於廣雅今據以訂正楚辭九歎巡陵夷之曲衍兮王逸注云衍澤也卷二云衍廣也小爾雅云澤之廣者謂之衍襄二十五年左傳井衍沃賈逵注云下平曰衍義與澤謂之衍相近小雅鶴鳴篇鶴鳴于九皋毛傳云皋澤也韓詩云九皋九折之澤昭二十八年左傳御以如皋杜注與毛傳同王逸注離騷云澤曲曰皋義亦相近也召南采蘩篇于沼于沚傳云沼池也

都野、孟豬、彭蠡、少原、振澤、渚毗、沛澤、雷澤、幽都、

廣雅疏證　卷第九下　三

禹貢原隰底績至于豬野夏本紀作都野地理志作豬壄又云休屠澤在武威郡武威縣東北古文以爲豬壄澤又云谷水出姑臧南山北至武威入海海即休屠澤也水經禹貢山水澤地都野澤在武威縣東北注云其水上承姑臧武始澤東北至武威縣故城東水流兩分一水北入休屠澤俗謂之西海一水東入豬野謂之東海通謂之都野案都野澤在今涼州府鎮番縣東北都豬古同聲豬野休屠語之轉皆取停水之義孟豬亦猶是也禹貢道菏澤被孟豬夏本紀作明都地理志作盟豬周官職方氏青州其澤藪曰望諸鄭注云望諸明都也在睢陽爾雅十藪宋有孟諸文十年左傳遂道以田孟諸杜注云孟諸宋大藪也淮南子地形訓云孟諸在沛地理志云禹貢盟諸澤在梁國睢陽縣東北元和郡縣志云孟諸澤在宋州虞城縣西北周回五十里案孟豬明都望諸皆同聲假借澤在今歸德府商邱縣東北接虞城縣界虞城西北有孟諸臺亦故澤地也自元以後歸德屢被河決澤之畔岸不可復尋矣禹貢云彭蠡既豬又云漢水南入于江東匯澤爲彭蠡地理志云彭蠡澤在豫章彭澤縣西案彭蠡澤今曰鄱陽湖周回四百

五十里浸南昌饒州南康九江四府之境上承湖漢豫章諸水北流至湖口縣入江少原渚毗幽都皆未詳所在振澤一名具區振或作震禹貢震澤底定傳云震澤吳南大湖名具區職方氏揚州其澤藪曰具區注云具區在吳南爾雅吳越之閒有具區郭注云今吳縣南大湖卽震澤是也地理志云具區澤在會稽郡吳吳縣西古文以爲震澤禹貢山水澤地云震澤在吳縣南五十里夏本紀索隱云左傳稱笠澤謂震澤也胡氏朏明禹貢錐指曰震澤葢自吳西南境東出爲松江一名笠澤在今吳江縣界水經注云松江上承太湖更逕笠澤在吳南松江左右國語越伐吳吳禦之笠澤吳軍江北越軍江南者是也孔郭指此爲太湖則誤矣又曰震澤之源當與太湖俱來若雪而水草所鍾淺而易溢自底定之後始可陂障民仰其利故職方謂之澤藪而五湖則別之曰浸迨乎日久塡於生殖漸繁遂成沃壤漢後諸儒求其地而不得遂合五湖而一之矣吾意今吳越之交自莫釐武山以東至平望八赤之閒皆古震澤地也特世代荒遠川隰更移故其迹不可尋耳水經泗水東過沛縣東注云昝許由隱於沛澤卽是縣也縣葢取澤爲名呂氏

春秋求人篇云昝者堯朝許由於沛澤之中案沛爲澤名亦爲澤之通稱僖四年公羊傳齊桓公濱海而東大陷于沛澤之中孟子滕文公篇沛澤多而禽獸至是也禹貢雷夏既澤雍沮會同夏本紀集解引鄭注云雍水沮水相觸而合入此澤中職方氏兗州其浸盧維注云盧維當爲雝雍字之誤也引禹貢爲證墨子尚賢篇云舜漁雷澤地理志云禹貢雷澤在濟陰郡成陽縣西北水經瓠子河注云雷澤在大成陽縣故城西北十餘里其陂東西二十餘里南北十餘里夏本紀正義引括地志云雷夏澤在濮州雷澤縣郭外西北雍沮二水出雷澤西北平地案雷澤在今山東曹州府荷澤縣之東北濮州之東南自五代以後河水衝決雍沮雷澤皆蕩滅無存

池

瓊支、瑾瑜、昭華、白珩、璇、璜、弁和、璵璠、垂棘、碧瓐、藍田、琜、瓄、琬、琰、璐、瑭、璑、琱、赤瑕、

支與枝同楚辭離騷折瓊枝以繼佩九歌盍將把兮瓊芳王逸注云瓊玉枝也玉篇引莊子外篇云積石生樹名曰瓊枝其高一百二十仞大三十圍以琅玕爲之實說文瑾瑜美玉也宣十五年左傳云瑾瑜匿瑕西山經云瑾瑜之玉堅栗精密濁澤而有光五色發作以和柔剛分言之則或曰瑾或曰瑜楚辭九章云懷瑾握瑜九歎云捐赤瑾於中庭玉藻云世子佩瑜玉皆是也淮南子泰族訓云堯贈舜以昭華之玉西京雜記云秦有玉笛長二尺二寸二十六孔銘曰昭華之琯昭或作苕藝文類聚引書大傳云堯贈舜以苕華之玉說文珩佩上玉所以節行步也晉語白玉之珩六雙韋昭注云珩佩上飾也形似磬而小楚語楚之白珩注云珩佩上之橫者禮記通作衡珩之言衡也衡施於佩上也一命再命黝珩三命葱珩白珩其最貴者玉藻云天子佩白玉是也說文璿美玉也引僖二十八年左傳璿弁玉纓今本璿作瓊堯典在璿機玉衡馬融注亦云美玉天官書作旋漢書安帝紀作琁並字異而義同周官大宗伯以元璜禮北方白虎通義引逸禮云半璧曰璜定四年左傳分魯公以夏后氏之璜杜注云璜美玉名明堂位云大

璜天子之器也墨子耕柱篇云和氏之璧隋侯之珠三棘六異此諸侯之所謂良寶也韓非子和氏篇云楚人和氏得玉璞楚山中奉而獻之厲王厲王使玉人相之玉人曰石也王以和爲誑而刖其左足及武王卽位和又奉其璞而獻之武王武王使玉人相之又曰石也王又以和爲誑而刖其右足及文王卽位和乃抱其璞而哭於楚山之下三日三夜王乃使玉人理其璞而得寶焉遂命曰和氏之璧新序雜事篇和氏作弁和定五年左傳陽虎將以璵璠斂杜注云璵璠美玉君所佩釋文璵本又作與說文云與璠魯之寶玉孔子曰美哉璵璠遠而望之奐若也近而視之瑟若也一則理勝一則孚勝僖二年公羊傳垂棘之白璧何休注云垂棘出美玉之地趙岐孟子注同碧瓐葢青黑色玉也瓐之言驢也釋器云碧青也驢黑也淮南子氾論訓云劒工惑劒之似莫邪者唯歐冶能名其種玉工眩玉之似碧盧者唯猗頓不失其情盧與瓐通漢書地理志云京兆尹藍田縣山出美玉外戚傳云璧帶往往爲黃金釭函藍田璧說文琜瓄玉也琜與琜同亦通作來晉書輿服志云九嬪銀印青綬佩來瓄玉說文璐玉也楚辭九章被明月

兮佩寶璐、王逸注云、寶璐、美玉也、文選雪賦注引許愼淮南子注同、淮南子脩務訓、唐碧堅忍之類、猶可刻鏤以成器用、高誘注云、唐碧、石似玉、唐與塘通、說文、瑊、三采玉也、周官弁師、瑉玉三采、故書瑉作璑、鄭衆注云、璑、惡玉名、中山經、穀水多珚玉、今本珚譌作珚、水經穀水注及太平御覽並引作珚、說文、瑕、玉小赤也、司馬相如上林賦、赤瑕駁犖、張注云、赤瑕、赤玉也、張衡七辯云、玩赤瑕之璘豳、瑕者、赤色之名、赤雲氣謂之霞、赤玉謂之瑕、馬赤白雜毛謂之騢、其義一也、

玉

水精謂之石英、瑠璃、珊瑚、玫瑰、夜光、隋侯、虎魄、金精、璣、

珠爲蚌精之名、亦爲美石之通稱、故其字從玉、爾雅西方之美者、有霍山之多珠玉焉、郭璞注云、珠、如今雜珠而精好、是珠又爲美石之通稱矣、英、衆經音義卷七引廣雅作瑛、南山經、堂庭之山多水玉、郭璞注云、水玉、今水精也、太平御覽引廣志云、水精出大秦黃支諸國、劉楨魯都賦云、水精潛光乎雲穴、說文、珋、

石之有光、璧珋也、珋與瑠同、藝文類聚引韻集云、瑠璃、火齊珠也、又引廣志云、瑠璃出黃支斯調大秦日南諸國、又引南州異物志云、瑠璃本質是石、欲作器以自然灰治之、鹽鐵論力耕篇云、璧玉珊瑚瑠璃、咸爲國之寶、瑠璃、古通作流離、漢書西域傳、罽賓國出璧流離、孟康曰、流離、青色如玉、顏師古曰、魏略云、大秦國出赤白黑黃青綠縹紺紅紫十種流離、此蓋自然之物、采澤光潤、踰於衆玉、今俗所用皆銷冶石汁、加以衆藥、灌而爲之、尤虛脃不貞實、非其物也、說文珊瑚色赤、生於海、或生於山、司馬相如上林賦、珊瑚叢生、郭璞注云、珊瑚生水底石邊、大者樹高三尺餘、枝格交錯、無有葉、漢書西域傳云、罽賓國出珊瑚、名醫別錄云、珊瑚生南海、蘇恭注云、似玉紅潤、中多有孔、亦有無孔者、又出波斯國及師子國、太平御覽引元中記云、珊瑚出大秦西海中、生水中石上、初生白、一年黃、三年赤、四年蟲食敗、珊瑚或曰蘇胡、開元占經器服占篇引孝經援神契云、王者要誓信、則蘇胡鉤出、太平御覽引作珊瑚鉤、玉篇引倉頡篇云、玫瑰、火齊珠也、韓非子外儲說左篇云、綴以珠玉、飾以玫瑰、司馬相如子虛賦、其石則赤玉玫瑰、晉灼注亦云

火齊珠、顏師古云、火齊珠、今南方之出火珠也、裴松之注魏志引魏略云、大秦國多玫瑰、劉逵吳都賦注引異物志云、火齊如雲母、重沓而可開、色黃赤似金、出日南、墨子耕柱篇云、和氏之璧、隋侯之珠、三棘六異、此諸侯之所謂良寶也、初學記太平御覽引墨子、隋侯並作夜光、史記田敬仲世家、梁王曰、寡人有徑寸之珠、照車前後各十二乘者十枚、郎所謂夜光之珠也、或謂之明月、趙策云、明月之珠、和氏之璧、文選西都賦注引許愼淮南子注云、夜光之珠、有似明月、故曰明月也、凡珠玉之有光者、通謂之夜光、故楚策云、夜光之璧、揚雄羽獵賦云、椎夜光之流離、流離亦珠也、莊子讓王篇云、以隨侯之珠彈千仞之雀、趙策云、操隨侯之珠、時宿於野、隨侯之珠、猶言夏后氏之璜、封父之繁弱耳、淮南子注所稱大蛇銜珠之事、近於虛誕矣、急就篇云、係臂琅玕虎魄龍、漢書西域傳云、罽賓國出虎魄、博物志云、神仙傳松脂淪入地中、千年化爲茯苓、茯苓千年化爲虎魄、虎魄一名江珠、今泰山有茯苓而無虎魄、益州永昌出虎魄而無茯苓、所未詳也、太平御覽引廣志云、虎魄生地中、其上及旁不生草、淺者四五尺、深者八九尺、大如斛、削去

外皮、中成虎魄、如斗、初時如桃膠、凝堅乃成、出博南縣、舊唐書西域傳云、俱蘭國出金精、太平御覽引劉楨清慮賦云、憑文瑤之几、對金精之盤、說文、璣、珠不圜也、禹貢、厥篚元纁璣組、釋文引字書云、璣、小珠也、呂氏春秋重己篇云、人不愛崑山之玉、江漢之珠、而愛己之一蒼璧小璣、王逸注七諫云、圜澤爲珠、廉隅爲璣、

珠

蜀石、碝、玫、碑磔、碼碯、武夫、琨珸、瑎石、珹玏、珂、

司馬相如上林賦、蜀石黃碝、張注云、蜀石、石之次玉者也、說文、碝、石次玉者、字或作礝、瓀、玉藻云、士佩瓀玫、中山經云、扶豬之山、其上多礝石、史記司馬相如傳子虛賦、瑌石武夫、漢書作礝、文選作碝、爾雅釋文引應劭注云、礝石出鴈門、白者皆冰、半有赤色、玫與下瑎字同、玉藻、士佩瓀玫、鄭風子衿傳作瑌珉、管子揆度篇云、陰山之礝碈、說文、玫、石之美者、又云、珉石之美者、聘義、君子貴玉而賤碈、鄭注云、碈、石似玉、

中山經云、岐山其陰多白珉、楚辭九歎、藏瑉石於金匱兮、王逸注云、瑉石石次玉者、玫瑉、碣瑉並字異而義同、碑碟古通作車渠、藝文類聚引廣志云、車渠出大秦國及西域諸國、南海藥譜引韻集云、車渠玉石之類、形似蚌蛤、有文理、魏文帝車渠椀賦序云、車渠玉屬也、多纖理縟文、生於西國、其俗寶之、小以繫頸、大以爲器、碼碯通作馬腦、藝文類聚引廣志云、馬腦出西南諸國、魏文帝馬腦勒賦序云、馬腦、玉屬也、出自西域、文理交錯、有似馬腦、故其方人因以名之、或以繫頸、或以飾勒、南山經會稽之山、其下多砆石、郭璞注云、砆石、武夫、石似玉、今長沙臨湘出之、魏策云、白骨疑象、武夫類玉、張注子虛賦云、武夫石之次玉者、赤地白采、蔥龍白黑不分、太平御覽引廣志云、武夫有白黑、可以爲枋棊、四子講德論作碔砆、琨珸通作昆吾、說文、琨、石之美者、禹貢、瑤琨篠簜、王肅注云、瑤琨、美石次玉者也、案琨卽琨珸也、琨珸謂之琨、猶碔砆謂之砆、瑊功謂之瑊、子虛賦、琳瑉昆吾、昆吾謂石之次玉者也、張注子虛賦云、昆吾、山名也、出善金、引尸子、昆吾之金、史記索隱引河圖云、流州多積石、名昆吾石、鍊之成鐵、以作劍、光明如水精、於事爲不

類矣、中山經、葛山其下多瑊石、郭注云、瑊石、瑊功石似玉也、說文作玪塾、云、石之次玉者、子虛賦、瑊功元厲、張注與說文同、玉篇、珂、石次玉也、亦碼碯絜白如雪者、案珂者、馬勒飾、石形似之、因以名焉、左思吳都賦、致遠流離與珂珬、劉逵注云、老鵰入海化爲珬、已裁割若馬勒者、謂之珂、亦其類也、

石之次玉

東方有魚焉、如鯉、六足、鳥尾、其名曰鮯、南方有鳥焉、三首、六目、六足、三翼、其名曰鸑鴒、西方有獸焉、如鹿、白尾、馬足、人手、四角、其名曰玃如、北方有民焉、九首、虵身、其名曰相繇、中央有虵焉、人面、豺身、鳥翼、虵行、其名曰化虵、此五方之異物也、

東山經云、淡澤有魚焉、其狀如鯉、而六足鳥尾、名曰鮯鮯之魚、其鳴自叫、南山經云、基山有鳥焉、其狀如雞、而三首六目、六足三翼、其名曰鵸鵌、鵸與鸑同、西山經云、皋塗之山、有獸焉、其狀如鹿、而白尾、馬足、人手、而四角、名曰玃如、大荒北經云、共工臣名曰相繇、九首虵身、自環、食于九土、其所歍所尼、卽爲源澤、不辛乃苦、百獸莫能處、中山經云、陽水中多化虵、人面而豺身、鳥翼、而虵行、其音如叱呼、案爾雅所記五方異物、曰比目魚、曰比翼鳥、曰比肩獸、曰比肩民、曰枳首蛇、此皆耳目所及、非同語怪、若取山海經所記怪物以益之、則悉數難終、不得限以五事矣、

八家爲鄰、三鄰爲朋、三朋爲里、五里爲邑、十邑爲都、十都爲師、州十有二師焉、

此書大傳文也、鄭注云、州凡四十三萬二千家、此蓋虞夏之數也、各本朋譌作明、今訂正、十邑爲都、各本作十邑爲鄉、十鄉爲都、若加以十、都爲師、十二師爲州、則一州凡有四百三十二萬家、與鄭注不合、蓋後人以意加之也、考書大傳及晉書地理志、初學記、太平御覽、路史疏仡紀、竝作十邑爲都、今據以訂正、

睬、暵、堅、甄、埴、壤、埲、壚、墳、賦、田、地、土也、

睬之言柔也、說文、睬、和田也、暵之言儒也、玉篇仁緣切、字亦作堧、廣韻、堧、沙土也、說文、堅、剛土也、九章算術商功章云、穿地四、爲壤五、爲堅三、堅舊本作堅、案作堅者、曹憲避隋文帝諱而缺其下畫、釋草篇黳字作黳、正與此同、其音內堅字、則後人所加也、說文、埴、黏土也、字或作埴、又作戠、釋名云、土黃而細密曰埴、埴、膱也、黏肥如脂之膱也、膱字或作臆、鄭注考工記弓人云、膱、黏也、禹貢、厥土赤埴墳、鄭本作戠、考工記疏引鄭注云、戠、黏土也、晉書成公綏傳天地賦云、海岱赤埴、華梁青黎、周官草人、埴壚用豕、鄭注云、埴壚、黏疏者、管子地員篇云、斥埴宜大菽與麥、黑埴宜稻與麥、考工記、摶埴之工二、注亦云、埴、黏土也、埴爲黏土、而因以爲土之通稱、法言脩身篇、擿埴索塗、李軌注云、埴、土也、謂盲人以杖擿地而求道也、壤、謂疏土也、說文、壤、壚也、壚、土也、管子地員篇、赤壚歷彊肥、尹知章注云、歷疏也、歷壚、一聲之轉、壚之言歷歷、壤之言婁婁也、地員篇、𣫍土之狀婁婁然、注云、婁婁、疏也、說文、埲、赤剛土也、字亦作騂、周官草人、騂剛

用牛杜子春注云騂剛謂地色赤而土剛強也魯頌駉篇傳云赤黃曰騂說文壚黑剛土也字通作盧釋名云土黑曰盧盧然解散也禹貢下土墳壚傳云壚疏也呂氏春秋辯土篇云凡耕之道必始於壚爲其寡澤而後枯淮南子地形訓壚土人大沙土人細大戴禮易本命篇作虛土之人大虛卽盧字之譌盧辯注云大者象地虛縱失之管子地員篇盧土之狀彊力剛堅纑亦與壚同壚爲黑剛土因以纑爲土之通稱淮南子覽冥訓上際九天下契黃壚高誘以壚爲土是也墳之言賁賁然也韋昭注晉語云墳起也禹貢厥土黑墳馬融注云墳有膏肥也周官草人云墳壤用麋

耦、⿱非耒、⿰耒冘、耩、⿰耒巽、⿰耒突、⿰耒甾、藨、⿰耒皮、耠、⿰金罷、⿰耒咅、⿰耒高、⿰耒莫、犁、營、墾、⿰耒圭、耕也　鞄

耦之言偶也考工記匠人耜廣五寸二耜爲耦鄭注云古者耜一金兩人併發之說文⿱非耒兩壂耕也一曰覆耕種也讀若匪⿰耒冘之言扰也卷一云扰刺也玉篇⿰耒冘掘地也臿屬也亦作鈂說文鈂臿屬也讀若沈⿰耒冘⿰金罷耜犁耗皆田器之名而因以爲耕名猶梧梲殳度皆杖名而因以爲擊物之名也玉篇耩穮也齊民要

術云鋤得五徧以上不須耩耕與耩一聲之轉今北方猶謂耕而下種曰耩矣⿰耒巽字或作穙廣韻引字統云穙耕也齊民要術曰綠豆小豆胡麻皆五六月穙種注云穙漫掩也⿰耒突之言突也玉篇⿰耒突耕禾閒也齊民要術引氾勝之書云宿麥至春凍解棘柴曳之突絕其乾葉菑本作菑說文菑才耕田也爾雅田一歲曰菑孫炎注云菑始災殺其草木也大雅皇矣釋文引韓詩云反草曰菑无妄六二云不耕穫不菑畬大誥云厥父菑厥子乃弗肯播梓材云若稽田既勤敷菑小雅大田篇以我覃耜俶載南畝鄭箋云俶讀爲熾載讀爲菑栗之菑民以其利耜熾菑發所受之地也考工記輪人察其菑蚤不齵注云菑謂輻入轂中者也輻入轂中謂之菑猶耜入地中謂之菑菑之言傳也李奇注漢書蒯通傳云東方人以物臿地中爲傳是其義也周頌載芟篇緜緜其麃毛傳云麃耘也釋文引說文云穮槈鉏田也字林云耕禾閒也昭元年左傳譬如農夫是穮是蓘穮麃並與藨同藨各本譌作穮考說文玉篇廣韻集韻俱無穮字今訂正⿰耒皮之言披也披開也玉篇⿰耒皮或作䟬云耕外地也⿰金罷猶⿰耒皮也方俗語有輕重耳說文⿰金罷枱屬也⿰耒咅之言剖也玉篇⿰耒咅耜屬也廣韻云⿰金罷器出埤倉玉篇⿰耒莫耕麥地也又云⿰耒莫冬耕也又作暵引埤倉云暵耕麥地也齊民要術云種大小麥皆須五月六月暵地犁本作𤚩或作犂說文犂耕也釋名云犂利也利發土絕草根也論語雍也篇犂牛之子皇侃義疏云犂或音貍謂襍文也或音梨謂耕犂也漢書匈奴傳犂其庭掃其閭顏師古注云犂耕也楚辭天問咸播秬黍莆雚是營王逸注云營耕也呂氏春秋辯土篇云今之耕也營而無獲廣韻劉烏莖切芟除林木也齊民要術云至春而開墾其林木大者劉殺之劉與營聲近而義同爾雅釋訓釋文引倉頡篇云墾耕也周語土不備墾韋昭注云墾發也⿰耒圭之言刲也說文⿰耒圭冊叉可以劃麥河內用之玉篇鞄部巧切鞄地也廣韻云臿地也今俗語猶呼掘地爲鞄鞄聲如庖廚之庖𣀮鞄皆掘地之名故其字並从臬釋器云臬臿也集韻類篇並引廣雅鞄耕也今本脫鞄字

⿰耒肖、⿰耒曼、⿰耒商、⿰耒奄、⿰耒責、埶、植、樹、⿰耒首、⿰耒覃、投、蒔、種也

玉篇⿰耒肖⿰耒曼種也⿰耒曼之言漫也廣韻⿰耒曼種遍皃齊民要術說種胡麻法云漫種者先以耬耩然後散子漫與

⿰耒曼同⿰耒曼本作墁說文墁種也一曰內其中徐鍇傳云內子於土中也廣韻⿰耒曼不耕而種也⿰耒商之言離遢也齊民要術至春⿰耒商種注云離而種之曰⿰耒商玉篇⿰耒奄犂種也齊民要術云大小麥逐犂⿰耒奄種者佳玉篇⿰耒責灰中種也說文埶種也今作蓺藝玉篇⿰耒首種麥也藫曹憲音派各本譌作藫字書所無考說文玉篇廣韻藫匹賣切正合曹憲之音今據以訂正集韻引廣雅作耩說文玉篇廣韻皆無此字今不從投謂投種於土中也齊民要術引氾勝之書云夜半漬麥種向晨速投之方言蒔殖立也蒔更也說文蒔更別種也蒔殖聲相近故播殖亦謂之播蒔引之云玉篇蒔石至切又音時堯典播時百穀周頌思文正義引鄭注云時讀曰蒔種蒔五穀也晏子春秋諫篇云民盡得種時說苑辨物篇時作樹樹亦殖也倒言之則曰時播史記五帝紀時播百穀草木淳化鳥獸蟲蛾旁羅日月星辰時播淳化旁羅皆連語耳集解訓時爲是正義謂順四時而布種皆失之種各本譌作穜說文玉篇廣韻集韻皆無穜字今訂正

原、端也、大鹵、大原也、

水經汾水注引春秋說題辭云高平曰大原原端也平而有度也釋名云原元也如元氣廣大也元與原同義故亦訓爲端隱元年公羊疏引春秋說云元者端也左氏春秋經昭元年晉荀吳帥師敗狄于大鹵公羊穀梁皆作大原公羊傳云此大鹵也曷爲謂之大原地物從中國邑人名從主人原者何上平曰原下平曰隰穀梁傳云中國曰大原狄曰大鹵號從中國名從主人汾水注引書大傳云大而高平者謂之大原案晉之大原卽禹貢所謂既脩大原至于岳陽昭元年左傳所謂宣汾洮障大澤以處大原者也杜預云大原晉陽也在今大原府大原縣東北

釋邱

邱上有木爲柲邱

蔡邕郭林宗碑云棲遟泌邱又周巨勝碑云洋洋泌邱于以逍遥束晳元居釋云學既積而身困夫何爲乎柲邱泌柲並與柲通案陳風衡門篇泌之洋洋可以樂飢毛傳云泌泉水也蔡邕束晳以泌爲邱名廣

雅云邱上有木說並與毛異葢本於三家也

小陵曰邱

周官大司徒注云土高曰邱大阜曰陵是邱小於陵也

無石曰𠂤

𠂤本作𠂤隸變作阜爾雅大陸曰阜北堂書鈔引韓詩云積土高大曰阜說文𠂤大陸也山無石也風俗通義云阜者茂也言平地隆踊不屬於山林也

四隤曰陵四起曰京曲京曰阿

爾雅大阜曰陵大陵曰阿絕高爲之京陵之言陵遟也文選長楊賦注引薛君韓詩章句云四平曰陵四平猶四隤也漢書項籍傳因四隤山而爲圜陳外嚮孟康注云四隤四下隤陁也爾雅京大也四起謂四面隆起也倉之方者謂之京義亦同也阿者曲也故大雅有卷者阿毛傳云卷曲也文選西京賦注及衆經音義卷一並引韓詩云曲京曰阿然則四隤曰陵以下三句皆韓詩義也各本曲京作四京因上文兩四字而誤今訂正鄘風定之方中傳云京高邱也大雅皇矣傳云京大阜也衛風考槃傳云曲陵曰阿說文阿曲𠂤也葢邱阜陵京對文則異散文則通矣

𠂤細也

北堂書鈔引此作𠂤細土也其義未詳

藏謂之壙

釋名云壙曠也藏於空曠處也鄭衆注周官喪祝云壙謂穿中也史記秦始皇紀奇器珍怪徙臧滿之臧與藏同

墳堬埰墦埌壟堷塿邱陵墓封冢也

說文冢高墳也釋名云冢腫也象山頂之高腫起也爾雅云山頂冢又云墳冢大也卷一云封大也故冢

或謂之墳或謂之封矣方言云冢秦晉之閒謂之墳或謂之培或謂之堬或謂之埰或謂之埌或謂之壠自關而東謂之邱小者謂之塿大者謂之邱郭璞注云墳取名於大防也爾雅墳大防李巡注云謂厓岸狀如墳墓墳封墦一聲之轉皆謂土之高大者也方言云墳地大也青幽之閒凡土而高且大者謂之墳埰之言宰也宰亦高貌也列子天瑞篇云望其壙宰如也僖三十三年公羊傳宰上之木拱矣何休注云宰冢也宰與埰聲相近故冢謂之埰亦謂之宰官謂之宷亦謂之宰事謂之采亦謂之縡方言注云古者卿大夫有采地死葬之因名曰埰其失也鑿矣孟子離婁篇之東郭墦閒之祭者趙岐注云墦閒冢閒也墦之言般也方言云般大也山有嶓冢之名義亦同也埌亦壟也語之轉耳衆經音義卷七引通俗文云邱冢謂之壙埌莊子列御寇篇闔胡嘗視其良釋文云良或作埌冢也壟說文作壠亦通作隴淮南子說林訓云或謂冢或謂隴名異實同也曲禮云適墓不登壟壟之言巃嵸也方言注云有界埒似耕壠因名之也天水大阪謂之隴義亦同也培亦高貌也風俗通義云部者阜之類也今齊魯之閒田中少高卬者

名之爲部、義並與培同、塿亦高貌也、孟子告子篇可使高於岑樓、趙注云、岑樓、山之銳嶺者、義與塿同、方言注云、培塿、亦堆高之貌、因名之也、培塿、堬聲之轉、冢謂之堬、亦謂之培塿、罌謂之甒、亦謂之瓿、甒、北陵謂之西隃、小山謂之部婁、義並相近也、曲禮爲宮室不斬於丘木、鄭注云、丘、壟也、釋名云、丘象丘形也、丘之言丘虛也、應劭注漢書張良傳云、丘虛、壯大、是也、陵之言隆也、秦名天子冢曰山、漢曰陵、釋名云、陵、象陵形也、墓之言模也、規模其地而爲之、故謂之墓、說文、墓、兆域也、方言、凡葬而無墳謂之墓、注云、言不封也、周官有冢人、有墓大夫、鄭注云、冢、封土爲丘壠、象冢而爲之、墓、冢塋之地也、檀弓、古也墓而不墳、注云、墓謂兆域、今之封塋也、土之高者曰墳、蓋自秦以前皆謂葬而無墳者爲墓、漢則墳墓通稱、故水經渭水注引春秋說題辭云、丘者、墓也、周官冢人以爵等爲丘封之度、注云、王公曰丘、諸臣曰封、王制、庶人不封不樹、注云、封、謂聚土爲墳、封亦高起之名、大司徒注云、封、起土界也、

宅、垗、塋、域、葬地也、

孝經云、卜其宅兆而安措之、兆與垗同、士喪禮筮宅、鄭注云、宅、葬居也、又主人兆南北面、注云、兆、域也、周官冢人職云、掌公墓之地、辨其兆域而爲之圖、案商頌九𡋮篇、肇域彼四海、鄭箋云、肇當作兆、小宗伯兆五帝于四郊、鄭注云、兆、爲壇之營域、樂記、綴兆舒疾、注云、綴、謂酇舞者之位也、兆、其外營域也、是兆爲營域之通稱、故爾雅云、兆、域也、塋亦營也、說文、塋、墓地也、漢書楚元王交傳云、太夫人薨、賜塋、唐風葛生篇蘞蔓于域、毛傳云、域、營域也、

隇、陜、阻、陂、陁、險也、

小雅四牡篇周道倭遲、釋文云、韓詩作倭夷、文選西征賦注引韓詩周道威夷、又引薛君章句云、威夷、險也、爾雅西陵威夷、蓋亦取險阻之義、隇陜、威夷、倭遲、並字異而義同、威夷之爲倭遲、猶陵夷之爲陵遲矣、阻陂陁三字、說見卷二陂陀險阻衺也下、陁與陀同、

岡、嶺、隥、陘、阪也、

阪之言反側也、爾雅、陂者曰阪、郭注云、陂陀不平、阪阪聲相近、岡、今作岡、岡之言綱、嶺之言領也、爾雅、山脊、岡、孫炎注云、長山之脊也、釋名云、岡、亢也、在上之言也、嶺、通作領、列子湯問篇云、終北國中有山、名曰壺領、說文、隥、仰也、衆經音義卷四引三倉云、隥、小阪也、穆天子傳云、天子西征、乃絕隃之關隥、隥之言登也、關道謂之隥、道義亦同也、陘之言徑也、字亦通作徑、孟子盡心篇、山徑之蹊、閒介然、趙岐注云、山徑、山之領、法言吾子篇云、山陘之蹊、不可勝由矣、馬融長笛賦云、膺陗陁、腹陘阻、並字異而義同、此與爾雅山絕陘異義、

隒、澳、辱、厈、浦、潯、濆、潀、湄、浮、汜、墳、濟、陴、涘、垠、厓也、

厓、字或作崖、又作涯、說文、隒、崖也、爾雅、重甗、隒、孫炎注云、山基有重岸也、其水厓亦謂之隒、王風葛藟傳以漘爲水隒、是也、張衡西京賦云、刊層平堂、設切厓隒、則殿基亦偕斯稱矣、隒之言廉也、鄉飲酒禮設席于堂廉、鄭注云、側邊曰廉、是其義也、○澳字或作隩、又作奧、說文、隩、隈崖也、又云、隩、水隈崖也、爾雅云、隩、隈、又云、厓內爲隩、外爲鞫、李巡注云、厓內近水爲隩、其外爲鞫、衞風瞻彼淇奧、昭二年左傳及大學並作澳、澳之言奧也、鄭注堯典云、奧、內也、說文、厂、山石之崖巖人可居、象形、籀文作厈、玉篇音呼旦切、厈與厓岸之岸聲相近也、說文、浦、水瀕也、大雅常武篇、率彼淮浦、毛傳云、浦、厓也、楚辭九歌云、望涔陽兮極浦、涔浦旁之轉聲、猶言水旁耳、淮南子原道訓、游於江潯海裔、文選江賦注引許愼注云、潯、水厓也、楚辭漁父篇游於江潭、潭與潯通、古者潭潯同聲、故高誘注原道訓云、潯、讀葛覃之覃、漢書揚雄傳、因江潭而往記兮、顏師古云、潭、音尋、濱說文作瀕、云、水厓也、人所賓附、禹貢海濱廣斥、漢書地理志作瀕、大雅召旻篇池之竭矣、不云自頻、傳云、頻、厓也、並字異而義同、濱與邊聲相近、水濱猶言水邊、故地之四邊亦謂之濱、小雅北山篇云、率土之濱、是也、大雅鳧鷖篇、鳧鷖在潀、傳云、潀、水會也、說文云、小水入大水曰潀、皆不以潀爲厓、唯鄭箋云、潀、水外之高者也、正義云、水外之地潀然而高、蓋涯涘之中、復有偏高之處、說與廣雅相近也、爾雅、水草交爲湄、釋名云、湄、眉也、臨水如眉臨目也、秦風蒹葭篇在水之湄、傳云、湄、水隒也、小雅巧言

篇居河之麋傳二十八年左傳余賜女孟諸之麋並與湄同又案爾雅釋厓岸之名云涘爲厓窮瀆汜谷者激此言水厓謂之涘其窮瀆之厓則謂之汜通谷者之厓則謂之激激汜皆厓岸之名非溝瀆之名也釋文云激本又作湄亾悲反又水草交爲湄釋文云湄本或作激亾悲反則湄激是一字廣雅以湄汜同訓爲厓義本於爾雅也而郭璞於窮瀆汜注云水無所通者於谷者激注云通於谷則是以窮瀆爲汜通谷者爲激說文亦云汜窮瀆也若然則激汜當與谿谷溝瀆同列於釋水何得與滑隩墳涘同列於釋邱而總之以厓岸之名乎斯不然矣浮之言界埒也淮南子俶眞訓云形埒垠堮是也浮亦通作埒淮南子齊俗訓狙狢得埵防高注云埵水埒也防隄也是埒爲水厓也爾雅水潦所還埒邱注云謂邱邊有界埒水繞環之義與厓埒亦相近周官大司徒設其社稷之壝鄭注云壝壇與堳埒也壝謂之埒亦謂之堳厓謂之湄亦謂之浮其義一也汜郎爾雅所謂窮瀆汜非水決復入之汜也對文則窮瀆之厓爲汜通瀆之厓爲激散文則激汜通稱淮南子道應訓公孫龍至於河上而航在一汜高注云汜水涯也班固幽通賦

芊彊大於南汜曹大家注與高誘同顧命夾兩階戺傳云堂廉曰戺堂邊謂之戺亦謂之廉水厓謂之隒亦謂之汜其義一也墳者高起之名爾雅墳大防李巡注云墳謂厓岸狀如墳墓說文作坋又云濆水厓也周南汝墳篇遵彼汝墳傳云墳大防也大雅常武篇鋪敦淮濆傳云濆厓也周官大司徒墳衍注云水厓曰墳並字異而義同說文滑水厓也爾雅厓夷上洒下不滑孫炎注云平上陗下故名滑郭璞云不發聲也王風葛藟篇在河之滑傳云滑水隒也魏風伐檀篇寘之河之滑兮傳云滑厓也釋文滑本亦作脣脣者在邊之名口邊謂之脣水厓謂之滑屋宇謂之宸聲義並相近也隩猶涵也語之轉耳涘與汜聲相近爾雅涘爲厓王風葛藟篇在河之涘僖元年公羊傳自南涘毛傳何注並與爾雅同影宋本隩涘二字誤入曹憲音內涘字又誤作泮皇甫以下諸本皆誤作泮集韻類篇有泮字音迷浮切引廣雅隩泮厓也則所見已是誤本案說文玉篇廣韻俱無泮字蓋涘譌爲泮泮又譌爲洋耳今訂正說文垠岸也或作圻漢書敘傳漢良受書於邳沂晉灼注云沂崖也圻沂並與垠同凡邊界謂之垠或謂之堮文選西京賦注引許愼淮南子注云垠堮端崖也厓岸垠堮一聲之轉

廋坈陬隅隈也、

僖二十五年左傳注云隈隱蔽之處高誘注淮南子覽冥訓云隈曲涘處也凡山曲水曲通謂之隈爾雅云隩隈說文云隈水曲管子形勢篇云大山之隈皆是也卷四云廋隱也楚辭九歎步從容於山廋王逸注云廋隈也廋陬聲相近山廋猶山陬耳坈或作阬通作鞫爾雅厓內爲隩外爲鞫李巡注云厓內近水爲隩其外爲鞫孫炎云內曲裏也外曲表也大雅公劉篇芮鞫之郎鄭箋云水之內曰隩水之外曰鞫漢書地理志芮水出右扶風汧縣西北東入涇詩芮阮雍州川也顏師古注云大雅芮鞫之郎韓詩作芮阮周官職方氏注引詩作汭坈案隈是厓內之名非厓外之名廣雅以厓外之坈訓爲隈未詳所據也說文陬阪隅也隅阪也

厓隩

附引廣雅一條

土高四墮曰椒邱、

見文選謝惠連泛湖歸出樓中翫月詩注楚辭離騷馳椒邱且焉止息王逸注云土高四墮曰椒邱司馬相如上林賦云出乎椒邱之闕

釋山

岱宗謂之泰山、

在今泰安府泰安縣北五里堯典至于岱宗風俗通義云宗者長也五嶽之長

天柱謂之霍山、

在今六安州霍山縣南五里漢書地理志天柱山在廬江郡灊縣南水經禹貢山水澤地注云霍山天柱山也引爾雅大山宮小山霍邵氏二雲爾雅正義云今霍山縣之霍山中峯庳小而四圍有大山環繞之

華山謂之太華、

在今同州府華陰縣南十里、

常山謂之恆山、

在今定州曲陽縣西北百四十里、漢避文帝諱改恆山爲常山、見地理志注、

外方謂之嵩高、

在今河南府登封縣北十里、禹貢熊耳外方桐柏、地理志云、古文以崈高爲外方山、崈高卽嵩高、各本外下脫方字、嵩下脫高字、嵩上又衍嶓字、今訂正、

岣嶁謂之衡山、

在今衡州府衡山縣西北三十里、中山經注亦云、衡山俗謂之岣嶁山、案岣嶁猶穹隆、語之轉也、若車枸簍或謂之穹隆矣、

蜀山謂之崏山、

崏、說文作㟩、字或作岷、又作汶、崏山在今龍安府松潘廳西北二百二十里、地理志云、禹貢崏山在蜀郡湔氐道西徼外、江水所出、蜀讀爲獨、字或作瀆、史記封禪書云、瀆山蜀之汶山也、水經江水注云、岷山卽瀆山也、水曰瀆水、

吳山謂之開山、

在今鳳翔府隴州西南、俗以在州西四十里者爲汧山、在州南八十里者爲嶽山、其實一山也、開與汧同、禹貢道岍及岐、釋文、岍字又作汧、馬本作開、周官職方氏雍州、其山鎮曰嶽山、爾雅釋山、河西嶽、鄭郭注並云、吳嶽也、地理志云、吳山在右扶風汧縣西、古文以爲汧山、雍州山也、續漢書郡國志云、汧縣有吳嶽山、本名汧、是兩漢志並以汧山爲吳嶽、史記封禪書自華以西名山七、曰華山、薄山、岳山、岐山、吳岳、鴻冢、瀆山、則分吳嶽與嶽山爲二、而不言汧山、禹貢錐指云、漢志雖云吳山在縣西、而闞駰亙延及其南、與嶽山只是一山、自周尊岍山曰嶽山、俗又謂之吳山、或又合稱吳嶽、史記又析嶽山與吳嶽爲二、而岍山之名遂隱、其實此二山者、周禮總謂之嶽山、禹貢總謂之岍山、當以漢志爲正、

薄落謂之幵頭、

在今平涼府平涼縣西四十里、地理志云、幵頭山在安定郡涇陽縣西、禹貢涇水所出、幵頭或作笄頭、史記五帝紀、黃帝西至于空桐、登笄頭、是也、又作雞頭、秦始皇紀、巡隴西北地、出雞頭山、是也、淮南子地形訓、涇出薄落之山、高誘注云、一名笄頭山、元和郡縣志云、笄頭山一名薄落山、故涇水亦曰薄落水、淮南子覽冥訓云、嶢山崩而薄落之水涸、是也、

土高有石、山、山產也、石、䄷也、

土高有石、對無石曰阜言之、義本說文也、釋名云、山產也、產生萬物也、䄷、曹憲音石、案說文、䄷、百二十斤也、石訓爲䄷、義無所取、疑是䄷字之譌、卷一云、䄷、大也、石與碩同聲、碩亦大也、漢書匈奴傳、石畫之臣、鄧展注云、石、大也、石畫卽碩畫、

冢、腫也、

爾雅、山頂、冢、釋名云、冢、腫也、言腫起也、

嶽、确也、

确、謂堅确也、

凡天下名山五千二百七十、出銅之山四百六十有七、出鐵之山三千六百有九、

此中山經文也、出銅之山以下、亦見管子地數篇、二百七十、中山經作三百七十、續漢書郡國志注引帝王世紀作三百五十、

崐崘虛有三山、閬風、板桐、元圃、其高萬一千一百一十

里一十四步二尺六寸、

楚辭離騷云、朝發軔於蒼梧兮夕余至乎縣圃、又云朝吾將濟於白水兮登閬風而緤馬、天問云、崐崘縣圃其凥安在、增城九重其高幾里、哀時命云、擥瑤木之橝枝兮望閬風之板桐、縣圃與元圃同、閬風或作涼風、板桐或作樊桐、淮南子地形訓云、崐崘虛有增城九重其高萬一千里百一十四步二尺六寸、又云縣圃涼風樊桐在崐崘閶闔之中、崐崘之邱或上倍之是謂涼風之山、或上倍之是謂縣圃之山、或上倍之乃維上天、王逸注離騷引河圖括地象亦云崐崘高萬一千里、二書所記崐崘里數與廣雅大同小異、事涉無稽、非所詳究也、

𡿺、畎、嶰、谿、谷也、

𡿺與淵同、禹貢岱畎絲枲、傳云、畎谷也、畎之言穿也、字或作甽、釋名云、山下根之受霤處曰甽、考工記匠人注云、壟中曰甽、義竝相近也、嶰本作解、或作澥、又作解、說文、解、水衡官谷也、一曰小谿、漢書律歷志黃帝使泠綸自昆侖之陰取竹之解谷、孟康注云、解、脫也、谷、竹溝也、取竹之脫無溝節者也、一說、昆侖之北谷名也、張衡西京賦云、擿㵳澥、揆川瀆、馬融廣成頌云、窮浚谷、底幽嶰、竝字異而義同、谿與谿同、各本谷下脫也字、今補、

廣雅疏證　卷第九下　三十

釋水

濆泉、直泉也、直泉、涌泉也、

爾雅、濫泉正出、正出、涌出也、李巡注云、水泉從下上出曰涌泉、直猶正也、公羊春秋昭五年、叔弓帥師敗莒師于濆泉、傳云、濆泉者何、直泉也、直泉者何、涌泉也、左氏作蚡泉、穀梁作賁泉、皆古字通用、小雅采菽篇、觱沸檻泉、沸濆一聲之轉、爾雅、瀵大出尾下、郭璞注云、今河東汾陰縣有水口如車輪許、濆沸涌出、其深無限、名之爲瀵、瀵與濆聲亦相近、

州、居也、陼、處也、沚、止也、渚、至也、

爾雅、水中可居者曰洲、小洲曰陼、小陼曰沚、小沚曰坻、洲與州同、坻與渚同、釋名云、沚、止也、可以止息其上也、各本處止二字互誤、沚字又誤作渚、太平御覽引廣雅、沚、止也、今據以訂正、

海、晦也、江、貢也、河、何也、淮、均也、濟、濟也、伊、因也、洛、繹也、瀍、理也、澗、閒也、漢、逵也、渭、⿰亻胃也、汝、汝也、涇、徑也、

釋名云、海、晦也、主承穢濁、其色黑如晦也、風俗通義云、江者、貢也、出珍物可貢獻也、水經河水注引春秋說題辭云、河之爲言荷也、荷精分布、懷陰引度也、荷與何同、又淮水注引春秋說題辭云、淮者均也、均其務也、釋名云、濟、濟也、源出河北、濟河而南也、伊、各本皆作津、合下文洛瀍澗推之、則津字當是伊字之譌、今訂正、洪範、鯀陻洪水、漢石經陻作伊、則伊因古同聲、故訓伊爲因、鄭風溱洧篇、伊其相謔、鄭箋亦云、伊、因也、初學記引春秋說題辭云、洛之爲言繹也、言水繹繹光燿也、繹、各本譌作驛、惟影宋本不譌、瀍與理聲不相近、理字當是壥字之譌、壥與廛同、字與瀍同聲、故云、瀍、壥也、集韻類篇竝云、廛亦作壥、壥與理相似、因譌而爲理矣、說文、玉篇、廣韻、集韻、皆無⿰亻胃字、疑是⿰亻胃字之譌、初學記引春秋說題辭、渭之爲言渭也、注云、渭渭、流行貌、渭也之渭、渭渭之渭、疑皆⿰亻胃字之譌、玉篇、廣韻竝云、⿰亻胃、行也、正合流行之義、太平御覽引春秋說題辭云、汝之爲言汝也、訓與廣雅同、而未詳其義、諸書依字解經、率多皮傅、於主名山川之意、未必有當也

廣雅疏證　卷第九下　三十一

湍、瀨也、磯、磧也、

說文、瀨、水流沙上也、楚辭九歌、石瀨兮淺淺、王逸注云、瀨、湍也、漢書武帝紀、遣歸義越侯甲爲下瀨將軍、史記南越傳、瀨作厲、瀨之言厲也、厲、疾也、月令云、征鳥厲疾、是也、石上疾流謂之瀨、故無石而流疾者亦謂之瀨、楚辭九章云、長瀨湍流、泝江潭兮、是也、說文、湍、疾瀨也、史記河渠書云、水多湍石、不可漕、湍之言遄也、爾雅、遄、疾也、其無石而流疾者、亦謂之湍、孟子性猶湍水、是也、合言之則曰湍瀨、淮南子原道訓、漁者爭處湍瀨、高誘注云、湍瀨、水淺流急之處也、說文、磧、水陼有石者、衆經音義卷二十二引三倉云、磧、水

中沙灘也、磧之言積也、塞北沙漠謂之磧、義亦同也、衆經音義卷十五引埤倉云、磯、水中磧石也、案薛瓚注武帝紀云、瀨、湍也、吳越謂之瀨、中國謂之磧、則湍瀨與磧異名而同實、衆經音義卷一、卷十九、卷二十三竝引廣雅、磧、瀨也、似此條湍瀨下本無也字、然水流石上謂之湍瀨、石在水中謂之磯、磧亦可分爲兩義、太平御覽引廣雅亦作湍瀨、也、影宋本以下竝同、今仍其舊、

哄、洫、畎、㒸、隒、埂、溝、渠、川、瀆、欿、窞、科、臽、坑也、

爾雅、阬、虛也、阬與坑同、坑之言康也、爾雅、康、虛也、康坑、欿、科、渠、皆空之轉聲也、哄者、空大之名、哄猶洪也、字亦作谼、玉篇、谼、大谷名、廣韻云、大壑也、壑、哄、洫、隒、臽、皆虛之轉聲也、周官遂人、治野夫間有遂、十夫有溝、百夫有洫、千夫有澮、萬夫有川、考工記、匠人爲溝洫、耜廣五寸、二耜爲耦、一耦之伐、廣尺深尺、謂之甽、田首倍之、廣二尺、深二尺、謂之遂、九夫爲井、井閒廣四尺、深四尺、謂之溝、方十里爲成、成閒廣八尺、深八尺、謂之洫、方百里爲同、同閒廣二尋、深二仞、謂之澮、專達於川、各載其名、對文則有甽遂溝洫澮之異、散

文則通謂之溝洫、故言匠人爲溝洫也、大雅文王有聲篇、築城伊淢、淢與洫同、洫亦虛也、管子小稱篇、滿者洫之、虛者實之、尹知章注云、洫、虛也、說文、く、水小流也、古文作甽、篆文作畎、巜、水流澮澮也、川、貫穿通流水也、引皋陶謨、濬く巜距川、今本く作畎、巜作澮、鄭注匠人云、壟中曰甽、畎之言穿也、穿地通水也、故通谷亦謂之畎、禹貢、岱畎絲枲是也、㒸通作遂、隧、又作術、月令、審端徑術、鄭注云、術、周禮作遂、遂者、達也、達水於溝也、隒與畎聲相近、隒各本譌作涓、玉篇、隒、乎大切、坑也、廣韻同、集韻類篇竝引廣雅、隒、坑也、今據以訂正、埂亦坑也、方俗語有輕重耳、說文、秦謂阬爲埂、玉篇引倉頡篇云、埂、小坑也、釋名云、溝、搆也、縱橫相交搆也、說文、渠、水所居也、管子度地篇云、水之出於地、溝流於大水及海者、命曰川水、說文、瀆、溝也、又云、瀆、通溝以防水也、古文作𣸣、瀆之言竇也、說文竇、空也、故周官注四瀆或作四竇、欿與坎同、說卦傳云、坎、陷也、窞之言深也、說文、窞、坎中小坎也、坎初六入于坎窞、王肅注云、窞、坎底也、孟子離婁篇、原泉盈科而後進、盡心篇、流水之爲物也、不盈科不行、趙岐注竝云、科、坎也、太元從次五、從水之科、滿科、亦坎也、

范望注以科爲法、失之、科之言窠也、卷三云、科、空也、說文云、窠、空也、說文、臽、小阱也、今通作陷、欿、窞、臽、聲竝相近、臽各本譌作舀、今訂正、

湋、潭、淵也、自三仞以上、二億三萬三千五百五十有九、

說文、淵、回水也、管子度地篇云、水出於地而不流者、命曰淵水、卷三云、淵、湥也、說文、湋、回也、楚辭九章、長瀨湍流、泝江潭兮、王逸注云、楚人名淵曰潭、潭亦湥也、漢書揚雄傳、潭思渾天、顏師古注云、潭、湥也、各本淵下脫也字、今補、自三仞以下、淮南子地形訓文也、彼文云、凡鴻水淵藪、自三百仞以上、二億三萬三千五百五十里有九淵、三百仞之百、五十里之里、九淵之淵、皆衍文、

清、滌、浮、著水也、

曲禮云、凡祭宗廟之禮、水曰清滌、浮著未詳、

陽侯、潟、汏、波也、

波之言播蕩也、韓策云、塞漏舟而輕陽侯之波、則舟覆矣、楚辭九章、淩陽侯之氾濫兮、王逸注云、陽侯、大波之神、文選七發注引此無之神二字、淮南子覽冥訓、武王伐紂、渡于孟津、陽侯之波、逆流而擊、高誘注云、陽侯、陽陵國侯也、溺死於水、其神能爲大波、有所傷害、故因謂之陽侯之波、應劭注漢書揚雄傳云、陽侯、古之諸侯也、有罪自投江、其神爲大波、皆所未詳也、文選西都賦注引倉頡篇云、濤、大波也、濤與潟同、楚辭九章、齊吳榜以擊汏、王注云、汏、水波也、九歎云、挑揄揚汏、盪迅疾兮、濤汏一聲之轉、猶淅米謂之淘、亦謂之汏矣、

舟、舫、榜、船也、

此釋舟之總名也、方言、舟、自關而西謂之船、自關而東謂之舟、釋名云、船、循也、循水而行也、又曰舟、言周流也、爾雅、舫、舟也、郭璞注云、竝兩船、說文、舫、船也、明堂月令曰、舫人、習水者、楚策云、一舫載五十人與三月之糧、舫之言方也、鄉射禮、不方足、鄭注云、方、猶併也、說文、方、併船也、併船以渡、謂之舫、併木以渡、亦謂

之舫、故爾雅又云、舫、泭也、月令、命漁師伐蛟、鄭注云、今月令漁師爲榜人、司馬相如子虛賦、榜人歌、張注云、榜、船也、月令曰、命榜人、榜人、船長也、鄭張所引月令、即明堂月令也、蓋榜舫聲相近、故舫人或作榜人矣、張載榷論云、吳榜越船、不能無水而浮、船、各本譌作舽舡之舡、今訂正、

䑠、艬、𦨴、艜、艒、𦪇、艕、舺、艆、𦪉、𦨲、𦪍、艑、艠、𦨮、艪、舽、舡、艞、舸、䒀、艛、舨、𦪄、𦩢、䑓、䑹、舶、艀、艦、舼、艇、艅、艎、艨、艟、艦、䑡、舴、艋、艫、舟也、

此釋衆舟之名也、釋名云、三百斛曰䑠、䑠、貂也、貂、短也、江南所名、短而廣、安不傾危者也、初學記引埤倉云、䑠、吳船也、衛風河廣篇、誰謂河廣、曾不容刀、鄭箋云、小船曰刀、釋文、刀、字書作舠、說文作䑠、正義引說文、䑠、小船也、竝字異而義同、䑠之言䂮也、凡物之短者謂之䂮、說見卷二䂮短也下、艬之言巉巉然也、玉篇、艬、大船也、廣韻云、合木船也、艬亦艬也、語之轉耳、初學記引周遷輿服雜事云、欲輕行則乘海䑠、䑠合

木船也、方言、南楚江湘之閒、凡船大者謂之舸、小舸謂之艖、艖謂之艒縮、小艒縮謂之艇、艇長而薄者謂之艜、短而淺者謂之䑠、小而淺者謂之樑、東南丹陽會稽之閒謂艖爲欚、小爾雅云、艇之小者曰艄、方言注云、今江東呼艖艄者、梁書羊侃傳云、于兩艖艄起三閒通梁水齋、是也、陳書侯景傳、以舨艖貯石、沈塞淮口、舨艖與艖艄同、各本艒下有舴艋二字、舴音責、艋音猛、下文艦艄下、又有舴艋二字、舴音側格、艋音猛、案玉篇、舴、音陟格切、廣韻陟格、側伯二切、集韻陟格側格實窄三切、而皆無責音、其下文側格之音、則與廣韻集韻相合、是此處舴艋二字爲衍文、而其音亦後人所妄加也、今刪、初學記引埤倉云、海中船曰艆艒、集韻、舸艒、大艑也、吳志呂蒙傳云、盡伏其精兵艒艖中、藝文類聚引物理論云、工匠經涉河海、爲舸艖以浮大川、北堂書鈔云、豫章艖艄洲在城之西南、作艖艖大艑之處、水經贛水注作谷鹿洲、竝字異而義同、衆經音義卷一引通俗文云、吳船曰艑、晉船曰舶、北堂書鈔引荊州記云、湘洲七郡、大艑所出、皆受萬斛、宋臧質石城樂云、大艑載三千、漸水丈五餘、方言注云、今江東呼艖、小底者也、舡艡猶抵當也、廣韻

舡艡、小戰船也、出字林、艀舡、猶胮肛也、說見卷二胮肛、腫也下、左思吳都賦、宏舸連舳、劉逵注引方言、江湘凡大船曰舸、吳志董襲傳云、乘大舸船、突入蒙衝裏、舸者、洪大之稱、門大開謂之閜、大杯謂之閜、大船謂之舸、義相近也、說文、欚、海中大船也、艭與欚同、船與筏異物而同用、故船謂之舫、亦謂之艕、亦謂之欚、編木謂之筏、亦謂之泭、亦謂之舫、凡此皆浮之轉聲也、艛、蓋即史記所謂樓船也、船上爲樓謂之樓船、猶車上爲樓謂之樓車、史記平準書、治樓船高十餘丈、南越傳、令罪人及江淮以南樓船十萬師往討之、集解引應劭漢書注云、作大船、船上施樓、故號曰樓船也、舨、與上艖字同、玉篇、舨、艑也、廣韻云、小船也、舨、曹憲音又、影宋本皇甫本舨字譌作舟、又二字、雙行竝列、畢氏諸本又字復譌作又、今據曹憲音訂正、集韻引廣雅、舨、舟也、又其一證矣、䑌之言欄、艦之言檻、皆謂船之有屋者也、衆經音義卷十一引字書云、船上有屋者曰艦、玉篇、艦、或作舲、小船有屋也、楚辭九章、乘舲船余上沅兮、王逸注云、舲船、船有牕牖者、淮南子主術訓、湯武不能與越人乘軨舟而浮於江湖、高誘注云、軨舟、小船也、越人習水、自能乘之、軨與舲通、

軨、今本譌作幹、藝文類聚、太平御覽引淮南子竝作船、俶真訓、越舲蜀艇、不能無水而浮、高注云、舲、小船也、越人所便習、此足與主術訓注互相證明矣、船之言摶大也、衆經音義卷一引埤倉云、船、大船也、廣韻云、海中大船也、水經江水注云、昔孫權裝大船、名之曰長安、亦曰大舶、載坐直之士三千人、○艀之言浮也、玉篇、艀、小艀也、小艀謂之艀、猶小泭謂之桴矣、晉書忠王尚之傳音義引字林云、艦、屋船也、釋名云、上下重版曰艦、四方施版以禦矢石、其內如牢檻也、三國志周瑜傳云、劉表治水軍、蒙衝鬬艦、乃以千數、左思吳都賦、巨檻接艫、劉逵注云、船上下四方施版者曰檻、檻與艦通、方言注云、樑、即長艒也、樑艒竝渠容反、玉篇、艒、小船也、方氏密之通雅云、今皖之太湖呼船小而淺者曰樑艒、淮南子、越舲蜀艇、太平御覽引作越艒蜀艇、又引注云、艒、小艇、所引蓋許慎注也、後漢書馬融傳、方餘皇、連艒舟、李賢注引淮南子亦作艒、小爾雅云、小船謂之艇、方言注云、艇、艒也、釋名云、二百斛以下曰艇、其形徑挺、一人二人所乘行也、高誘注俶真訓云、蜀艇、一版之舟、案高注訓蜀爲一、義本方言、但越舲蜀艇、皆以其地名之、若以蜀艇爲一版

之舟、則於文不類矣。昭十七年左傳、楚大敗吳師、獲
其乘舟餘皇。杜注云、餘皇、舟名。左思吳都賦、篤餘皇
於往初。郭璞江賦、漂飛雲、運艅艎。並與餘皇同。玉篇、
艨艟、戰船也。字本作蒙衝。後漢書禰衡傳云、黃祖在
蒙衝船上大會賓客。船之有蒙衝、猶車之有衝車。蒙、
冒也。衝、突也。釋名云、外狹而長曰蒙衝、以衝突敵船
也。艋首本作鷁首。畫鷁於船首、因命其船爲鷁首也。
方言、船首謂之閤閭、或謂之鷁首。注云、鷁、鳥名也。今
江東貴人船前作青雀、是其像也。淮南子本經訓、龍
舟鷁首。高注云、鷁、水鳥。畫其象著船頭、故曰鷁首也。
張衡西京賦、浮鷁首、翳雲芝。薛綜注云、船頭象鷁鳥、
厭水神、故天子乘之。鷁首或但謂之鷁。司馬相如子
虛賦云、浮文鷁、揚旌栧。是也。玉篇、舴艋、小舟也。小舟
謂之舴艋、小蝗謂之蚱蜢、義相近也。藝文類聚引宋
元嘉起居注云、餘姚令何玢之造作舴艋一艘、精麗
過常。艬本作欃。說文、欃、江中大船名。洪氏稚存釋舟
云、案方言、艖爲小舸。艬與艖同、則艬亦不盡是大舟
矣。又云、小舟謂之艬。莊子秋水篇、梁麗可以衝城。司
馬彪注、梁麗、小船也。裴松之三國志王朗傳注稱獻
帝春秋、朗對孫策使者云、獨與老母共乘一欐、流矢

始交、便棄欐就俘。亦欐爲小舟之證。欐、麗古字通。念
孫案玉篇、廣韻、艬、欐並力底切。方言、艬爲小舸、則艬
與欐、麗並通。莊子人閒世篇、楸柏桑三圍四圍、求高
名之麗者斬之。司馬彪注亦以麗爲小船。曹植盤石
篇云、呼吸吞船欐。則
欐又爲船之通稱矣。

簰、䈾、潢、筏也。

方言、泭謂之簰、簰謂之筏。筏、秦晉之通語也。衆經音
義卷三云、筏、通俗文作橃、韻集作䈶。編竹木浮於河
以運物也。南土名簰、北人名筏。字又作栰。論語公冶
長篇馬融注云、編竹木大者曰栰、小者曰桴。簰之言
比次也。後漢書岑彭傳、乘枋簰下江關。李賢注云、枋
簰、以木竹爲之、浮於水上。簰、䈾並同。䈾之言比附
也。說文、泭、編木以渡也。爾雅釋言、舫、泭也。孫炎注云、
方木置水中爲泭筏也。釋文、泭字或作䈾、樊本作柎。
周南漢廣釋文引郭璞音義云、木曰簰、竹曰筏、小筏
曰泭。釋水、庶人乘泭。李巡注云、併木以渡也。齊語、方
舟設泭、乘桴濟河。韋昭注云、編木曰泭、小泭曰桴。管
子輕重甲篇云、冬不爲杠、夏不束泭。楚辭九章、乘氾

泭以下流兮。王逸注云、編竹木曰泭、楚人曰泭、秦人
曰橃。䈾、泭、柎並同。潢之言橫也、橫流而渡也。說文、
潢、㠯船渡也。方言、方舟謂之潢。郭注云、揚州人呼渡
津舫爲杭、荊州人呼潢。潢亦杭也、語之轉耳。六韜軍
用篇云、天潢一名天船。張衡思元賦云、乘天潢之汎
汎兮、浮雲漢之湯湯。橫、潢並與潢通。據方言、說文、則
潢爲方舟之名、非筏名也。玉篇、廣韻亦不訓爲筏。至
集韻始引廣雅、潢、筏也。然衆經音義卷十四引廣雅、
簰、䈾、筏也、而無潢字。疑廣雅潢
字本別爲一條、而脫誤在此也。

舥謂之舷、

此謂船兩邊也。衆經音義卷十六引埤倉云、舷、船舷
也。楚辭漁父篇、鼓栧而去。王逸注云、叩船舷也。舷或
作弦、舥或作𣚍。淮南子說林訓、遽契其舟𣚍。高誘注
云、𣚍、船弦版也。讀如左傳襄王出居鄭地氾之氾。今
本淮南子𣚍譌作㮴。𣚍字草書作㮴、因譌而爲㮴。集
韻、類篇並云、舥或作𣚍。漢𨵦子逢盛碑亦有𣚍字。

艑謂之桄、

此謂船前橫木也。桄之言橫也。集韻、桄、舟前木也。凡
舟車前之橫木皆曰桄。衆經音義卷十四云、桄、聲類
作輄、車下橫木也。今車牀及梯轝下橫木皆曰桄。釋
名釋車篇云、桄、橫也、橫在前、如卧牀之有桄也。桄、橫也、橫
在下也。義與聲類同。今本釋名桄字譌作枕、而校是
書者輒證以方言軫謂之枕、且刪去橫在下也四字、
弗思甚矣。別言之、則船前橫木曰桄、合言之、則四邊
皆曰桄。今人言邊桄是也。玉篇、艑、船艑也。船艑猶言
船桄。今本玉篇船艑譌作艑船。廣韻、艑、船艑也。集韻、
艑、船前桄也。足正今本之失。合言之、則四邊皆曰艑、
若錢四周謂
之輪郭矣。

艁舟謂之浮梁、

方言、艁舟謂之浮梁。郭璞注云、即今浮橋。說文、艁、古
文造。案造之言曹也、相比次之名也。造、次一聲之轉、
故凡物之次謂之造。昭十一年左傳、僖子使助薳氏
之造。杜注云、造、副也。張衡西京賦、屬車之造。薛綜
注云、造、副倅也。義與造舟並相近。大雅大明篇、造舟爲
梁。爾雅、天子造舟。李巡注云、比其舟而渡曰造舟。孫

炎云、比舟爲梁也、薛綜注東京賦云、造舟以舟相比次爲橋也、以上諸說、皆合造字之義、昭元年左傳秦后子造舟于河、正義云、李巡、孫炎、郭璞、皆不解造義、葢造爲至義、言船相至而竝比也、案比舟二字、正釋造字之義、沖遠不得其解而轉訓爲至、爾雅釋文訓造爲作、宣十二年公羊傳疏引舊說訓造爲詣、又轉訓爲成、皆由不知造爲比次之義、故望文生訓而卒無一當矣、艁、各本皆作造、此後人據經文改之也、詩及爾雅釋文竝云、造、廣雅作艁、今據以訂正、

崐崘虛、赤水出其東南陬、河水出其東北陬、洋水出其西北陬、弱水出其西南陬、河水入東海、三水入南海、

海內西經云、海內崐崘之墟在西北、赤水出東南隅以行其東北、西南流注南海、厭火東、河水出東北隅以行其北、西南又入渤海、又出海外、卽西而北、入禹所導積石山、洋水、黑水出西北隅以東、東行、又東北南入海、羽民南、弱水、青水出西南隅以東、又北、又西南過畢方鳥東、淮南子地形訓云、弱水出自窮石、至于合黎、餘波入于流沙、絕流沙、南至南海、其記河水赤水、洋水、與海內西經略同、葢廣雅所本也、崐崘所在、言人人殊、四水出其四隅、尤無實驗、所謂不可爲典要者與、

水自渭出爲滎、水自汾出爲派、

水經渭水注云、渭水東北逕渭城南、東分爲二水、廣雅曰、水自渭出爲滎、其猶河之有雍也、此瀆東流注渭水、又汾水注云、汾水於大陵縣左池爲鄔澤、廣雅曰、水自汾出爲汾陂、陂南接鄔、地理志曰、九澤在北、幷州藪也、呂氏春秋謂之大陸、又名之曰漚夷之澤、俗謂之鄔城泊、又會嬰侯之水、亂流逕中都城南、侯甲水注之、又西逕鄔縣故城南、又西北入鄔陂而歸於汾流矣、案酈注水自汾出爲下、當有闕文、鄔城泊在今汾州府介休縣東北、

廣雅疏證卷第九下

廣雅疏證卷第十上

引之述

釋草

⿱艹皐蘇、白䓘也、

南山經云、侖者之山有木焉、其狀如穀而赤理、其汁如漆、其味如飴、食者不飢、可以釋勞、其名曰白䓘、郭注云、或作皐蘇、皐蘇一名白䓘、見廣雅、案白䓘木名而入釋草者、方言云、蘇、芥草也、白䓘草類、故一名皐蘇、特其狀如穀而赤理、因又以爲木耳、侖者之山有木焉、其狀如穀而赤理、其名曰白䓘、猶中山經葌山有木焉、其狀如棠而赤葉、名曰芒草、雖以爲木、仍是草類、⿱艹皐蘇䓘三字皆從艸、足以明之矣、玉篇云、白䓘草、食之不飢、亦與廣雅同、藝文類聚引張協都蔗賦云、皐蘇妙而不逺、何況沙棠與柳實、皐蘇味如飴、故以比甘蔗也、高誘注淮南精神訓云、勞、憂也、⿱艹皐蘇解憂忿、故曰可以釋勞、初學記引王朗與魏太子書云、

奉讀歡笑、以藉飢渴、雖復萱草忘憂、皐蘇釋勞、無以加也、應瑒報龐惠恭書云、雖萱草樹背、皐蘇在側、悒忿不逞、祇以增毒、徐陵玉臺新詠序云、代彼萱蘇、蠲玆愁疾、皆其證也、至說文云、⿱艹皐、葛屬也、白䓘、草名、其實似瓜、食之治瘧、則與廣雅異同未審、

茈綦、蕨也、

爾雅、綦、月爾、郭注云、卽紫綦也、似蕨可食、後漢書馬融傳云、茈其、芸蒩、茈與紫同、其與綦同、又爾雅蕨鼈注云、廣雅云、紫綦、非也、初生無葉可食、江西謂之鼈、案草木鳥獸同類者、亦得同名、紫綦、蕨之類也、齊民要術引詩義疏云、蕨、山菜也、初生似蒜莖、紫黑色、洞冥記云、元草黑蕨、又云、紫莖寒蕨、謝靈運酬從弟惠連詩、山桃發紅萼、野蕨漸紫苞、則蕨亦紫色、故紫綦謂之蕨也、鄭樵爾雅注云、綦、今謂之綦蕨、似蕨而大、可食、羅願爾雅翼云、蕨生如小兒拳、紫色而肥、今野人今歲焚山、則來歲蕨菜繁生、其舊生蕨之處、蕨葉老硬敷披、人誌之、謂之蕨基、廣雅云、蕨、紫其、基豈其之轉邪、戴侗六書故云、蕨、紫其也、生山中、其有蕨其

有狼萁蕨萁初出土紫色拳如小兒手可食李時珍本草云紫萁似蕨有花而味苦謂之迷蕨初生亦可食是紫蘩稱蕨後世方俗語猶然也

蘘菩也

說文菩草也繫傳引字書云黃菩草也玉篇黃蓓草名菩香草蘘蘘菩草也廣韻草香草集韻草鬱香草菩與蓓廣韻同薄亥切又與草同房久切黃蓓草鬱未知孰爲蘘也

王白萯也

未詳

葅蕺也

說文葅菜也玉篇蕺菜也張衡南都賦其園圃則有蓼蕺蘘荷李善注引風土記云葅香菜根似茆根蜀人所謂葅香葅與蕺同後漢書馬融傳芘蒸芸葅李賢注云其根似茅根可食左思蜀都賦樊以葅圃劉

逵注云葅草名也亦名土茄葉覆地而生根可食人飢則以繼糧李善注引埤倉云葅蕺也謝靈運山居賦畦町所藝蓼蕺蘘薺北戶錄引越絕云蕺山越王句踐種蕺處古今注云荆揚人謂葅爲蕺齊民要術云葅菜紫色有蘩唐本草注云蕺菜葉似蕎麥肥地亦能蔓生莖紫赤色多生溼地山谷陰處山南江左好生食之關中謂之葅

菜葅菹葅字竝通

藜蘆葱蒴也

葱各本譌作蒽今訂正急就篇云牡蒙甘草菀藜蘆神農本草云藜蘆一名葱苒吳普本草云藜蘆一名葱葵一名山葱一名豐蘆一名蕙葵大葉根小相連名醫別錄云一名葱菼藜與豐菼與蒴音竝相近玉篇藜旅題切豐力弟切蒴他甘切菼他敢切苒與蒴同御覽引廣雅藜蘆葱蒴也陶隱居本草注云藜蘆根下極似葱而多毛蘇頌圖經云藜蘆有三種水藜蘆根鬚百餘莖葱白藜蘆根鬚三二十莖均州土俗亦呼爲鹿葱又云莖似葱白根黃白色

范子計然云藜蘆出河東黃白者善

菹蒢地榆也

菹玉篇云菹蒢菜也名醫別錄云地榆生桐柏及冤句山谷陶隱居注云葉似榆而長初生布地其花子紫黑色如豉故名玉豉齊民要術引神仙服食經云地榆一名玉札北方難得故尹公度曰寧得一斤地榆不用明月珠其實黑如豉北方呼豉爲札當言玉豉此草霧而不濡太陽氣盛也鑠玉爛石其根作飲其汁釀酒又引廣志云地榆可生食梁元帝元覽賦金鹽玉豉堯韭舜榮謂此矣

莪蒿䕡蒿也

爾雅莪蘿郭注云今莪蒿也亦曰䕡蒿說文莪蘿蒿屬菻蒿屬也菻與䕡同小雅菁菁者莪傳云莪蘿蒿也正義引義疏云莪蒿也一名蘿蒿生澤田漸洳之處葉似邪蒿而細科生三月中莖可生食又可蒸香美味頗似蔞蒿陳藏器本草拾遺云䕡蒿生高岡宿根先於百草一名莪蒿如詩疏及本草拾遺所說莪蒿之形葢茵陳之類也名醫別錄云茵陳蒿生大山及邱陵坂岸上陶注云似蓬蒿而葉緊細莖冬不死

春又生本草拾遺云經冬不死至春更因舊苗而生新葉故名茵陳二者相近矣

蕑蘭也

鄭風溱洧篇方秉蕑兮陳風澤陂篇有蒲與蕑傳竝云蕑蘭也神農本草云蘭草主殺蠱毒辟不祥通神明案鄭風正義引義疏云蕑即蘭香草也莖葉似澤蘭廣而長節藏衣著書中辟白魚是其殺蠱毒也初學記引韓詩章句云鄭國之俗三月上巳於溱洧兩水之上招蒐續魄秉蘭拂除不祥之故周官女巫掌歲時祓除釁浴注云歲時祓除如今三月上巳如水上之類釁浴謂以香薰草藥沐浴夏小正蓄蘭傳云爲沐浴也楚詞九歌浴蘭湯兮沐芳王逸注云言已將修饗祭以事雲神乃使靈巫先浴蘭湯沐香芷以自絜清也是其辟不祥通神明也蕑或爲蕿蘭或爲蓮衆經音義卷二引字書云蕿與蕑同蕿蘭也又引說文云蕿香草也卷十二引聲類云蕿蘭也又引說文云香草也今本說文蕿草出吳林山脫去香字耳廣韻蕿香草即本說文中山經云吳林之山多蕿草青要之山有草焉其狀如蕿其本如藁本洞庭之山

其草多葌、蘪蕪、芍藥、芎藭、以葌與藁本、蘪蕪、芍藥、芎藭竝言之、其爲香草明矣、郭璞以葌爲菅、云似茅、恐非也、說文芎、藭、蘭、葌四字連文、別出茅菅二字於後、則葌與蘭同、不與菅同矣、是蕑通作葌也、管子地員篇、五粟之土、五臭生之、薜荔白芷蘪蕪椒連五沃之土、五臭疇生、蓮與蘪蕪藁本白芷、是蘭通作蓮也、詩溱洧釋文引韓詩、蕑蓮也、御覽引韓詩章句云、蕑蘭也、初學記引韓詩章句云、秉蘭拂除不祥之故、皆借蓮爲蘭、澤陂箋云、蕑當爲蓮、芙蕖實也、云當爲蓮、而不云蕑蓮也、則以蕑之本字不訓爲蓮、藕之蓮、故必破字耳

蘱茅、蔽也、

廣韻、蔽、茅類、蘱、草名、似蒲、一云、似茅、爾雅、蘱、薡董、郭注云、似蒲而細、邢昺疏云、可爲屩、亦可綯以爲索、說文、薡董也、杜林曰藕根、徐鍇傳云、似蒲而細、今人以織屨、西京賦、草則葴莎菅蔽、李善注引聲類云、蔽草中爲索、玉篇同、成九年左傳雖有絲麻、無棄菅蔽、正義云、陸機毛詩疏、菅似茅、滑澤無毛、筋宜爲索、蔽

亦菅之類、喪服傳云、疏屨者、藨蔽之菲也、可以爲屨竝可代絲麻之乏、然則蔽爲索爲屨、與蘱同、是一物也、遼釋行均龍龕手鑑云、蘱草、一名鼎童、似鳥尾、可食、

廉薑、葰也、

說文、葰、薑屬、可以香口、字或作綏、士喪禮記、茵著用荼、實綏澤焉、注云、綏、廉薑也、取其香且御溼、或作浚、鹽鐵論散不足篇云、浚茈蓼蘇、或作荾、劉逵吳都賦注引異物志云、荾一名廉薑、生沙石中、薑類也、其累大辛而香、削皮以黑梅并鹽汁漬之、則成也、始安有之、或作荾、潘岳閒居賦云、蓼荾芬芳、御覽引劉楨清慮賦云、俯拔廉薑、又引此作蔟葰廉薑也、齊民要術同、

草蒿、青蒿也、

爾雅、蒿、菣、郭注云、今人呼青蒿香中炙啗者爲菣、小雅鹿鳴篇、食野之蒿、正義引義疏云、蒿、青蒿也、荊豫之閒、汝南汝陰皆云菣也、神農本草、草蒿、一名青蒿、一名方潰、陶隱居注云、即今青蒿、人亦取雜香菜食之、蜀本圖經云、葉似茵陳蒿而背不白、高四尺許、江東人呼爲犼蒿、爲其臭似犼、北人呼爲青蒿、

枸乳、苦杞也、

爾雅、杞、枸檵、郭注云、今枸杞也、枸與枸同、字從木、各本譌從才、玉篇云、枸枸杞也、本作枸、集韻、枸或作枸、引廣雅、枸乳、苦杞也、今訂正、小雅四牡篇、集于苞杞、正義引義疏云、杞、其樹如樗、一名苦杞、春生、可作羹茹、微苦、神農本草云、枸杞、味苦寒、陶隱居注云、葉可作羹、味小苦、蘇頌圖經云、俗謂之甜菜、案今世亦謂之甜菜、初食味苦、苦杞之名起於此矣、御覽引吳普本草云、枸杞一名羊乳、蓋其下垂似之、詩義疏云、枸杞子秋熟、正赤、蘇頌本草圖經云、六月七月生小紅花、隨便結紅實、形微長如棗核、案今江淮閒謂之狗嬭子、狗枸同聲、嬭即乳也、玉篇嬭乳也、

游冬、苦菜也、

月令云、孟夏苦菜秀、呂氏春秋任地篇云、日至苦菜死、亦單謂之苦、唐風采苓篇云、采苦采苦、公食大夫

禮云、鉶芼羊苦、鄭注云、苦、苦荼也、內則云、濡魚包苦實蓼、又謂之荼、爾雅、荼、苦菜、邶風谷風篇云、誰謂荼苦、其甘如薺、豳風七月篇云、采荼薪樗、食我農夫、大雅緜篇云、菫荼如飴、神農本草云、苦菜一名荼草、一名選名醫別錄云、一名游冬、生山陵道旁、冬不死、桐君藥錄云、三月生扶疏、六月花從葉出、莖直花黃、八月實黑、實落根復生、冬不枯、則游冬之名、其取諸此乎、顏氏家訓云、禮云苦菜秀、案易統通卦驗元圖曰、苦菜生於寒秋、更冬歷春、得夏乃成、今中原苦菜則如此也、一名游冬、葉似苦苣而細、摘斷有白汁、花黃似菊、江南別有苦菜、葉似酸漿、其花或紫或白、子大如珠、熟時或赤或黑、此菜可以釋勞、案郭璞注爾雅、此乃蘵黃蒢也、今河北謂之龍葵、梁世講禮者以此當苦菜、既無宿根、至春子方生耳、亦大誤也、又高誘注呂氏春秋曰、榮而不實曰英、苦菜當言英、益知非龍葵也、爾雅釋文云、荼、苦菜、在釋草篇、本草爲菜上品、陶宏景乃疑是茗、失之矣、釋木篇、檟、苦荼、乃是茗耳、案顏陸二家之辨、皆得其實、程先生易疇通藝錄云、苦菜有二種、一種爲苦蕒、一種北方人呼爲藘蕒菜也、苦蕒八九月生者、葉皆從根出、不生莖、斷之有白汁、

其味苦、春生者、四月中抽莖作花、月令、孟夏苦菜秀、是也、花黃如菊、其鄂作苞、花英之本藏苞中、一英下一子、子末生白毛如絲、英落苞開、子末之白毛乃見、數以萬計、形圓如毬、所謂荼也、鹽鐵論云、秦法繁於秋荼、苦菜之荼生於秋者、一花之跗、多以萬計、洵爲繁矣、蘮蒘菜七月生者有幹、其葉節節臺生、數葉後又生岐莖、花如苦蕒、苞開、白如毬、八九月猶盛開、其子有形而不實、引之案南方人呼苦蕒菜者、確如此說、至北方人說蘮蒘菜宿根經冬不死、斷其莖有白漿、取其葉和醬食之、或和餳、皆可、其味苦、四五月花黃如菊、九月方止、不結子、亦無白毛、高誘注呂氏春秋孟夏紀、謂苦菜榮而不實、殆謂是與、

桼姑、艾但、鹿何、澤鞠也、

陶隱居注別錄杉材云、桼姑葉細細、多生石邊、療桼瘡、陳藏器本草拾遺云、桼姑如鼠跡大、生階墀閒陰處、氣辛烈、主桼瘡、又本草蜀羊泉、唐注云、此草俗名桼姑、葉似菊、花紫色、子類枸杞子、根如遠志、主療桼瘡、餘未詳、

堇、羊蹏也、

堇有二、一爲蒴藋、烏頭之類也、爾雅云、芨、堇草、郭注云、卽烏頭也、江東呼爲堇、名醫別錄云、蒴藋有毒、一名堇草、一名芨、說文繫傳引字書云、蒴藋、一名堇、玉篇、蒴藋有五葉、堇、一名蒛、廣韻、芨、烏頭別名、或作蒛、堇、蒴藋別名、集韻、芨、堇草也、一通作蒛、蒛草名、蒴藋也、是蒴藋名堇、名芨、又名堇也、一爲羊蹏、小雅我行其野篇、言采其蓫、傳云、蓫、惡菜也、齊民要術引義疏云、今羊蹏似蘆菔、莖赤、煮爲茹、滑而不美、多噉令人下痢、幽州謂之羊蹄、揚州謂之蓫、一名蓨、蹄與蹏同、爾雅、苗、蓨、蓋卽蓫、一名蓨者、集韻、堇、或作苗、通作蓫、羊蹏也、詩釋文、蓫、本又作蓄、神農本草、羊蹏、一名東方宿、一名連蟲陸、一名鬼目、名醫別錄云、一名蓄、陶隱居注云、今人呼爲禿菜、卽是蓄音之譌、引詩云、言采其蓄、更有一種味酸者、齊民要術引字林云、堇似冬藍、蒸食之、酢、陶隱居注本草羊蹏云、又一種極相似而味醋、呼爲酸摸、本草拾遺云、酸摸、葉酸美、人亦折食其英、葉似羊蹏、是山大黃、一名當藥、爾雅、須、薞蕪、郭注云、似羊蹄、葉細、味酢可食、是羊蹄一種名蓫名蓄、一種名薞蕪、名酸摸、而總謂之堇也、名醫別錄云、蒴藋有毒、生田野、羊蹄無毒、生川澤、寇宗奭本草衍義云、蒴藋花白、子如綠豆、羊蹄花青白、子三稜、二者各殊、玉篇云、堇、一名蒛、又云、似冬藍、食之醋、則是合蒴藋羊蹄爲一物、誤矣、

牛莖、牛厀也、

神農本草、牛厀、一名百倍、名醫別錄云、生河內川谷及臨朐、陶隱居注云、今出近道蔡州者、最長大柔潤、其莖有節、似牛厀、故以爲名也、乃云有雌雄、雄者莖紫色而節大爲勝爾、御覽引吳普本草云、牛厀生河內或臨邛、葉如夏藍、莖本赤、又引廣雅、牛莖、牛厀也、各本莖譌作莖、今訂正、廣韻、莖、牼莖、戶耕切、說文、牼、牛厀下骨也、牛莖之名、殆取此義與、抱朴子黃白篇云、俗人見方用鼠尾牛厀、皆謂之血氣之物也、

豨耳、馬莧也、

豨、卽豚字、神農本草、莧實、一名馬莧、陶隱居注云、今馬莧別一種、布地生、實至微細、俗呼爲馬齒莧、亦可

食、小酸、恐非莧實也、顏氏家訓云、馬莧堪食、亦名豚耳、俗曰馬齒、江陵有一僧、面形上廣下狹、劉緩幼子云、似馬莧、是其狀矣、李時珍云、馬齒莧大葉者俗呼爲豘耳草、小葉者爲鼠齒草、豘與豚同、

卬、昌陽、菖蒲也、

說文、茚、昌蒲也、䒗、茚䒗也、茚、與卬同、亦作荷、玉篇、茚、五唐切、菖蒲也、荷、語兩切、草生池水邊、廣韻、茚、五剛切、菖蒲別名、又魚兩切、集韻、荷、語兩切、菖蒲也、或作茚、神農本草、菖蒲久服輕身、不忘不迷惑、延年、一名昌陽、陶注云、今處處有、生石磧上、概節爲好、生下濕地大根者名昌陽、此藥甚去蟲并蚤蝨、藝文類聚引吳普本草云、菖蒲、一名堯韭、一名昌陽、亦作昌羊、淮南說林訓云、昌羊去蚤蝨而來蛉窮、高誘注云、昌羊、昌蒲也、名醫別錄云、白昌、一名水宿、一名莖蒲、陳藏器云、一名昌陽、生水畔、人亦呼爲菖蒲、與石上菖蒲別、根大而臭、一名水菖蒲、案此與陶注生下濕地根大者名昌陽正合、但本草經及吳普本草竝云、菖蒲一名昌陽、恐俱是大名、不分水石也、且管子地員篇云、山之上、其草斬白昌、又云、其山之旁、有彼黃寅、及

彼白昌似生石上者亦名白昌也周官醢人朝事之豆其實昌本鄭注云昌蒲根也公食大夫禮醢醢昌本注云昌本昌蒲本葅也僖三十年左傳饗有昌歜杜注云昌蒲葅也韓非子難篇文王嗜菖蒲葅呂氏春秋任地篇冬至後五旬七日昌始生昌者百草之先生者也

攣夷芍藥也

攣夷即留夷攣聲之轉也張注上林賦云留夷新夷也新與辛同王逸注楚詞九歌云辛夷香草也郭璞注西山經云芍藥一名辛夷亦香草屬然則鄭風之勺藥離騷之留夷九歌之辛夷一物耳毛詩溱洧傳云勺藥香草御覽引義疏云今藥草勺藥無香氣非是也未審今何草司馬相如賦云勺藥之和揚雄賦曰甘甛之和勺藥之羹然則勺藥人人食之也案西山經云繡山其草多芍藥中山經句檷之山條谷之山洞庭之山並云其草多芍藥則芍藥山草名醫別錄云芍藥生中岳川谷及邱陵陶注云出白山蔣山茅山最好白而長大餘處多赤與山經合則古之芍藥即醫家之藥草芍藥也今人畦種之離騷所謂

畦留夷者矣其根莖及葉無香氣而花則香故毛詩謂之香草猶蘭爲香草亦是花香莖葉不香也至司馬相如子虛賦勺藥之和揚雄蜀都賦甘甛之和勺藥之羹皆是調和之名陸氏引以證勺藥之草誤也伏儼注子虛賦云勺藥以蘭桂調食文穎云勺藥五味之和也韋昭云勺藥和齊鹹酸美味也勺丁削反藥旅酌反晉灼云南都賦曰歸雁鳴鵽香稻鮮魚以爲勺藥酸恬滋味百種千名文說是也李善云枚乘七發云勺藥之醬然則和調之言於義爲得今案勺丁削反藥旅酌反勺藥之言適歷也適歷亦調也說文厤字從厤云厤調也與歷同又云秝希疏適歷也讀若歷周官遂師注云磨者適歷執紼者名也疏云分布希疏得所名爲適歷也然則均調謂之適歷聲轉則爲勺藥蜀都賦云有伊之徒調夫五味甘甛之和勺藥之羹七命云味重九沸和兼勺藥論衡譴告篇云釀酒於罌烹肉於鼎皆欲其氣味調得也時或鹹苦酸淡不應口者由人勺藥失其和也嵇康聲無哀樂論云大羹不和不極勺藥之味皆其證矣服虔注子虛賦云列或說云以勺藥調食亦未嘗審信也而顏師古乃云勺藥草名其根主和五藏又辟毒氣故合之於蘭桂五味以助諸食因呼五味之和爲勺藥及考古人飲食未聞有用勺藥者既已無可舉證矣乃云今人食馬肝馬腸合勺藥而煮之是古之遺法據其說則今人非食馬肝馬腸且不用芍藥何以知古人用勺藥助食乎然且歷詆諸家妄爲音訓斯爲謬矣

菥蓂馬辛也

爾雅菥蓂大薺郭注云似薺葉細俗呼之曰老薺神農本草云菥蓂子味辛微溫一名蔑析一名大戢一名馬辛名醫別錄云一名大薺生咸陽川澤及道傍陶注云今處處有之人乃言是大薺子呂氏春秋任地篇孟夏之昔殺三葉而獲大麥高誘注云昔終也三葉薺亭歷菥蓂也是月之季枯死大麥熟而可穫月令謂之靡草孟夏之月靡草死麥秋至即所謂殺三葉而穫大麥也鄭注引舊說云靡草薺亭歷之屬正義云以其枝葉靡細故云靡草依爾雅注則菥蓂之葉又細于薺也張衡南都賦云其園圃則有菥蓂芋瓜

蒣蔀魚薺也

菜屬一名蒣一名蔀玉篇云蒣魚薺也廣韻云蔀菜魚薺也

狗薺大室葶藶也

爾雅蕇亭歷郭注云實葉皆似芥一名狗薺見廣雅釋文云亭歷或作葶藶引廣雅狗薺大室葶藶也各本俱脫葶字今補神農本草云葶藶一名大室一名大適生藁城平澤名醫別錄云一名丁歷一名蕇蒿丁與葶聲相近也陶注云出彭城者最勝今近道亦有母則公薺子細黃至苦爾雅釋文云今江東人呼爲公薺蓋菥蓂葶藶皆薺之類故菥蓂謂之大薺葶藶謂之狗薺或謂之公薺蘇頌本草圖經云初春生苗葉高六七寸有似薺根白枝莖俱青三月開花微黃結角子扁小如黍粒微長黃色是其狀也又謂之靡草月令孟夏之月靡草死鄭注引舊說云靡草薺亭歷之屬正義云以其枝葉靡細故云靡草也案呂氏春秋任地篇孟夏之昔殺三葉高誘注云三葉薺亭歷菥蓂也是月之季枯死淮南天文訓云五月爲

小刑薺麥亭歷枯或云孟夏之季與五月相屬耳韓非子難勢篇云味非飴蜜也必苦菜亭歷也淮南繆稱訓云大戟去水亭歷愈脹則亭歷非適口之嘉蔬而可爲苦口之良藥也

藡、雈也、

周官司几筵注云雈如葦而細者藡或作荻雈之未未秀者也或謂之薍或謂之菼或謂之鵻或謂之烏蓲或謂之蒹爾雅云菼鵻也菼薍也又云蒹薕菼薍釋文引張揖云未秀曰烏蓲夏小正傳云雈未秀爲菼說文云菼雈之初生一曰薍一曰鵻蒹雈之未秀者陸機毛詩疏則分藡薍雈爲一物蒹爲一物郭璞爾雅注則分菼薍爲一物蒹藡爲一物齊民要術引陸疏云薍或謂之荻至秋堅成卽刈謂之雈三月生初生其心挺出其下本大如箸上銳而細一名蓫薚揚州人謂之馬尾秦風正義引疏云蒹水草也堅實牛食之令牛肥彊青徐州人謂之蒹兖州遼東通語也是陸氏言蒹不與薍藡同也郭注爾雅蒹薕云似雈而細高數尺江東呼爲薕藡注菼薍云似葦而小實中江東呼爲烏蓲又注司馬相如子虛賦云蒹荻

也似雈而細小是郭氏言蒹藡不與薍同也然陸云蒹草堅實郭云菼薍實中陸云薍謂之荻郭云蒹荻也江東呼爲薕藡則蒹藡菼薍仍是一物耳陸誤以蓫薚爲薍郭不審爲未秀之通稱故說之多岐今案莊子則陽篇云欲惡之孽爲性雈葦蒹葭始萌以扶吾形然則葦之始生爲葭雈之始生爲蒹矣蒹薕菼薍俱是荻故詩詠蒹葭蒼蒼則不言菼詠葭菼揭揭則不言蒹亦可知蒹菼異名同實而分爲二物者誤也蒹藡雖爲未秀之名而既秀亦得稱之豳風七月云八月雈葦而秦風蒹葭蒼蒼白露爲霜卽指其時是既秀者名雈亦名蒹也淮南說林訓云藡苗類絮而不可爲絮高誘注云藡苗雈秀楚人謂之藡藡讀敵戰之敵幽冀謂之雈苕也是既秀者名雈亦名藡也故詩疏云薍謂之荻至秋堅成謂之雈而廣雅則卽以藡爲雈義得兩通也毛鄭詩考正云王風大車傳云菼鵻也蘆之初生者也蘆字譌當作雈夏小正傳云雈未秀爲菼葦未秀爲蘆許叔重說文多本毛詩於菼字云雈之初生然則毛詩轉寫譌失顯然矣今案說文云薍菼也八月薍爲葦葦字亦當爲雈說文本於詩傳豳風八月雈葦傳云薍爲雈葭爲葦二說者殊矣

會及、五味也、

爾雅菋荎蕏郭注云五味也蔓生子叢在莖頭神農本草云五味一名會及御覽引吳普本草云一名元及陶注云今第一出高麗多肉而酸甜次出青州冀州味過酸其核並似豬腎又有建平者少肉核形不相似味苦亦良唐本注云五味皮肉甘酸核中辛苦都有鹹味此則五味具也其葉似杏而大蔓生木上子作房如落葵大如蘡子

山蘄、當歸也、

爾雅云薜山蘄郭注云廣雅云山蘄當歸當歸今似蘄而麤大又云薜白蘄注云卽上山蘄釋文云蘄古芹字神農本草云當歸一名乾歸生隴西陶注云今隴西四陽黑水當歸多肉少枝氣香名馬尾當歸稍難得西川北部當歸多根枝而細歷陽所出色白而氣味薄不相似呼爲草當歸唐本注云當歸苗有二

種一種似大葉芎藭一種似細葉芎藭細葉者名蠶頭當歸大葉者名馬尾當歸陶稱歷陽者蠶頭當歸也御覽引范子計然云當歸出隴西無枯者善古今注云相招召贈之以文無文無一名當歸也

芪母、兒踵、東根也、

說文云芪芪母也玉篇云莐母草卽知母也爾雅薚沈藩郭注云生山上葉如韭一曰蝭母神農本草云知母一名蚳母一名蝭母名醫別錄云一名兒踵草一名東根一名沈燔一名蕁生河內川谷陶注云今出彭城形似菖蒲而柔潤葉至難死掘出隨生須枯燥乃止御覽引范子計然云提母出三輔黃白者善芪莐知蝭蚳提古聲竝相近也

郝蟬、丹蔘也、

郝郤古聲相近郝蟬卽郤蟬也各本丹字譌作也惟影宋本不譌神農本草云丹參一名郤蟬草御覽引吳普本草云丹參一名赤參一名木羊乳一名郤蟬草生桐柏或太山山陵陰莖葉小方如荏毛根赤四

月華紫、陶注云、今近道處處有、莖方有毛、紫花、時人呼爲逐馬、

飛廉、扁蘆、伏豬、木禾也、

各本蘆下衍也字、今刪、名醫別錄云、飛廉一名漏蘆、一名伏豬、一名木禾、生河內川澤、陶注云、處處有、極似苦芺、惟葉下附莖、輕有皮起似箭羽、葉又多刻缺、花紫色、今旣別有漏蘆、則非此別名爾、案神農本草漏蘆飛廉分見、竝云久服輕身益氣、漏蘆主疽痔濕痹、下乳汁、名醫別錄所言飛廉功用亦同、唐本注云飛廉有兩種、一是證陶生平澤中者、其生山岡上者葉頗相似而無疏缺、且多毛、莖亦無羽、根直下更無旁枝、蘇頌圖經云、此所說與秦州海州所謂漏蘆者花葉及根頗相近、然則飛廉卽漏蘆之類、故得同名也、漏與扁通、陸羽茶經引凡將篇云、漏蘆飛廉猶神農本草之分爲二也、廣雅云、飛廉扁蘆伏豬木禾也、猶名醫別錄之合爲一也、或主辨異、或主統同耳、神農本草云、飛廉一名輕飛、陶注亦云、飛廉莖輕則飛廉之名、殆取義于輕與、陶注本草蜚蠊云、形似䗪蟲而輕小能飛、亦其義也、

貝父、藥實也、

貝父、卽貝母也、爾雅、莔貝母、郭注云、根如小貝、圓而白華、葉似韭、鄘風載馳篇言采其蝱、傳云、蝱貝母也、采其蝱者、將以療疾、蝱與莔同、正義引義疏云、蝱今藥草貝母也、其葉如栝樓而細小、其子在根下如芋子、正白、四方連累相著、有分解、神農本草云、貝母一名空草、名醫別錄云、一名藥實、一名商草、商字卽莔字之誤也、陶注云、形似聚貝子、故名貝母、蘇頌圖經云、二月生苗、莖細青色、葉亦青、似蕎麥、葉隨苗出、七月開花碧綠色、如鼓子花、陸機云、貝母葉如栝樓、今近道出者正類此、郭璞云、白華葉似韭、此種罕復見之、

王連、黃連也、

各本脫黃連也三字、神農本草云、黃連一名王連、御覽引廣雅云、王連、黃連也、今據補、齊民要術引崔寔四民月令、五月五日合止痢黃連圓、始耆生者所必用、與藝文類聚引江淹黃連頌云、黃連上草、丹沙之次、禦孽辟妖、長靈久視、其爲用重矣、御覽引范子計然云、黃連出蜀郡、黃肥堅者善、名醫別錄云、生巫陽川谷及蜀郡大山、蜀本圖經云、苗似茶、花黃、叢生、一莖生三葉、高尺許、冬不凋、江左者節高若連珠、蜀都者節下不連珠、今秦地及杭州柳州者佳、藥性論云、黃連、一名支連、

蕀苑、遠志也、其上謂之小草、

爾雅、葽繞、蕀蒬、郭注云、今遠志也、似麻黃、赤華、葉銳而黃、其上謂之小草、見廣雅、蒬與苑通、上謂臺也、爾雅、莞苻離、其上蒚、郭注云、謂其頭臺首也、是也、急就篇云、遠志續斷參土瓜、神農本草云、遠志葉名小草、一名棘苑、一名葽繞、一名細草、名醫別錄云、生太山及冤句川谷、陶注云、小草狀似麻黃而青、博物志云、苗曰小草、根曰遠志、世說排調篇、郝隆譏謝安云、處則爲遠志、出則爲小草、又御覽引魏氏春秋同、異云但有遠志不見當歸、蓋昔人多假借遠志之名以爲喻、然命名之本義、或未必然也、

黃良、大黃也、

神農本草云、大黃生河西、御覽引吳普本草云、大黃一名黃良、一名火參、一名膚如、或生蜀郡北部、或隴西、二月生黃赤葉、四四相當、黃莖高三尺許、三月華黃、五月實黑、唐本草注云、葉子莖竝似羊蹄、但麤大而厚、其根細者亦似宿羊蹄、大者乃如椀、長二尺、水經灅水注引魏土地記云、到刺山有佳大黃、

菀蘆、黃文、內虛、黃芩也、

說文、菳、黃菳也、菳與芩同、急就篇云、黃芩伏苓礜此胡、神農本草云、黃芩一名腐腸、生秭歸川谷、陶注云彭城鬱州亦有之、圓者名子芩、破者名宿芩、其腹中皆爛、故名腐腸、御覽引范子計然云、黃芩出三輔、色黃者善、又引吳普本草云、一名黃文、一名妬婦、一名虹腸、一名經芩、一名印頭、一名內虛、二月生赤黃葉、兩兩四四相值、莖空中、或方員、高三四尺、四月華紫紅赤、五月實黑、根黃、案虹腸之虹與紅同、紅亦腐也、名醫別錄作空腸、吳氏云、其莖空中、此內虛之名所由起矣、

因塵、馬先也、

各本脫也字、今補、因塵與茵蔯同、神農本草、茵蔯在上品、馬先在中品、云茵蔯蒿生太山、馬先蒿、一名馬屎蒿、生南陽川澤、御覽引吳普本草云、因塵生田中、葉如藍、陶注云、茵蔯、似蓬蒿而葉緊細、莖冬不死、春又生、馬先、一名爛石草、小雅蓼莪正義引義疏云、蔚牡蒿也、三月始生、七月華、華似胡麻華而紫赤、八月爲角、角似小豆角、銳而長、一名馬新蒿、馬新卽馬先也、諸家無以因塵爲馬先者、此云因塵馬先、或時驗亦通稱、如飛廉扁蘆茈葳麥句薑、皆異物同名、此俱是蒿、稱名尤易相假也、

虵㮚、馬牀、虵牀也、

爾雅、盱、虺牀、郭注云、蛇牀也、一名馬牀、見廣雅、淮南氾論訓云、夫亂人者、芎藭之與藁本也、蛇牀之與麋蕪也、此皆相似、說林訓云、蛇牀似麋蕪而不能芳、神農本草云、蛇牀子、一名蛇米、生臨淄川谷、御覽引吳普本草云、一名蛇珠、名醫別錄云、一名虵㮚、一名虺牀、一名思益、一名繩毒、一名棗棘、一名牆蘼、陶注云近道田野墟落閒甚多、花葉正似蘼蕪、蜀本圖經云似小葉芎藭、花白、子如黍粒、黃白色、生下溼地、虵牀子如黍粒、故謂之虵米、又謂之虵㮚、謝靈運山居賦五華九實、自注、以蛇牀實爲九實之一、卽虵㮚也、㮚各本譌作臬、今據名醫別錄訂正、牀俗書作床、字與麻相近、故馬牀之牀各本譌作麻、今訂正、

葽、莠也、

豳風七月篇、四月秀葽、傳云、葽、葽草也、箋云、夏小正四月、王萯秀、葽其是乎、毛鄭詩考正云、葽者、幽莠也、戰國策云、幽莠之幼也似禾、夏小正、四月秀幽、幽葽語之轉耳、通藝錄云、此盖本廣雅、葽莠也之云、余目驗之不然也、莠於夏至前後始作采、小暑大暑之閒乃其正秀之時、是秀於六月、非秀於四月也、說文云詩四月秀葽、劉向說此味苦、苦葽也、今莠余試嘗之甘、鄭氏詩箋疑葽爲王萯、亦不以爲莠、莠葽相轉、殆未可以聲定之、今案草木多異實而同名者、莠一名葽、非謂詩之秀葽也、穆天子傳、珠澤之藪、爰有萑葦莞蒲茅萯蒹葽、郭璞注云、葽、莠屬、引詩四月秀葽、則莠屬本有葽名、但不當以爲詩之秀葽耳、御覽引韋曜毛詩荅雜問云、甫田維莠、今之狗尾也、說文繫傳引字書云、葽、狗尾草也、是葽與莠同、

常蓼、馬尾、蔏陸也、

爾雅、蓫薚、馬尾、郭注云、廣雅曰、馬尾、蔏陸、本草云、別名薚、今關西亦呼爲薚、江東爲當陸、薚與蔏、蓫與蔁、聲相近、常蓼蔏陸、當陸、聲亦相近也、玉篇云、蔁栜、當陸別名、又云、蔁、章陸也、蔁蔏古同聲、栜蔁陸三字、古亦同聲也、神農本草云、商陸一名葛根、一名夜呼、生咸陽川谷、蜀本圖經云、葉大如牛舌而厚脆、有赤花者根赤、白花者根白、今所在有之、齊民要術引詩義疏云、蘵或謂之荻、至秋堅成、卽刈、謂之萑、三月生初生、其心挺出、其下本大如箸、上銳而細、有黃黑勃、箸之汙人手、把取正白噉之甜脆、一名蓫薚、揚州謂之馬尾、故爾雅云、蓫薚馬尾也、幽州謂之旨苹、案蘵荻萑、不與蓫薚馬尾同物、乃以所見之馬尾、與蘵謂之荻堅成謂之萑者、合爲一類、誤矣、夬九五、莧陸夬夬、子夏傳云、莧陸、木根草莖、剛下柔上也、馬融鄭元王肅皆云、莧陸、一名商陸、宋衷云、莧、莧菜也、陸、商陸也、荀爽云、莧者、葉柔根堅且赤、陸亦取葉柔根堅也、去陰遠、故言陸、言差堅于莧、莧根小、陸根大、三體乾剛在下、根深、故謂之陸也、

鬼桃、銚弋、羊桃也、

爾雅、萇楚、銚芅、郭注云、今羊桃也、或曰鬼桃、葉似桃華白、子如小麥、亦似桃、說文云、萇楚、銚弋、一名羊桃、檜風隰有萇楚篇、隰有萇楚、猗儺其枝、傳云、萇楚、銚弋也、猗儺、柔順也、箋云、銚弋之性、始生正直、及其長大、則其枝猗儺而柔順、不妄尋蔓草木、正義引義疏云、今羊桃是也、葉長而狹、華紫赤色、其枝莖弱、過一尺、引蔓於草上、今人以爲汲灌、重而善沒、不如楊柳也、近下根、刀切其皮、箸熱灰中脫之、可韜筆管、中山經云、豐山、其木多羊桃、狀如桃而方莖、可以爲皮張、郭注云、一名鬼桃、治皮腫起、神農本草云、羊桃、一名鬼桃、一名羊腸、生山林川谷、名醫別錄云、一名萇楚、一名御弋、一名銚弋、陶注云、山野多有、似家桃、又非山桃、子小細、苦不堪噉、花甚赤、詩云、隰有萇楚者、卽此也、案毛詩疏、羊桃華紫赤、爾雅注云、華白、則有二種也、其枝條柔弱蔓生、故詩猗儺其枝、傳箋竝以猗儺爲柔順、但下章又云、猗儺其華、猗儺其實、華與實不得言柔順、而亦云猗儺、則猗儺乃美盛之貌矣、小雅隰桑篇、隰桑有阿、其葉有難、傳云、阿然美貌、難然

盛貌阿難與猗儺同

虎蘭、澤蘭也、

士蒸禮記茵著用茶實綏澤焉注云澤澤蘭也取其香且御溼神農本草云澤蘭一名虎蘭一名龍棗生汝南又生大澤旁名醫別錄云一名虎蒲陶注云今處處有多生下溼地葉微香可煎油或生澤旁故名澤蘭亦名都梁香又作浴湯人家多種之而葉小異今山中又有一種甚相似莖方葉小強不香旣云澤蘭又生澤旁故山中者爲非唐本注云澤蘭莖方節紫色葉似蘭草而不香陶云都梁香乃蘭草爾花白紫萼莖圓殊非澤蘭也案吳普本草云澤蘭一名水香生下地水旁葉如蘭二月生香赤節四葉相值枝節間澤蘭卽水香故鄭氏儀禮注云澤蘭取其香且御溼不得以方莖紫節不香者當之也李當之云蘭草是今人所種似都梁香草與毛詩義疏蘭草似藥草澤蘭之說合是都梁香卽澤蘭蘭草但似都梁耳不得謂都梁香爲蘭草非澤蘭也蘇頌圖經謂澤蘭葉似薄荷寇宗奭衍義謂葉似菊皆謬于古始不可信

襄、續斷也、

急就篇云遠志續斷參土瓜顏師古注云續斷一名接骨卽今所呼續骨木也又有草續斷其葉細而紫色根亦入藥用神農本草云續斷主傷折跌續筋骨一名龍豆一名屬折名醫別錄云一名接骨一名南草一名槐生常山山谷槐與襄同陶注云桐君藥錄云續斷生蔓延葉莖如荏大根本黃白有汁七月八月採根今皆用莖葉節節斷皮黃皺狀如雞腳者又呼爲桑上寄生恐皆非眞時人又有接骨樹高丈餘許葉似蒴藋皮主療金瘡有此接骨名疑或是而廣州又有一藤名續斷一名諾藤斷其莖器承其汁飲之療虛損絕傷用沐頭又長髮折枝插地卽生恐此又相類李云是虎薊與此大乖而虎薊亦自療血爾唐本注云葉似苧而莖方根如大薊黃白色御覽引范子計然云續斷出三輔又引范汪方云續斷卽是馬薊與小薊葉相似但大於小蘇耳葉似旁翁菜但小厚兩邊有刺刺人其華紫色

地髓、地黃也、

爾雅苄地黃郭注云一名地髓江東呼苄淮南覽冥訓云地黃主屬骨而甘草主生肉之藥也神農本草云地黃一名地髓名醫別錄云一名苄一名芑生咸陽川澤黃土地者佳陶注云生渭城者乃有子實實如小麥蘇頌圖經云二月生葉似車前葉上有皺文而不光高者及尺餘低者三四寸其華似油麻花而紅紫色亦有黃花者其實作房如連翹子甚細而沙褐色根如人手指通黃色公食大夫禮鉶芼牛藿羊苦豕薇注云苦苦茶也今文苦爲苄說文云苄地黃也引禮曰鉶芼牛藿羊苄豕薇案古人飲食無用地黃者苄乃苦之假借也

薰草、蕙草也、

僖四年左傳一薰一蕕杜注云薰香草西山經云浮山有草焉名曰薰草麻葉而方莖赤華而黑實臭如蘼蕪佩之可以已癘古者祭則煮之以祼周官鬱人疏引王度記云天子以鬯諸侯以薰大夫以蘭芝是也或以爲香燒之淮南說林訓云腐鼠在壇燒薰於宮漢書龔勝傳云薰以香自燒是也離騷云豈惟紉夫蕙茝王逸注云蕙香草也西山經云天帝之山下多菅蕙藝文類聚引廣志云蕙草綠葉紫華魏武帝以爲香燒之名醫別錄云薰草一名蕙草生下溼地陶注云俗人呼燕草狀如茅而香者爲薰草人家頗種之引藥錄云葉如麻兩兩相對陳藏器云卽是零陵香薰草人家種之離騷所謂樹蕙之百畮者矣

茯神、茯蕶也、

蕶與苓同呂氏春秋精通篇云人或謂兔絲無根兔絲非無根也其根不屬也伏苓是淮南說山訓云千年之松下有伏苓上有兔絲高誘注云伏苓千歲松脂也苓亦作靈褚少孫續龜策傳云傳曰下有伏靈上有兔絲所謂伏靈者在兔絲之下狀似飛鳥之形新雨已天淸靜無風以夜捎兔絲去之卽以篝燭此地燭之火滅卽記其處以新布四丈環置之明卽掘取之入四尺至七尺得矣過七尺不可得伏靈者千歲松根也食之不死神農本草云茯苓一名茯菟名醫別錄云其有抱根者名茯神生太山山谷大松下

陶注云、今出鬱州自然成者、大如三四升器、外皮黑細皺、內堅白、形如鳥獸龜鼈者良、御覽引范子計然云、茯苓出嵩高三輔、又引典術云、松脂入地千歲而爲茯苓、望松樹赤者下有之、

茈葳、麥句薑、蘧麥也、

神農本草云、紫葳、一名陵苕、一名茇華、生西海、陶注引李當之云、是瞿麥根、御覽引吳普本草云、紫威、一名瞿麥、紫葳、即茈葳、瞿麥即蘧麥、是李當之、吳普並以茈葳爲蘧麥也、陶注云、博物志云、郝晦行華草於大行山北、得紫葳華、必當奇異、今瞿麥華乃可愛、而處處有、不應乃在大行山北、且其樹有莖葉、恐亦非瞿麥根、案本草紫葳、一名陵苕、即名醫別錄鼠尾、一名陵翹者、詩義疏云、陵苕一名鼠尾、七八月中華紫、是也、本草瞿麥紫葳分見、則不以紫葳爲瞿麥、然李當之言紫葳是瞿麥根、則目驗當時瞿麥根亦有名紫葳者、吳普云、一名瞿麥、蓋以瞿麥有紫威之名矣、紫葳以色得名、小雅苕之華箋云、陵苕之華紫赤而繁、故陵苕謂之紫葳、陶注本草瞿麥云、花紅紫赤可愛、故瞿麥亦謂之紫葳、草木異物而同名者、正多此類、麥句薑當爲巨句麥、本草云、瞿麥、一名巨句麥、天名精、一名麥句薑、二物不同、下句麥、麥句薑之名相混、因誤以麥句薑爲蘧麥、郭璞注爾雅大菊蘧麥云、一名麥句薑、即仍此誤也、各本麥句薑作陵苕、蓋後人不知麥句薑當爲巨句麥、又不知陵苕蘧麥俱名紫葳而不同、遂據本草紫葳一名陵苕改之矣、爾雅釋文引廣雅、茈葳麥句薑蘧麥也、今據以訂正、

女蘿、松蘿也、

此言女蘿、下文言兔絲、別二物也、神農本草、松蘿、一名女蘿、在木部、兔絲、一名兔蘆、在草部、名醫別錄云、松蘿生熊耳山川谷松樹上、兔絲生朝鮮川澤田野、蔓延草木之上、色黃而細者爲赤網、色淺而大爲菟纍、陶注云、松蘿多生雜樹上、而以松上者爲眞、菟絲浮生藍紵麻蒿上、小雅頍弁正義引陸氏義疏云、菟絲蔓連草上生、黃赤如金、合藥菟絲子是也、非松蘿、松蘿自蔓松上生、枝正青、與菟絲殊異、釋文云、在草曰兔絲、在木曰松蘿、然則女蘿松蘿與菟絲爲二物矣、但此二物究亦同類、呂氏春秋精通篇云、人或謂

兔絲無根、兔絲非無根也、其根不屬也、伏苓是、淮南說山訓云、千年之松、下有茯苓、上有菟絲、則菟絲亦生於松上、漢書禮樂志云、豐草葽、女蘿施、則女蘿亦生於草上、古詩云、與君爲新婚、菟絲附女蘿、博物志云、女蘿寄生菟絲、菟絲寄生木上、則二物以同類相依附也、故女蘿菟絲、亦得通稱、廣雅云、女蘿、松蘿也、兔邱兔絲也、而爾雅云、唐蒙女蘿、女蘿菟絲、猶說文云、在壁曰蝘蜓、在艸曰蜥易、而爾雅云、蠑螈蜥蜴、蜥蜴蝘蜓、蝘蜓守宮、同類者並得同名也、小雅頍弁篇蔦與女蘿、施于松柏、傳云、女蘿菟絲松蘿也、楚詞九歌云、被薜荔兮帶女蘿、王逸注云、女蘿菟絲也、無根緣物而生、高誘注呂氏春秋淮南子亦云菟絲一名女蘿、此則皆本爾雅、合爲一類、或主統同、或主辨異、義得兩通也、

陵澤、甘遂也、

神農本草云、甘遂、一名主田、名醫別錄云、一名甘藁、一名陵藁、一名陵澤、一名重澤、生中山川谷、陶注云、第一本出太山、江東比來用京口者、大不相似、赤皮者勝、白皮者都下亦有、名草甘遂、殊惡、唐本注云、草甘遂、乃蚤休也、療體全別、眞甘遂苗如澤漆、草甘遂苗一莖、莖端六七葉、如蓖麻鬼臼葉、眞甘遂皮赤肉白、作連珠實重者良、亦無皮白者、皮白者乃是蚤休、俗名重臺也、御覽引范子計然云、甘遂出三輔、又引吳普本草云、一名甘澤、一名鬼醜、一名苦澤、

馬唐、馬飯也、

名醫別錄云、馬唐、一名羊麻、一名羊粟、生下濕地、莖有節、生根、陳藏器云、生南土廢稻田中、節節有根、著土如結縷、堪飼馬、馬飯之名、或以此與、

山薑、朮也、

爾雅、朮、山薊、郭注云、今朮似薊而生山中、中山經云、首山其陰多朮芫、又云、女凡之山其草多菊朮、神農本草云、朮、一名山薊、生鄭山、藝文類聚引范子計然云、朮出三輔、黃白色者善、又引吳普本草云、朮、一名山連、一名山芥、一名天蘇、一名山薑、名醫別錄云、生漢中南鄭、陶注云、今處處有、以蔣山、白山、茅山者爲

勝多脂膏而甘去水术乃有兩種白术葉大有毛而作椏根甜而少膏赤术葉細無椏根小苦而多膏蘇頌圖經云苗青色幹青赤色華紫碧色庚肩吾答陶隱居賚术煎啟云綠葉抽條生於首峯之側紫華標色出自鄭巖之下是也圖經又云葉似薊根似薑然則山薊以葉得名山薑以根得名也抱朴子僊藥篇云术一名山精故神藥經云必欲長生常服山精此方術家語耳然藝文類聚引崔寔四民月令云二月採术則古人多有服食之者

地血茹藘蒨也

藘各本譌作蘆今訂正爾雅茹藘茅蒐郭注云今之蒨也可以染絳說文云茅蒐茹藘人血所生可以染絳又云茜茅蒐也茜與蒨同鄭風東門之墠篇茹藘在阪正義引義疏云一名地血齊人謂之茜徐州人謂之牛蔓中山經云釐山其陰多蒐郭注云茅蒐今之蒨草也史記貨殖傳云千畝卮茜徐廣云茜一名紅藍其花染繒赤黃也御覽引范子計然云蒨根出北地赤色者善蜀本草圖經云染緋草也葉似棗葉

頭銳下闊莖葉俱澀四五葉對生節間蔓延草木上根紫赤色周官掌染草鄭注云染草藍蒨象斗之屬古衣服旌旗多用其色者鄭風出其東門篇縞衣茹藘傳云茹藘茅蒐之染女服也箋云茅蒐染巾也小雅瞻彼洛矣篇韎韐有奭傳云韎韐者茅蒐染草也一曰韎韐所以代韠也箋云韎韐茅蒐染也茅蒐韎韐聲也韎韐祭服之韠合韋爲之正義引鄭駁五經異義云韎草名齊魯之閒言茅蒐聲如韎韐陳畱人謂之蒨士冠禮韎韐注云士染以茅蒐因以名焉今齊人名蒨爲韎韐晉語韎韋之跗注韋昭注云茅蒐今絳草也急疾呼茅蒐成韎也說文云綪赤繒也以茜染故謂之綪定四年左傳綪茷旃旌杜注云綪茷大赤取染草名也述異記云洛陽有卮茜園漢官儀云染園出卮茜供染御服是其處也

兔邱兔絲也

中山經云姑媱之山帝女死焉化爲䔄草其實如菟邱郭注云菟邱菟絲也見廣雅餘詳女蘿松蘿也下

地筋枸杞也

卽前枸乳苦杞也枸乳以子得名地筋以根得名猶言地骨也神農本草枸杞一名地骨詩義疏同

地毛莎隋也

爾雅云薃侯莎其實媞夏小正云正月緹縞傳云縞也者莎隨也緹也者其實也隋與隨同楚詞招隱士云青莎雜樹兮薠草靃靡淮南覽冥訓云路無莎薠皆是也說者以爲莎卽爾雅臺夫須小雅南山有臺義疏云舊說夫須莎草也可爲蓑笠御覽引廣志云莎可以爲雨衣雨衣卽蓑也唐本草注云莎草根名香附子一名雀頭香所在有之莖葉都似三稜根若附子周帀多毛交州者最勝大者如棗近道者如杏仁許荆襄人謂之莎草根

美丹甘草也

爾雅所謂蘦大苦也邶風簡兮篇隰有苓苓與蘦同傳云苓大苦正義引孫炎爾雅注云本草云蘦今甘草是也蔓延生葉似荷青黃其莖赤有節節有枝相當或云蘦似地黃郭璞注同案大苦者大苄也爾雅

云苄地黃苄苦古字通公食大夫禮羊苦今文苦爲苄是也蘦似地黃故一名大苦沈括筆談云郭璞注乃黃藥也其味極苦故謂之大苦非甘草也甘草枝葉悉如槐案宋本草圖經謂甘草葉如槐與古相違殊不足信苦乃苄之假借非以其味之苦也據圖經黃藥葉似蕎麥而大苦葉乃似荷似地黃形狀亦不同不審括何以知爲黃藥淮南覽冥訓云甘草主生肉之藥神農本草亦云甘草味甘主長肌肉一名蜜甘一名美草美草與美丹同意殆取其味之甘美與孫炎據本草以蘦爲甘草今本草無復蘦名蓋傳者失之名醫別錄云一名蜜草一名蕗草生河西川谷積沙山及上郡又云木甘草生木閒三月生大葉如蛇牀四四相值然則木甘草亦是枝葉相當孫炎謂甘草枝相當得其實矣

苦萃款凍也

款或作欵凍或作涷爾雅菟奚顆涷郭注云款冬也紫赤華生水中西京雜記云董仲舒曰葶藶死於盛夏款冬華於嚴寒藝文類聚引述征記云洛水至歲末凝厲則款冬茂悅曾冰之中又引范子計然云款

冬出三輔、神農本草云、款冬花、一名橐吾、一名顆冬、一名虎鬚、一名兔奚、名醫別錄云、一名氐冬、生常山山谷、及上黨水旁、急就篇云、款東貝母薑狼牙、半夏皁莢艾橐吾、則是款凍橐吾爲二物、與本草異也、顏師古注云、款東、卽款冬也、亦曰款凍、以其夌寒叩冰而生、故爲此名也、生水中、華紫赤色、一名兔奚、亦曰顆東、橐吾似款冬而腹中有絲、生陸地、華黃色、一名獸須、案楚詞九懷云、款冬而生兮、凋彼葉柯、王逸注云、物叩盛陰、不滋育也、顏師古本其訓故、以款凍爲叩冰、然反覆九懷文義、實與王注殊指、其云款冬而生兮、凋彼葉柯、瓦礫進寶兮、捐棄隨和、鉛刀厲御兮、頓棄大阿、總言小人道長、君子道消耳、款冬瓦礫鉛刀、喻小人、葉柯隨和大阿、喻君子、言陰盛陽窮之時、款冬微物、乃得滋榮、其有名材柯葉茂美者、反凋零也、款冬而生、指款冬之草、不得以爲物叩盛陰、草之名款冬、其聲因顆凍而轉、更不得因文生訓、釋魚云、科斗活東、舍人本作顆東、科斗登冬生之物、而亦名顆東、則謂叩冰夌寒之意者謬矣、傳咸款冬花賦云、維茲奇卉、款冬而生、亦仍王逸之誤、又案藝文類聚引吳普本草云、款冬十二月花、黃白、陶隱居本草注

云、款冬第一出河北、其形如宿蓴未舒者佳、其腹裏有絲、然則腹有絲而華黃者、卽是款冬、顏師古以此爲橐吾、亦未審所據、

黃精、龍銜也、

名醫別錄云、黃精、一名重樓、一名菟竹、一名雞格、一名救窮、一名鹿竹、生山谷、陶注云、今處處有、二月始生、一枝多葉、葉狀似竹而短、根似萎蕤、萎蕤根如荻根及菖蒲、概節而平直、黃精根如鬼臼黃連、大節而不平、藝文類聚引漢武內傳云、下藥有巨勝黃精、御覽引廣志云、黃精葉似小黃

細條、少辛、細辛也、

管子地員篇云、其山之淺、羣藥安生、小辛大蒙、小辛、卽少辛、中山經云、浮戲之山、東有蛇谷、上多少辛、郭注云、少辛細辛也、經又云、蛇山其草多嘉榮少辛、神農本草云、細辛味辛溫、一名小辛、生華陰、御覽引范子計然云、細辛出華陰、色白者善、又引吳普本草云、細辛如葵、葉赤黑、一根一葉相連、蘇頌圖經云、其根細而味極辛、故名之曰細辛、今人多以杜衡當之、蓋二物相似、故博物志云、杜衡亂細辛也、

菝挈、狗脊也、

御覽引春秋運斗樞云、機星散爲菝葜、菝葜與菝挈同、博物志作菝揳、云菝揳與萆薢相亂、一名狗脊、御覽引吳普本草云、狗脊如萆薢、是菝挈卽狗脊也、亦名菝𦿔、挈𦿔聲相近也、玉篇云、菝𦿔、狗脊根也、廣韻云、菝𦿔、狗脊根、可作飲、菝𦿔狗脊同物、而云菝𦿔狗脊根、猶葯芷同物、而云葉謂之葯、薰蕙同物、而云根謂之薰也、名醫別錄作菝葜、陶注云、此有三種、大畧根苗並相類、菝葜莖紫短小、多細刺、小減萆薢而色深、人用作飲、御覽引吳普本草云、狗脊一名狗青、一名萆薢、一名赤節、一名強膂、如萆薢、莖節如竹有刺、葉員青赤、根黃白、本草狗脊、陶注云、狗脊與菝葜相似而小異、其莖葉小肥、其節疏、其莖大直、上有刺、葉圓有赤脈、根凹凸巃嵸如羊角、細強者是、皆其形狀也、御覽引廣雅、菝作薢、鄭注月令作草、

蔆、芰、薢茩也、

蔆、或作淩、或作菱、爾雅云、淩、蕨攈、郭璞注云、今水中芰、又薢茩、英光、郭注云、英明也、葉銳、黃赤華、實如山茱萸、或曰蔆也、關西謂之薢茩、案說文云、蔆、芰也、楚謂之芰、秦謂之薢茩、楚詞離騷製芰荷以爲衣兮、王逸注云、芰、蔆也、秦人曰薢茩、是蔆名薢茩、相承自古、爾雅釋草、如藚、舃蕮、澤、舃蕮、唐蒙、女蘿、蒙、王女之類、多同實異名、而前後分見、薢茩英光、蔆蕨攈、或亦是也、蕨攈之攈、孫炎作攈、音居郡反、又居羣反、蕨攈英光、薢茩、正一聲之轉矣、周官籩人、加籩之實、蔆芡㮚脯、鄭注云、蔆、芰也、楚語、屈到嗜芰、韋注云、芰、蔆也、徐錯說文繫傳、因周官加籩有蔆、而楚語屈建有羊饋而無芰薦、二者不合、遂謂屈到所嗜芰、非水中之蔆、又因爾雅薢茩英光注、兼存決明及蔆之說、遂謂屈到嗜芰爲決明之英、案決明名芰、于古無徵、周官楚語、不必悉合、徐說疏矣、蘇頌本草圖經云、菱葉浮水上、花黃白色、花落而實生、漸向水中乃熟、實有二種、一種四角、一種兩角、是則蔆之形狀雖殊、稱名則一、而酉陽雜俎引王安貧武陵記、四角三角曰芰、兩角曰蔆、強爲分別、其說非也、各本茩作苟、音狗、案苟字不須作音、諸書薢茩字亦無作苟者、蓋字本作茩、曹

憲音荀寫者因音內荀字而誤寫正文作荀後人又
見正文與音內字重複遂改音內荀字爲狗耳爾雅
釋文引廣雅云蔆芰
蘚苩今據以訂正

芵明羊角也、

郭璞注爾雅芵光云芵明也葉銳黃赤華實如山茱
萸芵與芵同亦作決神農本草決明子陶隱居注云
葉如茳芏子形似馬蹄呼爲馬蹄決明又別有草決
明是萋蒿子蜀本圖經云葉似苜蓿而濶大夏花秋
生子作角皆其形狀也御覽引吳普本草云決明子
一名草決明一名羊明羊明當依此作羊角因上兩
明字而誤也陶隱居謂草決明別是一種吳普
則謂決明子一名草決明蓋同類者亦得通稱

苓耳、蒼耳、葹、常枲、胡枲、枲耳也、

爾雅云卷耳苓耳郭璞注云廣雅云枲耳也亦云胡
枲江東呼爲常枲或曰苓耳形似鼠耳叢生如盤釋
文引廣雅云苓耳蒼耳葹常枲胡枲枲耳也列子楊
朱篇釋文引倉頡篇云枲萁耳也一名倉耳各本俱

廣雅疏證　卷第十上　二十四

脫蒼耳二字今據補楚詞離騷云薋菉葹以盈室兮
王逸注云葹枲耳也常枲一作常思思葈古聲相近
胡枲一作胡葸葸與枲同音神農本草云葈耳一名
胡葈一名地葵名醫別錄云一名葹一名常思陶注
云此是常思菜傖人皆食之以葉覆麥作黃衣者一
名羊負來昔中國無此言從外國逐羊毛中來御覽
引博物志云洛中人有驅羊如蜀者胡葸子箸羊毛
蜀人取種之因名羊負來案負來疊韻字無煩曲說
草名取於牛馬羊豕雞狗者不必皆有實事況采采
卷耳周南所詠又不得言中國無此草也淮南覽冥
訓云夫瞽師庶女位賤尚葈高誘注云尚主也葈葈
耳菜名也幽冀謂之檀菜洛下謂之胡葈主是官者
至微賤也案主枲耳之官書傳未聞尚葈葢卽周官
典枲下士二人者典亦主也言典枲本賤官瞽師庶
女則又賤於典枲葈謂麻枲非謂枲耳也齊民要術
引崔寔四民月令云五月五日採葸耳卽枲耳也玉
篇葬且已切枲耳也葬當爲葬字之誤葬葢從艸囟
聲葬從囟聲而讀如枲猶息從囟聲而讀如司廣韻
集韻胡枲竝作胡萁葬卽葬字筆畫小異耳列子釋
文引倉頡篇枲耳之枲作葬亦葬之誤枲耳別名務

說文云蓩卷耳也又名瑺草又名爵耳詩卷耳正義
引陸機疏云卷耳葉青白色似胡荽白華細莖蔓生
可煮爲茹滑而少味四月中生子如婦人
耳中瑺今或謂之瑺草幽州謂之爵耳

雞狗獳、哺公也、

諸書無言哺公草者古今注云燕支花似蒲公唐本
草云蒲公草一名耩耨草獳曹憲音奴侯反耩集韻
音古項切又音居侯切狗獳耩耨聲正相近哺公蒲
公聲亦相近其是與但雞狗獳三字不相連疑雞下
脫去一字唐本草注云蒲公草葉似苦苣花黃斷有
白汁人皆噉之宋蘇頌圖經云俗呼爲蒲公英語訛
爲僕公罌寇宗奭衍義云今地丁也四時常有花花
罷飛絮絮中有子落處卽生又案玉篇薷乃侯切草
也集韻薷奴侯切
草名葢獳或作薷

羊蹢躅、英光也、

此與爾雅薢茩英光同名異實非謂蔆與決明也蹢
躅亦作鄭躅神農本草云羊鄭躅味辛溫名醫別錄

廣雅疏證　卷第十上　二十五

云一名玉支陶注云花苗似鹿葱羊誤食其葉鄭躅
而死故以爲名古今注云羊鄭躅花黃羊食之則死
羊見之則鄭躅分散故名羊鄭躅也二說小異唐本
草注云花似旋葍花色黃者蜀本圖經云樹生高二
尺葉似桃葉花黃似瓜花御覽引吳普本草云
羊鄭躅生淮南又引建康記云建康出鄭躅

蓳、藋也、

今之灰藋也說文云藋堇草也大雅緜篇釋文云廣
雅云堇藋也今三輔之言猶然一名拜一名商藋爾
雅云拜商藋郭注云商藋亦似藜陳藏器本草云灰
藋生熟地葉心有白粉似藜子炊爲飯香滑案灰藋
今處處原野有之四月生苗有紫紅線棱葉端有缺
面青背有白灰莖心嫩葉背面全白野人多以爲蔬
南方婦女用以煮線或以飼豕八九月中結子如莧
其紅灰者古謂之藜淮南修務訓藜藋之生蟆蟆然
日加數寸不可以爲櫨楝易成者名小也藜藋多
生不治之地昭十六年左傳云斬之蓬蒿藜藋

蕐、藜也、

藜藋之赤者也史記太史公自序正義云藜似藋而表赤陳藏器本草云灰藋生熟地葉心有白粉似藜藜心赤莖大堪爲杖入藥不如白藋也案莊子讓王篇云原憲杖藜而應門則陳氏所說者不誤又爾雅竹萹蓄郭注云似小藜赤莖節史記留侯世家正義引孔文祥云黃石公杖丹藜履赤舄庾信竹杖賦云秋藜促節白藋同心是古人皆以白者爲藋赤者爲藜矣別一種名萊似菉蓐草玉篇廣韻並云萊藜草也小雅南山有臺篇北山有萊齊民要術引陸氏義疏云萊藜也莖葉皆似菉王芻今兗州人蒸以爲茹謂之萊蒸案爾雅菉王芻郭注云菉蓐也唐本艸注云藎草俗名菉蓐草葉似竹而細薄莖亦圓小此其狀不類灰藋陸云萊草似菉王芻蓋藜之別種也高誘注淮南時則訓云藜荒穢之草也今野地多生藜俗謂之紅灰藋與白者皆可食古者用以爲羹墨子非儒篇云藜羹不糂

寄屑、寄生也、

卽釋木所云宛童寄生樢也屑各本譌作屏案神農本草云桑上寄生一名寄屑廣韻十二曷注云寄生

又名寄屑屑與屏字形相似而譌今訂正爾雅云寓木宛童郭注云寄生樹一名蔦小雅頍弁篇蔦與女蘿傳云蔦寄生也說文云蔦或從木作樢寓木故從木耳樢之言擣也方言云擣依也郭注云謂可依倚之也依倚樹上而生故謂之樢矣中山經云龍山上多寓木郭注云寄生也漢書東方朔傳著樹爲寄生盆下爲窶數皆其異名也詩頍弁正義引陸機疏云寄生葉似當盧子如覆盆子赤黑甜美陶隱居本草注云生樹枝閒寄根在皮節之內葉圓青赤厚澤易折旁自生枝節冬夏生四月花五月實赤大如小豆皆其形狀也陶注又云桑上者名桑上寄生詩云施于松上方家亦用生楊上楓上者名醫別錄占斯陶注引李當之云是樟樹上寄生則寄生木上多有之今俗謂寄生草是也

犂如、桔梗也、

神農本草桔梗一名利如生山谷利犂古字通又名盧如盧犂聲之轉也御覽引吳普本草云桔梗一名符扈一名白藥一名利如一名梗草一名盧如葉如薺苨莖如筆管紫赤二月生本草陶注云葉名隱忍可煮食之唐本草注云葉有差互者亦有三四對者皆一莖直上案說文云桔直木也爾雅云梗直也桔梗之名或取義於直與管子地員篇云五位之土羣藥安生薑與桔梗莊子徐无鬼篇云藥也其實菫也桔梗也雞廱也豕零也是時爲帝者也司馬彪注云桔梗治心腹血瘀瘕痺齊策云今求柴胡桔梗於沮澤則累世不得一焉及之睪黍梁父之陰則郤車而載耳高誘注云桔梗山生之草也

白苿、牡丹也、

苿與朮同名醫別錄云芍藥一名白朮御覽引吳普本草亦以白朮爲芍藥一名此云白苿牡丹也者牡丹木芍藥也故得同名蘇頌本草圖經引崔豹古今注云芍藥有二種有草芍藥木芍藥木者花大而色深俗呼爲牡丹非也據此則古方俗相傳以木芍藥爲牡丹故本草以白朮爲芍藥而廣雅又以爲牡丹異名蓋其通稱已久不自崔豹時始矣陶注本草云芍藥今出白山蔣山茅山最好白而長大唐本草注云牡丹劍南所出者根似芍藥肉白皮丹然則芍藥牡丹之共稱白朮皆以白得名蓋以其皮丹則謂之

牡丹以其肉白則謂之白朮矣神農本草云牡丹一名鹿韭一名鼠姑御覽引吳普本草云牡丹葉如蓬相值黃色根如指子黑中有核又引范子計然云牡丹出漢中河北赤色者亦善蘇頌本草圖經云山牡丹二月梗上生苗三月開花其花葉與人家所種者相似但花瓣止五六葉爾五月結子黑色如雞頭子大根黃白色可五七寸長如筆管大

龍木、龍須也、

龍須莞屬中山經云賈超之山其中多龍脩郭注云龍須也似莞而細生山石穴中莖倒垂可以爲席一脩龍須聲之轉也須一作鬚神農本草云石龍蒭一名龍鬚一名草續斷一名龍珠御覽引吳普本草云龍蒭一名龍鬚一名龍木一名草毒一名龍華一名懸莞生梁州龍須似莞斯有懸莞之稱矣名醫別錄云石龍蒭九節多味者良陶注云莖青細相連實赤今出近道水石處似東陽龍鬚以作席者但多節爾蜀本圖經云莖如綖叢生俗名龍鬚草今人以爲席者所在有之別一種名鼠莞爾雅云蔨鼠莞郭注云

亦莞屬也、纖細似龍須、可以爲席、是也、崔豹古今注
云、龍鬚草、一名縉雲草、水經河水注云、白洮强南北
三百里中地、
草偏是龍須、

菾莖、澤菾也、

菾與漆同、神農本草云、澤漆味苦、名醫別錄云、一名
漆莖、大戟苗也、生太山川澤、陶注云、大戟苗生時、摘
葉有白汁、故名澤漆、亦能嚙人肉、張仲景金
匱玉函要畧方、欬而脈沈者、澤漆湯主之、

顛棘、女木也、

爾雅云、髦、顛棘、郭注云、細葉有刺、蔓生、一名商棘、廣
雅云、女木也、御覽引孫炎注云、一名白棘、神農本草
云、天門冬、一名顛勒、勒棘古同聲、顛棘之作顛勒、若
小雅斯干、如矢斯棘、韓詩棘作朸矣、名醫別錄云、營
實、一名牛勒、一名山棘、亦與此同也、陶注引博物志
云、天門冬逆捋有逆刺、若葉滑者、名絺休、一名顛棘、
可以浣縑素、白如絨、金城人名爲浣草、擘其根溫湯
中挼之、以浣衣、勝灰、此非門冬、但相似爾、又引桐君

藥錄云、葉有刺、蔓生、五月花白、十月實黑、根連數十
枚、然則顛棘以刺得名、棘亦刺也、故陶注云、俗人呼
苗爲棘刺、又云、有百部、根相類、此則博物志云百部
似門冬者也、蘇頌圖經云、春生藤蔓、大如釵股、高至
丈餘、葉滑有逆刺、亦有澀而無刺者、夏生白花、亦有
黃色者、秋結黑子、伏後無花、其根白、或黃紫色、大如
手指、

陵遊、龍膽也、

神農本草云、龍膽、味苦澀、一名陵游、生齊朐山谷、陶
注云、今出近道、吳興爲勝、狀似牛膝、味甚苦、故以膽
爲名、蘇頌圖經云、宿根黃白色、下抽根十餘本、大類
牛膝、直上生苗、高尺餘、四月生葉而細、莖如小竹枝、
七月開花、如牽牛花、作鈴鐸形、青碧色、冬後結子、苗
便枯、俗呼草龍膽、浙中又有山龍膽、味苦澀、抱朴子
黃白篇云、俗人見方用龍膽
虎掌、皆謂之血氣之物也、

鹿腸、元蔘也、

神農本草云、元參味苦、一名重臺、生河閒
川谷、陶注云、莖似人參而長大、根甚黑、外微香、道家
時用、亦以合香、御覽引吳普本草云、元參、一名鬼藏、
一名正馬、一名鹿腸、一名端、一名元臺、或生宛句山
陽、二月生葉如梅、有毛、四四相值、似芎藭、黑莖、莖方、
高四五尺、華赤、生枝閒、四月實黑、又引范子計然云、
元參出三輔、青色者善、又
引建康記云、建康出元參、

葠、地精、人蔘也、

各本俱作地精、人葠也、御覽引廣雅作葠、地精、人蔘
也、蓋葠即蔘字、後人病其重複而刪改之耳、案古人
詁訓之體、不嫌重複、如崇高字或作嵩、而爾雅云、嵩、
崇高也、篤厚字說文作竺、而爾雅云、竺、厚也、字林
以蹉爲古嗟字、而爾雅云、蹉、嗟也、孫炎以遹爲古述
字、而爾雅云、遹、述也、若斯之類、皆所以廣異體也、鹿
腸、元蔘也、葠、地精、人蔘也、苦心、沙蔘也、三蔘字正同
一例、不得獨改此條蔘字爲葠、今據御覽訂正、說文
一葠作蓡、云、人蓡、藥艸、出上黨、神農本草云、人參味甘、
一名人銜、一名鬼蓋、生上黨山谷、御覽引范子計然

云、人參出上黨、狀類人者善、又引吳普本草云、人參、
一名土精、一名神草、一名黃參、一名血參、一名人微、
一名王精、或生邯鄲、三月生葉、小銳、核黑、莖有毛、根
有頭足手面目如人、是人參以形得名、土精猶地精
也、色黃、故又名黃參、陶注本草云、上黨人參、形長而
黃、狀如防風、多潤實而甘、百濟者、形細而堅白、高麗
者、形大而虛軟、並不及上黨者、人參生一莖直上、四
五相對生、花紫色、高麗人作讚曰、三椏五葉、背陽向
陰、欲來求我、椵樹相尋、椵樹蔭廣、則多生陰地也、人
參之名、始著於緯書、御覽引春秋運斗樞云、搖光星
散爲人參、廢江淮山瀆之利、則搖光不明、人參不至、
又引禮斗威儀云、乘木而王、有人參至、則西漢時已
貴重之、潛夫論思賢篇云、治疾當眞人參、反得支羅
服、當麥門冬、反得蒸穬麥、人參、麥門冬、皆本草上品
也、

苦心、沙蔘也、

神農本草云、沙參、一名知母、味苦、此苦心之所以名
也、御覽引吳普本草云、沙參、一名苦心、一名識美、一名

名虎須、一名白參、一名志取、一名文希、生河內川谷、或般陽續山、三月生、如葵、葉青、實白如芥、根大白如蕪菁、又引范子計然云、沙參出雒陽、白者善、案沙之言斯白也、詩小雅瓠葉箋云、斯白也、今俗語斯白字作鮮、齊魯之閒聲近斯、斯沙古音相近、實與根皆白、故謂之白參、又謂之沙參、周官內饔鳥皫色而沙鳴、鄭注云、沙、嘶也、斯之爲沙、猶嘶之爲沙矣、

其蒿、青蘘也、

蘘、與莎同音、青蘘、卽青莎也、蒿、當讀爲蒿、爾雅云、蒿、侯莎、是也、詳見上文地毛莎隨也下、惟其字未審何字之誤耳、

飛芝、烏毒也、

未詳、

楚衡、杜衡也、

爾雅、杜、土鹵、郭注云、杜衡也、似葵而香、衡與衡同、楚詞離騷云、畦留夷與揭車兮、雜杜衡與芳芷、王注云、杜衡芳芷皆香草也、西山經云、天帝之山有草焉、其狀如葵、其臭如蘼蕪、名曰杜衡、可以走馬、食之已癭、名醫別錄云、杜衡香人衣體、陶注云、根葉都似細辛、惟氣小異爾、唐本注云、葉似槐、形如馬蹄、故俗云馬蹄香、史記司馬相如傳索隱引博物志云、杜衡一名土杏、其根一似細辛葉似葵、案杜衡與土杏、古同聲、杜衡之杜爲土、猶毛詩自土沮漆、齊詩作杜也、衡從行聲、而通作杏、猶詩荇菜字從行聲、而爾雅說文作莕也、又神農本草別有杜若、一名杜衡、陶注謂根似高良薑、與此同名而異實、廣韻云、杜衡香草、大者曰杜若、司馬相如子虛賦亦以衡蘭芷若竝言、則杜若之外別有名杜衡者、所謂楚衡是也、御覽引范子計然云、楚衡出楚國、又引云、杜若出南郡漢中、大者善、明楚衡不與杜若同物也、蘇頌本草圖經謂杜若卽廣雅楚衡、非是、

茈姑、水芋、烏芋也、

茈姑、亦作藉姑、名醫別錄云、烏芋、一名藉姑、一名水萍、二月生葉、如芋、陶注云、今藉姑生水田中、葉有椏、狀如澤瀉、不正似芋、其根黃、似芋子而小、煮之亦可噉、疑其有烏者、根極相似、細而美、葉華異、狀如莧草、呼爲鳧茨、恐此也、唐本注云、此草一名槎牙、一名茨菰、生水中、似鉀箭鏃、澤瀉之類也、蘇頌圖經云、今鳧茨、苗似龍鬚而細、正青色、根黑如指大、爾雅謂之芍、寇宗奭衍義云、今人謂之葧臍、案鳧茨、俗所謂蒲薺也、或謂之必薺、生下田中、無葉、以莖爲葉、全不似芋、別錄云、烏芋、二月生葉、如芋、則非鳧茨也、茨菰生水中、葉本有椏、根黃如芋子而小、與陶注前說同狀、葢烏芋卽此也、茈姑茨菰、正一聲之轉矣、且草類名烏者多非黑色、若垣衣色青而名烏韭、射干色黃而名烏蒲、是也、又不得以鳧茨根黑而輒當烏芋、爾御覽及齊民要術引廣雅、竝作藉姑、水芋也、亦曰烏芋、案廣雅之文、無言亦曰者、葢誤引、

龍沙、麻黃也、

神農本草云、麻黃、一名龍沙、生晉地、蘇頌圖經云、麻黃苗春生、至夏五月、則長及一尺已來、稍上有黃花、

結實如百合瓣而小、又似皂莢子、味甜、微有麻黃氣、外紅皮、裏仁子黑、根紫赤色、俗說有雌雄二種、雌者於三月四月內開花、六月內結子、雄者無花、不結子、御覽引吳普本草云、麻黃、一名卑相、一名卑鹽、或生河東、立秋采莖、卽下文云、麻黃莖、狗骨也、酉陽雜俎續集云、麻黃莖端開花、花小而黃、蔟生、子如覆盆子、可食、至冬枯死如草、及春卻青、皆其形狀也、張仲景傷寒論云、太陽病無汗而喘者、麻黃湯主之、

無心、鼠耳也、

御覽引廣志云、鼠耳、葉如耳、縹色、名醫別錄云、鼠耳、一名無心、生田中下地、厚葉肥莖、酉陽雜俎云、蚍蜉酒草、一曰鼠耳、象形也、亦曰无心草、

女腸、女菀也、

紫菀之白者名女菀、急就篇云、牡蒙甘草菀藜蘆、顏師古注云、菀謂紫菀女菀之屬也、神農本草云、女菀、味辛溫、生漢中川谷、御覽引吳普本草云、女菀、一名白菀、一名織女菀、雷公炮炙論云、紫菀有白如練色

者號曰羊鬚草陶注本草紫菀云紫菀
白者名白菀唐本注云白菀卽女菀也

天豆、雲實也、

神農本草云雲實味辛溫生河閒川谷御覽引范子
計然云雲實出三輔又引吳普本草云雲實一名員
實一名天豆葉如麻兩兩相值高四五尺大莖空中
六月花八月九月實陶注本草云雲實子細如葶藶
子而小其實亦類莨菪唐本注云雲實大如黍及大
麻子等黃黑似豆故名天豆叢生澤傍高五六尺葉
如細槐亦如苜蓿枝閒微刺俗謂
苗爲草雲母陶云似葶藶非也

薸、蓱也、

薸與薸同蓱與萍同各本蓱譌作萍今訂正爾雅云
苹蓱郭注云水中浮蓱江東謂之薸詩召南采蘋釋
文引韓詩云沈者曰蘋浮者曰薸呂氏春秋季春紀
云萍始生高誘注云萍水藻也字又作薸淮南墬形
訓云容華生蔈蔈生萍藻萍藻生浮草高誘注云蔈
流也無根水中草案薸之爲言漂也說文云漂浮也

薸以瓢爲聲秦策百人輿瓢淮南說山訓作百人抗
浮則瓢浮古同聲蓱浮故謂之薸矣蓱薸一聲之轉
蓱之爲薸猶洴之爲漂莊子逍遙遊篇世世以洴澼
絖爲事李頤注云漂絮於水上是其側也浮蓱淺水
所生有靑紫二種或背紫面靑俗謂楊花落水經宿
爲蓱其說始於陸佃埤雅及蘇軾再和曾仲錫荔枝
詩案楊花之飛多在晴日浮蓱之生恆於雨後稽之
物情頗爲不合且楊花飛於二月三月而夏小正云
七月湟潦生苹則時無楊花
亦自生足以明其說之謬矣

竺、竹也、

說文竺從竹聲玉篇丁沃切又音竹則竺竹同聲宋
方言有重輕故又謂竹爲竺也爾雅所釋萑蓷蓫蔏
蓧蓨藨麃萊刺蒹薕之屬諧聲竝同音讀相近是其
側也廣韻云竺姓出東莞後漢擬陽侯竺晏本姓竹
報怨有仇以胄始名賢不改其族乃加二字以存夷
齊則郎借竺爲竹之證竺本說文篤厚字竺之爲竹
猶篤之爲竹也漢書地理志沛郡竹莽曰篤亭竹今
所任有之南方尤盛說文云竹冬生艸也象形下垂

者箬箬也又云竹物之多筋者也初學記
引戴凱之竹譜云竹之別類有六十一焉

其表曰笢、

竹外靑皮也說文笢竹膚也徐鍇傳云竹靑也笢之
轉聲爲篾衆經音義卷十引埤倉云篾析竹膚也顧
命敷重篾席鄭注云篾析竹之次靑者今順天人呼
竹篾爲竹笢聲如泯又轉而爲𥳇音彌說文𥳇筡也
筡析竹笢也衆經音義卷十引聲類云𥳇篾也又云
今蜀土及關中皆呼竹篾爲𥳇又名筠禮器云如竹
箭之有筠也正義云筠是竹外靑皮顧命云敷重筍
席鄭云筍析竹靑皮也引禮記曰如竹箭之有筠筠
通作絹鄭衆注考工記梓人云絹讀爲竹中皮之絹
又名篛士喪禮下篇注云笠竹篛葢也疏云篛竹之
靑皮集韻音敷聲與膚相近說文所云笢
竹膚也又名竹茹名醫別錄云竹皮茹微寒

其裏曰笨、

竹內白皮也說文云笨竹裏也徐鍇傳云竹白也戴
凱之竹譜云竹之大體多空中而時有實十或一耳

笨影宋本皇甫本畢本譌作苯
吳本以下又譌作本今訂正

篤、籢、笱、篅、桃支也、

笱篅與鉤端同支與枝同爾雅云桃枝四寸有節郭
注云今桃枝節閒相去多四寸廣韻云篅竹名出南
嶺西山經云嶓冢之山其上多桃枝鉤端郭注云鉤
端桃枝屬鉤端爲桃枝之屬因而亦得稱桃枝矣又
中山經云騎山其木多桃枝鉤端龍山其草多桃枝
鉤端或以爲木或以爲草者以桃枝是竹竹之爲物
亦草亦木也竹譜云質箘射筩箖箊桃枝數竹皮葉
相似桃枝是其中最細者皮赤編之滑勁可以爲席
案周官司几筵加次席黼純鄭注云次席桃枝席有
次列成文御覽引東觀漢紀云馬棱爲會稽太守詔
詰會稽車牛不務堅強車皆以桃枝細簟是也又可
爲杖御覽引魏武帝與楊彪書云今賜足下銀角桃
杖一枚左思蜀都賦云靈壽桃枝劉逵注
云桃枝竹屬也出墊江縣可以爲杖是也

箭、䈰、䉅也、

爾雅云篠箭說文云箭矢竹也御覽引字統云箭者竹之別大身小葉曰竹小身大葉曰箭箭竹主爲矢因謂矢爲箭竹譜云箭竹高者不過一丈節閒三尺堅勁中矢江南諸山皆有之會稽所生最精好故爾雅云東南之美者有會稽之竹箭焉吳都賦注云箭竹細小而勁實可以爲箭通竿無節江東諸郡皆有之據此則箭竹有二種一種節閒三尺一種通竿無節也西山經云英山其陽多箭䉋郭注云今漢中郡出䉋竹厚裏而長節根深筍冬生地中人掘取食之中山經云求山多䉋郭注云篠屬竹譜引山經䉋作箟云箟亦箘徒概節而短江漢之閒謂之籔筍又云箟生非一處江南山谷所饒也故是箭竹類一尺數節葉大如屐可以作篷亦中作矢其筍冬生廣志云魏時漢中太守王圖每冬獻筍俗謂之籔筍據此則䉋亦有二種一種長節一種概節而短也初學記引廣志云箟竹空爲屋椽此於二種中未知屬何種籖各本譌作籖字書韻書無籖字集韻類篇竝引廣雅箭䉋籖也今據以訂正

菌薰也其葉謂之蕙

上文云薰草蕙草也則薰即是蕙此又以葉爲蕙者從離騷注也離騷云雜申椒與菌桂兮王逸注云菌薰也葉曰蕙根曰薰洪興祖補注云下文別言蕙茝又云矯菌桂以紉蕙則菌桂自是一物本草有菌桂花白蕊黃正圓如竹菌一作箘其字從竹五臣以爲香木是矣案洪說是也申椒與菌桂對文菌桂之不分爲二猶申椒也左思蜀都賦云菌桂臨崖劉逵注云神農本草經曰菌桂出交趾員如竹爲衆藥通使一曰菌薰也葉曰蕙根曰薰劉氏引本草菌桂是也其以菌爲薰亦仍王逸之誤而山經云嶓冢之山有草焉其葉如蕙郭注云蕙香草蘭屬也或以蕙爲薰葉失之則薰葉爲蕙郭氏又已駁正也

蕖芋也其莖謂之萩

芋之大根曰蕖渠者巨也或謂之芋魁或謂之莒後漢書馬融傳云蘘荷芋渠李賢注云芋渠即芋魁也渠與蕖同渠魁一聲之轉而皆訓爲大杜子春注周官鐘師引呂叔玉說云渠大也前釋詁云魁大也漢書翟方進傳云飯我豆食羹芋魁顏師古注云羹芋魁者以芋根爲羹也是芋之大根名渠又名魁也渠莒古同聲故又名莒莒之爲言猶渠也說文云齊人謂芋爲莒藝文類聚引孝經援神契云仲冬昴星中收莒芋莒亦芋也莒或爲梠陶隱居注名醫別錄云種芋三年不採成梠芋穌頌圖經云說文解字云莒陶云梠二音相近蓋南北之呼不同耳魏志王朗傳注引魏畧云隗禧每以採梠餘日誦習經書又通作旅博物志云家芋種之三年不收後旅生是也說文云芋大葉實根駭人故謂之芋也徐鍇傳云芋猶言吁也吁驚詞則芋之爲名卽是驚異其大小雅斯干毛傳云芋大也古聲義同矣萩之爲言猶葉也莖亦可食齊民要術引廣志云蜀漢既繁芋民以爲資凡十四等有淡善芋魁大如瓶少子葉如繖蓋紺色紫莖長丈餘易熟長味芋之最善者也莖可作羹臛肥澀得歆乃下青芋素芋子皆不可食莖可爲菹是也管子輕重甲篇云春日傳秬次日獲麥次日薄芋古敎民種芋者始此矣又史記貨殖傳汶山之下沃野下有蹲鴟至死不飢集解引漢書音義云水鄉多鴟其山下有沃野灌漑一曰大芋左思蜀都賦云蹲鴟所伏劉逵注云蹲鴟大芋也其形類蹲鴟案貨殖傳云至死不飢則蹲鴟似可禦飢之物大芋之說近之矣然易林豫之旅云文山蹲鴟肥腯多脂芋雖大不得有脂易林所云又似指鳥言之疑莫能明也

蘩茆鳧葵也

說文云蘩鳧葵也魯頌泮水篇薄采其茆傳云茆鳧葵也正義引陸機疏云茆與荇菜相似菜大如手赤圓有肥者箸手中滑不得停莖大如匕柄葉可以生食又可鬻滑美江南人謂之蓴菜或謂之水葵諸陂澤水中皆有釋文云干寶云茆今之鳧蹏草堪爲菹江東有之何承天云此菜出東海堪爲菹醬也鄭小同云江南人名之蓴菜生陂澤中草木疏同又云或名水葵一云今之浮菜郎豬蓴也本草有鳧葵陶宏景以入有名無用品解者不同未詳其正沈以小同及草木疏所說爲得周官醢人朝事之豆其實茆菹鄭注云茆鳧葵也西山經云陰山其草多茆蕃郭注與鄭同又名屏風楚詞招魂紫莖屏風文緣波些王逸注云屏風水葵也生於池中其莖紫色風起水動波緣其葉上而生文也後漢書馬融傳桂荏鳧葵李賢注云鳧葵葉團似蓴生水中今俗名水葵案此分鳧葵與蓴爲二與鄭小同及草木疏異者蓋唐代方

言不稱蒠葵爲蓴異於古也又或江南名之爲蓴他處則否蓴團古同聲蒠葵葉團故江南名之爲蓴矣廣韻云蒓水葵也蒓與蓴同齊民要術云四月蓴生莖而未葉名雉尾蓴葉舒長足名曰絲蓴是也又詩關雎稱荇菜泮水稱茆陸氏義疏分釋之則蒠葵與荇實二物也唐本草謂蒠葵卽荇菜失之

蒚、蒈也、

說文云蒚艸也玉篇云蒚香草也或作茞廣韻云蒚香草也楚詞七諫云蒚蕗雜於黀蒸兮王逸注云蒚蕗香直之草

荊葵、荍也、

爾雅云荍蚍衃郭注云今荊葵也似葵紫色謝氏云小草多華少葉葉又翹起陳風東門之枌篇視爾如荍箋云美如芘芣之華然正義引陸機疏云芘芣一名荊葵似蕪菁華紫緑色可食微苦古今注云荊葵一名戎葵一名芘芣華似木槿而光色奪目有紅有紫有靑有白有赤莖葉不殊但花色異耳一曰蜀葵

廣雅疏證　卷第十上　三三六

羅願爾雅翼云釋草云葥戎葵郭氏曰今蜀葵也又云荍蚍衃郭氏曰今荊葵也其所來各不同古今注說戎葵蜀葵之狀可也混荊葵芘芣之名于內者非也

苐、藚也、

玉篇廣韻並云苐藚莢實也則藚下似脫莢實二字論衡是應篇云夫藚草之實也猶豆之有莢也說文云莢艸實也玉篇廣韻又有蕒字云苐也集韻云蕒艸名蒠莢也一曰藚莢實也蕒字俗書作藚與藚字字形相近疑有誤但又以爲蒠葵不知何據豈以蒠葵名苐苐苐字形相近而誤說與

苞、榆也、

說文云苞草也南陽以爲麤履漢書司馬相如傳其高燥則生葴析苞荔張氏彼注云苞藨也與此同異未審

水莔、䒞茵也、

廣韻云䒞茵水草也出埤倉則䒞下有茵字今補水莔疑當爲水茵隸書囙字多作回形與目字相似而譌也曹憲音目當亦囙字之譌水芋烏芋也水茵䒞茵也文義正同矣

屈居、盧茹也、

盧與藘同神農本草云藘茹味辛寒生代郡川谷陶注云今第一出高麗色黃初斷皆汁出凝黑如漆故云漆頭次出近道名草藘茹色白皆燒鐵爍頭令黑以當漆頭非眞也葉似大戟花黃二月便生御覽引吳普本草云閭茹一名離樓一名屈居葉員黃高四五尺葉四四相當四月華黃五月實黑根黃有汁亦同黃黑頭者良盧茹離樓一聲之轉也又引范子計然云閭茹出武都黃色者善又引建康記云建康出草盧茹

醜、菱、拔括也、

各本俱作醜拔菱菝也案玉篇云醜拔括也拔括瑞草廣韻云醜瑞草也拔括瑞草也皆以拔括連文括

廣雅疏證　卷第十上　三三七

字亦無從禾作菝者今並訂正漢書揚雄傳云䕺莽閭與芰苦兮芰苦與拔括同拔括疊韻字也芰曹憲音綏諸書無音芰爲綏者未審芰爲何字之譌

蕎子、菜也、

齊民要術引廣志云蕎子生可食又云作醬法曝草蕎令極乾燥大率蕎子三指一撮注云蕎令醬芬芳是蕎子氣香之菜矣此當釋蕎子爲菜菜不應但釋爲菜也菜上蓋有脫文

山茝、蔚香、藁本也、

管子地員篇云五沃之土五臭疇生蓮與蘪蕪藁本白芷荀子大略篇云蘭茝藁本漸於蜜醴一佩易之淮南氾論訓云夫亂人者芎藭之與藁本也蛇牀之與蘪蕪也此皆相似神農本草云藁本一名鬼卿一名地新生崇山山谷陶注云桐君藥錄說芎藭苗似藁本論說花實皆不同所生處又異唐本注云根上苗下似藁根故名藁本則藁本以根得名故中山經云青要之山有草焉其本如藁本郭注云根似藁本

也、又西山經云、臯塗之山有草焉、其狀如槀茇、郭注云、槀茇、香草、又注上林賦云、槀本、槀茇也、本茇聲之轉、皆訓爲根、下文云、茇、根也、

貫節、貫衆也、

爾雅云、篇苻止、濼貫衆、神農本草云、貫衆一名貫節、一名貫渠、一名百頭、一名虎卷、一名扁苻、生元山山谷、亦生寃句、名醫別錄云、此謂草鴟頭也、陶注云、葉如大蕨、其根形色毛芒全似老鴟頭、故呼爲草鴟頭、御覽引吳普本草云、貫衆一名貫來、一名貫中、一名渠母、一名貫鍾、一名伯芹、一名藥藻、一名扁苻、一名黃鍾、葉青黃、兩兩相對、莖黑、毛聚生、冬夏不死、四月華白、七月實黑、聚相連卷旁生、

贛、起實、蓄苢也、

蓄苢與薏苡同、說文云、苢、貫侍中說、意苢實也、象形、蓄、薏苢也、贛、艸也、一曰薏苡、神農本草云、薏苡久服輕身益氣、一名解蠡、生眞定平澤、名醫別錄云、一名屋菼、一名起實、一名贛、贛與䕡同、陶注云、近道處處

有、多生人家、交阯者子最大、彼土呼爲䉛珠、馬援大取將還、人讒以爲珍珠也、實重累者良、案後漢書馬援傳云、初援在交阯、常餌薏苡實、南方薏苡實大、援欲以爲種、軍還載之一車、是其事、䉛贛聲之轉也、贛或爲䉛、雷公炮炙論云、䉛米顆大無味、時人呼爲粳䉛、薏苡仁顆小色青味甘、粘人齒、則後人專以大者爲贛也、蘇頌圖經云、春生苗、莖高三四尺、葉如黍、開紅白花、作穗子、五月六月結實、青白色、形如珠子而稍長、故呼意珠子、御覽引淮南萬畢術云、門冬赤黍薏苡爲丸、令婦人不妬、則西漢時即已入藥、又引禮含文嘉云、夏姒氏祖以薏苡生、論衡奇怪篇云、儒者稱禹母吞薏苡而生禹、故夏姓曰姒、离母吞燕卵而生离、故殷姓曰子、今燕之身不過五寸、薏苡之莖不過數尺、二女吞其卵實、安能成七尺之形乎、

女青、烏葛也、

神農本草云、女青一名雀瓢、生朱崖川谷、名醫別錄云、蛇銜根也、陶注云、若是蛇銜根、不應獨生朱崖、俗用是草葉、別是一物、未詳孰是、唐本注云、此草即雀瓢也、葉似蘿摩、兩葉相對、子似瓢形、大如棗許、故名雀瓢、根似白薇、生平澤、莖葉竝臭、其蛇銜根都非其類、又別錄云、葉嫩時似蘿摩、圓端大莖、實黑、莖葉汁黃白、亦與前說相似、若是蛇銜根、何得苗生益州、根在朱崖、相去萬里餘也、別錄云、雀瓢白汁、主蟲蛇毒、即女青苗汁也、

巴尗、巴豆也、

神農本草云、巴豆一名巴菽、生巴郡川谷、菽與尗同、尗亦豆也、淮南說林訓云、魚食巴菽而死、鼠食之而肥、博物志云、鼠食巴豆三年、重三十斤、又云、神農經云、藥種有五物、二曰巴豆、藿汁解之、論衡言毒篇云、草木之中、有巴豆野葛、食之湊懣、頗多殺人、蓋巴豆有大毒故也、左思蜀都賦云、其中則有巴菽巴戟、華陽國志云、江陽郡有巴菽、御覽引吳普本草云、巴豆葉如大豆、唐本草注云、巴豆樹高丈餘、葉似櫻桃葉、頭微赤、十二月葉漸凋、至四月落盡、五月葉漸生、七月花、八月結實、其子三枚共蔕、各有殼裹、是其狀也、

烏眼、蘞也、

唐風葛生篇、蘞蔓于野、釋文、蘞音廉、陸機疏云、蘞似栝樓、葉盛而細、其子正黑、如燕薁、不可食也、幽州人謂之烏眼、其莖葉煮以哺牛除熱、蘞曹憲音廉、各本脫去蘞字、音內廉字又誤入正文、今據詩疏訂正、蘞有三種、一爲爾雅萰菟荄、玉篇云、萰、白蘞也、神農本草、白蘞一名菟核、陶注云、作藤生、根如芷、是也、一爲赤蘞、蘇頌本草圖經云、赤蘞與白蘞花實相類、但表裏俱赤、是也、一爲烏蘞莓、唐本草云、烏蘞莓蔓生、葉似白蘞、是也、此三者未知孰當廣雅之蘞、

燕薁、蘡舌也、

即蘡薁也、蘡燕聲之轉、豳風七月篇、六月食鬱及薁、傳云、薁、蘡薁也、正義云、蘡薁者、亦是鬱類而小別耳、晉宮閣銘云、華林園中有車下李三百一十四株、薁李一株、車下李即鬱、薁李即薁、二者相類而同時熟、是正義以薁爲樹名也、今案薁李樹不名蘡薁、蘡薁自是蒲萄之屬、蔓生結子者耳、齊民要術引陸機詩義疏云、櫻薁實大如龍眼、黑色、今車鞅藤實是、又引義疏云、櫱似燕薁、連蔓生、御覽引毛詩題綱云、蘡一名

燕薁、藤、郭璞上林賦注云、蒲陶似燕薁、可作酒、廣韻云、蘡、蘡薁藤也、是蘡薁有藤、蒲陶之屬、故謝靈運山居賦云、野有蔓草、獵涉蘡薁、也、唐本草注云、蘡薁與葡萄相似、然蘡薁是千歲虆、宋開寶本草注云、蘡薁是山葡萄、亦堪作酒、毛公釋詩、正謂此草也、蘡薁之子滑澤、故人食之、中山經云、泰室之山有草焉、白華黑實、澤如蘡薁、郭注云、言子滑澤也、

茈䓞、茈草也、

茈與紫同、說文云、䓞、艸也、可以染留黃、其染綟者謂之綟䓞、染紫者謂之紫䓞、前釋器云、綟綟、紫綟綟也、續漢書輿服志注引徐廣云、綟草名也、以染似綠、又云似紫、則染草之䓞、本有綠紫二色、䓞與盭通、漢書百官公卿表、金璽盭綬、晉灼注云、盭、草名、出琅邪平昌縣、似艾、可染綠、因以爲綬名、此綠䓞也、史記司馬相如傳、攢戾莎、徐廣注云、草可染紫、此紫䓞也、䓞通作茢、周官掌染草、鄭注云、染草、茅蒐橐蘆豕首紫茢之屬、疏云、紫茢即紫䓞也、爾雅云、藐、茈草、郭注云、可以染紫、一名茈䓞、見廣雅、西山經云、勞山多茈草、神

農本草云、紫草一名紫丹、一名紫芙、生碭山山谷、陶注引博物志云、平氏山陽紫草特好、魏國以染色殊黑、齊民要術引廣志云、隴西紫草、紫之上者、皆其出處也、御覽引吳普本草云、紫草節赤、二月花、唐本草注云、紫草苗似蘭香、莖赤節青、花紫白色而實白、皆其形狀也、

茷、芡、雞頭也、

茷或作茷、方言云、茷、芡、雞頭也、北燕謂之茷、青徐淮泗之間謂之芡、南楚江湘之間謂之雞頭、或謂之鴈頭、或謂之烏頭、郭注云、今江東亦名茷耳、神農本草云、雞頭一名鴈喙、陶注云、此即今蔿子、形上花似雞冠、故名雞頭、陳士良云、有軟根名茷菜、蘇頌圖經云、盤花下結實、形類雞頭、故以名之、其莖萊之嫩者名蔿蔌、人採以爲菜茹、案茷、曹憲音悅樂反、茷蔿聲近而轉也、茷從役聲、蔿從爲聲、茷之轉爲蔿、猶爲之轉爲役、表記鄭注云、役之言爲也、周官籩人加籩之實蔆芡㮚脯、鄭注云、芡、雞頭也、疏云、今人或謂之鴈頭、呂氏春秋恃君篇、夏日則食蔆芡、高注云、芡、雞頭也、一名鴈頭、生水中、淮南說山訓、雞頭已瘻、高注云、雞頭、水中芡、幽州謂之鴈頭、羅願爾雅翼云、案上下文貍頭愈鼠、雞頭已瘻、虻散積血、斲木愈齲、此類之可推者、詳書本意、皆謂此禽蟲、平日所啄食、故能治此病、類可推尋、雞頭似不謂此也、雞頭一名雞廱、莊子徐无鬼篇云、藥也、其實堇也、桔梗也、雞廱也、豕零也、是時爲帝者也、司馬彪注云、雞廱即雞頭也、一名芡、與藕子合爲散服之、延年、周官大司徒其植物宜膏物、鄭注云、膏當爲櫜、蓮芡之實有櫜韜、疏云、皆有外皮櫜韜其實、今芡實有梂彙自裹、所謂櫜韜也、古今注云、芡葉似荷而大、葉上蹙皺如沸、實有芒刺、其中如米、可以度饑也、

周麻、升麻也、

各本俱脫升麻二字、神農本草云、升麻一名周麻、主解百毒、生益州山谷、御覽引廣雅云、周麻、升麻也、今據補、升麻或謂之牧麻、漢書地理志、益州郡牧靡、李奇注云、靡音麻、即升麻、殺毒藥所出也、水經若水注云、涂水出建寧郡之牧靡縣南山、縣山並即草以立名、山生牧靡、可以解毒、百卉方盛、鳥多誤食鳥喙、口

中毒、必急飛往牧靡山、啄牧靡以解毒也、本草陶注云、升麻好者、細削皮青綠色、謂之雞骨升麻、蘇頌圖經云、春生苗、高三尺以來、葉似麻葉、並青色、四月五月著花、似粟穗、白色、六月以後結實、黑色、根紫如蒿根、多鬚、

土瓜、芴也、

爾雅云、菲、芴、郭注云、即土瓜也、本此爲說也、邶風谷風篇、采葑采菲、無以下體、傳云、葑、須也、菲、芴也、下體根莖也、箋云、此二菜者、蔓菁與葍之類也、皆上下可食、然而其根有美時、有惡時、采之者不可以根惡時并棄其葉、正義云、釋草云、菲、芴也、郭璞曰、土瓜也、孫炎曰、葍類也、釋草又云、菲、葸菜、郭璞曰、菲草生下濕地、似蕪菁、華紫赤色、可食、陸機云、菲似葍、莖麤、葉厚而長、有毛、三月中蒸鬻爲茹、滑美、可作羹、幽州人謂之芴、爾雅謂之葸菜、今河內人謂之宿菜、爾雅菲芴與葸菜異釋、郭注似是別草、如陸機之言、又是一物、某氏注爾雅、二處引此詩、即菲也、芴也、葸菜也、土瓜也、宿菜也、五者一物也、其狀似葍而非葍、故云葍類

也、案陸疏說非菿似葛、與鄭氏詩箋孫氏爾雅注合、又考之方言、得之目驗、爲可據也、但陸不云菲莱名土瓜、此云土瓜菿也、則未知卽爾雅之菲菿、抑別爲一物也、神農本草稱王瓜一名土瓜、意土瓜必甚似王瓜、故王瓜得與同名、且下文王瓜與此條相次、當是連類而及也、御覽引崔寔四民月令云、二月盡三月可采土瓜根、則漢時多有用之者、然未知今何草、

藈姑、瓝瓞、王瓜也、

爾雅云、鉤藈姑、郭注云、瓝瓞也、一名王瓜、實如瓝瓜、正赤、味苦、釋文引字林云、瓝瓞、王瓜也、字林、爾雅注、皆本此爲說也、本草陶注云、王瓜生籬院閒、亦有子、熟時赤如彈丸、禮記月令云、王瓜生、此之謂也、鄭元云、菝葜、殊爲謬矣、案月令鄭注云、王瓜、萆挈也、萆挈與菝葜同、正義云、王瓜、萆挈、魯本草文、是萆挈一名王瓜、本草家卽有是說、草木多異物而同名者、此類是也、上文已云、菝挈、狗脊也、則此王瓜當如郭璞所云、不謂菝挈矣、呂氏春秋孟夏紀、王菩生、高注云、菩或作瓜、瓠瓞也、又注淮南時則訓云、王瓜、括樓也、瓠

瓞與括樓同、如高注、則爾雅果臝之實括樓、卽王瓜也、案本草陶注謂栝樓狀如王瓜、唐本草注謂王瓜葉似栝樓、則括樓王瓜本相類、故高注以王瓜爲括樓、然神農本草栝樓生洪農川谷、王瓜生魯地平澤田野、陶注謂括樓葉有叉、唐注謂王瓜葉無叉、則括樓王瓜究爲二物、又豳風東山正義引孫炎爾雅注云、括樓齊人謂之天瓜、而不云名王瓜、御覽引吳普本草云、栝樓一名澤姑、而不云名藈姑、則王瓜、藈姑明不與栝樓同、故廣雅專釋藈姑瓝瓞爲王瓜、不混括樓之名於內也、急就篇說藥云、遠志續斷參土瓜、土瓜、卽王瓜也、神農本草云、王瓜一名土瓜、味苦寒、主消渴內痺、是入藥之土瓜、乃王瓜也、此與上文土瓜菿、同名而異物、顏師古急就篇注、謂土瓜一名菲、一名菿、始于本草之文、有未檢也、

王延、藷藇、署預也、

今之山藥也、根大、故謂之藷藇、藷藇之言儲與也、淮南俶眞訓、儲與扈治、高誘注云、褒大意也、署預猶儲藇耳、北山經云、景山、其上多藷藇、藷與藷同、郭注云、根似羊蹄、可食、曙豫二音、今江東單呼爲藷、音儲、語有輕重耳、廣韻、儲、署魚切、似薯蕷而大、則後人又單呼其大者爲儲、蘇頌本草圖經云、江湖閩中出一種薯蕷、根如薑芋之類而皮紫、極有大者、彼土人單呼爲藷、音若殊、亦曰山藷也、神農本草云、薯蕷一名山芋、生嵩高山谷、御覽引吳普本草云、署豫一名諸署、秦楚名王延、齊趙名山芋、鄭越名土藷、一名脩脆、一名兒草、或生臨朐鍾山、始生赤莖細蔓、五月華白、七月實青黃、八月熟落、根中白皮黃類芋、名醫別錄亦云、秦楚名王延、延各本譌作延、今訂正、藷藇通作儲餘、御覽引范子計然云、儲餘本出三輔、白色者善、蘇頌本草圖經云、薯蕷葉青有三尖角、似牽牛更厚而光澤、夏開細白花、大如棗花、梁江淹薯蕷頌所謂花不可炫、葉不足憐者也、寇宗奭衍義云、薯蕷上一字犯宋英宗諱、下一字曰蕷、唐代宗名豫、故改下一字爲藥、今人遂呼爲山藥、此謂藥字改於唐、山字改於宋也、案韓愈送文暢師北遊詩云、山藥煮可掘、則唐時已呼山藥、別國異言、古今殊語、不必皆爲避諱也、

恆山、蜀桼也、

卽常山也、莖曰恆山、苗曰蜀桼、其實一物也、桼與漆同、御覽引吳普本草云、蜀漆葉、一名恆山、如漆葉、與藍菁相似、名醫別錄云、蜀漆常山苗也、蜀本草圖經乃謂常山葉名蜀漆、本草衍義又謂常山爲蜀漆根、皆誤矣、神農本草云、常山一名互草、生益州川谷、蜀漆生江林山川谷、漢書地理志、武陵郡佷山、孟康云、音恆、出藥草恆山、御覽引遊名山記云、橫陽諸山、草多恆山、又引范子計然云、蜀漆出蜀郡、又引建康記云、建康出蜀漆、皆其出處也、唐本草注云、常山葉似茗、狹長、莖圓、兩葉相當、三月生白花、青萼、五月結實青圓、三子爲房、生山谷閒、高者不過三四尺、皆其形狀也、金匱玉函要略方云、瘧多寒者、蜀漆散主之、

藟、藤也、

藟與虆同、爾雅云、諸慮、山虆、郭注云、今江東呼虆爲藤、似葛而麤大、又欇、虎虆、注云、今虎豆、纏蔓林樹而生、莢有毛刺、今江東呼爲欇欇、藟似葛、故古人以葛藟竝稱、困上六、困于葛藟、釋文引毛詩草木疏云、藟一名巨荒、似燕薁、連蔓而生、幽州人謂之推藟、周南樛木篇、葛藟纍之、釋文引草木疏云、藟葉似艾、白色、

其子赤可食文七年左傳云葛藟猶能庇其本根故君子以爲比王逸注九歎云藟葛荒也藟之與葛其類同也名醫別錄謂之千歲虆一名虆蕪陶注云作藤生樹如葡萄葉如鬼桃蔓延木上汁白案藟之言纍也藤之言縢也纏蔓林樹故謂之藟亦謂之藤小雅南有嘉魚傳云纍蔓也秦風小戎傳云縢約也約亦纏也中山經云卑山其上多纍郭注云今虎豆貍豆之屬纍一名縢是藟亦作纍藤亦作縢故其義同矣玉篇云今總呼草蔓延如藟者爲藤

石髮、石衣也、

爾雅云藫石衣郭璞注云水苔也一名石髮江東食之或曰藫葉似䪥而大生水底亦可食案藫釋文音徒南反藫苔一聲之轉也郭璞江賦云緑苔鬖髿乎研上李善注引風土記云石髮水苔也青緑色皆生於石又引通俗文云髮亂曰鬖髿蓋以其似髮故有石髮之名也御覽引異物志云石髮海草在海中石上叢生長尺餘大小如韭葉似席莞而株莖無枝以肉雜而蒸之味極美此與爾雅注似䪥而大生水底

亦可食者或是一物又石髮之別種矣梁元帝元覽賦云水底石髮倘亦是此也水苔或謂之水衣或謂之水垢或謂之魚衣說文云菭水衣也菭與苔同淮南秦族訓窮谷之汙生以青苔高誘注云青苔水垢也周官醢人箈菹鄭衆注云箈水中魚衣也箈與苔亦同釋文云沈云箈北人音丈之反又爾雅釋文云菭或音丈之反是菭與治古同音故疾言之則爲菭徐言之則爲陟釐陟釐正切菭字名醫別錄云陟釐生江南池澤唐本注云此物乃水中苔今取以爲紙名苔紙青黃色體澀小品方云水中麤苔也范東陽方云水中石上生如毛綠色者藥對云河中側棃側棃陟釐聲相近也王子年拾遺記云張華撰博物志上晉武帝武帝嫌繁命削之賜華側理紙萬張子年云陟釐紙也此紙以水苔爲之溪人語訛謂之側理也案御覽苔下引拾遺記與此畧同其紙下所引則又云南人以海苔爲紙其理縱横衺側因以爲名與今本拾遺記合縱横衺側之說未免穿鑿不若語訛之說爲善矣石髮生山中石上者別名烏韭神農本草云烏韭生山谷石上唐本注云此物即石衣也亦曰石苔又曰石髮生巖石陰不見日處陳藏器云䒷翠茸茸似苔而非苔也

采、䆃、采也、

采字不應重出上采字葢衍文也曹憲于上采字音似醉反爾雅釋草釋文亦引廣雅采䆃采也則隋唐閒已誤衍此字說文云䆃禾也引司馬相如封禪書云䆃一莖六穗又云采禾成秀也從禾爪聲俗作穗廣韻引字林亦云䆃禾一莖六穗也案史記司馬相如傳正作䆃徐廣云䆃瑞禾也漢書則作導鄭氏云導擇也顏氏家訓以封禪書導字不當訓禾云封禪書導一莖六穗於庖犧雙觡共抵之獸此導訓擇光武詔云非徒有豫養導擇之勞是也而說文云導是禾名引封禪書爲證無妨自當有禾名導非相如所用也禾一莖六穗於庖豈成文乎縱使相如天才鄙拙強爲此語則下句當云麟雙觡共抵之獸不得云犧也吾嘗笑許純儒不達文章之體如此之流不足憑信徐鍇說文繫傳又以顏氏爲非云導訓擇治乃從寸故漢有導官不從禾也相如云導一莖六穗於庖猶言此禾也則有一莖六穗在庖此犧也則有雙

觡共抵之獸上句末有於庖字乃云禾一莖六穗於庖下句末有之獸字所以云犧雙觡共抵之獸猶言殺此雙觡共抵之獸交互對之爾引之案封禪書云然後囿騶虞之珍羣徼麋鹿之怪獸導一莖六穗於庖犧雙觡共抵之獸獲周餘珍放龜於岐招翠黃乘龍於沼首一字文義皆下屬如云此囿也則有騶虞之珍羣即與然後之文隔閡云此獲也則有周餘珍放龜在岐愈不辭矣顏氏之說是也䆃從禾而訓擇禾於義甚允䆃導同聲而通訓於音尤協封禪書云䆃一莖六穗於庖崔駰七依云乃導元山之梁不周之稻其義一也說文引䆃一莖六穗而遺脫於庖二字則知失檢原文致有此錯字林以下相承不改又曲爲之說固非許氏之意以許氏爲不達文章之體亦未之細審也說文一莖六穗乃說䆃之形狀非謂穗一名䆃也此云䆃采也似又誤會說文矣

秆、秸、稭、稾也、

秆稭稾一聲之轉也秆稭稾秸一聲之變轉也說文云稈禾莖也春秋傳曰或投一秉稈或從干作秆說

文所引乃昭二十七年左傳文今本作秆字杜預注云秆稾也孫子作戰篇云萁秆一石魏武帝注與杜預同案秆之言幹也禾之幹也今北方人謂禾莖曰秆草以飼馬牛又以爲簾薄玉篇云稈稻稈也說文又云稭禾稾去其皮祭天以爲席漢書郊祀志席用苴稭應劭注與說文同字或作秸或作鞂禹貢云三百里納秸服釋文云秸本或作稭引馬融注云去其穎也是馬以有莖無穗者爲稭也禮器云莞簟之安而稾鞂之設鄭注云穗去實曰鞂是鄭又以有穗無實者爲稭也案禹貢納總納銍納秸相承則總爲有莖有穗銍爲有穗無莖秸爲有莖無穗禮器以稾鞂與莞簟對言則稾爲有莖無穗鞂爲有穗無實於文各有所便也稾鞂對文則異散文則通耳稭爲禾稈之稱因而麻稈亦謂之稭廣韻䕲麻稈也古諧切或作稭是也今江淮之間則又通呼秫莖爲秫稭豆莖爲豆稭麥莖爲麥稭聲正如皆矣衆經音義卷十七引倉頡篇云稾禾稈也周官封人云共其水稾呂氏春秋任地篇云子能使稾數節而莖堅乎今江淮間以稻稈爲席薦謂之稾薦是稻稈亦稱稾也稾各本譌作稾今訂正

黍穰謂之䄷、

說文云黍禾屬而黏者也以大暑而種故謂之黍齊民要術引氾勝之書云黍者暑也種者必以暑是說文所本也說文又云𥝩黍穰也穰黍𥝩已治者𥝩即䄷字廣韻云穰禾莖也則禾莖亦名爲穰下文稻穰稷穰皆假借名莖惟䄷之名專在黍也䄷通作茢襄二十九年左傳云使巫以桃茢先祓殯杜預注云茢黍穰正義云檀弓云以巫祝桃茢執戈鄭元云茢萑苕謂薍穗也杜云茢黍穰者今世苕帚或用薍穗或用黍穰是二者皆得爲之也鄭衆注周官喪祝作桃厲厲與禲同玉篇廣韻竝云䄷或作禲御覽引風俗通義云燒穰殺瓠俗說家人燒黍穰則使田中瓠枯死也

稻穰謂之稈、

上文云稈稾也秆與稈同昭二十七年左傳楚鄖將師令攻郤氏且爇之或取一編菅焉或取一秉秆焉案楚於職方屬荆州其穀宜稻所謂秆者稻穰也今江淮間謂稻稈爲穰草以炊飯亦以飼馬牛本草拾遺云稻穰主黃病

稷穰謂之𥞦、

稷莖之名𥞦猶麻莖之名䕮蒲莖之名騶也玉篇云䕮麻莖也古文作䕮士喪禮記云御以蒲菆鄭注云蒲菆牡蒲莖也古文菆作騶䕮騶𥞦三字竝以芻爲聲義相近矣通蓺錄九穀考云稷粱二穀見於經者判然兩事若詩鴇羽之不能蓺黍稷不能蓺稻粱周官食醫之豕宜稷犬宜粱聘禮之稷兩簋粱在北稷兩簋粱在西黍粱稻皆二行稷四行公食大夫禮之設黍稷六簋授公飯粱禮記內則之飯黍稷稻粱玉藻之沐稷而靧粱喪大記之君沐粱大夫沐稷士沐粱皆是也秦漢以後多溷二穀而一之舉粱者輒逸稷舉稷者又逸粱粱者桌之米也桌者禾之實也逸周書言五方之穀有桌無稷呂氏春秋審時篇有禾無稷則舉粱而逸稷者也呂氏春秋十二紀禮記月令淮南時則訓天文訓墬形訓主術訓內經素問金匱眞言論五常政大論史記天官書皆言稷而不言粱又若高誘淮南脩務訓注王逸楚詞大招注亦有稷無粱則舉稷而逸粱者也舉粱者非不知有稷直謂稷爲粱也舉稷者非不知有粱直謂粱爲稷也至韋昭國語注則竟云稷粱也顯與經相戾矣惟後鄭注大宰九穀易司農黍稷秫爲黍稷粱益知稷粱之不可以相兼故竝舉之吾於是服康成之識之卓也粱今人謂之小米稷今人謂之高粱高粱之種先於諸穀故月令孟春首種不入注引舊說以首種爲稷也管子書日至七十日陰東釋而藝稷日至七十日乃八九之末俗謂九裏種高粱是也高粱實最麤大故謂之疏疏猶麤也論語云疏食菜羹玉藻云稷食菜羹二經皆與菜羹竝舉則疏稷一物疏言其形稷舉其名也或即謂之麤左傳云粱則無矣麤則有之麤對粱言之正謂稷也引之案此說析繆解紛郅爲精卓窮物之情復經之舊援古證今其辨明矣原說甚詳今錄其略焉廣雅之稷蓋亦誤指粱言之下文藋粱木稷方是古之稷耳

麻黃莖狗骨也、

詳見上文龍沙麻黃也下

白芷、其葉謂之葯、

芷與茝古同聲、芷、即茝也、說文云、茝、虈也、楚謂之離、晉謂之虈、齊謂之茝、內則云、婦或賜之茝蘭、釋文云、茝本又作芷、楚詞離騷云、扈江離與辟芷兮、王逸注云、辟、幽也、芷、幽而香、招魂云、菉蘋齊葉兮白芷生、白芷以根白得名也、蘇頌本草圖經云、白芷根長尺餘、白色粗細不等、枝榦去地五寸已上、春生葉、相對婆娑、紫色、濶三指許、是白芷根與葉姝色、故以白芷名其根、又別以葯名其葉也、若然、則九歌云、辛夷楣兮葯房、芷茸兮荷屋、七諫云、捐葯芷與杜衡兮、九懷云、芷閭兮葯房、當並是根葉分舉矣、但芷葯雖根葉姝稱、究為一草、故王逸九歌注云、葯、白芷也、西山經號山其草多葯、淮南脩務訓身若秋葯被風、郭璞高誘注並與王逸同、是白芷亦得通稱為葯也、白芷葉又名蒿麻、名醫別錄云、白芷一名白茝、一名虈、一名莞、一名苻離、葉名蒿麻、葢即以為爾雅之莞苻離其上蒿矣、

公蕡、蘾葇、薴、䔡、荏、蘇也、

爾雅云、蘇、桂荏、郭注云、蘇、荏類、故名桂荏、方言云、蘇亦荏也、關之東西、或謂之蘇、或謂之荏、周鄭之間謂之公蕡、沅湘之南或謂之䔡、其小者謂之蘾葇、郭注云、今江東人呼荏為䔡、長沙人呼野蘇為䔡、蘾葇、薰葇也、亦蘇之種類、因名云、案、蘾葇即香葇也、郭注云、薰葇、薰亦香耳、玉篇云、葇、香葇、葇蘇類也、集韻云、葇、葉名、似蘇、名醫別錄作香薷、陶注云、家家有此、惟葉生食、蘇頌圖經云、似白蘇而葉更細、一作香葇、俗呼香茸、又有一種石上生者、莖葉更細而辛香彌甚、謂之石香薷、開寶本草云、石香葇一名石蘇、據此則香葇即蘇之別種、莖葉小於蘇、故方言云、其小者謂之蘾葇也、香葇香茸聲之轉、孟詵食療本草謂之香戎、戎與茸同聲、顏師古匡繆正俗云、戎即猱也、俗語變訛謂之戎耳、猶今之香葇謂之香戎也、蘾、曹憲音穰、各本脫去蘾字、音內穰字又誤入正文、集韻類篇、蘾音汝兩切、引廣雅蘾葇蘇也、今據以訂正、諸書無言蘇名薴者、薴上當有葶字、中山經云、熊耳之山有草焉、其狀如蘇而赤華、名曰葶薴、可以毒魚、葶薴似蘇而以為蘇、猶蘾葇矣、䔡、荏屬也、荏、白蘇也、名醫別錄陶注云、蘇葉下紫而氣甚香、其無紫色不香似荏者名

野蘇、此即方言注所云長沙人呼野蘇為䔡者也、陶注又云、荏狀如蘇、高大、白色、不甚香、其子研之、雜米作糜、甚肥美、東人呼為䔡、此即方言注所云、江東人呼荏為䔡者也、蘇頌圖經云、蘇有魚蘇山魚蘇、皆是荏類、魚蘇似茵蔯、大葉而香、吳人以煮魚者、一名魚蘇、生山石間者、名山魚蘇、案、魚䔡同聲、以是荏類、故亦得名魚耳、鄭注內則薌無蓼云、薌、蘇荏之屬也、枚乘七發云、秋黃之蘇、白露之茹、張衡南都賦云、蘇蔱紫薑、拂徹擅腥、葢其氣辛香、故用之也、今人多種院落中、有青紫二種、子皆生莖節間、古單呼紫者為蘇、今則通稱耳、齊民要術引氾勝之種植書云、區種荏令相去三尺、

秈、稉也、

說文云、秔、稻屬、俗作稉、衆經音義卷四引聲類云、秔、不黏稻也、江南呼秔為秈、漢書東方朔傳云、馳騖禾稼稻秔之地、齊民要術引崔寔四民月令云、三月可種稉稻、御覽引廣志云、稉有烏稉、黑穬、青幽、白夏之名、是稉之屬非一種也、周官食醫牛宜稌、鄭衆注云、稌、稉也、葢專以稌之名屬稉、然爾雅稌稻自是大名、稉特其不黏者耳、今江北呼秈稻聲如宣、秈凡數種、惟白秈至八月熟、最遲、亦最美、北方人呼之為稉米、九穀考云、稉之為言硬也、不黏者也、今案、秈之為言宣也、散也、不相黏箸之詞也、秈從禾山聲、山宣散三字、古聲義相近、說文云、山、宣也、宣氣散生萬物、是其例矣、說文又云、穬稻紫莖不黏者、穛稻不黏者、亦秈之類也、

秫、稬也、

爾雅云、粢、稷、衆、秫、說文云、秫、稷之黏者、稬、沛國謂稻曰稬、爾雅釋文引字林云、穤、黏稻也、穤與稬同、是秫為黏稷、稬為黏稻、二者本不同物、故經傳言秫、無一是黏稻者、但以稬秫俱黏、故後世稱稬者亦得假借稱秫、唐本草注引氾勝之種植書云、三月種秔稻、四月種秫、晉書陶潛傳云、五十畝種秫、五十畝種秔、崔豹古今注云、稻之黏者為秫、世說任誕篇云、今年田得七百斛秫米、不了麴糵事、名醫別錄云、秫米味甘微寒、止寒熱、利大腸、療漆瘡、唐本注云、此米功用是稻秫也、今大都呼稻秫為穤矣、爾雅釋文云、江東

人皆呼稻米爲秫米、嚼稻米以治漆瘡亦驗皆是也、名醫別錄又別有稻米、匡謬正俗云、今稉米也、許氏說文解字曰、稻、稌也、沛國謂稻爲稬、又急就篇稻黍秫稷粟麻秔、左太沖蜀都賦曰、稉稻漠漠、益知稻即稉共稷並出矣、然後以稻是有芒之穀、故於後或通呼稉稬總謂之稻、孔子曰、食夫稻、周官有稻人之職、漢置稻田使者、此並非指屬稻稉之一色、所以後人混稉不知稻本是稉耳、九穀考云、七月之詩、十月穫稻、爲此春酒、以介眉壽、月令仲冬乃命大酋秫稻必齊、內則雜記並有稻醴、左傳進稻醴粱糗、內經黃帝問爲五穀湯液及醪醴、岐伯對曰、必以稻米、炊之稻薪、皆言醲稻爲酒醴、是以稻爲黏者之名、黏者以釀也、內則糝酏用稻米、籩人職之餌餈、注亦以爲用稻米、皆取其黏耳、而食醫之職牛宜稌、鄭司農說稌稉也、又引爾雅云稌稻、是又以稉釋稻、稉其不黏者也、孔子曰食夫稻、亦不必專指黏者言、職方氏揚荊諸州亦但云其穀宜稻、吾是以知稌稻之爲大名也、引之案詩以黍稷稻粱並舉、明皆大名也、稻之不黏者名秔、後遂專呼黏者爲稻、猶黍之不黏者名穄、後遂專呼黏者爲黍耳、

⿰黍巠、⿰黍麻、⿰禾刃、稗、穄也、

⿰黍巠、舊本作⿰黍巠、此曹憲避隋文帝諱而缺其末畫也、⿰黍巠與⿱臤黍同、⿰黍麻與穈同、衆經音義卷十一引倉頡篇云、穄、大黍也、又云、似黍而不黏、關西謂之穈、說文云、穈、穄也、⿰禾刃稗、穀名、玉篇云、⿱臤黍、穈也、呂氏春秋本味篇云、飯之美者、陽山之穄、高誘注云、穄、關西謂之穈、冀州謂之⿱臤黍、穆天子傳云、赤烏之人獻穄麥百載、郭璞注云、穄似黍而不黏、後漢書烏桓傳云、其土地宜穄、陳藏器本草拾遺云、穈穄一物、性冷、塞北最多、如黍黑色、案隋書禮儀志云、北齊藉於帝城東南千畝內種赤黍黑穄、則穄自有黑者、然此特其中一種耳、齊民要術引廣志云、穄有赤白黑青黃凡五種也、九穀考云、說文以禾況黍、謂黍爲禾屬而黏者、非謂禾爲黍屬而不黏者也、是故禾屬而黏者黍、則禾屬而不黏者穈、對文異、散文則通稱黍、謂之禾屬、要之皆非禾也、古今注言禾之黏者爲黍、亦謂之穄、亦曰黃米、則是以黍爲禾之黏者、其不粘者即禾也、失之遠矣、穈之稱黍、其證有五、爾雅秬黑黍、內則飯黍稷稻粱白黍黃粱、鄭氏注黍黃黍也、韓非子吳起欲攻秦小亭置一石赤黍東門外、經傳中見黑黍白黍黃黍赤黍、不見黑穈白穈黃穈赤穈、則知散文通稱黍也、此一證也、嘗索取農人所藏黍種、有赤白青黑之別、而獨無黃黍、惟穈則類多黃者、且色愈黃則愈不黏、然則內則注所云黃黍者、穈也、穄也、而內則則直謂之黍、此二證也、古以黏黍釀酒及爲餌餈酏粥之屬、其爲飯則用不黏者、不黏者穈也、故特牲饋食禮有摶黍之儀、以其不相黏箸、故摶之也、所用是以穈、而經文稱爲黍、此三證也、周官土訓掌道地圖以詔地事、注云、說九州所宜、若云荊揚地宜稻、幽幷地宜麻、釋文云、麻一本作穈、余案此字必穈字之譌、益鄭注所謂若云者、貫據職方氏、職方荊揚但云宜稻、與此注合、而幽州宜三種、幷州宜五種、注皆有黍無麻、是此注當爲穈、穈即謂黍也、此四證也、夏小正伏生尚書大傳淮南子劉向說苑皆云、大火中種黍菽、而呂氏春秋則云日至樹麻與菽、麻生於二三月、夏至而後刈矣、則今云日至樹麻、其爲樹穈之譌無疑、夏小正諸書並云黍菽、呂氏言穈菽、是穈黍互通之確據也、此五證也、然則穈爲黍之一種、顯然甚明、而唐蘇恭乃云本草載稷不載穄、稷即穄也、今楚人謂之稷、關中謂之

穈、呼其米爲黃米、與黍爲秈秫、則是以黏者爲黍、不黏爲稷也、不知黍中之有穄、猶稷中之有秫、稻中之有秔、一穀自兼二種、安可以黍之不黏者爲稷乎、今太原以東呼黏者爲黍子、不黏者爲穈子、武邑人亦呼之曰黍子、穈子、而呼黍之米曰黃米、穈之米曰穄米、穄音與稷相近、此後人之所以誤指穄爲稷也、說文穈穄互釋、稷齋互釋、其爲二物甚明、以穄爲稷、豈不謬哉、引之案、今北人呼穈爲穈黍、亦稱穄子、穄稷之音相似而不同、雖今江淮之間亦呼爲穄米、無作稷稱者、蘇恭所言楚人謂之稷、恐楚人自是呼穄、蘇氏誤聽以爲稷耳、稷種於孟春、故月令謂之首種、穄與黍五月始種、故齊民要術云、夏種黍穄、穄之不得爲稷明矣、至李時珍以穄爲稷、以穈爲黍、穄穈一物而二之、此則蘇恭未有之誤、不足深辨者也、

黂、麻也、

各本脫去麻也二字、遂與下麻也混爲一條、集韻類篇引廣雅、黂、麻也、則宋時廣雅本已譌、案諸書無訓黂爲麻者、御覽藝文類聚並引廣雅、黂、麻也、今據以補正、爾雅、黂、枲實、齊民要術引孫炎注云、黂、麻子也、

釋文云、黂本或作蕡、說文則作萉、云、萉、枲實也、或從麻賁作黂、周官籩人朝事之籩、其實麷、蕡、鄭衆注云熬麥曰麷、麻曰蕡、少牢下篇麷、蕡、坐設於豆西、鄭注云、蕡、熬枲實也、案黂者實之貌也、周南桃夭篇有蕡其實、傳云、蕡、實貌也、是其義矣、麻子名黂、因名有子之麻爲黂、淮南說林訓云、黂不類布、而可以爲布、高誘注云、黂、麻之有實者、是也、麻有黂者、卽稱爲黂、猶麻盛子者、卽稱爲芓、爾雅云、芓、麻母、齊民要術引孫炎注云、芓、苴麻盛子者、說文芓作茡、是也、麻子名黂、因名有子之麻爲黂、猶麻子名苴、因名有子之麻爲苴、豳風七月篇、九月叔苴、傳云、苴、麻子也、喪服苴絰傳云、苴、麻之有蕡者、是也、黂蘊聲相近、故黂又謂之蘊、齊民要術引崔寔四民月令云、苴、麻之有蘊者、芓麻是也、一名黂、御覽引吳普本草云、麻子一名麻蘊一名麻蕡、是黂卽蘊也、麻子謂之蘊、亦謂之黂、因而麻蒸謂之蘊、亦謂之黂、因而碎麻謂之蘊、亦謂之黂、漢書蒯通傳、卽束縕請火於亡肉家、謂束麻蒸取火也、說文云、熜、然麻蒸也、管子弟子職篇、昏將舉火、執燭隅坐、錯總之法、橫於坐所、蒸閒容蒸、然者處下、總與熜同、是古人取火多用麻蒸、周官司烜氏、凡邦之

廣雅疏證　卷第十上

大事、共墳燭庭燎、故書墳爲蕡、鄭衆注云、蕡燭、麻燭也、淮南說林訓云、黂燭捔、膏燭澤、亦謂麻蒸爲燭耳、是麻蒸謂之蘊、亦謂之黂也、論語子罕篇衣敝緼袍孔傳云、緼、枲著也、皇侃義疏云、以碎麻著袠也、碎麻曰緼、列子楊朱篇、宋國有田夫、常衣緼黂、張湛注云黂、亂麻也、亂麻猶碎麻耳、是碎麻謂之蘊、亦謂之黂也、神農本草、麻子外別出麻蕡、云、一名麻勃、名醫別錄云、此麻花上勃勃者、則又以蕡爲花、與傳注異、御覽引吳普本草以麻子爲麻蕡、以麻勃爲麻花、斯得其實矣、

𪎰也、

各本𪎰下有誅字之音、案說文玉篇廣韻、並無𪎰字、正文及音、皆不知何字之譌、其字之上下、亦不知脫去何字、

大豆、尗也、

尗、本豆之大名也、說文、尗、豆也、象尗豆生形、字又作菽、藝文類聚引楊泉物理論云、菽者、衆豆之總名、管子地員篇云、五穀之狀、蔞蔞然、不忍水旱、其種大菽細菽、呂氏春秋審時篇云、大菽則圓、小菽則摶以芳、是大小豆皆名菽也、但小豆別名爲荅、而大豆仍名爲菽、故菽之稱專在大豆矣、陶宏景注名醫別錄稷米引董仲舒云、菽是大豆、有兩種、小雅采菽箋云、菽大豆也、采其葉以爲藿、又小宛云、中原有菽、庶民采之、正義云、菽者、大豆也、魯頌閟宮、稙稺菽麥、檀弓啜菽飲水、釋文並云、菽、大豆也、春秋定公元年、隕霜殺菽、漢書五行志載之、劉向以爲菽、草之彊者、顏師古注云、菽、大豆也、大豆春夏皆可種、齊民要術引氾勝之種植書云、大豆保歲易爲、宜古之所以備凶年也三月榆莢時有雨、高田可種大豆、又云、夏至後二十日尚可種、戴甲而生、不用深耕、是也、鄭衆注大宰九穀、大豆與居一焉、蓋自古重之矣、大豆又名荏菽、聲轉而爲戎菽、大雅生民云、蓺之荏菽、傳用爾雅云、荏菽、戎菽也、箋云、戎菽、大豆也、正義云、釋草云、戎菽謂之荏菽、孫炎曰、大豆也、此箋亦以爲大豆、樊光舍人李巡郭璞皆云、今以爲胡豆、璞又云、春秋齊侯來獻戎捷、穀梁傳曰、戎菽也、管子亦云、北伐山戎、出冬葱及戎菽布之天下、今之胡豆是也、案爾雅戎菽皆爲

廣雅疏證　卷第十上

大豆、注穀梁者亦以爲大豆也、郭璞等以戎菽爲胡豆、后稷種穀、不應捨中國之種而種戎國之豆、卽如郭言、齊桓之伐山戎、始布其豆種、則后稷之所種者、何時絕其種乎、而齊桓復布之、禮有戎車、不可謂之胡車、明戎菽正大豆是也、九穀考云、爾雅釋詁、壬、戎皆訓爲大、壬與荏字可通、荏菽戎菽、大豆之稱也、管子書戎菽或別是一種、非后稷之所樹者、

小豆、荅也、

說文云、荅、小尗也、陶宏景注別錄稷米引董仲舒云小豆一名荅、有三四種、鄭衆注周官掌客云、秅讀爲秅秭麻荅之秅、九章算術粟米章云、菽荅麻麥各四十五、李籍音義云、菽、大豆也、荅、小豆也、漢樓壽碑麤絺大布之衣、糲糌蔬菜之食、糲糌與糲荅同、小豆古投壺之禮用之、投壺云、壺中實小豆焉、爲其矢之躍而出也、鄭注云、實以小豆、取其滑且堅、鄭衆注大宰九穀並列大小豆、則小豆之重等於大豆也、小豆種於四五月、齊民要術云、小豆、夏至後十日種者爲上時、引氾勝之種植書云、小豆不保歲、難得、椹黑時注

雨種、畝一升、又引崔寔四民月令云、四月時雨降、可種大小豆、美田欲稀、薄田欲稠、

豍豆、豌豆、⿰豆留豆也、

齊民要術引崔寔四民月令云、正月可種春麥豍豆、盡二月止、案今北方人種豌豆在正月中、與四民月令相符、故北方農人爲之語云、豌豆大麥不出九也、南方人種之則於八九月、此土地異宜、故遲速不齊也、豌豆枝莖柔弱、布地而生、葉間有鬚連卷然、葉形頗圓、兩兩相值、初生時肥嫩可食、南方人多摘以爲蔬、味極美、三四月放小花、四瓣向內者二、向外者二、亦皆相對、花色淡紫可愛、四五月作莢、長寸餘、莢中子皆圓如珠子、煮食之香美、亦可以爲醬、大抵與麥偕熟耳、齊民要術云、豍豆、大豆類也、豌豆、小豆類也、則是分豍豆豌豆爲二、與廣雅異、所未詳也、

胡豆、䜳⿰豆雙也、

御覽引神農本草說生大豆云、張騫使外國得胡豆、或曰戎菽、大雅生民正義引舍人、樊光、李巡三家爾

雅注、皆謂戎菽今以爲胡豆、郭璞爾雅注、孟康漢書天文志注、徐邈穀梁莊三十一年傳注、亦同、依徐邈穀梁傳注、則胡豆之來、在齊桓之世、依本草則始見漢武之時、說之當否、皆未可定、要自舍人爾雅注始胡豆之名也、本草所說張騫得胡豆在生大豆條下、則是卽以胡豆爲大豆、案齊民要術引廣志云、大豆有黃落豆、有御豆、又云、胡豆有青有黃者、則大豆胡豆爲二物、故舍人樊光等以爾雅戎菽爲胡豆而孫炎則改從詩箋釋以大豆、御覽又引郭璞注不從孫炎大豆而訂爲胡豆之說、明胡豆非大豆也、名醫別錄序例云、丸藥如胡豆者、卽今青斑豆也、以二大麻子準之、孫思邈千金備急方云、青小豆一名胡豆、陳藏器本草拾遺云、胡豆苗似豆、生野田間、米中往往有之、則胡豆正是小豆之屬、故廣雅大豆胡豆不同釋也、

大麥、麰也、

此與下小麥麳也、俱釋周頌來牟之義、周頌思文云、貽我來牟、傳云、牟、麥也、箋云、武王渡孟津、後五日火流爲烏、五至、以穀俱來、此謂貽我來牟、又臣工、於皇來牟、箋云、於美乎赤烏以牟麥俱來、是不以來爲麥也、漢書劉向傳引詩作釐麰、而釋之云、釐麰、麥也、始自天降、則來牟俱是麥、於文義爲允也、說文云、來、周所受瑞麥來麰、一麥二鏠、象芒刺之形、天所來也、故爲行來之來、引詩曰、詒我來麰、又云、齊人謂麥爲秝、秝與來通、又云、麰、來麰麥也、則亦以來麰爲麥、與劉向同、但不言大小耳、李善注典引引韓詩薛君章句云、麰、大麥也、麰與麰同、孟子告子篇、今夫麰麥、播種而耰之、其地同、樹之時又同、浡然而生、至於日至之時皆熟矣、趙岐注云、麰麥、大麥、引詩云、貽我來麰、來麰對文、麰爲大、則來爲小矣、古謂大爲牟、御覽引淮南子注云、牟、大也、大麥、故稱牟也、玉篇云、麰、春麥也、⿰麥廣、大麥也、⿰麥廣與穬通、案齊民要術引崔寔四民月令云、凡種大小麥、得白露節可種薄田、秋分種中田、後十日種美田、唯穬早晚無常、正月可種春麥、盡二月止、是穬麥、春麥、皆與大麥異物、然蕭炳四聲本草云、穬麥、大麥之類、山東河北人正月種之、名春穬、形狀與大麥相似、云春穬正月種、則卽崔寔所謂正月種春麥者矣、形與大麥相似、故玉篇以爲麰也、今北方

人種春麥者、多是小麥、別有一種大麥、二月種之、三月卽熟、濟南人謂之三月黃、亦春穬之類也、御覽引吳普本草云、大麥、一名穬麥、葢二麥相類、故亦得通名、陳藏器本草拾遺乃云大麥是麥米、穬麥是麥殼、案四民月令大小麥外、別言種穬、藝文類聚引魏黃觀奏亦云、小麥略盡、惟穬麥大麥頗得半收、則大麥穬麥自是二種、陳說非也、蘇恭本草注則又以大麥爲青稞麥、案齊民要術云、青稞麥與大麥同時熟、其爲二物甚明、蘇說亦非也、大麥之熟、先於小麥、呂氏春秋任地篇云、孟夏之昔、殺三葉而穫大麥、高誘注云、是月之季、大麥熟而可穫、大麥、旋麥也、案孟夏之季、始穫大麥、則小麥猶未熟、月令、孟夏之月、農乃登麥、當是大麥矣、今大麥小麥、各有有芒無芒二種、無芒者良、大麥可煮食、小麥則作餅用之、鄭注月令云、麥者、接絕續乏之穀、尤重之、故周官大宰九穀、鄭衆注以大小麥並言、葢貽我來牟、有不可偏廢者耳、

小麥、麳也、

說詳上文大麥麰也下、

䅿、秐、茅，穗也、

茅穗、茅秀也、䅿與荼同、鄭風出其東門篇有女如荼、傳云、荼、英荼也、言皆喪服也、箋云、荼、茅秀、物之輕者飛行無常、正義云、言荼英荼者、六月云白旆英英、英是白貌、茅之秀者、其穗色白、言女皆喪服、色如荼然、吳語白常白旗素甲白羽之矰、望之如荼、韋昭云、荼、茅秀、亦以白色爲如荼、與此傳意同、案考工記鮑人之事、望而眡之、欲其荼白也、鄭注云、當如茅秀之色、漢書禮樂志顏如荼、應劭注云、荼、野菅白華也、言此奇麗白如荼也、野菅即茅屬、說文云、菅、茅也、是茅穗名荼、義取白色也、蘇頌本草圖經云、茅春生苗布地如鍼、夏生白花、茸茸然、即所謂荼矣、古者用荼以爲席箸、夏小正云、四月取荼、傳云、荼也者以爲君薦蔣也、士喪禮記云、茵箸用荼、鄭注云、荼、茅秀也、周官掌荼掌以時聚荼以共喪事、鄭注云、共喪事者、以箸物也、引士喪禮記茵箸用荼、皆是也、說文云、秐、茅秀也、從艸私聲、案說文云、私、禾也、北道名禾主人曰私主人、私與秐同聲、當亦是禾秀之稱、後乃通名禾爲私耳、私、穗、正一聲之轉也、茅穗名秐、禾穗亦名私、猶茅

穗名䅿、禾穗亦名䅿、廣韻云、稌、穗也、集韻云、禾穗曰稌、或從斜作䅿、玉篇廣韻竝云、䅿、穗也、不言茅穗、則爲禾穗可知、故禾穗之亦名秐、可以䅿定之也、䅿、秐、亦一聲之轉、

蒲穗謂之蓴、

廣韻云、蓴、蒲秀也、秀亦穗也、爾雅云、莞、苻蘺、其上蒚、郭注云、今西方呼蒲爲莞蒲、蒚謂其頭臺首也、臺首即其作穗處矣、玉篇云、蒚謂今蒲頭有臺、臺上有重臺中出黃、即蒲黃也、神農本草有蒲黃、陶注云、此即蒲釐花上黃粉也、蘇頌圖經云、蒲今處處有之、春初生嫩葉、未出水時、紅白色茸茸然、至夏抽梗於叢葉中、花抱梗端、如武士棒杵、故俚俗謂蒲槌、亦謂之蒲釐花、黃即花中藥屑也、細若金粉、當其欲開時、有便取之、市廛間亦採以蜜搜作果食貨賣、甚益小兒、案今蒲草初作穗時、有黃籜裹之、穗上有重臺、長大則籜拆裂、隨風落去、穗上重臺亦漸枯、其穗皆紫茸、四周帀帀相交、長五六寸、形正圓、高郷人謂之蒲棒頭、以其形似之也、謝靈運於南山往北山經湖中瞻眺詩云、新蒲含紫茸、李善注云、謂蒲華也、謝眺詠蒲詩云、暮蕊雜椒塗、亦是此耳、蒲穗形圓、故謂之蓴、蓴之爲言團團然叢聚也、說文云、蓴、蒲叢也、蒲草叢生於水、則謂之蓴、蒲穗叢生莖末、亦謂之蓴、訓雖各異、義實相近也、

箘、簬、簣、籢、笴、簫、䉡、箭也、

說文云、簬、古文作簵、禹貢云、惟箘簵楛、三邦底貢、鄭注云、箘簵、聆風也、又注考工記妢胡之笴云、妢胡、胡子之國、在楚旁、笴、矢榦也、引禹貢荊州貢箘簵楛、是箘簵楛皆可爲箭、故趙策云、襄子無矢、發楛而試之、其堅則箘簬之勁不能過也、箘簵一名聆風、故馬融長笛賦云、特箭稾而莖立兮、獨聆風於極危、言箭稾而及聆風、明其可以爲箭也、箘簬或作箟簬、楚辭七諫哀時命竝云、箟簬雜於黀蒸兮、又作宛路、呂氏春秋直諫篇云、荊文王得茹黃之狗、宛路之矰、說苑正諫篇宛路作箘簵、茹黃與箘簬對言、茹黃是一狗之名、則箘簬亦似是一竹之名、戴凱之竹譜從禹貢傳以箘簬爲二竹、而亦不能分何者爲箘、何者爲簬、但云是會稽箭類、皮特黑澀而已、然淮南本經訓云、松柏箘露宛而夏槁、高注云、箘露、竹箢也、箘露與箘簬

同、松柏、箘簬對文、則箘之與簬、猶松之與柏、一種之中、少有不同也、又中山經云、暴山其木多竹箭䉋箘、郭注云、箘亦篠類、中箭、單言箘、則別有簬可知也、箘之言圓也、說文云、圜謂之囷、方謂之京、是囷圓聲近義同、箭竹小而圓、故謂之箘也、竹圓謂之箘、故桂之圓如竹者亦謂之箘、名醫別錄云、菌桂正圓如竹是也、竹圓謂之箘、故簙箸形圓亦謂之箘、方言云、簙或謂之箘、或謂之箭裏、或謂之死專、或謂之匭璇、或謂之基、案死專、匭璇、皆圓之貌、死專猶宛轉也、簙基謂之箭、亦謂之箘、竹謂之箭、亦謂之箘、簙箭謂之箘、亦謂之宛轉、箭竹謂之箘簬、亦謂之宛簬、其義一也、籢、笴、郎箌竹、詳見上文、箭、箌、䈴也、下、簫、古篠字、馬融長笛賦云、林簫蔓荊、李善注云、簫與篠通、爾雅云、篠、箭、說文篠作筱、云、箭屬小竹也、筱可爲矢、引夏書瑤琨筱簜、今本筱作篠、篠之爲言猶小也、竹譜云、䉡、細竹也、出蜀志、薄肌而勁、中三續射博箭、䉡音衛、見三倉、字通作衛、淮南原道訓云、射者扜烏號之弓、彎棊衛之箭、兵略訓云、括淇衛箘簬、淇與棊同、淇衛、箘簬、對文皆箭竹之名也、方言云、簙或謂之箭裏、或謂之棊、竹譜云、䉡竹中博箭、是䉡與棊一物也、棊、綦、古同聲、

以衛爲博箭謂之綦以衛爲射箭則亦謂之綦耳綦者箭莖之名說文云萁豆莖也孫子作戰篇萁秆一石魏武帝注云萁豆稭也稭猶莖也豆莖謂之萁箭莖謂之綦聲義竝同矣乃高誘注原道訓云綦美箭所出地名也衛利也注兵略訓云淇衛箘簬箘之所出也竹譜引淮南子而釋之云淇園衛地毛詩所謂瞻彼淇奧綠竹猗猗是也案淇特衛之水名先言淇而後言衛則不詞矣晉有澤曰董蒲之所出也然不得曰董晉之蒲楚有藪曰雲竹箭之所生也然不得曰雲楚之竹箭且淇水之地去堯都非甚遠當爲作貢時何反不貢箘簵而貢者乃遠在荊州乎箭矢竹也亦詳上文箭簵簵也下

蕉、奚毒、附子也、一歲爲萴子、二歲爲烏喙、三歲爲附子、四歲爲烏頭、五歲爲天雄、

蕉玉篇作藮奚毒一作鷄毒淮南主術訓云天下之物莫凶於鷄毒然而良醫橐而藏之有所用也附子可以殺人漢書外戚傳云卽擣附子齎入長定宮是也又可以爲糞田之用齊民要術引氾勝之種植書

云取骨汁以漬附子是也萴子以下五等之名說者不一皆與此殊吳普本草云烏頭正月始生葉厚莖方中空葉四四相當與蒿相似十月採形如烏頭有兩岐相合如烏之喙者名曰烏喙又云側子八月採是附子角之大者側與萴同名醫別錄云烏頭長三寸已上爲天雄此皆以形狀爲別者也御覽引博物志云物有同類而異用者烏頭天雄附子一物春夏秋冬採之各異名醫別錄云冬月採爲附子春採爲烏頭此皆以時候爲別者也蘇頌圖經云烏頭烏喙天雄附子側子五品都是一種冬至種之次年八月後方成廣雅云一歲爲萴子二歲爲烏喙三歲爲附子四歲爲烏頭五歲爲天雄今一年種之傳有此五物豈今人種蒔之法用力倍至故爾繁盛也雖然藥力當緩於歲久者耳今案萴子烏喙諸名對文則異散文則亦有通者廣雅言奚毒附子也三歲爲附子四歲爲烏頭而高誘注淮南主術訓云鷄毒烏頭也神農本草亦云烏頭一名奚毒是附子卽烏頭也廣雅言一歲爲萴子二歲爲烏喙而說文云萴烏喙也是萴子卽烏喙也鹽鐵論誅秦篇云如食萴之充腸也欲其安存何可得也燕策云人之饑所以不食烏喙者以爲雖偷充腹而與餓死同患也後漢書霍諝傳云猶療飢於附子食萴猶言食烏喙也饑食烏喙猶言療飢於附子也此萴子烏喙附子三者通稱之證也神農本草云烏頭一名烏喙一名卽子卽子與萴子同御覽引神農本草卽正作萴謝靈運山居賦云三建異形而同出自注云三建附子天雄烏頭也不言萴子與烏喙者蓋以其卽是烏頭矣此萴子烏喙烏頭三者通稱之證也又墨子雜守篇云令邊縣豫種畜烏喙陸羽茶經引凡將篇云烏喙桔梗晉語置堇於肉大雅緜篇正義引賈逵注云堇烏頭也爾雅云茇堇草郭璞注云卽烏頭也江東呼爲堇御覽引崔寔四民月令云三月可採烏頭烏喙凡言烏頭者似亦通稱不以歲分矣其有對文異者淮南繆稱訓云天雄烏喙藥之凶毒者也良醫以活人則天雄與烏喙異也急就篇云烏喙附子椒芫華則烏喙與附子異也博物志引神農經云藥種有五物四曰天雄烏頭大豆解之則天雄與烏頭異也或以爲異或以統同義得兩通耳

蘤、葩、菁、蘂、花、蕐也、

後漢書張衡傳云百卉含蘤李賢注引張氏字詁云蘤古花字也含蘤卽含華南都賦云芙蓉含華是也蘤之言芛也玉篇云蘤華榮也爲詭切爾雅云芛皇華榮郭注云今呼草木華初生者爲芛音猶豬釋文羊捶反芛與蘤聲義正相近矣蘤字從艸從白爲聲古音爲如化故花字從化聲而古作蘤堯典平秩南訛史記五帝紀作南爲漢書王莽傳作南偽是其例也從白與皅同義說文云皅草華白也從白巴聲葩華也從艸皅聲徐鍇傳云今謂草華房爲葩也高唐賦云葩葉覆蓋字通作芭夏小正月三月拂桐芭傳云言桐芭始生貌拂拂然也月令云季春之月桐始華是也葩之言鋪也干寶注說卦傳云鋪爲花貌謂之藪衆經音義卷七引聲類云葩盛貌也高唐賦又云江離載菁李善注引廣雅云菁華也菁之言菁菁然盛也衛風淇奧篇綠竹青青傳云青青茂盛貌釋文云青本或作菁唐風杕杜篇其葉菁菁傳云菁菁葉盛也葉盛謂之菁華盛謂之菁其義一也菁又爲韲韭蕎三種華之稱詳見下文離騷云貫薜荔之落蘂王注云蘂實貌也貫累香草之實呂延濟注云蘂花心也案上文言餐秋菊之落英此言貫薜荔之落

蘂英蘂蕊俱是華積累香草之華文義亦通耳葉之言蕤也說文云蕤草木華垂皃甤草木實甤甤也劉逵蜀都賦注云蘂者或謂之華或謂之實一曰花鬚頭點也廣韻云花外曰蕚花內曰蘂實謂之甤亦謂之蘂華謂之蕤亦謂之蘂皆垂之貌也說文云蘂垂也紫與蘂聲義正同故南都賦敷華蘂之蓑蕤李善注云蓑蕤下垂貌矣玉篇云花今爲華荂字顧炎武唐韻正云考花字自南北朝以上不見於書隋書禮儀志梁武帝引孔氏尚書山龍華蟲傳曰華者花也今傳無此語而朱子固已疑此傳爲非漢人之作矣晉以下書中閒用花字或是後人改易惟後魏書李諧傳載其述身賦曰樹先春而動色艸迎歲而發花又曰肆雕章之腴旨咀文苑之英華花字與華並用而五經楚辭諸子先秦兩漢之書皆古本相傳凡華字未有改爲花者又考太武帝始光二年三月初造新字千餘頒之遠近以爲楷式如花字之比得非造於魏晉以下之新字乎引之案廣雅釋花爲華字詁又云蘤古花字則魏時巳行此字不始於後魏矣又藝文類聚載晉袁據遊覽詩云嬌足登雲閣相伴步九華徙倚憑高山仰攀桂樹柯延首觀神州迴精騁

曲阿芳林挺修幹一歲再三花則華花並用西晉初人巳然又不始於後魏李諧之述身賦也華字古音在虞部西漢以後亦有轉入戈部者司馬相如上林賦以華沙爲韻東方朔誡子詩以華和多爲韻皆是其證故後出之花字以化爲聲化字古音正在戈部也又戈部字古無四聲之別故平聲之花而諧去聲之化字雖俗體古意猶存始非齊梁以後之所能爲矣爾雅云華荂也華荂榮也

棓、杜、蔽、茇、荄、株、根也、

棓茇聲之轉根之名茇又名棓猶杖之名杖又名棓也說文云梲棓也高誘注淮南詮言訓云棓大杖也是其例矣名醫別錄有百部根陶注云根數十相連然則此草根多因名百部與部與棓古字通若淮南詮言訓羿死於桃棓說山訓作桃部矣方言云杜根也東齊曰杜或曰茇郭注引詩曰徹彼桑杜案毛詩豳風鴟鴞篇桑杜作桑土云桑土桑根也韓詩作杜義與毛同名醫別錄云茅根一名兼杜亦是也爾雅云荺茇郭注云今江東呼藕紹緒如指空中可啖者爲茇茇卽此類茇與蔽通玉篇云江東呼藕根爲蔽是藕根名茇又名蔽也說文云荺茇也茅根也玉篇云蔽黃茅根取汁治消渴蔽亦與蔽通是茅根名茇又名蔽也廣韻云蘢葦根可食者曰茇是葦根又名蔽也說文云茇艸根也春艸根枯引之而發土爲撥故謂之茇案茇之言本也本茇聲義相近故槀本謂之槀茇中山經云青要之山有草焉其本如槀本西山經云皋塗之山有草焉其狀如槀茇郭璞注上林賦云槀本槀茇也草本之爲茇猶燭本之爲跋曲禮燭不見跋鄭注云跋本也淮南墬形訓云凡根茇草者生於庶草字亦作拔玉篇云菝蘞狗脊根也爾雅云荄根郭注云俗呼韭根爲荄韓詩外傳云草木根荄淺根荄之言根基也古聲荄與基同易箕子之明夷劉向云今易箕子作荄滋淮南時則訓爨其燧火高誘注云其讀該備之該是其例也說文云株木根也秦策云削株掘根

䕇、蔕也、

說文䕇蔕二字相接云䕇藍蓼秀也蔕瓜當也疑說文䕇字本有一曰蔕也之訓故蔕字卽次䕇字之下

而廣雅又本於說文也李善注西京賦引聲類云蔕果鼻也玉篇云蔕草木綴實也字通作疐又作柢爾雅云棗李曰疐之初學記引孫炎注云疐之去柢也曲禮士疐之鄭注云去疐而已又訓爲花本劉逵注吳都賦云蔕花本也

萌、芽、甾、蘖、孼也、

甾之言才生也說文云才艸木之初也亦哉也爾雅云哉始也今俗語謂始曰才者甾之本義與草之才生謂之甾猶田之才耕謂之甾說文云甾才耕田也爾雅云田一歲曰甾亦其義也或作栽論衡初稟篇云草木出土爲栽蘖東京賦云孽木起於蘖栽蘖與蘖通蘖猶萌也說文云蘖灌渝讀若萌蘖灌渝卽爾雅之其萌虇蕍也郭璞讀其萌虇爲句云今江東呼蘆筍爲虇然則萑葦之類其初生者皆名虇以蕍字屬下笋莖華榮讀云蕍猶敷蕍亦華之貌所未聞案郭氏以蕍爲華而云未聞則亦無實據或當依說文讀其萌虇蕍虇蕍之言權輿也爾雅云權輿始也始生故以爲名大戴禮誥志篇云孟春百草權輿是草

之始生名權輿也單言之則亦曰權故江東呼蘆筍爲藋也若爾雅紅龍古毛詩單謂之龍須封從毛詩單謂之葑矣

蘇、茉、芥、莽、蘆、毛，草也、

方言云蘇芥草也江淮南楚之閒曰蘇自關而西或曰芥或曰茉南楚江湘之閒謂之芥郭注云蘇猶蘆語轉也列子周穆王篇云其宮榭若累塊積蘇焉素問移精變氣論云十日不已治以草蘇草謂之蘇因而取草亦謂之蘇莊子天運篇蘇者取而爨之李頤注云蘇草也取草者得以炊也茉草多之貌說文云茉耕多艸也茉草多謂之茉故耕多茉草亦謂之茉各本譌作菜案曹憲音力內反正茉字之音非菜字之音玉篇茉音來潰切廣韻音盧對切竝與力內同今據方言說文及曹憲音訂正說文云丰艸蔡也象艸生之散亂讀若介丰與芥同哀元年左傳云以民爲土芥字通作介孟子萬章篇一介不以與人趙注云一介草不以與人芥各本譌作芬蓋隸書介字多作分分字多作介二形相亂而誤也今訂正說文云

茻衆艸也從四中莽南昌謂犬善逐菟於艸中爲莽從犬從茻茻亦聲經典通用莽爲茻同人伏戎于莽集解載虞翻注云震爲草莽昭元年左傳云是委君貺于草莽也莽之言莽莽也杜預注哀元年左傳云草之生於野莽莽然故曰草莽如淳注漢書景帝紀云草深曰莽也草多謂之莽因而木多亦謂之莽易同人鄭注云莽叢木也淮南時則訓山雲草莽高誘注云山中氣出雲似草木則莽又爲草木衆盛之通稱故楚詞九章云草木莽莽也莽之轉聲爲毛隱三年左傳云澗谿沼沚之毛杜注云毛草也召南采蘩傳云沼沚谿澗之草是也草謂之毛因而菜茹亦謂之毛楚詞大招吳酸芼蕢王逸注云芼菜也御覽引作毛是也菜茹謂之毛因而五穀亦謂之毛宣十二年公羊傳云錫之不毛之地何注云磽埆不生五穀曰不毛是也穀謂之毛因而桑麻亦謂之毛周官載師凡宅不毛者有里布鄭衆注云宅不毛者謂不樹桑麻是也桑麻俱是毛則毛之名可因草而通之於木昭七年左傳云食土之毛蓋兼草木而言之者范邵注穀梁定元年傳亦云凡地之所生者謂之毛也蘆草之轉聲也字或作苴管子地圖篇苴草林木蒲葦之所茂靈樞經癰疽篇草蘆不成五穀不殖草謂之蘆因而枯草亦謂之蘆廣韻蘆草死也衆經音義云蘆枯草也今陝以西言草蔡江南山東言草蘆楚詞九章草苴比而不芳王逸注云生曰草枯曰苴大雅召旻篇如彼棲苴傳云苴水中浮草也

草、藂生爲薄、

前釋詁云叢薄聚也藂與叢同藂生聚生也淮南原道訓云隱於榛薄之中高誘注云藂木曰榛深草曰薄又爲草木交錯之稱楚詞九章云露申辛夷死林薄兮王逸注云叢木曰林草木交錯曰薄

蓍、耆也、

曲禮正義引劉向云蓍之言耆龜之言久龜千歲而靈蓍百年而神以其長久故能辨吉凶也御覽引洪範五行傳云龜之言久也千歲而靈此禽獸而知吉凶者也蓍之爲言耆百年一本生百莖此草木之壽知吉凶者也聖人以問鬼神焉白虎通義云乾艸枯骨衆多非一獨以蓍龜何此天地之閒壽考之物故

問之也龜之爲言久也蓍之爲言耆也久長意也論衡卜筮篇云子路問孔子曰豬肩羊膊可以得兆雚葦藁芼可以得數何必以蓍龜孔子曰不然蓋取其名也夫蓍之爲言耆也龜之爲言舊也明狐疑之事當問耆舊也

益母、充蔚也、

爾雅云萑蓷郭注云今茺蔚也葉似荏方莖白華華生節閒廣雅又名益母毛詩萑作鵻王風中谷有蓷篇中谷有蓷暵其乾矣中谷有蓷暵其脩矣中谷有蓷暵其濕矣傳云蓷鵻也暵菸貌陸草生於谷中傷於水脩且乾也鵻遇水則濕箋云鵻之傷於水始則濕中而脩久而乾案說文云暵乾貌也引說卦傳燥萬物者莫暵乎火則暵即是乾乾之與濕正相反也旣云暵其乾矣而又云暵其濕矣於義固不可通草傷于水先濕後乾而詩乃先乾後濕於文亦復不順且神農本草云茺蔚一名益母生海濱池澤則此草性亦不畏濕也此由誤解濕爲水濕故致多所抵捂說文云灘水濡而乾也引詩灘其乾矣蓋亦承毛公

之誤而爲說耳今案濕當讀爲曝曝亦且乾也前釋詁云曝曝也衆經音義引通俗文云欲燥曰曝玉篇邱立切云欲乾也曝與濕聲近故通嘆其乾矣嘆其脩矣嘆其濕矣三章同義草乾謂之脩亦謂之濕猶肉乾謂之脩亦謂之腒釋名脯搏也乾燥相搏著也又云脩縮也乾燥而縮也玉篇腒邱及切胸脯也是其例矣蓷者充蔚之合聲充蔚者臭穢之轉聲韓詩云蓷茺蔚也陸機詩疏云舊說及魏博士濟陽周元明皆云菴蕳是也韓詩及三倉說悉云益母故曾子見益母而感案本草云益母茺蔚也故劉歆云蓷臭穢臭穢卽茺蔚也李巡爾雅注亦同劉歆案今益母草氣惡近臭故有臭穢之稱曹植籍田說云蔾蓬臭蔚棄之乎遠疆臭蔚猶一臭穢也古音蔚如鬱前釋器云蔚鬱臭也故茺蔚之草一名鬱臭陳藏器本草拾遺云茺蔚田野閒人呼爲鬱臭草是也此草高者三尺以來其莖四方而葉三岐五月作花莁銳而小叢生莖節閒郭璞爾雅注言華白今則亦有紅者江淮之閒通謂之益母草

菅茅也

爾雅白華野菅郭注云菅茅屬又藗牡茅注云白茅屬小雅白華篇白華菅兮白茅束兮傳云白華野菅也已漚爲菅箋云人刈白華於野已漚名之爲菅菅柔忍中用矣而更取白茅收束之茅比於白華爲脆是菅與茅不同物也但菅茅同類亦可通名故說文以菅茅互釋而王逸注楚詞招魂亦云菅茅也菅可爲索陳風東門之池篇東門之池可以漚菅陸機疏云菅似茅而滑澤無毛根下五寸中有白粉者柔韌宜爲索漚乃尤善矣又可爲箭士喪禮下篇云菅箭三其實皆淪又可爲席南山經云白菅爲席又案東門之池釋文云茅已漚者爲菅正義云白華箋云人割白華於野已漚之名之爲菅然則菅者已漚之名未漚但名爲茅也釋文正義之說非箋意也白華箋所云已漚名之爲菅與傳同意傳云白華野菅也已漚爲菅菅對野菅言之非對茅言之也彼正義云漚之柔韌異其名謂之爲菅因謂在野未漚者爲野菅斯得之矣

秶黍稻其采謂之禾

說文云采禾成秀也從禾爪聲俗作穗從惠聲禾嘉穀也二月始生八月而孰得時之中和故謂之禾禾木也木王而生金王而死從木從𠂹省𠂹象其穗管子小問篇苗始其少也眴眴乎何其孺子也至其壯也莊莊乎何其士也至其成也由由乎茲免何其君子也天下得之則安不得則危故命之曰禾淮南繆稱訓夫子見禾之三變也高誘注云三變始於粟生於苗成於穗也則禾乃苗穗之總名穗特禾之秀也偏考經傳言禾者皆穀名無以禾爲穗者此禾字疑當作秀脫去乃字而爲禾耳秀爲穗之通稱而云粢黍稻其穗謂之秀猶菁爲華之通稱而下文云韭䪥蕎其華謂之菁也然太平御覽藝文類聚引廣雅竝作禾則其誤久矣爾雅云粢稷左傳桓二年正義引舍人注云粢一名稷稷粟也齊民要術引孫炎注同廣雅之粢蓋亦指粟言粟之米卽粱也以粢爲粟是以稷爲粱矣上文稷穰謂之穄下已辨其誤

豆角謂之莢其葉謂之藿

說文云莢艸實也呂氏春秋審時篇云得時之菽其莢二七以爲族齊民要術引氾勝之種植書云穫豆之法莢黑而莖蒼輒穫無疑莢之言夾也兩旁相夾豆在其中也豆莢長而耑銳如角然故又名豆角豆角今通語耳藿說文作藿云尗之少也藿爲豆葉而云尗之少者尗之少時葉嫩可食或以物言或以時言其實一也小雅白駒篇食我場苗食我場藿傳云藿猶苗也是尗之少名藿也公食大夫禮記鉶芼牛藿羊苦豕薇鄭注云藿豆葉也易林漸之乾云旦種菽豆暮成藿葉是豆葉名藿也或卽謂之菽小雅小宛篇中原有菽庶民采之傳云菽藿也正義云經言采之明采取其葉故言藿也采菽篇采菽采菽筐之筥之傳云菽所以芼大牢而待君子也羊則苦豕則薇箋云菽大豆也采之者采其葉以爲藿三牲牛羊豕芼以藿王饗賓客有牛俎乃用鉶羹故使采之又豳風七月篇七月亨葵及菽釋文云菽藿也皆是也藿可芼羹亦可用以爲羹韓非子五蠹篇云堯之王天下也糲粢之飯藜藿之羹韓策云民之所食大抵豆飯藿羹

英菂蒻也

葯、玉篇廣韻作葹、云、英蒻也、集韻云、葹、草名、蒻也、又云、葹、蒻、豆也、徧考諸書、無以蒻爲豆者、恐因上文說豆角、豆葉、而誤耳、草之名蒻者四、一爲蒲本、說文云、蒻、蒲子、可以爲平席、蒺蒲、蒻之類也、急就篇云、蒲蒻藺席帳帷幢、顧命敷重蔑席、馬融注云、蔑、纖蒻也、大雅韓奕維筍及蒲、傳云、蒲、蒲蒻也、陸機疏云、蒲始生取其心中入地、蒻大如匕柄、正白、生噉之甘脃、鬻而以苦酒浸之、如食筍法、鄭注醢人深蒲云、鄭司農云、深蒲、蒲蒻入水深、故曰深蒲、元謂深蒲、蒲始生水中子、又注司几筵繅席云、削蒲蒻展之、編以五采、又注輪人云、今人謂蒲本在水中者爲蒻、是也、一爲荷本、爾雅荷芙蕖、其本蔤、郭璞注云、莖下白蒻在泥中者是也、一爲蒻頭、左思蜀都賦云、其園則有蒟蒻茱萸、劉逵注云、蒻、草也、其根名蒻頭、大者如斗、其肌正白、可以灰汁煮則凝成、可以苦酒淹食之、蜀人珍焉、華陽國志云、園有芳蒻、古今注云、揚州人謂蒻爲班杖、不知食之、開寶本草云、蒻頭、葉似由跋半夏、根大如椀、一名蒟蒻、又有班杖、苗相似、根如蒻頭、是也、一爲芸蒻、齊民要術引倉頡解詁云、芸蒿、葉似斜蒿、可食、春秋有白蒻可食之、是也、此四者未知孰當廣雅之

蒻、下文卽云、菡蔄、芙蓉也、以類取之、或當是荷莖下白蒻耳、

菡蔄、芙蓉也、

菡、各本譌作菅、菅卽蔄字、不得重出、蓋菡字隸或作菡、與菅相似而誤也、今訂正、說文云、菡蔄、芙蓉華、未發爲菡蔄、已發爲芙蓉、御覽引毛詩義疏云、芙蕖華未發爲菡萏、已發爲扶蕖、是菡蔄與芙蓉有別、故易林訟之困云、菡萏未華、楚詞招魂云、芙蓉始發、明未發爲菡蔄、已發爲芙蓉也、劉歆甘泉宮賦云、芙蓉菡萏、菱荇蘋蘩、劉楨公讌詩云、芙蓉散其華、菡萏溢金塘、曹植芙蓉賦云、芙蓉蹇產、菡萏星屬、皆以菡萏芙蓉爲二、意與說文同、菡蔄之言已嘾也、說文云、已、嘾也、艸木之華未發函然、象形、讀若含、嘾、含深也、芙蓉之言敷蕍也、郭璞爾雅注云、敷蕍、花之貌、說文云、蕍、華葉布、讀若傅、聲義與芙同矣、又云、甬、艸木華甬甬然也、聲義與蓉同矣、但菡蔄芙蓉散文亦通、爾雅云、荷芙蕖、其華菡萏、陳風澤陂篇有蒲菡萏、傳云、菡萏荷華也、則卽以菡萏爲芙蓉也、離騷云、集芙蓉以爲裳、王注云、芙蓉、蓮華也、陳風正義引郭璞爾雅音義云、今江東人呼荷華爲芙蓉、一作夫容、漢書司馬相如傳云、外發夫容蔆華、

韭、䪥、蕎、其華謂之菁、

爾雅云、䪥、鴻薈、郭注云、卽䪥菜也、說文云、韭、菜名、一種而久者、故謂之韭、象形、在一之上、一、地也、䪥、菜也、葉似韭、從韭、㪇聲、菁、韭華也、衆經音義引三倉云、韭之英曰菁、周官醢人朝事之豆、其實菁菹、鄭衆注云、菁菹、韭菹、齊民要術引崔寔四民月令云、七月藏韭菁、案韭菜華白、今人多以鹽水浸之、可案酒、䪥、今之小蒜、北方人謂之窖蒜、有赤白二種、葉極似韭、華亦白色、蕎、盞亦韭䪥之屬、陳藏器本草拾遺云、蓼蕎生高原、如小蒜而長、其是與、

蘬、葵也、

蘬、葵古同聲、方言有重輕耳、葵性向日、成十七年左傳云、鮑莊子之知不如葵、葵猶能衞其足、杜注云、葵傾葉向日、以蔽其根、淮南說林訓云、聖人之于道、猶葵之與日也、雖不能與終始哉、其鄉之誠也、葵可亨食、豳風七月篇云、七月亨葵及菽、古者或以爲滑、士虞禮記云、鉶芼用苦若薇、有滑、夏用葵、冬用荁、鄭注云、夏秋用生葵、冬春用乾荁、又以爲菹、周官醢人朝事之豆、其實葵菹、

藋粱、木稷也、

今之高粱、古之稷也、秦漢以來、誤以粱爲稷、而高粱遂別名木稷矣、又謂之蜀黍、博物志云、地三年種蜀黍、其後七年多蛇、王楨農書云、蜀黍一名高粱、一名蜀秫、一名蘆穄、一名蘆粟、一名木稷、一名荻粱、以種來自蜀、形類黍稷、故有諸名、九穀考辨之云、蜀人云彼土最宜稻、高粱惟高岡種之、專用以造酒、謂其味濇、民俗不食、夫苟爲彼地之種、其民安得不食、今乃苦其澀濇、而不以作飯、而直隸山東山西河南陝西爲種之、來自彼地者、反爲賤者之常食、此事之必不然者也、且種來自蜀之說、考之傳記、未有確證、知其爲饜說、不足憑矣、余案方言云、蜀、一也、南楚謂之獨、蜀有獨義、故爾雅釋山云、獨者蜀、物之獨者或且大、故因之有大義、釋獸云、雞大者蜀、此蜀黍蜀葵爲獨大者之明證也、引之案、高粱莖長丈許、實大如椒、故

謂之蜀黍、又謂之木稷、言其高大如木矣、高粱不黏者、爾雅所謂衆、稷也、其黏者、爾雅所謂衆、秫也、故俗又謂之秫、秫以黏者釀酒、不黏者作飯、亦以飼馬牛、稷粱之辨、已詳上文稷穰謂之䅶下、

䕭藸、葱也、

齊民要術引廣志云、葱有冬春二種、有胡葱、木葱、山葱、又引崔寔四民月令云、二月別小葱、六月別大葱、夏葱曰小、冬葱曰大、此䕭藸葱未知何種也、䕭、玉篇廣韻作蕎、藸、廣韻集韻作藸、

蓊、薹也、

郭璞注爾雅、莞苻離、其上蒚云、蒚謂其頭臺首也、又注鉤芺云、芺頭有臺、又注芺薊其實荂云、芺與薊莖頭皆有蓊臺、臺與薹同、今世通謂草心抽莖作華者爲薹矣、蓊之言蓊鬱而起也、凡上起謂之蓊、亦謂之蓊、西都賦云、神明鬱其特起、說文云、滃、雲氣起也、廣韻云、塕、埲塕、塵起也、風賦云、塕然起於窮巷之閒、聲義竝同耳、

莞、藺也、

爾雅云、莞、苻離、小雅斯干正義引某氏注云、本草云、白蒲、一名苻離、楚謂之莞蒲、藝文類聚引舊注云、今水中莞蒲、可作席也、郭璞注云、今西方人呼蒲爲莞蒲、江東謂之苻離、說文云、䕲、夫離也、莞、艸也、可以作席、藺、莞屬也、玉篇云、莞似藺而圓、可爲席、藺似莞而細、可爲席、鹽鐵論散不足篇云、大夫士蒲平單莞庶人單藺籧篨、是莞與藺異也、但二者形狀相似、爲用又同、故亦得通名耳、御覽引范子計然云、六尺藺席出河東、急就篇云、蒲蒻藺席帳帷幢、是藺席人所常用、而古經傳多言莞席、少言藺席、豈非莞之名足以兼藺與、小雅斯干篇、下莞上簟、箋云、莞、小蒲之席也、釋文云、莞草叢生水中、莖圓、江南以爲席、形似小蒲而實非也、莞草性堅、故周官司几筵、諸侯祭祀席蒲筵繢純、加莞席紛純、鄭注云、不莞席加繅者、繅柔嚅不如莞清堅、又於鬼神宜也、莞又名葱蒲、下文云、葱蒲、莞也、穆天子傳云、珠澤之藪、爰有萑葦莞蒲、郭璞注云、莞葱蒲、或曰莞蒲、齊名耳、關西云莞、漢書東方朔傳云、莞蒲爲席、顏師古注云、莞、夫離也、今謂之葱蒲、衆經音義云、莞草外似葱、內似蒲而圓、今亦名莞子、

菰、蔣也、其米謂之彫胡、

菰、與苽同、說文云、苽、雕苽、一名蔣、苽、胡、古聲相近、雕苽、即彫胡也、周官膳夫、食用六穀、鄭衆注云、六穀、稌黍稷粱麥苽、苽、雕胡也、食醫、凡會膳食之宜、牛宜稌、羊宜黍、豕宜稷、犬宜粱、鴈宜麥、魚宜苽、鄭衆注云、苽、彫胡也、內則蝸醢而苽食雉羹、鄭注亦云、苽、彫胡也、楚詞大招、五穀六仞、設菰粱只、王逸注云、菰粱、蔣實、謂雕葫也、則菰即蔣草之米、後人又以菰爲大名耳、高誘注淮南原道訓云、菰者、蔣實也、其米曰雕胡、注天文訓、苽蔣云、苽蔣草也、故西京雜記云、菰之有米者、長安人謂之雕胡、張氏注上林賦、蔣芧青薠云、蔣、菰也、注子虛賦東蘠彫胡云、彫胡、菰米也、皆以菰蔣爲大名、彫胡爲米名也、菰草可飼畜、開實本草引別本注云、菰蔣草也、江南人呼爲茭草、秣馬甚肥、今江淮閒亦以飼牛、是也、又可作席、齊民要術引廣志云、菰可食、以爲席、溫於蒲、生南方、是也、菰之可食者小曰菰菜、蘇頌本草圖經所云茭白是也、大曰菰首、爾

雅所云出隧蘧蔬、西京雜記所云綠節是也、二者皆可爲蔬、而惟菰米可以作飯、故鄭司農以爲六穀之一、後鄭注大宰九穀亦云、有粱苽也、宋玉諷賦云、爲臣炊雕胡之飯、淮南詮言訓云、菰飯犓牛、弗能甘也、蓋古者以爲美饌焉、本草衍義云、菰花如葦、結青子、細若青麻黃、長幾寸、是其狀也、各本俱脫彫字、今據齊民要術藝文類聚及御覽引廣雅補、

葒、蘢薣、馬蓼也、

葒、與紅同、爾雅云、紅、蘢古、其大者蘬、郭注云、俗呼紅草爲龍鼓、語轉耳、鄭風山有扶蘇篇、隰有游龍、傳云、龍、紅草也、箋云、游、猶放縱也、紅草放縱枝葉於隰中、陸機疏云、一名馬蓼、葉大而赤白色、生水澤中、高丈餘、玉篇云、蘢、馬蓼也、蓼與蓼同、又謂之鴻蘋、鴻與葒同、䳸與蘋同、名醫別錄云、葒草、一名鴻蘋、如馬蓼而大、生水傍、陶注云、今生下濕地、極似馬蓼、甚長大、據別錄則馬蓼別爲一種、非葒草也、然陶注本草馬蓼云、馬蓼生下濕地、莖斑、葉大、有黑點、亦有兩三種、其最大者名蘢鼓、即是葒草、然則葒草即馬蓼之大者

馬蓼其總名也且陶注之所謂最大名龍蓲者正爾雅所謂其大者蘬則陶注之所謂馬蓼者即爾雅所謂紅龍古矣唐本草注云葒草有毛花紅白蘇頌圖經云即水葒也名醫別錄又有天蓼一名石龍生水中本草拾遺以爲即水葒一名遊龍也案別錄葒草無毒天蓼有毒拾遺合之非也蜀本草圖經云木蓼一名天蓼蓋別是一物耳

蕒、蘪也、

此苦菜之一種也蘪或作蘼或作苣說文云蘪菜也似蘇者玉篇云蘪今之苦蘪江東呼爲苦蕒蕒苦蕒菜也廣韻云蕒吳人呼苦蘪顏氏家訓云苦菜葉似苦苣而細是苦苣即苦菜之屬也蘪芑聲之轉故蘪又謂之芑小雅采芑傳云芑菜也齊民要術引詩義疏云蘪似苦菜莖青摘去葉白汁出甘脃可食亦可爲茹青州謂之芑西河鴈門蘪尤美時人戀戀不能出塞又云蘪收根畦種常令足水性易繁茂而甛脃勝野生者白蘪尤宜糞歲常可收嘉祐本草云苦苣即野苣也野生者又名褊苣今人家常食爲白苣江

外嶺南吳人無白苣嘗植野苣以供廚饌又云苦蕒蠶蛾出時切不可折取令蛾子青爛野苦蕒五六回拗後味甘滑于家苦蕒據此則苦蘪與苦蕒不同而玉篇廣韻則皆以苦蘪苦蕒爲一物蓋苦蘪亦苦蕒之一種故或即謂之苦蕒又或否耳今北方處處原野生之家中種者莖葉潤大北方人皆謂之蘪蕒菜此苦蘪即苦蕒之明證也曹憲音義云張揖云蕒蘪也案白蘪與苦蕒大異恐非引之案本草拾遺云白苣如萵苣葉有白毛自別是一種但廣雅之蕒蘪謂苦蘪非謂白蘪也嘉祐本草謂吳人無白苣廣韻謂吳人呼苦蘪爲蕒然則名苦蕒者惟苦蘪耳苦蘪亦可單名爲蘪故云蕒蘪也曹氏執白蘪以疑廣雅失之矣

蘩母、蒡葧也、

蘩母疊韻也蒡葧雙聲也古敏每之聲皆如母說文緐從每聲經傳作蘩從敏聲則蘩之與母聲亦相近也蘩之爲言皤也爾雅云蘩皤蒿說文作蘩云白蒿也又云皤老人白也白謂之皤又謂之蘩蘩皤聲正相近皤之爲蘩猶皤之爲蹯也賁六四賁如皤如釋文皤白波反荀作波鄭陸作蹯音煩是其例也皤蘩蒡聲亦相近皤之爲蘩又爲蒡猶披之爲藩又爲防也士喪禮下篇設披今文披皆爲藩周官喪祝掌大喪勸防之事杜子春云防當爲披是其例也蒡之聲轉而爲葧因竝稱蒡葧蒡之與葧猶彷之與彿彷之與沛耳召南采蘩篇于以采蘩于沼于沚于以用之公侯之事傳云公侯夫人執蘩菜以助祭箋云執蘩菜者以豆薦蘩菹隱三年左傳所謂蘋蘩薀藻之菜可薦於鬼神可羞於王公者也彼正義引陸機疏云凡艾白色者爲皤蒿今白蒿也春始生及秋香美可生食又可烝一名遊胡北海人謂之旁勃故大戴禮夏小正傳曰蘩遊胡遊胡旁勃也遊胡即爾雅蘩由胡也今本夏小正傳亦作由云二月榮堇采蘩堇菜也蘩由胡由胡者蘩母也蘩母者旁勃也皆豆實也故記之蘩爲豆實故詩箋云以豆薦蘩菹也又可以生蠶豳風七月篇采蘩祁祁傳云蘩所以生蠶正義云今人猶用之是也旁勃一作彭敦御覽引神仙服食經云十一月采彭敦彭敦白蒿也夏小正言二月采蘩詩人言之亦于春曰此乃云十一月采豈亦如

茵蔯蒿經冬不死與蘇頌本草圖經謂階州以白蒿爲茵蔯蒿苗葉亦相似服食經所言蓋即此矣旁勃之聲又轉而爲蓬本草別本注云白蒿葉似艾葉上有白毛錯澀俗呼爲蓬蒿是也

菈蘧、蘆菔也、

菔各本譌作蔽今訂正爾雅云葖蘆萉郭璞注云萉宜爲菔蘆菔蕪菁屬紫華大根俗呼雹葖案萉菔字形相似郭氏此說似得之矣及以爾雅異物同名之例求之而後知其不然也爾雅所釋或蟲與鳥同名密肌縶英翰天雞是也或木與蟲同名諸慮山櫐諸慮奚相是也或草與蟲同名莪蘿之與蛾羅蚍蜉之與蚍蜉果蠃之與果蠃蘆萉之與蠦蜚是也凡此者或同聲同字或字小異而聲不異蓋即一物之名而他物互相假借者往往而有故觀於蠦蜚而知蘆萉之必不誤也萉與菔特一聲之轉耳自郭氏誤以萉宜爲菔而後世遂直讀爲菔無作肥音者蓋古義之失久矣方言云蕪菁紫華者謂之蘆菔東魯謂之菈遂郭注云今江東名爲溫菘實如小豆蘆菔音羅匐說文亦云蘆菔似蕪菁實如小未者後漢書劉盆子

傳掘庭中蘆菔根食之是也名醫別錄云蘆菔味苦
溫陶注云蘆菔是今溫菘其根可食葉不中噉蘇頌
圖經云此有大小二種大者肉堅宜蒸食小者白而
脆宜生啖吳人呼楚菘廣南人呼秦菘蘆菔一作羅
服潛夫論思賢篇云治疾當得眞人參反得支羅服
言其性相反也今俗語通呼羅匐聲轉而爲萊菔
本草云萊菔根味辛甘溫擣汁主消渴其嫩
葉爲生菜食之大葉熟噉消食和中是也

蘴、蕘、蕪菁也、

蘴與葑同爾雅云須葑蓯齊民要術引舊注云江東
呼爲蕪菁或爲菘菘須音相近方言云蘴蕘蕪菁也
陳楚之郊謂之蘴魯齊之郊謂之蕘關之東西謂之
蕪菁趙魏之郊謂之大芥其小者謂之辛芥或謂之
幽芥郭璞注云蘴舊音蜂今江東音嵩字作菘也案
菘者須之轉聲蕪者蘴之轉聲也蕪之聲又轉而爲
蔓邶風谷風篇采葑采非無以下體傳云葑須也非
芴也下體根莖也箋云此二菜者蔓菁與葍之類也
皆上下可食然而其根有美時有惡時采之者不可
以根惡時幷棄其葉釋文云葑字書作蘴草木疏云

蔓菁也郭璞云今菘菜也案江南有菘江北有蔓菁
相似而異引之案古草木之名同類者皆得通稱呂
氏春秋本味篇菜之美者具區之菁高誘注云具區
澤名在吳越之間菁菜名是則江南之菘亦得稱菁
郭氏所說不誤也陸機詩疏云葑蕪菁也幽州人謂
之芥則呼芥者不獨趙魏之郊也鄭注坊記云葑蔓
菁也陳宋之間謂之葑則呼蘴者不獨陳楚之郊也
蘴又爲蕪菁之苗齊民要術引字林云蘴蕪菁苗此
猶葯卽白芷而云白芷葉謂之葯菰卽彫胡而云菰
米謂之彫胡也或爲大名或爲專稱蓋由今方俗語
有異耳陶宏景注名醫別錄云蕪菁細於溫菘而葉
似菘好食唐本注云北人又名蔓菁本草拾遺云今
并汾河朔閒燒食其根呼爲蕪根猶是蕪菁之號蕪
菁南北之通稱也蕪菁可以爲菹周官醢人朝事之
豆其實菁菹後鄭注云菁蔓菁也徐邈蔓音蠻聲轉
而爲蓂鄭注公食大夫禮菁菹云菁蓂菁菹也又轉
而爲門又轉而爲芴北戶錄云蕪菁凡將篇謂爲門
菁證俗音曰冥菁小學篇曰芴菁急就篇老菁蘘荷
冬日藏顏師古注云菁蔓菁也一曰冥菁又曰芴菁
是也老菁冬日所藏故南都賦云秋韭冬菁齊民要

術引四民月令亦云蕪菁十月可收矣要術又引廣
志云蕪菁有紫花者白花者案今蔓菁菜乃是黃花
惟蘿蔔花有紫白二種然則廣志之蕪菁卽指蘿蔔
言之方言云蕪菁紫華者謂之蘆菔則蘆菔之白華
者卽蕪菁矣名醫別錄以蕪菁與蘆菔同條意亦同
也乃齊民要術注淺疑方言之說以爲蘆菔非蕪菁
蘇恭本草注亦謂蕪菁蘆菔全別與別錄相違其意
皆專以今之蔓菁菜爲蕪菁不知蘆菔之白華者古
亦名蕪菁方言別錄皆不誤也○菁曹憲音精各
本脫去菁字音內精字又誤入正文今訂正

匏、瓠也、

說文云匏瓠也從夸包聲取其可包藏物也邶風匏
有苦葉篇傳云匏謂之瓠瓠葉苦不可食也陸機疏
云匏葉少時可爲羹又可淹煮極美故詩曰幡幡瓠
葉采之亨之今河南及揚州人恆食之八月中堅強
不可食故云苦葉據此則瓠葉先甘而後苦也今案
瓠自有甘苦二種瓠甘者葉亦甘瓠苦者葉亦苦甘
者可食苦者不可食邶風云匏有苦葉魯語云苦匏
不材於人共濟而已韋注云材讀若裁也不裁於人

言不可食也共濟而已佩匏可以渡水也神農本草
云苦瓠味苦寒主大水面目四肢浮腫下水令人吐
陶注云瓠苦者如膽不可食此皆瓠之苦者也小雅
南有嘉魚篇南有樛木甘瓠纍之瓠葉篇幡幡瓠葉
采之亨之傳云幡幡瓠葉貌庶人之菜也箋云亨孰
也孰瓠葉者以爲歃酒之菹也新序刺奢篇云日晏
進糲餐之食瓜瓠之羹此皆瓠之甘者也聞北方老
人云[illegible]者次年之變爲苦欲辨之者于弱蔓初
生時[illegible]葉以驗或苦卽拔去然則瓠之苦葉者
少時[illegible]氏之說失之矣匏可爲酒器大雅公劉
篇酌之用匏箋云酌酒以匏爲爵言忠敬也郊特牲
說郊[illegible]陶匏以象天地之性也說婚禮云器用
陶匏尙禮然也三王作牢用陶匏注云言大古無共
牢之禮三王之世作之而用大古之器重夫婦之始
也又[illegible]器周官大師播之以八音金石土革絲
木匏竹郊特牲云歌者在上匏竹在下鄭注竝云匏
笙也[illegible]謂笙插竹於匏是也樂記云弦匏笙簧
則匏與[illegible]似二物矣瓠通作壺豳風七月篇八月
斷壺傳云壺瓠也又作華郊特牲云天子樹瓜華不
斂藏之種也注云華果蓏也案華當讀爲瓠瓠華古

同聲、華之爲瓠、猶華之爲荂、荂、瓠皆以夸爲聲、爾雅華、荂、榮也、說文𠌶或作荂、是其例也、匏之轉聲爲瓢、瓠之疊韻爲瓠𤬪、周官鬯人禜門用瓢齎、杜子春云瓢、瓠蠡也、後鄭云取甘瓠割去柢、以齊爲尊、蜀本草引切韻云、瓢、匏也、玉篇云、瓢、瓠瓜也、廣韻云、瓠𤬪、瓢也、然則匏也、瓢也、瓠也、瓠𤬪也、實一物也、瓠𤬪或作壺盧、或作瓠甒、古今注則謂壺盧爲瓠之無柄者、有柄者爲懸匏、陶宏景本草注則謂瓠甒亦是瓠類、小者名瓢、集韻則謂匏而圓者爲瓠甒、今江淮之間則謂細署者爲瓠𤬪、長柄短柄者、皆爲瓢、京師人則通謂之瓠𤬪、而以瓠𤬪之已剖者爲瓢、此皆後世方言之錯出不齊者、古人則通謂之匏瓠耳、故魯語言苦匏不材於人、共濟而已、而莊子消搖遊篇亦言五石之瓠、慮以爲大樽而浮乎江湖、明匏之與瓠、皆屬大名、更無別異、乃唐本草專以形似越瓜夏中便熟者爲瓠、廣韻別出瓟字、云似瓠可爲飲器、已未免強爲分別、至陸佃則直以詩傳曰匏謂之瓠爲誤、而云長而瘦上曰瓠、短頸大腹曰匏、眞不通之論矣、

冬瓜、菰也、

蘇恭本草注、引廣雅、冬瓜、一名地芝、案齊民要術引廣志云、冬瓜蔬垣、神仙本草謂之地芝也、則此乃廣志說、蘇氏誤耳、要術種冬瓜法云、正月晦日種、八月斷其梢、減其實、十月霜足收之、削去皮子、於芥子醬中、或美豆醬中藏之佳、又云冬瓜十月區種、如區種瓜法、種於十月、收於十月、此冬瓜之所以名也、冬瓜色白、故謂之白冬瓜、又謂之白瓜、名醫別錄云、白冬瓜味甘微寒、開寶本草注云、此物經霜後、皮上白如粉塗、故云白冬瓜、別錄又云白瓜子、冬瓜仁也、

水芝、瓜也、其子謂之瓤、

神農本草云、瓜、一名水芝、蓋以其瓤中多水、故得此名也、又謂之土芝、稽含瓜賦序云、甘瓜普植、用薦神祇、其名孔贍、其味亦奇、是謂土芝、是也、瓜子今有紅黑白三種、神農本草云、瓜子味甘平、主令人悅澤好顏色、又謂之瓣、說文云、瓣、瓜中實也、御覽引吳普本草云、瓜子一名瓣、七月七日採、可作面脂、又謂之瓤、爾雅釋草釋文引三倉云、瓤、瓜中子也、

龍蹏、虎掌、羊骹、兔頭、桂支、蜜筩、盧瓠、貍頭、白瓠、無餘、縑、瓜屬也、

要術御覽竝引廣志云、瓜之所出、以遼東廬江燉煌之種爲美、有縑瓜、貍頭瓜、蜜筩瓜、龍蹏瓜、陽城有桂枝瓜、長二尺餘、張載瓜賦云、羊骹虎掌、桂枝蜜筩、累錯瓠子、溫屯蘆江、溫屯與盧瓠同、蘆江、郎盧江也、白瓠、瓠子之白者、其黃者謂之黃瓠、玉篇云、瓠、白瓠瓜也、廣韻云、黃瓠、瓜名、字亦作扁、陸機瓜賦云、括樓定陶、黃扁白搏、元骭素腕、貍首虎蹯、貍首、郎貍頭也、虎蹯、郎虎掌也、廣韻引廣雅、桂支作桂髓、云桂髓蜜筩、下又有小青大班四字、而無盧瓠以下諸名、案初學記齊民要術引廣雅、竝無小青大班四字、其桂支、初學記作桂枝、枝支通用字、是髓字及小青大班四字、皆原文所無也、陸機瓜賦云、金叉蜜筩、小青大班、東陵出於秦谷、桂髓起於巫山、則桂髓小青大班、皆瓜賦文、廣韻誤記耳、

狗蝨、鉅勝、藤宏、胡麻也、

神農本草云、胡麻一名巨勝、巨與鉅同、御覽引吳普本草云、胡麻一名方莖、一名狗蝨、方莖以莖形得名、狗蝨以實形得名也、本草序例云、凡丸藥有云如細麻者、卽胡麻也、不必扁扁、但令較略大小相稱爾、此以胡麻子形扁故也、今狗蝨形正扁、胡麻子極與相似、因以名矣、御覽又引孝經援神契云、巨勝延年、宋均注云、世以巨勝爲狗杞子、案諸書無言枸杞子名巨勝者、狗杞當爲狗蝨、後人改之也、列仙傳關令尹喜與老子俱遊流沙、服苣勝實、苣與鉅通、鉅勝胡麻本是一物、而本草諸家說者各各不同、陶宏景則謂淳黑者名巨勝、又謂莖方名巨勝、圓名胡麻、雷斅則謂七稜者爲巨勝、蘇恭則謂八稜者爲巨勝、四稜者爲胡麻、蘇頌則據仙方服食胡麻巨勝二法功用小別、以爲一物而種之有異、如天雄附子之類、又據葛稚川說、以爲胡麻中有一葉兩莢者爲巨勝、蓋皆以巨勝胡麻爲二矣、今案神農本草經明云、胡麻一名巨勝、則二者均屬大名、要無別異、諸說與古相違、不足據也、齊民要術引四民月令云、二月三月四月五月時雨降、可種胡麻、又云今世有白胡麻八稜胡麻、白者油多、案今人通謂之脂麻、脂亦油也、有黑白紅

三種高者四五尺以來其莖皆方紅白二種皆四棱黑者獨六稜夏秋間作黃華九月收實白者子多作油甚香美黑者不及而入藥則良各本俱脫蘇子今據齊民要術初學記太平御覽開寶本草注諸書引廣雅補

芥蒩水蘇也

神農本草云水蘇味辛微溫主下氣辟口臭去毒辟惡氣久服通神明輕身耐老一名芥蒩生九眞池澤名醫別錄云一名雞蘇一名勞蒩一名芥苴案苴與蒩古同聲芥苴即芥蒩耳又名荼齊民要術引陸機詩義疏云譙沛人謂雞蘇為荼是也唐本艸注云此蘇生下濕水側苗似旋復兩葉相當大香馥青齊河閒人名為水蘇江左名為薺薴吳會之閒謂之雞蘇本草拾遺云水蘇葉有鴈齒香而氣辛蜀本注云花生節間紫白色芥各本譌作芬今訂正

當道馬舃也

爾雅云芣苢馬舃馬舃車前郭注云今車前草大葉長穗好生道邊江東呼為蝦蟆衣廣韻云芣苢好生道閒故曰當道周南芣苢篇序云芣苢后妃之美也和平則婦人樂有子矣傳云芣苢馬舃馬舃車前也宜懷妊焉陸機疏云馬舃一名車前一名當道喜在牛跡中生故曰車前當道也今藥中車前子是也幽州人謂之牛舌草可鬻作茹大滑其子治婦人難產韓詩云直曰車前瞿曰芣苢是此草又有二種然本草諸家莫有言及者神農本草云車前子一名當道味甘平久服輕身耐老生眞定平澤名醫別錄云養肺強險益精令人有子一名牛遺一名勝舃案別條所說正合毛詩樂有子之義陸疏言其子治婦人難產特要其終言之耳非毛公本目也勝舃即陵舃莊子至樂篇生於陵屯則為陵舃司馬彪注云生於陵屯化作車前攻名陵舃是也陵與勝古聲相近故勝舃一名陵舃勝栚皆以朕為聲勝之為陵猶栚之為陵也高誘注淮南時則訓云栚讀南陽人言山陵同是其例矣蘇頌本草圖經云車前春初生苗葉布地如匙面累年者長及尺餘如鼠尾花甚細青色微赤結實如葶藶子赤黑色

⿱艹朝菌⿱艹朝生也

莊子消搖遊篇朝菌不知晦朔司馬彪云大芝也天陰生糞上見日則死一名日及故不知月之終始崔譔云糞上之芝朝生暮死晦者不及朔朔者不及晦梁簡文云欻生之芝也朝菌朝生暮死故以朝生為名矣又支遁云朝菌一名舜英朝生暮落潘尼云木槿也案高誘注秦策云朝生木堇也朝榮夕落又注呂氏春秋仲夏紀云木堇朝榮夕落雜家謂之朝生鄭風有女同車篇正義引樊光爾雅注陸機毛詩疏並云木堇華朝生暮落是木堇亦名朝生也但木堇樹名無由稱菌莊子言朝菌不知晦朔蟪蛄不知春秋皆謂死之速者木堇之華朝榮夕落而枝葉猶存非其取義也列子湯問篇云朽壤之上有菌芝者生於朝死於晦是朝菌為芝之明證名醫別錄云鬼蓋一名地蓋生垣牆下叢生赤旦生暮死陶注云一名朝生疑是今鬼繖也陳藏器云鬼蓋名為鬼屋如菌生陰濕處蓋黑莖赤杜正倫云鬼繖夏日得雨聚生糞堆見日消黑此與司馬彪崔譔之說正相合矣說苑善說篇夫以秦楚之強而報讎於弱薛譬之猶摩蕭斧

而伐朝菌也必不畱行矣蓋以菌芝肥耎易斷故云然也抱朴子論僊篇蜉蝣校巨鼇日茇料大椿豈所能哉日茇與日及同司馬彪所謂大芝見日則死一名日及者也

徐長卿鬼督郵也

神農本草云徐長卿味辛溫主鬼物百精蠱毒疫疾邪惡氣溫瘧久服強悍輕身一名鬼督郵生大山山谷又云石下長卿味鹹平主鬼疰精物邪惡氣殺百精蠱毒老魅狂易亡走啼哭悲傷恍惚一名徐長卿生隴西池澤則徐長卿有二種也御覽引吳普本草云徐長卿一名石下長卿或生隴西蓋同類者得通名也陶宏景注本草云鬼督郵之名甚多今俗用徐長卿者其根正如細辛小短扁扁爾氣亦相似今狗春散用鬼督郵當取其強悍宏腰腳所以知是徐長卿而非鬼箭赤箭唐本注云此藥葉似柳兩葉相當有光澤所在川澤有之根如細辛微麤而有臊氣蜀本圖經云苗似小麥子似蘿藦子而小皆其形狀也神農本草別有赤箭一名鬼督郵唐本草又有鬼督郵一名獨搖草其主殺鬼精物皆與此同鬼督郵之

名。豈以此與下文鬼箭、神農本草亦謂殺鬼毒、命名之義、與此畧同矣。抱朴子雜應篇云、辟疫用徐長卿散、黃白篇云、俗人見方用徐長卿則謂人之姓名也、蓋此藥爲方家所必用云、

丁父、附支、蓪草也、

各本俱脫丁父二字、御覽引廣雅云、丁父附支蓪草也、今據補。神農本草云、通草一名附支、生石城山谷、御覽引吳普本草云、通草一名丁翁、葉青、蔓還樹生、汁白、案附支者、附樹枝而生也、丁翁猶言丁父也、丁翁之爲丁父、猶丁公寄之爲丁公藤、名醫別錄云、丁公寄一名丁父、陳藏器云、即丁公藤是其例也、通草以莖得名、陶注本草云、今出近道、繞樹藤生、汁白、莖有細孔、兩頭皆通、含一頭吹之、則氣出彼頭者良、或云即葍藤莖、唐本注云、此物大者徑三寸、每節有二三枝、枝頭有五葉、其子長三四寸、核黑穰白、食之甘美、南人謂爲燕覆、或名烏覆、今言葍藤、葍覆聲相近爾、食性本草云、燕覆莖名木通、案陶宏景所說汁白莖有細孔者、與吳普本草合、兩頭皆通、正其通草所以命名之義也、乃後世本草諸家、無能證明其說者、而但

取或說之、葍藤爲據、蓋其失傳久矣、御覽引范子計然云、通草出三輔、又引建康記云、建康出通草、皆此草所出之處也、今世所謂通草、則與此異、本草拾遺云、通脫木生山側、葉似草麻、心中有瓤、輕白可愛、女工取以飾物、爾雅云、離南活脫也、今俗亦名通草、是也、爾雅又謂之倚商、中山經謂之寇脫、然非古之所謂通草也、

鬼箭、神箭也、

神農本草云、衛矛、味苦寒、主女子崩中下血、腹滿汗出、除邪、殺鬼毒蠱疰、一名鬼箭、生霍山山谷、御覽引吳普本草云、鬼箭或生野田、陶宏景云、山野處處有、其莖有三羽、狀如箭羽、俗皆呼爲鬼箭、然則鬼箭以形得名也、箭羽名衛、故鬼箭又名衛矛、釋名云、矢旁曰羽、如鳥羽也、齊人曰衛、所以導衛矢也、士喪禮記、猴矢一乘、骨鏃短衛、鄭注云、凡爲矢、五分笴長而羽其一、疏云、謂之衛者、以其無羽則不平正、羽所以防衛其矢、不使不調、故名羽爲衛、考工記矢人設羽、夾而搖之、以眂其豐殺之節也、鄭注云、今人以指夾矢儛衛是也、案羽衛聲之轉、衛之言褷也、前釋器云、褷、羽也、羽謂之褷、箭羽謂之衛、聲義同矣、蘇頌本草圖經云、鬼箭三月以後生莖、苗長四五尺許、其榦有三羽、狀如箭翎、葉亦似山茶、青色、本草衍義云、衛矛、葉絕少、其莖黃褐色、若檗皮、三面如鋒刃、人家多燔之遣祟、案此以衛矛殺鬼毒故也、鬼箭神箭之名、或又取此、與抱朴子黃白篇云、俗人見方用大戟鬼箭天鉤、則謂之鐵器也、

蒛盆、陸英、苺也、

蒛、各本譌作薇、今訂正、爾雅云、茥、蒛葐、郭璞注云、覆盆也、實似莓而小、亦可食、御覽引孫炎注云、青州曰茥、案茥蒛古聲相近、士冠禮、緇布冠缺項、鄭注云、缺讀如有頍者弁之頍、釋文頍依注音去蘂反、又音跬、是其例也、御覽又引吳普本草云、缺盆一名決盆、缺決古同聲、說文云、苺、馬苺也、御覽引甄權本草云、覆盆子一名馬瘻、一名陸荆、馬瘻猶馬苺也、陸荆猶陸英也、又謂之蓬虆、神農本草云、蓬虆味酸平、主安五藏、益精氣、久服輕身不老、一名覆盆、出荆山平澤、名醫別錄云、一名陵虆、一名陰虆、生宛句、又云、覆盆子、

味甘平無毒、主益氣輕身、令髮不白、五月採、據此則覆盆有味酸味甘二種、然二者究爲一物、故蓬虆覆盆子皆主輕身益氣、又別錄於蓬虆不言某月採、於覆盆子不言出某處、明是一物而味有異、故互文以見之爾、本草經之蓬虆一名覆盆、則別錄之覆盆子、亦卽蓬虆、或舉酸者言之、或舉甘者言之、其實一物也、李當之云、蓬虆是人所食苺、又云、覆盆子是苺子、乃似覆盆之形、而以浸汁爲味、其核微細、案人所食苺、卽苺子耳、蜀本草引切韻云、苺、苺子、覆盆也、郭注爾雅云、蒛葐、覆盆也、此云、蒛盆、苺也、李云、蓬虆是苺、然則苺也、苺子也、蒛盆也、覆盆也、蓬虆也、名異而實同也、陶宏景集名醫之說、而時或不得其解、乃云、蓬虆是根、覆盆是實、其說與本草經蓬虆一名覆盆者顯然不合、蜀本草開寶本草則又小變其說、以蓬虆爲覆盆之藤蔓、至食性本草、本草拾遺、本草衍義諸家、乃竟以蓬虆覆盆爲二草、說之愈詳、而失之愈遠矣、惟蘇恭本草注云、生沃地則子大而味甘、瘠地則子小而味酸、斯言近之、

海蘿、海藻也、

上文云石髮石衣也此亦其類也爾雅云薚海藻郭注云藥草也一名海羅如亂髮生海中見本草案孫炎注爾雅薚石衣云薚古藫字則薚海藻之薚正與藫石衣之藫同字蓋同類者得通稱也神農本草云海藻味苦寒一名落首生東海池澤陶注云生海島上黑色如亂髮而大少許葉大都似藻葉本草拾遺云馬尾藻生淺水如短馬尾細黑色用之當浸去鹹水大葉藻生深海中及新羅國如水藻而大海人取大葉藻正在深海底以繩繫腰沒水下刈得旋繫繩上五月已後當有大魚傷人不可取也蘇頌圖經云又有一種海帶似海藻而粗且長登州人取乾之柔韌可以繫束物是海藻有三種也又謂之海苔吳都賦云海苔之類劉逵注云海苔生海水中正青狀如亂髮乾之赤鹽藏有汁名曰濡苔臨海出之初學記引沈懷遠南越志云海藻一名海苔或曰海羅生研石上案苔之轉聲爲薚故爾雅云薚海藻也

地葵、地膚也、

神農本草云地膚子味苦寒一名地葵生荊州平澤御覽引本草經云地膚一名地華一名地脈一名地

廣雅疏證　卷第十上　卆一

葵名醫別錄云一名地麥陶注云今田野間亦多皆取莖苗爲掃箒子微細唐本注云地膚子田野人名爲地麥草葉細莖赤多出熟田中苗極弱不能勝舉今云堪爲掃箒恐又未識之北人亦名涎衣草蜀本圖經云葉細莖赤初生薄地花黃白子青白色日華子本草云又名落帚子色青似一眠起蠶沙矣蘇頌圖經云初生薄地五六寸根形如蒿莖赤葉青大似荊芥三月開黃白花或云其苗即獨掃一名鴨舌草密州所生者其說益明云根作叢生每窠有二三十莖莖有赤有黃七月開黃花其實地膚也至八月而黠蘇成可採正與此地獨掃相類蘇云苗弱不能勝舉恐西北所出者短弱爾案爾雅葥王蔧郭注云王帚也似藜其樹可以爲掃彗江東呼之曰落帚郭注云樹則落帚必甚高大地膚或是其小者耳

狼毒也、

狼毒上蓋脫續毒二字神農本草云狼毒味辛平一名續毒生秦亭山谷名醫別錄云狼毒有大毒生奉高二月八月採根陰乾陳而沈水者良陶注云與防葵同根類但置水中沈者便是狼毒浮者則是防葵唐本注以陶注爲非云此物與防葵都不同類也案博物志云房葵似狼毒則二物本相類故陶注云然博物志又引神農經云藥種有五物一曰狼毒占斯解之物類之性各相制也蜀本草圖經云葉似元參浮虛者爲劣開寶本草注云葉似商陸及大黃莖葉上有毛根皮黃肉白以實重者爲良蘇頌圖經云四月開花八月結實抱朴子雜應篇云耳既聾者以狼毒治葛合內耳中則愈也

葸、苹、藺碭也、

玉篇廣韻並云葸藺碭藥也則藺碭一名葸一名苹也衆經音義引張氏埤倉云藺碭毒草也藺各本譌作蘭今訂正藺碭或作莨若或作狼蓎神農本草云莨若子味苦寒一名橫唐生海濱川谷別錄云莨若子有毒一名行唐生雍州陶注云今處處有子形頗似五味核而極小今方家多作狼蓎蜀本圖經云葉似王不留行菘藍等莖葉有細毛花白子殼作罌子形實扁細若粟米許青黃色蘇頌圖經云苗莖高二三尺四月開花紫色五月結實皆其形狀也史記倉公傳云菑川王美人懷子而不乳臣意飲以莨碭藥

廣雅疏證　卷第十上　卆

一撮以酒飲之旋乳是藺碭治婦人不產也然本草別錄及後世醫家曾無言及者蓋古方之失傳者多矣

莨、鉤吻也、

神農本草云鉤吻味辛溫一名野葛生傅高山谷吳普本草云秦鉤吻一名毒根有毒殺人生南越山或益州葉如葛赤莖大如箭根黃正月採案鉤吻莖葉根苗皆毒不得專以毒爲根名蓋根莨古同聲假借字耳陶宏景注鉤吻云或云鉤吻是毛莨蘇氏非之以爲毛莨是有毛石龍芮無干鉤吻也案草木多異物而同名者石龍芮有毛者名毛莨鉤吻有毛者亦名毛莨兩不相妨也葛洪方云鉤吻與食芹相似而生處無他草其莖有毛誤食之殺人雷公炮炙方云鉤吻葉似黃精而頭尖處有兩毛若鉤是鉤吻本有毛也且莨者毒草之稱吳普本草云附子一名莨陳藏器本草引葛洪方云菜中有水莨葉圓而光有毒生水旁則毒草多名莨者陳藏器又云毛莨似石龍芮而有毒則毛莨之爲莨即以毒得名鉤吻之名毛

亦與通卦驗同鄭氏注殆相承舊說非臆斷也莛挺古同聲而通用說文云莛莖也荔草抽莖作華因謂之荔莛矣神農本草謂之蠡實名醫別錄謂之荔實御覽引吳普本草謂之劇荔華而月令則謂之荔莛或以實名或以華名或以莖名義有專屬而名則通稱也故荔莛始出猶未有莛也而名爲荔莛則曰荔莛出猶王瓜始生猶未有瓜也而名爲王瓜則曰王瓜生耳月令自言荔莛他書自言荔兩不相妨也顏氏又云馬薤河北平澤率生之江東頗有此物人或種於階庭呼爲旱蒲蓋荔草似蒲而生旱地故以爲名說文所云荔似蒲而小子虛賦所云高燥則生葴析苞荔者也齊民要術引廣州記云東風草香氣似馬藺則荔亦香草之屬故月令芸始生荔挺出皇侃疏云以其俱香草故應陽氣而出也蘇頌本草圖經云蠡實馬藺子也北人音訛呼爲馬楝子葉似薤而長厚三月開紫碧花五月結實作角子如麻大而赤色有棱根細長通黃色人取以爲刷案蠡藺荔一聲之轉故張氏注子虛賦謂之馬荔馬荔猶言馬藺也荔葉似薤而大則馬薤之所以名矣

廣雅疏證　卷第十上

水衣、菭也、

詳見上文石髮石衣也下、

夌菜、藻也、

鄭注昏義云蘋藻爲羹菜隱三年左傳正義引陸機詩疏云藻可蒸爲茹是藻爲水菜也然諸書無言藻名夌菜者夌字不審何字之譌

蘘荷、蒪苴也、

說文云蘘荷一名葍蒩葍蒩與蒪苴同亦名苴蒪楚詞大招云醢豚苦狗膾苴蒪只王注云苴蒪蘘荷也雜用膾炙切蘘荷以爲香備衆味也或作蒪菹九歎云耘藜藿與蘘荷王注云蘘荷蒪菹也或作蘠苴或作覆葅古今注云蘘荷似蘠苴而白蘠苴色紫花生根中花未散時可食久置則消爛不爲實矣名醫別錄云白蘘荷微溫主中蠱及瘧陶注云今人乃呼赤者爲蘘荷白者爲覆葅葉同一種爾於人食之赤者

苣亦猶是矣陶氏所存或說始非無據也名醫別錄云鉤吻折之青烟出者名固活唐本注以爲鉤吻之經年者折之有塵起然則固活亦即鉤吻鉤吻固活聲之轉耳御覽引桓譚新論云鉤吻不與人相宜故食則死非爲殺人生也論衡言毒篇云草木之中有巴豆野葛食之湊懣頗多殺人蓋毒藥之烈者莫此爲甚矣鉤吻有蔓生直生二種炮炙方所云鉤吻葉似黃精陶注鉤吻所云葉似黃精而莖紫當心抽花黃色初生既極類黃精故以爲殺生之對此其直生者也稽含南方草木狀云治葛蔓生葉如羅勒光而厚一名胡蔓草寘毒者多雜以生蔬進之悟者速以藥解不爾半日輒死山羊食其苗即肥而大此其蔓生者也唐本草專以蔓生者爲鉤吻開寶本草專以直生者爲鉤吻皆一偏之說未足據也

㫺邪、烏韭也、在屋曰㫺邪、在牆曰垣衣、

皆苔屬也西山經云小華之山其草有萆荔狀如烏韭郭注云烏韭在屋者曰昔邪在牆者曰垣衣本此以釋之也酉陽雜俎引梁簡文帝詠薔薇詩云依簷映昔邪亦本廣雅以在屋者爲昔邪也又名屋遊名

廣雅疏證　卷第十上

醫別錄云屋遊生屋上陰處陶注云此瓦屋上青苔衣也酉陽雜俎云廣志謂之蘭香生於久屋之瓦名醫別錄云垣衣一名昔邪一名烏韭一名垣嬴一名天韭一名鼠韭生古垣牆陰或屋上則昔邪垣衣又可通稱也然垣牆同義垣衣之名本以在牆耳又生石上者亦名烏韭已見上文石髮石衣也下

馬薤、荔也、

月令仲冬之月荔挺出鄭注云荔挺馬薤也則荔草又名荔挺也顏氏家訓云說文云荔似蒲而小根可爲刷廣雅云馬薤荔也通俗文亦云馬藺易統通卦驗元圖云荔挺不出則國多火災蔡邕月令章句云荔似挺高誘注呂氏春秋云荔草挺出也然則月令注荔挺爲草名誤矣案如高氏所說則是荔草挺然而出也檢月令篇中凡言萍始生王瓜生半夏生芸始生草名二字者則但言生一字者則言始生以足其文未有狀其生之貌者倘經意專以荔之一字爲草名則但言荔始出可矣何煩又言挺也且據顏氏引易通卦驗荔挺不出則以荔挺二字爲草名者自西漢時已然又逸周書時訓篇荔挺不生卿士專權

爲勝藥用白者古今注以紫爲蒲苴白爲蘘荷別錄
注以赤爲蘘荷白爲蒲苴二說不同廣韻則云蒪苴
大蘘荷名是又以大小分也其實蘘荷蒪苴皆大名
後世說者多岐耳或作獋且或作巴且史記司馬相
如傳諸蔗猼且漢書作巴且張氏注云蒲苴蘘荷也
文穎云巴且一名巴蕉顏師古云文說巴且是也且
音子余反蒪音普各反蒪苴自蘘荷耳非巴且也案
巴蒪古同聲蒪苴正可通作巴且且張云蒪苴蘘荷
也蓋一本有作蒪苴者故史記索隱引郭璞子虛賦
注云巴且蘘荷屬則亦以巴且爲蒪苴也顏師古言
蒪苴非巴且殆不通假借之例耳蘘荷之草性宜陰
地古今注云菜似薑宜陰翳地種之常依陰而生齊
民要術云蘘荷二月種之宜在樹陰下閒居賦所謂
蘘荷依陰者也蘘荷菜似薑故古人多與薑並言漢
書司馬相如傳云茈薑蘘荷齊民要術引崔寔四民
月令云九月藏茈薑蘘荷其歲若溫皆待十月是則
蘘荷又可爲禦冬之菜故急就篇云老菁蘘荷冬日
藏而蘇頌本草圖經亦引荊楚歲時記云仲冬以鹽
藏蘘荷也或單謂之荷七諫云列樹芋荷謂芋渠與
蘘荷也後漢書馬融傳云蘘荷芋渠是也又謂之嘉

草周官庶氏掌除毒蠱以嘉草攻之御覽引干寶搜
神記云今世攻蠱多用蘘荷根往往有驗蘘荷或謂
嘉草蓋此即干氏周官注說又於此言之耳蘇
頌本草圖經引荊楚歲時記亦與搜神記同

蔍、鹿藿也、

說文云蔍鹿藿也徐鍇傳云爾雅鹿藿鹿豆也一名
蔨爾雅蔍藨注云即莓也字與鹿豆相近疑說文注
誤以蔍藨爲鹿藿字也案如鍇之說則是許氏誤讀
藨爲鹿也草之名鹿者若鹿蓐爲王芻鹿腸爲元參
之類多矣但言蔍鹿何以知爲鹿藿即令許氏善於
附會亦不至謬妄如此且說文所用爾雅與今不合
者如蘱薺實薚灌渝之屬皆句讀之異耳未有誤讀
本文之字而又率意增之者也以理度之蔍爲鹿藿
必非爾雅蔍藨之誤乃鹿藿自有此名耳說文之訓
或敘述經文或原本師說或雜採方俗之所傳其所
取者博矣何必爾雅所有者而後見之於書哉徐氏
之說淺於窺測矣郭璞爾雅注云鹿藿今鹿豆也葉
似大豆根黃而香蔓延生神農本草云鹿藿味苦平
生汶山山谷唐本注云此草所在有之苗似豌豆有
蔓而長大人取以爲菜亦微有豆氣名爲鹿豆也梁
簡文帝勸醫論云胡麻鹿藿纔救頭痛之痾蓋醫方
所常用
者矣

鳶尾、烏萐、射干也、

神農本草云鳶尾生九疑山谷射干一名烏扇一名
烏蒲生南陽川谷名醫別錄云鳶尾一名烏園射干
一名烏翣一名烏吹一名草薑是鳶尾與射干異也
陶注云方家云鳶尾是射干苗射干苗無鳶尾之名
主療亦異當別一種物方亦有用鳶頭者即應是其
根又云射干即是烏翣根庭臺多種之黃色方多作
夜干字今射亦作夜音人言其葉是鳶尾而復又有
鳶頭此蓋相似爾恐非烏翣者即其葉名矣唐本注
云鳶尾葉似射干而闊短不抽長莖花紫碧色根似
高良薑皮黃肉白射干花紅抽莖長根黃有白是鳶
尾射干一種而小異故鳶尾亦得謂之射干廣韻引
郭璞云鳶尾草一名射干是也蘇頌圖經云葉似蠻
薑而狹長橫張疏如翅羽狀故一名烏翣謂其葉耳
案翣與萐通翣扇一聲之轉高誘注淮南說林訓云

扇楚人謂之翣字亦作箑方言云扇自關而東謂之
箑箑萐皆從疌聲射干之葉橫張如扇故謂之烏扇
又謂之烏萐也說文云萐莆瑞草也堯時生於庖廚
扇暑而涼瑞草扇暑而涼謂之萐莆烏扇之草謂之
烏萐又謂之烏蒲其義一也高唐賦青荃射干李善
引郭璞上林賦注云射干今江東呼爲烏萐烏各本
譌作鳥萐曹憲音所夾反各本譌作蓮今竝訂正荀
子勸學篇云西方有木焉名曰射干莖長四寸生於
高山之上而臨百仞之淵楊倞注云本草藥名有射
干在草部中又生南陽川谷此云西方有木未詳或
曰長四寸即是草云木誤也蓋生南陽亦生西方也
案唐本草云射干抽莖長蜀本圖經云高二三尺而
此乃云莖長四寸豈古之射干甚小後世所說者非
其實與抑或荀子所言別爲一物偶然同名也射干
之草應陽氣而生上林賦云槀本射干郭璞注云射
干十一月生香草也易通卦驗云冬至蘭射干生後
漢書陳寵傳云冬至之節陽氣始萌故十一月有蘭
射干芸荔之應皆是也陶宏景云別有射干相似而
花白似射人之執竿者故阮公詩云射干臨層城蘇
頌云今觀射干之形其莖梗疏長正如長竿狀得名

由此耳、案子虛賦云、騰遠射干、張氏彼注云、射干似狐、能緣木、射干之獸、不得謂之狀如笄、則射干之草、亦不如陶氏蘇氏所說也、蓋草木之名、多取雙聲疊韻、射干、疊韻字也、射字古音在虞部、干字之聲、亦有轉入此部者、禹貢惟箘簵楛、史記五帝紀別本楛作杆、徐廣云、杆、音楛、是也、

木實、酸木、狐桃也、

狐桃之名、未聞所出、開寶本草有獮猴桃、味酸甘寒無毒、一名藤梨、一名木子、一名獮猴梨、生山谷、藤生著樹、葉圓有毛、其形似雞卵大、其皮褐色、經霜始甘美可食、衍義云、十月爛熟、色淡綠、生則極酸、子繁細、其色如芥子、枝條柔弱、高二三丈、多附木而生、淺山傍道、則有存者、深山則多為猴所食、木子之名、正與木實相合、味酸之說、又與酸木相當、其是與、

舄䕯、蓄也、

舄䕯、影宋本譌作舄䕯、皇甫以下諸本䕯字又譌作䕯、今據曹憲音及御覽引廣雅作舄䕯、訂正、爾雅云、

葍、蒚、郭注云、大葉白華、根如指、正白可啖、又葍、藑茅、注云、葍華有赤者為藑、藑、葍一種耳、亦猶菱苕華黃白異名、說文云、藑、茅、葍也、一名舜、又云、舜、艸也、楚謂之葍、秦謂之藑、蔓地連華、象形、小雅我行其野篇言采其葍、傳云、葍、惡菜也、齊民要術引義疏云、河東關內謂之葍、幽兗謂之燕葍、一名爵弁、一名藑、根正白、著熱灰中溫噉之、饑荒可蒸以禦饑、漢祭甘泉或用之、其華有兩種、一種莖葉細而香、一種莖赤有臭氣、據此則葍、藑茅、即爾雅䓴、雀弁也、釋文、䓴、悅轉反、又古本反、又云、藑、詳兗反、藑、䓴聲近而通耳、廣韻云、葍、藑、菜名、藑、徂兗切、聲亦相近也、管子地員篇云、山之側、其草葍與蔓、則山旁亦有生者、集韻云、葍或作蘁、玉篇云、蘁子可食、是也、別有蔓生樹上者、亦名葍、齊民要術引風土記云、葍、蔓生被樹而升、紫黃色、子大如牛角、形如蟦、二三同蔕、長七八寸、甘如蜜、其大者名抹、

白苙、苀、薋也、

玉篇、苙、閭及切、又音及、白苙、即白及也、玉篇、廣韻、並云、苀、白苙也、是白苙或名苀、或名薋也、神農本草云、白及、味苦平、一名甘根、一名連及草、生北山川谷、御覽引吳普本草云、白及、一名白根、莖葉如生薑藜蘆、也、十月華直上、紫赤、根白連、生宛句、又謂之白給、給與及同聲、名醫別錄云、白給生山谷、如藜蘆、根白相連、陶宏景本草注云、近道處處有之、葉似杜若、根形似菱米、節間有毛、可以作糊、蜀本圖經云、葉似初生栟櫚及藜蘆、莖端生一薹、四月開生紫花、七月實熟、黃黑色、冬凋、根似菱三角、白色、角頭生芽、案白苙以根白得名也、根有三角、故一名苀、一名薋、秦風小戎篇厹矛鋈錞、傳云、厹、三隅矛也、聲義正與仇同、爾雅茨、蒺藜、郭注云、子有三角、刺人、離騷茨作薋、亦與此同義也、御覽引晉宮閣名云、華林園白及三株、倘以其莖葉可玩而植之與、

馬帚、屈馬第也、

爾雅云、荓、馬帚、郭注云、似蓍、可以為埽篲、邢疏云、荓草似蓍者、今俗謂蓍荓、可以為埽篲、故一名馬帚、夏小正、七月、荓秀、傳云、荓也者、馬帚也、屈與馬第之名未詳所出、神農本草有屈草、味苦、主胷脅下痛、邪氣

腸閒寒熱、陰痺、久服輕身益氣耐老、生漢中川澤、陶注云、方藥不復用、俗無識者、豈即是馬帚與、說文云、萬、艸也、玉篇、廣韻並作萬、萬與第聲相近、形又相似也、

蔥蒲、莞也、

詳見上文莞蘭也下、

矜、禽也、

未詳、

釋木

楚、荊也、

說文云、楚、叢木、一名荊也、從林、疋聲、案楚之言楚楚然、衆也、小雅楚茨篇、楚楚者茨、言抽其棘、傳云、楚楚茨棘貌、其義同也、楚莖堅彊、故謂之荊、荊、彊也、古聲相近、禹貢正義引李巡爾雅注云、荊、彊也、

牡荊、曼荊也、

牡荊曼荊一種而小異稱名可以互通也牡各本譌作壯今訂正漢書郊祀志云以牡荊畫幡日月北斗登龍以象太一三星李奇注云牡荊作幡柄也如淳云牡荊荊之無子者皆絜齊之道晉灼云牡荊節閒不相當也月暈刻之以畏病者案名醫別錄云牡荊實味苦溫無毒生河閒南陽宛句山谷或平壽都鄉高岸上及田野中八月九月採實陰乾是牡荊有子不如如淳所說也陶宏景別錄注亦以牡荊不應有子爲疑不知草木之名牡者不必皆以無子爲義御覽引吳普本草云牡丹子黑中有核是其證也御覽引淮南萬畢術云南山牡荊指病自愈節不相當有月暈時剋之此晉灼注所本也但淮南云牡荊節不相當而陶注別錄引仙方說則云枝枝相對者爲牡荊二說各異未知孰是耳神農本草云蔓荊實味苦微寒小荊實亦等蔓與曼同陶注云小荊即應是牡荊牡荊子大於蔓荊子而反呼爲小荊恐或以樹形爲言陶之此說亦未敢決而以牡荊子大於蔓荊則得之目驗非虛言也唐本注乃謂子小而作樹者爲

牡荊以合小荊爲牡荊之說子大而蔓生者爲蔓荊以合蔓荊之名其後本草諸家皆承用之案藝文類聚引廣志云赤莖大實者名曰牡荊陶注牡荊亦云蔓荊子姝細正如小麻子色青黃牡荊子如烏豆大正圓黑又陶氏登眞隱訣云天監三年上將合神仙飯奉勑論牡荊白荊花白多子子蠱大歷歷疏生不過三兩此皆牡荊子大於蔓荊之明證唐注以牡荊子小蔓荊子大者舛矣且蔓荊倘是蔓生則本草當入草部今乃列之木部上品明非蔓生之物本草木部有蜀椒又有蔓椒豈得謂蔓椒蔓生哉唐注以蔓生者爲蔓荊尤爲乖謬也牡荊蔓荊皆樹生類甚相近故牡荊亦得爲蔓荊也牡荊實苦而華獨甛登眞隱訣云蜂多採牡荊牡荊汁冷而甛又云餘荊被燒則爈火氣若牡荊體慢汁實煙火不入其裏益其性之堅固有如此者又可爲履藝文類聚引廣州記云白荊堪爲履是也

穀、楮也、

說文云穀楮也從木殸聲今江淮之閒謂之穀樹音苦角反小雅鶴鳴篇其下維穀傳云穀惡木也陸機

疏云幽州人謂之穀桑荊揚人謂之穀中州人謂之楮殷中宗時桑穀共生是也今江南人績其皮以爲布又擣以爲紙謂之穀皮紙絜白光煇其裏甚好其葉初生可以爲茹韓非子喻老篇云宋人有爲其君以象爲楮葉者三年而成豐殺莖柯豪芒繁澤亂之楮葉之中而不可別也則穀之稱楮其來久矣管子地員篇云五位之土其林其漉其柞其穀而山經云鳥危之山其陰多檀楮蓋此樹雖處處田野有之而其疇生之地又各有宜焉穀構古同聲故穀一名構陶宏景別錄注云穀即今構樹也埤雅引物類相感志云其膠可以團丹砂語曰構膠爲金石之漆是也今人亦取其漿以書竹帛歲久不落如膠漆焉齊民要術云今世人名之曰角楮蓋角穀聲相近因訛耳蘇頌本草圖經云楮有二種一種皮有斑花文謂之斑穀今人用爲冠者一種皮無花枝葉大相類但取其葉似蒲萄葉作辦而有子者爲佳其實初夏生如彈丸青綠色至六七月漸深紅色乃成熟也楮即是穀而酉陽雜俎乃謂葉有辦曰楮無曰構日華子本草又謂皮斑者是楮皮白者是穀皆強爲區別耳

栝、柏也、

栝與檜同爾雅云檜柏葉松身是栝卽柏之別種故以栝爲柏也對文則栝與柏異禹貢云杶榦栝柏馬融注云栝白栝也栝可以爲舟楫衞風竹竿篇檜楫松舟是也又可爲屋材齊書王儉傳云栝柏豫章雖小已有棟梁氣是也爾雅翼云檜今人謂之圓柏

道梓、松也、

未詳

梬棗、樸也、

各本梬譌作栲又脫也字玉篇云樸梬棗也今據以訂正說文云梬棗也似柹漢書司馬相如傳云梬棗楊梅又云樝梨梬栗張氏注云梬梬棗也顏師古云今之㮕棗也御覽引古今注云㮕棗葉如柹實亦如柹而小味甘美又引廣志云㮕棗味如柹晉陽㮕肌細而厚以供御是也㮕又作輭賀氏內則疏云柹輭

棗也、蘇頌本草圖經云、小柹謂之軟棗、俗呼牛奶柹、一名樗棘、士喪禮云、決用正王棘、若樗棘、鄭注云、王棘與樗棘、善理堅刃者、皆可以爲決、世俗謂王棘矺鼠、釋文云、矺、劉音託、周官繕人注引士喪禮、樗棘、釋文云、樗、一音徒洛反、然則矺、樗聲近、矺鼠或卽樗棘之別名耳、

栟櫚、椶也、

栟櫚與并閭同、西山經云、石脆之山、其木多椶、郭注云、椶樹高三丈許、無枝條、葉大而員、枝生梢頭、實皮相裹上行、一皮者爲一節、可以爲繩、一名栟櫚、藝文類聚引廣志云、椶、一名并閭、葉似車輪、乃在顚下、有皮纏之、附地起、二旬一採、轉復上生、蘇頌本草圖經云、六七月生黃白花、八九月結實、作房如魚子、黑色、皆其狀也、枚乘七發云、梧桐并閭、極望成林、漢書司馬傳云、仁頻并閭、南都賦李善注引張氏注云、并閭椶也、皮可以爲索、說文云、椶、栟櫚也、可作萆、萆、雨衣也、今人園林中、多剝取椶皮以覆屋、雨水漸漬、不爲損壞、故可以作萆矣、椶之言總也、皮如絲縷、總總然聚生也、說文云、總、聚束也、又云、布之八十縷爲稯、召南羔羊篇、素絲五總、史記孝景紀云、令徒隸衣七稯布、西京雜記云、五絲爲䋖、倍䋖爲升、倍升爲緎、倍緎爲紀、倍紀爲稯、聲義竝相近也、栟櫚之聲、合之則爲蒲、玉篇、廣韻竝云、椶櫚、一名蒲葵、是也、今人多取栟櫚葉作扇、晉書謝安傳、蒲葵扇五萬、卽是此矣、

楉榴、石榴、柰也、

楉與若同、若、石聲相近、故若榴又謂之石榴、各本脫石榴二字、藝文類聚、太平御覽及李善南都賦注、竝引廣雅云、若榴、石榴也、今據補、玉篇云、楉榴、柰屬也、初學記引埤倉云、石榴、柰屬也、則楉榴、石榴之爲柰、以同類而通稱也、南都賦云、楟棗若榴、蔡邕翠鳥詩云、庭陬有若榴、綠葉含丹榮、藝文類聚引陸機與弟雲書云、張騫爲漢使外國十八年、得塗林安石榴也、御覽引廣志云、安石榴有甜酢二種、酉陽雜俎云、石榴一名丹若、甜者謂之天漿、

枎、梏也、

說文云、梏、木也、讀若皓、又云、梏、讀若皓、賈侍中說、木名也、爾雅云、狄、臧槔、舍人本槔作皋、樊本作梏、同音羔、郭璞云、未詳也、

含桃、櫻桃也、

月令、仲夏之月、天子乃以雛嘗黍、羞以含桃、先薦寢廟、鄭注云、含桃、今之櫻桃也、正義云、月令無薦果之文、此獨羞含桃者、以此果先成、異於餘物、故特記之、其實諸果於時薦也、史記叔孫通傳云、孝惠帝曾出游離宮、叔孫生曰、古者有春嘗果、方今櫻桃孰、可獻、願陛下出、因取櫻桃獻宗廟、上迺許之、諸果獻由此興、則此禮至漢猶行、但漢春獻櫻桃、正當始孰之時、而月令仲夏始薦者、本因嘗黍而薦含桃、非特獻、故不嫌遲也、月令釋文云、含、本又作函、函與櫻皆小之貌、函若爾雅云、羸小者蜬、櫻若小兒之稱嬰兒也、櫻或作鸎、高誘注呂氏春秋仲夏紀云、含桃、鸎桃也、盖櫻鸎同聲、古字通用耳、而高誘乃謂鸎鳥所含、故言含桃、失之於鑿矣、諸說含桃者、皆卽是櫻桃、而西京雜記說上林苑桃十種、有含桃、又有櫻桃、則是分爲

二物、所未審也、一名荆桃、爾雅、楔、荆桃、郭注云、今櫻桃也、又名朱櫻、蜀都賦云、朱櫻春孰、御覽引吳普本草云、櫻桃味甘、主調中益脾氣、令人好顏色、美志氣、一名朱桃、一名麥英也、又引廣志云、櫻桃大者如彈丸、有長八分者、白色多肌者、凡三種、

山李、爵某、爵李、鬱也、

爵某與雀梅同、論語子罕篇正義引召南何彼襛矣篇義疏云、唐棣、奧李也、一名雀梅、亦曰車下李、所在山皆有、其華或白或赤、六月中熟、大如李子、可食、齊民要術引豳風七月篇義疏云、鬱樹高五六尺、實大如李、正赤色、食之甛、廣雅曰、一名雀李、又名車下李、又名郁李、亦名棣、亦名奧李、神農本草云、郁李、一名爵李、御覽引吳普本草云、郁李、一名車下李、一名棣、然則棣也、唐棣也、奧李也、郁李也、車下李也、雀李也、雀梅也、鬱也、一物也、奧李所在山皆有、則又山李之所以名也、爵某之爵、曹憲音雀、各本脫去爵字、音內雀字誤入正文、雀字又譌作崔、爵下某字又譌作其、今竝改正、也上李鬱二字、各本皆脫、今據詩義疏引

廣雅補爾雅云時英梅郭注云雀梅也名醫別錄云雀梅味酸寒有毒主蝕惡瘡一名千雀生海水石谷閒陶注云葉與實俱如麥李案陶氏所說蓋即奧李但名醫云有毒主蝕惡瘡恐別一物非人所食之雀梅也鬱者棣之類豳風七月傳云鬱棣屬也故古人多以二物竝言史記司馬相如傳云隱夫鬱棣漢書作薁棣御覽引曹毗魏都賦云若榴郁棣皆是也薁郁古同聲鬱薁聲之轉也薁李車下李爲一物而豳風正義引晉宮閣銘云華林園中有車下李三百一十四株薁李一株則是一種之中又復有異但稱名可以互通耳

𣏌、樧、欓、越椒、茱萸也、

陸羽茶經引凡將篇云菖蒲芒消莞椒茱萸則茱萸可以入藥也急就篇云芸蒜薺芥茱萸香則又可以供食也藝文類聚引洞林云子如小鈴含元珠案文言之是茱萸則其形狀也諸書無以𣏌爲茱萸者𣏌當讀爲樛樛蔓椒也神農本草云蔓椒一名家椒生雲中川谷名醫別錄云一名豬椒一名彘椒一名狗

椒陶注云一名豨椒山野處處有俗呼爲樛似椒欓小不香爾欓與欓同云似椒欓則即茱萸之屬也樛證類本草音居虯切𣏌廣韻音居六切古音正同耳樧亦茱萸之屬也楚詞離騷云椒專佞以慢慆兮樧又欲充夫佩幃王注云樧茱萸也似椒而非也樧子皆房生爾雅云椒樧醜菉唐風椒聊篇正義引李巡注云樧茱萸也椒茱萸皆有房故曰捄捄實也郭璞注云菉萸子聚生成房貌今江東亦呼菉樧似茱萸而小赤色說文云樧似茱萸出淮南又云菉椒樧實裹如裘者然則樧與茱萸一種小異稱名之例可以互通耳樧一名藙說文作藾云煎茱萸也漢律會稽獻藾一斗內則云三牲用藙鄭注亦云藙煎茱萸也漢律會稽獻焉爾雅謂之樧賀氏疏云煎茱萸今蜀郡作之九月九日取茱萸折其枝連其實廣長四五寸一升實可和十升膏名之藙也案鄭云爾雅謂之樧則未煎時已名爲藙神農本草云吳茱萸一名藙是也樧又作蔎南都賦云蘇蔎紫薑拂徹羶腥字形與藙相近而陶氏本草注乃謂俗中呼蔎子者爲不識藙字宜唐本注以爲誤也玉篇云欓茱萸類也御覽引風土記云三香椒欓薑也又引木春秋云義熙八年太社欓樹生於壇側陳藏器本草拾遺云欓子味辛辣如椒木高大莖有刺蘇頌圖經云藙子出閩中江東其木似樗莖有刺子辛辣如椒南人淹藏以作果品或以寄遠蓋其氣馨香中食故人多堊之又越椒之名未見所出春秋時楚有騶越越椒字伯芬字子越芬與芬通越者言其香之散越也荀子禮論云椒蘭芬苾高唐賦云越香掩掩上林賦云衆香發越茱萸之名越椒或即此義與椒亦芬香之名也陳風東門之枌篇傳云椒芬香也周頌載芟篇云有椒其馨

桗、株也、

廣韻云桗木本也說文云株木根也是桗即株也爾雅云柢本也柢桗聲之轉耳

梡、支也、

梡曹憲音緩各本譌作梲今訂正集韻類篇梡胡昆切引此云梡枝也偏考諸書無以梡爲枝者支字未審何字之誤

枚、𣓌、條也、

說文云枚榦也可爲杖條小枝也周南汝墳篇傳云枝曰條榦曰枚是枚與條異也散文則枝亦稱枚玉篇廣韻竝云枚枝也

梢、校、棷、柴也、

說文云柴小木散材也月令鄭注云小者合束謂之柴祡柴之爲言佌佌然小也爾雅云佌佌小也淮南兵略訓曳梢肆柴高注云梢小柴也案梢之爲言稍稍然小也前釋訓云稍稍小也諸書無以校爲柴者上梢字曹憲音稍交反疑因此誤衍交字後又加木旁也集韻引廣雅校棷柴也則宋時本已然說文云棷木薪也薪亦柴也凡薪蒸之屬多名棷說文云菆麻蒸也廣韻云菆竹柴別名聲義竝同矣

樵、薪也、

蕉各本作蘖字頗不成體蓋蕉字書作樊後誤而爲蘖耳爾雅釋木釋文云樵字又作蕉墨子備城門篇

云、爲薪蕉絜、今訂正、說文云、樵、散木也、月令鄭注云、大者可析謂之薪、列子周穆王篇、鄭人有薪於野者、遇駭鹿、御而擊之、斃之、藏諸隍中、覆之以蕉、蕉與樵同、薪謂之樵、因而取薪亦謂之樵、史記淮陰侯傳集解引漢書音義云、樵、取薪也、小雅白華篇、樵彼桑薪、

笴、枳、叉、股、枝也、

各本枝字譌在股上、今訂正、笴當讀爲柯、玉篇云、柯、枝也、廣韻云、柯、枝柯也、柯本莖名、因而枝亦通稱柯、股、聲之轉也、枳與枝同聲、爾雅云、中有枳首蛇焉、孫炎音支、云、蛇有枝首、郭璞音巨宜反、云、岐頭蛇也、岐與枝、聲亦相近、岐生莖旁、故謂之枝、叉謂之杈矣、說文云、枝、木別生條也、是其義也、叉與杈同、說文云、杈、杈枝也、杈之言錯也、說文云、叉、手指相錯也、手指相錯謂之叉、樹枝相錯謂之杈、其義一也、今俗語猶謂樹枝錯出者曰杈頭、楚嫁反、

柯、莖也、

廣雅疏證《卷第十上　卌四

柯、幹也、古聲柯與幹同、故鄭注考工記云、笴、矢幹也、廣韻、笴、古我切、又公旱切、箭莖也、箭莖謂之幹、亦謂之笴、樹莖謂之幹、亦謂之柯、柯聲義竝同也、樹莖名柯、因而草莖亦以爲名、爾雅云、荷、芙蕖、其莖茄、茄、猶柯耳、

本、榦也、

榦、亦莖也、前釋詁云、莖、榦、本也、本、各本譌作夲、葢本字俗作本、故譌耳、今訂正、

隸、柨也、

詳見釋詁賤枘隸柨也下、

檣、㭺、櫨、㮈也、

集韻云、㮈、乃計切、木立死也、㮈之言歺也、前釋詁云、歺、死也、亦言尼也、爾雅云、尼、止也、言其止息不復生也、玉篇、廣韻竝云、㭺、柰也、齊民要術種柰林檎篇注引廣雅云、檣、㭺、蘆、柰也、則是以㮈爲果名也、案上已云、楉榴、石榴、柰也、此不應重出、又自栨、株也至木藂生曰榛、皆統言木之形狀、不得雜以果名、且上句隸、柨也、是伐木之餘、下句樸、蘀、落也、是木葉之隕、則此句當爲死木也、以柰字俗亦有作㮈者、故譌以㮈爲果耳、檣與橀同、玉篇云、橀、木瘤也、則檣爲瘣木、爾雅瘣木、苻婁、樊光注云、苻婁、尫傴內病、磈磊無枝也、郭璞注云、謂木病尫傴癭腫無枝條也、木病腫謂之檣、因而死木亦謂之檣、檣之言殄也、鄭注周官稻人云、殄、病也、絕也、㭺之言奄也、白虎通義云、奄、奄然亡也、櫨之言邱也、賈逵說九邱云、九州亡國之戒也、孟康注漢書楚元王傳云、西方謂亡女壻爲邱壻、皆死之義也、㭺、櫨、各本譌作掩、攎、惟影宋本、皇甫本不譌、

樸、蘀、落也、

樸之言剝也、馬融注剝卦云、剝、落也、鄭注云、陰氣侵陽、上至於五、萬物零落、故謂之剝也、說文云、梟、木葉陊也、讀若薄、亦聲近而義同、豳風七月傳云、蘀、落也、說文云、艸木皮葉落陊地爲蘀、又云、凡艸曰零、木曰落、

廣雅疏證《卷第十上　卌五

木藂生曰榛、

說文云、榛、菆也、菆與藂同、淮南原道訓云、隱於榛薄之中、高誘注云、藂木曰榛、深草曰薄、字亦作蓁、莊子徐无鬼篇云、逃於深蓁、蓁之爲言蓁蓁然也、王逸注楚詞招魂云、蓁蓁、積聚之貌、

樝、楟、梨也、

樝之言酢也、說文云、樝、果似梨而酢、亦作樝、內則、樝梨薑桂、鄭注云、樝、梨之不臧者、正義云、樝、梨屬、其味不善、故云不臧也、亦作柤、莊子天運篇云、柤、梨、橘柚其味相反而皆可於口、齊民要術引風土記云、柤、梨屬、肉堅而香、陳藏器本草拾遺云、樝子小於榲桲而相似、王氏農書云、樝似小梨、西山唐鄧間多種之、味劣於梨與木瓜、而入蜜煮湯則香美過之、漢書司馬相如傳云、亭柰厚朴、張氏注云、亭、山梨也、史記亭作楟、索隱引司馬彪注云、上黨謂之楟、初學記引序志云、上黨楟梨小而甘、是也、左思蜀都賦云、橙柿梬楟、則亦生蜀中、楟、一名檖、秦風晨風篇、隰有樹檖、傳釋以爾雅云、檖、赤羅也、陸機疏云、一名山梨、實如梨、但

小耳、一名鹿梨、一名鼠梨、極有肥美者、亦如梨之美者、

亲、㮚也、

說文云、亲實如小㮚、從木、辛聲、亲之言辛、物小之稱也、若方言蕪菁小者謂之辛芥矣、字通作榛、左思招隱詩注引高誘淮南注云、小㮚小棘曰榛、御覽引陸機詩義疏云、榛、㮚屬、有兩種、其一種大小、皮葉皆如㮚、其子小、形如杼子、味亦如㮚、所謂樹之榛㮚者也、其一種枝莖如木蓼、生高丈餘、作胡桃味、遼代上黨皆饒、古者以榛爲女摯、莊二十四年左傳云、女摯不過榛、㮚、棗、脩、以告虔也、又以爲籩實、周官籩人饋食之籩、其實榛實、又以爲庶羞、內則椇棗㮚榛、鄭注云、皆人君燕食所加庶羞也、字又作樼、楊雄蜀都賦云、杜樼㮚榛、

橡、柔也、

橡、柔、聲之轉也、柔與杼同、各本譌作柔、惟影宋本、皇甫本不譌、爾雅云、栩、杼、郭注云、柞樹也、唐風鴇羽篇

集于苞栩、陸機疏云、今柞櫟也、徐州人謂櫟爲杼、或謂之爲栩、其子爲皁斗、其殼爲汁、可以染皁、今京洛及河內多言杼汁、謂櫟爲杼、五方通語也、杼、一作芧、莊子齊物論、狙公賦芧、司馬彪注云、芧、橡子也、橡、一作樣、一作象、說文云、樣、栩實也、又云、草斗、櫟實也、一曰象斗、鄭注周官掌染草云、藍、蒨、象斗之屬、橡子可染、又可食、大戴禮曾子制言篇云、聚橡㮚藜藿而食之、呂氏春秋恃君篇、冬日則食橡㮚、高誘注云、橡、皁斗也、其狀似㮚、案今江淮之閒通言橡㮚、其實如小㮚而微長、近帶處有梂彙自褢、爾雅所謂櫟其實梂也、田野人多磨粉食之、凶年可以救饑、韓非子外儲說篇云、秦大饑、應侯請曰、五苑之草著蔬菜橡果棗㮚足以活民、請發之、是也、其材中車轂、淮南時則訓、十二月、其樹櫟、高注云、櫟、可以爲車轂、木不出火、唯櫟爲然、亦應除氣也、杼之聲轉而爲采、高誘注淮南本經訓云、杼、采實也、史記李斯傳、采橡不斲、徐廣注云、采、一名櫟、漢書司馬相如傳、沙棠櫟樀、應劭注云、櫟、采木也、

柚、樤也、

禹貢、揚州、厥包橘柚錫貢、傳云、小曰橘、大曰柚、字亦作櫾、中山經云、荊山多橘櫾、郭注云、櫾似橘而大也、皮厚味酸、御覽引風土記云、柚、大橘、亦黃而酢也、漢書司馬相如傳、黃甘橙樤、張氏注云、樤、小橘也、出武陵、是柚大而樤小、不得以柚爲樤也、疑柚樤下脫去橘字、大橘曰柚、小橘曰樤、故云柚、樤、橘也、猶上文櫨椁二種皆訓爲梨耳、柚、爾雅謂之條、條與柚古音相近也、說文云、柚、似橙而酢、莊子天運篇云、柤梨橘柚、其味不同而皆可於口、以梨橘味甘、柤柚味酸也、列子湯問篇云、吳楚之國有大木焉、其名爲櫾、碧樹而冬生、實丹而味酸、食其皮汁、已憤厥之疾、齊州珍之、渡淮而北而化爲枳焉、案考工記云、橘踰淮而北爲枳、與此同、蓋橘之與柚、散文則通矣、郭璞注上林賦云、樤亦橘之類也、呂氏春秋本味篇云、果之美者、雲夢之柚、張協七命云、漢皋之樤、則二物多生江漢之閒也、雷斆炮炙論云、凡使橘皮、勿用柚皮、皺子皮、皺與樤同、樤、各本譌作棒、今訂正、

雨師、檉、櫝也、

爾雅云、檉、河柳、大雅皇矣篇、其檉其椐、正義引某氏爾雅注云、河柳、謂河傍赤莖小楊也、陸機詩疏云、河柳皮正赤如絳、一名雨師、枝葉似松、是雨師即檉也、雨、各本譌作而、又脫師字、今訂正、檉、音勑貞反、檉之言赬也、周南汝墳篇傳云、赬、赤也、河柳莖赤、因名爲檉、故江淹檉頌云、碧葉菴藹、赬柯翕絕也、一名朱楊、漢書司馬相如傳云、櫱離朱楊、史記索隱引郭璞注云、朱楊、赤莖柳、生水邊、爾雅云、檉、河柳是也、又名檉柳、漢書西域傳云、鄯善國多檉柳、顏師古注云、檉柳、河柳也、今謂之赤檉、開寶本草云、赤檉木、中脂一名檉乳、生河西沙地、皮赤色、葉細、本草衍義云、赤檉木又謂之三春柳、以其一年三秀也、花內紅色、成細穗、人取滑枝爲鞭、案今人庭院中多植之、葉形似柏而長絲下垂、則如柳、北方人謂之三川柳、三川即三春之轉也、或謂之娑娑柳、聲如酸酸、

杆、柘也、

杆與榦同、禹貢、荊州、厥貢杶榦栝柏、考工記疏引鄭注云、榦、柘榦也、又注考工記、荊之榦云、榦、柘也、可以

爲弓弩之幹、又弓人、凡取幹之道七、柘爲上、此柘之所以名幹也、高誘注淮南原道訓云、烏號柘桑其材堅勁、伐其枝以爲弓、齊民要術云、柘十五年任爲弓材、亦堪作履、二十年好作犢車材、柘葉飼蠶絲可作琴瑟等弦、清鳴響徹、勝於凡絲遠矣、案月令季春命野虞毋伐桑柘、鄭注云、愛養蠶食也、今柘桑上多野蠶食葉、絲之堅韌、遠過家蠶、俗所謂雙絲繭也、柘又可爲矢幹、投壺云、矢以柘若棘、毋去其皮、鄭注云、取其堅且重也、又可以染、御覽引四民月令云、柘染色黃赤、人君所服、鄭注月令云、鞠衣、黃桑之服、或是此與、

杜仲、曼榆也、

神農本草云、杜仲、味辛平、一名思仙、生上虞山谷、御覽引吳普本草云、一名思仲、一名木綿、陶注本草云、出建平宜都者、狀如厚朴、折之多白絲爲佳、古今注亦云、杜仲皮中有絲、折之則見也、蜀本草圖經云、生深山大谷、樹高數丈、葉似辛夷、蘇頌圖經云、江南人謂之櫋、初生葉嫩時可食、謂之櫋芽、木可作履、益脚、

案、綿與曼古同聲、故杜仲謂之櫋、或謂之木綿、或謂之曼榆也、

重皮、厚朴也、

說文云、重、厚也、朴、木皮也、重皮、厚朴、其義一也、急就篇云、芎藭厚朴桂栝樓、顏師古注云、凡木皮皆謂之朴、此樹皮厚、故以厚朴爲名、御覽引吳普本草云、厚朴一名厚皮、生交阯、又引范子計然云、厚朴出宏農、名醫別錄云、一名赤朴、其樹名榛、其子名逐折、陶注云、今出建平宜都者、極厚、肉紫色爲好、殼薄而白者不如、蘇頌圖經云、木高三四丈、徑一二尺、春生葉如槲葉、四季不凋、紅花而青實、皮極鱗皺而厚、紫色多潤者佳、李時珍云、五六月開細花、結實如冬青子、生青熟赤、有核、七八月采之、味甘美、案、厚朴子甘美可食、則亦果之一種、故史記司馬相如傳云、枇杷橪柿、楟柰厚朴也、

木欄、桂欄也、

欄與蘭同、離騷云、朝搴阰之木蘭兮、夕攬洲之宿莽、王逸注云、木蘭去皮不死、宿莽遇冬不枯、以喻讒人雖欲困己、己受天性、終不可變易也、案、下文云、朝飲木蘭之墜露兮、夕餐秋菊之落英、文義正與此同、皆言其志絜而行芳耳、木欄、芳木也、漢書司馬相如傳云、桂椒木蘭、顏師古注云、木蘭皮似桂而香、可作面膏藥、史記集解引郭璞注云、木蘭樹皮辛香可食、劉逵注蜀都賦云、木蘭大樹也、葉似長生、冬夏榮、常以冬華、其實如小柿、甘美、南人以爲梅、其皮可食、成公綏木蘭賦云、諒抗節而矯時、獨滋茂而不雕、案、木蘭非獨皮形似桂、其性之冬榮、亦復不殊、是以有桂蘭之名也、木蘭可以調食、史記滑稽傳云、齎以薑棗、薦以木蘭、桓麟七說云、河黿之羹、齊以蘭梅、張衡七辯云、芳以薑椒、拂以桂蘭、皆是也、神農本草云、木蘭一名林蘭、林蘭猶言木蘭也、名醫別錄云、一名杜蘭、皆似桂而香、杜、當爲桂字之誤也、陶注云、零陵諸處皆有、狀如楠樹、皮甚薄而味辛香、今益州有皮厚狀如厚朴而氣味爲勝、蜀本圖經云、樹高數仞、葉似菌桂葉、有三道縱文、皮如板桂、有縱橫文、皆其狀矣、

益智、龍眼也、

神農本草云、龍眼、一名益智、生南海山谷、齊民要術引吳普本草云、龍眼、一名益智、一名比目、益與智古音同在支部、蓋疊韻字也、而開寶本草乃以爲味甘歸脾而能益智、其說鑿矣、御覽引東觀漢記云、單于來朝、賜橙橘龍眼荔枝、又引謝承後漢書云、交阯七郡獻龍眼、蓋龍眼之見珍、自漢已然、御覽又引廣志云、龍眼樹葉似荔枝、蔓延緣木生、子大如酸棗、色黑純甜無酸、蘇恭本草注云、龍眼樹似荔枝、葉若林檎、花白色、子如檳榔、有鱗甲、大如雀卵、味甘酸、其形狀也、龍眼、又名龍目、左思蜀都賦云、旁挺龍目、側生荔枝、布綠葉之萋萋、結朱實之離離、是也、今人則謂之圓眼、李賢注和帝紀引廣州記云、龍眼子似荔枝而圓、此圓眼之所以名也、別有益智、與此同名而異物、藝文類聚引廣志云、益智、葉似蘘荷、長丈餘、子大如棗、中辦黑、皮白核小者名曰益智也、

山榆、毋估也、

毋估與無姑同、爾雅云、無姑、其實夷、郭注云、無姑、姑榆也、生山中、葉圓而厚、剝取皮合漬之、其味辛香、所

謂蕪荑毋又作无頤九二枯楊生荑鄭讀枯爲姑云无姑山榆荑謂山榆之實也枯又作橭秋官壺涿氏掌除水蟲欲殺其神則以牡橭午貫象齒而沈之杜子春云橭讀爲枯枯榆木名案神農本草云蕪荑一名無姑主去三蟲陶注云狀如榆莢氣臭如犼以作醬食之性殺蟲置物中亦辟蛀陳藏器云此山榆仁也作醬食之氣膻者良蘇頌圖經云大類榆而差小然則無姑自有二種一種莢氣辛香郭注爾雅所言者是也一種莢臭本草所言者是也而其莢臭者獨有殺蟲之用壺涿氏除水蟲以枯榆或是其臭者與

柘榆、梗榆也、

爾雅云藲荎郭注云詩曰山有藲今之刺榆疏引陸機詩疏云其針刺如柘其葉如榆瀹爲茹美滑針刺如柘故有柘榆之稱矣荎之爲言挃也前釋詁云挃刺也梗亦刺之義也方言云凡草木刺人者自關而東或謂之梗郭注云梗今之梗榆也說文云梗山枌榆有朿莢可爲蕪荑也案陳藏器本草拾遺云刺榆秋實卽說文所云莢可爲蕪荑者也急就篇云蕪荑鹽豉醯酢醬顏師古依郭璞爾雅注以爲蕪荑無姑

之實也但刺榆亦可以爲蕪荑急就篇所云不必專指山榆也刺榆又中車材齊民要術云刺榆木甚牢肕可以爲犢車材凡種刺榆挾榆兩種者利爲多

梔子、橘桃也、

說文云桅黃木可染者也桅與梔同字一作巵漢書貨殖傳云千畝巵茜孟康注云茜草巵子可用染也述異記云洛陽有巵茜園漢官儀云染園出巵茜供染御服是其處也又名鮮支史記司馬相如傳云鮮支黃礫索隱引司馬彪云鮮支今支子也支與梔亦同又名林蘭謝靈運山居賦林蘭近雪而揚猗自注云林蘭支子也神農本草云梔子一名木丹生南陽川谷名醫別錄云一名越桃九月採實陶注云處處有亦兩三種小異以七稜者爲良經霜乃取之今皆入染用於藥甚稀御覽引吳普本草云支子葉兩頭尖如樗蒲剝其子如蠶而黃赤酉陽雜俎云諸花少六出者唯梔子花六出陶貞白言梔子剪花六出刻房七道其花香甚相傳卽西域瞻蔔花也

宛童、寄生、樢也、

詳見釋草寄屑寄生也下

秀龍、巢也、

未詳

下支謂之椑櫛、

支與枝同玉篇云椑櫛木下枝也凡木枝多向上故於其向下者別爲之名也亦單謂之椑廣韻云椑木枝下也椑之言卑也以其卑下也

廣雅疏證卷第十上

廣雅疏證卷第十下

引之述

釋蟲

蟜、蛣、蟬也、

蟜、蛣、聲之轉也、方言云、蟬、楚謂之蜩、秦晉之閒、謂之蟬、海岱之閒、謂之蟜、郭璞注云、齊人呼爲巨蟜、蛣、曹憲音去結反、玉篇、蛪、古頡切、廣韻、苦結切、並云、蛪蚼似蟬而小、苦結之音與去結同、疑蛪卽蛣也、

闇蜩、⿰虫應也、

闇、與瘖同、⿰虫應之爲言猶瘖也、方言云、⿰虫應謂之寒蜩、寒蜩、瘖蜩也、郭璞注云、按爾雅以蜺爲寒蜩、月令亦曰寒蜩鳴、知寒蜩非瘖者也、寒蜩、螿也、似小蟬而色青、據此則寒蜩非瘖蜩矣、而後漢書杜密傳、劉勝知善不薦、聞惡無言、隱情惜己、自同寒蟬、李賢注云、寒蟬謂寂默也、引楚詞九辯曰、悲哉秋之爲氣也、蟬寂寞

而無聲、則寒蜩、瘖蜩、又似無別、瘖蜩、一名瘂蟬、本草蚱蟬、陶注云、蚱蟬、卽是瘂蟬、瘂蟬、雌蟬也、不能鳴者、

蟧、蝒、馬蜩也、

蜩之大者也、爾雅、蝒、馬蜩、郭璞注云、蜩中最大者爲馬蟬、方言、蟬、楚謂之蜩、其大者謂之蟧、或謂之蝒馬、郭璞注云、按爾雅、蝒者馬蜩、非別名蝒馬也、此方言誤耳、馬蜩、一名馬蟧、廣韻云、馬蟧、大蟬也、蘇頌本草圖經云、今夏中所鳴者比衆蟬最大、蝒、各本譌作蟈、今訂正、

蛥蚗、蛪也、

方言云、蛥蚗、楚謂之蟪蛄、或謂之蛉蛄、秦謂之蛥蚗、自關而東、謂之虭蟧、或謂之蝭蟧、又云、蟬、其小者謂之麥蛪、有文者謂之蜻蜻、郭璞注云、爾雅云、卽蛪也、是蛥蚗爲蛁蟟、不與蛪同也、廣雅之訓多本方言、則蛥蚗當入下條蛁蟟也內、無由得訓爲蛪、疑蛪上本有二字而今脫去、蛥蚗二字、則又從下文竄入此條耳、蛥蚗、一名蛚蚗、說文云、蛚蚗、蛁蟟也、夏小正、四月鳴札、傳云、札者、寧縣也、鳴而後知之、故先鳴而後札、札、與蛪同、衞風碩人篇、螓首蛾眉、傳云、螓首、顙廣而方、箋云、螓、謂蜻蜻也、正義云、此蟲顙廣而且方、引舍人爾雅、蛪、蜻蜻、注云、小蟬色青青者、又引某氏云、鳴蛪蛪者、

蟪蛄、蛉蛄、⿰虫帝蟧、蛁蟟也、

方言、⿰虫帝作蝭、蛁蟟作虭蟧、四者皆蛥蚗別名也、莊子逍遙遊篇、蟪蛄不知春秋、司馬彪注云、蟪蛄、寒蟬也、一名蝭蟧、春生夏死、夏生秋死、崔譔注云、蛁蟟也、或日山蟬、秋鳴者不及春、春鳴者不及秋、夏小正、七月、寒蟬鳴、傳云、寒蟬也者、蝭蟧也、蝭蟧與⿰虫帝蟧同、蛁蟟之轉聲也、今揚州人謂此蟬爲都蟟、亦蛁蟟之轉聲也、郭注方言云、江東人呼嗥蟧、又蛁蟟之變轉矣、太元飾次八、蛁鳴喁喁、范望注云、蛁、蟬也、恆託於木、本草蚱蟬、陶注云、七月鳴者名蛁蟟、色青、

蛾蛘、元蚼、蚼**蟓、蟞蜉、螘也、**

螘、與蛾同、俗作蟻、爾雅、蚍蜉、大螘、小者螘、郭璞注云、齊人呼螘爲蛘、方言、蚍蜉、齊魯之閒、謂之蚼蟓、西南

梁益之閒、謂之元蚼、燕謂之蛾蛘、郭璞注云、蚍蜉、亦呼蟞蜉、案蚍與蟞、一聲之轉、蟞蜉、亦一聲之轉也、蚼與駒通、夏小正、十有二月、元駒賁、傳云、元駒也者、螘也、賁者何也、走于地中也、法言先知篇、吾見元駒之步、雉之晨雊也、化其可以已矣哉、蟓、一作蛘、廣韻云、蚼蛘、蚍蜉也、各本蟓上脫蚼字、今據方言補、

蛘、蛾也、

爾雅云、䖸、羅、說文云、䖸、蠶化飛蟲也、䖸、與蛾同、御覽引廣志云、凡草木蟲以蛹化爲蛾甚衆、古今注云、飛蛾善拂鐙、一名火花、一名慕光、

地膽、虵要、青蘁、青蠵也、

下文云、盤蝥、妟青也、此亦其類也、本草、地膽、一名蚖青、陶注云、狀如大馬蟻、有翼、僞者卽斑貓所化、狀如大豆、又注別錄葛上亭長云、二月三月在芫花上、卽呼芫青、四月五月在王不留行上、卽呼王不留行蟲、六月七月在葛花上、卽呼爲葛上亭長、八月在豆花上、卽呼斑貓、九月十月欲還地蟄、卽呼爲地膽、斑貓、

郎螌蝥也。御覽引本草亦云：春食芫華，故云元青；秋食葛華，故云葛上亭長。然則此蟲常食草花，故有螌蝥、青蟊之稱。蝥、蟊古字通用。爾雅云食苗根蟊，義可互通矣。御覽引吳普本草云：地膽一名青蛙，蛙蠵聲近而字通。御覽又引吳普本草云：班貓一名晏青。晏與晏同。本草斑貓陶注云：豆花時取之，甲上黃黑斑色，如巴豆大者是也。以有黃黑斑，故曰螌蝥。螌猶斑也。說文蝥作蟊，云：螌蟊，毒蟲也。

杜伯、蠚、蠆、蝲、蚔、蝳，蠍也。

御覽引詩義疏云：蠆一名杜伯，幽州謂之蠍。說文萬作萬，云：毒蟲也，象形。小雅都人士釋文引通俗文云：長尾爲蠆，短尾爲蠍。案蠚、蠆、蝲皆毒螫傷人之名。蠚之言憏也，蠆之言蛆也，蝲之言痢也。釋詁云：毒、憏、蛆、痢，痛也。是其義矣。蝲一作癘。莊子天運篇：其知憯於癘蠆之尾。郭向音賴，卽蝲字也。釋文以爲上當作蠆，下當作蠍，失之。說文：蠆，蠆也。蚔，蠆也。蠆亦毒螫傷人之名。史記律書：北至于奎。奎者，主毒螫殺萬物也。徐廣云：奎一作蠆。是其證。釋魚云：虺，蝰也。虺毒謂之蝰，猶蠍毒謂之蠆也。孟子公孫丑篇有蚳鼃，爲齊士師。蚔鼃卽蚔蠆，猶春秋時鄭大夫名公孫蠆也。鼃與蠆同聲假借耳。蚔字當從氏聲，音巨支反。釋文虫旁作氏，音遲，失之。各本脫蠚、蚔、蠆三字。御覽引廣雅：杜伯、蠚、蠆，蠍也。則宋時本已然。案衆經音義卷五、卷七、卷十五、卷二十竝引廣雅：蠆、蠚、蚔，蠆，蠍也。集韻引廣雅：蠚，蠆也。今補。

景天、螢火，䗲也。

螢一作熒，䗲一作燐。豳風東山篇：熠燿宵行。傳云：熠燿，燐也。燐，螢火也。正義云：釋蟲云：螢火，卽炤。舍人云：夜飛有火蟲也。本草：螢火一名夜光，一名熠燿。案諸文皆不言螢火爲燐。淮南子云：久血爲燐。許愼云：謂兵死之血爲鬼火。然則燐者，鬼火之名，非螢火也。陳思王螢火論曰：詩云熠燿宵行，章句以爲鬼火，或謂之燐，未爲得也。天陰沈數雨，在於秋日，螢火夜飛之時也，故云宵行。然則毛以螢火爲燐，非也。今案正義所云，未爲通論。燐之爲言燐燐然也。說文云：粦，鬼火也。閃，火皃，讀若粦。粦與燐同。揚雄勮秦美新：炳炳麟麟。李善注云：麟麟，光明也。麟與燐古字同用。是燐者，火光明也。鬼火有光謂之燐，則螢火有光亦得謂之燐矣。說文云：熒，鐙燭之光。而爾雅云：熒火，卽炤。鐙燭有光謂之熒，熒火有光亦謂之熒；猶鬼火有光謂之燐，熒火有光亦謂之燐也。若謂熒火與鬼火不得同名爲燐，則熒火與鐙燭之光亦不得同名熒乎？且熒火爲燐，必非無據，或本古訓，或用方言，皆未可知。區區本草之文、淮南氾論訓之注，未足以定前人之得失也。若陳王作論，乃駁熠燿之爲鬼火，而非難螢火之名燐，辨韓詩章句之疏，而幷救毛公詁訓之失，抑又不足以爲據矣。埶文類聚引吳普本草云：螢火一名景天。景天亦以其光名之也。說文云：景，光也。月令云：季夏之月，腐草爲螢。本草熒火陶注云：腐草及爛竹根所化。

蛭蛒、蜷蠾、地蠶、蠹、蟦、蠐螬也。

蟦與蠐同。爾雅：蟦，蠐螬。郭璞注云：在糞土中。蠐螬，蝎。注云：在木中，今雖通名爲蝎，所在異。蝎，蛣蝠。注云：木中蠹蟲。蝎，桑蠹。注云：卽蛣蝠。方言云：蠐螬謂之蟦。自關而東謂之蝤蟦，或謂之卷蠾，或謂之蝖毂。梁益之間謂之蛒，或謂之蝎，或謂之蛭蛒。秦晉之間謂之蠹。郭璞注云：亦呼當齊，或呼地蠶，或呼蟦蝖。是土中之蟦、木中之蠹，同類而通名。故衞風碩人篇：領如蝤蠐。正義引爾雅釋之，以爲蟦也、蠐螬也、蝤蠐也、蛣蝠也、桑蠹也，一蟲而六名也。本草云：蠐螬一名蟦蠐。蠐螬，雙聲字；蟦蠐，疊韻字也。單言之，則或爲蟦，或爲螬。爾雅：蟦，蠐螬。孟子滕文公篇：井上有李，螬食實者過半矣。是也。名醫别錄云：一名蠀齊，一名敎齊。蠀齊與蟦蠐通，聲轉而爲敎耳。莊子至樂篇：烏足之根爲蠐螬。司馬彪本作螬蠐，云：蝎也。螬蠐卽蝤蠐，蠐螬聲相近也。論衡無形篇云：蠐螬化而爲復育，復育轉而爲蟬。御覽引博物志云：蠐螬以背行，駃於用足，皆其情狀也。各本脫也字，今補。

蟐蠡、蛆蚭、蚨虷、蚰蜒也。

爾雅：螾衙，入耳。郭璞注云：蚰蜒也。邢昺疏云：此蟲象蜈蚣，黃色而細長，呼爲吐古，喜入耳者也。陳藏器本草拾遺云：蚰蜒色正黃，大者如釵股，其足無數。此蟲好脂油香，能入耳及諸竅中，以驢乳灌之，化爲水。是其性也。方言云：蚰蜒，自關而東謂之螾衙，或謂之入耳，或謂之蟐蠡，趙魏之間或謂之蚨虷，北燕謂之蛆蚖、郭璞注云、江東又呼蛩、淮南泰族訓昌羊去蚤蝨而人弗席者、爲其來蚙窮也、御覽引高誘注云、蚙窮幽冀謂之蛸蚔、入耳之蟲也、案蛸蚔與蚰蚭聲相近、蚰蜒與螾衜聲之轉、謂之蚰蜒者、言其行蜿蜒然也、鄭注考工梓人云、卻行、螾衍之屬、釋文云、此蟲能兩頭行、是卻行也、

蛛蝥、罔工、蠾蝓、蝳蜍也、

蛛一作鼄、蝥一作蟊、蠾一作蝓、爾雅、次蟗、鼅鼄、鼅鼄鼄蝥、郭璞注云、今江東呼蝃蝥、說文蝃作蠿、云蠿蟊作罔蛛蟊也、蛛與蝃、聲之轉耳、方言、鼅鼄、鼄蝥也、自關而西秦晉之閒謂之鼄蝥、自關而東趙魏之郊謂之鼅鼄、或謂之蠾蝓、蠾蝓者、侏儒語之轉也、北燕朝鮮洌水之閒謂之蝳蜍、郭璞注云、齊人又呼社公、亦言罔工、罔與网同、各本网譌作冈、今訂正、罔工以作罔得名也、賈子禮篇云、蛛蝥作罟、太元務次五、蜘蛛之務、不如蠶之綸、測曰、蜘蛛之務、無益人也、玉篇云、蝳蜍、肥大鼅鼄、蝳蜍、蠾蝓、聲亦相近耳、

蛺蜨、蟞蛈也、

蜨與蝶同、說文、蛺、蛺蜨也、莊子至樂篇、烏足之根爲蠐螬、其葉爲胡蝶、胡蝶、胥也、司馬彪注云、胡蝶、蛺蝶也、古今注云、蛺蝶、一名野蛾、一名風蝶、江東呼爲撻末、色白背青者是也、其大如蝙蝠者、或黑色、或青斑、名爲鳳子、一名鳳車、一名鬼車、生江南柑橘園中、

暴、趗織、蛀孫、蜻蛚也、

暴一作蛬、一作蛩、趗一作促、蛀一作王、爾雅云、蟋蟀蛬、唐風蟋蟀篇蟋蟀在堂、正義引李巡爾雅注云、蛬、一名蟋蟀、蟋蟀、蜻蛚也、月令季夏之月、蟋蟀居壁、正義引孫炎爾雅注云、蟋蟀、蜻蛚也、梁國謂蛬、方言、蜻蛚、楚謂之蟋蟀、或謂之蛬、南楚之閒謂之蛀孫、古今注云、蟋蟀、一名吟蛩、一名蛩蛩、與暴同、今人謂之屈屈、則暴之轉聲也、陸機詩義疏云、蟋蟀似蝗而小、正黑有光澤如漆、有角翅、一名蛬、一名蜻蛚、楚人謂之王孫、幽州謂之趨織、里語曰、趨織鳴、嬾婦驚、是也、古詩云、促織鳴東壁、李善注引春秋考異郵、立秋、趣織鳴、宋均注云、趣織、蟋蟀也、立秋女功急、故趣之、御覽引春秋說題詞云、趣織之爲言趣織也、織與事遽、故趣織鳴、女作兼也、鹽鐵論論菑篇、涼風至、蜻蛚鳴、一作精列、考工記梓人、以注鳴者、鄭注云、注鳴、精列屬、

炙鼠、津姑、螻蜮、蟓蛉、蛞螻、螻姑也、

姑一作蛄、爾雅、蝚、蛖螻、郭璞注云、蛖螻、螻蛄類、螜、天螻、注云、螻蛄也、引夏小正曰、螜則鳴、埤雅引孫炎爾雅正義云、螜是雄者、喜鳴善飛、雌者腹大羽小、不能飛翔、食風與土也、炙鼠、蘇頌本草圖經引作碩鼠、炙碩聲相近也、各本炙譌作灸、今訂正、字一作石、一作鼫、廣韻、螻蛄、一名仙蛄、一名石鼠、晉九四、晉如鼫鼠、正義云、鼫鼠有五能、而不成伎之蟲也、引蔡邕勸學篇云、鼫鼠五能、不成一伎、又引王注云、能飛不能過屋、能緣不能窮木、能游不能度谷、能穴不能掩身、能走不能先人、本草經云、螻蛄、一名鼫鼠、謂此也、蓺文類聚引魏風碩鼠篇義疏云、碩鼠、樊光謂即爾雅鼫鼠也、許慎云、鼫鼠、五伎鼠也、今之河東有碩鼠、大能人立、交前兩腳於頭上、跳舞善鳴、食人禾稼、逐則走入樹空中、亦有五伎、或謂雀鼠、其形大、故敘云、大鼠也、魏、今河東河北縣也、詩言其方物、宜謂此鼠、本草又謂螻蛄爲石鼠、亦五伎、古今方土名蟲鳥物異名

同、故記也、然則螻蛄亦名碩鼠、同有五伎、詩言無食我黍、乃專譏田鼠之貪、易言晉如鼫鼠、或可以螻蛄爲說耳、螻蛄、疊韻字、聲轉而爲螻蜮、倒言之則爲蛞螻矣、方言云、螻螲謂之螻蛄、或謂之蟓蛉、南楚謂之杜狗、或謂之蛞螻、今人謂此蟲爲土狗、即杜狗也、順天人謂之拉拉古、即螻蛄之轉聲也、其單言之則或爲螻、呂氏春秋應同篇、黃帝之時、天先見大螾大螻、高誘注云、螻、螻蛄也、愼小篇、巨防容螻、注云、隄有孔穴、容螻蛄也、或又謂之蟉蛄、埤雅引廣志小學篇云、螻蛄、會稽謂之蟉蛄、孟子滕文公篇、蠅蚋姑嘬之、釋文云、蚋、諸本或作蟉、一說云、蟉姑、即螻蛄也、蟉與螻聲正相近矣、螻蛄短翅四足、穴土而居、至夜則鳴、聲如蚯蚓、

蛆蟝、馬蝬、馬蚿也、

即下文馬蟣、蠲蛆也、蟣與蝬聲之轉、蠲蛆與蛆蟝聲之遞轉也、爾雅云、蛝、馬蟣、蛝與蚿、亦聲之轉、方言、馬蚿、北燕謂之蛆蟝、其大者謂之馬蚰、郭璞注云、今關西云馬蚰、蚰與蝬同、字通作軸、御覽引吳普本草云、

馬蚿、一名馬軸、又謂之馬陸、本草云、馬陸一名百足、馬陸猶言馬蜒也、草名蓫薚、一名商陸、蟲名馬蜒、一名馬陸、皆聲近而轉耳、蚯蠑之轉聲爲蠽蛆、又轉而爲秦渠、高誘注呂氏春秋季夏紀云、馬蚿、幽州謂之秦渠是也、又轉而爲商蚷、莊子秋水篇使商蚷馳河、必不勝任矣、司馬彪注云、商蚷、蟲名、北燕謂之馬蚿、是也、蚿之轉聲爲蜋、又轉而爲蠲、爲蚼、說文云、蠲、馬蠲也、引明堂月令云、腐艸爲蠲、郭璞注爾雅馬蠸云、馬蠲、蚼也、俗呼馬蜒、是也、又轉而爲蠸、爲蚈、呂氏春秋季夏紀、腐草化爲蚈、高誘注云、蚈、馬蚿也、蚈讀蹊徑之蹊、御覽引許慎淮南時則訓注云、草得陰而从極陰中反陽、故化爲蚈、蚈、馬蠸也、是也、莊子秋水篇、蘷憐蚿、蚿憐蛇、蘷謂蚿曰、吾以一足趻踔而行、今子之使萬足、獨奈何、蚿謂蛇曰、吾以衆足行而不及子之無足、何也、司馬彪注云、蚿、馬蚿蟲也、蘷一足、蚿多足、蛇無足、故淮南氾論訓云、蚈足衆而走不若蛇、物固有衆不若少者也、李當之本草云、此蟲長五六寸、狀如大蛩、夏月登樹鳴、冬則蟄、今人呼爲飛蚿蟲、故宋書王素傳云、山中有蚿蟲、聲清長、聽之使人不厭也、蘇恭本草注云、襄陽人名爲馬蚿、亦呼馬軸、亦名刀環蟲、以其死側臥、狀如刀環也、寇宗奭云、即今百節蟲、

廣雅疏證　卷第十下　七

蠓螉、蜂也、蠆

說文、蠭、飛蟲螫人者、蠭與蜂同、爾雅、土蠭、郭璞注云、今江東呼大蠭在地中作房者爲土蠭、啖其子、即馬蠭也、今荊巴閒呼爲蟺、木蠭、注云、似土蠭而小、在樹上作房、江東亦呼爲木蠭、人食其子、方言、蠭、燕趙之閒謂之蠓螉、檀弓、范則冠而蟬有緌、內則、爵鷃蜩范、鄭注並云、范、蜂也、埶文類聚引廣雅、范、蜂也、集韻引作蠆、今本脫蠆字、

蠮、螠也、

即下文蠮螉也、螠、或作蠭、玉篇、螠、小蜂也、蠭、小蜂也、蠮、螠、螉也、蠮同上、各本蠮譌作蟡、今訂正、方言、蠭其小者謂之蠮螉、或謂之蚴蜕、蚴蜕也、蠮螉也、螠也、一聲之轉也、爾雅、果臝、蒲盧、螟蛉、桑蟲、郭璞注云、果臝、即細腰蜂也、俗呼爲蠮螉、說文、蠣臝、蒲盧、細要土蠭也、天地之性、細要純雄無子、引小雅小宛篇、螟蠕有子、蠣臝負之、小宛箋云、蒲盧取桑蟲之子、負持而去、煦嫗養之、以成其子、御覽引義疏云、蜾臝、土蜂、一名蒲盧、似蜂而小腰、取桑蟲負之於木空中、筆筒中、七日而化其子、里語曰、祝云象我象我、也、法言學行篇亦云、螟蛉之子殪而逢蜾臝、祝之曰類我類我、久則肖之矣、又列子天瑞篇、純雄其名稺蜂、張湛注云、稺、小也、此無雌而自化、莊子天運篇、細要者化、司馬彪注云、蜂之屬也、取桑蟲祝使似已也、庚桑楚篇、奔蜂不能化藿蠋、司馬彪云、奔蜂、小蜂也、一云土蜂、是舊說皆言此蜂取他蟲爲子也、而本草蠮螉陶注云、今一種黑色、腰甚細、銜泥於人壁及器物邊作房、如并竹管、其生子如粟米大、置中、乃捕取草上青蜘蛛十餘枚、滿中、仍塞口、以擬其子大爲糧也、其一種入蘆竹管中者、亦取草上青蟲、一名螟蛉、詩人云、螟蛉有子、蜾臝負之、言細腰物無雌、皆取青蟲教祝、便變成己子、斯爲謬矣、蘇頌圖經云、物類變化、固不可度、蚱蟬生於轉丸、衣魚生於瓜子、龜生於蛇、蛤生於雀、白鷃之相視、負螽之相應、其類非一、若桑蟲蜘蛛之變爲蜂、不爲異矣、如陶所說、卵如粟者、未必非祝蟲而成之也、蠮螉銜土作房、故又有土蜂之名、與爾雅土

廣雅疏證　卷第十下　八

蠭地中作房者同名而異實、陶氏云、雖名土蜂、不就土中爲窟、謂摙土作房、爾

尺蠖、蠀蝛也、

爾雅、蠖、尺蠖、釋文引字林云、蝍蝛、蚇蠖也、蝍與蠀同、蚇與尺同、方言、蠀蝛謂之蚇蠖、郭璞注云、又呼步屈、衆經音義卷十八云、尺蠖、一名尋桑、引纂文云、吳人以步屈名桑闔、是其異名也、說文、尺蠖、屈申蟲也、繫辭傳云、尺蠖之屈、以求信也、考工記弓人麋筋斥蠖灂、鄭注云、斥蠖、屈蟲也、斥與尺同、尺蠖之行、屈而後申、故謂之步屈、又謂之蠀蝛、蠀蝛者、趑趄之轉聲、說文云、趑趄、行不進也、廣韻、蝛作蟰、音縮、云、蝍蟰、尺蠖也、則蝍蟰之名、正以退縮爲義矣、御覽引舍人爾雅注云、螟蛉、桑小青蟲也、似步屈、是尺蠖與桑蟲同類、故有尋桑、桑闔之名、晏子春秋外篇云、尺蠖食黃則黃、食倉則蒼、謂其食樹葉也、埤雅云、蚇蠖似蠶、食葉老亦吐絲作室、化而爲蝶、各本蠖字誤在蠀字下、今訂正、

蚴蜕、土蜂、蠮螉也、

詳見上文蟋蟀也下、

芈芈、齕肬、螗蜋也、

爾雅、不過、蟷蠰、其子、蜱蛸、郭璞注云、蟷蠰、螗蜋別名、蜱蛸、一名蟳蟭、蟷蠰、卵也、莫貈、螳蜋、蛑、注云、螳蜋、有斧蟲、江東呼爲石蜋、方言、螳螂謂之髦、或謂之虰、或謂之蝆、蝆、注云、又名齕肬、集韻、蝆、母婢切、蝆蝆、螗蜋也、蝆與芈同、各本芈譌作芊、今訂正、說文、堂蜋、一名斫父、月令、仲夏之月、螳蜋生、鄭注云、螳蜋、螵蛸母也、蓺文類聚引鄭志荅王瓚問云、今沛魯以南謂之蟷蠰、三河之域謂之螳蜋、燕趙之際謂之食肬、齊濟以東謂之馬敫、然名其子則同云、螵蛸、是以注云、螳蜋螵蛸母也、高誘注呂氏春秋仲夏紀云、螳蜋、一曰天馬、一曰齕疣、兗州謂之拒斧、疣與肬同、肬從尤聲、古音當爲羽其反、食肬、齕肬、皆疊韻字也、各本肬譌作眈、今訂正、諸書寫此字、或作肬、肬者肬之譌、或作厖者疣之譌也、本草云、桑螵蛸、一名蝕肬、蝕與食同、食肬螳蜋別名、非螵蛸也、本草誤耳、螳蜋、今謂之刀蜋、聲之轉也、其性勢悍、喜搏擊、莊子人閒世篇、女不知夫

螳蜋乎、怒其臂以當車轍、不知其不勝任也、山木篇覩一蟬、方得美蔭、螳蜋執翳而搏之、是也、御覽引范子計然云、螵蛸出三輔、又引吳普本草云、桑螵蛸、一名冒焦、冒焦、蟳蟭、皆螵蛸之轉聲也、蜀本草圖經云、螵蛸多在小桑樹上、叢荊棘閒、並螳蜋卵也、三月四月中、一枝出小螳蜋數百枚、

蟳蟭、烏洟、冒焦、螵蛸也、

詳見上條、

蟅蟒、蚮也、

卽下文螽蝗也、說文、螽作螽、云、螽、蝗也、爾雅、阜螽、蠜、召南草蟲篇、趯趯阜螽、正義引李巡爾雅注云、阜螽、蝗子也、義疏云、今人謂蝗子爲螽子、兗州人謂之螣、許愼云、蝗、螽也、蔡邕云、螽、蝗也、明一物、方言、蟒、宋魏之閒謂之蚮、南楚之外謂之蟅蟒、或謂之蟒、或謂之螣、郭璞注云、卽蝗也、亦呼虴蛨、案虴蛨猶言蟅蟒也、蚮、猶言螣也、方俗語有重輕耳、蚮、一作蟘、爾雅、食葉、蟘、小雅大田篇、去其螟螣、正義引舍人爾雅注以螣爲蝗也、月令、百螣時起、鄭注云、螣、蝗屬、言百者、明衆類並爲害、高誘注呂氏春秋仲夏紀云、百螣、動股之屬、兗州人謂蝗爲螣、又注淮南時則訓云、百螣、動股蝗屬也、是鄭以螣爲蝗名、高以百螣爲蝗名也、案百螣、聲相近、蝗謂之螣、又謂之虴蛨、因又謂之百螣、與蛨、聲相近、蝗謂之螣、又謂之虴蛨、因又謂之百螣、與春秋桓公五年、螽、杜預注云、螽、蚣蝑之屬、爲災故書蓺文類聚引洪範五行傳云、介蟲有甲能蜚揚之類、陽氣所生、於春秋爲螽、今謂之蝗、又引春秋佐助期云、螽之爲蟲、赤頭甲身而翼、飛行陰中陽也、螽之爲言衆暴衆也、案螽之言衆多也、醜類衆多、斯謂之螽矣、顏師古注文帝紀云、蝗卽螽也、食苗爲災、今俗呼爲簸蝩、簸蝩卽阜螽之轉聲也、嚴粲詩緝云、周南螽斯羽、詵詵兮、螽斯蝗也、卽阜螽也、斯語助也、猶鹭斯鹿斯也、非七月所謂斯螽也、螽蝗生子最多、信宿卽羣飛、因飛而見其多、故以羽言之、喻子孫之衆多也、今考爾雅云、阜螽、蠜、李氏、陸機、許氏、蔡邕之說、阜螽卽蝗也、蠜也、螣也、同是一物、爾雅又云、蜇螽、蜙蝑、此別是一物、蝗之類也、螽斯卽阜螽、非蜇螽也、毛氏誤以此螽斯爲蜙蝑、孔氏因之、遂以螽斯、斯螽爲一物、今案嚴氏以斯爲語辭、螽爲阜螽、是也、其仍謂之螽

斯、則非也、螽斯、羽猶言麟之趾耳、斯之二字、用以足句、非謂螽爲螽斯、麟爲麟之也、詩言如鳥斯翼矣、又言有兔斯首矣、豈得謂之鳥斯兔斯哉、

蜙蝑、䗥蟍也、

聲之轉也、蜙與蚣同、爾雅、蜇螽、蚣蝑、郭璞注云、蚣蝑也、俗呼蝽蟍、方言、春黍謂之䗥蝑、注云、又名蚣蝑、江東呼虴蛨、豳風七月篇、五月斯螽動股、傳云、斯螽、蚣蝑也、周南螽斯篇正義引義疏云、幽州人謂之春箕、春箕卽春黍、蝗類也、長而青、長角長股、股鳴者也、或謂似蝗而小、班黑、其股似瑇瑁文、五月中以兩股相切作聲、聞數十步、考工記梓人以股鳴者、鄭注云、蚣蝑、動股屬、今揚州人謂色青者爲青抹札、班黑者爲土抹札、土抹札、蓋卽爾雅之土螽蠰谿也、郭璞注土螽云、似蝗而小、正與詩義疏相合矣、䗥、各本譌作蠢、今訂正、

蝍蛆、吳公也、

吳公、一作蜈蚣、爾雅、蒺蔾、蝍蛆、玉篇、螏蟍、蝍蛆、能食蛇、亦名蜈蚣、莊子齊物論篇、蝍蛆甘帶、司馬彪注云、帶、小蛇也、蝍蛆好食其眼、釋文引廣雅、蝍蛆、蜈公也、淮南說林訓云、騰蛇游霧而始於蝍蛆、御覽引春秋考異郵云、土勝水、故蝍蛆搏蛇、宋均注云、蝍蛆生於土、蛇藏物、屬於坎、坎水也、爲隱伏、本草蜈蚣陶注云、一名蝍蛆、其性能制蛇、見大蛇、便緣而噉其腦是也、其郭璞注爾雅蝍蛆云、似蝗而大腹長角、能食蛇腦、與廣雅說異、案蔡邕短人賦云、蟄地蝗兮蘆蝍蛆、視短人兮形若斯、蝗與蝍蛆並稱、明爲二物相類、且似蝗大腹、體甚局促、故以況短人之狀、若蜈蚣似蚰蜒而長大、不得謂之爲短、是蔡邕賦蝍蛆、正與郭注相合、但蜈蚣同名蝍蛆、食蛇之技相等、則未知爾雅所云、當爲確指何物也、開元占經蟲蛇占引京房云、見山蝍蛆入于邑、此則生於山者、爾雅翼云、蜈蚣生溪山枯木中者、遇天將雨、羣就最高處作拏空欲奮之狀、

馬䗃、蠽蛆也、

詳見上文馬蚿也下、䗃、各本譌作踐、今訂正、

廣雅疏證　卷第十下　十一

蜻蛉、𪓰蛉、倉螘也、

爾雅、虰蛵、負勞、郭璞注云、或曰即蜻蛉也、江東呼狐棃、方言、蜻蛉謂之蝍蛉、注云、六足四翼蟲也、淮南人呼蠊蛜、說文、蛉、蜻蛉也、一名桑根、淮南齊俗訓、水蠆爲蟌、高誘注云、蟌、青蛉也、又注呂氏春秋精諭篇云、蜻蜓、小蟲、細腰四翅、一名白宿、列子天瑞篇、厥昭生乎濕、釋文引曾子云、狐蔾、一名厥昭、恒翔繞其水不能離去、又引師說云、狐蔾、蜻蛉蟲也、古今注云、蜻蛉一名青亭、色青而大者是也、小而黃者曰胡棃、一曰胡離、小而赤者曰赤卒、一名絳騶、一名赤衣使者、一名赤弁丈人、好集水上、案此蟲色青者爲蜻蛉、蜻蛉之言蒼筤也、說卦傳、震爲蒼筤竹、九家易云、蒼筤、青也、故又謂之倉螘、又謂之蟌、倉猶蒼也、蟌猶蔥也、爾雅云、青謂之蔥、由蜻蛉轉之則爲𪓰蛉、爲蜻蜓、又轉之則爲桑根、桑根猶言蒼筤耳、楚策云、蜻蛉六足四翼、飛翔乎天地之間、俛啄蚉蝱而食之、仰承甘露而飲之、此其情狀也、御覽引尸子云、荊莊王命養由基射蜻蛉、拂左翼、蜻蛉身輕翼薄、故中之爲難矣、今人通呼蜻蜓、順天人謂之流離、或謂之馬郎、

蛷螋、蟱蛷也、

蛷、一作𧈪、說文、𧈪、多足蟲也、衆經音義卷九引通俗文云、務求謂之蚑蛷、關西呼蚤螋爲蚑蛷、務求與蟱蛷同、周官赤犮氏凡隙屋除其貍蟲、鄭注云、貍蟲、䗪、肌求之屬、釋文、求本或作蛷、疑即蚑蛷也、蚑與肌聲之轉耳、博物志云、蠷螋蟲溺人影、隨所箸處生瘡、本草拾遺云、蠷螋蟲能溺人影、令發瘡、如熱沸而大、繞腰、蟲如小蜈蚣、色青黑、長足、蠷螋、蛷螋、亦聲之轉耳、今揚州人謂之蓑衣蟲、順天人謂之錢龍、長可盈寸、行於壁上、往來甚捷、

蠠、蠬、蝱也、

說文、蝱、齧人飛蟲也、玉篇、蠠、小蝱也、蠬、似蝱而小、青班色、齧人、淮南說林訓、兔齧爲蠪、高誘注云、兔所齧草、靈在其心中、化爲蠪、一說兔齧蟲名、蠪與蠬同、一名爲蜠、玉篇云、蜠、班身小蝱也、其有小蝱齧牛馬者

廣雅疏證　卷第十下　十二

別名蠁、楚語云、譬之如牛馬、處暑之既至、蝱蠁之既多、而不能掉其尾、韋昭注云、大曰蝱、小曰蠁、本草木蝱、一名魂常、陶注云、此蝱不噉血、狀似蝱而小、蘇恭注云、小蝱名鹿蝱、大如蠅、齧牛亦猛、

蜚、蠦蜰也、

即下文飛蟅、飛蠊也、爾雅、蜚、蠦蜰、說文、蠹、臭蟲、負蠜也、漢書五行志云、莊公二十九年有蜚、劉歆以爲負蠜也、性不食穀、食穀爲災、介蟲之孽、劉向以爲蜚色青、近青眚也、非中國所有、南越盛暑、男女同川澤、淫風所生、爲蟲臭惡、本草謂之蜚蠊、陶注云、形似䗪蟲而輕小能飛、本在草中、八月九月知寒、多入人家屋裏逃爾、有兩三種、以作廉薑氣者爲眞、南人亦噉之、蘇恭注云、此蟲味辛辣而臭、漢中人食之、言下氣、名曰石薑、一名盧蜰、一名負盤、別錄云、形似蠶蛾、腹下赤、此即南人謂之滑蟲者也、別錄又有行夜蟲、一名負盤、陶注云、今小兒呼氣盤、或曰屁盤蟲者也、陳藏器云、竊盤蟲、一名負盤、蜚蠊又名負盤、雖則相似、非一物、戎人食之、味極辛辣、竊盤蟲、有短翅、飛不能遠、好夜中行、觸之氣出也、

朝蜏、孳母也、

蜏、一作秀、莊子逍遥遊篇、朝菌不知晦朔、淮南道應訓引作朝秀、高誘注云、朝秀、朝生暮死之蟲也、生水上、似蠶蛾、一名孳母、海南謂之蟲邪、案菌者蜏之轉聲、莊子、朝菌不知晦朔、蟪蛄不知春秋、皆謂蟲也、上文云之二蟲者、又何知、謂蜩與學鳩、此云不知晦朔、亦必謂朝生之蟲、蟲者微有知之物、故以知不知言之、若草木無知之物、何須言不知也、訓爲芝菌者失之矣、蓺文類聚引廣志云、蜉蝣在水中、翕然生覆水上、尋其从隨流、與高注相合、其即朝秀與、

孑孑、蜎也、

爾雅、蜎、蠉、郭璞注云、井中小蛣蟩赤蟲、廣雅云、一名孑孑、釋文、孑、紀劉反、孑、九月反、各本孑譌作孒、今訂正、說文、肙、小蟲也、肙與蜎同、莊子秋水篇、還虷蟹與科斗、釋文云、虷、井中赤蟲也、一名蜎、淮南說林訓、孑孑爲蟁、高誘注云、孑孑、結蟨、水上到跂蟲、衆經音義卷三引通俗文云、蜎化爲蚊、案到跂蟲、今止水中多

生之、其形首大而尾銳、行則掉尾至首、左右回環、止則尾浮水面、首反在下、故謂之到跂蟲、爾雅翼云、俗名釘到蟲、即到跂之義、釘到之言顛到也、今揚州人謂之翻跟頭蟲、將爲蚊、則尾端生四足、蛻于水面而改出焉、考工記廬人、刺兵欲無蜎、鄭注云、蜎、掉也、謂若井中蟲蜎之蜎、蜎蟲屈曲搖掉而行、故舉以相況與、蜎之言宛曲也、蠉之言回旋也、蛣蟩之言詰屈也、皆象其狀、孑孑猶蛣蟩耳、

螽、蝗也、

詳見上文蟅蟒螽也下、各本俱脫也字、今補、

蚯蚓、蜿蟺、引無也、螾、

爾雅、螼蚓、豎蠶、郭璞注云、即蛩蟺也、江東呼寒蚓、螼蚓、蚯蚓、聲之轉也、又轉而爲曲蟺、古今注云、蚯蚓、一名蜿蟺、一名曲蟺、善長吟於地中、江東謂之歌女、或謂之鳴砌、一作蛐蟮、郭璞注方言蟥塲謂之坥云、螾蛐蟮也、又轉而爲蠢蠉、爲朐䏰、高誘注淮南時則訓云、邱螾、蠢蠉也、後漢書吳漢傳注、朐䏰縣屬巴郡、十三州志、朐音蠢、䏰音閏、其地下溼、多朐䏰蟲、因以名焉、今揚州人謂之寒蟪、即寒蚓也、廣韻云、蟪、蚯蚓也、吳楚呼爲寒蟪、大戴禮易本命篇、食土者無心而不息、盧辯注云、蚯蚓之屬、不氣息也、孟子滕文公篇、夫蚓上食槁壤、下飲黃泉、是其食土也、月令、孟夏之月邱蚓出、仲冬之月、邱蚓結、蔡邕章句云、結、猶屈也、邱蚓屈首下鄉陽氣、氣動則宛而上首、故其結而屈也、邱蚓之形屈曲、故謂之蜿蟺、又謂之蚼蜿、蜿蟺之言宛轉也、蚼之言曲也、各本俱脫蚼字、集韻引廣雅、蚼蜿蟺也、蜿蟺下無引無二字、諸書亦無言蚯蚓名引無者、疑蜿蟺下有衜字、曹憲音引、典集韻所引廣雅本正文已脫衜字、其後音內引典二字遂誤入正文典字又譌爲無也、考工記梓人、卻行仄行、鄭注云、卻行螾衍之屬、劉昌宗云、螾衍或作衍蚓、今曲蟮也、是曲蟮一名衍蚓、衍與衜同、典無字形相亂、若大戴禮千乘篇典命、今本譌作無命也、

負蠜、蟅也、

蠜、一作蟠、爾雅、蟠、鼠負、郭璞注云、瓮器底蟲、蛜威、委黍、注云、舊說鼠婦別名、說文、蛜威、委黍、委黍、鼠婦也、

又云、蟠、鼠婦也、御覽引說文作蟠、蟅、鼠婦也、豳風東山篇、伊威在室、義疏云、伊威、一名委黍、一名鼠婦在壁根下甕底土中生、似白魚者也、本草云、鼠婦、一名負蟠、一名蛜蝛、又云、䗪蟲、一名地鱉、名醫別錄云、一名土鱉、陶注云、形扁扁如鱉、故名土鱉、而有甲不能飛、小有臭氣、蘇恭注云、此物好生鼠壤土中及屋壁下、狀似鼠婦而大者寸餘、形小似鱉無甲但有鱗也、然則䗪蟲與鼠婦一種而小異、故鼠婦謂之負蠜、亦謂之蟅、說文、蟠、蟅、鼠婦也、玉篇、蟅、鼠婦、負蠜也、皆通釋之也、負與婦、黍與鼠、古字通用、非有意義、而本草陶注乃謂鼠在坎中、背負此蟲、因以作婦字爲乖理、案阜螽名蠜、䗪蟲名負蠜、豈得謂之背負阜螽邪、陶之所說、未爲通曉也、䗪蟲粉白色、背有橫文、腹下多足、多生大水瓨底或牆根溼處、故又謂之狸蟲、周官赤犮氏、凡隙屋除其狸蟲、鄭注云、狸蟲、䗪肌求之屬、

飛蟅、飛蠊也、

詳見上文蟿蟔蟨也下、

虎王、蝟也、

爾雅彙毛刺郭璞注云今蝟狀似鼠說文彙蟲似豪豬而小或從虫作蝟廣韻引說文作彙蟲也似豪豬而小御覽引孝經援神契云蝟多刺故不使超踰揚推淮南說山訓云膏之殺鼈鵲矢中蝟高誘注云中亦殺也史記龜策傳蝟辱於鵲集解引郭璞曰蝟能制虎見鵲仰地所引蓋郭氏爾雅贊也易林豫之比云虎飢欲食爲蝟所伏本草蝟皮陶注云田野中時有此獸人犯近便藏頭足毛刺人不可得捉能跳入虎耳中而見鵲便自仰受啄物有相制不可思議爾然則蝟能制虎故有虎王之名說苑辨物篇則云鵲食蝟蝟食鵔鸃鵔鸃食豹豹食駮駮食虎是蝟又制鵔鸃不獨制虎也○謂之彙者言其毛刺外向有棣彙也孫炎注爾雅棣其實棣云有棣彙自裹義通於此矣彙在爾雅釋獸此入釋蟲者以其微小則謂之蟲說文云物之微細或行或飛或毛或蠃或介或鱗以虫爲象故彙字或從虫作蝟而以爲蟲似豪豬也本草蝟皮列在蟲魚中品義亦與此同

沙蝨、蝦蜁也、

御覽引廣志云沙蝨色赤大不過蟣在水中入人皮中殺人又引淮南萬畢云沙蝨一名蓬活一名地脾蓬活即蝦蜁之轉聲也蝦蜁之言便旋也方言旋短也郭璞注云便旋庳小貌也抱朴子登涉篇云沙蝨新雨後及暑暮前跋涉必著人其大如毛髮之端初著人便入其皮裏其所在如芒刺之狀小犯大痛可以鍼挑取之正赤如丹著爪上行動若不挑之蟲鑽至骨便周行走入身其與射工相似皆殺人○是其情狀也本草又有石蠶一名沙蝨李當之云草根類蟲形如老蠶生附石陶云是生氣物猶如海中蠣蛤輩附石生亦皆活物也

天社、蜣蜋也、

爾雅蛣蜣蜣蜋郭璞注云黑甲蟲噉糞土者說文蝍字注云渠蝍一曰天社集韻類篇引說文作渠蝍蜋御覽引作蝍蜋無渠字案說文蟟螶蟟也一曰蜉蝣朝生莫死者是爾雅之蜉蝣渠略說文作螶蟟不作渠蝍也蝍上不當有渠字又玉篇蜣邱良切蜣蜋啖糞蟲也蝍與蜣同又其虐切廣韻蝍其虐切天社蟲也又邱良切是蜣字或作蝍也此文天社蜣蜋也及玉篇廣韻之訓俱本說文則說文蝍下當有蜋字御覽所引者是也社各本譌作杜今訂正古今注云蜣蜋能以土苞糞推轉成丸圓正無斜角一名弄丸一名轉丸爾雅翼云蜣蜋似有雌雄以足撥取糞頁之成丸相與遷之其一前行以後兩足曳之其一自後而推致頁乃掘地爲坎納丸其中覆之而去不數日而丸中若有動者又一二日則有蜣蜋自其中出而飛去蓋是孚乳其中以此覆裹之藉之以生然或言蜣蜋能化爲蟬所爲轉丸藉以變化也蛣蜣謂之蜣蜋故似蛣蜣者謂之渠略渠略蜣蜋語之轉也郭璞注爾雅蜉蝣渠略云似蛣蜣

白魚、蛃魚也、

爾雅蟫白魚郭璞注云衣書中蟲一名蛃魚本草云衣魚一名白魚蘇頌圖經云今人謂之壁魚白魚能齧書及衣故又名蠹魚玉篇蠹白魚也周禮翦氏掌除蠹物鄭注云蠹物穿人器物者蠹魚亦是也穆天

子傳蠹書於羽陵郭璞注云暴書蠹蟲因曰蠹書也鄭風溱洧篇義疏云蘭香草藏衣著書中辟白魚爾雅翼云衣書中蟲始則黃色既老而身有粉視之如銀故名曰白魚白與蛃聲之轉蛃之爲言猶白也淮南原道訓馮夷大丙之御高誘注云丙或作白是其例也蟫之爲言蟫蟫然也後漢書馬融傳蝡蝡蟫蟫李賢注云動貌

土蛹、蠁蟲也、

爾雅國貉蟲蠁郭璞注云今呼蛹蟲爲蠁引廣雅土蛹蠁蟲也說文蠁知聲蟲也司馬相如作蚼又云禹蟲也象形玉篇云蠁禹蟲也案蠁之言響也知聲之名也禹之言聥也亦知聲之名也說文云聥張耳有所聞也是其義矣鹽鐵論散不足篇說富者所食云豐奕耳菜毛果蟲貉蓋即爾雅所釋者埤雅云蠁善令人不迷引類從云帶蠁醒迷繞祠解惑也

樗鳩、樗鷄也、

爾雅鶾天雞郭璞注云小蟲黑身赤頭一名莎雞又曰樗雞豳風七月篇六月莎雞振羽傳云莎雞羽成而振訊之正義引李巡爾雅注云一名酸雞陸機義疏云莎雞如蝗而班色毛翅數重其翅正赤或謂之天雞六月中飛而振羽索索作聲幽州人謂之蒲錯御覽引廣志云莎雞似蠶蛾而五色亦曰犨雞名醫別錄云樗雞生河內川谷樗樹上陶注云形似寒螿而小蘇頌圖經引爾雅郭注而釋之云今所謂莎雞者生樗木上六月便出飛而振羽索索作聲人或畜之樊中但頭方腹大翅羽外青內紅而身不黑頭亦不赤此殊不類蓋別一種而同名也今在樗木上者人呼紅娘子頭翅皆赤乃如郭說然不名樗雞疑即是此蓋古今之稱不同耳據此則樗雞有二種也

螌蝥、旻青也、

詳見上文青蠵也下、

蝮蜟、蛻也、

蛻之言脫也說文蛻蛇蟬所解皮也秦謂蟬蛻曰蛩

衆經音義卷十三引字林云蝮蜟蟬皮也論衡無形篇云蠐螬化爲復育復育轉而爲蟬蟬生兩翼不類蠐螬奇怪篇云夫蟬之生復育也闓背而出論死篇云蟬之未蛻也爲復育已蛻也去復育之體更爲蟬之形復育與蝮蜟同蟬之未蛻則未蛻者爲蝮蜟及其已蛻則所蛻者爲蝮蜟故以蝮蜟爲蛻也今樹下蟬皮皆背裂者知其闓背而出如蛹之爲蛾矣蘇頌本草圖經云蟬所蛻殼又名枯蟬本生於土中云是蜣蜋所轉丸久而化成此蟲至夏便登木而蛻今蜀中有一種蟬其蛻殼頭上有一角如花冠謂之蟬花、

蟱蝺、魚伯、青蚨也、

說文青蚨水蟲可還錢御覽引淮南萬畢術青蚨還錢青蚨一名魚伯以其子母各等置甕中埋東行陰垣下三日復開之即相從以母血塗八十一錢亦以子血塗八十一錢以其錢更互市置子用母置母用子錢皆自還也陳藏器本草拾遺引搜神記云南方有蟲名蟱蝺如蟬而大辛美可食其子如蠶種取其子歸則母飛來雖潛取必知處殺其母塗錢子塗貫用錢則自還初學記引云其子著草葉如蠶種淮南術以之還錢名曰青鳧鳧與蚨同南海藥譜引異物志云青蚨生南海諸山雄雌常處不相捨抱朴子對俗篇云魚伯識水旱之氣蜉蝣曉潛泉之地、

虷、蠽、蛤蜡、蛘也、

楚語云譬之如牛馬處暑之既至蠽䖟之既多而不能掉其尾韋昭注云大曰䖟小曰蠽上文蠛蠓蠓也已皐小䖟之名則此蠽非復䖟蟲矣爾雅蛄䗐強蛘郭璞注云今米穀中蠹小黑蟲是也建平人呼爲蛘子音羊姓釋文云蛘郭音羊必婢反本或作羊說文作羊字林作蛘弋丈反或是此與

釋魚

鯸鮔、魺也、

鮔一作鮐北山經敦薨之水其中多赤鮭郭璞注云今名鯸鮐爲鮭魚音圭吳都賦王鮪鯸鮐劉逵注云

鯸鮐魚狀如科斗大者尺餘腹下白背上青黑有黃文性有毒雖小獺及大魚不敢餤之蒸煮餤之肥美豫章人珍之論衡言毒篇云毒螫渥者在魚則爲鮭與鮗鱫故人食鮭肝而死本草拾遺云鯢魚肝及子有大毒一名鵝夷魚以物觸之即嗔腹如氣毬亦名嗔魚腹白背有赤道如印魚目得合與諸魚不同鯢即鮭之俗體鵝夷即鯸鮔之轉聲今人謂之河豚者是也河豚善怒故謂之鮭又謂之魺鮭之言恚魺之言訶釋詁云恚訶怒也魺曹憲音河各本脫去魺字音內河字遂誤入正文句末又脫也字與下文鯳魧鱺魠也混爲一條案諸書無以鯸鮔爲魠者魠爲黃頰魚非鯸鮔也玉篇魺戶多切魚名正與河字同音又云鯸鮔魺也食其肝殺人是鯸鮔名魺不名魠魺字從魚不從水也集韻鮔字引博雅鯸鮔鯳也鯳字引博雅河鯳魠也魺字引廣雅魺魠也則宋時廣雅本已脫也字惟魺字尚有不誤者耳今據玉篇訂正、

鯳、魧、鱺、魠也、

說文魠哆口魚也史記司馬相如傳鯛鱺鰬魠徐廣注與說文同漢書注載郭璞注云魠鱤也一名黃頰

東山經、番條之山、減水出焉、其中多鱤魚、注亦云、一名黃頰、又謂之䱩、小雅魚麗篇、鱨鯊、傳云、鱨、揚也、義疏云、今黃頰魚也、似燕頭魚身、形厚而長大、頰骨正黃、魚之大而有力解飛者、徐州人謂之揚、黃頰通語也、今江東呼黃鱨魚、亦名黃頰魚、尾微黃、大者長尺七八寸許、李時珍云、鱤生江湖中、體似鯮而腹平、頭似鯇而口大、頰似鮎而色黃、鱗似鱒而稍細、大者三四十斤、啖魚甚毒、池中有此、不能畜魚、案頰黃、故一名黃頰、口大、故謂之哆口魚、韓詩外傳引傳曰、魚之侈口垂腴者、魚畏之、侈與哆同、盍哆口者恒能食魚

魠亦是也、

鮷、鯷、鮎也、

鮷、一作鮧、爾雅、鰋、鮎、孫炎云、鰋、一名鮎、郭璞以爲二魚、注鮎云、別名鯷、江東通呼鮎爲鮧、釋文引字林云、鯷、青州人呼鮎也、蜀都賦、鮷鱧魦鱨、李善注云、鮷、似鮎、名醫別錄陶注云、鮧、卽鯷也、今人皆呼慈音、卽是鮎魚、作臛食之、是鮷鯷皆鮎之別名也、若以形體言之、則鮎之大者乃名爲鮷、說文、鮷、大鮎也、廣韻、鮷、大鱧也、大鮎謂之鮷、大鱧亦謂之鮷、爲類雖殊、其命名之義則一也、爾雅、魾、大鱯、小者、鮡、衆經音義卷十一引孫炎注云、鱯似鮎而大、色白、釋文、鱯、下化反、又音獲、鱯卽鮷也、御覽引廣志云、鱯魚似鮎、大口、大口、故名爲鱯、周頌絲衣篇釋文引何承天云、魚之大口者名吴、胡化反、案其字當作鱯、音義皆協、承天不達字體乃臆撰吴字、從口下大、斯爲妄矣、今揚州人謂大鮎爲鱯子、聲如獲、古方言之存者也、爾雅翼云、鮧魚偃額、兩目上陳、頭大尾小、身滑無鱗、謂之鮎魚、言其黏滑也、案鯷亦黏滑之稱、鯷之言緹、釋詁云、緹、黏也、廣韻、鯷緹並音是義切、云緹、黏貌、楚辭九思云、鱣鮎兮延延、鱣與鱓同、鱓鮎皆魚之無鱗者、延延、長貌也、

鱺、鰑、鮦也、

鱺、一作鱧、一作鱶、爾雅、鱧、鯇、舍人云、鱧、一名鯇、郭璞以爲二魚、云鱧、鮦也、邢昺疏云、今鍾魚也、鮦與鍾音義同、又鰹、大鮦、小者鯇、注云、今青州呼小鱺爲鯇、說文云、鱶、鮦也、小雅魚麗篇、魚麗于罶、魴鱧、傳云、鱧、鮦也、陸氏義疏云、似鯉、頰狹而厚、本草、蠡魚、一名鮦魚、蠡與鱶同、陶注云、舊言是公蠣蛇所變、然亦有相生者、至難死、猶有蛇性、埤雅云、鱧、今元鱧是也、諸魚中惟此魚膽甘可食、有舌、鱗細有花文、一名文魚、與蛇通氣、其首戴星、夜則北向、案今人謂之烏魚、首有班文、鱗細而黑、故名鱺魚、鱺之言驪也、說文云、驪、馬深黑色、韓詩外傳、南假子過程本、本爲之烹鱺魚、南假子曰、聞君子不食鱺魚、豈以其有蛇性而惡之與、玉篇、廣韻並云、鰑、赤鱺也、鰑之言陽、赤色著明之貌、豳風七月篇、我朱孔陽、傳云、陽、明也、釋器云、赤銅謂之錫、聲義亦同、

鰿、鮒也、

井九二、井谷射鮒、劉逵吴都賦注引鄭注云、所生無大魚、但多鮒魚耳、言微小也、楚辭大招、煎鰿臛雀、王逸注云、鰿、鮒也、鰿之言茦也、方言云、茦、小也、爾雅云、貝大者魧、小者鰿、又云、蜠大而險、蟦小而橢、蟦鰿同義、小貝謂之鰿、猶小魚謂之鰿也、今鰿魚形似小鯉、色黑而體促、腹大而脊高、所在有之、說文作鰿字、

鰱、鱮也、

齊風敝笱篇、其魚魴鱮、箋云、鱮、似魴而弱鱗、義疏云、鱮、似魴而頭大、魚之不美者、故里語曰、網魚得鱮、不如啗茹、其頭尤大而肥者、徐州人謂之鰱、或謂之鱅、幽州人謂之鴞鷌、或謂之胡鱅、鱅、一作鰫、漢書司馬相如傳、鰅鰫鰬魠、郭璞注云、鰫、似鰱而黑、江賦云、鯪鰩鰱鰫、埤雅云、鱮魚色白、北土皆呼白鱮、故西征賦曰、華魴躍鱗、素鱮揚鬐也、今人通呼鰱子、

鯕、鯤也、

玉篇、鯤、大魚也、廣韻、鯕、鯤魚子也、宋玉對楚王問云、鯤魚朝發崑崙之墟、暴鬐於碣石、暮宿於孟諸、本草拾遺云、鯕魚生南海、有肉翅、尾長二尺、刺在尾中、逢物以尾撥之、食其肉而去其刺、

鮊、鱎也、

鮊之言白也、玉篇、鱎、白魚也、郭璞爾雅注云、鰋、今鰋額白魚、周頌思文篇正義引太誓云、太子發升舟、中流白魚入於王舟、鮊、一作鮊、石鼓文、又鱄又鮊、鄭樵云、卽鮊字、鱎、一作橋、說苑政理篇、大投綸錯餌、迎而

吸之者、陽橋也、其爲魚薄而不美、鱎之言皜也、趙岐孟子滕文公篇注云、皜皜、甚白也、今白魚生江湖中、鱗細而白、首尾俱昂、大者長六七尺、一名鮊、說文、鮊、白魚也、古今注云、白魚赤尾者曰魟、一曰魧、或云雌者曰白魚、雄者曰魟、

鮜、⿰魚果也、大⿰魚果謂之鰬、

小雅魚麗傳、鱧、鮦也、正義云、本或作鱧⿰魚果、說文云、⿰魚果、鱧也、鱧、鱯也、廣韻云、⿰魚果、魚似鮎也、據此則⿰魚果卽爾雅之鱯、衆經音義卷十一引孫炎注所云似鮎而大者也、大⿰魚果謂之鰬、亦卽爾雅之魾、大鱯矣、漢書司馬相如傳、鰅鰫鰬魠、郭璞注云、鰬似鱓、史記集解引漢書音義云、鰬、似⿰魚果而大、據此則⿰魚果爲鱓魚、鰬爲鰻鱺魚、鰬似⿰魚果而大、故云、大⿰魚果謂之鰬、名醫別錄陶注所云鰻鱺魚形似鱓者也、未知孰是、

鱄、⿰魚孚、鮈也、

說文、鮈、魚也、出樂浪潘國、一曰鮈出九江、有兩乳、一曰溥浮、溥浮、與鱄⿰魚孚同、玉篇、鱄⿰魚孚魚、一名江豚、欲風

則踊、鱄、一作鯆、晉書夏統傳、初作鯔鶴躍、後作鯆⿰魚孚引、何超音義引埤倉云、鯆⿰魚孚、鮈魚也、一名江豚、多膏少肉、鱄⿰魚孚之轉語爲⿰魚孚鮇、說文、鮇、魚也、出樂浪潘國、御覽引魏武四時食制云、⿰魚孚鮇魚黑色、大如百斤豬、黃肥不可食、數枚相隨、一浮一沈、一名敷、常見首出淮及五湖、郭璞江賦云、魚則江豚海豨、李善注引南越志云、江豚似豬、本草拾遺云、江豘狀如豘、鼻中爲聲、出沒水上、舟人候之、知大風雨、案卽今之江豬是也、海豬似江豬而大、一名奔⿰魚孚、江賦注引臨海水土記云、海豨豕頭、身長九尺、本草拾遺云、海豘生大海水中、候風潮出沒、形如豘、鼻中爲聲、腦上有孔、噴水直上、百數爲羣、酉陽雜俎云、奔⿰魚孚、一名瀱、大如船、長二三丈、色如鮎、有兩乳在腹下、頂上有孔通頭、氣出嚇嚇、作聲必大風、行者以爲候、案說文、鮈有兩乳、此奔⿰魚孚有兩乳在腹下、則卽鮈魚也、奔⿰魚孚、鱄⿰魚孚語之轉耳、郭璞注爾雅鱀是鱁云、尾如鮈魚、鼻在額上、能作聲、少肉多膏、情狀與江豚相近、蓋亦鮈之類也、鮈各本譌作鮒、惟影宋本不譌、

石首、鯼也、

郭璞江賦、鯼鮆順時而往還、李善注云、常以三月八月出、故曰順時、引字林云、鯼魚出南海、頭中有石、一名石首、尚書大傳、北海魚石、鄭注云、魚石、頭中石也、晉語、黿鼉魚鼈莫不能化、韋昭注云、化、謂蛇成鼈黿、石首成鳧之類也、舊音云、鳧、音鴨、初學記引吳地志云、石首魚至秋化爲冠鳧、冠鳧頭中猶有石也、又引臨海異物志云、石首小者名䠇水、其次名春來、石首異種也、又有石頭長七八寸、與石首同、又引南越志云、鰏魚似石首、或曰雄石首也、劉恂嶺表錄異云、石頭魚狀如鱅魚、隨其大小、腦中有二石子、如蕎麥、瑩白如玉、案今石首供食者有二種、小者名黃花魚、長尺許、大者名同羅魚、長二三尺、皆生海中、弱骨細鱗、首函二石、鱗黃如金、石白如玉也、開寶本草云、石首魚初出水能鳴、夜視有光、

魶、鯢也、

爾雅、鯢大者謂之鰕、郭璞注云、今鯢魚似鮎、四脚、前似獮猴、後似狗、聲如小兒啼、大者長八九尺、史記司馬相如傳、禺禺鱋魶、徐廣注云、魶、一作鰨、裴駰引漢書音義云、魶、鯷魚也、案漢書正作鰨、郭璞注云、鰨、鯢

魚也、似鮎、有四足、聲如嬰兒、本廣雅爲訓也、水經伊水注引廣志云、鯢魚聲如小兒嗁、有四足、形如鯪鯉、可以治牛、出伊水也、注又云、司馬遷謂之人魚、故其著史記曰、始皇帝之葬也、以人魚膏爲燭、徐廣曰、人魚似鮎而四足、卽鯢魚也、案所引史記秦始皇本紀文也、然人魚之名、不始于此、北山經、決決之水多人魚、其狀如鯑魚、四足、其音如嬰兒、食之無癡疾、郭璞注云、鯑見中山經、或曰、人魚卽鯢也、似鮎而四足、聲如小兒嗁、今亦呼鮎爲鯑、是鯢魚古謂之人魚也、本草拾遺云、鯢魚在山溪中、似鮎、有四脚、長尾、能上樹、天旱則含水上山、葉覆身、鳥來飲水、因而取之、伊洛閒亦有、聲如小兒啼、故曰鯢魚、一名鱯魚、一名人魚、膏然燭不滅、秦始皇冢中用之、皆其情狀也、嶺表錄異云、盤龍山靈水溪中有魚、脩尾四足、爾雅曰、鯢似鮎四足、聲如小兒、今商州山溪內亦有此魚、謂之魶魚、則鯢之名魶、後世方言且然矣、逸周書王會篇云、穢人前兒、前兒若獼猴立行、聲似小兒、此亦鯢之類也、又云、於越納、納、魶同聲、或卽是與、玉篇云、魶、鯨也、案宣十二年左傳云、古者明王伐不敬、取其鯨鯢而封之、以爲大戮、杜預注云、鯨鯢、大魚、以喻不義之人

吞食小國、正義引裴淵廣州記云、鯨鯢長百尺、雄曰鯨、雌曰鯢、又引周處風土記云、鯨鯢、海中大魚也、俗說出入穴、卽爲潮水、劉逵吳都賦注云、鯨猶言鳳、鯢猶言皇也、是則雌鯨之爲鯢、猶雌虹之爲蜺、其實一物耳、依玉篇之訓、則鯨又爲海中鯨鯢也、義亦通、

竹頭鯚也、

遼釋行均龍龕手鑑云、鯚魚名也、長頭、案嶺表錄異云、竹魚産江溪閒、形如鱧魚、大而少骨、青黑色、鱗下閒以朱點、鬣可翫、或烹以爲羹臛、肥而美、范成大桂海虞衡志云、竹魚出灕水、狀似青魚、味如鱖魚、南中以爲珍、或是此與、

鰏、鯛也、

集韻、鰏或作鱳、云、鰏鯁魚名、皮有文、說文、鱳魚也、出樂浪番國、又云、鯛魚也、皮有文、出樂浪東暆、神爵四年初捕取輸考工、周成王時、揚州獻鯛、今逸周書王會篇、鯛作禺、漢書司馬相如傳、鯛鰫鰬魠、郭璞注云、鯛魚有文采、又注禺禺魼鰨云、禺禺魚皮有毛、黃地黑文、亦鯛之類也、又案漢書百官公卿表少府掌山海池澤之稅、以給共養、屬官有考工室、武帝太初元年、更名考工室爲考工、續漢書百官志考工令一人、主作兵器弓弩刀鎧之屬、然則鯛魚之輸考工、蓋用其皮飾兵器也、又謂之班魚、魏志東夷傳云、濊自單單大山領以西屬樂浪、其海出班魚皮、御覽引魚豢魏畧云、濊國出班魚皮、漢時恆獻之、又引廣志云、班文魚出濊、獻其皮、正與說文相合矣、各本鯛下脫也字、與下鯙鮐也混爲一條、案鯸鮐小魚、皮無文采、不可以飾器、又所在皆有、非必樂浪番國、知非鯛魚也、今訂正、

鯙、鮐也、

廣韻、鮐鯸鮐、魚名、集韻、鯸、魚名、善醒酒、孟詵食療本草云、黃賴魚、一名鯸鮐、醒酒、亦無鱗、不益人也、李時珍云、身尾俱似小鮎、無鱗、腹下黃、背上青黃、腮下有二橫骨、兩鬚、有胃、羣游作聲、性最難死、案此魚今所在有之、長不盈尺、揚州人謂之鯸斯魚、順天人謂之柳魚

黑鯉謂之鯶、

爾雅、鯉、鱣、舍人注云、鯉、一名鱣、郭璞以爲二魚、云鯉今赤鯉魚、玉篇云、鯉、今赤鯶也、北戶錄引陳思王云、五尺之鯉、一寸之鯉、但大小殊、而鱗之數等、酉陽雜俎云、鯉脊中鱗一道、每鱗有小黑點、大小皆三十六鱗、齊民要術引養魚經云、鯉不相食、又易長也、古今注云、兗州人呼赤鯉爲赤驥、青鯉爲青馬、黑鯉爲元駒、白鯉爲白騏、黃鯉爲黃雉、是鯉有黑色者也、

鱃、魩、鱮、鰌也、

鱃與鰌同、郭璞注東山經云、今蝦鰌字亦或作鱃、又注爾雅鰼鰌云、今泥鰌、邢昺疏云、穴於泥中、因以名之、釋文引字林云、鰌似鱓、短小也、玉篇云、鱮小鰌也、鱮與魩聲之轉、魩之言幼也、小也、說文、魩讀若幽、若方言、蕪菁小者謂之幽芥矣、鰌亦短小之稱也、考工記廬人酋矛常有四尺、鄭注訓酋爲短、云酋之言遒也、聲義正相合也、莊子庚桑楚篇、尋常之溝、巨魚無所旋其體、而鯢鰌爲之制、釋文云、謂小魚得曲折也、又謂之委蛇、達生篇、以鳥養養鳥者、宜食之以委蛇、司馬彪注云、委蛇、泥鰌也、今泥鰌銳首無鱗、身青黑色、以涎自染、滑不可握、亦善作聲、其情狀也、各本鰌也二字誤入曹憲音內、鰌字又譌爲蝤、集韻鱃魩二字並引博雅、鱃、魩、鱮、鰌也、則所見已是誤本、今訂正、

鯪、鯉也、

楚詞天問、鯪魚何所、王逸注云、鯪魚、鯉也、一云、鯪魚鯪鯉也、有四足、出南方、鯪、一作陵、吳都賦、陵鯉若獸、劉逵注云、陵鯉有四足、狀如獺、鱗甲似鯉、居土穴中、性好食蟻、名醫別錄陶注云、鯪鯉能陸能水、出岸開鱗甲、伏如死、令蟻入中、忽閉而入水、開甲、皆浮出、於是食之、故主蟻瘻、是其情狀也、今人謂其甲爲穿山甲、以其穿穴山陵也、在陵、故謂之鯪矣、

蛤

解、蠦蝘、蚵蠪、蜥蜴也、

爾雅、蠑螈、蜥蜴、蜥蜴、蝘蜓、蝘蜓、守宮也、方言、守宮、秦晉西夏謂之守宮、或謂之蠦蝘、或謂之刺易、其在澤

中者謂之易蜴、南楚謂之蛇醫、或謂之蠑螈、東齊海岱謂之螔蜥、北燕謂之祝蜓、郭璞注云、刺易、南陽人又呼蝘蜓、螔蜥似蜥易而大、有鱗、今所在通言蛇醫耳、說文、易、蜥易、蝘蜓、守宮也、象形、又云、在壁曰蝘蜓、在草曰蜥易、又云、榮蚖、蛇醫、以注鳴者、小雅正月篇胡爲虺蜴、傳云、蜴、螈也、箋云、虺蜴之性、見人則走、義疏云、蜴、一名榮原、水蜴也、或謂之蠑螈、或謂之蛇醫、如蜥蜴、青綠色、大如指、形狀可惡也、漢書東方朔傳射守宮覆云、臣以爲龍又無角、謂之爲蛇又有足、跂跂脈脈善緣壁、是非守宮即蜥蜴、顏師古注云、跂跂、行貌也、脈脈、視貌也、爾雅曰、蠑螈、蜥蜴、蜥蜴、蝘蜓、蝘蜓、守宮、是則一類耳、古今注云、蝘蜓、一名龍子、一曰守宮、善上樹捕蟬食之、其長細五色者名爲蜥蜴、短大者名蠑螈、一曰蛇醫、大者長三尺、其色元紺、善螫人、一名元螈、一曰綠螈、皆其一種而小異者也、蛤蚧以聲得名、方言、桂林之中、守宮大者而能鳴謂之蛤解、郭璞注云、似蛇醫而短、身有鱗采、江東人呼爲蛤蚧、南海藥譜引廣州記云、蛤蚧生廣南水中、有雌雄、狀若小鼠、夜即居於榕樹上、投一獲二、唐劉恂嶺表錄異云、蛤蚧首如蝦蟇、背有細鱗如蠶子、土黃色、身短尾

長、多巢於樹中、端州古牆內、有巢於廳署城樓間者、旦暮則鳴、自呼蛤蚧是也、各本脫上蛤字、今據方言補、

虺蝰也

爾雅、蝮虺、博三寸、首大如擘、說文、虺作虫、云、虫、一名蝮、博三寸、首大如擘指、象其臥形、小雅斯干篇、爲虺爲蛇、正義引舍人爾雅注云、蝮、一名虺、江淮以南曰蝮、江淮以北曰虺、又引孫炎注云、江淮以南、謂虺爲蝮、廣三寸、頭如拇指、有牙、最毒、吳語、爲虺弗摧、爲蛇將若何、韋昭注云、虺小、蛇大也、蝰者、毒螫傷人之名、說見釋蟲蠆蠍也下、字一作蛙、名醫別錄陶注云、蝮蛇、黃黑色、黃頷尖口、毒最烈、虺形短而扁、毒不異於蚖、中人不即療、多死、蛇類甚衆、惟此二種及青蝰爲猛、然則虺、蝮、青蝰、祇是一類、故云虺、蝰也、蓺文類聚引廣志云、蝮蛇與土色相亂、長三四尺、其中人、以牙櫟之、裁斷皮出血、則身盡痛、九竅血出而死、故漢書田儋傳云、蝮蠚手則斬手、蠚足則斬足、何者、爲害於身也、論衡言毒篇云、蝮有利牙、龍有逆鱗、又云、陽物懸巫、故蜂蠆以尾刺、陰物柔伸、故蝮蛇以口齧、又云、蝮蛇多文、文起於陽、皆道其情狀也、今江淮之間、謂之土骨蛇、其大蛇有毒與虺同者、亦名蝮虺、楚辭招魂、蝮蛇蓁蓁、王逸注云、蝮、大蛇也、南山經、猨翼之山多蝮虫、郭璞注云、蝮虫、色如綬文、鼻上有鍼、大者百餘斤、一名反鼻、虫、古虺字、此則殊方異產、非爾雅廣雅所謂虺矣、

有鱗曰蛟龍、有翼曰應龍、有角曰䖯龍、無角曰彲龍、龍能高能下、能小能巨、能幽能明、能短能長、淵湥是藏、敷和其光、

楚辭天問、河海應龍、王逸注云、有鱗曰蛟龍、有翼曰應龍、案蛟爲龍屬、不得即謂之龍、古書言蛟龍、皆爲二物、無稱蛟爲蛟龍者、且龍皆有鱗、而云有鱗曰蛟龍、非確訓也、淮南覽冥訓、服應龍、高誘注云、駕應德之龍、一說、應龍有翼之龍也、班固荅賓戲云、應龍潛於漢汙、魚黿媟之、不覩其能奮靈德、合風雲、超忽荒

而躆昊蒼也、故夫泥蟠而天飛者、應龍之神也、項岱注云、天有九龍、應龍有翼、說文、虯、龍子有角者、螭、若龍而黃、北方謂之地螻、或曰、無角曰螭。虯、與䖯同、螭、與彲同、漢書司馬相如傳、蛟龍赤螭、文穎注云、龍子爲螭、張注云、赤螭、雌龍也、又六玉虯、張注云、龍子有角曰虯、然則有角者雄、無角者雌也、離騷、駟玉虯以乘鷖兮、天問、焉有虯龍、負熊以遊、王逸注並云、有角曰龍、無角曰虯、高誘注淮南覽冥訓、亦如王注、皆與說文、廣雅異說、未知孰是、衆經音義卷一引熊氏瑞應圖云、虯龍身黑、無鱗甲、呂氏春秋舉難篇、龍食乎清而游乎清、螭食乎清而游乎濁、高誘注云、螭、龍之別也、故楚辭九歌云、駕兩龍兮驂螭也、說文、龍、鱗蟲之長、能幽能明、能細能巨、能短能長、春分而登天、秋分而潛淵、管子水地篇云、龍生於水、被五色而游、故神、欲小則化如蠶蠋、欲大■則藏於天下、欲上則凌於雲氣、欲下則入於湥淵、說苑辨物篇云、神龍能爲高能爲下、能爲大、能爲小、能爲幽、能爲明、能爲短、能爲長、昭乎其高也、淵乎其下也、薄乎天光、高乎其箸也、一有一亾、忽微哉、斐然成章、虛無則精以和、動作則靈以化、

爪[illegible]也、

未詳、

鼃蟈長股也、

說文、鼃、蝦蟇也、鄭注考工記梓人云、脰鳴、鼃黽屬、一作蛙、周官蟈氏、掌去蛙黽、鄭注云、齊魯之閒謂鼃爲蟈、黽、耿黽也、蟈與耿黽尤怒鳴、爲聒人耳、去之、又敘官蟈氏注、鄭司農云、蟈當爲蜮、蜮、蝦蟇也、月令曰、螻蟈鳴、故曰掌去蛙黽、蛙黽、蝦蟇屬、書或爲掌去蝦蟇、元謂蟈、今御所食蛙也、字從虫、國聲、蜮乃短狐與、案蟈蜮同字、說文、蜮、短狐也、或從國作蟈、然則短狐之蜮可作蟈、蝦蟇之蟈亦可作蜮、不當字別爲義也、夏小正、四月鳴蜮、傳云、蜮也者、或曰屈造之屬也、二月有鳴倉庚、傳云、倉庚者、商庚也、商庚也者、長股也、莊氏寶琛云、倉庚不名長股、長股也三字、當在鳴蜮傳蜮也者下、蜮與蟈同、廣雅、蟈、長股也、本此、案莊說是也、名醫別錄云、鼃、一名長股、生水中、陶注云、大而青脊者、俗名土鴨、其鳴甚壯、又一種黑色、南人名爲蛤子、食之至美、又一種小形善鳴喚、名鼃子、此則是也、急就篇、水蟲科斗䵷蝦蟇、顏師古注云、䵷、一名螻蟈、色青小形而長股、蝦蟇一名螫、大腹而短腳、是鼃蟈股長、故謂之長股也、蝦蟆亦或謂之蟆、爾雅、螫蟆、郭璞注云、蛙類、蟆者、黽之轉聲、螫蟆者、耿黽之轉聲也、黽與蜢同聲、故蝦蟆之轉聲爲胡蜢、爾雅、在水者黽、郭注云、耿黽也、似青蛙、大腹、一名土鴨、說文、黽、蛙黽也、從它象形、黽頭與它頭同、卽胡蜢也、其在陸地者爲詹諸、爾雅、鼃䵹、蟾諸、郭注云、似蝦蟆、居陸地、淮南謂之去父、父、與蚥同、說文、先鼃、詹諸也、其鳴詹諸、其皮鼃鼃、其行先先、又云、䵹、䵹鼃、詹諸也、又云、蝴、鼃詹諸、以脰鳴者、名醫別錄、蝦蟇、一名蟾蜍、一名䵹、一名去甫、一名苦蠪、甫亦與蚥同、陶注云、此是腹大皮上多痱磊者、衆經音義卷十云、山東謂之去蚥、江南俗呼蟾蠩、

去蚥、苦蠪、胡蜢、鼃、蝦蟆也、

詳見上條、各本脫去字、今補、

蜅、蟹、蛫也、其雄曰[illegible][illegible]、其雌曰博帶、

鄭注考工記梓人云、仄行、蟹屬、大戴禮記勸學篇云、蟹二螯八足、非蛇鱓之穴而無所寄託者、用心躁也、玉篇、蜅、蜅蟹、蟹也、廣韻、蜅、小蟹也、北戶錄引廣志云、蜅、小蟹、大如貨錢、酉陽雜俎云、千人捏、形似蟹、大如錢、殼甚固、壯夫極力捏之不死、俗言千人捏不死、因名焉、葢卽蜅也、說文、蛫、蟹也、集韻、蛫、蟹六足者、蘇頌本草圖經云、蟹六足者名蛫、四足者名北、皆有大毒不可食、今人辨蟹、以長臍者爲雄、團臍者爲雌、

蜌、𪓔、蒲盧也、

爾雅、蜌、螷、郭璞注云、今江東呼蚌長而狹者爲螷、釋文引字林云、蜌、小蛤也、說文、蜌作陛、云、螷、陛也、脩爲螷、圜爲蠇、玉篇云、蜌、蚌長者也、蜌、螷聲之轉耳、周官鼈人、祭祀共螷蠃蚳以授醢人、鄭司農云、螷、蛤也、杜子春云、螷、蜯也、名醫別錄、馬刀、一名馬蛤、李當之云、生江漢中、長六七寸、漢閒人名爲單姥、亦食其肉、肉似蜯、蜀本圖經云、生江湖中、細長小蚌也、長三四寸、濶五六分、其卽所謂蚌長而狹者與、𪓔之言合也、兩殼相合也、說文、𪓔、蜃屬、有三、皆生於海、𪓔厲、千歲雀所化、秦人謂之牡厲、海蛤者、百歲燕所化也、魁𪓔、一名復累、老服翼所化、本草陶注云、牡蠣是百歲鵰所化、魁蛤是老蝙蝠化爲者、與說文或同或異、夏小正、九月雀入于海爲蛤、是其證也、魁𪓔、爾雅謂之魁陸、郭璞注云、本草云、魁、狀如海𪓔、圓而厚、外有理縱橫、卽今之蚶也、本草又云、海蛤、一名魁蛤、牡蠣、一名蠣蛤、又有蛤梨、亦蛤之類、淮南道應訓、若士方倦龜殼而食蛤梨、高誘注云、蛤梨、海蚌也、中山經、青要之山南望墠渚、是多僕纍蒲盧、郭璞注云、僕纍、蝸牛也、爾雅曰、蒲盧者、螟蛉也、所引爾雅、當云、果蠃、蒲盧、螟蛉桑蟲、文有脫誤耳、案蒲盧、蜃屬也、僕纍、蒲盧、水中蠃蚌、故墠渚生之、若果蠃、蒲盧、爲細腰土蜂、非水濱所宜產也、夏小正、十月、元雉入于淮爲蜃、傳云、蜃者、蒲盧也、月令、鄭注云、大蛤曰蜃、是蒲盧亦𪓔屬、故云、蜌、𪓔、蒲盧也、蒲盧之轉聲爲蒲蠃、吳語、其民必移就蒲蠃於東海之濱、蒲蠃卽蒲盧也、韋昭注云、蠃、蚌蛤之屬、是也、其云蒲、淡蒲也、則非、淡蒲與蠃、於文既爲不類、且淡蒲所在皆有、不必海濱、若蚌蛤之屬、則海濱爲多、故說文云、蛤有三、皆生於海也、

蠡蠃、蝸牛、螔蝓也、

爾雅蚹蠃螔蝓郭璞注云即蝸牛也說文蝸蠃也蠃螔蝓也玉篇蠃蜯屬廣韻蝸牛小螺也螺與蠃同周官鼈人共蠯蠃蚳以授醢人鄭注云蠃螔蝓也士冠禮葵菹蠃醢鄭注云今文蠃爲蝸內則蝸醢以下二十六物鄭以爲皆人君燕所食也尚書大傳鉅定蠃鄭注云蠃蝸牛也莊子則陽篇有所謂蝸者君知之乎有國於蝸之左角者曰觸氏有國於蝸之右角者曰蠻氏釋文引李頤注云蝸蟲有兩角俗謂之蝸牛又引三倉云小牛螺也一云俗名黃犢裴松之注魏志胡昭傳云案魏畧云焦先及楊沛並作瓜牛廬止其中瓜當作蝸蝸牛螺蟲之有角者也俗或呼爲黃犢先等作圜舍形如蝸牛殼故謂之蝸牛廬古今注云蝸牛陵螺也形如螔蝓殼如小螺熱則自縣於葉下本草云活蝓一名陵蠡別錄云一名土蝸一名附蝸生太山池澤及陰地沙石垣下陶注云活蝓無殼又注別錄蝸牛云俗呼爲瓜牛生山中及人家頭形如活蝓但背負殼爾蜀本圖經云活蝓即蝸牛也形似小螺白色生池澤草樹閒頭有四角行則出驚之

則縮首尾俱能藏入殼中案蝸牛有殼者四角而小色近白無殼者兩角而大色近黑其實則一類耳謂之蝸牛者有角之稱日華子本草謂之負殼蜒蚰蜒蚰即螔蝓之轉聲矣淮南俶真訓槁木已青翳蠃蠡瘉蝸睆此皆治目之藥也高誘注云蠃蠡薄蠃也蝸睆目疾也御覽引作蠃蠡愈燭睆又引注云蠃附蠃蠡細長蠃也燭睆目中疾與高注不同蓋許慎注也然蠃蠡止是一種螺名不分爲二名醫別錄云蝸籬味甘無毒主燭館明目生江夏蝸籬即蠃蠡也燭館即燭睆也高誘以蠃蠡爲薄蠃薄蠃即附蠃之轉聲又轉而爲僕纍中山經青要之山南望墠渚是多僕纍蒲盧郭璞注云僕纍蝸牛也或謂之蠃母西山經邱時之水其中多蠃母郭注云即蝶螺也

今順天人謂之水牛揚州人謂之旱蠃

鮂、鯈也、

爾雅鮂黑鰦郭璞注云即白鯈魚江東呼爲鮂又注北山經云小魚曰鯈廣韻鮂鮋小魚也周頌潛篇鰷鱨鰋鯉箋云鰷白鰷也鰷與鯈同莊子秋水篇鯈魚出游從容是魚樂也李頤注云白魚也鯈一作鮍至樂篇以鳥養養鳥者食之之鰌鰷荀子榮辱篇鯈鉥者浮陽之魚也胠於沙而思水則無逮矣淮南覽冥訓不得其道若觀鯈魚高誘注云鯈魚小魚也在水中可觀見見而不可得道亦如之埤雅云鰷魚形狹而長江淮之閒謂之餐魚合餐魚長僅數寸鱗細而整性好羣游往來倏忽故莊子歎出游之樂矣各本鯈譌作𩵖今據曹憲音條訂正廣韻鮂鯈鮪別名龍龕手鑑鮂鰍鮪別名是鮂又爲鮪魚也未詳所出

射工、短狐、蜮也、

說文蜮短狐也似鼈三足以氣射害人小雅何人斯篇爲鬼爲蜮則不可得傳云蜮短狐也箋云使女爲鬼爲蜮也則女誠不可得見也御覽引韓詩傳云短狐水神也毛詩義疏云短狐一名射景江淮水中皆有之人在岸上景見水中投人景則殺之故曰射景南人將入水先以瓦石投水中令水濁然後入或曰含沙射人皮肌其創如疥疏引或曰者服虔左傳注也春秋莊十八年秋有蜮左氏傳云爲災也周禮敍官蟈氏疏引服虔注云短狐生南方盛暑所生其狀如鼈古無今有含沙射入人皮肉中其創如疥徧身

中濩濩蜮蜮故曰災穀梁傳云一有一亡曰有蜮射人者也蜮能射人故謂之射景又謂之射工矣左氏穀梁釋文並云蜮本草謂之射工今本草別錄無射工條豈有脫落邪左傳正義引洪範五行傳云蜮如鼈三足生於南越南越婦人多淫故其地多蜮淫女惑亂之氣所生也漢書五行志云劉向以爲蜮生南越越亂氣所生故聖人名之曰蜮蜮猶惑也在水旁能射人射人有處甚者至死南方謂之短弧近射妖死亡之象也劉歆以爲蜮盛暑所生非自越來也顏師古注云即射工也亦呼水弩案短弧之弧諸書多從犬作狐惟漢書五行志及杜預左傳注從弓作弧玉篇云蜮似鼈含沙射人爲害如狐也則似當從犬作狐矣然以射工水弩之名取之則從弓作弧于義爲長耳楚辭大招鰅鱅短狐王虺騫只魂乎歸來蜮傷躬只王逸注云鰅鱅短狐類也短狐鬼蜮也鰅鱅鬼蜮射傷害人蜮短狐也詩曰爲鬼爲蜮言魂乎無敢南行水中多蜮鬼必傷害於爾躬也鬼蜮皆訓爲短狐與毛詩異始取諸三家與博物志云江南山谿水中射工蟲甲類也長一二寸口中有弩形氣射人景隨所箸處發創不治則殺人抱朴子登涉篇云短狐

一名蜮、一名射工、一名射景、其實水蟲也、狀如鳴蜩、大似三合盃、有翼能飛、無目而利耳、口中有橫物、如聞人聲、緣口中物如角弩、以氣爲矢、則因水而射人、諸家說短狐之狀、或云狀如鼈、或云狀如鳴蜩、或云以氣射人、或云含沙射人、未知孰是也、又謂之狐蜮、周禮壺涿氏、掌除水蟲、鄭注云、水蟲、狐蜮之屬、

附引廣雅一條

鮀、鯊也、

見爾雅釋文、爾雅、魦、鮀、鯊、鯀、郭璞注云、江東呼魦魚爲鯿、鯊、鯀、未詳、是郭以鯊鯀非魦鮀也、釋文引埤倉云、鯊、鯀、鮀也、與廣雅同、是張以鯊鯀卽鮀也、蓋爾雅舊注、有謂鮀一名鯊、一名鯀者、而張用其說、亦如爾雅巂周燕燕鳦、舍人孫炎以爲巂周一名燕燕、一名鳦、爾雅以鯀釋鯊、非以鯊鯀釋鮀也、

案鯊鯀聲之轉、爾雅以鯀釋鯊、非以鯊鯀釋鮀也、廣韻龍龕手鑑並云、鰻鯀、魚名、或是此與、鰻鯀者、鰻鱺之轉聲也、詳見鮎鯷也下、

釋鳥

廣雅疏證　卷第十下

元鳥、朱鳥、燕也、

爾雅、燕燕、鳦、御覽引舊注云、齊曰燕、梁曰鳦、說文、乙、燕燕、元鳥也、齊魯謂之乙、取其鳴自呼、象形也、或從鳥作鳦、又云、明堂月令、元鳥至之日、祠于高禖、以請子、故乳字從乙、請子必以乙至之日者、乙春分來、秋分去、開生之候、元鳥帝少昊司分之官也、又云、燕、元鳥也、籋口布翄枝尾、象形、案邶風燕燕篇、燕燕于飛、差池其羽、箋云、差池其羽、謂張舒其尾翼、此足與叔重之解相發明也、夏小正、二月來降燕、乃睇室、傳云、燕、乙也、降者下也、言來者何也、莫能見其始出也、故曰來降、言乃睇何也、睇者眄也、眄者視可爲室者也、百鳥皆曰巢、宎、穴也、謂之室何也、操泥而就家、入人內也、九月陟元鳥蟄、傳云、陟、升也、元鳥者燕也、先言陟而後言蟄何也、陟而後蟄也、蓋不知其所從出入而神異之、則言陟以歸之天、故商頌元鳥篇云、天命元鳥、降而生商也、鄭注月令元鳥至云、燕以施生時來、巢人堂宇而孚乳、嫁娶之象也、媒氏之官以爲候、又注元鳥歸云、歸謂去蟄也、凡鳥隨陰陽者、不以中國爲居、以今驗之、蟄燕多藏深山大空木中、無毛羽、或在坻岸中、故藝文類聚引晉中興書云、百姓饑饉、掘蟄燕而食之、燕之所居、不在異域也、昭十七年左傳、元鳥者、司分者也、杜預注云、以春分來、秋分去、故法言問明篇云、朱鳥翾翾、歸其肆矣、又云、時來則來、時往則往、能來能往者、朱鳥之謂與、李軌注云、朱鳥、燕別名也、宋咸以爲燕黑鳥、非朱鳥、朱鳥謂鴈也、鴈以時來時往、案燕頷下色赤、故謂之朱鳥、且說文云、翾、小飛也、韓詩外傳云、翾翾十步之雀、是翾翾爲小鳥翾飛之貌、惟燕雀之屬爲然、故晉夏侯湛元鳥賦云、擢翾翾之麗容、揮連翩之元翼也、若鴈色偏體蒼黑、不得言朱鳥、又翰飛戾天、不得言翾翾矣、咸說非也、本草陶注云、燕有二種、紫胸輕小者是越燕、胸班黑聲大者是壺燕、今揚州人謂小者爲草燕、大者爲盧燕、莊子山木篇謂之鷾鴯也、

鷤鴂、鷶鶬、子鴂也、

鴂、與巂同、或作規、爾雅、巂周、郭璞注云、子巂鳥、出蜀中、說文、巂、周燕也、從隹、屮象其冠也、今子巂毛色慘黑、頭有小冠、一如叔重之說矣、玉篇、鸛、鵑鸛也、或作巂、又云、鷤鴂、又名杜鵑、廣韻、鶗鴂鳥、春三月鳴也、又

廣雅疏證　卷第十下

云、鶗鴂、郎杜鵑也、離騷、恐鶗鴂之先鳴兮、使夫百草爲之不芳、王逸注云、鶗鴂、一名買鶬、常以春分鳴、漢書揚雄傳、鷤鴂作鷤鴂、枚乘梁王菟園賦作蝭蛙、張衡思元賦作鶗鴂、李善注思元賦云、服虔曰、鶗鴂一名鶪、伯勞也、順陰氣而生、賊害之鳥也、王逸以爲春鳥、繆也、案服意蓋謂春分之時、衆芳始盛、不得云百草不芳、因以爲五月始鳴之鳺、五月陰氣生而鳺鳴、百草爲之不芳、是服之意也、今案離騷言此者、以爲小人得志、則君子沈淪、野鳥羣鳴、則芳草衰謝、此乃假設爲文、不必實有其事、亦如九章云、鳥獸鳴以號羣兮、草苴比而不芳耳、豈謂鳥獸羣號之時、實有不芳之草哉、若然、則子鴂爭鳴而衆芳歇絕、可無以春鳥爲疑矣、況鶗鴂杜鵑、一聲之轉、方俗所傳、尤爲可據也、而顏師古漢書注、乃卒就其說云、鶗鴂常以立夏鳴、鳴則衆芳皆歇、思元賦舊注則云、鶗鴂以秋分鳴、廣韻又云、鶗鴂春分鳴則衆芳生、秋分鳴則衆芳歇、此皆于王服兩家不能決定、故爲游移兩可之說、而不知鷤鴂春月郎鳴、不得遲至立夏、物候皆言其始、又不得兼言秋分也、鷶鶬、顏師古漢書注作買鐃、子鴂、劉逵蜀都賦注引蜀記作子規、御覽引蜀王本

紀作子鳺華陽國志作子鵑案蕭該漢書音義云蘇林鶗鳺音殄絹是鳺鵑同聲也案子鳺之轉聲則爲姊歸高唐賦姊歸思婦其鳴喈喈李善注引郭璞釋爾雅巂周云或曰即子規一名姊歸今爾雅注無之蓋音義之文也御覽引臨海異物志云鶗鳺一名杜鵑春三月鳴晝夜不止至當陸子孰鳴乃得止耳本草拾遺云杜鵑鳥小似鷂鳴呼不已出血聲始止皆其情狀也又玉篇云巂即布穀也鶗布穀也鳺布穀也後漢書張衡傳注引廣雅鶗鳺布穀也則與下文布穀混爲一條矣案龍龕手鑑云子雉鳥大如布穀不得即以爲布穀也今不從

擊穀鴶鵴布穀也

爾雅鳲鳩鴶鵴郭璞注云今之布穀也江東呼爲穫穀說文秸鵴尸鳩也鴶鵴秸鵴字異而義同一作結誥方言布穀自關而東梁楚之間謂之結誥周魏之之間謂之擊穀自關而西謂之布穀擊穀鴶鵴聲之轉耳鴶鵴又作秸鞠召南鵲巢篇維鵲有巢維鳩居之傳云鳩鳲鳩秸鞠也鳲鳩不自爲巢居鵲之成巢

義疏云今梁宋之間謂布穀爲鴶鵴一名擊穀一名桑鳩又曹風鳲鳩篇鳲鳩在桑其子七兮傳云鳲鳩秸鞠也鳲鳩之養其子朝從上下莫從下上平均如一故昭十七年左傳鳲鳩氏司空也正義引樊光爾雅注云鳲鳩心平均故爲司空也鳲鳩與鷹轉相變化夏小正正月鷹則爲鳩五月鳩爲鷹傳云鷹則爲鳩善變而之仁也鳩爲鷹變而之不仁也月令鷹化爲鳩鄭注云鳩搏穀也正義云布搏聲相近高誘注淮南時則訓云鷹化爲鳩喙正直不鷙搏也鳩謂布穀也故列子天瑞篇云鷂之爲鸇鸇之爲布穀布穀久復爲鷂也古者或以布穀飾杖首續漢書禮儀志云仲秋之月年始七十者授之以玉杖端以鳩鳥爲飾鳩者不噎之鳥也欲老人不噎又謂之雄鳩淮南天文訓孟夏之月以孰穀禾雄鳩長鳴爲帝候歲高誘注云雄鳩布穀也此則後漢書襄楷傳所謂布穀鳴於孟夏者矣本草拾遺云布穀江東呼爲郭公北人云撥穀似鷂長尾六書故云其聲若曰布穀故謂之布穀又謂勃姑又謂步姑郭公者擊穀之轉聲撥穀勃姑步姑者布穀之轉聲也今揚州人呼之爲卜姑德州人呼之爲保姑身灰色翅末尾末並雜黑毛

以三四月閒鳴也各本鶝譌作鵯今訂正

鶉鶚鷲鷻鵰也

說文鷲鳥黑色多子師曠曰南方有鳥名曰羌鷲黃頭赤目五色皆備一曰雕又云雕鷻也籀文雕從鳥作鵰鷻與鷲同又云鷻鵰也引詩曰匪鷻匪鳶又云鳶鷙鳥也從鳥屰聲音與專切徐鉉云屰非聲疑從萑省今俗別作鳶非是戴侗六書故云鳶非與專之聲此即鶚字孫音誤也說文無鳶字今案戴說是也引之聞于父曰說文咢蚅鳶三字以屰爲聲則鳶字當與咢蚅二字同音五各反祇緣小雅四月篇匪鶉匪鳶說文引作匪鷻匪鳶後人遂以鳶爲鳶而不知諧聲之不可通也玉篇鳶次鳶下云同上則已誤讀爲鳶而廣韻與專切內有鳶無鳶集韻逆各切內鶚鳶並見則韻書尚有不誤者其鳶字說文未載以諧聲之例求之則當從鳥戈聲而書作鳶鳶字古音在元部古從戈聲之字多有讀入此部者故說文閔從戈聲而讀若縣戾從戈聲而讀若環鳶之從戈聲而音與專切亦猶是也此聲之相合者也鳶字上半與武

字上半同體故隸書減之則譌爲鳶增之則又譌爲鳶急就篇鳶鵲鴟梟驚相視皇象碑本鳶作鳶昭十五年左傳以鼓子鳶鞮歸釋文云鳶本又作鳶漢書五行志泰山山桑谷有鳶焚其巢地理志交趾郡朱鳶縣梅福傳鳶鵲遭害張公神碑鳶鵲勸兮乳徘佪皆鳶之譌也此文之可考者也後人以鳶爲鳶失之遠矣小雅四月傳云鶉雕也雕貪殘之鳥也釋文云鶉或作鷻案鷻從敦聲敦與雕古聲相近故雕謂之鷻大雅行葦篇敦弓旣堅周頌有客篇敦琢其旅正義並云敦雕古今字是其例也御覽引倉頡解詁云鶚金喙鳥也能擊殺獐鹿爾雅鴡鳩王鴡郭璞注云雕類今江東呼之爲鶚好在江渚山邊食魚引周南關雎傳云鳥摯而有別毛詩義疏云鴡鳩大小如鴟深目目上骨露幽州謂之鷲魯語有隼集于陳侯之庭而死韋昭注云隼鷙鳥今之鶚也西山經云欽䲹化爲大鶚其狀如鵰而黑文郭璞注云鶚鵰屬也漢書鄒陽傳鷙鳥絫百不如一鶚孟康注云鶚大鵰也史記李廣傳索隱引服虔漢書注云雕鶚也廣韻鷲鶚別名引李槩音譜云鷲似雕而班白大戴禮曾子疾病篇鷹鶚以山爲卑而曾巢其上說苑說叢篇引

作鷹鶚、又雜言篇云、飛鳥成列、鷹鶚不擊、字或作就、中山經、暴山其鳥多就、郭璞注云、就、鵰也、見廣雅、漢書匈奴傳、匈奴有斗入漢地、生奇材木、箭竿就羽、顏師古注云、就、大鵰、黃頭赤目、其羽可爲箭、玉篇、雕、鷲也、能食草、穆天子傳、春山有白鶽青鵰、執犬羊、食豕鹿、郭璞注云、今之鵰亦能食獐鹿、又注南山經云、雕似鷹而大尾長翅、又謂之沸波、淮南說林訓、鳥有沸波者、河伯爲之不潮、畏其誠也、高誘注云、鳥、大鵰也、翱翔水上、扇魚令出、沸波攫而食之、故河伯深藏于淵、畏其精誠、爲不見也、埤雅云、鵰能食草、似鷹而大、黑色、俗呼皁鵰、爾雅翼云、鵰、土黃色、健飛擊、沙漠中、空中盤旋、無細不覩也、

肥鵂、鴟鵂、怪鴟也、

爾雅、怪鴟、郭璞注云、即鴟鵂也、見廣雅、今江東通呼此屬爲怪鳥、衆經音義卷十七引舍人注云、謂鵂鶹也、南陽名鉤鵅、其鳥晝伏夜行、鳴爲怪也、又鵅、鵋䳢、郭注云、今江東呼鵂鶹爲鵋䳢、亦謂之鴝鵅、又萑、老鵵、郭注云、木兔也、似鴟鵂而小、兔頭、有角毛腳、夜飛好食雞、說文、雖、雞也、籀文從鳥作鴟、又云、舊、鴟舊、舊

舊也、從萑、臼聲、或從鳥、休聲、作鵂、又云、𦫳、鴟舊頭上角觜也、又云、萑、鴟屬也、從隹從丫、有毛角、所鳴、其民有旤、又云、鵬、鴟也、廣韻云、鵖鵙、鵂鶹鳥、今之角鴟也、大雅瞻卬篇、爲梟爲鴟、箋云、梟鴟、惡聲之鳥、莊子秋水篇、鴟夜撮蚤、察豪末、晝出瞋目而不見邱山、司馬彪注云、鴟、鵂鶹也、夜取蚤食、崔譔作爪、云、鵂鶹夜聚人爪於巢中也、案高誘注淮南主術訓云、鴟、鴟鵂也、謂之老菟、夜鳴人屋上也、夜則目明、合聚人爪以著其巢中、此崔譔所本也、莊子釋文引許愼淮南注云、鴟夜聚食蚤蝨不失也、與高誘異說、蚤爪二體古雖通用、揆之事理、則許注爲雅馴耳、鴟鵂晝無所見、異於衆鳥、故淮南氾論訓云、鴟目大而眂不若鼠、物固有大不若小者也、鴟鵂之鵂、古作舊、舊與久聲相近、故又謂之鴟久、海外南經、湯山有鴟久、郭璞注云、鴟久、鵂鶹之屬、又大荒南經、蒼梧之野有鴟久、郭注云、即鵂鶹也、衆經音義云、鵂鶹、關西呼訓侯、山東謂之訓狐、案訓侯之轉聲爲訓狐、其合聲則爲鴟矣、本草拾遺云、鉤鵅入城城空、入室室空、怪鳥也、似鴟有角、夜飛晝伏、北土有訓狐、二物相似、訓狐聲呼其名、兩目如貓兒、大於鴝鵒、又有鵂鶹、亦是其類、微小而黃、案怪鴟頭似貓、而夜飛、今揚州人謂之夜貓、所鳴有旤、一如舍人之說、故周禮庭氏掌射國中之夭鳥、若不見其鳥獸、則以救日之弓與救月之矢射之、鄭注云、不見鳥獸、謂夜來鳴呼爲怪者、即此屬矣、又謂之老鵵、鵵者、鵵與兔通、兔頭有角、因以名云、酉陽雜俎云、北海有木兔、似鵂鶹也、

鵂鶹、**鶔鴟、鳩也、**

鶔、與茅同、爾雅、狂、茅鴟、郭璞注云、今鳩鴟也、似鷹而白、案鳩者、白色之名、爾雅說馬云、面顙皆白惟駹、駹與鳩聲義正同、茅鳩則聲之轉耳、太元聚次八、鴟鳩在林、吷彼衆禽、范望注云、吷、怒也、鴟鳩、賊鳥、所在衆禽所避也、襄二十八年左傳、使工爲之誦茅鴟、杜預注云、茅鴟、逸詩、刺不敬、蓋以鳥名篇、若雄雉鳲鳩之等矣、又以爲鵂鶹者、御覽引孫炎爾雅注云、茅鴟、大目鵂鶹也、如孫注、則亦怪鴟之屬、但目大爲異耳、鶹曹憲音盧休反、各本脫去鵂鶹二字、音內盧休二字遂誤入正文句末、又脫也字、御覽引廣雅、盧休茅鴟鳩也、則宋時首二字已脫、誤惟也字未脫耳、案衆經音義卷一、卷十七、卷十九、卷二十三、卷二十四、並引廣雅、鵂鶹、鳩鴟也、爾雅釋文引廣雅、茅鴟、鳩也、今據以訂正、

鵬、鴟、老鵵也、

詳見上文怪鴟也下、

背竈、皁帔、雚雀也、

雚、與鸛同、說文、雚、小爵也、引豳風東山篇、雚鳴于垤、案小當爲水、形相近而誤也、東山傳云、垤、螘冢也、將陰雨則穴處先知之矣、鸛好水、長鳴而喜也、箋云、鸛水鳥也、將陰雨則鳴、李善張華情詩注引韓詩亦云、鸛、水鳥也、巢處知風、穴處知雨、天將雨而蟻出壅土、鸛鳥見之、長鳴而喜、諸家皆以鸛爲水鳥、足正今本說文之誤矣、毛詩義疏云、鸛、鸛雀也、似鴻而大、長頸赤喙、白身、黑尾翅、樹上作巢、大如車輪、卵如三升杯、望見人、案其子令伏、徑舍去、一名負釜、一名黑尻、一名背竈、一名皁裙、又泥其巢一旁爲池、含水滿之、取魚置池中、稍稍以食其雛、若殺其子、則一村致旱災、案竈與竈同、背竈、猶言負釜也、皁裙、猶言黑尻也、黑

尾在下似裙，因以爲名。裙與帬同，釋器云：帔，帬也。故又謂之帔。夾博物志云：鸛伏卵時，取礜石周繞卵，以時助燥氣。故方術家以鸛巢中礜石爲眞。名醫別錄陶注云：鸛有兩種，似鵠而巢樹者爲白鸛，黑色曲頸者爲烏鸛。酉陽雜俎云：江淮謂羣鸛旋飛爲鸛井，必有風雨。皆其情狀也。鸛或通作觀。莊子寓言篇：彼視三釜三千鍾，如觀雀蚊虻相過乎前。釋文作鸛，云本或作觀。司馬彪注云：鸛雀飛疾，與蚊相過，忽然不覺也。又作冠。御覽引華嶠後漢書云：有鸛雀銜三鱣魚，飛集講堂前。今後漢書楊震傳作冠，是也。昭二十一年左傳：鄭翩願爲鸛，其御願爲鵞。杜預注云：鸛、鵞皆陳名。盖陳形似之，若朱鳥、青龍之等矣。

鶆、鴄、鷖、鳧、鶩，䳄也。

鶆與鶩，聲之轉也。鴄通作匹。曲禮：庶人之摯匹。鄭注云：說者以匹爲鶩。此鄭訓匹爲鶩，非讀匹爲鶩也。陸德明未達鄭意，乃云匹依注作鶩，音木。宜羣經音辨以陸爲誤也。鴄，曹憲音匹。各本鴄譌作鴫，音內匹字又譌作连。集韻二十陌：鴫，側格切，引博雅：鶆鴫，鴄也。則宋時廣雅本已有與今本同誤者。案說文、玉篇、廣韻俱無鴫字。玉篇：鴄，音匹，鴨也。鴨與䳄同。羣經音辨引廣雅：鶆鴄，鳧也。云古字鴄省作匹。集韻五質：鴄，僻吉切，引廣雅：鴄，鳧也。十三末又引博雅：鶆鴄，䳄也。埤雅引廣雅：鶆鴄，鳧也。鶆下旁注末字，鴄下旁注匹字。皆本曹憲之音。今據以訂正。集韻：鷖，小鳧也。亦謂之羅鸎。史記楚世家：小臣之好射鶀鴈、羅鸎。集解引呂靜韻集云：鸎，野鳥也。索隱引劉伯莊云：鸎，小鳥也。皆未明訓爲鳧，始于廣雅之文，失檢耳。爾雅：鳧鴈醜，其足蹼，其踵企。郭璞注云：腳指閒有幕蹼屬相著，飛即伸其腳跟企直也。又舒鳧，鶩。郭注云：鴨也。本草拾遺引尸子云：野鴨爲鳧，家鴨爲鶩。與爾雅之訓相發明也。說文：鳧，舒鳧，鶩也。從鳥從几，几亦聲。几，鳥之短羽飛几几，象形。大雅鳧鷖篇傳云：鳧，水鳥也。義疏云：鳧大小如鴨，青色，卑腳短喙，水鳥之謹愿者也。周禮大宗伯：庶人執鶩。鄭注云：鶩取其不飛遷。說苑脩文篇亦說其義云：鶩者，鶩鶩也，鶩鶩無他心，故庶人以鶩爲摯。周禮言鶩，曲禮言匹，明爲一物，故鄭注曲禮云說者以匹爲鶩也。

鴚鵝、倉鴚，鴈也。

鳫與鴈同，或作雁。爾雅：舒鴈，鵝。郭璞注云：今江東呼鴚。引聘禮記云：出如舒鴈。李巡注云：野曰鴈，家曰鵝。案鴈之與鵝，對文則異，散文則通。莊子山木篇云：命豎子殺鴈而亨之。是家畜者亦稱鴈也。說文：鴈，鵝也。鴚，鴚鵝也。宋祁漢書揚雄傳校本引字林云：鴚鵝，鳥似鴈。方言：鴈，自關而東謂之鴚鵝，南楚之外謂之鵝，或謂之倉鴚。鴚或作駕。楚辭七諫云：畜鳧駕鵝。是也。春秋時魯大夫有榮駕鵝，亦以爲名。鴚鵝以象其聲，倉鴚則兼指其色。齊民要術引晉沈充鵞賦序云：太康中得大蒼鵞，體色豐麗。本草拾遺云：蒼鵝食蟲，白鵝不食蟲，主射工，當以蒼者良。蒼與倉通。其有在野而飛者，爾雅所謂鵱鷜，鵝也，亦謂之駕鵝。藝文類聚引廣志云：駕鵝，野鵝也。本草陶注云：野鵝大於鴈，猶似家蒼鵝，謂之駕鵝。中山經：青要之山，北望河曲，是多駕鳥。郭璞注云：駕宜爲駕，駕鵞也。史記司馬相如傳云：弋白鵠，連駕鵝。皆謂野鵝也。

雛、鶉也。

鶉與鴽相似，故此及下文分別釋之。爾雅：鶉，其雄鶛，牝痺。郭璞注云：鶉，鵪屬。又鴽，鴾母。郭注云：鵪也，青州呼鴾母。又鶉子鳼，鴽子鸋。郭注云：別鶉鴽雛之名。說文鶉作䧿，鴽作雓，云：䧿或作隼，從隹一，一曰䧿字。䧿，鴽屬也。鴽，䧿屬也。一曰牟毋。一曰鴽，籀文從鳥作鴽。雓，牟毋也，或從鳥作鴽。是䧿爲鶉，雓爲鴽也。公食大夫禮：上大夫庶羞二十，加於下大夫以雉、兔、鶉、鴽。鄭注云：鴽，母無也。內則：鶉羹、雞羹、鴽釀之蓼。鄭注云：鴽在羹下，烝之不羹也。是鶉與鴽不同物也。鄘風鶉之奔奔篇，韓詩云：奔奔、乘匹之貌。表記引詩作賁賁。鄭注云：賁賁，爭鬬惡貌也。鶉性健鬬，故鄭云然。夏小正：三月田鼠則爲鴽，八月鴽爲鼠。傳云：鴽，鵪也。鵪與鶉同，或作鶕。高誘注呂氏春秋季春紀云：鴽，鶕也，青州謂之鴾母，周雒謂之鴽，幽州謂之鶕。淮南時則訓注與此畧同，而今本淮南注鶕皆作鶉，淺學人改之也。楚辭九思云：鶉鵪兮甄甄。注云：甄甄，小鳥飛貌。則鶉鵪二鳥情狀相似，故對文則鶉與鵪異，散文則通。夏小正言田鼠爲鴽，列子天瑞篇則云田鼠爲鶉，淮南齊俗訓蝦蟇爲鶉，高誘注云：鶉，鵪也。皆是也。雛，曹憲音佳。各本脫去雛字，音內佳字遂誤入正文。衆經音義卷十五引廣雅：雛，鶉也。云雛音佳。今據以訂正。

鴐、鴿也、

詳見上條、

鵖鷎、鳩也、

鳩之總名曰鵖鷎、其大而有班者謂之鶌鳩、小而無班者謂之鵻鳩、故此及下文分別釋之、方言、鳩自關而東周鄭之郊韓魏之都謂之鵖鷎、是鵖鷎爲鳩之總名也、方言又云、其鴓鳩謂之鸊鷎、自關而西秦漢之間謂之鵴鳩、其大者謂之鳻鳩、其小者謂之鴓鳩、或謂之鷄鳩、或謂之鷄鳩、或謂之鶻鳩、梁宋之間謂之鷦、郭璞注云、鳻音班、鶌鳩今荆鳩也、是鳻鳩即班鳩、字或作鴿、鳩之大者也、鷄鳩鷄鳩鶻鳩鴓鳩、則鳩之小者也、鳩之大者、爾雅所謂鶌鳩鶻鵃也、舍人注云、鶻鳩、一名鶌鷎、今之班鳩、樊光引昭十七年春秋傳云、鶌鳩氏司事、春來冬去、孫炎云、鶻鵃一名鳴鳩、引月令云、鳴鳩拂其羽、衞風氓篇傳云、鳩、鶻鳩也、小雅小宛傳云、鳴鳩、鶻鵰也、鵰與鵃通、義疏云、班鳩也、桂陽人謂之班隹、似鵓鳩而大、項有繡文班然、

故曰班鳩、高誘注呂氏春秋季春紀云、鳴鳩、班鳩也、是月拂擊其羽、直刺上飛、數十丈乃復、若是也、夏小正云、三月鳴鳩、東京賦云、鶻鵃春鳴、是班鳩、繡項而能鳴、故晉傳咸班鳩賦云、體郁郁以敷文、音邕邕而有序也、凡此皆謂鳩之大者也、鳩之小者、爾雅所謂鵻其、鳺鴀也、李巡注云、鵻一名鳺鴀、今楚鳩也、樊光引春秋傳云、祝鳩氏司徒、祝鳩即鵻其鳺鴀、孝、故爲司徒、郭璞云、今鵓鳩也、鵻之爲言猶隹也、說文云、鵻、祝鳩也、衆經音義卷十六引通俗文云、隹其謂之鵓鳩、小雅四牡篇翩翩者鵻、傳云、鵻、夫不也、箋云、夫不、鳥之愨謹者、人皆愛之、南有嘉魚篇傳云、鵻、壹宿之鳥也、箋云、壹宿者、壹意於其所宿之木也、義疏云、鵻、今小鳩也、一名鵓鳩、幽州人或謂之鷱鵖、梁宋之間謂之隹、揚州人亦然、又云、鵓鳩灰色無繡項、陰則屛逐其匹、晴則呼之、語曰、天將雨、鳩逐婦、是也、鵓鳩小於班鳩、故謂之鵓鳩、亦若小矛謂之殺矣、今人謂之鵓鳩、郭璞謂之荆鳩、荆猶楚也、水經濟水注引廣志云、楚鳩一名嘷啁、高唐賦云、正冥楚鳩、又謂之學鳩、莊子逍遙遊篇蜩與學鳩、司馬彪云、學鳩、小鳩也、凡此皆謂鳩之小者也、諸書以鶻鳩爲班鳩、乃是鳩也、

之大者、而方言云、其小者或謂之鶻鳩、爾雅釋文引字林亦云、鶻鵃、小種鳩也、與廣雅異、左傳正義引郭璞爾雅音義云、鶻鵃、今江東亦呼爲鶻鵃、似山鵲而小、短尾、青黑色、多聲、即是此也、舊說及廣雅皆云班鳩、非也、亦與廣雅異、未知孰是、

鶻鵃、鷂鳩也、

鵴鳩、鷄鳩、鸊鷎、鶔鳩、鶌鳩也、

並詳見上條、鶔各本作鴻、此因曹憲音內浮字而誤、集韻類篇鶔或作鴻、又因誤本廣雅而誤、考說文玉篇廣韻皆無鴻字、今訂正、

鶽鷂、鷂子、籠脫、鷂也、

說文、鷂、鷙鳥也、急就篇云、鷹鷂鴇鴰翳雕尾、鷂之言搖、急疾之名、方言云、搖、疾也、或名爲鶽鷂、鷂聲之轉也、爾雅、鷂負雀、郭璞注云、鷂、鷂也、江南呼之爲鷂、善捉雀、因名云、其屬則有鶽鷂鷂子籠脫鷂隼也、爾

雅、鷹隼醜、其飛也翬、舍人注云、謂隼鷂之屬也、翬翬、其飛疾羽聲也、九家易說解射隼云、隼、鷙鳥也、今捕食雀者、毛詩義疏云、隼、鷂屬也、齊人謂之擊征、或謂之題肩、或謂之雀鷹、春化爲布穀者是也、此屬數種皆爲隼、題肩與鷂鷂同、大射儀鄭注云、正鳥名、齊魯之間名題肩爲正、正鳥之捷黠者也、月令季冬之月征鳥厲疾、鄭注云、征鳥、題肩也、齊人謂之擊征、或名曰鷹、仲春化爲鳩、是則題肩布穀轉相變化、故列子天瑞篇云、鷂之爲鸇、鸇之爲布穀、布穀久復爲鷂也、周頌小毖篇箋云、鷦之所爲鳥、題肩也、又爲桃蟲、所化矣、御覽引春秋考異郵云、陰陽貪、故題肩擊、題肩有爪芒、陽中陰、故擊殺也、又引廣志云、鷂子大如壺燕、色似鶬、食雀、籠脫擊鳩鴿、是題肩之外、又有此二種也、

戴鵀、戴紝、鶝鴔、澤虞、鵖鷗、尸鳩、戴勝也、

紝與鵀通、集韻引廣雅作鵀、爾雅、鵖鴔、戴鵀、郭璞注云、鵀即頭上勝、今亦呼爲戴勝、鵖鴔猶鶝鶔、語聲轉耳、方言、鳲鳩、燕之東北朝鮮洌水之間謂之鶝鵖、自關而東謂之戴鵀、東齊海岱之間謂之戴南、南猶鵀

也、或謂之鷲鸈、或謂之戴鳻、或謂之戴勝、東齊吳揚之閒、謂之鵀、自關而西、謂之服鶝、或謂之鶝鵖、燕之東北、朝鮮洌水之閒、謂之鴓、鴓與鵖同、鸈與澤同、鳲與尸同、高誘注淮南時則訓云、戴任、戴勝鳥也、詩曰、尸鳩在桑、是也、月令正義引孫炎爾雅注云、鳲鳩自關而東、謂之戴鵀、並與方言相合、毛詩義疏辨之云、鳲鳩一名擊穀、案戴勝自生穴中、不巢生、而方言云、戴勝非也、郭璞方言注亦云、按爾雅鳲鳩即布穀、非戴勝也、又云、按爾雅說戴鵀下鶩鷝自別一鳥名、方言似依此義、又失也、然則爾雅之鳲鳩鴶鵴、鸈澤虞、方言皆誤以爲戴勝矣、此云、澤虞、尸鳩、戴勝也、亦沿方言之誤、方言之服鶝、猶鵖鶝也、轉之則爲鶝鵖、其變轉則爲鵀鶝、廣韻鵀鶝二字注並云、鶝鵀鳥也、即鵀鶝也、廣雅此條、悉本方言、疑方言謂之鵀下亦有鶝字、寫者脫落耳、月令季春之月、戴勝降于桑、鄭注云、戴勝、織紝之鳥、是時恆在桑、言降者、若時始自天來、重之也、御覽引春秋考異郵云、戴紝出、蠶期起、載與戴同、方言注說戴勝云、勝所以纏紝、是解紝爲機縷之紝、勝爲持經之縢、說文云、紝、機縷也、縢、機持經者也、亦猶鄭云織紝之鳥也、其爾雅注則云、鵀即頭

上勝、是又解爲華勝之勝、廣韻亦云、鵀、戴勝鳥也、頭上毛似勝也、案此鳥又名戴鵀、莫詳所以、則戴紝之義、亦安可諦知、古今聲音遞轉、假借滋多、未必如諸家所說也、呂氏春秋季春紀注云、戴勝剖生於桑、是月其子彊飛、從桑空中來下、此則戴勝生於桑空、故毛詩義疏云、戴勝自生穴中矣、魏志管寧傳云、戴鵀陽鳥也、爾雅翼云、似山鵲而尾短、青色、毛冠俱有文、

鷦鷯、鸋鴂、果鸁、桑飛、女鴎、工雀也、

爾雅、鴟鴞、鸋鴂、又云、桃蟲、鷦、其雌鴱、郭璞注云、鷦鸎桃雀也、俗呼爲巧婦、方言、桑飛、自關而東、謂之工爵、或謂之過鸁、或謂之女匠、自關而東、謂之鸋鴂、自關而西、謂之桑飛、或謂之懱爵、爵與雀同、過與果同、匠與鴎同、郭注云、即鷦鷯也、又名鷦鸎、今亦名爲巧婦、江東呼布母、懱爵、言懱截也、說文、鷦䳌、桃蟲也、玉篇、女鴎、巧婦也、又名鴎雀、鷦鷯者、鷦鷯之轉聲、鷦鷯鷦鷯皆小貌也、小謂之⿰米焦、一目小謂之眇、茆中小蟲謂之蟭蟟、剖葦小鳥謂之鷦鷯、聲義並同矣、果鸁亦小貌、小蜂謂之果鸁、小鳥謂之果鸁、其義一也、以其巧於作巢、故又有女鴎工雀之名、李善檄吳將校部曲注引韓詩云、鴟鴞、鴟鴞、既取我子、無毀我室、鴟鴞、鸋鴂鳥名也、鴟鴞所以愛養其子者、適以病之、愛憐養其子者、謂堅固其窠巢、病之者、謂不知託於大樹茂枝、反敷之葦蕳、風至蕳折巢覆、有子則死、有卵則破、是其病之也、荀子勸學篇、南方有鳥焉、名曰蒙鳩、以羽爲巢、編之以髮、繫之葦苕、風至苕折、卵破子死、巢非不完也、所繫者然也、楊倞注云、蒙鳩、鷦鷯也、苕、葦之秀也、今巧婦鳥之巢至精密、多繫於葦竹之上、是也、引說苑、鷦鷯巢於葦之苕、著之以髮、可謂完堅矣、大風至則苕折卵破者、何也、所託者然也、易林噬嗑之渙亦云、桃雀竊脂、巢於小枝、搖動不安、爲風所吹、是鷦鷯、桃蟲、即荀子之蒙鳩、或謂之蒙鳩、或謂之鷦鷯、或謂之懱雀、鷦懱蒙一聲之轉、皆小貌也、故方言爵注云、言懱截也、謂懱截然小也、木細枝謂之蔑、小蟲謂之蠛蠓、小鳥謂之懱雀、又謂之蒙鳩、其義一也、或以爲鷦鷯一非蒙鳩者、失之、莊子逍遙遊篇、鷦鷯巢於深林、不過一枝、呂氏春秋求人篇、鷦鷯作啁噍、皆鷦鷯之變轉也、毛詩義疏云、鴟鴞似黃雀而小、其喙尖如錐、取茅莠爲巢、以麻紩之、如刺襪然、縣著樹枝、

或一房、或二房、幽州人謂之鸋鴂、或曰巧婦、或曰女匠、或曰巧女、又周頌肇允彼桃蟲、拚飛維鳥、傳云、桃蟲、鷦也、鳥之始小終大者、箋云、鷦之所爲鳥、題肩也、或曰鴞、皆惡聲之鳥、義疏云、今鷦鷯是也、微小於黃雀、其雛化而爲鵰、故俗語鷦鷯生鵰、焦貢易林亦謂桃蟲生鵰、或云、布穀生子、鷦鷯養之、案鷦鷯之鳥、今揚州謂之柳串、毛色青黃、目閒有白色如銀、數編麻爲巢于竹樹枝閒、條理緻密、莫能尋其端緒、時則雌雄交鳴、聲小而清徹、始小終大之說、則未之驗也、郭璞注爾雅鴟鴞鸋鴂云、鴟屬、又注方言鸋鴂云、按爾雅鸋鴂鴟鴞、鴟屬、非此小雀、明矣、郭意以爾雅鴟鴞與狂茅鴟怪鴟梟鴟連類而及、故斷以爲鴟屬、案賈誼弔屈原文云、鸞鳳伏竄兮、鴟梟翱翔、蔡邕弔屈原文云、鸋鴂軒翥、鸞鳳挫翮、似以鸋鴂爲鴟梟之屬矣、而昔人說詩則皆以爲鷦鷯、未知孰是、鸁各本譌作贏、今訂正、集韻引廣雅、果作⿰果鳥、

城旦、倒縣、鶡鴠、定甲、獨春、鶡鴠也、

方言、鶡鴠、周魏齊宋楚之閒、謂之定甲、或謂之獨春、自關而東、謂之城旦、或謂之倒縣、或謂之鶡鴠、自關

而西秦隴之內謂之鶡鳴郭璞注云鳥似雞五色冬無毛赤倮晝夜鳴獨春好自低仰也城旦言其辛苦有似於罪謫者倒懸好自懸於樹也月令仲冬之月鶡旦不鳴鄭注云鶡旦夜鳴求旦之鳥也呂氏春秋仲冬紀注云鶡鳴山鳥陽物也是月陰盛故不鳴也鹽鐵論利議篇云鶡鳴夜鳴無益於明亦謂其求旦也鶡或作渴說文鳴渴鳴也或作盇坊記引詩云相彼盇旦尚猶患之鄭注云盇旦夜鳴求旦之鳥也求不可得也人猶惡其欲反晝夜而亂晦明鶡或作鴇七發云朝則鸝黃鳱鴠鳴焉或作侃御覽引廣志云侃旦冬毛希夏毛盛後世則謂之寒號蟲嘉祐本草云寒號蟲四足有肉翅不能遠飛

䲭鳥、精刿、鶺鴒、雃也、

說文雃石鳥一名雝渠一曰精刿石與䲭同雝渠與鶺鴒同精刿者鶺鴒之轉聲也爾雅鶺鴒雝渠郭璞注云雀屬也或作脊令小雅常棣篇脊令在原傳云脊令雝渠也飛則鳴行則搖不能自舍耳箋云雝渠水鳥而今在原失其常處則飛則鳴求其類天性也小宛篇題彼脊令載飛載鳴傳云脊令不能自舍君

子有取節爾箋云則飛則鳴翼也口也不有止息義疏云大如鷃雀長脚長尾尖喙背上青灰色腹下白頸下黑如連錢故杜陽人謂之連錢廣韻鸎鴒又名錢母大於燕頸下有錢文埤雅引物類相感志云俗呼雪姑其色蒼白似雪鳴則天當大雪是其情狀也脊令不能自舍故漢書東方朔傳云日夜孳孳敏行而不敢怠辟若鸎鴒飛且鳴矣顏師古注云鸎鴒雍渠小青雀飛則鳴行則搖言其勤苦也

慈烏、烏也、

爾雅鸒烏醜其飛也翔說文烏孝烏也象形藝文類聚引春秋元命包云火流爲烏烏孝烏也初學記引春秋運斗樞云飛翔羽翮爲陽陽氣仁故烏哺公也後漢書趙典傳云烏烏反哺報德小爾雅云純黑而反哺者謂之慈烏易林隨之大壯云慈烏鳴鳩執一無尤案善于父母謂之孝亦謂之慈故孝烏謂之慈烏內則云昧爽而朝慈以旨甘齊語云不慈孝於父母莊子漁父篇云事親則慈孝是慈卽孝也孟子離婁篇孝子慈孫猶祭統言孝子孝孫也

䨂子、䨂、鷇、雛也、

方言雞雛徐魯之間謂之䨂子䨂之言揫也釋詁云揫小也䨂或作秋高誘注淮南原道訓云屈讀秋雞無尾屈之屈雞無尾故以爲屈說文云屈無尾也今高郵人猶謂雞雛爲䨂雞聲正如秋矣玉篇䨂雀子也廣韻䨂雞雛也是雀子雞雛俱謂之䨂也雀子雞雛謂之䨂猶羊羔謂之揫耳爾雅生哺鷇郭璞注云鳥子須母食之鷇與鷇同又生噣雛郭注云能自食釋文云鳥子須哺而食者燕雀之屬也史記趙武靈王探雀鷇而食之是也鳥子生而能自啄者禮記云雛尾不盈握弗食是也說文鷇鳥子生哺者雛雞子也案鷇與雛對文則異散文則通方言云𦉢子及雞雛謂之鷇郭注云關西曰鷇是雛子生噣亦謂之鷇也易林訟之睽云秋冬探巢不得鵲雛是鳥子生哺亦謂之雛也鷇之言穀也說文云穀乳也從子㱿聲司馬彪注莊子齊物論篇云鷇鳥子欲出者則在卵已謂之鷇魯語云鳥翼鷇卵管子五行篇云不癘雛鷇皆連類而舉矣鷇影宋本譌作鷇各本又譌作鶴案集韻類篇鷇或作鷇今訂正

雃鵲、䧿也、

爾雅鵲鶪醜其飛也翪郭璞注云竦翅上下說文舄䧿也象形篆文從隹昔聲作䧿舄䧿並與鵲同鄭注大射儀云鵠鳥名射之難中中之爲俊是以所射於侯取名也引淮南子曰鳱鵠知來鳱與雃同今淮南氾論訓作乾云乾鵠知來而不知往高誘注云乾鵠鵲也人將有來事憂喜之徵則鳴此知來也知歲多風卑巢於木枝人皆探其卵故曰不知往也又謂之乾鵲西京雜記陸賈曰乾鵲噪而行人至今人則通呼喜鵲名醫別錄陶注云一名飛駁鳥也說文又云雗鸒山鵲知來事鳥也雗鸒與雃鵲聲相近廣韻亦云鸒鵲鳥名似鵲據此則雃鵲爲山鵲與鵲相似非卽是鵲爾雅鸒山鵲郭注云似鵲而有文彩長尾觜脚赤是也但一種而小異稱名可以互通耳

野鷄、鴙也、

鴙與雉同史記封禪書文公獲若石于陳倉北阪城祠之其神從東南來集于祠城則若雄雞其聲殷云

野雞夜雊集解引如淳云野雞雉也呂后名雉故曰野雞漢書郊祀志雄雞作雄雉雊作鳴顏師古注云野雞亦雉也避呂后諱故曰野雞上言雄雉下言野雞史駁文也案史記殷本紀有飛雉登鼎耳而呴屈原傳雉雉翔舞淮南王安傳守下雉之城皆不爲呂后諱不應于封禪書獨諱之也漢書五行志有飛雉集于庭又云天水冀南山大石鳴聲雞皆鳴一篇之中既言雉又言野雞與郊祀志同不應駁文如是之多也今案易林睽之大壯云鷹飛雉遽兔伏不起狐張狼鳴野雞驚駭則野雞之非雉明甚又案急就篇說飛鳥云鳳爵鴻鵠鴈鶩雉其說六畜則云豭豬狡犬野雞雛則野雞爲常畜之雞矣謂之野雞者野鄙所畜之雞野雞夜鳴者猶淮南泰族訓云雄雞夜鳴耳郊祀志之雉雉野雞五行志之野雞飛雉皆判然兩物謂野雞避呂后諱者不得其解而爲之辭也此云野雞鴙也亦誤矣顏師古急就篇注又云野雞生在山野鶉雞鶡雞天雞山雞之類如此則非復常畜者矣何以急就篇數六畜而及之哉其史記雊字集解正義索隱俱無音注當亦是鳴字後人改之耳

伏翼、飛鼠、仙鼠、蛈蟔也、

伏與服同蛈與蛾同爾雅蝙蝠服翼郭璞注云齊人呼爲蛾蟔或謂之仙鼠方言蝙蝠自關而東謂之服翼或謂之飛鼠或謂之老鼠或謂之僊鼠自關而西秦隴之閒謂之蝙蝠北燕謂之蛾蟔李當之本草云伏翼卽天鼠也新序雜事篇云黃鵠白鶴一舉千里使之與燕服翼試之堂廡之下廬室之閒其便未必能過燕服翼也曹植蝙蝠賦云二足爲毛飛而含齒巢不哺鷇空不乳子不容毛羣斥逐羽族下不蹈陸上不馮木是其情狀也今蝙蝠似鼠黑色翅與足連棲于屋隙黃昏出飛故鮑照飛蛾賦云仙鼠伺闇飛蛾候明矣

鷂鴨、飛鸓也、

鸓或作蠝漢書司馬相如傳蜼玃飛蠝張注云飛蠝飛鼠也其狀如兔而鼠首以其額飛郭璞云蠝鼯鼠也毛紫赤色飛且生一名飛生又注爾雅鼯鼠夷由云狀如小狐似蝙蝠肉翅翅尾項脅毛紫赤色背上蒼艾色腹下黃喙頷雜白腳短爪長尾三尺許飛且乳亦謂之飛生聲如人呼食火煙能從高赴下不能從下上高又爲贊云鼯之爲鼠食煙棲林載飛載乳乍獸乍禽皮藉孕婦人爲大任是郭以飛鸓爲鼯鼠與張異也案說文鸓鼠形飛走且乳之鳥也本草名作鼺云鼺鼠主墮胎令產易陶注云鼺是鼯鼠一名飛生狀如蝙蝠大如鴟鳶毛紫色闇夜行飛生人取其皮毛以與產婦持之令兒易生並與郭說相合則飛鸓爲鼯鼠矣飛鸓夜出飛鳴故馬融長笛賦云猿蜼晝吟鼯鼠夜叫也劉逵吳都賦注云鼯大如猿東吳諸郡皆有之

鸊鷉、鶻鷉也、

爾雅鷉須鸁郭璞注云鷉鷉似鳧而小膏中瑩刀方言野鳧其小而好沒水中者南楚之外謂之鸊鷉大者謂之鶻蹏蹏與鶻通廣韻鸊鷉鳥名似鳧而小足近尾本草拾遺云鸊鷉水鳥也如鳩鴨腳連尾不能陸行常在水中人至卽沈或擊之便起是其情狀也鷉或作鷈南都賦云鶄鶴鸊鷉或作鵜蔡邕短人賦云雄荊雞兮鶩鸊鶙各本鶻譌作鶻或譌作鵲今訂正

鴆鳥、其雄謂之運日、其雌謂之陰諧、

此用淮南注也淮南繆稱訓暉日知晏陰諧知雨高誘注云暉日鴆鳥也晏無雲也天將晏靜暉日先鳴也陰諧暉日雌也天將陰雨則鳴暉與運同中山經女几之山其鳥多鴆郭璞注云鴆大如鵰紫綠色長頸赤喙食蝮蛇頭雄名運日雌名陰諧也廣韻引廣志云鴆鳥大如鶚紫綠色有毒頸長七八寸食蛇蝮雄名運日雌名陰諧皆用淮南注也案繆稱訓云鵲巢知風之所起獺穴知水之高下暉日知晏陰諧知雨四句各舉一物四物各爲一類鵲與獺非牝牡暉日與陰諧非雌雄也徧考諸書言鴆鳥別名者多矣說文云鴆毒鳥也一名運日史記魯世家集解引服虔左傳注云鴆鳥一曰運日鳥王逸離騷注云鴆運日也羽有毒可殺人御覽引吳普本草云運日一名羽鴆運或作鵋名醫別錄云鴆鳥毛有大毒一名鵋日生南海陶注云鵋日鳥大如黑傖雞作聲似云同力故江東人呼爲同力鳥運又作雲劉逵吳都賦注

云鳩鳥一名雲日凡此皆言運日而不及陰諧亦可知鴆鳥無陰諧之號而繆稱訓注非確詁矣今案御覽引淮南子逸文曰蝳知將雨又引高誘曰蝳蟲也大如筆管長三寸餘廣韻蝳音皆又音諧引淮南子曰蝳知雨至蝳蟲大如筆管長三寸世謂之猥狗知天雨則於草木下藏其身集韻蝳音皆蟲名猥狗也知雨則翳葉又音諧蟲名將雨輒出淮南呼爲雨母然則蝳與諧同音陰諧卽是蝳舉其本名則謂之蝳能知陰雨則又謂之陰諧陰諧之義猶雨母耳下文云人智不如鳥獸鳥謂鵲與運日獸謂獼與陰諧考工記云天下之大獸五脂者膏者羸者羽者鱗者則獸爲鳥獸昆蟲之通稱又云小蟲之屬以爲雕琢此互文耳大獸猶言大蟲小蟲猶言小獸也故曲禮朱鳥元武青龍白虎鄭注謂之四獸

鳳皇鷄頭燕頷蛇頸鴻身魚尾骿翼五色以文首文曰德翼文曰順背文曰義腹文曰信膺文曰仁雄鳴曰卽卽雌鳴曰足足昏鳴曰固常晨鳴曰發明晝鳴曰保長

舉鳴曰上翔集鳴曰歸昌

爾雅鶠鳳其雌皇說文云鳳麐前鹿後蛇頸魚尾龍文龜背燕頷雞喙五色備舉韓詩外傳云鳳象鴻前而麟後蛇頸而魚尾龍文而龜身燕頷而雞喙史記司馬相如傳正義引京房易傳云鳳皇鴈前麟後雞喙燕頷蛇頸龜背魚尾駢翼駢與骿同說苑辨物篇云鳳鴻前麟後蛇頸魚尾龍文龜身燕喙雞喝駢翼而中注蓺文類聚引樂汁圖云鳳皇雞頭燕喙蛇頸龍形麟翼魚尾五采諸說並與廣雅小異郭璞南山經注引廣雅鴻身作龜背案身與文爲合韻今本是也南山經云丹穴之山有鳥焉其狀如鶴五采而文名曰鳳皇首文曰德翼文曰順背文曰義膺文曰仁腹文曰信是廣雅所本也今本南山經作翼文曰義背文曰禮案順仁信三字爲韻如今本則失其韻矣考海內經作翼文曰順背文曰義書序正義大雅卷阿正義莊二十二年左傳正義周禮樂師疏史記司馬相如傳正義蓺文類聚太平御覽引南山經並作翼文曰順背文曰義惟埤雅云翼文曰禮背文曰義乃知宋時山海經本始改順爲禮今又改爲翼文曰義背文曰禮矣其逸周書王會篇云鳳鳥者戴仁抱義掖信韓詩外傳云鳳戴德負仁抱忠挾義說苑辨物篇云鳳首戴德項揭義背負仁心信智書序正義引陰陽書云鳳皇首戴德背負仁頸荷義膺抱信足履政尾繫武初學記引帝王世紀云鳳首文曰順德背文曰信義膺文曰仁智與廣雅或同或異皆以意說無正文也各本曰德上脫首文二字今補卽卽或作節節御覽引韓詩外傳云鳳鳴雄曰節節雌曰足足昏鳴曰固常晨鳴曰發明晝鳴曰保章舉鳴曰上翔集鳴曰歸昌說苑辨物篇保章作保長毛詩義疏則云朝鳴曰發明晝鳴曰上翔夕鳴曰滿昌昏鳴曰固常夜鳴曰保長初學記引論語摘衰聖則云行鳴曰歸嬉止鳴曰提扶夜鳴曰善哉晨鳴曰賀世飛鳴曰郎都此則一鳥之鳴耳既以節足爲異又復數更其響乃至應候而殊聲成文以協韻語由增飾事涉虛誣識者所不取也

翳鳥鸞鳥鷫鷞鸑鷟䲭箭鵕鸃廣昌鷦明鳳皇屬也

海內經蛇山有五彩之鳥飛蔽一鄉名曰翳鳥郭璞注云鳳屬也引離騷云駟玉虯而乘翳今離騷翳作

鷖王逸注云鳳皇別名也說文鸞赤神靈之精也赤色五采雞形鳴中五音頌聲作則至周成王時氐羌獻鸞鳥逸周書王會篇文孔晁注云鸞大於鳳亦歸於仁義者也西山經云女牀之山有鳥焉其狀如翟而五彩文名曰鸞鳥蓺文類聚引決疑注云象鳳多青色者鸞也說文五方神鳥東方發明南方焦明西方鷫鷞北方幽昌中央鳳皇焦與鷦同鷞或作鸘續漢書五行志注引樂叶圖徵云似鳳有四一曰鷫鷞鳩喙圜目身義戴信嬰禮膺仁負智二曰發明鳥喙大頸大翼大脛身仁戴信嬰智膺義負禮三曰焦明長喙疏翼圓尾身禮戴信嬰仁膺智負義四曰幽昌銳目小頭大身細足脛若鱗葉身智戴信嬰義膺禮負仁李善注江淹雜體詩引宋均樂緯注云鷦明身禮質赤色然則鷦明爲南方神鳥以此推之則鷫鷞身義白色屬西方發明身仁青色屬東方幽昌身智黑色屬北方鳳皇備五德而兼五色屬中央是爲五方神鳥也隋書經籍志樂緯三卷宋均注梁有樂五鳥圖一卷亡五鳥蓋卽五方神鳥矣然古書言鳳鳥者不聞各以方色樂緯所云乃後人附會之詞不足據也楚辭大招鴻鵠代遊曼鷫鷞只王

逸注云、鸕鷞、俊鳥也、高誘注淮南原道訓云、鸕鷞、鳳
皇之別名也、楚辭九歎、從元鶴與鷦明、王注云、鷦明、
俊鳥也、上林賦云、揵鵔鸃、揜焦明、說文、鸑鷟、鳳屬神
鳥也、周語、周之興也、鸑鷟鳴於岐山、賈虞唐三君注
云、鸑鷟、鳳之別名、後漢書賈逵傳云、昔武王終父之
業、鸑鷟在岐、與周語注相發明也、蓺文類聚引決疑
注云、似鳳多紫色者爲鸑鷟、御覽引倉頡解詁云、鵕
鸃神鳥、飛竟天、漢以爲侍中冠、又引雜字解詁云、鵕
鸃似鳳皇、九歎撫朱爵與鵕鸃、王注云、鵕鸃、神俊之
鳥也、子虛賦、射鵕鸃、郭璞注云、似鳳有光彩、䲨笧廣
昌皆未
詳也、

鶇鸔、鵗離、延居、鵿雀、怪鳥屬也、

玉篇、鶇鸔、東邊鳥名、又云、鵗離鳥自爲牝牡、又云、鶅
鵗鶅也、郭璞南山經注引廣雅離作鶅、鵗鶅下有鷦
明二字、案上文已云、鷦明、鳳皇屬、不應又以爲怪鳥、
或郭氏誤記耳、延居、南山經注作爰居、案爾雅、爰居
雜縣、李巡注云、海鳥也、樊光云、似鳳皇、郭璞云、國語
曰海鳥爰居、漢元帝時、琅邪有大鳥如馬駒、時人謂

之爰居、司馬彪注莊子至樂篇云、爰居舉頭高八尺、
是也、鵿、南山經注作鴟、案鴟字隸或作鵄、鵿字隸或
作鵿、形相近而亂耳、

鷂禽也、

未詳、

車搗鶔秅也、

鈔本御覽引廣雅作車搗鶔札也、刻本作車搗鶔禮
也、案札與札字形相似、葢此字本作札、今本廣雅譌
而爲秅、鈔本御覽譌而爲札、刻本又改爲禮耳、釋詁
札、甲也、札譌作禮、莊子人閒世篇名也者相札也、崔
頤云、札或作禮、並與此同、淮南說林訓、月照天下而
蝕於詹諸、騰蛇游霧而殆於蝍蛆、鳥力勝日而服於
鵻禮、下諸霧蛆四字爲韻、獨日禮之聲不諧、竊謂禮
字亦當爲札、成十六年左傳七札之札、徐邈音側乙
反、則其聲正與日字相諧、葢亦是初作札、譌作礼、因
又改作禮耳、鶔鵻二字往往相亂、說文云、鵻、祝鳩也、

昭十七年左傳注則云、祝鳩、鶔鳩也、然則廣雅之鶔
札、即淮南之鵻札矣、高誘淮南注云、爾雅謂之裨笠、
秦人謂之祝祝、蠶時晨鳴人舍者、鴻鳥皆畏之、今爾
雅裨作鵧、云鵧鳩鶌鵴、郭璞注云、小黑鳥、鳴自呼、江
東呼爲
烏鵙、

鷩鳥、鴞也、

鷩、與繁通、楚辭天問、何繁鳥萃棘、負子肆情、王逸注
云、言解居父聘吳、過陳之墓門、見婦人負其子、欲與
之淫泆、肆其情欲、婦人則引詩刺之曰、墓門有棘、有
鴞萃止、故曰繁鳥萃棘也、是繁鳥即鴞也、繁與鷩俱
從敏聲、而音爲煩、曹憲乃云、鷩字人多作煩音、失之、
是直不知鷩鳥之爲繁鳥也、鷩或作蕃、北山經、涿光
之山、其鳥多蕃、郭璞注云、或云即鴞也、音煩、又其一
證矣、陳風墓門傳云、鴞、惡聲之鳥也、義疏云、鴞大如
班鳩、綠色、惡聲之鳥也、入人家則凶、賈誼所賦服鳥
是也、其肉甚美、可爲羹臛、又可爲炙、漢供御各隨其
時、惟鴞冬夏尚施之、以其美故也、莊子齊物論篇見
彈而求鴞炙、司馬彪注云、小鳩可炙、又天地篇云、鳩

鴞之在於籠、郭璞西山經注亦云、鴞、似鳩而青色、則
鴞爲鳩類矣、又一種似雞者、亦名爲鴞、史記賈生傳、
楚人命鴞爲服、索隱引鄧展云、似鵲而大、又引晉灼
云、巴蜀異物志云、有鳥小雞、體有文色、土俗因形、名
之曰服、不能遠飛、行不出域、又引荊州記云、巫
縣有鳥如雌雞、其名爲鴞、楚人謂之服、是也、

伯趙鵙也、

爾雅、鵙鵙醜、其飛也翪、郭璞注云、竦翅上下、又鵙、伯
勞也、樊光注引昭十七年左傳、伯趙氏司至、又釋之
云、伯趙、鵙也、以夏至來、冬至去、郭璞云、似鶷鶡而大、
左傳曰伯趙是、月令、仲夏之月、鵙始鳴、左傳正義引
蔡邕章句云、鵙、伯勞也、一曰伯趙、應時而鳴、爲陰候
也、呂氏春秋仲夏紀注云、是月陰作於下、陽發於上、
伯勞夏至後應陰而殺蛇、磔之於棘而鳴於上、傳曰
伯趙氏司至者也、是伯趙即鵙也、謂之鵙者、以聲得
名、豳風七月正義引陳思王惡鳥論云、伯勞以五月
鳴、其聲鵙鵙、故以其音名云、鵙或作鴂、夏小正、五月
鴂則鳴、傳云、鴂者、百鷯也、鳴者、相命也、鵙鳴始于五
月、而豳風七月篇言七月鳴鵙者、鄭箋云、伯勞鳴將

寒之候也、五月則鳴、幽地晚寒、鳥物之候、從其氣焉、正義云、王肅云、蟬及鶪皆以五月始鳴、今云七月、其義不通也、古五字如七、肅之此說理亦可通、但不知經文實誤否耳、今按是詩紀月之例、或次第相因、七月流火、八月萑葦、四月秀葽、五月鳴蜩之類是也、或相距一月、七月流火、九月授衣、八月其穫、十月隕蘀之類是也、其有相距不止一月者、則於第三句始得轉韻爲之、如七月流火與八月萑葦韻也、而下句蠶月條桑則與取彼斧斨爲韻、四月秀葽與五月鳴蜩韻也、而下句八月其穫則與十月隕蘀爲韻、蓋八月之去蠶月、五月之去八月、中間甚遠、則必轉韻以別之、此七月一篇之例也、若作五月鳴鶪、則與八月載績相距兩月、文甫二句、而義已參差、韻復無別、於例爲不倫矣、肅說非是、

附引廣雅一條

白鷢、鷹也、

見初學記、太平御覽、爾雅、鷹、鶆鳩、又云、鷹隼醜、其飛也翬、又云、鷢、白鷢、郭璞注云、白鷢似鷹、尾上白、廣韻

云、白鷢、一名鷣、似鷹、尾上白、善捕鼠也、御覽引古今注云、白鷢、似鷹而尾上白、亦號爲印尾鷹、案鷢與𦢊通、釋親云、臎、𦢊也、臎或作翠、𦢊或作橛、內則注云、翠、尾肉也、素問骨空論注云、尾窮謂之橛、然則鷢爲尾後之稱、故尾上白謂之白鷢也、又說文云、白鷢、王鴡也、周南關雎篇義疏云、雎鳩、揚雄、許愼皆曰白鷢、似鷹、尾上白、案爾雅、雎鳩自名王雎、鷢自名白鷢、明非一鳥也、

釋獸

於䖘、李耳、虎也、

說文、虎、山獸之君、從虍、虎足象人足、象形、方言、虎、陳魏宋楚之閒或謂之李父、江淮南楚之閒謂之李耳、或謂之於䖘、自關東西或謂之伯都、郭璞注云、於音烏、今江南山夷呼虎爲䖘、音狗竇、䖘或作菟、宣四年左傳云、楚人謂虎於菟、釋文菟音徒、案於䖘、虎文貌、說文、𧇊、黃牛虎文、讀若塗、䖘𧇊聲義並同、虎有文謂之於䖘、故牛有虎文謂之𧇊、春秋傳楚鬬穀於菟字子文、是其證也、說文又云、虍、虎文也、於䖘與虍聲近而義同、單言之則爲虍、重言之則爲於䖘耳、於䖘、李耳、皆疊韻字、李耳、李父、語之變轉、而御覽引風俗通義云、俗說虎本南郡中廬李氏公所化、爲、呼李耳因喜、呼班使怒、方言注又云、虎食物值耳卽止、以觸其諱、故、皆失之鑿矣、易林隨之否云、鹿求其子、虎廬之里、唐伯李耳、貪不我許、豈更有唐氏公所化哉、

貔、貍、貓也、

貍之搏鼠者曰貓、郊特牲云、迎貓爲其食田鼠也、御覽引尸子云、使牛捕鼠、不如貓狌之捷、莊子秋水篇云、騏驥驊騮、一日而馳千里、捕鼠不如貍狌、是貓亦稱貍也、諸書無言貓名貔者、據方言、貔、豾皆貍之別名、則貔字當在下條內、寫者誤耳、

豾、貍也、

爾雅、貍狐貒貈醜、其足蹯、其跡內、郭璞注云、皆有掌蹯、內、指頭處也、又貍子、隸、郭注云、今或呼豾貍、釋文引字林云、豾、貍也、豾或作貊、方言、貔、陳楚江淮之閒謂之貅、北燕朝鮮之閒、謂之豾、關西謂之貍、大射儀

鄭注云、貍之言不來也、不與豾、來與貍、古並同聲、說文、貍、伏獸、似貙也、周官射人、以貍步張三矦、鄭注云、貍、善搏者也、行則止而擬度焉、其發必獲、是以量矦道法之也、今貍有二種、或似豹文、或似虎文、其皮可以爲裘、故禹貢梁州厥貢熊羆狐貍織皮也、

貒、貛也、

爾雅、貍狐貒貈醜、說文引作狐貍貛貉醜、又貒子、貗、郭璞注云、貒、豚、一名貛、釋文引字林云、貒、獸似豕而肥、方言、貛、關西謂之貒、說文、貛、野豕也、淮南脩務訓貛貉爲曲穴、御覽引作貒、知曲穴、楚辭九思、貒貉兮蟫蟫、注云、蟫蟫、相隨之貌也、貛通作貆、周官草人、鹹潟用貆、鄭注云、貆、貒也、淮南齊俗訓、貆貉得埵防、弗去而緣、高誘注云、貆、貆豚也、本草衍義云、貒肥矮、毛微灰色、頭連脊毛一道黑、觜尖黑、尾短闊、蒸食之極美、案今貛有二種、或如豬、或如狗、皆穴于地中、夜出食人雞鶩、

猱、狙、獼、猴也、

齊策云、猿獮猴錯木據水、則不若魚鼈、楚辭招隱士云、獮猴兮熊羆、慕類兮以悲、獮並與猕同聲、轉而爲母、說文、爲母猴也、其爲禽好爪、爪母猴象也、下腹爲母猴形、呂氏春秋察傳篇、玃似母猴、母猴似人、是也、又轉而爲沐、漢書項籍傳、人謂楚人沐猴而冠、張晏注云、沐猴獮猴也、爾雅、猱蝯善援、初學記引孫炎注云、猱母猴也、郭璞注云、善攀援、又注蒙頌猱狀云、猱亦獮猴之類、小雅角弓篇、毋教猱升木、傳云、猱猨屬、箋云、猱之性善登木、義疏云、猱獮猴也、猱或作夒、說文、猴夒也、夒母猴似人、從頁、巳止夊其手足、又作獿、樂記鄭注云、獿獮猴也、郭璞南山經注引尸子云、左執太行之獶、聲轉而爲戎、顏師古匡謬正俗云、或問曰、今之戎獸皮可爲褥者、古號何獸、荅曰、李登聲類夒音人周反、字或作猱、左思吳都賦劉逵注云、猱似猴而長尾、驗其形狀、戎即猱也、此字既有柔音、俗語變轉謂之戎耳、猶今之香菜謂之香戎也、說文、狙玃屬、玃大母猴也、莊子齊物論篇云、狙公賦芧、

貗、貁也、

爾雅釋文引字林云、貁謂之貗、衆經音義卷二十一引倉頡篇云、貁似貓、搏鼠、出河西、後漢書班固傳注文選西都賦注、並引倉頡篇云、貁似狸、據此則貁乃狸屬、非猨狖之狖也、猨狖之狖自似獮猴、不似狸、故廣雅、貗、貁也、㲋、⿰豸夬也、二條相連、⿰豸夬與貁皆狸屬也、其似獮猴之狖、則于下文始釋之、訓則此爲貗、彼爲蜼、字則此從豸、彼從犬、所以爲別也、郭璞爾雅注云、今江東呼貉爲⿰豸夬貗、蓋狸狐貒貉類相近而名相假、亦若貍與白狐同名爲貔也、此足以證貗貁之非猨類矣、李賢李善引倉頡篇以釋猨狖之狖、失之。

㲋、⿰豸夬也、

玉篇廣韻並云、㲋獸似貍、爾雅疏引字林云、⿰豸夬貍類、是㲋即⿰豸夬也、廣韻又云、⿰豸夬貉屬、則此獸亦近于貉、故郭璞爾雅注云、今江東呼貉爲⿰豸夬貗、同類而通稱耳、說文云、㲋獸名、似狌狌、狌狌二字疑有誤、

豨、豠、豭、彘、豕也、

爾雅、豕子、豬、郭璞注云、今亦曰彘、江東呼豨、皆通名、方言、豬、北燕朝鮮之閒謂之豭、關東西或謂之彘、或謂之豕、南楚謂之豨、說文、豕、彘也、竭其尾、故謂之豕、象毛足而後有尾、讀與豨同、然則豨豕古同聲、故史記天官書奎曰封豕、漢書天文志作封豨、李頤注莊子知北遊云、豨、大豕也、鄧展注漢書高祖紀云、東海人名豬曰豨、墨子耕柱篇云、狗豨猶有鬬、說文又云、豠、豕屬也、豭、牡豕也、隱十一年左傳、鄭伯使卒出豭、正義云、豭謂豕之牡者、爾雅釋獸豕牝曰豝、豝者是牝、知豭者是牡、祭祀例不用牝、且宋人謂宋朝爲艾豭、明以雄豬喻也、案爾雅、鹿牡麚、牝麀、釋文麚音加、牡鹿之名麚、猶牡豕之名豭也、豭爲牡豕、又爲豕之通稱、猶豬爲豕子、又爲豕之通稱矣、說文又云、彘、豕也、後蹏廢謂之彘、

豯、⿰豕冥、𧰼也、

𧰼與豚同、方言、豬其子謂之豚、或謂之豯、說文、𧰼小豕也、篆文從肉豕作豚、豯生三月豚腹豯豯皃也、從豕奚聲、徐鍇傳云、豯腹大也、玉篇、⿰豕冥小豚也、莫丁切、⿰豕冥之言冥也、爾雅釋言云、冥、幼也、

狖、蜼也、

爾雅、蜼卬鼻而長尾、郭璞注云、蜼似獮猴而大、黃黑色、尾長數尺、似獺、尾末有岐、鼻露向上、雨卽自縣於樹、以尾塞鼻、或以兩指、江東亦取養之、爲物捷健、釋文、蜼音誄、字林、余繡反、或餘季、餘水二反、余繡之音、正與狖同、淮南覽冥訓、猨狖顛蹶而失木枝、高誘注云、狖、猨屬也、長尾而卬鼻、狖讀中山人相遺物之遺、又與餘季之音相合、是狖蜼聲義皆同也、蜼又音誄、故通作⿰犭畾、御覽引異物志云、⿰犭畾之屬捷勇於猨、鼻微倒向上、尾端分爲兩條、天雨便以插鼻孔中、水不入、性怯畏人、見則顛倒投擲、或墮地奔走、無所迴避、觸樹動石、或至破頭折脛、故俗人罵人云、癡如⿰犭畾、古者或刻尊彝以象之、周官司尊彝云、祼用虎彝蜼彝、性善嘯、如猨、故九歌云、猨啾啾兮狖夜鳴也、

豰、⿰豕艾、豭也、

諸書無訓豰爲豭者、說文、豰、小豚也、則當入上文豚也條內、又案⿰豕艾通作艾、定十四年左傳、既定爾婁豬、盍歸吾艾豭、杜預注云、艾、老也、釋文引字林、艾作⿰豕艾、三毛聚居者、據此則豭爲牡豕之名、⿰豕艾乃豕之情狀

不得訓豰爲豭也。疑豰字從上文豚也條內竄入此條，豰豭下則又有豕牝二字，與下條豕牝相對，寫者脫去矣。集韻云：穀、豰，豭也，則所用已是誤本。

豵、豯，豕牝也。

玉篇：豵，老母豕也；豯，小母豬也。初學記引纂文云：齊徐以小豬爲豯。

橧，圈也。

爾雅：豕所寢，橧。舍人注云：豕所寢草爲橧。某氏云：臨淮人謂野豬所寢爲橧。郭璞云：橧，其所臥蓐。橧之言增累而高也。禮運：夏則居橧巢。鄭注云：暑則聚薪柴居其上。人居薪上謂之橧，猶豕居草上謂之橧也。橧本圈中臥蓐之名，因而圈亦謂之橧。方言：豬，吴揚之間謂其檻及蓐曰橧。檻卽圈也。說文：圈，養畜之閑也。玉篇：圈，牢也。今人通呼豕牢爲圈，聲如卷。

麇，麞也。

說文：麇，麞也。籀文作麕。麕、麇屬也。召南野有死麕，義疏云：麕，麞也。青州人謂之麕。麕或作獐。考工記：畫繢之事，山以章。鄭注云：章讀爲獐。齊人謂麕爲獐。呂氏春秋博志篇云：使獐疾走，馬弗及也，而得之者，其時顧也。御覽引伏侯古今注云：麞有牙而不能噬，鹿有角而不能觸。麞各本譌作麋，今訂正。

麛，麑也。

爾雅：鹿，其子麛。周官迹人：禁麛卵者。鄭注云：麛，麋鹿子。是麛爲鹿子之名。麋子亦得借稱也。麛或作麑。魯語：獸長麑䴠。韋昭注云：鹿子曰麑。論語鄉黨篇：素衣麑裘。皇侃疏云：麑，鹿子。鹿子近白，與素微相稱。麑之言兒也，弱小之稱也。麛之言㒆也，亦弱小之稱。說文：㒆，鹿麛也，讀若偄弱之偄。麛與㒆同。玉篇音奴亂切。凡字之從而聲、耎聲、需聲者，聲皆相近。小栗謂之栭，小魚謂之鮞，小雞謂之雞，小兔謂之䨲，小鹿謂之麛，其義一也。吳都賦云：翳薈無麛鷚。

逸、娩、䨲，兔子也。

廣韻：逸，逸䨲也。爾雅：兔子，嬎。說文：嬎作娩。娩，曹憲音匹萬。娩者，新生弱小之稱。內則：兔薨。鄭注云：兔，新生者。釋文：兔音問。大戴禮公冠篇：推蓋稚兔之幼志。盧辯注云：兔，猶弱也。聲義與娩相近。郭璞注爾雅兔子嬎云：俗呼曰䨲。集韻云：江東呼兔子爲䨲。論衡奇怪篇：兔吮豪而懷子，及其子生，從口而出也。

狦，狼也。

廣韻：狦，獸名，似狼。說文：狼，似犬，銳頭白頰，高前廣後。毛詩義疏云：其鳴能小能大，善爲小兒啼聲以誘人，去數十步止，其勇捷者人不能制，雖善用兵者不能克之。其膏可以煎和，其皮可以爲裘。

獱，獺也。

說文：猵，獺屬也。或從賓作獱。又云：獺，如小狗，水居食魚。李善羽獵賦注引郭璞三倉解詁云：獱，似狐，青色，居水中，食魚。孟子離婁篇：爲淵毆魚者，獺也。趙岐注云：獺，獱也。呂氏春秋孟春紀：獺祭魚。高誘注云：獺，獱，水禽也。取鯉魚置水邊，四面陳之，世謂之祭魚。淮南兵畧訓：畜池魚者必去猵獺，爲其害魚也。故鹽鐵論

輕重篇云：水有猵獺而池魚勞。御覽引博物志云：獱頭如馬頭，腰以下似蝙蝠，毛似獺，大可五六十斤。名醫别錄陶注亦云：獺有兩種，獱獺形大，頭如馬，身似蝙蝠，則獱乃獺之大者。而顏師古注漢書揚雄傳，以獱爲小獺，非也。

蹏、蹢、𨂐、蹯，足也。

說文：蹏，足也。字亦作蹄。釋名：蹄，底也，足底也。蹢之爲言猶蹏也。爾雅：馬四蹢皆白，首。豕四蹢皆白，豥。小雅漸漸之石篇：有豕白蹢。傳云：蹢，蹄也。爾雅：貍、狐、貒、貈醜，其足蹯。說文：蹯作番，云：獸足謂之番。從釆，田象其掌。或從足從煩作蹞。古文作𨂐。徐鍇傳云：象獸掌形也。文元年左傳：請食熊蹯。杜預注云：熊掌也。

隲、牡、犕、特、𦍩、豭、犃，雄也。

邶風匏有苦葉傳：飛曰雌雄，走曰牝牡。正義云：此定例耳，若散則通。故書曰：牝雞之晨。傳曰：獲其雄狐。是也。然則走者亦得稱雌雄。小雅無羊云：以雌以雄。謂牝牡也。隲之爲言猶特也。爾雅：馬牡曰隲。郭璞注云：

今江東呼父馬爲騭、字通作陟、夏小正、四月、執陟攻駒、陟、謂牡馬也、執、與縶通、月令游牝別羣、則縶騰駒、是其事、傳訓陟爲升、云執而升之君、於義疏矣、說文、牡、畜父也、玉篇、犅、特牛也、說文又云、朴特牛父也、急就篇云、㹀犻特犗羔犢駒、特爲牛父之名、馬父亦得稱之、周官校人、凡馬特居四之一、鄭衆注云、三牝一牡也、釋畜云、吳羊牡三歲曰羝、衆經音義卷十四引三倉云、羝特羊也、大壯九三、羝羊觸藩、張璠注云、羝羊、羖羊也、大雅生民篇、取羝以軷、傳云、羝、牡羊也、豭爲牡豕之名、詳見上文豭豕也下、

㸬、牸、牝、雌也、

爾雅、馬牝曰騇、郭璞注云、草馬名、騇、與㸬同、玉篇、牸、母牛也、易林訟之井云、大牡肥牸、惠我諸舅、說苑政理篇、臣故畜牸牛、生子而大、賣之而買駒、或通作字、史記平準書、衆庶街巷有馬、阡陌之閒成羣、而乘字牝者儐而不得聚會、是母馬亦謂之牸也、牸之言字、生子之名、釋詁云、字、生也、牛母謂之牸、猶麻母謂之茡矣、今高郵人謂牝牛爲牸牛、說文、牝、畜母也、

騬、犗、羯、羠、獖、猗、劇、攻、犗也、

說文、騬、犗馬也、犗、騬牛也、玉篇、犗、加敗切、犗之言割也、割去其勢、故謂之犗、莊子外物篇、五十犗以爲餌、郭象云、犗、犍牛也、犍、與犗同、其轉聲則爲羯、說文、羯、羊羖犗也、急就篇云、牂羖羯羠䍽羝羭、史記貨殖傳、羯羠不均、徐廣注云、羯羠、皆健羊也、案健當爲犍、字之誤也、廣韻、羠、牯羊也、牯、與羖同、衆經音義卷五引三倉云、羖羯也、爾雅說豕云、豬獖、說文、獖、羠豕也、大畜六五、獖豕之牙、劉表注云、豕去勢曰獖、說文、猗、犗犬也、釋言、劇、攻也、曹憲音止善、鋤限二反、廣韻、劇以梔去牛勢也、劇之言鏟也、說文、鏟、伐擊也、玉篇之善切、割也、今俗語謂去畜勢爲扇、即劇聲之變轉矣、周官校人、頒馬攻特、鄭衆注云、攻特、謂騬之、犗、曹憲音居言、字或作犍、或作劇、衆經音義卷十一引通俗文云、以刀去陰曰劇、卷十四引字書云、犍、割也、廣韻、劇以刀去牛勢也、劇之言虔也、方言、虔、殺也、義與劇通、今俗謂牡豬去勢者曰犍豬、聲如建、

麐、狼題、肉角、含仁懷義、音中鍾呂、行步中規、折還中榘、遊必擇土、翔必後處、不履生蟲、不折生草、不羣居、不旅行、不入陷穽、不羅罘罔、文章彬彬、

爾雅、麐、麕身牛尾一角、李巡注云、麐、瑞應獸名、孫炎云、靈獸也、字或作麟、哀十四年公羊傳、麟者、仁獸也、何休注云、狀如麕、一角而戴肉、設武備而不爲害、所以爲仁也、詩云、麟之角、振振公族、是也、周南麟之趾箋亦云、麟角之末有肉、示有武而不用、初學記引孝經古契云、吾所見一禽、如麕、羊頭、頭上有角、其末有肉、則緯家已爲此說也、哀十四年左傳正義引京房易傳云、麟、麕身牛尾、狼額馬蹄、有五采、腹下黃、高丈二、額、即題也、爾雅、定、題也、郭璞注云、題、額也、引詩云麟之定、張注上林賦亦云、雄曰麒、雌曰麟、其狀麕身牛尾、狼題一角、是也、說苑辨物篇、麒麟麕身牛尾、員頂一角、含仁懷義、音中律呂、行步中規、折旋中矩、擇土而踐、位平然後處、不羣居、不旅行、紛兮其有質文也、紛、與彬聲相近、蓺文類聚引說苑作彬彬然、周南麟之趾義疏云、麟角端有肉、音中鐘呂、行中規、矩、遊必擇地、詳而後處、不履生蟲、不踐生草、不羣居、不侶

行、不入陷穽、不羅罘罔、王者至仁則出、亦與廣雅同、各本行步譌作步行、陷穽譌作穽陷、章譌作彰、彬彬譌作彬也、案說苑作行步中規、詩義疏作不入陷穽、左傳正義引廣雅行步中規、不入陷穽、文章斌斌、禮運正義引不入檻穽、文章斌斌、初學記引行步中規、不犯陷穽、文章彬彬、今據以訂正、又左傳正義禮運正義引廣雅麐上有麒字、狼題作狼頭、翔必後處、左傳正義作翔必有處、禮運正義作詳而後處、不羅罘罔作不入羅網、初學記作不罹罘罔、案罹與羅古字通、

䶂鼠、

說文、鼠、穴蟲之摠名也、象形、方言、宛野謂鼠爲䶂、郭璞注云、宛、新野、今皆在南陽、音錐、玉篇云、南陽呼鼠爲䶂、本方言注也、各本鼠字誤入曹憲音內、埤雅引廣雅䶂鼠、今據以訂正、

鼩鼠、鼫鼠、

爾雅、鼫鼠、孫炎注云、五技鼠也、郭璞云、形大如鼠、頭似兔、尾有毛、青黃色、好在田中食粟豆、關西呼爲鼩

鼠、見廣雅、音雀、說文、鼫、五技鼠也、能飛不能過屋、能緣不能窮木、能游不能渡谷、能穴不能掩身、能走不能先人、晉九四、晉如鼫鼠、九家易云、鼫鼠喻貪也、五伎皆劣、四爻當之、荀子勸學篇梧鼠五技而窮、大戴禮作鼫鼠、字通作碩、魏風碩鼠篇碩鼠碩鼠無食我黍、正義引舍人樊光爾雅注、以詩碩鼠爲彼五技之鼠、義疏云、今河東有大鼠能人立、交前兩脚於頸上跳舞善鳴、食人禾苗、人逐則走入樹空中、亦有五技或謂之雀鼠、其形大、故序云大鼠也、雀與鼩通、各本鼩下鼠字、譌入曹憲音内、埤雅引廣雅鼩鼠鼫鼠、今據以訂正、

鼹鼠鼢鼠、

爾雅、鼢鼠、郭璞注云、地中行者、說文、鼢地中行鼠、伯勞所化也、一曰偃鼠、或從虫作蚡、偃與鼹通、莊子逍遙遊篇、偃鼠飲河、不過滿腹、是也、偃之轉聲則爲隱名醫别錄、鼹鼠在土中行、陶注云、俗中一名隱鼠、一名蚡鼠、形如鼠大而無尾、黑色、長鼻甚強、常穿地中行、蓺文類聚引廣志云、鼢鼠深目而短尾、案此鼠所

在田中多有之、尾長寸許、體肥而匾、毛色灰黑、行於地中、起土上出、若蚯之有封、故方言、蚍蜉𧊜鼠之塲謂之坻、郭璞注云、塲音傷、𧊜鼠蚡鼠也、爾雅疏云謂起地若耕、因名云、今順天人猶呼鼢鼠、莊子釋文引說文舊音鼢扶問反、正與俗音相合矣、鼹各本譌作鼸、說文玉篇廣韻集韻類篇俱無鼸字、集韻鼸或作鼹、今訂正、

鼠狼鼬、

爾雅、鼬鼠、郭璞注云、今鼬似鼦、赤黃色、大尾、啖鼠、江東呼爲鼪、說文、鼬如鼠、赤黃而大、食鼠者、夏小正、九月鼬鼬則穴、傳云、穴也者、言蟄也、莊子徐無鬼篇、藜藋柱乎鼪鼬之逕、秋水篇、騏驥驊騮、一日而馳千里、捕鼠不如狸狌、崔本狌作鼬、鼬善捕鼠、故有鼠狼之名、蓺文類聚引廣志云、黃鼠善走、凡狗不得、惟鼠狼能得之、今俗通呼黃鼠狼、順天人呼之黃鼬、好夜中食人雞、人捕取之、以其尾毛爲筆、

陽鼠、

諸書無言陽鼠者、玉篇、鼹、音惕、鼠也、疑陽字本作鼹、又曹憲音惕、正文脱去鼹字、音内惕字誤入正文、惕又譌爲陽也、

⿰鼠冗鼠、

說文、⿰鼠冗、鼠屬也、龍龕手鑑、⿰鼠冗、小鼠也、玉篇以爲卽鼮鼠、音如勇切、

鼮鼠、

說文、鼮、鼮令鼠也、

⿰鼠益鼠、

說文、⿰鼠益、鼠屬也、或從豸作貖、

⿰鼠韱⿰鼠胡、

說文、獑猢、鼠黑身、白腰若帶、手有長白毛、似握版之狀、類蝯蜼之屬、獑與⿰鼠韱同、廣韻、⿰鼠韱⿰鼠胡、似猨、黑身白腰、

手有長白毛、善超坂絶巖也、玉篇、⿰鼠韱、仕緘切、⿰鼠胡、戶吾切、漢書司馬相如傳、獑猢穀蛫、張注云、獑猢似獼猴頭上有髮、要以後黑、郭璞獑音讒、史記作螹、徐廣音在廉反、似猨黑身也、西京賦、杪木末、擭獑猢、薛綜注云、獑猢猨類而白、腰以前黑、諸家或云腰以前黑或云腰以後黑、或云黑身白腰、未知誰得其實也、

⿰鼠尃⿰鼠唐、

玉篇、⿰鼠尃、布各切、⿰鼠唐、徒當切、廣韻、⿰鼠尃⿰鼠唐鼠、一月三易腸⿰鼠唐或作唐、蓺文類聚引梁州記云、壻水北涓鄉山有仙人唐公房祠、山有易腸鼠、一月三吐易其腸、束廣微所謂唐鼠者也、又引博物志云、唐房升仙雞狗並去、唯以鼠惡不將去、鼠悔、一月三出腸、水經沔水注亦云、公房白日升天、雞鳴天上、狗吠雲中、惟以鼠惡留之、鼠乃感激、以月晦日吐腸胃、更生、故時人謂之唐鼠、案此曲說也、漢仙人唐公房碑云、鼠齧輂車被具、公房乃畫地爲獄、召鼠誅之、又云、公房妻子屋宅六畜、翛然與之俱去、是殺鼠與升仙、各爲一事、後人乃合二事以爲此說耳、唐鼠自是山中異產、不以唐公房也、

鼮鼢、玉篇，鼮，公熒切，班鼠也。鼢，力丁切，鼮屬。又云，鼤，班尾鼠。廣韻，鼮鼢，班鼠。又云，鼤，班鼠也。鼤，鼠文也。則鼮鼢即爾雅之鼤鼠矣。各本鼮譌作鼮，今訂正。

白鼵、說文，鼵，鼠也，讀若樊。玉篇，鼵，白鼠也。初學記引晉起居注云，白鼠一見東宮。藝文類聚引地鏡圖云，黃金之見，爲火與白鼠。又引廣志云，白猨長尾白腹，善緣登，若家鼠小異者。鼵之言皤也。釋器云，皤，白也。

鼸、

鼸鼤、玉篇，公祿切，鼸鼠也。

未詳。

廣雅疏證　卷第十下　杢

鼨鼠、廣韻，鼨，子峻切，石鼠，出蜀，毛可作筆。

鼫鼠、北山經，丹熏之山有獸焉，其狀如鼠而菟首麋身，其音如獆犬，以其尾飛，名曰耳鼠，食之不睬，又可以禦百毒。郭璞贊云，蹠實以足，排虛以羽，翹尾翻飛，奇哉耳鼠。厭皮惟良，百毒是禦。耳與鼫通。各本鼫下脫鼠字。集韻，鼫，鼫鼠屬也。則所見已是誤本，今據北山經訂正。

鼲鼠、說文，鼲，鼠出丁零胡，皮可爲裘。玉篇，鼲，胡昆、古寬二切。鹽鐵論力耕篇，鼲鼦狐貉，充於內府。字通作昆。魏志烏丸鮮卑東夷傳注引魏畧云，丁令國出名鼠皮，青昆子、白昆子皮。昆子，即鼲子也。後漢書鮮卑傳云，鮮卑有貂豽鼲子，皮毛柔蝡，故天下以爲名裘。其尾又可以飾冠。魏志王粲傳注引典略云，鼲貂之尾綴侍臣之幘。

鼸鼠、即鼸鼠也。爾雅，鼸鼠。孫炎注云，鼸者，頰裏也。郭璞云，以頰內藏食也。釋文，鼸，下簟反。鼸與鼢聲近義同。鼸之言嗛也。爾雅，寓鼠曰嗛。郭注云，頰裏貯食處是也。故鼸或作嗛。夏小正，正月田鼠出。傳云，田鼠者，嗛鼠也。墨子非儒篇，鼸鼠藏而羝羊視，蓋謂其藏食也。說文，鼸，鼢也。鼢，鼸屬，讀若含。鼢與鼢同。鼢之爲言含食也。龍龕手鑑云，鼢似鼠無耳。

鼦鼠、說文，鼦，竹鼠也，如犬。玉篇，鼦，力久切，似鼠而大。廣韻，鼦，食竹根鼠也。藝文類聚引劉欣期交州記云，竹鼠如小狗子，食竹根，出封溪縣。鼦或作猵。莊子天地篇，執留之狗。釋文，留，本又作猵，司馬彪云，猵，竹鼠也。後世謂之竹鼦，出南方，居土穴中，大如兔，人多食之，味如鴨肉。揚雄蜀都賦云，春羔秋鼦。埤雅引燕山錄云，煮羊以鼦，煮鼈以蚊。

廣雅疏證　卷第十下　杢

鼠屬

獸一歲爲豵，二歲爲豝，三歲爲肩，四歲爲特。

說文，豵，一歲豚，尚藂聚也。豝，二歲豕，能相把拏。引召南騶虞篇曰，一發五豝。豜，三歲豕，肩相及者。引齊風還篇曰，並驅從兩豜。豜、肩、與肩通。騶虞篇，壹發五豵。傳云，一歲曰豵。正義云，傳以七月云，言私其豵，獻豜於公。大司馬云，大獸公之，小禽私之。豵言私，明其小。故彼亦云，一歲曰豵。獻豜於公，明其大。故彼與還傳皆云，三歲曰豜。伐檀傳云，三歲曰特。蓋異獸別名，故三歲者有二名也。毛詩肩特皆三歲者。此云四歲爲特，與毛異。鄭衆注大司馬引詩，言私其豵，獻肩于公，而釋之云，一歲爲豵，二歲爲豝，三歲爲特，四歲爲肩，五歲爲慎。此云三歲爲肩，四歲爲特，亦與鄭異。

附引廣雅一條

貀、豹也、

見太平御覽、貀亦豹之屬也、爾雅、貀、無前足、郭璞注云、晉太康七年、召陵扶夷縣檻得一獸、似狗、豹文、有角、兩脚、卽此種類也、或說、貀似虎而黑、無前兩足、釋文引字林云、獸無前足、似虎而黑、卽郭氏所引或說也、說文、貀、獸無前足、引漢律能捕豺貀購百錢、字亦作豽、廣韻、豽、獸名、似貍、蒼黑、無前足、善捕鼠、

釋嘼

白馬黑脊、驓、

脊、各本譌作眘、今訂正、

白馬朱鬣、駁、

定十年左傳釋文引舍人爾雅注云、鬣、馬髮也、駁、各本譌作駱、段先生若膺云、爾雅、白馬黑鬣、駱、駱非朱鬣之馬、駱、當爲駁、逸周書王會篇、犬戎文馬、赤鬣縞身、目若黃金、名吉黃之乘、說文文作駮、海內北經亦

云、犬戎有文馬、縞身朱鬣、目若黃金、名曰吉量、乘之壽千歲、郭璞注云、縞、身色白如縞也、今從段說訂正、

飛黃、

一名乘黃、逸周書王會篇、白民乘黃、乘黃者、似騏、背有兩角、海外西經、白民之國有乘黃、其狀如狐、其背上有角、乘之壽二千歲、郭璞注引周書、似騏作似狐、云、卽飛黃也、淮南覽冥訓、青龍進駕、飛黃伏皁、高誘注云、飛黃、乘黃也、出西方、狀如狐、背上有角、乘之壽三千歲、初學記引符瑞圖云、騰黃者、神馬也、其色黃、一名乘黃、亦曰飛黃、或曰吉黃、或曰翠黃、一名紫黃、

騶吾、

海內北經、林氏國有珍獸、大若虎、五采畢具、尾長于身、名曰騶吾、乘之日行千里、郭璞注云、六韜云、紂囚文王、閎夭之徒、詣林氏國、求得此獸獻之、紂大悅、乃釋之、周書曰、夾林酋耳、酋耳若虎、尾參於身、食虎豹、大傳謂之怪獸、吾宜作虞也、又爲贊云、怪獸五采、尾參於身、矯足千里、倏忽若神、是謂騶虞、詩歎其仁、

吉量、

量、與量同、詳見上文白馬朱鬣駁下、

朱駁、

爾雅、騵、白駁、孫炎注云、騵、赤色也、駁、與駮同、開元占經馬占引禮斗威儀云、君乘火而王、其政和平、則南河輸駮馬、注云、駮馬者、黃赤色馬也、謝莊舞馬賦云、方疊鎔於丹縞、亦聯規於朱駁、

飛兔、

呂氏春秋離俗覽、飛兔要褭、古之駿馬也、高誘注云、飛兔要褭、皆馬名也、日行萬里、馳若兔之飛、因以爲名也、開元占經馬占引瑞應圖云、飛兔者、馬名也、日行三萬里、禹治水勤勞、捄民之害、天眷其德而至、

金喙騕褭、

騕或作要、漢書司馬相如傳、䮍要褭、張注云、要褭馬金喙赤色、一日行萬里者、是金喙者爲騕褭也、開元

占經馬占引應劭漢書注云、騕褭、古駿馬、赤喙元身、日行一萬五千里、與張注小異、餘見上條、

走狐、

未詳所出、

駃騠、

說文、駃騠、馬父驘子也、逸周書王會篇云、正北以野馬騊駼駃騠爲獻、史記匈奴傳索隱云、發蒙記、駃騠刳其母腹而生、列女傳云、生七日超其母、騠或作題、御覽引尸子云、文軒六駃、題無四寸之鍵、則車不行、駃之言赽、騠之言踶、疾走之名也、釋詁云、赽、疾也、釋宮云、赽、奔也、說文、趹、馬行皃、赽、踶也、高誘注淮南脩務訓云、踶趍走也、

飛鴻、

御覽引東方朔傳云、騏驎綠耳、蜚鴻華騮、天下良馬也、蜚、與飛同、

野麋、腹丹、皆未詳所出、

騏驥、說文、騏、馬青驪文如綦也、驥、千里馬也、孫陽所相者、論語憲問篇、驥不稱其力、稱其德也、鄭注云、德者、謂調良之德也、穆天子傳、天子之駿、赤驥、郭璞注云、世所謂騏驥、莊子秋水篇、騏驥驊騮、一日而馳千里、騏或作騹、荀子性惡篇、驊騮騹驥纖離綠耳、此皆古之良馬也、楊倞注云、騹、讀爲騏、

騄駬、或作綠耳、竹書紀年、穆王八年、北唐來賓、獻一驪馬、是生騄耳、穆天子傳、天子之駿綠耳、郭璞注云、魏時鮮卑獻千里馬、白色而兩耳黃、名曰黃耳、即此類也、商子畫策篇、騏驎騄耳、每一日走千里、有必走之勢也、

驊騮、說文、騮、赤馬黑髦尾也、驊、或作華、穆天子傳、天子之駿華騮、郭璞注云、色如華而赤、今名馬驃赤者爲棗騮、騮、馬赤也、餘見上文騏驥下、

駣騠、史記秦本紀、造父得驥溫驪、徐廣云、溫、一作盜、索隱云、鄒誕生本作駣、音陶、則盜驪即此駣騠也、爾雅云、小領盜驪、穆天子傳、天子之駿盜驪、郭璞注云、爲馬細頸、驪、黑色也、玉篇作桃騠、御覽引廣雅亦作桃、集韻云、駣騠、獸名、似馬、

汗血、史記樂書、太一貢兮天馬下、霑赤汗兮沬流赭、集解引應劭漢書注云、大宛馬汗血霑濡也、流沫如赭、又引應劭云、大宛舊有天馬種、蹋石汗血、汗從前肩膊出如血、號一日千里、大宛傳、大宛多善馬、馬汗血、其先、天馬子也、集解引漢書音義云、大宛國有高山、其上有馬、不可得、因取五色母馬置其下與交、生駒汗血、因號曰天馬子、藝文類聚引神異經云、西南大宛宛邱有良馬、其大二丈、鬣至膝、尾委於地、蹄如升、腕可握、日行千里、至日中而汗血、乘者當以緜絮纏頭腰小腹、以避風病、其國人不纏也、

驒騱、說文、驒騱、野馬屬、司馬相如上林賦、蛩蛩驒騱、郭璞注云、驒騱、駏驉類也、驒音顛、騱音奚、史記匈奴傳、其奇畜則橐駞驢贏駃騠騊駼驒騱、

巨虛、爾雅釋地、西方有比肩獸焉、與邛邛岠虛比、爲邛邛岠虛齧甘草、即有難、邛邛岠虛負而走、其名謂之蟨、孫炎注云、邛邛岠虛狀如馬、前足鹿、後足兔、前高不得食而善走、蟨善走也、孤竹距虛、孔晁注云、距虛、野獸、驢騾之屬、穆天子傳、邛邛距虛走百里、郭璞注云、亦馬

屬、引尸子云、距虛不擇地而走、漢書司馬相如傳、蹵蛩蛩、轔距虛、張注云、蛩蛩青獸、狀如馬、距虛似贏而小、郭璞云、距虛即蛩蛩、變文互言耳、李善七發注引范子云、千里馬必有距虛、

駴鹿、韓子外儲說篇、夫馬似鹿者、題之千金、謂此類也、御覽引廣雅、駴作娍、

馬屬

犅牨、丁犖、集韻、大牲謂之牨、說文、犖、駁牛也、藝文類聚引桓譚新論云、夫畜生賤也、然有尤善者、皆見記識、故馬稱驊騮驥騄、牛譽郭牨丁櫟、牨與牨通、櫟與犖通、郭郎郭字、各本郭譌作鄣、牨譌作牪、今訂正、

牛屬

吳羊牡一歲曰牡䍮、三歲曰羝、其牝一歲曰牸䍮、三歲

曰牂、吴羊牾曰羳、羖羊牾曰羯、

爾雅、羊、牡羒、牝牂、夏羊、牡羭、牝羖、郭璞注羊、牡羒云、謂吴羊白羝、注夏羊云、黑羖䍽也、注牝羖云、今人便以牂羖爲白黑羊名、是羊之白者爲吴羊、其牝爲牂、黑者爲夏羊、其牝爲羖、又或通稱白羊爲牂羊、黑羊爲羖羊、小雅賓之初筵篇、俾出童羖、箋云、羖羊之性、牝牡有角、是黑羊牝牡皆得稱羖也、說文、羠羊未卒歲也、玉篇音雉矯切、羠之言肇、始生之名也、爾雅肈始也、前釋獸云、羝雄也、犉、雌也、大壯九三云、羝羊觸藩、小雅苕之華云、牂羊墳首、釋獸云、羯犍也、說文羯羊羖牾也、各本牡羠羠譌作䍦䍦、吴羊牾牾作羳、說文玉篇廣韻俱無羳字、今並據初學記御覽所引訂正、

羍、䍧、羜、𦍷、羔也、

說文、羍、小羊也、讀若達、大雅生民箋云、達、羊子也、正義引薛綜荅韋昭云、羊子初生達、小名羔、未成羊曰羜、大曰羊、長幼之異名也、說文、䍧、六月生羔也、讀若霧、小羊謂之䍧、猶小雞謂之鶩矣、爾雅、未成羊、羜、說

文、羜、五月生羔也、讀若煑、小雅伐木篇云、既有肥羜、以速諸父、顏師古匡謬正俗云、今謂小羊未成爲旋子、何也、荅曰、按呂氏字林云、𦍷音選、未晬羊也、今言旋者、蓋語訛耳、當言𦍷子也、晬、玉篇音子對切、周年也、說文云、羊未卒歲曰羠、是也、𦍷之言旋、方言、旋、短也、郭璞注云、便旋、庳小貌也、後漢書王渙傳注引韓詩章句云、小者曰羔、大者曰羊、

羔皮、冷角、

冷、與麢通、或作羚、羔羊之皮、可以爲裘、冷羊之角、可以療疾、召南羔羊篇、羔羊之皮、素絲五紽、傳云、古者素絲以英裘、不失其制、大夫羔裘以居、周官司服、王祀昊天上帝、則服大裘而冕、鄭衆注云、大裘、羔裘也、爾雅、麢、大羊、郭璞注云、麢羊、似羊而大、角員銳、好在山崖閒、說文、麢、大羊而細角、西山經云、翠山多旄牛、麢麝、本草羚羊角、陶注云、羚羊今出建平宜都諸蠻中及西域、多兩角、一角者爲勝、角甚多節、蹙蹙圓繞、陳藏器拾遺云、羚羊角有神、夜宿以角挂樹、不著地、角彎中深銳緊小、猶有挂痕、耳邊聽之集集鳴者良、

羊屬

蹞北、

此蓋蹞北之良豕、即以蹞北爲名、其詳則未聞也、

梁𧳜、

初學記引纂文云、梁州以豕爲𧳜之涉反、玉篇、𧳜、良豬也、廣韻、𧳜、梁之良豕也、

重顱、

未詳、

豲、

說文、豲、逸也、讀若桓、六書故引唐本說文作豲、豕屬也、逸周書周祝解云、狐有牙而不敢以噬、豲有蚤而不敢以撅、玉篇、貆與豲同、西山經、竹山有獸焉、其狀如豚而白毛、大如笄而黑端、名曰豪彘、郭璞注云、貆

豬也、夾髀有麤豪長數尺、能以脊上豪射物、亦自爲牝牡、吴楚呼爲鸞豬、亦此類也、

豕屬

殷虞、

爾雅釋文引廣雅殷虞晉獒楚黃韓獹宋浞、而釋之云、皆良犬也、此殷虞當爲殷之良犬名虞、然未詳所出、

晉獒、

爾雅、狗四尺爲獒、宣二年左傳說晉靈公將攻趙盾云、公嗾夫獒焉、杜預注云、獒、猛犬也、宣六年公羊傳靈公有周狗、謂之獒、何休注云、周狗、可以比周之狗、所指如意、案獒者、大犬之名、釋詁云、駿、大也、聲義與獒同、

楚黃、

呂氏春秋直諫篇荆文王得茹黄之狗宛路之矰以畋於雲夢

韓獹、初學記引字林云獹韓良犬也浞宋良犬也獹通作盧齊風盧令篇傳云盧田犬也秦策云譬若馳韓盧而逐蹇兔也少儀守犬田犬則授擯者旣受乃問犬名鄭注云名謂若韓盧宋鵲之屬正義云戰國策云韓子盧者天下之壯犬也桓譚新論云夫畜生賤也然其尤善者皆見記識故犬道韓盧宋浞又魏文帝說諸方物亦云狗於古則韓盧宋鵲則浞鵲音同字異耳孔叢子執節篇申叔問曰犬馬之名皆因其形色而名焉唯韓盧宋鵲獨否何也子順荅曰盧黑色鵲白黑色

宋浞、詳見上條

狼狐、

未詳

狂獖、說文狂黄犬黑頭也讀若注初學引纂文云守犬爲獖扶本反

犬屬

辟睢鷄也、方言鷄陳楚宋魏之閒謂之鸊鴟郭璞音避祇鸊鴟與辟睢同

杜艾季蜀、藝文類聚引桓譚新論云馬稱驊騮驥騄牛譽郭枛丁櫟少儀正義引桓譚新論云犬道韓盧宋浞此上文郭枛丁犖韓獹宋浞所本也杜艾季蜀文正與之相似且騄櫟浞蜀句末爲韻疑杜艾季蜀亦新論之文葢杜艾季蜀皆良雞杜季乃畜雞者之姓氏猶郭枛丁犖矣爾雅雞大者蜀郭璞注云今蜀雞

鷄屬

廣雅疏證卷第十下

博雅音卷第一

高郵王念孫校

釋詁

鼃戶瓜反𦫳律靊豐[illegible]苦雷反粗在戶反沛浦會反袥音託齡矜夸
苦瓜匯乎對反胡磊反胡罪反[illegible]扶弗反[illegible]赤以反[illegible]布萌反[illegible]布茂朴普木訏
吁夤以眞反誧鋪奲昌者反顥考顝苦骨反[illegible]苦磊反敦敦芋吁
[illegible]彫顤許堯反觰竹家反驁五高反巃音籠員貟假格輆苦禮艾五害
反又刈撴陟屐反岠巨搣就夙反又子六又似育抵多禮反緊於兮反徃歸往
反迋于放反忏汗惢素果反又才累反嬻側革反娕測角反[illegible]如小馴音旬
說文字巛反孎竹綠反睩祿[illegible]去焉悰在宗反比鼻聆丁禮娓媚揗循

博雅音　卷第一　一

捄巨菊巨牛反又俱臬魚列灋法甬勇棃離傁蘇苟敨大到反者點款
款軫軨奞火逼反渠俱雨反隒苦檢居斂語險三反鑰乃頻弸氷愾苦賴悀
勇物刃愊皮逼窒丁一屯大村○當音張倫反說見疏證[illegible]於敬[illegible]乙丈饐憶餘
蘇迦勿釗昭音世人以釗釗失爲一字迃紆夐吁性逴丑卓○各本丑譌作尹今訂正
遾逝蛅牒音又齒廉反懕一占塞細則反宓眉筆反世人以山如堂者密作祕宓字失之矣
毒毒嗼莫又亾白湛丈減倓達濫反便房連癩亾彼反眯米侎亾是媞叶狄
反又之移上支二反○叶音稽各本叶譌作計今訂正尼女一澹大闞佾逸[illegible]步憐衵丑丈
亨呼行憼景懔力甚反浚三閏悛此緣反拌普干又音伴墽苦孝又苦交[illegible]
音沿覂甫奉又方犯揹緣蘗反抗口葬弙於娛反又口孤反憮呼[illegible]竹尼反彀
古候反獷廓郭攄丑於反遫丑力瞋嗔[illegible]直然[illegible]七干徥直駭又仕紙遼魚輂

蹠只石逯鹿䟫示亦逭乎館反尚書曰逭逃也逌育踚倫音方言爲藥○案當作方言
爲踚音藥禥基○各本基譌作其今訂正[illegible]从二反又資利反嬴羅外反又力卧嫧才賜[illegible]
側婚昏熅溫煠葉[illegible]於業反疞吁疥介疫役邛巨恭暱女乙婑
委媚於爲病符命又補命[illegible]九劣苦悅痵揆季瘉猶又夷狩癭於整疛肘○各本胄譌作曹
辨見疏證疝所澗齲區禹[illegible]仄已閡古內痬亦癇閑痳林[illegible]斯痿於危瘚
巨月又厥痔時瘀於去[illegible]始藥以灼疓女駭而亥痾阿疪尼八痟消[illegible]於發又渴
[illegible]居滿皰白教[illegible]丸瘤畱痒羊鼽求疢敕鎮今疹字疰注痂加瘃
陟錄[illegible]素刀[illegible]丁世瘍陽癬四淺瘙三到[illegible]鹽[illegible]苦夾工洽胗軫痦普迴[illegible]
馬嫁創初良椉乘亯嚮頤夷委一僞[illegible]枉遇嗇色莢材杏壘力水[illegible]在玆
又子私浸子鳩揲臣熱秝杏屐補父[illegible]巫毀丁禾積子賜子亦[illegible]欺革九力憮武

博雅音　卷第一　二

俺於檢於劒倰陵㥯隱敓徒活掇知劣又丁活搴九件摭之亦芼亾報摡許既
扱初洽扼烏革摘陟革擥力甘力敢索所白撈牢又力幺撟几小几消○各本兩几字竝譌
作凡今訂正摣仄加○各本仄譌作反今訂正摷力刀撩力幺挾天含担莊加子台捕步
摕帝扱九及撤徹挻式延丑延摻所減銛他點拼之丞攟舉蘊剿策交初孝[illegible]
才含捊皮侯[illegible]凶穢[illegible]苦計[illegible]桂[illegible]他計擗劈[illegible]哲三歷捪昬搵溫歺
五達亢乎郎○各本乎譌作呼今訂正廣雅訓亢爲極則當音口浪反羸力追券去願○案券極之券
字從力音巨眷反契券之券字從刀音去願反廣雅訓券爲極而曹憲音去願則是誤以爲契券字矣御
巨略去逆[illegible]烏嫁憊皮怪噬上世醮在焦悴才遂怛丁達惴拙瑞怮於聊於流[illegible]去弓
悺貫忦公拜[illegible]辨婢典○各本辨字誤入正文辨見疏證慯傷惂坎恩乎因憖牛覲
暫才念惄泥歷溼濕嚳口沃劈普狄擘補革○各本正文脫去擘字其補革之音遂溷入上

文劈字下補字又譌作普辨見疏證析、三亦祭、塗刪、彼刈劇、徒各刎、布仁普眞反陸、許規
隮、積陁、大何大可反陁、直紙陊、達可廢、莫知徹、散音㨃、宅耕撞、直江鈌、決挃、
知帙○各本帙譌作佚今訂正剸、衝衄、女六豽、大瀉搗、禱釗、居沂又公内抶、丁感劏、
牒擻、丁几○各本脫去擻字其丁几之音遂溷入劙字下几字又譌作凡辨見疏證抵、底搋、邲普
必白必○各本白譌作自今訂正掙、楚耕鍼、針刺、七亦刵、耳志劊、古外刓、五丸劗、尊本
剚、楚律刌、村本刜、拂劄、仄略截、慈頡剸、拙充大丸劓、楚芮楚刮○影宋本皇甫錄本畢效
欽本刮字並譌作乱吴琯本遂改爲亂而諸本皆從之今訂正刐、彫刎、必粉剽、在疾剌、栗制、
拙充銛、他點又息廉反○當音古活反說見疏證劁、才彫劊、苦拜斲、拙充刈、乂劖、士咸鬣、
力涉劓、牛二儳、仕緘頪、雷對儵、叔倏、叔倢、慈葉脁、天弔踩、爾帶躁、子到駛、山吏
獧、絹挑、大了拊、方宇勮、其御甈、去力○各本脫去甈字其去力之音遂溷入勮字下辨見疏證

博雅音　卷第一　三

汩、于筆慫、音叔○各本此下有一作慫三字蓋校書者所記案慫即倏之俗字考諸書無訓慫爲疾者今
刪颮、忽赽、公穴鷲、仕林潛說文讀若岑○各本林譌作休若譌作蒙今訂正䟴、火月越、于月
腆、土典○各本土譌作士今訂正嬐、烏纖烏檢醃、純○各本純譌作紑今訂正裂、刈臘、子冉
貼、大念腤、子荏䐺、代紺貣、布魂反彼寄反失之矣琇、秀䀡、大嫌蒸、旨升暟、凱豔、
艷珇、祖挴、每磊赧、女板作、昨倎、土典䩄、之忍䀣、祕瞢、莫贈憛、天德反恧、
女六反怩、尼䁢、子六反恧、女六反懇、苦恨如上聲道之瘥、楚嫁瘉、移主慫、悚
恿、勇勵、厲儓、臺婘、拳嬴、盈娃、烏佳媠、大果孌、力兗孉、權姚、遥娧、
通外珇、祖眊、莫對婠、一丸一刮妦、丰○各本丰譌作丯辨見疏證忓、汗妧、玩媌、莫交
莫紋嫌、魚件○各本件譌作伴今訂正嫧、楚革○各本革譌作草今訂正鮮、思延頔、狄媨、休六
嫭、乎故釥、七小嫽、了姣、古卯袾、充朱竹瑜齋、側皆媉、握黳、於支瞴、亾宇嬮、於鹽

烏頻姝、充朱竹瑜姽、牛委姬、牛果嫿、獲𡤡、贊才旦婍、綺嫁、古雅嬥、徒聊徒了嫙、
旋娙、五朾乎丁○各本朾譌作丁今訂正䛢、託陋褿、才牢袓、才呂祴、且六媆、而兗嫃、子六
又才久○各本久譌作反惟影宋本皇甫本不譌奼、赴乏又乞乏芳乏嫋、仄救嫈、螢瑩婜、挼
覣、於皮婥、綽嫵、武嬛、淵姍、素丹㛔、峯耑、端標、必沼杓、的又片幺○各本片
譌作斥幺譌作久說文繫傳杓音片幺反今據以訂正懱、蔑聥、己禹㦜、乎郭瘏、諸愕、吾各
逴、敕略獡、式若彴、灼透、音叔世人以此爲跳透字他候反未是矣趯、他的僤、大汗摯、貞二
又至○當音充世反辨見疏證蕆、敕輦俙、許皆屬、時欲蛻、土會○各本土譌作七今訂正毦、乎
毷、門悼反目字也必無肓字遷從毛吐外反形聲不然或未○案此注譌脫甚多不可校正毻音他臥反曹
憲以爲毻字非是辨見疏證劆、口白口郭劙、力支躡、女涉蹬、丁鄧跂、去豉○各本豉譌作鼓今
訂正踚、藥跈、才姈又乃展反今之踐字蹀、牒蹍、女展蹈、道蹂、如酉蹋、徒臘跐、側買

博雅音　卷第一　四

蹠、之石駊、支又巨支反到、古鼎○案到當作剄曹憲音古鼎反非是辨見疏證鞼、巨媿鬒、之忍
厥、巨月𠡷、牟憸、七漸四廉擼、魯怏、於亮強、巨兩隉、五結阽、鹽刖、一刮一音月又
五刮竝、空及傒、兮鐮、力霑漻、力彫兮巧淑、孰湜、音寔洌、列澂、直陵濘、那定漂、
匹妙澰、力感潚、肅溓、廉○各本脫去溓字廉字又誤入正文辨見疏證濄、乙屬○各本屬譌作
圂今訂正穌、蘇秳、乎括穀、奴候春秋之穀烏菟○烏與於同各本烏譌作鳥又脫去菟字今依段氏
若膺校本補正蓮、楚驪倅、寸對揣、初毀又丁果尺兗○各本又譌作反今訂正硂、七全泚、且禮
謜、元韄、於縛於縛居縛○各本於縛之於譌作于今訂正湊、七候䀮、莫郎趣、趨娶○各本趨
譌作趨娶譌作趣辨見疏證務、無住○各本脫去務字其無住之音遂溷入趣字下住字又譌作在辨見
疏證褊、必善儖、械隘、烏賣窄、側白陿、匣揥、帝敕、勑諛、烏報眂、示㪏、尉
薈、烏外庡、於幾闓、彥陳怐、苦候○各本苦譌作若今訂正愗、茂娍、越戇、竹降惷、式鍾

券、去卷御、巨腳犒、苦告勦、子小反又楚交反疑誤也禮記曰毋勦說鄭注云勦由擥也謂取人之說春秋左傳無及於鄭而勦民焉用之杜訓為勞是則勦從刀而勦從力明矣○自疑誤也以下盖校書者所記各本於鄭譌作於其於字上脫去春秋左傳無及六字又誤衍訓為勞是則五字民字上又脫去而勦二字今俱訂正涅、乃結湮、因渨、烏回諑、卓謫、徒革題、大兮截、子才際、七祭楚札窺、苦垂覘、耻淹覩、時現、耆闞、苦暫盻、乎計竀、耻敬覵、古莧眽、麥睍、乎典睌、亾限覵、居恚覗、司覓、麥○各本此下有一覓二字當是一作覓三字之脫文案覓卽覓之省文非異文也盖校書者不明字體而幷記之今刪瞭、力惟覿、狄○當音七亦反說見疏證睥、普計睨、五計眄、亾見睞、來代瞰、苦暫睇、弟瞰、堪眡、支瞗、彫矕、馬板瞍、走公䁙、烏見矆、虎縛○影宋本皇甫本虎譌作需諸本又譌作需今訂正瞁、呼縣晵、口計䀣、祕覷、且居七絮䀽、以戰診、眞敏又陣覞、五買桂、於往橈、女孝谿、屖蟠、步干冤、烏園○各本園譌作困自宋時本已然故

集韻冤字有烏困之音考諸書冤字無音烏困反者卷四冤詘也曹憲音於袁反於袁與烏園同音今據以訂正齤、古免骫、委傴、依矩反僂、力雨聳、古萬迟、隙剶、勑傳剖、落剃、他帝剔、他覓緶、婢延緝、七立穧、資緁、且立踊、勇陞、升弼、備筆醨、遲誂、大鳥誀、如志訹、戌謏、素了三六三酉所六○此八字各本誤入誘字下今訂正嬹、虛蒸怤、敷忔、許乞欯、虛一娎、丈側譁、呼瓜吁、虛于又于○各本又譌作反今訂正欸、哀譩、於兮誇、於罷睎、希矐、鶴溪、峯今之峯火字宜作此㴸○各本宁字誤在今字上字上又衍子字今訂正糅、女又穰、女亮爍、力的媮、他侯瘬、良音世人作瘬禣之瘬水傍著京失之矣○各本禣譌作禣京譌作涼今訂正又案瘬字經傳皆作涼說文亦訓為薄非後人之失也磷、吝禪、丹禍、口帀緋、佛匪反世人以此為芳緋之緋失之矣○各本緋譌作菲今訂正又案說文無緋字古但作非此亦非後人之失也沾、他縑反世人水傍著忝失之又以此沾字為霑亦失之也霑字宜然○各本沾字之沾譌作占影宋本不譌禣、

步各反世人作禪禣之禣艸下著薄亦失之矣○各本禣譌作禣艸譌作草薄譌作薄今訂正又案說文無禣字古但作薄亦非後人之失也絅、古熒反○各本反譌作字今訂正獧、俱面反又俱眄反慓、匹昭陖、先訊陗、且肖怦、普衡普耕窨、遠娟是、祖迴反字書聲類音為局促促長○若膺云當作字書聲類音局促促為長是促古通用故以音促為長酒、徐酉蹙、子六筶、苦揯、公鄧亟、幾憶緊、居忍捏、呈掄、崘撟、矯捎、所交擠、雀捒、東○各本東譌作揀今訂正摳、苦侯掀、虛言反出春秋亦訓為舉擎、渠迎拲、拱翝、子恆翥、之預反方言為署音○各本方譌作亦卷三翥字下云方言音曙今據以訂正扛、江偁、齒升搴、騫暴、俱錄拼、蒸之上聲四聲蒸拼證職揭、竭韡、念舁、餘窪、烏瓜窆、碑豔窊、烏瓜埝、乃頰墊、都念堲、除立隮、積賆、步田貤、弋跂坿、扶又附埤、符彌貱、方寄賢、以瑞賰、思俊隅、罵潼、童沮、子念湇、泣洳、如念淖、女孝莊子亦以此字為淖顉、五感湧、勇勨、蕩撼、乎感挍、謂擡、臺揌、素來

扮、伏粉揮、暉揣、初委摷、力刁抁、弋選弋芮○各本選譌作弐今訂正搈、容㨎、如兗揖、力合踦、於皮攜、公八○攜當為擸音獵曹憲音公八反非是說見疏證抈、月擶、呂閭儇、許綿憭、了詑、他和䜕、莫佳莫諧諽、革詖、彼寄吙、呵苔哈、同上唏、許几許冀谷、巨略听、魚隱嗞、子慈唹、乙餘嗔、引嗢、乙滑嘓、火雅咦、火尸吲、與哂同啞、烏格廝、斯音任、平聲嬉、休六嫪、力高力報嫭、乎故妎、械娟、匹篤劮、逸婸、大朗駁、素逈頓、苦耕賢、乎間○各本乎譌作呼今訂正侄、質確、口卓磑、牛衣牛哀鍇、楷又公諧○各本楷譌作揩今訂正鐕、啟截、出允茁、側劣殫、丹滲、所蔭○各本所蔭二字誤入正文辨見疏證涸、鶴汽、許乞焪、去鳳澌、斯涖、力二反醮、子曜糞、方問鬌、都果徒果瘓、子延鋌、達鼎○各本達譌作逵今訂正軥、衢輗、兒輓、晚摯、至○當音充世反辨見疏證扽、頓拕、達可拫、乎根攎、盧扔、仍扱、楚洽摍、縮捈、途音控、苦貢抓、烏麻彎、關又烏還戾、而究反呂

靜音碾、闟、乃弟、儒、奴玩奴臥、恁、而審反疑之、媆、女寸而充、嬈、女孝、脃、七歲、桒、又莊如甚、鉒、如淡○各本脫去鉒字其如淡之音遂溷入桒字下辨見疏證、悏、乃臥、偄、乃翫、軜、納、欿、口感、歛、呼濫呼甘、欲、呼縑、

博雅音卷第一

博雅音卷第二

釋詁

㦶、亾旦亾丸、撏、宣、挴、母磊、忨、翫、懆、操、饕、他高、飻、鐵、⿰壴乚、阿帙於既、歁、苦感○各本苦譌作若今訂正、欿、口感、婪、來南、遴、力晉、姡、如與、慘、七感、⿰飠免、苑袁、⿰足函、巨勿、欣、靳、偵、勑驚○當音貞說見疏證、詄、映又於兩、詵、史巾、⿰足契、丑世、靚、才性反、譊、女交、嗃、虎各、⿰足召、奐、訆、叫、獋狗、上豪下虎苟、評、虎都、嘹、力弔、⿰豸夾、辭廉、衮、恩、⿰月習、丈入、燿、曜、煠、弋涉士洽丑涉○各本士洽譌作士合今訂正影宋本惟洽字不譌、爚、藥、供、平、敕、恥力反案說文從攴東聲今敕字勞勑字力代反、幎、亾狄反、羨、沮雅才智反、熯、而善反又罕、熖、谷、鏊、五高、⿱翏殳、初絞、炕、抗、暵、漢又呼但、⿰禾覓、貧力、蕢、衞、鐰、曹才刀反、燩、口擊○各本擊譌作繫惟影宋

正咶、虎夬氣、虛氣欶、虎夾欥、漢佳○各本佳譌作家辨見疏證歌、苦可𧆲、姑天、淫
烔、同焯、之藥反煦、火遇炘、虛隱煆、呼嫁焕、哀爆、布角普角步角焫、而悅難、然
爟、古亂鄘、多朗尻也、上古魚反尻案說文從尸几聲今居字乃箕居字也古慮反○上古魚反各本
反皆作切案反切之名自南北朝以上皆謂之反孫愐唐韻則謂之切唐元度九經字樣序云聲韻謹依開元
文字避以反言是則變反言切始自開元曹憲爲隋唐閒人不容有此凡廣雅音中有言某切者皆是後人所
改今訂正說文從尸几聲各本脫從字今補悷、退縕、他丁給、待繹、闡○各本闡字誤入正文
辨見疏證譠、託山縒、昌善婓、莊褖、蕩賁容、上奔音周易賁卦今人多彼寄反失之捈、
塗搯、他刀掏、憲案即上搯字舀、臾𡲢、虎攣、拘萬𦧟、呼括抒、侍與忩、去○各本去字
誤入正文辨見疏證摫、規腬、柔䑋、攘傪、苦交泡、白交儴、古迴𦡅、孚二扶四○各本扶
皆作狀扶譌爲狀故又譌而爲狀今訂正腯、突奃、火計𡢃、具癸聚惟摻、所艦纖、小詹麼、莫可

博雅音　卷第二　二

術、樊稅、悅杪、弥沼㞢、子列倰、來登儠、力葉楕、大果僓、潰暘、帳挻、恥延鋋、
恥輦隑、牛哀反蹻、巨略狢、口蕘犺、抗咸、戶湛𩻛、巢○各本巢字誤入正文辨見疏證獜、
力仁力忍䞨、古委藿、恭錄繝、弋丹劓、魚刦又且葉撚、乃典㮚、栗癘、力計力翅藏、節
痤、坐戈反肬胮、上尤音下扶江○各本扶譌作狀今訂正肛、虎江膘、匹聊膮、呼堯胅、痕、
上大結下互根反○各本互譌作五今訂正尰、時勇尥、躍紕、布寐扶規督、篤○各本篤字誤入
正文辨見疏證摖、力維艴、勃艵、片鼎嘔、於句呴、虛于○各本于譌作去今訂正繻、奴兪譙、
慈曜諯、釧又至緣澇、老刀澗、簡淅、桑狄潒、蕩溞、素高澡、早湔、子堅沬、呼內剆、
結刌、寸本𠝏、初律闄、於小微、要又音也正音計堯○案微音計堯反又音要故曹憲云然各本要
又音也正音六字誤入上闕字下又字又誤作口字考廣雅音內又字多誤作口又考玉篇廣韻集韻類篇闕
字俱無要音今訂正迣、制荼、塗鍲、旻䊵、似亦反耡、士魚反稍、酒肖賨、在宗發、

方文𦁔、於軋𦄑、魚执組、直覓○各本直譌作亘辨見疏證繬、色○各本色字誤入正文辨見疏證
縪、畢繶、隱斳幽、布耕絽、呂繫、略絣、百猛布耕絎、下孟紕、符夷純、之諸尹○各
本之字與諸字相連諸字又譌作泊考鄉射禮記及曲禮釋文純音之閏諸允二反諸允與諸尹同音是今本
之下脫一字而泊尹爲諸尹之譌今訂正顮、頻濍、亾本滿○各本亾本二字誤入上文憫字下本字又
誤作木辨見疏證貇、苦昆退、退掊、步侯扟、所斤刮、古滑攽、筆貧屛、古巷㾝、裒縼、
隨絹縻、目羈紖、直引隋、大果反抮、顯盭、戾乖、乖舛、佮遠道、採各偭、面幅、
逐由反幪、蒙幎、覓幔、莫汗帡、福郢葺、子立且立二音蓡、此寢去纛、悼憮、呼
魕、魚記㒤、充涉忦、公八公械咺、火袁謾、鸞台、東蛩、拱㤨、恭征、音征伀、鍾
恎、多結㤿、冬遽、其去萲、亾咸擓、苦懷抆、吻挸、古典揤、子翼撨、嘯劖、鑑又音檻
籤、七廉剡、易斂銳、役桂銛、纖抓、壯孝撅、厥擖、落合○當音公八口八二反說見疏證

博雅音　卷第二　三

搳、可瞎擿、恥革蓍、非音又匪飵、昨又似故鮎、女霑又如甘啖、噉饂、烏困又於恨饐、
五困滄、錯寒餔、逋啜、時月褚芮籑、士眷傺、六罪力維○各本罪維二字竝譌作羅案釋訓篇傺
傺疲也曹憲音力罪力追二反玉篇廣韻竝同力罪與六罪同音力追與力維同音今據以訂正䩕、女革
嬾、洛滿晻、烏感薆、愛薈、烏繪瀧、籠涿、陟角澰、落感濅、子禁瀸、作廉溓、廉漚、
惡候反○各本候譌作侯今訂正澆、計堯濯、口角淳、市倫沃、屋淙、士降湓、蒲閟淋、林
灌、觀灓、鸞濧、徒內瀀、憂浞、士角反踏、他帀蹠、只易䠛、遙又曜𨀤、拂蹳、
陟劣蹶、厥𨀁、勅側傺、恥制眙、恥利礹、盈崪、萃憛、他紺○各本紺譌作甘今訂正恁、
稔又如湊侖、淪仳、鼻之倠、許惟娸、欺婄、陪儓、臺嚴、蕭北顙、爽又差丈反頦、
丁可噅、欽危臛、權睽、逵頦、該顝、苦沒䫏、欺諀、匹爾訾、子移又紫誹、福尾詆、
嫡禮詎、毀音即詎謫之詎今毀乃訓壞○案詎字古通作毀故說文無詎字必謂詎謫之詎不當作毀則泥

矣。鍫思刻、鐇甫袁、䤸於檢、敤苦果又口臥、琢卓、鍛短館、椎直追、台夷、抎云粉、戻矢、鋪判逋、嫽了、誂大鳥、透叔、㨖帝○當讀爲擿說見疏證、嬈挪鳥、戲慭一、歇許謁、譝居免、軋於八、吃棘乞、慭魚靳、遈勑領反、佼校、快可怪反、䫫嵇禮、涓思呂、滰巨仰、潷筆、笮側白、綦士亥士疑勑之反、灑子紹子肖、麗所佳所飢、盝祿、婘苦穢、猭喙、婢布兮、姕子兮、㛗坐禾、擠在細、薺藉禮、𤸎於綺、𤵽附俱付禹、𦟲旋、𡢈步楷、○各本楷譌作揩今訂正。黜竹律徵劣、妱彫、孑吉○吉下脫一字、孓居俱闕隴、拱、鈵丙、懸普旳、朴普卜普角、趚七沓又步末、屌郎同上音、造七到、蕜棐、猝錯忽反、哺布乎、㚲胡結、顛普啟、彼化彼草木、㪧韋、跛必何、陀大哥、戲羲、偏匹緣、迤亦音陀、哨七笑、哇於家、鋈策霞、剌落末、隤徒回、頹俄、詢鈞儐、譙誑、詒與之、誒許袁、謬靡幼、嚜冒北、杘耻棃、懰力兮、忚虎兮、謾莫干、譠託寒、護達各、詿乖賣、詑湯陁、㦸耻葦、暖

博雅音　卷第二　四一

該、賤殘、隸弋至○各本弋譌作戈惟影宋本不譌、俜普經、侹他鼎、挑大了○各本大譌作夲今訂正、敊昌樹、倮果、仡魚乙、蹵酒六、躓竹利、蹟才他、跐昃買又子爾○各本昃譌作冎卷一內跐字音側買反側昃同音今據以訂正、党敞、䟡丁戾、踳詩容、蹋大臘反今人作蹹字如此失之矣○各本皆脫作字釋器篇䑋字下云今世人作鮭字如此失之今據補、黴烏滅、俺於劍、𢤱聿醉、悆以去、恍呼晃反、詄徒結、悷退、註只屢、栞刊、塌徒盍、曡徒葉、鬌都果、䆽廣音音洛。

博雅音卷第二

博雅音卷第三

釋詁

倢字獵、佴如志、呰眦利眦栗、笓眦利、𡍮初宜、惎巨記、恉旨、鞥臾、劈先刻、娟在安、剬側、菆側流、饋遣、𥻆去晚、䊏摘又竹尼、擻竹利、摶大丸、粲錯汗、彰落汗、彪必鄒、辨班、璘鄰、㶣迫姦、彬福巾、彧於菊、𥄎戶、㒓勑達、攧頃、眕介、眈古朖○朖與朗同玉篇眈音古莽切廣韻音各朗切並與古朖同音各本朖譌作浪自宋時本已然故集韻類篇眈字又音居浪切考玉篇廣韻皆無此音後釋宮篇眈道也釋地篇眈池也曹憲並音古朖反今據以訂正、炵終、倅卒、傅敷、讙子佳、梱苦本、犻託歷、刲苦圭、刳看姑、翬呼韋、䎐郎恒、翥諸恕方言音曙、翾火仙、翧喧、翷鄰、翃宏、狘呼麥、㺦連、翾吁緣、㹸力合、㺚大合、鴪聿、

博雅音　卷第三　一

䎘三六、鑿昨、矞聿述又市出、欮居月、抇乎沒、斛他聊、抉於穴、竁毳又穿絹、搒彭、撅居月、㚤本作郯未詳弋音、擿雉戟、翕虛及、焳哀、煜夷六、嬉唏、悲翡又芳尾、怤孚、愉以珠、兌度外、僄匹妙、媥篇、娍曰○各本曰譌作日今訂正、偒以豉、仉凡、寘田、羞士佳又七咨、埭杜、敜乃結乃頰、昏下刮○各本下刮譌作丁刮集韻類篇昏陟刮切引廣雅昏塞也陟刮與丁刮同音則宋時廣雅本已誤玉篇廣韻並云昏下刮切今據以訂正、㝡千外、晵一活女刮、礲落東、甎叉佳○各本叉譌作又今訂正、甈爽、剴五哀、扢古礙古對○各本礙譌作擬惟影宋本不譌、掔研、揩看皆、硐同、擓口淮、鎣胡冥、嘶斯、扨七結、砥止、訆弔、訍丑加、賢羊瑞、惹汝奢汝灼、䛳於劍、詉女家、拏女家、媱遥、愓陽、嬉虛之、劮逸○各本逸譌作浼今訂正、契孤八、踼陽、䟫務、擽布界反、供巨恭○各本恭譌作工今訂正、倯春、詢呼邅乎邅居倏三反、剔天歷、攍盈、撜鄧、擔帶甘、靡靡皮、薔普衛、胹、

而餁、而枕饎、充志秸、酷酉、似流㮚、研𣫭、孰憲案說文解字从丮𦎫即孰字也與孰誰之
孰無異唯顧野王玉篇孰字加火未知所出愋、爰㥞、遂䚀、低愅、革㤖、竹呂又音佇○
各本脫去又字音字又譌作立影宋本音字不譌諝、思與思余垤、徒結坻、直尸塲、傷躋、虛虘
遾、良鎮翜、師急○各本急譌作霅今訂正絓、口乖挈、古八儌、瓊寞、莫惃、哀昆二音憝、
勃眠、迷殿愮、遙攖、嬰撓、乃飽乃孝慁、乎困攪、古巧縕、於昆於粉惷、嗔允安、望
恏、女交憒、古毎蹇、卷妯、抽獶、奴絞乎絞○各本奴譌作叔今訂正獪、柯邁躁、作誥竈
逴、勑角一音卓○各本脫音字今補綦、巨基虥、勑角𧇊、布可踦、居綺掩、烏感烏含烏洽三反
衙、乎麵○各本麵皆作典考玉篇廣韻集韻類篇衙字俱無乎典之音後釋言篇衙音乎麵反衙與衙同今
據以訂正詅、力政䝪、居賣、麥嫁反彙、謂種、種疙、居乙魚乙騃、魚駭○各本駭譌作
該今訂正惛、昏誖、蒲没脊、旨升甿、莫鄧瘍、易愓、揚一本作傷嬌、居夭揉、而手○各

博雅音　卷第三　二

本手譌作毛惟影宋本皇甫本不譌娗、達鼎煖、暖㸎、女涉焫、奴本曣、於見𣉙、乃見暍、於曷
𣊡、乃旦乃達燠、於菊燂、潛煗、奴管比娗、上鼻下大鼎○各本鼎譌作鼻惟影宋本不譌佽、
次跲、劫遞、狄遷迭、狄頡鉿、含龕、堪盛、平聲氾、敷劍䤍、滿洼、烏蛙尼家反
瀾、剡漊、乎郭匋、桃○各本桃譌作挑今訂正雚、歡譁、五瓜○各本五譌作一方言蔿譌譁
涅化也譁音五瓜反廣雅釋言蔿譌譁也譁亦音五瓜反今據以訂正蔿、于彼匕、化釐、力移孷、
玆○各本玆譌作茲今訂正僆、輦顩、縣孿也、上山患反撊、下板梗、介猛艐、以證庇、
不異寓、儀注佹、詭害、乎割○各本乎割二字誤入下文曷字下案害有二音音乎蓋反者訓為傷音
乎割反者訓為何廣雅訓害為何故以乎割反别之若曷字則不煩音釋今訂正刊、可寒剟、竹劣剢、
力活剽、匹妙劋、楚簡劖、獵炅、桂○各本桂譌作杜惟影宋本皇甫本不譌覞、古刀僝、士眷
士免○各本眷譌作春今訂正覢、式冉寥、聊㘨、乃頰穵、乙八繆、力彫崝、士耕嵤、宏洿、

烏篠、天了捁、步侯𨿮、力救秝、歷擐、乎慣官○官下脫一字玉篇擐音胡慣公患二切龐、
麗歷、尼匣摶、團著、丈略頯、俱遺反圜、還圓、旋梋、沿圌、市宣壤、而養堁、
苦臥堅、於奚坌、普寸又步頓塺、磨○各本磨下竝云恐埋字此校書者所記謂磨字恐是埋字之譌
耳蓋俗讀塵塺之塺聲如埋故以為當音埋不知塺音莫臥莫杯二反入過灰二韻埋音莫皆反入皆韻今刪
抹、末坺、步葛詇、於敬於兩𧩯、烏到聹、乃尼○乃下尼下各脫一字玉篇聹音乃經乃定二
切誋、忌擿、直利說文直二蔄、亾姦亾安儓、臺亢、抗聳、竦方言音雙講𦖫、宰聯、
五八瓬、宏聵、五怪縳、篆緯、韋貴韋鬼稛、苦本䆄、之善綳、布耕緷、哀擷、下結圞、
苦本摎、九流輻、福笿、落繶、憶絯、該繭、古典𠽦、凱譩、於計謕、狄麗諟、帝
緍、亾巾戲、許寄担、亶擆、竹略扚、竹歷打、鼎抛、片交抪、布音又普乎抰、於兩抶、
恥栗撆、芳舌普結𢭆、者𢭃、步結普奚摬、影拍、普柏揔、苦忽抋、步必摽、孚堯怖交二反

博雅音　卷第三　三

擉、普角步角拍、怱革𣪍、臀○各本臀譌作殿今訂正搒、彭挨、烏駭敋、格批、普迷搋、
布后摢、攄搨、他得拘、吁縣揊、普力敤、口果○各本果譌作呆辨見疏證敂、口攇、五葛
𢿞、索董戲、許義○各本義譌作美今訂正拊、方主芳主摵、所革捭、布蟹攷、考撽、口弔攩、
幌弜、弼㪃、口餓火可擽、歷撈、勞擳、山育掔、郤閑郤賢攉、苦學淟、他典涊、那典
溾、烏回涹、烏禾澣、乎管洿、烏淖、孃教淈、古没澳、於六濊、穢火末淰、詠感溷、乎困
反匍、蒲埈、七旬跧、壯拳厭、於甲○當音厭足之厭說見疏證愜、苦挾喊、呼感○各本呼
譌作乎今訂正哿、古我侻、他括錭、桃鈯、大兀但、度滿○但本作伹音癰疽之疽說見疏證拙、
纖厭欷、許記唴、去亮喨、亮胺、烏葛○各本葛譌作膈今訂正鯘、諾每黲、七敢黴、眉漫、
莫旦穤、每姎、央婄、敷九腐、父㚣、朽㡀、敝娕、來旦贅、只歲訛、匹夷○各本夷
譌作荑今訂正效、教睪、卬姈牭、四恎、質又多結反愊、符逼很、乎懇窊、乎化夾、古匣

擠、子詣抵、丁禮搣、戎穜、直龍須、逵輯、魂軏、抗轎、奇廟奇朝軜、五浪轂、苦大

姘、靜獫、山滅涂、塗娉、聘掕、落登又陵○此言掕音落登反又音陵也影宋本以下又字譌

作乂郎本遂改爲義謬甚今訂正竣、此循綝、恥林処、昌汝反○憲案說文解字從久几○各本昌譌作

曷夊譌作文影本本惟昌字不譌咹、過又音稱案○各本又譌作口今訂正案上不當有稱字未審何字

之譌跱、直李○各本直譌作宜今訂正棖、雉庚渟、亭憒、質趩、畢躤、蠶又音所甘○各本

又譌作口今訂正抳、女几女禮驜、煩駤、致躧、徙加劵、羌萬⿰多邑、烏孔⿰多農、奴孔⿰多果、乎果

⿰多委、委⿰多亥、口才⿰多吉、棄⿰多并、邢⿰多辛、莘⿰多予、浮⿰多支、之豉⿰多尤、丁含⿰多尊、祖本○各本本譌作

木今訂正蓴、大丸㚇、走公雋、俊潹、湊贊、纖芮洿總、上烏下思翕、許及輸、始朱聚、

慈僉截、慈頡撥、博葛繕、時扇詢、口捲、權搖、亦咲反○各本此三字誤入正文辨見疏證

蹴、子六綫、居件○各本居譌作启今訂正瘷、子就○各本就譌作訧今訂正瘯、子笑綰、彎板捞、

博雅音　卷第三　四

抽音憲案卽抽字也緛、而兖贊、紙袂憍、嬌怚、子絮慢、麥澗傷、余賜昀、無巾猴、侯○各本

矦譌作傒辨見疏證廋、素高色鄒讂、呼縣○各本呼譌作乎惟影宋本皇甫本不譌下呼詺同詷、呼詺

匄、各末拊、拂舞絿、求募、暮陶、桃埽、素考攀、步干摒、必政徧、婢緜抹、呼高撥、

博葛蹲、存跠、夷屢、夷歛、呼濫呼甘○各本甘作欿因欿欿二字而誤今訂正欯、居乙匄、

葛淹、於劒褌、浮夷气、去乙闋、口決霝、零孚、天鼎罟、令穾、呼穴繆、寮豁、火活

吶、乃挾○各本乃譌作仍今訂正邱、邱窾、款粤、由貿、莫救○各本救譌作故今訂正施、

失異反詨、火教敡、亦豉捘、所鄒卉、吁尾沘、皇沚、止魁、苦迴摡、許既愃、去牛齰、

士白齺、士角齮、五綺齕、乎謁齜、士乙齦、苦限⿰齒其、欺⿰齒可、邱牙⿰齒來、丁皆多來䶩、竹加⿰齒卒、

士滑咥、狄頡⿰齒堯、五巧啄、陟學哏、乎簡搴、蹇夭、於表捽、蒲骨揠、於八擢、濁躍、藥

抍、蒸之上聲鋪、浦乎○各本乎譌作手今訂正敾、散歷、麗說文李衣揥、片乎捘、作爲又子

寸又子迴○各本上又字譌作文今訂正壓、於涉乙甲攤、乃旦據、譏去按、安去掫、莊后燃、然

紘、呼縣今人以爲乎烟失之矣凡弓弩琴瑟弦皆從弓○各本弦譌作紘今訂正歉、苦簟堇、謹○當讀

爲僅說見疏證娋、生景屆、楚立⿸尸乙、丈立又音雉立○各本又譌作口今訂正屯、陟倫驙、知馬蹇、

寒訒、刃赾、謹憎、增懹、人尚遴、閭慎諄、之閏○各本閏譌作問今訂正訧、尤糱、

御別蹙、子六搑、而容扱、初匣抍、蒸之上聲擓、古會餅、必井○餅當爲餅餅與飯同說見疏證

餌、耳意○各本意譌作音今訂正誂、恥敬⿰貝敫、肩閒覗、上孤限下司栞、卭矇、蒙瞍、

蘇荀敲、慰縟、辱劬、其俱驟、仕究○各本仕究譌作在九又誤入劬字下今訂正嫴、姑媮、

偸撮、鎗括搕、烏革操、鎗高捦、琴搞、尼拈、念甜⿰扌冉、而鹽掫、鄒之上聲蒦、於縛居博

於號擸、獵齎、子兮啜、時月嚌、在細啐、倉快批、子米捂、岳嶤、堯摵掅、上滅

下且定捽、旬律挅、都果斞、史甫○各本史譌作央今訂正斣、的斠、角綷、子代棚、步宏

博雅音　卷第三　五

又負萌樺、苟八碊、子田鼓、古彼濘、寧定妠、奴闇印、於信反毖、祕比、比方之比一鄰

比之比○各本方譌作木今訂正忔、古亥反又改音婞、幸軼、逸○各本逸字誤入正文辨見疏證

悛、七緣懌、亦諽、革唌、失氈又以戰迲、企皽、之善嫚、晚渙、喚懏、乎圭眴、

火甫彌、弥迡、遲賟、土典○各本土譌作中卷一內賟美也曹憲音土典反今據以訂正憝、度會

⿱髟云、土勤虒、虐訧、尤憋、俾列芳列○各本俾譌作埤今訂正讟、讀⿰忄酋、才周鉗、奇炎憚、

大汗疺、拂飯痓、叱至[illegible]、力追貉、麥傝、三盍索合[illegible]、爽懀、烏外孱、士虔士簡學、又

乎孝論、曜詄、逸挩、奪○各本奪字誤入正文辨見疏證誎、賚諀、布兮詿、卦訂、田鼎

準、准廷、于放○此音誤辨見疏證枰、平命捭、布買撦、充野坼、勑格疑卽字也○疑卽下脫

一字各本勑格二字誤在疑卽下今訂正闢、辟闖、爲靡闓、苦亥○各本苦譌作古今訂正媥、谷

娕、速⿰女辟、躄○各本躄譌作壁集韻類篇⿰女辟音躄又音壁引廣雅⿰女辟⿰女析皮也則所見已是誤本考玉篇廣

韻嬶字皆無壁音，卷一內嬶嫐極也，曹憲音嬖，今據以訂正。嫐、析婚、昏嬪、方問攴、五葛儐、賓音。○各本無音字，影宋本有。詾、口妖、倚嬌媮、偷躧、馳輦踈、匹迹迒、乎郎⿰足重、之隴⿰車從、子龍錘、直危[illegible]、鼎錪、腆紉、女珍紉、切

博雅音卷第三

博雅音卷第四

釋詁

揩、鍇故彊、失旨反寘、摯𣪠、郎古文置也銈、霆暑、辰豫斡、意括攌、短遉、育敡、尹豉。○各本尹譌作丑，惟影宋本不譌。掍、毗甾、炅儀。○各本炅譌作昊，今訂正。拎、鉗紬、直蠆贅、旨歲嗔、匹各⿰食兒、烏革餧、奴罪戔、殘瘌、力達厠、寄衞反，字林音邱訐。凋、多聊反。憲案：說文解字凋落凋字從仌，彫刻彫字從彡，雕鷲雕字從隹。○各本脫彡雕二字，今補。痍、夷敪、卓⿰扌室、大結擿、池戟反，今人以爲擿竹革字，如此失之。○各本脫失之二字，今補。詼、若迴啁、竹交譀、乎濫。○各本乎譌作呼，今訂正。諴、咸譺、魚記調、達弔鬪、流⿰豸斤、謹⿰豸求、口音無誅⿰豸殳、汝⿰黍离、竹革黐、恥知⿰黍日、日黏、女霑貲、訾。○影宋本以下訾譌作貲，與正文相複，郎本改作資，尤非。資音即

夷反，入六脂，貲訾並音郎移反，入五支，今訂正。敔、魚與⿰火殳、多感僷、葉廦、必益襵、之涉冤、於袁楏、於冈[illegible]、俱萬袷、古狹⿰糸多、以豉襡、復。○各本脫去襡字，復字又誤入正文，辨見疏證。重、直用朏、斐又普骨昕、許斤昞、丙較、角炎、淫炤、照燿、耀囧、古丙烜、咺晃、晃僤、達汗彰、落汗皉、必夷曎、亦⿰忄曳、曳晣、制昱、夷六晤、悞旳、的旭、勖又忽老焞、他魂闓、看毐粲、鍇汗烓、烏攜烏鈌圭惠口井四音灦、鍇定洞、乎茗淬、七碎惲、於汶孚、宣逡、七循捪、無巾襮、博婍、邱知臝、力果裎、呈窌、潘又普孝墊、多念庰、必整宲、保揞、阿感拚、弁寥、歷𢿍、麗紕抴、上大河下夷細讖、楚譖譣、魚斂反，又魚劒反。今人以馬旁驗字爲證譣，失之矣。締、第縎、骨嬌、撟赳、糾。○各本脫去赳字，糾字又誤入正文，辨見疏證。娌、里遺、遺與之遺攄、勑魚摛、勑離雩、芋掜、五禮獪、瓜邁猾、滑獿、奴牢⿰犭翏、奴絞平絞⿰女臿、初洽⿰忄脊、脊恇、匡⿰忄夸、看孤怯、去劫嬗、十扇娙、五丁娭、熙已㬥、足

綴、陟月 掍、混 黮、勑感都甚 䶂、龙 聰、錯公 聆、郎丁 聘、匹照 聯、七祭 瞑、馬年 抐、而袂
揾、於粉 搙、奴遘 擩、而主○各本脫去擩字而主二字誤入正文又譌作揣扗辨見疏證 諆、乎啟呼介
○各本呼介二字誤入下文訴字下呼字又誤作乎今訂正 誶、乎孟 吪、吾禾 誧、普乎 証、征 諭、
論 誤、助轉 趦、戶格 趚、山格 僵、薑 悅、吁請 疏、恥律 瘨、丁田 姰、旬音又縣音 瘹、弔
僑、巨出 衏、古制 獟、五校 佷、長 訂、田鼎 倗、朋又普等 粃、彼比俱得 魕、牛志 纍、俱綠 統、
緩 繚、了 紿、待 繁、酌 遶、禮兮 寗、古候 吻、勿 晻、烏感 蠢、忽 寣、忽 害、郎扈
字 梗、梗 倚、於綺 跱、時志 隥、巨代 企、棄郎古文企字 偉、瑋 像、乎佳 悷、采 忦、介又
公八 懟、直耒 慽、乎淡 視、很 佷、限 塼、上都 等、又端 奐 珚、巨烜 珏、牛六 嵃、魚淺 嫶、
楚革 珼、楚角 洒、思禮 諱、之閨○各本閨譌作閨今訂正 恀、下代 勸、曳 癉、多賀 礦、孤猛 讃、
巨位 悴、且全子眷 慽、居力 价、五介○各本脫去价字五介二字又誤入慽字下辨見疏證 懂、謹

博雅音　卷第四　二

勬、眷 劼、公八 勡、苦沒 伆、力勒又 蠢、蠢 穰、而羊 祰、公老公篤 禱、禱 賕、求 碎、
普耕 磅、普行 砿、宏 磕、苦大 殸、形 硠、力當力蕩 砏、普斤 礮、隱 鎯、苦萌 鎗、測庚○各
本測譌作側今訂正 鍠、橫 錚、楚耕 玲、呂丁 嘈、曹 咋、昨末○各本末譌作未今訂正 颾、謂
飂、流 颸、必昭 颰、忽 颬、呼律 颭、呼越 颼、思六 飂、遼 颸、楚飢 颶、逐雷 飆、步力 繕、
膳 緻、致 衲、納 鞔、匹干 靪、斑○斑上脫一字玉篇靪音丁冷切 絅、辭 茵、丈側 鞴、
五革 鞔、兒 𩎟、卓 擣、擣 溘、苦合 仛、託 總、忽 紗、少○少上脫一字集韻類篇紗弭
沼切微也 糸、覓 紼、歲 髻、付 鬢、邱位 鬃、且代 鬐、側爪 髹、案說文郎鬇文髻字也 䰉、
皐 軖、匡 弧、乎 咈、佛 紾、顯 徥、很 鑑、麗 繆、奴絞 獿、遶 狡、絞 訬、士交
毚、讒 辟、浦壁○各本浦壁二字誤入下文片字下今訂正 胖、判 斞、俱 妁、酌 些、先計
烕滅也、威剟悅反 恬、大嫌 倓、大濫達甘又 憺、徒敢徒濫 怕、普白 怗、他頰都簟 摹、莫

坍、乃頰 龔、力恭 覎、平的 攙、士銜 捈、塗 剡、珍音今會稽有剡縣音舌染反未知此音出何文字
鐵、子廉 拔、博末 榜、彭 臿、初洽 睉、祚何 眆、敷穢 暘、蕩 槊、子洛 搓、之桑 鷟、丁老 橐、
楚芮 碏、沓 舂、失鍾 巉、士衫 巖、五銜 崟、吟 巑、在丸 嶕、醉焦 嶢、堯 阢、兀 嵬、牛迴
牛尾 顡、堯 顤、五高 嶅、遨 巢、巢 陗、且咲 挑、七消 亢、苦浪 喬、橋○影宋本橋作撟乃隸
書之譌各本又譌作撟今訂正 崪、子恤反 叡、下邁 侑、又 撣、檀○各本檀譌作擅今訂正 到、
乙牙 到、古鼎 剾、烏侯 劒、頭 剈、淵 剜、烏桓 妊、任 娠、振身 㛮、壯救 㑗、身 偁、稱之
平聲 奘、弊○弊俗獎字曹憲每用俗字爲音取其易曉也各本弊作獎與正文相複釋器篇篺篾也曹憲音
弊今據以訂正 繩、繩 與、輿○各本輿下有疑字乃校書者所記今刪 皃、陌豹 麥、所雷 屛、古巷
差、楚儀反 頯、規 歾、沒 揄、以珠 酺、薄乎薄故 醵、巨略 吸、許急 洱、弭 趠、卓 撥、
遄末 焠、卒 護、護 㦗、謹 穠、聾 補、輔 秎、浮問 秧、頻 穧、在細 磷、遴 碻、的

博雅音　卷第四　三

輥、魂 般、班 觪、才兀 勱、步器 誙、莖 摹、莫乎 剭、烏角 瀀、憂 低、都犁 弛、失以反
倈、來 伸、申 佻、烏 絓、乎卦 韞、蘊 裝、莊 慍、於問 搷、田 箋、殘 衰、表 敕、
劾 標、必饒 諫、七賜 檄、乎歷 書、書 餑、勃 餽、息 跳、道 跃、烏老 剸、魚既 刵、耳志
檢、撿 夌、陵 衄、女六 㯡、醉欒 鉒、王 㥲、於問 鞼、卷 粈、女又 踦、居綺 賺、檢 冒、
墨 瑭、唐 𢿫、長庚 挨、突 欻、口陷 欮、救 燋、子栗 隶、爐 燂、遭 灺、四者 燺、烏高
煾、恩 煨、烏回 熪、呼勿 熅、於云 歕、普頓 嗙、乎萬 咽、巨頻 哯、乎典 呴、鈞峻 唷、有六 欲、
其表 歐、於荷 㱿、許角 堷、苦敢 噞、仕陷 瞰、口減 懠、在細 慅、草 厖、匹江匹項 蔫、於然 菸、
於去 婑、於危 惌、於元 鐔、是閻 輖、周 䪏、竹利 齘、啟 簥、橋 捭、必耳 𩈲、恥敬 郵、尤
驛、譯

博雅音卷第四

博雅音卷第五

釋言

鼏、覔 幔、莫汗 閹、淹○當音奄說見疏證 靚、恥敬反亦為靚莊之靚似政反恥敬則召靚之靚也今多云靚師僧則其字矣○各本莊譌作荘莊字俗書作荘故譌而為在恥敬則召靚之靚也各本敬上脫恥字敬下衍疑字召字又譌作屇今俱訂正 羗、誘 搵、烏没烏困 抐、奴没 擩、而專周禮六日擩祭 娟、索教 詑、於禮 諴、咸 謷、五卒五交 戰、單 鏾、筲 眅、鎋古 撼、乎感 揣、測委丁果 刜、拂 剅、卓 鬻、普衡 鶮、傷 飪、荏 寫、悉也 糗、去久 麨、吒少 妃、苑 專、轉○各本轉字誤入正文辨見疏證 泚、千禮 濺、才代又音賊 譀、乎闞 鄉、許卷反 愇、瑋 閧、乎絳又乎貢 陬、側矦反 柧、孤 棱、力曾 晐、咸、上古來反 燀、爨、上闡音下如字 ⿰言寧、寧定 拍、溥麥 ⿰忄度、徒落 忩、乂 愩、工 廩、稟 ⿰石啇、旳 沰、託 磓、對回 渮、歌 溏、唐 淖、女孝 ⿰日豦、渠 蔿、花 譌、五戈 譁、五瓜 跧、莊○莊下脫一字各本莊字誤入正文辨見疏證 眳、茗 晴、七挺 謓、齒眞反今人作嗔字如此失之○各本嗔譌作息又脫去字字今訂正 靁、含 霫、士林 恑、古彼 攋、賴 隽、遂 瘍、才尹 痠、辞翦○各本翦譌作箭今訂正 蛘、音卷 趲、作滿正音作但 獡、式藥 虘、荘何 紕、布兮 餫、運 著、張慮反 趽、方 蹐、巨追 蹖、他達○各本他皆作俱此因上文並借[illegible]也而誤今訂正 謦、苦鼎 劕、穫、上才彫下平郭 詆、底 懟、直類○各本直譌作止今訂正 誎、七賜反 鈎、苦莖 摐、楚江 植、陟 譔、士春此專反 類、雷對 誎、促 督、篤 穀、奴口 禔、大兮 馺、駞、上素合 抵、觸、上嫡禮 寱、米○各本米作寐此因正文寱字而誤集韻類篇寱又音寐引廣雅寱厭也則所見已是誤本案說文寱字從米得聲王篇廣韻竝音米不音寐西山經及莊子天運篇作眯郭璞李軌亦音米今據以訂正 鍁、丁念丁類 齌、子兮 僞、言、上魚軌 遝、待合 緯、于鬼○各本于

博雅音　卷第五　一

譌作丁惟影宋本皇甫本不譌 痎、古來 痁、失占 瘧、虐○各本虐譌作瘧今訂正 痡、步 瘧、路 痞、否 瘖、普來 疕、匹弭 痂、加 竈、作告 僞、魚美 噴、浦悶 愈、夷主 攍、盈 犀、總、上西下思 冕、導 瞫、恥林 貰、世又常夜 ⿰貝爲、詭○詭下脫一字廣韻⿰貝爲音詭偽切 賭、都古 挂、卦 埶、再 伶、力政 辠、古萬 嶠、邱遙 誺、力代 宐、也、上宜 滲、色譖 腠、夋 仌、祕憑 蹪、徒迴 疐、陟利 駔、在古反在朗反 會、古外 焠、村對 堅、古現 齇、楚師 摎、流 捋、落末 摻、索減 毖、必寄 叉、家○家上脫一字 括、居滑 搯、抽 姙、任 娠、織刃疑卽身也 尿、年弔 溲、所流 漂、匹照 蹷、古越 踶、徒計 跌、徒結 蹶、古越 墇、織允 扒、八 擘、班格 抵、丁禮 畣、多合今人以荅字為對畣失之矣○各本畣譌作荅又脫去之字今訂正又案說文無畣字古但作荅非後人之失也 畬、才荷 沾、天聒今人以沾為霑鹽反字失之矣○各本沾霑二字互譌又脫去以字知鹽反三字又誤入音內正文今訂正 抍、蒸之上聲 陞、升 溱、湊 䙴、遷 培、片回 慘、錯感 愒、苦大 憚、大汗 潎、匹照

博雅音　卷第五　二

叏、更 亯、饗 嶢、堯 趉、渠屈 儭、親刃 姣、古亞 將、七將 捐、元○脫上一字 要、付奉 晻、乙感 啐、倉未倉快 歃、所夾 傎、顛 怕、片麥 袧、口豆 穽、解政 鈔、策敎 䄢、曹 劮、逸 ⿰氐欠、丁禮 脰、豆 喑、於含於今 唶、子夜 噭、古弔 嘹、了○案玉篇廣韻集韻類篇嘹字皆不音了音內了字當是了弔二字之脫文前卷二內嗷嘹鳴也嘹音力弔反是其證 軫、啟 礙、五代 腒、巨居 偲、七來 ⿰女虘、也、上子庶反○各本脫去上字其子庶反三字遂移入⿰女虘字下今據影宋本訂正下素乎反同 嫭、互 嫪、力高力到 穌、也、上素乎反 遛、鎦音○各本音譌作二今訂正 ⿺辶交、交 普、潘戶 操、七高 御、迴過 側、在堯 刟、彫 樘、丈盲達郎 閡、五代 鐫、醉全醉充 晗、吳權 瞸、虛葉 剿、子紹 剾、烏鉤 劍、頭 諟、庶子 是、疑上字卽是是也書曰先王顧諟 僾、愛 轔、力鎭 轢、歷 謶、之若 憤、符粉反 鐮、古點 嘰、祈○各本脫去嘰字祈字又誤入正文辨見疏證 僳、素 蹝、浦迷又音普計正音○謂蹝字正音普計反又音浦迷反也各本又譌作口今訂正篇內又字多有譌作口者

皆隨條改正。不復覼縷。踦、車美 捆、乎本 拑、巨炎 墱、恐代 踦、於靡 悟、誤 鐰、七嬌 燥、素晧
巘、魚別 囮、由。當音譌。辨見疏證。圖、由 拼、布莖 購、古候 栔、缺上苦結。各本苦譌作若。
今訂正。膠、翠 儷、力計。卽儷。各本儷皆作麗。惟影宋本作儷。扶、蒲滿 庳、婢 綢、他高 跑、
步卓 妨、訪 娉、聘 県、古堯 磔、丁格 辟、符役 墾、苦很 過、禍 俚、吏里二音 騎、寄 煨、
隈 涑、素侯 絜、苦計 劀、乎圭反 削、烏涓。各本涓譌作俏。今訂正。刲、苦攜反 剅、多侯 拘、
鉤。又圭音。謯、嗟 諑、祿 踖、藉 漱、所救 潩、遜 譜、普。各本普譌作譜。今訂正。慄、栗
辟、匹亦 誇、譀、上苦瓜反 牴、多禮反 貳、女吏 燚、然 掘、渠勿 葸、夾 姤、遘。又音后。各
本又字譌作古。又鍇在遷字上。又譌作口故。復譌而為古。今訂正。憒、責 荼、塗。又耻於反 蓩、莫老
祩、侏 誕、挺 扼、乃罪 摘、擿 蘤、花 譌、五瓜 攣、力捐 善、膳。字夸嬗之善。纔、才 暫、
去 晐、古孩 眱、夷 蹲、存 諳、烏甘 押、匣。又烏甲 軋、烏八 孳、茲 紐、尼毛 吕、以 荄、

博雅音　卷第五　三

古來 儓、臺 佼、交 寢想、上莫洞反。今人以夢為寢。失之矣。各本脫為字。今補。遛、鎦 瘺、
愚 疣、尤 詅、力政令 衍、乎麵。各本乎譌作呼。今訂正。匌、苦合 衛、衞 寱、詣 慌、荒晃
嬈苛、上泥了反。下河。媟、薛 嬻、讀 痔、於綺 銸、正音竹涉反 鉆、正音巨炎反 嫴、姑
榷、角 膂、口戾反 詤、呼晃反 僦、子濡 圿、古八 噎、知栗 咄、都沒 轟、蠢 胯、枯 鈋、
五戈 刓、五丸 嶭、宜別。書曰天作嶭也。各本天作嶭也四字誤入下菑字音內。又脫去書曰二字。今訂正。
嶭。各本皆作孽。惟影宋本作嶭。菑、阻師。疑為灾音。䞨、去偽 將、子良 掜、魚禮 諀、匹爾 呰、紫。又
子弟反 劙、力谷。又音犂。務、力谷 瘛、乎計 瘲、足用 嗺、慈樂 懾、之葉反 嬾、力但。又音魯滿
反 懈、懈 欨、呼虞。各本呼譌作乎。今訂正。欰、許尸 棓、婆講 揧、力達反 揅、研 辢、力達
反 麼、靡宜。又音無悲 瘷、力代 癘、例 抾、去劫 挹、於立 雹、步角 窖、古皃反 癖、壁。各本
壁譌作壁。今訂正。癃、隆 癁、伏富 瘎、諶 訳、支 謂也、有本作只詞也。屎、勑吏。又音絺

餩、於北反。又音烏克。各本北譌作此。惟影宋本不譌。餲、於結 抵、紙音。各本紙上有只字。蓋因上文
只詞也而衍。今刪。咀嚁、上慈與。下慈藥。渫、思熱反。說文相列反。觡、格 剗、止善反。又音鋤限。
𢡅、蕩 衄、女六 噞、儼。又音魚淹反。喁、五恭反 攐、去踦 崽子、上所佳反。又音災。各本佳譌
作佳。今訂正。祅、於嬌 妖、於表 鍡、晏 稗、俾。各本俾譌作卑。今訂正。肬、尤 褖、蕩 髮、
了 驕、巨小 痹、必異 瘵、直慮 尰、時勇 䎡、而絹。又音而緣。各本緣下衍音字。今刪。𪏿、洒 焕、
哀 烗、可拜 鐮、廉 柧、孤

博雅音　卷第五　四

博雅音卷第五

博雅音卷第六

釋訓

洞洞、同董誾誾、魚斤反。○各本反皆作切，此後人所改。說見卷二尻古魚反下。後皆放此。臲臲、魚劌反硊硊、兀嶢嶢、堯虩虩、所革反獮獮、翦勍勍、巨京反仡仡、魚乙矍矍、許縛昒昒、亾內亾八眈眈、多含矕矕、矕之上晚晚、莫限瞥瞥、柈脈脈、亾革眓眓、呼活睊睊、公縣綖綖、因淺沿善。○各本善作羨，因正文綖字而誤，今訂正。纙纙、闌扏扏、求嘔嘔、烏侯嘕嘕、許連忥忥、欯欯、上許氣下許一摯摯、至唏唏、虛几虛冀㰤㰤、呼可。○各本呼可譌作乎下，下字因下文火下而譌，今訂正。閜閜、火下呵呵、虛多訌訌、口啞啞、於百慅慅、草怮怮、於柳於流懨懨、形栔栔、挈啒啒、古兀呼兀二反怛怛、多達巘巘、五葛反嶄嶄、讒阢阢、兀嵬嵬、牛回牛尾二反岌岌、魚及圪圪、五乙雱雱、普光瀌瀌、彼苗。○各本此下正文有雪雪二字，乃雪也之譌。曹憲音有林字，乃因下文林字而衍。辨見疏證。霅霅、素合徒甲二反霃霃、士林渢渢、小篤湒湒、子立霖霖、林䨼䨼、落𩂯𩂯、丑入霫霫、先入霿霿、蒙䨤䨤、狄颼颼、所畱飂飂、畱飉飉、遼瀏瀏、兩瀼瀼、而羊濃濃、奴容奴冬二反湛湛、直減牒琰反泥泥、那禮。今人以此爲埿泥，失之。○各本那低二字誤入音內正文，今訂正。又案說文無埿字，古但作泥，非後人之失也。渾渾、魂顛顛、曷集集、寮而嫋嫋、那鳥姌姌、如琰，又乃點。○各本又皆作切，此因又字譌作反，後人遂改反爲切耳。今訂正。詪詪、古很訔訔、魚斤詻詻、額謕謕、呼氣呼几二反。○各本呼氣之呼譌作乎，今訂正。譊譊、女交慛慛、才回皞皞、昦矔矔、鸛皭皭、子爵窱窱、眺癉癉、吐安吐案吐佐三反

騑騑、妃傫傫、力追力罪二反彶彶、急俇俇、其往勮勮、其去亹亹、尾拳拳、卷權悾悾、控慤慤、苦角懇懇、苦很反。○各本很譌作艮，今訂正。斷斷、都玩𦒎𦒎、匹人猇猇、宏翩翩、匹延翃翃、火宏翽翽、火外翝翝、火宏翾翾、呼鞭。○各本呼譌作乎，惟影宋本、皇甫本不譌。翲翲、匹饒翼翼、曳翛翛、肅翂翂、紛翬翬、暉翧翧、火元煌煌、皇煟煟、謂倏倏、叔炯炯、公迥熒熒、乎扃。○各本扃譌作扁，今訂正。晻晻、烏感娗娗、大丁唐鼎彧彧、於鞠嬽嬽、淵媉媉、渥夭夭、於苗偞偞、丑葉駓駓、步悲颿颿、扶嚴扶泛驫驫、香幽必幽反霙霙、古永趽趽、方孟從從、先拱蹡蹡、七羊反馥馥、伏馞馞、步沒馦馦、呼廉馣馣、烏含馛馛、步葛馝馝、匹結馡馡、拂非設設、設眐眐、征𧺆𧺆、企，又巨支䟊䟊、遙施施、余。○余下脫一字。奕奕、亦趫趫、去遙徥徥、夷儦儦、必嬌趭趭、鍇趿趿、且及踥踥、七葉憧憧、處鍾媻媻、柈。○各本柈字誤入正文，又誤作拌拌二字。辨見疏證。徲徲、丈尸。○各本尸譌作尺，惟影宋本、皇甫本不譌。腜腜、梅𦢊𦢊、如掌𦙶𦙶、呼計臔臔、呼典泡泡、白交普交淘淘、陶。○當讀爲滔，說見疏證。洋洋、陽。○各本陽字誤入正文，又衍作陽陽二字。辨見疏證。洹洹、丸湯湯、傷泱泱、於薑湝湝、諧潒潒、蕩汩汩、于密浪浪、郎油油、由泧泧、許活澎澎、蒲彪汎汎、扶弓。○各本扶弓二字誤入正文內，又誤作㚖。㚖二字辨見疏證。氾氾、孚劍。○各本脫去氾氾二字，孚字又譌作扶。辨見疏證。轃轃、苦堇硠硠、郎，又力蕩葟葟、皇苨苨、那禮菶菶、布孔芊芊、千芾芾、不味薿薿、擬淠淠、匹制茀茀、弗妖妖、於苗懞懞、莫。○莫下脫一字。各本莫字誤入正文，又衍作莫莫二字。辨見疏證。薱薱、徒內務務、亾豆亾老葆葆、保𦽍𦽍、莽歁歁、大含大感二反譪譪、鑊鑊、上音曖，下音不祅。○各本下音之音譌作二，今訂正。貎貎、

匹角煒煒、韋鬼鐬鐬、呼會騤騤、逵僔僔、尊本伾伾、芬悲逯逯、鹿錄二音嘽
嘽、他安反澾澾、產噳噳、虞羽呦呦、於虯喓喓、烏梟○各本烏譌作烏今訂正謍
謍、烏耕嚐嚐、側格嘖嘖、責嚖嚖、呼惠輷輷、呼紘轞轞、濫丁丁、竹耕轚
轚、淵轗轗、隱韸韸、蓬鞺鞺、託轔轔、鄰混混沌沌、上乎悃下大悃
烟烟、因熅熅、於分睢睢、許佳盱盱、呼衯衯、紛憒憒、憒怴怴、呼述
○各本呼譌作乎惟影宋本皇甫本不譌下呼昆同惛惛、呼昆忞忞、武粉僛僛、欺僊
僊、上音仙下素何反蜿蜿、一音烏丸○一音上有脫文玉篇音於阮於元於丸三切蝹蝹、
溫誇誇、苦瓜趯趯、佗狄嬥嬥、湯吊呱呱、孤致致、徒鼎頻頻、符賓囂囂、
呼嬌○各本呼譌作叫惟影宋本皇甫本不譌斤斤、靳烝烝、旨升反○各本此三字誤入下文孝
也二字下今訂正駸駸、楚吟眊眊、匹到反匹角反諓諓、翦僆僆、都計反繷、女交

博雅音　卷第六　三

奴孔二反輆軩、上亥下待撟、居夭墆、帝崢、士耕嶸、宏踸、勅錦踔、勅角征、征伀、
鍾悇、悆又他乎反憛、與占反他紺反儴、襄俇、其往躟、而羊曖、愛曃、逮撣、蟬
躊、逐由躇、直魚蹢、馳戟躔、逐緣踟、池跦、廚踧、子六蹐、迹縎、骨裮被、上昌
○上昌下當有下披二字軳、牛力敱、揮𢡺、呼獲○各本呼譌作乎惟影宋本皇甫本不譌俶儻、
上汀歷下他朗漼、推溰、五哀五非送、七各睢、七魚琦、奇抁、尹捎、悉蕉掉擭、上六
弔下嘯鋼、邱六銎、邱弓委、於悲○各本於悲二字誤入下文窊字下窊字又誤作透辨見疏證潢、
乎光又音晃潒、蕩搌、展搚、膳呂靜音己善反悁、謂怦、普耕徜、常規、戚頓、
失之僬、說文無立人旁焦唯有僥字止云焦僥短人也僥、堯瘧、烏下反瘖、音聵、五怪瀾、
呼吻㘓、蘭哰、牢謰、連謱、力主𢡃、力兮㥢、許兮讃、潰謈、乎報脊、權跧、壯拳
鞅罔、上烏郎下罔○各本罔譌作罔今訂正眱、夷搉、角嫴、辜榷、口角堤、時

釋親
爸、步可爹、大可奢、止奢媓、皇毑、子我又子倚婢、畢嬭、乃弟又奴解媪、烏道姐、
案字書即前毑字娋、所交婿、謂娣、徒麗妯、逐娌、里姒、似○各本脫去姒字似字又誤
入正文辨見疏證渠、矩孜、滋穀、乃口婗、吳鷄姼、多可亦音多嬬、須儒二音倩、閣令
𡟰、古來腜、媒顫、之然顱、力乎頏、乎郎頜、翁頳、成顄、乎感頤、以時頷、顴、
權頄、求頞、烏葛頔、音拙柴、子榮噣、竹救咡、耳志齔、叉瑾噱、劇○各本劇字誤入正文
辨見疏證函、含嗌、益𩩲、火代骬、于弍、弋肊、於力臆、憶胳、各膀、步光胠、
祛音又可慮胉、布各○各本各譌作冬惟影宋本皇甫本不譌肋、勒肺、忿廢裨、卑○各本脫去
裨字卑字又誤入正文辨見疏證腎、時忍腸、傷○各本傷字誤入脫字下今訂正胱、光脬、片交
肑、百卓骶、帝胂、申脢、梅臎、翠髁、口外口臥二音臀、屯脽、誰○各本誰譌作佳

博雅音　卷第六　四

今訂正腓、肥䏿、啟腨、時兖踦、居綺胻、乎當膕、古獲腯、篤骨臗、苦丸苦魂腞、卓又
多鹿反臀、豚䯈、五丸骯、苦黃𩨍、力岡骷、括䯊、甫髖、寬骻、若亞

博雅音卷第六

博雅音卷第七

高郵王念孫校

釋宮

庌、雅櫳、籠庉、徒困庲、來康、七栗○康當作康音七賜反此音七栗反乃後人所改辨見疏證、庵、烏含㢓、先見○各本先譌作光今訂正堭、皇壂、殿坫、多念㙮、序磨、徒麻、蘇廜、魯廬、罵粗、才祖廁、來達檜、似陵反又音曾棚、步萌負宏又棼、墳栽、才○才下脫一字寤、悟𥦆、恩埃、突甄、只賓甸、桃窯、遙檐、櫺、上詹下零櫰、楚悲樏、魯妊桷、角楝、恥綠又且足○各本綠譌作綠惟影宋本皇甫本不譌椽、直緣檼、於靳甗、灑欂、步各步革枅、鷄又古研亦有本作梋此一本耳○各本脫又字研字又譌作硏今訂正若膞云此一本耳本當爲字枅一作梋故云此一字耳欒、鸞榕、節笮、組格礎、楚磌、眞又徒年礩、

質闟、虛亮丰、蜂坻、除離盆、猛窀、步角窩、丈革䆜、扶福鹿、鹿廥、古外𨸎、貢廯、鮮踐甑、潘瓾、胡瓨、亭甎、眞㼶、力佳瓵、夷耳瓴、零旳甋、上下甓、壁○壁與甓不同音甓字當是反語之下一字甗、鹿䡅也、專甑、上音同瓵、百瓾、側灑欗、蘭檻、乎減龒、籠梐、布犂閑、乎計乎介柣、呋戺、仕巳手音士橉、力忍橜、手音巨月朱、苦木罦、浮罳、思闑、蘖鍵、奇辨扆、及閾、大臘㙭、力彤隊、篆院、桓廦、壁案郞壁埤、普計垷、五計檬、巨於栫、在見篳、必欏、羅落、洛杝、離○各本離字誤作籬又誤入正文內辨見疏證柵、策㮴、朔黝、於糾於久垔、惡又烏故垷、峴音乎典墀、遲墍、虛既𡏖、奴回塗、力奏㮊、古湛㙲、莫典培、裴椴、都館橛、居月巨月又楬、蝎蘗、豬牂、臧哥、歌㢠、洞柵、策杙、弋墿、亦堩、古鄧吭、古眼迒、衍、上乎郎下音千○各本郎皆作朗此因上文吭音古朗反而誤白宋時本已然故集韻類篇迒字又音下朗切考玉篇廣韻方言注爾雅釋文迒字竝音乎郎反不音乎朗反前卷三內迒迹也曹憲亦音乎郎反今據以訂正駃、決鴽、側趡、子肖趬、千繡䞶、勑略塍、視陵埒、力閱坏、保堨、多老隄、唐陘、音照之曬隄、低一音度兮○各本脫音字今補柤、士家㴽、倉故㶀、於建榷、角杓、灼徛、居義音寄䵹、士斗○各本土譌作上今訂正

釋器

瓫、烏浪瓿、部甂、偶鑪、盧瓺、弟甌、一侯甂、邊甎、棟甈、去滯甗、初鑑甇、容多脜○各本脜譌作眼惟影宋本皇甫本不譌坬、杜甓、乎暫㼝、士江甓、牛志甑、鄭甃、瓻、剛咸㼜、多瓿、部後甎、來䍃、由甄、直類㼣、廡瓮、一洞甖、一正甑、多甘瓶、姝甂、史瓺、腸又音悵○各本腸譌作暢又譌作口今訂正甑、所猛瓬、方往○各本往譌作住今訂正瓵、他臘甗、於龍甋、斯瓪、步美甇、烏行瓨、下江鑘、靁㓞、苦計鍥、土典○各本土

譌作士今訂正鉼、必整䤼、蟻鏤、盧后○各本后譌作舌惟影宋本皇甫本不譌鬲、歷鍑、富錪、烏高鍪、茂鬵、矩皮鬳、界錡、奇綺鬴、扶宇鐈、橋鬷、子工鋗、呼元銚、遙今人多作大弔反鎢、烏錥、育銼、坐戈鏞、力戈匾、布典榼、苦臘椑、步兮盞、敦㯗、賤典窯、安盞、戔銚、遙櫂、直兒栓、七緣杙、池喬、橋㼜、拳脊又𥂕、又章盧、摩槭古咸○各本古譌作苦今訂正盃、雅閜、呼雅盞、側限温、凡卑、古馬醆、側眼䑃、拙究舡多旦卮、支瓠、回故甇、居隱甗、魚假箏、乎江簏、舉籯、盈筲、所交桶、上天孔下樬、思○思下脫一字廣韻樬音先孔蘇公二切贛、作管箸、馳慮柶、四匙、是支筴、夾料、主栖、頤焅、若篤熁、媚螇、溪㡔、桂筲、所交篋、呂籓、甫袁筷、扶䗴、諸庶○各本諸譌作栢惟影宋本不譌匜、徒弔䑝、步丁畚、本筣、斫籮、攘篓、蘇苟匴、泉正音旋籅、於鞠筅、素典○各本脫去筅字素典二字又誤入下文箭字下辨見疏證箭、素管匼、弁匬、

丹匽、巨位棫、咸緘二音定、帶定耨、乃后櫡、張略钁、九縛錍、方支銛、他點篝、溝筌、
七緣笓、婢之布兮帚、栜爵、捉篧、苦郭簗、堂箽、珍教洘、字廉栫、才見單、畢囦、
女洽旇、於劫又於檢罡、互○各本互譌作亙辨見疏證罯、肥無冐、泛欁、禮軥、衢輗、
兒兆、兆腤、裴膈、鞭牏、之句徒矦二反著、直藥綮、苦矦苦茂二反繱、葱又摠繰、
早辢、力出反續、辭足紨、敷綐、徒外纒、式支赤移二反○各本支下衍又字今刪絓、乖又
空淮反鮎、刮䌖、苦木反綃、悉遙絅、阿緻、直異葝、藥繭、古典統、曠編、必延
繶、憶紃、循絛、滔繂、音栗愧、鬼音幃、韋麴、去菊綟、麗繰、渠追、多回緑、
況羽羅、邱拳○各本邱譌作兵今訂正紛、芳云反○紛當作紒音介說見疏證鬙、副簂、公誨幌、
兒晨、辰帹、乃可帉、紛㠯、刃帥、山律幋、盤幐、之利幪、蒙幨、辭廉帍、戶
褬、筆朝幘、責屣、失豉○各本失譌作夫惟影宋本皇甫本不譌下失僉同屧、失僉帞、陌帑、

七見又七年鬒、去位髤、采幧、七消䘹、作潰䙕、子冢褋、牒襌、單𧞣、常凶褣、容
袛、低裯、刀襜褕、上昌占下臾○各本占譌作古惟影宋本皇甫本不譌襋、棘衱、劫
褔、於憶衿、領㡊、於例襗、亦襡、蜀襜、尺占裿、居綺裨、脾卑二音襏、豎襂、衫
裲、兩襠䙐、上音當袙、陌帔、匹媚褘、韋又暉衻、尒占襜、昌占袚、不勿䘏、悉
韍、弗縪、必纗、允恚乎圭○各本允譌作九今訂正緄、袞○各本脫去緄字袞字又誤入正文辨
見疏證䩥、誕紟、騎禁裪、桃袂、決袿、圭襡、大口䘾、含祼、妬禾袔、賀被、
亦袘、夷袼、各褢、胡褑、乎佳裀、因袾、姝株二音袀、弓裑、身褾、必照襪、
布蔑袜、布末○各本末譌作未今訂正褑、乎佳䘯、七霄袩、多頰褸、樓衩、楚械衸、械袥、
他各裓膝、上七益襝、許嚴褰、去乾絝、袴綰、管袑、時沼衳、七勇反襣、步寐裰、
度沒褅、天帝褓、保繄、烏雞袼、落䙈、烏苟襙、七刀袚、不勿䘳、子肩褯、慈夜袺、古頡

衚、胡襭、頡襪、無髮襎、樊䘼、於颻反幠幞、上荒吾下扶欲反幬、池流幌、布迷
帴、吒占㡘、廉鬊、舜昜、昝屢、他梅鞨、乎末𩊱、五郎鞝、士角屣、所爾鞮、低緑、
其於紟、渠禁韐、古匣䩭、沙𩏺、素落鞸、大洛靸、素台履、靴屍、乎馬屐、渠戟屩、腳
緻、直利編、部典緉、兩縔、爽絞、古爪縝、勑眞縷、力主纑、來乎萆、婢亦衰、散禾簦、
登幢、直江㡯、大告幨、俊占幰、火偃禦、語㡧、力枕幖、必昭幑、吁飛帾、帶右蕳、子堅
吊、憶幡、翻裛、於劫帣、卷舵、大河絭、苦員纕、相箕櫛、上音姬鰈、丑刻鯷、
低鱤、作甘㡗、嗁帢、在故艬、大能槊、朔緘、古咸紲、思列紘、宏甍纆、覓縙、而勇
紩、直乙絃、呼晒反今人以此為弓弦失之也○各本茲譌作絃今訂正縻、無悲紖、直忍縋、直僞
綸、力冄繏、思絹纆、墨綯、陶笅、脊纍、力追繘、橘絡、洛綆、古猛縲、力追繯、
泫又乎串反軲、枯又姑轉、片各輼輬、上溫下涼轒、墳輐、於云軿、蒲眠輀、而軺、

彫輂、己足輰、陽鶤、烏軥、衢○當讀為鉤說見疏證鑍、嬰鈁、方繀、素對葪、于
䩰、子入○䩰當為鞙音戶犬反說見疏證鞵、解弸、冰韛、俳轓、甫袁韍、扶福軷、反
幢、直江幪、蒙靯、杜䪁、步各鞇、因䩸、覓鞻、彌忍䩳、扶欲靷、允兔、太故軑、
達計達盇二反轂、摠輇、舟軝、渠夷轏、士山䡵、九縛䡫、渠輮、如酉䡗、俱勇輑、牛娟
鍋、古臥錕、古本轆、籠轈、五弔轊、衛鍊、諫鐓、大罪○各本大譌作天惟影宋本皇甫本
不譌釱、太錧、館枸、俱籆、縷篌、公悔篬、穹籠、龍畚、步本筤、良郎二音笑、
贊筠、步角又角二反○各本又譌作又今訂正筧、覓綯、桃緧、秋篺、[illegible]篂、星簹、
當䩐、古核鞼、蠶靶、巴化䩴、巨駒鞢、曳靬、汗鞈、公洽韉、所盈鞘、所交頒、須字
構、又溝桊、眷㮬、緉㤿、烏含篼、多鉤幀、貞

博雅音卷第七

博雅音卷第八

釋器

骸、乎皆骼、格骹、苦交。各本皆作苦弔此因下文𩨯音苦弔反而誤考玉篇廣韻集韻類篇及爾雅釋文骹字竝音苦交反不音苦弔反今訂正𩨯、苦弔。案蔡邕注典引云肉曰肴骨曰𩨯廣雅𩨯骨也肴肉也義本於此𩨯即詩殽核維旅之核不當音苦弔反苦弔乃竅字之音也盳、荒[illegible]、蔑又陌曷䀎、苦暗。各本譌作言暗也辨見疏證膝、乎結[illegible]、弱膜、莫腅、達濫膎、乎佳反今世人作鮭字如此失之脼、兩[illegible]、若膂、旅腱、居言脤、膰、上時忍下音煩脀、之丞臉、七潛反鋑、熟盞、之丞[illegible]、阻居胾、側事膞、拙兖臠、劣兖[illegible]、泣魿、岑又才感反。各本岑譌作魿惟影宋本皇甫本不譌鮨、耆[illegible]、吳下。各本吳譌作昊今訂正鱐、繡酉脘、丸管二音膊、普各膌、

昔膴、呼又凶宇。各本宇譌作字今訂正胏、壯里腒、巨於腩、南感臇、子兖膹、扶粉[illegible]、損臛、呼各膍、毗胵、齒之胘、弦胼、平[illegible]、折[illegible]、思節膋、聊[illegible]、的鐇、潘[illegible]、才故饖、衛饙、沸云反。各本沸譌作費今訂正[illegible]、脩酒焷、婢亦又毗支。各本支譌作反今訂正[illegible]、不[illegible]、毗[illegible]、棃[illegible]、齒沼糗、去久糇、侯粰、孚[illegible]、流糈、所居師舉反[illegible]、素果[illegible]、蒙粿、乎寡[illegible]、狄譎二音糜、無悲糏、思節[illegible]、亾達麪、匹眄反音面饔、於恭餻、高餈、才辭餄、餣、上零下於劫反[illegible]、五丸餦、張餭、皇飴、弋之[illegible]、該餹、堂餳、辭精[illegible]、髓餲、於勿於月二反。各本月譌作日今訂正飦、居言[illegible]、居六粘、乎[illegible]、媚又未粖、亾達亾結粰、浮毇、毀[illegible]、艦湩、竹用又棟。各本竹用二字合譌爲箽字考諸書湩字皆無箽音又考史記索隱引字林湩竹用反又廣韻衆經音義及列子力命篇釋文漢書匈奴傳注後漢書獨行傳注文選孫楚爲石仲容與孫晧書注湩字竝音竹用反今據以訂正醪、牢醍、體。各本體譌作醴今訂正瀝、歷[illegible]、乃口醝、才何酎、治九酏、移酴、塗酪、洛酨、昨再祖戴二反。各本祖譌作且今訂正䣼、良醦、所艦[illegible]、且冄醶、初艦酮、動同二音。各本動譌作洞今訂正醞、蘊[illegible]、汝吏釀、尼尚酘、豆[illegible]、且林[illegible]、音[illegible]、寑醮、才心[illegible]、匹亦[illegible]、疾災[illegible]、滑[illegible]、卑麰、牟[illegible]、苦木[illegible]、蒙[illegible]、消[illegible]、且豆[illegible]、楚快[illegible]、於昆[illegible]、步典[illegible]、蜜醑、在細[illegible]、莫侯[illegible]、頭醓、他感[illegible]、巨出䣼、涼齏、子兮[illegible]、達內[illegible]、攘酤、庫[illegible]、旨升醃、於炎[illegible]、藍。各本脫去藍字藍字又誤入正文辨見疏證菹、緇疏甛、大嫌甙、代曋、大紺又大含。各本大含之大譌作紺今訂正穅、康楬、居刈居曷泔、甘潘、孚袁潲、稍濯、直覺滫、息朽澱、殿滓、組使淤、依譽。各本譽譌作與今訂正淛、之舌又之世反鮾、乃每饘、書延餀、許戒餣、於劫饖、穢[illegible]、蕉膱、織馣、烏含。各本烏含作呼含呼字因下文呼含反而誤今訂正影宋本皇甫本惟含字不誤[illegible]、七節郯膮、許堯馦、虛嫌馠、呼含膷、香臐、詡云

。各本皆闕詡字惟影宋本皇甫本有[illegible]、必昭[illegible]、步曷反鼐、乃代鼒、資鑴、攜又呼規鏏、衛鬻、辱鬵、潛[illegible]、應[illegible]、貍[illegible]、毛[illegible]、汗[illegible]、奴感翈、狎翭、侯翽、惠鞹、革[illegible]、翅[illegible]、唐毦、二。畢本二譌作三吳本以下又譌作毛惟影宋本皇甫本不譌[illegible]、布莽毼、曷[illegible]、方文毭、豆[illegible]、足凶反氍、衢[illegible]、粟[illegible]、恭毨、鮮[illegible]、支氀、力于鋈、沃澒、乎孔礦、正謂之口音雖無疑郎礦也鏈、連鏅、脩鋇、音貝鋁、似鉿、工納口帀戉、曰鏦、初江斨、千羊鑱、讒鈹、披鐫、醉全子兖鏨、慙敢又漸。敢上盍脫又才二字玉篇鏨才敢切廣韻鏨音慙又才敢切又音漸銍、誅失[illegible]、工划、工卧鉊、昭[illegible]、鉤鍥、結鏺、撥鎌、廉銃、充仲。各本仲譌作中今訂正銎、去恭鍱、鋂、上牒下梅鏝、夢鐶、環鉻、格鐖、微釣、弔。鏶、集鍱、葉鑯、且廉鏟、又展。各本又譌作又今訂正栓、所權[illegible]、側下鍤、測夾。各本測譌作側惟影宋本不譌鉥、食述緦、思鏥、大罪徒果

鐗澗錔他合銓七緣錘直危直偽鍴端鑽子貫○各本子譌作了惟影宋本皇甫本不譌
鑴況規鉊昭鋟子廉又子甚鋁力庶錎采古碫都玩礛力甘䃴諸磫足恭礭
衢砥砥細於礪磏礪上音廉鈐含鑋形錤基鏄博錠定鐙登栻
敕簙博箸馳慮篾大故簪戴甘䈏居勿刷所滑箹亦灼桫素戈艂升證榬袁
籆于縛榮碧床敕利杓子允篙乎的桶大籠亦勇笨大本篅上沿幯丈旬豬旬鼛畏
虰陟呂簣苦怪篣彭笯女加奴慕簝力么籯盈篝溝笭零籠力公熏纁
篝溝箪丹籚來乎籃來甘籅餘箈滔箄俾篗穫篆舉㯂帶樸
朕校爻○各本爻譌作爻辨見疏證梼竹革桷角植直吏样羊槌逐累○各本累譌作
畏今訂正筁曲箅弊籥藥䈎敕葉又餘涉篺辯笘丁頰籙力第○各本第譌作
筩今訂正箛孤篔司夜簡苦典䉳先典簧皇牌步佳屎敕利矜巨斤柌詞櫑

博雅音　卷第八　三

蕇秘祕弣撫杬五丸椹知今反今人以爲桑甚失之柊終楑葵敤苦果櫌
憂椎逐佳世人以此爲錐字失之○各本錐譌作佳字譌作子今訂正尠他禮棓步講步項桲
步沒梲吐活又杜活柍於兩欇攝殳是珠箠拙槊篗走公筞竹花簉才六笪七夜
柤士加橖棠○各本棠譌作堂今訂正梏古篤柳乎格○各本乎譌作平惟影宋本皇甫本不譌
箯方千婢年○各本婢譌作俾影宋本皇甫本不譌㬥俱綠○各本俱譌作具今訂正鍏瑋畚
本敵插○敵本作敵音嫣汭之嫣說見疏證梩駭桌七遙鏵乎瓜鎵蒙鐅普結杷
蒲加梻拂枷加篫乎江筞妹佯羊篖唐䈆衡䈴之舌薆廢簟大點
筁曲西天念亦有本囟字代西篝子養筱三果○各本三譌作二今訂正篕乎臘篸珍
筳呈汀又紫醉槃䔢顆或從壺梳瓦帑奴艧鳥郭又于縛反弤致彈大汗帥
升芮蕡墳綪戈宰○各本戈譌作弋今訂正韝溝韘攝彇蕭弲絹觲胥鞬

居言韔暢掤氷医於計韇讀鞴備鞁又○各本鞁又二字誤在鞴字之上今訂正
鞥莫耕矰曾笰拂又音也弗正音○各本又譌作口今訂正鈀普加錍片兮鉡牢○鉡當
作鉀音甲說見疏證鏃七木七候子谷三反衭扶襓饒袜陳律○袜本作木曹憲音陳律反非
是辨見疏證鐔淫鞞布鼎靳之舌之逝二反鋣以邪剞車奇劂歸衞鍨談又音他甘反
○各本又譌作口今訂正又各本音字誤在他字下惟影宋本不誤鏦初江犍己偃猶朔豨虵
移呼覽穳子投鋋蟬狼郎犗苦大鏔寅孑雞節鏝莫干釨子戛古八戣
遨戭辱匽於懨鐓敦釬汗鐏存頓瞂伐櫓音虜戰干鋡含鍪牟
錏鳥牙鍜乎加鏂烏矦鍭矦鉦征鑮步各鈕尼手綸古頑紱不勿琭書珽
他冷簶祿簏鹿篙滿簍緩篰部梡苦緩棵口卵槭劇杫賜虡巨音
今人虍下作兵失之○各本虍譌作虞今訂正桯餘征餘經二音又呈胣尸賜招紹饡責○各本

博雅音　卷第八　四

責譌作素今訂正笫側里杠江榻他臘枰平跻逵樻梂上墳下巨鳩巨菊反柎
付于敢側求箷移枷嫁軖狂笠護爟灌熜青工又搃○各本又字誤在青字上
今訂正魁庚筥舉稯子公秙姑觚孤觶之鼓散素但綃消縓請絹縹
匹紹繰早緑祿緅側留總采公絶虛力綎恥京烊小營緹他禮綀呼狄赭者
黈他口黊乎馬乎卦䵏老䵐齒善䵒他丸黇他廉黅今黗屯䵍統音亦有本作
蔙口浪䵋下悔又于鄗皔汗皛乎了又乎灼反○各本乎灼皆作乎炯炯與灼草書相似故灼
字譌而爲炯集韻皛字又音戶茗切引廣雅皛白也茗與乎炯同音則宋時廣雅本已誤案說文皛讀若皎
皎與乎炯聲不相近今本廣雅皛音乎了乎炯二反乎了與乎炯聲亦不相近故玉篇廣韻皛字皆無乎炯之
音又案玉篇皛乎了切又乎灼切廣雅音卽本於此則炯字當爲灼字之譌乎灼與乎了古聲相近故字之從
勺聲者亦有乎了之音爾雅芍鳧茈芍音戶了反又蓮其中的的音丁歷反又戶了反皆其證也自廣雅音乎

灼譌爲乎炯而集韻以下皆仍其誤且不復知有乎灼之音矣今據玉篇訂正哲制。哲本作哲音。析說見
疏證皢呼了皭在爵皠乎告皚牛哀皏普幸𤾤呼曷皤布何步何皎古了。各本古譌作
占。惟影宋本皇甫本不譌𪒠學黝於糾於柳黦於物黯烏減黶烏點默墨黰工典黓
弋皁祖早黫於閒於眞涅乃結緇淄黸力胡黮勑感都甚二反𪑛焦黔琴巨廉
䵶己證黴明飢䵑匹再䵳烏外黚古闇縝之忍黳於兮黗他孫黲七敢黟伊櫘
衛櫝讀櫬楚覲檮導秝禾

釋樂

六䪫莖顓頊樂五韺英帝俈樂大章堯樂簫韶舜樂大夏禹樂。各本脫大夏禹樂
四字今據上下文補大濩湯樂大武武王樂。各本脫武王樂三字今補勺只藥周公樂也斟酌
文武之道大予漢明帝永平三年秋八月戊辰改大樂爲大予樂足鼓夏后氏鼓四足也植

博雅音　卷第八　五

鼓見禮明堂記詩植我鞉鼓縣鼓禮記曰周縣鼓鄭注云縣於栒虡也雷鼓周禮雷鼓鼓神祀鄭
注曰雷鼓八面靈鼓周禮靈鼓鼓社祭鄭注靈鼓六面也路鼓周禮路鼓鼓鬼享鄭注路鼓四面
鼖鼓周禮鼖鼓鼓軍事鄭注大鼓也長八尺鼛鼓周禮鼛鼓鼓役事考工記長尋有四尺也晉
鼓周禮晉鼓鼓金奏鄭注長六尺六寸也鼜鼓周禮凡軍旅夜鼓鼜鄭云夜戒守鼓音造次之次。
各本夜鼓下有日字乃淺學人以意加之今刪鼙鼓周禮旅帥執鼙。各本旅師作師旅亦淺學人所改
今訂正鞀鼓周禮小師之職掌鼗釋名云鞀導也應棘詩云應棘縣鼓摶拊禮記拊摶
鄭注以韋爲之充之以糠形如小鼓以節樂。各本拊摶譌作博摶摶下又衍琴字今訂正伏羲氏
瑟長七尺二寸上有二十七弦見世本桶動陞升敔魚呂倕
氏鐘十六枚世本倕造鐘倕舜臣毋句氏磬十六枚世本毋句作磬毋句堯臣
也塤許圓象稱錘以土爲之有六孔古史考曰有塤尚矣周幽王時暴辛公善
塤。各本王字或譌作日或譌作田又脫去暴字今訂正影宋本皇甫本土字不譌䶵池以竹爲
之長尺四寸有八孔前有一孔上有三孔後有四孔頭有一孔。此十六字各本誤入正
文辨見疏證籟賴䶵池𠻛洞歈頭

博雅音　卷第八　六

博雅音卷第八

博雅音卷第九

釋天

太初、氣之始也、生於酉仲、清濁未分也、太始、形之始也、生於戌仲、八月酉仲號爲太初屬雄九月戌仲號爲太始屬雌○各本爲太初上脫號字太始上脫爲字今據上下文補清者爲精、濁者爲形也、太素、質之始也、生於亥仲、已有素朴而未散也、三氣相接、至於子仲、剖判分離、輕清者上爲天、重濁者下爲地、中和爲萬物、詩緯曰陽本爲雄陰本爲雌物本爲魂雄雌俱行三節而雄合物魂號曰太素也三氣未分別號曰渾淪○各本俱譌作但又脫去氣字今訂正天地辟設、人皇以來、至魯哀公十有四年、積

二百七十六萬歲、分爲十紀、曰九頭、五龍、攝提、合雒、連通、序命、循蜚、因提、禪通、疏訖、帝王世紀自天地闢設人皇以來迄魏咸熙二年凡二百七十二代積二百七十六萬七百四十五年分爲十紀一曰九頭至十曰疏訖○各本帝上衍記字世紀之紀譌作記十曰疏訖脫曰字疏訖譌作流記今俱訂正影宋本椎紀字不譌格、平格擇、宅裓、子枕濛、莫孔澒、乎孔淪、倫○各本倫字誤作喻又誤入正文辨見疏證沆、乎朗瀣、乎戒歊、苦箽反歊、康猲、彫离、勑支䝤、墳賁、于憨䨓、追渠、俱雨反荓、蒲形歲星謂之重華、或謂之應星、木宿也熒惑謂之罰星、或謂之執法、火宿也鎮星謂之地矦、土宿也太白謂之長庚、或謂之大囂、金宿也晨見東方爲啟明昏見西方爲長庚○各本脫去金宿也三字下水宿也同今竝據上文補長庚下又有案金星三字乃校書者所記今刪辰星謂之爨星、或謂之免星、或謂之鉤星、水宿也䄍、士駕反褿、曹祽、七外祱、稅禷、力矦反禊、乎計餟、知稅○各本知譌作和惟影宋本不譌祼、古奐反軷、步末彝、彝祊、布庚祾、陵又力登禖、梅祧、他聽醮、子咲反禬、古外禨、巨衣禱、倒夏曰清祀、○禮運正義引廣雅云以清潔而祭祀蓋曹憲注文通典引廣雅同殷曰嘉平、○禮運正義引廣雅云嘉善也平成也以歲終萬物善成就而報其功通典同歐、欺于垝、車美軹、紙

釋地

昿、古朗埏、延○各本延譌作廷辨見疏證臯、古豪原、原毗、符夷沛、盃妹珩、衡璇、旋球、來瓄、瀆璐、音路瑭、唐璖、渠玫、梅瑰、古回隋矦、隋矦見虵傷治之後虵銜珠以報碝、而兗玟、忞巾硨、車磲、渠碼、馬碯、奴道琨、昆珸、吾瑊、古咸又咸○各本又咸之咸譌作威今訂正玏、勒鉿、古合鷩、必舌鴒、付于反○各本于譌作予今訂正

玃、九縛䌛、由八家爲鄰、三鄰爲朋、三朋爲里、五里爲邑、十邑爲都、十都爲師、州十有二師焉、見尚書㮎、柔嘆、奴戈○各本此下有堅字音堅堅字係曹憲避諱而缺其下畫堅字則後人所加辨見疏證甄、古賢埴、時識塿、樓垶、息營壚、來乎賦、付坲、沸就、才心耩、講𦔍、弋䎲、突𦓤、側基穮、布苗秡、拔耠、乎荅䎱、碑䎧、步矦䎮、局𦔳、漢䅵、所交反𦓫、匕旦𦔈、又江䅗、他戾𦔯、一劫積、牀責○各本牀譌作壯今訂正埶、魚世稭、祇○各本祇譌作祇今訂正潭、派畤、時志種、之用

釋邱

崧、祕隤、大迴反堬、以珠埰、采墦、煩埌、浪培、步苟塿、來苟垗、兆塋、營隇、威陝、夷隥、多鄧陘、形隒、檢斂二音○各本斂譌作歛今訂正澳、於六㴖、蒸浮、

劣濬、昏堤、吳根廔、所流坈、莿、

釋山

峋、古候反。各本候譌作矦，今訂正。嶁、力候幵、牽秳、石硧、學㟁、鳥元畎、古犬嶰、乎買

釋水

濆、墳渚、直尸偮、謂磯、機磧、七的㳥、洪潒、遂坄、古杏反窞、徒感臽、陷

瀏、大高。各本大作太，因下文太字而誤，今訂正。汏、太䑳、彤艬、士巖艜、帶艒、目䑼、凡艀、蒲故舺、甲，又狎。各本此下誤衍舴艋二字，辨見疏證。艆、力唐艪、壯尤𦨲、鉤。各本鉤譌作鈎，今訂正。䑦、鹿艑、步典艖、楚加，徂多二反。舭、丁計艢、當艂、扶江舡、呼江反。各本呼譌作乎，惟影宋本、皇甫本不譌。艞、滔舸、古可。各本古譌作苦，惟影宋本、皇甫本不譌。艐、撥

博雅音　卷第九　三一

艛、力矦舣、叉艓、苦計舼、其艃、貍艜、零舶、白艀、扶鳩。各本扶譌作狀，今訂正。艦、銜之上聲舼、洪艇、挺艅、餘艎、黃艨、蒙艟、衝艗、五的艏、首舴、側格艋、猛䑨、禮簰、薄佳𥰛、敷潢、橫筏、伐舤、凡舷、賢𦪙、倫桄、光陬、子矦，又鄒巢、乎角，呼篤汾、墳

博雅音卷第九

博雅音卷第十

釋草

草、高䓘、高蕺、集菩、負，又部。案玉篇、廣韻、集韻、類篇菩字皆不音部，部下當脫一字。玉篇菩音步亥切。萯、負蒩、子乎蔾、力兮萳、那甘𦼮、疇蒢、除藘、力甚反蘱、力對芋、才蔽、苦拜反葰、雖蘥、之舌菫、丑六。各本丑譌作刃，今訂正。蒤、徒昆反。世人作蒤字，或豘或肫竝失之。各本脫字字，今補。又案說文豚篆文豘字，非後人之失也。菥、析蓂、覓蒣、舒蔀、部，又步古薺、齊底反。憲案說文以此爲薺蒺藜之薺字。各本此字皆作底，因上文齊底反而誤，自齎二字又誤入音內正文，今俱訂正。藶、歷蓫、狄萑、九蘄、芹芪、祇。各本祇譌作祇，今訂正。蔏、商陸、六筋、居勤反菝、拔薢、古買反，又古埋反。各本埋譌作理，今訂正。苣、

博雅音　卷第十　一

苟。各本苪譌作苟，音內苟字又譌作狗，辨見疏證。蔫、奴矦蔐、直戟薚、逐錄。各本錄譌作銀，惟影宋本不譌。蓳、謹音。世人作堇字如此，失之。各本脫堇字，今補。藋、徒弔茦、住律反。世人作朮字如此，失之。朮古文秫字。各本前朮字譌作木，又脫去後朮字，影宋本、皇甫本前朮字不譌。須、思臾反。案說文須從彡，世人作鬚字如此，失之矣。薓、所今蓑、素禾葃、音昨菇、音姑薸、婢昭笢、民忍笨、步本𥳑、素但笱、鉤篅、端篃、媚䉀、至蕖、渠虊、劣船反，又力卷菎、古本菣、巨進芎、邛苜、目蓿、習䕭、醜萎、緌蕎、橋蕡、貢薏、憶蘞、廉。各本脫去蘞字廉字，又誤入正文，辨見疏證。薁、奧茷、悅桑芡、儉藈、苦圭瓠、古矦。各本矦譌作候，下鹿矦反同。集韻瓠瓢二字皆有平去兩聲，其去聲下引廣雅瓠瓢王瓜也，則所見已是誤本。考玉篇、廣韻、爾雅釋文瓠瓢二字皆有平聲，無去聲，今據以訂正。瓢、鹿矦藷蕒、上市念反，下羊恕反藟、力水采、似醉秆、古旱稑、空，又苦江稭、古八稧、側穋、莊于葯、約蕡、浮沸，符分蘘、穰。各本脫去蘘字，穰字又誤

入正文辨見疏證菜、柔蔄、乃項蒈、乾秈、仙秫、述稬、奴臥䴵、口見口參。各本穇
譌作於今訂正䵑、亾皮䅺、刅䅣、皐穄、祭𪎛、扶云𪍿、誅𪏮、布兮豌、烏丸䜴、酉
䜃、平江䝄、雙麰、牟麳、來䅥、斜䅿、私穗、似醉蕁、大丸簬、路簤、眞篏、
苦拜笴、公但籥、衞蕿、捉蒍、爲詭棓、步項蔽、乎巧芆、撥荄、古來反蒨、弋篸素篸
萊、力內蘆、千古采、辭醉齇、胡戒蕎、橋蘬、歸蒚、丈牛藸、直魚薹、臺蔺、各菰、
孤蔣、子良葒、紅蕢、乎結。各本結譌作吉今訂正蕒、麥蠻張揖云蕒薟也案白薟與苦蕒大異
恐非。各本薟也之薟譌作蘦今訂正薟、巨葧、步沒菈、力合蘧、沓蘴、豐又嵩。各本豐譌
作蘴嵩譌作蒿影宋本嵩字不譌蕘、女交反世人以此爲芻蕘之蕘未知孰是。各本脫人字今補菩、
精。各本脫去菁字精字又誤入正文辨見疏證蓏、及瓤、力占瓟、溫瓡、徒昆瓝、步田長、
丁丈反葱、去用又去拱苹、平蓢、浪蕩、宕茛、古恨蒪、普各苴、子魚蔦、悅專蓮、

博雅音　卷第十　二

所夾菸、可與蓄、腹莞、丸

釋木

栝、古末檡、宅栜、武蓋。各本蓋譌作盇今訂正𨡕、雀。各本脫去爵字雀字誤作崔又誤入正文
內辨見疏證栲、考朾、丁戈梡、緩梢、稍交。各本稍譌作梢惟影宋本皇甫本不譌椒、又荀
。各本又譌作叉影宋本皇甫本不譌檀、之善樸、浦莫。各本浦譌作蒲今訂正橡、象杗、常與
棒、七候樘、恥京櫝、子狄杆、古旦梔、支椅、爻樢、鳥椑、扶支樨、西

釋蟲

蚑、伎蛣、去吉蠦、廬蟧、遼蝒、緜蛥、折蚗、穴蝭、帝蛁、彫蛾、五何蛘、
羊掌蟞、匹結蜉、浮螘、五綺螇、雞地。各本此下曹憲音有虵字乃因下文虵字而衍今刪
虵、蛇蝥、茅蠵、攜蠀、七漬蠆、丑介蠍、歇蟒、力刃蛭、質蛒、胡格卷、眷蠶、

雜含反世人作蠶字或蠺或蚕如此並失之矣。各本音內蠶字譌作蚕或蚕上脫去或蠺二字又誤衍如蠶
二字如字因下文如字而誤蠶字因與後蠶蛘也之蠶字相似而誤今訂正蠱、姑蟦、浮沸又肥蠐、
疾資螬、曹蟐、腸蠡、力支蚎、女六。各本六作支因上力支反而誤玉篇廣韻蚎字並女六切今
據以訂正蚭、尼蚗、皃虶、紆蚰、由蜒、延蟊、牟蠋、燭螄、史蝳、毒蜍、
餘蛺、夾蜨、山頰蛈、替蝩、恭勇趗、促蜻、精螻、樓蟈、古麥蛆、子魚螶、渠
蝷、逐蚿、弦蠓、蒙螉、翁蠮、一結螠、憶蝍、卽蝤、酒六蚴、幽蛻、悅蠮、
烏結螉、翁蛝、痕之蟫、博蟭、焦蛦、他帝螵、婢消蛸、消蟅、柘蜢、猛蟘、他則
蜙、粟容蝑、胥又思呂反蠢、春蝵、黍蝍、卽蛆、子餘蝬、士板。各本士譌作土惟影宋
本皇甫本不譌蠽、節蛷、求螋、所酉蟊、霧蛷、求蠿、女陟䵹、乃德鼅、旨鼆、錫又
七亦蟔、覓蜰、肥蜏、秀孳、兹。各本兹譌作慈今訂正蜎、烏泫螽、之戎反蝗、皇又

博雅音　卷第十　三

華孟蚯、邱蚓、引蜿、宛蟺、時涵蠜、煩蟅、之夜蠊、廉蝟、謂蝙、便蜁、旋
蛃、步幸蛹、勇蠁、許兩。各本兩譌作雨今訂正螌、班蝥、茅蝮、扶福蜟、育蛻、始悅
始芮蟱、無蝺、牛俱蚨、附于。各本附譌作付今訂正蚲、平音蠰、羊悽蛤、古反蜡、大臘
蛘、羊掌

釋魚

鯸、侯鮔、頤鮰、河。各本脫去鮰字河字又誤入正文辨見疏證鯳、鹵之魧、航䲞、唐
魠、託鮷、啼鯷、綈。各本啼譌作綈綈譌作啼集韻類篇鮷田黎切又大計切卽因此而誤考玉篇
衆經音義鮷音啼不音綈鯷音綈不音啼廣韻鯷字有啼音而鮷字無綈音太平御覽引廣雅鮷鯷鮎也鮷音
提鯷音遞今據以訂正鮎、那縑鱺、離又力兮鰑、陽鮦、重鰿、積鮒、附鰱、力延鱮、
嶼鯕、居家鮊、音白鱎、奇兆鮜、乎豆鱯、乎寡鰬、虔鯆、普姑鮃、副周鮈、菊鯼、子公

魶、那臘 鯢、五兮 鯖、側耕 鰝、來旳 鯛、魚恭 鯙、亭 魞、於八 鯶、步佳 鱃、秋 鰴、要 鰑、
奧。各本此下衍一奧字。今刪奧下又有蝤也二字係正文誤入音內辨見疏證 鯪、陵 蠦、力平 蠵、又
麞 蚵、何 蠪、龍 蚻、作析。各本析譌作折。今訂正。 蛙、圭口 蠬、巨鹿 蚔、支恥 蠹、獲。各
本又譌作又惟影宋本皇甫本不譌 蟈、古獲 蛟、甫 蜢、孟 蝦、霞 蟆、麻 蛹、甫 蠏、平買
蛫、古彼。各本彼譌作皮。今訂正 鯇、郎 鱧、下哀 蛙、陛 龕、閣 蠡、力兮 蠃、洛戈 蝸、瓜
蜕、移 蝓、瑜 蟀、子律 蟰、條 蜮、域

釋鳥

鶗、弟嗁又 鴂、古惠古二 鵙、買 鵖、古彼 鳺、規 鴶、古八一反 鶌、居 鷄、菊 鷨、團 鶋、
五各 鷩、慙 鷲、就 鵰、彫 鵂、休 鶹、之幽 鸐、盧休。各本脫去鸐字。盧休二字又誤入正文
辨見疏證 鶔、茅 鴹、莫講 鵰、閑 鵵、兔作兔。各本兔譌作兔。今訂正。 鶆、末。各本末譌作未。今訂

博雅音 卷第十 四

正。 鴄、匹。各本匹皆作疋匹俗作疋因譌而為疋辨見疏證 鸗、龍 鸔、於甲亦有鴨字如此 鴨、
加 鴈、五諫。案鴈字亦如此又鴈字 雖、隹。各本脫去雖字。隹字又誤入正文辨見疏證 鴐、如
鵨、烏含 鵖、郎 鵯、高 鶻、滑骨 鵃、鵰又竹交 鴔、鵼。鵼與盆同各本譌作鵼今訂正 鷁、役
鶨、葵 鶟、浮 鶝、蔥 鶅、弟嗁二音 鷸、述 鶬、蜓照。各木照譌作昭。今訂正 鶝、福 鵖、
不尤 鷦、焦 鷯、弭沼 鵺、乃定 鴃、決 鸁、力果 鴎、匠 鶡、曷 鴠、旦 鴄、苦汗 鳱、旦
碣、石 鶺、邕 鸔、渠 雗、邱莖。各本邱譌作五。今訂正 鶒、子幽 鶔、務 鷇、苦候 鵟、古篤
䖵、尸墨 蠼、音墨 鸜、酉 鵒、仲 鷅、力追 鴭、布獲反。又步覓 鸊、梯 鵜、沈之去聲 鶡、古活
。各本活譌作沽。今訂正 鷳、動 鷚、妻 鷫、餘反 占 鶦、隔 鷲、音敢。音人多作頒音非也。案曹
說非是辨見疏證各本頒譌作頊今訂正

釋獸

於、烏 虥、塗 貔、毗 豾、丕 貒、湍 貛、歡 狙、七餘 貗、山吏 㲋、決 貁、烏郎 狚、
才 貕、奚胡 貘、眠 豻、屯 狖、柚 雖、誄 豰、平谷。各本平譌作乎惟影宋本皇甫本不譌
猋、艾 貜、山甲 貜、仕禹 猬、縉 圈、奇勉 麡、迷 麙、奴侯 麃、五丸 㝉、匹萬 麣、乃侯 猵、
所姦 獱、頻 獺、又勑閹轄 虦、嗁 蹄、的 蹄、鄒 蹯、煩 犒、狄 貑、加 䝞、部 狢、
舍 驝、酬陵似陵二反 狒、鉢 獖、墳 猗、於宜 劇、又進 猲、居言 鼲、佳 鼩、爵 鼢、墳
鼬、由溜 鼶、如勇 鼮、瓶 鼫、於革 鼸、讒 鼨、乎 鼱、博 鼩、唐 鼩、古熒 鼢、零
煩 鼥、谷 鼷、卜 鼣、音戈。戈音普木反。各本譌作支。今訂正。 鼭、音俊 鼦、耳 鼲、古門 鼢、
胡貪 鼪、柳。各本柳譌作抑。今訂正。

釋嘼

驢、大安知連 駃、決 騠、蹄 驒、力兮 騽、顛 犗、古轄 犝、博 羖、古 羍、撻 羥、務

博雅音 卷第十 五

獖、辛充 泠、零 獮、之涉 顱、盧 獂、原 楚黃、楚有犬名如黃。各本犬譌作大惟影宋本皇
甫本不譌 猣、七勺反 狂、霍 獖、扶粉 猈、避 睢、渠夷

廣雅疏證補正　　高郵　王念孫

自序　凡字之譌者五百八十、改五百七十
百九十、改四百九十一、
上廣雅表　以釋其意義、注、乙神仙傳二十六字、改爾雅
釋訓釋文引張揖雜字云、訓者、謂字有意義也、襄二十
九年穀梁傳云、此致君之意義也、文不違古注、乙後
漢書曹襃傳十九字、改臧氏在東曰、張稚讓言、叔孫通
撰置禮記、不違爾雅、然則大戴禮記中當有爾雅數篇
為叔孫氏所取入、故白虎通義引禮親屬記、男子先生
稱兄、後生稱弟、女子先生為姊、後生為妹、文出釋親、風
俗通義引禮樂記、大者謂之産、其中謂之仲、小者謂之
箹、文出釋樂、公羊宣十二年注引禮、天子造舟、諸侯維

舟、卿大夫方舟、士特舟、文出釋水、孟子帝館甥于貳室
趙注引禮記、妻父曰外舅、謂我舅者、吾謂之甥、文出釋
親、則禮記中之有爾雅信矣、

卷第一上

釋詁

業、始也、　注業猶創也、下補莊子秋水篇云、將忘子之故、
失子之業、
令、龍、君也、　注令君也、下補韓子初見秦篇云、立社稷主、
置宗廟令、　乙賈子容經篇云十四字、改呂氏春秋介
立篇注云、龍、君也、
方、旁、袞、大也、　注方者下、乙堯典云二十字、於方大也下
補、墨子非攻篇云、其土之方、未至有數百里也、人民之
衆、未至有數十萬也、楚策、方船積粟、史記張儀傳方作
大是方與大同義　旁注力墨籤云逸周書世俘解旁
生魄孔晁注云、旁廣大、月大時也、　袞注乙後漢書馮
緄十二字、改呂氏春秋大樂篇注云、渾讀如袞冕之袞、
仁、廣、有也、　注加墨籤云、廣韻、侳、則卧切、有也、仁字疑侳
字之譌、一切經音義三之六、七之十二、十三之五引白
虎通、虞樂、言天下之民皆有樂也、
抵、薦、至也、　注抵雲陽抵與氐通、改河渠書、自中山西邸
瓠口為渠、氐、邸並與抵通、　義並與抵通、改、義亦與抵
同、　臻至也下補藝文類聚引書大傳云、薦、至也、
乃、昝、廷、往也、　注是乃為往也、下補阮籍為鄭沖勸晉王
牋、聖上覽乃昔以來禮典舊章、乃昔、謂往昔也、　聲並
相近下補、楚語、左史倚相廷見申公子亹、韋昭注云、廷
見、見於廷也、長子引之云、下文云、子亹不出、則在家非

在朝也、不得言廷見、廷當為迋、迋、往也、謂往至子亹之
家而請見、故下文云子亹不出也、下文又云、闔且迋見
令尹子常、迋亦迋之譌、
黨、般、善也、　注史記夏紀作美言黨讜昌聲近義同、改、管
子霸形篇云、仲父盍不當言、黨、讜、當、昌、並聲近而義同、
　慇謹也、下補祭義云、慇善不違身、
聆、從也、　注古通作令、下補商子算地篇云、故國有不服
之民、主有不令之臣、　呂氏春秋為欲篇下補云字、
悌、倫、順也、　注心順行篤也下、乙孝經云三十三字、改孟
子滕文公篇注云、悌、順也、荀子修身篇云、端慇順弟、弟
與悌同、　倫之言順也下補莊子天運篇云、夫至樂者
一盛一衰、文武倫經、謂順其經也、
容、類、椶、瀀也、　注與鍾會同下補、太元中次三、首尾信可

以為庸范望注云、庸法也、庸與容通、 拱𢓜者下、乙長
子二字、 類注加墨籤云、太元毅次七、䍧羊之毅鳴不
類測曰䍧羊之毅、言不法也、 謂之㨬頭㬎也、下補㨬
猶憲也、管子宙合篇云、迹求履之憲、憲㨬語之轉耳、
期頤老也、 注養道而已、下補古辭滿歌行、百年保此期
頤、亦以期、頤二字連讀、
款、誠也、 注款誠重也、下、乙楚辭十五字、改、荀子修身篇
云、愚款端慤、
厲、方也、 注其義一也、下補、故魏風伐檀篇寘之河之側
兮傳云、側猶厓也、毛下接以厲為水旁得之、
榦、正也、 注貞正也、下補、文選西京賦注引薛君韓詩章
句云、榦、正也、 虞翻注下、乙云榦正也四字、改、與薛君
同、

廣補　三

懣、臆、滿也、 注許氣二反下、乙謂氣滿也四字、 廣雅作
嘅下、乙說文𧧸怒戰也五十八字、改哀公問君行此三
者、則懣乎天下矣、鄭注云、懣猶至也、家語大婚解與此
同、王肅注云、懣滿也、業懣訓為滿、於義為長、行此三者、
則懣乎天下猶孔子閒居言致五至而行三、無以橫於
天下也、 憑噫即愊臆之轉、下乙說文十萬曰意百五
十五字、改、小雅楚茨篇我倉既盈我庾維億億盈亦語
之轉也、易林乾之師云、倉盈庾億漢巴郡太守樊敏碑
云、持滿億盈、是億即盈也、我黍與與、我稷翼翼、翼翼猶
與與也、我倉既盈、我庾維億、維億猶既盈也、此億字但
取盈滿之義、而非紀其數、與萬億及秭之億不同、傳以
萬萬為億、箋以十萬為億、皆失之、襄二十五年左傳、今
陳介恃楚衆以馮陵我敝邑、不可億逞、億逞即億盈、言

其欲不可盈滿也、文十八年傳云、侵欲崇侈、不可盈厭、
意與此同、盈與逞、古同聲而通用、左氏春秋昭二十三
年沈子逞、穀梁作沈子盈、左氏傳欒盈、史記作欒逞、又
左氏傳昭四年逞其心以厚其毒、新序善謀篇逞作盈、
皆其證也、杜注訓億為度、逞為盡、皆失之、漢書賈誼傳
衆人惑惑、好惡積意、意者滿也、言好惡積滿於中也、李
奇云、所好所惡積之萬億、薛瓚云、衆懷好惡積之心意、
皆失之、
極、遠也、 注極遠也、下補、史記三王世家云、極臨北海、
隱、安也、 注據定也、下補、漢析里橋郙閣頌云、改解危殆、
即便求隱、
畏、亟、敬也、 注畏者、下補、鄭注曲禮云、心服曰畏、孟子公
孫丑篇云、吾先子之所畏也、 謹重皃、下補、漢成陽靈

廣補

臺碑云、齋革精誠、 亟悈、下補革字、
𡍮、棄也、 注莊子天地篇下、乙子往矣七字、 乏廢也、下
補、僖十年左傳云、失刑乏祀、
從、隨、駕、行也、 注服字並譌作般、今俱訂正、下補、從者夏
小正、嗇人不從、傳云、不從者弗行、 遂然而往、下補隨
者、皋陶謨隨山刊木、史記夏本紀隨作行、 駕者、下補
張注、漢書司馬相如傳云、駕、行也、 金口而木舌、下、乙
是駕為行也五字、
疥、瘕、卬、疛、瘌、病也、 注盯與疛通疥讀為痎、自讀為痎乙
八十七字、改、義見下條、 亦孔之卬、下、乙巧言篇七字、
毛傳下、乙鄭箋並三字、 卬病也、下補、韓詩外傳云、
詩曰、匪其止共、惟王之卬、言不共其職事而病其主也、
說文疛、下小腹痛也、改、心腹病也、下、又乙玉篇云七

字、今據以訂正、下補、凡隸書從寸之字或書作木、故
府字或作床、因譌而為床、漢衛尉衡方碑、遵尹鐸之導、
導字作導、廣雅釋言篇、刌、切也、刌字作刌、是其例也、
瘕女病也、改瘕瑕也、痮脹張並通、府者、府改作府、
棄弋也、乘注加墨籤云、方言六之五、物無耦曰特、嘼無
耦曰介、飛鳥曰隻、鴈曰乘、管子地員篇二二有三分而去
其乘、尹知章注、乘、三分之一也、揚雄解嘲、乘鴈集不為
之多、隻鳧飛不為之少、蜀義相因也、下乙管子形勢
篇三十字、
將、陶、旅、養也、注將養也下、乙淮南子原道訓云十三字、
改、墨子尚賢篇云、食饑息勞、將養其萬民、方言陶養
也秦曰陶下補、太元元攡、資陶虛無而生乎規、范望注
云、陶養也、旅者、漢書武帝紀云、旅耆老、復孝敬、旅耆老

廣補　五

即王制所謂養耆老也、顏師古注云、加惠於耆老之人
若賓旅、失之、
哀也、注哀愛也下、乙檀弓云十四字、改、樂記、肆直而慈
愛者、鄭注、云愛或為哀、
撟、穌、攎、拼、取也、注撟取也下補、漢竹邑侯相張壽碑云、
略涉傳記、矯取其用、矯與撟通、穌猶部斂之也下補、
管子法禁篇云、漁利蘇功、索亦取也下、乙史記淮陰
侯傳二十二字、今俗語猶呼五指取物曰攎下補、墨
子天志篇云、踰人之牆垣、担格人之子女、拼注加墨
籤云、大戴禮禮察篇、人主胡不承殷周秦事以觀之乎、
承、取也、漢書賈誼傳承作引、引、亦取也、故晉語引黨以
封己韋昭注云、引、取也、原注在擵者上、
㛹、極也、注加墨籤云、呂刑、人極于病、

惢、怊、憂也、注惢與惢同、下補、賈子容經篇云、羞紀之容
惢然懾然若不還、愁貌也、下補、太元內次三、坎我西
堦、范望注云、坎、憂也、欿與怊通、改、欿、坎並與怊通、
圻、分也、圻改折、下補注圻字、注覽璺破也義並與斯通
下、乙圻各本譌作折四十四字、改、折者、鄉飲酒禮、乃設
折俎、鄭注云、牲體枝解節折在俎、少儀以牛左肩臂臑
折九个注云、折、斷分之也、楚辭九章令五帝以折中兮
王注云、折猶分也、班與斑通、下補、圻者、說文、圻、裂也、
解釋文引廣雅、圻、分也、衆經音義卷一、卷六、卷十七引
廣雅並與釋文同、今本脫圻字、
靡、壞也、注靡損也、下補、淮南子說山訓云、比干以忠靡
其體、
徇、搖、疾也、注史記五帝紀幼而徇齊集解云徇疾齊速

廣補　六

也、二徇字均改作徇、楚辭九章、下補云字、願搖起
而横奔兮、下補、淮南子原道訓云、疾而不搖、
沃、美也、注沃美也、下補襄二十五年左傳注云、衍沃平
美之地、
敵、輩也、注秦晉之閒物同者謂之臺、敵下乙偶也二字、
作、慙也、注荀子孺效篇無所疑怍、下補、莊子讓王篇、行
修於內者、無位而不作、
卷第一下
釋詁
慫、慂、勸也、注聳奬也、下補、奬與將、古字通、故方言作將、
史記衡山王傳、日夜從容勸之、漢書作將養、將養即慫
慂之轉、
僮、臣也、注臺給臺下微名也、微名改徵召、

㜅、嫛、好也、注畜君何尤即好君何尤下補呂氏春秋適
威篇民善之則畜也不善則讎也高誘注云畜好也、
說文嫛媞也下乙秦晉謂細要曰嫛七字、
蜕、毻、解也、注今俗語猶謂鳥獸解毛爲毻毛下乙毻毻
六字又補矣字、方言揗易也揗脫也下補改論衡道
虛篇云龜之解甲蛇之脫皮鹿之墮角隋揗墮義竝與
毻相近、
駭、強也、注駭同也下補說文忮很也莊子齊物論篇大
勇不忮忮與駭亦聲近義同、
孺、生也、注李頤注云孚乳而生也下補大荒東經云東
海之外大壑少昊孺帝顓頊于此、
福、盈也、注福字當從衣今本從示亦傳寫誤也下補韓
詩外傳福乎天地之閒者德也謂盈乎天地之閒也今
本福字亦誤從示、
源、蒦、隱、度也、注神女賦云志未可乎得原下補韓子主
道篇云掩其跡匿其端下不能原文選座右銘下乙
隱心而後動七字引上補注字、爾雅隱占也下乙郭
璞注亦云七字改管子禁藏篇下觀不及者以自隱也、
郭璞尹知章注竝與劉熙同、
指、語也、注加墨籤云指王翳曰此項王也、
祕、勞也、注傳云無勞于憂下補改又天閟毖我成功所
漢書翟方進傳毖作勞毖與祕通、
過、責也 注唯大王有意督過之也下補引之云商頌殷
武篇勿予禍適予猶施也禍讀爲過適與謫通勿予過
謫謂不施譴責也史記吳王濞傳云賊臣鼂錯擅適過
諸侯是過適皆責也禍與過古字通荀子成相篇說刑

廣補 七

云罪禍有律莫得輕重罪禍即罪過也、
目、診、視也、注目視也下乙史記項羽紀云十二字改宣
十二年左傳云目于眢井而拯之、說文診視也下乙
史記扁鵲傳云十一字改楚辭九懷乃自診兮在茲王
逸注云徐自省視至此處也、
迟、曲也、迟注加墨籤云漢書韓長孺傳廷尉當恢迟橈
當斬服虔曰迟音企應劭曰迟曲行避敵也橈顧望也、
軍法語也、又朱籤云同查明板漢書史記皆作逗橈
注皆引音豆之說、
貢、上也、注珇與祖義亦相近下補貢亦謂自下而上也、
漢郎中鄭固碑貢計王庭謂上計也泰山都尉孔宙碑、
貢登王室謂上登也涼州刺史魏元丕碑貢躡帝宇謂
上躡也、
休、喜也、注韋昭注云休喜也下補楚語云教之世而爲
之昭明德而廢幽昏焉以休懼其動、釋文正義竝訓
休爲美失之、下補引之云呂刑云雖畏勿畏雖休勿休、
謂雖喜勿喜也、休與畏正相反傳訓休爲美亦失之、
睎、虞、候、望也、注或操表掇以善睎望下乙莊子讓王篇
十七字改管子君臣篇云上下相希若望參表、案虞
望也言日望四邑之至也下乙虞候皆訓爲望四十七
字、
陗、清、急也、注瓚曰陗峻也下補韓詩外傳云故吳起峭
刑而車裂商鞅峻法而支解、百官以峭法斷絕於外、
下、乙王褒四子講德論云十六字、激清也下補莊子
齊物論篇廉清而不信郭象注云激然廉清貪名者耳、
非真廉也、

廣補 八

糾、䊵、舉也、　注、糾者、下補、周官、鄰長掌相糾相受、注云、相
糾、相舉察、　說文、儋何也、下乙管子七法篇云二十二
字、
貤、益也、　注、馳與貤通、下補、貤、曹憲音弋豉反、　施于孫
子、下、乙義與貤同四字、改、施與貤通、貤又為饒益之益、
郊特牲云、順成之方、其蜡乃通、以移民也、鄭注云、移之
言羡也、釋文、移、以豉反、移亦與貤通、羡者、饒益之意、正
與上文謹民財相對、正義以為使民歆羡失其指矣、
捎、衛、動也、　注、賈逵注云、捽搖也、下補、文選長笛賦纖末
奮蕱、李善注引方言云、捎、動也、蕱與捎同、　衛亦動也
方俗語有輕重耳、下、乙釋訓云、衛衛行也七字、改、易是
類謀萌之衛、鄭注云、萌之始動、　咸九四憧憧往來皆
動貌也、皆字改亦、

制、折也、　注、制獄即折獄也、下補、呂刑、制以刑、墨子尚同
篇制作折、　論語為政篇、改、顏淵篇、
媢、妬也、　注、加墨籤云、逸周書祭公篇女無以嬖御固莊
后、緇衣固作疾、
根、引也、　注、今吳楚俗猶謂牽引前卻為根挌、下補、大元
元圖云、寅贊柔微、拔根于元、
卷第二上
釋詁
咨、問也、咨改資、　注、幾與譏通、下、乙咨各本訛作資九字、
改、資即咨字也、表記、事君先資其言、鄭注云、資、謀也、周
語、事莫若咨、賈子禮容語篇作資、是咨、資古通用、　墨
籤云、表記、事君先資其言、鄭注、資、謀也、是咨字古通作
資、非傳寫之誤、　周語、事口大若咨、賈子禮容語篇作
資、
抇、劃、裂也、　注、猶溝洫之通作淢矣、下補、抇者、荀子議兵
篇云、君臣上下之閒、滑然有離德、滑與抇通、　所中霍
然即破裂也、下補、荀子議兵篇云、霍然離耳、
愁、恚也、　注、謂上下相恚也、下補、淮南子詮言訓云、已之
所生、乃反愁人、
馮、愁也、　注、猶淜河之淜通作馮也、下補、故史記田完世
家之韓馮、韓策作韓朋、
𧇖、息也、　注、加墨籤云、思元賦、姑純懿之所廬、
煬、爇也、　注、加墨籤云、燎之方揚、谷永傳作陽、漢書敘傳、
炎炎燎火、亦允不陽、
延、徧也、　注、爾雅宣徧也、下、乙呂刑云十二字、改、漢書禮
樂志、郊祀歌、煓背蕭延四方、謂馨香徧達於四方也、

於、落、尻也、　注、於其國曰君之類是也、下、乙於與居聲相
近六字、改、賈子大政篇云、居官之道不過於居家、故不
肖者之於家也、不可以居官、是於與居同義、故序卦傳、
物不可以久居其所、晁說之云、鄭作物不可以終久於
其所、　二年成邑三年成都、下、乙落亦聚也下二十字、
改、列女傳賢明傳云、一年成落、三年成聚、
挺、緩也、　注、加墨籤云、雖有槁暴不復挺、晏子雜篇上挺
作羸、
役、助也、　注、埤俾裨並通、役者、下補、周官、華氏遂役之、鄭
注云、役之、使助之、　少儀云、乙云字、　謂之社稷之役
鄭注云、乙鄭字、
搢、插也、　眉批云、漢書蒯通傳云、將爭接刃於公之腹、
管仲詘纓插衽、插改捷、　插臿扱捷、下補、接字、

薀茂盛也　注加墨籤云方言薀饒也饒與盛茂亦相近
尐小也　注乙說文秦晉謂細要曰嫢九字　說文鬣束
　髮少小也少改尐
尋長也　注凡物長謂之尋下補漢李尋字子長
犺怒健也　犺注加墨籤云朱博傳注伉健也　怒其臂
　以當車轍下補史記虞卿傳云天下將因秦之彊怒乘
　趙之弊
屬續也　注加墨籤云鄉飲酒禮皆不屬焉注不屬者不
　相續也
讀說也　注三公進而讀之讀之謂說之也說改道下補
　莊子則陽篇云今計物之數不止於萬而期曰萬物者
　以數之多者號而讀之也

卷第二下

釋詁
灡洒也　注說文灡淅也下補秦策簡練以為揣摩高注
　云簡汰也簡與灡同
且借也　注且與借聲相近下乙檀弓下三十四字改隱
　元年公羊傳且如桓立何休注云且如假設之辭　何
　氏隱義改音義隱
賨稅也　注說文賨南蠻賦也下補晉書李特載記云巴
　人呼賦為賨
罷歸也　注襄三十年左傳云皆自朝布路而罷乙云字
　罷下補謂分散而歸也吳語遠者罷而未至韋昭注云
　罷歸也
幔覆也　注說文幔幕也幕改幎
遽懼也　注玉篇怔忪惶遽也下乙遽謂惶遽也五字改
　遽者襄三十一年左傳注云遽畏懼也
疲嬾也　注疲嬾也下補即今俗語所謂疲玩也　有似
　於罷下補齊語云罷士無伍罷女無家
淋漬也　注玉篇云雨淋淋下也義並相近下補漢李翕
　析里橋郙閣頌云涉秋霖漉霖與淋同淋漉猶瀧漉語
　之轉耳
䃸裔習也　注謂玩習也下補漢書五帝紀忕於邪說忕
　一本作忕服虔云忕音裔應劭曰狃忕也　爾雅釋言
　狃復也乙釋言二字　狃忕前事復為也下乙釋詁釋
　文云十二字
待也　注跱止也下下補素問脈要精微論數動一代王
　冰注云代止也代與待亦聲近而義同
既失也　注駘與台聲義相近下補史記太史公自序云

　不既信不倍言是既為失也
孑孓短也　注爾雅樴謂之栻栻改杙
陠俄[illegible]險衺也　注玉篇陠衺也下補漢李翕析里橋陠
　閣頌說郙閣之狀云緣崖鑿石處隱定柱臨深長淵三
　百餘丈[illegible]閣傾衺不平因謂之郙閣矣郙與陠同　義
　字亦是傾衺之意下補大戴禮千乘篇說司寇治民煩
　亂之事云作於財賄六畜五穀曰盜誘居室家有君子
　曰義子女專曰媒飭五兵及木石曰賊以中情出小曰
　閒大曰諜利辭以亂屬曰讒以財投長曰貸以上八者
　皆寇賊姦宄之事義即鴟義姦宄之義也　解者皆失
　之下乙昭三十一年左傳三十五字　說文差貳也貳
　改貳　皆傾衺之義也下補荀子性惡篇云人無師法
　則偏險而不正

適、欺也、注適者、下補管子法禁篇云、適上而適民者、聖
王之禁也、
遊、俠也、注漢紀遊俠論云、遊俠論改武帝紀、
精、論也、注誦論也、下補精者、微之論也、凡約言大要謂
之粗略、討論祕旨謂之精微、漢小黃門譙敏碑云、深明
箕隩讖錄圖緯、能精微天意、精微即講論之意、故漢人
講學處謂之精舍、後漢書黨錮傳、劉淑隱居立精舍講
授諸生是也、
墮也、墨籤云、前有墮珥後有遺簪、史記滑稽傳、
卷第三上
釋詁
悇、餘也、注說文悇殘帛也、下補、又云、帨、悇裂也、
狚、𤞞、飛也、注吳都賦云、趬趯狚𤞞、下補漢鐃歌思悲翁

篇云、拉沓高飛暮安宿、
欶、穿也、注左傳闕地及泉、下乙逸周書十五字、改大戴
禮曾子疾病篇、魚鼈黿鼉以淵為淺而蹷穴其中、潛夫
論貴忠篇蹶作穿、闕蹶、
撅、投也、注搒各本譌作榜、今訂正、下補、撅者、方言、楚凡
揮棄物謂之敲、郭璞注云、敲、今汝潁閒語亦然、或云撅
也、大荒東經、撅以雷獸之骨、郭注云、猶擊也、撅與橛通、
娍、輕也、注說文娍輕也、下乙爾雅越揚也二十四字、改
呂氏春秋本味篇注云、越越、輕易之貌、是越與娍同義、
緇衣引太甲曰、毋越厥命、以自覆也、若虞機張往省括
于厥度、則釋越輕易也、言毋輕發汝之政令以自敗也、
必度於道而行之、若射之省矢括於其度而後釋、正見
發令之不可輕易也、上文云、小人溺於水、君子溺於口、

大人溺於民、皆在其所褻也、故君子不可以不慎也、曰
在其所褻、曰不可不慎、皆戒其輕易也、鄭注以越為顛
蹷、失之、荀子非相篇、筋力越勁、亦謂輕勁也、以越為
過人、下補亦字、
錯、鍪、磨也、注八卦相錯、下李鼎祚注云、改虞翻注云、
鍪者、下乙玉篇音三十二字、改爾雅釋鳥注鸊鷉膏中
鍪刀、釋文云、鍪、磨鍪也、
旅、擠也、墨籤云、干祿字書、旅、俗作振、
孤、寡、獨也、注加墨籤云、管子入國篇、丈夫無妻曰鰥、婦
人無夫曰寡、取鰥寡而合和之、此之謂合獨、
貼、賈也、注懋遷有無化居、下乙史記呂不韋傳云十二
字、改晉語云、假貸居賄、與貼通、下補字、又作舉、史記
越世家云、父子耕畜廢居、候時轉物、仲尼弟子傳云、子

貢好廢舉與時轉貨貲、廢舉即廢居也、居注加墨籤
云、使夷吾得居楚之黃會、吾能令農毋耕而食、女毋織
而衣、管子輕重篇
疙、癡也、墨籤云、相如賦、訖以治儗、仡疙義相近、
矯、健、當、直也、注矯菌桂以紉蕙兮、下乙王逸注三字、改
淮南子說山訓、始調弓矯矢、王逸高誘注竝、爾雅順
直也、下乙襄五年十八字、改考工記弓人於挺臂中有
柎焉、鄭注云、挺、直也、當者、下乙說文當田相直也七
字、改管子霸形篇仲父盍不當言、當言、直言也、
曣、㬈也、注日出清濟為晏、下乙晏而溫三字、改韓子外
儲說云、雨霽日出、視之晏陰之閒、曣注加墨籤云、晉
書左貴嬪傳悼后頌、曣晛沾濡、用韓詩也、
汜、污也、注齵然汜而不俗、然改焉、

匄流匕也　墨籤云淮南子主術訓禽獸昆蟲與之陶化
文子精誠篇陶化作變化　流者下乙莊子逍遙遊三
十一字改漢書董仲舒傳書曰有火復于王屋流為烏
是流為化也
盇何也　注爾雅盇曷也改曷盇也
農勉也　注農猶努也語之轉耳下乙洪範云十三字
藏深也　注藏者下補素問長刺節論頭疾痛為藏鍼之
王冰注云藏猶深也　藏猶深也改與藏猶與深也
雅少也　注說文作雅下補呂氏春秋仲夏紀注云雛春
鷚也　雛雅也下乙玉篇云七字
秝疏也　注季孫意如會晉荀躒于適歷是也下補管子
地員篇赤壚歷彊肥　李善注云歷猶疏也改李善尹
知章注竝云歷疏也又下乙古詩云八字

廣補　十五

著也　注加墨籤云華嚴經音義上引廣雅置著也
堅坌坺塵也　注說文堅塵埃也下補玉篇於奚於計二
切淮南子說山訓注云堙堁猶塵翳也翳與堅同說文
壒天陰塵起也義與堅亦相近　坋塵也下乙高誘注
三字　齊俗訓云訓下補注字　塵起也下補易稽覽
圖云黃之色悖如麴塵　揚雄蜀都賦埃敎塵拂敎與
垺通賦下補云字拂下補悖字敎下補竝字
稽元當也　注當順古之道也下補王莽量銘云同律度
量衡稽當前人　元注加朱籤云宣十三年左傳晉以
衛之救陳也討馬孔達曰我則為政而亢大國之討將
以誰任我則死之案元者當也大國之討謂晉討衛之
救陳也言我實掌衛國之政而當晉之討不得委罪於
他人也前年宋伐陳衛孔達救陳曰若大國討我則死

之是其證也杜訓亢為禦以亢大國之討為禦宋討陳
皆失之
瞶聾也　注加墨籤云易林家人之咸心狂志悖視聽聾
瞶
帶儆束也　注是束之義也下補襄十年左傳帶其斷以
徇於軍謂束其斷布以徇也　兩股為攫下補太元養
次七云小子牽象婦人儆猛
為施也　注麗兵於王尸者盡加重罪下補為者呂氏春
秋長利篇注云為施也今俗語猶云施為矣
抯刹擊也　注廣雅作笪下補古辭婦病行云有過慎莫
笪笞　刹與扑聲義同下補說文作攴
攻伏也　注陽氣伏於下也下補諸書無訓攻為伏者攻
當為啟字之誤也隸書氐或作互工或作五二形相似

廣補　十六

故啟誤為攻漢李翕析里橋郙閣頌挍致攻堅攻字作
攻是其證也淮南子說林訓使工厭竅今本工誤作氐
大戴禮帝繫篇青陽降居江水今本江誤作泜是從工
從氐之字多因形近而譌也啟玉篇音丁禮切啟者伏
藏之名襄二十九年左傳若泯棄之物乃坻伏釋文坻
音旨又丁禮反後漢書馬融傳駭恫底伏李賢注云底
伏猶滯伏也坻底竝與啟通是啟與伏同義王褒四子
講德論雷霆必發而潛底震動潛底猶潛伏也伏與隱
義相近故釋言又云啟隱也論衡感虛篇云夏末政衰
龍乃隱伏即傳所云物乃坻伏也
寶道也　注寶者下補檀弓喪人無寶仁親以為寶鄭注
云寶謂善道可守者　墨籤云知其所知之謂知道不
知其所知之謂棄寶呂氏春秋侈樂篇晉書石季龍載記季龍

下書曰、懷道迷邦、
鉄、鈍也、注淮南子齊俗訓其兵戈銖而無刃、乙戈字、
代、淹、敗也、注加墨籤云、一切經音義引白虎通曰、代者
何、伐、收也、欲敗去之、鄭注云淹謂浸漬之、下補後漢
書安帝紀云、秋稼垂可收穫、而連雨未霽、懼必淹傷、
兖、寬也、注加墨籤云、百工將時斬伐、佻其期日而利其
巧任、荀子王霸篇注、佻、緩也、謂不迫促也、彖佻與兖同、
卷第三下
釋詁
葊、厚也、注加墨籤云、其飲食不溽、
膚、和也、注各本譌作膚、改、各本皆作膚、下補干祿字書、
膚俗作膚、故譌而為膚、韋昭注周語云、膚、和用也、
戮、辱也、注濩與獲古亦同聲、下補、戮者、周官掌戮注云、

廣補　十七

戮猶辱也、又加墨籤云、晉語、請殺其生者而戮其死者、
韋注、陳尸為戮、史記張儀傳、中國無事、秦得燒掇焚
杅君之國、秦策作秦且燒焫獲君之國、焚杅讀為焞汙、
瀿也、注加墨籤云、周語靜其巾冪、注、靜、絜也、
沈、騤、駐、止也、注加墨籤云、家語七十二弟子篇、公晳哀
字季次、今本次譌作沉、說文、騤、騺不行也、下補、魏阮
瑀駕出北門行云、馬樊不肯馳、史記晉世家云、惠公
馬騺不行、下補、太元元錯云、進欲行、止欲騺、騺與駐
同、騺下補竝字、
截、對、滜、治也、注截然整齊而治、下補、漢啟母廟石闕銘、
九域乜其脩治、乜與截通、說文討治也、下乙玉篇廣
韻竝同六字、改宣十二年左傳、其君無日不討國人而
訓之、杜預注與說文同、滜者治去莩垢、下補士虞禮、

滜、茵經帶、鄭注云、滜、治也、
緛、縮也、注需人宂反義亦與緛同、下補、字又作儒、管子
宙合篇、此言聖人之動靜開闔詘信涅儒取與之必因
於時也、涅與盈同、儒與緛同、盈緛猶盈縮也、
瘯、素、本也、注數羽稱其本猶數草木稱其根株、今據以
訂正、下補、後漢書南蠻傳、雞羽三十鍭、鍭與瘯通、李賢
注以為鍭矢、失之、鄭注云、地所之所本始也、下補、說
苑反質篇云、是謂伐其根素、流於華葉、
窾、空也、注崔譔注云、窾空也、下補、管子國蓄篇云、大國
內款、小國用盡、
奪、敗也、注夷訤為平易之易、下補、假為相假易之易、
相親信無後患之辭、下補、易乾鑿度云、光明四通、佼易
立節、是佼與夷同義、下補、假訓為易者、易謂相寬假

廣補　十八

也、桓十三年左傳、見莫敖而告諸天之不假易、謂天道
之不相寬假也、僖三十三年左傳云、敵不可縱、史記春
申君傳、敵不可假、秦策作敵不可易、是假易皆寬縱之
意也、杜注謂天不借貸慢易之人、失之、
宗、衆也、注同人于宗、下補、逸周書程典解、商王用宗讒、
荀爽王逸注逸、下補孔晁二字、
尚、質、主也、注尚之言掌也、乙之言掌也四字、改者字、
尚主也、下補、尚與掌聲近而義同、故呂氏春秋驕恣篇
處召掌書新序刺奢篇掌作尚、杜預注云、改、杜預、郭
象注竝云、眉批云、莊子庚桑楚篇因以己為質、
夭、揠、拔也、注加墨籤云、夭揠猶夭閼、
蹵、為、名、成也、注武王踐阼篇云、乙云字、乙毋曰胡害
其禍將大八字、改、謂其禍將成也、楚辭遠遊無滑而魂

兮、彼將自然、謂彼將自成也、 泰族訓云、乙云字、天
地正其道而物自然是然為成也、乙是然為三字、改謂
物自成也、 韋昭注云為成也、下補月令、閉塞而成冬、
呂氏春秋音律篇作閉而為冬、 春秋說題辭云名成
也、下補法言五百篇或性或彊、及其名一也、名者、成也、
猶中庸言及其成功一也、李軌注以名為名譽之名、失
之、

薰、少也、 注射儀云蓋勵有存者、下補墨子辭過篇云謹
此則止、 多者不獨衍少者不獨鍾、鍾改勤、

屯、難也、 注說文駗馬載重難行也、乙行字、

戮、辠也、 注今俗語猶云辠孽矣、下補戮者、襄二十六年
左傳云、專戮以周旋戮也、是戮為辠也、

校、收也、 注是鳩救古通用、下補救、校形相近、故救譌作

校、史記淮南衡山傳、江都人救赫、漢書作校赫、是其例
也、

覹、覗也、 注謂白察而不察人也、下乙史記十九字、改楚
策云、君不如使人微要靳尚而刺之、

頻、比也、 注頻者、下補大雅桑柔箋云、頻猶比也、

更、過也、 注經與徑同、下補更者、史記秦本紀秦兵遂東
更晉地、更、過也、

彌、久也、 注說文彌久長也、下補逸周書謚法解云、彌久
也、

跦、嵈、迹也、 墨籤云段氏說文注云、跦當作跦、曹憲音匹
迹、庆、集韻云、迹或作踈、釋獸、鹿其跡速、速亦當為速、說
文、僆、相迹也、 另行有齊師敗績公將馳之、蓋駟逐也
條下文、

駟逐也、 注加墨籤云、北地郡歸德洛水出北蠻夷中入
河、河本作渭、

紉、索也、 注紉索也、下補惜誓注云、單為紉、合為索、 墨
籤云、離騷、豈惟紉夫蕙茝、注、紉、索也、 御覽七百六十六引
通俗文、單口曰紉、 史記倉公傳正義引素問云、脈短
實而數、有似切繩名曰緊、

卷第四上

釋詁

廢、鉒、置也、 注加墨籤云、莊子徐無鬼篇、於是乎為之調
瑟、廢一於堂、廢一於室、 注是注為置也、下乙注與鉒
通四字、改荀子榮辱篇、則君子注錯之當、而小人注錯
之過也、楊倞注云、注錯與措置義同、注亦鉒也、錯亦措
也、故廣雅措鉒同訓為置矣、 是其證也、改是鉒與注

通、

職、業也、 注加墨籤云、管子明法解篇、孤寡老弱不失其
所職、

據、定也、 注據猶安也、下乙釋名云十字、改襄九年穀梁
傳、恥不能據鄭也、言諸侯不能定鄭也、史記白起傳、趙
軍長平以按據上黨民、按據、猶安定也、鹽鐵論繇役篇
云、四支強而躬體固、華葉茂而本根據、

石、擿也、 注石者下、乙新書二字、補史記王翦傳云、方投
石超距、漢書甘延壽傳云、投石拔距、絕於等倫、石者、擿
也、投石、猶言投擿、距、如距躍三百之距、應劭以拔距為
超踰、司馬貞以超距為跳躍、皆是也、投石、超距、投石拔
距、皆四字平列、石亦投也、距亦超也、超亦拔也、應劭云、
投石、以石投人也、劉逵注吳都賦云、拔距、謂兩人以手

相棗能拔引之也、皆非是、賈子
襞、結、詘也、注辟卷不開也下、乙皆詰屈之意也六字、改、
高誘注西周策云、山形屈辟、狀如羊腸、墨籤云、易林
姤之豫云、襞屈復伸、結之言詰屈也、下補月令云、蚯
蚓結、
緣、循也、注順循也下、乙急就篇二十一字、改列御寇篇
緣循偃佒困畏不若人、郭象注云、緣循仗物而行者也、
韓詩外傳、緣理而行、說苑雜言篇緣作循、
襮、表也、注臣請為襮下、補高誘注云、襮表也、新序義勇
篇襮作表、曹大家及高誘注竝云襮表也、改曹大家
注與高誘同、乙竝云襮表也五字、
奧、藏也、注其義一也奧下、乙之言幽也二十二字、下補
者字、厥民奧下補、老子、道者、萬物之奧、河上公注云、

奧、藏也、
括、結也、注加墨籤云、衛北宮括字子結、左襄三十年注、
攡、綏、舒也、注猶分析其辭句失之下補張衡思元賦離
朱脣而微笑兮、亦以離為攡也、綏注加墨籤云、武王
綏旌、注、綏謂垂舒之也、洞簫賦時恬淡以綏肆、注綏
遲也、
竊、私也、注竊者下、乙王逸注十字、改呂氏春秋知士篇
注云、竊私也、
恥也、吝注加墨籤云、吝恥也、後漢楊賜傳注、張衡傳注、
膚、傳也、注說文膚籀文臚字下、乙晉語十五字、周禮
司儀旅擯下、乙鄭衆注云十五字、改鄭司農云、旅讀為
旅於泰山之旅、謂九人傳辭、後鄭讀為鴻臚之臚、臚、陳
之也、士冠禮、旅占、古文旅作臚、臚旅古通用、襄十四年

左傳、史為書、瞽為詩、工誦箴諫、大夫規誨、士傳言、庶人
謗、商旅於市、杜預注云、旅、陳也、陳其貨物以示時所貴
尚、引之云、旅讀鴻臚之臚、陳言也、傳言也、晉語、風聽臚
言於市、韋昭注云、臚傳也、采聽商旅所傳善惡之言、是
也、周語云、庶人傳語、此傳云士傳言、竝與臚言同義、韋
注、庶人傳語、云庶人卑賤、見時得失、不得達、傳以語士
也、杜注士傳言云、士卑、不得徑達、聞君過失、傳告大夫、
然則商人亦卑賤不能徑達、故傳言於市、以待上之風
聽而已、漢書賈山傳云、史在前書過失、工誦箴諫、瞽誦
詩諫、公卿比諫、士傳言諫過、庶人謗於道、商旅議於市、
彼文皆取此傳為之、而末云商旅議於市、則是以旅為
商殆由誤讀傳文而然、然於於市之上增一議字、亦足
證商人之以言諫、而非以貨諫矣、

愛、人、仁也、墨籤云、方言十、凡言相憐哀、九疑湘潭之間
謂之人兮、人即仁也、下補穀梁春秋莊元年、夫人孫
於齊、傳云、孫之為言猶孫也、諱奔也、接練時錄母之變、
始人之也、錄亦謂閔錄之也、人之者、仁之也、謂於練時
閔錄夫人之不與祭、於是始仁之也、公羊傳云、夫人固
在齊矣、其言孫於齊何、念母也、彼言念母、此言人之、其
義一也、范甯謂始以人道錄之、非是、
遻、遁遲也、注然後天明也下、乙史記衛將軍傳二十四
字、字亦作犁下、補史記南越傳犁旦、城中皆降伏波、
犁一作比、漢書作遲、是遲犁二字竝與比同義、以犁
明為比明、其說是也、下乙僖二十三年三十字、改史記
晉世家、重耳謂其妻曰、待我二十五年不來乃嫁、其妻
笑曰、犁二十五年、吾冢上柏大矣、義亦同也、淮南子

天文訓作去指留下補太元爽測云縮失時坐逋後也
悼吝悒也　注違很也很亦恨也下補楚辭九章懲連改
忿兮抑心而自强連當從史記屈原傳作違違恨也言
止其恨改其忿也王逸注以連為留連失之　說文吝
恨惜也下補乇六三往吝馬融注云吝恨也
嫧斷斑齊也　注所以為嘖也下補太元元挩云嘖以牙
者童其角　嘖與嫧通嫧下補竝字　斷與剬聲近而
義同下乙令人狀物之齊十三字改荀子君道篇云其
知慮足以決疑其齊斷足以距難是斷為齊也　義竝
與斑同下補褚少孫續滑稽傳騶牙者其齒前後若一
齊等無牙故謂之騶牙索隱云以有九牙齊等故謂之
騶牙猶騶騎然也騶與斑亦聲近而義同
病苦也　注呂刑云人極于病下補病猶苦也故呂氏春

秋貴卒篇皆甚苦之高誘注云苦病也

卷第四下

釋詁

嘈聲也　注東京賦云奏嚴鼓之嘈囐下乙周天大象賦
云十三字
颮風也　注劉逵蜀都賦注引蜀改吳
緫紕微也　注皆微之義也下補大戴禮文王官人篇微
忽之言忽亦微也盧辯注云謂微細及忽然之語失之
言追學文武之微德也下補宋玉小言賦云纖於毳
末之微蔑
髫也　注加墨籤云招魂激楚之結注結髮也
宋靜也　注嫴宋漠而無聲下乙淮南子俶真訓云十一
字改呂氏春秋審分覽云意氣得遊乎寂寞之宇

棧輔也　注加墨籤云大戴禮保傅篇成王生仁者養之
孝者襁之四賢傍之傍輔也
糳舂也　注加墨籤云孫瑴古微書引春秋說題辭云
孔子言曰七變入臼米出甲謂磑之為糲米也舂之則
粺米也師之則鑿米也莔之則毇米也又䆁擇之暘糙
之則為晶米　捶注加墨籤云內則捶反側之注捶擣
之也
巉巖岑高也　注谿谷嶄巖兮水橫波下乙淮南子覽冥
訓十五字　墨籤云管子宙合篇陵岑巖　墨籤云說
文黭赤黑也餘竟切
刑剄也　注說文刑剄也下補刑與剄古同聲而通用史
記淮南厲王傳令從者魏敬剄之漢書剄作刑
奕容也　注奕奕容也下下補賈子道術篇云包衆容易

謂之裕荀子非十二子篇遇賤而少者則脩告導寬容
之義韓詩外傳容作裕
跌差也　注穀梁傳跌作失下補荀子王霸篇云楊子哭
衢塗曰此夫過舉蹞步而跌千里者夫
揄脫也　注若愉之轉為悅矣下補太元格次三裒格鞶
鉤渝范望注云渝解也渝與揄義亦相近又加墨籤注
云淮南子道應訓敖幼而好游至長不渝蜀志郤正傳
引作不喻解論衡道虛篇作不偷解
緼饒也　注字書温有兩義温改熅
低舍也　注弛為放舍之舍下乙低讀為氐六十七字改
低者楚辭招魂軒輬既低王逸注云低屯也屯亦舍也
九章邸余車兮方林王注云邸舍也邸一作低
抗維縣也　注聲相近也下補僖九年公羊傳云於是抗

軥經而伙是抗為縣也、維者楚辭九章自者字乙十
九字、改維與挂通、
趒、趹、長也、注加墨蘵云、文子上仁篇不掩羣而取趹趒、
倚、因也、注依與因同義、下補老子禍兮福之所倚、河上
公注云、倚、因也、
必、敕也、注謹與敕同義、下補必當為密、繫辭傳云、君子
愼密而不出、是謹敕之意也、字通作宓、蜀秦宓字子勑、
勑與敕通、論衡問孔篇云、周公告小材勑、大材略、勑謂
密也、略謂疏也、或曰
穾、貧也、注是穾為貧也、下補莊子讓王篇、內省而不窮
於道、呂氏春秋愼人篇窮作疚、窮與貧義相近、
𤏬、灺也、注𡐓謂燭盡𡐓與𤏬通、乙與上𡐓字改、檀弓釋
文引管子作即𡐓、即竝
蔫、葾也、注用兵篇草木殞黃、改百草殞黃、毛傳云究
死貌、下補、淮南子俶真訓、形傷於寒暑燥溼之虐者、形
苑而神壯、高誘注云、苑、枯病也、
𩊫、低也、注輕𩊫蟄摯竝通、下補樂記云、武坐致右憲左、
致、亦與𩊫通、憲與軒通、

卷第五上

釋言

曼、無也、注猶曼與莫之同訓為無也、下補無之轉為曼
猶蕪菁之轉為蔓菁也、曼注加墨蘵云、漢書高帝紀
注云、曼丘、毋丘、本一姓也、語有緩急耳、
廩、治也、此段注全乙、改桓十四年公羊傳注云、廩者釋
治穀名、
䃤、沰、磓也、注加墨蘵云、四民月令引農家諺云、上火不

落、下火滴沰、
與、如也、注對曰弗如也、下、乙王曰二十一字、皆訓為
當也、下補、史記匈奴傳、單于自度、戰不能如漢兵、漢書
如作與、
恑、反也、注詭反也、下補、韓子詭使篇云、下之所欲、常與
上之所以為治相詭、賈子傳職篇反作詭、下、乙漢書
武五子傳十一字、
穌、㝛也、注㝛通作寤、下補楚辭九章、蘇世獨立、王逸注
云、蘇、寤也、
跻、路、踤也、注讀若達、下、乙漢書下一百三十字、
讖、諌、怨也、注是怨與讖刺同意、下補襄二十七年左傳、
伯有賦鶉之賁賁、趙文子告叔向曰、伯有志誣其上而
公怨之、以為賓榮、怨亦謂讖刺也、
竈、造也、注是竈與造通、下補吳越春秋夫差內傳、勒馬
銜枚出火於造、即吳語所謂係馬舌出火竈也、
己、紀也、注加墨蘵云、桓二年穀梁傳、己即是事而朝之、
范甯注云、己、紀也、
馮、登也、注以視天文之次序、下補荀子宥坐篇、百仞之
山、而豎子馮而游焉、韓詩外傳馮作登、
摎、捋也、注此云摎捋也義竝相通、下補爾雅、流、求也、張
衡思元賦舊注云、摎、求也、是摎流古通用、
蹶、踶也、注說文趣蹶也、下補史記夏侯嬰傳云、漢王常
蹶兩兒欲棄之、故曰蹶、張、淮南子下、乙說林訓云十三
字、
遂、育也、注史記樂書遂作育、下補齊語、犧牲不略、則牛
羊遂、管子中匡篇遂作育、

任、保也、注說文任保也、上補、周語、亹亹怵惕、保任戒懼、任亦保也、保慎戒懼四字平列、不能保任其父之勞、下補、是其證、韋昭訓任爲職、失之、

應、受也、此段注全乙、改引之云、康誥應保殷民、應受也、周頌賚篇云、我應受之、襄十三年左傳云、應受多福、周語、叔父實應且憎、韋昭注云、應、猶受也、楚辭天問、鹿何膺之、王逸注云、膺、受也、膺與應通、應保即膺保也、周語云、膺保明德、是也、膺保猶受保也、士冠禮字辭云、永受保之、是也、或言承保、洛誥云、承保乃文祖受命民、承亦受也、傳云、上以應天下、以安我所受殷之民衆、戾於經文矣、

禮、祜也、此段注全乙、改禮當爲禮、祜當爲祏、說文、禮、幭也、幭帛也、祏、衣衸也、衸、祏也、徐鍇引字書云、衸補郗裛也、是禮與祏皆帛之異名、祏譌爲祐、又譌爲祜耳、集韻、類篇竝云、禮、祜也、是其證、

廣補　二十七

泆、游也、此段注全乙、改王逸注招魂云、淫、游也、管子明法篇、不淫意於法之外、尹知章注與王逸同、說苑反質篇、丹朱傲虐好慢淫、即皋陶謨所謂慢遊是好、敖虐是作也、泆與游同、

敀、隱也、此段注全乙、改說見卷三攻伏也下、

蓋、黨也、補墨籤注云、寶應朱氏武曹云、昭二十年左傳、君子不蓋不義、

腒、央也、注腒或作渠、又作巨、下補詎字、古辭相逢行云、辭字下補長安有狹邪行云、調弦未詎央、

非、違也、注加墨籤云、昭元年左傳云、小國爲繁、大國省穡而用之、其何實非命、言不敢違命也、故杜注云、何敢不從命、

卷第五下

釋言

免、隮也、注未詳二字乙、改諸書無訓免爲隮者、免當爲臽、臽古陷字也、說文本作臽、隸或作臽、與免字上半相似、因譌而爲免、臽今通作陷、說文、陷、高下也、一曰陊也、又云、隮、隊下也、韋昭注魯語云、陷、墜也、玉篇、陷、隮也、廣韻、陷、入地隮也、淮南子原道訓云、先者隮陷、則後者以謀、是陷與隮同義、

謂、指也、此段注全乙、改華嚴經音義引漢書音義云、謂者指趣也、

已、似也、注未詳二字乙、墨籤改注云、於穆不已、疏引孟仲子作於穆不似、又詩、教誨爾子、式穀似之、

廣補　二十八

昊、跌也、注天文志作跌、下補、太元將次六曰、失烈烈、竝字異而義同、

資、操也、注資與齎通、上補、考工記、或通四方之珍異以資之、喪服四制、資於事父以事君而敬同、鄭注竝云、資、操也、

佝、營也、注乙衆經音義十四字、改漢書賈誼傳、貪夫佝財、應劭注云、佝營、

傺、經也、注加墨籤云、漢博陵太守孔彪碑、無偏無黨、王道之素、

乍、暫也、注詐卒也下補、襄二十九年公羊傳、今若是迮而與季子、季子猶不受也、迮亦與乍同、

䁗、企也、注加墨籤云、萱齡按韓勑禮器碑、莫不䁗思歎仰、

煨火也 加墨籤注云說文煨盆中火也
踐踖也 注加墨籤云踐之者籍之也破斧正義引詩大傳
酌漱也酌改酳 注未詳二字乙改各本酳譌作酌錢氏
晦之云酌當為酳說文酳少少飲也玉篇酳余振切酳
同上廣韻酳酒漱口也案士虞禮少牢饋食禮注並云
古文酳為酌特牲饋食禮注云今文酳為酌酌皆當為
酳顏師古注漢書賈山傳云酳者少少飲酒謂食已而
蕩口也念孫案士昏禮酌酳主人鄭注云酳漱也酳之
言演也安也漱所以絜口且演安其所食酳與酌同此
酌訓為漱之明證也今訂正
貳汙也 此段注全乙
貳煢也 注未詳二字乙改公羊春秋莊二十三年公會
齊侯盟於扈傳云桓之盟不日此何以日危之也何危

爾我貳也何休注云莊公有汙貳之行是貳訓為汙也
下文云魯子曰我貳者非彼然我然也注云非齊惡我
也我行汙貳動作有危故曰之也據此則傳云非彼然
我然也者猶言非彼實使然乃我實使然耳非訓貳為
然也此云貳然也蓋誤會傳意耳
律率也 注加墨籤云爾雅律述也述與率通下乙中
庸七字改爾雅二字
莜蓧也 注草叢生曰蓧下補太平御覽引通俗文云生
茂曰蓧
箋云也 注未詳二字乙改諸書無訓箋為云者疑志字
之誤說文箋表識書也識與志古字通草書云字作六
志字作圡二形相近而誤
譏謓也 此段注全乙改隱二年公羊傳此何以書譏何
休注云譏猶譴也
桼鄉也 注單言之則曰桼下補淮南子兵略訓云唯無
形者無可桼也人莫子桼是也乙是也二字
楊揚也 此段注全乙改臧氏在東云尚書禹貢周禮職
方氏爾雅釋地凡揚州字舊本皆從木佩觿云楊柳也
亦州名又云按禹貢淮海惟揚州正義云江南其氣燥
勁厥性輕揚則非當從木據此則郭氏所見尚書尚從
木旁也漢曹全碑兗豫荆楊字亦從木隸釋載石經魯
詩殘碑唐風揚之水字作楊王風揚之水釋文曰揚如
字激揚也或作楊木之字非然藝文類聚引王風太平
御覽引唐風則皆作楊之水與陸氏所見本正合不得
議其非矣李巡注爾雅云江南其氣燥勁厥性輕揚故
曰揚州毛詩以激揚訓揚李巡以輕揚訓揚皆可為廣

雅楊揚也之證 墨籤云文八年左傳晉解揚史記十
二諸侯年表作解楊衛世家莊公揚十二諸侯表作楊
襄三年晉侯之弟揚干古今人表作楊干案此籤旁有
朱書存以備考不必補入八字
匪彼也 注小雅四月篇自四月乙一百三十八字
拊抵也 注讀若抵掌之抵下補晉書音義引字林云抵
側擊也之爾反秦策抵掌而言下補太元翕上九擇
其角維用抵族范望注云抵擊也釋文云抵音紙 文
選皆譌作抵文字上補太元二字
毓長也 注爾雅育長也下乙邶風谷風篇四十三字改
大雅生民篇載生載育毛傳云育長也
毓稚也 注乙豳風鴟鴞篇下三十八字 說見上文漢
怕也下下補引之云堯典教胄子說文及周官大司樂

注竝引作、教育子、史記五帝紀作、教穉子、索、育子、穉子
也、育字或作毓、通作鬻、又通作鞠、邶風谷風篇、昔育恐
育鞠、鄭箋解昔育云、育稚也、正義以為爾雅釋言文、今
爾雅育作鞠、郭璞音義云、鞠一作毓、豳風鴟鴞篇、鬻子
之閔斯、毛傳云、鬻稚也、釋文、鬻由六反、徐居六反、是育、
鞠同聲同義、古謂穉子為育子、或曰鞠子、堯典之育子
即豳風之鬻子、亦即康誥所謂兄亦不念鞠子哀、顧命
所謂無遺鞠子羞者也、王制注引尚書傳云、年十五始
入小學、十八入大學、內則云、十有三年、學樂、誦詩、舞勺、
成童、舞象、是入學習樂在未冠之時、凡未冠者、通謂之
穉子、或曰育子、故曰命女典樂教育子、西漢經師如夏
侯歐陽必有訓育子為穉子者、故史公以穉代育、蓋有
所受之也、大司樂釋文云、育音胄、是育胄古同聲、作胄

廣補　三十一

者、假借字耳、逸周書大子晉篇、人生而重丈夫、謂之胄
子、胄子成人能治上官、謂之士、亦謂未冠者為胄子也、
自馬注訓胄為長、鄭、王訓胄子為國子、後人咸用其說、
而史記之教穉子遂莫有能通其義者矣、
意、疑也、　此段注全乙、改、長楊賦及魯靈光殿賦注引廣
雅竝同、漢書文三王傳、於是天子意梁、顏師古注云、意、
疑也、韓子說疑篇、上無意、下無怪、呂氏春秋去尤篇、人
有亡鈇者、意其鄰之子、史記張儀傳、楚相亡璧、門下意
張儀、意皆謂疑也、陳丞相世家、項王為人意忌信讒、謂
疑忌也、荀子賦篇、暴至殺傷而不億忌、億、與意同、
喝、嘶也、　注嗌與喝同下補、莊子庚桑楚篇、兒子終日嘷
而嗌不嗄、嗄、崔譔本作喝、
卷第六上

釋訓
衎衎、和也、　注侃侃和樂之貌下補、漢成陽令唐扶頌、衎
衎闇闇、衎衎、即侃侃也、
曠曠、大也、　注重言之則曰曠曠下、乙荀子十四字、改、莊
子天道篇云、廣廣乎其無不容也、
晰晰、明也、　注明星晢晢下補、通作逝、太元狩次六、獨狩
逝逝、范望注云、逝逝、明也、
彶彶、偟偟、劇也、　注如有所追而弗及也下、乙汲與彶通
四字、改、莊子盜跖篇、狂狂汲汲、釋文云、汲本亦作彶、賈
子匈奴篇云、人人怓怓、唯恐其後來至也、竝字異而義
同、　注與偟通下補、莊子、狂狂汲汲、　恇與偟亦聲近
義同、恇改竝乙亦字、
烝烝、孝也、　注光燿於天地、下補、後漢紀靈帝紀、崇有虞

廣補　三十二

之孝、昭蒸蒸之仁、奉蒸嘗與禴祠、下補、巴郡太守張
納碑、膺大雅之淑姿、脩蒸蒸之孝友、　孝章皇帝大孝
蒸蒸下、乙家語六本篇二十一字、改、魏志甄皇后傳注
引三公奏云、至孝蒸蒸、通於神明、　盡孝於田隴烝烝
不違仁、下補、家語六本篇云、瞽瞍不犯不父之罪而舜
不失蒸蒸之孝、
偃蹇、夭撟也、　注撟字或作蟜又作矯下補、淮南子脩務
訓云、龍夭矯、燕枝拘、
崢嵤、溟冥也、　注王廙注云冥深也下、乙楚辭九章十八
字、改、論衡道虛篇云、其書溟冥奇怪、
躅躇、猶豫也、　注單言之則曰猶曰豫下補、管子君臣篇
云、民有疑惑貳豫之心、
從容、舉動也、　注此皆昔人謂舉動為從容之證下補、舉

動謂之從容、跳躍謂之竦踊、聲義竝相近、故竦踊或作
從容、新序雜事篇云、元蝯居桂林之中、峻葉之上、從容
游戲、超騰往來、從容、即竦踊也、　動人謂之慫慂、聲意
竝相近、竝改亦字、
軨軳、轉戾也、　注多轉入職德緝合諸韻、乙緝合諸三字、
亦有興位而相轉者、下乙續漢書五行志五十八字、
改、說苑敬慎篇、曾子有疾、曾元抱首、大戴禮曾子疾病
篇抱首作抑首、是抱、抑聲相近、故抱首之抱或作抑、
揚搉、無慮、都凡也、　注故廣雅訓為都凡也、凡改凡字、下
補張晏注漢書古今人表云、略舉揚較、以起失謬、較與
搉通、　續漢書律歷志云、歷改厤、　左思吳都賦云商
搉萬俗是也、下補中山策云、商敵為資、敵亦與搉通、
諸凡猶都凡耳、下補鄭注儒行云、妄之言無也、　李賢

注云謂請圍陵都凡制度也無慮之轉、下補為勿慮、大
戴禮曾子立事篇云、君子為小由為大也、居由仕也、備
則未為備也、而勿慮存焉、勿慮即無慮、言居家理則治
可移於官道、雖未備而大較已存乎此也、盧辯不曉其
義、乃以勿慮存為不忘危、其失也鑿矣、又轉之為摹略、
墨子小取篇、摹略萬物之然、論求羣言之比、摹略者、總
括之辭、猶言無慮也、又轉之、不委細之意、下乙莫絡
孟浪無慮六字、改無慮、勿慮、摹略、莫絡、孟浪、

卷第六下

釋親

姓、子也、　注振振公姓、下補、特牲饋食禮、子姓兄弟如主
人之服、鄭注云、言子姓者、子之所生、
妻謂之嬬、　注說文嬬下妻也、下補歸妹六三、歸妹以須、
釋文云、須、荀、陸作嬬、陸云、妾也、
踦、腱也、　注小鼅鼄長脚者、下補、管子侈靡篇云、其獄一
踦腓一踦屨而當死、

卷第七上

釋宮

廊、舍也、　注加墨籤云、韓非子有度篇、遠在千里外、不敢
易其辭、勢在郎中、不敢蔽善飾非、外儲說左上、於是日
即中莫衣紫、其明日國中莫衣紫、三日境內莫衣紫、秦
策令臣處郎中、
寙、窟也、　注寙之言複也、下補錢氏晦之云、究、疑當作究、
玉篇、究、五丸切、究、窟也、
治、甄、瓬也、　注加墨籤云、晏子春秋諫篇、景公令兵摶治、
當臘冰月之閒、而寒、民多凍餒、而功不成、隋書百官志、

太府寺有掌治甄官、
檻、牢也、　注加墨籤云、呂氏春秋順說篇云、管子得於魯、
魯束縛而檻之、
橜、機、桊也、　注不出其機化導宣暢、下補橜謂之機、亦謂
之閣、爾雅、所以止扉謂之閣、郭注云、門辟旁長橜也、漢
博陵太守孔彪碑、有五官掾劉機字□閣、義取諸此也、
櫖、杝也、　注芭與杝義亦相近也、下補引之云、周官掌固、
掌修城郭溝池樹渠之固、渠與據同、謂籬落也、因樹木
以為籬落、故曰樹渠、司險職云、設國之五溝五涂、而樹
之林、以為阻固、鄭注云、樹之林、作藩落也、是其證矣、城
郭為一類、溝池為一類、樹渠為一類、賈疏以為渠上有
樹、失之、
術、隊、陌、道也、　注內經閭術外為阡陌下補、墨子明鬼篇、

道路率徑率與術通　左傳夙沙衛連大車以塞隧是也下乙文十六年傳六十六字改商子算地篇都邑遂路遂亦與隧通　南北曰阡東西曰陌下補管子四時篇作阡伯

雄犇也　或為醮史記下補高祖紀襄城無遺類遺一作噍

廟天子五　注加墨籤云呂氏春秋諭大篇商書曰五世之廟可以觀怪尚書後案第八咸有一德七世之廟可以觀德下引證甚詳此條須改

案尚書後案辨曰呂覽卷十三諭大覽引商書云五世之廟可以觀怪萬夫之長可以生謀莫知為何篇語也作偽者取其文而加以改竄不知七廟始於周夏商以前未有也王制云天子七廟三昭三穆與太

祖之廟而七鄭云此周制七者太祖及文王武王之祧與親廟四太祖后稷殷則六廟契及湯與二昭二穆夏則五廟無太祖禹與二昭二穆而已鄭禮緯稽命徵及鈎命決云唐虞五廟親廟四與始祖五禹四廟至子孫五殷五廟至子孫六周六廟至子孫七故七廟獨周制為然蓋禹之時祇有高祖以下四親廟至子孫并禹則五矣湯之時祇有契及四親至子孫并湯則六矣周文武之廟不毀以為二祧始祖之廟亦不毀則為七矣此不易之論也書云五世之廟此湯之時也王肅議禮必反鄭元此偽書及傳正王肅之徒所為故宗其說

獄犴也　注淮南子說林訓下乙亡犴不可再七字　注云犴獄也下補荀子宥坐篇獄犴不平　漢書刑法志下乙云獄豣不平五字改作豣二字　令敔禁也下乙或但謂二十七字

卷第七下

釋器

甈甀罌甂瓶也　注今江東通呼大瓮為甈下補晉書五行志建興中江南謠歌曰訇如白坑破合集持作甂揚州破換敗吳興覆甂甈坑與甈同　甈注加墨籤云大宗師皆在鑪捶之間耳崔譔注捶當作甄　甂字通作儋又作擔下補又作檐呂氏春秋異寶篇祿萬檐高誘注云萬檐萬石也　罌注加墨籤云穆天子傳二天子乃賜之黃金之罌三六

案謂之檽　注若今人持承槃下乙漢書外戚傳十七字改史記田叔傳云高祖過趙趙王張敖自持案進食

椀盂也　注盌與椀同下補賈子時變篇云母取瓢椀箕帚

盪杯也　注說文栝匵也下補太平御覽引風俗通義云吳郡名酒杯為盪說文

楮謂之钁　注淮南子兵略訓奮儋钁改淮南子精神訓揭钁臿

犧象罇也　注則與鷄鳥諸彝之制不合下乙其不可信一也一百八十二字改且莊子云百年之木破為犧尊淮南子云百圍之木斬而為犧尊則古人以木為犧尊明矣今魯郡所得犧尊在地中七百餘年而完好可辨以木為之乎抑以金為之乎以木為之則不能經七百年而不壞以金為之則又與莊子破木為尊之說不合無一可者也

紈、綷、素也、　注加墨籤云、聘禮賄用束紡、鄭注云、紡、紡絲
為之、今之縛也、
麴塵、綵也、　注麴塵亦染黃也、下補易稽覽圖云、黃之色
悖如麴塵、
裓祓謂之裾、　注說文裾褔領也、褔改裾、
繞領帔帬也、　注加墨籤云、段注說文七下說繞領帔之
義甚是、當據改、
案、說文解字段氏注云、方言、繞衿謂之帬、廣雅本之
曰、繞領、句、帔、句、帬也、衿、領、今古字、領者、劉熙云、總領
衣體為端首也、然則繞領者、圍繞於領、今男子婦人
披肩、其遺意、劉熙曰、帔、披也、披之肩背不及下也、蓋
古名帬、宏農方言曰帔、若常則曰下帬、言帬之在下
者、亦集衆幅為之、如帬之集衆幅被身也、如李善引

梁典、任昉諸子冬月著葛巾、帔練裙、自是上下三物、
水經注、淮南王廟安及八士像、皆羽扇、裙帔巾壺枕
物一如常居、亦帬帔竝言、自釋名裙系下、帔系上、後
人乃不知帔、帬之别、擅改說文矣、
衽、袖也、　注衽亦袂也、下補管子弟子職篇云、攝衽盥漱、
又云、振衽埽席、趙策云、攝衽抱几、
裞謂之袩、　注裞衣衽也、下補太元元掜云、埀裞為衣、襞
幅為裳、
襁謂之褓、　注褓小兒衣也、下、乙漢書宣帝紀十三字、改、
呂氏春秋明理篇、道多褓繈、高誘　賈誼傳作繈抱、上
補宣帝紀作繈褓、
鞈䩸、屨也、　注加墨籤云、說文鞅、鞮鞅沙也、鞅沙、與鞈䩸
同、

幨謂之幰、　注然猶不能獨穿也、下補墨子備城門篇云、
城上之備渠譫藉車、
徽、帾、幟、幡也、　注徽識也、呂絳徽帛著于背、乙徽字、說
文隸人給事者衣為卒、乙衣字、　以絳徽帛謂之帾、乙
徽字帛下補著背二字、　六月篇織文鳥章鄭箋云織
徽織也、三織字竝改識、　張旗志幟織識竝通乙織字、
幃謂之幐、　注加墨籤云、商子賞刑篇云、贊茅岐周之粟
以賞天下之人、不得一幐、韓子外儲說左篇云、猶贏幐
而履蹻、秦策、贏幐履蹻、負書擔橐、趙策、贏幐負書擔橐、
絙、索也、　注說文絙大索也、下補魏志王昶傳、兩岸引竹
絙為橋、絙與縆同、
絡也、　注加墨籤云、易林訟之蠱、衣敝如絡、
轀、輀車也、　注而非喪車明矣、下補史記齊世家、桓公載

溫車中馳行、溫與轀通、　士喪禮下篇注云、乙下篇二
字、改記字、
館也、　注說文輨轂耑錔也、下補、士喪禮記云、主人乘惡
車木館、
傘也、　注淮陽名車穹隆轒下、乙四民月令十六字、改管
子度地篇、土車什一、雨傘什二、尹知章注云、車傘所以
禦雨、故曰雨傘、
卷第八上
釋器
鏤謂之錯、　注加墨籤云、晉語文錯其服、注、錯、錯鏤也、是
錯與鏤同義、　御覽七百五十六引通俗文云、金銀要
飾謂之錯鏤、
振謂之縢、　注加墨籤云、易林訟之漁、機杼縢複、女功不

成
柱距也　注加墨籤云漢書朱雲傳注拄刺也距也
矢箭也　注加墨籤云墨子備穴篇為短戈短戟短弩蚉
矢
鉀鏃鏑也　注加墨籤云唐六典引通俗文云骨鏃曰骲
鐵鏃曰鏑鳴箭曰骹霍葉曰鈚鈚與鉀同
簣第　注加墨籤云釋名舟中牀以薦物者曰笭言但有
簣如笭牀也
丹赤也　注加墨籤云鄉射記凡畫者丹質注丹淺於赤
黎驪黑也　注加墨籤云衆經音義卷十二引通俗文云
面黎黑曰皯䵟
卷第九上
釋天

廣補　三十九

譎冠珥　注加墨籤云莊子天下篇俱誦墨經而倍譎不
同記其各守所見分離乖異也如淳以鐍為抉失之譎
子義相近抱珥背鐍皆外向之名背鐍即倍譎冠珥皆
內向之名如淳說非也
朱明日也　注加墨籤云朱明承夜注朱明日也
參伐謂之大辰　注加墨籤云夏小正傳參也者伐星也
北辰謂之曜魄　注加墨籤云楚辭遠遊綴鬼谷於北辰
兮注北辰北極星也口口引日月以指極兮注極北辰
星也魏明帝長歌行仰首觀靈宿北辰奮休榮春秋繁
露深察名號篇云正朝夕者視北辰晏子春秋雜篇古
之立國者南望南斗北戴樞星彼安有朝夕者哉
隸兵　注加墨籤云周官小宗伯隸僕為信故書隸為肆
大夫與士肄肄本作隸

卷第九下
釋地
甿斥澤池也　注加墨籤云五制止義北監本第八頁引口義左
氏說賦法積四十五井除山川坑岸三十六井定出賦
者九井　澤注加墨籤云口斥澤則亟去無留孫子行軍篇
去菹萊鹹鹵斥澤山閒堠堳不為用之壤管子輕重篇
埴土也　注加墨籤云衆經音義三十引淮南許注埴土也
齊俗訓若璽之印埴
穙耕也　注加墨籤云說文穙耕纂田曰穙魏志司馬芝
傳耕穙種麥晉書傅休奕傳耕穙不熟
釋丘
邱上有木為柲邱　注加墨籤云抱朴子正郭篇高潔三
條貫為柲邱之俊民

廣補　四十

墳陵冢也　注加墨籤云唐律疏義衛禁篇引三秦記云
秦謂天子墳曰山漢曰陵
塋葬地也　注加墨籤云漢書哀帝紀田非冢塋皆以賦
貧民
厓也　注加墨籤云孟康注漢書司馬相如傳云厓廉也
嶰谿谷也　注加墨籤云伶倫自大夏之西乃之阮隃之
陰取竹於嶰谿之谷
釋水
瀍理也　注加墨籤云胡取禾三百廛兮廛本亦作壥管
子心匡篇壥而不稅千祿字書廛通作厘
波也　注加墨籤云波者涌起人閒訓注西京賦河渭為之波
溢
舶舟也　注加墨籤云華陽國志周報王七年司馬錯率

巴蜀衆十萬、大舶船萬艘、浮江伐楚、
卷第十上
釋草
蒼耳、枲耳也、注加墨籤云、金匱要略云、飲酒食生蒼耳、
令人心痛、今、順天人皆謂之蒼耳、
女苑也、注加墨籤云、苑通作宛、魏志華佗傳、有四物女
宛丸、
土瓜、芴也、注加墨籤云、金匱要略有土瓜根散、
稻穰謂之稈、注加墨籤云、墐塗、塗有穰草也、金匱要
略云、飲酒食猪肉卧秫稻穰中、則發黃、
蕪菁也、注加墨籤云、世所云蔓菁者、今始見之、其根葉
皆似蘿蔔、但蘿蔔根長、其味辛、蔓根圓、其味甘、蘿蔔葉
小而四布、蔓菁葉大而上竦、夏秋閒發芽、至春抽臺、花

小而黃、子如蘿蔔而小、至結子時、根即枯朽而不可食、
故詩言采葑采菲、無以下體也、其根葉花亦與芥相似、
故又有大芥之名、固安人皆謂之蔓菁聲如蠻、蔓菁、
蘿蔔、芥菜、白菜皆以六月下種、諺云、頭伏蘿蔔二伏菜、
三伏種蕎麥、莫代反、
狼毒也、注加墨籤云、文選陳琳為袁紹檄豫州、注引漢
書、誅翟義、夷滅三族、皆至同坑、以五毒參并葬之、如淳
曰、野葛、狼毒之屬、漢書翟方進傳以棘五毒并葬之、如
淳曰、野葛狼毒之屬也、
馬帚、馬第也、注加墨籤云、順天人謂馬帚為埽帚菜、
莜、薪也、注加墨籤云、干祿字書、樵、俗作蕉、桓七年公羊
傳、焚之者何、樵之也、注、樵、薪也、以樵燒之、故因謂之樵
之、

椽、柔也、注加墨籤云、上劉輪軸、下采杼栗、管子輕重篇、
重皮、厚朴也、注加墨籤云、朴之言附也、史記惠景閒侯
者年表、諸侯子弟若肺附、索隱、附、木皮也、
卷第十下
釋蟲
蛥蚗、蛪也、注說文云、蛁蚗、蛁蟟也、下補、楚辭九思云、蛁
蚗兮噍噍、
蛉蛄、蛁蟟也、注一名蝭⿰虫樂、⿰虫樂改蟧字、
杜伯、蠍也、注幽州謂之蠍、下補、崔瑗草書勢云、絕筆收
勢、餘綖糾結、若杜伯揵毒緣巇、
景天、螢火、⿰虫粦也、注加墨籤云、段氏說文粦字注云、詩傳、
燐熒火也、熒火謂其火熒熒閃睗、猶言鬼火也、陳思王
曰、熠燿宵行、章句以為鬼火、或謂之燐、章句者、謂薛君

章句、是則毛韓古無異說、毛詩字本作熒、或乃以釋蟲
之熒火即熠當之、且或改熒為螢、改燐為⿰虫粦、大非詩義、
螻姑也、注加墨籤云、御覽螻蛄條不全、當借查、
馬⿰虫逐、馬蛭也、·注蚈馬蠸也、下補、說苑雜言篇、馬蚈折而
復行者、何以輔足衆也、
螗蜋也、注本草誤耳蟷蜋下、乙今字、補、有斧蟲、故一名
斫父、江東呼為石蜋、石、斫聲相近、今高郵人或謂之斫
蜋、又謂之刀蜋、聲之轉也、乙聲之轉也四字、
蟅蛻、蚮也、注加墨籤云、管子七臣七主篇、苴多螣蟇、山
多蟲螟蟇、與蟒同、百螣即蟇螣、
蝍蛆、吳公也、注加墨籤云、王逸九思哀感、蝍蛆兮穰穰、
注、將變貌、
引無也、注加墨籤云、漢益州太守高頤碑、游心典籍、字

作無、
虎王、蝟也、　注加墨籤云、蝟令虎申、蛇令豹止、另夾注手
抄本有之、
沙蝨、蝦蜷也、　注與射工相似皆殺人下、乙足其情狀也
五字、改、故晉車永與陸雲書云、鄮縣既有短狐之疾、又
有沙蝨害人、
釋魚、
鱄鮮、鮒也、　注加墨籤云、史記伍子胥傳、縣吳東門之上、
正義曰、東門、鱔門、謂鮮門也、鱔音普姑反、鮮音覆浮反、
越軍開示浦、子胥濤盪羅城、開北門、有鱔鮮隨濤入、故
以名門、顧野王云、鱔魚一名江豚、欲風則涌也、
鰅、鰫也、　注鰫似鱓短小也、下補華陽國志漢中志云、度
水有二源、清水出鰅、濁水出鮒、

廣補　四十三

無角曰蛟龍、　注加墨籤云、白帖九十五引此、無角曰螭
龍下有未升天曰蟠龍、龍注欲大口則藏於天下、加
墨籤注云、手抄本大字下亦係則字、此乃重寓則字、
釋鳥
鷄、鵰也、　注皇象本鳶作鷙、下補中、庸鳶飛戾天、爾雅鳶
烏醜、釋文並云、鳶字又作鷙、　釋文云鷙本又作鳶下
補史記穰侯傳、魏將暴鳶、韓世家鳶作鷙、　墨籤云、段
以鳶為夏小正鳴弋之弋、又以鳶為鵰之俗字、大謬、
又籤云、隸書從戈之字或省從弋、曹全碑威年諸貢攻
城堅戰、是也、此可為鳶字作鳶之例、又李翊夫人碑、世
有皇分氣所載、吳仲山碑、減瘡、張遷碑開定畿寓、亦均
省戈作弋、
鴡、鷙、邑也、　注集韻鷙小鵰也、改、玉篇鷙、凫也、　呂靜韻
集云、鷙野鳥也、索隱引劉伯莊云、鳥字改凫、乙索隱引
下二十六字、
鴆鳥、其雄謂之運日、　注王逸離騷注云、注字下補韋昭
晉語注並六字、　鴆運日也下、乙羽有毒六字、
異文曰順、　注加墨籤云、白帖九十四引山海經作翼文
曰禮、背文曰義、　又籤云、論衡講瑞篇引禮記瑞命篇
云、雄曰鳳、雌曰皇、雄鳴曰即即、雌鳴曰足足、
鳳皇屬也、　注加墨籤云、論衡講瑞篇、圭鳥之記、四方中
央皆有大鳥、其出衆鳥皆從、小大毛色類鳳皇、
鴟、怪鳥屬也、　注加墨籤云、玉篇鴟、亡俱切、雀也、廣韻鴟、
鳥名、雀屬、即廣雅之鴟雀、
釋獸
⿰豸更、犺也、　注加墨籤云、貥或作犺、魏志東夷傳夫餘大人

廣補　四十四

加狐狸、犺、白黑貂之裘、又云、出貂犺、蓋犺亦狐狸之屬、
可以為裘、故傳以狐狸犺並言之、貥或譌作豽、魏志鮮
卑傳注引魏書、鮮卑有貂豽鼲子、皮毛柔蠕、故天下以
為名裘、後漢書鮮卑傳同、又東夷傳夫餘出貂豽、字皆
作豽、蓋貥從宂聲、廣韻宂、而隴切、或作內、其形與内相
似、故貥字譌而為豽、李賢注後漢書不知釐正、乃音奴
八反、云、似豹無前足、又云、豽、猴屬也、案爾雅、貀、無前足、
本又作豽、女滑反、郭璞云、似狗、豹文、又用字林說云、似
虎而黑、不言皮可為裘、亦不以為猴屬、李注非也、又案、
廣韻、豽、獸名、無前足、說文作貀、女滑切、又云、似貍蒼黑、
善捕鼠、依女滑之音、則為爾雅之豽、依似貍之解、則又
為倉頡篇之貥矣、蓋貥、豽譌混已久、為韻書者莫能辨
正、而誤合之、不知似貍之獸、其字作貥、作犺、不作豽、音

余叔切、不音女滑切、
豟豕也、注說文又云豱豕屬也下乙豟牡豕也一百十
字改豟疑當作豝說文云上谷名豬豝從豕役省聲玉
篇音營隻切、豟字俗書作豟兩旁皆與豝相似世人多
見豟少見豝故豝字譌而為豟此言豕之通名下文方
釋豕之牝牡下既有豭豟之文則此文不得作豟也、
娩兔子也、注娩者新生弱小之稱下補小雅采薇篇薇
亦柔止毛傳云柔謂肥脕之時釋文脕音問　聲義與
娩相近義字下補竝字、
豶羯也、注豕去勢曰豶下補虞翻云劇豕稱豶劇與羯
同豶字或作獖韓子十過篇云豎刁自獖以為治內
鼩䶇、注爾雅之鼩鼠矣下補北户錄引廣志云鼩䶇鼠
毛可以為筆蚼蛉與鼩䶇同、

䶊鼠、注加墨籤云爾雅釋獸釋文引博物志云鼷鼠之
最小者或謂之耳鼠、
釋嘼
白馬朱鬣駁、注加墨籤云爾雅釋言釋文引廣雅曰白
馬朱鬣曰駱與今本同蓋三家詩說不必改駁續漢書
禮儀志立秋之日乘輿御戎駱白馬朱鬣即月令之乘
白駱也、
金喙騕褭、注金喙者為腰褭也下乙開元占經二十五
字改武帝紀更黃金為麟趾褭蹏應劭注云古有駿馬
名要褭赤喙黑身一日行
駃騠、注以野馬騊駼駃騠為獻下補列女傳辯通傳云
駃騠生七日而超其母匈奴傳索隱云發蒙記云改
引字記下補云字、　刳其母腹而生下乙列女傳云十

字、
郭斗、丁華、注加墨籤云斗當為斛集韻斛苦木切引博
雅郭斛牛屬玉篇廣韻竝云斛牛無角也桓譚新論作
郭椒乃科之誤蓋科作科與隸書椒字作椒者相似故
誤為椒也淮南子說山髡屯犂牛既科以犄段氏說文
犂字注引此二書謂科椒同韻非也

王懷祖先生廣雅疏證刊成後，補正數百事，皆細書刊本上，或別箋夾入書中，蓋意欲改刊而未果也。其手校補本舊在淮安黃惠伯海長家，後歸上虞羅叔言參事。余前在大雲書庫見之，書眉行閒朱墨爛然，閒有出伯申尚書手者，不盡先生筆也。光緒庚子，黃氏曾寫出為一卷，刊於淮陰，印書二十部，而板燬於寇，故世罕知此書者。余以黃刊本校原書，則原書朱墨箋閒有奪落，已不如二十年之完善，故亟刊黃本而識其可貴者於後。丁巳八月海甯王國維。

廣跋　一

此廣雅疏證始刻成後覆加勘定之本，朱墨燦列，凡所刪補無慮四百餘條，皆精詳確當。卷五釋言「酌，漱也」下朱筆補疏有「念孫案」三字，知為石臞先生親自攷訂者；其補自文簡者，則冠以「引之曰」。卷七釋宮「廟，天子五」下墨箋云：「尚書後案第八咸有一德七世之廟可以觀德，引證甚詳，此條當改。」釋器「繞領、帗，帬也」下墨箋云：「段氏說文七下說繞領帗之義甚是，當據改。」則是待改而未改者。八、九兩卷獨無一字，則是待校而未及校者。統觀諸條，的係先生親自脩定之藁。嗣是曾否補完，曾否再刻，或祇此本，或尚有傳錄之本，無從徵考，不能臆測。阮文達刊入學海堂經解，揚州淮南書局光緒重鋟，悉據原疏本，似都未見此冊。無論世閒有無第二本，而此冊信可寶貴已。獨不識何以流傳在外，入清河汪氏所藏，有「汪氏珍藏」「桃花潭水」二印。汪葵田先生名汲，春園先生名椿，祖孫咸精經學，有著述，雖不若高郵王氏父子之盛，亦學人也。書賈獲自汪裔，索價頗昂。余初見，謂朱墨為汪氏所加，繼而諦審，始辨是王家故物。直端午，得錢極艱，迺節縮米薪，力購得之。暇當遍質通人，設法流布。儻是孤本，斷不敢自我韜其寶氣也。光緒庚子五月古襄平黃海長謹識。

廣跋　一

光緒戊戌春在滬江揚州書估夏炳泉挾書求售中有廣雅疏證書中夾墨籤甚多間有朱書偶見念孫案字夏估疑是石臞先生手筆索價至奢予時未見石臞先生書迹而加籤處固極精審微石臞先生當世殆無其人惜少八九兩卷因許以善價夏估云兩卷聞尚在某故家當為覓之因挾其書去及明年夏予返淮陰寓居漢軍黃蕙伯姻丈觴予於河下飲淥草堂酒半出新得書見示謂是書當為王石臞先生手校而未敢遽定予取觀蓋即夏估挾至滬上者予假歸一夕盡讀之決為出石臞先生手因勸黃丈條錄付梓其年秋黃丈乃手編為補正以新刊本見贈又數年丈卒於淮安後嗣零替鬻所藏書予得書十餘種石臞先生是書在焉而補正刊版則不可知丁巳在海東海甯王忠慤公國維從予假黃氏本刊入雜誌中且為之

廣跋

跋及予由海東返寓津沽得玉氏手稿及雜書一笥中有疏證初印本已佚數册而卷八九獨存中夾墨籤適足補彙本之闕因命兒子福頤移黏舊得本上黃丈所錄間有遺漏因據原書重加校錄共得五百有一則視黃丈所錄增數十則而一仍黃丈舊名重為印行並錄黃丈原跋以記是書之得流傳自黃丈始也至八九兩卷予初見時本佚去後夏估以他本足之黃跋遂誤認為待校而未校至校正各條皆出自石臞先生忠慤謂間有伯申尚書手不盡先生筆其言殊渾淪今秉其實則朱書為文簡所清寫墨籤則文簡尚未清寫者也爰於書首仍署石臞先生名至此書佚卷南北千餘里後先廿餘年終為延津之合殆石臞先生所陰相歟謹書卷末以志欣慰戊辰八月上虞羅振玉

正體	異體
撤 5804_0	撤 5804_0
轍 5804_0	轍 5804_0
敖 5824_0	[illegible] 2824_0
熬 5833_4	[illegible] 2820_7
四 6000_0	冈 7722_0
田 6000_0	囟 2600_0
昷 6010_7	昷 6010_7
罪 6011_1	辠 2640_1
暴 6013_2	[illegible] 6090_4
胃 6022_7	胃 6022_7
暴 6023_2	[illegible] 6090_4
呆 6090_4	[illegible] 1790_4
歷 7121_1	厤 7121_3
牙 7124_0	𤘈 1022_7
原 7129_6	厡 7123_2
斥 7223_1	厈 7124_1
尉 7420_0	叞 7724_0

正體	異體
肆 7570_7	[illegible] 7573_3
[illegible] 7621_7	[illegible] 7621_1
尾 7721_4	[illegible] 7721_3
月 7722_0	舟 2744_0
月 7722_0	肉 7722_0
卯 7722_0	丣 1077_7
瓜 7223_0	爪 7223_0
展 7723_2	[illegible] 7723_2
殿 7724_7	殿 7724_7
服 7724_7	[illegible] 2744_7
眉 7726_7	[illegible] 8226_7
叟 7740_7	叜 3040_7
舄 7732_7	[illegible] 7732_7
民 7773_2	[illegible] 6071_1
巽 7780_1	巺 1780_1
差 8010_1	[illegible] 2010_1
俞 8022_1	兪 8023_2

正體	異體
前 8022_1	[illegible] 2144_1
复 8024_7	[illegible] 0024_7
年 8050_0	秊 2040_2
善 8060_1	[illegible] 8060_1
首 8060_1	[illegible] 3360_1
乞 8071_7	气 8071_7
食 8073_2	[illegible] 8071_1
每 8075_7	[illegible] 0075_7
劍 8280_0	劒 8782_0
鐵 8315_0	鐡 8315_0
光 9021_1	炗 9021_8
粦 9025_9	[illegible] 9025_8
灬 3300_0	火 9080_0
糞 9080_1	[illegible] 9044_4
恒 9101_2	恆 9101_4
粗 9791_0	麤 0021_1

附録二　異體字表

正體	異體
亶 0010_6	亶 0010_7
療 0019_6	療 0018_9
旁 0022_7	旁 0022_7
意 0033_6	意 0033_6
享 0040_7	亨 0040_6
享 0040_7	亭 0040_1
享 0040_7	亯 0060_6
离 0042_7	离 2242_7
音 0060_1	音 0060_9
亡 0071_0	亾 2871_0
熟 0433_1	熟 0448_9
郭 0742_7	鄗 0722_7
枉 1010_4	桯 4291_4
歹 1020_7	歺 2120_7
死 1021_1	𣦸 2820_0
爾 1022_7	爾 8022_7
于 1040_0	亏 1020_7
更 1050_6	叓 1040_8
西 1060_0	卤 2160_0
面 1060_0	靣 7177_2
百 1060_0	西 1060_0
罨 1071_7	罨 7771_7
票 1090_1	㶡 1080_9
刑 1240_0	刑 5200_0
形 1242_2	形 5202_2
粥 1722_7	粥 1126_0
曼 1740_7	曼 1740_7
鬲 1762_7	鬲 1762_7
垂 2010_4	埀 2010_4
乖 2011_1	乖 1111_1
往 2021_4	徃 2221_4
愛 2024_7	愛 7124_7
舜 2025_2	舜 7125_1
香 2060_9	香 2060_3

正體	異體
爵 2074_6	爵 2074_7
乘 2090_1	椉 0090_4
侯 2123_4	矦 2723_4
替 2460_1	替 5560_1
皋 2643_0	皐 2640_1
得 2624_1	得 2624_1
夏 2724_1	夏 2724_7
冬 2730_3	冬 2710_1
鳥 2732_7	鳥 2732_7
龜 2771_1	龜 2771_1
盤 2810_7	鑑 2841_7
徹 2824_0	徹 2824_0
宜 3010_7	宐 3010_7
寢 3014_7	寑 3314_7
準 3040_1	準 3014_1
州 3200_0	州 2270_0
寮 3090_6	寮 3080_9
竊 3092_7	竊 3092_7
兆 3211_3	兆 1111_1
灬 3300_0	火 9080_0
為 3402_7	爲 2022_7
對 3410_0	對 3460_0
法 3413_1	灋 3013_1
遺 3563_7	遺 3730_7
盞 3710_7	盞 3711_7
蚤 3713_6	蚤 3313_6
没 3714_7	沒 3614_7
罙 3790_4	突 3043_3
槃 3790_4	繇 3779_4
在 4021_4	扗 5401_0
希 4022_7	希 4022_7
幸 4040_1	㚔 4040_1
支 4040_7	攴 2240_7
壽 4064_1	鬲 1762_7

正體	異體
去 4073_1	厺 4073_2
真 4080_1	眞 4080_1
剒 4260_0	齘 8262_1
藜 4413_2	藜 4412_7
鼓 4414_7	鼓 4214_7
韡 4450_4	韡 4450_8
共 4480_1	共 4480_1
走 4080_1	𧺆 4080_1
狂 4121_4	狂 4221_4
孝 4440_7	孝 4040_7
昔 4460_1	昝 8860_8
世 4471_7	丗 4471_0
蘞 4488_2	蘝 4484_8
蘊 4491_6	櫙 4491_6
朝 4742_0	韓 4844_7
款 4798_2	欵 4798_2
散 4824_0	散 4824_0
摛 5002_7	攡 5202_7
奏 5043_0	奉 5040_1
奏 5043_0	奏 2240_3
書 5060_1	書 5060_4
春 5060_3	旾 5060_7
春 5060_3	萅 4460_7
曹 5060_6	曹 5560_9
表 5073_2	表 0073_2
毒 5075_7	毒 2275_7
貴 5080_6	貴 7780_6
責 5080_6	責 5080_6
素 5090_3	素 2090_3
折 5202_1	斯 2242_1
戊 5320_0	戊 5370_0
井 5500_0	井 5500_0
抉 5503_0	抉 5404_1
農 5523_2	農 7723_2
捍 5604_1	捍 5604_1

鬖 2072_2
囂 6666_0
犫 2527_4
幱 4124_7
黳 2820_7
獿 4124_7
䰊 2721_3
䑼 8621_0
鬻 7722_7
鼅 7771_4
䲜 2721_8
鼉 8171_7
鱺 2741_3
劙 2210_0
鐟 8416_1
鐇 8316_1
飂 7721_6
鱧 2531_8
鱐 2532_7
鱤 2335_0
鱝 2538_6
鱣 2031_6
鰀 2733_4
鱮 2738_1
籦 8813_6
籬 8841_4
襔 3422_7
蠃 0013_6
癱 0011_1
䴵 0021_7
灝 3118_6
灡 3412_7
讓 0063_2
鷓 0732_7
鷾 0722_7
鸇 0712_7
讑 0862_7
讕 0762_0
譢 0368_1
讖 0365_0
爣 9983_1
孈 4742_7
齛 7127_2
獺 1428_6
鸍 1722_7
鷴 7762_7
鸗 7032_7
繝 2792_0
纔 2791_3
纗 2292_7
讏 2260_6
纙 2491_4
纚 2194_1
鷳 7762_7

二十五畫

鬛 7225_3
鬣 7271_6
鼆 1073_2
靉 1274_7
驜 7433_4
虋 4424_3
㺜 1124_1
鼹 7123_1
礹 1664_8
礸 1014_7
趲 4480_1
蠹 5039_3
穲 5493_1
黮 6731_7
黭 6836_6
齸 2673_0
齷 2271_8
齺 2772_7
罵 6632_7
闞 7712_1
虈 4421_4
蘗 4490_3
蘦 4466_8
蘱 4466_6
躝 6712_0
躡 6114_1
顱 2128_6
闤 7722_7
矙 6604_7
糴 2791_4
鑿 3710_9
鸜 7321_3
觀 4621_0
蠼 5111_1
鬸 2777_2
鼴 7271_6
鸑 4332_7
躈 2834_0
觿 2222_7
貛 2421_4
鱠 2936_1
鱑 2434_7
鑰 8812_7
鑯 8315_0
鑐 8116_3
籮 8891_4
籫 8880_6
籰 8880_1
籭 8821_1
爤 9482_7
禮 3526_9
戇 0733_6
鷹 0022_7
讙 0461_4
鶉 0752_7
鸋 3722_7
灈 3214_7
癰 3029_4
彎 2244_7
蠻 2213_6
纒 2191_3
衢 2222_7

二十六畫

驥 7138_1
欚 4793_6
趱 4480_8
鸊 1792_7
劘 1220_0
麵 4024_8
醿 1161_1
韉 4454_2
輼 5204_7
醫 7171_8
蠶 1113_0
顱 2578_6
矔 6609_3
鷐 6032_7
鵲 4722_7
鶇 4752_7
鸐 9722_7
鸓 6762_7
鑿 3790_4
鬻 3779_4
躧 6111_1
躦 6418_6
鼷 7271_9
飆 7723_6
曬 2274_7
饟 8272_7
鑴 8212_7
鑷 8114_1
鑱 8711_3
鑞 8513_6
籯 8824_8
籲 8821_7
蠶 2033_6
鱳 2239_4
讒 0761_3
襹 3722_7
驩 1444_7
鸍 1722_7
纘 2193_6
鸕 2772_7
鵴 5722_7

二十七畫

韝 4252_7
鬱 4377_2
韊 5604_7
蠘 5303_4
蠵 5712_7
齩 2471_1
觀 4721_0
蘈 4428_0
鸞 4450_2
顴 4128_6
鱸 2823_1
黷 6438_6
釀 2063_2
鬱 7772_2
鱵 8221_1
鑽 8418_6
鑛 8811_7
鸛 8742_7
灘 9053_1
靡 0027_4
讜 0963_1
讞 0363_4
鸇 0132_7
鑫 9313_6
鹽 2411_7

二十八畫

驨 7232_7
黸 6131_7
鑿 3771_9
鸘 6052_7
躪 6712_7
蘿 4421_4
醾 4463_2
蘾 4448_6
鱻 2743_6
鸓 7671_6
爨 7780_9
钀 8313_4
钁 8614_7
讜 0669_3
戇 0733_8
麢 0026_3
鬻 1722_7
鬱 2260_1

二十九畫

驪 7131_1
鬱 7280_6
鬱 4472_2
鸝 2722_7
鸛 4722_7
蘺 4471_7
鸜 0742_7
讟 0066_1

三十畫

鱻 7132_7
鱺 2131_1
籲 8821_4
鑾 8813_6
飌 7371_5
鬻 1722_7
鸞 2232_7

三十一畫

爩 9422_7

三十二畫

龤 2733_6

三十三畫

麤 0021_1

三十四畫

纞 7190_4
爦 1728_7

三十七畫

龘 4421_1

籈 8821_{7}
籞 8822_{1}
籥 8822_{7}
筏 8825_{3}
鴿 8762_{7}
鵭 8712_{7}
鑈 8112_{7}
籀 8842_{7}
籓 8844_{1}
簪 8860_{1}
簺 8860_{8}
籟 8898_{6}
醃 2461_{6}
稍 2962_{7}
穚 2012_{7}
穬 2998_{1}
穰 2093_{2}
穪 2294_{6}
饍 8679_{6}
龕 8021_{1}
鑑 8811_{7}
鑈 8112_{7}
鐵 8315_{0}
鏒 8412_{7}
鏶 8419_{4}
甗 2121_{7}
艦 2831_{5}
鱐 2032_{7}
鱁 2133_{3}
鰻 2634_{7}
鯤 2631_{0}
鱇 2533_{0}
饋 8468_{6}
寥 3022_{7}
竊 3092_{7}
襚 3328_{1}
襯 3621_{0}
瀕 3118_{6}
鶵 3792_{7}
麈 0023_{9}
麞 0024_{6}
癬 0015_{1}
癭 0014_{4}
斆 0448

襲 0173_{2}
聾 0140_{1}
蠁 0113_{6}
襲 0073_{2}
盝 0710_{7}
旟 0823_{8}
讀 0468_{6}
謳 0666_{0}
燼 9583_{6}
爟 9481_{4}
爝 9184
爆 9689_{4}
鱸 2113_{6}
鬻 1722_{7}
鬹 1722_{7}
轎 4252_{7}
韂 4858_{6}
韝 4652_{7}
總 2093_{6}
孿 2240_{7}
纑 2191_{7}
變 2224_{7}
奱 2243_{0}
覺 2221_{3}
彎 2220_{7}
嬻 4448_{6}
鷚 1722_{7}

二十三畫

蠚 4413_{6}
髒 4222_{4}
鬖 4782_{2}
瓓 1712_{0}
霝 1066_{6}
鬣 1721_{3}
糶 5798_{1}
幨 5101_{1}
驗 7838_{6}
驛 7634_{1}
髗 7031_{6}
殿 1824_{0}
邐 3130_{1}
欐 4191_{1}
櫝 4498_{6}

欏 4691_{4}
攄 5303_{4}
攫 5604_{7}
攪 5701_{6}
鷗 1762_{7}
鶘 4792_{7}
鶴 4722_{7}
甗 1021_{7}
攏 5903_{1}
黖 7733_{1}
鹼 7113_{6}
譽 7260_{6}
躅 6712_{0}
囀 6506_{9}
饕 6171_{1}
巖 2224_{8}
巉 2674_{8}
蘼 4421_{1}
蘿 4491_{4}
驚 4832_{7}
鰊 2479_{8}
鯕 2478_{1}
齮 2472_{1}
鼴 2664_{7}
謦 2160_{1}
鼯 2781_{1}
齲 2272_{7}
齰 2476_{1}
齚 2074_{8}
齯 2771_{7}
蠱 5010_{7}
鬮 7722_{7}
蠦 5013_{1}
蠰 5013_{2}
蠮 5712_{7}
魘 7721_{1}
鶠 7752_{7}
顯 6138_{6}
羈 6051_{4}
曬 6101_{1}
顯 6108_{6}
髖 7826_{6}
體 7521_{8}
鬫 7622_{7}

髒 7024_{1}
黲 6332_{2}
鶪 6782_{7}
鵰 7722_{7}
鶡 6752_{7}
纆 2711_{4}
穖 2019_{4}
穚 2012_{7}
穛 2011_{4}
颾 7421_{4}
饇 8176_{3}
鐳 8361_{7}
鼷 7871_{1}
鼸 7871_{3}
鼲 7371_{4}
鼳 7071_{6}
玃 4624_{7}
齧 2077_{2}
蠶 3713_{6}
蠲 8612_{7}
韉 8721_{7}
艫 2146_{3}
攖 2154_{7}
顱 2168_{6}
鶖 2742_{7}
驚 8832_{7}
鵯 2627_{7}
儽 2629_{3}
儵 2723_{6}
儺 2021_{4}
饑 8773_{1}
饋 8573_{7}
饘 8072_{3}
饛 8273_{7}
饟 8473_{2}
鑼 8611_{1}
鐗 8712_{0}
鑣 8013_{1}
鑛 8018_{6}
鑪 8113_{6}
鑠 8219_{4}
鑯 8415_{3}
鑮 8415_{8}
邃 3830_{3}

籤 8815_{3}
籥 8822_{7}
籨 8835_{1}
籑 8873_{2}
籀 8842_{7}
籩 8873_{2}
篻 8890_{1}
籐 8893_{2}
鱤 2834_{0}
鱗 2935_{9}
鱎 2232_{7}
鱓 2635_{6}
鱊 2432_{7}
鸂 3781_{7}
瀷 3313_{4}
類 9128_{6}
糵 9093_{2}
護 0464_{7}
譽 0160_{1}
龔 0110_{8}
顫 0128_{6}
齏 0022_{3}
鶩 0832_{7}
羸 0021_{7}
鷲 0332_{7}
甕 0071_{1}
顬 3188_{6}
禱 3124_{1}
癘 0012_{7}
癱 0011_{4}
麢 0028_{9}
廬 0023_{6}
麃 0023_{1}
麐 0023_{2}
麏 0028_{6}
旝 0428_{6}
麟 0925_{9}
懼 9604_{7}
毿 2071_{7}
響 2760_{1}
纓 2692_{1}
攣 2250_{2}
戀 2223_{2}
孌 2240_{6}

鷸 1722_{7}
欒 2290_{4}
纖 2395_{0}
纕 2093_{2}
盬 7413_{6}
鬻 1722_{7}
鬺 1722_{7}
韡 4685_{6}

二十四畫

蠹 5013_{6}
攬 5801_{6}
馨 4760_{3}
靈 1010_{8}
鼇 5871_{7}
鹽 7810_{7}
醆 1465_{3}
鶸 1712_{7}
礷 1061_{1}
驟 7733_{2}
櫼 4891_{7}
欞 4993_{1}
醽 1264_{6}
釀 1063_{2}
醶 1365_{0}
韇 4458_{6}
韃 4455_{8}
鸄 4632_{7}
鸚 6742_{7}
蠭 6043_{4}
顳 6128_{6}
羈 6093_{2}
羉 6099_{3}
蘸 4433_{1}
黳 6834_{0}
黵 6436_{1}
蠵 5212_{7}
蠸 5411_{4}
蠶 5513_{6}
蠷 5611_{4}
蘬 4452_{7}
躟 6013_{2}
躥 6812_{7}
鬭 7722_{7}

二十二畫

二十一畫

鍼	8315_0
鑌	8318_6
鏌	8413_4
簬	8856_4
簹	8860_6
籅	8880_1
簣	8880_6
籌	8895_7
類	8188_6
壟	0110_4
亹	0040_6
糤	9395_0
羶	8051_6
羹	8043_0
旞	0823_3
皾	0414_7
蹵	0380_1
麒	0428_1
旟	0128_6
鄺	0722_7
翺	0712_0
饔	0077_4
嬴	0021_7
羸	0021_7
贏	0021_7
瀑	3619_4
讀	0568_6
譁	0465_4
櫜	0090_4
顏	0128_6
類	9148_6
寵	3021_1
爍	9289_4
爈	9483_6
懷	9003_2
懵	9406_2
襣	3622_1
襦	3122_7
襟	3529_6
䙈	3022_3
癡	0018_1
癡	0018_1
癆	0016_1
癠	0012_3
靡	0021_1
膺	0026_1
糜	0229_4
廢	0024_7
廥	0026_1
廬	0021_7
麑	0021_7
譀	0864_0
譈	0864_0
譎	0762_7
謿	0762_0
譋	0762_0
譖	05661
譆	0466_1
譪	0462_7
譩	0461_8
譏	0265_3
譌	0262_7
識	0365_0
譴	0361_7
譊	0461_1
證	0261_8
譚	0164_6
譙	0063_1
瀞	3215_7
瀵	3418_6
濳	3416_1
瀦	3416_0
澍	3410_0
瀧	3111_1
灌	3111_4
瀘	3111_7
瀕	3118_6
瀨	3718_6
灖	3713_1
瀾	3712_0
瀣	3711_1
瀮	3513_2
爋	9882_7
爛	9782_0
鶩	1832_7
雗	1021_4
疆	1111_6
鬝	2771_7
繳	2894_0
艦	2741_7
黎	1720_7
鼲	7771_2
虥	9191_1
颵	7171_4
優	2124_7
襞	7073_2
隴	7121_1
邋	3230_1
䝿	7491_8
顢	1168_6
顩	7198_6
斵	2212_1
幾	2215_3
顛	4188_6
嬾	4748_6
嬴	4841_7
韜	4257_7
韡	4354_2
韞	4651_7
繳	2894_0
繬	2496_1
繡	2592_7
繷	2593_2
繯	2693_2
繹	2694_1
繰	2699_4
䌞	2898_6
繸	2898_2
繶	2093_6
纅	2299_4
纁	2293_1
纜	2291_6
繪	2896_6
繩	2791_7
繮	2191_6

二十畫

醽	1160_6
翽	4762_0
匷	7171_1
鬊	7713_2
䴛	4824_6
馨	4760_1
蠹	5013_6
黴	4824_0
鷸	1722_7
鷊	1762_7
鷗	7772_7
鶴	4722_7
鶍	4702_7
曆	7123_6
醵	1363_4
顬	1198_6
飄	1791_0
韉	4452_7
鞻	4554_4
韃	4158_1
鬄	7222_2
鬠	7260_1
鬙	7260_6
鬢	7280_1
醴	1561_8
醳	1064_1
醲	1163_2
醸	1563_2
醶	1868_6
瓐	1111_7
瓏	1111_1
轖	5496_1
轞	5101_3
轘	5103_2
轙	5805_3
騶	7732_7
騷	7733_6
驊	7835_1
驙	7231_8
驉	7431_4
驃	7139_6
礧	1666_0
礫	1269_4
礩	1268_6
趯	4680_3
趲	4080_1
瓖	1013_2
瓌	1013_2
露	1016_4
霫	1060_1
攡	4011_7
壤	4013_2
櫓	4796_3
櫟	4599_4
櫳	4191_1
櫪	4191_6
𢹿	5204_6
攘	5003_2
攖	5604_4
攕	5305_0
攓	5308_1
韇	4558_6
豑	6110_8
鞹	5812_7
辭	3024_8
圞	6079_1
囂	6677_2
嚳	6640_7
矓	6821_4
䑜	7722_3
孃	2021_4
蠘	2375_0
曎	6604_1
警	4860_1
黨	9033_1
嚴	6624_8
劖	2220_0
懸	2233_9
瓟	2223_0
獻	2323_4
贍	6786_1
賺	6003_7
黥	6831_9
黭	6431_6
黦	6331_2
鰧	2563_4
鶪	6702_7
鸚	6742_7
鶠	6780_2
鶡	6772_7
鷚	2762_7
鶣	2362_7
鹹	2365_0
鷃	6032_7
嚼	6204_6
嚶	6604_4
矙	6712_0
齟	2771_0
齚	2871_1
齡	2873_7
齣	2277_2
齝	2172_0
闞	7714_7
闥	7730_4
闠	7780_6
闡	7750_6
闟	7733_1
闆	7722_7
鬬	7722_7
闢	7714_8
藻	4419_4
蘀	4454_1
藍	4410_7
蘫	4410_7
蘗	4429_4
蘇	4439_4
蘄	4452_1
蘞	4424_8
藸	4426_4
蘪	4429_1
勸	4422_7
蘭	4422_7
蘆	4421_7
蘺	4421_4
藿	4421_4
蘢	4421_1
蘔	4498_9
蘖	4490_4
蘸	4483_1
蘷	4480_9
藷	4466_4
躅	6612_7
躁	6619_4
蹤	6813_3
躂	6413_4
躇	6416_4

璸	1418_{6}
礊	5777_{2}
繫	5709_{3}
壚	4111_{7}
壠	4111_{1}
壞	4013_{2}
鞲	4454_{1}
鞣	4459_{3}
韞	4152_{7}
鬖	7224_{7}
鬍	7222_{7}
鬉	7243_{0}
騪	7134_{4}
騤	7233_{4}
騠	7638_{1}
騣	7234_{7}
鵠	4762_{7}
鵲	4722_{7}
鶘	4772_{7}
樢	4392_{7}
鷙	5742_{7}
鵐	5712_{7}
驒	7735_{6}
騢	7734_{7}
驅	7731_{0}
醮	1063_{1}
醰	1164_{1}
醑	1566_{1}
醲	1664_{7}
醽	1762_{7}
繩	4711_{7}
竈	4071_{7}
龐	4071_{7}
蠆	5013_{6}
蟸	4313_{6}
蠚	4413_{6}
歷	7180_{1}
麳	4424_{9}
麰	4624_{4}
麴	4724_{2}
趨	4780_{2}
趭	4080_{3}
趬	4880_{4}
趲	4180_{8}
趫	4280_{2}
墊	4410_{9}
塹	5210_{9}
蹻	7272_{7}
蹽	7479_{6}
礙	1768_{1}
礛	1861_{7}
礪	1162_{7}
榛	4594_{8}
櫝	4498_{6}
櫨	4591_{7}
櫛	4892_{7}
櫟	4299_{4}
檝	4291_{6}
櫃	4298_{6}
櫕	4598_{6}
檻	4491_{6}
櫌	4194_{7}
轓	5206_{9}
轐	5203_{4}
轎	5202_{7}
轑	5409_{6}
轒	5408_{6}
䡟	5605_{6}
轗	5401_{1}
轔	5905_{9}
擂	5207_{2}
擷	5108_{6}
攎	5101_{7}
擐	5303_{2}
攄	5303_{6}
攋	5708_{6}
擴	5801_{7}
擽	5009_{4}
贈	6886_{6}
罌	6671_{7}
翽	2722_{0}
髂	7326_{4}
譬	2260_{1}
氈	2291_{4}
獸	6363_{4}
翾	6772_{0}
鵙	6282_{7}
檍	4323_{6}
髗	3322_{7}
羅	6091_{4}
櫐	6090_{4}
圝	6090_{4}
羼	6028_{6}
齘	2872_{0}
孼	2040_{7}
邊	2230_{3}
黣	6835_{7}
黝	6331_{2}
嚼	6400_{0}
蹟	6518_{6}
藰	4412_{0}
騯	7032_{7}
疊	6010_{7}
嚪	6702_{0}
齗	2272_{1}
齕	2871_{7}
曠	6008_{6}
曣	6403_{1}
曖	6404_{7}
曚	6403_{2}
瞍	6704_{7}
髑	7622_{7}
頵	7128_{6}
關	7777_{2}
覷	7621_{0}
藩	4416_{9}
薹	4413_{6}
蘊	4491_{7}
藤	4423_{2}
藫	4414_{6}
蘈	4413_{4}
藜	4413_{2}
藭	4412_{7}
蹬	6211_{8}
蹻	6212_{7}
蹶	6118_{2}
蹯	6216_{9}
蹸	6915_{9}
蹭	5616_{1}
蹶	6718_{2}
蹌	6812_{7}
蹲	6814_{6}
蟺	5011_{7}
蟉	5916_{0}
蠍	5718_{2}
蟦	5718_{6}
蟾	5716_{1}
蠋	5612_{7}
蠉	5613_{2}
蟈	5610_{0}
鶉	2742_{7}
鶡	6742_{7}
鶅	9722_{7}
饕	2873_{2}
髈	7022_{7}
蠛	5211_{6}
蠂	5219_{4}
蠕	5112_{7}
蠊	5013_{7}
蟪	5013_{6}
螯	4813_{6}
蘁	4493_{2}
藥	4490_{4}
蘖	4490_{4}
蒸	4433_{1}
藟	4466_{6}
藚	4468_{6}
藝	4473_{1}
蕢	4480_{6}
蘊	4491_{6}
蘭	4422_{7}
藺	4422_{7}
蘭	4422_{7}
藨	4423_{1}
藺	4422_{7}
藏	4425_{3}
蒸	4433_{1}
藗	4430_{8}
藪	4444_{8}
薵	4444_{1}
蟹	2713_{6}
鯱	2173_{2}
颸	7721_{2}
鯣	2647_{7}
儭	2621_{0}
牘	2408_{6}
鑊	8444_{7}
獶	2523_{2}
巤	2271_{1}
艦	2821_{4}
豋	3214_{7}
夒	2720_{7}
鯡	2863_{7}
繾	2093_{6}
颼	7721_{6}
鞶	2750_{7}
繁	2890_{3}
艡	2946_{6}
犨	2050_{1}
贊	2480_{6}
邃	3730_{3}
龕	2571_{7}
顦	2128_{6}
魋	2121_{8}
犤	2651_{1}
懺	2251_{6}
獺	4728_{6}
獹	4121_{7}
鯛	2722_{0}
觶	2625_{6}
愸	2733_{3}
懲	2833_{4}
鬻	7722_{7}
斆	7844_{0}
譽	7760_{1}
覺	7721_{6}
臘	7221_{6}
臕	7321_{3}
臏	7728_{6}
穫	2494_{7}
穧	2092_{3}
穤	2192_{7}
穪	2192_{7}
饅	8674_{7}
餑	8474_{3}
鮑	2732_{0}
鯚	2034_{8}
鯨	2039_{6}
鮃	2235_{7}
鯔	2236_{3}
鯘	2234_{4}
鯬	2733_{6}
鯪	2434_{7}
鯠	2439_{8}
鯞	2632_{7}
鯤	2631_{1}
鰅	2632_{7}
鯶	2634_{0}
鰈	2639_{4}
鯙	2134_{6}
鯫	2134_{7}
鯝	2736_{4}
鯢	2731_{7}
簾	8823_{7}
簁	8833_{1}
籧	8830_{3}
簍	8824_{7}
篴	8830_{2}
籐	8823_{2}
簫	8822_{7}
簬	8816_{4}
簿	8814_{2}
篘	8812_{7}
簯	8812_{7}
鵬	7722_{7}
雛	2031_{4}
鵝	2742_{7}
鵴	2792_{7}
鶬	2722_{7}
鵰	7722_{7}
鐯	8517_{4}
鏤	8514_{4}
鏈	8513_{4}
鏝	8614_{7}
鏗	8711_{4}
鏃	8813_{4}
鏦	8818_{1}
鏘	8714_{2}
鏇	8818_{1}
鏑	8012_{7}
鏡	8011_{6}
鏟	8011_{4}
鏂	8111_{6}
鏩	8212_{1}

鞞 4654_{1}
鞨 4652_{7}
鞬 4554_{0}
鞫 4752_{0}
鞥 4853_{2}
鞭 4155_{6}
鞳 4451_{7}
醫 7766_{1}
毉 7760_{1}
賢 7780_{6}
覽 7721_{6}
豎 7710_{8}
監 7810_{7}
擥 7850_{2}
餐 7871_{1}
瞶 7578_{6}
舜 7722_{3}
幭 4425_{3}
叢 3214_{7}
蟞 9813_{6}
裴 1173_{2}
黠 6436_{1}
黟 6732_{7}
艪 2822_{7}
甗 2223_{0}
覻 2621_{0}
豐 2210_{8}
鶚 6742_{7}
蹟 6518_{6}
蟯 9821_{1}
蟒 5915_{9}
瞻 6706_{1}
瞿 6621_{4}
羂 6092_{7}
興 6043_{4}
齕 2871_{7}
鮹 2962_{7}
嶲 2222_{7}
雟 2022_{7}
骿 7824_{1}
髁 7629_{4}
髒 7024_{8}
虩 6121_{8}
嚛 6209_{4}
黝 6791_{2}
嚚 6666_{1}
嚜 6601_{4}
蹠 6111_{7}
蹴 6315_{0}
蹢 6012_{7}
蹣 6714_{2}
蹕 6615_{4}
蹐 6517_{7}
蹲 6514_{3}
躇 6716_{4}
題 6180_{8}
趚 6480_{5}
曜 6701_{4}
曙 6606_{4}
曛 6603_{3}
壘 6010_{4}
闚 7721_{7}
闓 7710_{8}
闌 7790_{4}
闐 7780_{1}
闔 7771_{2}
闕 7748_{2}
闒 7733_{3}
闖 7732_{7}
闘 7722_{7}
蟲 5013_{6}
蟭 5033_{1}
蟫 5114_{6}
蟵 5212_{7}
蟜 5212_{7}
蟠 5216_{9}
蟻 5315_{0}
蟙 5311_{4}
蟥 5318_{6}
蟎 5412_{7}
蟦 5418_{6}
蟪 5513_{3}
蟬 5615_{6}
蟼 5814_{0}
蟱 5813_{1}
蟓 5713_{2}
蟧 5912_{7}
蠎 5814_{1}
薯 4460_{4}
藹 4462_{7}
藤 4463_{4}
薵 4464_{1}
舊 4477_{7}
蔡 4490_{1}
薪 4492_{1}
夢 4420_{7}
薱 4414_{0}
獸 3433_{0}
藉 4496_{1}
簽 8864_{8}
簡 8822_{7}
鼂 2771_{7}
鎛 8314_{2}
鎔 8316_{8}
鎮 8418_{1}
鏈 8471_{4}
餸 8271_{8}
餹 8076_{7}
餅 8873_{7}
餻 8873_{1}
饍 8873_{1}
餽 8771_{3}
饎 8673_{0}
饋 8577_{7}
鮵 2831_{6}
鮷 2832_{7}
鮫 2834_{0}
䱊 2333_{2}
鯆 2332_{7}
鯇 2331_{1}
鯀 2239_{3}
鯚 2234_{7}
鯓 2232_{7}
鯁 2134_{6}
鮔 2131_{6}
鯉 2631_{4}
額 3168_{6}
寱 3029_{4}
竂 3098_{2}
竇 3080_{9}
竈 3071_{7}
竄 3071_{7}
邃 3030_{3}
竅 3024_{8}
讙 0261_{4}
謰 0563_{0}
謱 0564_{4}
諭 0863_{2}
謬 0762_{2}
謾 0664_{7}
謫 0062_{7}
謳 0161_{6}
謔 0161_{7}
謼 0164_{9}
瓣 0044_{1}
辮 0044_{1}
辯 0044_{1}
懬 0033_{4}
辬 0044_{1}
麘 0026_{4}
廫 0022_{2}
麌 0023_{4}
癘 0012_{7}
癒 0013_{3}
懱 8405_{3}
懫 9208_{6}
禱 3424_{1}
禰 3422_{7}
糕 9093_{1}
糲 9492_{7}
糦 9496_{1}
離 0041_{4}
皷 0414_{7}
顏 0128_{6}
雜 0091_{4}
甕 0071_{7}
羹 8033_{6}
諻 0661_{4}
旛 0826_{9}
繁 0890_{3}
瀏 3611_{0}
瀅 3613_{6}
瀀 3114_{7}
瀘 3113_{6}
濼 3219_{4}
瀆 3418_{6}
瀌 3013_{1}
濱 3018_{6}
瀍 3011_{4}
嬌 4242_{7}
楚 2780_{1}
鶣 2392_{7}
聰 1523_{3}
鞲 4555_{7}
彍 1028_{6}
雝 2071_{4}
繚 2499_{6}
繘 2792_{7}
繕 2896_{1}
總 2033_{1}
織 2395_{0}
繎 2399_{3}
繞 2491_{1}
繽 2198_{6}
繟 2695_{6}
縲 2693_{1}
屩 7722_{7}
隤 7428_{6}
隮 7422_{7}
骯 7371_{1}
骬 7771_{2}
骯 7371_{1}
骶 7871_{3}
骺 7171_{6}
骭 7171_{4}
骳 7571_{6}
骴 7571_{1}
骲 7521_{6}
鵒 2722_{7}
邁 3890_{4}
譱 8060_{1}
獱 8458_{6}
繠 3390_{3}
爈 9581_{7}
邋 3930_{5}
劉 3270_{0}
甓 7071_{7}
轚 1850_{7}
礐 7771_{7}
壆 7710_{4}
璺 7710_{7}
嬹 4748_{1}
嬛 4643_{4}
嬻 4448_{6}
鴞 7732_{7}
鍛 8714_{8}
翻 8762_{0}
襠 3926_{6}
襚 3823_{3}
襜 3726_{1}
襗 3624_{1}
襡 3622_{7}
襈 3321_{7}
襢 3021_{6}
鶂 3772_{7}
鵝 8722_{7}
瀏 3210_{0}
謮 0568_{6}
睬 6409_{4}

十九畫

鼃 4713_{6}
懯 5833_{4}
幫 4922_{7}
願 7128_{6}
藷 4460_{3}
攀 4450_{2}
覽 7871_{7}
殨 1428_{6}
鼗 4014_{7}
瓊 1714_{7}
誓 4260_{1}
鏊 5829_{8}
鼇 5710_{1}
麗 1121_{1}
顙 5128_{6}
靎 1023_{2}
覈 1024_{8}
譬 0160_{1}
醱 1224_{7}
操 5609_{4}
騮 7736_{2}
贗 7128_{1}
輂 4450_{6}

十八畫

錢 8315_3
館 8317_7
錠 8318_1
錌 8411_6
錡 8412_1
錤 8418_1
鍱 8419_4
篧 8821_4
篛 8822_7
篙 8822_7
篪 8823_2
篏 8824_7
篖 8826_7
篠 8829_4
篤 8832_7
篗 8840_7
篍 8848_0
篟 8852_7
篚 8871_1
篡 8873_5
箮 8877_7
篔 8880_1
篢 8880_1
築 8890_4
篼 8821_6
獨 4622_7
獧 4623_2
澡 3619_4
澤 3614_1
濁 3612_7
濊 3115_3
澽 3113_2
濡 3112_7
瀝 3111_1
濅 3314_7
漺 3418_1
澫 3412_7
蕩 3412_7
澸 3315_0
禪 3625_6
禫 3124_6
禨 3225_3
𧝝 3222_2
褔 3121_6
䙯 3325_0
襁 3323_6
襂 3322_2
褾 3128_9
憑 3133_2
窳 3023_2
禘 3022_7
窩 3022_7
澼 3014_1
諳 0066_1
諦 0062_7
褱 0073_2
辨 0044_1
雜 0041_4
禍 3722_7
鴻 3782_7
嬴 0021_7
諺 0062_2
憲 0033_5
麇 0029_4
糜 0029_4
廩 0029_1
廥 0026_6
磨 0026_1
廦 0024_1
螷 0023_6
膺 0022_7
盧 0021_7
瘲 0018_1
瘯 0018_1
瘱 0013_3
瘸 0012_7
瘳 0012_2
瘭 0011_7
龍 0121_1
瘴 0011_2
甋 0121_7
壅 0010_4
謳 0161_1
譖 0166_2
諯 0262_7
諼 0264_7
諠 0311_6
諴 0365_0
斠 0440_0
褰 3073_2
竈 3071_7
窺 3051_6
窶 3040_4
憲 3033_6
褸 3524_4
褲 3524_3
濃 3513_2
潚 3512_7
導 3840_3
遵 3830_4
褷 3828_1
澰 3818_6
澮 3816_6
游 3814_1
激 3814_0
溘 3811_7
澈 3718_2
凝 3718_1
潞 3716_4
澹 3716_1
澳 3713_4
澀 3711_7
盜 3710_7
燔 9286_9
熷 9286_7
熾 9385_0
燒 9481_1
燎 9489_6
熺 9486_1
燠 9783_4
燖 9784_6
燀 9685_6
燈 9886_8
燉 9884_0
熻 9882_7
營 9960_6
縈 9922_7
螢 9913_6
諱 0465_6
諱 0465_6
諯 0262_7
諾 0466_4
諜 0469_4
竱 0514_3
諫 0519_6
講 0565_7
諤 0662_7
謂 0662_7
諰 0663_0
諟 0668_1
糗 9693_4
鄭 0712_7
諷 0761_0
諻 0761_1
諝 0762_7
諢 0765_4
諛 0768_1
憝 0833_4
諭 0863_2
燋 9083_1
羱 8354_2
羺 8356_1
餋 8071_1
燂 9184_6
懍 9009_4
憸 9808_6
憶 9003_6
憎 9806_6
慄 9109_4
懅 9103_2
憺 9706_1
憾 9305_0
懈 9705_2
憤 9408_6
懆 9609_4
懌 9604_1
懁 9603_2
憝 0833_4
懫 9408_6
慣 9598_6
嬡 4624_7
嬛 4643_2
嬗 4041_6
縋 2793_7
縎 2792_7
總 2693_0
縊 2891_7
縑 2893_7
緻 2894_0
縞 2092_7
縡 2394_1
縚 2297_7
縋 2293_7
縓 2199_6
縹 2199_4
縝 2498_1
縚 2197_7
縉 2196_1
縷 2194_8
縟 2194_3
縜 2698_6
緈 2494_1
遲 3730_5
遹 3730_2
[illegible] 1284_7
嬖 7040_4
彊 1121_6
猶 1126_0
頹 1128_6
頰 1148_6
頵 1168_6
嬰 1180_9
駕 4632_7
豧 1324_2
貗 1522_7
貒 1523_4
貍 1623_3
雄 4081_4
黏 4186_0
隓 7410_9
隨 7423_2
翯 1722_7
鶅 1722_7
翯 1722_7
豫 1723_2
醬 1860_1
蝥 1880_1
壁 7010_4
臀 7722_7
屬 7722_7
隮 7726_1
隩 7728_1
隧 7823_3
險 7828_6
劈 7022_7
帶 7022_7
劇 0220_0

十七畫

蟿 4713_6
罄 4777_2
穀 4744_7
彀 4724_7
㲉 4724_7
聲 4740_1
轂 4754_7
䩭 4452_1
鞮 4254_1
鞎 4153_2
鞧 4856_1
鞞 4654_0
鞰 4751_4
鞠 4752_0
鵴 5702_7
盪 1310_7
殜 1024_1
璢 1716_2
趨 4780_2
趨 4780_7
逮 4480_9
渠 1190_4
雞 1041_4
磷 1965_9
磯 1265_3
瞟 1119_1
璔 1516_6
璙 1719_1
聰 1613_0
環 1613_2
禩 1728_1
懇 1733_3
翽 1782_0
瑠 1010_4
盡 1010_7

瞭 6709_1
噭 6708_2
嘲 6702_0
賵 6686_0
罽 6674_4
題 6680_1
踶 6618_1
瞟 6609_3
噣 6602_7
睍 6601_0
購 6585_7
黗 6531_7
蹟 6508_6
頻 2128_6
虜 2122_7
虧 2122_7
盧 2121_7
廖 2222_2
颱 2721_3
嶧 2674_1
劐 4240_0
蓋 4410_7
蕩 4412_7
蕍 4413_2
蓁 4413_2
蒱 4415_7
蜳 5919_6
蝓 5812_7
螟 5718_1
螃 5712_7
蠑 5519_4
蟳 5314_2
螘 5211_8
螔 5211_1
蝠 5116_0
蟅 5013_7
螗 5016_7
蟆 5013_4
螭 5012_7
擗 5004_1
頤 6108_6
嚱 6105_3
嘆 6103_4
噱 6103_2
罹 6091_4
罺 6090_4
圜 6073_2
罼 6050_4
罨 6040_4
圛 6040_1
戰 6355_0
默 6333_4
黕 6331_4
蹁 6312_7
嘫 6303_3
踹 6212_7
賏 6181_4
蹄 6012_7
量 6010_4
遺 3530_8
䖘 2424_6
骨 7122_1
冀 1180_1
幧 4629_4
闊 7721_4
闍 7771_6
蕸 4523_1
幨 4726_1
骺 7226_4
骯 7921_1
骼 7726_4
閶 7760_6
閻 7777_7
閧 7780_1
骸 7028_2
骹 7024_8
蕈 4450_6
薁 4443_0
蕣 4443_4
蕭 4444_6
蕻 4444_6
蕁 4434_6
蕙 4433_3
蕜 4433_1
蕉 4433_1
蕪 4433_1
蕨 4428_2
蕆 4425_3
蕆 4425_3
蔽 4424_8
蕟 4424_7
蕿 4424_7
薄 4424_2
蔿 4422_7
蕑 4422_7
蕯 4422_7
蕎 4422_7
蕭 4422_7
蕳 4422_7
薌 4422_7
蘅 4422_1
蕘 4421_1
蕀 4499_2
蕖 4490_4
藥 4490_4
蕢 4480_6
蕢 4480_6
蕺 4471_7
蕗 4466_4
蕌 4462_7
蓸 4460_2
蕾 4460_5
蕃 4460_9
蕣 4462_2
憋 9833_4
擎 9850_2
獘 9843_0
敹 9894_0
穄 2799_1
艗 2791_7
禦 2790_1
艓 2749_4
艙 2742_7
鴆 8742_7
鴕 2331_2
鴒 2762_7
鴝 2772_7
鴟 2722_7
鮑 2731_7
徚 2821_7
徼 2824_0
鮓 2831_1
艖 2841_1
艦 2841_7
谿 2866_2
覺 2871_7
傑 2929_4
艓 2949_4
穅 2093_2
桑 2090_4
㙈 2077_2
恖 2033_1
雔 2021_4
稽 2396_1
睢 2361_4
鮐 2336_0
篣 8822_7
膳 7526_1
膻 7124_6
儐 2328_5
罐 2261_4
穌 2239_4
魠 2234_0
新 2212_1
穎 2158_6
頪 2148_6
衡 2143_0
鮎 2136_0
鮒 2132_0
鮭 2131_9
頮 2128_6
儒 2122_7
衛 2122_7
魈 2121_1
蠱 2113_6
暨 2110_6
貓 2222_7
巃 2221_7
劇 2220_0
儗 2728_1
䱐 2723_2
䰢 2722_0
翱 2722_0
彝 2715_2
盥 2713_6
盤 2713_6
墾 2710_4
穆 2692_2
鮊 2630_0
鮂 2630_0
鯨 2629_4
鯷 2628_1
貂 2610_0
積 2598_6
嘖 2568_6
艛 2544_4
觖 2533_0
僬 2528_1
穇 2499_4
䵹 2473_8
替 2460_0
縞 2442_7
鮚 2433_1
鰯 2432_7
鮒 2430_0
儔 2424_1
儚 2422_7
魫 2421_7
儓 2421_4
雕 2001_4
頳 7148_6
颼 7121_3
頸 1148_6
劍 8782_0
歙 8728_2
獪 4826_6
谿 8262_1
髑 7222_7
毇 7794_7
輿 7780_1
嗟 7871_1
劓 8240_0
睍 7771_2
頷 8168_6
閑 7722_0
餘 8371_2
餉 8772_0
餉 8772_0
餟 8774_7
餡 8873_6
餅 8874_1
餕 8878_2
餦 8173_2
餧 8274_4
館 8377_7
餠 8474_4
餚 8471_6
餛 8671_1
䭅 8871_7
㝡 7723_2
餲 8662_7
篘 8822_7
舉 7750_8
縢 7929_3
滕 7928_9
𦢳 7923_6
膰 7226_9
膠 7729_3
膷 7722_7
臈 7221_4
膱 7325_0
膩 7324_0
膝 7323_4
膴 7823_1
膳 7826_1
膮 7421_1
膹 7428_6
膫 7429_6
膲 7023_1
錤 8518_1
錕 8611_1
錍 8614_0
錭 8712_0
録 8713_2
錣 8714_0
鉼 8814_1
錟 8918_9
錐 8011_4
錆 8012_7
錞 8014_7
鋞 8111_7
鋋 8214_1
錚 8215_7
錯 8216_3

蓊 4422_7
蒡 4422_7
蒬 4421_6
蒐 4421_3
蓂 4420_7
夢 4420_7
蔽 4494_7
蒩 4491_7
蒓 4491_7
蓑 4473_2
蓋 4410_7
蓳 4410_4
墓 4410_4
蓁 4490_4
蒸 4433_1
蒖 4480_1
蔟 4473_4
簑 4473_2
蒔 4464_1
箸 4460_9
蒼 4460_7
蓾 4460_3
蓄 4460_3
蒥 4460_2
蓍 4460_1
蓸 4460_1
蔆 4414_7
蒺 4413_4
蔌 4418_9
蒲 4412_7
踈 6519_6
踋 6610_0
踊 6712_7
跽 6713_1
踦 6714_2
踝 6419_4
踥 6212_1
踆 6314_7
踂 6111_0
踁 6114_6
蜼 5011_7
蜻 5012_7
蜧 5113_2
蜥 5212_1

蜓 5214_1
蜲 5214_4
蜡 5216_3
蜿 5311_2
蜮 5315_0
蜯 5315_3
蜝 5412_1
蜻 5512_7
蜨 5518_1
蜘 5610_0
蜴 5612_7
蝸 5612_7
蜱 5614_0
蜾 5619_4
蜢 5711_7
蜪 5712_0
蜩 5712_0
蝃 5714_7
蝦 5714_7
蜣 5811_1
蜷 5911_2
蝃 5714_7
瞘 6101_4
瞂 6305_0
閣 7760_4
閥 7752_7
聞 7740_1
開 7744_1
閡 7728_0
睼 6608_1
睺 6706_4
睢 6401_4
睃 6204_7
睽 6203_4
睷 6409_4
噂 6304_2
嘰 6201_8
嗃 6002_7
嘆 6403_4
嗥 6604_3
瞑 6708_1
嗟 6801_1
幔 4624_7
幪 4623_2

幗 4620_0
幡 4526_6
幘 4528_6
幓 4524_4
嵾 2372_2
嶃 2272_1
嶇 2171_6
嶁 2574_4
團 6034_3
圖 6060_1
幠 4422_7
嵥 4729_1
暘 6602_7
暩 6709_4
賒 6989_4
餂 8276_4
螤 8613_6
豩 8743_2
餅 8874_1
熰 8941_7
鳩 4702_7
鳳 7721_0
膀 7022_7
睡 7271_4
篗 8840_7
䅜 2291_4
鵫 7772_7
隌 7726_4
領 8138_6
颭 8121_7
馠 8076_1
舞 8025_1
餌 8174_0
馛 7324_4
盬 7410_7
腆 7528_1
瓟 7621_7
峪 2717_7
矮 2224_4
𤞤 2722_0
敻 2724_7
颮 7021_1
魁 2421_0
勱 2422_7

艊 2426_1
䑴 2428_6
艓 2429_4
鼻 2622_1
躳 2626_0
躶 2629_4
皞 2667_7
舔 2226_4
墍 2110_4
䘢 2123_2
舑 2126_4
貉 2126_9
魟 2131_0
魠 2231_4
魝 2230_0
䤍 2364_4
熏 2033_1
𤋏 2033_7
雒 2061_4
毲 2971_7
毯 2948_9
翢 7702_0
奐 2743_0
擊 2750_2
奭 2753_0
𤋲 2733_2
槃 2790_4
槃 2790_4
獟 4722_2
僣 2526_1
僥 2421_1
僚 2429_6
僭 2561_1
僨 2528_6
僤 2625_6
僩 2722_0
僪 2722_7
像 2723_2
僝 2724_7
僋 2725_7
僌 2728_2
僱 2221_1
㒌 2221_1
僑 2222_7

僞 2222_7
僕 2223_4
僟 2225_2
僱 2121_1
僦 2321_4
傺 2329_3
僮 2021_4
僬 2023_1
僔 2824_5
䅧 2592_7
稬 2193_4
稱 2195_7
稭 2196_2
稫 2196_6
種 2291_4
稯 2294_7
銖 8519_0
銉 8510_7
銓 8811_4
蝕 8513_6
鉻 8716_4
銀 8713_2
銫 8711_2
銍 8111_4
鉿 8816_1
銚 8211_3
鉶 8210_0
鋌 8211_4
鋠 8213_2
銃 8011_3
鉾 8315_0
銛 8216_4
銗 8216_1
鉥 8214_2
箖 8899_4
箑 8880_1
箕 8880_1
管 8877_7
節 8872_7
箟 8871_1
箇 8860_0
箘 8860_0
箝 8857_5
箋 8850_3

算 8844_6
箄 8840_6
箪 8840_6
箯 8840_4
筵 8840_1
箷 8827_2
篗 8824_7
箎 8821_1
箈 8816_3
箙 8814_7
箹 8814_0
箓 8813_2
膈 7722_7
膪 7726_2
膇 7723_7
膭 7221_8
膜 7223_4
膊 7324_2
膛 7421_4
𦛗 7621_0
腿 7621_1
䐗 7624_3
腪 7628_6
䐊 7022_7
䐜 7428_1
餁 8271_4
餩 8078_2
餇 8772_0
餌 8174_0
餀 8474_0
銜 2110_9
㣊 2322_2
微 2824_0
䑳 2842_7
䑴 2448_1
艋 2741_7
瓳 2191_4
匔 2722_0
䑽 2742_0
獄 4323_4
㺜 4322_2
獅 4222_1
獐 4024_6
裴 1173_2

摶	5504_{9}
䎨	5491_{6}
䡐	5421_{1}
輁	5408_{1}
摸	5403_{4}
搠	5402_{7}
啓	5360_{9}
戴	5355_{0}
螌	5313_{6}
殢	1422_{7}
殦	1022_{7}
殟	1621_{7}
殪	1221_{8}
殧	1723_{2}
匱	7171_{8}
殣	1421_{4}
摍	5306_{1}
摵	5305_{0}
㠿	5302_{7}
摻	5302_{2}
摧	5201_{4}
搉	5301_{4}
搕	5301_{4}
輐	5301_{1}
暫	5260_{2}
誓	5260_{1}
摷	5209_{4}
摦	5203_{0}
摛	5202_{7}
撕	5202_{1}
輊	5201_{4}
摽	5109_{1}
擓	5106_{0}
摣	5101_{7}
摳	5101_{6}
摡	5101_{4}
撊	5101_{4}
輕	5101_{1}
摢	5101_{1}
輒	5101_{0}
䡟	5094_{1}
蹇	5080_{1}
寋	5080_{1}
摙	5008_{1}
摘	5002_{7}
撓	5001_{6}
遠	3430_{3}
遭	3430_{2}
瑑	1713_{2}
瑭	1016_{7}
需	10227
署	1060_{4}
酼	1061_{3}
甄	1111_{7}
𤼷	1113_{6}
瑱	1418_{6}
碶	1163_{4}
碩	1168_{6}
酹	1264_{2}
碯	1266_{2}
酺	1362_{7}
酸	1364_{7}
䝹	1321_{2}
瑾	1411_{4}
豨	1422_{7}
敲	1424_{7}
磕	1461_{7}
碟	1463_{4}
酷	1466_{1}
磚	1565_{7}
覡	1611_{0}
瑰	1611_{3}
碧	1660_{1}
碣	1662_{7}
碨	1663_{2}
魂	1671_{3}
覝	1681_{0}
墾	1710_{4}
瑬	1710_{9}
瑖	1714_{7}
瑤	1717_{2}
聚	1723_{2}
碬	1764_{7}
碻	1766_{4}
歌	1768_{2}
瑲	1816_{7}
䔧	4433_{2}
酴	1869_{4}
𢒅	1882_{2}
瑣	1918_{6}
嗀	4733_{4}
鞄	4751_{2}
鞠	4752_{0}
鞀	4756_{2}
歎	4758_{2}
𩌏	4764_{7}
棚	4792_{0}
槅	4792_{7}
楇	4792_{7}
槌	4793_{7}
榝	4794_{7}
榖	4794_{7}
榤	4799_{4}
𡍲	4514_{4}
鞅	4553_{4}
鞞	4590_{0}
榛	4599_{2}
墁	4614_{7}
䩓	4650_{0}
嵑	4672_{7}
𡼃	4672_{7}
趄	4680_{8}
榥	4691_{1}
槐	4691_{3}
榻	4692_{7}
楺	4694_{1}
槔	4694_{3}
塲	4812_{7}
蝥	4813_{6}
𢿨	4824_{0}
乾	4841_{4}
斡	4844_{0}
榦	4849_{4}
槎	4891_{1}
槍	4896_{7}
匯	7171_{5}
匭	7171_{4}
駏	7131_{7}
厭	7124_{8}
甈	4101_{7}
愿	7123_{9}
厲	7122_{7}
厲	7122_{7}
歷	7121_{4}
癘	7112_{7}
駁	7034_{0}
駃	7533_{0}
駛	7434_{7}
駮	7434_{0}
駴	7335_{0}
髦	7271_{4}
髤	7222_{8}
劂	7220_{0}
匱	7171_{8}
藹	4462_{7}
勤	4482_{7}
綦	4490_{3}
帶	4492_{7}
榷	4491_{4}
鴈	7122_{7}
棣	4493_{2}
幣	4422_{7}
幤	4422_{7}
對	4424_{2}
赫	4433_{1}
䩥	4451_{7}
嫢	4440_{4}
監	7810_{7}
緊	7790_{3}
詧	7760_{4}
嫛	7740_{4}
駸	7734_{7}
熙	7733_{1}
蜸	7713_{6}
堅	7710_{4}
題	6180_{1}
頖	6148_{6}
黑	6033_{0}
鬲	6022_{7}
曇	6013_{6}
蜡	5416_{1}
駠	7732_{0}
暴	6090_{4}
幘	4528_{6}
將	2224_{2}
貼	6183_{1}
𠟎	4280_{0}
蒙	3223_{2}
叡	2784_{0}
餐	2773_{2}
嵺	2772_{2}
𢿡	2814_{0}
雌	2011_{4}
𡸦	2372_{1}
巢	2290_{4}
嶄	2252_{1}
崋	2250_{8}
幔	4128_{9}
鄙	6762_{7}
郻	6792_{7}
鵑	6752_{7}
鴞	6722_{7}
鴡	6712_{7}
蒡	4422_{7}
鳴	6702_{7}
蔿	4432_{7}
虜	2129_{4}
膚	2160_{8}
頔	2178_{6}
㗊	6666_{0}
髀	7624_{0}
𤼬	1124_{7}
賕	6383_{2}
䀫	6213_{2}
罳	6033_{6}
暑	6060_{1}
罰	6062_{0}
㬥	6090_{3}
𦋐	6090_{4}
暝	6103_{4}
嗔	6408_{1}
踁	6114_{6}
頔	5168_{6}
𣗵	5509_{6}
暢	5602_{7}
毦	4211_{4}
𠪨	7121_{1}
裳	9073_{2}
𣪨	7724_{7}
嘌	6109_{1}
嗤	6301_{4}
嚾	6901_{4}
嘖	6508_{6}
嗜	6507_{7}
嗽	6708_{2}
嗅	6709_{4}
嘞	6402_{7}
嘆	6403_{4}
嗹	6503_{4}
嘈	6506_{6}
嘒	6507_{4}
啐	6004_{3}
噓	6101_{1}
嘅	6101_{4}
嘔	6101_{6}
嘑	6104_{9}
嗎	6102_{7}
蔽	4444_{7}
蔗	4443_{2}
蒖	4443_{0}
蒴	4442_{7}
蔓	4440_{7}
蓐	4434_{3}
蓴	4434_{2}
蒽	4433_{6}
蔥	4433_{6}
蒸	4433_{1}
惹	4433_{1}
蕉	4433_{1}
蒢	4429_{4}
蓧	4429_{4}
蓓	4426_{1}
蔽	4424_{7}
蔆	4424_{7}
蔣	4424_{3}
蒹	4423_{7}
蒙	4423_{2}
蒿	4422_{7}
蒨	4422_{7}
蓆	4422_{7}
幕	4422_{7}
蓨	4422_{7}
蒻	4422_{7}

愾	9801$_7$
愼	9408$_1$
慏	9708$_1$
𢡟	9108$_6$
愮	9707$_2$
慴	9706$_2$
慅	9703$_6$
慍	9601$_7$
愧	9601$_3$
愷	9201$_8$
惴	9202$_7$
悺	9306$_6$
慌	9401$_1$
慬	9401$_4$
慱	9504$_3$
旐	0824$_8$
旓	0822$_7$
旒	0821$_3$
詳	0865$_1$
詡	0762$_0$
詪	0763$_2$
詻	0766$_4$
詮	0861$_4$
詤	0061$_1$
詭	0761$_2$
詾	0762$_0$
誎	0569$_2$
誅	0569$_0$
誄	0569$_0$
詍	0560$_0$
詼	0468$_9$
詰	0466$_1$
詩	0464$_1$
詿	0461$_4$
詵	0461$_1$
試	0364$_0$
話	0266$_4$
詬	0266$_1$
誽	0261$_7$
誂	0261$_3$
訹	0169$_1$
詣	0166$_1$
誀	0164$_0$
詽	0164$_0$
𧧌	0162$_7$
該	0068$_2$
詨	0064$_8$
新	0292$_1$
康	0029$_4$
廉	0023$_7$
廌	0022$_7$
廅	0021$_4$
廇	0026$_8$
痳	0019$_4$
痯	0017$_7$
瘖	0016$_1$
痗	0015$_7$
㾓	0015$_3$
𤸷	0019$_8$
瘁	0014$_8$
痵	0014$_7$
瘀	0013$_3$
瘃	0013$_2$
痕	0013$_2$
瘍	0012$_7$
痾	0012$_1$
瘐	0012$_1$
𤸎	0012$_1$
瘌	0012$_0$
瘑	0012$_0$
瘂	0011$_7$
粇	9091$_3$
粳	9194$_6$
粰	9294$_7$
適	3030$_2$
䘸	3024$_7$
裲	3122$_7$
裷	3327$_7$
䘷	3325$_3$
𧚓	3328$_1$
裺	3421$_6$
裿	3422$_1$
褋	3429$_4$
裼	3622$_7$
裨	3624$_0$
裮	3626$_0$
祼	3629$_4$
裯	3722$_0$
裪	3722$_0$
裾	3727$_2$
𧚔	3823$_2$
𧛂	3922$_7$
裱	3523$_2$
𧚝	3528$_1$
準	3014$_1$
溏	3016$_7$
盜	3210$_7$
潅	3211$_4$
溰	3211$_8$
滅	3315$_0$
溶	3316$_8$
演	3318$_6$
粱	3390$_4$
滿	3412$_7$
潜	3416$_1$
滔	3217$_7$
塗	3310$_4$
滓	3314$_1$
溥	3314$_2$
浸	3314$_7$
溼	3111$_4$
滒	3112$_1$
溽	3114$_3$
滇	3418$_1$
澤	3615$_2$
滑	3712$_7$
滫	3712$_7$
溺	3712$_7$
溜	3712$_7$
溞	3713$_6$
涵	3716$_0$
滌	3719$_4$
資	3780$_6$
粢	3790$_4$
塗	3810$_4$
溢	3811$_7$
滃	3812$_7$
溠	3813$_1$
溓	3813$_7$
溦	3814$_0$
滄	3816$_7$
涸	3610$_0$
溾	3611$_3$
溫	3611$_7$
凖	3040$_1$
粍	9791$_4$
塞	3010$_4$
蜜	3013$_6$
寖	3014$_7$
寎	3022$_7$
尌	3460$_0$
䆳	3784$_0$
窟	3027$_2$
寐	2029$_4$
寋	3071$_7$
窞	3077$_7$
寘	3080$_1$
寮	3090$_3$
窠	3090$_4$
寂	3094$_7$
嫉	4043$_4$
媽	4142$_7$
媼	4641$_7$
媿	4641$_3$
媱	4747$_2$
嫋	4742$_7$
媰	4742$_7$
嫱	4046$_3$
暋	7860$_4$
辟	7024$_1$
毳	2711$_1$
盝	2710$_7$
彙	2790$_4$
翊	7247$_2$
敹	4854$_0$
裝	2473$_2$
剿	2290$_0$
靹	4452$_7$
羣	1750$_1$
屟	7790$_4$
屜	7727$_2$
屖	7724$_4$
㞛	7724$_7$
屧	7721$_7$
絺	2492$_7$
絽	2696$_0$
絹	2692$_7$
綄	2691$_0$
綍	2492$_7$
綖	2191$_4$
經	2191$_1$
絿	2393$_2$
綄	2391$_1$
綏	2294$_4$
綎	2294$_1$
綐	2891$_6$
綃	2992$_7$
絻	2791$_7$
綆	2194$_6$
綘	2795$_4$
緫	2793$_1$
綉	2792$_2$
勥	1342$_7$
勦	2492$_7$
勠	2792$_0$
隘	7821$_7$
隃	7822$_1$
隒	7823$_7$
隑	7221$_8$
陸	7421$_1$
隕	7628$_6$
隌	7026$_7$
隝	7026$_9$
隔	7122$_7$
隔	7122$_7$
賚	4080$_6$
費	5580$_6$
違	3430$_5$
遐	3730$_4$
遂	3730$_3$
遝	3730$_8$
嵥	2874$_1$
崨	2578$_1$
愍	7833$_4$
愸	1833$_4$
鳭	1722$_7$
亂	2221$_0$

十四畫

墟	4111$_1$
墈	4111$_4$
塸	4111$_4$
塼	4114$_9$
墂	4131$_1$
槈	4194$_3$
臺	4010$_4$
墉	4012$_7$
奪	4040$_1$
嘉	4046$_1$
壽	4064$_1$
樓	4194$_0$
鳿	1742$_7$
鳶	4332$_7$
榜	4092$_7$
榱	4093$_2$
槔	4096$_9$
墹	4212$_7$
𧊍	4213$_6$
鼓	4214$_7$
甀	4254$_0$
穌	4259$_4$
趖	4280$_4$
截	4315$_0$
越	4380$_4$
榨	4391$_1$
榕	4396$_3$
墊	4410$_4$
毤	5921$_1$
撐	5901$_4$
嫢	5840$_4$
摝	5808$_1$
摐	5808$_1$
㩌	5706$_7$
摺	5706$_2$
摎	5702$_2$
撦	5406$_4$
𢯷	5702$_0$
蜺	5701$_7$
輗	5701$_6$
摼	5701$_4$
耦	5692$_7$
嫛	5640$_4$
幌	5601$_0$
搵	5601$_0$
搘	5507$_4$

椶	4194_8
椶	4194_7
楧	4193_4
楦	4191_7
楹	4791_7
椰	4792_0
柳	4792_0
捽	5002_1
摭	5003_7
搯	5207_7
搷	5108_1
搪	5006_7
搞	5102_7
搙	5104_3
搢	5106_1
搏	5304_2
搪	5306_7
搳	5306_1
搈	5306_8
㨴	5401_4
搚	5402_7
搑	5404_1
搸	5509_4
摑	5600_0
㧉	5601_1
搵	5601_7
揖	5604_1
損	5608_6
搊	5702_7
搰	5702_7
搗	5702_7
搌	5703_2
搔	5703_6
搥	5703_7
搖	5707_2
搮	5708_1
搤	5801_7
摧	5401_4
摋	5804_0
勦	5492_7
耥	5992_7
耦	5792_7
瑜	1812_1
瑨	1716_4
瑕	1714_7
瑝	1611_4
瑋	1415_6
瑛	1413_4
瑟	1133_1
瑊	1315_0
瑞	1212_7
聖	1610_4
報	4744_7
艴	4731_7
㮚	1190_6
酖	1364_0
酐	1164_0
聊	1117_7
颭	4771_0
䲜	1721_1
愿	1733_2
歁	4778_2
酪	1766_4
酮	1762_0
酲	1761_4
豤	1723_2
豛	1424_0
豣	1124_0
貆	1121_6
碌	1763_2
碶	1564_4
碕	1462_1
碊	1365_3
碱	1364_0
斮	1262_1
碏	1266_3
碎	1064_8
碓	1061_4
雹	1071_7
雷	1060_3
𩁹	1044_3
零	1030_7
雴	1010_8
逢	3430_5
達	3430_5
遣	3530_5
殸	4764_7
彀	4744_7
殼	4724_7
㲉	4714_7
琿	1715_4
頑	1128_6
項	1118_6
賈	1080_6
頍	4148_6
賚	5080_6
頓	5178_6
蜇	5213_6
蛓	4313_6
蛬	4413_6
戡	4375_0
戠	4365_0
載	4355_0
號	6121_1
雎	7011_4
敬	4864_0
雐	1121_4
覗	2691_0
觜	2122_7
鼎	2222_1
瞍	6704_7
葬	4444_1
黓	6231_0
嵩	2233_6
嵯	2871_1
圓	6080_6
歲	2125_3
訾	2160_1
梟	2190_4
畸	6402_1
粲	2790_4
睬	6989_4
戢	6315_0
賊	6385_0
敫	2824_0
鉊	2776_2
罥	6022_7
豊	5510_8
農	5523_2
業	3290_4
毷	6261_4
幌	5702_7
叡	2724_0
䖒	2121_8
虞	2123_4
虜	2122_7
暅	7101_2
暘	6602_7
暍	6602_7
睥	6604_0
睨	6701_7
睩	6703_2
睚	6101_4
督	2760_4
睦	6401_4
睽	6908_9
睔	6802_7
睠	6901_2
睤	6204_1
睞	6409_8
睛	6502_7
睢	6001_4
跠	6513_2
跦	6519_0
跪	6711_2
跢	6712_7
路	6716_4
䟔	6718_2
跧	6811_4
跲	6816_1
跊	6119_1
跬	6411_4
跨	6412_7
跱	6414_1
跐	6111_0
跡	6013_0
㫖	6080_1
跳	6211_3
睼	6608_1
暉	6705_6
暗	6006_1
暆	6021_2
暀	6022_1
暄	6301_6
暈	6050_6
𣆸	6094_1
晅	6101_2
盟	6710_7
蜀	6012_7
翟	6021_4
愳	6233_0
罩	6040_6
署	6060_4
罨	6071_6
置	6071_6
睘	6073_2
罧	6099_4
蜄	5103_2
蚌	5110_0
蜌	5111_4
蝆	5114_1
蜏	5212_7
蜉	5214_7
蜆	5311_2
蜅	5312_7
蛷	5313_2
蛾	5315_0
蛺	5413_8
蜎	5612_7
蜈	5613_4
蛹	5712_7
蛽	5713_7
蜂	5715_4
蛻	5811_6
蜍	5819_4
蛸	5912_7
著	4460_4
菖	4460_6
蓄	4460_3
萬	4442_7
蒀	4460_6
葄	4461_1
葩	4461_7
葚	4471_1
葛	4472_7
萁	4480_1
蓑	4473_2
蒷	4480_6
葅	4481_7
葥	4482_0
葈	4490_4
葉	4490_4
葯	4492_7
萰	4490_6
葒	4491_1
葶	4420_1
葹	4421_2
葾	4421_6
蒄	4421_6
蒞	4421_7
葥	4422_1
蒿	4422_7
葠	4424_7
葰	4424_7
蔽	4424_7
葭	4424_7
萩	4424_8
蔦	4432_7
葱	4433_5
惹	4433_6
葸	4433_5
蒠	4433_7
葺	4440_1
葽	4440_4
葧	4442_7
募	4442_7
葉	4490_4
葠	4424_7
葵	4443_0
蒃	4444_4
葼	4444_7
落	4416_4
葑	4414_0
菰	4413_2
董	4410_4
堇	4410_4
葢	4410_7
葶	4420_1
嗢	6601_7
嗥	6604_3
嗟	6801_1
嗌	6801_7
嗛	6803_7
嘆	6403_4

渾 3715$_6$
潩 3718$_1$
滄 3813$_2$
溢 3811$_7$
湔 3812$_1$
渝 3813$_2$
湪 3813$_2$
滋 3813$_2$
游 3814$_7$
湭 3816$_1$
渺 3912$_0$
湫 3918$_0$
湊 3513$_4$
溸 3515$_3$
溝 3515$_7$
湘 3610$_0$
渭 3612$_7$
渴 3612$_7$
湯 3612$_7$
渥 3711$_4$
溰 3211$_8$
馮 3112$_7$
䘯 3922$_7$
補 3322$_7$
裋 3121$_8$
裀 3620$_0$
裎 3621$_4$
裑 3724$_0$
裙 3726$_7$
袮 3729$_4$
裞 3821$_6$
裕 3826$_8$
䘹 3024$_8$
裬 3424$_7$
禖 3429$_4$
祿 3723$_2$
勞 9942$_7$
焮 9788$_2$
欻 9788$_2$
煤 9689$_4$
焜 9681$_1$
婧 4442$_7$
媌 4446$_6$
婿 4846$_1$

媮 4842$_1$
絮 4690$_3$
媞 4648$_1$
媢 4646$_0$
婸 4642$_7$
媓 4641$_4$
媎 4946$_2$
媐 4744$_7$
媉 4741$_4$
媥 4342$_7$
媨 4247$_7$
媛 4244$_7$
媚 4240$_0$
嫖 4143$_4$
娛 4143$_4$
幾 2225$_3$
稍 1922$_7$
斋 1722$_7$
豤 1323$_2$
登 1210$_8$
發 1224$_7$
弳 1121$_4$
𢏚 1628$_1$
粥 1722$_7$
弻 1126$_0$
弼 1722$_7$
婺 1840$_4$
尋 1740$_6$
𤼵 1810$_4$
覗 1661$_6$
𢏡 1711$_1$
甂 1121$_7$
甀 1111$_7$
疏 1011$_3$
逮 3530$_3$
畫 5010$_6$
畚 2350$_3$
孌 2240$_4$
犖 2240$_3$
𢆶 2244$_4$
絓 2491$_4$
絺 2492$_7$
綺 2492$_7$
結 2496$_1$

絑 2599$_6$
絪 2690$_0$
綑 2690$_0$
經 2191$_4$
絙 2191$_7$
絚 2191$_7$
絎 2192$_1$
絍 2291$_4$
絲 2299$_3$
絫 2390$_3$
絥 2393$_4$
統 2091$_3$
絞 2094$_8$
絯 2098$_2$
絖 2991$_1$
給 2896$_1$
絶 2791$_7$
絇 2792$_0$
絼 2792$_7$
絳 2795$_4$
絡 2796$_4$
孱 7724$_7$
犀 7725$_1$
屖 7725$_4$
殿 7724$_7$
屎 7723$_2$
屠 7727$_7$
𡳆 7777$_2$
隊 7823$_2$
隇 7325$_0$
隋 7422$_7$
隍 7621$_4$
陽 7622$_7$
隈 7623$_2$
隄 7628$_1$
陪 7026$_1$
陋 7121$_3$
陧 7121$_4$
隁 7121$_4$
階 7126$_1$
隊 7723$_2$
隉 7721$_4$
隆 7721$_4$
隍 7721$_1$

十三畫

甄 5141$_7$
瓡 4141$_7$
甎 5191$_7$
趍 4780$_2$
趏 4780$_6$
㪔 4464$_7$
趑 4780$_8$
掣 5250$_2$
鴈 7122$_7$
殙 1726$_4$
殜 1529$_6$
捶 5201$_4$
搯 5706$_2$
㓮 4250$_0$
較 5004$_8$
輆 5008$_2$
軭 5101$_1$
輊 5101$_4$
輛 5102$_7$
軾 5304$_0$
軫 5702$_7$
軥 5702$_0$
輓 5701$_7$
輈 5704$_0$
輅 5706$_4$
輇 5801$_4$
𧹟 4533$_6$
鞅 4553$_0$
鞬 4594$_0$
鞲 4595$_7$
塌 4612$_7$
塤 4618$_6$
想 4633$_0$
埤 4674$_0$
楊 4692$_7$
榻 4692$_7$
楳 4699$_4$
塕 4812$_7$
塖 4815$_1$
榹 4891$_2$
斡 4844$_1$
匯 7171$_1$
愿 7133$_1$

蜃 7123$_6$
歷 7121$_1$
蜃 7113$_6$
馳 7431$_2$
髫 7271$_3$
髢 7271$_2$
𩬉 7270$_0$
馴 7230$_0$
髡 7221$_1$
𦔉 5792$_0$
剬 4210$_0$
剸 5230$_0$
疊 1010$_6$
需 1022$_7$
肆 2540$_7$
惷 5033$_6$
㽞 5060$_6$
桼 4013$_2$
毻 4221$_4$
豹 5792$_0$
㪷 5450$_0$
盞 5310$_7$
虦 4171$_1$
焘 4033$_1$
鼓 4414$_7$
㪁 4211$_0$
嗇 4060$_1$
剽 1290$_0$
塓 4718$_1$
塀 4714$_1$
墕 4712$_7$
𡍲 4414$_1$
塳 4412$_7$
墐 4411$_4$
塬 4219$_1$
塏 4211$_8$
塘 4016$_7$
塔 4016$_9$
墉 4011$_4$
塙 4012$_7$
塡 4118$_1$
堙 4111$_4$
堞 4419$_4$
㑄 5822$_7$

㧳 5824$_7$
㲉 4754$_7$
靭 4752$_0$
靶 4751$_7$
𣂔 4254$_0$
靳 4252$_1$
剶 7210$_0$
斟 4470
歁 4471
楚 4480
勘 4482$_7$
禁 4490$_1$
椹 4491$_1$
椅 4492$_1$
椛 4491$_2$
楂 4491$_6$
𣘻 4491$_7$
楛 4496$_4$
楮 4496$_4$
楱 4499$_1$
葱 4433$_2$
葦 4450$_6$
督 7760$_4$
㧒 4712$_0$
榍 4792$_7$
椽 4793$_2$
楔 4793$_4$
椴 4794$_7$
椵 4794$_7$
榕 4796$_8$
款 4798$_2$
𢛁 4952$_0$
棬 4992$_7$
械 4395$_0$
楯 4296$_4$
楥 4294$_7$
椶 4294$_7$
椾 4293$_4$
椯 4292$_7$
楟 4092$_1$
楨 4198$_6$
楨 4198$_6$
楅 4196$_6$
楷 4196$_1$

揸	5401_4
揥	5902_7
厥	7128_2
厠	7122_0
雁	7121_4
踪	7041_9
梨	2290_4
黑	6033_1
肋	7422_7
睍	6601_0
睧	6706_4
睇	6802_7
晻	6401_6
睎	6402_7
畲	8060_4
杲	6090_4
虒	2128_1
覞	2661_0
臬	2690_4
凱	2711_0
觛	2722_7
觚	2223_0
柴	2190_2
紫	2190_3
尠	6580_0
嵋	2776_4
崪	2014_8
愉	4822_1
幆	4622_7
愚	6033_2
愁	2733_4
幃	4425_6
幝	4725_6
幡	4226_4
惉	4133_6
葆	4429_4
茆	4472_7
嗟	6801_1
幅	4126_6
䟑	6881_2
貶	6484_7
貼	6487_0
圖	6022_7
國	6050_6
蛟	5014_8
蚚	5114_0
蛕	5116_0
蛞	5216_4
蛙	5411_4
蛣	5416_1
蛈	5510_0
蚰	5516_0
蛛	5519_0
蚺	5710_7
蛫	5711_2
蛔	5712_0
蛥	5712_7
蝦	5713_2
蛒	5716_4
蛘	5815_1
蛤	5816_1
莾	4444_1
葹	4441_2
萃	4440_8
草	4440_7
萆	4440_6
葅	4456_5
菝	4454_4
菈	4451_8
華	4450_4
萚	4450_3
茹	4446_4
萋	4440_4
萎	4440_4
葱	4433_2
菱	4424_7
莨	4423_4
菱	4424_7
菸	4423_3
菁	4422_7
菹	4421_7
葥	4422_7
萑	4421_4
菟	4421_3
菀	4421_2
菥	4492_1
菻	4499_4
菽	4494_7
菘	4493_2
萊	4490_8
葉	4490_4
菜	4490_4
菼	4480_9
菅	4477_7
萁	4480_1
蓳	4480_1
菡	4477_2
菣	4474_7
萇	4473_2
菴	4471_6
菎	4471_1
萌	4462_7
菖	4460_6
替	4460_4
萻	4460_1
菩	4460_1
菌	4460_0
菇	4416_4
菭	4416_3
菶	4414_9
菆	4414_7
菝	4414_2
菹	4411_7
菲	4411_1
菳	4410_9
荆	4240_0
跡	6512_7
跌	6513_0
跙	6711_0
跑	6711_2
跈	6812_2
跗	6414_0
跛	6414_7
跕	6116_0
跚	6214_0
跋	6314_4
跋	6315_0
啙	2166_1
罪	6011_1
罥	6022_7
罦	6040_7
罯	6050_1
罟	6060_9
罻	6075_7
買	6080_6
罶	6090_9
喤	6601_4
喟	6602_7
喝	6602_7
咢	6640_2
喁	6602_7
單	6650_6
喙	6703_2
喚	6703_4
喉	6703_4
喒	6706_4
喣	6733_2
鄂	6722_7
嗞	6803_2
喻	6802_1
啾	6908_0
喨	6001_2
喑	6006_1
喘	6202_7
喛	6204_7
喊	6305_0
喓	6104_4
晚	6701_6
晬	6004_8
量	6010_4
最	6014_7
喇	6200_0
喊	6305_0
晷	6060_4
晷	6071_2
景	6090_6
晡	6101_1
睹	6406_0
歇	6824_0
歍	6894_0
歎	6894_0
堂	9010_1
掌	9024_1
掌	9050_2
棠	9090_4
棠	9080_1
逴	3130_4
遇	3630_2
遏	3630_2
劇	2220_0
剴	2210_0
嵎	2673_2
嵕	2274_7
閔	7780_9
閑	7790_4
開	7744_1
閎	7722_8
閒	7722_7
間	7722_0
閏	7710_4
敞	9824_0
敝	9824_0
貴	5080_6
馗	4801_6
傖	8226_7
無	8033_1
舆	2080_9
然	7333_3
舒	8762_2
欽	8718_2
觛	2621_0
智	8660_0
牒	2409_4
飢	8771_0
斂	8834_0
焌	8841_4
毀	7714_7
盒	8013_6
復	2824_7
稉	2194_6
傻	2724_7
腊	7426_1
翕	8022_7
禽	8042_7
短	8141_8
須	2128_6
頒	8178_6
集	2404_7
腓	7021_4
斂	4824_0
勛	2472_7
殽	4724_7
犇	2555_0
掣	2250_2
雎	7071_4
賀	4680_6
衆	2623_2
貌	2641_0
皡	2664_1
粤	2040_6
集	2090_4
舄	7732_7
傍	2022_7
膇	7421_7
郵	2712_7
喬	2022_7
爲	2022_7
舜	2025_2
絯	2028_2
毳	2071_4
匑	2722_0
順	2108_6
鮔	2114_0
飢	2231_0
焦	2033_1
黎	2790_4
登	2710_8
番	2060_9
島	2777_2
躭	2823_4
棐	1190_4
輩	1150_1
悲	1133_1
斐	1140_0
狭	2523_0
狭	2524_0
貊	2620_0
貂	2726_2
貀	2227_2
貁	2321_2
貆	2121_9
秸	2496_1
牌	2604_0
牉	2006_1

莛 4440$_1$
莽 4444$_3$
莢 4443$_8$
菰 4443$_2$
莫 4443$_0$
蔓 4440$_7$
莪 4455$_3$
荽 4440$_4$
莘 4440$_1$
荻 4428$_9$
莜 4424$_8$
莈 4424$_7$
菱 4424$_7$
菉 4423$_2$
苐 4422$_7$
莠 4422$_7$
荷 4422$_1$
莅 4421$_8$
莌 4421$_7$
莧 4421$_6$
莧 4421$_6$
莊 4421$_4$
莞 4421$_1$
菌 4460$_0$
菩 4460$_1$
莤 4460$_1$
莒 4460$_6$
莕 4460$_9$
茝 4471$_7$
莨 4473$_2$
莙 4460$_7$
茶 4490$_4$
菘 4493$_2$
莢 4413$_4$
莱 4413$_2$
莎 4412$_9$
莇 4412$_7$
蒟 4412$_7$
堇 4410$_4$
莖 4410$_1$
荓 4414$_1$
啢 6102$_7$
眸 6305$_3$

眴 6702$_0$
眼 6703$_2$
眳 6706$_2$
略 6706$_4$
睑 6801$_4$
眯 6909$_4$
眱 6503$_2$
眺 6201$_3$
眽 6203$_2$
晤 6106$_1$
晡 6302$_7$
晰 6202$_1$
晛 6601$_0$
晚 6701$_6$
昭 6706$_2$
晦 6805$_7$
晞 6402$_7$
晧 6406$_1$
啯 6600$_0$
喁 6602$_7$
唱 6606$_0$
啁 6702$_0$
啾 6704$_7$
啜 6704$_7$
啒 6707$_2$
啗 6707$_7$
唲 6801$_1$
唹 6803$_3$
啳 6901$_2$
啖 6908$_9$
唵 6401$_6$
唪 6505$_3$
唯 6001$_4$
唆 6004$_7$
啐 6004$_8$
啞 6101$_7$
啄 6103$_2$
崟 2210$_9$
崇 2290$_1$
崩 2222$_7$
崖 2221$_4$
崔 2221$_4$
距 6111$_7$
趽 6012$_7$

跡 6512$_7$
趹 6513$_0$
跀 6712$_0$
跛 6714$_7$
跈 6812$_7$
跎 6411$_2$
跚 6411$_7$
跂 6414$_7$
虙 2140$_1$
虘 2126$_5$
虖 2124$_9$
處 2124$_1$
虛 2121$_1$
彪 2221$_2$
虗 2121$_7$
虘 2121$_2$
國 6015$_3$
圊 6022$_7$
圉 6040$_1$
圈 6071$_2$
問 7760$_7$
閈 7740$_1$
閉 7724$_7$
鄁 9722$_7$
偷 2823$_2$
停 2022$_1$
御 2722$_0$
偉 2425$_6$
偓 2121$_4$
偈 2627$_7$
偮 2622$_7$
偆 2526$_3$
僃 2525$_7$
健 2524$_0$
倏 2723$_4$
倐 2723$_4$
假 2724$_7$
偰 2728$_1$
側 2220$_0$
偨 2223$_4$
偁 2225$_7$
偒 2122$_7$
偗 2122$_7$
偄 2123$_4$

偊 2125$_7$
偕 2126$_2$
偵 2128$_0$
偏 2322$_7$
猗 4422$_7$
猕 4829$_0$
猞 4826$_4$
倥 2821$_1$
猖 4626$_0$
猈 4624$_0$
猜 4522$_7$
猛 4721$_7$
胮 7725$_4$
脫 7821$_6$
斷 7222$_1$
脡 7224$_1$
脟 7224$_2$
脬 7224$_7$
脘 7321$_1$
脆 7321$_2$
脯 7322$_7$
脢 7825$_7$
脛 7121$_1$
脰 7121$_8$
脤 7123$_2$
豚 7123$_2$
笙 8810$_4$
笪 8810$_7$
笮 8821$_1$
笠 8810$_8$
笫 8822$_7$
第 8822$_7$
笨 8823$_4$
笭 8830$_7$
符 8824$_0$
笪 8810$_6$
笲 8844$_3$
笵 8844$_7$
筊 8844$_7$
笳 8846$_0$
笰 8852$_7$
笛 8860$_0$
笘 8860$_1$
笞 8860$_3$

笤 8860$_4$
笥 8862$_1$
笱 8862$_7$
笎 8873$_1$
笢 8874$_7$
舳 2546$_0$
舶 2640$_0$
舺 2645$_0$
舸 2142$_0$
舐 2244$_0$
舶 2246$_0$
舷 2043$_2$
船 2846$_0$
舲 2843$_7$
舴 2841$_1$
舵 2741$_2$
舸 2742$_0$
從 2828$_1$
徛 2422$_1$
律 2624$_0$
御 2722$_0$
衒 2173$_2$
術 2190$_4$
徜 2922$_7$
逖 3930$_8$
逢 3730$_5$
逸 3730$_1$
造 3430$_6$
透 3230$_2$
剝 2210$_0$
剚 2210$_0$
剫 8220$_0$
猘 4220$_0$
猝 4024$_8$
猛 4121$_7$
鉈 8411$_2$
鈇 8413$_0$
釭 8111$_0$
釬 8114$_0$
釪 8114$_0$
釾 8714$_7$
釙 8910$_0$
釣 8712$_0$
鈣 8712$_7$

釵 8714$_0$
牿 2456$_1$
牼 2151$_7$
牾 2156$_1$
秤 2194$_0$
秸 2496$_1$
移 2792$_7$
秳 2296$_4$
貪 8080$_6$
畣 8060$_6$
悆 8033$_3$
悠 2833$_4$
您 2833$_1$
瓻 2171$_7$
瓶 2191$_7$
敓 8824$_0$
教 4844$_0$
得 2624$_1$
飦 8174$_0$
逫 1844$_0$
稌 2859$_4$
牻 2351$_2$
欷 4728$_2$
師 7572$_7$
號 8171$_1$
犄 8146$_1$
觚 8141$_0$
執 4441$_7$
與 7780$_1$
貨 2480$_6$
瓸 8221$_4$
甑 8171$_7$
動 2412$_7$
斛 2420$_0$
貀 2422$_7$
卑 2644$_0$
甜 2467$_0$
覎 2671$_0$
蛋 2713$_6$
夠 2722$_0$
欲 8768$_2$
祭 7790$_1$
脂 7126$_9$
紮 4790$_3$

專	5034$_3$
晝	5010$_6$
既	7171$_4$
夓	7124$_7$
貫	4480$_6$
趹	7273$_4$
彧	5210$_2$
谹	4876$_8$
乾	4841$_7$
欸	4708$_2$
敥	4764$_0$
堊	1010$_4$
雪	1017$_7$
雩	1020$_7$
雅	1047$_4$
覓	1050$_0$
票	1090$_1$
豝	1721$_7$
焉	1032$_7$
殊	1529$_6$
爽	4003$_4$
遣	3430$_6$
頂	1128$_6$
瓻	1161$_7$
毦	1211$_4$
副	1260$_0$
跂	1414$_7$
酏	1561$_7$
豝	1721$_7$
匏	4721$_2$
磬	4760$_1$
翑	4772$_6$
堅	7710$_4$
屛	7122$_7$
屎	7123$_2$
勒	4452$_7$
靪	4152$_0$
區	7171$_6$
匾	7171$_2$
匿	7171$_6$
豛	1724$_7$
酘	1764$_7$
愿	7133$_1$
悊	5233$_2$

聉	1217$_2$
耽	1413$_2$
聆	1813$_7$
硐	1762$_0$
研	1164$_0$
硂	1861$_4$
硋	1068$_2$
敖	5824$_0$
敕	5894$_0$
敂	1814$_0$
敔	1864$_0$
救	4814$_0$
赦	4834$_0$
敎	4844$_0$
軏	5001$_7$
軾	5305$_0$
斬	5202$_1$
軝	5204$_7$
趍	4780$_2$
趃	4580$_3$
赾	4280$_2$
軨	5802$_7$
軥	5702$_0$
軥	5702$_0$
軟	5708$_2$
琊	1117$_7$
珸	1116$_1$
琇	1212$_7$
珽	1214$_1$
珵	1611$_4$
理	1611$_4$
珵	1611$_4$
琔	1618$_1$
琁	1818$_1$
球	1313$_2$
連	3530$_0$
速	3530$_9$
逝	3230$_2$
述	3330$_3$
逋	3330$_2$
逌	3130$_6$
逐	3130$_3$
逗	3130$_1$
婪	4440$_4$

埳	4717$_7$
堄	4711$_7$
埝	4813$_2$
堁	4619$_4$
埤	4614$_0$
埸	4612$_7$
堀	4717$_2$
埱	4714$_0$
埽	4712$_0$
埧	4712$_0$
堋	4712$_0$
堞	4419$_4$
埴	4411$_6$
域	4315$_0$
埰	4219$_4$
埏	4214$_1$
培	4016$_1$
埈	4014$_7$
埻	4014$_7$
埂	4113$_4$
埻	4014$_7$
堵	4416$_0$
梌	4899$_4$
梯	4892$_7$
梲	4891$_6$
梠	4696$_0$
梋	4692$_7$
梩	4691$_4$
桯	4691$_4$
桯	4691$_1$
楮	4496$_0$
梘	4691$_0$
梱	4690$_0$
梀	4599$_6$
梼	4592$_7$
梉	4590$_4$
桗	4799$_4$
桻	4795$_4$
桵	4794$_7$
梮	4792$_7$
桶	4792$_7$
桷	4792$_7$
梢	4992$_7$
梓	4494$_7$

梏	4496$_1$
梜	4493$_8$
械	4395$_0$
梭	4394$_7$
梡	4391$_1$
桴	4294$_7$
梃	4294$_1$
彬	4292$_2$
梔	4291$_7$
蚻	4213$_6$
梳	4091$_3$
栝	4196$_9$
梧	4196$_1$
梗	4194$_6$
桭	4193$_2$
梪	4191$_8$
桅	4191$_7$
梐	4191$_4$
推	5001$_4$
掓	5002$_7$
接	5004$_4$
掖	5004$_7$
捽	5004$_8$
掊	5006$_1$
掠	5009$_6$
掁	5101$_3$
掾	5103$_2$
掉	5104$_6$
掫	5104$_7$
挻	5204$_1$
授	5204$_7$
掙	5205$_7$
排	5101$_1$
掘	5207$_2$
控	5301$_1$
掝	5305$_0$
指	5307$_7$
掩	5401$_6$
掎	5402$_1$
掕	5404$_7$
掅	5502$_7$
捿	5504$_4$
捷	5508$_1$
掍	5601$_1$

捭	5604$_0$
掜	5701$_7$
掤	5702$_0$
掏	5702$_0$
揔	5703$_2$
掫	5704$_0$
掇	5704$_7$
掘	5707$_2$
掀	5708$_2$
捦	5801$_9$
掄	5802$_7$
捻	5803$_2$
扵	5803$_3$
拼	5804$_1$
捨	5806$_4$
捲	5901$_2$
掞	5908$_9$
𢭹	5406$_0$
奞	2240$_8$
翈	6752$_0$
野	6712$_2$
略	6706$_4$
頃	2178$_6$
鹵	2160$_0$
斐	1140$_4$
甂	6141$_7$
胃	6022$_7$
㬎	6033$_1$
毘	6180$_1$
䀌	6323$_4$
曼	6040$_7$
畢	6050$_4$
異	6080$_1$
累	6090$_3$
罙	6090$_4$
晨	6023$_7$
婁	5040$_4$
戝	6345$_0$
戜	6315$_0$
患	5033$_6$
逷	3630$_2$
逞	3630$_1$
剮	2220$_6$
常	9022$_7$

堂	9010$_4$
貯	6381$_2$
貶	6283$_7$
眗	6782$_0$
敗	6884$_0$
崢	2275$_7$
崛	2777$_2$
崒	2074$_8$
崎	2472$_1$
崝	2572$_7$
崐	2671$_1$
𢄊	4722$_0$
帢	4928$_9$
帲	4824$_1$
帪	4823$_2$
帵	4421$_6$
帣	4921$_2$
崷	1140$_6$
𢄉	4329$_1$
帴	4325$_3$
帹	4024$_4$
帷	4021$_4$
帳	4123$_2$
帾	4426$_0$
蚿	5013$_2$
蚵	5112$_0$
蛃	5112$_7$
蚲	5114$_9$
蚯	5211$_1$
蛇	5311$_1$
蚮	5314$_0$
蚹	5410$_0$
蚴	5412$_7$
蛄	5416$_0$
蚶	5417$_0$
蛈	5513$_0$
蚰	5516$_0$
蛔	5610$_0$
蛆	5611$_0$
蛆	5711$_0$
蚭	5711$_1$
蚼	5712$_0$
蛁	5716$_2$
蚱	5811$_1$

十一畫

十畫

相	4690_0	拭	5304_0	哊	6402_7	欪	6788_2	眄	6102_7	訇	2762_0
柶	4690_0	按	5304_4	咦	6503_2	故	2864_0	俎	8781_0	匍	2722_0
枷	4690_0	[illegible]	5305_0	哌	6206_1	朐	2772_0	風	7721_0	威	5320_0
株	4599_0	挎	5402_7	唔	6206_4	胃	6022_7	屋	7721_4	咸	5320_0
柚	4596_0	拹	5402_7	咤	6301_4	胄	5022_7	卿	7722_0	[illegible]	4922_7
柣	4593_0	持	5404_1	咹	6304_4	蚩	2213_6	御	8762_0	狢	4726_4
柍	4593_0	拱	5408_1	品	6066_0	虹	5111_0	舁	7744_7	狦	4725_0
柫	4592_7	拺	5409_0	咥	6101_4	虷	5114_0	段	7744_7	狌	4221_4
柫	4592_7	抛	5701_2	哂	6106_0	虴	5211_4	缸	8171_0	狡	4024_8
柖	4796_2	拯	5701_3	咡	6104_0	虵	5411_2	昬	7277_4	狟	4121_6
桕	4797_7	拘	5702_0	[illegible]	4722_7	[illegible]	6802_0	盈	1710_7	[illegible]	2141_0
栅	4794_0	拸	5702_7	帞	4126_0	[illegible]	6804_0	彖	2723_2	郇	2742_7
柊	4793_3	挌	5706_4	殷	2724_7	[illegible]	6001_7	帥	2472_7	胞	7721_7
桐	4792_0	拫	5703_2	[illegible]	2323_4	[illegible]	6303_4	胖	7925_0	垂	2010_4
枸	4792_0	[illegible]	5803_2	茄	4446_0	畏	6073_2	胋	7126_0	[illegible]	2744_0
柷	4791_7	拾	5806_1	茇	4444_6	界	6022_8	垂	2010_4	般	2744_7
柅	4791_1	挂	5401_4	苹	4440_9	毗	6101_0	便	2124_6	胞	7721_2
柤	4791_0	歫	2111_7	英	4453_0	削	6220_0	俞	8022_1	朐	7722_0
柲	5300_0	呰	2160_1	茀	4452_7	昄	6101_1	皇	2610_4	服	7724_7
柭	4394_4	思	6033_0	苾	4433_4	罔	7722_0	侯	2723_4	胗	7822_2
柲	4390_0	[illegible]	5273_0	苓	4430_7	罙	7730_7	觓	2220_0	胖	7925_0
柝	4294_1	枭	2690_1	茂	4425_3	罗	6022_7	勉	2421_2	脈	7223_2
柢	4294_0	貞	2180_6	苻	4424_0	罡	6010_7	㲋	2722_7	朏	7227_2
柧	4293_0	背	1122_7	苯	4423_4	罘	6090_1	叜	2224_7	胎	7326_0
柆	4091_8	是	6080_1	茅	4422_2	虺	1521_3	[illegible]	2263_0	胠	7423_1
柱	4091_4	革	4450_6	苑	4421_2	曷	6072_7	爰	2024_7	胕	7424_0
柰	4090_1	韭	1110_1	[illegible]	4421_4	昧	6509_0	重	2010_4	胂	7520_6
柘	4196_0	冒	6060_0	茁	4477_2	昩	6519_0	臿	2077_1	胅	7523_0
枰	4194_9	幽	2277_0	苊	4421_1	昵	6701_1	舀	2760_2	胇	7522_7
柩	4191_7	[illegible]	7324_0	苺	4475_7	昲	6502_7	臽	2077_2	胉	7620_0
柯	4192_0	耑	2222_7	苞	4471_2	昳	6503_0	昏	7260_4	胘	7023_2
柄	4192_7	峛	2222_7	苟	4462_7	昱	6010_8	盾	7226_4	胓	7124_9
枢	4191_3	岍	2174_0	苛	4462_1	星	6010_4	看	2050_6	胋	7126_0
挍	5004_8	迟	3630_8	苦	4460_4	昪	6022_3	剎	2240_0	[illegible]	7021_8
[illegible]	5008_2	剬	2220_0	若	4460_4	易	6022_7	欿	2768_2	肺	7022_7
批	5101_0	削	6220_0	茖	4460_4	昢	6207_2	矩	8141_7	[illegible]	8010_1
指	5106_1	則	6280_0	苔	4460_3	昞	6102_7	矧	8240_0	[illegible]	8010_4
[illegible]	5106_0	咮	6509_4	茗	4460_2	[illegible]	6704_0	敃	7874_0	盆	8010_7
挃	5101_4	咽	6600_0	苫	4460_1	盻	6802_7	敏	2864_0	弇	8044_6
挑	5201_3	咢	6620_7	苜	4460_0	盼	6802_7	怒	4733_4	俞	8022_1
振	5203_2	哅	6702_0	苗	4460_0	眇	6902_0	怤	2433_0	瓮	8071_7
扼	5201_7	哆	6702_7	范	4411_2	眈	6401_2	怨	2733_1	俙	2422_7
括	5206_4	哇	6401_4	苙	4410_8	眊	6201_4	急	2733_7	侼	2424_7
拔	5304_4	[illegible]	6404_0	苴	4410_7	眂	6204_0	[illegible]	2733_1	俠	2423_8

低 2224_0
佂 2121_1
伾 2121_9
何 2122_0
佔 2126_0
佗 2321_1
佇 2322_1
佁 2326_0
住 2021_4
位 2021_8
佞 2024_0
伴 2925_0
攸 2824_0
伶 2823_7
作 2821_1
彷 2022_7
她 9481_2
言 0060_1
良 3073_2
弟 8022_7
迄 3830_1
忘 0033_1
帍 3022_7
戺 3721_7
初 3722_0
判 9250_0
社 3421_0
祀 3721_7
祁 3722_7
冶 3316_0
沆 3011_7
汸 3012_7
汶 3014_0
沂 3212_1
沃 3213_4
泛 3213_7
沈 3411_2
泄 3411_7
汭 3412_7
沐 3419_0
沉 3711_7
汪 3111_4
汽 3811_7
汾 3812_7

冷 3813_7
沙 3912_0
沁 3913_0
沌 3511_7
沛 3512_7
泱 3513_0
決 3513_0
汩 3610_0
汨 3610_0
沚 3111_0
忼 9001_7
忨 9101_1
㤆 9204_7
忟 9404_0
忮 9404_7
忡 9500_6
快 9503_0
㤈 9702_0
忸 9701_5
忦 9802_0
灼 9782_0
完 3021_1
宊 3022_8
究 3041_7
宏 3043_2
牢 3050_2
宋 3090_4
每 8075_7
吝 0060_4
弃 0044_3
辛 0040_1
亨 0020_7
庋 0024_7
庌 0022_7
序 0022_2
庉 0021_7
庇 0021_1
疠 0012_7
疔 0012_0
疕 0011_4
疙 0011_2
幽 2271_3
弧 1223_0

孜 1844_0
邵 1762_0
君 1760_7
忍 1733_2
甬 1722_7
卲 1360_0
孑 1712_7
勑 5402_7
忌 1733_1
刡 1260_0
刜 5200_0
那 1752_1
改 1874_0
攺 1778_2
欤 1728_2
妌 4540_0
姘 4590_0
姒 4840_0
妎 4842_0
妁 4742_0
妒 4347_7
妭 4345_0
妩 4243_7
姤 4246_1
妖 4243_4
妊 4241_4
妨 4042_7
妧 4141_1
妣 4141_0
妠 4442_7
姆 4745_0
妓 4744_7
努 4742_7
妍 4540_0
妙 4942_0
巡 3230_3
迆 3430_1
迅 3730_1
尾 7721_4
局 7722_7
屁 7723_7
尿 7723_2
屎 7729_4
㕘 2324_7

矣 2343_0
纱 2972_0
阪 7224_7
阬 7021_7
防 7022_7

八畫

玒 1111_7
雨 1022_7
兩 1022_7
盂 1010_7
昔 4460_1
亟 1010_4
敌 1824_0
帚 1722_7
取 1714_0
事 5000_7
亙 5013_6
青 5022_7
奉 5050_3
表 5073_2
疌 5080_1
軋 5201_0
扐 5300_0
來 4090_8
扶 5503_0
協 4402_7
虍 4401_4
奄 4071_0
直 4010_7
奇 4062_1
奔 4044_4
殃 1523_0
朋 1722_0
殀 1223_4
幸 4040_1
姙 4241_4
直 4010_7
夌 4024_7
其 4480_1
丼 4444_0
劼 4462_7
迂 3130_1
迣 3430_1

迖 3430_4
妻 5040_4
武 1314_0
戜 1364_0
戔 5305_3
或 5310_0
矶 5701_0
甙 4370_0
臤 7774_0
臥 7870_0
刵 1210_0
到 1210_0
刺 5290_0
刳 4220_0
封 4210_0
玨 1711_5
玦 1513_0
玩 1111_1
玫 1814_0
玢 1812_7
矸 1261_4
矼 1161_0
矻 1861_7
卦 4310_0
耇 4462_7
匡 7121_4
匼 7128_6
東 5090_6
杆 4295_0
板 4294_7
枖 4293_4
析 4292_1
枋 4092_7
杭 4091_7
杳 4060_9
杯 4199_0
枉 4191_4
杬 4191_1
枇 4191_0
杠 4191_0
林 4499_0
枝 4494_7
枝 4494_0
枕 4491_2

枘 4492_7
枓 4490_0
枡 4490_0
杵 4894_0
枚 4894_0
松 4893_2
枎 4593_0
柿 4592_7
杪 4992_0
杸 4794_7
杼 4792_2
枊 4792_0
枸 4792_0
杷 4791_7
杻 4791_0
坩 4410_0
坎 4318_2
坺 4314_4
坼 4214_1
坻 4214_0
坫 4116_0
坑 4111_7
坦 4611_0
坏 4519_0
坤 4510_6
坭 4711_7
拉 5001_8
抦 5102_7
抨 5104_1
拓 5106_0
拈 5106_0
抓 5203_0
拙 5207_2
拕 5301_1
挖 5301_7
拚 5304_0
拔 5304_4
扻 5308_2
抴 5401_7
拗 5402_7
抾 5403_1
披 5404_7
拑 5407_0
拂 5502_7

朵 7790_4
年 8050_0
缶 8077_2
劢 7422_7
旭 4601_0
先 2421_1
自 2600_0
姿 2840_4
血 2710_0
朱 2590_0
刖 7220_0
刉 8270_0
刋 8220_0
刎 2220_0
肋 7422_7
肌 7721_0
如 4640_0
妃 4741_7
好 4744_7
奸 4144_0
芇 0022_7
羊 8050_1
充 0021_1
州 3200_0
兇 2221_7
此 2111_0
虍 2121_4
帆 4222_0
屼 2171_0
朮 2190_1
同 7722_0
劳 1122_7

七　畫

迂 3130_2
車 5000_0
彤 5202_2
孛 4040_7
灵 1080_9
形 1242_2
廷 1140_1
瓦 1121_7
否 1060_9
吞 1060_3

吾 1060_1
酉 1060
更 1050_6
弄 1044_1
豕 1023_7
汞 1023_2
巫 1010_8
求 4313_2
豆 1010_8
攻 1814_0
夾 4003_8
志 4033_1
邪 7722_7
赤 4033_1
尪 4101_1
邨 5772_7
邫 5702_7
邦 5702_7
留 7722_7
甫 5322_7
孝 4440_7
走 4080_1
匡 7121_4
辰 7123_2
底 7124_2
芓 4440_7
芈 4450_0
芊 4440_2
芋 4440_1
芍 4432_7
更 1050_6
芽 4424_0
芐 4423_0
芭 4471_7
臣 7171_6
𠥔 7171_6
医 7171_3
匜 7171_4
坒 2110_4
忒 4330_0
甙 4320_0
成 5320_0
戒 5340_0
坳 4412_7

圻 4212_1
坑 4011_7
坏 4119_0
坒 4111_0
坈 4711_7
圿 4812_0
坋 4812_7
圪 4811_7
坎 4718_2
均 4712_0
束 5090_6
杙 4390_0
杔 4291_4
李 4040_7
杆 4194_0
杅 4194_0
杌 4191_0
杠 4191_0
杝 4491_2
杜 4491_0
材 4490_0
杈 4794_0
杞 4792_0
杓 4792_0
杕 4590_0
杖 4590_0
杚 4891_7
抗 5001_7
扠 5004_0
批 5101_0
抏 5101_1
拒 5101_7
抎 5103_1
折 5202_1
抓 5203_0
扺 5204_0
扳 5204_7
抌 5301_0
抐 5402_7
扽 5501_7
扶 5503_0
抉 5503_0
扫 5600_0
把 5701_7

抑 5702_0
抈 5702_0
抒 5702_2
扱 5704_7
投 5704_7
抙 5705_0
扢 5801_7
拎 5802_7
扮 5802_7
抍 5400_0
抴 5401_0
扰 5401_2
折 5202_1
旳 6702_0
男 6042_7
甹 5020_7
助 7412_7
旲 6040_4
旱 6040_1
旵 6033_2
肙 6022_0
旰 6104_0
困 6090_4
囧 6022_7
囪 6021_4
园 6021_1
郱 7752_7
芊 1140_1
芈 1150_0
步 2120_1
壯 2421_0
戕 2324_0
妝 2424_0
㚢 2122_7
里 6010_4
見 6021_0
邑 6071_7
貝 6080_0
足 6080_1
肖 9022_7
帉 4822_7
帊 4721_7、
帎 4822_0
岐 2474_7

岕 2220_7
岎 2222_7
岌 2224_7
岭 2872_7
𡇓 7777_2
𦉪 6020_1
吳 2643_0
吻 6702_0
呁 6702_0
吸 6704_7
吹 6708_2
吃 6801_7
吟 6802_7
吣 6903_0
吪 6401_0
呟 6403_2
呈 6010_4
肙 6022_7
吲 6200_0
吼 6201_0
听 6202_1
吠 6303_4
吕 6060_0
吡 6101_0
町 6102_0
私 2390_0
邱 7712_0
系 2090_3
廷 1240_1
延 1240_1
劮 2452_7
告 2460_1
劬 2462_7
舛 2520_0
囱 2600_0
皃 2621_1
卓 2640_0
免 2721_1
豸 2722_2
角 2722_7
身 2724_0
刨 2260_0
利 2290_0
秃 2021_7

秀 2022_7
孚 2040_7
走 2080_1
身 2740_0
夆 2744_2
甸 2762_0
孝 4440_7
希 4422_7
卵 7772_0
坌 8010_4
兌 8021_6
谷 8060_8
卮 7221_7
彤 7242_2
昏 7260_4
兵 7280_1
牡 2451_0
物 2752_0
肥 7721_7
肑 7722_0
肜 7222_2
肚 7421_0
肛 7121_0
肝 7124_0
犺 4021_7
狂 4121_4
犹 4421_2
狄 4928_0
狆 5421_7
坐 8810_4
爷 8022_7
含 8060_2
佐 2421_1
佊 2424_7
佑 2426_0
伸 2520_0
佛 2522_7
佚 2523_0
伯 2620_0
但 2621_0
伹 2721_0
伺 2722_0
保 2729_4
瓜 2223_0

叩 6702$_0$
叶 6400$_0$
兄 6021$_0$
叫 6200$_0$
只 6080$_0$
目 6010$_1$
四 6021$_0$
田 6040$_0$
図 6040$_7$
甲 6050$_0$
申 5000$_6$
囚 6080$_0$
由 5060$_0$
印 7772$_0$
白 2600$_0$
用 2702$_0$
孕 1740$_7$
冬 2730$_3$
处 2740$_1$
失 2503$_0$
生 2510$_0$
夗 2721$_7$
処 2740$_1$
氏 7224$_0$
氐 7225$_0$
月 7721$_0$
犯 4721$_2$
乎 2040$_9$
句 2762$_0$
包 2771$_2$
匃 2772$_0$
禾 2090$_4$
戊 5320$_0$
皮 4024$_7$
参 8020$_2$
乍 8021$_1$
令 8030$_7$
矢 8043$_0$
命 8077$_2$
仙 7227$_0$
付 2420$_0$
他 2421$_2$
仉 2721$_0$
仞 2722$_0$
仔 2724$_7$
仛 2221$_4$
仟 2224$_0$
仙 2227$_0$
仜 2121$_0$
卯 7722$_0$
代 2324$_0$
仡 2821$_7$
斗 3400$_0$
必 3300$_0$
半 9050$_0$
穴 3080$_2$
宄 3041$_7$
主 0010$_4$
亣 0044$_0$
礼 3221$_0$
市 0022$_7$
立 0010$_4$
庀 0021$_4$
氷 3223$_0$
氾 3711$_2$
汀 3112$_0$
汁 3410$_0$
民 7774$_7$
尻 7721$_7$
母 7775$_0$
囸 2777$_0$
出 2277$_2$
岜 2240$_7$
矛 1722$_2$
疋 1780$_1$
弗 5502$_7$
戉 5370$_0$
幼 2472$_7$
召 1460$_2$
加 4060$_0$
台 2360$_0$
弁 2344$_0$
驭 1724$_0$
弘 1820$_0$
死 1021$_1$
尼 7721$_1$
歹 1122$_7$
尻 7721$_7$

六　畫

死 1021$_2$
寺 4040$_1$
而 1022$_7$
灰 4008$_9$
吉 4060$_1$
亙 1010$_7$
卉 4044$_0$
至 1010$_4$
亘 1010$_6$
邛 1712$_7$
匡 7171$_1$
升 1144$_0$
有 4022$_7$
匠 7171$_2$
巨 7171$_7$
曳 5000$_6$
戎 5340$_0$
式 4310$_0$
刑 1240$_0$
刓 1220$_0$
划 5200$_0$
荆 5200$_0$
列 1220$_0$
克 4021$_6$
曲 5560$_0$
肉 4022$_7$
四 6021$_0$
芇 4422$_7$
共 4480$_1$
考 4420$_7$
老 4471$_1$
攷 1824$_0$
玏 1412$_7$
拄 4021$_4$
在 4021$_4$
艾 4440$_0$
再 1055$_7$
耳 1040$_0$
西 1060$_0$
百 1060$_0$
面 1060$_0$
夷 5003$_2$
杢 4050$_0$
李 4040$_1$
夸 4020$_7$
地 4411$_2$
圭 4010$_4$
圾 4714$_7$
圹 4111$_0$
朸 4492$_7$
朳 4890$_0$
权 4794$_0$
束 5090$_2$
朴 4390$_0$
朻 4290$_0$
朴 4390$_0$
朽 4192$_7$
朾 4192$_0$
扛 5101$_0$
扤 5101$_0$
扞 5104$_0$
扨 5702$_0$
扣 5707$_0$
扢 5801$_7$
扞 5104$_0$
扣 5600$_0$
扒 5701$_0$
忏 9104$_0$
忖 9400$_0$
他 9401$_2$
忕 9403$_0$
忔 9801$_7$
忋 9701$_7$
忉 9702$_0$
灱 9782$_0$
衣 0073$_2$
交 0040$_8$
亦 0033$_0$
亥 0028$_0$
充 0021$_3$
灾 3023$_7$
字 3040$_1$
守 3040$_2$
安 3040$_4$
字 3040$_7$
宅 3071$_4$
宆 3071$_7$
冰 3213$_0$
次 3718$_2$
池 3411$_2$
汏 3413$_0$
汝 3414$_0$
汲 3714$_7$
汕 3217$_0$
污 3112$_7$
汗 3114$_0$
汙 3114$_0$
汎 3711$_0$
汜 3711$_0$
汋 3712$_0$
汔 3811$_7$
江 3111$_0$
牟 2350$_0$
糸 2090$_3$
丞 1710$_3$
收 2874$_0$
聿 5000$_7$
戾 7724$_7$
灵 1724$_7$
屁 7721$_1$
羽 1722$_0$
艮 7773$_2$
劣 9042$_7$
尖 9043$_0$
阡 7224$_0$
阤 7421$_2$
阮 7121$_6$
弛 1421$_2$
牙 1124$_0$
吴 6043$_0$
吅 6600$_0$
吁 6104$_0$
吐 6401$_0$
早 6040$_0$
光 9021$_1$
回 6060$_0$
孚 7720$_1$
因 6043$_0$
网 7722$_0$
舟 2744$_0$
色 2771$_7$
兆 3211$_3$
危 2721$_2$
多 2720$_7$
竹 8822$_0$
旨 2160$_1$
舌 2060$_4$
忝 4033$_0$
戌 5320$_0$
成 5325$_0$
旬 2762$_0$
匈 2772$_0$
名 2760$_0$
各 2760$_4$
牝 2151$_0$
忄 2250$_0$
层 7721$_1$
犴 4124$_0$
犰 4721$_0$
合 8060$_1$
企 8010$_1$
全 8010$_4$
伎 2424$_7$
休 2429$_0$
仲 2520$_0$
伊 2720$_7$
伤 2722$_0$
仰 2722$_0$
役 2724$_7$
任 2221$_4$
伙 2223$_0$
仳 2121$_0$
伀 2320$_0$
伏 2323$_4$
伉 2021$_7$
伐 2325$_0$
仿 2022$_7$
作 2824$_0$
份 2822$_7$
伀 2823$_2$
伫 2821$_7$
似 2820$_0$
约 2722$_1$
行 2122$_1$

附録一　筆畫檢字表

凡　例

一、本索引依據中華書局影印本《廣雅疏證》編制，頁碼行款以該書爲準。

二、索引内容包括全部《廣雅》中的文字(無義之虚字，如"也"、"之謂"等則不收，卷八、卷九中因體例特殊，有些段落也衹收中心詞，如：283 上 17 至 283 下 3 整段文字俱爲"月衛"之解釋，故衹收"月衛"一詞)。《疏證》中考證的通假字、詞，由一個字、詞孳生繁衍的義類相關的一組字、詞，以及同物異名詞彙則一並收入。

三、在同一敍述段落中的字、詞，衹列第一次出現之頁碼。如系不同段落，則分别列出。

四、索引採用四角號碼檢字法編排。每條先列單字的四角號碼，然後列以該字爲詞頭組成之詞爲子條目(如無單字，則直接列詞)，順序視各詞第二字的四角號碼，並以該四角號碼的前兩號列於子條目之前。如

0161_7　　　瓻　218下18

51　　　瓻甋　218下11、13

五、索引前部份爲頁碼，每頁按影印版面分爲上、下兩欄，上下欄各爲 20 行。如

嬒　23 下15、17

即説明"嬒"字見第 23 頁下半部的第 15 行和第 17 行。

六、《疏證》考證其它版本的譌誤字，索引在該字下注明"譌"字。如："才(木譌)"。即"木"字它本譌誤爲"才"。

七、凡《廣雅》正文内的小字，系《疏證》補定其它版本中的遺脱字，頁碼後注明"附"字，如："趕　15 上11 附"。如一詞中有遺脱字，也予以注明，如："荼毒　49 上12 (荼附)"。即説明"荼"字爲它本遺脱字。

八、《廣雅》正文中的異體字，凡王氏在《疏證》中已改正者，爲方便檢索，一律衹出正體，如"变"改作"叟"，"剘"改作"劕"；凡疏證中兩種字體並存，則均予保留，如"癭"與"瘿"，都出條目。

九、四角號碼索引後另編有兩個附録：

(一)附録一：筆劃檢字表

同劃數内的字按第一筆的筆形一丨丿丶フ之順序排列。字後的數碼即該字的四角號碼。

(二)附録二：異體字對照表

此表將見於本書中的異體字與其正體對照列出。因偏旁部首不同而形成的異體字羣，衹列出偏旁部首的對照，而不再一一列出原字形，如："霶"、"謗"、"磅"等字，衹列"旁"和與其相對的正體"旁"。

前　　言

清人王念孫的《廣雅疏證》是訓詁學史上的一部重要著作。由於《疏證》中考證的通假字、詞，由一個字、詞孳生繁衍的義類相關的一組字、詞，以及同物異名的詞彙數量極大，考據又精，所以歷來爲語言學者所推重和研究。衹是因爲篇帙浩繁，限於體制而檢閱不便。因此，趁中華書局影印此書的機會，便下決心搞一部比較詳盡的索引。自動筆至脱稿，歷時近一年。其間承蒙楊伯峻先生的熱情關懷和切實的幫助，陸宗達先生、許嘉璐先生也給了我極大的鼓勵和支持，中華書局的趙誠先生、張力偉先生對索引的編制，出力尤多，在此謹致謝意。

限於水平，疏漏處在所難免，祈請讀者批評教正。

戴山青

一九八一年夏

一九八三年秋定稿

廣雅疏證索引

戴山青编